国家社会科学基金重大项目“俄罗斯西伯利亚远东地区藏1950年前
中国共产党档案文献的整理与研究”（21&ZD031）资助

黑河学院优秀著作出版基金资助

西伯利亚

远东的中国声音

以《前进报》与《工人之路》报为例

张建华 ◎主编 / 周国长 ◎副主编

中国社会科学出版社

图书在版编目（CIP）数据

西伯利亚—远东的中国声音：以《前进报》与《工人之路》报为例／张建华主编．—北京：中国社会科学出版社，2024.2

（西伯利亚与中国革命丛书）

ISBN 978－7－5227－2949－7

Ⅰ．①西…　Ⅱ．①张…　Ⅲ．①中文—报纸—史料—世界　Ⅳ．①G219.1－64

中国国家版本馆 CIP 数据核字（2024）第 037458 号

出 版 人　赵剑英
责任编辑　张　湉
责任校对　姜志菊
责任印制　李寡寡

出　　版　中国社会科学出版社
社　　址　北京鼓楼西大街甲 158 号
邮　　编　100720
网　　址　http://www.csspw.cn
发 行 部　010－84083685
门 市 部　010－84029450
经　　销　新华书店及其他书店

印刷装订　北京君升印刷有限公司
版　　次　2024 年 2 月第 1 版
印　　次　2024 年 2 月第 1 次印刷

开　　本　880×1230　1/16
印　　张　20.5
字　　数　382 千字
定　　价　118.00 元

目　录

编者导言：在西伯利亚—远东传播中国声音（1918—1938 年）

无论是帝俄还是苏联时代，其政治、经济和文化中心始终居于其欧洲部分，中俄（苏）两国在语言文字、宗教信仰、文化传统诸方面差异甚远。因此，尽管自 18 世纪中叶以降，中俄之间开始边民交际、边界互市和初期的官方交涉，但鲁迅先生所言的“中俄文字之交”则是较为晚近的历史了。但是，在俄国十月革命之后，在苏俄迫切以“和平共处”原则打开欧美外交的背景之下，联共（布）［ВКП（б）］① 和共产国际（Коминтер）将“世界革命”的宏愿转向东方国家和民族，推动“中国革命”则成为最重要的目标。从苏俄建立至 20 世纪 30 年代末，在其境内陆续出版十余种中文报纸成为“未曾有过的第一件事”②。这些报纸的第一批读者是旅俄华人，报纸还通过各种渠道传播到中国国内，在宣传俄国革命、政权建设和经济成就方面，在传播联共（布）和共产国际战略和指示方面，在传达中国共产党的方针和政策方面发挥了极其重要的作用。而对于中共党史、国际共运史和世界现代史研究来说，这些中文报纸则是弥足珍贵的文献资料。

但是，直至今日，国内外学界对于苏联出版的中文报纸的关注严重不足。在俄罗斯学界，仅发现苏联东方学家丘古耶夫斯基（Л. И. Чугуевский）在 1959 年撰写的《在苏联的中文定期出版物（1918—1937）》③。中国台湾学者余敏玲在编辑出版《前进报》合集中附有《出版缀语》④，对该报的由来做了较为详细的介绍。但除此之外，在欧美学界和中国学界未发现相关的研究或介绍性的文章。

本书作者长期关注此问题，曾搜寻各种线索和俄罗斯相关档案馆，拟对 1918—1938 年在苏联出版的中文报纸做一较系统的介绍，并力图对中文报纸的影响做出评价。

---

① 1903 年布尔什维克（Большевик）建立，1918 年更名为俄共（布）［РПК（б）］，1925 年更名为联共（布），1952 年更为苏共（КП СССР）。为行文方便，本书统称“联共（布）”，如需特别强调则使用原名称。

② 胡汉民：《胡汉民同志在〈前进报〉与各报联欢会的演说词》，《前进报》第 5 期，莫斯科，1926 年 1 月 16 日。

③ Чугуевский Л. И., Периодическая печать на китайском языке в СССР（1918 – 1937 гг.）//*Проблемы востоковедения*, Москва, №. 4. 1959.

④ 《前进报》合集，台北：“中央研究院”近代史研究所 1996 年版，第 1—2 页。

一　中俄关系与旅俄华人

中俄关系始于何时？国内学者一般认为始于16世纪中期①，因为真正以翔实的文字记载中俄关系始于这个时期。据史料记载，俄国沙皇伊凡四世于1567年派丕德罗夫（Иван Петров）和耶里希夫（Бурнаш Ялычев），带着沙皇国书前往东方的中国，要求见中国皇帝，但是，他们只到了托博尔斯克。

1618年，托博尔斯克督军库拉金奉俄国政府命令，派伊凡·彼特林来中国，经过近一年的跋涉，彼特林于1619年到达北京。但是，明朝政府视俄国为远方属国，明神宗未能接见他，但彼特林带回了明神宗致俄国沙皇的“敕书”。自此，中俄两国开始了官方的外交联系。1655年，俄国沙皇派遣的使臣费多尔·巴伊科夫来到北京，因为他拒绝按中国礼仪叩头，因此，没有见到中国皇帝。但是，他带回了顺治皇帝的文书。顺治在致俄沙皇敕书中写道：“大清国皇帝敕谕俄罗斯国察罕汗：尔国远处西北，从未一达中华。今尔诚心向化，谴使进贡方物，朕甚嘉之。特颁恩赉，即俾尔使臣赉回，为昭朕柔远之至意。尔其钦承，永效忠顺，以副恩宠。”②

1675年2月，俄国沙皇阿列克谢·米哈伊洛维奇派遣特使尼古拉·加夫里洛维奇携带国书来北京，这份国书较为详细地介绍了俄国的地理位置、政权制度的沿革，表达与中国皇帝和中国政府结好的愿意。俄国国书称：“天佑神护，领有大小俄罗斯、白俄罗斯、莫斯科、基辅、弗拉基米尔、诺夫哥罗德、喀山、阿斯特拉罕、西伯利亚、普斯科夫、斯摩棱斯克、特维尔、尤格拉、彼尔姆、维亚特卡、保尔加利及下诺瓦哥罗德、切尔尼戈夫、梁赞、罗斯托夫、亚罗斯拉夫、白湖、乌多尔斯克、奥勃多尔斯克、康金斯克等北方地区，领有伊维里亚、卡尔塔林、格鲁吉亚、卡巴尔达、切尔卡斯、莫尔达维亚等东、西、北地方之阿列克谢·米哈伊洛维奇致各国之共主、中国头等大皇帝奏书：我始祖乃系1600余年前，总管各国之奥古斯都恺撒、大帝之后裔。相继传位于我祖先鲁里格（留里克）、弗拉基米尔·斯维托斯拉维奇、伊凡·瓦西里耶维奇，以及其子费多尔·伊万诺维奇，直至传位于我父皇

① 有学者认为始于金帐汗国统治俄国以前，证据是在圣彼得堡的爱尔米塔什博物馆里有一件发现于萨拉托夫附近的中国花缎长衫以及大量经装饰加工的中国青铜镜，证明在13世纪40年代以前中国的手工业品早已进入俄国。也有学者认为始于14世纪的元朝，因为在《元史》中已出现“斡罗思”的字样。据《元史》记载，至顺元年（1330），就有大批俄罗斯人为元朝保卫边疆，元朝政府给他们耕牛、种子和农具。元朝政府在北京设有“宣忠扈卫亲军都万户府”，为正三品官，负责管理俄罗斯军人。还有学者将中俄交往的起始时间推至公元1世纪前后，认为经古都长安，到安息（波斯、伊朗），最后到大秦（罗马）的“丝绸之路”，除了天山南北两路的干道外，还有其他的支路，其中有一条支路贯穿整个蒙古草原，经西伯利亚沿着叶尼塞河、鄂毕河和额尔齐斯河到欧洲。从西伯利亚和蒙古人民共和国的喀喇和林出土的大量青铜器和汉代漆器以及叶尼塞河上游和贝加尔湖地区发现的中国丝绸。此外，高加索出土的中国汉代的剑和玉器，里海西岸发现的汉代铜镜和克里米亚半岛出土的汉代丝织物就是佐证。还有学者将中俄的交往推致公元前119年，西汉武帝任命张骞为中郎将，率领300多名军士，携带金币丝绸、牛羊牲畜，出使西域。张骞一行行程万余里，曾经到达大宛（苏联的费尔干纳盆地锡尔河上游一带）、大月氏（苏联阿姆河地区及今阿富汗境内）等地。

② 编写组：《清代中俄关系档案史料选编》第一编下册，中华书局1981年版，第18页。

米哈伊尔·费多洛维奇。祖先于各国均享有盛誉。弗拉基米尔·斯维托维拉维奇，在国内亦以英勇著称。我俄罗斯国，即系如此世代相传而来。我国周围之基督教、伊斯兰教等邻国之君主，曾与我祖先和睦相处。其中有些国君，亦曾得到我祖先之援助。惟因我国与中国相隔遥远，故尔我之祖先未能彼此派使往来。尔中国之来文，因我国不通晓其文，不知中国大皇帝以何物为贵。今特派我近侍世臣尼古拉·加夫里洛维奇为使，前来呈递文书，并向中国大皇帝问安。愿闻中国大皇帝欣赏何物。我愿按与罗马皇帝周围各国君主以有波斯国王等交往之例，与中国大皇帝彼此友好往来。若需用我国何物，请来文或派使指点，我必尽力迎合中国大皇帝之意。因我祖先从未与中国交往，不知中国奏疏程式，故未逐一陈述中国大皇帝所辖之国，若有不合之处，幸勿见罪，请以礼款待我所派使臣，并祈尽速遣回。若大皇帝以仁爱之意寄送文书，我必以仁爱之意接受。至于文书内如何尊称中国大皇帝，请予指教，以便嗣后按例缮写中国大皇帝之尊称。我祈祷万能天主，祝愿中国大皇帝万万岁。创世纪 718 年 2 月，于京城莫斯科城谨送。”①

1725 年前后，中俄两国的最高统治者相断病逝，两国的皇位都发生了变化。俄国沙皇彼得一世去世后，由他的妻子叶卡捷琳娜一世继位。中国清朝康熙皇帝去世后，由其子雍正帝继位。中俄两国政府互通了信息，并派专人前住对方国都祝贺。俄国政府派遣萨瓦率领一个使节团来北京。萨瓦为一位有经验的外交家兼大商人，他率领随员 120 人，于 1726 年抵达北京，受到清政府隆重的接待，萨瓦递交了叶卡捷琳娜一世的国书。国书称，“全俄罗斯国仁爱女皇叶卡捷琳娜·阿列克谢耶芙娜，获悉大亚细亚国大博格德汗即位之信息后，即派本议政大臣为使前来办理诸事，并向普育天下之大博格德汗圣主请安！我俄罗斯国察罕汗彼得驾崩归天后，由女皇即汗位”②。清政府也由理藩院于 1730 年致函俄国政府的萨纳特（即枢密院，Сенат 的音译），函称：“大清国理藩院咨行俄罗斯国家萨纳特衙门：我两国定界以来益坚和好。兹据互换十一款文本之第六款称：两国行文印信最为紧要，嗣后，中国与俄罗斯国行文，均照前例盖理藩院印，递送俄罗斯国萨纳特衙门。俄罗斯国与中国行文，盖俄罗斯国萨纳特衙门及托博尔城长官之印，递送另理藩院等情。今尔使臣萨瓦公遵照所定条款，送来萨纳特衙门及托波尔城之印样各 20 份，甚是。将此由本院收藏。”③

这是中俄两国政府级外交关系中非常有意义的一次交往，是中俄两国政府间第一次规范化的公文往来，即由清政府的外事机构——理藩院直接发文沙皇政府的外事机构——萨纳特（枢密院）。

同样，在俄罗斯早期文献中，对于中国的记载也极其模糊不清。在俄国可考的古代文献记载中，成书于 12 世纪末的《伊戈尔远征记》中提到了一个遥远的国家名字“希诺瓦”

① 编写组：《清代中俄关系档案史料选编》第二编上册，中华书局 1981 年版，第 40 页。
② 编写组：《清代中俄关系档案史料选编》第二编上册，中华书局 1981 年版，第 483 页。
③ 编写组：《清代中俄关系档案史料选编》第二编下册，中华书局 1981 年版，第 526 页。

（Хинова）和“契丹”（Китай），但很难说这就是中国。俄国特维尔富商、著名旅行家尼基京（Афанасий Никитин）旅行到过印度，1472 年，他出版了《三海航行记》（Хожение за три моря），在书中提到了中国北方为契丹和中国南方为“秦”（Чин）或称“马秦”（Мачин），后两者的名称可能来自印度语，因为尼基京未曾到过中国，关于中国的信息可能主要来自印度商人。书中提到“那里制造瓷器，并且东西都便宜”。如果“通过印度走陆路，半年可达中国，如果走海路，则需四个月”。《三海航行记》出版两年后，尼基京去世，此书及其关于“中国”的记载并未引起世人关注。

而且长期以来，中俄两国政府对于对方的地理位置、政治制度、国土面积、民族习俗都不甚了解。在清代早期的官方文书档案中，曾经长期把俄国视为原金帐汗国的一个小藩国，因此称俄国沙皇为察罕汗，或者将“察罕汗”与“俄罗斯国君”“俄罗斯大皇帝”等名称混用，1727 年的《恰克图条约》签订后，才统称为“俄罗斯国君”。在清代早期的文书和档案中，对俄罗斯的国名也无统一的译法，有“罗刹”“罗禅”“俄罗斯”“斡罗斯”“鄂罗斯”“察罕汗国”等称呼，17 世纪 30 年代后的外交档案中才较多地称“俄罗斯”。俄国也长期把中国视为西伯利亚以西的一个蒙古汗国，称中国皇帝为大博格德汗。

1689 年，中俄签订第一个条约《尼布楚条约》（Нерчинский договор）。1858 年和 1860 年连续签订《瑷珲条约》（Айгунский договор）和《北京条约》（Пекинский договор）。1861 年，俄国在北京正式设立公使馆。1887 年，清政府在圣彼得堡设立正式驻俄公使馆。中俄始正式建立近代国际法意义上的官方关系。

但是，中俄的经贸和民间交流要早于官方关系的确立。俄国 1715 年派驻北京的东正教传教士团的一个重要使命即是充当暂未建立官方关系的中俄之间的贸易特使。1728 年《恰克图条约》确立了中俄边界，并且将恰克图（Кяхта，中文名称“买卖城”）作为两国通商“口岸”，成为中俄之间茶叶、丝绸、瓷器、大黄、姜、麝香、毛皮、皮革、工具的交易“市场”。

1861 年俄国农奴制废除之后，开始其工业和农业方面的结构调整，为解决远东地区缺乏劳动力之虞，沙皇政府于 4 月 27 日颁布新的移民立法，吸引和鼓励俄国人和外国人移居黑龙江流域和滨海地区，凡定居者除最多分给土地 100 俄亩之外，还免除兵役 10 年，免除土地税 20 年。[①] 然而，这个政策对于刺激俄国人移居东部的热情作用不大。在 1859—1882 年的 23 年里，自俄国西部移居远东的人数仅为 14409 人，平均每年仅 600 人。[②] 因此，俄地方政府决定向邻近的中国招募工人。19 世纪 70 年代，从中国的山东、吉林招募 150 名工人，合同期为 2 年，修筑哈巴罗夫斯克的军事工事、港口和铁路。此为真正意义上的第一批华工。[③]

---

① ［俄］翁特尔别格著：《滨海省（1856—1898）》，黑龙江大学俄语系译，商务印书馆 1980 年版，第 64 页。

② Полнер Т. И., *Приамурье: Факты, цифры, наблюдения: Собр. на Дальнем Востоке сотрудниками Общезем. орг.* Москва, Гор. тип., 1909. С. 52.

③ РГИА. *Ф.* 394. *Оп.* 1. *Д.* 7. *Л.* 88.

此后，居住阿穆尔边境区的中国人逐年增加，在军事堡垒、海参崴港口、乌苏里铁路建设工地充斥着大量的华工。沙皇政府外交部官员戈拉文（B. B. Граве）在赴远东考察后写道："在俄国的远东领土上居住的中国公民人数的剧增，黄种人的数量激增。这种现象一方面说明构成阿穆尔河流域总督区治下部分土地，从前属于中国，有中国人居住。另一方面中俄的比邻简化了两国移民国界的通道。根据《瑷辉条约》第一款和《北京条约》第一款，俄国政府保证给予居住在上述地区的中国公民以优惠。"在他看来："这是一些从事粗笨工作的人，他们作为伐木者夏天混迹在原始森林里，作为农业工人混迹在农村，作为工人混迹在城市，建造各类房屋，整修街道，在码头上充当搬运工，在小货轮上当水手，总之出现在一切需要使用粗笨体力的地方。"①

从 1891 年开始，横跨欧亚、具有极其重要的军事战略意义和更为深远的经济政治意义的西伯利亚大铁路东段（车里雅宾斯克—海参崴）动工了。1896 年《中俄密约》签订后，清政府允许西伯利亚铁路伸入中国境内，为中东铁路。而铁路的兴建，无论是在俄国境内，还是后来染指中国东北，都需要大量的劳动力，中国人就成为其劳动力的主要来源。在西起车里雅宾斯克，东至海参崴长达 7000 余千米的西伯利亚大铁路上活跃着 10 万华工的身影。仅中东铁路的横道河子到绥芬河段（3 个工区）就有来自山东、河北等地的近 4 万名工人。

华工赴俄的路线大致有 4 条。

第一条是从与俄国接壤的东北各边境地区进入俄境。水路：兴凯湖—乌苏里江；兴凯湖—乌苏里湾；珲春—图们江—海参崴。陆路：哈尔滨—齐齐哈尔—绥芬河—滨海省；满洲里—外贝加尔。哈尔滨是华工赴俄最重要的中转站，沙皇政府官员戈拉文记载：在 1906—1910 年，有 24 万华工由此赴俄。② 来自山东或河北的华工由关内或者从大连乘火车到哈尔滨和宽城子（长春），再经陆路到远东，大连到哈尔滨的火车票是 5 卢布（后降为 3 卢布），为路途安全，大部分华工买的是三等车厢而非四等车厢票，尤其是火车进入俄国境内时。一部分华工从哈尔滨乘车经满洲里或海拉尔抵达俄国的外贝加尔，另一部分华工经瑷珲（现黑河）到滨海省，再有一部分华工到阿穆尔省。

第二条是从山东烟台（时称芝罘）经海路赴俄。烟台是继赴俄第一大陆路口岸——哈尔滨的第二大华工赴俄中转站，也是赴俄第一大水路口岸。1906—1910 年，从烟台出境到海参崴的华工为 197879 人。同期烟台口岸办理的赴俄就工签证为 155078 份，仅 1906 年就达 54883 份。③ 选择此路线出境者基本为山东人。

---

① Полнер Т. И., *Приамурье: Факты, цифры, наблюдения: Собр. на Дальнем Востоке сотрудниками Общезем. орг.* С. 5, 52.

② Полнер Т. И., *Приамурье: Факты, цифры, наблюдения: Собр. на Дальнем Востоке сотрудниками Общезем. орг.* С. 122.

③ Полнер Т. И., *Приамурье: Факты, цифры, наблюдения: Собр. на Дальнем Востоке сотрудниками Общезем. орг.* С. 12, 16.

第三条是经赤峰中转陆路达俄国的弗拉迪沃斯托克（海参崴）“赤峰口岸成为山东短工出发的主要中转站”。[①] 河北籍华工也多选择此条路线。

第四条路线是从大连、营口和丹东到俄国远东地区。1904—1905 年日俄战争后，来自吉林和山东的华工也选择此路线赴俄，乘坐中国或日本公司的轮船。

此外，绕道欧洲抵达俄国也是一条线路。十月革命前，旅俄华工中有数万人是经西欧随战事进程辗转流落到俄国的。

关于旅俄华工的准确统计数字是一个难题。当代俄罗斯学者索罗金娜认为：“准确统计在阿穆尔地区居住和返回的中国人是极其困难的，因为他们中间的很多人是以步行方式经过没有任何注册站的不知名村子出入俄境的。”[②] 沙皇政府官员施列杰尔认为：“中国人总是走在可能只有他们一个人知道的高山和原始森林间的小道的我们的国界线上。”[③] 俄国总参谋部上校、俄国皇帝地理学会会员纳达罗夫在 1886 年提出的统计数字表明：1860—1870 年，该乌苏里边区的中国人仅为 18 人。1879 年，海参崴的中国人数量为 1196 人。到 1885 年乌苏里边区和海参崴的长住中国人超过 1 万人，流动中国人口 4000 人，同时期该地区的长住俄国人为 3 万人左右。[④]

1897 年，阿穆尔省有中国人 11160 名，占当地总人口的 9.28%；滨海省登记的中国人为 31157 名，占当地总人口的 13.5%。[⑤] 从 1906 年开始，赴俄华工人数激增。海参崴报纸《我们的边区》（Наш край）描写了客货滚装船“自由号”离开海兰泡（布拉戈维申斯克）的情景：“船上所有的空间实实在在地被前往阿穆尔打工的中国人填满了……码头上站满了从南方来的中国人，他们不得不手持船票按照舱位等级顺序等待登船赴阿穆尔沿岸。由于没有自己的位置，每一次轮船离岸后都留下一大批人苦苦等待下一艘轮船的到来。”[⑥]

为统计 1906—1910 年赴俄华工人数，沙皇政府外交部于 1911 年以特派官员戈拉文为首的远东考察团赴黑龙江（阿穆尔河流）域和中俄边境城市（最南到达中国城市赤峰），对华工人数及生活状况进行调查。戈拉文完成了调查报告《阿穆尔河流域的中国人、朝鲜人和日本人：奉使差旅阿穆尔考察团报告》（Китайцы，Корейцы и Японцы в Приамурье. Труды командированной по Высочайшему повелению Амурской экспедиции），于 1912 年在圣彼得堡正式出版。

---

① Позднеев Д. М. *Описание Манчжурии*. СПб.，1897. С. 19.

② Сорокина Т. Н.，Китайская иммиграция на Дальний Восток России в конце XIX-начала XX вв. *//Исторический ежегодник*. Омск，ОмГУ，1996. С. 13 – 23.

③ Шрейдер Д. И.，*Наш Дальний Восток*. Санкт-Петербург，А. Ф. Девриен，ценз. 1897. С. 200.

④ Надаров И. П.，*Материалы к изучению Уссурийского края. Доклады в обществе изучения Амурского края*. Владивосток，1886. С. 15.

⑤ Сорокина Т. Н.，Китайская иммиграция на Дальний Восток России в конце XIX-начала XX вв. *//Исторический ежегодник*. Омск，ОмГУ，1996. С. 13 – 23.

⑥ Сорокина Т. Н.，Китайская иммиграция на Дальний Восток России в конце XIX-начала XX вв. *//Исторический ежегодник*. Омск，ОмГУ，1996. С. 13 – 23.

戈拉文统计 1906—1910 年共有 55 万华工入境，平均每年有 11 万华工入境。大部分华工选择 2—4 月间入境，中国春节前的 11—12 月回国。1906—1910 年，由中国再度入境俄国华工人数为 40 万人，永久回国的华工人数大约为 15 万人。[①] 华工一般在俄工作 1—3 年就决定永久回国。《我们的边区》报也称："通常中国人在春天里来俄国的阿穆尔河流域打工，这已不是新闻了，但是重要的是，在秋天到来前回国者的百分比却明显地逐年减少，例如去年（1908 年）从阿穆尔河流域回国的中国人数量要比前年少 50%。"[②]

1910 年的官方统计数字表明，俄境内统计在册的中国人的 11.5 万名。而按照非官方估计，在册和非在册的中国人已达到 15 万人。其中在农忙季节和进行重大军事及工程建设季节，会有大量的越境而不在册的中国短工。[③] 当代俄罗斯学者拉林估计，至第一次世界大战爆发前的 1914 年，俄国的阿穆尔省和滨海地区的中国人为 8 万—10 万人，而同时期当地俄国居民仅为 12 万人。[④] 另一组数字表明，1916 年滨海省的华工人数为 7.8 万人，海参崴居民为 8.86 万人，其中中国人就为 2.9 万人。[⑤] 在海参崴设有"中国事务警察局"，专门处理涉及中国人的刑事案件。

1914 年 11 月 7 日，俄国对同盟国宣战。为解决前线军事需求、巩固后方工业实力，沙皇政府调整移民政策，放松对国外劳动力的限制。华工不仅出现在东西伯利亚、阿穆尔省和滨海地区，而且出现在莫斯科、彼得格勒、巴库、高加索和黑海地区。在俄罗斯最北部的军事重地摩尔曼斯克从事铁路建设的华工近 1 万人。[⑥] 中国人主要在铁路、西伯利亚金矿、顿巴斯矿山、卡累利阿伐木厂、彼得格勒、莫斯科、基辅、敖德萨和北高加索的企业工作。许多中国人在俄国各地从事农业劳动。在列纳的矿业，70% 的工人是中国人，在阿巴马利克 - 拉扎列夫的乌拉尔企业中有 5000 名中国人。苏联学者统计，第一次世界大战期间，俄国在华招募华工 20 万—30 万人，[⑦] 沙皇政府向前线派出的华工共计 30 余次，人数达 8 万余名。[⑧] 据俄国官方刊物《工业和贸易》（Промышленность и торговля）杂志（1915 年第 27 期）公布的数据，到 1910 年为止，从中国到远东的移民总数约为 55 万。其中，20 万人生活在那里，其余的人，在朝鲜人的压力下，迁移到西伯利亚西部和欧洲的俄罗斯，或者返回祖国。[⑨] 中华旅俄联合会在 1917 年 12 月 17 日的报告中提及自 1916 年夏至今，新招

---

① Полнер Т. И., *Приамурье: Факты, цифры, наблюдения: Собр. на Дальнем Востоке сотрудниками Общезем. орг.* С. 21.

② Сорокина Т. Н., *Китайская иммиграция на Дальний Восток России в конце XIX-начала XX вв.* С. 13 – 23.

③ Ларин А. Г., *Китайцы в России вчера и сегодня: исторический очерк.* Москва, Муравей, 2003. С. 22.

④ ЛаринА. Г., *Китайцы в России вчера и сегодня: исторический очерк. С.* 22.

⑤ ［俄］卢金著：《俄国熊看中国龙：17—20 世纪中国在俄罗斯的形象》，刘卓星等译，重庆出版集团/重庆出版社 2007 年版，第 123—124 页。

⑥ ［俄］卢金著：《俄国熊看中国龙：17—20 世纪中国在俄罗斯的形象》，刘卓星等译，第 123 页。

⑦ Лю Юн-Ань, *Китайские добровольцы в боях за советскую власть* (1918 – 1922). Москва, Восточная литература, 1961С. 39.

⑧ "中央研究院"近代史所编：《中俄关系史料：俄政变与一般交涉（1917—1919）》，台北："中央研究院"近代史所 1960 年版，第 204 页。

⑨ *Промышленность и торговля.* Петербург, №. 27. 1915.

华工人数“已逾十万”。[①] 中国驻俄使馆劳务专员提供的统计数字，第一次世界大战期间，在俄华工有 15 万人。[②] 旅俄华工联合会主席刘泽荣给北洋政府的电报也提到在俄华人达到了 15 万人之众。[③]

在俄文文献中，“中国人”（Китайцы）或“在俄中国人”（Китайцы в России）是较为常见和内容宽泛的指代词。“中国公民”（Китайский гражданин，Китайские подданные）则是强调其国籍属性的专用词。“中国侨民”（Китайские диаспоры）、“中国移民”（Китайская миграция，Китайская эмиграция，Китайская иммиграция）、“中国流民”（Китайские поселения，Выходцы из Китая）和“中国移居者”（Китайские переселенцы）则是强调其来源地的专用词。“中国工人”（Китайские рабочие）、“中国劳动者”（Китайские работники）、“中国劳工”（Китайские трудящиеся）、“中国苦力”（Китайские кули）、“中国短工”（Китайское отходничество）、“中国劳动移民”（Китайские трудовые мигранты）和“中国粗工”（Китайские чернорабочие）则是强调其身份和职业属性的专用词，这四个名词可以统一简称为“华工”。

然而，在俄文文献中，上述名词在通常情况下多混用、并用和连用，并无严格界限，因此，本书涉及的专有名词——华工，实际上也常为其他名词指代。

并且，除俄国专业汉学家的学术著作以外，俄文文献（包括俄国官方文件）中提及的“中国人”等名词，通常仅指其国籍、身份和职业属性，一般不包含其民族属性（如汉族、蒙古族、满族、回族、藏族等），也不包括其省份来源（如山东、河北、吉林、黑龙江等）。

山东省是华工最主要的来源地。从 19 世纪 70 年代第一批华工入俄到 1917 年十月革命前，山东省是“提供”来俄中国人的“大户”（Лидер по поставке Китайцев），而且来自东北的华工的祖籍也多为山东。因此就不难理解为什么在沙皇政府官方文件和其他俄文文献中留有“山东棒子”（Шаньдунбан）、“山东汉子”（Шаньдунцы）、“山东短工”（Шаньдунские отходники）和“山东蛮子”（Шаньдунские манзы）等名称了。

1908 年，海参崴约有 4 万中国人，其中来自山东的华工约为 3 万人。[④] 仅烟台口岸一地 1906—1910 年赴俄的山东籍华工人数就为 197879 人，[⑤] 而且不少人是举家或兄弟相携赴俄的。为此，沙皇政府外交部官员戈拉文认为：“有充分理由说明，在山东有不少这样的家庭，即其家庭成员都曾去过阿穆尔边区、西伯利亚和北满洲去挣高工资的了。”[⑥]

---

① “中央研究院”近代史所编：《中俄关系史料：俄政变与一般交涉（1917—1919）》，第 191 页。

② 卢金著，《俄国熊看中国龙：17—20 世纪中国在俄罗斯的形象》，刘卓星等译，第 123 页。

③ “中央研究院”近代史所编：《中俄关系史料：俄政变与一般交涉（1917—1919）》，第 191 页。

④ Петров А. И.，Китайская историография и истории Китайцев в царской России. краткий очерк. //*Россия и АТР*. Владивосток，2006. № 1.

⑤ Полнер Т. И.，*Приамурье：Факты，цифры，наблюдения：Собр. на Дальнем Востоке сотрудниками Общезем. орг.* С. 12，16.

⑥ Полнер Т. И.，*Приамурье：Факты，цифры，наблюдения：Собр. на Дальнем Востоке сотрудниками Общезем. орг.* С. 11.

二 “东方革命”背景下西伯利亚—远东的华人组织

“东方革命”是“世界革命”的重要内容，源自列宁对世界形势的估计和对马克思恩格斯革命理论的发展。列宁在 1915 年首次提出了“社会主义可能首先在少数甚至在单独一个资本主义国家内获得胜利”[①]，但这一胜利是以“全欧洲的革命”为基本条件的，因此，“唤起国际革命”和从“一国的革命转变成世界革命”被列宁定位为“俄国革命最大的困难，最大的历史课题”。[②] 尤其是在第一次世界大战结束后，欧洲革命形势很快陷入低潮，列宁在 1919 年 12 月不得不承认，“革命的发展在较先进的国家里要缓慢得多、困难得多、复杂得多”[③]，强调将世界革命的重点转向“唤醒的东方”，因为东方各民族“不再仅仅充当别人发财的对象而要参与决定世界命运的时期到来了。”[④]

列宁非常关注中国情况和中国革命形势。列宁早在 1912 年为俄国社会民主工党起草的《关于中国革命的决议》中，就曾热情地评价中国辛亥革命，认为“孙中山领导的这场革命使世界得到解放，并正在破坏欧洲资产阶级的统治”[⑤]。列宁在同年 11 月 8 日发表于《真理报》上的《新生的中国》中再次强调：“先进文明的欧洲对中国的新生不感兴趣。4 亿落后的亚洲人争得了自由，开始积极参加政治生活了。地球上四分之一的人口可以说已经从沉睡中醒来，走向光明，投身运动，奋起斗争了。”[⑥] 列宁在其去世前的遗著《宁肯少些，但要好些》中明确表示：“斗争的结局归根到底取决于如下这一点：俄国、印度、中国等等构成世界人口的绝大多数”，“在这个意义上说，社会主义的最终胜利是完全和绝对有保证的”。[⑦]联共（布）和共产国际在列宁生前多次派出特使，参与中国国民党改组和中国共产党的建立工作，并且承诺为中国革命政党培养军事和政工人才。

近半个多世纪以来，在俄各地的华工因受法律、语言、经济以及组织能力的限制，不得忍受沙皇政府的压迫和资本家的剥削。华工与俄国工人同工但不同酬，俄国工人工资普遍高于华工。据沙皇政府特派远东考察团报告提供的资料，1911 年滨海省，俄国工人日平均工资为 2. 43 卢布，月平均工资为 58. 27 卢布，而华工工资仅分别为 1. 59 卢布和 38. 08 卢布。阿穆尔省的华工工资略高，日平均工资为 2. 15 卢布，月平均工资为 50. 17 卢布，然而仍远低于俄国工人的 2. 89 卢布（日均）和 68. 45 卢布（月均）。[⑧] 身为旅俄侨领的刘泽荣在

---

① 《列宁全集》第 26 卷，人民出版社 2017 年版，第 367 页。

② 《列宁全集》第 34 卷，人民出版社 2017 年版，第 6—9 页。

③ 《列宁全集》第 36 卷，人民出版社 2017 年版，第 377 页。

④ 《列宁全集》第 37 卷，人民出版社 2017 年版，第 327—329 页。

⑤ 《苏联共产党代表大会、代表会议和中央全会决议汇编》第 1 分册，人民出版社 1964 年版，第 368 页。

⑥ *Материалы по изучению рабочего вопроса в Приамурье. Вып.* 2. 1. *Рабочий рынок Приамурья в* 1911*г. Амурская область.* Санкт-Петербург：Канцелярия Ком. по заселению Дальнего Востока，1912. С. 208.

⑦ 《列宁全集》第 43 卷，人民出版社 2017 年版，第 395—396 页。

⑧ *Материалы по изучению рабочего вопроса в Приамурье. Вып.* 2. 1. *Рабочий рынок Приамурья в* 1911*г.* С1911*г. Амурская область.* Санкт-Петербург：Канцелярия Ком. по заселению Дальнего Востока，1912. С. 208. 58.

写给北洋政府的报告中申明：“俄人不遵合同，种种虐待；而包工头复种种剥削，苛细倍至，甚至私募巡警，擅立刑讯，毒打工众，工人因此毙命者，所在皆有；因受潮湿，形成残废者，亦指不胜屈。”[①]身为华工、最终变成苏联公民的纳尔奇克市（Нальчик）退休人员李成彤（Ли Чен-тун）在1959年回忆：“我和我的伙伴们为了摆脱贫困和饥饿而移民到俄罗斯。在满洲里郊区的一个小村庄，立着我们破旧的房子。我把它命名为“眼泪之家”（Дом слёз），因为我想起了我们家的悲惨生活。为了不被饿死，我们被地主奴役，整个土地都在他们手中。很少有人能在工厂找到工作：当地的工厂很少，英国、美国和法国的殖民政策阻碍了中国工业的发展。1916年，在帝国主义战争最激烈的时候，我和我们地区的12000名找工作的小伙子一起去了俄国。我们在彼得格勒附近的伐木厂工作。我们为了寻找幸福，但却陷入了苦役：在沙皇俄国，同样的‘肉食者’也在剥削我们。在森林里的工作很艰难：每天工作15个小时，睡在潮湿的土堆里，在拥挤和泥泞中，我们的劳动仅得到了微薄的收入，几乎无法养活自己。”[②]

正因为如此，绝大多数华工欢迎革命，期待借此改变自己的生活和生存状况。

在十月革命精神的推动和苏维埃政权的帮助下，旅俄华人和华工组织起来，维护自己的权利，改变了几个世纪以来在俄国社会中形成的中国人一盘散沙的形象。

1918年夏，在海参崴，在俄共（布）城市委员会中成立了朝鲜人和华人共产党支部。内战时期，在远东共计有10个华人俄共（布）支部，俄共（布）中有35名中国人。[③]

按照俄罗斯科学院远东分院（ДВО РАН）学者特卡切娃（Г. А. Ткачева）的统计，在1923年、1926年和1937年在苏联远东边疆区共计有中国移民分别50183人、72005人和24589人。[④]

旅俄侨领刘泽荣于1917年4月18日在彼得格勒成立俄国第一个华人团体——中华旅俄联合会（Союз китайских граждан в России），他被推举为会长，联合会“以辅助旅俄学商工三界为宗旨，无论何界发生何种事故，概由本会竭力设法保护办理”为宗旨。[⑤] 联合会与临时政府内务部、彼得格勒自治会、工兵代表苏维埃等机关洽谈，争取取消华工与俄工之间的不平等待遇，设立华工收容所，仅两个月就收留华人1000余人，并提供免费医疗，经费由彼得格勒市自治会拨付7万卢布，由联合会自拨1万卢布。联合会为华工介绍适当工作，运送病残及失业华工回国，至1918年5月已运送华工3万人回国。

---

① “中央研究院”近代史所编：《中俄关系史料：俄政变与一般交涉（1917—1919）》，第164页。

② Григорий Циденков，《Вэй хундан!》—《За красную партию!》. https://warspot.ru/13645-vey-hundan-za-krasnuyu-partiyu（2023-01-07登录）

③ Штейн М. Г.，*Из истории организаций КПСС на Дальнем Востоке*（1905—1941 *гг.*）：*Сборник статей, материалов и документов в помощь изучающим историю КПСС*. Хабаровск，Кн. изд-во，1962. С. 83.

④ Ткачева Г. А.，*Демографическая ситуация на Дальнем Востоке России в 20—30-е годы XX в.* Владивосток，Дальневост. гос. техн. рыбохоз. ун-т，2000. С. 66.

⑤ 刘泽荣：《十月革命前后我在苏联的一段经历》，《文史资料选辑》合订本第60辑，中国文史出版社1989年版，第201页。

1918 年 12 月 24 日，在苏维埃政权支持下，中国旅俄联合会改名“旅俄华工联合会”（Союз китайских рабочих в России），会长刘泽荣宣布联合会脱离职业联合会的圈子，拥护布尔什维克的领导，以维护华人华工的合法权益为宗旨。同年 12 月 30 日，在莫斯科召开第一次群众大会，通过了该会章程，选举新的执委会和出席莫斯科苏维埃的代表。该联合会在萨马拉、萨拉托夫、叶卡捷林堡、上乌丁斯克（乌兰乌德）、彼得格勒、乌克兰以及个别中亚国家等多地设有分会。当北洋政府拒绝苏维埃政权并召回驻俄外交人员时，苏维埃政权“旅俄华工联合会”成为中国公民在苏俄利益的唯一代表，并且将中国驻彼得格勒公使馆交给联合会使用。列宁曾在 1918 年提出建议，“在那些移居俄国的华工中，是否可以挑出革命人士去同孙中山接触”①。

苏联外交部的档案馆（Архив Министерства иностранных дел）收藏了刘泽荣（刘绍周）于 1920 年 1 月 25 日被任命为旅俄华工联合会主席的委任状，值得一提的是，委任状上“刘绍周”的俄文写法是 Лау Сиу-джау（直接音译：老秀照），而非现代写法 Лю Шаочжоу，显然前者来自粤语发音，后者来自普通话发音。②

苏俄政府的机关刊物《全俄中央执行委员会通报》（Известиях ВЦИК）报道：旅俄华工联合会通知外交人民委员部，中国工人组织在 1918 年 12 月 24 日控制了中国北洋政府驻彼得格勒大使馆大楼，并成立了中央执行委员会来管理中国公民在俄罗斯的利益。大使馆的所有档案都交给了旅俄华工联合会。中国大使馆上空挂着红旗。“苏联政府注意到这一变化，承认旅俄华工联合会有权代表中国人在俄罗斯的利益”。③ 旅俄华工联合会会员最多时为 10 万人。④

1919 年 3 月，刘泽荣以“中国社会主义工人党”（Социалистическая рабочая партия Китая）代表的名义参加了共产国际第一次代表大会，受到了列宁的接见。列宁在刘泽荣的身份证上亲笔写下特别批示：“要求所有苏维埃政府机关及主管人员对该同志予以一切照顾、关怀。”⑤

1920 年 6 月 25 日，旅俄华工联合会在第三次代表大会上决定成立俄国共产华员局⑥，选举安龙鹤（安恩学）为主席，俄国共产华员局作为联共（布）的支部申请加入共产国际，其申请于 7 月 1 日得到联共（布）中央的支持。俄国共产华员局集体致电列宁：“问候您，

① 1925 年，季诺维也夫在代表共产国际为孙中山去世所致的唁电中提到：“1916 年的一天，当时第一次世界大战方酣，一些布尔什维克在伯尔尼集会讨论民族自决问题。列宁在会上突然建议，布尔什维克将来应和中国革命联合起来。这一提议当时似乎是一种梦想。……在 1918 年中国和俄国还被捷克人、社会革命党人和高尔察克分割开来的时候，列宁有一次问到在那些移居俄国的华工中，是否可以挑出革命人士去同孙中山接触。”（*Правда*. Москва，1925 – 3 – 14.）

② Новогрудский Г. С.，Дунаевский А. М.，*Товарищи китайские бойцы*. Москва：Воениздат，1959. С. 79.

③ Новогрудский Г. С.，Дунаевский А. М.，*Товарищи китайские бойцы*. С. 81.

④ Лю Юн-ань，*Китайские добровольцы в боях за советскую власть*（1918 – 1922）. С. 42.

⑤ 刘泽荣：《十月革命前后我在苏联的一段经历》，《文史资料选辑》合订本第 60 辑，中国文史出版社 1989 年版，第 202 页。

⑥ 俄文名称直译“俄共（布）俄国中国共产主义者中央组织局”（централньное организационное бюро китайских коммунистов в России при РКП（Б））。“俄国共产华员局”的中文名称是在成立大会上讨论后确定的。

我们敬爱的领袖和导师……俄罗斯社会主义共和国是我们的堡垒和希望。我们一定能取得中国工农的解放。那时，五万万中国劳动人民将向俄国无产阶级伸出友谊之手。现在华员局在莫斯科成立了，它肩负起了实施这一基本目标的任务。"[①] 1920 年 7 月，共产国际第二次代表大会召开，俄国共产华员局派出了安龙鹤和刘泽荣参加。刘泽荣参加了民族与殖民地问题委员会的工作，并于 7 月 28 日在第四次会议上发言。

俄国共产华员局按照其章程的规定，"曾讨论过国际无产阶级的团结、中国人民革命的民族解放运动，对于在旅俄的中国劳动人民中的工作等问题。例如，1920 年 7 月 31 日，讨论的是旅俄华工状况问题；8 月 7 日，关于参加星期六义务劳动；10 月 5 日，关于在鄂木斯克华工中积极进行宣传鼓动工作和群众工作等问题"[②]。

1920 年 11 月，决定将俄国共产华员局总部迁移至远东共和国的首都上乌丁斯克，由 1920 年 7 月在伊尔库茨克成立的俄共（布）西伯利亚州局东方民族部管辖。俄共（布）中央赋予俄国共产华员局的另一个使命就是"华人共产党员应对各国无产阶级负责，直接承担起在中国进行社会革命的职任，组织中国的无产阶级"，派人返回中国进行共产主义宣传，"在中国本土凡有共产主义者及其同情者的地方，均建立共产党支部"。[③] 有资料记载："近日由俄国返国的华工开始在中国居民甚至在军队中进行布尔什维克主义的宣传。"[④] 俄国共产华员局也曾派人赴广东，试图与孙中山和南方革命政权联系，但未获成功。共产国际还把受到列宁器重的旅俄华工联合会长刘泽荣派遣到中国。1920 年 11 月，刘泽荣携家眷经中东铁路回国，他随即被中东铁路管理局聘用，后来刘泽荣就脱离了与联共（布）和共产国际的关系。

因此，俄共（布）和共产国际对俄国共产华员局的工作成绩和工作效率是极其不满的，共产国际远东书记处书记舒米亚茨基认为："那个中国共产主义者的中央委员会（俄国共产华员局）根本就没有威信，起不了任何作用，其成员也没有工作能力。"[⑤] 随后，俄共（布）和共产国际将挑送中国革命依靠对象的目光转向中国国内，随之 1927 年 7 月中国共产党正式成立，俄国共产华员局就退出了政治舞台。[⑥]

与此同时，俄共（布）和共产国际通过各种秘密渠道了解中国国内的政治动向。1920 年 4 月，维经斯基（Г. Н. Войтинский，中文名吴廷康）受俄共（布）远东局海参崴处长、苏俄外交人民委员部远东事务全权代表维连斯基 – 西比里亚科（В. Д. Виленский-Сибиряков）委派赴中国，其任务是在上海建立共产国际东亚书记处（Восточноазиатский

---

① РГАСПИ（俄罗斯国立社会政治历史档案馆），ф. 461，опись. 1. д. 47842，л. 8.

② РГАСПИ，ф. 17，опись. 2. д. 29，л. 1，8，12.

③ 李玉贞主编：《中共首次亮相国际政治舞台（档案资料集）》，上海人民出版社 2016 年版，第 13 页。

④ Лю Юн-ань, *Китайские добровольцы в боях за советскую власть*（1918 – 1922）. С. 42.

⑤ 李玉贞主编：《中共首次亮相国际政治舞台（档案资料集）》，第 92 页。

⑥ 著名中国近代史和党史专家李玉贞认为俄国共产华员局的性质为"准政党"。参见李玉贞《也论吴廷康与俄国共产华员局》（《中共创建史研究》第 2 辑，上海人民出版社 2017 年版，第 58—66 页）。

секретариат Коминтерна)，下设中国科、朝鲜科、蒙藏科和日本科，目标是帮助中国、日本、朝鲜的先进分子建立共产党组织。维经斯基在给共产国际的报告中谈到了中国共产主义者李大钊和陈独秀等人。随后，上海、北京、天津、汉口、南京、武汉和济南的共产主义小组接受了苏俄的资金援助。[①] 俄共（布）西伯利亚局东方民族部注意到“无论在伊尔库茨克还是中国，都拥有一批训练有素真正具备无产阶级世界观的中国共产主义者”。[②] 自此，俄共（布）和共产国际与中国最先进的共产主义者和未来的中国共产党的奠基人们建立了密切的关系。共产国际远东书记处代表达林回忆：“于是，在反帝斗争的过程中，中国共产主义运动的先决条件成熟了。这时中国的共产主义者必须和共产国际建立积极而直接的联系，了解它的纲领和组织原则，汇入到世界工人运动的总潮流中去。在这方面，白卫军成了障碍，他们使中国和苏俄的联系中断了好几年。但是，高尔察克反革命叛乱一被击溃，苏俄与中国边界连接起来，中国共产主义者与共产国际建立联系就变为可能的了。”[③]

1921 年 1 月，共产国际执委会决定在伊尔库茨克建立共产国际远东书记处中国部，曾经在哈尔滨中东铁路学校学习并掌握中文的阿勃拉姆松（М. М. Абрамсон）被任命为中国部首任书记。1921 年 2 月初，张太雷通过在天津师范学堂任教的俄侨波列沃依（С. А. Полевой）收到了维经斯基和李大钊的邀请，指派他前往伊尔库茨克的共产国际远东书记处工作[④]。张太雷于 1921 年 3 月 23 日被任命为远东书记处中国部临时书记，任务是“组织中国部……准备有关中国情况的报告，寄给我们编辑的苏联报纸信息，同时准备中国共产党给共产国际的报告”[⑤]。张太雷很快赢得了共产国际执行委员会远东书记处书记兼远东共和国部长会议主席舒米亚茨基的信任，并且在较短时间内确定了共产国际远东书记处中国部的工作原则和计划，为中共与联共（布）和共产国际的关系打开了极好局面。

三　出版中文报刊：在西伯利亚—远东传播中国声音

尽管在 18 世纪的欧洲，曾经风行过“中国风”（Chinoiserie），并且作为最时髦的欧洲习俗，同时传到了彼得一世“大改革”后欧化的俄国社会，但是，俄国人所接受的中国文化不是直接源于中国，而是经过西欧转手而来的，不仅是特别肤浅，而且是极其变形。例

---

① Мамаева Н. Л. *Коминтерн и Гоминьдан*, 1919－1929. Москава, РОССПЭН, 1999. С. 228.

② 李玉贞主编：《中共首次亮相国际政治舞台（档案资料集）》，第 86 页。

③ 达林，《中国回忆录 1921—1927》，侯均初等译，中国社会科学出版社 1981 年版，第 27 页。

④ 俄裔美国汉学家潘佐夫则认为是海参崴东方学院学生、1917 年秋至 1918 年秋曾在哈尔滨学习担任过哈尔滨学生联合会（союз учащихся Харбина）主席的布尔特曼（Н. Г. Буртман）推荐了了张太雷。布尔特曼在 1919 年 5 月来天津拯救被白俄围困的大学生，时为北洋大学学生的张太雷为他做英文翻译。此时布尔特曼当时已回到苏俄并担任俄共（布）西伯利亚局东方民族部部长。参见：Панцов А. В. Чжан Тайлэй и распространение большевизма в Китае//Панцов А. В., Аринчева Д. А., *Жизни и судьбы первых китайских коммунистов*. Москва, ИДВ РАН, 2021. С. 131－133.

⑤ Шумяцкий Б. Из истории комсомола и компартии Китая (Памяти одного из организаторов Комсомола и Компартии Китая тов. Чжан-Та-Лая) // *Революционный Восток*. 1928. № 4－5. С. 217－218.

如，闻名18世纪的中国戏剧《赵氏孤儿》，则由俄国作家苏马罗科夫（А. П. Сумароков）从德文版《赵氏孤儿》（Die Waise von Zhao）转译而来，但名称变成了《中国孤儿》（Китайская сирота）。

而中文作为迥异于欧洲绝大多数语言的跨文化文字，学习和掌握它始终被欧洲人视为畏途。中文对于俄罗斯上流社会和知识分子来说，同样是最神秘的和最具挑战性的语言文字之一。尽管随着东正教驻北京传教士团于1715年起长驻北京，比丘林（Н. Я. Бичурин）等俄国第一代汉学家将中国文化直接传播到俄国社会，1835年5月16日，比丘林在恰克图建立了第一个汉语学校；俄国政府1837年在喀山大学设立了汉语满语鞑靼语教席，瓦西里耶夫（В. П. Васильев，1818－1900，中文名：王西里）受聘教授，继而于1855年在圣彼得堡大学设立汉语教研室。但是，中文仍然被俄国人视为最难掌握的语言，以至于在俄文保留的谚语中将无法理解或是难懂的东西称为"中国文书"（Китайская грамата），意为"最难懂的或最不清楚的东西"（Что-то непонятное и неизвестное）。例如，著名作家契诃夫（А. П. Чехов）在1899年1月19日写给友人卡米萨勒斯卡娅（В. Ф. Комиссаржевская）的信中谈到，"我一生和任何时候都不写评论，对我来说这简直就是中国文书"（Я во всю жизнь мою никогда не писал рецензий，для меня это китайская грамота）[①]。因此，直至俄罗斯帝国覆灭的1917年和十月革命胜利初期，在俄国境内只有在海参崴出版的《中华商报》，发行量仅为200份，内容只涉及商业贸易问题，没有其他面向广大旅俄华人的中文报刊。

十月革命爆发后，旅居俄国各地的6万华工积极地参加了布尔什维克领导的革命运动[②]，并为此抛撒鲜血乃至献出生命。数万华工以自己的牺牲赢得了布尔什维克、苏维埃政权和全体俄国（苏联）人民的尊敬，也促成了俄国（苏联）社会重新认识中国文化和中国人，在俄国（苏联）人中形成全新的"中国形象"。[③]

在叶卡捷琳娜（Екатерибург）出版的《乌拉尔工人报》（Уральский рабочий）写道："在我们战线上作战的中国团，以其坚强和极端坚忍不拔的品质而著称，中国团是我们战线上最好的红军部队。"[④] "从彼得格勒到我国北部的科拉半岛，到我国南部的乌克兰以及高加索地区，到我国西部的战争前沿地带，到我国东部的乌拉尔以及西伯利亚，在所有苏维埃

---

① *Фразеологический словарь русского литературного языка.* М.：Астрель，АСТ. А. И. Фёдоров. 2008.

② 《申报》（1921年9月26日）报道："约计华侨曾入红军者五万余人，军官亦不下千人。"

③ 在十月革命以及国内战争和反对帝国主义武装干涉苏维埃政权时期，由在红军中活跃着由6万华工组成的孙福元中国营、任辅臣中国团、张福荣中国营、伏龙芝中国独立团、包其三中国营、桑富阳中国营、韩喜顺中国支队、敖德萨中国独立支队、比里多诺夫中国支队和彼尔姆中国支队，他们为保卫苏维埃政权英勇战斗，得到了列宁和俄共（布）、苏维埃政权的嘉奖。中苏学者对均有深入研究。俄文代表著作参见波波夫《他们与我们并肩为苏维埃政权而战》（Попов Н. А. *Они с нами сражались за власть Совета.* М.，1948.）、《为苏维埃政权而战的中国志愿军》（*Китайские добровольцы в боях за советскую власть*（1918－1922）. Москва，1961.）。中文代表著作参见李永昌《旅俄华工与十月革命》，河北教育出版社1988年版；薛衔天、黄纪莲：《中国人民对十月革命的支援》，载《世界历史》1987年第5期。

④ *Уральский рабочий.* Екатеринбург，1 сентября 1918

政权受到外国干涉者和国内反革命力量威胁的地方，华工都武装起来，勇敢地参加到十月革命保护者的行列之中了。”[①] 萨拉托夫（Саратов）出版的《共产主义者》报（Коммунисты）称赞：“中国团部队是我们战线上最顽强的部队。中国团之所以有这样顽强的战斗力，在于他们对共产主义事业的无限忠贞，在于官兵间有着血肉相连、生死与共的阶级感情。”[②]

1918年11月23日，著名的中国团团长任辅臣在保卫乌拉尔维亚车站的战斗中英勇牺牲，终年34岁，后被安葬在该车站附近。在图拉（Тула）出版的《公社社员报》（Коммунар）写道：“中国团团长任辅臣同志壮烈牺牲了。任辅臣同志在中国侨民中享有很高威信，他把在中国人中间的影响和威信全部献给了苏维埃俄国。由他领导的中国团部队是我们战线上最坚强的最可信赖的部队。革命战士们将永远记着为全世界被压迫者的事业而献出了生命的中国人民的儿子——任辅臣同志。”[③] 1921年，苏俄人民委员会主席列宁在克里姆林宫会见了任辅臣的遗孀张含光及子女，称赞任辅臣是杰出的指挥员和真正的布尔什维克主义者。[④]

在旅俄华人中间宣传革命理论，吸引华人参加保卫和建设苏维埃政权，以及推动东方革命和中国革命，成为联共（布）和共产国际的重要使命。“但当时政治机关所能提供的，只有1918年1月出版的《和平法令》（Декрет о мире）的中文版。”[⑤] 截至1918年底，旅俄华工联合会会员最多时为10万人，而全俄的华人（包括华工、华农、华商及部分留学生等）近20万人。[⑥] 此外，东方劳动者共产主义大学（Коммунистический университет трудящихся Востока）、中国劳动者中山大学（Университет трудящихся Китая им. Сунь Ят-сена）和国际列宁学校（Международная леенинская школа）分别于1921年、1925年和1926年建立，并且在西伯利亚远东地区设立分校，中国国民党和共产党派出大量的青年赴苏学习政治理论和军事指挥。但是，绝大部分旅俄华人不懂俄语，无法阅读俄文报刊。

苏俄政府决定委托旅俄华工联合会主办一份专门针对华人发行的华文报纸。在俄罗斯联邦国防部中央档案馆（Центральный архив Министерства обороны РФ）保存了1918年红军国际部队组建军事委员会的关系与彼得格勒地区军事委员会联系过程。在报道中国军队组建的过程中，俄共（布）党员、捷克共产主义者、红军国际部队负责人之一的恰斯杰

---

① Попов Н. А., *Они с нами сражались за власть Совета*. Москва, 1948. С. 23－25.

② *Коммунисты*. Саратов, 4 октября1918

③ *Коммунар*. Тула. 28 декабря 1918

④ 1989年11月2日苏联驻中华人民共和国特命全权大使特罗扬诺夫斯基（О. А. Трояновский）代表苏联政府向任辅臣的家属追授苏联最高军事勋章“红旗勋章”（крансая знамя）。

⑤ Чугуевский Л. И., Периодическая печать на китайском языке в СССР (1918 － 1937 гг.) //*Проблемы востоковедения*, Москва, №. 4. 1959.

⑥ Лю Юн-ань, *Китайские добровольцы в боях за советскую власть* (1918－1922). С. 42.

克·斯拉沃亚尔（Частек Славояр，1894—1920）强调有必要出版一份中国报纸。[①] 1918 年 5 月 21 日在奔萨（Пенза）出版的《工农代表苏维埃新闻》（Известия Совета рабочих и крестьянских депутатов）上发表了一篇题为“在中国社会主义者中间”（Среди китайцев социалистов）的文章中宣布：“不久将出版自己的中国布尔什维克报纸。”[②] 俄罗斯国家社会政治历史档案馆中保存了红军东部战线第三集团军司令部在 1918 年 9 月 21 日给军事人民委员部的电报，相关文件证实要求每天向中国军团军队发放 7000 份中文报刊。电报中说：“中国战士对中国文学表现出极大的兴趣”。[③]

彼尔姆省苏维埃院（Пермский губсовдеп）外事局主席马利诺娃（Малинова）在 1918 年 10 月 10 日出版的《全俄中央执行委员会通报》上发表的一篇文章中提出了同样的问题。她写道：“中国人正在彼尔姆组建中国国际第二营……需要迅速建立出版朝鲜文和中文的苏维埃出版物的组织。”[④]

1918 年 10 月初，由旅俄中国北方省份工人苏维埃执委会（Исполнительный Комитет Совета китайских рабочих Северной области）创办的《华工报》（Китайский работник）出版，一周出版一期。版面大小为 74 厘米 ×50.5 厘米。第一版的专栏有“国际新闻”“国内新闻”“告劳动者书”“广告启事”“政府与人民”。第二版内容涉及中国和苏联的经济状态和统计数字。1918 年 10 月 17 日出版的《中央执行委员会消息报》报道：“几天前，《华工报》创刊号在波利瓦诺夫[⑤]主编下正式出版。新报纸以在苏俄境内的中国人中间传播共产主义思想为宗旨。”[⑥] 1918 年 12 月，在苏俄的中国人组织合并成为旅俄华工联合会，《华工报》成为联合会的机关报。

苏联学者丘古耶夫斯基（Л. И. Чугуевский）在 1959 年发表的文章中强调：“在苏联出版的第一份大众中文报纸是石印双周刊《华工报》”[⑦]，但因出版时间短和发行数量小，因此影响很小。苏俄外交人民委员部资助旅俄华工联合会创办新的中文报纸，与旅俄华工联合会需要拥有自己的机关报的想法不谋而合，因此，它接受了苏俄政府的委托，决定吸取《华工报》的经验，在 1918 年 12 月创办了一份不定期的中文报纸《旅俄华工大同报》（俄文音译 Люй Э хуагун да тун бао）[⑧]，在全俄范围内发行。编辑部成员有刘泽荣、

① Новогрудский Г. С.，Дунаевский А. М.，Товарищи китайские бойцы. С. 81.

② Известия Совета рабочих и крестьянских депутатов. Пенза，21мая1918.

③ Новогрудский Г. С.，Дунаевский А. М.，Товарищи китайские бойцы. С. 79.

④ *Известия ВЦИК*. Петроград. 10 октябри 1918.

⑤ 波利瓦诺夫（Е. Д. Поливанов，1891 - 1938），苏联著名语言学家、汉学家，精通汉语、日语、土耳其语和朝鲜语。1917 年底至 1918 年初担任苏俄外交人民委员部东方司司长。彼得格勒大学教授。1937 年 8 月 1 日因“日本间谍案”被清洗。他也是后来的《旅俄华工大同报》编辑。他首次将 Совет 按照音译的方式翻译成“苏维埃”。

⑥ *Известия ВЦИК*. Петроград. 17 октябри 1918.

⑦ Чугуевский Л. И.，Периодическая печать на китайском языке в СССР （1918 - 1937 гг.）//*Проблемы востоковедения*，№. 4. 1959.

⑧ 俄文报名 Великое равенство，意为“伟大的平等”。

孙言川[①]和张玉春[②]，报纸的内容基本来自苏俄各大报纸的最重要消息，由刘泽荣口译成中文，孙言川记录成文，再工整地抄写在大张纸上，送到彼得格勒兹洛特尼哥夫印刷厂以石印方式印制[③]。该报每月出版一期或两期，版面为两开两版，每期印制 2000—3000 份，全部送到苏俄军事部门，供苏俄红军中的中国官兵阅读。俄罗斯著名中国问题专家拉林（А. Г. Ларин）谈到他在俄罗斯联邦外交部档案馆（архив Министерства иностранных дел）发现另一份中文报纸《俄京华工大同报》（Э цзин хуа гун датун бао/Газета Датун китайских рабочих в российской столице），该报俄文报名为《莫斯科工人报》（Московский рабочий）。[④] 拉林强调此报与《旅俄华工大同报》并非同一份报纸。

苏俄建立初期，社会动荡，物资奇缺，印刷纸张尤其缺乏。但是，苏俄政府给予旅俄华工联合会出版《旅俄华工大同报》特别的支持，列宁亲自批示为其提供便利，在经费和物资方面支持该报出版。

苏俄政府于 1919 年 7 月 25 日发表“第一次对华宣言”，由于路途遥远、信息传递不便等原因，中国北洋政府收到正式文本是在 1920 年 4 月 3 日，时间滞后了近十个月之久。但是，这份重要的对华关系文件，首先在《旅俄华工大同报》上公开发表了，在当时的旅俄华人中引起了极大的反响。

1920 年 4 月 22 日是列宁 50 岁生日，刘泽荣代表旅俄华人写了一首祝寿词，发表在《旅俄华工大同报》上：“寰球劳动，创达共产；今日起义，悠久和平；贫民弱国，万国农工；转建新世，景仰列宁。”[⑤]

但是，在相当长一段时间里，《旅俄华工大同报》被湮灭在历史之中。中俄学者均对该报未有察觉或者找不到报纸的原件。

1926 年 1 月 15 日，访问莫斯科的国民党领袖胡汉民日在演讲中强调：“在莫斯科地区，有中国文字报纸出版，真是莫斯科从来未曾有过的第一件事，《前进报》在这个地方与其他报纸联欢也是未曾有过的第一件事。”[⑥] 说明《华工报》以及《旅俄华工大同报》的影响在当时比较有限，至少是在莫斯科客居近半年的胡汉民尚不知晓。

---

① 孙言川（约 1880—1921 年），福建青田县仁庄镇孙山村人。根据史料记载，孙言川是青田县华侨中最早参加俄国革命活动、最早为维护华侨合法权益做出贡献的杰出代表之一。他为人正直、乐于助人，旅俄期间，努力为广大侨胞奔走呼号，帮助不少华工免受俄国沙文主义歧视和战乱祸殃。

② 关于张玉春（Чжан Юй-чуан）的信息极少，他在 1919 年 1 月 19 日彼得格勒的一次公开演讲时，被不明身份的枪手当场谋杀。“张是中国观众最好的演讲者。他又高又瘦，眼睛闪闪发光，总是带着如此大的灵感，如此相信自己的话是正确的，真的点燃了听众。从他的讲话方式来看，他是知识分子，是中国人民当时引以为豪的先进的、有革命思想的、受过高等教育的知识分子。这当然是政治谋杀。”参见：Новогрудский Г. С.，Дунаевский А. М.，*Товарищи Китайские бойцы*. С. 79.

③ 每期报纸报头右上方标注“兹洛特尼科夫石印厂。彼得格勒，瓦西里岛 9 线，18 栋”（Литография Ф. Злотников. Петроград，Васильевский остров，9-я линия，д. 18）。

④ ЛаринА. Г.，*Китайцы в России вчера и сегодня*：*Исторический очерк*. С. 89.

⑤ Аникеев В. В.，*Письма В. И. Ленину из-за рубежа*. Москва：Мысль，1966. С. 418.

⑥ 《前进报》第 5 期，莫斯科，1926 年 1 月 16 日。

据《中国战士同志》（Товарищи Китайские бойцы）的作者诺沃格鲁斯基（Г. С. Новогрудский）[①] 在书中透露，直至1958年，在苏联的各类图书馆和档案馆中都找不到《旅俄华工大同报》的原件或复制件。在1922年彼得格勒出版的《1918年定期出版物名录》（Списка повременных изданий за 1918 год），记录了上千份报纸的名字，但仍然没有找到《旅俄华工大同报》的名称。苏联权威学术刊物《历史问题》（Вопросы истории）杂志对此进行了总结。"按照1957年10月号《中国工人》杂志的说法，非常不幸运，'我们找不到该报的任何一期'。"[②]

但是，诺沃格鲁斯基从苏联著名汉学家郭肇堂[③]处获得了新线索和权威的答案。郭肇堂作为苏联权威的汉学家，青年时代曾经参加了联共（布）和共产国际的工作，对于那段历史较为清楚。他解释说："只有可能在彼得格勒，而其他地方是不可能的。你会明白，要出版一份中文报纸，就需要非常有文化的人——懂中文的人。但这还不够。此外，他们还应该是革命家……他们在彼得格勒就是这样。他们在那里组织了旅俄华工联合会，联合了数以万计的中国工人，他们还出版了报纸。它最初被称为《华工报》，后来改名为《旅俄华工大同报》。"[④] 郭肇堂解释："是的，这是众所周知的。《华工报》这个名称比较小，而《旅俄华工大同报》的名称则是大大扩张了范围。这份报纸强调它的目的是传播民族自由和民族间伟大平等的思想，这种平等在革命的俄国已经实现了……请注意：《旅俄华工大同报》是在彼得格勒以石版印刷品方式出版的。"诺沃格鲁斯基问："为什么用石版印刷?"郭肇堂回答："在彼得格勒，甚至在俄罗斯，当时没有中国文字排版机的印刷厂，报纸首先用手写，然后用石版印刷。"[⑤]

郭肇堂提示《华工报》和《旅俄华工大同报》是旅俄华工联合会的机关报，而旅俄华工联合会在1918年12月24日控制中国驻俄国大使馆后，实际上扮演了中国驻俄使节的重要外交职责，他建议诺沃格鲁斯基去苏联外交部档案馆试一试。结果让诺沃格鲁斯基大喜过望："在斯摩棱斯克广场外交部大楼里度过的日子给了我们很多收获。我们在这里找到了其他档案中没有保存下来的东西：旅俄华工联合会章程；联合会代表大会会议记录；特别是在工会之家圆柱厅举行的第三次会议记录；代表大会与会者致孙中山的贺词；这是一个所谓的大文件夹，伴随着无数的小文件——一个或另一个授权；保护证书；关于对非法征用的投诉；乘坐司令部列车旅行的申请；被分配给养人的名单。简言之，完全是档案的矿

---

① 诺沃格鲁斯基（Г. С. Новогрудский，1904－1973），苏联记者、作家。20世纪30—40年代担任《真理报》《红色舰队报》（Красный флот）记者和评论员。创作大量纪实作品、军事作品和儿童读物。笔名尼·戈尔杰耶夫（Н. Гордеев）。

② Новогрудский Г. С.，Дунаевский А. М.，*Товарищи китайские бойцы*. С. 81.

③ 俄文姓名阿法纳西·加洛夫洛维奇·克雷莫夫（Афанасий ГавриловичКрымов，笔名：А. Г. Афанасьев或Е. Куо，1905—1988年），早年毕业于东方劳动者共产主义大学（КУТВ），1925年起在东方劳动者共产主义大学和其他莫斯科的大学东方系教学，1934年和1962年分别获得历史学副博士和博士学位，1955—1988年担任苏联科学院远东研究所（ИВ АН СССР）研究员。

④ Новогрудский Г. С.，Дунаевский А. М.，*Товарищи китайские бойцы*. С. 81.

⑤ Новогрудский Г. С.，Дунаевский А. М.，*Товарищи китайские бойцы*. С. 82.

山，必须挖开这个矿山，以提取任何一个有价值的元素。”[①]

诺沃格鲁斯基在苏联外交部档案馆里发现了一份珍贵的文件副本，上书：“外交人民委员部东方司要求国家出版社承担在苏联唯一出版的中国报纸《大同报》（Датун бао）的发行，但我们的要求被拒绝了。鉴于至少拥有一个中文出版机构的重要性，外交人民委员部要求国家出版社确认有必要发行此报”。[②] 与这份文件合存一份档案夹的还有一张整齐折叠的 4 张纸，“上面印有清晰的印刷字体。多么奇怪的字体！文字垂直变成了一条线。这简直是象形文字（иероглифы），这是……我们匆匆忙忙地打开折叠的纸。是的，在我们面前的是报纸，正是我们一直在徒劳地寻找的在苏联定期出版的中文报纸，大标题贯穿整个页面。上面是中文，下面是俄文 Великое равенство，1920 年 4 月 1 日出版，第 27（3）号，彼得格勒。”[③]

因为诺沃格鲁斯基不懂中文，因此带着报纸的复制品向苏联外交部远东司副司长、中国问题专家贾丕才（М. С. Капица）请教，贾丕才非常兴奋地翻译，报纸首版是外交人民委员齐切林（Г. В. Чичерин）致孙中山的信[④]，齐切林在信中表示：“人民委员会委派我荣幸地感谢您代表中国南方议会向苏俄工农政府的致意，并欢迎您作为中国革命和人民的领袖，从 1911 年起，在极其困难的情况下，继续领导中国民主，反对中国北方和外国帝国主义政府的压迫。您在欢迎俄国工农政府的时候指出，俄国革命和中国革命的目标是共同的，都是为了人民解放和建立持久和平而努力。我们的命运是艰难的，斗争是不平等的。在这种考验的时刻，当帝国主义政府从西方、东方、北方和南方伸出掠夺的手来扼杀俄国革命，从俄国农民和工人手中夺走他们以世上见过的大革命获得的东西时，当北京政府准备加入这些掠夺者时，俄国劳动阶级作为外国银行家的替代者，向自己的兄弟中国人呼吁，号召他们共同斗争。因此，我们的成功就是你们的成功。我们的死亡就是你们的死亡。让我们在争取世界无产阶级共同利益的伟大斗争中紧密团结起来。劳动的中国农民万岁，中国工人万岁，俄罗斯和中国无产阶级联盟万岁！”[⑤] 贾丕才将此信全部翻译完后告诉诺沃格鲁斯基说，这是一封非常重要的外交信函，因为孙中山在随后的回信中告诉齐切林：“我对你们的事业，特别是你们苏维埃的组织、你们的军队和你们的教育，极感兴趣……就像莫斯科一样，我想深深地在明天劳动的年轻一代的头脑中奠定中华民国的基础。”[⑥]

这期《旅俄华工大同报》上还有红军部队中苏联和中国战士携手解放伊尔库茨克的报道，以及大量伊尔库茨克的中国人加入红军，组建中国国际志愿师的消息。

1920 年 6 月 25 日，旅俄华工联合会在第三次代表大会上决定成立俄国共产华员局，该

---

① Новогрудский Г. С.，Дунаевский А. М.，*Товарищи китайские бойцы*. С. 82－83.

② Новогрудский Г. С.，Дунаевский А. М.，*Товарищи Китайские бойцы*. С. 83.

③ Новогрудский Г. С.，Дунаевский А. М.，*Товарищи Китайские бойцы*. С. 79.

④ 此信于 1919 年 3 月 9 日在《全俄中央执委会通报》和《消息报》（*Известия*）上同时公开发表。

⑤ Новогрудский Г. С.，Дунаевский А. М.，*Товарищи китайские бойцы*. С. 79－80.

⑥ Новогрудский Г. С.，Дунаевский А. М.，*Товарищи китайские бойцы*. С. 79.

组织还编辑和出版两份中文报纸，一份是《震东报》[①]，由“莫斯科共产党总筹备处”于1920年8月出版。另一份是《共产主义之星报》[②] 于1920年7月28日出版，一个月出版三期（旬刊），每期印刷5000份。[③]《共产主义之星报》最初在海兰泡和阿穆尔州农村的华人集中地区发行，随后扩大到西西伯利亚和东西伯利亚的红军部队中，甚至传播到黑河、齐齐哈尔、哈尔滨、天津和上海等中国城市。[④]

从1918年到1920年，《旅俄华工大同报》共出版50期，它详细地记录了旅俄华人参加和支持苏维埃革命的历史，刊载了中苏两国战士和人民友谊的珍贵史料。1921年，刘泽荣被俄共（布）共产华员局派回国内工作，《旅俄华工大同报》随之停刊。

据苏联东方学家丘古耶夫斯基统计，在1918—1937年间，在苏联出版的中文报刊还有：1917年十月革命前就在海参崴出版的中文报纸《中华商报》，该报由海参崴商务局出版，内容基本只涉及商业贸易问题，并且还采取文言文的文体，发行量仅为200份。1922—1938年，在苏联远东地区出版的《工人之路》，该报出版时间最长，发多个期数最多。1925年12月至1926年5月，在莫斯科出版《前进报》。1926年，在基辅短暂出版中文报纸《中国工人》（Китайский рабочий）。在1929年中东路事件中，苏联远东特别红旗军政治部在伯力（哈巴罗夫斯克）出版了《拥护苏联》（За Советский союз），是报纸样的中文读物，专门针对被俘虏的中国东北军士兵，发行量5000份，1930年中止出版。1929—1932年，在阿尔乔姆（Артём）出版《矿工》（Шахтер），半月刊，最初是阿尔乔姆矿山工厂的机关报，之后成为联共（布）阿尔乔姆委员会、地方苏维埃和城市苏维埃的机关报，该矿有华工1800人，该报的每期发行量1000份，说明此地华工的识字率达到50%以上[⑤]。1930年，在赤塔出版《工人生活报》（Рабочья жизнь），是联共（布）赤塔州委员会的机关报，一月三期，发行量1000份。1932年12月1日，联共（布）远东边疆区宣传部为中国列宁国际学校学生和远东华人，在伯力出版了中文《党课》（Партучеба），在报头上注明“远东边疆党部宣传部给候补党员学校出版的报纸”[⑥]，该报为半月刊。第一期的内容包括：党章的基础；联共中央九月全会的总结；两个世界，两个制度：资本主义与社会主义。该报一共出版13期，到1933年10月13日中止出版。第一期每份5戈比，最后一期每份15戈比。1931—1932年，在海参崴出版《码头工人》（Портовик），由联共（布）海参崴委员会主办，每五

---

① 报纸俄文名 *Пробуждение Востока*，意为“东方的觉醒”，封面中文标示创办者是“莫斯科共产党总筹办处”。

② 报纸俄文名 *Коммунистическая звезда*。俄共（布）阿穆尔执行委员会会员特利里谢尔（М. А. Трилиссер）、《阿穆尔真理报》（*Амурская правда*）编辑卡拉瓦耶夫（П. Н. Караваев）和马特维耶夫（Е. М. Матвеев）负责该报的政治领导和经费—技术指导。中文稿编辑和出版由俄国共产华员局华人成员负责。

③ РГАСПИ, Ф. 17, Оп. 2, Д. 179, Л. 70.

④ Залесская О. А., Культурно-просветительная работа среди китайских рабочих на дольнем востоке России 20 – 30 – е годы ⅩⅩ век//*Росиия и АТР*. Москва, №. 3, 2007. С. 143.

⑤ Чугуевский Л. И., Периодическая печать на китайском языке в СССР (1918 – 1937 гг.) //*Проблемы востоковедения*, №. 4. 1959.

⑥《党课》第1期，伯力，1932年12月1日。

天一期，发行量 2500 份。1933 年 4 月 19 日，《东方工人》（Восточный рабочий）在海兰泡出版，每期印制 1000 份，由于严重缺乏技术支持和专业编辑人员，影响甚小。

1932 年 12 月 9 日，中文报纸《中国工人报》（Китайский рабочий）在海参崴出版，报头标示“海参崴党部和海港党机关报”。报社地址在列宁街 47 号（ул. Ленинская，47），在《发刊词》中宣布：“根据城市党部和边疆党部的决议将过去的《码头工人》报纸扩大为全城的《中国工人》报纸。《中国工人》报纸战胜工作中一切困难，今天第一次与海参崴的中国工友们见面了。”① 每期印数 4000 份，后增至 10000 份。这份报纸拥有 200 人的基层通讯员（Рабкор）队伍。② 但是，这份报纸存在的时间并不长，根据联共（布）远东边疆区委员会 1933 年 4 月 19 日命令，这份报纸被终止出版。该期报头上的社址是“五一俱乐部”，说明该报与《工人之路》均在中国工人五一俱乐部办公。由此推断，该报的职能已经与《工人之路》合并，因此就失去了独立存在的价值了。但是，《中国工人报》编辑部将公开信寄给《工人之路》报，强调该报的一切行为都是“符合布尔什维克的”③，但是，这封信被联共（布）远东边疆区委员认定为“在政治上是错误的，是反党的文件”，是作为“反对边疆区委员会关闭报纸的抗议和上诉的企图”的文件④。

1931 年 9 月 26—28 日，在海参崴召开了第一届中文拉丁化会议，参加开幕式的除了来自莫斯科、列宁格勒和西伯利亚远东地区的语言学家之外，还有 1000 余名来自伯力、海参崴、海兰泡、伊尔库茨克、赤塔等地的华人代表。这次会议宣布成立远东边疆区新文字委员会，致力于在旅俄华人和中国推广中文拉丁化运动。《工人之路》《码头工人》《中国工人》《东方工人》都有部分版面用拉丁化中文印刷。远东边疆区新文字委员会（Дальневосточный комитет нового алфавита）于 1933 年 2 月 5 日在伯力出版拉丁化中文报纸《为了新文字》（За новый алфавит），由远东边疆区新文字委员会中国部（Китайская секция）主席王杰臣（Wang Te-chiang，俄文名马丁诺夫，С. С. Мартынов）、苏志贞（Su Zhin-zhen，俄文名施密特，П. П. Шмит）和刘世林（Lyu Shi-lin）担任编辑工作，发行量 2000 份，直至 1937 年 5 月 31 日第 175 期终止。另一份拉丁化中文报纸《两个世界》（Два мира）在 1932—1934 年出版，旬刊，发行量 2500 份，该报是为教学与政治宣传而出版的报纸，照片下面附近有短文，以达到教学目的。因印刷困难，经常拖期，并且很快中止出版。⑤

四 《前进报》和《工人之路》简史

《前进报》是在苏联出版最早的中文报纸，《工人之路》是在苏联出版时间最长和读者

---

① 《中国工人》第 1 期，海参崴，1932 年 12 月 9 日。

② ГАПК（滨海边疆区国家档案馆）. Ф. П–1，оп. 1，Д. 31，л. 141 об.

③ ГАПК. Ф. П–1，оп. 1，Д. 15，л. 137—139.

④ ГАПК. Ф. П–1，оп. 1，Д. 15，Л. 63.

⑤ Чугуевский Л. И.，Периодическая печать на китайском языке в СССР（1918 – 1937 гг.）//*Проблемы востоковедения*. №. 4. 1959.

群最大的中文报纸。我们特别选择《前进报》全部刊期和所有版面，以专题形式选择《工人之路》的代表性社论，以影印方式提供给广大读者，希望充分发掘和发挥其党史和史学的价值和意义。

（一）《前进报》简史

1925 年上海五卅运动之后，旅俄华人成立了“旅俄华人反帝国主义同盟”和“旅俄华人协会筹备委员会”（又名“复兴中国会”），以此联合苏联各地的华人组织，因此有必要出版自己的机关报。于是《前进报》在 1925 年 12 月 18 日在莫斯科正式出版，报头有“前进报”通栏报纸名称，下有“前进报”三字的俄文音译 *Цзн-Дзин-Бао* 和俄文意译 *Вперёд*（前进），标示：旅俄华侨协会筹备委员会主办，发行人樊士登，编辑玉伦。梁坤[①]也参加了《前进报》编辑工作。该报为周刊，每星期五出版，为手写石印版，每期固定 4 页。但 1926 年 5 月 28 日出版第 20 期则是 6 页，可能是因为此前脱期而为补充内容的扩版。尽管时光已过近百年，但留存的报纸的手写字迹仍然清晰，版面设计朴素简洁，并配有漫画、照片和插图。该报从创刊号开始即接收和刊登广告。该报定价每份 10 戈比，国外发行每份 15 戈比。报社地址设在由莫斯科斯维尔德洛夫大街 2 号，电话：克里姆林宫转 1—50。

《前进报》常设栏目有：1. 专题专号：如 1905 年俄国革命周年，1917 年十月革命周年，列宁、孙中山等领袖逝世周年，三八国际妇女节周年纪念专号；采访工作大多由在莫斯科和列宁格勒留学的中国学生所做。2. 中国新闻：包括中国新闻，如北方军阀与广州国民政府的消息、帝国主义国家在华动态等。中国新闻多来自中国报纸，如上海《申报》、天津《大公报》和《北京晨报》等。苏联新闻：苏联国民经济发展计划和成就，苏联识字运动，苏联红色救济会活动等。国际新闻：介绍国际工人运动状况、国家的失业问题、东方国家，尤其是中国和朝鲜的民族解放运动问题。苏联新闻和国际新闻则来自苏联《真理报》《消息报》等报刊，转译成中文。3. 读者来信和启事。4. 政治漫画，这是其他中文报纸未见的表现形式，通过简单易懂的画面宣传革命理论，吸引更多识字不多和文盲的旅俄华人；社论；新闻丛录等。苏联东方学家丘古耶夫斯基评论说：“大部分旅俄华人的俄文水平不高，无法阅读俄文报纸。《前进报》提供大量篇幅、报道当时在中国的各种消息。该报尽力促进远离家乡的华人之间的相互联系，同时促进华人与当地苏联人的关系。其目的是向旅俄华人正确介绍苏联，宣传社会主义成就和社会主义理论。”[②]

《前进报》的办报经费来自苏联方面的资助，但较为有限。在第一期上就明确表示严重缺乏资金，希望得到各方企业人士的资助。1926 年 5 月 28 日出版的第 20 日上刊登启事，强

---

① 梁坤（Лянь-Кунь 生卒年不详），在莫斯科军事学院（Военная академия）和莫斯科东方学院（Московский институт востоковедения）教授中文，他还参与了《华工报》《旅俄华工大同报》的编辑工作。

② Чугуевский Л. И., Периодическая печать на китайском языке в СССР（1918 – 1937 гг.）//*Проблемы востоковедения*, №. 4. 1959.

调因为经费困难，将自 4 月 23 日至 5 月 28 日停刊 4 期，并声明：“以后仍继续发刊。特此声明，以免读者发生疑问。”[①]

每期刊头都有在欧洲订阅的售价，说明此报面向欧洲华人发行。1926 年 3 月 5 日的第 12 期刊登的来自比利时的读者宗锡钧的中文来信也证明这一点：“《前进报》诸同志，连读《前进报》，甚为高兴，《前进报》是国外指导革命的唯一机关。不只限于苏联境内，西欧帝国主义国家中的华人，亦需他领导。我国人除希望《前进报》日益发展外，并贡献三项简单的意思：（1）国内外一切新闻为评论的记载；（2）苏联情形之解释；（3）世界情势之评述（如拉狄克论裁兵会议便是一模范）。此三项能做得简而扼要，则更适合于西欧华人的要求。至于技术上，则觉得费纸太多，与错字屡见之两缺点，尚能改为铅印。便是最好不过了。请接受革命的敬礼。宗锡钧寄于比利时家。2 月 17 日。”在这一期《前进报》上也附上了编辑部给宗锡钧的回信：“锡钧同志：来信以指导国外华人革命趋向的责任归诸本报，这是本报发行的目的，当勉力做去。至于你的三个意见，除去第一个意见，因本报编辑人力缺乏，负责编辑的人时间又太少，只能将新闻分类载出，不能再做评论外。其余第二、第三两个意见与本报编辑的路线是相合的。不过本报过去十余期中，因出了数期专号，以至对于这两项工作做得很少，以后当在编辑的分量上补充。此外，你所说的本报技术上的缺点，我们还正在设法免除，但在客观上或主观点有些条件，不是马上就可以办到的——如本报初因财务不足，不能单独购到华文铅印，及找到其他的机关共同去购买，但是在时间上至少须两个月上才能运到，——总之，我们是在用尽可能的力量，推进本报往前进步，以符读者的希望！革命的敬礼。记者，1926 年 3 月 5 日于莫斯科。”[②]

《前进报》在发刊词《为何有〈前进报〉的刊行?》中宣布：“一种报纸的发行，必有它的来源及责任、它发言立论的根据，《前进报》同普通的报纸一样，有它自己诞生的理由及其所负的责任。故在第一期与读者相见时，不能不先把自己的面貌表露读者之前。《前进报》是旅俄中国人的报纸，所以，我们应先说明在中国现在所处的环境之下，中国人一般所需要的是什么，及其根本的责任在目前又是什么?《前进报》就是旅俄华人要求参加国民革命运动的一种言论工具。”[③] 发刊词宣布：该报责任有三：其一报导中国民族解放运动，解说当前政治形势。其二介绍世界革命大本营——苏联及其革命的理论与经验。其三报道被帝国主义蒙蔽的真实消息，并介绍基本的政治常识。[④]

国民党领袖胡汉民自 1925 年 10 月下旬抵苏至 1926 年 4 月中旬离苏，此时正客居莫斯科，他几乎自始至终参与和经历了《前进报》的存续时间。胡汉民应邀为该报创刊号撰写贺信：“前进报记者同志：闻得你们有《前进报》发刊，不由我不异常赞美。凡是一个人不

① 《前进报》第 20 期，莫斯科，1926 年 5 月 28 日。
② 《前进报》第 12 期，莫斯科，1926 年 3 月 5 日。
③ 《前进报》第 1 期，莫斯科，1925 年 12 月 18 日。
④ 《前进报》第 1 期，莫斯科，1925 年 12 月 18 日。

能看读或是没有报纸好看，那就是对于社会的事情无异于一个即聋又盲的。旅俄的华侨有几万人，应当是很关心中国事情的，而中国报纸不容易人人购阅，因此，对于中国事情非常隔阂，这是一件憾事。现在有了前进报把大家的耳目重新打开，就是把此地离中国几万里的路程从重新缩短。这是何等的可喜的事，我应当向全体的华侨道贺，并且应代全体的华侨向你们道谢。中国革命日益发展，向帝国主义进攻，自然日益猛烈，帝国主义所雇佣和收买的报纸，自然颠倒黑白，不肯给我们以一切真消息，惟恐我们的耳目不错乱。现在有了前进报，就可以把内外的事实披露真相，纠正无数谣言，中国内地的人也就无异乎取掉了着色的眼镜，而换上一副不知几千百倍火的望远镜。报纸是组党的工具，办党的人，事先要办报，这个道理，列宁说的非常精确。就是孙中山提倡革命的时候，也在香港、日本、金山、檀香山、星嘉坡（新加坡）等处刊行报纸，当时的《民报》就俨然是中国同盟会的机关，《前进报》在这个意义上，更是责任重大，对于中国革命前途关系重大。你们领导群众顾名思义的勇猛前进，能达如此，才不愧是在这充满了世界革命精神的莫斯科的报纸。我敬祝《前进报》万岁！中国革命万岁！世界革命万岁！中华民国十四年十月五日，于莫斯科寄。胡汉民上。”①

胡汉民赴苏前为自己制订了《胡汉民在莫斯科的工作计划》，内容包括研究俄国革命经验、考察苏联的建设经验、讨论国民党策略和组织问题、寻求苏联军事援助等②。胡汉民经常以《前进报》为阵地，发表自己有关中国革命和国民党与苏联关系的言论，他几乎成了该报的特约作者，几乎每期都有胡汉民的演讲或短文。据统计，《前进报》共刊出胡汉民 13 篇文章和 4 篇演讲。《前进报》第 5 期（1926 年 1 月 15 日）上刊有胡汉民与编辑部成员合影照片。他在《苏俄革命八周年的感想》，表达自己对俄国革命和苏联建设，以及中国问题的看法和意见，从中可以看出胡汉民在苏联期间的政治上的短暂“左倾”现象。因此，该报还是研究胡汉民及国民党在 1925—1926 年间的政治倾向的重要资料。

《前进报》第 1 期即印刷 1500 份，到第 16 期就达到 6000 份，此时在俄华人约为 20 万人，可见此报纸在当时的影响巨大。

但是，《前进报》第 20 期于 1926 年 5 月 28 日出版，四版上除刊发冯玉祥和徐海题赠《前进报》的两张照片，以及第四版两则广告之外，全部篇幅刊发了共产国际扩大执委会通过的决议《现时国际共产主义运动问题（续）》，没有其他文章。随后，《前进报》毫无征兆地终止出版发行。

（二）《工人之路》小史

随着中国共产党的建立和中国革命运动日益走向高潮，共产国际决定将西伯利亚远东作为对中国宣传和发动革命的基地。与中国毗邻仅五百公里的远东共和国（Дальневосточная

---

① 《前进报》第 1 期，莫斯科，1925 年 12 月 18 日

② 《前进报》第 15 期，莫斯科，1926 年 3 月 19 日。

Республика）的首都赤塔（Чита）是华人聚居城市。1922 年，赤塔工会中国部会员共有 106 人（其中有 13 人是朝鲜族），职业均为菜农、鞋匠、木匠和苦力，不仅不通俄语，中文水平也极差。为了在华工中间宣传革命知识。1922 年 3 月，在赤塔远东总工会的华工会指导之下出版一份新的中文报纸——《华工醒时报》（Рабочий путь），每月两期，共发行 33 期，报纸是在赤塔国家证券发行所印刷厂印制的。从上海抵达苏俄的中国社会主义青年团员华林接手第三期后的报纸编辑工作，参与该报编辑的还有吴芳、何今亮（汪寿华）、蒋鼎三人。[①] 该报固定栏目有“国际新闻”“中国新闻”“工人运动”“苏联社会主义建设”“西伯利亚远东的华人生活”。报纸主要是以宣传联共（布）的国际主义政策和东方革命思想为主。“由于考虑到基层工会会员的文化程度，报纸在启蒙的政治术语上，广泛地运用简单、通俗易懂的问答方式。”[②]

《华工醒时报》社于 1923 年迁到海参崴，设于北京街和高丽街拐角处[③]的中国工人五一俱乐部的二楼，报纸更名为《工人之路》（Рабочий путь），报头写有中文“全世界无产阶级联合起来”，后改为“全世界无产阶级与被压迫民族联合起来”。

《华工醒时报》为何更名《工人之路》?《工人之路》在出版百期纪念专号《本报短史》中解释：“本报产生于 1922 年 3 月 1 日，在从前远东共和国的京都赤塔，由全俄中央职工苏维埃远东部出版，定名为《华工醒时报》……在 1923 年 8 月间，本报由赤塔移到海参崴出版，自从移到海参崴办理后，本报名称也由《华工醒时报》改为《工人之路》。因为本报的俄文名称本为‘工人之路’的意思，而中文名称为‘华工醒时报’，中俄文名称太不符合，因此改为现在的名称。”[④]

《工人之路》自 1925 年 1 月 7 日第 74 期起改为周刊，作为联共（布）远东边疆区委员会和远东边疆区工会委员会的机关报。最盛时曾为双日刊，共四版，每期中文 3 万字左右，后期采用套色印刷，报头标示“订阅本埠每月金洋 2 毛 7 分，外埠每月 3 毛”，该报接收和刊登广告。1928 年 9 月 21 日，《工人之路》报迁到伯力，因为联共（布）远东边疆区委员会在伯力开设了东方印刷厂。《工人之路》自创刊到 1929 年 5 月 1 日改版之前，每期报纸第一版都有社论这一固定栏目，主要针对重大历史事件、革命领袖人物以及苏联的政治经济文化建设等发表评论，作者主要有丁山、张孑余、梁柏台、柯庆施、何今亮、王鸿勋等人。1929 年 5 月 1 日改版后，社论作为一个常设栏目有短暂的取消。1930 年，丁山负责《工人之路》后，社论再次恢复，但风格大变，社论很少关注理论问题，而是讨论具体的苏联社会主义建设。1931 年之后，该报第一版的社论不再是常设栏目，更多刊登的是有关苏联的

① 《工人之路》第 801 期，哈巴罗夫斯克，1932 年 3 月 24 日。

② Чугуевский Л. И.，Периодическая печать на китайском языке в СССР（1918 – 1937 гг.）//*Проблемы востоковедения*，Москва，№. 4. 1959.

③ на углу ул. Пекинской и Корейской.

④ 《工人之路》第 100 期，海参崴，1925 年 7 月 15 日。

重要新闻，同时报纸进行了大改版，变为4个版面，以苏联、中国和世界时政新闻为主。当然，报纸还是会对一些重要的历史事件、历史人物进行评论。该报至1938年2月11日，《工人之路》已经出到1683期，发行量已达678240份，总字数超过2500万，印数最多时达6800份（1931年630期到635期），1938年年中曾短期停刊。它是苏联境内发行量最大、读者最多和影响力最大的中文报纸。值得一提是，《工人之路》见证了苏联境内中文报纸由初期的石印向铅印的历史性过渡。

《工人之路》自1929年4月份开始改为联共（布）远东边疆委员会和苏联远东边疆职工苏维埃主办。1932年6月，联共（布）中央决定将莫斯科列宁学院中国部党支部书记周达文和董亦湘派到伯力的远东边疆党委工作，主编《工人之路》。从1933年初起，在莫斯科中国列宁国际学校任教的俞秀松被派到海参崴任《工人之路》副主编，直至1936年被派往新疆工作[①]。此外，早期中国共产党员和共青团员华林、何今亮（汪寿华）、任作民[②]、嵇直、卢贻松[③]、曾经在莫斯科东方劳动者共产主义大学学习过的许之桢、二七大罢工时期《真报》编辑张孑余、内蒙古早期革命家康根成、翻译家张锡俦等人，都曾先后在《工人之路》报社担任主笔、编辑、栏目主编等职。中国共产党“人民司法的开创人”梁柏台也曾担任《工人之路》的编辑工作。卜士奇、汪盛荻、盛岳（盛忠亮）等也在《工人之路》短期担任过责任编辑或代理编辑。

《工人之路》曾经发表李大钊、俞秀松、邓中夏、梁柏台、伍修权、瞿秋白、蔡和森、刘长胜、萧三、柯庆施、黄平、丁山（刘伯青）等中国共产党重要革命家的文章。上海党史专家从《工人之路》中找出400余条有价值的内容，其中包括：李大钊的遗著诗歌《进攻》、邓中夏的《呜呼！彭湃同志之死》、俞秀松的《工农通讯员和下级刊物目前几个战斗任务》、北京大学师生创作的《北大之救国歌》、萧三的诗歌《八百勇士赞》，以及用上海“新春调”填词的《工农革命十二月花》等宣传革命、救亡图存的文艺作品。上述内容此前未在党史研究出版物刊登发表，为首次发现，极为珍稀宝贵。

李大钊的新体诗《进攻》则是其中之一：“喊一声兮，进攻、进攻，壮哉我军容！群众劳工，群众兵农，一行战线中。白日光天，花花世界，残暴贼销声。白日光天，花花世界，革命军勃兴。君不见，资产阶级途穷悲落日；君不见，第三国际赤旗迎春风。为我同胞，努力杀贼，携手入大同！为我同胞，努力杀贼，携手入大同！”[④]

《工人之路》报实际上成为中国共产党与共产国际交往信息的重要渠道，也是传播共产国际涉及中国问题重大决议的重要阵地。1926年12月4日，该报发表了《介绍布哈林同志

① 1939年2月21日，俞秀松因王明的诬陷，被苏联内务部以“托洛茨基派反革命集团成员”罪名被枪杀。

② 任作民（1899—1942），1921年赴苏俄，进入莫斯科东方劳动者共产主义大学学习，1922年由任弼时介绍加入中国共产党。1922年2月，由共产国际派到远东做华工工作，先后任《工人之路》报社党支部书记、远东职工会中国分会会长、赤塔工人联合会中国工人部部长。1925年4月奉召回国。

③ 卢贻松（Лу Исун 或 Лу Ису），曾用名公木（Гун Му），俄文姓名为梁多夫（А. Г. Лядов）。

④ 《工人之路》第189期，海参崴，1927年5月20日。

对于中国问题的意见》；1927 年 8 月 8 日、17 日连发两篇社论《介绍第三国际对中国问题的决议案》。1931 年 8 月 26 日，共产国际执委会主席团通过了《关于中国共产党的任务的决议》，肯定了共产国际关于支持中国革命由“城市中心”向“农村中心”转变的策略。《工人之路》报则在此次会议结束后的第三天（8 月 29 日第 701 期）开始连续三期登载了共产国际执委会《关于中国共产党的任务的决议》33 条内容。《工人之路》应该是最早对共产国际这份决议进行报道的媒体，也是最早报导共产国际关于中国革命由“城市中心”向“农村中心”的策略转变，意义极为重大。[①]

《工人之路》刊载了许多关于中国革命前途、方法、过程的讨论，包括中国共产党的使命与策略、中国社会各阶级的分析、中国的社会矛盾和大量中国革命的人物、事件等内容。海外早期中国共产党人心向祖国、关注中国革命、坚定的理想信念成为该报的主流倾向；文体多样，如大量的社论、政论文，也面向基层刊登了许多文艺作品，有诗歌、话剧剧本、漫画、木版画等，发挥了政治宣传和社会动员的作用。

《工人之路》刊发了大量中共中央决议，如 1925 年 4 月 8 日发表的《中国共产党为孙中山之死告中国民众》；转载党的重要领导人撰写的重要文章等，其中 1929 年 10 月 8 日发表的邓中夏的《呜呼！彭湃同志之死》，1930 年 9 月 26 日第 540 期刊出“中共主要负责人投稿”的《中国工人运动的新高潮》，弥足珍贵。

1925 年，上海“五卅运动”，《工人之路》则遥相声援，连出五天大幅号外。为纪念遇害的上海总工会代理委员长刘华，刊登了手绘的烈士肖像。

中国共产党六大是中共党史上唯一一次在国外由共产国际指导下召开的全国代表大会。《工人之路》利用处于苏联地理和信息便捷的优势，从 1929 年 1 月 30 日至 2 月 9 日连续 4 期做了非常详细的报道。这些关于重要人物、重大事件、重要会议的记录真实的报道文字具有重要史料价值和学术价值。

1929 年 3 月 11—24 日，《人工之路》还连续四期在“政治生活栏”中连续刊载了中共中央领导人蔡和森于 1928 年 11 月 1 日写的《中国革命的性质及其前途》，指出：“中国无产阶级领导资产阶级民权革命到底，就不可避免地要开始社会主义的转变。工农民权独裁制的苏维埃政权，便要成为这一转变的起重机，也就是这一转变的基本条件。”

1930 年 12 月第 572 期《中国现时革命的性质与特点》旗帜鲜明提出：“此刻放在中共面前的任务，就是用武装民众，建立民众的政权来为中国领土的完整而斗争。”1932 年第 920 期《只有苏维埃才能挽救中国》强调，苏维埃在中国已是历史证明必须要和必然的制度和势力，明确指出，建立苏维埃政权是中国革命的前进方向。

《工人之路》还及时转载了中国共产党的一系列文件，向旅俄华工传递中共中央的声音。《工人之路》对于 1925 年的五卅运动以及后来的纪念、1927 年的上海工人第三次武装

① 忻平、高明：《新发现的〈工人之路〉报：研究党史的宝贵新资料》《学习时报》2021 年 7 月 23 日

起义、“四一二”反革命政变以后的革命形势、广州起义以及后来的纪念，均有非常详细的同步报道与后续报道。消息无疑来自上海的中共中央，反映了党组织宣传革命的意图。1924年12月31日《工人之路》就转载了中共中央机关刊物《向导》的重要时评《孙段合作与国民党之命运》。1927年2月7日，该报发表的一篇文章题目就是《在苏联的中国工人应该怎样纪念第四周年的“二七”?》。1927年8月17日，《工人之路》发表社论《本报两百期纪念告旅俄华工》，高度评价了该报在教育、团结华工方面做的工作。1927年，该报发行量达到1600份。

俞秀松在主编《工人之路》时，不仅认真从事翻译和中文编辑工作，而且经常亲自撰写重要文章和社论。1935年4月8日，俞秀松写了《关于伯力“广州公社”集体农庄党员会议》的报道，10天后发表在《工人之路》上。文章说，应继续在集体农庄中发展文化运动，“扩大读报组和推销《工人之路》及《为了新文字》报纸，以及识字班的工作。要做到每个集体农民的家庭里和公共寄宿舍里的清洁和文化的生活”。1935年6月2日的《工人之路》发表俞秀松写的《要在伯力特区党代表会议开幕前完全执行春种计划》。报道指出，第一区的文化工作和群众解释工作比其他各区进步得多，现在春种工作忙迫，但是，读报组还是经常开展活动。“各集体农民对于《工人之路》报纸有很大的兴趣，他们已养成了看报纸和听读报的习惯，他们政治水平线也的确比以前增高了很多，例如，在‘五卅’十周年纪念的大会上，全体农民都积极发言和提出许多政治上的问题。”1935年8月30日，《工人之路》又发表了俞秀松写的《关于莫洛托夫区“红军纪念日”集体农庄工作状况》的报道，称“现在‘红军纪念日’集体农庄，虽然在暑期放假中由列宁学校派来学生多人帮助文化教育和生产工作，但是一般的文化教育工作还是很薄弱的，只订阅了十四份《工人之路》报纸，读报组工作和墙报工作没有经常的进行，赌钱和抽大烟的现象还有存在，这些缺点应立刻把它铲除才是”。

1927年5月15日，海参崴的中国工人五一俱乐部召开“悲壮沉痛的追悼大会”，祭奠牺牲于北京的李大钊和牺牲于上海的原《工人之路》主编何今亮（汪寿华）。追悼大会由王鸿勋、丁山二人担任主席，王奇岳、卜润洲、梁柏台等人对李、何二人的生平事迹做了报告。此后，《工人之路》报的“本埠要闻”栏目进行了详细报道，“哀吊时有许多沉痛壮烈的演词和悲惨凄凉的歌声”。报道中提及“会场上置有何同志的遗像二张”①。这些关于重要人物、重大事件、重要会议的记录和报道文字具有重要史料价值和学术价值。

1936年以后，苏联政治大清洗浪潮波及西伯利亚远东地区，同时东北亚地区已经成为第二次世界大战在东方的策源地，随着日本法西斯的崛起和大举进攻，苏日关系日趋紧张。来自国内和国际的双重因素导致西伯利亚远东地区的华人命运急剧恶化，有大量的华人被苏联政府以“资敌”或“日谍”的罪名逮捕或流放，或者被强制驱逐回中国。1936年4月

① 《工人之路》第189期，海参崴，1927年5月20日。

17 日，联共（布）决定清退海参崴的华人社区“百万大街”（Миллионка），滨海边疆区内务委员会将所有中国居民赶出街区，没收属于中国公民的所有财产。根据苏联解密档案，从 1937 年底到 1938 年初，有数千名华人被逮捕。1938 年 5—7 月，苏联通过火车遣送 11200 名华人，其中前往新疆 7900 人，前往哈萨克 1400 人，前往远东各地 1900 人。据 1939 年的全苏人口普查数据，大约 5500 名华人从远东移居中亚地区。[①] 此时，海参崴的华人已经所剩无几，远东地区的华人基本上集中在远离中苏边境的特别区域。[②]

1938 年 1 月 31 日，联共（布）中央接受苏联内务人民委员会的建议，对 22 个州、边疆区和共和国的反苏分子采取镇压措施，并单独强调处置华人问题，将对华人的镇压拓展到苏联全境。[③] 许多旅居苏联的中共党员，以及加入联共（布）的华人也受到牵连。到此时，在远东边疆区仅剩下一份中文报纸，即在伯力出版的《工人之路》（Рабочий путь），它的发行量达到 7000 份。[④]

1937 年 8 月 3 日，《工人之路》报编辑周达文、董亦湘和卢一苏以“托洛茨基主义者”罪名而被捕，随后在 1938 年 4 月 13 日被枪决。卢一苏的命运被写进哈巴罗夫斯克边疆区的回忆录中，“《工人之路》副主编卢一苏（Лу И Су，俄文名梁多夫・安德烈・加夫里洛维奇 Лядов Андрей Гаврилович），于 1937 年 8 月 3 日被逮捕。1938 年 4 月 13 日被处决。根据苏联最高法院军事法庭（ВК ВС СССР）1957 年 8 月 3 日的决议，因缺乏犯罪证据而被平反”[⑤]。

在这样的背景下，一方面，在西伯利亚远东地区的中文报纸的读者人群急剧下降，中文报纸的发行量随之严重萎缩；另一方面，中文报纸的出版受到苏联政府的严格限制乃至责令停办。《工人之路》作为在苏联境内最后一份中文报纸，在 1938 年 4 月中止出版。

“工人之路”在苏联曾经是非常流行的报纸名称，联共（布）中央的机关报《真理报》就曾经更名为《工人之路》，冠以各地区和城市名称的《真理报》也曾更名为冠之地区或城市名称的《工人之路》。在斯莫林斯克出版的《工人之路》（Рабочий путь）编辑部在 2017 年纪念该报出版一百周年时，在《我们的同名出版物》（Тёзки нашего издания）也谈到在苏联时代最有影响的中文报纸《工人之路》，并且感叹：“报纸的工作道路是不容易的——我们的同名报纸也是悲剧性的，其名誉曾经是黑白不分的。但是充满了光明的时刻，真诚的激情……就像整个国家的历史一样，这个国家的生活是由‘工人阶级’报道、建设和思

① Ларин А. Г.，*Китайские мигранты в России. История и современность*. Москва：Вост. кн.，2009. С. 138.

② Хисамутдинов А. А.，*Миллионка. Культура，выросшая в подворотне*. Владивосток：Изд-во Дальневост. ун-та，2018. С. 56.

③ Kalkayev，Yevgeny G. The Consulates of the Republic of China in the Soviet Far East and Siberia during the Period of the Great Terror. //*Far Eastern Affairs*. №. 1. 2020，pp. 107 – 126.

④ ГАПК. Ф. П – 1，оп. 1，Д. 16，л. 97.

⑤ https://www.rabochy-put.ru/rp-100-years/83333-tezki-nashego-izdaniya.html? ysclid = lcjrtortx929361186（2023 – 01 – 07 登录）

考的。报纸本身就是一个活生生的故事。”①

有鉴于《工人之路》报出版1680余期，共计2500余万字的巨大体量，我们选择该报最具主题鲜明、时代特色、历史信息和文献价值的“社论”，划分为“重大历史事件和领袖人物”“工人运动和青年运动”“中国革命与党的理论”“苏联社会主义建设”“世界形势”五大类，以影印的直观方式呈现。

五　旅俄华人中文报纸的传播及其影响

从世界革命、东方革命和中国革命的总目标出发，联共（布）、共产国际和中国共产党均十分重视在旅俄华人群体中的政治宣传与鼓动。列宁早年曾表示：“宣传就是用革命的观点来说明整个现存制度或其局部表现，至于在宣传时所用的形式能为几个人还是能为广大群众所接受，那没有什么关系。所谓鼓动，严格讲来，我们却认为是号召群众去采取某些具体行动，是促进无产阶级去对社会生活进行直接的革命干预。”② 共产国际远东书记处第一任书记舒米亚茨基（Б. З. Шумяцкий）早年曾在中东铁路沿线和哈尔滨进行革命宣传活动，他在回忆录中肯定了宣传鼓动的重要性。“我们不得不个别地和中国工人谈话，有时通过翻译，有时依靠当时在远东地区通行的那种中俄土语交谈。”“我们不仅仅是偶尔与中国工人联系，我们在他们中间有计划地经常开展工作。不仅帮助他们提高觉悟，而且还培养他们成为中国人民反对清朝专制制度的先锋队。”③

俄共（布）中央为短期存在的俄国共产华员局确定的首要任务即是在西伯利亚远东的华人中进行了政治宣传。“为扩大鼓动工作和促进华人群众革命化，凡有华人党员的地方，均经俄共（布）省委批准组建中国支部。”“为向广大华人灌输革命思想，华员局地方组织领导对华人的鼓动和宣传工作，应举办群众大会、集会、介绍中国情况和中国革命运动的讲座等等。”④ 1922年12月召开的共产国际四大上通过的决议《中国共产党的任务》（Задачи Китайской коммунистической партии）也强调：“为了在这场斗争中能代表一种实际的力量，中国共产党人应该将自己的主要注意力用于组织工人群众、成立工会和建立坚强的党群关系方面。他们应该利用中国知识分子的激情，从中挑战选宝贵的、坚定的革命分子，用来组织年轻的中国工人阶级。”⑤

在20世纪20年代初的俄国内战中，在苏俄工农红军中有6万华人英勇奋战在抗击白卫军和外国武装干涉军的最前沿。对此，苏维埃政权给予了极高的赞扬，彼得格勒苏维埃军

---

① https://www.rabochy-put.ru/100-years/news/tezki-nashego-izdaniya/? ysclid = lclfheu15j46309 7937（2023－01－07登录）

② 《列宁全集》第6卷，人民出版社2017年版，第160—161页。

③ Шумяцкий Б. З.，*В Сибирском подполье. Очерки* 1903—1908 *гг.* Москва，Московский рабочий，1926. С. 162.

④ 李玉贞主编：《中共首次亮相国际政治舞台（档案资料集）》，上海人民出版社2016年版，第12页。

⑤ РГАСПИ，Ф. 514. Оп. 1. Д. 24. Л. 464.

事部出版的《武装的人民》（Вооруженный народ）发表题为“我们的黄种兄弟”（Наши жёлтые братья）的文章，该文表示：“所有帝国主义者都对中国咬牙切齿，他们想让我们相信，中国人是低等种族，中国人生来就是为让美国、英国、日本、俄国和其他任何一个国家的资本家用他们的鲜血养肥自己。……我们不应该驱赶自己的黄色兄弟，而应该启发和把他们组织起来，要知道，俄国的中国工人阶级正在拿起武器，建立自己的队伍，为苏维埃政权、社会主义而英勇牺牲。要知道，在黄皮肤下面流淌着红色的无产阶级的鲜血。在黄皮肤的胸膛里英勇的心脏与世界无产阶级的心脏合着一个节拍跳动，黄色的双手高举着国际的红色旗帜。”①

但是，旅俄华人绝大部分来自中国贫困家庭，基本未接受过初等或中等教育，不仅大多数人不识俄语，而且中文水平也极低。因此，有针对性地创办中文报纸，以通俗易懂的方式将俄国革命理论、国际形势和中国情况传达给旅俄华人群体，是最为可行的途径。从 1918 年至 1938 年，在苏联各地，尤其是在华人聚焦的西伯利亚远东地区②先后出版了各类中文报纸。

事实上，红军从成立初期就进行了大量的政治宣传工作。红军的国际团队也同样广泛地开展宣传。当时出版了匈牙利语、塞尔维亚 - 克罗地亚语、波兰语、捷克语、罗马尼亚语、法语和其他语言的报纸，提供给红军中的国际主义战士。“因此，很难想象，在红军中有成千上万的中国志愿者，而没有中文报纸。报纸应该是为他们专门出版的。”③ 1919 年 2 月 28 日《真理报》（Правда）发表的文章“报纸在前线是如何被分发的?”（Как расходятся газеты на фронте）报道了 1919 年 1 月红军军事委员会政治部在前线分发的报纸，谈到了分配给拉脱维亚和爱沙尼亚前线军队的报纸中有“中文报纸 2700 份”④，这里说的报纸正是《旅俄华工大同报》。同一时期的《中央执行委员会通讯》上也谈到：“从各部队首长的报告中得知……在各部队（指中国志愿军的部队）中，中文的《旅俄华工大同报》和中文的宣传小册子广为散发。”⑤

1919 年 1 月 11 日出版的《真理报》刊登了该报记者非常有趣的一篇报道：“前几天，我们的政治部收到了给中国人的小报。对中国人来说，这是一件大事。他们聚集在识字的人中间，久久地听着。我不懂他们的语言，但看到中国人的脸变得活跃起来，我意识到这张纸上可能在说一些很好的东西。中国人彼此聊了很久。第二天早上，我们到了他们那里，我们谈了很多，他们告诉我一切都会好起来的。在地球上，在每一个国家，都会有苏维埃，所有人都要工作，不劳动者不得食！很快在地球上，生活就会变得好起来。只要有力量，

---

① *Воруженный народ*. Петроград. 15 сентября 1919

② 据苏联 1926 年人口普查，海参崴有 43513 名华人，占远东华人总人口的 67%。但这个数字可能低估了当地的华人人口数量，因为它没有包括有关来自中国的季节性工人的信息。参见：Чернолуцкая Е. Н.. Конец《Миллионки》: ликвидация китайского квартала во Владивостоке（1936 г.）//*Россия и АТР*. Владивосток, №. 3, 2008. С. 24 - 31.

③ Новогрудский Г. С., Дунаевский А. М., *Товарищи Китайские бойцы*. С. 79.

④ *Правда*. Москва, 28 февраля 1919.

⑤ *Известия ВЦИК*, Петроград, 1919 год, №. 269.

就可以打败白卫军。所有这些，都是他们从那张神奇的纸上学到了，这张纸正是他们昨天收到的那张报纸。”①《真理报》记者问“中国老头队”② 的士兵，他们读的是什么东西，有人说是报纸，有人说是一张纸。显然，这些中国籍士兵不仅不识字，也不知道还有“报纸”（бао/газета）这种新事物的存在，但是，这些士兵对中文报纸的热情反应，明确地说明宣传鼓动的效果是极其明显的。

俄罗斯学者扎列斯卡娅（О. А. Залесская）在《20 世纪 20—30 年代在俄罗斯远东的中国工人中间的文化教育工作》（Культурно-просветительная работа среди китайских рабочих на дольнем востоке России 20 – 30 – е годы ⅩⅩвек）中评价：“1917 年十月革命以后，俄共领导层主张在亚洲（包括中国在内）推行民族革命运动，经历了理论上的演进，即从继续革命论到列宁主义的反帝统一战线论，再到斯大林的‘各阶级政党’模式。尽管在涉及中国革命的观念和理论方面，布尔什维之间存在较大的分歧，尤其是在布尔什维克领袖之间存在较大差别，但是，中国无产阶级中间进行文化教育工作的重要性从未受到质疑。在俄罗斯远东的中国劳动者中间进行文化教育是共产主义宣传不可分割的一个组成部分。”③

在苏联出版的中文报纸，不仅在其境内广泛传播，而且还以各种方式被带回中国国内，作为革命和进步读物，在中东铁路沿线城市迅速传播，成为中国共产党开展群众运动的重要帮手和途径。

俄国十月革命后，经旅俄华工联合会与苏俄政府谈判，苏俄政府答应免费运送华工回国。当时北京政府唯恐华工回国带来激进思潮，曾设法阻拦华工回国。但仍有数万华工通过中东铁路陆续回国。这些华工带回了《旅俄华工大同报》《华工醒时报》《中国工人》《共产主义之星》等报刊宣传十月革命。而《工人之路》不仅在西伯利亚远东地区乃于苏联全境发行，而且还通过海路运到上海，成为向中国无产阶级介绍苏联和国际形势的重要渠道。

很多中国共产党早期革命家在苏联留学或工作期间，都曾担任过中文报纸的写作、编辑和出版工作，一些人通过刻苦学习和勤奋工作，完成了从文盲到理论家、出版家的转变，在其返回中国国内之后，成为中国共产党的理论家和出版家。

苏联东方学家丘古耶夫斯基评论：“在布尔什维克出版机构工作的中国同志，非常缺乏出版和新闻工作经验。这些不足自然而然地反映在各类各种报纸上。例如，《旅俄华工大同报》《华工醒时报》虽然出版多年，但却罕见有关中共军事革命的报道。各行业的通讯员是保证中文报纸稿源和发行的重要渠道。《工人之路》报社与新文字委员会联合举办多次工人通讯员短期培训班，目的在于加速专业化的记者和编辑队伍的建设。”④ 1932 年 9 月 20 日出

① Новогрудский Г. С.，Дунаевский А. М.，*Товарищи Китайские бойцы*. С. 79.

② 即 Старики-Китайцы，红军中国团的自称，在这里“老头”意为有战争经验的意思。

③ Залесская О. А.，Культурно-просветительная работа среди китайских рабочих на дольнем востоке России 20 – 30 – е годы ⅩⅩ век//*Росиия и АТР*. Владивосток，№. 3，2007. С. 150.

④ Чугуевский Л. И.，Периодическая печать на китайском языке в СССР（1918 – 1937 гг.）//*Проблемы востоковедения*，№. 4. 1959.

版的《工人之路》第 887 期刊登了“短期培训班招募学员”的广告。1931 年出版的《太平洋之星报》上引用了《工人之路》在作为成功地与来自工人、农民、工程技术员和农艺师的基层通讯员合作的一个例子：“目前，所有企业都有华人基层通讯员……除了所有基层通讯员都在生产中的突击队中工作外，他们还把其余的华工拉进社会主义竞赛中，用社会主义精神教育他们。”[①] 例如，曾经担任《工人之路》主编的梁柏台在回国后把在苏联积累的编辑和出版经验运用于中国共产党宣传活动之中，继而成为人民法院的创始人。

六　本书的编写主旨和分工

20 世纪 20—30 年代，在苏联出版的中文报纸，作为面向大众的公共出版物，发挥了政治动员的特殊和不可替代的作用，而且对于后人来说，还是研究和回顾那个激情燃烧岁月的重要文献。这些中文报纸同时也是从事世界现代史、国际共运史、中共党史、中苏关系史极其重要的文献来源，可以说它的重要性和珍稀性是无法计量的。

因为几乎任何一份中文报纸都包括“中国新闻”“苏联新闻”“国际新闻”“工人运动”“读者来信”等栏目，及时地和准确地记录了近百年前在苏联大地上“发生”的中国革命，记录了中国共产主义运动和中国工人运动的历程，记录了中国共产党早期领导人和著名活动家的历史与思想，印证了中国共产党与联共（布）和共产国际的特殊关系，因此成为研究中国共产党早期历史不可或缺的文献资料，对于厘清中国共产党党史重要人物和重大事件有着特殊价值。

例如，在中国共产党党史上曾经担任上海总工会委员长并且在国民党“‘四一二’反革命政变”中牺牲的何今亮的身份一直未能察清。但是，依靠《工人之路》报上的相关报道，终于揭开了这个几乎隐藏一个世纪的秘密。

何今亮[②]于 1921 年与彭述之、罗亦农、任作民、华林等人从上海乘船到海参崴，何今亮从伊尔库茨克被派回黑河，主持当地华工会工作。1923 年春天，苏联远东急需华工领导者，何今亮被调回赤塔，当选为赤塔远东职工会中国工人部主任，曾代表远东职工参加国际反帝同盟东方局会议。1924 年，他又被推选为海参崴职工苏维埃委员，继续做华工教育和组织工作。在当地党校开设中国班，组织苏联共产党和共青团内的中国支部，他担任过沿海省职工苏维埃华工总指导员，后当选省职工苏维埃常务委员、省党部中国部主任。他在海参崴创建中国工人五一俱乐部[③]。他经常在俱乐部发表演讲。1924 年，《申报》登载过中国海员在海参崴海员俱乐部的见闻：“开会欢迎，由华人何今亮君，演说共产党现状，略

① https://www.rabochy-put.ru/rp-100-years/83333-tezki-nashego-izdaniya.html? ysclid = lcjrtortx929361186（2023 - 01 - 07 登录）

② 何今亮（1901—1927），浙江诸暨人，原名为何纪元，常用名何松林、何今亮，化名汪寿华等。

③ 北京街（ул. Пекинская）和高丽街（ул. Корейская）拐角处

谓，共产党之唯一宗旨，再造成无产阶级，使世界大同；俄国之政府，全属工人之政府，列宁死后，现任总统格列宁氏，则昔日之铁匠耳，党员皆工人，所谓工人者，不仅指苦力等而言，自食其力者皆是也。”[①] 何今亮的名字在当地的华人中闻名四方。

何今亮经常以“今亮同志”“何松林”“何指导员”“梦醒”等笔名在《工人之路》报上发表文章。1925 年初，何今亮作为海参崴代表返回上海参加中国共产党四大。1925 年 9 月 17 日，《工人之路》头版醒目刊登《上海总工会来函》，“由何君今亮转来贵会捐来金卢布 1900 元，合中币大洋一千七百一十五元一角七分，鄙会除将正式收据交何君转交贵会外，特此函谢，此致　海参崴职工联合会全体华工万余工友大鉴”。[②] 何今亮回国后常用化名汪寿华。1927 年 3 月 20 日，中共中央和中共江浙区委（上海区委）决定举行上海工人第三次武装起义，成立了由陈独秀、周恩来、罗亦农、汪寿华等组织的“特别委员会”，全面领导和指挥起义。上海工人第三次武装起义取得胜利。随后，汪寿华（何今亮）当选为临时市政府委员，并在全市工人代表大会上当选为上海总工会委员长。他成为反动派暗杀的主要目标。

1927 年上海发生“四一二政变”中，《工人之路》报立即做出反应，在报纸显著版面发表《蒋介石反了!》，称：“蒋介石现在已经明目张胆的抛弃革命的上海工人市民及其他各地的革命群众而投降于帝国主义和军阀方面去了……蒋介石现在与枪杀革命工人及民众的军阀孙传芳、张宗昌、张作霖又有何分别？蒋介石反了！”“这次事变，影响于中国国民革命的生命非常之大。蒋介石已经摇身一变而为屠杀革命工人及市民群众的刽子手了！”[③] 稍后刊出的《蒋介石专政的南京政府》一文，亦揭露了南京国民政府的反动本质。

在“四一二政变”前夜，汪寿成（何今亮）即被杀害。《工人之路》报发表的纪念文章称：“一九二五年上海五卅事件发生之后，何同志同苏联的职工会代表团赴中国考察中国工人状况，担任翻译之职，因那时中国的革命怒涛高涨，需用人才恐急，中国共产党中央委员会留他在上海，任上海总工会常务委员兼共产党党团书记之职。”“上海为帝国主义侵略中国的大本营，何同志又为上海工人的领袖，杀戮何同志的条件，英帝国主义者与蒋介石就此内定了。”何同志“就于四月十一日被白崇禧（蒋介石的走狗）所买的流氓所逮捕，送到龙华相近的石灰港，四月十四夜执行枪毙，尸首还未知抛于何处，有人说已将他的尸首沉于黄浦江中”。[④]

1996 年，长期担任《工人之路》编辑工作的俞秀松烈士后人俞敏[⑤]（曾任上海中共党

① 《苏联中文报纸〈工人之路〉所见汪寿华/何同志的上海行》，《澎湃新闻》2022 年 11 月 21 日。

② 《工人之路》第 109 期，海参崴，1925 年 9 月 17 日。

③ 丁山（刘伯青）：《蒋介石反了!》，《工人之路》第 185 期，海参崴，1927 年 4 月 23 日。

④ 越庐（梁柏台）：《何今亮同志的略史》，《工人之路》第 189 期，海参崴，1927 年 5 月 20 日。第 190 期，1927 年 5 月 30 日。

⑤ 俞秀松遇害后，他的妻子盛世同（盛世才胞妹，后改名安志洁）与俞秀松的弟弟俞寿藏结婚，生下俞敏，并将他过继在俞秀松名义，以示纪念。

史研究会副秘书长）在俄罗斯首次发现了《工人之路》。上海中共党史学会和上海音像资料馆与俄罗斯方面合作，将全套《工人之路》复制回国，并在上海、北京、唐山和黑河等地进行了巡回展览。中共上海市委党史研究室二级巡视员曹力奋曾表示：“《工人之路》是罕见的贯穿中共从创建到抗战前期历史的报刊，是中共在远东的舆论宣传阵地、联结华人华侨的纽带，对深化中共早期历史研究有重要意义，亦可以成为党史研究的新教材。”①

有鉴于此，我们选择在苏联出版的中文报纸中最具影响力、同时亦是保存最为完整的《前进报》和《工人之路》报，以影印的方式出版，力图完整地呈现给广大读者和学界同仁。

本书是国家社会科学基金重大课题“俄罗斯西伯利亚远东地区藏 1950 年前中国共产党档案文献的整理与研究”（21&ZD031）的阶段性成果，属本课题组编辑、翻译和出版的档案文献系列。

编辑分工如下：

张建华：编者导言、《前进报》

周国长：《工人之路报》

① “珍贵党史资料《工人之路》在沪发布，李大钊遗著诗歌首次披露”https://www.dutenews.com/p/2250465.html（2023 - 01 - 06 登录）

《前进报》

（1925—1926）

第一版 № 1 第一期 一九二五 十二月十八日 18 ДЕКАБРЯ 1925 г.

中國前進報編輯發行處
РЕДАКЦИЯ КИТАЙСКОЙ ГАЗЕТЫ „ВПЕРЕД“ г. МОСКВА, пл. Свердлова, 2-й д. Советов пом 1, ход со стороны Третьяковского пр. Телеф. Кремль, добав. 1-50.

前進報

每星期五出版　　每份零售 10 哥比

價目

	蘇聯境內	國外
1，每份零售	10 哥比	15 哥比
2，訂閱每月	40 哥比	60 哥比
3，訂閱半年	2 盧布 30 哥比	3 盧布 60 哥比
4，訂閱每年	4 盧布 50 哥比	7 盧布

旅俄華僑協會籌備委員會刊行
編輯人　王倫

ЕЖЕНЕДЕЛЬНАЯ ЦЯН-ДЗИН-БАО „ВПЕРЕД“ ГАЗЕТА

發刊詞

★為何有「前進報」的刊行？

一種報紙的刊行，必有他的來源及責任，為他發言立論的根據。前進報也同普通的報紙一樣，有他自己誕生的理由，及其所負的責任。故在第一次讀者相見時，不能不先把自己的面貌表露于讀者之前。

前進報是旅俄中國人的報紙，所以我們先應說明在現在中國所處的環境之下，中國一般人所須要的是什么，及其根本的責任在目前又是怎樣。

可怕的歐美帝國主義者（詳資本家）自鴉片戰爭以後，用武力衝破中國閉鎖門戶，把他們賤價的洋貨如水湧一般的運到中國消售，又用他們賣貨的贏餘收買中國的原料，如棉，絲，油，鐵，煤等運回本國造成商品，再向中國出賣，如此輪流不斷的吸取我們的血液，不數十年，已將中國民衆的財富剝削殆盡，以致我們日益陷于貧窮窟中，尤其困苦的是一般勞動的平民！

洋貨儘到，斷送了城市小工業者的生命，因此鄉村與城市之間，更揷了互相補救發展經濟的可能而洋貨更能暢消于中國，結果使中國的國民經濟永無抬頭的希望，而成為專消洋貨的市場。雖然如此，還是不能滿足國際帝國主義者的要求，他們又在中國設立工廠，招集中國的工人，給很少的工資，强迫他們工作最長的時間，在中國各大城市中的外國工廠中都是如此辦法，這并不是無根據的謠言。

如此的經營，帝國主義者很快的把中國經濟咽喉完全繫在他的鐵腕中：鐵道，銀行，礦山，航運，商権無一不在其掌握，從此外國帝國主義者便開始把持中國的政局了。自辛亥革命後，人民本身沒有一種勢力可以統一和管理政權，于是釀成軍閥割據，內戰不息。各帝國主义者便利用分割的軍閥，一方面擴充自己在中國的勢力，另一方面又可阻害中國的統一，使中國永陷于分爭擾亂之中，他們得以大肆侵略，這就是近十餘年來，兵匪遍地，戰爭不息，人民失業，民不聊生的根本原因。

帝國主義者這樣侵略的結果，應得中國人民不得不起來反對他們，尤其是被壓迫的勞動群衆，要求中國在政治上的完全獨立，即是打倒帝國主義和剷除的軍閥，從新建設真正的獨立的平民政府，要求中國在經濟上的完全解放，即是推翻洋資本家把持經濟的命脈，而組織起有計劃的獨立的平民經濟。這是中國目前的切身問題，非自己起來解決不可。從前中國人還不甚明瞭這種原因和出路，以為解決中國的困難還有其他的一時的救急方法，近十餘年來帝國主義者在中國的行動，完全把這種迷夢打破了。驅使我們非從根本奮鬥不可——即是全中國的民衆應團結一致努力于國民革命。

由此看來國民革命是解除中國人民目前痛苦的唯一關鍵，是每個中國的勞動群衆必須參加的且不可避免的工作。否則只有永遠被蹂躪在帝國主义式下，呻吟掙扎，過被生不生，欲死不死的生活啊！我們旅俄華僑是由中國親身受帝國主义侵略後由小農經濟破產中被衣食所逼迫出來的，即是親身還是被帝國主义的枷鎖束縛著，我們要打破這副枷鎖，也不能不參加國民革命！

前進報就是旅俄華人要求參加國民革命運動的一種言論的工具，在實際上他負有以下的幾種責任：

（1）我們雖因已久對于中國實際情形多不明瞭，因為此地既無中國報紙可看，又不能直接看俄文書報，尚自然知道現在中國是怎樣一回事，或有時道聽途說，多不可靠，反轉攪亂我們遠在國外的心情，這是一件很苦的事，因此，前進報第一個責任，即傳遞中國民族解放運動的真實消息，並解說當前政治情形，找出一條前進的大道。

（2）蘇聯為世界革命的中心，尤其是我們被壓迫民族的好友，他已藏有很豐富的革命經驗，並且他的一切組織施設，和一舉一動都值得我們注意和學習。我們雖身處蘇聯，但因文字上的隔閡，使我們同他們的革命生活脫離，同時我們在中國國民革命的爭鬥的過程中無論以眾上和政策上在在都應引蘇聯為模範。敵人方面對于此著，也看得非常親切，于是散佈謠言，詆毀蘇聯無所不用其極，企圖混亂我們進攻的陣綫，離間我們與蘇聯的聯絡。因此前進報又負有解釋蘇聯到底是怎樣一個國家和傳達他的革命理論和經驗底責任。

（3）我們久因帝國主義的壓迫，阻碍了我們的智識的進步，減低了我們覺悟的程度，這是我們最覺沉痛不過的，因此前進報的另一責任便在提倡文化工作，給我們以政治的基本常識，端正我們國民革命的趨向，促進中國國民革命早日成功。

前進報就是照著這樣的目標往前進，十分誠懇地熱烈地希望旅俄僑胞一致的往前進。看呵！國內民衆自「五卅」事變以來，已奮不顧身迎着帝國主义者的大炮和刺刀流着多量的血衝鋒前進了，我們要踏着這條血路往前進！目前中國民族前進就是生路，後退便是死路！

旅俄全體中國僑胞們，前進到國民革命的旗幟底下來！

全中國民族高舉國民革命的旗幟往前進！

中國民族解放成功萬歲！

★胡漢民同志給本報的一封信

前進報記者同志：

聞得你們有前進報發刊，不由我不異常贊美。凡是一個人如果不能看報或是沒有報紙好看，那就對於社會的事情無異乎一個聾而又盲的人。旅俄的華僑有數萬人，應當是很關心中國事情的，而中國報紙不容易入人睛。因此對于中國情形非常隔閡，這是一件憾事。現在有了前進報把大家的耳目從新打開，就是把此地離中國幾萬里的路程從新縮短，這是何等可喜的事，我應向全体的華僑道賀並且應代全体的華僑向你們道謝。

中國國民革命，日益發展，向帝國主義進攻，自然日益猛烈，帝國主義者所僱傭和收買的報紙，自然顛倒黑白，不肯給我們以一切真消息，惟想我們的耳目不錯亂，現在有了前進報就可以把內外的事實披露真相糾正無數謠言，中國內地的人也就無異乎眼掉了著色的眼鏡，而換上一副不知幾十百倍大的望遠鏡。

報紙是組党的工具，辦党的人，開先要辦報，這個道理，列寧說得非常精確，就是孫中山提倡革命的時候，也在香港，日本，金山，檀香山，星嘉坡等處，刊行報紙，當時日本的民報就差不多是中國同盟會最高的機關，前進報在這意義上更是責任重大，對于中國革命前途關係重大，你們須導群衆顧名思義的勇猛前進，能夠如此，才不愧是在這充滿了世界革命精神的莫斯科所刊行的報紙，我敬祝

前進報萬歲！

中國革命萬歲！

世界革命萬歲！

中華民國十四年十二月五日於莫斯哥

胡漢民上

★全蘇聯「不許侵犯中國協會」寄本報的一封信

「前進報」編輯部

親愛的同志們

謹代表加入工會的千百萬工人和職員們農民和勞動的智識分子（教授，工程師，醫生，學生）并代表「不許侵犯中國」協會的會員們——我們熱烈的當你們的報出創刊號的時候，向候你們。

望把民族革命和社會革命的經驗介紹給你們的讀者把偉大導師列寧和孫中山的學說使他認識認識，告訴他們全世界和中國發生的真實消息，給他們解釋十月革命在我們蘇維埃共和國中所建設的社會制度和政治制度的實質，你們的工作定收效果：你們教育出一輩注意中國的覺悟人民，將來他們回到本國時能為本國人民的幸福而服務，並於留在我們蘇聯境內的將自覺的來參加我們蘇維埃建設，因為我們的憲法并沒有本國人和外國人的區別，無論什么勞動者均有我們的人民一樣享受同等的政治權利。

我們相信你們的工作可以得到各方的援助和蘇維埃國家中社會各階級及各政府的，社會的政治的人物和團体的同情。

敬祝第一個在蘇聯京都發行中文報「前進報」萬歲！

蘇聯人民和中國人民的友誼萬歲！

自由的和獨立的中國萬歲！

全蘇聯「不許侵犯中國」協會中央局

一九二五年十二月十四日

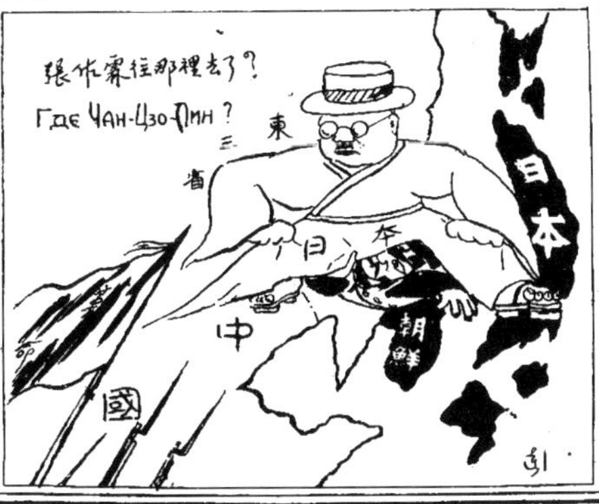

全世界被壓迫民族與無產階級聯合起來！

打倒帝國主義及軍閥！

▲本報歡迎孫中山大學的中國學生

本報的出世，在中國學生先後來學孫中山大學到校的一月以後，然而本報要以後來的主人翁資格，歡迎先我來此的嘉賓，遠從故鄉故國來學的兄弟姊妹，本來這樣起首致歡迎辭，還未免有些陳腐客套，表現生疏，而且帶着鄉土的國家的觀念，這是應當聲明的。

換過話頭，本報雖不是某一政黨的黨報，可是本報是代表旅俄華人，抗着一枝中國國民革命的大旗，成而且努力於國民革命的報，在這一點上本報應認定就要站在革命的立場上，和同志的關係上，竭誠的鄭重的來學孫中山大學的中國學生，是自己的同志，那麼本報歡迎遠從被壓迫的中國民族裡來到無產階級革命已成功的國家，同時世界革命的中心之蘇聯，學習革命的經驗和理論，替我們謀解放的使者，未來的戰士或許已經是的，為中國民族解放而奮鬥的青年戰士！

同志們！你們是經過五卅事變之後，眼見得國際帝國主義者在中國大肆屠殺，血洒了全中國各大城市！你們或者曾經參加而且屢次參加到中國千百萬革命的羣眾中間，踏着濺滿鮮血的街衢，肩着抗閘館的彈和刺刀的攢刺，高呼着打倒帝國主義的口號，高舉着反抗帝國主義的旗幟，或者在大集會中，在露天講演中，在各種報紙中向羣眾宣傳，或者組織一般的市民和學生，或者組織工人和農人，或者募捐救助罷工的工人，總之你們都是最有覺悟的最勇敢的解放中國民族的先鋒軍。

本報應該向同志們致革命者的敬禮！

同志們！你們是從中國革命的高潮中走出來的，你們的革命熱血還沸騰着，你們的革命情緒還緊張着，你們自然不是以退休的戰士自待，自然更不是與從前中國的東西洋留學生一樣，以出洋留學的資格，企圖個人的升官發財，換高社會地位或較好一點，要做一個學者和大學教授，自然更絕不像中國五四運動後一般的智識階級，迴避革命的爭鬥，千呼萬喚着『不問政治』『到研究室』的口號，結果把青年們的革命勇氣都無代價的消磨在什麼科學救國，教育實業救國，提倡甚麼東方文化，講自由戀愛，寫情書，做愛情詩，滿嘴滿紙都是失意的呼聲，甚而至於悲觀自殺。

我們相信同志們必是認定革命是科學的革命，必須有理論的基礎，革命必須接受先進的革命理論和經驗，否則便會把真正的民眾革命運動，弄成盲目的原始的暴動而致於失敗，或走到其他錯誤的道路，恩格思說：『我們除了政治經濟爭鬥之外，還有理論的爭鬥，我們……究思唯物主義的人生觀』列寧說：『只有被進步的理論所指導的黨，才能完成先鋒的使命』，列寧又不下數遍的說：『沒有革命的理論，便沒有革命的運動』，我們相信同志們必是在參加革命爭鬥的過程中，還覺得有理論上的缺乏，所以在中國革命潮流高漲之際，要退而作理論的研求，這並不是革命家不應該做的，乃是從事於革命先覺馬格思所說的理論的爭鬥，職是革命的人生觀與列寧所昭示我們的革命必須重視理論的遺訓相脗合，正確些說，同志們此時不是退休，而是準備作更有力的進攻，不是停止爭鬥，而是在作革命爭鬥中的理論的爭鬥。

但是同志們留此學習的時間是很短的，中國革命的機會，是不等着同志們的，聽說孫中山大學規定你們學習的期限是兩年，這不過是按照課程要如此規定，依我們所想，若是一個革命家為適應革命的需要也當然不能預先劃定一個不可更動的研究時間，自己要如何研究理論，因此我們根據中國革命的需要的緊急，希望同志們第一要時時準備回國抓住革命的機會，不要以所學不足，而放棄革命的機會。

同志們學習的時間既如此的短促和不定，那麼，同志們便應當把一分一秒的時間，都看作是革命的時間，看作是與敵人爭鬥的時間，能在一分一秒間增加了一分革命的力量，即是增加了中國革命前進的一分勝利，反之便是中國革命前進的一分失敗，因此我們希望同志們第二要拿革命的爭鬥的精神去學習。

同志們要以最少限度的學習時間，收最大限度的效果，必須有最切實的方法，和預定一種適合實際的可能的學習範圍，然後才不致於蹈空，自然這本是孫中山大學教務上的問題，自須本報來嘵舌，然而我們恐怕有些同志知識慾過高，免不了在學習的方法上欠切實，在學習的範圍上好高騖遠，越過了目前中國革命的需要，不妨在此多撓幾句嘴，就唐突了同志也不算要緊，我們希望同志們第三必須以蘇俄作一個標準，本俄他的一切的實際生活中去學習，求得整個認識，我們尤其要知道十月革命的成功，具有兩重意義，就究竟，他一面是解放了俄羅斯的無產階級，一面又是解放了小俄羅斯白俄，烏克蘭，韃靼等等被壓迫的弱小民族，同時希望同志們要學一個實際的革命行動家，不要學一個高談革命理論，著書立說的革命理論家，因為中國目前不甚需要，也沒有可能。

此外我們覺得孫中山大學是十月革命的產物，而且是歷史上沒有例子可尋的空前的產物，狹義的說，他是解放中國民族的戰鬥員的養成所，廣義的說他要由加速的完成中國民族革命推進到世界革命，換句話說，同志們所負的使命就是由完成中國民族革命到世界革命。

同志們！不僅中國民族渴望由你們得着解放，就是全世界被壓迫民族與被壓迫階級都渴望由你們得着解放，你們的使命是如何的重大啊！臨了，我們要記起為中國民族求解放奮鬥四十年如一日的孫中山先生，我們高呼：

孫中山的革命精神不死！

孫中山大學的成功萬歲！

中國民族革命成功萬歲！

●五卅事變與旅俄華人

大冶

久已沉寂無聲，而且不相聯絡的旅俄華人，也被五卅事變激動起來，自動的要求團結而有組織，開始注意和努力於中國國民革命運動了，這不能不說是旅俄華僑中一種新的覺悟和進步，同時與歐美日本的華僑在五卅事變後的表現和努力相比，更足證明無論旅居東西各國的華人，受了五卅事變的重大激刺，都一齊起來向國內同胞取一致的行動，反對殘暴無比的國際帝國主義者，要求得到中國民族的解放，並奮勇爭得走上解放的道路了。這裡將旅俄華人在五卅事變後的表示及在事實上的努力，作一個簡略的介紹，使國內外同胞明瞭真象，站在中國民族解放運動的觀點上看，這是很有意義的。這個簡略的介紹，分三期說明如後：

（一）五卅事變後的初期　五卅事變發生後，全俄大小各報莫不大書特書，連篇累牘，詳述國際帝國主義者的殘暴，並在各大小城市，有無數的盛大集會和示威運動，反對國際帝國主義者，全蘇聯的民眾，都表同情和援助中國民族得到解放。旅俄華人，為這樣的濃厚的同情和革命空氣所激刺，在六月初旬，遂有莫斯科的華人大會及示威遊行，並有旅俄華人反帝國主義同盟的組織，六月卅日復在莫斯科召集五卅慘殺的週月紀念會。

（二）旅俄華人醞釀固定的組織時期　在五卅事變後，旅俄華人中產生了反帝國主義同盟的組織，隨後又有募捐援助上海罷工工人的組織，在莫斯科一城就募有一千二百多盧布，其他的地方，如列寧格勒及華人居留較多的城市，均有募款由全俄『不許侵犯中國』協會轉匯上海，但是這些組織的性質，都是臨時的，且不能包括旅俄華人一般的需要，于是又有旅俄華人總會的組織之發起，這個組織的意義，一面是組織和教育旅俄華人，一面是作中國民族解放運動的援助，在這個組織之下，設有書記，組織，宣傳，經濟各部，打算設總會於莫斯科，設分會于各地，在此時期中曾有數次開會討論這個固定的組織的代表會議，起草章程，通過章程，及向蘇俄有關係的機關接洽，請其認可，並要求在經濟上給予幫助和指定房屋作辦事機關，此時雖忙于組織，然在九月初曾召集大會一次，反對國際帝國主義者在中國各城市不斷的屠殺及收買中國軍閥向革命民眾，廣州的革命政府進攻。

（三）旅俄華人組織刊物的時期　據調查旅俄華人全數，現有十六萬左右，大部分是在蘇俄革命前就來俄作工或營商的，他們離國已久，對于中國情形頗隔膜，既不能得到中文報紙看，又不能看俄文報，他們就對于自己居留的城市的生活情形，都少知道，至於蘇聯情形，一般的政治經濟及其立國精神，更是茫然了，因此，他們需要刊物，也同需要組織一樣的急迫，原來打算在旅俄華人總會正式成立之後，再組織一刊物，因各方面的催促及全蘇聯『不許侵犯中國』協會的援助，須提前組織刊物，本報遂由此誕生與國內外同胞見面了，他的發刊的意義在本報宣言上已詳細說明，這裡不再贅說。

總觀以上三個時期，我們可以得着以下的結論：

（一）這是五卅事變以後旅俄華僑界中的現象，同時也就是他的一種新的覺悟和進步。

（二）旅俄華人因五卅事變由無組織進而為有組織，更由臨時的組織進而為有持續性的組織，也同國內革命運動進展的步驟一樣，五卅後已走到一個有意識的覺悟和有組織的新階段了，我想旅俄華人的組織將直接與中國民族解放運動聯成一氣。

（三）五卅事變所給與中國民族的激刺，不僅在使中國民族深刻的時間上認識到國際帝國主義者自鴉片戰後，八十五年在中國無人道的侵略，更在空間上除了他同情于中國民族解放運動的被壓迫民族和被壓迫的階級團結在反帝國主義旗幟之下以外，特別是使素無團結力的中國民族，聯成堅固的陣線，一致向帝國主義者進攻，達及以使帝國主義者發抖！

（四）無論從那一方面看，蘇俄的確是反帝國主義的中心，解放被壓迫民族與被壓迫階級唯一的好友，我們旅居蘇俄的華人，在事實上看見蘇俄的行動，自從甘願放棄舊俄帝政時代所訂的中俄不平等條約起，五卅事變到現在無時無刻不是自動而有意識的與中國民族携手，與中國民族聯合在一起，這就使我們深深地感覺得蘇俄尚且如此，我們應當怎樣回想到五卅事變以前，我們旅俄華人對于國內革命運動多漠不關心，這是何等可悲可歎而且可恥啊！過去的不必深說了，深說亦無益的懊悔，望保持五卅以後的精神努力于中國國內一切必不可免的民族解放運動！

反對關稅會議！

取銷一切不平等條約！

國民革命與工人階級

中國自鴉片戰爭以後，帝國主義的勢力逐漸侵入。第一，人口眾多，有廣大的市場，可以消售多量的商品。第二，物產豐富，有極多的原料可以取用無窮。各帝國主義的國家，莫不垂涎三尺，群相爭奪這塊肥肉。一面奪取海關管理權，使中國喪失抵禦外貨侵入的武器，一面廣闢商埠，使商品深入內地，奪取市場。中國尚在農業與手工業生產時代，對于如狼似虎的帝國主義自然無法抵禦。有了價廉物美的棉織品毛織品，自然手工織的粗糙的棉布與手工紡的棉紗便沒有人買了。有了電燈、煤氣燈、洋油燈，從前的桐油燈自然沒有人用了。所以洋貨侵入以後，手工業一天一天的破滅，農業也受很大影響。手工業工人和農民的失業者，也就一天一天加多。到現在外貨輸入，每年總額近十萬萬兩。全國所開商埠已有九十七處之多。從此我們可以推想到農業與手工業崩潰之速，和農民手工業工人失業之多了。如果我們有一個確切的統計，一定使人大大地驚駭！

農民和手工業工人失業以後，一部份跑到國外去謀生活，如美洲、南洋群島一帶。但是仍舊遇著了帝國殘暴的壓迫！一部份便跑到城市來覓工作，形成了大批的產業勞動後備軍。恰好帝國主義要開發中國的富源，廣設鐵路，開闢礦山，同時又由商品的侵略，進而為移殖資本的侵略，在各城市開設工廠。所以大批的失業者多數變成了工錢奴隸者！當時本國的資產階級非常的幼稚，自然敵不住帝國主義的競爭壓迫。所以國內的生產機關大部份都在帝國主義掌握之中。我們看一看各國向我國投資情形，便可知道：如鐵路投資之總額，達一億七千四百萬英鎊，所以各路的管理權，多半落于外人之手。如航業：海上航業、內河航業，為帝國主義所侵佔者亦佔百分之七十，約計十六萬噸以上。如紗業：日、英兩國在中國開的工廠總數凡四十六廠，錠數約一百六十萬，其他製造業純粹由外國資本開設者凡一百八十四廠，尚有許多種工業未曾調查者，中外合辦的公司四十六個。至于礦業，更多半落在英日帝國主義的手中。因此跑進了新式產業机關以後的工人，又多半是受帝國主義者的直接壓迫剝削！帝國主義者同他在本國壓迫剝削工人階級的經驗，對于中國勞動者更變本加厲的施行，所以現在中國工人的勞動條件，實在痛苦已極！現在只將工錢時間看一看，便可知道：

工別＼時間工資	時間 最多	時間 最少	工錢 最多	工錢 最少
男工	十六小時	十小時	七角四分	三角
女工	十六小時	十二小時	五角五分	二角四分
童工	十六小時	十二小時	三角	九分

以工作時間如此長，所得的工錢這樣少，實在是痛苦已極！至于所受待遇，更牛馬一般，工廠內一切的衛生教育設備，固然完全沒有，還要受種種殘暴的待遇，打罵侮辱更是常見。

從上面所說的來看：第一因帝國主義的商品侵略，使農業手工業崩潰，一部份的農民手工業工人變成了失業者。第二，因帝國主義移殖資本的侵掠，多數的失業者入了工廠成為工錢奴隸，又直接受帝國主義的剝削。因此工人階級飽受帝國主義壓迫的痛苦非常利害，對于帝國主義的反抗，也就一天一天的激烈起來，到現在已成為全國反帝國主義運動——國民革命的先鋒軍。（未完）

新聞彙錄

◉中國新聞

▲反奉戰爭的消息

反奉軍節節勝利　奉軍內部叛亂　張作霖大勢已去

◎奉軍大敗

據蘇聯報載，自郭松齡與李景林同時叛張自成派別後，奉軍內部已歸瓦解，而郭松齡更揭出反奉的旗幟，與國民軍聯絡。郭軍進攻奉天，國軍第一軍進攻熱河，均節節勝利。十二月三日北京來電：馮軍進攻熱河，在熱河奉軍退守錦州。又訊張作霖擬失敗後，即去經營西藏。十二月五日奉天來訊：吉林督辦張作相哭由前敵返奉，報告奉軍前線損失極大，當即派張学良去遼河應戰，張作相勸張作霖速逃云。

◎張作霖逃亡

又報載北京十二月八日電：確訊郭軍已佔據距奉天百二十里之新民屯，張作霖出四十萬大洋將家屬搬入日本租界。又訊張作霖及其家屬隨員於十二月七日逃往大連，事前向中國銀行取大洋六百萬元，又向朝鮮銀行（日本銀行）取去存款一百六十九萬日金，有說逃入日租界云。

◎張作霖部下逃散　奉天大起恐慌

又報載北京十二月八日電：奉軍紀律破產，軍士逃散，郭軍在右方戰線，吉黑兩省駐軍獨立，同日東京電：張學良部下已無幾，他擬追隨乃父同逃。奉天日領事已令日銀行停止營業，商店亦閉門。又訊現奉天恐慌已達極點，居民皆逃入日界，鮮朝銀行亦擬移入租界，次日哈爾濱電：張作霖部下逃散，前中東路局長，亦携眷逃入租界。張学良臨行將珍貴物件悉數帶去，郭松齡軍不久即可攻入奉天，奉天各界，籌備歡迎。同日北京電：張作霖失踪，有謂逃入租界，有謂逃往大連，郭軍明日即可入奉天，奉軍辭名景部下擬投降，又預備潛逃，奉天全城恐慌云。（又訊張作霖之經濟毫無危險，在日界尚存有一千五百萬元云。）

◎張作霖尚欲反攻

報載北京十二月十三日電：郭松齡軍尚無大發展，其原因因日本暗中幫助張作霖，南滿鉄路已完全拆毀。張作霖在遼河，張学良部下尚有三旅，吉黑兩省軍向新民屯進攻，國民第一軍下令進攻熱河之朝陽云。

◎奉軍歸向馮玉祥　張作霖軍隊退出奉天

北京十二月十二日電：曾住熱河一帶的奉軍，表示願聽命於馮玉祥，已改編為熱河國民軍。又訊據奉天傳來可靠消息，張作霖軍隊已退出新明府和奉天，沿途掠搶人民，外國官員均受驚恐云。

◎國民軍進攻天津　李景林聲言得了英美日各帝國主义者的偏助　天津一帶的大激戰

又北京十二月十三日電：天津軍事，雙方積極進行，國民軍已佔楊村，分三路進攻天津，京津電話電報均斷絕。李景林已將家眷送入日界，本人亦將逃亡。國民軍在群眾中大活動，不久即可攻入天津。至十三日北京電稱天津附近楊村與糧城兩处激戰，雙方有大砲四尊，國民軍及李景林皆大批飛機航空激戰。十五日北京電：天津形勢未定，雙方交戰隊各有勝負，開始有傷兵運來北京。據報紙消息說：空中射擊，使馮軍散心。李景林中嘗地得了英美日的秘謀協助，國民第二軍不僅回復他在天津南部一帶的舊有形勢，並且轉而進攻，重新佔據馬廠，奪得青海縣云。

◎天津山東兩處的戰局均極複雜　吳佩孚欲攻國民軍　反動軍閥有聯合對付國民軍的企圖

北京十二月十三日電：國民軍分四路進攻天津，一由北京出發，一由河南出發向津南進攻。又訊二軍佔北廠，又訊二軍擬讓步，因馬廠尚在李景林之手。李擬改攻國民第二軍，以使與張宗昌聯絡。又訊李擬退據保定，有二軍被截斷之訊。又有山東亦被張宗昌佔領的消息。國民軍由山東敗守，其原因有二：(一)國民第二軍一部進攻天津，一部進攻山東，兵力已不集中。(二)張宗昌李景林吳佩孚三角同盟，擬向河南進攻。另一消息孫傳芳宣言絕不讓吳佩孚經過浙軍屬地進攻國民軍。看以上的消息，可知中國近日情形，甚為複雜云。又北京十二月十四日電：中國中部形勢日趨複雜，據各方消息吳佩孚與張宗昌李景林訂有和約。現孫傳芳尚未表明態度，奉系與吳佩孚之聯絡，使國民第二軍限于困境，不得不調回前線河南軍隊，移防保護河南省南部云。

◎在反華戰爭中帝國主義者的行動　反奉戰爭起後的關稅會議

據過去的消息，在反奉戰爭初發動時，各國帝國主义者即藉口中國內戰又起，要停止關稅会議，其實關稅会議不過是帝國主义者于「五卅」事变後的民氣不得不再聲明一次凡尔賽及華盛頓兩次会議的故智，把中國人民当要猴子一樣，後新玩弄一番。開關稅会議也罷，停止關稅会議也罷，反正是那麼一回事。故又把不生不死的關稅会議延長下去。據北京十二月四日電：外長沈瑞麟辞職，關稅会議亦停止，但又有改派王正廷單独辦理之說。

◎日本在華軍艦之多

北京十二月六日電：日本在華軍艦，除旅順大連外，沿海尚有十七隻。

◎日本故作狡獪

東京十二月十日電：日本要求日政府派兵到滿洲保護日僑，并保護日本在遠東一切盈利。但據北京九日電：郭松齡派代表到大連，與日本当局接洽，略謂日本如不援助張作霖，郭仍能維持日本在滿洲的利益，日政府因此停止進兵滿洲，至十二日又傳日本帮助張作霖大批軍械。又訊前在遼東駐紮之日軍第十師團現已移入奉天，在旅順口之六十步隊及炮隊預備向桂奉天及宮竹林。又東京十二日電：稱張作霖之日本參謀拟日宣言要求日本助張，同日日外長答覆日軍閥，謂目下助張甚困難，因張部下皆倒戈，民眾亦反張甚烈，宜嚴守中立云。

▲在內戰中的國民革命運動

◎北京、上海、南京均有盛大的國民大會

據報載現在中國人民組織國民政府的空氣瀰漫全國，本月初上海、北京、南京先後有盛大的國民大会，到会者多為工人及学生，最重要的口號為廢除不平等條約，推翻軍閥勢力，建設國民政府云。

▲廣州國民政府及中國國民黨的消息

◎廣東的情形

報載廣東已進和平時期，東江已肅清，南路亦將結束，軍財兩政漸歸統一。又訊英人造謠說國民政府是共產黨，一般人民以為如此不壓迫人民的共產黨，我們極端歡迎。廣東統一，全係民眾的助力云。

◎國民党將開全國代表大會

報載國民党定于明年一月一日在廣州開全國代表大會云。

◉本埠新聞

○胡漢民同志在莫的近況

胡漢民同志來俄後，備受苏聯工農群众及公私各团体极熱烈的欢迎。記者常在各種集会裡看他被环繞在一羣熱忱高興而帶着欢笑的人們的中間，相互娓娓作問答；或在演説台上有長篇的政治演説；或报告，偶过其寓所，坐不移時，必有人來，代表某種組織們請求其談話，或約赴会，或請作關于中國目前革命運動及政治实况的論文；寓室打字机声整日的聒聒不絕于耳，即是應各種報章雜誌的請求，將已寫成的論文，由與他同來的朱和中同志譯成俄文、德文發表。由此可知他的忙碌而緊張的生活，充滿了革命的情緒和意味。近日又忙于各種參視及政治文化經濟的考察。

記者

建立國民政府！

第四版

旅俄僑胞均鑒：

五卅事變發生後，我僑胞樂捐國內罷工人救濟費，共收得俄幣一千三百零二盧布五十哥比，已由本委員會寄往上海職工聯合會，已否收到尚未得着回覆，現由本委員會要請前進報將所有捐款人名及數目全數發表，以便稽查。

旅莫華人救濟國內罷工委員會啓

張蘭亭 捐助十五元
孫殿目 劉福堂 范金祥 王星奎
徐岐岡 徐京邦 以上各捐助拾元
楊金義 蔣金龍 沈玉山 曹殿卿 以上捐助一元五角
李家慶 宗永江 王慶芝 同聚永
湯增賢 李占奎 徐效盛 吳成泫
蘆守琴 戴雲蘭 馮玉美 王義之
張登盤 雷茂盛 王玉雲 魏海風
史永增 李琴西 滕繼訓 苗喜潤
歐積琡 林振東 李云亭 朱兆華
馮志啓 辟益輔 姜德清 高宗礼 以上各捐助五元
柳成渭 李福田 以上各捐助四元
孫松山 潘公田 劉泰順 華萬壽
郝占元 袁同林 李啓馨 刘坤祥
白玉山 苗春令 鄭清良 時登宝
劉永熙 陳允福 張子軒 姜清亮
趙壽伍 張任林 孫吉元 馬長貴
刘春林 張新才 李春林 潘東祥
賈玉洪 于渼志 張作典 張萬清 以上各捐助三元
張振福 謝耿日 捐助三元
吳真芃 王鳳珠 高長祥 崔丕全
吳義正 徐亭作 石方閣 袁蘭章
宮盛仁 刘子孟 張振泰 段克正
魏洪增 劉廣順 王宝林 王丕秀
范心京 韓景勉 劉洪緒 刘志德
苗玉田 姜廷貴 王玉目 鄭如金
韓進中 莊洪舉 朱浚文 潘金山
呂春邦 萬文远 高言日 汪宣貴 以上各捐助二元
崔家章
蘇德盛 董楊盛 王慶山 陳有才

李明順 刘清礼 郝彦 孫華慶
刘竹有 傅中法 張義堂 崔少彦
林明 歐玉步 孫吉堂 徐鳳春
郝福 刘治中 孫吉昌 石蔭南
王洪目 趙金東 魏得山 老龍
于德信 姜吳虎 滕學書 李祿
楊德堂 李芳齡 杜兆生 李春璞
徐允福 刘玉才 張永順 張占奎
祝進之 杜耀全 白永內 刘繼魁
李文山 刘峯泰 鄭中立 魏英芝
滕京珍 刘文昌 于永存 孫永昌
王何昇 戴化秀 徐義德 孫長發
宋喜文 李丕玉 潘松和 馮玉漢
鄒本芳 許典論 姜芳林 馬洪烈
侯廣信 劉旭東 于治俊 彭蘭亭
任峯山 高順田 潘書元 刘芳奎
樂洪聚 李殿廾 張害成 林墨林
楊玉山 杜草亭 任右 邢樹亭
張永豐 王玉興 王錫 韓錫文
張作彭 王棟濤 周華宗 馬興云
路儀瑞 王好舉 林俊傑 王君明
呂發達 趙天興 趙天進 周根海
刘宝合 張福順 以上各捐助一元
呂廣洲 邢文彬 謝國香 以上各捐助五元
于和 楊淑濂 賈德福 丁藴吉
湯恒泰 王繼壽 柳樹棠 石樹彭
劉文堂 王德福 以上各捐助三元
劉文盛 張長松 楊振喬 劉豐
李登 姜錫九 趙波 賀再玉
張永進 王朝廷 以上各捐助二元
薛新年 郝鳳山 孫德林 范玉坤
陳增斌 趙翔九 以上各捐助一元
林相卿 于桂忠 于復德 以上各捐助五元
林克才 林吉盛
王桂 捐助一元五角
陳錫珍 林有豐 潘裕順 金桂齋
趙南波 李浮亭 吳全奎 伍銘才
林勉芳 林炎芳 葉秀佛

鄭桂南 林鳳飛 李承齋 以上各捐助五元
楊成濤 楊廷仁 楊毅遠 王允興 以上各捐助拾元
劉达飛 江 明宇 郁齋 袁浔奎
潘翀傑 楊進 賢 潘進生
楊廷興 吳進興 林春飛 楊宗奎 以上各捐助三元
潘進發 楊璐銘 陳南齋 朱青相
激明舟 王修 島工山 Вангуй фан
張益盛 陳泰君 李旦昌 吳明齋 以上各捐助二元
吳進祿 林上謹 葉耀賢 金成芳
林開 林源香 葉瓊芝 潘祥齋
吳桂典 林德明 林國朝 林德修
吳良奎 吳有山 林良呈 王成立
袁存典 袁次典 林岩如 李宝山
来桂芳 朱敬光 楊尊魁 袁進卿
吳玉桂 吳藍玉 張煥光 林仁卿
林進廾 陳志典 陳宗卿 趙錦齋
李益齋 吳贊奎 李吉指 留桂青
周純善 潘合順 邱貴普 鄭進芳
王上洪 孫言香 孫移才 袁進玉
林竹勲 葉茂遇 葉茂新 楊益和
夏益軒 陳光琪 潘良讚 陳正泰
李進青 吳令奎 吳鳳儒 林錢君
吳大君 鄭桂仙 吳玉珍 陳志寬
葉德青 陳耀平 周漢明 陳政邦
潘仲衔 鄭志鳴 楊喜俊 楊彬
林長呈 王智光 吳趙趙 周錢芳
徐韻梅 江注森 王志葉 王王瑋
王華卿 王兆祥 伍祖光 陳育進
厲志遠 金保進 徐福錢 厲進源
張一飛 卓光清 林邦君 袁瑞齋
何洪明 袁廷彬 袁達君 陳錢可
周体程 潘成豐 陳俊瑤 陳祥芳
陳懷齋 陳耀琦 陳俊芳 陳和青
李進祥 李仲祥 李德齋 趙玉三
林質夫 鄭次亭 潘耀春 陳益齋
潘岳奎 厲盛勛 陳克寬 葉寡宗
林王齋 葉作幹 李鳳山 鄭上岩
李耀祥 陳廷丰 陳鎰芳 林進初
潘耀奎 林進清 李東生 李才君

鄭桂來 吳步成 林進蘭 周美齋
陳進齋 陳仁芳 陳俊君 周進豐
周西林 陳得平 袁 得
以上各捐助一元 其餘留下期發表

本報編輯處啓事

本報各欄均歡迎投稿，特別歡迎本埠外埠及國外華僑實際生活的調查，特別歡迎國內反帝國主義運動及國民革命運動的各種消息或材料或論文投稿條例如後：

(一)無論本埠外埠國內國外投稿本報者一律贈閱本報一份，贈閱的期數由本報決定，不另給酬。

(二)本報有修改來稿及決定登載來稿與否之權。

(三)來稿登載與否概不退還。

本報募捐啓事

本報基金非常薄弱，如蒙公共機關或個人捐款相助，不勝感激。捐款交本報或負責人 Гражданк Файнштэн 俟捐款收到後即將捐款機關的名目或捐款人的姓名及捐款的數目登載本報誌謝

本報招登廣告及啓事

如有要求在本報登廣告及啓事者請到本報發行處與先生商議價目或通信議訂價目亦可

Главлит №50132 Тираж 1500 экз.
Москва, 1-я типо-литография Центриздата Народов СССР. Шлюзовая набережная, д. 182. телеф. 5-29-70.

第一版
№ 2
第二期
一九二五
十二月二十五日
25 ДЕКАБРЯ
1925 г.

中國前進報編輯發行處
РЕДАКЦИЯ
КИТАЙСКОЙ ГАЗЕТЫ
„ВПЕРЕД"
г. МОСКВА,
пл. Свердлова, 2-й д. Советов пом. 1,
ход со стороны Третьяковского пр.
Телеф. Кремль. добав 1-50

前進報

每星期五出版　　每份零售 10 哥比

價目

	蘇聯境內	國外
1，每份零售	10 哥比	15 哥比
2，訂閱每月	40 哥比	60 哥比
3，訂閱半年	2 盧布 30 哥比	3 盧布 60 哥比
4，訂閱每年	4 盧布 50 哥比	7 盧布

旅俄華僑協會籌備委員會刊行
編輯人　王倫

ЕЖЕНЕДЕЛЬНАЯ ЦЯН-ДЗИН-БАО „ВПЕРЕД" ГАЗЕТА

俄羅斯一九〇五年革命二十週年紀念專號

俄羅斯一九〇五年革命與中國「五卅」事變

被压迫階級反抗壓迫階級的各種革命運動，無論他的範圍大小如何——即或是一方面的罷工運動，都有他的不可磨滅的意義，因為革命的成功並不是自然進化的結果，也不是偶然的際遇，而是要在長期的奮鬥過程中去團結革命的力量，找尋革命的方法，逐次前進，直至最後勝利。中國勞苦民眾當此要求解放的戰爭激烈時期，正應攷集歷史上革命的經驗來作自己的借鑒，免走錯路。一九〇五年俄國的革命運動是俄國工農階級解放的先聲，是巴黎公社後，十月革命前，工農階級反抗統治階級最寬大的革命運動，現在正當他的廿週年紀念，不用說我們是不可忘記的。本年上海所發生的五卅慘殺，充分的表現中國被压迫的群眾完全起來要求由國際帝國主義和封建餘孽之下解放出來，使中國民族革命進到一個新的階段，其意義之重大，不亞於俄國工農解放史上的一九〇五年，這更是我們應該一樣的深加回憶和認識的。

二十年前的俄國工農階級因為困於資本家大地主殘酷的剝削，底下更加上俄皇專制政府的压迫，使他們——尤其是工人——不能不起來反抗。雖經統制階級多方設計來破壞工人的奮鬥，盡力使工人脫離政治的立場，而改事於生活的改善，而工人階級竟於一九〇五年一月九號冬宮前的慘殺之後，自覺的組織全國工人總同盟罷工，以與統制階級對抗，並組織工人蘇維埃（俄國工人）為指導工人在革命奮鬥中的獨立機關，並各大城市的工人皆武裝自衛，結果雖然被反動勢力压倒，可是此次在工農解放運動上——尤其是在他們的工農解放所應出的新的力量與教訓極大。

一、俄國無產階級的醒覺。

從前的慘殺與革命過程中，俄皇的高压以及奮鬥的數次行動，完全證明俄皇政府以前所用的欺騙手段——如指使他的走狗蔡應氏組織工會——完全是欺人的，明白給工人階級的指示，祇有自己起來團結本階級的力量，用革命的手段向仇敵階級進攻，奪取政權以後，才能得到解放。

二、增長工人階級組織的經驗。

此次各城市中的工人蘇維埃是工人階級獨立的組織與國家政權機关相對峙。這不但是俄國工人運動中第一次的戰鬥組織，即自巴黎公社後在全世界工人運動中也是第一次在蘇維埃中把工人階級的政治覺悟和政治行動經過一番實地的訓練，使世間工人都懂得在革命過程中的政策。所以在一九〇五年蘇維埃之雖然有力並不是偶然的事。蘇維埃的缺點——如缺少集中的指導機關——更加促成俄國工人階級得到勝利的最寶貴的教訓。

三、表現工人階級偉大的革命力量站在革命的領導地位。

當時俄國資產階級本是受俄國封建制度的縛束，極力求解放，但因資產階級一面要想利用工人階級的力量推翻俄皇，一面又怕工人階級壯大起來使自己失掉了剝削的地位，遂不惜與封建階級妥協，防止革命前進。只有工人階級在反對俄皇專制奮鬥中表現他的獨立的革命力量，使整個工人階級明白自身的責任和歷史的使命，而確信他們的力量是無可敵的，自己來解放是可能的。俄國的革命運動是要以他站立領導的地位作主力軍。

四、因是工農聯合的根基

此次工人階級要求無一不是直接與農民階級有利益的，使農民群眾從實際上認清工人階級是他們唯一的同盟者，祇有贊助工人階級一同奮鬥才能得著他的勝利，從此使農民群眾完全脫離資產階級的政治影响，從根本上建造起來不可動搖的工農聯合的根基。一九一七年二月革命後整個農民——無論貧農、中農——完全加入無產階級的陣線反對資產階級，完成十月革命，這並不是一朝一夕之功！

五、少數派的失敗

俄國的少數主義也曾以代表工人階級利益相號召，但實際上他是代表小資產階級的虛家主張與統治階級妥協，反對工人用武力取得政權。在此次革命運動開始後，據少數派的意見以為當時革命是資產階級的，無產階級不應積極參加，而祇與以相當的援助。多數派則以為此次革命固然是資產階級的，但資產階級自身已經不是革命的了，而與封建階級謀妥協，因此無產階級的責任是要積極的參加，引導推動革命向前發展，自己在革命中居於主力軍的地位。事實一點一點的證明多數黨是對的，少數黨從此在群眾中根本站掉了作用，一切革命勢力都集中於多數主義之下。

六、促成十月革命之成功

我們固然不敢說一九〇五是十月革命的成功唯一的原因，但是總觀上面所舉的事實，我們可以說此次革命運動與十月革命有極密切的關係。在一九〇五年所得到的一切勝利都留全保存在十月革命中，而一切的失敗亦反映到十月革命中，有極大的意義。故在二月革命後俄羅斯工人階級行動自如，步驟井然，不數月即取得最後勝利。——一九〇五年所留下的最大兩個教訓即是：工農聯合在當時並未成熟，使農人的運動向單方面去發展，在農民方面失去了指導，而在工人方面失去了同盟者；其次在軍隊中的組織作太少，以致最大部分的軍隊皆這個反運動勢力來压迫革命群众。這是一九〇五年失敗最主要的原因，而在十月革命時則是最主要的教訓。

今年在上海發生的五卅慘殺，有些人比為俄國的一九〇五年，我們固然不能肯定的說此次慘殺全與一九〇五年相同，但在此次運動過程中我們看以下的事實：

一、中國全體勞動群众都由認清真正的敵人並找得今後的出路。

中國的革命先覺者好久就指明中國人唯一的勁敵是外國資本家，所以中國人唯一的解放之路即是團結全中國的革命分子用革命的手段先打倒國際帝國主義。此次上海事完全証明這是最正確的指示。外國資本不但間接的來掌握中國政治和經濟的命脈，即是群众的扶手示威運動也不容許，帝國主義者在中國並不只以溫和的手段來把持中國，並且直接採用武装鎮压的政策屠殺民众。此種事實不但逼迫所有的城市工人階級與革命的智識階級全數參加反帝國主義的戰爭，並且醒覺了長期沉睡於封建勢力之下的農民與游移不定的城市小資產階級，也開始走向革命的道路。

二、民族解放運動的群衆化。

本來民族解放運動的口號，直至五年前才滲着明白的解釋，自香港罷工、「二七慘殺」以來，傳入群众，直至五卅事變發生後，無論大小城市、鄉僻壞都自覺來參加運動，要求解放，整個的中國到處都組織起來反對帝國主義，經過此次運動後，中國無須要求解放的勞苦群众全數推入國民革命的營壘，我們且看今後中國革命運動的發展已轉向一種新的形式。

三、真正的革命勢力之表現。

事变初發生時，大小資產階級都因一時憤激參加戰線，甚至張作霖也做人假面的來幫助，款項可是反動勢力一來，帝國主義者拿出狡詐政策以後，他們即行退出反與帝國主義者妥協，至甚於站在反動方面來與革命勢力作对。只到最後始終如一的積極參加革命運動的祇有工人階級，他不但是比任何階級先行發動，且能堅持並在各處他都能站在領導國民革命的地位，我們祇以帝國主義所指責我們的話就知道這是很的確的，他們說「此次運動是多數主義的革命並不是大多數中國民眾的要求」，從此我們可以斷言祇有中國工農階級是能負中國國民解放的使命。

四、工農聯合的暗示。

農民是中國人民的最大多數，是中國革命的主要勢力之一，如果農民不參加革命，勝利是很難得到的。此次五卅事变雖然普遍驚動了農民，但他們組織的力量薄弱，又未曾與工人階級的行動打成一片，這是此次事变不能久持的原因。由此感覺到了工農聯合是目前急切的任務，不然則中國革命很難迅速的得到勝利。現在工農階級的組織都漸漸發展並互相聯合，都是事實使然的。

總括上面幾點看來，都是五卅事变的產物，而且是革命的根本主要條件。以後中國的革命即由這幾個條件向前推動。因此「五卅」的意義在中國革命發展過程上站有一九〇五年的同樣的重要地位。

中俄兩國革命的過程之比較
Руский «1905» и Китайский 1925 г.

最後的緊要新聞

張作霖大敗而逃

十二月廿二日北京電　奉天新明屯一帶郭松齡與張作霖發生激烈的戰爭，據東京方面來的消息，張軍被新明屯潰退，郭軍經過日本当局默判後，即佔據牛莊營口。又訊南滿鐵路拒絕輸送郭軍，然最許中立。又訊因為天氣太冷（零下二十五度），頗妨碍行軍。又訊吉林督軍張作相向張作霖獻計，若在奉天失利，不要退至吉林，以免吉林人民对奉軍仇視。以此可看出張作相決定表示不再帮助張作霖云。

全世界被壓迫民族與無產階級聯合起來！

Главлит №50132　Тираж 3000　Зкз

Москва, 1-я типо-литография Центриздата Народов СССР. Шлюзовая набережная д. 162. Телеф. 5-22-78.

十月革命的第一幕——一九〇五年的工人蘇維埃萬歲！

一九〇五年—一九一七年—一九二五年．

N. L. K. 著　南金譯自國際通信

(一)

從一九〇五年的革命到現在已二十年了．這過去的二十年完全證明了俄國的第一次革命是人類歷史上的轉折點．這是對于一九〇五年同時的人已經很明的了．考次基(Kautsky)和布列哈諾夫(Plekhanov)著名的答案的結論是：『假若我們視俄國的革命是十分特别的一種方法，這種方法由資本主義的社會改變為社會主義的社會是必需要的，這種方法以消滅資本主義的社會而預備社會主義的社會不可少的，無論如何這種方法是推動全人類的發展和資產階級的文化很大的進步的，那末，我們不待說俄國的革命就更正確了。』

列寧在他一九一三年出版的著名文章『馬克斯對于歷史的教訓』內指出人類歷史自一八四八年起可以分為三大時期：

(一)自一八四八年到巴黎公社(一八七一年)

(二)自巴黎公社起到俄國革命(一九〇五年)

(三)自俄國革命到現在．(見列寧集，俄文本，十二卷，第三章，第十五頁)

在巴黎公社之後，一九〇五年之前，這第二期中的主要特點是什麼呢？第二時期(一八七一年到一九〇四年)之與第一時期(一八四八年到一八七一年)就是第二時期以在和平的狀態中並無革命出現，在這第二時期中，西方已完成了資產階級的革命，而東方的革命還在睡夢中。(見列寧集，十二卷，第二章，四四頁)

然使我們以同樣的觀點來看一九〇五到一九二五年這個時期，我們可以確定地說：

第一，一九〇五年到一九一五年在西方是直接預備社會主義的時期，是東方覺醒的第一個階段．

第二，一九〇五年到一九一五年是東方加入資產階級的民族革命戰爭中的時期．

第三，一九一五年到一九二五年是西方的無產階級革命和東方的資產階級聯合起來的時期．

革命的中心移向西歐而到俄國——一九〇五年到一九二五年整個的期中的特殊點，就是下列一種：很明白地條件使西方與東方的結合能夠實現出來．

東方人民的爭鬥與西方無產階級聯合起來，這是人類歷史上的重要事件，在人類解放爭鬥的開始．

在歐洲這個時期(一八四八年—一八七一年及一八七一年—一九〇五年)的口號是：『全世界的無產者聯合起來呀！』而在這新的時期的口號是：『全世界的無產者和全世界被壓迫的民族聯合起來呀！』

上述，就是一九〇五年到一九二五年這個時期中的三個基本要點．

(二)

自俄國第一次的革命到現在，這過去的二十年可以用一九一七年的十月革命把他分為兩個時期．俄國由一九〇五年起直接預備俄國無產階級革命的時期，第一時期與第二時期的事實的區別：

第一，一九〇五年大革命，第一次對此據以強有力的打擊，使俄國的無產階級在此時代運動上居領導的地位，使東方的民族從睡夢中驚醒起來，使西方的無產階級注意到奪得政權之路的問題．

第二，俄國的國民革命第一次失敗．

第三，帝國主義的戰爭．這次戰爭是在西方資本主義的崩潰中及激烈的階級爭鬥時期中，和俄國的無產階級革命已得到勝利後才結束．可以附帶說著一九一四—一九一八年的戰爭，使戰爭在人類歷史上的意義是革命的原因之一的說法更有勢力．普法戰爭使巴黎公社產生．日俄戰爭使一九〇五年革命實現．帝國主義的戰爭使一九一七年的十月革命暴發．當一九〇五年到一九一八年這個時期中，帝國主義是很猛快的發展．因此遂達到社會主義革命時期的前夜了．自一九一七年—一九二五年這一時期的基本特點是用特殊的方式來『培養』社會主義．這種『培養』向三方面發展：

(一)西歐激烈的階級爭鬥使勞資間的衝突更加急加厲．

(二)經過十月革命而得到的社會主義在蘇聯境內蒸蒸日上，逐步前進．

(三)東方的民族革命之發展．并民族革命中部份的勝利，使我們很可樂觀．

我們再來詳細的考察這些情形：

(一)第一種情形，初看起來好像似是而非的．並使第二國際的『理論大家』猜生懷疑．但是經過勞資間激烈的爭鬥，以『培養』社會主義的論文並不是我們捏造的，而是考次基他自己規劃所寫的，他在他的著作『取得政權之路』裏面說：『所謂培養社會主義的意義，就是培養激烈的爭鬥．因為爭鬥能使國家的基礎動搖，爭鬥能不斷的繼續向前．……爭鬥是推翻資產階級的唯一道路，又因無產階級是組成社會絕不可少的分子，且佔最多數，他在爭鬥過程中可以有暫時的失敗，但他絕不能被資本家殲滅．在別一方面來看，資產階級已變成贅疣，對于社會毫無用處．在政權爭鬥中，資產階級將首遭失敗，這種失敗會引起以後長期備具的痛苦．』

凡不願意承認我們繼續培養社會主義的成效，他也是閉著眼睛不看現社會的客觀事實——勞資間的階級衝突，直到培養成最凶猛最堅決的爭鬥時．這種爭鬥我們就叫他為社會革命．

自一九一七年到一九二五年這個時期中，使考次基這篇論文中所說的話大大增加他的勢力，不下十倍于革命之前．

試看下列的事實就明白了．德國、奧國、匈牙利等之推翻君主專制；一九一九年匈牙利、巴伐利亞(Bavaria)之建立蘇維埃共和國；一九二〇年義大利階級爭鬥之狂暴；一九二三年十月德國革命潮流之高漲；英國很快的走到『激烈的爭鬥』(這個可以說是一個經過『激烈的爭鬥』以『培養』社會主義的例子)；殖民地的革命運動無形中破壞了歐洲資本主義的威權，因此在歐洲的階級爭鬥更形加厲．

(二)蘇聯培養社會主義的情形在各方面與其他國家完全不同．在資本主義的國家內，推動培養社會主義的原動力是勞資兩階級間的爭鬥之加厲，經濟關係之衰落，內戰之實行，和資本制度之破壞．但在蘇聯則完全不同：

(a)恢復並發展一切經濟關係，使工業農業都變為大的生產，成為社會化．在農業中應消滅封建制度剩下的餘孽，在城市中應整頓商場，經過三地加(Syndicate)、商業交換處、國家商業的機關、協作社等，而施行貿易．

(b)工農的聯合是建築在經濟的合作上，這種聯合的發展，不是工農階級對抗的增加，而是減少．無產階級專政不但不增加工農間的衝突，而且使他們二者之間舊有的衝突日見消滅．因為『無產階級專政是：(一)強有力的，在法律上會不禁止反對資本家和地主的一種形式，(二)無產階級領導農民的一種形式，(三)視社會為整個的來建設社會主義』(見史達林(Сталин)的問題與答案)

(c)蘇維埃國家不斷地武力化，不斷的以廣大的男工女工農民農婦參加建設工作．不斷的加固蘇維埃政權和代表的團結．

(d)增加工農群眾自覺的活動，使他們增設工農的各種組織，(如消滅不識字者運動的組織，電氣化社，航空化學社，非宗教家同盟，工農通信社，鄉村扶助社，國際階級戰爭犧牲救濟會……)要把千百萬的男人婦人要拉到工廠作坊的委員會裏去，要把成千成萬的青年組織在少年共產聯盟和創造者等之內．

這兩個『培養』社會主義的方法，雖各不相同，但二者不能分開，各自獨立．在此二者之間永遠有相互的作用．一九一七年到一九二五年之間，資本主義的各列強不斷的向蘇聯進攻．把他們進攻的方法，採取各種方式，或武力干涉，或封鎖等等．一九二五年確是這種進攻的終結了．為什麼呢？因為：

第一，一九一七年—一九二五年這個時期已證明了公開的進攻蘇聯，其實不可能，以前三年武力的干涉，結果完全失敗，這是人人盡知的．

第二，帝國主義戰爭的損失偏于各地，革命運動加速的發展，較之戰前時快得很多，因為有這兩層關係，結果使蘇聯經濟的恢復已達到戰前的水平線上了．

第三，單獨在一國內建設社會主義已經證明了實在可能．因為蘇聯八年無產階級專政的結果，使百分之六十以上多的生產工具與百分之九十以上多的重工業都在國家的手中．蘇聯的人民約四分之一是組織在協作社內．四分之三的商業已歸國家和協作社所有，對外貿易則全歸無產階級的國家所獨佔，至於銀行，信托公司，鐵路交通亦完全集中在無產階級的國家的手裡．

第四，一九一七年到一九二五年這個時期，蘇聯與資本主義的各國間發生了不可少的密切的經濟關係．這個時期中主要的事件之一就是一九二五年以後，蘇聯與各資本主義的國家間將發生經濟的爭鬥和經濟的競爭．這種爭鬥的結果就是：蘇聯與資本主義國家的生產力有向前發展的趨勢，各資本主義國家內的階級爭鬥愈形加厲，各帝國主義國家間的競爭更見厲害，殖民地與帝國主義間的爭鬥愈加嚴重……在這時期中整個的資本主義是愈趨愈下，向衰落方面發展，而社會主義運動地向上發展，現在更無疑地使我們相信資本主義向下衰落．

(三)一九〇五年到一九二五年這時期中，東方各國『培養』社會主義的環境，就是在發展民族革命上面．一九〇五年的革命已把東方被壓迫的各民族從夢中驚醒起來了．再經帝國主義戰爭的屠殺，和十月革命光明的照耀，結果東方也被捲入世界革命思潮的漩渦之中．(列寧——『小而好些勝更好些』見列寧集十八卷，第二章，一三六頁)東方的革命應當——(a)反對外資的壓迫，(b)反對農奴制和封建制的殘餘．在這階級中尚不能有社會主義成功的希望，只能希望消滅國際帝國主義之統治本地的社會經濟，和打倒國際帝國主義的思想的同盟者——本地的地主，軍閥，和官吏．要使這種工作實現出來，只有依附才能把資產階級的民主革命轉變為社會革命．同時，也只有消滅歐洲帝國主義在東方各國的統治之後，歐洲各國帝國主義國內的社會主義才能得到完全的勝利．

歐洲『社會主義』的首領[illegible]……『東方的[illegible]運動』，[illegible]歐洲帝國主義[illegible]．東方的革命與西方無產階級聯合起來[illegible]的理論，而是馬克斯主義的基本真義．[illegible]一九〇八年列寧論帝國主義者在此[illegible]中[illegible]馬克斯[illegible]『東方聯合』的意見說得很為詳細．[illegible]說：

『[illegible]……[illegible]所有歐洲的統治者力與歐洲整個的資產階級都[illegible]中國的[illegible]力和援古思想相聯合．

雖然如此，但是青年的亞洲，即數萬萬的亞洲勞動者已有同盟者，他們是各國的無產階級可靠的幫助了．世界上沒有一種勢力可以阻礙他們的人民解放的勝利．』

再看他給他的老師里爾非丁(Hilferding)等于一九一〇年所說：

『當馬克斯、恩格斯為『共產黨宣言』時，他們只注意到西歐某無產階級的戰場．但到現時這個戰場已擴大到全世界了．現今勞動群眾和被壓迫群眾為自由的爭鬥不但擴張到斯卜銳(Spree)、[illegible](Seine)、沿海一帶，並已擴張到美洲的黑沈河(Hudson)流域，米西西伯河(Mississippi)流域，勒華(Neva)、達爾達尼斯(Dardanelles)，及印度的恒河流域．』

每人必須牢記，把著考次基所說的這些話，他們最近在馬賽(Marseilles)會議中的議決，及東方的危險會中顯然表明出他們完全是背叛主義，反革命的行動．

(三)

在開始一段中已說過列寧把人類歷史自一八四八年以後分為三個階段．而三個階級爭鬥的階段相應而生的就是馬克斯主義發展的三個時期：

第一個是馬克思自己的馬克思主義的時期，第二個是擴大馬克斯的意見的時期，但是『歷史的辯證法卻是馬克斯主義在理論上的勝利，使他的敵人也不得不假冒自己是馬克斯主義者．因自由主義內部已死，故欲以社會主義的[illegible]主義來使他復活』(見列寧集

中國革命新階段——一九二五年上海總同盟罷工萬歲！

東方的醒覺——帝國主義的死亡！

十六卷第六、七期)……時期的結果，就是使馬克思主義惡化了。第三期是如何的蓬勃呢？第二時期就是社會運動的怒潮高漲時期，未來歷史的時代中，新使馬克思主義給無產階級的教訓，以其更大的威力。(公上四十頁)列寧的論點已成為事實。不管上述的這派馬克思的學者如何背叛，如何貴族階級化，自一九〇五年以來，這二十年中，馬克思主義仍大得勝利，在無產階級的祖國，馬克思主義已成為正式的科學了；在東方的中國、印度……已統治了先進的智識份子和覺悟的工人的頭腦了。

自一九〇五年到一九二五年使馬克思主義大得勝利，因為在這個時期中，証明了馬克思所說資本主義必然崩潰的情形，改良派所謂……民主)完全成為事實，並使他所說的無產階級專政……為社會主義的改良階段的預言已是現出來了。自一九〇五年到一九二五年間經過許多歷史上根本的事變，使馬克思主義更為豐富，並以他的關于社會革命和無產階級專政的教訓更形鞏固，列寧繼承馬克思的偉業，使馬克思主義更為豐富，並把他應用到政治的事實中去，而這整個的期間中，這種工作都是在繼續進行。

列寧主義是帝國主義時代的馬克思主義，是帝國主義和無產階級革命時代的馬克思主義。他不是產生在大戰之後，也不是產生在一九一七年之後，而是產生在俄國第一次革命的時代，當這革命進行時，列寧主義的基礎就建築在下了：帝國主義的戰爭，使列寧主義更向上發展到一新時期，無產階級專政的經驗，歐洲的階級戰爭，殖民地的解放運動，都是完成列寧主義的要素。自一九〇五年到一九二五年，列寧的教訓已開始了……有了第一次的勝利，今後列寧主義將得更大的勝利，將得無形的新成功。

(四)

我們已經説過了一九〇五年到一九二五年是直接預備社會主義和實現社會主義的第一階段的時期，因此爭鬥的戰略(Strategy)和爭鬥的方法也須隨之而變，與前一時期完全不同。

一八七〇年到一九〇四年，這個時期中的戰略，不過是在資本主義統治下爭著最大限度的改良而已。社會民主黨把他的聯盟者只限于需要減低綱領和要求達到改良要求的人，所以他在城市小資產階級中去找他的同盟者。改良的爭鬥只限于一個資本主義國家之內，所以他的戰略的本身是分有國家性的，非國際的。這種戰略的特性，就決定了爭鬥的方法，這些爭鬥的方法，就是參選舉，組織工會，無聯絡的罷工等等。

一九〇五年到一九二五年這個期間中，戰略和爭鬥的方法，都根本改變了。在一九〇五年列寧……就有不斷革命的問題，農民不但是資產階級的同盟者，而且亦是革命無產階級的同盟者。一九〇五年列寧已視總罷工為爭鬥中政策的方法(……Means)之一部份了，並且已述著武裝暴動的問題了。我們若把這個時期看做一個整個的來看，我們就知道：

第一在俄國革命中，爭鬥的攻略，在……方面，必須革命到底，直至把整個的政權……為止，由這種……所以在某一國中的無產階級革命……戰略的計劃的一部份，由此可得到兩個結論：(1)無產階級的……——不能長期限于只做本建設的工作……；所以某些……以政府的首領，是有國家主義的，這簡直是……對……爭的戰略的常識，(2)就蘇聯的對外政策來說，……的，這簡直是絕對的……，蘇聯的對外政策向來就是以幫助世界無產階級革命為目的，凡是一個國際社會主義者必承認這是十分真確的，只有真正帝國主義的真正走狗才會以蘇聯為帝國主義，蘇聯的對外政策，是澈底的國際的，是澈底社會主義的。

第二爭鬥的戰略，在積極的方面，必要是國際的。所以無產階級的先鋒隊——共產黨——不但須在本國的農民中和一部份的小資產階級中找得聯盟者，還須努力造成世界無產階級的聯合戰線，並須在東方的被壓迫民族中找得同盟者。這個戰略的國際性(政策，tactic)亦有某種程度的國際性，可以由各國共產黨的國際團結看得出來。巴黎(Paris)……馬賽(Marseille)會議的一段中文很有理由，可以承認這種團結，第二國際的老爺雖然無什根據，也夢想到這個團結了。

第三，爭鬥的方法，如爭選舉及其他類似的已經完全不適用了，應把他擔在九霄雲外去，爭鬥的方法現已變成十分複雜，議會政策和武裝暴動，公開的集會和非法的結合，公開的報紙和非法的出版，無產階級完全得著勝利的國家內爭鬥的方法與資本主義的國家內爭鬥的方法是全不相同的。社會民主黨的首領老爺們，絕對不懂得這一點，在資本主義的國家內，……武裝暴動……無產階級也當實行一切爭鬥的方法，然而在無產階級的國家內則向調和的方法，及改良的方法，更能發生大的動用，因此他的統治階級即是無產階級，因此統治者為工人無剝削工上的衝突並不是由于統治階級剝削和壓迫工人而為起階級爭鬥。

(五)

全世界上的無產階級都能夠把一九〇五年到一九二五年的各種結果收集起來，就能夠使自己心滿意足了。這時期用空前絕無的迅速引導無產階級與社會主義愈益接近。無產階級的先鋒——國際多數主義——亦可以稱心滿意在把這些結果收集起來。至於改良派的……可以用到爭的預言而未一一實現出來，以及列寧某些錯誤如估計革命的時間等為自己安慰自己。對于這般人説他們的理論的首領我們用不著……說別的話，我們只能把考次基在不滿意于資產階級及社會民主改良派時所說的話，和他們説一説：

"凡是這整個世界的政治家絕不會引導無產階級到錯誤的道路上去，只有那底蛀的'真正政治家'才會使工人一錯再錯。以前工人常常走到錯誤的道路上去，這般人要負全責的。他們的眼光不能看過自己的鼻子以外，他們只以為能夠獲得他們自己的鼻子才是真實的，倘若鼻子前面稍有一點阻礙物，他們就視為這是阻礙物為不可了的，無論如何不能把他征服的。"

現在可以說是我們對于第二國際的首領老爺們，已有確實的印象了。在最近馬賽會議中宣佈了社會民主黨所捐的國際聯盟，擬定了。增恭賀資本主義的綱領，宣誓于必要實行現聯盟的合同，明說了無產階級革命的迅速實現是空想，要表現出這些首領們真是工賊中考次基所謂的"真正政治家"了。

列寧主義已經成了並且將來也還要成為國際無產階級唯一的真正的政策。

俄羅斯一九〇五年革命二十週年和建立無產階級專政八週年紀念

[illegible] 著 何敬 譯

(1) 一九〇五年革命的二十週年與十月革命的八週年紀念之間時齊行，完全表明了這兩個週年紀念有不可分離的密切關係。倘不知道一九〇五年革命在歷史上所完成的任務，則對于十月革命是不會真正理解的。

(2) 列寧在他的"左派共產主義的幼稚病"中曾經給了一九〇五年的革命評價，說："……是十月革命的前幕"，所以我們也就應該注意這個原則的見實的……理論。與我們回憶到一九〇五年的革命。(a)曾經吸收了數百萬的工人群眾參加革命運動中。(b)是工農聯盟……以實行資產階級並且使無產階級成為民眾革命的領導者。(c)是第一次組織廣大的工人群眾到蘇維埃會內……民主派轉而成為工人群眾的政黨。少數派……並且……會主義者漸漸認識了……多數派不惜不憾的精神。多數派……政策的革命能力和他相信無產階級在革命中的……作用，完全是正確的。(d)證明了新的無產階級的階級爭鬥的方法——總罷工和武裝暴動。

(3) 我們由俄國第一次革命失敗中所得的教訓，並且補足我們由十月革命勝利中所得的教訓，並且這些教訓是除了……在爭鬥過程中所得的……經驗以外的……價值的東西。(a)無產階級與農人的聯合，這是了十月革命的勝利。……工農聯合的運動。……是一九〇五年十月革命大敗的主要原因。在一九〇五年時，……的軍隊……量不……中立，而且常……成為反動的工具。在一九一七年革命時最大部份的軍隊是站在無產階級方面的。海軍並且炮擊了冬宮——首政府公署。而一九〇五年革命比較看來，在一九一七年十月革命中之所以能夠把軍隊的態度轉變過來的主要原因，一就是因為各地的軍隊的主要份子多半是農民，而當時的工人與農人有了最精確的合作起來的口號(如土地歸農民、和平等等)；一九〇五年時恰恰與此相反，在農人中軍隊裡的工作是太薄弱了。(b)無產階級的先鋒隊——多數派——與廣大的工人群眾很緊切的接近的存在，和部份要求和最後目的底精確的聯繫。使十月革命把他的統一的障礙物掃除了，並且能夠在幾天以內很快的得到決鬥的勝利。一九〇五年是很明顯的沒有這個聯繫的，在少數派等的影響和指揮之下的無始的未成熟的運動就是剝奪了無產階級能夠創造著他的最後決鬥而準備聚集他的力量底一件很明顯的事實(十一月——十二月——一九〇五年)。(c)在一九〇五年的革命過程中無產階級大部份的力量，都早已消耗在經濟的爭鬥上頭，並沒有準備著武裝暴動。所以到了經濟結果是不甚好的時候，工人階級已是不能夠——而且已完全不願——再取暴動手段。而在另一方面十月革命前的短時期中(二月——十月，一九一七)無產階級完全為最後的決鬥而在那裡積極地有計劃的有組織地準備，沒有消耗他們的力量於那部份的衝突，尤其是到了靠近十月革命的兩三月內無產階級更是很熱烈的很迅速的武裝起來了。(d)十月革命是在帝國主義者相互間很激烈的衝突，阻止了西方的帝國主義者很敏捷的來援助俄國的資產階級和地主底情形之下成功了的。而一九〇五年沙皇之所以能夠得到勝利，大多半是由于得到外國資本的積極幫助的原故。

(4) 由這個經驗中所抽出的教訓，在一九〇五年革命二十週年的紀念時，對於全世界的無產階級就是很明顯的了。因為在現在的中國我們又可以看到同樣的嘗試了。

國際資本主義用盡所有方法——如給反動勢力以經濟的援助、報紙的諂媚、造謠等——以圖壓制正在發展的中國的一九〇五年，因為中國的一九〇五年，是要抵抗國際帝國主義的勢力的，尤其是英日帝國主義的勢力，她就是未來的東方各國——日本、印度等——的工農勝利的前幕呵。

同時我們又可以看出，中國過去一年來的事實，完全証實了一九〇五年革命所賜給我們的教訓：在帝國主義時代只有無產階級才可以為資產階級的民主的民族的革命的領導者。

(5) 一九〇五年的革命如果是十月革命的前幕，則十月革命的本身以及十月革命後的八週年，我們亦很可以正確地説是世界無產階級革命與世界的十月革命的前幕。俄國無產階級專政的第八週年紀念完全終結了一個整個的歷史的時代，能否建造一個社會主義的社會在一個單獨國家之內的爭辯的時代，我們應該記著包爾、考次基對于要在落後的俄國企圖建設社會主義的……見，是如何的嘲笑，考次基如何在他的那種高唱所謂聯盟的理論就是社會主義的資本主義中間的過渡的階段，在一九二一年時，包爾是如何的預言俄國必定成為資本主義，並且在一九二一年俄國鐵硬的……是如何的在那理想……並且……相信社會主義有成功的可能。

(6) 新經濟政策的……不過四年，又是真實……第二國際的理論先生們的預言完全掃除乾淨了，蘇聯的工作計劃已成功了，已把帝國主義戰爭和國內戰爭破壞了七年的作用……不了，這個成功的迅速，遠過于某對工人自己及他們的先鋒隊——多數黨——所希望的。

在一九二〇年曾經減到戰前12%的大工業的出產，現在已增到70%了，在一九二一年曾經降低到戰前的價值40%的農產品的利益，現已提高到80%以上了。

自新經濟政策……以來協作社事業並無……開始正式工作，但是現在已聯合了三千萬以上的會員(連家族的人在內)。

在新經濟政策開始實行時，商業完全成為私人資本的活動範圍，現在四分之三已歸到國家和協作社經營之下了。

在一九二三年完全動搖了的幣制——曾經有許多預算，都是百萬的數目字——現在已經恢復到100%，已超過英國紙幣的……——其他各國更不用說了——而且可以與英美國的紙幣相競爭。

銀行、信用機關和運輸事業並不多較。且是集中在國家的管理之下。我們的工業在一九二二年仍不過戰前的42%，但現在已增到了80%了，並且在某種材料已超過戰前20%。

我們把這八年清算一下，我們就可以看出出產稅收的62%都集中在無產階級國家的手中，五十大小企業甚至于佔99%。

有十百萬的工人農人很熱烈的有目的的在國家的管理機關內工作。

經過……的文化和技術的組織的機關，……數百萬(會員有三百萬以上)的工人群眾很積極的參加了社會的生活——反對宗教的各種組織(有會員三十萬以上)，職工會的各種組織，少年共產黨的各種組織(有會員一百二十萬以上)婦女的各種組織(有會員五十萬以上)及其他的各種組織。

對于蘇維埃政府的第九週年我們現在已經可以預期一個新的經濟的飛進，在許多經濟部門中，我們一定可以看得到戰前的數目字，並且更有幾種要超過許多。例如大工業企業下的出產差不多要增加百分之五十，全國貨物出產的總數要增加百分之二十五，對外貿易增加一倍，商品流轉和運輸增加三分之一，信用機關几乎要二倍起來。

(7) 蘇維埃政府之能夠得到勝利，絕對不是說鬥爭要完結了。無產階級和其國家還有許多很重大的工作放在前面咧。

簡言之，這些工作純是關於如何使無產階級的國家能夠更富裕更有培養。

為要實現這個目的，農村必須工業化，民眾必須協作社化，惟有如此方能使私人的大的商業——就是列寧所說的舊時代遺產下來的東西——要想避免那……的大的商業成為一種零賣的——特別是鄉村中——這種私人……維埃國家機關的官僚化，就非實現通俗教育，使全民眾都認字不可，等等。

由此可以看見擺在蘇聯面前的工作是如何的大，並且在蘇維埃

俄國的工農——弱小民族的先師！

發展社会主義的道路上所有的困难亦不是一個小的啊!如国际资產階級不断用種種方式的進攻(經常的危險),無產階級与農人间的仍然表現矛盾,大戰中部份国境旁分的缺乏耕合的依然存在,國家机関脫離無產階級先鋒隊共產党—整個的危險,共產党一時的離開廣大群众要求的危險.

(8) 虽然如此,可是無產階級專政八年來的成功,已經是很大的了.差不多所有的国际的社会民主党都不能不改変他们所有的反对蘇俄運動的口號了.在上次马賽 Marseilles Congress 会議中主张進攻蘇俄的意见已經不是建築在"家試驗破產"之上,而是集中在所谓"米雅樊帝国主義戰爭"旗幟之下了.這些社会党的叛徒已經不能在蘇聯的軟弱中看出世界無產階級的危險了,而只能在他的壮大中,因為如此,所以他们不得不放棄他们过去的議論了.

現在當然是已經很明顯了,俄國無產階級八年的專政已經証明了在單獨的一個國家之内能夠达到社会主義是实在的可能了,假若是得到無產階級的国际的间接的帮助.

在一個經济落後的不發達的國家内建設社会主義既是可能的了,那末在欧洲工業發達的國家内,如何实现無產階級專政而且在專政的第一天起就有一個強有力的聯盟者—蘇聯—要想建設社会主義情況又是何等的適宜而優美啊.

(9) 國际資產階級完全知道蘇聯社会主義建設的成功对于他是有很大的危險的,因此我们亦可以明白在最近期中為什麽英國帝国主義要積極在那樣很兇猛地作反蘇聯的運動了,為什麽英國帝國主義要企图創造一個国际的反革命的战線,以反抗蘇聯了—這是他的利益要求他的.也就是坚决地努力地強使国家对保障和约—以産生一個在將來战争中更適宜於帝国主義進攻蘇聯的环境為目的的一個和約—的罅隙了.

創造一個国际的反革命的战線,以反对蘇聯的企图以及对于蘇聯作战的預備,將來是不会放棄的,他们努力的想把"蘇聯從欧洲和平的"很"八"的思想去统治群众,就是帝国主義預備作战方法中之一啊.

第二国际倘說蘇聯是"赤色帝国主義",就是间接地以了国际帝国主義者很大的利益.所以凡是誠实的革命的工人都應該用自己最大的力量来拒絕這些社会民主党首領的挑撥,並且應該揭穿他们這些"左派"首領的罪惡—他们都想將来產的反革命戰爭的行動隱藏起來.蘇聯的工人談來没有想到过战争,他们所作的都是如何要把年戰事所遺的瘡痍恢復起來.他们不願意以他们相當的程度的自己生活而奮鬥—用和平的手段堅忍的努力去奮鬥.(未完)

新聞彙錄

◉中國新聞

▲反奉戰爭的消息

◎國民軍將入天津

北京十二月十六日電 天津附近軍事無大变動,在激战後之幾時内,馮軍佔楊村,并將李景林之飛機擊壞,國民軍擬九日内即要攻入天津.津南又有州已被国民二軍佔領,李景林大受打擊,因該軍之軍械皆在青州.現國民軍分東南北三路進攻天津,預料最短期内即可攻下云.

◎國民第一軍前鋒猛進

軍事蔓延至山西

北京十二月十七日電 馮軍前鋒繼續進攻,天津被包圍,唐山与塘沽间之交通亦被隔断,李景林將鐵路折毁,阻馮軍前進.又訊,日來軍事情形已漫延及于山西,閻锡山秘密与吳佩孚聯盟,進攻國民軍,但國民第二軍之樊鐘秀部,刻已佔領山西之娘子関及遼州云.

◎反革命派集中勢力

北京十二月十六日電 吳李張聯盟已證实,吳在河南,尚有一部份勢力,岳軍前鋒已由豫南敗退,國民軍吳之靳部有投降山東張宗昌之說,但靳雲鵬電京請聯盟事証实,反对國民軍,更為無稽云.

◎張作霖招收白黨補充軍隊

哈尔濱十二月十七日電 奉軍在前方節節敗退,李林者已到前線,奉之精銳砲隊已歸郭松林,故張作霖現又由俄白黨中選出補充該隊云.

▲在反奉戰争中帝國主義者的行動

◎英國幫助李景林

北京十二月十七日電 國民軍傳出消息,英國軍事專家幫助李景林,野战并用新式战術,英現在極力幫助李景林,關于此事馮曾令外長向英使提出抗議,英公使蘇克類声明英國並未幫助李景林,英國在北方現僅有八百軍士,該消息謂一萬八,足証為無稽之談,但对英軍事專家幫助李景林一節,該公使則置不答.

◎日本阻郭軍前進

北京十二月十六日電 郭松齡軍繼續進攻張軍,張軍守遼河,郭軍在左翼已將張軍擊敗,現战線在遼河,日軍阻郭軍前進,關于此事,俄代使及其他公使曾向日使抗議,請答覆說明阻止郭軍前進之理由云.又訊,在旅順之二艦已駛抵天津.

◎日政府决向滿洲增兵

東京十二月十六日電 昨晚日政府議决,向滿洲增兵,因滿洲情形甚恐慌,日兵少不足維持日本在滿洲之利益,且其他領事亦要求日本保護云.又哈尔濱十二月十七日電,日本由高麗派出之新步隊,已于十六日晚到奉天云.

東京十二月十七日電 日政府決定派軍到奉天事,各报喧傳甚盛,日由派报謂:日政府此種政策,是軍閥勢力壓倒外交部之勝利,我们已有出兵西比利亞之傷心經驗,政府此舉不啻自蹈覆轍矣.咭濟亦有同樣論調,柯顧明报謂,派兵到滿洲,是日本不干涉主義之破產,此種政策之結果,非幫同張作霖反对勢力益熾郭松齡軍進攻云.

▲國内其他要聞

◎中國成立紅色救濟會

京訊 最近上海組織之濟难会,日來成績卓著,近聞大會工人及學生皆參加,國民党亦參加,該会帮助百餘政治犯之家属,刊行雜誌十餘萬冊,並普宣言為世界被压迫民族預備聯合云.

◎領事裁判權會議延期

北京十二月十六日電 荷使歐登科召集使團会議,討論關于中國政府提出取消領事裁判权案,決延期討論,前決定十二月十八日之会議,因各國代表多未到京,亦延期云.

◉世界新聞

◎倫敦大示威運動

倫敦十二月十五日電 倫敦近舉行許多示威運動,反对給共產党罪,有人高呼:不要瞄打共產党,彼乃為工人謀利益而為,出自私.

◎波蘭虐待政治犯

瓦薩訊 波蘭大興監獄中对政治犯待遇極苛,因之全體絕食,要求改良,政府尚未答覆.

◎遼亦斯克城之慘象

倫敦十二月十六日電 耶露撒冷傳来消息,十二月十四日法國用飛機將遼木斯克城轟毀,因法國要該地將槍械交還,未獲,因之被轟,狀極慘,被轟斃者多為窮困的人民.

◉蘇聯新聞

◎全蘇聯航空化學會歡迎胡漢民

報載中國國民政府代表胡漢民同志前晚參加全蘇聯航空化學会議,会當場給与会員証及紀念品,各種胡同志非常高興,並請回國後亦組織此種機関云.

◎烏克蘭的電氣化

在外巴斯該電站

哈尔果夫十二月十五日電 現在俄罗斯之電氣化,精極進行,很廣大之電氣已達到外巴斯,在該處設一大電站,有十萬電力,明年五月即可成功.

◎俄羅斯共產党開大會

本月十八日俄羅斯共產党在莫斯科當開第十四次大會

本报編輯處啓事

啓事一

本報各欄均欢迎投稿,特别欢迎本埠外埠及國外華僑实际生活之調查,特别欢迎國内外反帝国主義運動及國民革命運動的各種消息或材料,或論文投稿,條例如下:

(一)無論本埠外埠國内國外投稿本报者,一律贈閱本报一份,贈閱的期数由本报决定,不另給酬.

(二)本报有修改来稿或決定登載来稿与否之权.

(三)来稿登載与否,概不退還.

啓事二

本报因本期出俄罗斯一九〇五年革命二十週年紀念專號,第一期論文欄内未載完的"國民革命与工人階級"一文及啓事欄内旅莫華人救济國内罷工委員會啓事均留待下期登載.

啓事三

本报是旅俄華人贊成和努力於中國國民革命的报刊,記者代為介紹於國人,以前從共謀進,并歡迎各报轉載本报論文及消息,但須註明轉載旅俄華人的前進報等字樣.

本報募捐啓事

本报基金非常薄弱,如蒙公共機関或個人捐款相助,不勝感激.捐款交本报發行處樊士燊(俄文名)收,捐款收到後即將捐款機関的名目或捐款人的姓名及捐款的数目登載本报致謝.

本報招登廣告及啓事

如有要求在本报登廣告及啓事者,請到本报發行處與樊士燊先生面議價目,或通信議訂價目亦可.

第一版
№ 3
第三期
一九二六 一月一日
1, января 1926 г.

中國前進報編輯發行處
РЕДАКЦИЯ КИТАЙСКОЙ ГАЗЕТЫ „ВПЕРЕД"
г. МОСКВА,
пл. Свердлова, 2-й д. Советов пом. 1,
ход со стороны Третьяковского пр.

前進報

每星期五出版　　每份零售 10 哥比

價目

	蘇聯境內	國外
1，每份零售	10哥比	15哥比
2，訂閱每月	40哥比	60哥比
3，訂閱半年	2盧布30哥比	3盧布60哥比
4，訂閱每年	4盧布50哥比	7盧布

旅俄華僑協會籌備委員會刊行

編輯人　王倫

ЕЖЕНЕДЕЛЬНАЯ ЦЯН-ДЗИН-БАО „ВПЕРЕД" ГАЗЕТА

論文

華僑與革命

胡漢民

我們要分析華僑對於革命的問題，我們要先知華僑的環境。

我一踏入俄國境地，見了旅海參威的華僑，便覺得別有天地。我這個感想從何發生的呢？因為我在辛亥革命以前，我到過荷、法、葡、英、美等國的屬地，以及暹羅，所見的華僑不少；辛亥以後各處的華僑同志，也常和我通信，華僑的生活狀態，我是常記着的。我這次來俄，在海參威不過住了兩日，我卻是見所未見，聞所未聞。其旁的事且不必說，只舉出重大的兩件事：一件是工人組織起來的團體，一件是集會討論的自由。因為有組織，所以工人群眾能夠自己主張自己的權利，免除許多壓迫、許多痛苦，並且逐漸的講求衛生和教育的種種進步。所以在工會裏遇着隨便一個工人，都有新鮮的活氣，同時工友們對於中國革命的事情，十分關切。聽着上海、廣東和帝國主義爭鬥的報告，就熱血沸騰，聲張自壓。我一面認識他們的覺悟程度，一面認識他們真有集會討論的自由。拿這種情形和我從前所見過所知道荷、法、英、葡、美等國各屬地的華僑，來比擬一下，真有天淵之別。從前英國人有句話說，「太陽所照的地方就有英國的商旗，太陽所照的地方，也就有中國的苦力」。英國商旗底下的人是什麼地位？怎樣享樂？我們且不說他；至於中國的工人，簡直是沒有過人的生活的，他們也不客氣，給他以一種特別徽號，叫做「苦力」，甚且勾着中國的匪徒，將中國失業的工農人成群的販賣去做他們的奴隸，那時候就叫做「豬仔」。這種豬仔，就是佔了英、荷等屬的華僑最大多數。孫中山先生曾對華僑的富豪，如陸佑、黃仲涵幾個人說：「你積了千百萬的財產，卻不知你是把中國幾千萬人的骨頭換來的，你還說是英國或荷蘭給你的好處」。華僑中實在只有極少數人替帝國主義的政府包辦包賭包烟的，才許發跡。陸佑等就是認帝國主義的政府和其大資本家做主人，替他當劊子手殺害了無數工人，才從主人的飯桌下分得殘餘，變成富翁的。依他的性質，自然記念紅鬚綠眼的主人，那裡還顧得豬仔同胞。中山先生的話，只是對牛彈琴罷了。所以在這些地方的華僑工人，簡直說不到組織團體，其他英、荷等屬地有「三點會」「三合會」秘密結社，是從廣東福建帶出去的，卻經帝國主義的政府當做擾亂大逆，誅鋤得十分乾淨。就是那比較有體面的華僑商人，集會結社言論出版，一概也沒有自由。最利害的就是荷屬，如果不得地方警察官特別的許可，就連十個人以上在一處飲食，都要重罰。晚上出街，要領有街照。種種苛刻限制，專是施於華僑，白種僑民固然一切自由，黃種的日本人也不受這種苛例。大概帝國主義的列強在各個的殖民地，都有同樣欺侮虐待華僑的政策，我們除開那極少數依附帝國主義者分得餘利的「洋奴」「走狗」之外，任何華僑，決沒有說得出來在他的待遇有如何好處的。如果和他們說及旅俄的華工有這種生活，和這樣地位，不但豬仔工人不會夢見，就什麼人也不相信。在英美等本國的華僑，自然比在各國殖民地的好些，但是人種的歧視，尤其利害。華僑的總數，除卻在南洋的人多數外，就是以美洲為大部分。在南洋是「豬仔」，在美洲是「開荒牛」，兩個名詞是兩處的華僑充分認識的。本來開荒，那時牛還用得着，荒地既開了，牛便無用。像開巴拿馬運河的時候，要犧牲無數的工人生命，華工是受歡迎的，開好了運河，自然排斥華工了。又像歐洲大戰的時候，法國要華工去做「砲灰」「化泥」，就令派出一班豬仔頭也大發其財，歐戰完了，華工就要驅逐押解回國。這都是很明顯的公例。美洲自從有了華工禁例，華僑只有日見減少，華僑最愛鄉土，一度若有來往於濱臨兩國，再要踏上美洲，就往往要嘗「木屋」的滋味，受囚犯所未有的監獄待遇。平時社會上十分鄙視華人，華僑也只有自高風氣，於同化外。美國的巡警，卻正利用華僑有賭博吸烟和鬥的惡習慣，拿以敲詐錢財。一般美國人更把華僑過的貧苦無聊的生活，所有穢褻污穢的情狀，用以寫做圖畫或攝作電影戲，為助証他們所以排斥華工的理由。這就是離開南洋殖民地而在所謂充滿了自由空氣的共和合衆國國內的華僑，所有的境遇。

華僑對於中國的革命，是有很可紀念的歷史的。從來革命的運動，其費用百分之九十是出自華僑，其總額有好幾百萬，總括一句話說，就是孫中山先生「致力國民革命四十年」，都靠華僑的資助。凡是有華僑的地方，差不多都有革命黨的機關，直至多是較多的組織，辛亥革命以前，革命黨海外的敵人，就是保皇黨，對於反對革命份子革命的運動，其始是革命黨的領袖和他們鬥爭，其後就是華僑革命的份子也能向敵黨進攻，使保皇派的勢力澈徹不振。辛亥以後保皇黨如梁啟超湯化龍一班人因為扛不起保皇的招牌，在國內搖身一變，變為研究系，而以其反革命的歷史性質，還是和革命黨為敵。在海外的保皇派，自然也是如此。所以覺悟的革命華僑份子，仍不能拋荒了拆穿那的工作，有許多的地方，可說是華僑份子的勢力，有過於內地的革命黨員而無不及的。把華僑全部份析起來，南洋是有大資本家、小資產階級和工人三種份子，美洲就只有小資本家和多數的工人。美洲的華僑，最初多是從太平天國失敗之後，逃往美洲的。故此「反清復明」的「洪門」差不多是一種宗教，而且美洲的致公堂，並不像南洋英荷屬受當地政府的禁制，所以接受民族革命和排滿的口號，都非常容易。當梁啟超避美國而參拜羅斯的時候——在此二十年前，梁啟超覺得美國太過自由，說就「我遊美洲而夢俄羅斯也」，是景仰那時皇帝專制的俄國，讀者莫誤會梁啟超是赤化——他要求革命黨人寫信介紹，他還要摩着面孔提出一個口號，說「我們名為保皇，其實革命」，可見美洲華僑的空氣。但是「洪門」有個缺點，他是從根舊的封建宗法社會演出的方式，太過不要教育，不要論經政治的常識，所以在內地的洪門「哥老會」就會被曾國藩、左宗棠一班人利用着來打太平天國的，「三點會」「三合會」在美洲的洪門，也有時會被梁啟超一流人利用來反革命，這是都「數典忘祖」忘卻了本來革命的面目。更有一兩個洪門頭目如黃三德等，起初也很贊成革命，後來因為個得不到官做，便反對革命，甚至幫忙陳烱明來攻擊孫中山先生。這種人其實是洪門中的敗類。我們從大部份來看，充實美洲華僑革命的成績，絕不在南洋華僑之下。而且比較的普通平均。這其中最大的原因，就是因為他構成的分子，是大多數的工人和少數的小資產家，併沒有像南洋倚恃着帝國主義起家至十數萬萬的大資產階級。我敢斷言南洋的大資產階級是絕對不革命的。本來華僑對於革命共公的要求，是反對帝制軍閥，反對帝國主義。他們的家鄉和他們回國的時候，都常受帝國主義的蹂躪，而他們在僑居的時候，就受帝國主義的壓迫，所以打倒帝國主義和軍閥，使中國成為國際上自由平等的國家，是華僑和國內的民衆一樣的公共利益，更無疑義的。祇有南洋的大資本家，他是和內地的買辦階級同一性質，他還且要和工頭掠奪殘害着大群的華僑工人，他才能積產致富。他自己以為根體面的，已經入了英荷的國籍，或是得到什麼皇家的爵位頭星。他和中國已覺得沒有關係，他對於中國革命黨人，當然祇有「敬遠」主義，就是次一等的資本家，他的財力比不上陸佑黃仲涵幾個人，但也有眷念祖國人的意識，我曾經當他的領教過。有一個大資產姓余的，未發財之先，曾經說過贊成革命，將近廣東三月二十九之役，他的朋友勸他幫助軍費，他說「事情是好的，不過我現時的地位不比小康之家，和你們不同，祇好讓你們去做」，這是代表一般華僑資本家的心理。又有一個姓虞的，從前更是加入過中國同盟會的人，我因為汪精衛入北京行刺載灃，被捕入獄，正要設法營救，我和一個同志去見他，曉得他新近買了一個樹膠園，賺得三十多萬，我和他足足講了四五個鐘頭，他時而點頭太息，時而擊掌稱善，講完了他差不多流出眼淚，他還說「我對於革命，總要盡一份責任的，你們一面要籌款輸餉，又要一面進行革命，我一定要幫你的忙」，及至我將要出門，他將我們帶去的捐冊，捲着退還，原來填了區區捐助二十元的幾個大字，把我和同行的同志氣到了不得，還是我安慰他，說「把這種人認做同志，原是我們錯」。這類的教訓，我們在南洋幾年常遇着的。所以從前精衛一嘗說「做暗殺革命運動最難堪的，就是要財主佬的面只」。至於錢不上財主的小資產階級，卻是不然，他比較的有教育智識，他不但不是和大資本家幹着同樣的營生，也並沒有大資本家為富不仁的習慣觀念，帝國主義對於一般華僑的壓迫，他最先感受，自然而然發生愛國思想，而樂於參加革命，辛亥革命的前後，有許多小資產階級的華僑，為革命而傾家破產，所有各處革命的機關報，大抵是各該地的小資產階級華僑創辦經營的。南洋華僑對於同國革命的援助，和他所在地革命機關的維持費，多數出於小資產階級。再講南洋華僑的工人，我上文已經說了一個大概，他真正是無產階級，真正是受人污辱殘踏的群衆，他過的生活，勝過美洲華僑工人好幾倍。論他那樣生活，自然不能把資助內地革命的一件事，較量他們革命的程度，然而因為這一階級的份子革命性的富有而且強烈，除非是革命黨人不能和他接近，如果他聽着了革命黨人的演說，曉得有革命的運動，那就錫礦的工人好，樹膠園的工人也好，他們可以一齊將一個月或兩個月的工資捐助出來，每個人比起新嘉坡那個姓虞的富翁捐款，還要多些。不過革命黨人和工人接近，是很不容易的事，他們在帝國主義和大資本家勢力之下，時時禁止，防他們抬起頭來，有什麼反動。小資產階級僱用的工人又是不多，那替大資本家帶領多數工人的，便是百無僅有的，以得犯了一件大罪，總故引着我們和工人見面，因此我們實在未曾充分發現華僑工人革命的力量。然而殺死滿將軍孚琦的溫生才，暗殺洪憲郡王龍濟光的鍾明光，都是剛從華僑工人隊裡回去的革命黨員

全世界被壓迫民族與無產階級聯合起來！

反對日本帝國主義者在東三省的行動！
俄羅斯一九〇五年革命二十週年和建立無產階級專政八週年紀念
國民革命與工人階級 續
反對英美法日各帝國主義者在中國內戰中幫助反動的軍閥！

中俄聯合萬歲！

党以艳政策,威脅北京政府,獲得使他的走狗奉系軍閥,用屠殺政策對于工人階級,大施压迫,青島的運動因此失敗了,上海工人亦因受奉系軍閥及租界帝国主義者的压迫,未能得到勝利,但是日本帝国主義的暴虐,都已深深印入群衆的腦中,反抗日本帝国主義的呼声,已在中国的北部,中部,高喊起来了。當時全国有組織的工人已三十餘萬,迫有全国統一的組織,五月一日,遂在廣東召集了第二次全国劳動大會,于是中国工人階級的戰線,更加統一,聯繫起来了。在這次大會中,更加認識了中国工人階級目前的責任,反帝国主義的意義,組織了全国總工会,並且决議加入赤色職工國際,所以在此次会議後,反帝国主義的氣在工人階級中更加普遍了。五卅事变——中国民衆反帝国主義運動的大暴發,在此次大會後不到一月就發起了!!

上海日本紗廠的工人,在第一次罷工中,雖然受了很大的打擊,但是增本帝国主義的衝突和日益劇烈,日本帝国主義待遇工人的残暴,亦日益利害,上海工人階級,為集中力量起見,組織了上海總工会,不久日本内外棉紗廠因压迫工人,發生了槍殺工人階級的戰士顧正紅,及同時工人受傷者十餘人,工人階級遂與臨一個總的反抗,同時英国帝国主義者亦在公共租界压迫中国的市民,工部局草擬印刷附律,增收碼頭捐,交易所註冊,童工問題,將于六月二日的納税西人会議决執行,引起了市民激烈的反抗。五月二卅四日,工人開大会追悼顧正紅烈士,向日本帝国主義示威,到会者三萬餘人。各校學生及市民又急進若的到会,工部局復以武力干涉,拘捕學生數人,引起全埠學生的同情,遂于三十日在公共租界游行反抗英国帝国主義的示威講演,乃工部局復以武力压迫,槍殺學生工人市民十餘人,全埠市民,憤怒益甚,六月一日,復舉行工人學生聯合大示威於公共租界,又遭射殺。當日下午開市民大会於總商会,議决全市罷市,罷工,罷課,六月三日,罷市,罷工,罷課遂完全實現了,當時上海全埠各工廠一律罷工,截二十餘萬人,上海總工会遂成為上海工人階級的中心,極力組織自己的隊伍,成立工会一百二十七個,会員二十八萬餘人,帝国主義的殘暴益烈,工人階級,每日必有被害者,上海各階級的民衆為行動的一致,組織工商學聯合会,工人階級成為當時的主力軍,極力向帝国主義進攻,上海全埠遂完全陷于恐怖時代!

各帝国主義在這次事变中,因利害又衝突,始終未能一致,最初日本帝国主義者欲將此事,完全嫁禍于英国帝国主義,想与工人階級妥協,承認工人階級經濟的條件,法国帝国主義者對好於中国民衆,主張懲办工部局的,英国帝国主義的政策,則始終強硬,一面離間中国的民衆与大資產階級,與工人階級進攻,一面聯絡各国帝国主義以武力干涉為調解,一面勾結反動的奉系軍閥,實行流血政策,殺戮民衆,奉系軍閥遂做了帝国主義的劊子手,慘殺案竟遍于全国。(未完)

新聞彙錄

◉中國新聞

▲反奉戰爭中的消息

◎馮玉祥佔領天津

北京十二月二十三日電 昨日十五時馮軍佔據天津,首先入城者為李鳴村,其次為天津方面的前敵總指揮張之江,李景林則不知去向,據謂其已逃往日本租界,馮軍獲得多俘虜,軍械及軍用品,李景舒生力軍退至津南,楊村被國民二三两軍的陣地,勾張宗昌聯絡起来,因此國民二三軍戒備很嚴云。

◎郭松齡忽遭大失敗并被捕殺

其原因是日本收買郭軍官的政策實現

北京十二月二十七日電 郭松齡昨日晚在新民屯完全失敗,一傳郭,捕呈奉天新者,其軍隊两萬聽張作霖,因郭在新明屯城戒備佔領彼城,張作霖用飛機將該城炸毀,同時又由日本方面大戰,因此戰争遊說局,據北京消息,郭松齡之失敗,係被他的軍官所賣,是日本收買郭軍官的政策實現,據東京最近傳出消息,証明這種事情是真實的,東京十二月廿四日訊,張作霖的騎兵將化裝的郭松齡捕獲云。

◎馮玉祥要求日公使交出李景林

第三軍孫岳為直隸軍民两長

北京十二月廿六日電 天津被馮軍佔領,不是廿二號是廿四號,現李景林逃到日租界,馮要求北京日公使交出李景林,馮軍佔領天津後,他的軍官去見外國領事,但只見着美国及蘇聯的領事,又訊,第三軍孫岳為直隸軍民两長云。

◎北京與外地交通斷絕

北京十二月廿二日電 北京現在與外地的交通,完全断絕云。

▲帝國主義者在内戰中的行動

◎日本增兵到天津

東京十二月二十二日通訊 論天津情形,日本又加派兵去二百日兵,現在天津共有日兵五百名云。

◎王正廷向日本政府抗議

北京十二月廿三日 王正廷作郭松齡的代表,近向日政府抗議,其阻止郭軍前進,日使答覆係守中立,不助任何方面,又在滿洲日總司令可使郭軍通過,只要他能解除武裝,並在南滿鐵路附近二十里,不得有戰事,中國一般報紙,對此項答覆都很憤激,要求民众起而反抗日本政府云。

◎日本公使館否認派兵到天津

并否認英法日美一致派兵到中國的協定

北京十二月廿七日電 日本公使館否認法國傳出的消息,謂日本派有二百兵到天津,又否認有英法日美一致干涉中國的協定云。

◎在張作霖軍中有两旅日兵

廣東國民政府在北京的外交代表團嚴重抗議

北京十二月二十四日電 廣東在北京的外交代表團近向日公使嚴重抗議,責日本最近幫助反民众運動的反革命力量,在張作霖軍中有两旅日兵,近又派大批軍隊到滿洲,并根據英日派有軍事專家幫助李景林的例子云。

◎英國派軍艦及海軍陸戰隊到中國

紐約十二月二十六日電 近英國派七隻巡洋艦及两連海軍陸戰隊到中國云。

▲廣東國民政府的消息

◎國民政府外交團改組

北京十二月二十二日電 北京的廣東外交代表團改組,派徐謙為領袖,代表徐現發表一電報,要求停止關稅会議云。

▲其他的重要消息

◎帝國主義者造謠企圖鼓惑馮玉祥及其軍官

北京十二月二十二日電 帝國主義者在華的報紙利用反赤運動,造謠宣傳,謂最近耶穌誕節,在中國各大城市有大示威,反对外教,焚燒教堂,清華大學,燕京大學,協和醫學,美公使及意公使急電本國政府求救,他們企圖利用這些謠言,以鼓惑馮玉祥及其軍官云。

◉國際新聞

◎蘇聯與土耳其締訂親善條約

巴黎十二月十七日電 齊翟林與土耳其外交總長締訂下列條約,蘇聯政府同土政府認結約双方有結合真正親善關係之必要,因此双方簽訂條約如下:

1. 在結約双方,如遇有别一國或幾國有攻擊結約任一國時,則他一約國應守中立。
2. 結約每一方面,不應對結約別一面,不應有攻擊動作,双方都不應与其他第三者(一國或幾國)結合以反對結約國,同樣在軍事上海軍上亦然(這是指黑海而言)。
3. 此約經双方政府認可生效,期限三年,每年六月以前不覺通知者,即表示不願繼續條約。

■最後的緊要新聞

◎郭松齡的失敗

報載郭松齡的失敗,因郭下軍官為日本所收買,否認之謂郭已死,又訊東三省郭軍多為日人管理,郭軍均恩不道,求失敗原因更一云。

◎郭松齡失敗以後

倫敦十二月廿九日電 張作霖有電來北京,又可能現已証明郭與其妻均死,并將其尸首示衆,又訊因張作霖勝利,香港股票漸漲。

◎日本警告張作霖

東京十二月廿九日電 日本公報警告張作霖,謂郭松齡雖死,然不無繼起者云。

◎在天津的馮玉祥

北京十二月二十九日電 馮一面派兵由天津南路追擊殘往山東的李景林,一面派兵到山海關云。

◎前被李景林捕因的工人學生已釋放

北京十二月二十九日電 從前被李景林捕因的工人和學生現已釋放,民衆開歡天大會表示歡迎,并歡迎國民軍云。

◎列強預備干涉中國

巴黎十二月二十九日電 各報鼓吹應以武力干涉中國,以免日本在中國單獨行動云。

◎上海反對日本的大示威運動

反對他在東三省的行動

北京十二月二十九日電 上海舉行盛大的群众示威運動,反對日本在東三省干涉政治,初為警察所不許,但終究開成了,參加者多為工人學生,各社会團体,亦有國民党左派在内,会時議决致電馮玉祥等國民軍,要繼續反奉,以打倒日本在東三省干預政治,又電國民政府,要領國民政府為國民運動的中心,領反抗日本帝國主義在東三省的行動,總商会亦電報請對於日本的行動提出抗議,并高唱國際歌散会云。

◎反抗日本的侵略

北京十二月三十日電 反抗日本侵略東三省的運動,已普遍全國,在北京者大城市都有示威運動。

◎國民軍準備進攻張作霖

北京十二月三十一日電 郭松齡部下第三旅長魏益山(譯音)宣誓為郭報仇,他已收集兵士四萬集中山海關,向張作霖繼續鬥爭,魏向馮玉祥已有聯絡。

又訊馮派李鳴鐘往山海關察看地勢情況,并派孫□□為熱河督軍,即日就任,伏擊熱河的張作霖。

又訊前直隸省長李景林逃至青島,又由青島赴濟南,與張宗昌聯合。

又訊天津為國民軍已收復,天津第一軍与國民第二軍間已有直接傳遞消息的機關。

又訊馬廠鄭宝三現與奉北向山東張宗昌中壁處進攻,該地有戰白黨三百人。

> **郭松齡係被日本領事館誘殺**
>
> 北京十二月三十日電 各報均謂郭松齡死於新民屯日本領事館,因為郭被該處日本領事邀請在該館商訂和約,遂被捕殺云。

◎徐樹錚被殺

北京十二月三十日電 有名的「小徐」的徐樹錚,于昨晚在京奉路被陸少文(一個安福軍閥死,七年前他父被徐樹錚殺死)的兒子打死。

◎國民黨右派向左派請和

北京十二月三十日電 孫中山之子孫科同右派代表電廣東的國民黨執行委員会,以期統一中央委員会,并請求大会解決左右派争執各問題云。

一九二六年中國國民革命成功萬歲！

實際生活

參觀記實

我們從理論上和報紙上知道了蘇聯的工業農業發展得很快，尤其是農村電氣化。今天我們從實際的布多耳農場的參觀中更加證明了。

莫斯科的西北邊離城不過三俄里，在革命前是荒田曠野，而今在蘇維埃聯邦之下建設起最新式最合科學方法和組織的農場了。這農場名叫布多耳 Пудобудский хутор。他的設備完善，工具精良，方法適宜，出品豐富，農人們的生活優裕，都是證明這是建設社會主義社會成功的初步，也就是和樂的社會美滿的世界的基礎。我這裡將我目覩的情形簡略的介紹於讀者如下：

一、房屋及用具的設備：我到那裡參觀最先看見的是一間很寬大潔清的牛房，可養百多隻牛，設有電燈汽爐自來水管，和一間馬欄可養百多匹馬。其次則為調和牛馬食料的電氣自動機——用八工每日須消費七元，用電力每日只消九角——和用電動抽水的水井。與牛房相鄰的有放置牛草的草房一所，可容三萬普德——每普德約等於中國三十斤——山房平地有一門，在高約丈餘的地方也有一門，門口懸一堅固的大木梯，可通行車馬，其下為儲藏室，可容二萬四千普德山芋，溫適宜久藏不壞，裝置電燈多盞，光線頗足，敷設輕便鐵道由內達外，以利運輸。距此不遠有裝製牛奶和滌洗奶桶奶瓶的機器房，氣候風向的測量所，肥料儲藏所，養雞房，車房，寬大的農具室等。由此東向則為農人的住房，與住房相連者為農人俱樂部、圖書室、兒童公育所，均寬敞清潔，特別是兒童公育所佈置尤為完善。各房交通多用輕便鐵道，沿路沒有路燈，電線交錯如織，由此可知取用電力是很多的。本來還有種子儲藏室以及其他製造裝置修理等地方，因為時間限制未去參觀。

二、農具的工業化：有廿五匹馬力的汽機代替牛馬耕種，比馬快十五倍。有大小各式的犁機和播種機，有割麥機多架，用一司機隨割隨捆，及打麥機、拔芋機、刈草機等，這都是最近的新式機器。

三、採用高等的農業技術：雇有農業專門技師，負專製肥料、選種子、除害虫、分析土質是否合於某種種植、使用機器及養牛取奶等等。

四、出品：每日供給莫斯科工廠作坊所需要的牛奶，又供給一部份山芋和牛馬食料，大部的山芋和草留着養牛。每年的總產額在十萬盧布以上，所得的純利約一萬六千盧布。

五、他們的生活方面：此處共有男女六十五人作工，每人每日作工八小時，每月工資平均四十九元到五十九元。在公共食堂就食，每月食費七元，其各大學各機關的大食堂是一樣的。住房是政府的，不出租錢，他們一切生活都是共同的。他們每日除八小時工作外，都到俱樂部去看閱書報——他們多係舊式農人出身，從前多不識字，在革命後因補習識字的結果，都能看閱書報了——下棋、遊戲、聽無綫電線的音樂去了。每逢星期日有電影看，或演劇、奏音樂，遇紀念日則有集會演說，請附近的住戶參加。他們的小孩子在七歲以上的在附近的學校上學，較小的則在本場的兒童公育所教養。

六、他們的政治生活：他們中間有十一個共產党員、八個青年團團員，設有共產党及青年團的小組，有廿四人是國際紅色救濟会的會員，設有紅色救濟会支部，均訂期開會討論各種政治問題，他們特別注意中國革命問題。

結論：蘇聯的電氣化是他提高生產到社會主義社會的道路，我由參觀布多耳農場使知道他在這條道路中不僅是開始走，而且邁步前進了！

一九二五、十二、廿八 曾銘於莫斯科

旅俄僑胞均鑒

五卅事變，旅莫僑生傚愛我僑胞，樂捐國內罷工工人救濟費，共收得俄幣一千三百零二盧布五十哥比，已由本委員會寄往上海職工聯合會，已否收到，尚未得着回信。現由本委員會要請前進報將所有捐款人名數目全數揭登，以便稽察。

旅莫華人救濟國內罷工委員會啟

王擇順 捐助六元

華人工廠 捐助二十五元

侯來滿 捐助十五元

林尚水 宮禹臣 吳錫斌

李洪順 谷益齋 李恒吉

以上各捐助十元

賈文慶 劉寶臣 佟福 劉萬春

郭鴻祥 牟雲堂 劉永鎰 馬忠秀

傅秀顯 傅仁齋 孫西武 宋憲臣

沙永吉 高鶴亭 于麟彬 傅紀甫

徐萬鎰 韓欲修 劉永平 劉煥章

王作濱 滿華江 滿秀峯 牟照祥

王岐 崔雲山 王英秀 于志江

東亞工廠 蘭洪臣 徐壽斌 柳青堂

以上各捐助五元

王傅志 張立成 四合盛 李鳳明

劉茂堂

以上各捐助四元

張殿修 楊新義 施仁義 柳錫南

劉瀚 鄒雲成 柳子溫 李殿元

于克順 康全錢 王景和 徐景三

于同海 韓玉翠 徐鴻福 劉元臣

柳錫周 傅玉 張士恩 王洪飛

鄒岐江 吳仁會 趙廷桂 隋文玉

劉振才 杜益田 劉勛斌 陳錫州

王仁海 張子勤 劉子仲

以上各捐助三元

陳元令 朱海章 李永成 邊柏芹

王德義 閻進公 趙鎮山 吳隆會

黃馥亭 朱煥文 藍東貴 施仁壽

牟啟芳 王桂花 孫維修 甯福隆

姜中福 王守彬 姜春芝 張家全

張興臣 王福廷 張家蘭 姜信之

姜維翰 柳永科 劉泉水 孫殿相

牟啓恆 張萬信 荊文學 蘭漢庭

姜仁愷 宋玉祥 姜中蒲 崔文元

邊景尚 鄭壽羅 謝振山 甯文增

黃馥亭 朱明瑞 于在興 鄭立本

姜希才 所彬臣 王林信 梁長德

欒玉賓

以上各捐助一元

朱成田 于占鰲 劉義亭 祇顯則

以上各捐助一元五角

欒瑞成 溫富貴 于喜彬 侯功九

朱成由 孫少傑 米家山 郝長勝

王殿元 郭永祥 黃泰春 鄒連松

耿錫五 崔玉山 徐振崇 欒廷文

張殿明 賈玉合 孫洪山 徐茂榮

耿詩福 鞠慶芝 董潤禮 傅德謙

姜德崇 姜玉棠 孫田才 馬國如

甯學成 張子德 張海山 宋連慶

于有成 劉克讓 陳德山 房雲瑞

以上各捐助一元

本報編輯處啟事

本報各欄均歡迎投稿，特別歡迎本埠外埠及國外華僑實際生活的調查，特別歡迎國內反帝國主義運動及國民革命運動的各種消息或材料或論文。投稿條例如後：

(一)無論本埠外埠國內國外投稿本報者一律贈閱本報一份，贈閱的期數由本報決定，不另給酬。

(二)本報有修改來稿及決定登載來稿與否之權。

(三)來稿登載與否概不退還。

本報募捐啟事

本報基金非常薄弱，如蒙公共機關或個人捐款相助，不勝感激。捐款交本報發行處負責人，俟捐款收到後即將捐款機關的名目或捐款人的姓名及捐款的數目登載本報誌謝。

本報新年的敬禮！

本報招登廣告及啟事

如有要求在本報登廣告及啟事者，請到本報發行處與[illegible]先生面議，信函或通信議訂價目亦可。

Главлит № 50132 Тираж 2000

Москва, 1-я Типо-литография Центриздата Народов СССР. Шлюзовая набережная д. 162. Телеф. 5-22-78.

第一版
№4
第四期
一九二六 一月八日
8. января 1926 г.

中國前進報編輯發行處
РЕДАКЦИЯ
КИТАЙСКОЙ ГАЗЕТЫ
„ВПЕРЕД"
г. МОСКВА,
пл. Свердлова, 2-й д. Советов пом. 1,
ход со стороны Третьяковского пр.

前進報

每星期五出版　　每份零售 10 哥比

價目	蘇聯境內	國外
1. 每份零售	10 哥比	15 哥比
2. 訂閱一每月	40 哥比	60 哥比
3. 訂閱半年	2 盧布 30 哥比	3 盧布 60 哥比
4. 訂閱一年	4 盧布 50 哥比	7 盧布

旅俄華僑協會籌備委員會刊行
編輯人　王倫

ЕЖЕНЕДЕЛЬНАЯ ЦЯН-ДЗИН-БАО „ВПЕРЕД" ГАЗЕТА

論文

蘇俄十月革命八週紀念的感想

一九二五年，十一，于莫斯科　胡漢民

胡同志這篇文章是為蘇俄十月革命八週年而作，已譯登莫斯科真理報了。記者覺得這篇文章在說明十月革命與中國革命的關係底中間，頗能以國際主義者的眼光明白指出中國革命過去失敗的真因，及今後應取的正確的道路，就中有些事實是由胡同志個人親身參加革命過程中得來的，只有他自己才能看得見說得出，這尤其是很寶貴的革命經驗之言了！故有介紹出來與贊成和努力於中國革命者見面的必要。　記者

蘇俄十月革命，是二十世紀第一件大事，是無產階級解放第一聲，是宣告帝國主義死刑的第一法庭，是世界被壓迫民族第一福音，是實現馬克斯主義革命成功的第一幕，是人類真正歷史開始的第一篇。我們當着蘇俄一萬萬五千萬民眾舉行革命八週年紀念的日子，有各種無限的感想，非筆墨所能盡的。現在只就十月革命和中國革命的關係舉出最大四點：

（一）使中國國民革命的意義更加顯明並促其前進。一九一二年中國的革命原本祇有重大的民族主義的使命，因為中國受強帝國主義的包圍，用武力的掠奪和經濟的壓迫，使中國民衆失獨立，淪於半殖民地的地位。滿洲政府紙知奴視中華民族並無力量抵抗外侮，甚且取媚於帝國主義者而做他們的工具，中華民族乃成為第二重奴隸。當時革命的目的，不是僅推翻滿洲政府以後，使半殖民地的中國變為獨立的中國。這個意義本來很明白的，但是當時有個很大的缺點，只提出排滿的口號，未曾提出打倒帝國主義的口號，以致革命黨人一經推翻滿洲政府，便多數以為民族主義已告成功。在革命起義和臨時政府成立的時候，對外宣言首先承認了滿洲政府以前和帝國主義國家所訂的條約，賠款外債，甚至海關收入的支配權，上海混合的裁判法權，更是無條件的送給強盜們。這是很大的錯誤，是使國民革命失敗的重要原因之一。一九一三年袁世凱借得帝國大借款以反革命，除卻革命黨，中國的民衆都不曉得不反對，也就是革命時候未曾提出打倒帝國主義口號的原故。我們革命黨人不能承認的，但是研究所以釀成這個局面的原故，也可以說因為當時的歷史，當時帝國主義者聯合的對于中國的進攻，十分兇悍，而全中國民衆的力量，又未經過訓練，組織異常薄弱，承着一九〇〇年一班帝國主義者虎狼一樣的蹂躪摧殘以後，中國民衆簡直是敢怒而不敢言。革命黨人因要減少民衆的心理，急於解脫滿洲政府第一種的束縛，故不能同時提出打倒帝國主義的口號，以至于失敗，卻是蘇俄十月革命成功，便使中國民衆從新認識國民革命的意義，認識帝國主義是唯一的敵人，以當信從前的決心和勇氣起來抵抗，因為是從前一個帝國主義首班的俄國，既無產階級解放的革命推翻了帝國主義，對于中國更不等待民衆的要求，就把不平等條件，和一切帝國主義所加於中國的枷鎖，全量銷繳。這種物質的教訓，不由中國民衆不覺悟起來。尤其是十月革命，實現了社會主義，盡援助世界大多數被壓迫民族來對抗世界少數壓迫人的民族，把馬克斯主義說辯詐欺騙說糊塗得要死的第二國際理由救治起來，成立了第三國際，這個太陽一般的光芒照到中華民族的眼前，得着精神上莫大之援助，自然增加和帝國主義決死奮鬥的勇氣。最近對于滬粵等處慘殺的事件尤為表示得明顯。英國帝國主義者造說，這不是中國人民自動，是被蘇俄煽動起來的。在他們帝國主義者的立場，自然蔑視並且否認中國人民族精神的存在，毫不足怪，但是他的評判也有一半是不錯的。我們的國民革命對於帝國主義的進攻，既有了蘇俄做榜樣，不平等條約的物質的教訓，又受到帝國主義解放世界被壓迫民族的精神的援助，如果說「蘇俄十月革命成功的影響所及，使中國民族運動更加熱烈與擴大，受了蘇俄的宣傳」，這便任何人不能反對，因為這是很光明正大而不可磨滅的事實。

（二）使中國工農團体覺悟要聯合國際工農團体奮鬥。一九一二年中國革命的運動未曾深入於民衆，革命的基礎和革命的機構都很薄弱，及至滿洲政府推翻，反革命的軍閥代之而起，革命的勢力幾乎被軍閥掃除淨盡，人民由武昌起義經過不過幾個月，便已禁不住比較不大的犧牲，只聽得軍閥代表袁世凱「維持現狀」的口號，已被惑而屈服，把革命派加上「暴民政治」的徽號，居然提倡「非袁莫屬」的一種宣傳，這一點又是國民革命失敗重要的原因之一。固然當革命戰爭的時候，民衆也起來參加，但是對于國民革命的意義認識不清，即處至淺，民衆的本身，既無組織，不經訓練，無異于一鬨之市，臨時的爆發的起來隨聲附和，原來國民革命的目的是為大多數民衆利益的，大多數人當然是工農團体，若是工農團体竟無階級覺悟，必定不曉得如何主張他的利益。以中國經濟落後的國家革命時期，必不能拋棄許多的小資產階級和知識的分子，這些分子是遊離分子，是搖動不定的階級分子，雖然同着工農階級受資本帝國主義的壓迫，應當共謀解放，但他的地位很可以做投機的勾當，所以革命進行的當中很容易被人收買，而那些幫着反革命來壓迫或是欺騙大多數的民衆。工農團体未進步，當然更不能監視這些遊離階級的分子，反至受其欺蔽，從一九一二年以後，仍由帝制封建的餘孽軍閥官僚政客們個不了！盡是反革命的行動——中國民衆不能不負一半的責任，而根本則在工農階級無覺團体的緣故。蘇俄十月革命，是由蘇俄工農團体在共產黨指導之下，聯合起來做一條戰線，先把帝國主義的頭目俄皇推翻，次把明目資本主義妥協，暗由帝國主義勾結的官僚軍閥打倒，更把一切甘心為帝國主義的工具走狗的反革命派掃除，把帝國主義都卵翼的反革命的軍隊逐退，把帝國主義封鎖蘇俄一切計劃和實力打破，都是賴着饑損着命，經好幾年的犧牲痛苦奮鬥的工作，而且一面破壞，一面建設，到得反革命派的勢力消除淨盡，蘇俄的經濟也就以工農階級自己力量恢復到大戰前的物質狀況，而向着社會主義的進程日益發展。這些地方都無處不表現農工階級的力量偉大，所以蘇俄十月革命的歷史，使中國民衆得很大的教訓，既然證明除卻了革命不能得民族解放，除卻了打倒帝國主義，剷除反革命派，不能達到國民革命，和算學上的公式一樣的明確，更且證明革命工作最是工人農人們要起來負担也最是工人農人們能夠負担。工農團体聯合起來可以統一全民衆的戰線，在革命旗幟之下，可以從此看監視不明顯的階級遊離分子，一致走向前面做中堅反叛，也就可以消滅內外的一切反革命，而完成革命的事業。蘇俄十月革命事業的教材，已經足以使中國工人農人十分的覺悟，十分的興奮。蘇俄的革命主義還不止以在蘇俄地域內的民族工作為止，更且以全世界的工人農人都得到解放為完成了他的使命，列寧主義本着馬克斯「勞働者無國界」、「世界勞働者聯合起來」兩個口號成立國際的共產黨的有組織的使世界工人農人攜手，把從前第二國際黨所放着不見或是當作那些被資本帝國主義征服壓迫的殖民地半殖民地的工人農人都要援助起來，認為是全部革命工作中的主要工作。因此中國的工人農人首先覺悟，大多數有組織的份子都受革命黨的指導勇猛的向國民革命的道路前進，不怕犧牲的當着先鋒隊和帝國主義抵抗奮戰，當革命黨討伐軍閥和反革命派的時候，就積極的直接援助革命軍，給敵人以莫大之損害，使革命軍勝利。最近像對於上海沙面等慘殺事件，工人團体奮鬥的壯烈，惹起全世界人的注意，尤為中國歷史從未有的事。就是廣東國民政府決討伐和制止反革命派的時候，工人團体的努力援助也於中國革命歷史上有的事實。工人們說「國民政府是我們的政府」，可以見他們的意志趨向。中國的農人無教育而適於保守和政治離隔得遠，又且散處各地農村，所以比較工人落後些。但是農人佔民衆百分之八十幾，中國工商業極其幼稚，國家一切收入靠來做種，從前的實在是直接向耕地農人的身上剝取，資本帝國主義的壓迫固然容易使工人認識，而農人所受帝國主義的之其一般軍閥所搾殘蹂躪得更為痛苦不堪，所以也漸隨着工人受革命黨的指導扶助，而有很大的農民團体，參加國民革命。當廣東革命黨驅逐北來的軍閥軍隊，討伐東江的陳炯明，討伐叛軍的楊希閔劉震寰，各處的農民都和工人一樣的盡其能力幫助革命軍，而給敵人以很大的打擊。現在工農階級覺悟的人，都嘗有代表到蘇俄和工農國際聯合，他們革命的趨向更加明瞭，與帝國主義進攻的勇氣和力量更加擴大，我相信中國的國民革命在最近的將來，決不若有和資本帝國主義明或暗的勾結妥協像克倫斯基那樣的勢力存在，必定是使革命徹底。這是從中國工農團得了蘇俄十月革命成功的歷史教訓看出來的。

（三）使中國革命黨改善黨的組織，得了堅強偉大的指導革命的力量。中國於中國革命同盟會以前，談不上有革命黨，由中國同盟會的指導運動，發生了一九一一年的革命。統是唯一領袖者孫逸仙先生創造革命黨的成績，對于推翻滿洲政府的時候，應該接着三民主義的戰略，民族方面，由一民族的專橫專制過渡到諸民族的平等結合；政治方面，由專制制度過渡到民權制度；經濟方面，由手工業的生產，過渡到國家資本制度的生產。然而種種都未做到，已迫着和帝制封建的餘孽反革命的軍閥去謀妥協，此時軍閥的勢力并不甚強大，而黨人乃退卻讓步，放棄其革命戰爭所應得的勝利。最重要的原因，在黨人多數不能了解本身的責任和目的，併且沒有完密的組織和嚴正的紀律，以致意見分歧，行動不一致，不能事前先定戰略和一切策略。當南北議和條件要簽字的時候，讓渡政權於袁世凱的時候，孫先生極力不肯答應的，無奈一般群衆已渴望和平，怕的國內戰爭延長，就是黨內平時極忠於革命的這時負有重要責務的同志，差不多都願意和平了事。內中分析起來，

全世界無產階級與被壓迫民族聯合起來！

工農兵和革命的學生聯合萬歲！

以上四點，適就本黨上說明一下。十月革命和中國革命的關係的重大，已是可見。我們和蘇聯人一般過着年下高興的日子，一面飲食歡呼一下，計量收穫，還預備繼續一切的耕作，不敢偷懶，這就是我們慶祝蘇俄十月革命紀念日第一種感想。革命的同志是老早化除一切國界的見解的，中國的革命是世界革命的一部分，和全體的關係是無從打斷的。我們在莫斯科過着這裏的同志慶賀紀念，我們一樣的歡喜。與這種心理不是革命中人，當然不懂。……我為什麼蘇俄的革命黨人，對於中國的革命，也很休戚相關，我答他說：“你要是革命黨人，你自然懂得。”我是本國民黨國民政府的使命來此地的，我敢代表國民黨、國民政府和中國民眾覺悟的分子敬祝

蘇俄社會主義建設萬歲！

世界被壓迫民族解放萬歲！

世界工人農人聯合萬歲！

革命的馬克斯主義萬歲！

列寧主義萬歲！

孫中山主義萬歲！

國民黨的真解

胡漢民

工人報要我做一篇說明國民黨的文章，這是很費筆墨的事，我現在只能做一個真切淺近的解釋，教世界無產階級認識國民黨的真相。

本報致革命的敬禮於國民黨第二次大會！

廣東革命軍及北方國民軍勝利萬歲！

國民黨第二次大會萬歲！

過於老實，而缺乏一種煽動性，所以現在這篇文章就說到這裡為止。

五卅事變中之旅法旅德華人底反帝國主義運動

卓仁

五卅事變，是被壓迫的中國人民有解放要求，而十萬百萬的與帝國主義爭鬥之一個猛烈的，浩大的而又有革命性的群衆運動，這是中國人民反抗帝國主義到了一個新的形勢底表示。旅外華人對此，雖因處於國外，不能直接參加，但就責任上說，應該盡其環境和力量，做反帝國主義運動。

旅法旅德華人在旅西歐各國華人方面說來，算是數量最多的，同時，又因為他們中許多人有了革命覺悟，成立革命團體，且常，響應國內而起帝革命性的運動，所以在這次五卅事變中，就與國內人民同樣豎起了反帝國主義底旂幟，就他們過去所有的運動看來，要以這次為最值得稱述。

現在我就先來說明旅法華人在五卅事變中底反帝國主義運動。

自上海五卅流血底消息傳到法國時，中國國民黨駐法總支部及中國共產黨旅歐支部等，遂大聲疾呼，號召旅法華人起來反對帝國主義，為國內人民底聲援。並在歐陸帝國主義的警察——巴黎城內，高喊反抗之聲，果然，六月七日有三四百華人答應了這個呼聲，在巴黎開華人大會，是日開會結果，除發出為國內一致行動和請其日勞動群衆援助底電報五件外，還致函向法總理駐樂衛，組織旅法華人援助上海反帝國主義運動行動委員會，這個委員會為旅法廿八團体為組織，已含有三千華人，成為了旅法華人這次反對帝國主義底中心，她最主要的政治方針是主張旅法各派華人在反帝國主義底旂幟之下統一行動，對于爭鬥方法則以採取不妥協的革命手段為原則，她在當時除辦理華人大會底決議外，又散書西歐各國華僑，請他們一致行動，就地做攻打帝國主義的工作，更創辦旅法華人反帝國主義特刊，分送國內外，以通聲息，而資策應，並寄書於法國各報，說明五卅事變底真相，並駁帝國主義報紙和通信社的謠傳。

革命非行動不可，所以這個委員會在六月十四日召集了一個在巴黎街上遊行底示威運動，雖然旅法華人有限，而又不全在巴黎，但這種為從來所未有底示威運動，是很能惹人注意的。如果辦到，大可以把中國人民對于帝國主義底憤怒和反抗表示出來，並對于歐洲勞動人民底聯絡和反帝，亦得以發表意見。因此行動委員會就預備了很多的傳單和旂幟，旂幟上的口號不外：「中國是中國人的中國」，「廢除帝國主義所強加于我們的不平等的條約」，「中國這次的運動是民族運動社會運動而非排外運動」，「推翻國際帝國主義」，「華歐人民的親善萬歲」。可是帝國主義可以向中國進兵，向我們攤佔租界，屠殺人民，而卻不允許在她境內底華人整隊遊街，法政府竟代表其意比美日等等帝國主義，向大隊人員在會場外禁止，不許示威，且不許開會，連我們租來的會場，都無權入內，即自行集會，亦有對付方法。除通過種種新的爭鬥計劃外，為上海卅多人通布巴黎，大發傳單，其為法國警察所拘捕者，又有五十人，就這是資本主義國家中自由，平等，博愛！

為要達到在帝國主義營壘內反對帝國主義底目的起見，行動委員會乃於六月廿一日召集一個在巴黎中國公使館內舉行底示威運動，因為中國公使館在歐陸帝國主義底中心，而且有治外法權，旅法華人因此而有奪行示威之可能，同時，又以旅法華人中有反革命派句結陳籙和駐樂衛等底事實，所以避免俱樂部及警察之阻礙，以圖成功計，行動委員會乃於廿一日時，用口頭通知，來號召旅法華人，在這種情形之下，還有兩百華人，示威於公使館，其攻打帝國主義之熱烈和勇敢，可想而知。是日示威者除把為六月十四日遊街而預備底旂幟都帶去外，還預備了四個反帝國主義的文件如責法政府的抗議書，責法報的聲明書等，要駐法公使簽字。當時示威者一進使館，即把守大門，佔領電話等，而救陳籙底海外代辦和帝國主義底走狗——陳籙，遂不得不俯首帖耳於革命民衆之前，一一聽命唯謹。而他的夫人，更向我們痛哭流涕起來。是日在示威時，來了很多的武裝警察，立於門外，在示威者出使館後，更來了大隊人馬，保護陳籙，壓迫革命民衆，在廿日晚上，法庭即向詐為法律的調查，廿二日以後，警察總監下了動員令，圍了多人到巴黎及其附近一帶地方偵探，搜索，這樣，一共搜索了二百多人，驅逐了四十人，監禁了四人至四月之久，拷打虐待，極其殘酷。國內人民，由帝國主義屠殺，國外僑人，亦為帝國主義所不容，試向帝國主義不打倒，我們還是有存在的餘地嗎？

這次運動，其犧牲雖不小，但是所得的結果，還有可觀，自廿二日後幾天，法國大小報紙無不對于此事大載而特載，報紙愈大者，載者愈詳，愈多，以後還陸續發表評論，直至十月中旬，凡此次運動的消息，我們的電報，口號，宣言，示威經過，命令組織，革命報紙以及華人主法等，幾無不一一登出，不僅法報如是，英，比，意，德等國報紙亦然。一個小小的示威，驚動了歐洲的帝國主義，成為他們輿論界上的一個大事變，於是帝國主義對于中國人民對于帝國主義底反抗和對于國際無產階級的友愛，遂更普遍地深刻地宣布於歐洲人民之前。

這是旅法華人反帝國主義運動底大概，現在再來說旅德華人在五卅事變中底反帝國主義運動。

旅德華人的數量比法為小，革命份子亦為數不多，但在五卅事變中，都亦盡了他們的能力，為國內運動底聲援。在六月初，國民黨駐德支部即召集旅德華人開會，擴大反帝國主義底影響於一般僑民中，當時除決議多項爭鬥方法外，還成立了一個中國民族解放運動委員會。這個委員會是由中國留德學生會，國民黨駐德支部，旅德華人總商會及中國共產黨留德組等華人團体組織起來的，最主要的工作就是在六月中曾開了一次國際被壓迫民族大會，到有埃及，印度，緬甸，土耳其等國僑民，一切同樣受帝國主義壓迫底民族，都來向我們携手表示出無限的同情。

當時為解釋五卅事變底真象，發表中國人民底意見等緣故，還大發了一次德文傳單於柏林。不久，德國共產黨為援助中國民族運動，曾特別召集了一次大會，並邀請旅柏林華人到會，但是德國帝國主義怪物在現在為英法美日等帝國主義所打倒，並在對付被壓迫民族底政策上，都是一樣地壓迫我們。因此，她不允許華人到會並演說，革命黨人不能遵守她的敵人底禁令，所以參加會的，依然有二十人，而意見亦未發表了。但到會向群時，德警竟將她們一一逮捕，如柏林各大學等學生組等自由發表，根據德國進行底警廳不能逮捕大學等學生底條例，要求釋放，拘留一日，方令放出。另外，還一件值得記述的，就是當時德國共產黨為援助中國五卅運動，在全國各地召集了三百多個公開的群衆大會，並請國民黨駐德支部派人去演講，這也是我們在德所做底一個強有力的宣傳工作。

在旅法旅德兩方面底華人反帝國主義運動中，表現出來了下列幾點，為我們所不可不注意的：

(一)帝國主義不分法國德國一樣的壓迫我們，而且用同一的方法，在報紙上橫加誣毀，造謠欺騙各該國底民衆。德國的帝國主義者，雖為隱者所壓倒，然其對于我們的壓迫，亦只有程度上之差異而已。我們同把他們絕無一點妥協調和底餘地。

(二)各帝國主義國家內有表同情於我們，而極力來援助我們底被壓迫階級。德法共產黨及其報紙，在五卅事中在德法華人底反帝國主義運動中，都給我們很大的幫助。至對于被驅逐者被監禁者底救濟更是熱烈而誠懇。他們簡直是我們的反帝國主義戰線上底友軍。

(三)以反國主義為口號底青年黨和右青年黨同樣底三民社派（即國民黨右派）不獨在五卅事變時德法華人底反帝國主義運動中不積極參加爭鬥，且若帝國主義者為，以國大批的驅逐和監禁，那些努力反對帝國主義底革命黨人，這般反革命派底本來面具從此完全暴露，這也不能欺騙人民了。

(四)在這次運動中，國際方面只有工農群衆和共產黨——共產黨才援助我們，而帝國主義者工具底社會民主黨們竟和帝國主義一樣地對付我們，在華人方面，積極參加革命工作的除國民黨外，就只有共產黨，那些在法掛了社會民主黨招牌底人，竟同青年黨一樣，在共產黨努力攻打帝國主義底時候，大發傳單反對共產黨。

以上這幾點，雖因限于篇幅，不能詳細說出，然盡都是非常確鑿的事實，大家看了過後，便可知道反對共產黨底人底真實所在了。而在中國國民族革命方面說來，誰是我們的中堅勢力，誰是我們的同盟軍隊，那就不難認識出來了。

國民革命與工人階級（續）

熊至

大資產階級在此次事變中，始終只看見自己的利益，忘記了全民族的利益，並且把全民族的利益與帝國主義做買賣，作他自己利益的交換品。所以當時上海的總商會提出之條件中，只把他有利益的條件如租界會審公堂問題，收回會審公堂問題視為重要，而把工人階級提出又為全民族利益的條件，如收回領事裁判權，撤退駐華海陸軍，收回租界等條件一律抹殺，天天與帝國主義的各國商會開談判，繼續贖錢，與帝國主義妥協，共同壓迫工人階級，此次事變中，所有不革命的口號如「單獨對英」，「縮小範圍」等，都是大資產階級的把戲，到現在大資產階級封持了帝國主義的熱烈提到了上海的政權，工人階級遂做了他們的犧牲品了！

小資產階級本始極為熱烈，完全同情於工人階級，後來一面為大資產階級的宣傳所欺騙，一面為帝國主義軍閥所恫嚇，帝國主義的猖獗及所收買的走狗，又極其離間的宣傳政策，小資產階級遂發生了懷疑恐懼，這幾種的表現了一天一天與工人階級離開，而提倡完全拋棄全民族的利益和自己的責任，跟著大資產階級走，結果徒然做了無價值的犧牲，完全為大資產階級所賣了！

工人階級完全為全民族的利益奮鬥，一面與帝國主義搏戰，一面與大資產階級抗爭，揭破他的陰謀，一面鼓吹小資產階級的勇氣組成聯合戰線，向帝國主義進攻，所以此次運動普遍於全國的民衆，在全國各處都有反帝國主義的鬥爭，雖不能全國民衆的先鋒軍，於是工人階級又在全國各處建立帝國主義及其他的走狗軍閥的惨殺了。漢口的運動以武力，怕和的碼頭工人及英美烟公司的工人罷工而發動，引起武漢全民衆熱烈的同情，但又碼頭工人之遭英捕的惨殺，用死傷多人，南京以和記工人的惨殺激起了南京全市的大運動，鎮江九江，重慶都以碼頭工人的罷工與帝國主義的衝突成厚大的反抗，青島的二次屠殺，天津的大屠殺更為殘暴已極！廣州沙基的惨殺，香港沙面的工人，数十餘萬的罷工使香港，沙面成為死島，城中商州有可戰時的樞紐失效，四百萬九同時組織了工農商學兵的大聯合，總之此次運動，日為工人階級的勇烈奮鬥，才使此次運動普遍於全國民衆，直接參加此次運動者一千二百餘萬人，間接參加有如捐款，宣傳工作者更無從統計。上海工人的大資產階級背叛了，小資產階級遠離了，仍是拚命堅持九十餘日，最後他們的中心上海總工會被封了，各工會都被解散了，仍是堅持不屈，結果帝國主義不得不相當的屈服相當的承認他的條件，香港，沙面的工人，至今仍堅持奮鬥，帝國主義也就快屈服了。

此次運動喚起了全國的民衆，使民衆的組織擴大了，使民衆遠遠地認識了帝國主義的殘暴和國民革命的意義，同時喚起了國民會議以及運動，帝國主義的開始屈服，更滋成了政治的大變化，及動派奉系軍閥的崩潰，政權移到了左傾的國民軍，使全國民衆一天一天向革命的路上走，都是這一次運動偉大的結果！

我們從這幾次工人階級的運動可以看見工人階級一面把自己階級的組織壯大了，強固了，並且率先一次犧牲，拚命反抗帝國主義的意識更加堅決，同時把他的意識影響了其他階級的群衆，民衆的中心與帝國主義的中心也被組入到各階級的民衆中去了，因此我們可以總說工人階級的勇敢奮鬥的精神，不會如小資產階級的半途退縮，也不會如大資產階級的妥協調和，只顧自己的利益，不顧全民族的利益，只有工人階級是組織力的強固，不會如其他階級的懈怠，因此我們可以知道，工人階級是國民革命的主力軍，全國民衆反帝國主義的領導者，我們要希望國民革命的成功，必須幫助工人階級的鬥爭，擁護工人階級的鬥爭，使民族國民革命的勢力，就是國民革命的成功！！（完）

新聞彙錄

◉國內新聞

▲反奉戰爭的消息

◎張作霖地位仍不穩固

北京一月一日電 郭松齡雖然失敗，但奉天情形並未轉圜，聞熱河都統闞朝璽出熱河，現有反張之傾向云。

◎郭松齡未死嗎

北京一月一日電 郭松齡並未死，係逃往他處，據聞郭之妻及親近係被張作霖殺戮云。

◎日本對東三省之政策

在反奉戰爭中帝國主義者的行動

東京十二月卅一日電 東京某報社論謂，日本兵向要謀的外交，軍閥派主張幫助張作霖，而外交系則主張助郭反張，兩派

掃除奉系的殘餘勢力！

文主张虽不同，但最后胜利仍为军阀派所得云。

◎天津附近将有战事

北京十二月卅一日电　日军舰一只开抵秦皇岛，据观察家之……，岛与天津间最近将有战事，日陆军省必要以对满洲之政策对此地云。

◎英国与东三省

东京十二月卅一日电　驻日英公使同日外长讨论满洲问题，并订立一条约。

▲在内战中国民革命运动的消息

◎反对日本帝国主义侵略满洲大会

北京一月一日电　此间昨日举行一反日本侵略东三省大会，著名的政治家和徐谦、李守常、顾孟余、于右任……均有极沉痛之演说。大会决议反对日本侵略满洲，……除张作霖与日本间之一切协定，反对日货，释放政治犯，解散……，撤去段祺瑞，并要求……同张作霖作战云。

▲在反奉战争中的北京政府

◎北京组织新政府

新阁员多系国民党员

北京一月三日电　北京政府新内阁名单已宣布：总理许世英（安福派），外交总长王正廷，内务总长于右任（左派国民党），陆军总长……，海军总长杜锡珪（直系），交通总长龚心湛（安福系），农商总长……，司法总长……（国民党），教育总长易培基（国民党），财政总长陈锦涛（接近国民党）。新阁员中惟易培基尚未接事。一般舆论谓段祺瑞之……与……之政权有连带关系云。

▲国民党的消息

◎国民党在广州开第二次大会

北京一月六日电　一月一日在广东开第二次国民党大会，会期三天，其详情尚未得知。

▲工人运动

◎上海印刷工人的胜利

罢工的罢工者胜利

最后工人得着胜利

上海商务印书馆罢工……，……罢工工人……十二个工人被……的消息，……的三大要求：

一、……

二、释放被捕工人

三、给罢工时期的工资

因此罢工就告结束。

▲其他消息

◎中英讨论庚子赔款

伦敦一月二日电　最近中英关于庚子赔款问题互派代表讨论……为代表云。

◉世界新闻

◉日资本家对工人让步

北京一月四日电　一九二五年河南焦作山……罢工……的问题已解决，资本家让步，增加工资百分之十，罢工期内之工资……付一部分，工人有病时亦可领给工资，并允许公司设法改良工人之生活云。

◎德国保守会议反对洛加诺会议

柏林一月三日电　保守派会议组织国际反对战争联盟，参加者有德、奥、匈、丹、英、瑞、捷克斯拉夫、波兰，均一致反对洛加诺会议，维持世界和平云。

◎保加利亚的内阁以暴易暴

新内阁并没有左倾的希望

维也纳一月四日电　保加利亚首相……免职，由国会主席列卜希夫组阁，就中陆军总长仍……有名的领袖……，新内阁并没有向左倾的希望，因为大部分总长仍……大资本家及反革命组织的代表云。

▲本埠新闻

◎本报茶会莫斯科新闻界代表

胡汉民同志亦到会

一月三日晚八时本报茶会莫斯科新闻界代表……，中……协会及无线电新闻通讯社、红军报均有代表参加，此外胡汉民同志亦到会。由本报编辑……发表本报发刊的宗旨——如本报发刊词所说——并请到会同志……本报力求……的地方……中国民族的现状……外办报的事实……在苏联政府底下，不但得着言论自由，而且得着苏联各机关……的帮助……

◉最后的紧要新闻

◎上海职工会领袖刘华惨遭枪毙

上海中国当局始终不宣布刘华的罪状

……上海……重大的反抗

北京一月一日电　据上海传来消息，有……上海职工会的领袖刘华，本地当局曾屡次下令逮捕刘华，但终未捕着。不久以前上海职工会选举刘华为副主席，几礼拜以前在公租界被英国巡捕捕去，转交中国当局。据华北明星报的消息，去年十二月十七日刘华已遭枪毙，但中国当局没有正式宣布，因此上海发生重大的反抗运动，要求当局宣布关于刘华的生死和他的罪状，要是没有死，就应释放云。

◎冯玉祥……辞职　要将……莫斯科及柏林

其原因很多

有说还未证实

北京六日电　在北京的中外各报馆都盛传冯玉祥……离张家口到库伦，……去过个人的生活。又说冯新近到张家口西北一百九十里地平地泉去游玩，他现在到莫斯科及柏林的心非常的迫切，在他离张家口时曾电北京政府坚决的要求免除他的职务，不愿再作政治活动……他又说现在中国不断地国内战争……

又据各方面的传说……

通信栏

被压迫民族的消息

日本帝国主义者在高丽的高压政策

高丽……

本报募捐启事

本报基金非常薄弱，如蒙公共机关或个人捐款相助，不胜感激。捐款交本报发行处负责人樊士登，俟捐款收到后即将捐款机关的名目或捐款人的姓名及捐款的数目登载本报志谢。

本报招登广告启事

如有要求在本报登广告及启事者，请到本报发行处与樊士登先生面议价目或通信议订价目亦可。

Главлит № 50132 Тираж 2000

Москва, 1-я типо-литография Центриздата Народов СССР. Шлюзовая набережная д. 162. Телеф. 5-22-78.

第一版
№5
第五期
一九二六
一月十五日
15 января
1926 г.

中國前進報編輯處
РЕДАКЦИЯ
КИТАЙСКОЙ ГАЗЕТЫ
„ВПЕРЕД"
г. МОСКВА,
пл. Свердлова, 2-й д. Советов, пом.;
ход со стороны Третьяковского пр

前進報

每星期五出版　每份零售 10 哥比

價目	蘇聯境内	國外
1，每份零售	10 哥比	15 哥比
2，訂閱每月	40 哥比	60 哥比
3，訂閱半年	2 盧布 30 哥比	3 盧布 60 哥比
4，訂閱每年	4 盧布 50 哥比	7 盧布

旅俄華僑協會籌備委員會刊行
編輯人　玉倫

ЕЖЕНЕДЕЛЬНАЯ ЦЯН-ДЗИН-БАО „ВПЕРЕД" ГАЗЕТА

論文

在國民軍勝利後的許世英組閣與馮玉祥辭職

大治

我們滿抱着一腔熱望，以為在國民軍勝利後，北京必有由人民組織成的新的革命政府出現，提出極鮮明的極正確的合於革命民眾的要求底政治主張，必為國民軍尤其是在五卅事變以後隨同民眾高呼打倒帝國主義信仰孫中山的三民主義努力於國民革命之馮玉祥，乃不幸連日報紙竟以許世英組閣馮玉祥辭職聞。

許世英是安福系復起的最狡猾最有手腕的一個新巨頭，段祺瑞依之為左右手，段祺瑞為民眾所唾棄不能維持其權位時，許世英出而組閣，這是換湯不換藥的老把戲，我們革命民眾當然應分表示反對！

許世英為什麼出來組閣？

以安福巨魁在國民軍勝利之後出而組閣，這當然是得了國民軍尤其是國民三軍的首領馮玉祥的同意的，在閣員中有馮軍將領現代理馮氏職務的張之江及國民党左派首領與國民軍有歷史關係的于右任，這更是佐證。

我們民眾失望！

在此次戰爭中久已盛傳馮氏再三表示辭職，不願其下台，并有由馮氏意旨組成的馮軍內閣的謠說，我們很希望這些消息不確，如果是確的，其許是馮氏一種政治作用，結果乃竟有代人大家的以許世英為首的混合內閣出現。

不停於此，馮氏在許世英內閣產出之後，又突然提出辭職，他聲言要放棄政治生活，出莫斯科至柏林遊歷，最後又說到歐美遊歷，報紙所說馮氏辭職的原因很多，其主要者為：馮現已為國民軍之最高首領，恐因此形成國民軍內部的衝突，或與直系的衝突，故馮願于口下野，推不願為各方之中心……由這樣的原因辭職，完全是以個人清高觀念做出發點，失了革命者在政治上立的場和放鬆了革命的機會！

國民軍現時在中國政治上實站有舉足左右，佔有較重的地位，我們民眾所希望於國民軍者甚大，希望於馮氏者亦大，故我們對於馮氏的一舉一動，都認為有關中國民族解放的前途，要鄭重的加以考慮。

我們認為：

第一　要使此次由直系發難而牽動全局的反奉戰爭成為革命的戰爭，不是軍閥間循環報復的戰爭，只有看戰爭的結果，對於人民是否有利益，特別是對於全中國民族的解放，是否有利益。

第二　要由這次打倒最反動的帝國主義者的奉系軍閥的戰爭，推動國民革命的機輪往前進展，進一步即是打倒帝國主義者壓迫的戰爭，這境是我們主張戰爭的最大的目的。

我們看這次戰爭的結果，對於人民的利益及對於國民革命的影響如何？如果只是得着現在這樣的結果，我們認為不惟與民眾原來所希望的相差太遠，而且給革命前途以很大的不利，在事實上：

(一)日本帝國主義者的藩籬，使郭松齡失敗後，張作霖又恢復舊有的地位。本日晚報載稱他又在盛京布東三省獨立。

(二)李景林自天津敗竄山東與張宗昌聯合，本日晚報載稱李景林張宗昌聯合預備兵力進攻天津，據社會一般的傳說進攻的時期，大約在本年三月。

(三)日本帝國主義者的勢力，不僅在此次反奉戰爭中毫無損失，且因藉口保護日僑的利益，大增兵力於東三省及山東天津各處，給奉系反革命努力以堅固的保障，以自護其利益，一旦有事，日本帝國主義者更很便利的從中作祟，援助奉系反革命努力，向革命勢力進攻。

(四)日本帝國主義者的老工具段祺瑞，因日本的援助，既不在此次戰爭中下台，一般載段祺瑞本已預備發出辭職的電文下台，因日本援助又收回原電——再加一個安福巨魁替他出力。

(五)國民軍將領與國民党左派領袖同意并參加到四不像的內閣裡去，一面是離棄民眾，違反民眾的要求，一面是和緩甚至於阻礙革命的進展。

(六)馮玉祥以國民軍最高首領的資格不於天津勝利之後，一面應民眾的要求組織革命政府與廣東國民政府聯成一氣，一面乘戰勝之威，結合民眾的力量，肯先肅清奉系的反動勢力，進而掃除直系殘餘，達到廢除不平等條約，使得中國民族的完全自由獨立，使民眾得着解放，而乃中途辭職，使民眾的革命勢力失了前衛和統率，使奉系的反動勢力得以乘機恢復，直系亦漸漸抬頭，且有直奉聯合向革命勢力進攻的危險。

以上六點，尚是舉其大者，因此我們認定在國民軍勝利後的許世英組閣，馮玉祥辭職，是國民革命過程中的大損失，是國民軍與國民党一二左派首領的失策，是離開了革命民眾和革命的立場，是將反奉的革命戰爭，變為無代價的軍閥戰爭，事實俱在，不是我們的批評過於嚴格。

有人說國民軍的內部尚不一致，因此馮玉祥的實力不足以掃除奉系，同時還畏直系窺竊其後，故馮氏不能不以退為進，不作擴大戰爭的舉動，會馮氏在此次反奉戰爭中的進取與去的善於乘機，現變便是以解釋他在國民軍勝利後的行動，我們以為這樣說話是含有崇拜英雄的眼光來解釋馮氏，只着眼於馮氏之一身而忘了中國目前民眾的革命努力與民眾的要求和革命的利益，我這裡只拿孫中山先生所說的來答覆他：武力與民眾結合無不勝，武力與軍閥帝國主義結合無不敗，只要馮氏能始終為民……

本報與莫斯科各報聯歡會的結論

莫斯科報界代表與不許後把中國協會代表應前進報編輯處之請會，一致對於蘇聯境內第一次出現的中國報紙表示熱忱的歡迎。

我們一致希望如許的中國革命思想的報紙的進步，并深信他一定能夠實現他的任務，提高留居在蘇聯境內中國人民之政治覺悟的程度，使他們對中國的革命運動不致隔絕，給他們以關於蘇維埃國家社會組織的正確認識及蘇聯國力發展中國與蘇聯的關係。

我們將以能力所及來維持這個幼年的報紙，傳播"前進"報的消息於蘇維埃的讀者，幫助他在蘇聯境內的發展，使起來同情於中國革命者在精神上和物質上的援助莫斯科的第一個中國報紙。

前進報萬歲！

中國革命的報界萬歲！

中國革命萬歲！

本報編輯發行兩部與中國國民党代表團胡漢民同志等攝影
一九二六年一月五日於莫斯科

本報與莫斯科報界代表及不許侵犯中國協會代表聯歡會攝影
一九二六年一月三日於莫斯科

全世界被壓迫民族與無產階級聯合起來！

打倒日本工具—安福政府的重演!

胡漢民同志在前進報與各報聯歡會的演說詞

不許侵犯中國協會代表郭實生在本報與各報聯歡會的演說稿

旅莫史達林工廠中國工友大會對於"中國事變"報告的結論

全蘇聯國外文化聯絡協會"轉給本報的一封信

附給本報的一封信

胡漢民同志給日本犬養的一封信

遵照列寧與孫中山的遺訓!

（國民黨第二次大會的開幕詞）

蘇聯是被压迫民族的前衛和保護者！
（國民黨第二次代表大會聯合被压迫民族的宣言）

3

去歲先生既以多年接近民党中山先生去年到日本演講，先生當以其年來之懷抱聞。先生當言苟有益於中國之事業決不辭勞。即先生之志趣可想見。聞日本同志告我謂先生辭去國務大臣之職亦為將致力於支那問題，然尚未見先生發表何等政策對於廿餘年軍閥外交的謬誤有所糾正者，猶未至其時機耶？漢民以為即今可行者蓋有二事。

其一張作霖捻惡為從來中國軍閥所未有，而現時正為中國民眾所共誅，然日本軍閥從來袒護張作霖，則為中日兩國民眾所共睹。今為日本計，不止當宣言絕對不干涉中國內爭，尤更當宣佈軍閥袒助張作霖段祺瑞等之非，並此後不得為此種行動，各遣參謀部陸軍省所派遣之軍事人員，不得在東三省張作霖處有所活動，更不得藉口保護日國僑民利益陳兵邊境，隱為張作霖之聲援（如派遣戰艦到南京等舉動皆應禁止，現時中國民眾絕不為無意識之排外如庚子拳匪故事，日本如有正大之宣言，得中國民眾之好感，所謂以禮儀為甲冑，勝於恃武力自衛遠矣）。此皆消極的於日本當不費力之事，不致使中國民眾生無窮之惡感，且使知日本從此不復再繫軍閥從來的謬誤而結中國民眾所共棄之惡勢力，固殺為奸，則庶幾為中日親善之初步。

其二為中國關稅問題。中國民眾已起而力爭關稅自主，此決非如日本出席關稅會議代表一種似是而非不負責任之甘言所能慰止。孔子曰：己所不欲，勿施於人。孟子曰：如知其非義，斯速已矣，何待來年。先生曾讀孔孟之書，若取之以駁折日本代表之言，不知其何辭以對。固知日本近來對華貿易投資俱較前銳進，過他國，固而不願拋棄，然正為如此，日本當首先承諾中國之關稅自主，不為小利之貪圖妨礙中國全民族之經濟生存，庶幾符合中日親善之意義。其實不止關稅為然，即其他的不平等條約，各國對於中國視為帝國主義施行之惟一好工具，日本均應將此種特權一切拋棄，廢止此等條約，而力謀中山先生之遺囑有言曰：「聯合以平等待我之民族共同奮鬥。」現在日本民族未當以平等待我，使我中國民族不能相與聯合以實現中山先生之言，此兩國民族之憾事，亦漢民與先生所宜引為深痛者也。

漢民所欲言者本不止此，然求其有當於目前事實，故擇要以陳。亦知今日貴國軍閥對於侵略政策之拋棄必期期以為不可，然謂大和民族七千餘萬民眾皆拱手噤默於一時軍閥之偏私謬誤，不能有所抨擊而糾正之，矣改之，則吾人亦不敢存此「謂人莫己若」之觀念。先生以為然耶否耶？漢民之觀點猶是立於兩國民族上，且至凡近且知帝國主義之末日到，軍閥亦已漸失其憑藉，先生猶有最年與軍閥奮鬥之餘勇，當不妨以漢民上所言二事訴之日本七千餘萬民族以聽其裁擇。若日更有進於此者，則不敢錯耳，固所望也。相去萬里，更遇歲暮，惟先生善自珍攝。專此敬候

赴居

頤山先生均此問訊，恕不另。

胡漢民 十二月五日

此函將發，適得電知張作霖已敗逃，云云殆成「明日黃花」。然日本今後能絕對不復以張作霖為[illegible]耶？則以既往之疑惑糾正將來的依附，仍不能無責也。 七日漢民又及

新聞彙錄

◉國內新聞

▲反奉戰爭的消息

◎中國內戰之新形勢

北京一月八日電 北京情形現下甚不明瞭。馮玉祥之辭職成為輿論界極注意之事，各報認為馮辭職之原因係馮現已為國民軍之最高首領，恐因此形成國民軍內部衛吳武與直奉之衝突，因此馮頗早日下野，雖不願為各派之中心而使發生不幸之事件。但第一軍官佐及軍士皆信任馮氏，是見馮氏之辭職不過又一次作文章而已。又據確訊，馮氏現擬脫離政治生活赴莫斯科柏林考察政治狀況，現馮在平地泉，段祺瑞同許世英皆去電挽留，孫傳芳亦電馮請一致合作，勿受謠言之影響云。

◎吳俄果能接近嗎？

北京一月八日電 最近盛傳吳佩孚張作霖聯盟，吳電賀張戰勝郭松齡。據說，吳張兩方接近之主要目的為推翻國民軍與反對段政府，並且要恢復所謂合法的國會云。

◎滿洲軍事狀況

北京一月八日 現下滿洲軍事行動恐難再繼續延長，一般人謂張作霖有恢復原狀之可能，但實無力伸張於長城之外。山東情形亦無大變更。據說李景林張宗昌揚倫反攻國民軍，奪取天津，向河南進攻，現孚張同吳佩孚張作霖一致合作云。

▲在反奉戰爭中的北京政府

◎馮軍官佐贊助新政府

北京一月八日電 馮軍官佐近通電表示維持北京政府，並願和平與人民服務。又說馮軍官仍決繼續開發西北。又說康鍾麟近赴張家口謁馮，近京徵表示吾係馮之代理者，大可不必，因短期的避居期內可以暫維持原狀，而馮部官佐均一致實行馮之主張與政策云。

◎反革命派恢復政權之企圖

北京一月八日電 政府危機尚未開除，新政府雖動作且未實行就職，因段政府尚未下台。據說，段決辭職，國軍閥不能幫助及馮之辭職，均使段不能維持下去。據說龍克級之文件已備好，一月十五日當可公佈。在此種風雨飄搖的狀況中，所謂合法國會的空氣又漸漸張起來，他們想為得馮倒戈以登現亡是不合法的，同時又主張擁戴合法的蔡善薩（九述）

現一般政客遊狗想得吳佩孚張作霖之幫助，甚形活動云。

◎中國政變之離奇

北京一月九日電 中國政局愈演愈奇。段祺瑞於昨晚對許職宣言拒絕簽字，並將其已發出之辭職電文由電報局收回。今日早報謂此種消息尚未證實，但其情形甚為危急。許世英現已藏匿。本來在一週前段決定辭職而要求許世英組閣代理，但最近安福餘孽活動之結果，謂日本不允許段辭職，且不久日本將要更對華政策而擁護段為大總統，因此日本對現在之許世英內閣表示不滿，只有擁段之一法，所以得此靠山之援助，遂打消辭意。總之現下北京情形混亂極了。

▲工人運動

◎北京成立總工會

北京一月八日電 在上週北京正式成立總工會，在北京大學開會，出席代表幾十八——二八學生智識分子，來賓有共產黨國民黨廣東外交代表團學生團體及其他各公團之代表。大會通過正式簽表宣言，擁護工會並對於政局和反對上海工部局枉殺劉華事均發表宣言，以外通過章程並選舉執行委員云。

▲國民運動

◎上海之新運動

北京一月八日電 上海各公團開始反對滬案重查委員會，並電京要求政府不准帝國主義壓迫中國和實現中國人的要求。外交部並滬代表新近歸還工部局之萬五千元，並聲明關於上海慘殺案尚未解決。一般人以為新內閣成立，關於改組上海工部局問題不大，當可提出討論，並提出在外國工廠的工人的要求云。

◎反革命派的末運

北京一月八日電 國民第三軍軍長直隸督辦孫岳應各公團的要求，將天津警察廳長及五租界辦事的兩個反革命派逮捕，因為他們更願壓迫工人。現在天津的戰工會及學生會統擁護停罷，要求當局嚴重處罰這些反革命的官僚云。

▲國民黨的消息

◎國民黨全國代表大會

二十萬工農慶祝代表大會

國民黨的政策——遵照列寧與孫逸仙的遺訓

廣東一月八日電 正月一日晨九鐘廣州國民黨全國代表大會開幕，出席代表三百人，來賓百餘人，前三日為慶祝日，並檢閱國民黨之黨軍，此外尚有廿萬工農及學生參加慶祝禮節之大遊行。開幕時全體代表向中山先生遺像行三鞠躬禮，並宣讀中山遺訓，首由汪精衛宣佈開會云：本來一九二五年五月中央三次擴大會議決於八月開大會，後因廿月間的劉楊叛變，故將大會延長至現在……我們對中山之死非常悲悼，我們的領袖再不能領導我們了，而我們只能看著他的遺像。當我們開第一次大會時，看著列寧的靈柩，中山說：「列寧死了，但列寧黨和革命是不死的。」故國民黨應維持友黨，如果我死了，有此友黨方能將國民黨之事業繼續下去。所以我們均應繼續中山之遺志。其次對廖仲凱之被刺亦有極沉痛之哀悼，末謂我們應一致的堅決的實現中山主義和遺訓，並應與全國人民一致反對帝國主義和軍閥，完全國民革命云。

◎蘇聯是被壓迫民族的保護者

廣東一月九日電 國民黨第二次代表大會臨時審察委員會參加大會一百八十九人，中有十二女代表，主席團十二人汪精衛丁維汾等。大會通過聯合各被壓迫民族發表宣言，並通過反對日本侵略滿洲及贊助國民軍最近動作之宣言。又通過電謝蘇聯，指持胡漢民之誠意，略謂：「蘇聯能以誠意聯絡中國剷除世界帝國主義，蘇聯實是被壓迫民族之前衛和保護者。」大會已通過澈底的實現國民革命和反帝國主義之積急進行，蘇聯與中國聯合萬歲！此外昨日大會又有政治軍事工農財政等狀況之報告。

◎與其生為奴隸，不如戰鬥而死！

國民黨第二次大會第三次會議在黃花崗舉行並公祭七十二烈士，代表均高唱「與其生為奴隸不如戰鬥而死！」並在廖仲凱墓前二喊同樣的口號，並在孫中山遺像上刻了他的遺訓。

▲其他消息

◎外報所傳滬案重查報告

國民通訊社譯十六日大陸報云北京十日通訊，謂滬案司法調查委員團報告雖未公佈，但擬明晨報所述下列各要點實為可靠消息：(一)決定在原則上對於因五卅案而死傷之家屬予以相當賠償。(二)上海工部局之捕兵非全無罪，故有九人須行免職（捕頭愛活生在內）。(三)此後萬國商團之召集須先得上海工部局之同意與上海領事團之允許。(四)公共租界全體巡捕將解除武裝。(五)為順從中國民意起見，在原則上決定將上海工部局徹底改組，使工部局有華人代表參與。(六)此後在上海之外國軍艦兵士不得上陸，即在必要時，若非得領事團與工部局與中國官廳之慎重考慮亦不准許云。

◎港商組織懇親團回粵考察

加入者已達二百餘人

國民通訊社香港快信云：自廣州改組國民政府以來，香港方面時有各項謠言，希圖離間港商與粵政府間之

與其生為奴隸不如戰鬥而死！
（國民黨第二次代表大會公祭黃花崗七十二烈士及廖仲愷墓的口號）

好感以之誤會而出鴻暵田深近旅港巨商為欲明瞭廣州真象免再發生誤會起見群提議組織團體回粵考察其團體之定名有主張視光團者有主張視查團者經多次之討論始以參加者既純為華人聯隊回國測覺絕無視光之可言若謂視查則又近自高自大乃改懇親團之名由港中著名巨商雷蔭蓀黃李熙哥主理一切自籌備以來港中各廠商及華僑紛紛加入者已達百餘人之多該團以組織已有頭緒遂於四日先派雷蔭蓀蔡昌黃李熙三人為代表偕同港澳調查專員梳西藏乘河南日船去省下午抵埔偕長堤東亞酒店即於次日前往見國民政府當局報告港商對政府之擁護並特組織懇親團來省舉行懇親事項並赴省港罷工委員會中述一切及懇勞罷工工人並請該委員會發給通過證已蒙照准雷等以接洽已妥於八日附輪返港將參加懇親團之名單寄省一俟通過證頒到即行起程聞已決定搭粵航公司之播遷安輪船去省案已去函通知省港罷工委員會請即通過至此次參加懇親團之人物除各團體代表外工商學報各界亦俱派有代表預計人數當達二百有餘規模之大為向前未有刻聞國民政府对港商此種舉動甚表歡迎聞省中各團體亦已預備歡迎矣。

◎粵各界籌議開闢黃埔商埠

已推定九團体草擬計劃

國民通訊社廣州通訊云黃埔為廣東省要口航海交通殊稱便利近自粵政府厲行対香港封鎖政策以來各界人士為求商業發展計頗多主張將其開闢商埠各團體且特為此事組織各界開闢黃埔商埠促進會從事積極籌備昨日該會為討論開闢黃埔商埠計劃辦法起見復邀請各界團體代表赴會百餘人首由宣佈員宣布前次會議情形遂以推蘇兆徵為臨時主席乃由主席發言開闢黃埔商埠前次會議已一致通過今日開會專討論進行辦法方針及辦事地點希望代表諸君發揮宏論俾黃埔商埠廖仲凱平生甚為注意蓋不開闢黃埔商埠無以促經濟獨立而制帝國主義者之死命我國受帝國主義之壓迫全國農工商界流離失業希望黃埔商埠從速開闢以解除我國民痛苦云云各代表对於開闢計劃多有意見均由宣布員將各意見書向衆宣讀列席者多有討論後由建設廳代表雷官錡發言謂開闢商埠計劃澈廳純是公開並無私意把持祇以目前未有負責代表到澈廳磋商該項計劃無從貢獻現在計劃圖式均已備具各界如有指示澈廳亦甚歡迎云云旋对於選舉籌備員多有研究最後議決以本日出席各團體代表為籌備員由籌備員中推選九人為起草員起草章程團体有主張工商學三界者有主張農工商學與政党婦女及其他各界者衆說紛紜最後以不分界限為通過選舉方法由各團体將所舉之人介紹大會付表決旋舉定國民党中央党部省港罷工委員会廣東建設所中華全國總工會廣州總商會廣州商民協進會全港工團罷工委員會廣東省農民協會國民党南洋總支部等九團體起草該會章程及計劃細則等項即日用該会名義致函通知被選各團體准下星期日（十三日）將起草業送交本会以再開大会討論至於起草章程大致各代表有所意見可致函該起草團體以便採擇至於該会辦事處則已暫定何州泉先伯各处擇適地点以便商議借用云。

◎香港工會組織將統一

百餘工團之大聯合

國民通訊社八日香港通訊云香港華工人數愈廿萬感受異族壓迫較之內地工人尤為深切最近六七年間群悟欲求境遇之改善非堅固團結不可於是起而組織工会者至最本年五一節全國第二次勞動大會以組織渙散不特無以趨一致且足以分散內部勢力而予敵人以可乘之隙乃議決統一香港工會之組織五卅後趁全港罷工最近罷工百餘團體代表假杭工聯合會開籌備統一香港工会大會議全體贊成組織香港總工會、議決倫中華全國總工會為籌備處日來加入者已一百廿餘工會云。

▲國際新聞

◎波蘭警察打傷失業工人

瓦薩一月十一日電　在恰斯託高瓦街聚集許多失業工人要求發補助金警察干涉不許群衆聚集於官廳附近、過三十分鐘群众又復來且用石塊做武器此時巡警即向群衆進攻工人用石塊將警察打傷數人群衆五十二人被捕、許多工人受傷群众被解散後全場瓦礫

瓦薩一月十一日電　昨日共產党議員薛其斯利克和卜勒斯立已召集失業工人大會到會工人極多當日杜早官廳即派很多警察干涉工人開會以致有二千人之一部份失業工人去另一地方開會並舉行示威運動經过許多重要街市手持紅旗唱國際歌高喊共產主義之口號政府派很多軍隊向群众兩面夾攻被捕去百餘人受傷者極多云。

◎波蘭借債絕望

瓦薩一月十四電　美國財政專家某近由波蘭返美頻行時对波蘭新聞記者謂現我对波蘭情形尚不熟悉一切無肯定之見解不过波蘭紙幣过多欲向各國—尤其是美國借債甚不可能云

◎蘇俄駐日商務代表之行動

東京一月十日電　蘇俄之三商務代表抵日刻已開始進行各種事業日政府不久亦將派三代表來莫斯科云。

◎德國青年工人代表之行動

柏林一月十一日電　由俄返德之青年人代表決召集一全員會廣大的為蘇聯宣傳乃組織一會分子為民主党四人共産党一人他們的工作第一要在各地青年工人團体中作報告其次在各工廠工會体育文化等機關中报告昨日已在柏林青年工人辯事員會中作一關於蘇聯之報告備受全場之歡迎報告德國少年工人狀況後遂決議改良派與工會應速聯絡召集大會將工人所要求之問題解決全體贊成中有九個所謂共產主義工党者（實是無政府工團主義者）反對云。

◎德國共產党推動全國群衆

最近召集一群衆的示威運動

柏林一月十一日電　德國共產党中央近發一宣言告全國工人提議於一月廿七日開工人大會、提出共產党对於工人應有的政治和經濟的要求為要實現此要求中央提議讓改良派召集一工廠作坊委員大會解決統一战線的問題

◎德中共党民主党顧與帝制党聯合

柏林一月十一日電　屋奈法訊今日下年天與登堡召集中央党代表费尔山赫民主党代表高赫共同商議改組新內閣問題興登堡問於是否可以組織一混合內閣並請二代表五一月十四日予他以最後的滿意的答覆此二代表亦允全應允云、

◎要求釋放被捕共產党之運動

倫敦一月十一日電　最近各大城市群衆發宇要求釋放捕之十二共產党員並擬於釋放時舉行一大示威運動云、

◎倫敦將建立馬克斯紀念碑

倫敦戰工統一報載　提議全世界工人在倫敦為馬克斯建立大紀念碑由每一工人出很少的錢因為興偉大的導師建立紀念碑必須偉大的工人群众參加、此提議發表後已得各國工人的同情並接見許多意見書和許多紀念碑之圖様現擬公開在根短期內將錢收回英國工人從來認馬克斯為怪物廿年來被封閉的馬克斯偉大之墓墳近已有廣大的群衆前謁且不久要建立一偉大的紀念碑由此亦可見英國工聯之左傾矣

◎波蘭國會代表抵莫

本月十二日波蘭國會代表抵莫將去烏克南之石勒洛次克參觀電站返莫後各科學團体和社會團開會歡迎屆時必有一翻盛况云

◎法國社會党争內閣交椅

巴黎一月十二日電　社國社會党大會以一千七百七十六人对一千三百三十八人通過贊成社會党參加國會云、

▲最後新聞

◎日本幫助段祺瑞

北京一月十一日電　據路透社東京傳來消息因段之辭職日本將不承認無力之新政府云

◎北京新閣批准馮玉祥之辭職

北京一月十一日電　現內閣總理許世英將馮之辭呈送回請其仍担任職務、又訊：閣於馮玉祥之辭職現內閣曾召集一閣議閣員中惟王正廷于右任杜錫珪未出席、結果批准辭去現職而特特派馮氏為考查外國工業專使並決委張之江為西北邊防督辦李鳴鐘為甘肅督辦、李雲龍為決西督辦、這幾人統係國民一二軍之主要將領云

◎留日學生之抗議

東京一月十一日電　今日東京中國學關大會議決案有三：第一抗議日本派兵侵略滿洲、第二抗議日警干涉南高、之追悼郭松齡大會、第三號召留日學生全體學生離開東京云、

◎日本侵略滿洲之陰謀

日本在東三省之政策

美國雜誌之漂亮語

北京一月九日電　美日評論之社論說：日本在滿洲之行動將使華人之反日運動益發澎湃張作霖因得了日本的援助馬上即可恢復原有勢力、日本並秘密將郭松齡槍殺此事全係日本金錢與槓操之作用、日政府一方面唱嚴守中立的高調、同時又表示南滿鐵路公司之威權、這是日本帝國主義之財政企圖、事實上數年來已成東三省之政府、張作霖係一鬍匪出身而為南滿公司之銳利工具張如倒日本必受一大損失、因幾日前傳出消息張於近日借日債六千萬元發行紙幣依若下台此債則等於零矣昨日傳來消息現在郭松齡失敗紙幣跌價漸稳定因有此六千萬元之關係所以南滿公司要求日政府增派駐防軍、現究竟日本政府派幾多兵到東三省呢？確數雖不可知而日政府謂增加無額不能超出經常駐防之六千人但據美人調查東三省日下之日兵至少有二萬人以上日本計莫有山利益所以公開破壞所謂嚴守中立日本出口貨三分之一皆消售於東三省雖然日本資本家軍閥政客聯合注意東三省事實日本已走入一大錯誤中以外日本還迷夢張是滿洲無疑義的主人其實張之實力已瓦解張之被人唯一利用處即是保護日本在中國之利益、並在中國執行日本政府的政策云、

◎張作霖又要辭職

北京一月十日電　盛傳張作霖要求辞他以為郭之暴動即是表示他的勢力瓦解而他的部下又各有不同的意見因此說張辭職不过此消息是否確實尚不可定云、

◎軍閥橫行的上海

北京一月十日電　因為参加工人反对廠主運動上海學生被捕十七人且受罰金擊上工人開會並聞上海學生會已通電全國請一致援助被捕同學出獄云、

◎張作霖宣布獨立

北京一月十三日電　張作霖發出通電藉口段祺瑞失去行動自由宣布東三省脫離北京政府而獨立云、

本報編輯部啟事

本報因財力薄弱採用石印每版寫出後即交俄國同事付印編輯部與印刷部相距太遠又沒有人力去經理—這也是受財力薄弱的影响以致上期—第四期—第一四兩面與第二第三兩面顛倒即此特此更正

本報發行部啟事

本報連日接得蘇聯公共機關同情或援助本報的本及旅俄僑胞的捐款本期為篇幅所限不及備載俟下期陸續發表并誌謝忱。

Главлит № 60132 Тираж 2,000

МОСКВА, 1-я типо-литография Центриздата Народов СССР. Шлюзовая набережная д. 162. Телеф 5-22-78.

第一版
№ 6
第六期
一九二六
一月二十二日
22 Января
1926 г.

中國前進報編輯發行處
РЕДАКЦИЯ
КИТАЙСКОЙ ГАЗЕТЫ
„ВПЕРЕД"
г. МОСКВА
пл. Свердлова, 2-я д. Советов, пом 1, ход со стороны Третьяковского проезда

前進報

每星期五出版　　每份零售 10 哥比

價目

	蘇聯境內	國外
1，每份零售	10 哥比	15 哥比
2，訂閱每月	40 哥比	60 哥比
3，訂閱半年	2 盧布 30 哥比	3 盧布 60 哥比
4，訂閱每年	4 盧布 50 哥比	7 盧布

旅俄華僑協會籌備委員會刊行

編輯人　玉倫

ЕЖЕНЕДЕЛЬНАЯ ЦЯН-ДЗИН-БАО („ВПЕРЕД") ГАЗЕТА

列寧專號

為列寧逝世後的第二週年紀念告僑胞

我們被压迫民族當着列寧逝世後的第二週年紀念，算起二週年來全世界被压迫民族的解放運動與列寧主義相對照，愈覺得列寧對於民族問題的說話已附着血和肉而活躍起來了。愈覺得列寧給我們在解放爭鬥中增加了無限的勇氣。愈覺得列寧指示給我們解放的道路非常正確。同時使帝國主義者的死亡愈見迫近！

看呵！一切反抗帝國主義者要求得到民族解放的呼聲，已經由中國到摩洛哥，迴繞到敘利亞，響徹了全世界，并在主要的帝國主義者巢穴裡都得着强有力的同情的回答和援助——無產階級的回答和援助——至於列寧所手創的無產階級的國家蘇聯更不用說是本着列寧的教訓，以全力來幫助被压迫民族了！

看呵！帝國主義者用大砲兵艦和飛機鎮压被压迫民族的反抗，血染了中國的上海廣州及其他各大城市，血染了摩洛哥的山野，血染了叙利亚的丹馬斯城，現猶屠殺未已，然而被屠殺者的反抗也隨着不斷的屠殺而增加其强度，已弄得帝國主義者手忙脚亂，窮於應付了。同時我們更看見帝國主義者到了採用屠殺政策的時候，已經是拏出他最猙惡的面孔，使用他最後的手段，與被压迫民族決戰，這不啻是帝國主義者的孤注一擲！

看呵！被压迫民族唯一的好友，帝國主義者生死對頭——蘇聯——已經戰勝許多困難有八年多的存在而日益壯大起來了。這是列寧畢生的奮鬥所留給我們的。這是人類解放一切的中心。這是列寧未生以前從古未有的事實。

我們旅居蘇聯的十餘萬中國人民是被帝國主義者的侵畧驅逐出來的

我們中間的大多數也在沙皇的專制底下討過生活，而且遭受人種不同的歧視之重重压迫。列寧把我們解放出來，與蘇聯人民享受一樣的平等自由，並且看見和感受蘇聯在精神上和物質盡力援助一切的被压民族，而尤以中國被援受得最多。

旅居各帝國主義者的國家及其殖民地的僑胞們，

我們知道你們居留在帝國主義者的國家裡，所感受的壓迫與我們在沙皇時代所受的压迫有過之無不及。你們大多數也同我們過去一樣是在帝國主義者兇猛的侵入中國以後，因生活的不安而飄流到國外的。你們中間的工人不消說是被帝國主義剝削而且虐待夠了；你們中間的商人，不消說是被帝國主義者的排擠和压迫夠了；就是你們中間的最少數留學生也受帝國主義者的賤視和不同的待遇。巴黎柏林倫敦紐約東京的各大學，雖然也有中國留學生聽講的坐位，雖然中國留學生並不比外國留學生愚蠢，然而終被外國資產階級及其雇用的大學教授所傳襲的民族觀念降低一格。更被他們派到中國打頭陣的傳教師把中國人誣蔑和染得格外野蠻，格外懦弱可以欺侮，只要是黄孔面的中國人那裡能夠伸得起頭來！

你們在過去所受的難堪的待遇，姑且擱着不提，單就帝國主義者在去年"五卅"屠殺中國民衆之後，你們能夠在帝國主義統治底下自由發表意見，為國內民衆聲援，不受干涉嗎？在巴黎在東京的中國學生或工人，都因集會示威反對帝國主義者在中國的殘暴而被拘囚或驅逐。德國本是被打倒的帝國主義者也要逞其垂死的餘威，而拘捕參加反帝國主義大會的中國留學生。英國便未聽見中國留學生的聲息，這是英帝國主義者素來高壓旅英華人的證明。在英屬殖民地中的華人更是動彈不得。美國帝國主義者在"五卅"事變後用外交手段假意見好於中國，而其排斥華工則日益加厲。只有我們旅俄華人才能自由的在蘇聯的首都莫斯科舉行幾次反帝國主義的集會和示威，抗着一枝中國國民革命的大旗，公然高唱打倒帝國主義的本教，也就由此而醞釀，而產生了。這都是在一切帝國主義的國家及其殖民地中絕對找不出來的事實。這都是列寧的賜予。另一方面我們又看見全世界上只有在列寧的"全世界無產階級與被壓迫民族聯合起來！"的口號之下，只有在列寧所創造的以世界革命為任務的第三國際指導之下，纔形成全世界的共產党站在被压迫民族與無產階級的前面領導和幫助與帝國主義者對壘決戰。

僑胞們，我們由此可以認清誰是我們的敵人？——帝國主義者。誰是我們的朋友？——蘇聯，各國共產党及其所領導的被压迫民族與無產階級！這兩個營壘是劃分得很清楚的。我們要努力於中國革命所有一切的爭鬥方法和趨向就在這裡決定。這是偉大的列寧所昭示給我們的。我們追念列寧與時俱深，我們高呼

列寧是全人類解放爭鬥中不死的參謀和首領！

列寧主義是我們的戰畧與戰術！

列寧及其主義萬歲！

世界革命成功萬歲！

> 今天全世界的勞働者都是十分悲悼他們不可恢復的損失：兩年前離開群衆而去的可愛的導師與領袖，他是團結千百萬的無產階級勞働群衆與被压迫民族的一致爭鬥的建設新社會的偉大意志，而趨向新的生活
>
> 他由最困難的爭鬥中引導我們，指出我們的道路，他死在蘇聯興盛與社會主義發展的基礎上，他畢生的爭鬥就是社會主義。
>
> 同志們！勇敢繼續他的事業！打碎資本主義的鎖鍊！建設新的社會主義的國家。

全世界被壓迫民族與無產階級聯合起來！

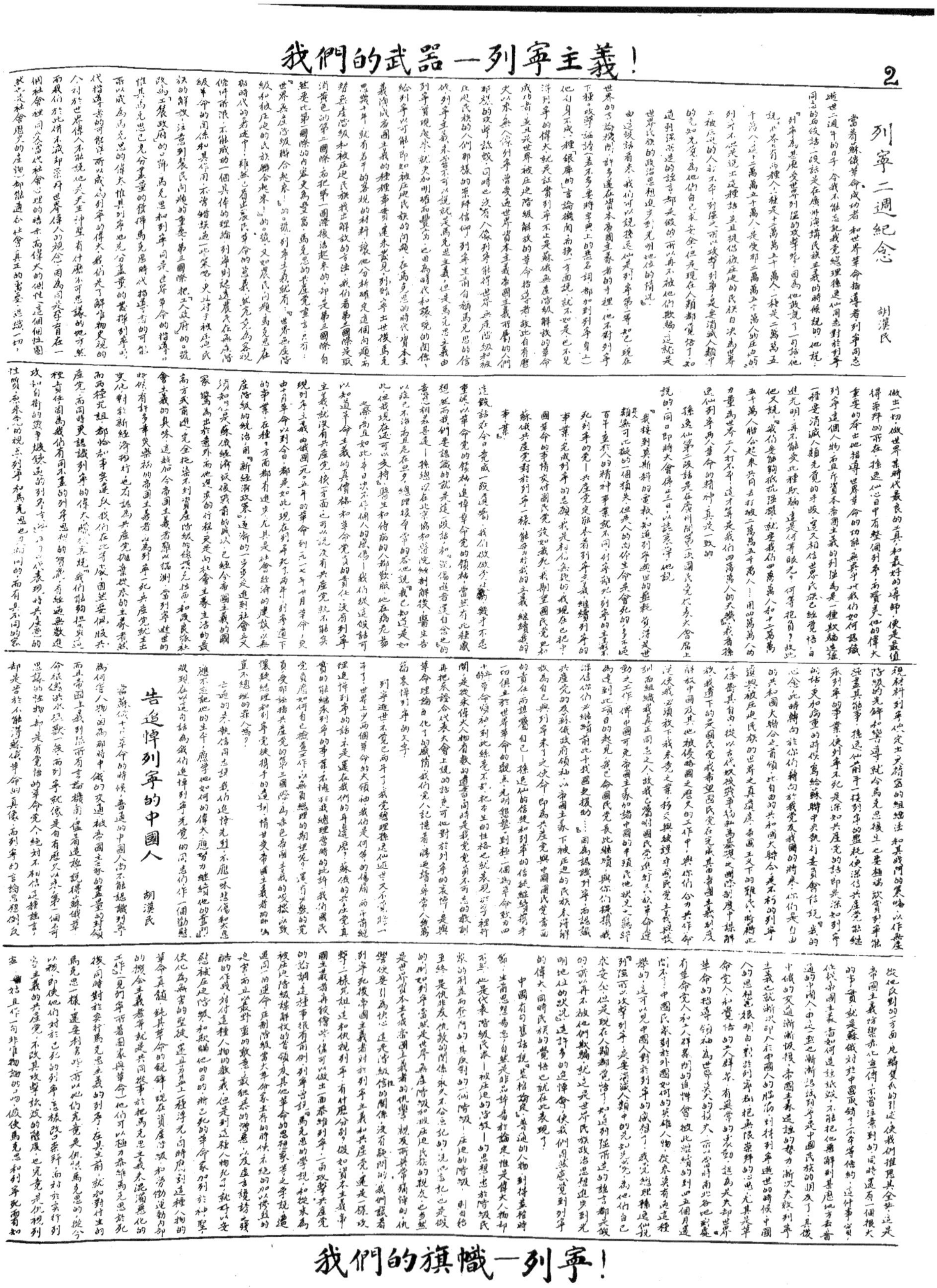
我們的武器—列寧主義!
2
列寧二週紀念
胡漢民
告追悼列寧的中國人
胡漢民
我們的旗幟—列寧!

列寧主義的勝利便是我們的勝利！

3

[illegible]與其革命當中的一段話。

列寧與中國

辛仁

列寧不僅是世界無產階級的首領，也是世界被壓迫民族的導師，因此對於被壓迫民族底問題[illegible]

一部民族革命底理論，中國為帝國主義[illegible]

[illegible]

兩年以前列寧永遠離開我們了，兩年沒有列寧了，可是有列寧的道路，全世界被壓迫的民族，被壓迫的階級，抓住你們的救星——列寧主義！

研究偉大可愛的首領底模範——列寧！

學習列寧的勇敢的自覺的生活，奮鬥和作工！

我們要紀念列寧，最好是為列寧主義而奮鬥！

“全蘇聯東方商務協會”給本報的一封信

前進報編譯部：

全蘇聯東方商務協會接得你們寄來之前進報，蘇聯境內唯一的中國人之報紙，不勝感謝與欣快。

我們“全蘇聯東方商務協會”以後可以常常寄給你們的材料和出版物，並願意盡力幫助。

商務管理處副主席　羅得洛夫

商務管理員　紫里洛夫斯基

新聞彙錄

◉國內新聞

▲反奉戰爭的消息

◎李景林反攻天津　但已被國民軍擊敗

北京一月十三日電　前被國民軍擊敗之李景林，現又由山東向天津反攻，但已被國民軍擊敗，五關國民軍二軍之鄧寶珊師，已開往德州云。

又訊　山東北部之李景林，現擬進攻國民軍，俾取天津，現兩方在德州相隔僅十二里，大有一觸即發之勢云。

◎張作霖開始反攻國民軍

北京一月十八日電　前敵情形無大變更，山海關方面甚危險，奉軍擬奪取山海關，而山海關現為郭松齡部下魏益三佔領，一般人推測，如張反攻時，國民軍必與張作霖發生衝突云。

◎張作霖獨立已證實

北京一月十八日電　以前傳說之張作霖獨立，現已証實，張猶口聲言新政府如果多數黨化，他即宣佈獨立云。

▲在內戰中國民革命運動的消息

◎北京之反日運動　到會者在萬人以上　要求罷免段祺瑞　組織國民政府　逮捕反動官僚

北京一月十五日電　今日北京舉行一反對日本侵略滿洲之大會，到會者約萬人以上，大會決議案為要求（一）罷免段祺瑞（二）組織國民政府（三）逮捕反動官僚，請演畢即遊行示威，警察極力維持，並滿佈公使團四週，外兵亦加派嚴防東交民巷之巷口，皆滿佈電網，並設寨欄，但遊行群眾之秩序井然，毫無激烈行動，並見鹿鍾麟要求武力驅逐段祺瑞，旅京外人甚驚奇此次之運動，次日早報謂，鹿已表示反對示威運動，實際純為敷衍外人之面子云。

▲工人運動

◎中國智識分子反對殘殺工會代表

北京一月十六日電　著名之大學教授及新聞記者著作家等，近由上海發表一宣言，反對殘殺無罪之職工會代表劉華，這種不法行動，完全違反了民主國家的原則，末並要求集會結社言論著作自由云。

▲北京政府消息

◎北京政府對日本侵略滿洲之抗議

北京一月十三日電　在郭張戰時，關於北京政府抗議[illegible]

列寧是人類一切解放的象徵！

4

日本增兵滿洲之適隊刻已公佈矣，而日本公使亦於十二月卅一日提出請求北京政府制止反日運動，並謂日本向滿洲進兵，純係為保護南滿鐵路而損防，助張之說，全屬不確。北京政府當於一月八日由外長答覆，並二次向日本提出關於制止進兵滿洲之嚴重抗議。因之現時中國反日運動非常激昂云。

▲帝國主義者的行動

◎公使團干涉中國

幫助段祺瑞

北京一月十五日電 由駐日法之中國公使傳來消息，日法政府統警告中國謂，如段祺瑞下台時，日法將不承認一九二四年之條約，而關於關稅會議，收回租界等問題亦停止討論。因這些會議統係段所召集云。

◎倫敦之陰謀

北京一月十八日電 張(作霖)吳(佩孚)孫(傳芳)聯盟與英國帝國主義有絕大利益，好在長江一帶自由侵略，所以現在英國資本家報紙為吳等大肆鼓吹云。

▲國民黨的消息

◎國民黨第二次全國代表大會

革命軍地位穩固

廣州一月九日電 國民黨第二次全國代表大會第四天會議，汪精衛作最近二年來之政治報告，共分六部分：(一)由國民黨改組起至撲滅商團止，(二)孫中山北上，(三)消滅劉楊之叛變，(四)廖仲凱被刺，(五)肅清反革命派，(六)關於廣東現狀。其次為蔣介石的軍事報告，略謂現在革命軍基礎甚堅固，可以對付內外敵人。末為選舉起草宣言委員，農團代表亦參加，手持孫中山遺像，並致祝辭，略謂歡迎二次大會，一致贊助國民政府云。

◎國民黨與農民親密的聯合

第五天大會陳公博報告農民運動，略謂現下農民對於戰爭的犧牲的擔負甚感困難，農民以前組織團體反對地主及反革命派，現黨全贊助國民政府及反帝國主義之罷工工人，這種運動從去年五月農民會議已有很大的成功，這些有組織的農團皆願與國民黨發生親密的聯合，末謂，要革命之發展，若不與農民聯合甚不可能云。次為何香凝(廖仲愷夫人)演說：廖仲凱之死是為革命而死，是被帝國主義與軍閥聯合暗殺，廖之一死貢獻了香港帝國主義的二百萬元云。

◎工人運動的發展

第六天大會監察委員會陳公博報告中國工人運動，略謂由去年起，有組織的工人有六十萬，現已增至一百万，廣東全省有廿萬，廣州城有十二萬五千人，運動的發展，祇有在滬因敗疲時受一大損失云。

◎婦女運動

婦女部主任唐成少(譯音)報告，略謂婦女運動應在婦女中廣大宣傳，使與男子平權，並提高兒童教育云。大會並決定贊援各地之罷工工人，又議決反對江蘇湖南軍閥逮捕出席大會之黨員的非法行動云。

◎宋慶齡出席國民黨大會

廣東一月九日電 一月七日孫夫人宋慶齡由滬抵粵，到車站歡迎之工農商學代表約二萬人，衛隊一千維持秩序，次日即被選為主席團之主席，孫夫人演說：我很高興看着國民黨之進步，唯盼各派聯合，實現革命之目的，消滅黨內分派，遵照中山主義進行。演說畢，全場掌聲雷動云。

▲其他消息

◎香港英商之哀鳴

北京一月十三日電 由港商傳出消息，現香港之商業甚為危險，反英運動使英商受一大打擊，港商中之中國代表李芳說，刻下香港商業甚為蕭條，因為以前與廣州政府談判，未得要領，現英商已要求英政府解決此問題，否則香港必變為荒島矣。

◎安福系破壞新政府之陰謀

北京一月十八日電 新閣中王正廷雖已就職，但內長于右任尚未接事，政府想借一筆款，以便還清前債，可是毫無結果，中國銀行亦不願與財長陳錦濤交手，因前財長李思浩下台時，至天津搶去一筆款，現安福系從中作祟，希圖破壞此借款，引起新政府之財政恐慌，好打許世英之台云。

◎張作霖自倒

哈尔濱一月十四日電 張後與俄即下令南滿鉄路長春段局長勿受交通部之管轄，同時京奉路局長魏武南(譯音)因不受指揮，被張免職，但東三省之各司法機関仍與北京司法部發生直接關係云。

國際新聞

◎叙利亞之流血慘劇

倫敦一月十六日電 據大馬斯克一月十四消息，在哈里堡選舉當地國会，群眾組織示威運，反對逮捕民众首領，選舉停止，結果發生暴動，打死九人，哈馬八民亦反对選舉，但被本地當局用武力壓迫下去云。

◎最近各資本主義國家失業工人之統計

柏林一月九日電 第二國際關於一九二五年最後三月(十月十一月十二月)失業工人額數的統計公佈了，茲詳列於后：

比利時 一九二五年十一月一日的統計完全失業者有四三〇五八人，半失業者一〇九一六人。

丹麥 一九二四年十二月底失業工人占全工人之百分之十二零一，一九二五年十二月則占全工人百分之十八零三，這種現象為空前所未有。

德意志 領到補助金的失業工人從十二月一日到十五日由六七三三一五，增加到一〇五七〇六一人，就是說已佔全人百分之五十七，據職業工會的統計，會員之失業者占全会員百分之十零七，半失業者全會員百分之十六零六。

法蘭西 一九二五年十月失業工人有一一〇九九人，十一月有一一二四八人，得到社會補助金者十月有五二八人，十一月五五七人。

英吉利 一九二五年十月失業的工人有一一二九五〇〇人，十一月底有一一二七〇〇〇人，這些是出自官廳自統計。

荷蘭 據勞動介紹所的統計在十月內要找工的熟練男工有二七四二五人，不熟練男工有二五〇〇〇人，從可得補助金的失業工人中實際得到補助金的在一九二五年九月有百分之八零三，十月僅百分之八。

瑞士 已經登記的完全失業的工人，九月有一〇三五六人，十月底有一二二一九人。

意大利 十月底已登記的完全失業工人有八五七六九人，半失業者有八〇八二人。

日本 據官廳統計在每個大城市中都有三万到四万的失業工人。

加拿大 職工會統計，工會會員之失業者，一九二五年九月，全會員之百分之五又七，十月底占百分之五零一。

挪威 已經登記的失業工人在一九二五年十一月有二二六七六人，十二月中有二六二七六人。

奧大利 官廳統計，得到補助金的失業工人在一九二五年十二月底有二二六〇〇〇人。

波蘭 據官廳報告一九二五年十二月七日有失業工人二一八八八人，十二月五日有二六一五八一人。

瑞典 據官廳的失業工人委員會的統計，要求補助金的失業工人十二月增加到百分之三十七，十一月底增到一八〇〇〇人。

捷克斯拉瓦克 已經登記的失業工人在一九二五年九月底有四二四四〇人，十月底有三九七四三人。

匈牙利 職工會會員之失業者在一九二五年九月占全會員百分之十四又八，十月底有二二五一九人，占全會員百分之十八零四。

美國 勞動部根據五十二部門，九八七四個企業的調查在十月有在工廠作工的工人有二九〇一二六三人，即增加了百分之二又二，有四十一個工廠的工人人數增加了。

蘇聯新聞

紅色職工國際開會追悼上海職工會首領劉華

為中國無產階級爭自由而死

但是中國的革命群众的運動是不會死的

紅色職工國際執行委員會誠懇的表同情於中國的無產階級的上海的職工勞動會的首領劉華同志，他被英國帝國主義收買反革命將他慘殺。劉華同志很有能力，能積極的參加和領導上海的無產階級反對外國的帝國主義，而他被賣國賊將他槍殺，這個犧牲為中國無產階級爭自由而死，全中國每個無產階級要明白全世界革命的工人整個的永遠的是同他們是一起的，劉華同志之死為中國勞動者的事業而死，但是中國革命的群众的運動是不能死的，永遠的紀念着上海職工勞動會首領劉華同志。

中國勞動群衆萬歲！

紅色職工勞動會執行委員會

本報啓事

本報對捐款人的誌謝，捐款人的姓名及所捐的數目列後；

馮午天 捐助五盧布
任子勳 捐助二盧布
李泉 捐助一盧布
易子鑄 捐助二盧布
王大亮 捐助五盧布
趙秀峯 捐助五盧布
雷放 捐助五盧布
李特 捐助拾盧布
党秉文 捐助一盧布
楊國體 捐助一盧布
巢耀廷 捐助五盧布
師習德 捐助二盧布

Главлит № 58132. Тираж 2500.
Москва, 1-я типо-литография Центриздата Народов СССР. Шлюзовая набережная д. 16а, телеф 5-22-78.

第一版
№7
第七期
一九二六
一月二十九日
29 января
1926 г.

中國前進報編輯發行處
РЕДАКЦИЯ
КИТАЙСКОЙ ГАЗЕТЫ
„ВПЕРЕД"
г. МОСКВА
пл. Свердлова, 2-й д. Советов, пом 1, ход со стороны Третьяковского проезда

前進報

每星期五出版　每份零售 10 哥比

價目

		蘇聯境內	國外
1，每份零售		10 哥比	15 哥比
2，訂閱每月		40 哥比	60 哥比
3，訂閱半年	2 盧布	30 哥比	3 盧布 60 哥比
4，訂閱每年	4 盧布	50 哥比	7 盧布

旅俄華僑協會籌備委員會刊行
編輯人 王倫

ЕЖЕНЕДЕЛЬНАЯ ЦЯНЬ-ДЗИНЬ-БАО („ВПЕРЕД") ГАЗЕТА

對於國民黨左右派分化的討論
我們應當注意國民黨左右派分化的原因

本報第一次與同胞們見面時，曾從事實上反證明中國被壓迫被剝削的群眾的唯一出路只有國民革命。想來祇要是還想生存的中國人是不能反對的。所以我們第二個重要的問題就是要找出一種方法來實現我們的革命。中國國民黨是指導中國國民革命的唯一政黨，他又有幾十年反對帝國主義的歷史。拿現在中國的情形來看，也只有國民黨真能代表民眾利益向帝國主義者進攻。因此我們被壓迫的中國民眾無論是否國民黨黨員，如其感覺到自身有要求解放的必要，則不能不愛護國民黨。所以國民黨的一舉一動都直接與國民革命有關係，都值得我們十分注意。此次右派的行動，在國民黨本身的發展及國民革命的進行之過程中有重大的意義。我們旅居國外，注意中國革命，要求本身解放的華僑，不能不對此事加以識認。

國民黨內部的爭執已不止一次，但在國民黨改組以前與改組以後所發生的爭執完全不同。改組前我們祇看見單獨的或部分的國民黨員自己不願意革命而退出國民黨，或不滿意於國民黨的政策和行動消極的退出國民黨成為不革命的份子或加入其他反革命的組織。而再改組以後，我們看見的便不同了。如最後這次的西山會議一部分是不同意於民黨的政策，根本與國民黨所取的路線相反的份子，一部分是被國民黨開除的份子，要企圖破壞國民黨的本身，在黨外另組一適合自己的需要的國民黨。因為國民革命現時已成為全中國民眾迫切的需要，又只有國民黨纔能完成這種使命，所以這些分子還要利用國民黨的名義以遂行其私。我們如詳細從實際的事實上去分析，可以看出有以下幾個重要的原因：

第一　階級的分化　中國經濟在大戰中東西歐帝國主義者不暇東顧，土著的資本主義已有相當的發展。及大戰後西歐帝國主義要恢復已破壞的經濟，不得不向東方猛烈的進攻，更促進其發展。在經濟發展的過程中，階級的分化是必然的。階級的分化愈明顯，階級利益的衝突當然更大。因為階級利益的衝突，反映到政治問題中，也就必然生出不同的見解，而至於衝突。試看辛亥革命前，中國階級的分化，不如現在這樣明白，除開統治的封建階級而外，其他一切不同的成分，不是集中於民主革命旗幟之下，便是不感政治的須要而不聞不問。現在中國反對帝國主義的意義，更加顯明，更加必要，在反帝國主義的爭鬥中應該是一致的。可是在近幾年來，我們時常看見在反帝國主義的戰線上，內部時常發生很烈的衝突。這正是因為各階級以自身不同的利益來參加反帝國主義的爭鬥，於是在爭鬥的過程中，即採取不同的方法與路徑。從此可見國民黨右派的分離，絕不是一件偶然的事。

第二　國民革命運動的發展　國際帝國主義者，將在戰時所造成的彫落的經濟稍為"穩定"以後，更企圖其繼續發展，完全脫離他的危險界限。很猛烈的向中國進攻，這回捲土重來的帝國主義的，因為要急於自救的關係，攻勢甚猛，各皆盡其力之所能，從經濟和政治上拚命的侵略，不但使中國廣大的群眾日益受其害，更加助長中國軍閥勢力，使內戰日烈。此種情形，背迫全中國民眾不能不要求解放而傾向於革命。故最近三年來所發生的政治事變中，都可以看見有廣大的群眾參加，自反對曹錕賄選起，中間經過臨城案、中俄協定、金佛郎案、國民黨改組、商團事件、孫中山逝世、等等事變，都使廣大的群眾受了政治的訓練及至五卅事變發生，我們更看見廣大的群眾都很積極的參加戰鬥，為中國民族解放運動中所未有。從此後使國民革命已成為群眾運動，走上國民革命的新階段。國民黨所代表的當然是廣大的革命的群眾的利益，而這種利益恰恰是國民黨右派分子所反對的。因為右派就是軍閥、官僚、政客、資本家、地主、買辦階級的化身或者是與軍閥、官僚、政客、資本家、地主、買辦階級的利益有密切的關係。

第三　工人運動的發展　中國經濟的發展，工人階級也跟著往前發展，同時帝國主義與軍閥的壓迫暴力，也必然促前工人階級的發展。自香港海員大罷工以來，經過"二七"直至"五卅"，工人運動都是一次比一次擴大，尤其是在五卅事變中，工人階級所表現的力量非常偉大，在各個重要關頭都佔在國民革命主力軍的地位，使國民革命的聲勢異常浩大。有許多贊成國民革命與工人階級利益不相同的人們，特別是資產階級望而生畏，以為國民革命的主力軍為工人階級所佔領，恐怕將來對於他們的利益及統治地位均有妨害。因此他們便與工人階級分道而馳，再回顧國民黨自改組以後，漸與民眾接近，將其真面目表現於民眾之前，也使他們懷疑畏懼，要與革命的國民黨分離。這是必然的不可免的現象。分析說來。

（一）國民黨右派不是代表廣大的群眾的利益的。現在中國民眾唯一的急切的需要是在用革命的手段打倒帝國主義與軍閥，建設真正的國民政府。由民眾本身用革命的手段取得政權。這個責任是國民黨唯一的使命，亦即是廣東政府唯一的政綱。自撲滅商團，肅清東江，趕走劉楊以後，廣東政府更加穩固，革命的力量更加強大，正準備著向仇敵猛勇進攻。全中國民眾莫不慶幸解放前途之有望，擁戴廣東政府為國民革命的中心。這就是說中國民眾的解放問題整個的付托與國民黨及其指導的廣東政府。獨國民黨右派視之為不可調和的仇敵，大加攻擊，任意造謠破壞，無所不用其極。又違反黨律，自行召集西山會議，另自組織國民黨，以對抗中央執行委員會。這種行動顯然是偏害國民革命的中心勢力，為帝國主義者及軍閥助長聲勢，阻擬革命進程。我們真要求解放的革命民眾，應該認清此點。

（二）國民黨右派所取的政策不是革命的。革命時代的政策問題是極重要的，誰能夠運用政策適當，誰就能得著勝利。中國國民黨在改組以前，因為受不顯明的社會關係的反映，未曾將國民革命的意義明白指示出來，同時群眾當時所受的政治訓練，也還幼稚，使國民革命的政策未免全建築在民眾利益之上。改組後即確定革命的大政方針如下：

1. 根據民眾的利益，確定一切的政策，以引導，組織和訓練民眾為唯一的革命勢力，特別是民眾中的工農階級。
2. 對帝國主義及軍閥，絕對採取革命的手段，同民眾的力量奪得政策。
3. 聯絡全世界無產階級與被壓迫民族共同一致反對國際帝國主義，將中國革命問題看著世界革命中的一部分。
4. 聯絡蘇聯及以平等待我之民族，為求得解放的助友。

這幾件大政方針，都是極正大的革命大道，祇有依著這條大道走去，革命乃有成功的希望。這是本黨革命從前的經驗與現在的事實指示給我們的。而右派所要做的恰與之相反，自己離開民眾，不顧及民眾的利益，為所欲為，誣蔑國民黨現有的領袖及廣東政府最低限度的革命行為為"赤化"，詆毀能平等待我而又能援助我們的解放運動的唯一的好友蘇聯為赤色帝國主義，他們除防害或反對國民黨及其所指導的廣東政府革命的行動而外，一無所為。這是革命的政策嗎？這是革命者的行動嗎？現在橫在我們革命民眾面前的問題，就是要認清國民黨右派不是革命的是反革命的，並且要打倒他纔能暢快利的使國民革命抵於成功。

最後的新聞

高麗工人襲擊工廠
打傷守衛工廠的走狗
此事將更為擴大

高麗京城通信云在高麗平壤日本官營的平壤鐵道工廠裡高麗工人三百餘人受日本帝國主義者的走狗及工廠監督的極無理橫暴與榨取，於十二月二十五日下午一時遂閙罷工，并襲工廠，將守衛的日人中佐美、桑原、森內等走狗打傷，現工廠當局與工人間尚未得到解決，在客觀上將更為擴大，故日本警察與工廠當局非常戒嚴。同時高麗社會頗注目此事發展云。

全世界被壓迫民族與無產階級聯合起來！

反對國民黨中反革命的右派！

2

什麼是國民黨左右派

獨秀

我們要明白國民黨中的左右是什麼，這不但是國民黨的重要問題，並且是中國國民革命運動之重要問題。我們若是把國民黨看做整個的無左右派的分別，便是無判定國民黨是革命的不是革命的了；我們若是懂得國民黨中有左右派之區別，左派是革命的，右派不是革命的，後然擁護國民黨的人，不至受人指摘非難國民黨的人才不至一概抹殺

有人不相信國民黨有什麼左右派之分別，可是在事實上，國民黨左右派之分化，及歷來右派另創形組織，都非常明顯：最初是孫黃分裂，右派由歐事研究會變為政學會；其次便是孫陳分裂，右派變為聯治派；再其次便是去年國民黨第一次大會後，右派變為國民黨同志俱樂部；最近從中山先生死後到現在，又漸漸形成戴季陶一派。每逢分化一次，黨內之階級的背景都更明顯一次，在思想上左右派的旗幟都更鮮明一次，戴季陶派，或者可以說是國民黨右派在思想上最後完成了；同時，左右派的思想亦因之明瞭而正確了。

有人以為共產黨是國民黨左派，這是非常之大的錯誤，加入國民黨之共產黨員，在國民黨內的行動上，固然站在左派的政策上面；然而共產黨是共產黨，國民黨是國民黨，國民黨自有他自己的左派，如何能以共產黨做國民黨的左派呢？國民黨左派的思想與政策，無論如何左傾，如何急進，終究是國民黨不是共產黨，就現有的事實而論，國民黨左派的領袖，如汪精衛，蔣介石，胡漢民，譚延闓，程潛，于右任，徐謙，吳稚暉，李石曾，顧孟餘，丁惟汾，王勵齋等一班人，沒有一個是共產黨黨員。

國民黨的左右派之分別究竟是些什麼呢？在國民黨第一次大會前後，可以說反對帝國主義與軍閥政治的是左派，不反對帝國主義與軍閥政治的是右派；信仰三民主義的是左派，不信仰三民主義的是右派。現在的左右派，卻不是這樣簡單的分別了；以前不反對帝國主義與軍閥不信仰三民主義的右派，已公然反革命，而實際上脫離了國民黨了；雖然口頭上也說主張反帝國主義與軍閥，並且高高的掛起信仰三民主義的招牌以自重，可是實際上他們反對帝國主義及軍閥之理想與策略，他們如何實行三民主義，都完全與左派不同。

在理想上：左派之反對帝國主義乃根本反對國際資本帝國主義這一制度之本身為壓迫全世界弱小民族及勞動平民擾亂人類和平的怪物；右派之反對帝國主義，並不是根本反對帝國主義這一制度，乃只是反對帝國主義壓迫民族，同時他們並企圖中國民族也發展到帝國主義；左派之反對軍閥，其目的是在推翻軍閥政治，代以民主政治；右派之反對軍閥，其目的是在推翻軍閥政治，代以仁愛的保育政治，即古代所謂仁政現代所謂賢人政治。在策略上：左派懂得要實現反對帝國主義與軍閥的國民革命，國外有聯合蘇俄國內有聯合工農階級及共產黨之必要；右派則反對蘇俄，反對共產黨，反對工農階級之階級利益的爭鬥，而只具同情，所以右派雖然口裡也說要反對帝國主義與軍閥，口裡也說要國民革命，然而實際上就是口裡說說，而反對帝國主義與軍閥的國民革命之實際工作，一步也不能動手去做。他們口中所說的『反對帝國主義與軍閥』所說的『國民革命』，都如不兌現的支票一樣。他們的專門工作只是反對蘇俄，反對共產黨，反對階級爭鬥這三件大事，除此只有吃飯睡覺，喜歡閒暇無事時做幾句孫文主義三民主義的頌聖文，他們雖然掛著革命黨的招牌，可是不曾為革命流一點血，不曾為革命坐一次監，並且不曾為反對帝國主義與軍閥舉行過一次示威運動散過一次傳單；他們不但自己不去做這些革命工作，並且還極力向廣東上海北京正在革命戰線上拼命的左派加以不斷的攻擊，袖著手不革命的，還算是右派的好分子。

右派所謂『真正三民主義』，所謂『三民主義的信徒』，也只是一塊騙人的招牌，他們並不曾想過如何才能夠實行三民主義，他們極力排斥國外最反對帝國主義的蘇俄，極力排斥國內最反對帝國主義的共產黨，極力排斥反帝國主義最有力的工人農民之階級爭鬥，試問他們有甚麼方法實行民族主義？他們輕視占全國人口最大多數的工人農民之階級的利益，試問他們要實行的是什麼一種民權主義？他們反對階級爭鬥，試問在資產階級爭鬥之下，有何方法可得保證農工平民之民權？倘若不讓工農階級由階級爭鬥而形成他們的勢力，足以挾制資產階級，使他們不得不承認節制資本與大產業國有，足以挾制地主階級，使他們不得不承認平均地權，試問國民革命政府另有何種力量可以實行民生主義？不實行的三民主義，豈不是騙人的招牌？左派知道三民主義不是一個宗教，單信仰主義是不夠的，單單信仰主義，只是一個主義者，一個信徒，不是革命家；左派知道單單宣傳三民主義，而不能指陳具體實行政策，也只是胡適之所譏誚的『名詞運動』，左派為了要實行三民主義，使不得不採用『聯俄』『與共產黨合作』『不反對階級爭鬥』這些實際需要的政策。

因此，我們的結論是：國民黨中現在的左右派之分別，已經不是在口頭上主張反對帝國主義及軍閥與否或信仰三民主義與否之問題，乃是在實際行動的政策上是否真能反對帝國主義及軍閥是否真能實行三民主義之問題。

左派是實行反對帝國主義及軍閥，實行三民主義的革命派，右派是口頭主張反對帝國主義及軍閥，口頭信仰三民主義而不想實行的非革命派。

因此，我們不得不承認：在中國國民革命運動中，必須贊助國民黨的左派而反對其右派。

國民黨新右派之反動傾向

（轉載嚮導）

一個黨內分左右派，往往是不可免的事，但是左右乃比較之詞，並不是絕對的，所以一個黨裡如果有了更左的一派，則以前的左派會比較的成了右派，或者右派脫離出了，以前的左派中右傾分子也會形成新的右派。

中國國民黨早已有過左右派分化及分裂的歷史，我們已常常說過，自去年正月國民黨第一次大會後，黨內階級的分化，隨著中國社會運動之階級化分，日漸明顯；中山先生死後，黨內代表官僚買辦階級的右派，正式另立組織：北京的國民黨同志俱樂部及上海的辛亥同志俱樂部。前者投降段政府，謀在北方發展勢力；後者結合唐繼堯，趙恒惕，陳炯明等，謀在西南發展勢力；這兩個俱樂部對於段政府的態度雖不一致，而反對共產派反對國民黨左派，並且勾結帝國主義的英國破壞廣州國民政府，則是一致的。這班代表官僚買辦階級的右派，已公然反動，他們雖然還以國民黨自居，並且以純正的國民黨自居，可是我們只當他們是社會上的一種反動派，不能當他們是國民黨右派了；因為一個黨中的左右派，雖然有政策的左右傾及行動緩急之不同，而根本目的必然相同，譬如國民黨，即令是右派，其根本目的亦不能離開國民革命，國民黨以前的右派既然勾結帝國主義與軍閥來破壞國民政府，已明明不但離開而是背叛了國民革命，已經事實上脫離國民黨，還算得什麼國民黨右派呢？右派畢竟還是以國民革命為目的之國民黨啊！

這班代表官僚買辦階級的右派已經脫離了國民黨，那國民黨中有沒有新的右派呢？有的，自五卅運動的高潮，表現出無產階級是國民革命中最偉大的社會勢力，同時也就加速了資產階級在政治上形成的過程，這種現象直接反映到國民黨及小資產階級，他們極端力的想確定他們自己的政治思想，并且要想在組織上團起來，在具體事實所表現的就是：一部分小資產階級的上海各馬路商聯會極力和反動的總商會結合起來，反對工人及學生，又有一部分小資產階級分子的國民黨黨員，勾結以前的右派即反動派，假借三民主義的招牌，提出階級妥協的口號，來反對階級爭鬥，反對共產黨，并反對國民黨左派，且至於反對國民政府，一個黨總不免有比較右傾的一部分，只有他不右傾而至於反動，還算是右派而非反動派，我們對於這種右派，并不必特別反對；可是現在國民革命的新右派，一開始即帶有反動的傾向，這都凡是忠於中國革命的人都不得不向他們加以不客氣的攻擊。這一新右派在理論上并且在組織上（孫文主義學會）形成起來，一天比一天明顯；他們雖然竭力自別於代表官僚買辦的反動派即以前的右派，其實他們當中仍然包含著不少以前的右派分子，并且在事實上他們既然反對階級爭鬥，反對蘇俄，反對共產黨，反對國民黨左派，并且反對國民政府，客觀上便實實在在的幫助了反革命和帝國主義者。（如謝持居正周頌西孫鏡亞）等

季陶先生對我說：他們並不反對階級爭鬥，只是在國民黨的立場不便鼓吹階級爭鬥；然而事實上這幾天的民國日報上反對階級爭鬥之論調都非常之高

他們暫為顧全中山先生遺囑計，尚未公然反對蘇俄，然而他們在取銷共產派黨籍宣言上說共產派加入國民黨是『藉以操持蘇俄』，又說『掃除任何屬性的帝國主義』，所謂任何屬性，不用說，所謂『赤色帝國主義』也包含在內。

他們反對共產黨更不用說了，他們說共產黨只要民族主義對於民權主義民生主義都要拋棄而加以攻擊；其實共產黨不但努力民權運動（集會結社出版言論自由之要求）並且他的民生運動（工農解放）比任何黨派的政綱都徹底，他們說共產黨是反對國民革命的反革命；其實不幸此時各處國民革命的工作幾乎是共產黨人包辦，他們說共產黨借國民黨機關宣傳共產黨的主義；其實共產黨有他自其的各種機關報各種印刷品，宣傳他們的主義與政策，從來不借國民黨機關宣傳共產主義，而且在事實上又何能夠在國民黨機關宣傳共產主義？中山先生生前都曾經說過民生主義就是共產主義，而共產黨人都不曾作此驚人之談！他們口裡雖不說信口雌黃也拉載共產黨，其實他們公然著書通電（例如最近廣東孫文主義學會的通電及孫鏡亞告國民黨同志書等）捏造共產黨陰謀破壞國民黨的種種無稽之談，誣衊共產黨人簡直像賊盜恨不成人魄；最近為東大問題，不但說共產黨人早已開除的陳公博是共產黨人，并且硬指顧孟餘先生也是共產黨人，藉以證明共產黨包藏廣大的陰謀；他們口中雖說承認共產黨和他們是政見雖有不同的黨（孫鏡亞都說是『殊為同舟共濟類敵國』可！）可以聯合起來共同作戰，其實在北京在上海在廣州，無論民族運動，民權運動，民生運動，他們都表示不合共產黨合作，並且他們自己也不獨作，他們雖然宣言反段，然而在上海的反段市民大會，他們竟不肯參加，在北京的反段國民大會，他們雖然參加了，而他們的首領鄒魯，鄒映遁下令反國民大會說這次國民大會是赤化運動。

自討伐楊劉以來，左派首領汪精衛蔣介石等在國民政府所做的工作，至少我們也應該說功多於過，然而右派對於他們的攻擊，竟無所不用其極，不惜羅致許多罪名，假造許多謠言，彷彿汪精衛等是罪大惡極之徒（見他們致各級黨部電報十二月八日上海國民日報論文孫鏡亞致汪精衛書等）他們不但這樣攻擊汪精衛，並且在西山開會議決開除汪精衛黨籍，不許他任國民政府職務，他們這樣的舉動，簡直是有意推翻國民政府，為陳炯明楊希閔劉震寰張國楨熊克武等復仇，鄒魯并且在西山開會，面上雖然是反對共產派，實際上是有破壞國民政府的陰謀，季陶先生不曾出席西山會議，正因為識破了他們這種反革命的陰謀。

他們說共產黨慣以反革命反動等罪名加諸異己者，可是按照上述的事實，他們應得何種罪名，和馮自由馬素鄒魯等相去幾何？即客氣一百二十分，也不能不說是反動的傾向罷！

他們這反動的傾向的根本，是不識中國的國民革命乃是整個世界革命之一部分，他們口中雖然不贊成國家主義，其實他們的根本思想和國家主義者一樣，同是誤認中國國民革命乃整個一個國家的孤獨運動，不認識在國民革命運動中，外國也有友軍，國內儘有敵人，因此他們遂至對外反對蘇俄，對內反對階級爭鬥，反對主張階級爭鬥的共產黨，因為左派聯合蘇俄及共產黨，他們遂至反對左派，因為國民政府中最主要的分子是左派，他們遂至反對國民政府，他們的反動傾向就是這樣相因而至的。

中國共產黨主張國民革命運動中，國民黨應該和國民黨左派結親密的聯盟，無論在黨內或黨外，即右派亦應與之共同行動，上聯合作戰，至於反動派，則是於聯合戰線外了，因為他們已經背叛了國民革命站在敵人那邊了。此時新右派之反動傾向，也非常嚴重，這傾向若繼續發展下去，便和以前的右派畢竟是一家眷屬，則所謂『新右派』這一名詞便應該取消了。

（轉載嚮導）

歡迎我們的兄弟—烏克蘭京城出版的中文報！

肅清國民黨內一切動搖不定的分子！

擁護國民黨中革命的左派及其指導下的國民政府！ 3

答德國留學同志第一書

十二月二十四日手教誦悉，茲將粵中黨部來電二通，另紙抄上，閱之可知北京西山會議，實為違反決議之舉動，當然不能認生效力矣。更就事理而言，共產黨黨員加入本黨，為總理中山先生之意旨，而更以第一次國民黨代表大會決定之者，今乃欲以少數黨員之意見而推翻之，猶曰尊重中山先生遺訓，發揚中山先生遺旨，吾未見其可也。再以其他之取銷廣東政治委員會，停止廣東中央執行委員會職權觀之，則直是仇視中山先生最貴重之革命遺產，令從全體溜於次殖民地之中國觀察衡量，雖任何人不能謂廣東為非革命之中心根據。廣東不止以其從來之歷史且並以自身最近之努力，種種事實，為證明其地位，已表示於中國群眾，表示於世界，然則反對廣東者，吾人不能為之曲諱，謂其猶非反革命矣。凡此乃至公正之評判，初不因弟個人從廣東來而持此議。諺云："吾愛朋友，吾尤愛公理。"弟則更願附加一語曰："吾愛吾朋友，不如吾之愛革命。"蓋今日中國祇有革命與反革命之兩途，辨理不明，感情誤用，其始猶豫擱疑，不敢與群眾接近，不為實際革命之工作，久之，則未有不為反革命者。中國國民革命進行日烈，則革命黨不妥協之質性，愈加明顯，其與此不相安而生反側態度者，亦愈明顯，從來革命黨皆有不能免之分化，雖亦普展時一種之危機，不容樂觀，但視革命者之奮鬥如何，而恒於此得正確之進步。吾甚痛西山會議諸人何故遂與馮自由、鄧家彥輩同其歸果，深冀其翻然覺悟，改乎此度。若終不能，則真令人歎歷史環境之偉大，馬克思之唯物史觀無以易也。先生等遠在萬里，得此消息，為之關切，則弟敢言，毋為宗法社會之感情所中，毋為改良社會主義之謬論所欺，則於此種糾紛不難斷判矣。專覆即頌

旅祺

胡漢民 一九二五年十二月廿六日

答德國留學同志第二書

頃得一月十一日長翰，誦悉一是，承注種種，至為感謝。來教所論除先生所稱"枝葉問題"之外，例如開會人數、地點、合法與否？及北京會議之議決案是否反對革命策源地？與反對中山先生革命之遺產等等，前書已論及，即就其來材料，仍未足以推翻弟前書所持之理由。弟前書云，會議諸人，何致與馮自由、鄧家彥輩，同其結果。蓋以平日之用心行事言，固有不可同日而語者，而此次舉動之錯誤與就革命全體此次所受之障礙損失言，則正無分別，不同之同，乃最可痛惜也。惟先生既以此等皆為枝節問題，則所最注意者，當為中山先生之三民主義。弟既以所作《國民黨真解》，稍發其凡矣，今更請就來書引述各節為先生及諸同志論之。當中山先生講民生主義時，弟於退休之次，曾就演講中批評馬克思之論點，有所質疑，如謂馬克思以物質為中心，不知以民生為中心，社會進化由經濟利益調和不由於相衝突，馬克思派之紛爭由於馬克思學說不充分的緣故，鄙意都有疑問。當時中山先生聽之，併不以為迕，且授以筆記稿，許以參酌所見，惟爾時與中山先生在大本營，軍書旁午，未幾而有北伐之師，與解散商團之舉，中山先生到韶，漢民守粵，無從容討論之機會。漢民以此種文字關係重大，則久不敢贊一詞。又未幾而中山先生北行，一病不起，山頹木壞，同志敬謹以三民主義講義付梓，漢民一介黨徒，豈敢然總理遺墨於其身後，惟經過之事實，則主任筆記之黃昌穀同志等俱及憶之。弟所以述此，正以見中山先生生平之偉大，所謂河海不擇細流，其所著述，設其非根本主義所在之點，常許同志以參訂異同，故吾人讀中山先生之遺書，當認識中山先生革命的精神，與夫主義之全體（理論、政策、實行之方案，俱屬主義內容）努力以求其實現，以繼續其生平之志業，乃為善讀中山先生之書者，其淺說文字，方便說法，波瀾所及，則須以意逆志而不當執一。然於一字一句之間，弟嘗謂天下善讀馬克思之書者，莫如列寧，而不善讀馬克思之書者，莫如考茨基，惟列寧始能以經濟落後之蘇俄而有十月之革命，惟列寧始能於無產階級之次，推動農民共同革命，惟列寧始能加"世界無產階級聯合起來！"的口號為"世界無產階級與被壓迫民族聯合起來！"的口號，列寧真能認識馬克思主義全部而為馬克思信徒者，吾人要為中山先生信徒，亦為列寧而不為考茨基，斯善矣。

尊函所引述民生主義各條如："民生主義即是社會主義，又名共產主義。""所以國民黨黨員既是贊成三民主義，便不應該反對共產主義。因為三民主義中的民生主義的目的，就是要眾人能夠共產。"此類評判見於民生講義者凡數四，想同志於此都無有疑問，其最重要者，則中山先生云："我今天來分別共產主義和民生主義，可以說共產主義是民生主義的理想，民生主義是共產主義的實行，所以兩種主義沒有什麼分別，要分別的還在方法。"又再言："不能用馬克思的辦法到中國。"所指方法和辦法，應照中山先生同時所稱："俄國實行馬克思的辦法，革命以後，對經濟問題，還要改用新經濟政策，就是由於他們社會經濟程度還比不上英國美國那樣的發達，還是不夠行馬克思的辦法。我們中國社會經濟程度怎能夠行馬克思的辦法呢？"（民生主義第二講七十三頁）可以證明先生所指馬克思之辦法，乃廢消一切私有制之謂，俄國惟不能廢消一切私有制，而改用新經濟政策，中山先生即舉以為中國不能行馬克思辦法之證，即是說在產業未發達經濟落後的國家不能用廢除私有制之意，十分明白。若夫國民黨所定與孫中山先生演講所言民生主義之辦法，其大綱有二，一曰平均地權，二曰節制資本，此固不同廢除一切私有制之辦法，然以蘇俄一九二一年以來所定之新經濟政策，最為正似，雖當時共產黨左派，未免懷疑，然列寧之多方解釋，亦遂全黨一致，今使中國國民黨一黨員與蘇俄之共產黨人相遇，其一曰："吾黨在經濟落後之蘇俄，不能廢除一切私有制之辦法，故列寧用新經濟政策發展國家產業，剷除私人資本，以漸進於共產主義社會。"其一曰："在經濟落後之中國，不能廢除一切私有制之辦法，故中山先生定民生主義大綱，發達國家產業，節制私人資本，以漸進於大同共享之社會。"則此二人，當相視而笑，莫逆於心，不止有殊途同歸之感，故以弟之寡聞淺陋，未見有共產黨員今尚詆毀新經濟政策為違反社會主義者，即國民黨中共產分子，弟亦未見其認平均地權節制資本為不是辦法，而必主張即時廢棄一切之私有制者，而吾輩於此，輒曰："辦法不同，不能合作。"豈非異事耶？夫世界革命皆必應於被壓迫的需要而起，故其根本理論，無不同者，至於政策方案，則有依於客觀環境時代而為變化，自不能千篇一律，萬應一方，然若其宗旨從同，則本所有之主義，而形為政策，適合當要，而各達本來之目的，未有能相非者，吾輩為三民主義信徒，既不致視共產主義為神怪，又何至僅如上述方法論之同異而遂大起衝突？且今之共產以列寧為其真宗，而以馬克思為遠祖，故同時多自名為列寧信徒，中山先生於列寧之提倡世界革命既傾欽以為先覺，於列寧之新經濟政策亦時引為同調，卧病垂危，猶寄書蘇俄，重以彼此提攜為約，此尤中山先生大政策之所在，先生留心三民主義演講，豈不見中山先生云："為什麼國民黨黨員要去共產黨呢？這個原因，或者是由於共產黨員也有不明白共產主義為何物，而嘗有反對三民主義之言論，所以激成國民黨之反感，但是這種無知妄作之黨員，不得歸咎於全黨及其黨中主義，只可說是他們個人的行為，所以我們決不能夠以共產黨員個人不好的行為，便拿他們來做標準去反對共產黨。"弟期望同志，學中山先生革命之偉大，於此處認識整個的三民主義，一掃逸仙主義，則庶乎為善讀中山先生之書矣，以上係針對先生來函所謂前提而發，其由此發生之枝葉問題，不及具論，尚祈亮察，專此即頌

黨祺

胡漢民 一九二六年一月廿日

新聞彙錄

國內新聞

◉反奉戰爭的消息

◎國民軍與張作霖接觸

北京一月廿四日電 奉軍已開至山海關，鹿鍾麟和孫岳電馮致請出山，國民軍全體一致服從，打倒張作霖，同時段亦下令命張速退兵以免發生新戰爭云。

◎國民軍之軍事行動

北京一月廿五日電 國民一軍目下嚴守京漢線，防止吳張聯盟云。

工人運動

◎中東路職工會被封

哈爾濱一月廿五日電 今日中警將職工會及小組支部先令解散，工人被逮，工會被封，委員大都被捕去，警察將會中文物打碎，並將文件一概搶去云。

國民運動

◎天津之反日示威運動

北京一月廿六日電 天津最近舉行一盛大之示威運動，反對日本侵略滿洲，到者萬人，秩序井然，警察維持秩序。遊行時共產黨居首，青年團次之，職工會第三，其餘皆係各團，傳單極多，口號為打倒段張，停止關會，關稅自主，組織人民政府云。

國民黨消息

◎國民黨大會之反日宣言

北京一月廿五日電 國民黨大會近宣言通告日人，略謂張作霖是中國人民之公敵，張雖殘暴，亦不能將中國人民奈何，日派兵幫張，引起中國內戰，此事已成世界問題，我們的目標是，打倒帝國主義，統一中國，解放世界被壓迫民族，你們與我們的運命相同，望中日人民親密聯盟，打倒日本帝國主義云。

帝國主義者的行動

◎日本與段張秘密接洽

東京一月廿四日電 日陸軍省近與張作霖張宗昌及段祺瑞之秘書張鴻志秘密討論關於段張之事，日民主報社論謂：日軍閥對華之政策甚為危險，日軍幫助張作霖引起中國朝野之反對，而張作霖之能否恢復原有勢力，尚屬疑問云。

◎日本之陰謀

東京一月廿五日電 特別訊，日本政府擬在中俄間中立靜付時機，如中俄發生衝突時，日本必要參加云。

◎吳佩孚是英國資本家的工具

倫敦一月廿三日電 英國有部份資本家報紙替吳佩孚鼓吹說法，謂吳張聯盟與英有莫大之利益，可能使在多數黨統治下之廣東，英國仍可恢復商業勢力，吳張聯盟更能將廣東由赤黨治下解放出來云。

學生運動

◎留日中國學生反對張作霖

北京一月廿五日電 真報訊，近有二百中國學生決定回國參加革命工作，反對日本與張作霖，剩有七十五人抵天津，其餘不日則可進國，擬在天津組織大示威運動，並發出宣言，謂張作霖勾結日政府鎮伏倒戈之郭松齡，日派日兵二萬五千人偷襲助張，望全國一致抗制日貨，打倒賣國之張作霖，打倒日本帝國主義云。

◎北京學生勝利

用革命的手段去實現三民主義！

4

北京一月廿六日電 俄文專修館學生近要求撤換校長，與外長王正廷談判四次，並要求以徐謨為該校長，外長已將此事移交教育部，不久當能有一圓滿解決云。

奉系軍閥與中東路問題

◎張作霖向蘇俄示威

克將中東路局長伊萬諾夫逮捕

蘇聯政府嚴責違反條約

瞿趣林電加拉罕向中政府嚴重抗議

瞿趣林近致加拉罕一電內云：一月廿二日滿洲當局，將中東路局長伊萬諾夫逮捕，事前哈埠中當局並未通知蘇聯領事，而在此五天內，鐵路一切條約完全破壞。奉軍官組織開車團強行開車，我們現希望中政府將此問題和平解決，依照中俄條約執行，並限三日十蘇聯以滿意的答覆，否則蘇俄必以相當辦法解決云。

◎遠東勞動者要求準備最後的決定

海參崴一月廿三日電 關於伊萬諾夫被捕事引起全遠東工人之憤激，職工會在伯力開代表大會，決定要求軍民部採取相當辦法，以便保護滿洲之俄僑及鐵路工人，工農大會亦有同樣的行動，全海參崴兵工組織請須大會一致反對滿洲之不法行動云。

◎中東路局長伊萬諾夫被捕

哈爾濱一月廿二日電 今日三鐘中軍閥在中東路局長伊萬諾夫家中將伊逮捕，並將家屬監視，哈埠已完全戒嚴云。

◎伊萬諾夫被捕之詳細經過

哈爾濱一月廿三日電 關於逮捕伊萬諾夫事是張煥相所為，伊被捕後即解至司令部，並未宣佈罪狀，蘇聯領事聞訊後即向哈埠中當局嚴重抗議，並責其宣布逮捕之罪狀，而中軍閥竟立撤伊之職，以二人代理之中應有一華人，開車即由二人決定，俄鐵路執行委員會反對此種謬調，已派伊門司代理伊職，而中軍警又嚴捕伊門司及中鐵執委，駐哈領事館左右軍警佈滿，除館員外不許他人出入，郵電被警檢察，工人俱樂部為中人強佔，工人被捕者甚多，今日工人出一秘密刊物，號召我們已忍無可忍了，打倒白黨軍閥田中國至今尚日說，以外面街口設有馬隊五十團之，哈埠情形特別嚴重云。

◎哈埠之反動現象

哈爾濱一月廿三日電 今早中當局將工會報紙停止，工會委員及職員被捕去，工人及普通會員亦應數被捕，張煥相與白黨並稱此工人開車，而工人皆逃去，因之大批時電訊亦被中斷監視，郵電不通，長此以往，一切郵電事將為白黨所有矣。

◎奉軍意欲何為！

哈爾濱一月廿四日 奉軍司令張煥相將中東路工會一律封閉，工人委員長各之通車 但工人竟不聽指揮

◎中國軍閥之橫蠻行為

中東路之反動尚未停止

蘇俄群眾異常憤激，反對張作霖，

伊萬諾夫已釋放，但尚未恢復工作

白黨幫助中國軍閥反對蘇聯。

海參崴一月廿五日電 關於中國軍警在哈埠壓迫俄僑事到下尚未停止，職工會被封，司令部捕去俄僑百三十人，鐵道電報已不通，電局亦被軍隊佔據，局長亦逃遁，而軍隊動則以槍戮恐嚇俄人，現將車開往南滿幾列，白黨現組織敢死隊帮助中軍，希圖奪取遠東共和國，張煥相手下軍官皆係白黨，現工人群眾大憤，組織一秘密事軍部，宣言反對中國軍閥，現張作霖已下令釋放伊諾萬夫，但不讓其恢復工作，而哈埠鐵路工人團體皆反對中國軍閥云。

◎奉軍尚欲恢復鐵路原狀嗎？

北京一月廿五日電 中東路尚未通車，工師不聽軍閥之命而軍官駛車云。

◎伊萬諾夫已被釋放

哈爾濱一月廿五日電 本日十一鐘十五分已恢復自由，並將被捕之工人等全行釋放云。

◎蘇聯政府向中國政府抗議

北京一月廿四日電 外長瞿趣林近致加拉罕由加氏轉致中政府一通牒，明日當可得到復電云，又訊蘇聯大使加拉罕近向中政府抗議，請速釋放伊萬諾夫，尊重中俄條約云。

◎反對摧殘中東路之職工會

一月廿七日赤色職工國際近發出一告世界工人書略謂張作霖是中國之哥爾卡克，壓迫工人甚烈，他與白黨及中國之反革命派聯合向蹂躪中東路之職工會，現在哈爾濱尚有哈爾王託和謝米諾夫之餘孽帮助張作霖摧殘中東路工人破壞世界工人運動，這些反革命派與軍閥是人民之公敵他們死有餘辜，他們破壞中東路工會，我們全世界應起來贊助中國民族革命，打倒反革命派與軍閥！

◎蘇聯五金工人反對張作霖

本月廿七日五金工會中央執行委員會發出一通電，張作霖近在哈爾濱破壞工會，壓迫工人，全蘇聯五金工會中央極力反對張作霖勾結白黨，破壞中東路一切團體的此種不法行為，有組織的七十五萬五金工人，誓以全力帮助中東路工人，打倒滿洲軍閥與反革命派，敬祝中東路及全世界工人勝利，中東路工人萬歲！

◎中東路職工會完全恢復

奉天一月廿七日電 關於中東路問題交涉的結果，中國軍閥與奉天蘇俄領事楊多次與雙方同意，中東路職工會已全恢復，此為蘇聯最大力量之成功。

◎中國外部致瞿趣林電

其他消息

北京一月廿七日電 中外部王正廷電莫斯科使館轉致蘇聯政府：此次關於東中路的衝突，和平解決，使兩方利益均不致損失，並保存兩國前訂條約，足見提案關於中東路的進行，臨時的衝突，是可立刻解決的

◎日長途汽車被劫

哈爾濱一月廿五日電 昨日既有一批紅鬍子將日本之長途郵車搶去，但張煥相反造謠是反奉派所為云。

◎廣東國民政府之新勝利

北京一月廿六日電 據香港傳來消息，廣東政府近又克服海南島，反革命派已逃往廣州灣云。

◎北政府取消出版條例

北京一月廿六日電 新聞之司法總長近已將袁世凱所定之出版條例完全取消云。

◎吳佩孚進攻

北京一月廿八日電 中報傳吳佩孚繼續進攻河南，佔據仙州，並想佔洛陽，並謂吳進攻很快，無異阻礙云。

◎反日運動總發展

北京一月廿八日電 反日運動近日大發展，昨在中央公園，開大會追悼郭松齡，敘說伊之歷史，在此演說大會中，有民黨員王寵惠演說：謂中東路的衝突是帝國主義者的陰謀，蘇聯是中國唯一的朋友，他之反對張作霖，不是反對中國人民而是反對中國的軍閥，破壞革命的軍閥！ 並發散幾萬傳單云。

蘇聯新聞

◎張作霖的軍事計劃

倫敦一月廿八日電 外交界新聞記者傳出消息，張作霖與李景林預備三路進攻天津。

◎又有一中文報在烏克蘭京城出版

烏克蘭一月廿七日電 中國華工報刊已出版，該報出刊之意義在於：教育中國工人，使了解蘇聯政治及刊單主義，聞該報將郵寄與蘇聯境內及中國各地云。

國際新聞

◎駐日俄使與日外長談判

東京一月廿二日電 駐日俄使郭比近與日外長談判結果：(一)蘇聯與日本在遠東親密聯盟，(二)中日俄應謀遠東之發展，俄已完全放棄遠東帝國之政策，希望日本亦採同樣行動，(三)蘇聯不妨害日本在遠東之利益，(四)見去分裂的觀念。郭比又云：關於列強在華之使各完全妨害華人之命運云。

◎德國共產黨統一戰線之勝利

現在德國共產黨決定統一戰線，反對德工人失業，主張重新選舉，反對舊任帥云。

◎統一戰線政策之成功

德左派職工會之發展

最近德左派職工會大發展，五金工會加選左派得七百七十九票，佛郎布斯克城建築工會執行委員全係共產黨，且林全尼城運輸中央委員共黨八人，社會民主黨一人，以前皆係民主黨，並李比克斯克城製革工會新委員有共產黨二名，一委員表同情於共產黨，餘皆係無黨委員，立佛棠肥克城五金工人大會選出大個候補委員（共產黨），贊成者一百廿八票，反對者四十八票，柏林石匠工會開全德代表大會，執委皆係共產黨，愛郎滿斯可斯克運輸工會新委員亦完全共產黨人云。

◎赤色職工會之代表大會

波拉克一月廿六日電 今日開第二次職工代表大會，開會時擁共產黨致電蘇聯職工會，參加者僅兩百二人，全國職工會已統一云。

◎印度斯克紡織工會聯合

印報傳來消息，現印有組織的十五萬紡織工人大聯合，最近在椿比斯克罷工勝利云。

◎日本職工勞動運動的發展

東京一月廿六日電 日本左派職工勞動大會決議：(一)組織勞動群眾提高經濟的要求，(二)幫助組織農民團體，(三)幫助組織並統一礦工工人，(四)要求政府決定勞動法，(五)要求另選國務員，(六)組織政治的統一的工農巡警，(七)組織一切礦山工人工廠委員會，地方委員會監察生產，(八)修改合作社的章程，取消私人資本。

本報啟事

本報收到孫中山大學全體中國學生捐助本報捐款二百一十三元，除另具收條外，特此誌謝！並希望由這個物質帮助的開始進而給本報以精神上莫大的帮助，多供給我們的材料，特別是由國內帶來的材料！

Главлит № 50132 Тираж 2500

Москва, 1-я типо-литография Центриздата Народов СССР. Шлюзовая набережная д. 162. Телеф. 5-22-78.

第一版
№ 8
第八期
一九二六
二月五日
5 ФЕВРАЛЯ
1926 г.

中國前進報編輯發行處
РЕДАКЦИЯ
КИТАЙСКОЙ ГАЗЕТЫ
„ВПЕРЕД"
г. МОСКВА
пл. Свердлова, 2-й д. Советов, пом 1, ход со стороны Третьяковского проезда

前進報

價目

	蘇聯境內	國外
1，每份零售	10哥比	15哥比
2，訂閱每月	40哥比	60哥比
3，訂閱半年	2盧布30哥比	3盧布60哥比
4，訂閱每年	4盧布50哥比	7盧布

旅俄華僑協會籌備委員會刊行
編輯人　王倫

每星期五出版　每份零售10哥比

ЕЖЕНЕДЕЛЬНАЯ ЦЯНЬ-ДЗИНЬ-БАО（ВПЕРЕД）ГАЗЕТА

"二七"三週年紀念號

在今年紀念"二七"的新意義

——由"二七"到"五卅"——

大冶

我們今年紀念中國工人階級最光榮最悲壯的"二七"，他的意義，特別是他在中國民族解放爭鬥中的意義更豐富和擴大了內容，更足證實中國工人階級的確是民族革命唯一的領導者。因為在"二七"前中國工人階級從未單獨起來與軍閥及帝國主義者作戰，表現那樣勇敢，遭受那樣重大的損失。在二七後，中國工人階級加多了政治訓練，強大了爭鬥的力量，到一九二五年遂有由中國工人階級所領導的更浩大的更激烈的民族解放的爭鬥，"五卅"出現。"二七"是"五卅"的前一幕，"五卅"是擴大"二七"的再演。這不是事變的巧合而是歷史的必然。

明顯些說，由"二七"到"五卅"這是中國工人階級由孤軍作戰直接與軍閥爭鬥，間接與帝國主義爭鬥進到國民革命的領導地位，直接與帝國主義者作猛烈的決戰，這是中國革命運動必經的步驟，同時就是歷史的安排。

我們且看"二七"的產生，及其特點，就知道"二七"所種的歷史的根源，結出了"五卅"的果實。

"二七"以前的中國工人運動，是承接香港海員罷工勝利之後，一帆風順的往前發展。全國各處的經濟爭鬥，都得着勝利，工會的組織隨着勝利而日益加多和強固。在當時工人運動的特色，可分着下列幾點說明：

一　經濟的爭鬥，元進不已，但未找得政治的出路——還未認清自己的最大的敵人是帝國主義及帝國主義的軍閥

二　沒有抓着小資產階級作同盟者，只是孤軍作戰。

三　新起的覺醒的工人階級，自己過於樂觀，而有着的行動都非常激烈，所提出的口號都非常左傾。

有了以上三個特點，已埋伏下了很大的危機，再加上當時的直系軍閥得勢，甚不多以武力統治全國，他們就怕民眾勢力強大起來，特別怕工人階級的勢力強大起來，對他們的統治不利，再加上站在直系軍閥背後的英美帝國主義看見中國工人階級的聲勢日大，快要變成他的死對頭，更急於要利用他的工具，給中國工人階級以極大的打擊。"二七"的失敗，由此就成為不可避免的事實。

但是這次的失敗，使中國工人階級得着下列幾點教訓：

一、認清軍閥——從前還有一部份人相信吳佩孚——和帝國主義者的真面目

二、得到政治爭鬥的教訓，並認清了政治的出路。

三、明白了罷工的戰術，要適合當時當地的政治和經濟的環境。——當時除直系軍閥與帝國主義要急於集中勢力向工人階級進攻而外，又值歲曆年底，沿京漢路的大小商人，都要結賬，反對鐵路工人罷工使他們間接受莫大的損失——甚只是勇敢的衝去，不惟得不着勝利，反要大遭失敗。

四、由過於樂觀過於自信的公開運動，轉到小心謹慎的秘密運動，使工人階級學習了許多在政治爭鬥中必須的能力和技術。

五、在大失敗之後，工人階級自己的隊伍中，有一部分非常沮喪，有極小部分因緣工人運動為利的投機分子，現了原形變成工賊，然而大部分的工人，都因這次爭鬥，鍛練和增加了許多戰鬥能力。

自"二七"失敗後，一方面是帝國主義者藉自己造成的臨城案，進一步向中國進攻，圖謀共管，一方面是直系軍閥更加橫行，曹錕得到帝國主義者的贊助，以承認臨城案為交換條件，居然以賄選登台。在這種局勢底下，中國工人運動在表面上似乎已消沉下去了，其實仍在潛在的進行，蘊積他的勢力，打下組織的基礎，以圖再起，等到直奉再戰，國民軍崛起推翻曹吳之後，中國工人階級從新抬起頭來，開始便是鐵路工會的恢復，其次便是青島日廠的罷工，在在都足以表現他再起的勇氣，由此而統一自己的組織，集中自己的力量，遂有一九二五年五月一日廣州全國勞動大會的召集。這次大會的主要意義是組織全國總工會，加入赤色職工國際，與世界工人階級共同作戰，確定工農的聯合及工人階級與政治和經濟爭鬥的目標，這都是在二七失敗的教訓中找出來的出路。及至五卅事變爆發，中國工人階級便能站在有力的站在領導的地位，集合各階級的力量與帝國主義作堅決的奮鬥。

總起來說："二七"的失敗，就指明了中國工人階級解放爭鬥的正確的道路：

第一，要打倒軍閥和帝國主義

第二，要找得他的同盟者——與小資產階級聯合戰線。

在戰略上將殖民地階級爭鬥與民族解放爭鬥銜接起來，每次爭鬥都含重要小資產階級中間換取，劃分可能的為小資產階級爭利益，使工人階級與小資產階級的關係日益密切，所以有五卅事變的大爆發，所以能由五卅事變而掀起全中國國民革命運動的高潮。

有了"二七"便安排了"五卅"，有了"五卅"便安排了全中國民族解放運動成功及中國工人階級勝利的基礎！

全中國的被壓迫民眾們！全中國的工人農人們！旅居各國的僑胞們！你們當着這個最有意義的紀念日，應當興奮起來！準備着踏進"二七"的血路，向"二七"爭鬥的精神，去打倒帝國主義與軍閥，勝利已經接近你們了。

踏着"二七"的血路往前進！

"二七"的死者萬歲！

中國工人階級所領的國民革命成功萬歲！

無產階級勝利萬歲！

我們的死者——漢口江岸分會委員長林祥謙被殺的寫真

（上略）林君祥謙被捕後，也綑在江岸車站的電桿上受審。新的工人一起，此時張厚生（蕭耀南的參謀）召集警察分所長車站站長，段長，路警站內，並親自提燈于七八十人中找出林君，由頭目，親自。此人是否工會長？"答"是"。張乃立命劊子手割去繩索，要令林君下"上工"命令，林君不允，張乃命劊子手先砍一刀然後再問道："上不上工？"

林君執聲回答："不上！"

張又命砍一刀，怒聲喝道："到底下不下命令上工？"

林忍痛大呼："上工要總工會下命令的！但今天就是這樣我們的頭可斷，工不可上的！"

張復命砍一刀，此時鮮血濺地，林君遂暈，移時醒來，張獰笑道："現在怎樣？"

林君切齒罵道："現在還有什麼話可說！可憐一個好好的中國，就斷送在你們這般混帳忘八蛋的軍閥走狗手裏！"

張等聽了大怒，未待林君話完，立命梟首示眾。一個轟轟烈烈的京漢總工會江岸分會委員長林祥謙君就此慷慨成仁了！

全世界被壓迫民族與無產階級聯合起來！

2
"二七"是中國工人階級爭鬥的第一幕！
2
二七紀念
胡漢民
一九二三年（中華民國十二年）二月七日京漢工人流血的歷史，是中國工人階級空前的歷史，即是自有史以來中國工人階級正式開始與帝國主義軍閥官僚買辦階級的資本家鬥爭流血的歷史。不止是中國勞工階級所永不能忘的一個紀念，而且是世界被壓迫民族和無產階級所永不能忘的一個紀念。京漢路工人這次的犧牲，竟直是叫起世界被壓迫民族和無產階級聯合起來的一個紀念。當看"二七"紀念這一次，最簡單明瞭的使人們認識如下的兩個意義：
"二七"流血與中國勞働運動
仁卓
追悼二七死者
你們為神聖的戰鬥而犧牲留下二七光榮的歷史
你們將所有一切交與國民生命權利幸福和自由
你們長眠在沉靜的墳墓中
殘酷的强盗還在行兇
我們踏着這一條血路前進
繼你們的志以慰你們
在"二七"爭鬥中開始證明中國
工人階級是打倒帝國主義及軍閥的主力軍！

"二七"流血爭鬥萬歲！　3

工人階級是二十世紀的革命階級，因為如此所以不能[illegible]革命才是要在他們的勞力上面，就是國民革命也少不了他們。[illegible]在二十世紀的中國也不能站在此種原則之外，所以中國工人階級在國民革命中最徹底最勇敢的革命階級，二七鬥爭[illegible]。我們不要爭看成一種那社會運動性底爭鬥，我們要認識他的國民運動性，因為這次爭鬥的原因和事實，都有向軍閥——帝國主義[illegible]一般人民所需要的集會結社[illegible]言論出版[illegible]的自由權利的運動，是發端於工人，而且流着[illegible]就是中國工人階級成為中國國民革命主力軍和領導者底[illegible]

工人的理由，就在於爭鐵路總工會[illegible]，所以二月一日晚開全路各分會代表會底決議[illegible]爭人權作戰[illegible]且把他們的方法也[illegible]用一種爭[illegible]國和以[illegible]階級的工人階級是不可調和的對抗，因為[illegible]在他們面前[illegible]各分會代表到鄭州成為發起[illegible]在他們面前露出了猙獰的鬼臉，使他們對於軍閥[illegible]用他們革命的決心，同時他們攻打軍閥也就是在攻打帝國主義，因為在這個上軍閥就是帝國主義的工具[illegible]纖指使來壓迫工人的，不僅為吳佩孚，而且為英國[illegible]所以京漢路底二七流血，是中國工人在國民革命戰線[illegible]

第一次表示並繼這次所引出的民眾，不甚廣大，但卻植下了他們要在五卅事變中大露頭角領導廣大的群眾上反帝國主義戰線的基礎，因此有了二七流血，我們便可斷定必然有個五卅事變。二月一日晚開京漢全路各代表底決議上說：「我們為爭自由作戰，爭人權作戰，只有前進，決無後退的」，同時總工會代表在江岸慰問大會上底答辭有云：「工友們，在打倒軍閥底戰線上，我們應該去作先鋒，只有前進，勿退卻！」這些話從五卅以後來看已經由中國工人所表示底堅決意志，成為了中國國民革命歷史上底光榮事實。所以有了一九二五年底五卅，我們就更覺得一九二三年底二七有一個新的意義——就是工人階級要為國民革命領導者底意義。

從此可知，二七流血，不僅是在中國勞動史上占有個偉大的地位，而且在中國國民革命史上亦得偉大的地位；不僅是中國工人階級在中國勞動運動中走上了正式的軌道——政治爭鬥的証明，而且是中國工人階級在中國國民革命中顯示其作用——領導革命勢力底明証。須有歷史使命底工人階級，二七是你們開步走的第一步，五卅是你們已走到某站路程底一種表示，現在更有二七三週年底時候，你們追思過去底光榮歷史，快快加緊努力，直向你們的目標前進，由國民革命而社會革命，完成你們的全部解放！

一個工友同志來稿

為「二七」紀念日告中國的工人農人兵士們

作朝

中國的工人、農人、兵士們！今天是我們最可紀念的一日！今天是為中國無產階級謀解放的先鋒隊，被軍閥屠殺作犧牲的一日，帝國主義軍閥勝利屠殺[illegible]

我們也[illegible]不會忘記！

工人們！你們在工廠作工已[illegible]

農人們！[illegible]

兵士們！你們已無[illegible]

[illegible]

中國工人階級勝利萬歲！

新聞彙錄

◉中國新聞

▲國民黨消息

◎國民黨代表大會與殖民地聯合

廣東一月二十日電　一月十二日大會由殖民地（英法）支部代表報告帝國主義殖民地中支部之狀況，大地主均派代表參加表示贊助國民革命，參加孫中山之紀念週，捐助中國國民運動[illegible]

◎統一國民黨之勢力

大會決議將北京上海之執行部取消，以廣東為中心[illegible]

◎國民黨代表大會議決集中黨之組織

嚴重反對右派

廣東一月十八日電　大會討論關於右派在北京所召集之會議[illegible]

▲國民政府消息

◎國民政府黨軍勝利

北京一月二十八日電　廣東黨軍攻克海南島，全省統一國民政府[illegible]

廣東國民政府財政狀況今昔之比較

廣東國民政府自肅清東江後，即用全力統一財政[illegible]

▲國民革命運動的消息

◎廣東紀念列寧大會

◎廣東紀念列寧大會

廣東一月二十一日電　[illegible]

◎張作霖的魔火在北京火燒

北京一月卅一日電　[illegible]

◎南京民眾傾向廣東政府

南京二月三日電　[illegible]

◎北京反日大示威

北京二月三日電　[illegible]

▲中東路問題之解決

◎中東路之現狀

北京一月二十九日電　[illegible]

◎中東路工人反對張作霖

哈爾濱一月二十八日電　[illegible]

◎哈爾濱職工勞動會

哈爾濱一月廿八日電　[illegible]

中國工人階級勝利萬歲！

4

……被捕之職員亦用此來送回沿途,為唱國際歌而[illegible],哈埠市當局張將拘獄出,釋放,因有奉天之令,不得不如此,刻下中東路南部之車已開行矣.

◎駐哈俄領反对中國當局逮捕青年團與童子軍

哈爾濱一月二十八日電 駐哈俄領事當即將今日電告[illegible]哈長,抗議哈當局逮捕青年團童子軍七十八,現中當局[illegible]電謂六十八可釋放,餘十八尚不能,因[illegible]恭現德郎夫逮捕,謂該十八有嫌疑云.

◎中東路工人組織之情形

哈埠舉行示威運動

哈爾濱一月卅日電 今日此間組織示威運動,參加者[illegible]婦女,反对中當局逮捕青年團童子軍,有五百婦女包圍警察廳,警察[illegible]不成,二百婦女奔入辦事室,要求釋放被捕者,廳長已許可,遊行至大街,工会亦參加,警察包圍,但未發生衝突.惟中東路各站分会尚未恢復云.

◎恢復一切戰工會之運動

哈爾濱一月卅一日電 哈埠戰工会完全恢復,各站分会亦開始恢復,以前被封之部戰局已啟封,戰員亦釋放,現俄領[illegible]向中當局接洽,關于以次經过之一切損失完全由中當局担負云.

◎中東路交通恢復

北京二月二日電 一月卅一日中東路貨車客車已恢復,哈爾濱北段貨車已通出,停哈客亦行云.

中國現時的政局

◎張吳之活動

北京一月二十八日電 關于京奉線戰事,張作霖之[illegible]鋒已[illegible],張軍約有五萬至七萬集中錦州,但尚未表示積極向天津進攻,山東方面李景林現得張宗昌之部助,進攻向天津作戰,孫傳芳集中勢力于[illegible]徐州,吳佩孚之部下約有二萬人,最近吳軍已向河南出發,聞已與國民二軍接觸,京漢路亦不通.

◎國民軍擬與吳佩孚進攻

張作霖不敢進攻

北京二月二日電 軍事狀況最近無變動,張作霖不敢向南進攻,傳說國民二軍將與國民軍協調,以謀吳軍由鄭進攻,又說國民二軍已阻止吳之進攻,吳本人尚在漢口,與湖北[illegible]孫傳芳蕭耀南[illegible]之助吳,湖北[illegible]亦不允助吳.

又北京社會日報載,吳的張之聯合,使吳失去民眾的同情,吳不但在軍事上失敗,尤其在政治上受了很大的失敗.

◎張作霖並進一無所得

東三省經濟狀況非常困難,民眾反張潮流高漲,無論內部外部都予張作霖[illegible]文困難,更有為王祥形式上辭職,但関於民軍問題,必經過最后決定,若民軍無戰事,最近無變動,[illegible]戰,而國民軍仍日益擴大.

◎北京政府財政困難

北京二月三日電 年關已近,但因銀行團反對新公債,所以未得新的款項收入,傳說內閣總理兼財長將辭去其職,辭財長職,一般人說財政危機,可使現內閣倒台.

◎中國共產黨揭破張作霖黑幕

北京二月三日電 中東路事件中國各報拒絕登載,與政府接近的北京日報仍繼續反動,反对赤色帝國主義和民族革命運動.

中國共產党北京區及地方委員会宣言指出此次中東路衝突真相,説張作霖非中國民眾代表,乃是日本的走狗,他欲佔領中東路,不过為日本換取地盤,預使東三省變成高麗,故特號召全國民眾與中國唯一的朋友蘇聯聯合,反對日本及反对張作霖.

▲工人運動

◎天津又罷工運動

北京一月卅日電 自從國民第三軍入天津後,天津一切工廠皆成立工會,開始與外國帝國主義發生衝突,廠主用種種方法破壞工會,反对罷工運動,最近英國[illegible]之廠主賄買警察逮捕工会首領五人,然即釋放,又逮捕工人四十名.現該廠工人宣布罷工,有一部分工人尚被廠主強迫作工,所以罷工者僅有四百八云.

◎天津總工會成立

發布召集鉄路工人代表大會

帝國主義者壓迫工人階級

三萬礦工因廠主罷工而失業

北京二月二日電 由天津傳來確訊,自國民三軍孫岳治直後,工人運動有很大之發展,加入工會之工人增加三萬,孫岳下令贊助合法的工会及工人運動,天津近分五區,每區有一戰工聯合会,由五區組織天津總工會,而組織皆係近代產業的組織,天津現有十七個大工會,組織了十七個大工會,女工加入戰工会者有一千人,總工会出一日報,發行五千份,編輯皆係工人,剛已定于二七紀念日舉行鉄路工人大會,逮料当能一帆風順,雖現不能罷工,因天津吳軍事要區,又有一美[illegible]礦罷工,廠主賄買警察逮捕工人,經戰工会同國民黨反對,即釋放,此外只有開灤礦工工人很困難,據說英礦總办擬罷工,援助張作霖云.

國際新聞

◎全德國之示威運動

柏林一月廿八日電 德國近來舉行極大之示威運動,由共產党指導,口號為:反对房屋私有,失業工人要援助此運動,現已普遍全國,為近三年來所未有云.

◎波蘭之大罷工

電車、電話、製革工人罷工

瓦薩一月二十八日電 今日電車工人罷工,要求提高工人生活,協定新約,廠主不允(即總办),遂將電車駛至大街而罷工云.

瓦薩一月二十八日電 國家電話局工人因開除工人而罷工,要求恢復被開除工人之工作,增加工資百分之卅云.

瓦薩一月廿八日電 鉄路總办近擬減少工人,被工人[illegible]覺,主張如減少時,即宣布總罷工云.

瓦薩一月廿八日電 製革工廠近開除工人四十五人,工廠委員長主張如不收回,即實行罷工云.

◎波蘭法西斯蒂屠戮罷工工人

瓦薩二月二日訊 波蘭工会消息,當電話工人罷工時,瓦薩法西斯蒂組織起來到電話站大事毒打罷工工人,被縛警察解散,工人受傷七八云.

◎日本警察破坏罷工

東京二月二日電 公共印書館 Kaugo 有五百人罷工,並集合群眾圍打商店,而警察衝突,工人認為此次衝突係出自警察之奸謀,現該罷工現該印書館為一部分工賊保護.

◎日本有組織工人數目的調查

東京二月二日電 據工業勞動学校傳出消息,措一九二五年十一月底,日本有組織的工人人數為二十四万一千八,有二百零九個独立的工会,有組織的五金工人有九万二千,運輸工人亦約有九万二千左右,化学工人加入左派戰工会,人數約三萬一千人,當未加入工会前有一万三千人.

◎東京無政府党之進攻

東京二月二日訊 昨晚有無政府党人在 [illegible] 街操弄許多商店,並打毀當戶玻璃,擲貨品,警場被捕數八.判定他們為暴動,並禁止其以後開會,此後無政府党只有秘密結合而已,関于此事,国会亦有討論,此為国家取締人民思想自由之危機.

◎猶太人民之苦狀

維也納二月二日電 旅美猶太人之聯合委員会來波蘭調查猶太人生活狀況,據調查結果 Bolkhi 地方有十萬猶太人絕食,猶太工人現工作百分之十五一星期僅有二日工作,目前各處代表均來波蘭救濟猶太饑民.

◎開除大批農村工人

瓦薩一月卅日訊 最近因為平分土地事件地主開除許多工人 Варшава, Люблинский 等十五城已開除三十五百六十餘工人,家屬內中大多數工人係已作过三十餘年工作,被開除之工人不得住地主房屋云.

▲其他的重要消息

◎張作霖下令啟封中東路被封戰工會

奉天二月三日電 本日晚九鐘,張作霖下令恢復中東路一切被封之戰工會云.

◎美人擊傷華人

北京二月三日電 星期五在北海發生一意外事件,美二水手擊傷華人,市民反对,參加者有[illegible]家口軍官學生,尚有数留美學生,水手當由軍警捕逮,移送領事團[illegible]後釋放,一事華人异常憤恨,將引起外交上的交涉.

最後的緊要新聞

◎英國武力侵略中國的計劃

計劃分兩面進攻

佔據廣州與進攻國民軍

以中國鉄路收入作軍事用費

倫敦允與上海香港銀行六百萬磅為反对

中國民族運動的宣傳費

倫敦二月一日電 在倫敦出版的"中國通信社"[illegible]登載下列消息說:英國武力侵略中國撲滅中國民族革命運動的詳細計劃已經完成了,現在在外交方面正是主張維持和平訂約的、為主張武力干涉的兩派爭論的時候,主張武力的干涉說,只有武力可以恢復英國在中國的勢力.軍事專家當察此問題後說,至少須十萬人,此項軍隊的大部分可由印度調往中國,印度已集有八万英國兵,此外還可增加香港駐軍.

軍事侵略的計劃,第一號把中國分為南北兩部分,大部分軍隊應分配在天津和上海,[illegible]第一部分駐紮天津,遂一部分軍隊將立刻用為[illegible]軍隊,[illegible]現已向張作霖有秘約,張作霖表示援助帝国主义的計劃,漢口必須許多英國海軍,廣州必須欧洲砲隊一隊在東.第二號,從英法軍隊手中的廈門進攻,直接廈門進攻必得到海軍的援助,[illegible]已于近數月來集合于中國海.

財政當家說,関于用款事,先佔領中國鉄路可以減少英國人的賦税,若英要繼續[illegible]費十五萬磅先令(一百五十萬磅盧布),那麼只有用把中國所有鉄路抵押的方法,把中國鉄路[illegible]五百万磅先令,路線[illegible]約七千英里增修到一万二千英里.

以征服中國後撲大租界地為條件,有几何得到英國銀行帮助的銀行,特意援用這一筆款項,因為上海、香港銀行的總理也就同時是英國銀行的總理.

所有電報社必須經过檢查方能拍發,[illegible]妨止英國工党反[illegible]各數進國所的反抗,英國銀行先上海香港銀行六十万磅先令(約六百万盧布)為宣傳費反对中國民族運動[illegible]蘇維埃的宣傳.

本报編輯部啟事

投稿諸君:

本期接到二七紀念號的來稿甚多,篇幅有限,不及備載,俟下期擇要登出.

Главлит № 50192 Тираж 3000

Москва, 1-я типо-литография Центриздата Народов СССР Шлюзовая набережная д. 162 телеф. 5-22-78

第一版

№ 9

第九期

一九二六

二月十二日

18 ФЕВРАЛЯ 1926 г.

中國前進報編輯發行處

РЕДАКЦИЯ КИТАЙСКОЙ ГАЗЕТЫ „ВПЕРЕД“

г. МОСКВА

пл. Свердлова, 2-я д. Советов, пом 1, ход со стороны Третьяковского проезда

前進報

每星期五出版　每份零售 10 哥比

價目

	蘇聯境內	國外
1，每份零售	10 哥比	15 哥比
2，訂閱每月	40 哥比	60 哥比
3，訂閱半年	2 盧布 30 哥比	3 盧布 60 哥比
4，訂閱每年	4 盧布 50 哥比	7 盧布

旅俄華僑協會籌備委員會刊行

編輯人　王倫

ЕЖЕНЕДЕЛЬНАЯ ЦЯНЬ-ДЗИНЬ-БАО (ВПЕРЕД) ГАЗЕТА

論文

中東路問題

拉狄克著　亞文譯

蘇聯與張作霖對於中東鐵路衝突一事，乃中國自一九二五年五月卅慘案後反帝國主義運動所引起國內外形勢緊張的結果。

在激起數百萬中國工人和小資產階級的上海事變當中，英國資產階級特別受很大的打擊，於是她無論如何就想在中國找出一個強有力的反革命力量足以代替自己公開的干涉，并可避免開罪於中國民眾。英國的外交，即開始與中國接近，雖然張作霖因都近日本已為日本帝國主義利益在中國的代表者，可是張作霖也就利用這種機會決定在事實上表示他能夠撲滅中國革命的作用，藉此並可解釋英國帝國主義同他接近日本的不信任。於是張作霖毅然派兵直到上海，封閉工會，槍殺天津遊行群眾。但是在這種情形之下，又給吳佩孚領袖的中國中部軍閥從傍攻擊的可能。張作霖軍隊既遠離其根據地的東三省，當然只有退卻，同時也受很大的損失，從此張作霖的威力挫折盡暴露於其部屬眼前，於是就發生其親信部將郭松齡的倒戈。

郭松齡之倒戈，并不足以證明中國民族運動已如何伸入於奉軍，而是張作霖部將相信東三省基礎不能給盤據東三省軍閥有指揮全國政治的作用的結果。張作霖既為郭松齡軍隊打敗，只有逃走一途，於是又引起日本帝國主義的干涉。

對於日本帝國主義最重要的問題，就是與南滿鐵路緊相關聯的南滿將來勢力的問題。在南滿洲經濟上現在已完全落於日本財團手掌了。日本人也很知道郭松齡并非革命者，但是認為在張作霖倒後自己將大減弱，因為將來奉軍將領內部衝突結果一定對二人，商人表示讓步，同時亦不得不與馮玉祥指揮的國民軍接近。除此而外，還有一種事實，使日本必然出而幫助張作霖。關於這點，據上海報紙所載：

『數日前本埠某報曾載日人因奉票之跌價所受損失達六千萬墨洋之多。昨日據奉天消息，郭松齡失敗後，張作霖發行鈔票行市大有起色，該日人因張作霖失敗受損失六千萬巨款，則日人必決定有幫助張作霖之必要。在等日人在東京有很充分的勢力，很足以使日本政府出兵滿洲。日本最近幾星期究竟派有多少軍隊到滿洲，不得而知，日人自謂增兵到正當限度——八千人——但據熟習滿洲情形美人傳出消息，則謂日本軍隊達二萬之多。』

日人對滿洲事件之干涉，不僅表現於軍隊之派遣。當郭松齡進攻時，日人高唱永遠中立，禁止郭松齡軍隊使用南滿鐵路，并不許在鐵路沿線附近有軍事行動。此外更無疑慮的郭松齡之失敗與被殺，完全是日本金錢收買和監禁拘囚的結果。

目前張作霖一部軍隊與國民軍一部還在繼續廝殺，在這當中日本仍積極幫助張作霖，打算消滅國民軍，從新恢復張作霖在直隸與山東的勢力。在直隸有中國古都的北京，誰至入了北京，就取得中國對外代表的資格。至於山東在凡爾賽會議已斷送給日本了，後來在華盛頓會議，才又由日人手中取回，日本帝國主義者之所以把山東交出，也就因為山東仍在他代理人張作霖手，事實上日本利益是得着保障的。

就是要使張作霖仍然奪取山東與直隸，在軍事上必須集中兵力於南滿，為達此目的必須佔據中東路，於是張作霖就向蘇聯表示他依靠了日本的強硬手段。

日本在東三省的正式代表完全表示贊助張作霖。日本外交部發出通令，雖然與此相反表示中立，然事實上竟不能掩飾其對張作霖的幫助。這種矛盾究竟是由於日本外交界與軍界的衝突呢，或是所謂一般外交上的"兩面具"呢，在此問題上還難能揭穿出來。

張作霖與日本軍閥此種政策并得英國外交完全的贊助。英國帝國主義的報紙（接近外交部方面的）公開的說出：張作霖與吳佩孚間在進行合作的談判，以共同反對國民軍。此外數月前該報編輯談話中曾說道，彼使吳佩孚與張作霖聯合實現，則造成在中國北部及中部極強有力的劊子手，然後對於革命的南部就易為力了。在這些地方最近一年英國是感受極大損失了的。

數星期前英國帝國主義一家最大的機關報發表在中國英商人下述的意見：

『大英商人對香港將來的發展異常的懷疑，香港在與中國南方政府奮鬥以來，已受鉅大的損失，識者認為大英帝國商業中心的這個殖民地將衰失於人。一九二五年大英帝國威信所受打擊，還有過於十七世紀荷蘭大炮向倫敦的威嚇。』

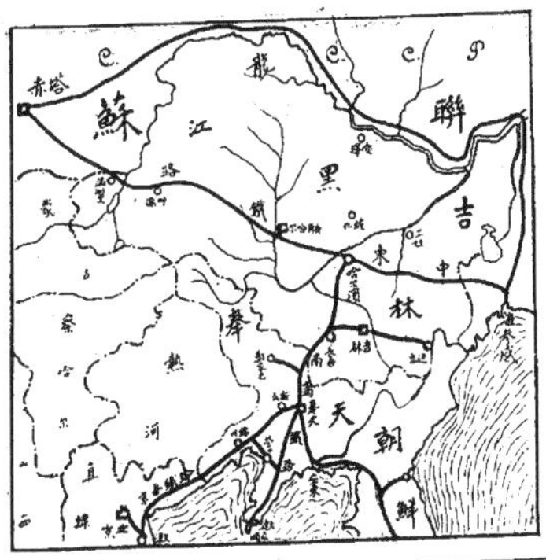

同時這報又載有中英商業聯合會主席并中英商行總理□里孚的一篇談話，在這談話中，□里孚說：『設若不即阻止排斥英國的運動，則英國在中國南部的聲威與商業將完全消滅，香港商業現在已陷於完全停頓狀態，要是英國政府不設法幫助，則大英航船公司不能維持廣東與汕頭的關係，必致於破產。同時中國南部的外國商人，亦將無大英國民了。此外還可想見許多更不幸的情形。英國外交已表得軟弱無力，甚至於有一切該歸咎於莫斯科的說法，有些人并認為所有排英的運動都是蘇聯為報復英國政府不批准英俄條約而指使的。最近派赴廣東的代表，雖然帶有很多的運動費，打算得着和解，然仍竟無結果而返。』

由此很明顯的看出英國政府已決定變動政策，先從中國北部入手，因為在她希望利用反革命的陳炯明一派軍閥消滅革命的廣東政府的政策破產之後，她就深信，要使中國南部情形發生變動，非先使中國北方的反革命得着勝利不可，因此英國帝國主義就企圖進行吳佩孚與張作霖相聯合的談判，打算兩頭夾攻國民軍。

同時英國政府又派遣極強幹的代表到北京，想去取得中國輿論的同情，因為帝國主義利用蘇聯反對張作霖佔中東路的誣衊能使作為繼續反對蘇聯的藉口，也就是在中國反革命力量動員的一次工具。我們試問，誰為蘇聯不以中國人民的朋友，中國人民究竟還有我們的幫助以反對歐洲帝國主義，帝國主義巧妙的欺騙沒有給我們的罪過，比地也閉不着辯白。要是因為我們沒有贊助他們張作霖反對國民軍的準備，或我們是帝國主義，那麼我們自然亦就可是中國蘇聯中國人民所要感謝我們。

此次中東路衝突所發生的國際現象從政治上的觀點看來，值得注意下列兩點：

第一，日本的作用。日本以維持南滿利益為名，一直要幫助撲滅中國工農群眾革命力量的劊子手——張作霖——到底。這個究竟能否成功，現在還在未定之天。郭松齡反戈後，張作霖的力量已大不如前，因為郭松齡之反戈已消滅張作霖一大部份軍力，此後又須要大批軍力以反抗國民軍，則其在東三省的統治力必更形削弱。關於日本之能否拯救張作霖一點，即或還有疑問，然在當中日本對張作霖的援助必引起中國工農群眾極積的反對無疑。

第二，英國企圖使吳佩孚與張作霖聯合并擴張日本在中國的勢力。關於此問題，美國同意與否，還是將來的話，如果美國同意，那麼必然引起中國人民像反對英日一樣的反對，則此美國在華採用獨立政策更為不利。

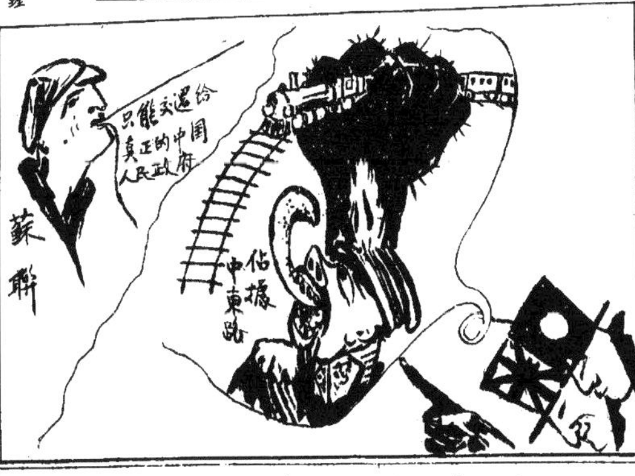

全世界被壓迫民族與無產階級聯合起來！

打斷日英帝國主義者對中東路的陰謀！ 2

"二七"一九二三年到一九二六年

任干

帝國主義大屠殺所引起的十月革命與西方無產階級的革命運動漸漸的影響到中國幼稚的無產階級，使他覺悟到帝國主義的壓迫與他自身的地位，所以從一九一九年起，中國無產階級的反抗運動便逐漸的發展起來了。罷工運動亦幾於無不勝利，工人勢力，日益增高，同時便引起了軍閥的嫉視。他方面帝國主義尤其是英國帝國主義則在其本國壓服了無產階級運動，當然對於勃興的中國工人運動亦然加以打擊然後可以安心剝削中國的人民。在這種情形之下，軍閥便和帝國主義互相勾結，向着工人階級進攻了。光榮的"二七"也便這樣的發生。當時全世界的反動潮流，都極尤猛，正是資本階級的進攻時期，工人階級的保守時期。在中國則英國帝國主義走狗吳佩孚正欲以武力統一的政策，所以此次開始的中國工人運動便不能不受摧殘，而"二七"運動也便歸失敗了。然而這次失敗便開了後來工人運動成功的先河，她使工人階級認清了軍閥和帝國主義的真面目，從經濟的爭鬥走上了政治的爭鬥，從單獨作戰的爭鬥走了找得同盟者的爭鬥。這次教訓我們在今天的"二七"紀念當中便可以看出中國工人階級已在實際的爭鬥中磨練出來了。

"二七"失敗之後，中國工人運動有一個短時期的消沉，但是亦不過由公開的運動變為秘密的運動罷了。所以在一九二四年的"二七"週年紀念中，秘密的成立了全國鐵路總工會，隨後直系倒台，段張執政，他方面又因國民党的改組引起了全國民族運動的勃興，在這種情形之下，工人運動又乘時而起，各地工會繼續恢復或開始組織，續由秘密的運動到了公開的時期了。所以全國各地在一九二五年都有了公開的熱烈的"二七"紀念會。

但是我們可以相信今年的"二七"紀念必比去年更加熱烈，更加增大，因為一九二五年的"二七"到現在的一年中，才真正表現了"二七"的失敗已伏下以後成功的保障，才真正表顯了工人階級在"二七"事變中所流的血不曾空流，并且化為彼此爭鬥的武器了。在去年上海事變當中，全國工人階級不是繼承了"二七"先進勇敢的精神而奮鬥嗎？他不是向着軍閥帝國主義以及反動的資產階級很熱烈的爭鬥嗎？他不是領導着其他革命階級共同的作戰嗎？他不僅為着本階級的利益而爭鬥，且為全國民族的利益而爭鬥，他不僅領導了本國的民族革命運動，而且領導了這個民族運動與世界的無產階級革命運動貫澈的開始聯合起來。并且中國的革命運動日益增高，非達到完全成功不能停止。在這種運動已經表明軍閥勢力日益崩壞，帝國主義亦已驚心動魄無所措手了。假設沒有"二七"的事實，則工人階級萬不能認清他的敵人，也不會找得其他階級為自己同盟軍，并且簡直可以說沒有"二七"的大敗，便沒有"五卅"的發生。我們追念我們"二七"的先烈，應該繼續他們的志願，該從他們的血給與我們的教訓，勇敢的向前鬥爭。

一九二三年代是世界反動的年代，一九二六年代却已入於革命潮流復長的年代了。被壓迫民族之興起，除中國外尚有敘利亞、摩洛哥的事變至今尚未解決；德意志無產階級的大示威運動，亦道明有爆發革命的可能。蘇聯社會主義的基礎又日益鞏固。現在帝國主義又重復搖動了！親愛的華人們！你們應該乘這機會本着"二七"先烈勇敢的精神，以及他們的血所給與你們的教訓，跟着國內"五卅"運動的潮流繼續推長前進，一直到解放全中國民族全世界的被壓迫階級。

"二七"烈士所流的血已化為：

打倒軍閥打倒帝國主義！

全中國的革命群眾聯合起來！

全世界的革命階級聯合起來！

紀念"二七"的人們，你們必須把"二七"烈士的血的化身，當作自身的責任，自身的武器，才真正不負你們紀念的熱誠呵！

第三國際代表魏金斯基在孫東兩大合開"二七"三週年紀念會的報告

今日在此紀念"二七"慘殺，京漢路罷工的三週年，我們應先想想三年前中國的政治狀況。當時是英國帝國主義者統治着中國，賄選總統曹錕上台，中國政治舞台上最反動的直系軍閥！吳佩孚恃絕大的勢力，而工人們為了自己的階級利益及中國民族的利益，開始向帝國主義者進攻，在一九二三年發生了不少次數的罷工運動，這是證明中國工人運動之興起。

胡漢民同志剛說得好，"京漢路罷工，是中國工人階級第一次在政治舞台上表現出他們偉大的力量。此後"五卅"事件就隨之而起"。

京漢路罷工，是中國工人第一次有組織的爭鬥，當時曾有不少的革命份子，為工人階級的利益而奮鬥，本來他們的經濟地位并不是無產階級，可是他們一生都是為無產階級的利益而努力。

一九二三年本來中國工人運動的歷史很短，然而就有忠實的工人運動的領導者，這是我們應深引為慶幸的！

自京漢路罷工到現在已是三年之久，在此時期中，工人運動是有長足的進步。當"二七"慘殺後，不久就有反動的軍閥起來，尤其是一九二五年中國工人毫不顧及的向帝國主義者及軍閥進攻！

"五卅"事件證明中國工人是中國民族革命之領導者，只有工人階級才堅持到底而有極偉大的奮鬥能力，因此，中國工人是帝國主義唯一的死敵，中國民族革命與工人運動之勃興，已使帝國主義者明白自己死期之快要到來！

中國自鴉片戰後，八十餘年，中國革命是從沒有現在發展之高潮，如"五卅"後接着又有香港等處的大罷工，根本動搖了英國帝國主義經濟，限香港於死地，而英國却不敢直接用武力壓迫，向國民革命的廣東政府進攻，并不是因為廣東政府有力量，而是因為中國已經有了偉大的新興的社會勢力——工人階級，使他們有所畏懼而不敢。

據現在中國的情形看來，革命運動已到休止時期了，不過這是短時的，暫有的現象罷了。在此時期中今又有反奉戰爭發生，吳佩孚欲乘機而起，無論帝國主義如何幫助吳佩孚，吳中國的工人階級是不許他們恢復的。

又最近張作霖欲再恢復以前的威權，如中東路事件，這不過是使中國工人更加認識與憎恨張作霖之反動罷了。張作霖是中國最反動的軍閥，比之吳佩孚還利害，中東路事件不惟壓迫中國工人，而且壓迫蘇聯的僑民，他并且要想利用帝國主義的力量，來壓迫蘇聯，發動世界的戰爭，如若不是中國工人與蘇聯工人有一致的堅決的反抗之表示，恐不是這樣便可解決的。中東路事件之所以很快的就解決，正是因為中國的工人同蘇聯有一致的偉大的力量之表示，威迫着張作霖呵！

現在我們應覺悟中國工農與蘇聯是有密切聯合之必要！

今日是中國知識革命分子孫大與東大的學生，中國國民党工農代表及蘇聯的革命首領，在赤色的莫斯科紀念中國"二七"事變死難諸烈士，同時，開京漢鐵路的工友們又在天津開全國鐵路總工會第三次大會，這可說是中國工人階級三年來奮鬥的結果。我們主席團提議，應用大會名義，致電該會，祝賀你們，并使中國工人知道今日在赤色的莫斯科紀念京漢路罷工"二七"慘殺三週年的盛況。我們應高呼：

中國革命的鐵路工人萬歲！

中國無產階級萬歲！

中國革命成功萬歲！

紅色職工國際總書記達門期基在孫東兩大合開的"二七"三週年紀念會演說詞

今日紀念"二七"慘殺，不特是僅對於中國有利益與意義，而且於世界職工運動亦是有利益與意義的。在今日我們應估計全世界及中國工人的力量究竟有好大！有些人以為在東方沒有無產階級，東方的大人是不革命的，但是事實上告訴我們乃大不然，東方有無產階級而且最革命化了。

中國的工人運動是十月革命後才發生的，俄國的十月革命成功不特影響於西方的無產階級，而且同時還影響於東方的工人階級及民族革命運動呢。因為十月革命的意義，不特僅為解放蘇俄之下的工農，而且更為解放世界的工農及被壓迫的民族，是世界社會革命之開始，因此，覺醒了中國的民眾，尤其是工人階級。

西方人民多不知道中國情形，我們雖不甚詳細知道，但在最近中國工人所表現於社會的事件，我們已看出中國工人勢力之偉大與成熟了。并且，我們不特注意完事，還要計算中國工人階級的力量究竟有好大？能否為革命之領導者？能否打倒帝國主義，及與蘇聯聯合？

我們看"二七"事件及"五卅"事件，對中國民眾有絕莫大的影響，中國南北各部，每個重要城市都有十幾萬的無產階級，在他們表現的階級覺悟與力量看來，我們可以知道中國無產階級是已經成熟了。

尤其是上海事件在中國工人運動是有新的意義。在此運動中發現了許多新的組織，表現了偉大的力量。帝國主義者現在再欲壓迫中國的工人階級，事實上已是不可能了。我們看帝國主義利用中國的反革命份子，國民党右派及軍閥來壓迫工人，但是終竟是不會成功的，是打不倒的。

中國的工人運動已開始，而且能作國民革命之領導者及推動力，他們已是很有力量與帝國主義者及國內封建軍閥戰鬥了。并且中國的民族解放運動，對其他殖民地弱小民族的民族運動亦大有影響，如印度。

中國無產階級及國民革命之發展，是帝國主義死亡時期，因此中國的革命是有世界意義的，中國的工人雖幼稚，但是已覺悟起來反對黃色的職工國際，并且加入了赤色職工國際，這是中國工人已覺悟與成熟的證明。

在今日紀念"二七"事件三週年，又正當革命潮流高漲之時，我們應大呼

中國工人階級勝利萬歲！

打倒帝國主義！

印度共產党首領諾一在孫東兩大合開的"二七"三週年紀念會的演說詞

今日在此紀念"二七"慘殺，心中很是興奮，因為中國工人為了自己的自由與中國民族的解放而犧牲！他們的種子到現在已開花，因為第一世界無產階級在精神上及物質上來幫助中國，另外因中國工人積極奮鬥而使帝國主義者發生了恐怖。

從歷史上看，中國工人運動在經濟方面及鬥爭的經驗上都很落後與幼稚，但他們的爭鬥是最激烈而革命的！中國工人現在已為中國國民革命之領導者，這是很有意義的。而"二七"的死者就是領導中國革命的先鋒隊！我們在許多事件中可以看出只有工人階級是最革命的，現在中國的工人階級已經起來，且已經是中國革命之領導者，所以無論如何反動勢力是壓迫不下去的。

中國工人現在應更加努力積極的向帝國主義者進攻，蘇聯是要始終幫助中國的革命到底。

中國國民党代表胡漢民同志在孫東兩大合開的"二七"三週年紀念會的演說詞

同志們，今天是京漢路鐵"二七"慘殺三週年的紀念日，我們應該記得三年前今日，是中國勞動階級正式為解放鬥爭而流血的日子，我們應該記得這是勞動階級為解放爭鬥而在中國未曾有過的流血慘劇，自從"二七"事變以後，中國勞動階級解放鬥爭，愈力進步，我們對於前三年為主義而死的先烈，應永永紀念。

我們在紀念時候，把過去事實一看，就可看出革命重要的意義，帝國主義及其他有關係的勢力，一定是反革命的，在中國是一條戰線的，帝國主義是想把中國永遠做他的殖民地，供他的侵略，供他的剝削，所以一定向為解放鬥爭的民眾進攻，做

中國民衆應該嚴厲的拒絕帝國主義者一切的說話
——甘言，離間和恫嚇！

中國全國鐵路總工會第三次大會萬歲！ 3

他工具的，就是中國軍閥，和他勾結的，就是中國買辦階級，這三者勾連一氣，一定是極力反對想謀解放的民衆，所以就有"二七"慘劇發生，因為當時的政府，就是生存在帝國主義下的帝國主義的工具，那有不反革命的呢？這三者聯合的戰線，就被京漢鐵路"二七"流血諸先烈首先衝破他。

同時可以證明的，就是在經濟發展過程中，資本主義的帝國主義發達到最盛時候，只有無產階級能負擔革命重大的責任，二七事變，京漢鐵路工人在萬鈞雷霆之下，拼命奮鬥，他的魄力堅強，步驟一致，使我們認識任何階級都不能負担得這種重大責任，革命不是理論，是要實行，革命最大的要求是犧牲，有犧牲的決心，然後有成功的可能，"二七"烈士的犧牲，是遺留很大影響在民衆中，所以五卅事變奮鬥更加堅強而偉大，我們因"二七"烈士給與我們的精神，我們勇氣更加百倍，我們對於"二七"烈士應起立致敬。

孫東兩大合開的"二七"三週年紀念以大會名義致電慶祝中國全國鐵路工人第三次大會的電文

我們東方大學和孫中山大學的學生及莫斯科工人組織的代表你在赤色的莫斯科紀念京漢路工人被屠殺的三週年大會，我們適向你們的大會致熱烈的歡迎並渴望中國無產階級——使中國從國際帝國主義和資本主義壓迫之下解放出來的真正的担負者——的組織工作暢快成功。

二年以前，京漢路的工人起來與帝國主義作爭鬥，由此國際帝國主義的走狗血腥的將軍吳佩孚就大屠殺京漢路的工人，這班劊子手的企圖是要把中國無產階級正在發展的解放運動淹沒在血泊中，但未能成功，死者的血與他們英雄的爭鬥，又為更有能力更為勇敢繼續爭鬥的中國全体工人的榜樣，這樣的犧牲者，這樣的爭鬥還要變為刺激，還要更廣大地聯合中國的無產階級。

你們能在天津召集大會，能在屠殺中國無產階級的三週年的紀念日而開會，這正是表示中國工人運動的勢之增加與組織之改良。

你們的大會，使國際帝國主義深刻地回憶到付債的時候——中國解放的時候——到了！

在這工作中，我們與你們共同去作爭鬥。

中國革命的無產階級萬歲！

中國解放萬歲！

孫東兩大合開"二七"三週年紀念以大會名義致電慶祝中國國民党中央執行委員會的電文

我們東方大學和孫中山大學的學生及赤色莫斯科工人組織的代表們紀念京漢路工人被屠殺的三週紀念，我們向你們致友愛的慶祝，為脫離國際帝國主義的壓迫，為自己的解放的前線上，中國人民已得到不少的勝利了，擺在目前的戰爭，就是要與有勢力的、有組織、一切都準備的、狡猾的、冷酷的殘酷的敵人奮鬥，敵人是有國際的組織，但是中國的革命家必須記着他們在爭鬥中不是孤單的，而是有國際無產階級很有興趣地來參加，緊隨着他們之後而作戰，隨便何時何地都帮他們，在中國這種爭鬥，愈得勝利，愈有力量，愈有組織則工農聯合的發展與鞏固，愈為有勢力。

我們知道並相信偉大的中山先生所創造的國民党為光榮而奮鬥，為偉大的任務而創造工農聯合，並引導中國到解放之路。

國民党萬歲！

工農聯合為中國解放爭鬥萬歲！

"二七"紀念中我們應有的認識

郭景舜

郭君這篇來稿，是本期稿件編輯完畢已在結篇中纔接着的，故補於此。 記者

可敬的"二七"紀念距離了，這個偉大的"二七"鬥爭在中國革命歷史上是很尊榮很偉大的一件事，每年輪到這個偉大的紀念日，我們總要很興奮的做一番熱烈的紀念，可是今年的"二七"紀念，都要使我們感覺到與往年不同的狀况，第一就是我們在赤色的莫斯科，世界革命的大本營，第二就是國內革命潮流之高漲及反動軍閥之日見瓦解，有了這兩件與前年不同的事，更要使我們格外的興奮，但是在這種興奮之中，我們必進一步認識這個偉大的意義，我們革命党人紀念這偉大光榮的"二七"，決不是屠崇感情的興奮，而是要從這次鬥爭中找出所給與我們的教訓，與今後應有的努力，在這次鬥爭中的結果，很明顯的就是中國的國民革命，祇是工人群衆纔能担負這個偉大的任務，他的勇力敢與奮鬥精神，不但是國民革命的領導者，并且是世界革命的主力軍，中國的革命党人，真正要想把帝國主義鐵蹄下的中國解放出來，離開了工人階級，是沒有希望的，這可說用不着拿許多事實來證明，我們祇拿眼前的事實——五卅運動——便證明了工人階級力量的偉大，與他不妥協的精神，除了工人階級以外，那些所謂新興的資產階級以及知識階級——一般大、中學教授以及所謂上等社會人物——都是妥協的，尤其是所謂中國新興的資產階級，他們原來是依靠帝國主義的掠奪底下生存的——又謂之買辦階級——試問他們願意不願意打倒帝國主義，這種事不但是不可能，簡直是夢想，至於那般知識階級，除開一部分有覺悟的青年學生外，他們有不有革命性，稍為留心中國革命運動的人，便應該明白，革命党人有了這些客觀的事實，給我們許多的教訓，用不着徘徊歧路，疑神疑鬼，說些荒謬絕倫的所謂"國民革命用不着階級鬥爭"的鬼話，來破壞革命的隊伍，你們這種鬼話，用不着拿理論來反駁你們的錯誤，我們只要拿擺在眼前的五卅事件便證明得絲毫不爽了，當五卅事件爆發時很明顯的是民族革命的爭鬥，論理中國的民衆應當一致起來做打倒帝國主義運動，可是事實上硬要出于這個"理"之外，這些所謂新興的資產階級以及知識階級——除一部分有覺悟的青年——其初雖然加入，但一看到工人階級很猛烈的與帝國主義鬥爭，便向後轉，去與帝國主義勾結，反足是工人階級的革命運動，請看諸君，我們不必說那般資產階級——又叫買辦階級——也硬要與帝國主義軍閥勾結，在這種情形之下，難道有什麼方法可以協調，我們同時還應該明白：工人階級的革命，自然不是希望所謂全民政治底下獲得一點點"乞巧式"的地位改善，而是要把整個階級的政治經濟解放，徹底改造，你又有什麼法子阻止這種衝突呢？老實說，祇有不革命，才可以免除這個階級鬥爭的衝突，最可笑者，就是一般假冒中山主義的信徒——其實是反動事業如現在國民党的右派——林森、鄒魯、戴季陶派——自己戴着一副假面孔，藉着孫中山主義的招牌，去幹他們反動的勾當——見北京國民新報載有林森鄒魯私組[illegible]告密，指違北京革命民衆安赤化煽動——這種反革命的勾當，我們也不願意浪費許多時間去替他們做歷史，我們真正革命党人，當然是目為帝國主義與軍閥間走狗的走狗。我現在要說的，祇是和我們真正要做中山主義的同志說幾句很簡單的話：我們真要打算中國國民革命成功，實現孫中山的三民主義，非有工人階級的力量不可的，這是過去事實上已經教訓我們了，但是我們要行"平均地權"、"節制資本"，不是依戴季陶先生所謂誘發資產階級的仁愛可以成功，果爾，實爾的[illegible]兇暴的張作霖以及帝國主義者，你也可以誘發他們的仁愛嗎？這種"夢想天開"的錯誤，真是可笑而又可憐，真正的中山主義的信徒們，不要盲目的高喊革命，我們要知道革命是一定歷史情形之一種產物，是階級社會的產物，革命在他本身上不是一種抽象的原理，革命者亦不是一種心理上的抽象，革命是從階級衝突生出來的，從一階級被別階級猛烈的壓迫出來的，全部歷史的演進，都有他必然的物質條件，人類的精神知識才能促進歷史底必然進程，絕不能自由迴轉歷史的進程，換言之：人類有階級爭鬥，是歷史進化的必然律，真正的革命同志們！我們用不着懷疑猶豫了，奮起我們的精神，担負這個偉大的歷史使命，列寧同志說："只有理論進步所指導的党，才能完成歷史的任務"，我們大家起來，認清我們的任務，站到理論進步所指導之党的旗幟下來奮鬥呵！

新聞彙錄

中國新聞

革命軍與反革命軍的消息

北方的軍事現狀

北京育智(?) 在北方張作霖的勢力，還只在山海關和錦州，這都份還無積極的行動，國民第一軍仍占原有防線，仍占灤河。

報載在山東的李景林向北進兵。

張宗昌部下，關於聯合出兵問題，意見頗不一致。

關於吳佩孚的情形，消息不一致，國民第二軍岳維峻決定嚴厲的反對吳佩孚。

英帝國主義者對中國的政策

張伯倫——"中國民衆的朋友"。

外國的干涉——不利中國的行動

倫敦二月十日電：張伯倫在下議院說：英政府對中國的政策，是極誠懇的渴望與中國人民合作，建立有理的關係，[illegible]中國人民以合法的潮流，忍耐退讓的政策，可以漸漸恢復中英兩國人民的好感。

在長江流域一帶英國商業狀况，很有進步，在中國北方也有同樣的發展，並未為中國內戰所阻止。張伯倫的意見以為很多非的行動，如共產党人的表示，中國各階級的人民尚未感覺到，若祇因列強的干涉則會使此運動更加厲害。

英國拒絕與廣東和平解決

倫敦二月十日電：列克列姆柏松在下議院問張伯倫英政府是否派有特別代表與廣東政府與中國南方事實上的政府稍商，以使消滅他們於不存在，張氏回答說：在廣東有反英的勢力，為派代表去必無好結果。

C調 4/4 追悼"二七"的死者(其二)

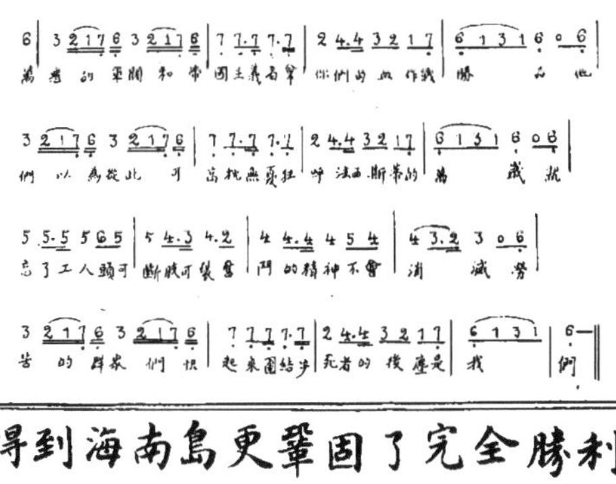

工人運動

上海新怡和工潮完全解決

廠方承認五條件

據報載楊樹浦新怡和工廠，因門役毆斃工人，以致激起罷工風潮，該工潮已經工會代表與廠方磋商後，廠方已將工會提出之五條件完全承認，經雙方簽字解決，於一月十九晨起一律上工，條件如下：(一)懲辦兇手程阿金，開除大肚皮外國人(二)撫卹家屬(八百元)(三)嗣後廠中無論何人不准毆打工

慶祝廣東革命軍得到海南島更鞏固了完全勝利的基礎！

入(四)復行上次復工條件(五)不准于海工會收月費

◎英國廠主開除中國工人

北京二月六日電　開灤煤礦英國廠主宣告停業，有三萬工人失業。該礦當理局借口重力不足，煤礦忽業，然而真正的原因乃是藉此與國民軍駐軍為難。工人要求煤礦充公。

◎中國全國鐵路總工會第三次大會開會

北京二月八日電　中國全國鐵路總工會第三次大會已于昨日開會，到會者有三百個代表。會場掛有列寧、中山半身像及死者的像片。開會時首先唱國際歌。由鐵路總工會的委員長宣布開會，選出大半鐵路工會負責人員長，最近由獄中放出之大連總工會的委員長為主席。劉少奇代表中國共產黨、國民黨代表及二七[illegible]鐵路工人演說，蘇聯鐵路工會代表也出席演說，帶有引起熱烈的鼓掌。演說後演新劇，排演二七時之劇本，唱國際歌，接着演蘇聯影片「紅色軍官」。

◎中國鐵路總工會宣言

北京二月十日電　中國鐵路總工會向全國各工會農會及各公團發出宣言中說："我們應該組織起全國勞苦羣眾的聯合戰線與帝國主義國民黨作戰，反對我們的組織，鎮壓我們的首領，我們應該團結起來援助廣東政府與國民軍以反對我們的死敵，帝國與帝國主義。"

國際新聞

◎小協約國會議

普來格二月三日電　官廳消息已宣布羊馬小協約國決定二月在德梅瓦尔開會，会上將只表示小協約國的一致行動，不提出承認蘇聯的問題。

◎蘇聯勞動狀況，成了在各殖民地煽動的工具

倫敦二月一日電　一個印度國民会議議員向政府要求派遣蘇聯勞動狀況的特高，在這要求中，這位國民会議議員特別說蘇聯極力設法減少工人失業，蘇聯的工人在每年有一大沒有帶假遣。個要求同時亦連到印度各工會。

◎印度政府的失敗

倫敦二月一日電　印度政府有見我工運動的高漲，擬法限制工會活動的法案，但竟已失敗了。

◎英國工黨不贊成開除共產黨

倫敦二月三日電　有九十五個工黨的地方，不贊成工黨大会開除共產黨的議決案，并拒絕實行。

◎德國共產黨贊成俄共產黨十四次大会議決案

柏林二月三日電　柏林德國共產黨書記和[illegible]会議会饰一致的通过了贊成俄共黨十四次大會的議決案。

◎社會民主黨贊成德國加入國際聯盟

柏林二月三日電　德國國會外交委員会聽到施特里沙馬的意見後，以十八對八票通過德國加入國際聯盟。

二月六日將在柏林開德國各部內閣聯席会議，会議後將在與國總統主席之下的內閣會議中決定要求加入。

▲蘇聯的消息

◎在莫斯科的英工人代表團

英工人代表團二月四日午全體到蘇聯職工總會由該總會外交部主任有一極長的談話，外交部主任米尔里沙司基首先代表總會向英代表團示歡迎，參觀蘇聯的真像，代表向了許多問題，米尔里沙司基詳細答覆，代表非常注意蘇聯經濟狀況，工資狀況，工會與黨的關係等等，代表也很注意英國與蘇聯的商業關係。

有一代表問："蘇聯願不願與東方各國戰爭？"

米尔里沙斯基答說："蘇聯對東方和對他處一樣，都是維持和平的政策。"

代表并進在俄羅参加各大城市，將留俄六個星期。

代表繼續参觀"紅牡丹"紡織工廠，代表并且慰問各女工："你得多少工錢？""怎樣付給勞動價值？"代表更注意参觀育兒院，當女工上工時，把孩子全放在此育兒院中，有專人負責，這育兒院的地址，是從前廠主的住宅。後参觀俱樂部、學校并参加工人的開會。

代表参觀紡織工人莫斯科省大會

當代表入会職時全体起立欢呼，由主席致欢迎辭，後一女工代表演說把紅巾送給每一个代表說："英國工人的首領們，你們也按照我們的革命的道路走吧！"又一女工代表提議欢迎英國紡織女工派代表來蘇聯参觀。

其他的重要消息

◎廣東革命軍佔領海南島

獲得軍艦四艘，炮五千支

廣東革命軍在佔領海南島獲得軍艦四艘，炮五十餘門，鄧本仁現逃至于日本軍艦內。

◎英國官廳妨碍香港與廣州講和

在香港的中國商人向英人請，若再不與廣東講和并商，將要罷工，英人極力設法制止罷工的煽動。

◎中國反動派聯絡帝國主義

北京二月四日電　外國資本家與中國反動派引誘工人運動和民族運動的高漲，組織起來反對共產主義與蘇聯，據這社傳出消息說：在上海成立了保守同盟會（譯意），加入該会的会員大都是，近來中國九個反動派，日本的領袖，據載此時可証明各國軍國主義最近的行動最感受損失的英國，現在已開始用積極政策了。

該報并說：中國在最近的將來將變為列強的角鬥場，在這角鬥中，日本負有最後解決的責任。

◎北京的反基督教大示威

北京二月四日電　代表二十個反基督教同盟分會的一百人以上的代表在北京開会發出下列的宣言："我們反對宗教的侵略，打倒基督教和基督教青年會！"該会并向教育部要求廢除教會學校的特權，一律應用中國政府的章程。

本埠新聞

◎孫東兩大会同開"二七"三週年紀念大會

以大會名義致電中國全國鐵路總工會第三次大會并致電廣州國民黨中央執行委員會

二月七日晚八時孫中山大學與東方大學兩校學生在東大俱樂部合開"二七"三週年紀念大會，到會者除孫大中國學生二百餘人，東大學生代表七十餘種民族合計千餘人（全体参加）外，第三國際、赤色職工國際、全蘇聯不斷以[illegible]中國協會、莫斯科各公共機關各工人團体、新聞報社、留莫中國國民黨代表團均派有代表参加。當晚的會序有八項：(一)演說　(二)活報——工農聯合武裝革命（東大學生）(三)中國的戲（新劇學演）(四)二七罷貴的新劇——共四幕（孫東兩大學生合演）(五)列寧塑像（孫大學生演）(六)音樂——挿花（孫東兩大學生合奏）(七)跳舞——(a)月明之夜 (b)葡萄仙子 (c)小朋友（孫大學生演）(八)唱歌——追悼我們的死者（孫東兩大學生合唱）

開會第一次會序大會推選胡漢民同志致辭追悼二七死者，追悼辭及以下的報告和演說見本期論說欄，其次為第三國際代表魏金斯基報告并向大會提議以大會名義致電慶祝中國全國鐵路總工會第三次大會，會众全体贊成通過，再次為日本共產黨有名片山潛演說，在片山潛演說中，赤色職工國際總書記羅佐夫斯基到會，大會主席宣布以大会名義欢迎羅佐夫斯基氏，接着他就作一顧有精采的長篇演說，再次為即席共產黨[illegible]一演說，最後為國際代表（忘其名）演說，時已十一點半，因以後会序尚多，主席宣布停止演說，并將魏金斯基所提議的以大會名義致電慶祝中國全國鐵路總工會第三次大會的電文及主席團所提出的致電慶祝中國國民黨中央執行委員會電文，大多会众全体贊成，當時掌声如雷，革命空氣充滿全場，唱國際歌閉会休息十分鐘，再繼續進行其他七項會序，每項都有足以引起会众的興趣，和尤能提高会众的革命情緒。會序七十餘種民族於一堂，各種五色人種，他們各有各的語言，没有共通的語言，除了孫東兩大中國學生和二三俄國同志而懂得中國語言而外，其餘都不懂得，可是在他們中間有一個共通的連鎖，這個連鎖不是別的，就是革命精神，更可以說紅色的莫斯科的國際精神，在這次會上更表現得十足，除開紅色的莫斯科那裡還找得出這樣人類的真正的熱烈的友愛同情自由和平等的盛會！！散會時的会一直開到次晨二鐘半才散会，會众的精神還是異常不倦。

另外應當補說的當晚的会場的佈置亦頗有可紀述者：會場的正中間掛中文的二大半圓橫額(一)以工農的武裝對帝國主義反軍閥的武裝　(二)京漢鐵路二七慘殺三週年紀念大會，橫以各種紙紮的花枝鏈有光與，在橫額之間有狀為流動的五星和執有槍械旗幟作行軍狀的武裝工農，圖在五星之上有一地球，纏着砕斷的鐵鍊，其旁有一中國工人執着大鐵錘，用力向纏在中國版圖上的鐵鍊鎚打，兩旁有飛揚的標語大把紅旗及箭力指着工農武裝兒以表示中國革命運動的前展。下書：由"二七"經过五卅到打倒數百年來的壓迫者工農勝利萬歲！　西壁大書：統一的革命的獨立的中國萬歲！　東壁大書：蘇聯和國际無產階級是中國革命的好友！　另懸二七的死者林祥謙、施洋、劉壽真等的五尺高的半身像，另有"二七"上海及江岸殘殺寫真的大畫若一幅，高約丈二長有四丈餘，在前台上貼着紙雕的世界革命運動圖一幅，高約三尺長有七丈餘，這三幅圖畫都是[illegible]精心的作品，頗令觀者作否。懸空交叉掛着仿為國際式的中國革命紀念標誌由一八五〇年至太平天國起到一九二五年五卅止，排在每次革命運動的年代，用各色紙剪成貼於旗上，更以各種革命人物及火把、燈火紅旗，或大的錐刀鐵鏈——表示工農聯合——種種。會場的布置大概如此。

另有中國生活陳列部，分國表、書報、衣服、用具、玩器、書畫、客室等部分，在国表部之中最近中國革命勢力與反革命勢力的比較圖一幅，革命勢力所佔據的區域用紅色標出，反革命勢力所佔據的區域用黑色標出，將革命前國民革命前所佔的地比較現在他們自己現時所佔據的區域，粘貼其上，反革命的軍閥如張作霖、段祺瑞、吳佩孚、蕭耀南、孫傳芳等像片亦同樣粘貼，所不同者，只把反革命軍閥的頭截下來，退出一個狗身子黏在前面，此外國表甚多的中國工業、商業、農業比較圖、帝國主義者在中國的勢力範圍的比較圖、經濟侵略中國勝年比較圖、帝國主義者在中國的勢力範圍的比較圖，[illegible]入中國內地的前度圖，歷經與鴉片煙[illegible]入中國的數量比較圖，中國对外賠款貿易及关稅等圖共八十餘種，再加上裝成的五卅慘殺及沙基慘殺等照片，这些都是研究中國革命問題最可寶貴的材料，恐怕在國內也沒有這樣完全吧！

書報部專門陳列國內出版的各種社會科學的書籍雜誌及國內外出版的革命報紙約三百餘種。

此外大部分為中國服裝及用具，服裝分中國普通的紳士、學生、工人、農人等分部陳設，另設一中國資產階級的[illegible]隨，以資比較，其餘如書室、餐室、客室等等，均按照中國實際生活情形佈置，無不惟妙惟肖，觀者身入其境，幾若走到中國內地旅行，故在開會前後及休息時間，中國生活陳列部均極為擁擠云。

本報發行部啟事

本報新近接到捐款甚多，除已具收條寄交捐款人外，俟下期在本報披露捐款人姓名及數目，以誌謝忱。

Главлит № 50132　Тираж 3000

Москва, 1-я типо-литография Центриздата Народов СССР. Шлюзовая набережная д. 162. Телеф. 5-22-78

第一版
№10
第十期
一九二六
二月十九日
19 ФЕВРАЛЯ
1926 г.

中國前進報編輯發行處
РЕДАКЦИЯ
КИТАЙСКОЙ ГАЗЕТЫ
„ВПЕРЕД“
г. МОСКВА
пл. Свердлова, 2-я д. Советов, дом 1, ход со стороны Третьяковского проезда

前進報

每星期五出版　　每份零售10哥比

價目

		蘇聯價目	國外
1. 每份零售		10 哥比	15 哥比
2. 訂閱每月		40 哥比	60 哥比
3. 訂閱半年	2 盧布	30 哥比	3 盧布 60 哥比
4. 訂閱每年	4 盧布	50 哥比	7 盧布

旅俄華僑協會籌備委員會刊行
編輯人　玉倫

ЕЖЕНЕДЕЛЬНАЯ　ЦЯНЬ-ДЗИНЬ-БАО (ВПЕРЕД)　ГАЗЕТА

論文

最近世界經濟情形及革命運動

全世界被壓迫民族與無產階級聯合起來！

我們不應離開群衆!

2

不得不向英國讓步,同時法國因與德衝突又不得不求聯蘇俄以牽制英國,所以法國一切政策都是與英國相衝突的。另外法國的殖民地如摩洛哥,叙利亞的革命運動,亦給法國資本主義以重大的打擊,因此,法國的困難日增,工人運動與革命運動,在最近的將來必要高漲起來!

德國自大戰後到一九二三年,都是革命潮流高漲時期,及至一九二四年因得了美國在財政上之幫助才稍稍穩定,美國之幫助德國,并不是希望和平,只因他本國金子過多,在本國不能取利,而願在他國投資取利,但當革命潮流高漲時,又不敢借出,恐怕被布尔塞維克吞沒了,所以到一九二四年乃施行道威斯計劃,這時加入的國家都含有用意,各懷鬼胎,法國頗意德國工業發達後能付賠款,英國則不願德國工業太發達致礙英國的工業的市場,所以對德國的工業生產有所規定,每年規定賠款數目,而德國資本家則不備以全數生產品去賠款,而祇願加貴生產品的價格(以美金為單位)去賠償協約國,因此使小資產階級破產,德國經濟日見困難,所以德國總統興登堡說:德國經濟困難,尤其是冬天,因為冬天要燒煤的也要多些,因此道威斯計劃實行後,工人生活漸漸困難,革命運動必然要爆發起來!

我們從上面的分析中看來,幾個主要的資本主義國家,都有不穩的而趨於紊亂和現象,所以革命潮流非常之高,我們現在看資本主義內部的矛盾如何:

(一)資產階級與工人的衝

(二)帝國主義與殖民地的衝突

(三)帝國主義國家相互間的衝突

(四)蘇聯與資本主義國家相互間的衝突。

我們知道從前英國是擁有力的帝國主義者,在大戰前法國資本主義也是最發達的,現在歐洲以英國為強大,而世界上則以美國為最強盛,美國銀行家要以他的錢袋統治世界,所以英美必然要發生衝突,但不是立刻就可爆發,他們互相間的利用,以致有時是妥協的,美之利用英國,以英為介紹者,使美國在歐洲發展,中在國英美之衝突亦很明顯。

都有衝突,英國對於蘇聯之衝突更甚,英國用經濟的封鎖政策,又有政治的侵略,威。想法進攻,其他各國亦反對蘇聯,但不如英國之積極,法國受了英國的影響,亦反對蘇聯,德國亦受英國的影響,而加入洛迦洛會議(反對蘇聯的國際同盟)至於波蘭因經濟之恐慌,為了要在德國銷售貨物,漸漸與蘇聯發生關係,又因英國在市場上也有衝突,所以乃和蘇聯接近。

各國殖民地的革命運動,必得蘇聯之援助始能成功,如土耳其及其前例,因此蘇聯的政策在世界上發生了很大的影響。

現在我們開始說到第一問題,在這種資本主義暫時穩定的時候,我們應該怎樣呢?在革命潮流高漲時,各國共產党能領導工人群衆去革命!而革命潮流低落時,工人群衆為社會民主党首領 Branden 之改良政策,給德共產党一個打擊,法國共產党因摩洛哥及叙利亞的戰爭,亦大大的發展,英國共產党只有六千人,但勢力亦大,去年選舉時英國共產党因左派之助得了一百萬票,英國左派雖不是共產党人,但已走上共產党的戰線了,他們與蘇聯很接近,且主張將赤色職工國際和黃色職工國際聯合起來,意大利之共產党也很有力量,選舉時常得多數的票,英國共產党雖小,但今年要求党在社會上公開,這也足證明是在發展了。

由此看來在資本主義穩定時期,共產主義運動是仍繼續發展而不停止的,但在此時期中党內發生左右兩派,右派說現在沒有革命的可能,應該待到有時機再行進攻,左派說現在應與改良派合作,現在是有革命之可能,應準備着武裝暴動,這兩種主張,都是不對的,中國現在也提出了武裝暴動的口號來,這都是不對的,總之,我們應該利用時機作日常生活之爭鬥,以取得群衆的信仰。

右派以為要十年,二十年後才有革命之可能,如德國現在以變純口不提出革命的口號,這就有可使群衆去掉共產党的危險。

我們看全世界無產階級和被壓迫民族的革命的總參謀部第三國際的主張(一)反對左派;(二)反對右派,口號是:「我們不應離開群衆」與「我們不應離開革命的旗幟」。

總之,是要在此時期中去抓住群衆,取得群衆的信仰!而不應離開群衆,這是再重要沒有的了。

問題與答案

A 一般的問題

(一)問 為什麼資本主義已穩定而革命運動仍繼續發展?

答 所謂資本主義的穩定,是比較戰後革命浪潮高漲的時候說的,即以德國而論也比較在大戰剛完結後好些了,然而德國內部的衝突仍是繼續着,外部帝國主義間的矛盾也如從前一樣的顯明,而且更加厲害,因此革命運動當然要繼續發展起來。

(二)問 為什麼生產擴大的現在不能爆發革命?

答 生產擴大自然帝國主義間的衝突更加厲害,所以有爆發革命之可能,又因客觀的條件與党的政策都有關係,就是說革命的爆發是隨客觀的環境而定,党不能說甚麼時候爆發革命,我們應把革命的時期與爆發革命的時期分清楚,不能說因為現在是革命的時期,就可以爆發革命。

Б 專門的問題

(1)法國

(一)問 法國現在的財政狀況。

答 法國從前是一個很著名的資本主義國家,戰前法國是個債權國,特別是對俄國的債權國,戰後法國因凡尔賽條約不僅得了亞尔薩斯羅蘭的鐵,而且得了魯尔的煤,五金工國工業就雄了,假設佛郎不跌價,現在法國還是一個債權國,而佛郎一跌價,就使法國的財政恐慌,而不能再維持其債權國的資格,因財政的恐慌,又使工業發生影響。

(二)問 為什麼法國的左派能與英國聯合?

答 因為左派中銀行資產階級佔勢力,且與大工業資產階級發生衝突,大工業資產階級頗意佛郎慢慢的跌價,則銀行資產階級則相反,但法國的銀行資產階級的勢力不大,且因英國銀行家能操縱法國佛郎的跌價與否,所以法國左派聯合政府上台,對英國讓步而與之聯合了。

(三)問 法國共產党對左派聯合之態度。

答 左派聯合是代表資產階級的利益,而不是代表工人階級的利益,但也不能完全否認左派聯合的政策,有時應助左派聯合去反對更反動的國民党

(四)問 法國為什麼不能抽資產階級的稅去維持佛郎的價格?

答 法國政府向來沒有盡力的去維持佛郎的價格,且維持佛郎的價格也不是單抽資產階級的稅,並要抽平民們的稅,如果如此,激一般民衆必起而反對,況且左派是代表資產階級利益的,所以不主張抽稅的方法,又因佛郎價格如果恢復,法國工業品的輸出必要減少,而工業必起恐慌,同時維持佛郎必要一宗大款,而又要迫於償還內國公債,真有左支右絀之狀,社會党主張抽無浪公司六分之一的稅,而大工業家極力反對,因此組織反革命,利用國會作反對,如果這樣繼續下去,法國必有爆發革命的可能。

英國頗意法國佛郎能夠維持,繼續與左派聯合,因於他有利,又如法國的佛郎跌價,則輸出的工業必發展,當然對於英國工業不利,所以英國欲利用美國的資本來維持法國的佛郎,因此,歐洲有變為美國殖民地的危險。

2 東方問題

(一)問 殖民地的工業為甚麼在戰後發展起來?

答 戰前英帝國已投資於各殖民地,使其工業有相當的發展;但在戰中資本主義國家不暇去供給殖民地的商品,所以殖民地自己的工業就乘此機會而發展了。

(二)問 為什麼革命的重心由西方轉到東方了?

答 一九二三年以後在東方殖民地如中國,摩洛哥的革命運動發展起來,而西方緩和下去了,故可以說革命的重心已由西方轉到東方,東方除日本外,都是帝國主義的殖民地,殖民地的資本主義最大部份又是由帝國主義者投資侵略促成的,故殖民地的革命運動,一方面是民族獨立運動,另一方面又是反對外資的階級爭鬥,故東方革命潮流來得異常光猛,由長期沉睡的狀態中驚醒過來,一躍而為世界革命的重心。

3 德國問題

(一)問 為什麼德國加入國際聯盟?

答 因德國現已成為英國的統治工具,而國際聯盟又以英國為主要的操台者板,所以德國受英國的脅迫不得不加入國際聯盟。

(二)問 實行道威斯計劃後對於德國工人的影響?

答 (1)和緩工人的革命——因馬克跌價時,人民的生活非常痛苦,自己的計劃實行後,就比較平安了;可是道威斯計劃對德國的賠款一年犧一年的加重,因此,工人又漸漸的感覺痛苦了。

(2)德國革命的原因:

(a)因對法工人怠工,政府出錢維持工人生活,因此發行紙幣,使馬克跌價,經濟恐慌。

(b)失敗的原因,德國工人從前對德國共產党失了信仰,德國共產党以為社會民主党能幫助革命,太右傾,以致一九二三年德國社會民主党不主張馬上起來革命,失掉了革命的機會,而被政府壓迫下去。

(三)問 為何資產階級國家不承認蘇聯?

答 因為資本主義國家不是整個的,他們是不斷的互相衝突着:首先承認蘇聯的是英國,原因:

(a)英國工業恐慌承認了蘇聯於他有利

(b)以為蘇聯社會主義,終竟是并不好的,不足害怕

(c)蘇聯的地位日漸穩定了

(d)弱小民族傾向於蘇聯,蘇聯也同情和幫助弱小民族取得自由獨立

現在英國與蘇聯衝突的近因:

(四)問 俄國同其他國家的經濟關係:

答 向外國借款發展工業(一)租礦山與別國,(二)與外國合營企業(三)輸入機器。

(五)問 波蘭與蘇聯之關係

答 從前波蘭與德國有關係,現在因波蘭內部經濟恐慌而與蘇聯比較接近,但她仍在英國影響之下。

(六)問 洛迦洛會議的結果。

答 是歐洲資本主義國家聯合反蘇聯的一種會議,不過他們自己內部亦有衝突。

(七)問 為什麼美國財政的勢力大?

答 因美國的金子不能在本國得到較高的利潤,而要借到外國去,英國的金磅雖已恢復,但不及美金。

烏克蘭華僑致本報的賀電

我們烏克蘭的華僑熱烈的向他已由的哥哥和同志致敬禮,并希望我們在烏克蘭的華工散斯按照偉大的首領列寧的遺訓而前進,并且要永遠做我們的哥哥前進報的助手!

我們希望根本剷除遠滿的親愛兄弟的群衆中間的狹義愛國主義的思想和意志去奮鬥,而在照親愛首領的遺訓。

我們新出的華工報按照列寧主義的道路毫無偏向的前進,他將剷除落後的暗昧的中國工人間的一切黑暗,一切私鬥,一切的衝突,他告訴我們親愛的兄弟中國工人一個道路,到真理的道路,到自由的道路,經過社會革命到和平勞動的道路。

號召蘇聯華工為切友誼聯合一家的前進報萬歲!

我們不應離開革命的旗幟!

各主要的帝國主義的國家已由他的矛盾迫他走近死亡之路了，被壓迫的人們努力呵，最後的勝利就快要到來！

3　　3

為克蘭中國工人的代表第二報編輯部

答德國同志第三書

胡漢民

二月七日手書頃收讀悉，先生於主義一個問題，不以第一月十六日前書為謬誤，而尚致疑于與共產分子合作之一點，則此點為本次所解答之任務。夫以主義共同之人而謂必不可以合作，此在理論上已覺其難以成立，然而先生竟則曰『一個有主義的革命黨不應有跨黨的黨員』，亦似持之以有故。雖共產黨分子既加入中國國民黨而仍保全原有黨籍，其事乃經第一次全國代表大會所決定，第二次中央執行委員會全体大會同于廣州更對于此問題經討論之後，仍為如前之決定，此不容之會議，總理中山先生皆親臨指導，而其間之若真為道理之不可，與事實之不能，總理以四十年革命之經驗，我知其必不為矣也。總理講民生主義在將來此段共時，曰『鴻溝』而有『党團』，不得特以總理之明而見不及此，蓋總理為集中革命勢力，而必此特殊之党識，此弟前函所云總理革命之大政策也。總理棄世曾不數月，而曰『此政策為必不可行』，吾輩自承為三民主義信徒，總理信徒，若奈何有是？且吾人為革命信徒，對于最高機關所決定之議案（代表大会為最高機關）固已不容輕于推翻，而況其明明為本于總理意旨者耶？吾輩對于党之政策，只有先審其與党之主義是否符合，次則就其為全体之利（革命）益如何而定，舍此而外，即無何等問題，分以為部識個人之雖于秘密鉄帶主義此間與革命勢力可集中而統一之利益不顧，此其于輕重得失之間，亦非不甚于衡量矣。又所謂党團之作用，如俄共之所謂（?）八所云，吾人不妨分析其來因結果之關係。第一吾人須問第三國際使共產党加入國民党，其為欲阻止中國革命，使中國民族永不解放，以為資本帝國主義之利益耶？抑其本旨欲與被壓迫民族聯合，欲推動中國之革命，扶同併進，以反對被資本帝國主義也？今人皆知第三國際與蘇俄共產黨，並當推倒帝制之俄皇，而維續向社會主義以建設，共不至為世界之反革命者以與帝國主義同其鼻息也至明，則其必不出於妨害中國革命黨之惡意和狹有其舉也亦至顯。此前提既定，則吾人視共產分子之加入，已無須用驚，以何有鬼鬼神，蓋黨團作用之云，驟視之令人憂慮不安，而細察而分析之，則惟于主義不同之團体乃有重大之作用，其或此較不過稍為急進，稍為右傾，則于此團已輕微矣。而一大團体之中，以主義相同之人，時時有部為激進的主張，與其擁護者，此亦無何等危害之可言，對其由革命黨言之，不進則退，與其遇于深守，無寧過于激進，党團作用，更何獨為？至于黨本黨中左右派與革命不革命之別，謂由共產黨分子造作而成，此則未嘗就各個事件之內容而細為考覈，非以事實種種之經過，不能詳細縷述于寸函，但問楊希閔、劉震寰之作亂，與馮自由、馬素之叛黨，為由共產分子之造成？抑由其同身之反動？則此中是非不可費言詞，而了解其國民黨分子，若其本身無動搖之可能，即任何人不能謂左即左，謂右即右。更從一党之進行過程而論，常有其不可免之分化，于進行劇烈或經一度非常之事變之後，則此種現象尤易發見，民國九二年間党之分化與民國五六年間党之分化，可為例証，其時固無共產党分子，党團作用之何題發生也，其又誰責耶？故以党議紀律而言，則如彼；以事要更非而言，又如此，然則真知灼見革命者其亦可以自返矣。

要之革命者無有可由個人出發之餘地，時時當以革命全体利益為立場，更從事實察現分析以求其出路，然後不致迷失革命之意義。弟去年十二月十六日書中所言『與藥（?）宗法社會感情之所中，無為戏良社公主義之錯誤論所欺』二語，正從事實上分析得來，西山會議中之質者正坐此病，由此二點即可以右傾民族（?）門于不革命之途，此弟所以不惜苦口哀言，為先生與諸同志告也。如共当縣（?），弟書則『傳道』『殊號』『叛賊』『與聯俄分作』彩錢（?）名詞，非無意義，藏此時尚有若干極有光輝思想而為奔性犧牲之國家者也。先生前書鬼魅弟以『敗法總理以總服人』，弟從來不敢望先總理之肩背，總理之偉大更非何常能追，弟為党努力二十餘年，惟總理之言義改變以誠，不敢違越，以至于今日，與同志履則保持其真誠之奮性，從未嘗有一手一語之欺人，以此亦為總理所不棄者，時出畸態，使人難堪，此則更個人性質之缺點，而總理獨能容納，信手總理之偉大，非可學而至也。前後數書皆迸總而談，不事循飾，正以對于党中同志之誠而如此，而先生譽弟『循循善誘』，此為先生能原諒直諒，而謂弟三書之本旨，則望更就弟前後三函所言之事理與諸同志深切討論評判之。

來教最後謂弟當時謂與總理批評馬克思諸論無異（?）於無害，息（?）孫文主義之信徒，弟敢奉對曰：此所以為孫文主義之信徒也，蓋為革命主義之信徒者，大異於一切宗教者八，當以孫文主義為革命行動之准繩，不當以孫文主義為墨經形式的教理，此名實之間，不可不深辨者也。弟于總理生前，不忘其獻替之忠，对于其遺文則不敢有所改竄，而犹惜當時我為從德，未及贊襄一切，以弟立場，與弟素性（?）實覺其不如此乃反不能為孫文主義之信徒，并先生真能有疑義耶？弟前函已引列寧之於馬克思為例，而相戒以無為考茨基，為主義的信徒，說法更無剩義，無已，則請舉例于孔門，曰『有子問于曾子曰，聞喪於夫子乎？曾子曰：聞之矣，喪欲其速貧，死欲其速朽。有子曰：是非君子之言也。曾子曰：參也與子游聞之。有子曰：然則夫子有為而言之也……』此為孔門弟子對於孔子言論之態度，就其平日行誼辯正其為而發，非大義微言之所在，同時未有敢為非孔子之信徒者。自漢人以尊崇聖人（?）為歌（?），而此種態度乃不復見入，避（?）謗被（?）之病，猶敢對中國人言曰『總理遺囑共孔孟』，然甚不類如耶？四教（?）訣尊總理為教主，以三民主義為福音聖經也。（近日少數人亦同不能攏脫其宗法社會的思想，欲生義之特仰，求流於宗教式）至于說先生也諸同志留學于德，對于弟狀出『當為馬克思主義之列寧，勿為考茨基』之一個論矣，不審以為如何？尚望示答，專此即頌

學祺。

弟　漢民

二月十五日

農民國際婦女部致中國國民黨中央委員會婦女部書

我們非常滿意國民党对于婦女運動的注意，特代表農民國際婦女部致敬礼于你們中國農婦群众的領導者，引導她們按照中國革命的父親的遺訓所指出道路而前進。

擴大農婦的工作，對于整個農民運動，有很大的意義，國際農民運動的經驗指出農婦之參加普通的農民的運動，解放運動的命運均係於此，所以你們引導無數為農婦參加中國解放運動，將得到全中國解放運動的最後的勝利。

農民國際蘇維埃（?）永遠準備着把他們在組織農民方面的關于組織農民問題的經驗，雖然是很少的經驗，貢獻給你們。

我們非常願意與你們發生直接的經常的關係，尤其是希望很此互通消息。

請將我們熱烈的敬意轉於在國民党旗幟之下為了統一中國的統一與自由而奮鬥的中國農婦們。

農民國際婦女部主任　董巴里（ДОМБАЛЬ）

副主任　巴里沙（Борецкая）

組織部書記　[illegible]（Орлов）

新聞彙錄

▲中國新聞

◎革命軍與反革命軍之消息

◎張吳聯盟實現

東京一月廿九日電　美报訊，日本之新聞記者近由滿洲歸日語人云：吳張近已完全諒解，而締盟，吳助張独霸滿洲，張助吳恢復中原，外傳中東路已於平靜非事實，緣有蘇聯為淳（?）時，張決再來，挑撥得中東路云。

○吳佩孚未獲勝利

北京一月廿八日電　吳佩孚最近進攻河南，與國民軍發生極大之衝突，國民軍竭力向吳攻擊，因之吳尚未取得洛陽云。

◎馮玉祥返回張家口

北京二月十三日各報載　北京商會請求馮玉祥回戰，因社會各團体之請求，可以回戰，據可靠消息，馮答：現已回張家口云。

▲工人運動

◎全國鐵路總工會代表大會之詳情

代表十萬工人大會

北京二月十三日電　二月九日在天津中國全國鐵路代表大会開一天大会，議程為：1.國際情勢　2.國際戰工運動　3.工人階級與政黨　4.中央之報告　5.各地之報告　6.組織問題　7.煽動與宣傳問題　8.工人階級與農民　9.撫恤工人之問題　10.宣言　11.改選，到会代表十萬以上之工人，十八條鐵路，尤有中東路，大会对于戰工國際與農民國際之答覆。

北京二月十二日　大会对于戰工國際之賀電有如下之回答：

全國鐵路代表大会敬謝你們之慶賀，敬謝全世界革命的無產階級之代表致敬礼，並向若前犧牲致敬礼，二七紀念日之英会，雖然有很多死者，但我們要組織正在成長中之無產階級的帝國主義進攻，我們很明白反動分子及良分子之危險，達此分子已叛我們之運動而走向反動之路，我們很知道我們的前有許多困難問題，可是我們得到國際無產階級之同情，我們要中國之解放與全國無產階級之一致而鬥爭。

大会对于農民國際之答覆：我們很明白工農一致之必要，因為如此可以有很快的使民族革命發展，大会已將農民問題提出詳加討論，決議提高農民與工人一致聯合為解放的鬥爭，工農聯結萬歲！農民國際萬歲！

○失業工人滿擬總工會紧之善後

各工會一致挽留三職員

失業工人團表示道歉

據報載上海總工會職員王景雲、陳楚幕（?）師曾以失業工人不能糊餬，前往總工會以致發出辞職，一節已誌前報，茲悉各工会開执委以王居然心工会，办事辞辣，師陳並房（?）雖負亦能勤于職守，相继表示挽留，幼幼因此反心，開前昨兩日推派代表前往慰問挽留，並計有引翔港工人代表會、強生鉄廠工會、碼頭總工會、楊樹浦第一分會、浦東日華工会、棠信紗廠工会、商務印書館等數十工会，其餘以不及推派代表致函慰問者尤多，並州失業工人團亦以前次為海門等搗毀總工会之舉動，事出誤会，特致函總工会表示道歉，並堅主挽留王等云。

其他新聞

◎各團体聯合會主張速組臨時中央國民政府

據報載上海各團体聯合会会昨發表兩通電云：

（一）廣州國民政府並轉第二次代表大会鑒，此間各團体已決擬國民会議促成会，望派代表北來與人民代表國民軍代表共組臨時中央國民政府，召集國民会議，籌備会，上海各團体聯合会。

（二）北京國民党执行部轉全國國民鑒：本日此間各團体已決擬國民会議促成会，並主張人民代表與國民政府及國民軍代表合組臨時中國國民政府，召集國民会議，籌備会解決時局，望一致奮鬥，上海各團体聯合会。

◎各團体聯合會致電國民軍諸將領

國民軍諸將領鈞鑒：奉軍魯軍（?）尚在城職（?）存，北京中樞無主，此時國民軍各將領應一面迅速掃除奉系軍閥餘孽，同時更結合廣州國民政府全國人民團体及其他

一切革命者及一切革命的勢力，都應齊集在第三國際旗幟之下，勝利才有保證！

反革勢力組織奉貢制的臨時中央國民政府，并召集國民会議，孫總會以形成國民革命之勢力，而杜絕反動軍閥勾結帝國主義，求亂徵治，此為千鈞一髮之時，抗也乃遇公棄常思於此時消極不群，并取消國民軍名義，與城大意不解，豈國民所應為之目的，已遠乎？望諸公近速一面救助馮公，打消辭意，一方勠力同心，為全國人民之要求而奮鬥，否則將見諸公坐令軍閥割據之局勢復活，而向之所爭者仍不期然而出一般軍閥窮兵黷武，陵城掠地無二致。上海各團體聯合會。

◎各團體聯合會致電吳佩孚

漢口吳子玉先生鈞鑒：兵為民衛，吾以先為民除害興，○國者必不智肯為職，生存張作霖段祺瑞之為帝國主義走狗，禍國殃民，曲三尺之童，亦皆知也。先生此次繼江浙戰後而起，聲言對奉，國人民之所喜也。乃今奉系勢擊，并未剷除，正在國內外勾結帝國主義，以圖恢復其勢力，段祺瑞更無恥惡極，而先生思入豈言結束反奉戰爭，是明明為維持軍閥割據之殘局。然則先生日前號召反奉戰爭者，并非要剷奉系軍閥，如宣言所云，為民除暴，不過仍為奴役，恃為一部之結，志在分贓，得地盤耳。先生勿謂吾民易欺，吾民將于此處觀先生之為，貢為賊。凡違反民意，倒行逆施者，終必受人民之反抗。而御占往往昭昭在人耳目，幸先生注意及之。上海各團體聯合會。

◎九江聖約翰中校學生被迫退學

無故開除學生八人

並罵學生為亡國奴

據校戰九江快訊云：九江聖約翰中學校為美國基督教会所創辦，向來入高遵德來長是校，種種壓迫，日益劇烈，以致全体學生無不恨之切齒。種因已非一朝一夕，日前為該校畢業生高南平（現充本校教員）結婚之期，該校學生李某與等八人向校長請假，而未往賀，甚致賀該校長僅給假一天，復学生轉向副校長（中國人）口頭請假，而去田校後，為高遵德所悉，以李某不遵校規，將其一并開除學籍，并迫令立刻離校。当經李某多方解說，并回頭覓罰亦無效果。學生胡玉鍾等數人向校長提出質問，高遵德大言曰：你們這些亡國奴，逞不快吃，給我滾，說我開除，胡玉鍾等數人激怒起全體學生不滿，將該校門窗板壁打毀一空，大呼全體學生退學，誓死再不回校，並即組織退出聖約翰全体學生会，發表宣言云。

◉國際新聞

◎波蘭羅馬尼亞之保障條約(?)

維也納二月九日電：據羅事机關報凱現在波羅條約實然根據國際聯盟第十條，而是但不能明白的反對蘇聯，不過為藉中之聯合，已被大，因此條約由羅馬尼亞有利益，有妨止蘇聯侵略之可能云。

◎巴黎之大示威運動

巴黎二月九日電：近在瓦蘭西街有四十些保否(?)黨黨員之工人為無產階級統一戰線問題，因之組織一示威運動，在露天会中有共產黨社會民主黨之激烈講演云。

◎英國商務總長答覆下院之質問

倫敦二月九日電：路透社傳出消息，英國下院工黨議員施克尔質問政府和否德國與蘇聯訂一商業協定，此種商業關係現已擴大，对于恢復德國國民經濟有很大之意義，而蘇聯近又得德之張大借款，以十二個月為期，這事是使兩國關係益增鞏固，我政府預否使英國商業不比德落下去，使英德之關係日趨破壞，同時英國希望與俄之商業關係損為否。英商務長列斯特答復云：我知現時俄德之商業關係日為巴黃蘇聯在德國之商業对外中仍佔一小部分，德國之出口貨運往俄國者在前九月僅佔全部出口貨之百份之二至三，我並且已知德借款與蘇聯，但確數尚不可知，对于英俄之關係，根據一九二一英俄商業協定而決定，此種商業範圍内，自然要有英財政團之相信程度而決定云。

◎德國共產黨之國会議員反對洛迦納會議

柏林二月十日電：德共產黨國会議員折凡加尔講說，帝國主義為和平之假面具援飾他的強盜政策，現在站有一蘇聯完全與民族問題解決歐洲之真正世界和平，有無產階級取得政权，然方能實現。洛迦諾会議完全是一種騙術云。

◎波蘭失業工人暴動

瓦薩二月十四電：失業工人要求增加補助金已完全絕望，昨天在城市自治局門前集合八千失業工人推舉代表反對減低補助金事，因為自治局不見代表，引起失業群衆的氣憤，某警察為保護警察總監对代表說：壞代表到市政府去。市政府見失業工人聲勢浩大，遂召大隊警察想解散失業工人，失業工人見警察開到，大叫"警察滾蛋"，"打倒劊子手"。警察得到長官的命令，遂向失業工人進攻，失業工人手擲舖路的石塊想趕走警察，并奪取武器，警察急退警察內，有一個警察帶重傷，車械也被奪去。城市自治局內的警察總監為保全自己性命計，决定和平協商，某警察長官在市外巡查，被失業工人打傷，并奪去武裝，群衆阻斷自治局的交通，要求重办已來警察的官吏。群衆向市政府亂擲石塊，打壞了許多東西，後失業工人轉向監獄想釋放政治犯，監獄早已有步隊看守着，鉄手摩衆遂退，城市各机關皆將门窗閉，被召来的一個兵士通用警內。

為壓迫失業工人，又從鄰近調來一隊兵士，城市戒嚴，遂移到巴圍武装群衆的軍官手中。兵士和群衆之間又發生了很大的衝突，最後失業工人被包圍了，少錢開始捕逐，打傷殺傷工人。我向此工人住處捕去許多工人。

今天早失業工人又在街上開大會，兵士又來解散，開會後，獨裁農黨國會的代表正在演說，兵士即下令解散失業工人手持石塊，及翻翻衝圍而出，結果傷工人數名，独立農黨代表因有議員証，也帶傷。各街口均有重兵把守，但工人仍在街上開會。所有各街商店皆一致停業。

◎打死五個工人波蘭資產階級還慷少

瓦薩二月十四電：波蘭警察長官司未尚斯基打死五人，傷六十人，波蘭政府逆說他無力壓迫工人，把他洗成內務部現正派遣專門調查委員會從事調查。

又電：在惹宅（地方）市自治局門前集合數千失業工人要求增加補助金，結果被大批軍隊解散。

◎日本之工人大示威運動

反對反革命之立憲法

東京二月八日電：昨晚東京有極大之示威運動，反對政府細菌(?)部勞動法，參加者在五千人之上，在西傳花園中開會，高舉紅旗，唱革命歌，決議男子組織工人來反對壓迫工人階級之資本家法律，此種集日議會通過成但他們就是工人之敵人，但我們以後再不選舉他們，示威時有積極之婦女參加，為前所未有，政府下令組織巡警隊以資對待，被捕工人百五十名，同時長崎亦組織有六十人之示威運動，橫濱示威被解散，工人在房內開演說大會。

◉蘇聯新聞

◎列寧格勒之特別大會

列寧格勒十四日訊：十日此間共產黨(?)部開第二十三次特別臨時大會，到会者許多工廠代表，參加者有吳斯科夫(?)委員会代表俄黨中央代表布哈林和摩洛道夫，大會首先起立歡迎布摩二代表，由布氏報告十四次大會之議決案，大會中一致反對十四次大會中之反動派，選舉新省委員會之執行委員會，會中不包含一反動派云。

◎蘇聯对國際聯盟請求之答復

外交委員長齊什林氏在一月十六日向日內瓦國際聯盟会理事主席魏埃送一答覆：蘇聯政府不承認國際聯盟，可是願意參加縮減軍備大会，但是在日內瓦召集此大會，即是拒絕蘇聯參加云。

◎蘇聯與中國商業發展

帝國主義在中國市場失敗

上海二月十五日中俄訊：關于外國與中國通商，在一九二四年全中國商業勢力全在外人手中，至一九二五年則漸々減少，一九二〇年中國交通商業權在外人者百分之九九（在英國最多，美德次之），一九二四年商業權在外人者尚不及百分之八九，因百分之一二而操于蘇聯之手，現在中國商業第一位非英而讓于美，因此問題，英資本家很恐慌，煽動世界資本家反對蘇聯，謂中國經濟條件將受蘇聯之影響云。

◎瑞士派工人代表團來蘇聯

柏林二月十五日電：昨晚在巴塞爾組織代表会議，參加者有十個工会代表，運動合代表，青年團代表，討論到蘇聯之(?)的是在此全俄工會作親密之連絡，并通過旅費由各團体供給云。

◎蘇聯代表到巴黎

巴黎二月十三日電：蘇聯代表到巴黎車站，歡迎者有蘇公使法外長，此次到法即是與法正式訂約承認蘇聯（政治上的條約）。

◎胡漢民同志為農民國際之執行委員

胡漢民同志由在廣東為農民群衆擁護，故此次農民國際既選胡同志當選為執行委員云。

本報發行部啓事一

本報接到達木學校中國學生捐款一筆，除另與收條外特披露捐款人姓名及捐款數目，以誌謝忱！

劉雲	拾盧布	宋李	十盧布
江佩璋	式盧布	唐鐸	壹盧布
劉忠元	叁盧布	利振邦	伍盧布
石友信	伍盧布	任子潤	拾盧布
金世鐸	貳盧布	朴泰履	式盧布
陳寅達	拾盧布	王勲	伍盧布
郭允恭	式盧布	王彝	拾盧布
馮洵	拾盧布	馮惟雲	拾盧布

本報發行部啓事二

本報接到東方大學中國學生捐款共四拾伍盧布陳易與收條外，特此登報鳴謝！

本報編輯部啓事壹

本報二期"第九期"—在論文欄內及新聞欄內均將赤色職工國際總書記諾佐夫斯基誤書為麥門斯基，特此更正

本報編輯部啓事貳

僑胞們：在三月的前半月有兩個重大的紀念日：一是三月八日的國際婦女日，一是三月十二日的孫中山逝世後第一週年紀念日。這兩個紀念日都含有世界被壓迫者反抗壓迫者的意義，值得一切被壓迫者及援助被壓迫者得到解放的人們來紀念牠！

我們全中國婦女及全中國民族是全世界被壓迫者之中被壓迫最厲害的一部分，我們更應沉痛而興奮的來過這兩個紀念日！

我們要在這兩個紀念日中追溯我們被壓迫的來源，回憶我們被壓迫的經過，估量一切壓迫者和被壓迫者雙方過去及現在的力量，以斷定一切被壓迫者解除壓迫的戰略。

因此本報在這兩個紀念日快到臨以前站在赤都的中心高呼替成而努力於解除自己的壓迫一切男女僑胞們，把全中國婦女及全中國民族長期積累的滿怀滿腔的被壓迫的怨氣發洩出來，變成革命的語言，作給壓迫者一個最(?)的真(?)書，先期寄交本報，以便發表，借以振刷我們自己為解除壓迫而奮鬥的精神，認清我們解除壓迫的出路，使全中國婦女及全中國民族于這兩個紀念日中有所激勵而在自己的及全人類的解放運動上得到一大大地的進步，加速地達到解放的目的！

Главлит № 60.32 Тираж 3000

МОСКВА, 1-я ТИПО-ЛИТОГРАФИЯ ЦЕНТРИЗДАТА НАРОДОВ СССР ШЛЮЗОВАЯ НАБЕРЕЖНАЯ Д. 162. ТЕЛЕФ. 5-22-78

第一版
№ 11
第十一期
一九二六
二月二十六日
26 ФЕВРАЛЯ
1926 г.

中國前進報編輯發行處
РЕДАКЦИЯ
КИТАЙСКОЙ ГАЗЕТЫ
„ВПЕРЕД"
г. МОСКВА

前進報

每星期五出版　　每份零售 10 哥比

ЕЖЕНЕДЕЛЬНАЯ　ЦЯНЬ-ДЗИНЬ-БАО（ВПЕРЕД）　ГАЗЕТА

價目

		蘇聯境內	國外
1，每份零售		10 哥比	15 哥比
2，訂閱每月		40 哥比	60 哥比
3，訂閱半年	2 盧布	30 哥比	3 盧布 60 哥比
4，訂閱每年	4 盧布	50 哥比	7 盧布

旅俄華僑協會籌備委員會刊行

編輯人　玉倫

紀念蘇聯紅軍八週年專號

蘇聯紅軍八週年紀念

大治

世界在蘇聯工農群眾上面，直接保護蘇聯工農的利益，間接保護世界革命的利益底紅軍，現在又輪到他成立後的八週年紀念了！當着全蘇聯工農群眾歡呼慶祝紅軍成立的八週年紀念日，我們被壓迫民族除了作同樣的歡呼慶祝以外，應該注意在民族解放爭鬥中必須明白下列幾點政治常識：

（一）我們絕對相信馬克思的說話：「人類過去一切的歷史，都是階級爭鬥史。」我們可以申引這句說話的意義，在不斷的階級利術又引起不斷地階級爭鬥的歷史中，我們看見人類武裝了歷史，也看見歷史武裝了人類，人類歷史的進化是各時代的劇烈的階級爭鬥而歸結到一個革命，顯然只要以武裝推進歷史往前進化，我們站在歷史進化的過程中；

第一要認定我們各個人是階級爭鬥狀的一員，要避免階級爭鬥是不可能的，因為現社會是階級組成的，我們就是現社會中的組成分子，便不能超出階級爭鬥的範圍以外，一直要爭鬥到未來的共產社會階級消滅，然後才沒有爭鬥。

第二要看清我們在此不可免的階級爭鬥中，自已要站在被壓迫階級的方面保護被壓迫的階級的利益，打倒壓迫階級，才是推動歷史往前進化的革命的，否則便是反進化的反革命的。

第三要明白被壓迫民族的解放爭鬥，一方面是民族爭鬥，一方面就是階級爭鬥，因為從全民族的利益上着眼是民族爭鬥，從爭鬥的對象上着眼國外壓迫者——帝國主義——不是整個的某一民族，某一國家，而是某一民族某一國家中的壓迫階級，同時國內的壓迫者——封建軍閥官僚資本家地主——在民族解放爭鬥中他們必然為着自已的利益而與國外的壓迫者聯合，不惜破壞民族解放運動，故在民族解放爭鬥中，階級爭鬥是按照着歷史進化的原則不斷地往前推進的，不僅不應該和不能夠避免，而且要集中力量於階級爭鬥以促成民族解放的成功。

（二）軍隊是有階級性的——保護統治階級的利益的工具，當着封建階級或資產階級站在統治階級的地位時，軍隊便是保護封建階級或資產階級的利益的工具，當着無產階級站在統治階級的地位時，軍隊便是保護無產階級的利益的工具；不過在封建階級或資產階級統治下的軍隊其組成分子的階級覺悟可分兩種：一是有階級覺悟的，一是無階級覺悟；有階級覺悟的又分壓迫與被壓迫的，壓迫的如紫綫金章的軍官們，他們出身於封建階級或資產階級，他們保護本階級的利益；被壓迫如他們徵調或招募而來的兵士中，自[illegible]階級統治下的軍隊，不是保護本階級的利益，而是保護其他階級的利益——無產階級覺悟的，如由徵調或招募而來的兵士的大部分是出身於被壓迫者而忘卻被壓迫者的痛苦和利益。要站在無產階級統治下的軍隊，在軍官以至於兵士，都是有階級覺悟的，他們的出身雖不完全是無產階級，然而都是以無產階級的覺悟為其覺悟，保護無產階級的利益，這是封建階級或資產階級與無產階級統治下的軍隊，其組成分子的階級覺悟不同之點。

（三）有了階級覺悟的軍隊，特別是有了一致的階級覺悟和力量的軍隊，如無產階級統治下的軍隊，他是自有歷史以來最偉大最有力量的軍隊，從前的軍隊是保護少數壓迫者的利益，[illegible]有一致的階級覺悟，自從有了無產階級統治下的軍隊，她是保護人類社會中最大多數的原先被壓迫的人們的利益，他要由此解放全人類，她有一致的階級的覺悟，絕不是某一國帝王某一個英雄豪傑可以拿技術同智造出來供被利用的，他的力量偉大無比，絕不是飛機潛艇炸彈大炮毒氣等所能克服的，現成的例子如蘇聯的紅軍，他本是在外戰——歐戰——和內戰——十月革命！疲乏之餘的中間產生出來的，當時各帝國主義者一面用很大的力量資助白黨在蘇聯內部擾起內亂，一面又聯軍向外部進攻，企圖一舉而撲滅新成立的無產階級的國家，以紅軍的技術論遠不如各帝國主義者的軍隊，財力更不用說，然而帝國主義者終不能達到他的目的，這究全由於蘇聯無產階級與農民一致的階級覺悟中所產生的力量足以抵抗帝國主義者階級不覺悟不一致的軍隊，同時各帝國主義者國家的內部的無產階級也用他們的階級覺悟的力量反對帝國主義者幫助利益相同的無產階級的國家——蘇聯，使帝國主義者的陰謀終歸於失敗，這不是偶然的事實，而是必然的結果。

我們明白了以上三點，我們便知道蘇聯的紅軍底力量及其在世界革命中的意義，同時便知道我們要在民族解放爭鬥中得着勝利，必須站在階級爭鬥的觀點上，站在被壓迫的地位上，有一致的階級覺悟和力量所形成的軍隊，就做才能奏功！當着蘇聯紅軍成立八週年紀念日應高呼：

世界革命的前衛，可以作我們被壓迫者解放爭鬥中的導師和模範——蘇聯紅軍萬歲！

打倒反動的歐洲底白色軍隊！

趕快在革命的東方組織和擴大有一致的階級覺悟和力量的紅色軍隊！

紅軍是和平的保障

手洛西諾兵

蘇維埃社會主義聯邦共和國的武裝勢力，已經九歲了。紀念紅軍八週年紀念的，不僅是蘇聯的勞動者，全世界的覺悟的革命的無產階級也是一樣紀念她。國際無產階級又把起來，在階級爭鬥的前線上有一大的牆壁。——工農的軍隊，她要保護無產階級的革命已得的勝利。

全世界都知道工農國家應用誠懇的和平的政策；他經常的深思遠慮，想把世界上第一個社會主義聯邦共和國內戰時期，帝國主義侵略時期一九一八——二一年，使全國毀壞饑餓的時期，所受的痛苦中拯救出來。工農政府計劃着他的和平建設整個的完全的得到保證，為達到這個目的，工農政府極力縮減軍隊的數目，但因為要保護工農的國家不受仇敵的侵略，這些少數的軍隊是必需的。

蘇維埃的武裝勢力，在全世界上要算是最少數的，他的數目比法國還要少，和我們共同縮減軍備的國家，他們不但人數比我多，器械上也要比我們的紅軍要厲害些：法國軍隊在一九二五年有六八五，〇〇〇人，而紅軍只五六二，〇〇〇人，和我們共同縮減軍備的國家（芬蘭，愛多利亞，拉特文，波蘭，羅馬尼亞）都大約有五八〇，〇〇〇人，在這些國家中，每千人平均有一〇——一一人的軍事使役，而我們每千人則僅在四人以下。

我們國家的軍事預算案（與國家總預算案比較）與歐洲各國比較，特別是與我們的鄰邦比較，要算最小的。波蘭的軍事預算案占總預算案百分之三十九，拉特文占百分之二十九，愛多利亞占百分之二十五，而蘇聯的軍事預算案也只占百分之一十五。

全世界被壓迫民族與無產階級聯合起來！

直接保護蘇聯工農的利益，間接推動世界革命成功的紅軍一八週年紀念萬歲！

2

在紅軍第八週年的時候，同時發現了國際聯盟所提出的縮減軍備問題．紅軍和我們的勞動者只可以慶賀所有的縮減軍備的漂亮的意見，但是所有紅色兵士——從村伍的兵士最到高的軍官和政治工人——都非常明瞭帝國主義列強企圖召集縮減軍備的真目的．在不久的過去我們有一個很明顯的證據，證明帝國主義者怎樣"解除武裝"．一九二一—一九二二年的華盛頓會議，是就一個很好的例子．這個會議關於縮減軍備的議決案，與他以後的行動，簡直是一件很滑稽的事．參加華盛頓會議的各國的代表，那一個不知道各國都在積極建設海軍．英國海軍部在一九二二—二三年耗費了一七四·四三一·〇〇〇元，而一九二五—二六年耗費了一八三·五五五·八〇〇元．美國海軍部在一九二二—二三年耗費了一六七·五一二·六〇〇元，而顧理治在國會中所提出的原案中，在一九二六年預算要三〇三·八六一·三七八元．

所有的勞動者總還記得我們政府在一九二五年在莫斯科所召集的縮減軍備的計劃的失敗．這個會議沒有開成，因為各國的代表僅僅希望道德的解除武裝．

現在雖然用不著我們詳細分析國際聯盟的指導者為此提出解除武裝問題的動機，然而我們應當自己明瞭，依靠剝削無產階級和無情的壓迫殖民地的帝國主義國家的意見和解除武裝的準備，是一點不能夠使蘇聯的勞動者相信的．

但是我們應該毫不遲疑的說，所有的真正的，不是假的解除武裝的方法，對於蘇聯，對於所有勞動的人民有莫大的利益．

我們知道真正解除公開的現有的武裝和秘密的法西斯蒂軍隊，將給帝國主義國家中的勞動者減輕軍事的壓迫，并使殖民地的被壓迫的人民得到民族的獨立．但是可惜每個帝國主義國家的階級的性質不僅不能真正的解除武裝，而她們的一切行動，只是說些解除武裝的時髦話，想縮減對手的武裝，擴大自己的武裝．

下面所舉的事實就是証據．四大列強（英國，法國，意大利，美國）的軍事開支在一九二三年共一·〇六一百萬元，在一九二五年則至一·七八五百萬元．下面的表也可以證明各國航空預算案的擴充．

國別	一九二二—二三年	一九二四—二五年
法國	三八六·五七一·〇〇〇 法郎	八二三·〇〇〇·〇〇〇 佛郎
英國	一五·六六八·〇〇〇 磅	一九·三九二·〇〇〇 鎊
意大利	一·二〇〇·〇〇〇·〇〇〇 里拉	三·九九·〇〇〇·〇〇〇 里拉
美國	五八·九四六·〇〇〇元	六五·〇〇〇·〇〇〇元

外國報紙對於解除武裝的意見已開始擴大的討論這個問題．在今年一月十三日的"Le Temps"（巴黎時報）TAH 殺的社論"縮減軍備"中批評各國的態度說：

"不但人們[illegible]意把海軍武裝與陸軍武裝分別計算，然而不知道蘇聯能不能參加縮減軍備，若是革命的俄羅斯還是全身的武裝，很明顯的這是保證歐洲的一個很大的危險．"

這個意見有兩個原因：第一，法國官廳暗暗攻擊蘇聯，雖然他們也知道我們把軍備已限制到很低限度．

在一月十九日的"時報"（Le Temps）社論中關於法國在解除武裝問題中的地位的問題，寫着下列的文字：

"每一個國家可以也應該詳細討論他自己的意見．法國和英國一樣，是一個有殖民地的強國．因此，我們應分別估量，列強能夠縮減多少軍備，法國就能夠縮減多少！"

全世界上陸軍最多的法國，似乎已經解除武裝了；"時報"的意見是很明顯的，美國願意縮減多少海軍，法國就願意縮減多少陸軍．

所以我們應當自己明白，只有強有力的從階級鬥爭中教育出來，有技術準備的，有最高政治的覺悟的，受最有經驗的勞動階級的首領蘇聯共產黨（布爾斯維克）的指導的紅軍，可以保證東歐的和平．

我們也看得很明顯的，世界資產階級，特別是國際聯盟的首領，整個的走向比上次帝國主義大戰更可怕的新的衝突．

大平洋問題，經濟利益的矛盾，英美日爭中國市場的鬥爭，爭地中海霸權的鬥爭，爭占非洲北岸的鬥爭，爭占莫索尔的石油的鬥爭，和軍備空前的擴大，將不可免的把列強外交上的把戲變成武裝的戰爭．在這種情形之下，帝國主義者解除武裝的談判，只是一個假面具，騙局．

蘇聯政府完全與帝國主義政府不同，他放棄所有侵略的企圖，和干涉鄰國人民的獨立．我們少數紅軍的任務，只是保護邊界和保護我們國家的和平勞動．

考查紅軍過去所走的道路，我們可以看出她的幾個勝利：

在紅軍不能忘記的首領伏龍節的指導之下，革命軍事蘇維埃所擬訂的政綱，在一年來得到了積極的結果．中央機關和地方機關的計劃能夠在紅軍各部分內把所指出的方法很快的實現．

義務兵役法公布後的第一個命令，一九二三年的命令，是我們軍事機關的一個考試．這個考試是成功了．工農青年曾百分之百的集合在徵募處，自動的拒絕特許及醫生特許的證據．這就是證明工農覺悟的程度的增加和對於他自由任務的明瞭的提高．

各地方的建設一年來得到些新的經驗，向前走了一大步．地方駐軍的秋季徵募，今年與去年比較，不知不覺的得到了勝利．在此次徵募中地方駐軍的紅軍辦察表示出他們的政治的培養和軍事的準備．在這徵募的過程中，地方駐軍的軍官得到了很豐富的經驗．新的工作的經驗，自己更感覺保證了他們的教育指導和軍官的行動．政治機關的活動和工作的方法，也都異常提高了．偉大的工作的結果，使軍官團不知不覺的進步了．

總而言之，可以說地方駐軍關於軍事準備已在一年來達到很大的成功．

各種特退伍兵士，在軍事課程方面也得到向前走一大步．炮隊，軍械部，機械部在過去一年也獲得了很大的結果．最大的工作是軍隊化學化．以下要指出我們對於研究化學的成功．在自衛事業中也很榮譽地位底我們的紅色航空學，在各方面都得到大的勝利．我們可以自誇的說，蘇聯的關於化學及航空學術的科學思想將要很高的強度繼續工作．我們在這方面的科學的成功，已經要求達到近代科學的水平線．

本報致革命的敬禮於第三國際第六次擴大執行委員會！

第三國際萬歲！

全世界革命成功萬歲！

說到我們的海軍，我們必須說，雖然有很多的困難，但在軍事準備方面，個人的教育方面，和在修理軍艦方面，即在新的建設方面，我們都做了很大的工作．

所有海軍的教課計劃，即在波羅的海和黑海中的軍艦中的教課計劃，都非常明顯的表現出紅色的海軍已經向前發展和漸漸改善了．

回憶過去的一年，可以說我們的武裝的生活中和建設中的最大的困難，是國家供給的缺乏．我們非常明瞭我們國家預算案和貨幣的發行，都是很負責的．然而紅軍的建設事業，總免不了使我們感受物質供給的缺乏．

是的，我們國家的預算案是很明顯的，無論如何超不過國家總預算案的百分之十五到百分之十六．

這種情形告訴所有的紅軍，從兵士到最高的軍官，要最大的限度的節儉和經濟我們的工具．個個人都應知道蘇維埃的為軍用所發行的貨幣，是必需最大限度的節儉的使用．

這就是我們的道路之一，得到他的幫助，我們可以提高紅軍的地位；現在我們國家還沒有十分強固他的財政狀況，其他的方法也還沒有．

最近幾年來紅軍物質地位的提高，當然不能還認為不滿足．然而把一九二五—二六年的紅軍和內戰時期的紅軍來比較，我們應該說，最黑暗的最嚴重的時期已經過去了．

這就是軍官工資—以盧布計算—表：

	一九二五年六月一日	十二月一日	以後
排長	四二	六五	七六
連長	五三	七八	一一六
營長	六一	八五	一五〇
團長	八五	一二〇	二九四
師長	一二〇	一五五	三二三

我們看見我們的成功是明顯的．

紅軍是世界上最德模範的軍隊．我們的軍官自己并不夢想帝國主義軍隊中軍閥的頭銜，但他知道按照蘇聯物質幸福增高的程度，他的經濟地位也將相當的提高．

國家自衛的最較弱的地方，要算是我們的軍事工業．生產品的非常昂貴，就是證明我們的軍事工業的較弱的狀態．必須指導者和所有勞動者的團体非常注意這個工業，才可剷除這種病態．

在今年不但軍用品的預定已經發出，就是軍用工業的基金已經完全恢復了．我們必需好好利用這個工具．

現在我們還須簡單的說一說關於紅軍的一個最重要的問題—工農國家全國參加自衛的工具的問題．

從帝國主義戰爭和國內戰爭的經驗中我們知道在戰爭中全國的所有的工業的機關，完全用來自衛．因為我們必須施行種種方法使國家機關與紅軍發生一定的相當的連繫，以提高國家自衛的能力．在武力衝突的第一天中，只有蘇維埃國家的各級機關的完全同意的計劃，可以消滅混亂的，恐怖的現象．所以軍事人民委員會與各機關所訂的計劃在一個短時期內曾完全實現．這完全是必需的．

在最後還須說一說我們一個非常重要的任務——積累人才的任務．和平時期的少數軍隊，在戰時應該擴充的很大的武裝勢力，雖是短時期的戰爭，在近代技術和軍用品之下，也需必要的軍官．

所以所有的國家，特別是法國，日本，英國，美國，為着這個問題着忙，有很多國家找到解決這個問題的聰明的方法．

我們很遲的才參加縮減軍備．我們認為很快的實現國民的軍事化，學校二年級學生的軍事化，就是縮減軍備的原因之一．現在已經不是討論的時期．在莫斯科及各地方都到了實現這個命令的時期了．文法的機關，

要以紅軍的武裝打倒白色軍隊的武裝！

3 東方的軍隊革命化！東方的革命民眾武裝化！

越能很快解決這個問題，和對這事件找到物質的基礎。這個非常重要的任務的解決就是要革國這個目的就是要造成一批軍官。

紅軍最高的政治覺悟，他的堅固的道德的標準可以保證第九週年將要是工農聯合國的武力的擴大的教育工作的一年。黨的教育和政治教育的工作也將要擴大。在陸軍和海軍中黨的組織已大大地增長了。從一九二四年十月一日到一九二五年十月一日黨的組織增加了百分之三十四。共產主義青年團已變成群眾的勢力了。他的數目在海陸軍中是一九二六年他都已有九萬人以上。為戰鬥員的指揮者的政治的準備的工作，為改良各機關各部分的工作，為提高技術和物質基礎的工作——紅軍無論在什么時候將服從工農政府的第一個命令，保護蘇聯的邊界。工人們和農人們應該相信，我們國家的邊界將很光榮的得到保護。

紅軍進行曲

弟兄們！
向太陽，向自由，向着光明走。
弟兄們！
黑暗已過去，
將來的光發現了！

◎◎◎

看呵！
滔滔不絕的從幽暗中出來，
都是億萬的革命軍。
直到我們的希望達到，
那時天地澄清。

◎◎◎

弟兄們，
只有前進呵！
弟兄們，
死正在嘲笑我們；
永遠做奴隸以終身
抑出於神聖的最後一戰！

新聞彙錄

中國新聞

▲反奉戰爭消息

◎張作霖宣佈獨立

消滅聯合的政府

哈爾濱二月十七日電：張作霖於十六日召集東三省會議，討論滿洲獨立問題，當議決指派起草委員起草滿洲之新憲法，通電全國宣布滿洲獨立，並否認一九二五年十二月廿五日之中國與蘇俄締結的條約，謂當時政府受紅黨之影響所訂，未請東三省政府，須俟中國之合法的新政府成立後方能取消云。

◎張作霖預備重新向蘇聯挑釁

哈爾濱二月十七日電：大連滿洲報訊，奉張現不承認北京之蘇聯大使，其決定全否認中俄條約，並謂蘇聯應速派代表到奉接洽，否則張必以最後之手段對待中東路。關於此項消息日本報亦有同樣之論調云。

◎張作霖恐怕赤化

哈爾濱二月十七日電：哈警廳將東北日報館閉封，因該報為哈埠國民黨之機關報，軍閥即因之為赤化，故而遣散云。

◎國民軍預備進攻奉天

北京二月十九日電：國民軍已佔天津，預備進攻奉天云。

▲在反奉戰爭中帝國主義者的行動

◎日本帝國主義侵略滿洲

東京二月十六日電：日本機關報云，外長石吉合郎答覆關於張作霖代表來日問題，緣去年奉張第一參謀于春林（譯音）來日，為與日訂立軍事條約，共同反對蘇聯事。當時外長曾答云：日本按照國際原則，不能訂此條約。中國可用自己的勢力保護滿洲，日本不能直接參加。但有日僑之處，日政府當以武權對付之。蘇聯述東報云：日本帝國主義何不遵照張作霖之請求而實行耶？！

◎英國帝國主義陰謀封鎖廣東

北京二月十七日電：中國通訊員由香港來訊，關於廣東罷工問題和約破裂後，香港政府即擬海面封鎖廣東。現英軍艦自麥尔特駛來，凡滿船抵廣東者，香港政府即嚴行搜查，給擱放行。而北京天津之英報社論云：現中國政治是反動的，英外長張伯倫亦以此意不能與廣東和平解決。如欲協定和約，須先使廣東恢復工作。又云：日法美荷蘭各商家不敢同廣東政直接通商，我們應用華盛頓會議之條約來解決，否則是破壞華會條約。廣東政府如欲和平解決則已，不然英政府只有採用軍艦封鎖政策。各國雖同意，但不應取守觀態度，應一致以不平等條約來對付廣東，請看我英政之對付廣東之手段如何耳?!

▲工人運動

◎中國全國鐵路總工會致書於蘇聯工人

北京二月十八日電：全國鐵路代表大會致書於加拉罕大使，請其轉致蘇聯工人謂：中國工人與世界帝國主義和中國軍閥奮鬥，受世界工人——特別是蘇聯工人階級之直接間接的援助，我們很相信集中國工人階級之精力，必與蘇聯工人發生永久的密切關係，方能打倒帝國主義統一戰線。反對帝國主義萬歲！無產階級革命萬歲！

◎全國鐵路代表大會贊助和擁護共產黨與國民黨

北京二月十八日電：大會報告議決案謂：聯盟之職工會在政治與經濟上已為反帝國主義之唯一動力軍，特別是上海香港之罷工，使帝國主義根本發生搖動。中國總工會是中國工人之唯一保障。我們決定幫助國民黨作國民革命之工作，民族解放。而中國共產黨更是工人階級的政黨，雖然帝國主義拼力摧殘，還是日益發展。他是保護工人階級的利益的。中國國民革命即是階級爭鬥，全國工人統應集中在共產黨指導之下奮鬥云。

◎廣西工人援助廣東國民政府

廣東二月廿三日電：廣西組織工人聯合會，團結一切工人團體，集中力量援助廣東國民政府，並發表意見，願與農兵學聯合，打倒帝國主義，發展中國革命運動云。

▲北政府消息

◎北京政府反對吳佩孚

馮玉祥照常視事

北京二月十九日電：蕭耀南死後，吳佩孚委任陳嘉謨為湖北督軍，杜錫鈞為省長。北京政府不允，派盧金山為督軍，劉之龍為省長。此二人皆係蕭之好友，為南北事必與吳佩孚發生衝突。又訊孫傳芳在南京開蘇浙皖贛軍事會議，討論進攻奉魯，及揚子江情形和蕭死事。現已證明吳孫之間起了衝突，吳孫電段政府，派馮玉祥指導國民軍。報載馮已返張家口，繼續指導三軍云。

◎北京內閣重新恐慌

北京二月十九日電：新閣許世英已遞辭呈，現已預備組織新閣，法長張敬堯、王士珍二人云。

◎北京政府令盧金山進攻吳佩孚

北京二月廿二日電：陸長張敬堯開始就職，其他閣員無大變更。中報訊張敬堯之就職，是國民軍之默促。就職後，首令湖北督軍盧金山與二軍岳維峻聯合進攻吳佩孚云。

◎北京政府重新恐慌

北京二月廿三日電：政府恐慌仍未停止，新閣員張敬堯昨晚辭職，因段不下令免張宗昌之職云。

▲國民運動的消息

◎民眾群起反對吳佩孚

北京二月廿日電：中國各地通訊：反吳聲勢日益擴大，鄭州有極大之工人組織反對吳佩孚，曾宣言謂吳為屠殺中國人民之劊子手。上海同鄉會電吳，謂關於人民所受之塗炭，吳應負責。農人聯合在河南有二萬人，宣言反吳二次奪取河南，謂吳為帝國主義之工具，來壓迫群眾，全國異口同聲反吳。

◎堅固之國民革命運動

東西兩省統歸國民政府指導

廣東二月廿三日電：在南寧組織統一大會，慶賀兩省之合議，參加群眾甚多云。

▲其他消息

◎吳佩孚毒殺蕭耀南

北京二月十七日電：湖北督軍蕭耀南於十四日晚服毒而亡。又訊：關於蕭耀南之死，非常奇異，確係被政治派用鴆毒，緣蕭雖為直系，然近有離吳獨立之趨勢，現湖北全省政權已全入吳佩孚之掌握，從此吳在長江一帶之勢力將更加增進云。

◎國民軍勝利吳佩孚失敗

吳軍一部分瓦解

北京二月十九日電：中國無線電訊，國民二軍已將吳佩孚軍擊敗，俘虜甚眾，吳軍一部分已瓦解。吳們二次進攻，但已無力，逆料不久在信陽州將有最激烈之戰爭云。

◎蕭耀南確係被吳係毒死

北京二月十九日電：中人一方面證明蕭為吳（佩孚）之好友，但為吳係毒死。因吳懷疑渠與國民軍發生密切關係。又訊蕭死是吳之軍官請要被毒斃云。

◎張作霖之非刑

海參崴二月十九日電：最近由大獄放出一幾少年共產黨，在哈獄廿八天，名為烏什尼尔，在哈銀行辦事，張詢在哈有多少紅軍，伊不答，於是用繩捆起，以水灌鼻中，將手指甲撤起，因於獄中四日不給食，以後由哈領交涉始放出，現已返海參崴云。

◎中國資產階級要求關稅自主

取消外國稅關

北京二月廿四日電：中國商會銀行政治家開統一大會，討論關稅自主事，將英國之稅關取消云。

紅軍是被壓迫者解放爭鬥中武裝的模範！

4

國際新聞

◎美國資本家口述之廣東政府情形

北京二月廿日電 美報之新聞記者說，國民黨在汕頭組織非常嚴密，為空前所未有，國民政府的黨軍有極好之紀律，為中國各軍所未有，服裝整齊，且極能保護人民，現一般貪官污吏，業已肅清，國民黨之指導員有相當之計劃，目下工作已有大成功云。

◎反基督教運動

北京二月廿四電：鮮有鼓吹反基督教的効果，在北京城內現已有六百人脫離教會學校，開講演大會，一個學生說：我們應救中國，教會學校是帝國主義侵畧中國之工具云。

◎中國南方統一戰線反對軍閥

北京一月廿二日電 英報訊廣東廣西兩省要組織統一會議，目的為統一政府，東西兩廣東政府指導，軍勢統一進攻吳佩孚，國民進佔豫南，擬立梧州開會云。

◎英公使之抗議

北京一月廿二日電 英公使致書中外長，令其下令廣東制止省港罷工，內云：我們預備討論此問題，組一特特別會議，倘京政府不能使其恢復秩序，英政府必以自己權力保護南方之利益云。

◎國民黨機關報攻擊軍閥

北京一月廿三日 在京新出一英文民國日報，主筆張攻擊吳佩孚說，吳以前是有名人物，現在與張私自聯盟唆使張獨立，這與中國國民革命大有妨害，又批評張，張想將滿洲變為商號，完全要受日本人之壓迫，張停一日本之工具，事實滿洲已歸日，張不過是留守而已，他想與吳聯盟破壞中國的國民革命，因此藉端發生中東鐵路事件云。

◎英帝國主義者在中國之反動行為

上海二月廿四日電 租界巡警闖入上海大學時值學生會議，當即捕去學生二人，說伊等是共產黨，散發共產黨傳單，因此上海工人將起來反抗云。

◎吳佩孚摧殺農民

北京二月廿四日電 吳在河南鄉村捕去幾個農人，說他們不應組織農人聯合會，依據門非刑處死。

◎上海總工會的政治主張

北京二月廿四電：上海總工會發表宣言其政治主張如下：(一)全國民眾速起反對吳佩孚，要求馮玉祥為國民運動的指導而反對吳佩孚及張作霖，(二)要求孫傳芳與吳張間的關係斷絕，(三)要求三者應斷絕日本關係，(四)民眾應一致的反對英國，召開國民大會。

◎意大利大肆檢察共產黨

羅馬二月十八日電 佛蘭林省共產黨被捕者甚多，書籍被查出，米斯若尔來訊，全國一致檢查共產黨首領多被捕云。

◎波蘭少年共產黨

維林斯二月廿日電：十九日晚維林審判十一個中學生，宣布罪狀，說他們組織共產主義青年團，年最長者十六七歲，但不按法律，有定二年一年，十六歲定六月，首領定五年，但是世界各國之法律到十八歲以上始能定罪，波蘭則反對世界法律云。

蘇聯新聞

◎第三國際開第六次擴大會議

李諾維埃夫同志報告

本月十七日晚八時在皇宮開擴大會議，李諾維埃夫同志報告，各代表并進佔隆茲同志，李諾維埃夫作一很簡單之現時工作報告，大致謂：現時須統一世界工人運動，因世界工人運動已逐漸發展云，報告畢，檢查委員會安伯吉如同志報告，以下有中國共產黨孫法同志和國民黨胡漢民同志及蒙古代表報告，中國共產黨代表在未報告前全場即鼓唱國際歌，熱烈歡迎，報告大致謂：中國革命潮流高漲，大部得了全界無產階級的幫助，中國現時是民族解放的國民革命，首先打倒帝國主義云，胡漢民同志亦被熱烈的歡迎，報告謂中國第一期革命運動是沒有看見階級而反對列強，所以中國國民黨首領孫中山先生了解必與世界無產階級聯合起來，國民革命才能成功，啟戰時世界無產階級是在第三國際手中，現已歸於第三國際指導之下，國民黨是工農之政黨，他的革命工作是要與無產階級聯合，故祝全世界革命的領袖和世界革命萬歲！第三國際萬歲！英代表布尔維部報告，最近英國工人反對政府去壓迫中國工人，共產黨指導之下的工會關於上海事變曾發一宣言抗議政府不許侵犯中國，英國共產黨必要英政府撤退在華之武裝云。

◎不許侵犯廣東

第三國際第六次擴大執行委員會宣言

英政府宣布包圍廣東，今該國公使致書中外長，嚴重反對南部之廣東政府，要求北京政府停止廣東之海員罷工，廣省罷工已八月，不僅廣東罷工組織堅固，是有廣東工農及世界工人援助而如此，他們有民族解放之要求，英國帝國主義無法壓迫中國之罷工運動，去夏剛開始罷工，英港政府要以武力侵犯廣東，目的為平滅罷工運動，當時英保守派亦不贊成此種政策，他們知道廣東是一部分罷工反對帝國主義的中心，武力壓迫，將必引起極大之反抗，現在英國政府很活動的來作反革命，在滿洲幫助日本軍閥，用新法進攻中國北京政府，幫助吳佩孚來壓迫工農運動，英帝國主義在本國恐嚇工人說，事實上亦是我們包圍廣東，是中國罷工，將英國的貨物完全扣留，英國帝國主義又來欺騙中國，拿強盜條約來壓迫中國，八十年前鴉片戰爭，一九〇〇年的八國聯軍，用盡方法，來壓迫中國，澳門英帝國主義從新設法對待中國民族解放之革命運動，最近一月英國盡力設法帮助反革命軍閥吳佩孚，世界革命的工人階級要注意！特別是英國工人，必得高聲反對自己的帝國主義，不能將廣東變為殖民地，中國革命要全世界革命者與工人幫助，第三國際擴大執行委員會號召為廣東革命運動甚危險，全世界無產階級起來反對英國帝國主義，不許侵犯廣東！中國解放萬歲！歐洲無產階級與中國解放運動萬歲！

為被壓迫民族的消息

(一)高麗最近的農民運動

高麗某君來信云：高麗農民約占全國人口百分之八十以上，以所農民問題在高麗尤其是在民族革命時代的高麗，非常的重要，近幾年來的高麗農民運動特別在佃農與地主間的爭鬥，一天猛烈一天，所以在去年一年間的佃農與地主爭鬥，計達四十二次之多，到本年新年以來其形勢更加緊張，一月八日高麗京城特約通信云：在高麗全羅南道務安郡慈恩方面佃農協會的會員，男女約二千餘人反對日本大地主與高麗地主之苛稅與高壓，要求減輕租稅，舉行示威運動，形勢極形劇烈，與該地方相接近的木浦府警察二百餘名立赴該佃農協會的所在地用武力壓迫，警察與佃農大起衝突，結果有四十餘農民受重傷，佃農協會幹事三十餘人被捕，手無寸鐵的農民雖無力與日警繼續爭鬥，但數千農民澈夜不散，包圍日警，要求將拘捕的三十餘人釋放，而橫蠻的日警終不讓步，故該地一般農民與四五十餘受重傷的農民家屬，不顧生死，現仍積極抗爭云。

(二)在日本帝國主義者秘密拷掠監禁中的高麗人民狀況之一班。

日本帝國主義者的殖民地的高麗，因外國[illegible]於[illegible]榨取而經濟破產的高麗，受了幾重壓迫的二千萬的高麗人民其社會情況是怎樣呢？所有一切交通及郵局電報機關完全緊握於日本帝國主義的鐵腕中，因此高麗社會一般的情況[illegible]革在兇殘的黑暗的日本帝國主義者大幕[illegible]刀光劍影與兇狠的呼號，都難透漏出來與世人的耳目接觸，這裡我把去年(一九二五年)十二月廿一日按照高麗的日本總督府法務局所調查的囚犯人數的統計介紹出來，使讀者窺見在日本帝國主義者秘密拷掠監禁中的高麗人民狀況之一班，男犯一萬二千六百九十三人，女犯四百一十四人，總計一萬三千一百零七人，其中有一萬一千三百七十九人皆為去年一年內的新入獄的囚犯，政治犯占大多數，其餘則為盜竊搶劫及殺人等罪，由此看來高麗民眾的政治爭鬥的劇烈與經濟生活的不安，這是顯而易見的了。其囚犯的刑期及人數如左表。

受徒刑一年未滿者	二·四四四人
受徒刑三年未滿者	三·九三四人
受徒刑五年未滿者	二·二一三人
受徒刑十年未滿者	二·四四三人
受徒刑十五年未滿者	·五八六人
受徒刑十五年以上未滿者	·二三八人
受無期徒刑者	九八人
受死刑者	十七人

Главлит № [illegible] Тираж 5000

Москва 1-я типо-литография Центриздата Народов СССР Шлюзовая набережная д. 16 телеф. 5-92-78

第一版
№ 12
第十二期
一九二六
三月五日
5 МАРТА
1926 г.

中國前進報編輯發行處
РЕДАКЦИЯ
КИТАЙСКОЙ ГАЗЕТЫ
„ВПЕРЕД“
г. МОСКВА
пл. Свердлова. 2-й д. Советов, пом 1, ход со стороны Третьяковского проезда

前進報

每星期五出版　每份零售10哥比

價目

	蘇聯境內	國外
1，每份零售	10哥比	15哥比
2，訂閱每月	40哥比	60哥比
3，訂閱半年	2盧布30哥比	3盧布60哥比
4，訂閱每年	4盧布50哥比	7盧布

旅俄華僑協會籌備委員會刊行
編輯人　玉倫

ЕЖЕНЕДЕЛЬНАЯ ЦЯНЬ-ДЗИНЬ-БАО (ВПЕРЕД) ГАЗЕТА

論文

英國封鎖廣東

拉狄客演講
昌英筆記

從上海事變以後，所引起的是些什麼呢？第一是把中國無產階級由大夢中喚醒起來作政治爭鬥了，此種爭鬥力量在現在是否低落，其組織是否渙散呢？我們以目前的現象來看，不特無有低落，沒有渙散，其爭鬥力量更為增加，其組織更為堅固。在上海加入職工會有組織工人雖較在五卅事變中由三十萬減少十萬而為二十萬，似乎減少了三分之一，但當五卅事變中三十萬是無組織的，是為反對這件事的一時結合，我們知道革命事業，要有組織才有力量，否則免不了失敗。現在中國工人加入職工會者雖比從前減少，然已有了組織，這是比從前有力量的保證。故五卅事變的結果，使中國工人積極團結起來參加革命並影响於全國。最近天津為國民軍佔據之後有四萬工人加入天津職工會，於此可見中國革命勢力更見堅固，已由南部而蔓延到北部了。張作霖佔據中東路之企圖，與京同即為中國革命潮流之高漲，當張作霖始而封閉一切工會及其他機關，不久又自動的啟封，這是什麼意義？就是證明中國工人階級勢力的壯大。從前中東路工會會員多是俄人，自中東路事件發生後，中國工人加入者更多，這又是證明中國無產階級勢力一天一天的向前發展。中國革命力量的增加，自廣州革命政府成立以後，在廣州革命政府下工人更比其他各地的工人勢力更加強此，組織更加堅固，因此對於帝國主義的反抗亦更加激烈，抵制英國帝國主義尤力，這是給英國帝國主義在南部一個重大的打擊，亦是表現廣州政府革命勢力增加與高漲，所以英國帝國主義要封鎖廣州，以壓迫廣東的革命運動。還有在中國民族革命，佔重要地位而負有重大使命的事件，就是在天津的全國鐵路總工會的成立，這種鐵路工人拿來與在西歐的工人階級相比，即等於五金業工人的重要，他在革命中是佔很重要的地位，如革命運動緊張時，誰能佔據鐵路，誰就能得到勝利。我們看中國鐵路工人那一天佔領鐵路政，那一天國民革命即會成功。當一九二三年第一次全國鐵路總工會成立時，雖即被吳佩孚壓迫，而實際中仍秘密進行不懈，迄今有全國鐵路總工會的成立，於此可見中國無產階級的力量不因反動而停止，且因壓迫而進行尤為努力。所以中國共產黨、國民黨和國民軍都已重視中國鐵路工人，任其盡量發展，認為他僅是經濟鬥爭者，且為中國政治鬥爭的最主要勢力。從以上的事實看來，可知中國革命運動自五卅運動起至現在不但沒有低落，且係日漸增長起來。

中國工人階級在革命運動中雖是最有力量的一個階級，但是中國的革命運動若只由工人階級單獨去做，亦是不能成功的，所以還要其他革命的階級來參加。其他革命的階級是些什麼？現在分析如下：第一是城市小資產階級，第二是鄉村農民，第三知識分子。

知識分子沒有固定的經濟地位，所以他是動搖不定的，他受了革命潮流的影響，已表示非常濃厚的革命性，且成為革命的先鋒軍。中國知識分子既有這樣覺悟的進步，所以英國帝國主義者就非常注意中國的知識分子。某英人居留中國二十餘年，書着十餘種，叙述中國事件很多，如從中國知識分子只反對日本帝國主義者他非常贊許中國知識分子這種行動，可是現在中國的知識分子又如從前了，不僅反對日本帝國主義，而且反對一切的帝國主義者，尤其是反對英國帝國主義者，所以這個英國人亦變了論調近來他又著一本書，說是中國知識分子赤化了，他說：「中國的群眾是老不作聲的，只有中國的學生發鬧事，並且把中國的事件弄成國際性的事件，我大英帝國鬧了許多錢養成這種赤化性形，實在不是好的結果，上海事件就是他們鬧出來的，只有信仰基督教的學生則甚好。」這樣看來我們知道敵人方面，都已承認中國的知識分子已走上革命的戰線上去了。中國的革命運動已有了小資產階級的學生參加了。這位英國先生還有幾個提議：「第一是將他們辦的教會學校搬到鄉村去，以免與群眾接觸」，這是因為他們的學校都辦在北京、漢口、天津、廣州、上海等大都市，這些大都市易於發生革命運動，使他們的教會學校受影响。「第二是以後教會學校的教育要講中國的哲學和孔孟之道不再告訴他們以歐洲的文化了，這樣他們就不會鬧事了……」

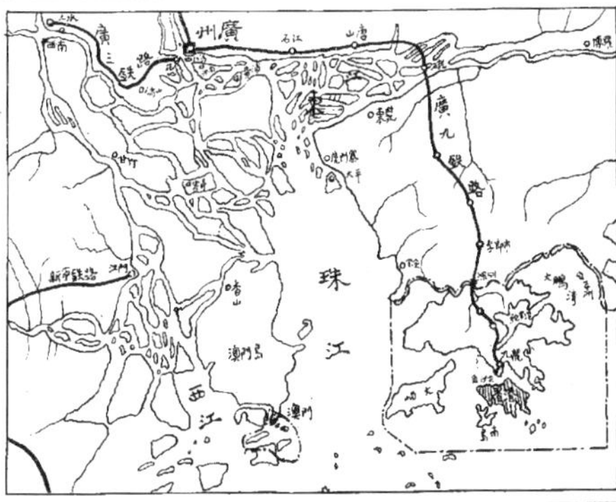

廣州香港水陸交通一覽圖

現在我們看看中國的智識分子是不是四書五經可以束縛他們的？不能夠，他們已經走上革命的前線了，他們已知道學習革命的方法，去參加實際的革命運動，如同蘇俄革命前的知識階級一樣，跑到工廠，跑到農村的群眾中去組織，訓練，領導他們走上革命的道路。現在中國的學生知識分子已成為領導革命群眾的先鋒隊了，這是中國知識分子在中國革命運動中所站的地位。

中國小資產階級的革命先鋒——知識分子——他已看見農民群眾了。中國農民群眾雖然渙散，而無組織，比之知識分子的覺悟程度固然落後，前幾年有一國民黨同志問組織中國農民是否有益？這個問話雖是錯的，但由此可知中國農民當無組織時已在中國政治上站有很重要的地位。我們考察中國的歷史，即可知道農民在歷史上的作用，中國是農業國家，中國的歷史是農民與統治階級爭鬥的歷史，所以中國的農民在目前的革命運動中應特別注意。現在廣東的革命政府已着手組織農民，已有組織的已達千餘萬，廣東的農民在二年前見了兵士沒有一點好感，因為當時的駐防軍隊百方苛捐剝削農民，但自廣東政府統一以後，政府知道農民的作用，漸漸減輕了由農民的負担，同時農民亦知道廣東革命政府是保護他們的利益的，要來擁護革命政府，我們試看廣東革命軍的東征，得了農民的幫助不少，就可以證明了。又河南省為中國中部的農業區，現在他們已有了農民革命的組織，我們不操他的力量如何，只拿叛逆吳佩孚對農民發表的宣言，說：「你們若要幫助國民軍，那麼你們的土地不要送給布爾塞維克」，從這幾句話中就可以知道

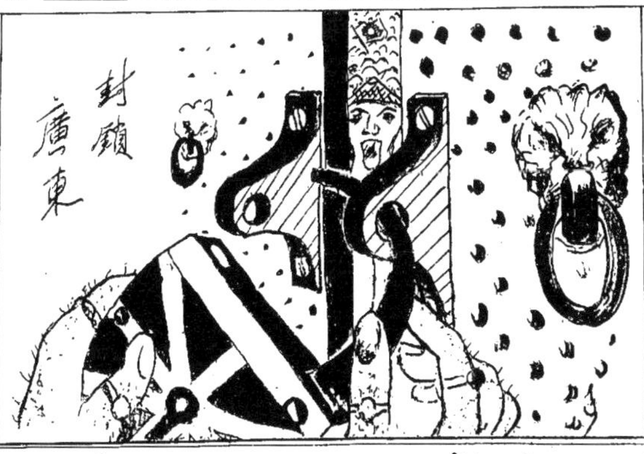

他們的力量了，我們不可以為他們不識字不能讀書即忽略了他們的力量。中國共產黨和國民黨要組織廣大的農民群眾，必要先考察他們的實際利益而後引導他們參加革命，則其作用甚大。再看城市小資產階級怎樣？最近亦有很多的加入國民黨，在此次國民黨全國代表大會中特別指出小資產階級實際生活的改良問題，這是證明城市小資產階級在革命的意義上亦不可忽略了（此問題我們可以另作專門研究）。由以上的幾種事實來看，可以知道中國目前的革命情形是：（一）中國革命的先鋒隊——工人階級已一天一天的壯大起來；（二）城市小資產階級及知識分子的參加，促進革命的發展；（三）農民開始組織進行革命，這三種革命勢力是在五卅事變後進展的情形，而絕無有低落的現象。

全世界被壓迫民族與無產階級聯合起來！

不許侵犯廣東！

中國革命潮流的高漲，不僅是中國的工人階級，知識分子和城市的商人與鄉村的農民才表現得熱烈，亦不僅中國共産党和國民党的力量急猛格外澎漲，還有中國軍隊革命化的力量澎漲。軍隊革命化的力量的澎漲，我們於革命爭鬥的中心地即可看得出來。黃浦軍官學校在初期只是一個很小的組織，現在他的力量不但打走陳炯明、肅清了一切反革命勢力，鞏固了廣東的革命政府，并且正在準備向外發展。這是南方軍隊革命化的力量的澎漲。在北方馮玉祥的國民軍亦在西北特別區，現在已發展到內地的直、魯、豫三省。國民軍如能鞏固這幾省的地盤，繼續發展下去，北方的革命根據地，就於此建築起來。國民第一軍是中國北部將過渡成為革命的主要軍隊。他的組織和訓練最是中國軍隊中最好的，且有國民党党員在裡面做訓練工作，組織有政治委員會以教育他們的政治智識。國民第二第三兩軍在組織上訓練上雖較第一軍落後，然在第一軍領導之下，他也必然是有進步的。這種軍隊革命化的影响不僅及於國民軍的本身，同時影响到吳佩孚的軍隊中使他的軍內部發生變化，所以中國的革命勢力除了強壯的無產階級，正在發展和覺悟的小資產階級和農民外，中國的軍隊亦正走向革命的道路。

大家都知道在中國不久以前，正當北方軍事緊急的時候，在中國的共産党和國民党中有許多同志主張趕走段祺瑞，實行奪取政權。但是另有一部分人反對，現在照我看來，主張奪取政權還嫌太早，因為北京沒有廣大的革命群衆強固的工人階級組織，如果政權取得了，南方則有吳佩孚，北方則有張作霖，這些反革命勢力一定要來要進攻的，處在這種情形之下，沒有工人階級的力量來維持政權，如何可以反抗帝國主義取消一切不平等條約，不但沒有反抗帝國主義的力量抵制吳張的反革命力量都不足，所以當時主張奪取政權不惟無益而反有損。

國際帝國主義的反革命力量，看見了中國革命怒潮的高漲，向着國內的反革命勢力進攻，這種進攻，當然要引起他們的注意，轉向中國的革命力量進攻，他們進攻的計劃是整個的抑是分開的呢？我們現在雖不看着他們有一個共通的計劃，但是英國主義者的計劃，我們已經看得很清楚了，他的計劃是：第一造成中國反革命勢力的聯合戰線，第二是造成國際帝國主義在華的大聯合，為要達到第一個目的，所以必定要使張作霖與吳佩孚聯合，為要達到第二個目的，所以從事封鎖廣東政府，不承認已允海員罷工的條約，并收回海關，若果廣東政府對於英人有所動作，他即可借機來煽動其他帝國主義，結成聯合戰線來壓迫中國革命勢力的中心。此種計劃，剛才實行，日本帝國主義者即宣言反對，因為日本的利益與他不同。日本的目的是：(一)鞏固在東三省的勢力，(二)奪回山東省已失去的權利，所以日本帝國主義者指使他的走狗張作霖在東三省宣佈獨立，這是什麽意義要叫張作霖獨立

這是想將整個的東三省都放在日本帝國主義者鐵腕之下，以便由滿洲再進據各地，所以張作霖是佔據山海關，奪回山東省，這是日本帝國主義者在北方的目的與計劃。他在中國南部並沒有什麽勢力範圍，所以不同意於英國封鎖廣東的政策。並且日本還在英國封鎖廣東之下來同廣東通商，同時英國帝國主義既在南部受了重大打擊，他亦想伸手到中國北部來分沾利益，所以他竭力贊助張作霖的反革命行動，并指使吳佩孚與張作霖結成聯合的反革命戰線，但是這次計劃，亦為日本帝國主義者所不贊同，因為日本恐受英國牽制，英國帝國主義者，在這種情形之下，他的計劃是不能達到目的的。英國在華的利益，自然與他們不同，他有他英國帝國主義的計劃，所以英國現在特別是旁觀以窺度我們以各國的計劃看來，各有各的利益和目的，因此各有各的方法來實現他們的計劃，所以國際帝國主義者想在中國造成一個聯合戰線是不可能的。

現在簡單的來說一點軍事上的狀況，現在中國有兩個戰線：(一)在北方是張作霖與國民第一軍的爭鬥，現在還沒有什麽劇烈的戰爭，張作霖現已改變作戰方式，用一部份軍隊進攻熱河，使馮玉祥的軍力分散，以便他進取山東。山東方面的國民第二軍與李景林的爭鬥，非常危急，山東亦是日本在北方的勢力所在地，李景林又是張作霖的走狗，山東在外交形式上雖由日本交還了中國，但是實際上扶持他的走狗，盤據蹂躪，省與未交還以前沒有一點差別，所以日本帝國主義者無論如何是幫助張作霖奪回得北山東及天津均有失守的可能。現在國民軍應當變更計劃，不再擴張戰線範圍，要集中力量來保持着直隸。現在再說吳佩孚與岳維峻的爭鬥，吳佩孚現已不能說他是直係軍閥的首領了，即如孫傳芳對吳佩孚的態度亦不是對首領的態度。現在孫傳芳已與國民軍有相當的聯絡，所以吳佩孚并無什麽實力可言，不過岳維峻的力量，因無後援，也很薄弱，也很危險。(二)在南部的情形怎樣？在現在仍沒有什麽戰爭與變動，但不要陷於英國的鬼計，輕易與帝國主義者挑釁，因為中國的革命力量仍不充足，不能直接抵抗與帝國主義者宣戰。這一點凡是明瞭中國革命情勢的人都很了解的了。現在廣東政府已變更計劃，一面雖然允許英國的商品進口，但同時組織一個抵制英貨委員會來宣傳不買他的貨，所以中國共産党和國民党應隨時隨地斟酌情形，決定他的爭鬥方式和利用機會組織革命群衆以打倒反革命勢力。現在中國還是正在組織群衆的時期，亦是反革命勢力正在發展的時期。英國帝國主義者雖極力宣傳反對蘇俄，反對中國赤化，并派人携帶六十萬英金，到處幫助反革命以破壞革命勢力，和極力鼓吹張吳聯合，但以軍閥互相間和帝國主義者互相間的有利益的衝突，是否有聯合的可能，還是一個問題。總之現在中國是應將所有的革命群衆都堅固組織起來，準備最近的將來向反革命的軍閥和帝國主義者下總攻擊。

為英國封鎖廣東告世界各民族書

胡漢民

世界各民族鑒　今日最應注目者，即英國封鎖廣州及英人在中國海關之稅務司封鎖粵海關稅務司宣言，稱中國罷工委員干涉妨礙於施行職務，所以將廣州與黃埔兩關停閉，使廣州輪船交通完全斷絕。試問罷工委員會何以發生？最簡的答詞，因英國帝國主義者犯屠殺群衆之大罪，於我中國沿江沿海各城，在上海，在廣州，在九江，在漢口，在南京，在庸……我中國工人、學生於中國地內，且在和平運動之時，殺害人數……群數千人身帶重傷，因英國帝國主義者有此野蠻行為，是以中國人民群衆抵制英貨，供英國人民反省，使認識其政府之帝國主義之罪大惡極，英國政府及英國駐京使署本為此次屠殺群衆之事務所，事後百般設法以求毀滅證據，由其英國及盟國法庭半年以來，行施種種詐術，此等詐騙全世界均知之。當頒群衆之政府見中國抵貨罷工適於全國，乃欲以甜蜜之手段以詐騙中國工人，偽言調和，全世界皆知英政府在調和期間已成立再事屠殺之陰謀，即以軍事封鎖與經濟封鎖對付廣東。當調和之際，中國工人群衆只要求香港之普通選舉，此乃英國人民所能得者，且載在英國憲法，在香港中國居民八十萬，各種工商文化之工作均為中國人所創造，所執行，何以中國人無選舉權，此乃英國之平等，英國之自由歟？最識封鎖海關問題，中國海關為中國人，何以英國有權過問，於此有一段最長之歷史，中國海關為英人操縱，所創只因赫德乃英人，國政府因加以非法的干涉，繞言英國商務在中國最大，其稅務司應用英國人，滿洲政府昏庸，因以聽之，乃于一千九百年拳匪之亂，英國政府以無恥之手段與滿清訂立密約，確定稅務之位置永遠為英人，當時德歸國英人以無賴流氓充任，凡為稅務人員收集英國最卑劣之職類，任以重要之職，海關最大之任務乃派遣軍火，及為英國人偷運鴉片煙，英國貨品凡中全未織稅，中國貨物百端苛擾，此等公然犯罪之機關，中國早已痛恶，尤其是英人稅務司及其他外國人員，所以中國人民群衆一致奮鬥海關自主。海關之非法行動，尤其是在廣東，廣東所有土匪均有槍械彈藥，且皆常充足，推為購買者則廣州海關及英國輸入香港兩政府援助之色運之者，全世界皆知。當一千九百二十四年十月廣州商團之亂，備數的香港兩政府公然援助亂党以大批軍火，運載之船通過英國海港，絕不禁索。我們之際，英國駐廣州領事竟敢公然以恫嚇之函致事，公然援助商團。至於海關之收入，則英國稅員不交廣東政府而交廣東政府之敵吳佩孚、張作霖、段祺瑞等。當孫總理尚在時，曾欲收回廣東海關於英國帝國主義者與日本美劍法國共以兵艦駛入珠江以事恐嚇，所以粵海關於此次……無利益，不但無益，且以與敵人，如英國之海關封閉於廣東人民其為中國事者，廣東政府以前輸出稅入不上稅，而如英國海關稅員罷工尤妙，因伊等本無權留我海關，如中國海關真有用外人之必要，則拔英人外尚有他國用商務最大之國人，則今日日本居第一，英國次之，英國退時在中國只施行一種屠殺民衆之政策，原來不在乎通商，日英兩國雖有優先權，惟中國海關屬於中國人，根本上不能承認任何一外國人有優先權，所以我們要求海關自主，所以我們要求取消不平等條約。

英國帝國主義將中國認作第二印度，所以施行屠殺群衆之政策，及今援助反革命及土匪以求擾亂廣東，消滅廣東民衆，此着不行，遂以本身之雄兵相擁，攻擊我廣東之工農群衆，英國帝國主義者欲想三千餘萬居民，成為四萬萬人為非洲之賤國人，將由封鎖令其飢餓而盡食之，如伊等之施於賤國人者，所以本以中國人全體民衆名義求援助于世界各民族，向英國政府及英國帝國主義者之海賊之嘴，向香港及其世界與屠殺階級及被壓迫之民族，在英國與英國屬地之被壓迫群衆，公等須知我四萬萬人類，此其所為者惟一次第我於公平，所以公等為我們自保共與同討，應與我等聯合戰線，共同作戰。

胡漢民

“三一”與高麗民族的革命運動

洪景天

一九一九年三月一日，即日本帝國主義者在他統治下的高麗民族一致起來反抗日本帝國主義，宣佈高麗民族的獨立的日子。當時全國各處都在一時內舉行了大的示威運動，可是駐在高麗的十餘萬日本軍隊與武裝警察就毫無人道的演成以大砲射擊示威群衆，擔殺數萬人的大慘劇。這是高麗民族的解放運動史上從來所未有的！演成這種大慘劇的原因，是因為自十九世紀中葉以來，歐美資本主義日加發展，漸次推影而普及於東方。而當時東方的日本帝國主義者受了這種影響之後，日本的資本也大大的發展起來，他的武力與經濟的勢力，到了十九世紀末葉則已超過東亞各民族之上。以前的封建制度的日本，到那時已變成資本帝國主義的日本了。他變成資本帝國主義後，他即開始侵略而傳開他的大陸政策。高麗在地理上與日相隣，所以首先受了日本帝國主義的侵略。一八七六年高麗與日本兩國第一次訂了修改條約，允許日本人來高麗開商埠。但是後來日本在高麗的勢力與中國在高麗的勢力互相間發生了衝突，故於一八九六年(甲午)遂發生中日戰爭，結果中國失敗了，因此日本在高麗的勢力又得向前發展一步。到了一九〇四年(甲辰)在高麗的日本勢力與在高麗的俄國勢力又互相間衝突起來，日俄戰爭的結果，日本又得了勝利，此後在高麗的

打斷英國帝國主義者伸向廣東的貪殘的手！

保護廣東國民革命政府!

3

外國勢力,除了日本以外,都完全消滅了。於是日本帝國主義者,無所顧忌的用武力來壓制高麗了。那時高麗朝府滅亡的封建階級專政,自然免不了在內政上有許多糾紛,日本帝國主義者利用這些糾紛,想出種種方法,從軍事上經濟上將高麗的政權完全奪取,到了一九一〇年(庚戌)八月二十九日,日本政府就正式宣布廢除高麗的皇族政府,將高麗合併於日本,設日本總督於高麗。於是有了四千餘年長久歷史的二千萬高麗民族,遂一旦被日本帝國主義者併吞,完全變成了他的殖民地,無限制的受他的剝削了!高麗各處的覺悟青年,都繼續不斷的起來謀反抗爭鬥,可是此時為時已晚,得的效果很少,且自日本武力在高麗完全得着勝利之後,日本帝國主義者的行動更為專橫殘暴,施行他的武斷政治,以壓迫高麗人民,又實行殖民經濟政策,以榨取高麗工農階級的血汗。日本大工商業資本家,與銀行業資本家掠奪高麗的小商業資本與農民的土地,更為利害,因此日本併吞高麗後不過十年間,高麗已成為日本化了。試拿一九一九年統計來看,高麗的教育機關有日本總督府官立小學校全國總數四百五十餘處,而這個數目已普遍設立,全國各鄉區即七鄉區一個小學校。又看在高麗的日本警察機關怎樣?高麗全國每一個鄉區都有完備的警察機關。以經濟方面看來,日本大資本機關的東洋拓殖(該會社現基本金八千萬元)及朝鮮銀行(基本金三千萬日金,與該行鈔票數目一億萬元以上)等,用來榨取高麗的小商業資本與農民的土地,所以日本併吞高麗後,不過十年,而高麗工商業因無組織,以致完全破滅,土地約百分之六十以上都為東洋拓殖會社及朝鮮銀行所收買,所以在這十年中,高麗貧農流離逃亡於中國東三省一帶及西北利亞者其數達三百餘萬,這是因為日本移殖農民來到高麗者,其數亦約三十萬以上,高麗農民受了饑餓的壓迫而遷徙流離於外地者逐年增加,這亦因為日本移民來高麗者也逐年增加,如此看來,自一九一〇年日本併吞高麗後,日本帝國主義者在高麗施行殖民地政策,在政治上與經濟上是如何的用嚴酷手段來剝削與榨取高麗民族,處在這帝國主義者淫威高壓之下又是如何的被掠奪與欺凌!高麗民族之人權與自由完全被日本帝國主義奪取去了,所以高麗人是沒有集會結社言論出版等自由權,高麗人沒有享受教育權,不能自由開辦學校,沒有行動自由權,不能自由旅行,不能自由出外國,能在高麗存在的團体與言論機關,除了以迷信而誘惑民衆的幾種宗教以外,則全高麗只有一種高麗文的日報,這個日報亦是日本總督府的機關報,因為他用來宣傳同化政策以欺騙高麗民衆的,其餘在民間,在沒有另一種報紙了,所以高麗民衆的思想言論不能發表出來。日本帝國主義者以為用了這種高壓手段把高麗民族壓迫於十層地獄下,高麗民族受了這種壓榨,再也不能不起來反抗日本帝國主義者了。一九一九年歐洲戰爭既告終,然各帝國主義者危機四伏,高麗民族利用這種好機會,遂於一九一九年三月一日,一齊起來反抗帝國主義者的侵略,並宣佈高麗民族獨立。這運動爆發之後,全國各處的示威運動,繼續至五個月之久。在這些示威運動中,日本帝國主義的走狗,軍隊和武裝警察,用多量的槍彈向着那手無寸鐵的示威群衆射擊,所以高麗的景況,如臨大敵一樣。對於這次示威運動的經過,據較詳細調查統計表統計如下:

(一)各地示威運動共一千五百四十二次,

(二)參加示威運動人共二百二十萬二千〇九十八人,

(三)示威運動中被慘死者總數為七千五百〇九人,

(四)被重傷者總數為一萬五千九百六十一人,

(五)被囚者總數為四萬六千九百四十八人,

(六)毀燒民户總數為七百六十四座。

在這次運動中,高麗民族受了莫大的損失,其失敗的重要原因有二:第一是因為這次示威運動中未準備武裝以與帝國主義者的武力對抗,故不能持久;第二是因為沒有統一的組織,來作領導的機關,以致群衆的力量分離。但是高麗民族,經過這一次革命運動失敗後,他們的覺悟增加了,知道一種革命的行動,必須先有一種堅固統一的組織來作領導機關,然後才能群衆武裝起來,實行革命,這種革命才不致失敗。所以現在高麗人在上海組織了韓國臨時政府以統管內政外交上工作,又在滿洲及西北利亞等處組織兵隊,施以武裝訓練。所以七週年以來,襲擊日本警署,次數已達三百五十餘次,同時在日本方面,日本帝國主義者看過了一九一九年三月一日運動後,對高麗侵略形式上亦改變了,已將武力壓迫的侵略政策,改為改變人民思想的文化侵略政策了。所以日本帝國主義者就規定在特殊法律範圍以內,允許高麗人民有結社自由,言論出版自由,教育平等,這種政策,是日本帝國主義用來緩和高麗革命潮流的政策。在事實上是想把高麗民族奴隸化,而聽從帝國主義者自由役使與剝削。三一革命運動雖然失敗,高麗民族不可不利用日本帝國主義者這種緩和政策的時期,來準備我們的革命工作。各處都響應組織男女青年團体,以提高群衆的革命熱情,促進高麗的解放運動。並且有了階級覺悟的青年份子,尤應宣傳工農階級的階級意識。例如一九二三年組織了全高麗青年總同盟,以統一高麗青年運動,現在該同盟加入的團体,約二百個,人數四萬餘,不久高麗的階級爭鬥運動,又日漸發展起來。所以一九二四年又組織了全高麗工農總同盟,以統一高麗工農階級的階級爭鬥。現在工農總同盟的勢力很大,加入的團体一百九十餘個,人數十萬餘人,又如在高麗封建時代的所謂下層階級(奴隸,賤民)他們在現時高麗階級爭鬥上最有力量,她們已組織了衡平社,以階級爭鬥為她們的解放武器,衡平社的社員,約有四十多萬人。從以上這些組織的趨向看來,可知自三一運動後,高麗有覺悟的革命分子,都漸由民族革命方向,轉很明顯的轉向階級革命的方向了。高麗是產業未曾發達的農業國家,是日本帝國主義者的殖民地,她的農民約占全人口百分之八十以上,這些農民多係無產階級化,高麗人民的饑寒慘況,當不能再堪帝國主義者高壓政策了。所以希望高麗民族革命運動根快的向前發展,高麗革命群衆很快的無產階級革化命,站在第三國際之指導下來聯合全世界無產階級的力量,打倒世界資本帝國主義,以實現高麗民族的解放。這是三一運動在高麗革命發展過程中的意義。

高麗民族解放萬歲!

東方各被壓迫民族統一戰線萬歲!

全世界無產階級革命成功萬歲!

通信欄

前進報諸同志:

連讀前進報,甚為高興,前進報是國外指導革命的唯一機關,不只限於某(?)境內,西歐帝國主義國家中的華人亦需他領導。我們除希望前進報日益發展外,并貢獻三項簡單的意思:

(一)國內外一切新聞為論評的紀載;

(二)蘇聯情勢之詳釋;

(三)世界情勢之述評(如植秋容文論裁兵會議便是一模範)

此三項能做得簡而扼要,則更適合於西歐華人的要求。至於技術上則覺賣紙太貴,而錯字廢見之而缺点,倘能改為鉛印,便最好不過了。(下略)請接受

革命的敬礼。

宗錫鈞寄於比國利愛

二月十七日

錫鈞同志:

來信以指導國外華人趨向革命的責任歸諸本報,這是本報發行的目的,當盡力做去。

至於你的三個意見,除去第一個意見因本報編輯人力缺乏,負責編輯的人時間又不充分,只能將新聞分類載出,不能再作評論外,其餘第二第三兩個意見與本報編輯的路線是相合的,不過本報過去十餘期中因出了數期專號,以致對於這兩項工作做得很少,以後當注編輯的分量上補足。

此外你所說的本報技術上的缺点,我們也正在設法免除,但在客觀上或主觀上有些條件不是馬上就可以辦到的,——如本報因財力不足不能單獨購買華文鉛印機,我得其他的機關共同去購買,但在時間上至少須兩月以上才能運到。——總之我們是在用盡可能的力量推進本報往前進步,以符讀者的希望!

革命的敬礼。

記者　一九二六,三,五日於莫斯科。

新聞彙錄

中國新聞

▲革命軍與反革命軍之消息

◎國民軍停止封鎖

北京二月二十五日電:國民軍未進攻吳佩孚,又訛吳軍已佔信陽州與開封府,虽然前線戰事甚烈,但此消息純屬仔虛云。又訛,國民軍已退出青州云。

◎奉軍反攻被國民軍擊退

北京二月二十七日報訊:李景林軍佔領馬廠,原李得俄白党二千之助,用鐵甲車與大炮衝鋒,意在奪回國民軍之前鋒地,但被國民軍將三鐵車打碎奪回,溯河前被李軍佔領,現亦被國民軍奪回云。

▲廣州革命政府的消息

◎英帝國主義在廣東的行動

英國能解決廣東罷工問題耶?

北京二月二十四日電:廣東訊,別已有四十隻船抵岸,因國民政府未下令檢查,故不能裝貨,國民政府宣布对此问题暫不讓步,又有一港粵間駛行之船傳出訊:港粵交通已斷絕。中國新聞記者傳出消息:關于英國封鎖廣東事,現英國政府否認有此種行動,並謂英願和平與國民政府協商解决,司布報訊:關于英國封鎖廣東,實屬不可能,因各國駐廣州之領事已意見分歧云。

◎廣東政府號召全國民衆反对帝國主義向中國民衆之新進攻

北京二月二十五日電:廣東國民政府駐京之外交代表,因近通電全國要求一致反对英國在港粵之挑衅,大致謂:中國人民之解放,須經一長期鬥爭,現帝國主義企圖制平中國的革命勢力,我們唯有与他奮鬥到底,中國革命即含有世界革命之意義,倘中國革命失敗,則世界革命必受極大之損失,我們應号召世界工人援助並促成中國之革命云。在京之英报評論:關于廣東罷工問題,實係廣東政府無誠意解決,廣東政府即是破坏中英條約,因此輿論,北京英文民國日报答復云:國民政府絕不能干涉工人之罷工運動,尤之于英國不能解決礦工罷工一樣,係說破坏中英條約,試問廣東税関是中國的,而英人強行干涉,究竟是誰破坏中英條約?

◎廣東衝突已和平解決

北京二月廿六日電:今日外長王正廷向外國新聞記者談話:王說,頃接廣東來電云,海關問題已調和,但詳情尚不可知云。無線電廣東訊:向題已調和,現將前所扣留之外貨,經罷工委員会之檢查委員会檢查後,即發與海關云。

贊助北方的國民軍,打倒直奉聯合的反革命勢力!

4

◎粵港間交通恢復

倫敦二月二十六日香港訊：港粵間英船已開始駛行。

◎廣東組織反英之示威運動

北京二月二十七日電：不要認此次之解決為最後的解決，但本日在廣東小組織了很大之示威運動，反對英國之海關管理，決議定閉會前後，起而反對英的張吳。

◉工人運動的消息

◎上海職工會之政治主張

北京二月廿四日電：上海職工会對時局之主張為：(一)集合一切革命勢力打倒吳佩孚張作霖，並要求滿足工人條件，仍擁護國民軍。(二)擁孫傳芳發生關係令其與攻吳佩孚。(三)派到滿洲給張作霖使其不受日本之影響。(四)集合一切革命勢力反對英帝國主義，並實現國民會議云。

◎上海日本紗廠新罷工

北京二月二十七日電：上海情形重新嚴重，上海工廠開始罷工，原因是在日人紗廠日監工開除女工十四，工人大憤，將該監工打死，廠主請求英巡捕至廠大打中國工人，拘捕工人四十人，即日宣布罷工，現有引起其他外廠的罷工之勢云。

其他重要新聞

◎上海學聯一致反對英國

北京二月二十六日電：自英國宣布封鎖廣東後，上海民眾非常憤激，現商会、職工会、學生会、婦女聯合会及其他各團體電北京政府，請解決此問題，又電國民政府，誓以全力援助廣東政府云。

◎北京封閉反革命報館

北京二月二十五日電：近日封閉一報館，因其向來反對聯俄，為人煽動與暴動之故。又訊，昨日亦封閉二報館，因他們替吳佩孚宣傳，甚至擾亂前線軍情，現主筆已被捕云。

◎吳佩孚的警察聽英國之調動

北京二月二十四日電：吳軍在河南農村中逮捕一農工領袖，據工人前線煽動農民組織農民聯合会之罪狀，遂用嚴刑拷打，現農村中均一致起而反對此種不法之行為云。

◎英國在華之反動

上海英捕重新反動

擾亂社會安寧

北京二月二十四日電：上海訊，滬租界英捕擅行闖入國立大學禁止開会，並捕去學生二名工人九名，宣布該學生等犯共產黨宣傳散發共產主義書籍之罪，此事發生後，上海群情大憤，而工人更嚴重的反對帝國主義云。

◎中政府要求外國重新審約

北京二月二十七日電：此次外長王正廷向中外新聞記者[illegible]

接洽，中政府集權力而外商破商取消不平等條約，去年我們要求六月十日封鎖，但他們不注意我們的要求，現政府覺期限以前所訂之條約已屆期限，政府業已通告法國，法已答覆從新審察關于以前所訂之商約，今年八月期滿云。

◎吳佩孚勢力範圍下面的民眾運動

北京二月二十七日：漢口近有很多民眾團體派出代表二百五十名，對省議会請願，要求幫助組織國民会議，省議会拒絕，代表們乃舉暴動，證明中國人民運動之激烈，漢口係吳之內府，尚有此運動云。

◎美國的假面具已揭穿

紐約二月二十七日電：美外長致牒廣州政府，關于海南島中學生將美國之教堂旗撕碎之理由，請國民政府賠償損失云。

國際新聞

◎英國保守黨不滿意李諾維埃夫的報告

蘇聯政府即是第三國際

張伯倫稱有特別方法保護資產階級

倫敦二月二十四日電：保守黨議員佛爾爾向外長張伯倫：「你對李諾維埃夫的世界狀況的報告，曾注意否？他的報告中有英國增加共產黨員，目的為推翻現政府，企圖將英國赤化，當初英俄締結條約時，曾有此條件乎？」張答：「你看的太簡單了，你沒看李之報告，他說共產黨速來臨，我地方不單是中國，此問題不必深加討論，我當設法保護自身的勢力，李氏雖然報告世界狀況，實際與大重要關係云。」

◎英國保守黨關于第三國際擴大会議之討論

倫敦二月二十五日電：保守黨佛爾向外長張伯倫云：「最近你聽見第三國際要派一英國委員名沙布利去英國煽動工人革命否？你能否禁止其入國？」張答：「我已在報上見過，倘若回英，我們自有相當辦法對待。」佛又問：「李已派他回英，英何不事先設法阻止呢？」

◎德共產黨號召工人統一戰線

柏林二月二十五日電：德共產黨中央宣言德工人應統一戰線，反對階級妥協，使群眾加入職工会，並議決在奧倫堡開全德職工会全國代表大会云。

◎俄德波鐵路代表會議

瓦薩二月廿四日電：在瓦薩召集之俄德波蘭鐵路会議，討論通車，主國不換車事，一致贊成，現第一列車已於十二月六日開行云。

◎日本重新在滿洲得到抵押

東京二月二十六日電：美報訊，日助張倒郭，張作霖送日本一遼東為中抵押，日本作事應明顯，不應陰謀侵略，以前日外長答覆上海輿論說：你們說日本幫助張，有何憑據之說，現已証實其為外交詭笑。

◎六萬英工人被廠主宣布停工

倫敦二月二十六日電：機器廠廠長通告職工会云：你們要求增加工資時，我們只有停止工作，有六萬工人，廠主已告訴停工，不久因有一工廠有九百工人罷工，恐此六萬人有之關係，為以警告。

◎機器工人準備反抗

倫敦二月二十六日電：倫敦機器廠主開会議決由三月直到十三日全英國機器廠完全停工，原因由於要求九百工人上工，工人罷工之原因，要求每週加資十先令，要求廠主承認職工会勞動條件，廠主不准，還用未加入工会之工人，此問題未解決，因此才罷工云。

◎日本保守派與警察合作以與共產黨戰爭

東京二月二十六日電：日資本家報訊，明日日保守派工会開統一大会，討論最近組織之工農黨，現日本有九個共產黨之支部以外還有工農黨，保守黨要求警察強迫工農黨與保守派合作，一致反共黨，工農黨之工作，我們之參加，工農黨的記者接談，保守派并無誠意與我們合作，僅顧為不利于我們的領袖已云。

◎德國失業工人增加

柏林二月二十六日電：德報訊，現德由二月十五日開始增加失業工人兩萬三千八人，現有失業工人受國家津貼者二百萬五萬九千人，之家屬受國家供給者二百萬三十六萬一千，現在計畫不久農村工廠開工，即可減少失業工人云。

◎波蘭逮捕

威爾拿二月二十六日電：威爾城警察發見共產黨之支部，在威爾拿逮捕七首領，黨員很多亦被捕云。

◎「解除武裝」？

紐約二月二十六日電：美海陸軍總長議決修改兩個很大之飛艇，每艇能裝二十五個機關槍，三尊大炮，以後即可不用火車運軍艦云。

◎議成法國與摩洛哥戰爭

巴黎二月二十六日電：法議院開会討論與摩洛哥之戰爭，共產黨議員反對，社会黨贊成，而不衝突，結果得法政府之軍費減去一百萬，陸長非常不滿意云。

◎德國農民暴動

農民與警察衝突

柏林二月二十七日電：在威爾凡一帶農民暴動，原因國家賦稅太大，農民不能完納，國家即用武力強迫，生活條件甚苦，因之暴動，警察出而彈壓，農民抵抗，一十八人被捕，農兵與警察戰爭，結果被警察全數逮捕入獄，因之農民對國家抗阻者，現德民群情激憤異常云。

蘇聯新聞

◎全蘇聯職工会擴大執行委員會

二月二十七日六鐘在職工会開第七次擴大執行委員会，討論題目為：(一)莫斯科職工会與全俄職工会之職員亦並報告最近工廠之職員勞動保護，代表為一千六百人云。

◎張作霖軍隊搶掠

海參崴二月二十四日訊：張作霖軍隊搶掠鄉村農民，蘇聯當時于此事向中國領事提出抗議，中國領事說：以後必不能有此事發生，不久，中國兵又在俄界打死三人，搶去牲口一，黑龍江中國軍士持槍至俄人家搶掠，此事屢見層出，此問題已封端至北京政府云。

本埠新聞

高麗「三一」七週年紀念會

僑居莫斯科的高麗勞動者與各學校高麗學生於本月一日晚八時在東方大學俱樂部聯合開紀念高麗「三一」的七週年，到会者約十八左右，除東方民族均有代表到会外，第三國際及農民國際亦派有代表到会演說，是晚開会後演說者為第三國際的代表日本共產黨的首領，世界有名的革命家片山潛氏，他的演說的大意謂：「我很樂的參加這個紀念会，二十世紀初葉，日本的軍閥侵掠高麗之後，同在高麗駐二十一個師團的軍隊和二萬以上的武裝警察，在政治上經濟上壓迫高麗民族，都是極端悽慘，不可言狀的，因此被壓迫的高麗民族，在一九一九年三月一日開革命的示威，宣布高麗民族的獨立，遭受殘酷日本帝國主義的高壓，竟至失敗，這是很悲慘很光榮的高麗革命運動史的一幕，高麗民族覺悟到要取得高麗民族的獨立，必由用武裝暴動打倒日本帝國主義者不可，絕不是用和平手段可以達到的……」再次為農民國際代表[illegible]斯基，第三國際東方部代表魏金斯基，即俄共產黨代表洛莫夫及台氏族代表相繼演說，畢再由東大高麗班學生表演「三一」運動的新劇，個種悲慘和壯烈的表現，都得到的印象很深，至十二鐘閉幕散会云。

Главлит №56163. Тираж 5000.

Москва, 1-я типо-литография Центриздата Народов СССР. Шлюзовая набережная д. 162. Телеф 5-92-78

第一版
№13
第十三期
一九二六
三月八日
8 МАРТА
1926 г.

中國前進報編輯發行處
РЕДАКЦИЯ
КИТАЙСКОЙ ГАЗЕТЫ
„ВПЕРЕД"
г. МОСКВА
пл. Свердлова, 2-й д. Советов, пом 1, ход со стороны Третьяковского проезда

前進報

價目	蘇聯境內	國外
1. 每份零售	10哥比	15哥比
2. 訂閱每月	40哥比	60哥比
3. 訂閱半年	2盧布30哥比	3盧布60哥比
4. 訂閱每年	4盧布50哥比	7盧布

旅俄華僑協會籌備委員會刊行
編輯人 玉倫

每星期五出版　每份零售10哥比

ЕЖЕНЕДЕЛЬНАЯ ЦЯНЬ-ДЗИНЬ-БАО (ВПЕРЕД) ГАЗЕТА

紀念"三八"婦女國際日特號

婦女國際日

多數主義和俄羅斯十月革命的最重要的和最根本的就是把在資本主義中最受壓迫的人們引入政治。無論在君主國或德謨克拉西的資產階級的共和國中，資本家們壓迫他們，欺騙他們，掠奪他們。這個壓迫欺騙，這個人民勞動的掠奪，當私有財產、土地、工廠、作坊還存在的時候，是不可免的。

多數主義的本質，蘇維埃政權的本質，就是揭破資產階級德謨克拉西的騙局和假面具，廢除土地的、工廠的、作坊的私有財產，把所有國家政權建築在勞動者和被壓迫的群衆的手中。這些群衆把政治，就是說把新社會建設的事業放在他們的手中。事業是艱難的，群衆受資本主義的腐敗和壓迫，但是要從資本家的奴隸下找他出路是沒有的，也是不會有的。

要引導群衆參加政治，不能不引導婦女參加政治，因為佔人類半數的婦女，在資本主義之下受著兩重的壓迫的：

女工與農婦受資本家的壓迫，此外，就是在最德謨克拉西的資產階級的共和國中，她們也還是，第一不能與男子同樣的權利，因為法律不給她們這個權利；第二，還有一個重要的，她們還是"家庭奴隸"，受最 的、最黑暗的、最沉重的、人類最蠢笨的廚房的工作，和簡單經濟的壓迫。

多數黨的蘇維埃的革命把全世界無論那一個黨、那一個革命所不敢剷除的女子的壓迫，女子的不平等，從根本上把牠剷除了。法律上的男女不平等，在我們蘇維埃俄羅斯根除了。特別可惡的、下賤的、虛偽的婚姻法上和家庭法上的不平等，對兒童關係的不平等，蘇維埃政權已經完全廢除了。

這只是婦女解放唯一的的第一步。但就是最德謨克拉西的資產階級的共和國都不敢做的第一步。他們不敢動搖"神聖的私有財產"。

第二是最主要的一步是廢除私有財產的土地、工廠、作坊。這一步，也只有這一步為婦女解放，把她們從家庭奴隸中的解救，開了兩條大道，使小規模的、簡單的家庭經濟過渡到大規模的集體經濟。這個過渡是很難的，因為這事是改造最有根基的最成習慣的、最主要的制度（每日說，只是醜態、野蠻，而不是制度）。但這個過渡已經開始了，事情已經向前動了，我們已經走進新的道路了。

在女工國際日，有無數的女工大會對蘇維埃俄羅斯致敬禮，因為他曾開始了非常困難的艱重的可是偉大的、全世界偉大的和真正解放的事業。要勇敢的說不受殘酷的野蠻的資產階級的反動的恐嚇。越是自由，越是德謨克拉西的資產階級的國家，資本家反對工人革命的兇狠越殘酷越野蠻些。北美合衆國這樣的德謨克拉西的共和國就是一個例子。工人群衆已經覺悟了。帝國主義的大戰已經把美洲的、歐洲的和落後的亞洲的酣眠中的半眠中的落後的群衆叫醒了。

全世界這處的冰都溶消了。人民脫離帝國主義束縛的解放，男工和女工脫離資本的束縛的解放不可遏止的向前發展。這個事業是被千百萬的男工和女工、農夫和農婦所引領前進，正因此，這個脫離資本束縛的勞動自由的事業將要在全世界得到勝利。

列寧在莫斯科女工大會上的演說

同志們，我很榮幸的慶祝婦女工人的大會，我今天要講的不是關于每個婦女工人和每個勞動群衆的覺悟分子的問題。這些最熱烈的問題就是麵包問題和我們的事情形的問題，但是從各種報紙上我得以知悉關於你們開會的種種記事，這些問題由同志"托洛斯基"在此地軍事方面說明了，又同志"亞科夫列夫"和"士維爾克斯基"將麵包問題說明了：所以容我不說及這些問題。

婦女運動一般的責任

我們先說共同關於在蘇維埃共和國的婦女工人運動一般的責任，即是共通的關係於社會主義一類的責任，和現時特別迫切的那種責任。同志們，關於婦女地位的問題，從最早開始就由蘇維埃政權提出了。我以為每個過渡到社會主義的工人國家有一重責任，這個責任的第一部分也較簡單而容易，即關於那有利女對於男子處於不平等地位的舊法律。

第一次蘇維埃俄羅斯給了婦女的完全平等。很久以前，所有西歐解放運動的代表，不僅十年以來且百年以來提出要求廢止這些陳舊的法律和男女法律上的平等；但是沒有那一個歐洲民主的國家，那一個最先進的共和國家，得以實現這個的，因為那裡資本主義還存在，那裡還保存土地的私有財產，工廠作坊的私有財產，那裡還保存資本的政權——即特權，仍落在男子手裡。

在俄羅斯之所以能實行這個責任，只因為從一九一七年十月二十五日後，這裡建立了工人政權。蘇維埃政權最初就認為自己的責任是實現勞動者的政權，仇視一切剝削榨取他人的勞動，他認為自由責任是消滅地主資本家剝削勞動者的可能，消滅資本的統治。蘇維埃政權竭力求達到勞動者建設自己的生活，對土地非私有財產，對工廠作坊非私有財產，這個私有財產在全世界各處或在完全政治自由之下，或在最民主的共和國家，實際上置勞動者於貧困和僱用奴隸的地位，而置婦女於雙重奴隸的地位。

蘇維埃政權根本改革了關於婦女的立法，蘇維埃的政府及勞動者的政權，其他出現的最初幾月就很堅決的改革了關於婦女的立法。置婦女於隸屬地位的法律，在蘇維埃打得粉碎一條不留。我只說一說這些婦女的最弱的地位所專門享受的法律，置婦女於不平等的地位，甚或卑污的地位，即是關於離婚法、關於私生子的法律、關於婦女為謀嬰孩的安全對嬰孩的父親控告權的法律。

恰恰在這方面，資產階級的法律可以說甚至在最先進的國家對待婦女的地位極其卑弱，使之不平等而卑污，恰恰在這方面蘇維埃政權把對於勞動群衆的代表們的不公正的、殘忍的法律打碎，一點不留。現在我們可以完全驕傲而無疑義的說除了蘇維埃俄羅斯以外，世界上無一個國家實現了婦女的平等，而婦女無有不處於卑污的地位的，特別感覺得的是在日常家庭的生活中。這乃是我們第一重要責任之一。

唯有蘇維埃政權實現了德謨克拉西。

倘若你們偶與佩視多數黨的黨派隔閡，或你們陷落在高爾登或丹尼金佔據的區域中所出版的俄文報紙中，或同住在這些報紙的觀點上的人談話，則你們由他們中間常可以聽著攻擊蘇維埃政權的話，說他破壞德謨克拉西。

一般人常罵我們、蘇維埃政權代表們，多數黨共產主義者和蘇維埃政權的同情者，說我們破壞德謨克拉西，而這個責備的證據的事實是蘇維埃政權破壞了國民大會。我們答復這些控罵普通是如此：在土地的私有財產存在之下所產生的德謨克拉西和國民大會，和當私有資本是主人翁而其餘勞動者均是他的僱用奴隸的時候，這種德謨克拉西我們看來不值一錢。這種德謨克拉西本身包含有奴隸制度，即在最先進的國家裡亦如此。我們社會主義者之所以爲德謨克拉西的擁護者，只在他如何改進勞動者和被壓迫者的地位。社會主義的責任，是反對全世界上一切人剝削人的事情，對於我們有真實意義的是在不平等地位中所有利於被剝削者的德謨克拉西，要是不替勞動者被剝削選舉權，那就成八與八間的平等，亦勞動者不應得食。

對於破篤的答覆，我們就是應該要問這一個與那一個德謨克拉西的國家是怎樣實行的，我們有見在那一個的民主國家宣佈平等，但在國民法律上和女權法上論她們的家庭地位離婚等婦女的不平等和卑賤，無處不見。我們說：這是破壞德謨克拉西。當然是指對於被壓迫者，蘇維埃政權實現了德謨克拉西，比在世界上無論其他任何最進步的國家實現的是不曾有的。我們說這是破壞德謨克拉西，上未點下一點對於婦女的不平等的？反復言之，即沒有那一個國家沒有那一道德謨克拉西的法律對於婦女曾做到蘇維埃政府他存在的最初幾月所做的一半。

固然，一種法律的不適足，而我們無論如何不能滿意那一種形式的。但是，在立法上我們全辦了男女地位平等所要求的一切，這我們是可以此自矜的。現在蘇維埃俄羅斯婦女的地位，從最先進國家的觀點看來，當然是完美的了。但我們自己說，自然這還不過是開始而已。

蘇維埃政權從家庭束縛中解放婦女

在家庭經濟中婦女的地位仍舊是受壓迫的。要完全解放婦女與男女真正平等，必須有社會的經濟和婦女們參加共同生產的勞動。此時婦女將如男子佔同樣的地位。

自然，這裡不是說使婦女平等是在乎勞動生產力、勞動份量及其快慢，在勞動條件等等，而是說婦女的經濟地位與男子不同受經濟的壓迫。你們都知道即在完全平權之下亦還留著這個事實上的婦女受壓迫，因為一切家庭經濟放在她身上，這個家庭

全世界被壓迫民族與無產階級聯合起來！

“三八”國際婦女日萬歲！

經濟都放在她身上．這個家庭經濟大半是最不生產的最野蠻的且最艱苦的勞動．這就是婦女所作的．這個勞動極其瑣碎，不含一點有利於婦女發展的東西．

欲達求社會主義思想，我們須為完全實現社會主義奮鬥．這裡對於婦女開了工作的大場面．我們現在處處的準備着洗建設社會主義的地方，但社會主義社會本身的開始，只在我們得到婦女完全解放的時候．自從消滅個不生產的工作解放的婦女一塊兒做新的工作．這種工作我們須得許多年來作．

女工的解放應該是女工自己的事．

這個工作不能得到很快的結果．也不產生充碩的感覺．我們建造模範設施膳堂，幼稚園，這些可解放婦女脫離家務．這些一切設施建造的工作大半落在婦女肩頭上．應承認現在俄羅斯可以幫助婦女由家庭奴隸狀況中解脫出來的這類設施還很少，數量簡直寥寥無幾．且現在蘇維埃共和國所處的情形——戰爭的和經濟的情形．關於這些有同志在此地曾與你們詳細說過了——阻得我們這方面的工作．但是也得說說這些解放婦女脫離家庭奴隸地位的設施，只要有最小的可能性的地方，就應該開始設立．

我們說工人的解放應該是工人自己的事．同樣女工的解放亦應該是女工們的事．女工們自己應關心這類施設的發展而這種婦女的工作能完全改變她在資本主義社會下的舊地位

我們的責任在使每個勞動婦女均能參政．

在資本主義社會下欲參與政治，要求有特別的預備所以雖在最末進的自由的資本主義國家裡婦女的參政也異常稀微．我們的責任是在使每個勞動婦女均能參政．一旦土地工廠的私有財產消滅了，而地主資本家政權的推翻了，政治的責任對於勞動群眾和勞動婦女均簡單化了．全均可以參與．在資本主義社會裡，婦女處於無權利的地位．她們參與政治與男子相較則微乎其微．欲改變這種地位，須有勞動者政權．就織政治的根本責任才會完全直接關連勞動者本身的命運

必需女工參加爭鬥．

這裡不僅在黨和非黨覺悟婦女並且不在黨且最不覺悟的婦女們須參加蘇維埃政權對於女工們救了極大的活動場所．我們須對於此般入一致迎改蘇維埃的力量的爭鬥是很艱難的．我們無論在軍事方面與用武力來反對勞動者政權的勢力爭鬥和在食糧方面反奸商的爭鬥均困難．因為走向我們的以他們自己的勞動來幫助勞動者勞動者數目還不充分．而蘇維埃政權一點也不能從量到不在黨的女工群眾的幫助．他們想知道或許在舊資產階級社會的政治的活動需有複雜的預備．而這個是不讓婦女參加．但是蘇維埃共和國的政治活動．主要的在同資本家地主爭鬥，為消滅剝削而爭鬥．因此蘇維埃共和國對於婦女開放了政治活動，以婦女的組織技能輔助男子演成的政治活動．

女工的責任

我們不但需要大規模的組織工作，我們並且需要極小規模的組織工作．這種工作也能在戰時幫助軍隊，亦在軍隊中做鼓動工作．婦女應積極的參加這些工作．使紅軍看見婦女對于他們的熱誠和看護．女工又可以在食糧方面去做工作！——未完

的分配，群眾飲食的改善，和發展像得勤格這樣廣大的食堂．

就是在這些方面，女工的活動具有真正組織者的意義．婦女必需參加大規模實際的經濟事業組織，觀察他使這個事業不至於成為單一的事業．這個事業沒有大多數勞動婦女的參加是不能完成的．而女工完全可以去做監視生產品分配的工作及監視使生產品如何容易取得．這個任務就是非黨員的女工也是完全能勝任的．因為這個任務的實現就是使更社會主義社會鞏固起來．

為要廢止土地的私有財產，以及差不多完全廢止工廠作坊的私有財產，蘇維埃政權想力使所有的勞動者黨員和非黨員男子和女子來參加這個經濟的建設．這個蘇維埃政權所開始的事業只有得到全俄無數萬萬女子的參加才能向前進步．這那個時候，我們相信社會主義的建設將得到保證．當那個時候勞動者證明，沒有地主和資本家，他們一樣的可以生活可以生產．當那個時候社會主義的建設將在俄羅斯得到保證．無論怎樣的外敵和內敵不能妨害蘇維埃共和國

婦女與小家庭經濟

全世界無論那一個，德謨克拉西的政黨，無論那一個最先進的資產階級共和國在最近十年來關於婦女解放沒有得到像我們取得政權後第一年所作的百分之一．我們已經把關於婦女不平等，關於離婚的限制及其污穢的形式，關於不承認私生子及私生子的父親的追問等等卑賤的法律從根本上剷除了．而這些法律在所有文明的國家中還是很有勢力的，這是資產階級的和資本主義的恥辱．關於這一方面，我們有全權自誇．但是我們越掃清舊的資產階級的法律和設立使我們越看得明顯這只是為了建設而掃清地皮，但還不是建設的本身．

雖現在有解放的法律，而女子還是做家庭的奴隸，因為小家庭經濟使她們到廚房作工．和看守小孩子使她們做不生產的瑣碎的，無意識的工作，使她們不能解放．真正的婦女解放，真正的共產主義只有在群眾鬥爭的時候（受無產階級國家政權的指導的）反對這個小家庭經濟，正確點說，群眾把他改造成大規模的社會主義的經濟開始的時候，才能開始．

這個問題在理論上對於每個共產黨員已毫無疑義．但在實踐上我們十分注意沒？當然不夠，我們在這一方面對於現在已有的共產主義的萌芽之注意是否夠了？不夠，不夠．社會食堂，育嬰院，兒童公園——這就是些萌芽的標本．這就是單純的，未來的，不炫耀的，不是誇耀的方法．這些方法能夠在事實上解放婦女，能夠在事實上減少和剷除在社會生產中和社會生活中的職務的男女不平等．這些方法並不是新的，他們是大規模的資本主義所造成的（和普通社會主義的物質的先決條件是一樣的）但是在資本主義社會中也有的，不過第一是非常少的，第二尤其可注意的是：這些經營不是最壞的為從中取利，欺騙，假造的小商人的經營，就是進步的工人所謂很「所謂規的」資產階級慈善事業的虛偽的行動．

現在我們已經有了更多得多的這一類的設立．這些設立的性質已全變了．很明顯的女工和農婦很有組織者的天才很聰明的人們．她們將與很多的工作人才和更多的消耗者共同參加實際工作，不然，這些計劃和組織等等方式，只是一個空談．白費精勞，或與好比許許多多“智識份子”想得天花亂墜，常常自吹自擂，或是要求一般平凡的“共產主義者”可是我們對要不忙着照顧此這新的萌芽．

現在試看一看資產階級，資產階級真會迎合她們的需要！在資本家一出數百萬份的報紙上在他們的眼目中對於這些“模範的”設施，滿篇的稱揚利害！由這些資產階級的“模範的”設施．作了民族自驕的材料！我們的出版物現尚未注意或者簡直尚未注意去描寫那些最好的飯堂或育嬰院去每日每時去改革某些設施成為模範設施介紹他們，詳細的描寫如何經濟人類的勞動——對於消費者如何方便，如何節省出產品，如何將婦女從家務奴隸下解放出來，如何改良衛生條件．——在模範的共產主義的工作之下方可達到，使之遍普全社會全體勞動者，均能得到．

蘇維埃政權與女子的地位

蘇維埃政權的第二週年紀念，使我們必須對於直到現在所有的狀況各方面總觀一遍並深想想現代革命的意義和目的

資產階級和他的走狗們攻擊我們，說我們破壞了德謨克拉西……我們確信蘇維埃革命給世界德謨克拉西的發展史上一個空前的猛烈的進步，即為勞動者和被資本主義壓迫的人們的“德謨克拉西”，有然這是社會主義的（為勞動者的）“德謨克拉西”與資產階級的（為剝削者資本家，富人們的）“德謨克拉西”完全不同．

誰是對的？

深想一想這個問題，了解這個問題，就是結束兩年來的經驗．并能好好準備將來的發展．

從女子的地位上可以非常明顯的解釋資產階級的與社會主義的德謨克拉西之間的區別．對這一個問題的回答，非常明顯

在資產階級的共和國中（就是說，在那裡有土地的，工廠的作坊的，合股公司的……私有財產）雖然在最德謨克拉西的共和國中，世界上無論那一個最先進的國家，女子的地位從來沒有是完全平等的，即是從法國（資產階級德謨克拉西的）大革命後，已有一百五十多年來都是找不着的．

資產階級的德謨克拉西在口頭上是承認了平等與自由，在事實上就是最先進的資產階級的共和國也沒有在法律上規定男女的完全平等，也設有給婦女以自由，從育嬰和男子的壓迫中解放出來．

資產階級的德謨克拉西是漂亮的話堂皇的口頭，許諾自由平等的響亮的口號的德謨克拉西，而在事實上他卻充滿了女子的不自由不平等，勞動者和被剝削者的不自由不平等．

蘇維埃的和社會主義的德謨克拉西指出這些堂皇的，欺騙的口號，毫不寬恕的向地主，資本家或貪圖無恙，投機致貴，剝削饑餓工人們的富農這般人的“民主派”的假面具宣戰．

打倒這可惡的謊話！被壓迫者與壓迫者，被剝削者與剝削者之間的平等是沒有的事也不會有的事，將來都是不會有的．在男子利於男子的法律的特權之下，婦女真正的自由在資本重壓之下為工人的自由，在資本家，地主，商人重壓之下，為勞動的農民的自由，適適是沒有的事且不會有的事．

讓那些造謠的君子和騙子，資產階級和他的走狗們去欺騙民眾，口呼其么普遍的自由，普遍的平等，普遍的德謨克拉西罷．

而我們對工人和農人說．去揭破這些造謠者的假面具．揭開瞎子的眼睛，問問：

——那一性和那一性平等？

——那一民族和那一民族？

——那一階級和那一階級？

——什么重壓或那一階級勢力下的自由？

——為什麼階級的自由？

誰若提說到政治，德謨克拉西，說到自由，說到平等，說到社會主義，而不提出這些問題來放在第一列，而大聲反對這些問題的隱匿掩飾虛偽，誰便是勞動者最惡的仇敵工農的死頭對，便是地主和資本家的走狗．

兩年來蘇維埃政權在一個歐洲最落後的國家中已經做到了一百三十年來全世界的最先進的，文明的，德謨克拉西的共和國所未能做到的婦女的解放，婦女與“強”性的平等．

教育，文化，文明，自由——這些都是資本主義的，資產階級的共和國中的漂亮的名詞，聯合了一些異常卑賤的，齷齪不堪的，對貧無理的法律，關於女子在法律上的不平等，婚姻權，離婚，私生子與合法的產子之不平等，男子的特權與賤婦女等等法律．

資本的束縛，神聖的私有財產的壓迫，資產階級愚笨的魔王專制，小經濟的權利，這就是要嚴防觸犯了這些齷齪卑賤的法律的原因，因為他不利於資產階級的共和國

蘇維埃共和國，工農的共和國，立刻把這些法律廢除了把資產階級的騙局與假面具破壞，一絲不留．

打倒這個騙局！打倒在還有被壓迫的“性”，有壓迫階級有私有財產的資本和股票，有利用盈餘麵包壓迫饑餓者的貪農存在的時候，而口說為全體的自由和平等的欺騙者！不是為全體的自由，不是為全體的平等，而是與壓迫者剝削者鬥爭，廢除壓迫與剝削的可能——這便是我們的口號．

對於被壓迫的性的自由與平等！

工人與勞動農民的自由與平等！

與壓迫者鬥爭，與資本鬥爭，與奸商，富農鬥爭！

這是我們戰鬥的口號．這是我們無產階級的真理與資本階級的真理．我們對對着資本的世界與他的假面具的虛偽，誇張的口頭語，說普遍的自由和平等，說為全體的自由和平等的話類奮鬥的真理．

正是因為我們揭破了這個欺騙的假面具，我們用革命的精神實現了勞動者，被壓迫者的自由和平等反

婦女運動要以勞動運動為中心，聯合被壓迫者，打倒壓迫者實現世界革命為目的！

婦女要得到真正的解放，必須打破資本主義的樊籠！ 3

對蘇俄者反對資本家，反對富農，所以蘇維埃的政权，素成全世界工人的道路。

正是因此，在蘇維埃政权的第二週年紀念日全世界的工人群衆被压迫者被剝削者，都對我們表同情。

正是因為在蘇維埃政权第二週年紀念日，雖然饑寒交迫，雖然以致我們全般貧困，感受帝國主義對俄羅斯蘇維埃共和國的進攻，我們都非常堅決的相信我們事業的正確，非常堅決的相信全世界蘇維埃政权的不可避免的勝利。

離婚與結婚

列寧

在《經濟學家》雜誌第一期（一九二二年）第八十三頁蘇洛金的論文中有：“在彼得格勒一萬件婚姻中，現在有百分之九十二又二發生離婚了（想像的數目），其中百分之五十一又一結婚未滿一年，百分之十一未滿一月，百分之二十二未滿兩月，百分之四十一未滿三個月至六個月，只有百分之二十六在六月以上。這個數目字告訴我們說，近代的合法的婚姻，這種形式中隱蔽着婚姻以外的性的關係，并給一般情人能以‘合法的’滿足她們自己的‘欲望’”。

蒙恩·績義，這位先生和印行這個雜誌而添上同樣論調的這個技術的會社，自命是擁護德模克拉西的，可是當人家說他們在事實上他們只是農奴主是反動派，是僧師的模樣，他們決覺得奇耻大辱。

我們稍認識一下各資產階級國家關于結婚離婚私生子的立法，和實際狀況的比較，就可以看出，任何對于人類有趣的問題，均表現于近代資產階級的德模克拉西，即在最德模克拉西的資產階級的共和國中，對于上面所說的問題尤其是對于婦女和私生子的問題，這都是農奴制度的表現。

這當然不阻止少數說社會革命党和一部分無政府党，和西方一切類似的政党，不斷的喊“德模克拉西”，說布尔塞維克破壞了他。在事實上，步然只有布尔塞維克的革命對于結婚離婚私生子，這類問題是唯一的德模克拉西的革命，而這個問題都是任何國家大多數人民感覺有直接利害的問題。雖然從前也有無數次的自命德模克拉西的資產階級的革命，可是只有布尔塞維克的革命對于這些問題做了最後的鬥爭，反對反動的，反對農奴制度，反對統治階級和富有階級的假面具。

假使蘇俄全國一萬件婚姻中，有百分之九十二的離婚是想像的數目字，那麼假捏某偽作家生長在某個完全脫離實際的與開的中理，并且是為了這個偽作而數着在這一個字理推進來入相信這個偽作家的說的真理，是法律？反動派和資產階級的凡認識資產階級國內的社會條件的人都知道事實上，離婚的實在數目，（當然沒有得發表和法律的批准）到處都是很大的，俄羅斯和其他國家不同之點，只是他的法律沒有帶一點虛偽和限制婦女及其兒童于無权利的地位，而公開的用國家政权的名義向一切虛偽一切無权利作有系統的鬥爭。

列寧與婦女解放

亞歷山大

在列寧逝世後過去的兩年中，全世界的廣大群衆，對于列寧的事業和社會主義蘇維埃共和國的建設的興趣已大大的增長了。這個事業的成功在最近這一年尤為明顯，在世界政治舞台上起了大的作用，他引起了那些漠不關心或存心仇視的工人群衆，甚至于資產階級的注意了，革命的群衆已不自禁的欲把這偉大首領的教訓，求得更深刻的了解，好將他的教訓應用到革命的實際上去，証實他的遺言，這是為列寧主義，為他的積得貢適和他在勞動世界實施的一個奮鬥。

在列寧的著作中沒有一個工人運動的問題，不經過他深深考量和明白指示的。所有革命的人們為要達到他那打倒死守最後爭鬥的世界資產階級和聯合共同剝削無產階級群衆的國際帝國主義的重責，都應知道列寧的功業和他對于各種問題的態度。

列寧對于婦女的解放，覺得是最有重要的，他之所以在此問題上沒有遺留下很多的論述，這完全是因為他覺得婦女的解放並不是一個特殊的任務，以與其他革命的任務分離的；在列寧看來，她是已含在無產階級問題範圍之內，而為整個無產階級革命之一部分，同時列寧又以為婦女是應該革命化的人類社會中的一半，被压迫階級的一半。

列寧根常常在爭鬥的每個問題，每個問題中提及婦女的情形與地位，及把她們的革命化，活動化，和她們加入革命爭鬥等問題的重大與需要。

婦女雖是屬于最被压迫最被剝削的人們，可是工人階級還未能把她們造成廣大的群衆，引導到鬥爭的隊伍中來，列寧曾說過：‘婦女應該成為政治的靠山，把對于被剝削的婦女群衆加入熱烈的革命鬥爭的重要，常常揭露出來。’‘沒有凡百萬的婦女，就有共產主義的建設，我們應探求嘗試，并研究那些接近她們的道路。’

人們對于婦女問題的錯誤情狀，主要的無產階級大部分是由于忽略了那些引導婦女活動和使她們頭腦政治生活的任務，與于不明瞭這方面工作的重要，這種在婦女中的活動的忽略，由不了解，竟至在我們戰士中時見不斷，婦女的覺醒和她們的政治教育，階級鬥爭，都被拋棄於婦女部了，我們的目的，是要把落後而被压迫的婦女群衆，與正在鬥爭的整個無產階級聯結起來，我們的目的，是要把她們變為無產階級有組織的前衛：共產黨。

這些不僅是婦女的一個任務，而且是正在鬥爭的整個無產階級與全黨的一個任務，列寧曾說過：‘她們的動員是實現在于一個深刻的認識和在一個堅固的有機体的組織基礎上面的，是共產党和他的勝利的一個致命問題。’這個戰務的完成，須得各個同志及各個戰士的活動，婦女部的任務，僅僅是在尋求那些最適合于接觸婦女群衆的特殊方法。

我們的組織改良在工廠小組的基礎上對于勞苦婦女的政治教育工作，對于男子之覺醒婦女與為他們的解放的活動，以及引導她們作革命的鬥爭，都是極其便利的，工廠是無產階級的婦女與男子做工的場所，他們同都是受剝削的，使他們在同一的命運上，不得不建立共同的鬥爭。

就是在街道小組採家務的女役，家庭女工，同樣在農業工人群衆，和小農的婦女，工人中往由那些比較少數的，而且有限的文熵動員來教育和推動這些廣大的被压迫婦女群衆去做革命的鬥爭，是不夠的。

大多數無產階級的婦女都是屬于那麻木不仁的群衆之列的，我們應該在無產階級的聯合戰線中去奪取她們，我們應該在她們還遇特別艱的時候，在她們做工的場所，在那些痛苦的工廠或作坊，和家庭去與她們接近，我們應該推動她們到那些婦女可以參加的階級或群衆，并在工會協作社，國家的社會政治機關和公社，以及保護無產階級的組織中去奮鬥。

列寧常常說，假使婦女沒有從資本主義的國家送給她們，而且經過很多世紀還留存着的頑躁解放出來，社會的革命是不可能的，一天婦女身受不着那法律賦予男子的特权及教育，婚姻，文化，自由等，就一天沒有真正的自由，這些一切好聽的名詞，在所有資產階級的共和國中都是與一些可恥的，無聊的，殘酷的法律相聯繫，用來剝奪婦女的权利的，如結婚，離婚，私生子的不平等，男子占有優先权的一些法律，所有這些法律，都是以欺騙剝奪婦女為目的的。

‘對於這些騙局，應該起來鼓而攻之，打倒這些騙局的他們說甚麼為被压迫者的自由和平等，而實際上那些被压迫的階級還沒消滅，生產工具的私有依舊存在，剝削飢寒交迫的奴隸的命夫就未死亡。’

列寧說：‘要得到婦女完全的解放，要得到婦女與男子真正的平等，那末集体的經濟和婦女對于共同生產工作的參加是必不可少的，惟有這樣，女子才能與男子平等。’

列寧以其鋭利的眼光早已看到婦女的解放，將給予社會一種新的，解放的，尚未用過的力量，這種力量，在資本主義的國家裡面，是被压迫的，被奪剝而不能發展的。‘這是無可疑義的，在工人農民中能夠作成實際事業的組織才的，為數至為衆多。’

列寧是組織這些力量最偉大的組織家，他曾看清為婦女所能勝任的各種戰務，他已指示出她們在教育方面，軍隊方面，協作社方面的地位和任務，在這些界域中婦女的宰責合作，到現在還沒有得着人們的了解，或為了解了，還沒有把他利用。‘這樣的義務是為人民的福樂，衛生，保育的實施與管理等等’：婦女應該參加這一類的活動，在戰時婦女是活動的，她們在俘敵中已能從事煽動。共產党的婦女，現在對于這些問題正在注意，俄國無產階級的婦女，曾經給了我們一個婦女參加紅軍奮鬥的榜樣，列寧曾號召那些還正在為這些問題而奮鬥的婦女們，一個明白的答案，這個答案，將幫助她們去了解那奪取政权，對于這種參加的要求。

列寧談論協作社的工作的時候曾提及說：‘因難與我們的力量，同時增長實際的要求，引導婦女群衆走上新的解放道路，協作社與蘇維埃的國家合作，將做出一種圓滿的工作，不消說，我們所說的協作社的意義，是共產主義的，而不是資產階級的，像改良派那樣的說法……和集体的活動相聯繫的個人發起，應與合作同時并進，在無產階級專政和共產主義實現之下，在農村中的婦女，也將得到她們的解放，我們那些電氣化，工業，和農業的好教界，我現正在等候着，這是一件最偉大不過的事業！……那些群衆的廣大力量，應為此事業的實施，而被推動前進，并取得一些教訓，幾百萬的婦女應該在那裡合作起來。’

在蘇維埃的俄國裡，無產階級革命已經成功，無產階級的國家已經將資產階級國家所拒絕的一切权利，都統統給予她們了，在革命的發展過程中，已從婦女群衆裡面造就了一些很無產階級剝削的女戰士，在廣漠的工人國家中，各方面的工作，婦女都熱烈地參加，她們盡力于社會上一切的任務，許多若能出勇的，在實現列寧的偉大事業，就是建設在蘇維埃的示力。和西伯利亞最偏僻的村落，婦女都是為實現新的任務的革一列入腳，特別是在中亞細亞，該地的婦女為社會上最被压迫的一部分，她們常常奮起去建設工人的國家，同算是最革命化的活因子了。

『三八』與中國婦女運動

祖謨

最近一二年來中國的勞動解放運動和民族解放運動之發日萬里的猛進，在這種運動的過程中，婦女運動亦隨着向前發展，中國現時婦女運動的重心勞動婦女，就是近代產業下的女工，說到女工的生活，真是其苦不可言狀，中國的勞動條件要算是世界上最壞的，然而中國婦女的勞動條件比男工更壞，她們每日做十四小時以上乃至十六小時的工作，最少也要做十二小時，而每日只得六七分錢的工資，纔多一角也不過是二角四角，就有許多資本家的剝削，動輒罰工人一元數角不等，女工們的生活既如此艾苦，而資本家又把這些同利害的女工人成千累萬的集合在一廠之內生活痛苦，迫使她們不得不走上奮鬥的道路，成群結隊的向發的罷工運動屢見屢出，……最近，上海縣廠女工五六萬人的同盟大罷工，是女工為組織工會改良生活而起的壯烈運動，去年五月卅事件，上海廿萬多人的大罷工中，向包含了上十萬的女工，這是中國女工自覺的，大規模的參加政治鬥爭的開始，她們與一般男工同樣的英勇奮鬥堅持到底，以造成五卅偉大的反帝國主義運動的先榮，這是最值得在歷史上大書特書的，她們的人數雖少，雖然全國統計不上四十萬，在全人口中不上千分之一，在中國婦女全數中僅二萬分之一，然而她們在中國婦女運動的重心地位，是不可否認的，其次為數十萬的女學生和智識婦女，她們自從受了五四運動以後文化運動的影響，便開始脫除了礼教的束縛，擺脫自由主義的洗礼，自從受了最近一二年來反帝國主義的赤色浪潮，尤是最近五卅浪潮的衝擊，又撥更開始參加國民革命的戰線，在五卅中可說是最大多數的女學生都最反動的教會學生也參加了反帝國主義的戰線，還有好几處貴生女學生的脫離教会學校運動，至於參加示威遊行，露天演說，募捐救濟，多至人的不計其數，上海南京路慘殺之次日居然有百餘女學生協同百餘女工在警察森嚴殺氣騰騰的大馬路一帶（南京路附近）遊行示威，高呼『上海是中國人的上海』，『為慘死同胞報仇』，『收回租界』，『打倒帝國主義』等口號，引起全南京路上中國行人的和聲，把個大馬路鬧得天翻地覆，這些都是證明中國知識婦女——女學生的革命化。

全世界的婦女解放萬歲！

4
中國婦女運動的歷史的發展 純一
三月八日國際婦女日
國民黨中央婦女部為三八紀念的通告
國民黨中央婦女部為三八紀念提出的口號
國際婦女節運動口號
一、打倒帝國主義，
二、打倒軍閥，
三、打倒反革命派，
四、召集國民會議，
五、解放中國次殖民地的地位，
六、男女教育平等，
七、男女職業平等，
八、男女在法律上絕对平等，
九、男女工資平等，
十、保護母性，
十二、保護童工，
十三、打破奴隸女性的禮教，
十四、反对多妻制，
十五、反对童養媳，
十六、離婚結婚絕对自由，
十七、反对司法机關對于男女的不平等判決，
十九、女子應有財產權與承繼權，
廿一、八小時工作，
廿二、廢除娼妓制度，
國民黨中央婦女部部長何香凝為三八紀念致各地支部的公函
中央婦女部部長 何香凝 二月六日
本報編輯啟事
中俄信用協作社啟事
本社業已開始營業，如蒙旅俄各界華商作業如：織襪業，編織業，皮業行，麵包行，染行，洗衣行光顧不勝歡迎之至。
中俄信用協作社辦事處
本社臨時辦事處俄文地址如下：
Правление временно помещается на Ильинке,
Старый Гостиный Двор, помещение № 41/а
Главлит № 56763 Тираж 5000
Москва, 1-я типо-литография Центриздата Народов СССР. Шлюзовая набережная д. 162. Телеф 5-22-78

第一版
№14
第十四期
一九二六
三月十二日
12 МАРТА
1926 г.

中國前進報編輯發行處
РЕДАКЦИЯ
КИТАЙСКОЙ ГАЗЕТЫ
„ВПЕРЕД"
г. МОСКВА
пл. Свердлова, 2-й д. Советов, пом 1, ход со стороны Третьяковского проезда

前進報

每星期五出版　每份零售10哥比

價目

	蘇聯境內	國外
1，每份零售	10哥比	15哥比
2，訂閱每月	40哥比	60哥比
3，訂閱半年	2盧布30哥比	3盧布60哥比
4，訂閱每年	4盧布50哥比	7盧布

旅俄華僑協會籌備委員會刊行
編輯人 王倫

ЕЖЕНЕДЕЛЬНАЯ ЦЯНЬ-ДЗИНЬ-БАО (ВПЕРЕД) ГАЗЕТА

孫中山逝世後的週年紀念專號

為孫中山逝世一週年紀念告僑胞

海外工友們，學生們及經商諸僑胞們！

親身推翻滿清專制，手創共和，力與國際帝國主義及國內反抗軍閥相搏戰，率領中國廣大的勞苦群衆的解放運動而奮鬥的革命首領——孫中山逝世已到了一週年了！

在你們的解放運動中缺少了個指導的先師，當他逝世的一週年，你們應該如何沈痛的追悼這不可挽復的損失！

但是，祇是追悼還是不夠，即刻要回顧在這一年中你們的解放運動在沒有這個偉大的先師直接指導之下，有新進步，如其沒有，應該如何慎重的去依照他的遺訓完成他的未竟的偉業，達到自己的解放。

孫中山逝世以後侵略中國勞苦群衆的內外的國際帝國主義者及其在中國所僱傭的殺人軍閥都互相慶幸，以為他們所最痛恨的孫中山死後，中國的民族解放運動亦將因之而消滅。他們曾在國際上及中國國內大作反孫中山主義的宣傳，曾幾次設法以武力侵陷廣東國民革命的政党國民党，曾從各方面压迫中國勞苦群衆積極參加革命，可是在這一年中所見到的事實卻完全與國際帝國主義者的希望相反：

第一，孫中山主義得到正確的道路向革命的方向發展。孫中山在其革命的行動之中，按照中國實際生活和需要，創造三民主義，為中國民族運動之大綱。

（A）民族主義。民族主義的解釋，從中山平生的言行看來——尤其是在最後他給我們表明得很明白：中國民族在國際帝國主義的侵略之下，無論在經濟和政治上不但萬難得到解放，並且在日常生活中已萬難再延長此種困難情形，故中國人民必須要求中國民族完全獨立，使得能獨立發展其經濟，因此必須用革命的手段反對帝國主義在中國的一切利益。

中國為歐美帝國主義競爭之場，因此中國革命問題自然的歸於世界革命問題之內。中國反對帝國主義不僅害中國，而要根本的打倒世界帝國主義的存在，不祗是反對侵略殖民地的帝國主義，而是根本的打倒製造帝國主義的資本主義。在此意義中，證明中國反對帝國主義的爭鬥是要與世界弱小民族及勞動群衆反對帝國主義的爭鬥打成一片。不然只靠中國單獨的奮鬥是不會成功的。

（B）民權主義。民權主義是以全國勞動群衆（工人、農人、手工業者、勞動的知識階級及城市小資產階級分子）為根基，把他們組織起來用革命的方法取得國家政權，建設真正的民主政府。這個政府是要使多數的民衆實際參加和監察，不讓某人或某少數人把持政權，得為所欲為圖謀自己的私利。

（C）民生主義。在革命過程中及其革命以後的真正國民政府，都是設法保護給中國人民之絕對大多數的工人農人的利益；增高其知識，發展其組織，使以後中國經濟的發展以廣大的國民群衆為根基，而不至向着單獨的資本主義的道路發展。

這種革命的步驟，是按照中國實際情形及世界的狀況而決定的，是解放中國唯一的道路，而在中山死後，即有所謂民党右派理論發生，把真正的中山主義完全從根本推翻。

他們祗是夢想着中國還可以進行富國強兵的計劃，直接把侵略中國的國際帝國主義逐出中國，使中國能夠得到自由獨立的發展，因此，他們不普遍的反對帝國主義，於是乎他們就忽視與世界被壓迫民族及反對帝國主義之勞動群衆的聯絡為中國革命勝利的關鍵，所以他們協力反對以平等待我並盡力援助我等解放之蘇聯，使中國革命完全孤立，讓帝國主義者永久在中國大大地剝削，而中國人民永久服從於其爪牙之下。

他們看輕工農及其他廣大群衆參加革命的意義，他們想使中國革命的發展，不根據在廣大的勞動群衆基礎之上，而想根據部分經濟統治者的利益之上，因此他們提出非階級爭鬥而是階級合作的口號。這就是說在中國民族解放運動之中，工農勞動階級不能單獨表現出其力量，而祗是幫助中國的富者把帝國主義者在中國的勢力全完驅消而完成少數執政制度，使中國勞動群衆還是不能得到最後的解放。

他們這種主張，完全是錯解了孫中山主義，這種錯誤已被最後一年中中國所發生的事實就完全證明，尤其是在上海事變中，我們明明白白看見世界被壓迫民族及蘇聯援助我們的偉大的能力；中國勞動群衆參加革命的不可敵對的能力，突然使中國民族解放運動轉入一新的階級，從此後使孫中山主義得到實際的根據，証明他是解放中國民族的顯走——孫中山雖死，孫中山主義長存！

第二，孫中山的主要遺產——中國國民党，在此一年中，在行動上與組織上都有很大的進步，在此一年中，所發生的政治事變，國民党都處處與民衆聯合在一起，並且積極的站在群衆的第一列，使中國民衆從實際利益上認清國民党是代表他們的利益的，使國民党的影響不祗是在南方而漸發展於北方，即是中國國民党漸趨於群衆化，這是中國民族解放運動中最大的進步。

第三，孫中山親手所組織的廣東革命政府，在這一年中掃除內部反動的軍閥，統一了廣東全省，建定了廣東政府作戰的根據地，雖遭國際帝國主義者尤其是英國帝國主義者利用反動軍閥多方設法破壞，但是廣東政府現在的地位和意義不僅存在於廣東一省而且存在於全中國要求解放的民衆的心目中，存在於世界弱小民族及被压迫的勞動群衆的心目中；他已經是建造全中國人民的民主政府之基礎，促成世界革命成功的別動隊！

這三種孫中山主義，中國國民党，廣東革命政府——中國民族運動的元素，都是孫中山的遺產，這個遺產是我們要求解放的人們很慎重的保存他，很慎重的應用他，很慎重的發展他。最後的勝利一定是我們的。

打倒孫中山主義的叛徒！

孫中山主義萬歲！

孫中山所創手的中國國民党及廣東政府萬歲！

中國民族解放成功萬歲！

孫中山遺囑

余致力國民革命凡四十年其目的在求中國之自由平等積四十年之經驗深知欲達到此目的必須喚起民衆及聯合世界上以平等待我之民族共同奮鬥

現在革命尚未成功凡我同志務須依照余所著建國方略建國大綱三民主義及第一次全國代表大會宣言繼續努力以求貫徹最近主張開國民會議及廢除不平等條約尤須于最短期間促其實現是所至囑

孫文

民國十四年三月十一日補簽

全世界被壓迫民族與無產階級聯合起來！

革命的孫中山主義萬歲！　　2

孫總理中山先生週年紀念

胡漢民

日子好快，我們總理孫中山先生逝世，不覺又是一週年了。當着這個紀念的時日，我有無數的話要說，卻為染着了什麼虛虛的流行病，纏了好幾天，現在熱度雖然已退，卻尚坐起來要執筆，我只得話還是寫個不了，所以不能多說，只把最重要思想說些簡單說說，這是我於總理死後最感我們同志對於總理還未十分了解的幾點。

第一　總理的偉大，完全從他革命的精神事業表現出來。中國幾千年歷史，沒有像總理這樣一個人，我們應該說：總理賢於孔子遠矣，這句話不見得一些荒唐，就於以下三點可以看出：

(1)創造環境　孔子不過因襲數千年封建宗法的思想，整理出一個理論，替統治階級回護，安定被統治階級，並非真正為被治階級利益設想，謀階級的解放，總理是打破了數千年的門藝，不合為被壓迫階級永真正解放的。固然偉大人物，都由歷史環境產生，但中華古昔說理總只是繼承堯舜禹湯文武孔子的道統的一個人，都又有甚麼偉大，惟其能不被環境，創造環境，所以把孔子來比較，就是擬不於倫。

(2)創設政黨　總理以個人創始中國的革命，因而建設最多數最進化的革命政黨，能夠應世界的潮流和中國的需要，為不斷的奮鬥，孔門的弟子三千，賢者七十二，豈不及其屢不友然。

(3)在世界政治上的影響　孔子之死，只有門徒歷嗟君哀，除了做過一個月的司寇，除了一個少正卯外，在當時政治上絕無影響。總理之死，簡直是全世界被壓迫階級一大損失，而指為哀悼和抗爭底全世界，不問革命之友，或革命之敵，無不受其影響。

我們就說總理在中國歷史上是沒有第二個人，我以為總理的偉大，何人都應該認識的，其偉大因為中山主義是科學的而又革命的。人說總理是個理想家，但是總理的理想，都是由事實的解剖和革命的經驗得來，總對不是空想的。總理常說：大凡問題的解決，都不能單靠學理的推論，總要由事實解決。所以總理對於革命的認識，比之任何人都正確。對於世界任何新思潮的發生，他只有進前，斷不落後，所以常能佔在群眾之前，領導群眾，分析來說，其偉大由以下幾點看出：

(1)絕對無妥協性　總理對於性質上和他革命主張相反的，固絕對不肯妥協，就是程度上分量上和他革命主張不合的，也不肯妥協，黨人不依他的主張的，尤不肯妥協。總理常說：我們不但要和黨外敵人戰，尤其要和黨內敵人戰。所以有搏鬥奮鬥精神，世界絕不是妥協的，都不斷的性質。

(2)策略運用的正確和敏活　總理對於革命可以利用的材料，都不肯放過，卻能夠盡量利用，固然絕對不肯和任何軍閥妥協，但他常被其利用，因為一切帝國主義都反對，但常有某路打破帝國主義的聯合戰線，若樂與國例：如對段曾同意遣棄是，但他想借上海和會之名，暗和北方妥協，去分五國銀行團借款，就馬上討段，討陸曾用過陳炯明，但陳炯明與吳佩孚思攀附為帝國主義工具，就馬上討陳，討曹吳曾用過張作霖，但張始終不服從革命的主張，就宣言討張。對於帝國主義，如辛亥革命歸國時在倫敦打消清廷一切借款，民國五年袁世凱稱帝時，在東京打消日本之承認借款，民國八年破壞上海和會，打消五國銀行團大借款，這些完全是站在革命的利益上，運用政策，最正確而又最敏活，往往令帝常人莫名其妙，有人說總理重手段不重目的，其實總理除了為革命目的以外，任何手段都不喜歡，要是和革命目的相合，卻又不問什麼人，都很謝試相與的。所以總理一方面如高山嚴嚴，令人不可侵犯，一方面又如大海汪洋，什麼都能容納。

(3)勇氣的不可及　遇着最危險甚不多的人都無力抗抵的時候，總理都能抵抗而且從容，絕不矜持，自然有合理的步驟。民國六年炮擊莫榮新於廣州，督戰經夜，及晚退入帥府，尚從容出示，教訓莫榮新，莫反親詣謝罪。民國十二年親赴惠州督戰，登飛鵝嶺，一炮彈墜總理前僅十餘步，從者多失色，總理仍徐行，且俯視其彈作何式，勇然不以為意。這些還是小焉者，其大焉者，總理生平對於革命奮鬥，未嘗一刻間斷，遇最清閒的時候，就看書，孫文學說一就是成於蟄居上海之時，最煩悶的時候，常看地圖，終日手不釋卷，最辛苦且病的時候，還演講三民主義，最困難的時候，毅然北方為民眾奮鬥，這種奮鬥精神，可以說什麼人都不能及。

總合來說，總理見於革命純然是科學的認識，並且是站在世界革命的觀點上出發，他就於每個事情的成功和失敗，完全和別人的觀察不同，他認為革命只要積極去做，不能消極的不做，只有成功，沒有失敗，失敗還是成功的種子，每次失敗過後，總能夠在所以失敗當中，找出成功的教訓，就於過去覺得未嘗一日得過成功，對於將來總有最後成功的確信，因為他的打算是由革命的總利益上打算，並不是單就一枝一節來打算的。

第二　主義的解釋　三民主義又稱中山主義，我曾經在國民黨的真解裡面，把總理的解釋引述過，現在再述如左：

就於民族主義，孫博士說：無論那一個民族或那一個國家，祇要被壓迫的或由壓迫的出聯合一致去抵抗強權……亞洲除日本外所有弱小民族，都被強暴的壓制，受種種痛苦，他們同病相憐，一定聯合起來去抵抗強暴的國家，這是被壓迫民族聯合一致，要和那些強暴國家拚命一戰，將來國際大戰，不是起於不同種之間，是起於同種之間，白種與白種分開來戰，那種戰爭，是階級戰爭，是被壓迫者與壓迫者的戰爭……我們要抵抗強權，就要我們四萬萬人和世界上被壓迫的十萬萬五千萬人聯合起來，提倡民族主義，自己先聯合起來，推己及人，再把各弱小民族都聯合起來，共同去打破壓迫人的二萬萬五千萬人。

就於民權主義，孫博士說：替人民打算，把全國的政權交到人民……只有團體有組織的民眾管理政事，才叫做民權。國民是主人，就是有權的人，政府是專門家，就是有能的人……萬能的政府完全歸人民使用，為人民謀幸福。

就於民生主義，孫博士說：民生主義就是社會主義，又名共產主義，共產主義是民生的理想，民生主義是共產的實行，所以兩種沒有什麼分別，要全國都可以得安樂，都不受財產分配不均的痛苦，就是要共產，我們三民主義的意思，就是民有民治民享，就是國家是人民所共有，政治是人民所共管，利益是人民所共享，人民對於國家不只是共產，甚麼事都可以共的，人民對國家甚麼事都可以共，才算是真達到民生主義的目的。

三民主義的解釋如此，三民主義是由國民革命到世界革命社會革命的主義，三民主義是整個的，是一貫的，依着總理的解釋而規定了主義範圍，絕對不容把民族主義變做狹義的祖國主義，把民權主義變做中產階級的民主政治，把民生主義變做改良社會主義，更其絕對不容有人從三民主義割裂的就是階級本身利益，接受一部分而拋棄遺留了其全部。這些話我曾經在國民黨的真解鄭重說過，有人提出孫中山主義，以為總理曾經說過：在中國實業尚未發展的時候，馬克思的階級戰爭，無產階級專政，使用不着，所以我們師馬克思之意則可，用馬克思之法則不可，因此就有人提出，非馬克思而孫中山，非階級爭鬥，而階級合作的口號，其實這種斷章取義的大錯的見解，我們可以解剖出來：

(1)總理非反對馬克思　民生主義演講，說然說：我們今日師馬克思之意則可，用馬克思之法則不可，可見所不同的只是方法，並非主義，前頭引述就於民生主義那段話，完全可以證明，主義並無不同，至於方法，就是馬克思也是注意歷史環境的適應的。

(2)總理非否認階級爭鬥　這裡我們先要把總理說過的幾段話引述出來，總理說：俄國之所以要改用新經濟政策，就是由於他們的經濟程度，還比不上英國美國那樣發達，還是不夠實行馬克思的辦法，俄國的社會經濟程度尚且比不上英國美國，我們中國的社會經濟程度，怎樣能夠比得上呢？又怎樣能夠實行馬克思的辦法呢？……分配公平方法在私人資本制度之下，是不能夠實行的……歐美社會黨將來為勢所迫，或者都要採用馬克思的辦法，來解決經濟問題，也未可定的……中國人大家都是貧，並沒有大富的特別階級……如果不由國家經營，任由中國私人或者外國商人來經營，將來的結果，也不過是私人的資本發達，也要發生大富的不平均……這幾段話當中，有兩個名詞，我們先要判白他的意義，所謂馬克思辦法，至少包含有兩個意義：(1)建設共產主義的社會，(2)無產階級專政。所謂階級有種種，無產階級也有種種，狹義的無產階級，是指純粹的工人階級，我們把名詞弄清楚了，總好說結：

(1)我們把這幾段話歸納起來，就得以下幾個結論：

(2)經濟落後的國家，不能夠馬上建設共產主義的社會。

(3)建設共產主義的社會，要廢除私人資本制度。

(4)資本主義愈發達的國家，階級戰爭愈劇烈。

(5)中國階級分化還未明顯，差不多是赤貧的國，完全在次殖民地的地位。

(6)中國不能不採用國家資本主義，為民生共產主義的過程。

這裡我們要先認識清楚的，資本主義最發達的形式，就是帝國主義，帝國主義的目的，就是想把地球上的殖民地半殖民地，永遠不使其得到解放。所謂打倒帝國主義，簡言之，即打倒資本主義，就是要打倒資本主義的帝國主義，然後有廢除私有制度的可能，和建設共產社會的可能。中國介於次殖民地的地位，完全受帝國主義的壓迫，被壓迫階級爭鬥，完全是向帝國主義進攻的一個形式，中國無產階級，同時要打倒帝國主義的資本主義，同時要防止中國將來資本主義的政策，但在這個過程中，一面要防止資本主義在中國潛滋暗長，所以不能不採用國家資本主義，就像蘇聯在建設共產社會的過程中，也不能不採用新經濟政策，一面要建設革命的基本隊，所以先要把工農階級組織起來，國民黨第一次全國代表大會宣言說得很明顯，他說……對於農夫工人之運動，以全力助其發展，輔助其經濟組織，使日趨於發達……民族主義之解放，其所恃之依賴，即為農夫工人，而農夫工人之特殊階級……為農夫工人而奮鬥，亦即農夫工人為自身而奮鬥也。宣言中為工農階級奮鬥的主張，說得很明顯，何人都不應該誤解的。

我以為凡自稱為總理的信徒，都要把這兩點認識清楚，不然，就變做考茨基之於馬克思了。

第三　總理的遺囑　我們最寶貴的，就是世界上決有先例的革命遺囑，我們因此更要認識且努力，遺囑最重大的意義，就是教我們要把整個的一貫的三民主義實現出來，而實現最要緊的方法有兩個：一是喚起民眾，一是聯合世界上以平等待我的民族，前者就是教我們要努力於最大多數農工群眾運動的工作，後者就是聯俄，總理病重時，寫給蘇聯中央執行委員會一封信說：我的遺念，是願轉向於你們，轉向於我黨及我國的將來，你們是自由的共和國大聯合之首領，此自由的共和國大聯合，是不朽的列寧遺與被壓迫民族的世界之真遺產，帝國主義下的難民，將藉此以保衛其自由，從以古代奴隸戰爭偏私為基礎之國際制度中謀解放，我遺下的是國民黨，我希望國民黨在完成其由帝國主義制度解放中國及其他被侵略國之歷史的工作中，與你們合力共作，命運使我必須放下我未竟之業，移交與彼謹守國民黨主義與教訓而組織我真正同志之人，故我已囑咐國民黨進行民族革命運動之工作，俾中國可免帝國主義加諸中國的半殖民地狀

打倒毀棄孫中山主義的革命性及遺囑的國民黨右派！

3

擁護孫中山所手創的國民黨及國民政府！

況之羈絆，為達到此項目的起見，我已命國民黨長此繼續與你們提攜，我深信你們必繼續（前此予）我國之援助。

聯俄和改組時，總共產黨分子加入國民黨而們許其跨黨，這兩点都是純粹立於世界革命者的視点上，是何等光明，何等偉大，我們在此等處認識清楚，自然不會有拿著革命事業當成小兒爭餅賦予分家的把戲，國民黨第二次全國代表大會，以誠意與蘇俄合作，共同打倒帝國主義的決議案，完全是遺囑的實行，我們最低限度也要知道，現在世界只有兩條戰線，一是帝國主義的戰線，一是反帝國主義的戰線，我們為求中國民族的解放，只有站在這邊去反帝國主義的同一戰線上，自然消去無數糾紛，省卻許多煩擾。

第四，黨員的責任，我常說離開革命就沒有孫中山，我們一方面要認識總理革命的精神，然後才能繼承總理的革命事業，我們更要一面繼承總理革命的事業，提倡實際工作中，纔能認識總理革命的理論，我們要共同負擔党的責任，就先要全體革命化，黨是革命的工具，党員是党的工具，孫文主義是我們行動的指針，我們不革命，就用他不著，國民党的分化，近幾月來表現得著明顯，自然認識總理革命精神的，就站在左邊，不然就容易跑到右邊去了，這種分化，並不是國民党之害，反是國民黨之利，凡是黨員，必定要個個党員都有訓練有紀律，那個党纔有力量，有力量的党纔能負擔起党的使命，我常說過國民党是抱有民族革命到世界革命社會革命的使命的党，完成這個使命，就是我們黨員的責任，能盡黨員的責任，纔是總理的信徒。

以上所說，就是我對於党最忠實的話，也就是我對於總理的革命精神最認識的話，我的病還纏繞着，就談到這裡為止，希望我們的同志共同努力。

孫中山

國際資本主義之侵入中國及維新運動

拉狄客著

萍舟譯

於一八六七年孫逸仙生於廣東省他是一個貧寒之家的兒子，英國軍官戈登（Gordon）所統率的"歐洲長勝軍"與滿清的自備軍隊打敗了太平天國之後的第三年孫降生之後，革命的火焰還未完全消滅，常有餘留下來的太平隊伍，和民團暴動發生，中國是無救的處在外國資本的鐵蹄之下，祇有歐洲的經濟壓力可以挽救中國要免的分裂，國外資本的閩謀更遍於全國，研究中國的天富及風俗，以規定他們將侵略中國之策略的要点，資本主義經過通商口岸也開始侵入到鄉間去，但是暫時只達到內地，北京皇室視此侵入大為不安，人民群眾因官僚們把民脂民膏搜刮殆盡，想用自己的力量從清室的及國際資本的統治之下解放出來，但在太平之後，死亡三百餘萬，希望一点也沒有達到，現在民眾中，這一種紊亂狀態，英法自南侵入，日人亦侵自北方，中國的學者，默察國際狀況，及中國之衰落，知只有維新才可攬救中國，一八八〇年康有為做了一件意見書，內中詳述中國官僚之贓賂無恥，及各省全由一般逆臣所分裂，康這樣說；"誰現在還堅持四的方法和意見，他不但無國家之需要的知識，並且距四學說的原理也太遠了。"他（康）指出日本維新之成功並聲明，只有急進的在此方向內可救得中國，北京大學校長把康的意見書遞於皇帝，他的思想被斥為異說，是的，這是實在的，中國的力量損失殆盡了，他們有唯一正派孔子學說，外國的野蠻不會妨害他（孔子學說）的，中日戰爭開始了，中國不但沒有得勝，並且他的弱点暴露於全世界，在馬關（Shimonoseki）訂下了最可恥的條約，大致之年在北京開了學者大會一八九五年五月廿八號，康有為宣布了他第二次的意見書，要求改良官僚政治，他說："官僚的位置，既不是知道副助農人及手工業者的人所得，也不是由知道治理國家的人所得，而是由知道肥厚俸祿之人們所侵佔，所學者完全不能應用，所用者亦非所學。"他指示出新式工業及商業的發達，並為他們要求削除各省的稅卡釐（金）及補助農民，因為軍事失敗的影响，御史呈遞康的意見書於西太后及皇帝，此意見書傳遞於各省大目，到令屬村維新，他（光緒）欲親自接見這位維新家但因為康的品級太小不能接見，康在政府中得了一個位置，他可公開的呈遞意見書，康在這種意見書內說明帝朝的危機，他指示出，日俄侵略北部，法國侵略南部，德國割據膠州之危機，只有編製新式武裝的軍隊，可挽救中國，他說："自中日戰爭之奇恥失敗後，歐洲列強輕視我們，說我們野蠻，與我們來往如同與無知農民來往一樣，他視我們如同愚奴，昔日曾以我們為最高尚的民族而仇忌我們，現在笑我們皆為膿瘡之輩，外人在各方面要求租借權，他欲得我們的骨和肉，他欲食我們的身體，一直到體無完膚，外人得到租借權了，我們飄搖在危險之中，他（外人）割據我們南北部的咽喉了，人應該回憶安南，高麗及波斯的命運。"康又說："我們應該現日本的維新，我們應效察俄彼得大帝的維新政策。"他並寫出彼得大帝維新的經過呈與青年皇帝的閱覽，皇帝用他為議士，開始的急速維新，訓令各省設立學校，改良軍隊，此維新運動實行了百日之久，這些維新家要提高民眾，並要限制官僚專權與收入，但是官僚們的位置，都是以重價買來的，他們遂憤怨的反對維新，一般人士，舊教的崇拜者，亦視此維新運動為舊學說的打擊，一般官僚的陰謀的西太后為首，用一種非常手段，因禁青年皇帝光緒於小島中的華麗宮殿內，光緒在彼處被為康氏學說的信徒憂鬱而死了，從此歷史上又有一個證明，統制階級自身維新是不可能的，他的優先權若無有群眾的壓迫是不會拋棄的，康出亡外洋，中國仍繼續着腐敗下去，官僚政治的犧牲，就是外國資本的犧牲，西太后看出民眾之不滿意的現狀，想利用此不滿意的現狀反對外人，遂用全力幫助義和團，國際聯軍野蠻的壓服了暴動之後，中國毫無救藥的壓服了，外人勢力大漲了，廿世紀有了瓜分中國的傳說，一切國際帝國主義的言論，都主張列強瓜分中國，十九世紀末年，經濟的發達逼迫英，法德佔據新的市場，沙皇的俄國怕來遲了，也想積極的佔據朝鮮及滿洲，日俄戰爭在中國開始了，中國愈益無救了。

孫中山及其以革命的挽救中國的企圖

在南方太平天國暴動的發源地，維新派康有為生長的地方，長成了孫逸仙先生，他在小學畢業之後，入香港英國學校研究醫學，青年的印象最深的最熱心的孫中山，只研究科學不滿足他的志願，他廻顧當時的環境，他思念他國家的命運，太平天國的人民暴動給孫中山一個深刻的失望，教育未普及的中國人，怎樣同歐洲列強，同新式工業及新式科學的外人抵抗呢？！人應該先與民眾學習的可能，提高教育的知識，然後才可以與列強相並衡，但是人怎樣解放中國民眾呢？孫中山他不屬於中國的學者派，不相信維新政策可以重興中國，他確信非推倒自十七世紀佔據中國的野蠻滿清不可，他乃謀革命，但在他的友輩中只找到三個肯犧牲的，肯走危險道路的同志，中日之戰時，他創立了興中會，開始做軍隊中的宣傳，軍械已購買妥當，已預備起事了，但事機洩漏一八九五年九月九日孫中山的同志陸皓東被難，孫逃避亡外國。

孫中山的遊歷時代就是他饑餓的求學的時代，他遊歷華人僑居的英日美等國及英國的殖民地，他全靠科學的工作，及同志們的帮助而生活，時與在外國留學的有志青年及華僑相來往，留意研究歐美國的組織及建設，他知道資本主義社會內在資產階級的背後還隱藏着大多數的貧苦群眾，他出自貧寒之家，深知貧人的痛苦，他雖表同情於社會主義但他知道在還沒有無產階級的中國，實行社會主義有些太早，德謨克拉西，特別是美國的德謨克拉西，是他們的理想，但是他到這個理想上的路是只有起義謀叛的企圖，首先就是軍事上的運動，康氏維新政策的經驗，使他堅決的知道滿清統治下的改良運動是無望的，怎樣才可推翻他呢？只可由懂得德謨克拉西的人完成革命，這些人全是學者及青年軍人，他們在學習期間就確信要援救中國，非破壞舊的制度不可，孫遣送他的同志歸國與軍隊相聯絡，到各城中做宣傳運動，他視察國際地位探知資本主義的列強間的衝突，遂與日本聯合，希望得他的帮助以預備在列強內部的波動中解放自己的中國，孫中山確實得了日本的帮助，居然得了日本政府的帮助，人意料這樣的宣傳使將被分裂的中國愈趨要衰落下去，他也得了美國的帮助，美國的預料適與日本相反，以為這種革命運動可改良中國政府，並强固中國，美國的經濟已堅強，不懼他國的競爭，故常反對瓜分中國的政策而主張開放門戶，這就是說，外國資本可伸入全中國各地方孫中山同他的朋友在軍隊中做了很多的工作，如同俄國的十二月党一樣（Dekabristen 一八二五年設立的）在反對法國革命及拿命破之戰爭時，俄國有與西歐相比併的機會，當時的青年軍人感覺到俄國若不維新，則永遠是一個老大的，無希望的小孩子，十二月党在青年軍人中得了很多的信徒，同樣的受過歐洲教育的中國青年軍官懂得中國在飄蕩的危機中，遂加入革命運動，中國財政的破裂以及種種的錯誤，這些原故促成軍隊中革命的激昂，一九一一年武昌起義了，並節節得着勝利，孫中山自美國經倫敦歸國，領導此次運動，所以勝利後推翻滿清，他被選為總統，孫的目的達到了在南京召集國會，但這個勝利又變成完全的失敗了，滿清是被推倒了，但是一切的舊工具，各省的官僚及軍閥仍毫無變更，因為只有軍隊起義，民众不過僅僅曉得這個運動吧了！議會中只有智識界人，列強從先借款帮助推倒滿清的腐敗政府，現在列強也不借款給孫中山了，他們（列強）害怕中國澈底的改造而強大起來，中國革命是受俄國一九〇五年革命的影响的最危險的証據，他方面怕印度及法國在亞洲的殖民地受了革命的影响，國際資本遂將中國的軍閥及官僚聯合起來，袁世凱就是這個聯合的代表，孫中山因為沒有權力，只好讓位，并放棄政權軍事運動的企圖只敎推倒腐敗政府之用，但無力量掃清國內的一切反動勢力，把中國從列強的壓廹中

努力實現孫中山主義直接的加速促成中國民族的解放，間接的推動世界革命的成功！

4

鮮說出來，列強又借債於袁世凱。（未完）

新聞彙錄

中國新聞

▲革命軍與反革命軍的消息

◎中國軍閥進攻國民軍

華盛頓三月四日訊：吳佩孚現由京漢路進攻國民軍，同時張作霖亦由津奉路向天津東北進攻，現京奉路已不通，另一方面事實証明孫傳芳亦助張吳進攻國民軍云。

◎奉系內部衝突

北京三月三日電：奉天省長王永江辭職，王近與新聞記者接談，贊成現下我法撲高東三省文經濟狀況，甚不滿意繼續戰爭和滿洲獨立，同時奉東大部軍官皆反對繼續戰爭，主張和平解決，以外韓春樹（譯音）亦因反對戰爭而去四，但張作霖及一部分軍官仍主張戰爭云。

◎中國戰事之狀況

北京三月四日電：天津戰事，國民軍為敵佔領唐洲，俘虜一團八千，軍械甚多，山東方面國民軍已將張宗昌軍逐至魯南，又訊，馮[illegible]已被國民軍克復，河南方面，岳維峻已被逐退至黃河北岸，現國民一軍已派軍援助二軍，又訊，馮玉祥已決定三軍進攻吳佩孚云。

◎北京組織新內閣

清一色的親日派

北京三月五日電：最近中國政治舞台之花樣翻新，段祺瑞忽又組織新內閣，閣總理兼陸軍總長為張敬堯，外長顏惠慶，內長屈映光，海長杜錫珪，財長賀吉麟（譯音），顏惠慶尚未就職，段如數任職，即可接事，農長國文軒（譯音），教長馬君武，交長龔心湛，司法未定，綜合以上之親日派內閣係日下式的倉猝中現出的把戲，而馮玉祥亦無暇顧及此事，若俟戰事稍告結束時，這個親日內閣的命運必隨之而消滅云。

◎奉張進攻國民軍

北京三月六日電：張學良率軍奪取灤州，故國民軍轉退云。

▲帝國主義者在中國內戰中的行動

◎公使團不滿意北京政府

北京三月三日電：今日荷公使致外長一通牒，關于廣東罷工問題，略謂：「廣東政府組織罷工委員會，掠奪外人之貨物，而不准游閱檢查，望責成政府速令廣東政府解散罷工委員會，以免破壞中外之睦誼」云。

◎帝國主義進攻中國

北京三月四日電：使團會議決議，向中政府提出警告：一、中國政府擔負保護外人之生命財產；二、保護一切交通。如此二項中政府不能負責時，各國必以本國的力量來保護云。又公使團傳出消息，現長江形勢甚嚴重，各國決派艦保護外僑，日派十隻，英派十一隻，美派八隻，法派六隻，聞各國已下動員令，該艦等不久即可抵中國云。

◎英巡捕逮捕上海罷工工人

北京三月四日電：雖然上海形勢惡劣，但日本紗廠仍繼續罷工，英捕逮捕許多罷工工人，工人派代表到各界聯合會，要求該會電京政府，向日領抗議此種苛待工人云。

◎廣東赤化

倫敦三月四日電：天津近有一反革命報評論英國對華與和平外交：中國政府毫無價值，而英國部分之接洽，實為英國之恥辱，現中國政治反動，大部分民眾赤化，特別廣東之赤色政府，將香港之商業破壞，當華人去年破壞租界時，英國實可以武力干涉中國，可惜英政府部將良好機會錯過云。

◎流氓張作霖

哈爾濱三月六日電：關于奉張進攻國民軍事，日報為之大吹法螺，現由全滿洲徵收之賦稅尚不敷軍用，因而發行一萬萬紙幣，自本年一月起，計已發行六萬萬紙幣，日下紙幣因反軍事影響而跌價，日報尤替其鼓吹，謂之「張現尚不至一敗塗地，加之張與日本之關係，永不能斷絕」云。

▲國民運動的消息

◎召集國民會議

北京三月四日電：國民會議促成會宣傳召集國民會議，在南京開一擴大會，參加群眾甚多，大會議決，反對廣東海關，要求國民政府出師討伐張吳云。

▲工人運動的消息

◎奉天工人罷工

哈爾濱三月六日電：三月二日奉天有五百製麻工人罷工，其他支部亦響應，大連機器紡織繅絲三工廠亦罷工，蓋因紙幣跌價，工人入不敷出，因為要求增加工資而罷工云。

◎哈爾濱工人罷工

哈爾濱三月六日電：哈爾濱英國油廠近有九十個工人罷工，廠主即將該九十人開除，當日即另僱工人繼續工作云。

國際新闻

◎日俄接近

東京三月六日電：日報訊，關于庫頁島租讓事，刻已圓滿解決，以外有一很複雜問題尚在懸，即是關于日俄滿洲之問題，中東路事件亞與日本無損失，但日必參加前由商辦之黑龍江鐵路，刻已歸中政府接辦，日對滿洲之政策是，日如不取得滿洲，則滿洲亦必為他國所有云。

◎日軍閥貪贓賣法

東京三月六日電：日議院于五日開會，達那島議員報告，戰前曾有一軍官在日俄戰時擄掠俄金一千四百萬，至今未交國家，最近張作霖贈日軍械，此項款亦未換交國庫，請政府組織一審查委員會審查此種案件云。

廣告欄

蘇聯中央農業銀行兼農業信用機關

據蘇俄人民委員會蘇聯中央執行委員會于一九二三年正月二十四日所公布命令，關于改革信用協作社事宜，又于同年十二月廿一日公佈一命令，關于開辦農業信用會社事宜等，且議定對於參蘇聯信用事業之發展，開端非常重要，為求對于農民之貸款盡量廉價和方便起見，在一九二四年十月一日農業信用公司的款項為五十萬，到一九二六年正月一日增加到一倍以上，而現在蘇聯的農業信用公司款司為一萬一千。

信用事業逐步的發展，同時其款項也隨之增長，一九二五年各種農業信用的總賬，總數達到五萬萬盧布，而到同年十月一日已達八萬萬盧布。

全國信用事業之發達，以及貨幣之改良，發生了向蘇聯共和國國家銀行來統一各農業信用會社貸款行動的問題。

在一九二四年到一九二五年間，在白俄和高加索共和國，在中亞細亞等處均有農業信用銀行的營業開幕。

到一九二三年六月九日據全蘇聯第二屆大會的決定，遂開設了蘇聯中央農業銀行，而于一九二六年正月一日開設了蘇俄的農業銀行。

因這個銀行之開設，關于統一全蘇聯各農業信用會社和各共和國國家銀行信用營業，這個重大責任的工作，在中央農業銀行方面得以卸肩。

中央農業銀行對于農民經濟的任務是以長期或短期借款，對于以生產為目的補助，對于活的與死的財產清算，供給各種良好種子肥料和畜種，對於農產品之售賣，對於協作社的經營，對內外市場對專門種植之發展，農業經濟之工業化及增殖，對於灌溉及改良工作之實行，對于農業建設之改良等等之補助。

中央農業銀行的組織形式是股份公司的形式，他的創辦者是蘇聯財政人民委員會，聯邦共和國農業人民委員會和全俄農業協作社。

共和國國家農業銀行與農業信用會社也是股份公司的形式，因此在他們的資本中國家資本的份量是減少，而以地方的經濟的協作社的組織的相當股份補充之，而農業信用會社則個別的地主、農民及農民的買主的股份充補之。

因此蘇聯農業信用的組織的形式如下：在下面是農業協作社與農業信用會社，在上面是共和國國家銀行和中央農業銀行。

在中央農業銀行章程上，對於農村經濟共同的任務如次：

（一）廣集并吸收新款項的泉源，用之于蘇聯農業經濟和農料工業。

（二）統一和有計劃有步驟的利用國家預定對於農業經濟信用和農村工業用途的款項。

（三）供給一切在農村經濟和農村工業工作的會社協作社的流動和企業的款項。

（四）發展和鞏固農業信用協助，在蘇聯過去發展的行和小農業信用機關。

農業經濟各部門信用事業之發展很明顯的，中央農業銀行一九二四到一九二五年的貿易已達一千五百萬盧布，到今年以來中央農業銀行所得純利的三百萬盧布，而從這款項中大批專款，其在共同經濟的貸款，建設等等方面。

至于農業信用分行的組織情形，則在現在有六個共和國國家農業銀行，六十二個地方農業銀行和農業信用會社，一百卅四個地方分行和經理處，因此間接經過這些中央農業銀行的分行，直接聯合協作社的農民團結在一万一千農業信用會社之周圍，這會社乃農業經濟信用制的主要鏈環，在本年中央銀行的貿易更加擴大了，他的基本金和在蘇聯出輸入貿易發展上也更加擴大。

蘇聯中央農業銀行兼農業信用機關辦事處

來函照登

摘自農民日報

[illegible]編輯中國與非洲情形的消息，我們貧農們均表敬意并頻頻手共同向前進，謀解放而奮鬥，打倒數百年來吸榨工農血汗的萬惡資產階級壓迫，建設[illegible]，萬惡的強盜要知道工人與農民不是呆子，而且被麻醉了，工農很能够求帶理國家和指揮軍隊呢，我們貧農們懇切希望中國和非洲的工農將他們一切水火而不懸矢意，若是遇着饑荒與災難，就應堅持到最後的勝利到革命的勝利，如一九一九和一九二〇年俄國工農一樣以無數機荒所滅，同時又被白黨軍隊所圍，因然而并未遇機荒的殲滅，而始勝利，究革命勝利了，更有[illegible]非洲的工農們勇敢地來將他們得滅殆盡，奪到勝利，以後凡欺侮打劫的[illegible]，呼吸更輕快了，飲食更甜蜜了，請國際工人[illegible]，已到請保我們[illegible]的工農的血汗就是我們貧農的呼声。

敬禮并問安

鄰城苗慕森貧農 尼哥拉也夫上

Главлит № 56163 Тираж 5000

МОСКВА, 1-я типо-литография Центриздата Народов СССР. Шлюзовая набережная д. 162. Телеф. 5-22-78.

第一版
№ 15
第十五期
一九二六
三月十九日
19 МАРТА
1926 г.

中國前進報編輯發行處
РЕДАКЦИЯ
КИТАЙСКОЙ ГАЗЕТЫ
„ВПЕРЕД“
г. МОСКВА
пл. Свердлова, 2-я д. Советов, пом 1, ход со стороны Третьяковского проезда

前進報

每星期五出版　　每份零售 10 哥比

價目

	蘇聯境內	國外
1，每份零售	10哥比	15哥比
2，訂閱每月	40哥比	60哥比
3，訂閱半年	2盧布30哥比	3盧布60哥比
4，訂閱每年	4盧布50哥比	7盧布

旅俄華僑協會籌備委員會刊行
編輯人　王　倫

ЕЖЕНЕДЕЛЬНАЯ　ЦЯНЬ-ДЗИНЬ-БАО (ВПЕРЕД)　ГАЗЕТА

論文

共產國際與被壓迫民族

平仁

共產國際是在第二國際背叛了無產階級而組織起來以繼承第一國際底第三國際，牠成立於一九一九年三月六日，至今已有七年了，在當初開第一次大會時，只有十幾國的代表，而正式的共產黨，只有幾個：俄國底布尔塞維克和德國的斯巴達卡斯團。但是到現在——牠的第七週年底時候，就地理而言，不論歐洲美洲澳洲亞洲非洲凡太陽所照之地，都有牠的支部，就人種而言，不論白種，黃種，黑種，棕種，差不多凡生長於地球上底人種，都加入而為共黨員，若把牠現在所有共產黨黨員青年團團員和赤工會會員計之，數達兩千萬，這真可說是世界上底第一個革命的國際組織，世界上唯一的廣大而強固的群眾黨，至於現在名存實亡底第二國際，只包含歐洲一些改良的社會黨，勞動黨，社會民主黨，實在稱不了甚麼國際和無產階級的組織，那不過是帝國主義底第二個國際聯盟罷了。

共產國際是全世界無產階級底革命黨，牠的任務就在於奪取廣大的工人群眾指導各國無產階級底革命運動，以企圖推翻資本主義，建設無產階級專政，組織蘇維埃社會主義共和底世界聯合，進而完全消滅階級，實現社會主義——到共產社會底第一步，因為牠的目標鮮明，策略正確，爭鬥勇敢，所以全世界的工人，自牠成立至今都熙熙攘攘麇集於牠的旗幟之下，於是共產國際在現在就成為世界帝國主義底敵人，無時無地不受他們的攻擊，然而共產國際卻正因為如此便明明的確確成為了世界無產階級革命的大營寨，第一國際底繼承者。

共產國際的本身就是無產階級底革命組織，牠的主義——共產主義又是無產階級底革命旗幟，那末共產國際不僅僅是代表無產階級利益的，而與被壓迫民族沒有關係的？不，共產國際本身有改造社會為共產社會底歷史使命的，牠的任務浩大，他不限於代表無產階級（產業工人）利益，而須為每個勞動者被壓迫者奮鬥，因為：

（一）無產階級的使命，在於推翻資本主義，建設共產主義，所以無產階級沒有什會心理，不是自私自利的階級，而且經濟進化底結果，使他不解放全人類便不能解放本階級，因此，他要代表一切勞動群眾（如中農貧農商業僱人和手工業者）和一切被壓迫者（如殖民地人民）底利益，并要與他們結成盟友，帶他們上革命戰線來共同奮鬥。

（二）共產主義底基本任務，固在於被掠奪被壓迫的無產階級底解放，但牠是經濟進化到資本主義所產出來底一種新的社會經濟形式，籠罩了一切生產者，因此，牠要本其反對有產階級掠奪無產階級底意義，來反對一切人掠奪人，民族掠奪民族底行為，而且共產主義是要從根本上來廢除掠奪制度的，也只有廢除了任何掠奪，任何壓迫，牠才有實現之一日。

所以共產國際正因牠是無產階級底革命黨，以共產主義為旗幟，就必然要反對一切掠奪形式，不僅為被壓迫的階級，還要為被壓迫的民族奮鬥，進一步看：

（一）共產國際所處底時代是帝國主義時代，帝國主義把全世界的民族，劃分為兩個對抗的營壘：大多數的被壓迫民族和極富強而壓迫前者底很少數的民族，當其做一個民族中的無產階級做社會革命底時候，前一個民族還要做要求獨立底民族革命，共產國際是從牠所處的時代來改造資本社會為共產社會的，因此必要把被壓迫民族底革命運動，認為是牠改造社會過程中底一個工作。

（二）共產國際在其所處時代中底敵人，就是帝國主義——資本主義到最後一步中底形態，被壓迫民族要解放，非用革命手段打倒侵掠那國底帝國主義不可，而被壓迫民族在數量上，占世界人口百分之七十，為力甚大，因此，為代表廣大的被壓者的利益，為締結的廣大的國際軍隊計，一個徹底實際爭鬥和世界革命底共產國際，卻不能不大注意於被壓迫民族。

（三）共產國際在其所處時代中底無產階級革命爭鬥，與被壓迫民族解放運動，有不可分離的密切關係，因為帝國主義的經濟籠罩了全世界，所以無產階級與被壓迫民族有共同的利害：帝國主義能掠奪殖民地，則不獨被壓迫民族愈感痛苦，帝國主義國家內底無產階級，亦因帝國主義之壯大而愈難解放，反之，被壓迫民族底反帝國主義運動，於無產階級革命上有很多的幫助，而無產階級攻打其本國帝國主義的爭鬥和社會革命，都是大有利於被壓迫民族底解放運動的，因此，無產階級革命與民族革命要實際互相幫助，指導世界革命底共產國際對於這些地方，認識得非常清楚，求那牠對於被壓迫民族的態度，便可想而知了。

因此，共產國際正因其是無產階級的，要真正能代表無產階級底實際利益，所以必須要與被壓迫民族聯合，為他們奮鬥，無產階級是要圖得整個世界的——創造一個共產主義世界，那代表其利益的共產國際，當然不能把占世界人口百分之七十底民族底問題，輕輕放過。

然則共產國際對於被壓迫民族究竟如何呢？一個實際行動底革命黨，之對於被壓迫民族，當然不像改良派的第二國際那樣，講些甚麼法律底獨立，空談國際主義，而專於努力贊助其帝國主義政府去欺騙和掠奪被壓迫民族，牠對於被壓迫民族問題底認識，根據列寧主義底見地，絕不占在抽象的平等和形式的德謨克拉西這些觀點上面，而完全以殖民地攻打帝國主義底必要和世界革命的利益為出發點，依照牠的理論，被壓迫民族的解放，非革命不能獲得，非與蘇維埃聯邦和國際無產階級協作，革命不能成功，非無產階級革命實現，被壓迫民族的問題，不能徹底解決，所以被壓迫民族到完全解放的道路，就是由民族革命而無產階級革命，「這樣，落後國家底群眾，受了資本主義已發展的國家之覺悟的無產業階級底引導，將來不必經過資本主義發展底各種步驟，就可以達到共產主義了」。（共產國際第二次大會決議）

在做民族革命時，共產國際所定的策略是怎樣？這是被壓迫民族人急欲知道的，也是現在最緊要最實際的問題，在這個地方，為明白起見，可以像這樣的分項解釋：

（一）在共產國際本身，因為「共產國際是一個爭鬥機關，以團聚世界革命力量為職責」（第二次大會決議）所以「共產國際援助一切反帝國主義底國民革命的運動」（第四次大會決議），并且「共產國際應與在殖民地和落後國內底革命運動成立暫時的關係，而與之組成一些聯合底形式」。（第二次大會決議）

（二）在蘇聯方面，共產國際認為「只有蘇維埃政府能完成民族平等」，而且蘇維埃制度因共產黨的媒介可以確定一個直接的幫助於爭取權利農民國，和殖民地底一切革命運動」。（第二次大會決議）因此，蘇聯不斷地盡力地與世界被壓迫民族聯合，而站在反帝國主義戰線底前面。

（三）在帝國主義國家內底共產黨方面，共產國際則以牠們要盡力幫助其殖民地底國民運動為加入條件，牠們不僅要反對本國底和平派民族會派對於國際主義之歪曲，而且「凡是要於第三國際底黨，都有責任來無情揭露其本國帝國主義對於殖民地底卑鄙行為，不用空談而用行動去援助在殖民地內底一切解放運動，要求驅逐宗主國底帝國主義出殖民地之外，培養其國底工人們對於殖民地和被壓迫民族之真正兄弟的感情，并在本國軍隊中不斷地煽動以反對一切對於殖民地人民底壓迫」。（第二次大會決議）

（四）在被壓迫民族內底共產黨方面，共產國際更有一種詳明的規定，牠規定「殖民地和半殖民地的工人階級，應該確實知道只有反對宗主國底帝國主義兩極底爭鬥之加強和擴大，才能給他一個革命中底領導作用」（第四次大會）所以「殖民地和半殖民地的共產黨有已經混合而為一個底兩種責任」，就是牠們一方面「要組織工農群眾以為其階級底特殊利益而便利爭鬥，并利用一切德謨克拉西和有產階級底民族制度底衝突以企圖實救」

他方面又必須「為着那以獲得政治獨立為目標底德謨克拉西的有產階級革命這個問題的根本解決而爭鬥」（以上俱第四次大會決議）若「殖民地底共產黨人藉保護特殊的階級利益的口實，而拒絕參加反帝國主義壓迫的爭鬥，這是一種最壞的機會主義底行為，牠將使無產階級在東方喪失信用」（第四次大會決議），因此，殖民地底共產黨是積極地參加民族運動，努力於反帝國主義的聯合戰線，王政會勢力，封建勢力，這一切帝國主義的工具，亦俱在攻打之列，農民運動要盡量去引導，務使變成革命的，作為民族運動底強大支柱，不僅這樣，還要對于國家主義底畏縮，以階級意識去化除民族仇恨（以上俱參看第四次大會決議）。

總括一句，共產國際底策略，對於世界底無產階級革命，是聯合國際無產階級和各被壓迫民族，統一反帝國主義的戰線；對於殖民地的民族革命，是聯合其國內無產階級底革命勢力與農民和有產階級底革命勢力，統一反帝國主義的戰線，這樣看

全世界被壓迫民族與無產階級聯合起來！

被壓迫者應該認識共產國際是解放全人類的總參謀部!

2

孫中山

拉狄客 著

萍舟 譯

這篇文章是為三月六日共產國際第七週年紀念作的，因這出兩次專號不及登出，現在補登於此。記者

從軍事運動的企圖到民衆的暴動

孫中山的遺產

孫逸仙大學同志歡送會演說詞

胡漢民

共產國際成立紀念萬歲!

3 中國民衆應該依照共產國際的策略去爭得自由和獨立！

一是帝國主義戰線，一是反帝國主義戰線，出夫此就入夫彼，我們戰鬥員，應該想聯上戰線，不應該爭門戶，浪費了寶貴的光陰，我和我的病還戰爭着，不能多說話，把款得很。

莫斯科各社會團體紀念孫中山逝世週年大會的結論

全莫斯科工人代表與各社會團體代表，於職工會大廳舉行追悼中國革命偉大領袖孫逸仙時，特向在國際帝國主義鐵蹄與國內反動勢力壓迫之下爭解放而奮鬥的中國工人、農民和智識勞動分子表示極熱烈的敬意。

孫逸仙死後的一年，即中國革命高漲與堅強的一年，大會對此非常的歡迎！工人的群衆運動，農民運動的開始，智識勞動分子對民衆運動的贊助，廣東政府的穩固，國民軍之轉入民衆方面，所有這些事皆表示中國革命已成為廣大群衆的革命運動，這廣大群衆的力量，定能掃除中國解放道路上的障礙掃除淨盡。帝國主義雖然全副武裝起來，然終不能公開的明目張胆的向中國革命進攻，不得不讓步以緩和中國革命群衆，同時只有動員中國反革命力量的一途，可是中國反革命者已經明證其不能盡此責任，因此大會決信中國革命力量更能堅強集中的組織起來，中國勞動群衆定能担任建立統一真正國民政府。俄國勞動群衆遵守列寧的遺訓，對中國一年來革命事變的發展是特別注意的，他們對於中國勞動人民的爭鬥，將盡全力以幫助，以打倒國際帝國主義與國內一切舊勢力的餘孽。

大會對於莫斯科建立大學，以訓練中國革命戰士，認為是紀念中國革命偉大的領袖最好的方法。莫斯科工人與社會團体將號召全城無產階級贊助中國的革命青年在世界革命中心蘇聯都城裡用最好方法學俄國的革命的經驗以解放中國的民衆。

中國革命萬歲！

全世界無產階級與東方革命人民聯合萬歲！

本報歡送胡漢民同志歸國的演說詞

不許侵犯中國協會代表致歡送胡漢民同志歸國的演說詞

我代表不許侵犯中國協會，來參加前進報社所發起的歡送胡漢民同志歸國的晚會，我個人非常有興趣的，俄國在革命前亦有前進報的刊佈，他亦同樣送過同志到戰線，前進二字的含義是在說明革命者始終是往前進的，其攻擊真理數他的意義是在切實的搗破資本主義國家一切虛偽的騙術以真實表現於民衆之前。

胡同志研究社會科學數十年，今又在俄國考察數月，必定得到下列幾點：

(一)我們想胡同志一定相信蘇聯工人階級是國際主義者，他對於一切民族的待遇，是一律平等的。

(二)蘇聯對於被壓迫民族的援助不是口頭的而是實際的。

剛才前進報歡送胡同志詞彷彿說中國革命運動已暫時停頓，其實在某些地方反革命勢力雖然已較高漲，但在其他地方革命勢力則仍發展得很快，這是一時的現象，而不是永遠的消沉，俄國在前亦經過這種現象，也是革命中必然要經過的過程，為對應此種情勢，我們只有造成一個強大的黨，以適應群衆的需要而完成革命的使命，我們只有根據俄國經驗去分析革命的實際狀況，方能作堅決的爭鬥，就中國現狀看來，有造成一個群衆的黨的可能，國民黨便是代表此種群衆堅決爭鬥的黨，所謂群衆的黨，是在他能引導群衆而成為群衆的先鋒隊，他尤貴在領導全國民衆而不是保守在領導一地方的民衆，因此他不是在要求數量的增多，而是要求在質量的健全，國民黨的任務應特別加緊努力，使其成為群衆的黨，為此我們應培養大批的革命中堅分子，此種革命中堅分子不是智識分子而應找着工農階級的中堅分子，這是目前的一個重要任務。

勿侵犯中國協會的口號是不許侵犯中國！這個意義僅一方面的，我們的目的是在使中國的革命工農自動的提出，不許侵犯中國的口號，我們歡祝中國革命萬歲！中國革命成功萬歲！

蘇聯革命的成功，不僅是俄國工農階級的覺悟，而還是國際無產階級的幫助，而同時我們有了強大的黨的領導，中國的革命雖然有第三國際及世界無產階級幫助，但是我們甚希望他有自己的党去引導群衆，此次回國必能將其經驗應用出來，擴大党的組織以領導中國民衆去打倒國際帝國主義以完成中國民族的解放。

趙飛同志致歡送胡漢民同志歸國的演說詞

我參加這個歡送有聲望的胡同志的晚會，我謹以個人的友誼的資格來說幾句話，多數同志曾說過俄國革命可以幫助中國革命及中國革命領袖同志的參考，這已經多數詳細解釋過，不用我來贅言，我現在先向大家說兩件最近將到的兩個紀念：一個是二月革命，一個是孫中山的紀念日。

(一)我們不能說二月革命是歷史上的紀念，但他都可為中國革命的導師，二月革命何以能使革命者去學習，二月革命的教訓乃是證明群衆運動是不能半途停止的，如果首領要中途停止，群衆將必起而驅逐首領，中國革命的步驟是如何進行的，我只希望胡同志以二月革命的經驗，為領導中國革命的參考。

(二)孫中山之死，是值得我們紀念的，他不僅是一個革命領袖，而且是革命的靈魂，在數十年前，中國革命完全由他鼓動起來，造去民党所發生階級的分化，同時帝國主義的進攻，已使國民党處於極危險的狀況，及挽國民党隨中山的指導漸漸入於統一，回溯中山過去的一生事業，深值得我們今日的紀念，我們總上面兩件事，可得以下的結論：

(一)一個革命已經開始，是不能終途停止的，否則必歸失敗。

(二)革命更要有堅強統一的政党以領導群衆的。

這兩點是我歡送胡漢民同志所要說的話。

新聞彙錄

◉中國新聞

▲革命軍與反革命軍的消息

◎張作霖失敗

北京三月九日電，最近有五隻軍艦，滿載奉軍，駛入大沽口，國民軍以大炮擊之，將奉軍打殺很多云。

◎馮玉祥不受段之命令

北京三月九日電，馮玉祥公開宣布不受段之命令（晉豫直巡閱使），馮發表謂，我已恢復我之政治工作，不能受其命令。

◎國民軍困難情形

北京三月八日電，雖然國民軍成功，但內部情形甚困難，奉軍已到遼河，吳佩孚軍隊已到黃河北部，山西軍亦占了晉界而佔據鐵道，現二三軍已無實力，存亡只在第一軍之。

◎國民軍與開灤礦主訂條約

北京三月十日電，津訊，國民第一軍與開灤礦主訂立條約，礦主要求允許船到大沽，國民軍要求恢復開灤工作，國民軍並定一切軍艦入大沽，須經國民軍檢查，以防奉軍，雙方已私下簽字，而公使團仍反對國民軍云。

▲帝國主義者在中國之行動

◎外交手腕侵犯中國

幫助張作霖

北京三月十日電，奉軍在外艦上駛入大沽，欲登陸，國民軍於水中生置水雷，公使團電中政府反對，說國民軍破壞辛丑條約，請北京政府迅電國民軍開放海口，否則外人以最後手段去開海口，一黃報（天津）說，大家應一致進攻國民軍，使北京政府承認辛丑條約，不然條約即失效，庚子年決定如不履行條約，各國即派兵到中國云。

◎美帝國主義侵犯中國

華盛頓三月十二日電，討論包圍天津問題，美決定贊成其他國派艦到華，如中國不開天津之封鎖，外艦必聯合攻擊中國云。

◎轟擊大沽口

倫敦三月十三日無線電訊，山西督軍十四年來未嘗戰敗，現與吳聯盟，有六萬精銳之軍隊，又訊，大沽張宗昌受重傷，被張作霖轟擊，又訊，國民軍俘虜奉軍二千人云。

◎警告之聲

倫敦三月十二日電，英記米拉不由施電英，請注意中國問題，中國與前不同，英如欲侵略中國，須先研究，恐因此引起世界大戰，現在幾國與中國親善，如有人侵略，他們必出兵助華云。

▲工人運動消息

◎中國礦業工人

英帝國主義壓迫中國工人

北京三月九日電，開灤華工電莫斯科赤工國際，要求世界各國礦業工人，在國民軍與敵軍戰時要嚴重停工，意在使大業工人起來反對國民軍，但中國人反幫助國民軍，全國礦業工人要求英廠主恢復工作，以前有一煤礦每月作工十日工，工人得不到好多工資，因之挨餓，現廠主宣布停工，要與張作霖統一戰線，我們有一萬礦工，我們要作解放運動，如我們失敗，不唯中國工人失敗，即全世界工人亦失敗，請速援助云。

◎湖南株洲作農民運動的江光宗竟遭斬決

從事農民運動而被誣為土匪

斬決後四鄉平民咸俱憤慨

國民通訊社長沙通訊云，安源萍鄉工人江光宗，前在安源時，熱心工人團体事業，後以安源發生工潮，失業回株州原籍，仍營舊日織布生涯，偶於工作暇，鼓勵鄉間農民，從事團体活動，以期工農同得解放，不料尚在着手組織之時，即遭鄉間土豪劣紳文忌，誣告之於當地團防局清鄉隊，團防局及清鄉隊亦聽信妄言，將江指為土匪，拘捕之而幽禁於三門市，備受各種酷刑，劣紳土豪以此猶未足，乃教唆團防局及清鄉隊，將其施與戮刑，江即以是死於非命，株州一帶農民得此消息，莫不痛哭流涕，江之族衆，人為憤慨，土豪大懼，即以金錢收買江之族衆，令勿張聲，惟有明正義者以為江死於冤，決不甘為罷休，現業由江之父與弟，向四處呼冤，且約四鄉平民聯名向湘潭與長沙當局控告，有城各界人士得訊，亦多抱不平，湖南國民党部以江係國民党籍，更擬叢表宣言，為其雪冤云。

▲其他消息

◎北京勞動群衆開紀念孫逸仙大會

北京三月十二日電，今日是孫先生一週年紀念，在太和殿組織紀念大會，紀念國民革命之首領，參加者百六十團体，學生會，工會，太和殿滿飾青紅布及花枝與花圈，及孫先生之相，國民党共產党青年團，廣東代表，由早至晚，各界人士絡繹不絕，各農村統派代表紀念，演講大會，必要繼續孫先生之工作反帝國主義，統一中國，孫之十二歲孫兒講演及廣東代表報告粵政府之狀況，孫死，國民党發展，國民党及共產党在前門發賣宣傳之書籍，並陳列古玩，國民党右派組織演說大會，但被人轟散，紀念三天，津滬張家口亦有很大之紀念大會。

◎南京紀念孫逸仙大會

上海三月十三日電，十二日南京紀念孫先生大會，國民革命首領，宋慶齡孫科參加，工學參加，宋孫說統一戰線，反帝國主義，反軍閥，以後俄領感要言演說，群衆鼓掌歡迎，各界及俄領辦事員統參加云。

◎北京紀念孫中山先生之第二日

北京三月十三日電，紀念孫先生之次日，人民較前尤多，大都係勞苦人民，外國人亦參加，中國新聞記者及蘇聯大使等亦參加大會，要求取銷不平等條約，反對北口視即係反革命，英國公使亦表示好感與中國云。

◎北京政府與廣東政府

北京三月九日電，今日一中報載有一篇文章，載名自由運動，評論云：北京政府與廣東政府相比，廣東政府地雖小，但不受列強之支配，北京政府雖被列強承認，但延之官僚不從命令，違官僚之薪水亦不能發給，粵政府自前年徵賦以後，月進五百萬元，年進一萬萬元，京政府受列強之犧牲，粵政府是人民政府，能抵制其政府者。

歡送中國國民革命的領袖胡漢民同志帶着十月革命的經驗新的革命力量歸國！

4

消不平等條約,現一切條約在華已無効力,並非專政府指導人民取消,是群眾自動取消,中國民眾運動已發展,故在地下去是宣稱云.

◉蘇聯新聞

◎蘇聯電氣化

蘇聯電氣工廠在一九二〇計劃在十年內全蘇聯即將電氣化,一九二〇年全蘇聯第八次會議決定建築三十電氣站,每一站,有一百万又五一基羅米突有三十六馬力,一九二二年已建有一万基羅米突,一九二三年一万二千米突,一九二四年一万六千,一九二五年六万二千米突,一九二六年十四萬六千米突,發電力現全俄農村電氣化,火車亦改用電力車制,正開工建造.

◎世界政治經濟狀況報告之一

一週內的世界政治問題

法報關于蘇聯與法國通商條約之條件

法國與蘇聯最近的計劃

擴大蘇聯與民族聯盟

英國反動派關于蘇聯之通商

工人罷工,廠主歇業

小資產階級搖動

中國的軍事行動

封鎖廣東失敗

法國資本家根據以前對法俄會議,竭力反對,現在法政府作一報告,使民眾了解俄法會議之原因,則下法大部分人民已明瞭政府之政策,已不反對矣,本週英意秘密同盟,張伯倫奪取法國殖民地叙利亞,摩洛哥,以海東部,英助意奪取法國在摩洛哥之市場,迄有許多國受了英之影響,亦要來包圍法國,現希臘及德比亦擬進攻法國,而法內部又發生財政恐慌,必召同盟國解決,現世界不受英之影響者,只有美俄法,不願向美借款,唯一即與蘇俄聯盟,因為:一,法要到國外找市場,二,歸召聯盟國抗英,三,本國原料不足,四,法國生產過剩,如機器電車等,五,法財政恐慌,必與蘇俄交損,因俄國下需要機器與商品,因此兩國有聯盟之必要也.

本週法國工人有很多示威運動,廠主壓迫工人,小商人罷市,反對政府因強迫商家抽稅,社會黨反對商人,共產黨則幫助之,社會黨攻共產黨,共產黨忘記了本黨之任務,共黨說法國抽稅即是作戰打摩洛哥敘利亞之軍費,我們反對抽稅,即是反對戰爭.

英工黨與國會派近來甚不滿意英政府,因為:一,英政府沒有與蘇俄訂通商條約,沒有取得俄國市場,英政府實不注意英國工業,另一方失業工人增加,工人罷工,廠主壓迫工人,目下英機器廠有一百五十万工人罷工,英廠主宣布工人應脫離工會,不應增加工資,則定于三月七日公英工廠一律停工,工人罷工之原因,廠主將加入工會之工人降低,非工會會員之工人提高,並用兵驅逐工人,工資減少,工作時間由廠主支配.

德國有二萬造酒農民,因德政府近思加抽酒稅,農民同法國鬧爭不遂,酒商因而農民為抗稅而暴動.

英美日法同軍艦到中國海,保護外僑與中國軍閥,並假用武力解決中國戰爭,現中國人民已覺悟,非昔日可比,他們要求民族解放,而帝國主義仍用以前八國聯軍之方法,壓迫中國,但此方法實不能成功,因中國工人已不受他們之欺騙,而農民亦有解放之要求,目下全國適地示威運動,漢口示威,上海日紗廠重新罷工,張作霖軍隊反對戰爭,軍官內部衝突,關于廣東雖然無詳細消息,但帝國主義封鎖已失敗,英帝國主義發出號,一錢線已圍廣東之口岸,但供國領事不允助之,是否利益不同,又本看中國工人運動一甚一日,所以外國帝國主義用的老方法,是不能發生效力云.

◎世界政治經濟狀況報告之二

顧可夫報告於列寧格勒省黨部

一、蘇俄內部經濟發展之前途

蘇聯經濟之穩固,不完全靠內部之發展,一部分是靠世界資本主義經濟之衝突,世界經濟狀況,俄經濟在西歐之六大家,數歐洲資本國經濟過於穩固,歐洲資本穩固不是真實的,現根據國家內部經濟政治起了大恐慌,一九二六年歐洲資本家尚未恢復戰前狀況,現祇有南北美和加拿大尚較發達,由一九二六年歐洲經濟困難,一,失業工人五百萬,二,減少工資.

二、各國經濟狀況

英國最近全國經濟恐慌,去年英經濟較好,原于美煤礦罷工,美煤缺乏,致英煤得而大活動于市場.

法國現內部起財政恐慌,各國都要以財政勢力去壓迫法國,法樂暴遽與俄協定條約,德國去年經濟發步困難,工廠全閉,而現有失業工人二百萬.

波蘭經濟生活最更,銀錢跌價,每天由卅五跌至卅,發生很多失業工人,在波不能維持生活,必得到德美等國去作工,其他國家較或前有平衡的,有跌落的,大多數發生經濟恐慌.

拿蘇聯來比,俄現非常發達,歐洲經濟恐慌原因,是殖民地和半殖民地的民族革命運動,現看英國對於中國之問題,中國自五卅事變後,而英受很大的損失,如英布輸出到華之比較,一九二四年為百分之百,一九二五年為百分之[illegible]

一九二五年一月英布到華為: 二七八百萬英尺

五月 〃 〃 一七七百萬英尺

八月 〃 〃 八七百萬英尺

九月 〃 〃 八五百萬英尺

此足以證明英國受很大的損失

歐洲恐慌,美國發展中現,全世界除蘇聯外,均受美國財政之支配,對世界經濟須詳細分晰.

(一)蘇聯經濟的發展,世界上沒有第二個國家,在政治上經濟上是獨立,而不受資本主義國家的影響.

(二)世界經濟恐慌皆受美國之影響.

(三)反帝國主義運動,在殖民地和半殖民地日益發展.

現在經濟恐慌之下,發生出許多政治衝突,各國用外交手段解決資本家的企圖,世界資本集中化,可是,此種是幻想,由資本主義的衝突,是永遠不會消滅的,祇有無產階級能統一.

再看蘇聯經濟發展:(一)中法德日美和超蘇聯,即第二國際亦派代表討論統一戰線,雖然承認協定條約,但那時想破壞蘇聯,最近中東路事,全世界資產階級鼓吹使華人反對蘇聯,說蘇聯是赤色帝國主義,但中國人已覺悟,總消蘇聯是好友.(二)在於東利技俄外交聯事員事,證明資本主義國家破壞蘇聯,我們經濟穩固,但革命未完,不僅世界革命未完,即俄國革命亦未完,祇有全世界革命成功,始能完成我們的目的.

◉本埠新聞

◎本報歡送胡漢民同志

本月十日晚八時,本報在歐洲旅館歡送胡漢民同志,到會者有前在中國辦中俄交涉的越飛,"不許侵犯中國"協會的主席及書記,農民國際的代表,孫東西大的國民黨代表,與胡漢民同志的秘書朱和中,李文範及本報編輯營村兩部的負責人共有三十餘人,是晚因胡漢民同志赴孫中山大學的歡送會,故遲至九鐘半始到會,會中先由本報編輯主任致歡送詞,織述胡同志來蘇聯考察的使命,及此次歸國對於中國國民革命所負的責任之重大,致歡送詞畢,將本報製送國民黨中央執行委員會的國民黨青天白日的黨旗一枝,上書:"對內打倒軍閥,對外推翻國際帝國主義,代表廣大的勞苦群眾的利益,解放全中國民族——國民黨萬歲!"交胡同志接受,次由"不許侵犯中國"協會的主席及越飛演說——演說詞見本報本期——因須用譯講,至越飛演說畢已到十二鐘半,主席提議來賓演說終止,由胡同志致答詞,大意為:

"今晚承各位同志致詞歡送,個人非常感謝,尤其是前進報社所贈的黨旗使我更感謝無既,因為未全齊,不能詳細以個人的感想說出,但可將我來蘇聯的三個使命簡單的講講:(一)考察國際情勢(二)考察蘇聯政治經濟狀況,(三)與蘇聯同志討論黨的組織,訓練,及俄黨的經驗.

本此三點,我是以革命志願來蘇聯的,我不敢在現在說已經得到充滿的結果,但得蘇聯很多担負世界革命工作的同志的指示,在第一點上可說有了小部分的效果,首先我應感謝前進報的同他是與我在同一目的上做宣傳工作,同時我也是一個投稿的人,在參加各種機關,亦多得同志的幫助,致在考察方面減少很多困難,和在事前的討論及專門研究,同時也因俄黨的革命經驗豐富,隨處都有材料可以採取,故在第二點上亦得了部分的效果.

在我與俄同志討論,受益不少,即以今晚越飛同志所說的話中有兩個重要點,(一)以理論去證明事實,(二)革命運動不能中途停止,因此我也正是因此不能久留在這裡,就我個人的觀察中國革命固然應該向前發展,但某一部分難在停頓中,但就全部看來,他們在進行中,我認為中國革命或有不同於其他革命形式的,例如中國革命已發生分化,不是打倒軍閥可以成功,因為軍閥已公開的成為某一帝國主義的工具,革命的方式雖同,但是革命的趨向卻有因地而異的中國革命的趨向,其結果必定與蘇聯同志步驟的,中國經濟是很落後的,但農民卻是一種革命勢力,中國民眾,此時雖受帝國主義的壓迫,但我們可以說將來無產階級一旦奪取政權,決絕不做與蘇聯有兩樣的,馬克思主義是科學的,我們不能只取出其革命的理論,而不取其革命的理論,我在未到蘇聯之前,已有此種認識,在來蘇聯後,更堅定此種認識,革命是不一部分人做的,在戰線上的是革命,即在學習上戰線的亦是做革命工作,"不許侵犯中國"協會,亦是幫助我們做反帝國主義的工作的,今晚很高興的接受同志的鼓勵,同樣以此勉勵各同志,我們革命家只有進前,決有後退,我們只有一致努力的打倒帝國主義,聯合被壓迫民族與世界無產階級,以共同進行世界革命!"

胡同志致答詞,全座鳴掌歡欣,散,時已二鐘.

◎莫斯科紀念孫中山逝世週年的盛況

不許侵犯中國協會及孫東兩大,共同召集大會

在聯合大會場開會

到會者約三千餘人

托爾斯基,拉狄克,越飛,先山潛,及胡漢民同志均到會演說

東方各民族均有代表到會

本月十二日晚六時,"不許侵犯中國"協會,孫中山大學及東方大學共同召集紀念孫中山逝世週年的大會,在一週前,即發出會票,并從事籌備,是晚由越飛主席,首先報告紀念孫中山的意義,次由拉狄克作報告,題目為"孫中山",報告畢,適托爾斯基到會,當即出席演說,頗受會衆熱烈的歡迎,托氏演說畢,當即用中國話譯出,復由胡漢民同志演說,其詞甚與胡同志在本報孫中山逝世週年紀念專號中所發表者略同,以下重要演說尚多,這裡因篇幅有限,不能備述,演說畢,休息一刻鐘,開演游藝,共分七幕,(一)新劇——一九二四年英美帝國主義者迫啟萬縣船夫向國際事,(二)鋼琴及鋼琴合奏的中國式的音樂的獨曲,(三)新詩獨唱——名為中國北京苦力車夫,(四)莫斯科里康跳舞學校——最有名的革命的跳舞,女學生的革命跳舞,共分四齣:(1)追悼革命的死者,(2)國際歌,(3)少年先隊鋒,(4)未來的解放的中國婦女和兒童,(以上四幕皆延請莫斯科革命的藝術家導演奏)(五)征東江與接受總理遺囑(東大學生演)(六)中國音樂(孫大學生奏)(七)孫中山出殯時的電影,每幕皆有精采,尤以革命跳舞為最出色,舞員四十餘人,年齡最大者不過十四歲,最小者只有五歲,看了革命跳舞以後,即感覺得蘇聯在革命後的藝術的發展,已有驚人的成績!此外會場中的口號及圖表陳列室所陳列的關於中國問題的材料皆頗有足記者,惜記者當時因事忽忙不及詳記,在一點左右即退出會場,當晚的會延至二鐘始散.

Правление временно помещается на Ильинке, Старый Гостиный Двор, помещение № 41/а

Главлит № 58526 Тираж 5000

ТЕЛЕФ 52978

第一版
№16
第十六期
一九二六
三月二十六日
26 МАРТА
1926 г.

中國前進報編輯發行處
РЕДАКЦИЯ
КИТАЙСКОЙ ГАЗЕТЫ
„ВПЕРЕД"
г. МОСКВА
пл. Свердлова, 2-я д. Советов, пом 1, ход со стороны Третьяковского проезда

前進報

每星期五出版　　每份零售 10 哥比

價目

	蘇聯境內	國外
1,每份零售	10 哥比	15 哥比
2,訂閱每月	40 哥比	60 哥比
3,訂閱半年	2 盧布 30 哥比	3 盧布 60 哥比
4,訂閱每年	4 盧布 50 哥比	7 盧布

旅俄華僑協會籌備委員會刊行
編輯人　王倫

ЕЖЕНЕДЕЛЬНАЯ　ЦЯНЬ-ДЗИНЬ-БАО (ВПЕРЕД)　ГАЗЕТА

論文

紀念人類歷史上的第一次無產階級革命——巴黎宮閣列

辛仁

為甚麼要紀念巴黎宮閣列

巴黎宮閣列(La Commune de Paris 此名有譯為巴黎公社的,但公社二字甚不足以表示Commune之意,而另外又不能找出適當名詞,故援Soviet譯成蘇維埃之例,譯音而不譯意.)是法國巴黎工人在一八七一年暴動後所組織出來的無產階級奪取底政府機關.以後法國工人每年在巴黎宮閣列成立和失敗底日子,俱熱烈的紀念.這個事件,於我們說來亦有紀念之必要麼?有的.

原來資本主義發展到十九世紀初年,已經暴露出來了種種破綻,其中最顯著的,就是因資本家之殘酷的掠奪和經濟危機所產生底生活痛苦工人失業等事實,而擴大了加重了的貧勞衝突.因為這樣,無產階級底生存爭鬥,日益猛烈.在他的對手方!有產階級的組織素堅,總攬見政治的勢度來確定,而且正在與封建的貴族階級或外國的有產階級相搏戰底時候,無產階級便要乘機暴動,以圖奪取政權.這是階級爭鬥歷史中底一種法則.法國的情形恰恰如此.所以法國無產階級就來為我們證明了這種階級爭鬥底法則.

從一七八九年底國民會議(Assemblée Nationale)到第一帝國以前的總督政府(Consulat)這個時期中——或者更確切地說,從一七八九年底國民會議到一七九四年底國約會議(Convention)——的大革命以後,封建帝制,時而復辟,時而共和,以致戰爭不絕,生活不安,被壓迫的無產階級,便利用這種衝突,屢次暴動,以謀自身底解放.其中最大的爭鬥,就是一八三〇年,和一八四八年.但這兩次,都遭了殘酷底壓迫,沒有甚麼成功.然有產階級的衝突是免不了的,無產階級的革命運動亦絕不因過去之失敗而停止不前,所以他們在一八七一年又開始了一個更大的爭鬥,並且還獲著暫時的成功,組織了他們自己的政府——巴黎宮閣列.

從此可知巴黎宮閣列,絕不是巴黎無產階級底革命嘗試,亦絕不是法國無產階級的革命嘗試,而完完全全是世界無產階級底革命嘗試.她祇有世界性而無地方性.所以列寧在一九二一年底勞動節上說:"宮閣列底鬥士,不僅為法國人所尊敬,而且為全世界無產階級所尊敬.因為宮閣列所做底爭鬥,不是為着狹義地一地的和一國的利益,而是為着一切勞動人類,一切失遺產者和一切被壓迫者底解放."他又說:"宮閣列所要成就底宗旨,是社會革命所要成就底宗旨,是勞動者完全的政治解放和經濟解放所要成就的宗旨,是全世界無產階級所要成就底宗旨.而這個宗旨是不朽的."

這便是我們要紀念巴黎宮閣列底意義.

甚麼是巴黎宮閣列?

在一八七〇年以前,第二帝國為少數人底利益,已經把法國弄得很壞,到普法戰爭底時候,法國就成了被征服者,民族地位非常低下.同時這次戰爭——法國有產階級與德國有產階級底大衝突——法國有產階級又用愛國口號,加重人民負擔,並強迫他們到戰場上做犧牲,以致形成了比平時更受壓迫的生活痛苦.在這種情形之下,巴黎宮閣列便應運而生,來完盡當時無產階級所自有底民族的——解脫德國壓迫——和階級的——完成勞動解放——兩重使命.

因為這個緣故,所以在一八七一年三月十八日國衛軍在巴黎孟瑪爾特(Montmartre)暴動,擒斃多麻斯(Thomas)列公特(Lecomte)等將軍之後,便於三月廿六日舉行選舉,以組織新的政府——巴黎宮閣列.當選舉時,一般有產者都閉門不出,結果只有勞動民眾去投票,所以由這次選舉!純粹的無產階級選舉所組織出來的宮閣列,可說是完全立基於無產階級勢力之上,為無產階級制裁而奮鬥底政府.現在我來把她所做底重大事件看一看:

三月卅日,巴黎宮閣列宣布廢除常備軍,以人人都應參加底民兵來司保衛.她並停止一八七〇年十月至一八七一年四月底房租,已給付者退還.同日她又通過了當選的外國人加入宮閣列.

四月一日,她決定宮閣列內人員底最高薪金每年每人不能超過六千佛郎.換一句話說,不能比一般工人所得特別多些.

四月二日,下令把國家與教堂分開,廢除由國家支付底祭費,收沒一切僧侶底財產.

四月八日決定鏟滅學校內底宗教標識,和圖像等,禁止在學校內做祈禱.

四月五日,如答應凡爾賽軍對於宮閣列保衛者之殘殺,下令逮捕有嫌於宮閣列底人.

四月六日,國衛軍把斷頭台弄到公共場中去當眾焚燬.

四月十二日,決定把拿破崙用奪自敵人底炮所鑄出來底國杜判底的望朵門碑(Vendôme)折毀,以去掉挑撥民族仇恨底標識.

四月十六日,宮閣列登記一切停業的工廠,定出了由工人協作社來管理來使用這些工廠底計劃.

四月二十日,廢除在麵包製造中底夜工;廢除自第二帝國以來即為警察所包辦底工位介紹所,由縣公署來司理為求工者介紹工位底事情.

四月二十八日,廢除掠奪勞動者底借貸所.

五月五日,決定折毀懺悔宮.

以上便是巴黎宮閣列——東北兩方為德軍所包圍,西南兩方為凡爾賽軍所包圍底巴黎宮閣列,在一個短短的時間——七十天光景底時間之內所做出來底事件.

這些事件,是不是為無產階級謀利益的呢?是不是表示巴黎宮閣列帶無產階級性而為無產階級的呢?是的.因此雖是巴黎宮閣列中沒有工人當選,而第一國際底分子當選者亦不多,然而恩格斯卻不注意這點,而仍然斷定她是無產階級專政.恩格斯曾經說過:"近來當人說及無產階級專政時,一般有產者又嚇慌起來了.先生們,你們願意知道甚麼是專政麼?請注意於巴黎宮閣列.這便是無產階級專政."所以巴黎宮閣列不是別的,她就是無產階級專政底政府形式.

巴黎宮閣列底失敗.

巴黎宮閣列既是無產階級奪取政權以後底第一個革命政府,所以法國底銀行家資本家房主地主一切掠奪者都恨之入骨.只是在當時她於社會革命底經濟,法國有產階級底代表,閣爾(Thiers)斯軍乃付與與圖格納德(Greely)五千在一八四八年之所為,率兵退出巴黎,到凡爾賽去養精蓄銳,等待時機.階級利益是超出了國家界限的,所以不僅法國有產階級視巴黎宮閣列為眼中之釘,德國有產階級亦深覺非用大力來撲滅她不可.於是俾士麥歸還十萬俘虜兵於閣爾,並與他訂約,使他盡量地有撲滅巴黎宮閣列底可能.有產階級原是知有自己利益而不知有民族利益的,原是以民族利益為口號來保護自己利益的.所以法國的銀行家資本家房主地主都一致聯合起來與當前敵人妥協,並接受他的幫助去攻打其本國底無產階級.在這種客觀的情形之下,巴黎宮閣列焉得不失敗?

革命是被壓迫階級與施壓迫階級決勝負判生死底一個猛鬥爭.所以革命爆發過後,必然有革命與反革命底大戰,在這種革命與反革命底大戰中,不是革命專政來壓迫反革命,便是反革命專政來壓迫革命.自五月廿一日以後,凡爾賽軍衝入巴黎,於是流血星期便到來了.計巴黎宮閣列失敗後,革命方面之被槍斃者三萬人,被逮捕者四萬五千人,被充軍者又以萬計.合之,巴黎共失去了十萬人.請看有產階級是何等的殘忍刻薄!在這種屠殺中,雖然還抽不出來俄國十月革命後在

全世界被壓迫民族與無產階級聯合起來!

偉大的光榮的巴黎公社五十五週年紀念萬歲！

2

一九一八年那時代中必須實行紅色恐怖主義底教訓麼？

巴黎公社的失敗，不僅在其客觀方面有法德有產階級的聯合進攻，在其主觀方面，亦有種種缺陷和錯誤。最大的缺陷，就是沒有統一的意志統一行動之集中的和強固的無產階級政黨，布朗基派（Blanquiste）浦魯東派和國際派意見分歧，主張不一，以致公社底指導，時而是自由的，獨立的思想，時而又是熱各賓的（Jacobine法國在一七九十—九三年代底激進党）思想，並且在政治上沒有一個確定的綱領。最大的錯誤，就是未曾沒收法國銀行，使公社的經濟不充，而給與有產階級以反革命底費用，至於在凡爾賽派退出巴黎時，尚不才二萬五千兵，公社擁有二十萬大兵而不乘時進攻，聽其休養訓練，這是杜洛茨基在軍略上所以要大大批評公社失策的地方。

巴黎公社底價值

雖然巴黎公社犯了很多很嚴重的錯誤，然而卻不因此而減少了牠的價值，我們仔細分析，便可知牠有揭到三種值得注意底地方：

第一，歷史的重要　無產者自形成階級以來，即開始爭鬥，一直到一八七一年才有了巴黎工人偉大的暴動，所以巴黎公社是工人爭鬥奪取政權時代底表示，是工人運動發展到了一個新的時期底證明，不但這樣，牠還指示出來了無產階級有奪取政權底可能，牠還給與將來工人運動以大刺激大興奮，所以列寧說："公社底犧牲很大，然而牠獲得了無產階級爭鬥總和之價值的報酬"，又說："雖然有種種錯誤，公社仍是十九世紀無產階級運動之最大的一個所給與我們底最大的模範，馬克思曾經高高地估計了公社之歷史的重要"，而他曾說公社告知歐洲無產階級在具体的期限內，提出社會主義革命底問題"。

第二，理論的重要　公社證明了無產階級底革命要求和革命能力，使已建立於工人階級努力上底共產主義不是空虛的；證明了無產階級底解放，非從政治爭鬥上著手奪取政權不可，公社不但這樣地告訴我們說馬克思在過去所發現出來底理論十分真實，而且還使馬克思在此次運動中分析出來了新的理論，確定無產階級專政的形式，範圍了改造資本社會為共產社會必經過種種過程底主張，馬克思為公社而做底國際工人協會宣言上說："工人階級不以奇妙不可思議的事去要求公社，公社亦不當其對實現了任何空想，工人階級知道為達到其解放和社會生活底更高形式必須經過一半完全改變生活總條件和人性底歷史過程"。

第三，實驗的重要　公社所做，不論對與否，都給與後來無產階級革命底以寶貴的教訓，做得不對的成為了當時失敗底原因，如不沒收銀行，不乘時攻打反革命軍隊等等，十月革命後的蘇維埃俄國，就是受這種教訓，沒有發嫩再弱，以致無產階級專政傾覆一般的堅固，做得對的，如德謨克拉西政府之改變，常備軍之廢除，政府薪金之規定，允許外國人底被選舉權而任用波蘭人，可才利人以及工廠國有等，皆成為俄國革命的導師資。

這樣看來巴黎公社自有其偉大的價值，真所謂"雖敗猶榮"。馬克思在這一點上曾經說過："工人的巴黎和牠的公社將常常是被人慶祝為新世界之光榮的先驅一樣，牠的犧牲者曾在工人很好的心中建築起了他們的犧牲者紀念碑，把他的劊子手乎從現在起就被釘在歷史底標柱上，他們的（劊子手們的）牧師底一切禱告都沒有力量能夠從那個標柱之上把他們拔出來"。是的，巴黎公社已經為我們宣告了有產階級底死滅和無產階級底解放，四十六年過後，俄國的無產階級就來執行巴黎公社這個宣告，實現十月革命進行世界革命。

"全世界底無產者團結起來！"

"無產者所失的，不過是他們的鎖鍊，而所得的，是一個世界！"

為北京殘殺告僑胞

這次北京人民之被殺死的，計有五十多人，傷者亦七十多人，帝國主義底工具——軍閥政府又在大肆其屠殺了！這是何等殘酷的屠殺啊！

為甚麼有這次屠殺呢？段祺瑞就敢於冒此大不韙麼？僑胞們，這是我們在聞耗之餘，要一面悲憤，一面回想底問題。

原來國民軍同情於國民党，允許其防地內底工農集會，贊成人民所要求底廢除不平等條約等等，惹起了帝國主義的忌恨，帝國主義是壓迫人民的，不許中國人民有解放底可能，所以摧殘革命運動，反對同情於人民底比較進步的國民軍。因此，牠遂嗾使在昔互相仇視的吳佩孚張作霖聯合起來，向國民軍進攻，無奈張作霖由海上運到大沽底軍隊，為國民軍底駐兵所阻止，不能登陸，於是英美日法意等帝國主義為要幫助其走狗張作霖吳佩孚以圖獲勝利計，遂於三月十六日聯名下一哀的美敦書，要求撤退大沽口底軍艦駐兵，除去對於外國船底檢查，使他們得自由出入大沽口，換一句話說，使張作霖底兵得以由大沽登岸進攻天津，國際帝國主義待遣兵到天津為張兵助戰，好長驅直入北京哦。

中國人民的生存，與帝國主義是不兩立的，假使他們的答辯得遂，中國人民不是要再受八國聯軍入北京底痛苦麼？京津一帶的人民不是再受像直奉之戰和皖直之戰時一樣的兵燹之禍麼？中國人民覺悟了，非反對國際帝國主義底侵迫不可，非反對國際帝國主義所助長底內亂不可，所以北京底工人學生商人乃有三月十八日的示威運動和向段政府要求底事實，甘心媚外底段祺瑞，從前為日本帝國主義走狗，現在為又國際帝國主義効忠底段祺瑞，竟公然肆無忌憚的槍斃人民代表五十餘人殺傷七十餘人，這樣看來，段祺瑞之殘殺人民，乃是在為吳佩孚張作霖這一般反動的軍閥，壓迫人民底革命勢力，為英美日法意這一般萬惡的帝國主義，壓迫民眾底革命勢力！好個慣於賣國的老賊段祺瑞史無先例的殘酷的做了中國軍閥的代表和國際帝國主義底工具！因此，我們便知道這次北京流血是中國封建軍閥殘殺人民底表示，是國際帝國主義殘殺人民底證明。

僑胞們，我們在這種情形之下應該怎樣呢？沒有旁的，我們只有豎起國民革命之旗，用最大的力量去打倒軍閥，打倒帝國主義！

我們回想去年五卅事變，國際帝國主義不是在上海，漢口，廣州，青島等處，大肆其屠殺麼？由去年五卅至今曾幾何時，國際帝國主義又來指使其走狗段祺瑞槍斃人民代表，這不是國際帝國主義又在向我們進攻底表示麼？是的，我們不打倒他們，他們是定要來壓迫我們，斬不盡犬不滅，帝國主義不打倒，軍閥沒由消滅，人民的生命總沒有保障，隨時都有被屠殺的可能！

僑胞們，現在是甚麼時候啊！國際帝國主義又把機關槍架在中國人民底胸前，作更猛烈的射擊，血染了北京城了！我們應該怎樣？我們被壓迫人民底頭驢，難道永遠都該成為他們射擊底靶子嗎？時候到了，我們民抗起來，踏著死者底血跡，為工打倒軍閥打倒帝國主義底國民革命戰線！

事急了！時迫了！全國民眾趕速集中於國民革命底旗幟之下！

事急了！時迫了！海外僑胞趕快團結起來，作北京人民底後援！

中國最近事變的情形

拉狄克在孫中山大學報告　鄭德筆記

今天我的報告很簡單，而且是不幸的事件，即是關於國民軍失敗的事件。

我們看此次馮玉祥究竟怕什麼？馮所怕的即是我們所怕的那個吳佩孚張作霖聯合的成功，使國民軍陷於最困難的環境中，吳向河南猛擊，張由北方猛攻，甚至逼近天津，同時張宗昌亦由山東向天津夾攻，而國民軍除一軍組織較完善外，二三軍在組織上軍事上政治上均不甚完善，而且對地方人民的關係亦較薄弱，因之在爭鬥上便是一大缺點。

國民軍此次之作戰不僅反對中國反動軍閥的聯合，而且是反對國際帝國主義之聯合，我們看到在張吳攻擊面的有英日帝國主義，英日最早即要促成張吳之聯合，此種外交聯合在戰前已著手進行，但僅此尚不能達帝國主義之野心，而有日艦保護奉軍開抵大沽登陸事變的發生，當日艦抵大沽時，上懸日旗，內裝奉軍，此種公開的明顯的武力幫助反動軍閥，國民軍便不能不禁止其上岸，而蠻橫的日本帝國主義竟敢炮轟大沽，甚至到強藉此以哀的美敦書式的通牒，壓迫國民軍撤退大沽之藏防。

國民軍在這種公開的高壓之下，祇有二條出路可走：

(一)撤消大沽之藏防，讓奉軍入津。

(二)集中全力向帝國主義作最後一戰。

國民軍在實力上已不能履行第二條出路，同時二三軍與吳軍決戰時，已大遭潰敗，所餘無幾，而一軍在政治上組織上較完善，所以讓出天津，尚能保持勢力以圖恢復。

對於此次重大的失敗，我們若不分析和研究，是錯誤的，我們看此次失敗之原因有下列兩點：

(一)國民軍不能與革命的民眾勢力發生密切的關係：

a.國民軍本身不是革命的軍隊，是由舊式軍隊中蛻化出來的，將領們沒有認識革命，有時站在革命運動中，有時即會離開革命；

b.部下軍隊亦與革命運動不能發生關係，下級軍官大部由行伍出身，他們完全崇拜馮玉祥個人，而不是對政治有覺悟和了解，且隨便就雞士卒，頭腦完全是舊式的；

c.國民一軍從前駐在西北（內蒙）一帶該地偏僻，人民對政治興趣薄弱，不能影響於軍隊，即是軍隊不能受人民政治要求之影響。

(二)國民軍一部分是由奉軍吳軍改編或招撫而成，中國中部是工業發展區域，而革命運動反不進步；國民党在南部勢力很大，在中部亦較薄弱，因之中部成為反動勢力之根據地；這些軍隊完全是反動軍閥培養成的傭奴隸，根本不是革命的，而且此次在四方八面反動勢力嚴重包圍之下，所以不得不失敗！

根據上述兩個原因我們可以找出此次失敗之結果：

在這反動勢力高漲時，北京三月十八日段祺瑞屠殺和平請願之人民代表，是必然產生的現象！這種中國軍閥替帝國主義施行消滅正在發展之革命運動的大屠殺，或許是要延於全國，或許還要逮捕共產党員國民党員和封閉工會學生會，但此種全國是否可以成功和黑暗的統治是否可以延長下去呢，在事實上是不可能的，因為：

a.張吳聯合進攻國民軍成功以後，他們的關係如何？又是絕大的問題，如要分贓，有下列二個方法：

1.張統治東三省，宣佈獨立，吳稱霸北部和中原，吳如承認張獨立，必然要引起社會各階級之攻擊，因為滿洲獨立即是將中國土地分割，雖反動團体亦要起而反抗。

2.採取二狗食一骨頭的辦法，共同宰割中國政局，但不久即要由內部大衝突而起爭鬥。

b.帝國主義在目前是聯合進攻中國，以後他們的關係怎樣呢？我們知道各個帝國主義都想統治北京政府，他們的利害是互相衝突的，他們的反動聯合馬上亦必要破裂！

所以反動勢力想長久橫行下去是不可能的，而且中國革命大潮正在高漲，兩相比較，我們不能說中國現已到一個反動勢力勝利之時期。

由上面看來，我們對於此次失敗，應找出什麼出路呢？

一，用全力革固廣東政府，使廣東革命勢力發揚擴大，使廣東政府與鄰近各省聯合起來，怎樣達到此目的呢？我們不要以為北方與廣東距離尚遠，更不要以為吳佔北方與廣東無大危險，殊當北方反動勢力高漲時，第一受危險的即是廣東政府，因反動勢力勝利後，馬上便要撲滅革命根據

全中國的民衆們，一齊站起來

援助國民軍 恢復和保護在中部和北部的革命勢力！

全中國的民衆們，要預防着吳張勝利後就有白色的恐怖到來！

3

第三國際主席團主席季洛維葉夫致紀念孫中山逝世週年大會的一封信

紀念孫逸仙大會的主席越飛同志：

因為共產國際擴大會的工作使我不能參加……

孫逸仙照他自己的確信，不是個共產黨員，但他是無產階級的好的聯盟者，他會去明白被壓迫民族運動的歷史的作用。列寧同志教我們的，就是這種運動就是國際無產階級革命中的一部分。

孫逸仙會去組織在帝國主義壓迫下的東方民族中的一個民族的民衆，他能對革民族的心窩裏提出口號來武裝他們，來指出爭鬥的道路，這條道路就是他親身走的，亦就是他要往奮鬥的道路。

……

全蘇聯共產黨省委員會致國民黨的慶賀電

全蘇聯共產黨莫斯科省委員會在紀念中國……

第三國際主席　季諾維埃夫

國民黨中央執行委員會海外部告海外同志

全蘇聯共產黨莫斯科省委員會

……

中央執行委員會海外部（蓋印）

一九二六年二月五日

新聞彙錄

◉中國新聞

▲北京政府之消息

◎北京政府答覆公使團對大沽事變抗議

北京三月十八日電：昨晚北京政府答覆荷蘭公使，關于大沽事變抗議……我們承認辛丑條約，外國可以……

◎北京大流血

段祺瑞獻媚帝國主義

北京三月十八、十九兩日北京……

▲革命軍與反革命軍的消息

◎國民第一軍戰退

北京三月二十三日電：……

……

一、劉直隸……

二、北京……

三、國民一……

四、國民二……

五、一切軍……

六、由工農……

強壯和擴大廣東革命政府的勢力向中部和北方的反革命勢力進攻！

4

國際新聞

蘇聯新聞

最後緊要新聞

來函照登

Главлит № 38320 Тираж 3000

Москва, 1-я типо-литография Центриздата Народов СССР Шлюзовая набережная д. 162 Телеф. 5-72-78

第一版
№17
第十七期
一九二六 四月二日
2 АПРЕЛЯ 1926 г.

中國前進報編輯發行處
РЕДАКЦИЯ КИТАЙСКОЙ ГАЗЕТЫ „ВПЕРЕД“
г. МОСКВА
пл. Свердлово, 2-й д. Советоп, пом 1, ход со стороны Третьяковского проезда

前進報

每星期五出版　　每份零售 10 哥比

價目

	蘇聯境內	國外
1，每份零售	10 哥比	15 哥比
2，訂閱每月	40 哥比	60 哥比
3，訂閱半年	2 盧布 30 哥比	3 盧布 60 哥比
4，訂閱每年	4 盧布 50 哥比	7 盧布

旅俄華僑協會籌備委員會刊行
編輯人　玉倫

ЕЖЕНЕДЕЛЬНАЯ ЦЯНЬ-ДЗИНЬ-БАО (ВПЕРЕД) ГАЗЕТА

論文

從洛加諾到日內瓦

卓仁

帝國主義是資本主義發展到登峯造極底形態，然從別一方面看來又是資本主義走到日暮途窮底最後一步，所以帝國主義時代，是資本主義死滅底時代，是無產階級革命底時代。

根據列寧主義底見地，歷史上每一個革命之爆發，不僅在被統治階級對統治階級有極大衝突底時期，還在是統治階級內部發生衝突底時期，只有在這個時期，革命底機會才算成熟，革命的運動才有成功。

在帝國主義時代，最普遍最顯著的衝突是：勞働者與資本家，殖民地與宗主國，但這兩種衝突，都是革命階級形成了的證明，換一句話說，都是革命的主觀條件，倘若客觀方面——資本家和宗主國底自身，沒有衝突，則他們仍有存在的可能，或者他們不是將壓服革命勢力而得着長治久安，便是兩敗俱傷，沒有出路。

但是現在我們所處底時代怎樣呢？我們知道帝國主義國家有上面所說那兩種衝突外，還有其本身方面之帝國主義國家與帝國主義國家底衝突，並且這種衝突與那兩種衝突一樣，日益發展，其速度可說與時俱進，在帝國主義未消滅以前，這種衝突總是一天猛烈一天，一天複雜一天。在平常時，互競軍備，互締條約，縱橫捭闔，千變萬化，把一部近代史弄得令讀書者頭痛，而還清不出條理來，在戰時戰後，更不用說了。從普法之戰——正是帝國主義開始底時代——以至現在，不都是這個樣子的麼？

由一九一四年至一九一八年底世界大戰，就是這種帝國主義本身衝突底大爆發，由大戰迄今，為時已將八年，不獨戰勝國戰敗國都瘡痍未復，在經濟政治社會各方面弄得一團糟，而且生出了許多很難解決的問題，如賠償債務，仲裁，解除武備等等，因為這樣，所以帝國主義的外交家，不得不四出去找辦法，不憚煩勞，巴黎，倫敦，華盛頓，凱納(Cannes)，熱納(Genes)，海牙，洛桑，渦吉尔，日內瓦，到處開會，弄得一點安寧沒有，而且大大地發生了不安寧問題。

在這種情況之下，真是不獨被統治階級不安寧，統治階級尤其不安寧；不獨戰敗國家不安寧，戰勝國家尤其不安寧，並且事實告訴我們戰勝國中之愈強大的，愈感覺不安寧，這是資本主義必然崩潰和自己崩潰現象底鐵證，但是資本主義是不會自死的，所以擁護牠底階級到處去延醫救治，及至一九二五年十月五日，張伯倫(Chamberlain)，白里安(Briand)，路德(Luther)，謝羅懿(Scialoja意代表)和帝國主義底用人汲尔朋古(Paul Boncour)，王德威尔(Vandervelde)等又跑到洛加諾(Locarno)去討論安寧問題。

新的神聖同盟

這個問題到一九二五年才成熟，所以德國在是年二月七日才把牠提出來，自此以後，歐洲報紙便大討論而特討論，列入了各國內閣會議底議事日程，這個問題果真是德國提出的麼？不是，這是英國提出的，不過為方便計，由英國駐柏林大使亞比濃(Abernon)指揮德國奉行罷了。

英國為甚麼要提出這個問題呢？

英國在現在有兩個同階級底敵人：帝國主義的美國和法國，美國財富充實，侵入歐洲的勢力日益浩大，顯然有把歐洲已成為牠的債務國變而為牠的殖民地底鐵索，這種情形，不獨使英國失掉在世界第一強國的地位，而且漸使英國失掉在歐洲第一強國的地位，同時，在中國，在墨西哥等處，又都有利益底衝突。法國自大戰後收回亞尔薩斯羅蘭，征服德國，佔領魯尔，經濟勢力日益澎脹而羣國，並且把中歐東歐的捷克斯拉夫，波蘭，羅馬尼亞等國為附庸，因此，法國在此時實在繼承了戰前在歐洲與英對抗的德意志，英國為要抵禦美國勢力，保持歐洲霸主底地位，並用其遺傳下來的外交手段，扶德抑法，羅致小協約諸國使法孤立，就不得不趁着大家不安寧底時候，挺身出來保障大家底安寧，以鞏固自己的勢力，此外，英國還有兩個異階級的敵人，就是蘇聯與殖民地，自蘇聯出世以後，本其國際無產階級之前鋒，和被壓迫民族之同盟底使命，到處宣傳，以致英國底殖民地如埃及，印度和中國都起了劇烈的反帝國主義運動，弄得英國底統治搖動不安，至於牠本國內底無產階級，又受共產黨和蘇聯工會之影響日益革命化，因此，蘇聯便成為了英國帝國主義底眼中之釘，團結歐洲各強國來阻止布尔塞維克之西侵，有遠見的英國帝國主義，自然要出來當一個勇敢的前鋒，所以英國必然要發起洛加諾會議，而且去站在領導底地位。

德國為甚麼要來奉承英國意旨呢？

德國已經為戰勝國壓迫得不堪了，然牠那帝國主義的野心還在，牠時時去找尋出路，企圖恢復舊觀，牠時時都有如烏尔夫(Wolff)通訊所說底願望：當德說為適當時，即要求審查已成為不可施行的條約，並想加入國際聯盟去，以會員資格，來時提出沙尔(Saare)問題，旦澤(Danzig)問題，又，在大戰後，土地被分割，德國人在捷克有三七〇〇〇〇，在波蘭有二〇〇〇〇〇，在巨哥有六〇〇〇〇〇，在梯羅(Tyrol)有二〇〇〇〇〇，以致德國要預備在國際聯盟內去拖打牠的廣泛的少數民族政策。至於方興未艾的無產階級革命潮，單是美國來幫助牠逃抑了一下，還嫌不足，必須要另借實業債款來發展生產，從根本上消滅無產階級革命潮，可是那一國能夠幫助牠滿足這些慾望呢？四面一看，只有英國，因此，德國便甘心為英國當用人，提出安寧問題。

其他協約國為甚麼要隨聲附和呢？

法國，比國，意國，捷克，波蘭都各有各的利益，各有各的打算，為簡明計，我們知道這些國家都是英國的債務者，美國底債務者，是美國的債務者及牠們各自底經濟困難和階級底鬥爭便夠了，經濟是支配一切底基礎，債務者能不將就債權者嗎？牠們不是常常以英美銀行家為財政上底救星麼？美國已放了許多債於歐洲，將來還想繼續輸出其剩餘資本，不是根本希望歐洲的和平能夠實現麼？牠們不是都歡痛恨其內面的無產階級和外面的無產階級國家麼？既然如此，英國提出了的和美國贊同了的安寧問題，法比意捷等國除隨聲附和外，還有甚麼可講？

因為這些緣故，所以安寧問題，就在英美操縱指導之下提出了，解決了，定下了一個洛加諾同盟，共包含有七個條約。

因為這些緣故，所以洛加諾是帝國主義化除其內部紛爭之一致對付世界無產階級和被壓迫民族之大本營蘇聯底一個新的神聖同盟，這個新的同盟是以英國為靠山，英國為盟主，法意等國為侍從的——帝國主義在現在有兩條戰線：一是對付異階級的敵人，一是對付同階級底競爭，所以就英國方面說來，以及就其他加盟各國方面說來，這個新的神聖同盟，都是把對外對內兩條戰線合而為一個統一戰線——帝國主義底對無產階級和被壓迫民族底統一戰線。

國際聯盟不中用了。

英國為要完成其削弱法國，增加附庸，西抵美利堅，東抗蘇維埃底雄圖，而鞏固其建築在無產階級之掠奪和被壓迫民族之臣服這兩個基礎上底帝國主義，非拉攏德國不成功。因為德國地處中歐，與蘇聯接壤，若把牠孤立起來，則不獨自己喪失了一個幫手，而且逼牠去親近蘇聯，德國也因為牠有這種地位，遂以加入國際聯盟和其議事會為與英交換的條件，所以洛加諾底先決問題，在於拉攏德國，而允許德國加入國際聯盟和其議事會，又是拉攏德國底一個先決問題。

因為這樣，所以洛加諾會議在一九二五年十月十六日完畢後，不到五個月，便開國際聯盟底特別大會於日內瓦，來解決允許德國加入底問題，這個會共到了五十國底代表，由一九二六年三月七日開到十七日，結果並沒有解決這個問題，而反弄得一般

全世界被壓迫民族與無產階級聯合起來！

打倒帝國主義的强盜聯盟—國際聯盟！

2

帝國主義者稱兵而去，到日內瓦會議的人，所以是到洛加諾會議的人——一般帝國主義者張伯倫、白里安、斯脫萊斯曼……

為甚麼這次沒有成功呢？

任何帝國主義者都有與人共同的利益和獨自享有的利益。當這兩個利益相衝突底時候，他們不能犧牲任何一個。所以在反蘇聯的神聖同盟結締以後，在實行洛加諾條約底日內瓦會議中，他們對於德國加入國際聯盟和其議事會一問題，竟大打其嘴仗。德國如果加入了國際聯盟底議事會，英國便多了一個贊成人，勢力頓然增大，但在相反一方面，法國勢力就要為之削小。因此，法國便為波蘭要求一席。同時意國不利於德國勢力之擴張，加之德底少數民族問題，德與奧又合併運動和德國在上年其係加利亞等地之商業利益，俱在在與意衝突，於是意國便贊成波蘭的要求。這時乘機起來要求加入議事會底國家，還有西班牙、巴西等國。美國……

[illegible]

二七以來底屠殺

TS

[illegible]

中國各派軍之勢力

魏鈞

[illegible]

實際生活

參觀記實

毛顙來稿

[illegible]

揭穿並反對帝國主義者

在洛加諾和日內瓦强盜會議上的陰謀！

切斷帝國主義者所謂的安寧之路
轉到無產階級與被壓迫民族的安寧之路—世界革命！

我在國內的時候，常常看見的報紙，都是帝國主義和資本家的工具，說蘇聯經濟不發達，工業農業怎樣不好，但是有很少的報紙說，現在蘇聯的經濟發展得很快，尤其是農村電氣化，使我疑信參半，不知究竟如何。我去年到莫斯科後，第一好機會就是參觀莫斯科西北三俄里的布多耳農場，該農場一切組織完備，已經曾君在前進報第三期說過，無容我再說。我今要說的是參觀莫斯科阿摩(AMO)汽車工廠內部情形，我是一個工人，做不來文章，只有簡單寫幾個字說明蘇聯政府對於工業農業發展的注意。

一、我進廠門內最先看見的是輕便鐵道，縱橫南北，很便利的運輸半製成品或製成品，向來走不遠到工廠委員會的招待室，有一招待員來招待我們，和誠懇的告訴我們該廠的歷史，該廠地基在二十年前是一個樹林，到一九一五年為俄國資本家騎買，西歐發生大戰，有一印度人住在加拿大，來被徵調到前敵，來到這裡開設汽車工廠，十月革命完成後，該廠歸蘇維埃管理，到一九二三年，該廠改用最合科學的生產方法和新式機器，開始製造汽車。

二、出品方面的優良，在去年春季各國汽車來到莫斯科同該廠製造的汽車比賽，開行快捷，結果該廠汽車得了第一，這不是說空話誇口，現在各國所製造的汽車還讓莫斯科"阿摩"汽車行的速度第一每小時可行五十英里。現在該廠專門製造載貨汽車，為便利工廠運輸生產和原料起見，廠內工匠工作分廿二部，機器部工匠三百八，鐵匠一百〇八人，銅鐵匠一百〇八人，木匠四十八，漆匠九十人，再有小部分工人十人廿人不等。去年該廠造出汽車一百輛，今年造出汽車增至三百輛，該廠機器大多是美國運來的，預備在最近的將來機器由本廠自製。

三、工會的組織　蘇聯工會完全是依產業的組織，工會職員十五人，三人常任工會辦事，生活費由工會供給，其餘十二個職員在工廠作工，沒有生活費補助，工廠委員會的組織每月選舉一次，於十人代表大會舉出職員十人，代表半月選舉一次，工廠委員會組織內分六部，每部有主席一人。

1、教育執行部：關於學校事務管理開發，職員十六，主任一人在內。

2、工人住房管理部：修理工人住房，職員六人，主任一人在內。

3、商務委員部：代替工人買的日常需用品，職員八人，主任一人在內。

4、勞動保險部：保障工人利益的勞動法，職員十二人，主任一人在內。

5、管理工廠生產委員部：關於管理生產和原料，職員十六人。

6、管理工資委員部：關於工人工資增加問題，職員四人。

四、他們的生活方面：工資分為十七種，最大的工資每月二百五十五盧布，只有一人，工廠總經理，其次每月二百零五盧布，工資最小的每月卅個盧布（如童工、生手等）做包工特別生產好者另外加賞錢，每逢紀念節休息，工資照發，每月工資有二百〇五盧布者三百人，其他工資參差不一，工人在公共食堂，每月食費只七個盧布，食品與各大學及各機關一樣的，工人住的政府的房屋，不出租金，他們一切生活都是共同的，他們除了八小時的工作外，便自由的到俱樂部看書報，或參加游藝。

五、教育方面：工廠內設立技術專門學校一所，養工廠技師人才，三年畢業，在學習第一年的學生，每月有工資十二盧布，到第二年的學生，每月工資有五十盧布到六十盧布，第三年的學生，每月有一百盧布至二百盧布，現在該校學生有一百八十人，內有十三個女學生。

六、他們的陳列室　陳列室房屋清潔爽亮，牆壁上掛着無產階級革命首領許多的照像，各及種革命的口號，室中陳設有各種礦山原質，如銅、鐵、煤、金沙等等，特別是掘設有四千多件光亮奪目的汽車機件，使參觀者到得很大的興趣。

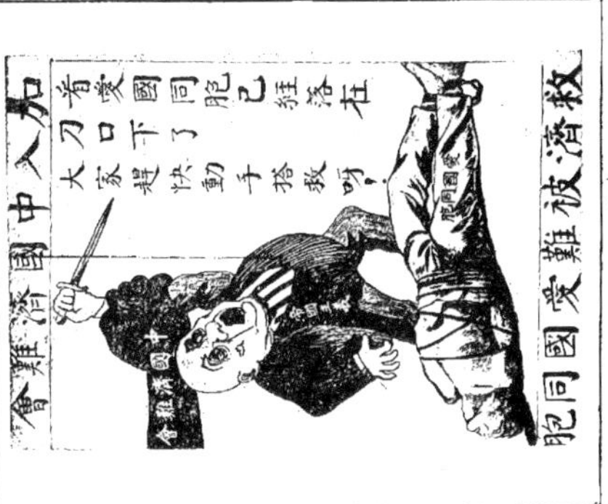

七、他們的政治生活　他們之中有共產黨員和候補黨員四百餘人，二十幾個黨的小組，他們對於中國革命問題非常注意，常常做報告并加以討論。

結論　蘇聯新經濟政策實施後，工業農業生產提高，使他們的經濟很快的向前發展，建設了社會主義的基礎，同時也就是世界社會主義的基礎。我寫到這裡想到中國工人階級的生活，比蘇聯現在工人的生活，實有天上地下的分別，這就是蘇俄無產階級六十多年不斷的革命精神奮鬥得來的代價。我們中國工農階級要求得到根本解放，只有跟着蘇俄工農階級所走的用革命的手段，打倒國內的軍閥、反革命派，和國外的帝國主義，把政權抓到自己手裡，才有可能，否則，便是空想！

一九二六年三月二十九日於莫斯科

新聞彙錄

中國新聞

▲革命軍與反革命軍的消息

◎張作霖進攻北京

北京三月二十七日最近訊：天津軍事會議無結果，奉軍兩呂頒入京，李景林軍距京僅三十里。又訊，李景林部處國民軍拒之，吳軍已入保定，國民軍必須退出北京，北京人民因奉軍入京之訊，甚為恐慌，駐京使團亦主張保護外僑，一般人民主張國民軍組織特別軍隊守北京。

◎流氓張作霖

北京三月二十七日電：馮玉祥已入庫倫，遺職以張之江代理，奉張電張之江，令其退出察哈爾和熱綏，以免失了兩下感情，否則，即以武力進攻云。

◎國民軍保衛北京

北京三月二十七日電：國奉軍閥進攻北京，甚危國民軍以最後勢力對待，和約問題至今尚未確定。二十七日李軍進至距京十五里，被國民軍擊退，吳軍已至保定，保定之郭松齡部退出，郭軍現宣言中立，奉軍至通州，距京十五英里，發生激戰，又訊，湖南第四師由長沙進攻岳州，以揭吳佩孚之後路云。

◎反動軍閥的內部衝突

北京三月二十七日電：日報訊，現軍閥內部發生衝突，天津所召集之軍事會議，張作霖亦列席，奉軍內部分裂，李景林欲取北京，張不允，同時張學良亦欲取天津，以致兩不衝突，甚烈云。

◎前敵情形

閻錫山電國民軍停止進攻

北京三月二十九日電：現李景林與吳佩孚因與張之衝突，不再進攻北京，昨日國民軍接閻錫山電，不進攻北京，謂我根本不反對國民軍，不過是在防禦國民軍戰兵入山西，而已足見閻氏軍與山西尚能保持友誼云。

▲在內戰中帝國主義的行動

◎帝國主義之計畫使北京政府中立永受帝國主義之支配

帝國主義統治中國難

紐約三月二十七日電：上海訊，美國新聞記者米立重發表上海美國領事兩樁秘密對于帝國主義計劃之態度，他說反對，其內容為帝國主義組織北京中立政府，直接受帝國主義之支配，此計劃之欲支配中國較之辛丑條約更為利害，現中國學生與工人群起示威，要求倒段取消辛丑條約，美國對此條約亦取反對態度云。

◎日本為張作霖前進計劃

東京三月二十七日電：日人一致論調，謂現中國內部與北京問題，張馮必起衝突，日本應設法助張，以保持奉系在中國之勢力。和衛報：張已失去人民信仰及廣泛的歡迎，而且奉系有再發生新郭松林之可能，所以必然比以前為利害云。

◎美國不願參與帝國主義進攻中國之聯盟

華盛頓三月二十七日電：美國外交總長盧吉謂，駐華美使馬揩參関于中國大沽事變，各國致中國通牒，美使亦參與列強合作，現美政府不贊成一致進攻中國，因各國以辛丑條約為攻中國之屏障，其實辛丑條約不過是各國強迫中國所訂，不成其為條約，無論何項條約，須經美議院通過，此條約未經美議院通過，関于外國進攻中國，美國絕抱不滿云。

◎英國煽動美國侵略中國

紐約三月二十七日電：香港電，中國共產黨打英國之陰謀，以學校千英尚不十分利害，令廣西發生排外運動，英政府答，我已接北京電，美人在華甚安全，関于中國排外運動全非事實云，此電係因美國對大沽事件亦與各國一致行動，致英國特發出此挑撥的電報云。

◎天津之反動

北京三月三十日電：現天津有三家報館被封，因有共產黨宣傳之疑，外國租界組織巡警以防備俄國黨之宣傳云。

◎帝國主義為爭北京而戰

英、日幫助張作霖

北京三月三十一日路透電：帝國主義發表意見，國民軍能保護北京，但他幫助國民革命，因此不願國民軍留京，而願吳、張入京，日使發表意見，必要使奉張入京，但英使絕端反對，因為張若入京，日本勢力必更發展，不但于中國有害，即于各帝國主義亦有危險，英日現計劃助張武力入京，壓服革命，反對蘇俄，英使并唆使張邀加拉罕出京，因加氏危險，英并鼓吹張如得京，英可借大批款與張。又訊，日贊成張壓服國民革命，並絕斷中俄友誼，美對此問題尚持中立態度，因張與英携手，其在民衆中已失卻作用，愛國的招牌已打為粉碎矣。

▲工人運動的消息

◎香港的損失

香港現受廣東之影響，一般民衆對香港政府極抱不滿，香港不是普通之殖民地，而是英資本之殖民地，香港為英之[illegible]，位居中國南部，距廣州九十英里，距澳門四十英里，港為一小島，四週繞以若干小島，港總面積三百里，一九二一年人口的統計，有六二五一六六人，中國人占六十萬，島為國際商埠，中有三十二個民族僑居，英國人占七六八九人，英男子為四七〇六人，英女子為三一八三人，葡萄人為二〇五七人，日本人為一五八五人，美國人四〇〇〇人，法國人二〇八人，荷蘭一〇四人，其餘國家人很少，香港對于英國非常重要，較任何一殖民地都為重要。

一、能與中國南部通商　二、可以剝削南部一萬萬人。

最近多數中國軍閥在內戰失敗後即避往香港，借英之旗幟以保持他的財產，與天津、上海不同，自從帝國主義在上海、漢口、廣東等處殺中國工人事變發生後，引起香港工人激烈的反抗，造船工人、製糖工人、洋灰工人、造膠工人、烟草工人、瓷器工人皆先後罷工，使香港商業戰爭停頓，銀行亦閉門，帶有極暴的

打破帝國主義者在中國的聯合戰線！

4

政治作用與上海罷工不同，十二萬華工離開香港到廣州，工人要求英
帝國主義除廣州發展勢力，罷工執行委員會之組織分四部：
一、幫助失業工人，二、宣傳，三、工人司法廳，四、糾察隊。
從香港至廣州者有十二萬至鄉間作工，還有一部分人幫着工
人作工，宣布抵制與英通商，因此去年六月起，香港政府受極大之
損失，在經濟上，政治上，香港在亞洲為第一商埠，每年約流通貨本有
兩万万英鎊，一九二三年進款為一万万卅三万，一九二五年為一三五、米
利亞爾，一九二四年進口稅為七十二万万，出口稅為六十三万万，一九
二二年香港進船一萬零四百七十五隻，在罷工時期，間進口船九十
隻至港停三月，英船公司受很大損失，其他國船亦有其損頭，如
日美俄在黃浦之進口船比以前更多，現在香港的氣象已轉呈
廣州，英國新聞記者在一九二五年八月七日說英商業的停滯以
後將一年比一年壞，在罷工的七月中，香港只看見了海水，以前香
港銀行資本為一万万，罷工第一月剩留為六十米利亞爾，八月落
為三十米利亞爾，九月落至十米利亞爾，因此一般商賈家皆紛
紛向銀行取款，銀行以年限付紙幣，一九二六年港督發表意見謂
我現將設法借款以救援內部，但恐日後無力交還，意欲賒貨，但
恐英政府知香港經濟困難，不允賒貨，小生產家更不敷，以後情
形如好時，利必較小，此錢尚未借來，但現已有人討論英人允借與
但不借與中國人，其意即在將香港困難諉華人，並向中國銀行索
款，因中國銀行欠英款，中國銀行家的款子已用完，現中國銀行在外留
者百七十個，有一大銀行在南部十省都有支行 Kalt buit 師
弊，又英五千四百萬，去年香港封鎖謂：一，將港稅房租減少，二將
工資減少百分之五十，一九二五年香港政府虧欠七百七十萬，現香港
經濟雖有恢復，而房租問題即不能工，工人能回香港與否亦有一問題，
即或工人能回去，能復舊有工作與否尚在不可知之中，香港政府
更備戰爭，以武力對付廣東，英政府不允謂英政府如在此時以武
力對付廣東，恐將引起全遠東之衝突，因廣東海員罷工和留英
貨事件發生後，香港政府電英請派兵，已同廣東雖然罷工現無
結果，但英勢廣英之勢力，中華風潮高漲，英中國解放之覺悟。

▲其他消息

◎北京政府發生財政恐慌

北京三月二十日電：最近京政府向外國借債未果，因之北京
起了財政恐慌，政府要求各國幫助財政總長封屋出紙幣，此封
面已換，又使團討論，又訊，倘使與財政總長接洽，已允許中國出年
為大洋紙幣，以海關作擔保，但必須與政府辦事人發薪，不然
恐引起糾紛云。

◎反革命分子防備赤化

北京三月二十九日電：反革命勢力進攻國民軍，電李景林
可惜中國不幸發生赤化更嚴，李景林之戰，不必為國已無為據
從赤色政府，說工人、革命者全是赤色恐嚇云。

◎反革命停滯不能征服中國革命

北京三月二十九日電：因衛隊禁止軍隊十八日之屠殺事件，學
生在民國大學開公追悼死者，在屋內掛死者之像及衣服，用語
中驚死教，推翻國民運動，反對帝國主義，打倒段

◎政府又想發展他的勢力

北京三月二十三日電：中报訊，北京有一張人想由大獄釋放
警察，又訊，段與司法總長談話，關于書之罪惡，更關還因而
禁，現已無大罪，可令其恢復自由云。

◎反動派造謠破壞廣東政府

北京三月二十七日電：最近二週謠言紛起，謂廣州政
府已亂，政府已推翻，蘇聯公使亦被逐出，蘇俄公使與政府代
表談話謂此全非事實云。

◉國際新聞

◎德國十三百萬人簽字反對貴族

柏林三月二十四日電：關于反對貴族房產國有問題尚未
解決，樂夫教主張德分二十八區表決此事，現德人登報聲明贊
成房產歸公者一千零七十三万人，其餘未聲明者共有一千
三百万人。

◎美國一萬六千人紡織工人罷工

共產黨從中指導

紐約三月二十六日電：巴散紡織工人罷工，同時引起很多紡
紗廠同情罷工，參加者萬六千人，加係法部紡織工人，製網工人
亦罷工，要求廠主恢復去年所減少之百分之十之工資，二要
求廠主承認戰工會，現美國統一戰工會首領 [illegible]
和 [illegible] 皆係共產黨，警察廠主禁止工人集會，用化
學炸彈打示威工人，用水龍衝散工人，現美國禁止罷工示威像片，
關于巴散紡織工人罷工事乃為經濟條件，工人與廠主要求戰
爭，工人組織很多，現說大會美國有一工人同盟會現不幫助
紡織工人罷工，現美國智識分子與工人表同情，口號為：不許
侵犯罷工者，勞動同盟甚不高興，說因有共產黨之指揮，
所以我們不幫助，成衣工人與左派工會幫助罷工工人，臨時罷
工委員會上書政府要派員調查工人之生活狀況，美總
統願理治不允，廠主亦不願與工人接洽，赤色國際致電願作
實力之幫助云。

◎敘利亞預備春天進攻法國

安格爾城三月二十六日電：新聞記者訊，土耳其之現在
布在大馬斯城，蒲地格爾聯合準備進攻法國，首領為魯爾伯
記如亦買了大批軍械及軍用品，準備進攻法國。

◉蘇聯新聞

◎赤色職工國際電告全世界工人

同志們，關于中國工人爭鬥情形甚困難，中國工人受帝
國主義與軍閥壓迫，廣州工人罷工至為經濟條件，但是為
民族解放，全世界工人應幫助使中國革命成功，職工會捐盧布一
萬元，赤色職工國際一萬元，紡織工會五千元，
鐵道工會五十元，城市工會一千五百元，礦
業工會五千元，城市工人一千元，運輸工人五百元，郵政工人五百
元，化學工人五百元，糧食工人五百元，水手工人五百元，印刷
工人五百元，製藥工人五百元，藝術工人二百五十元，成衣工人四
百五十元，紙匠工人二百五十元。

◎紅色救濟會代北京慘殺呼籲

北京慘殺，紅色救濟會代為呼籲，使全國人急起援助此
次死者親屬很好之革命分子，大家應起來打倒強盜的政府
瑞，並轉告全國工農參加援救中國革命！

◎胡漢民抵海參崴

海參崴三月二十五日電：今日胡漢民由美至海埠抵站，
時海埠各團體及華人歡迎，胡氏作一簡單報告，謂蘇俄人民
是保護蘇聯的，我們廣東各組織紅軍，不僅保護工農並且打
倒帝國主義，中國青年軍歡迎胡氏者很多，今觀間海埠蘇聯
與大會胡氏報告中國情形云。

◎一週內國際狀況

最近英國職工會明白工人之爭鬥，會議過程中少數派積極
工作，少數派在兩天日總會議，參加代表八八三人，代表有組織工人
九五○○○○，四月前少數派開會，工人有七五○○○○代表六八三人，事
離國際仍在工聯作工，工聯內部少數革命分子很有力，雖然九
實証明工聯少數派很與革命群眾聯系，至今一時與英工聯脫
五○○○○人少但為英工人之先鋒，他在政治上有意識，英工人對少
數革命分子很信仰，最少數分子主張工廠組織執行委員會，
為工人革命之基礎，他最近又計劃將全國小商人小企業等
組織一戰工會，現少數派與英有衝突，雖然政府反對但不敢干
涉，英有法西斯黨之組織，和政府對少數派則反比法西斯黨好，現
英左派戰工會與工黨少數派雖然左派未有清楚在階級革命但
已發生階級爭鬥，英政府深恐與工人階級衝突，英資產階級不
力向世界市場發展，並不敢用強烈手段與內部工人爭鬥，其文
敵人為美法德，英人已得八小時之工作，指于爭戰上的勝
利，英資產階級在戰時被其他國損失為大，因生產用資過大不
能與世界市場爭鬥，因之英主張召集資本會議，討論各國一
致實行八小時工作制，第二國際參加討論此制度，為他們所爭鬥
如保其安英國與各資本國之衝突，會議通過八小時制，但須
議中對俄國家如有必要可以致為十二時，由此可以証明帝國
主義之外交手腕了，英國為何要召集此會議，乃是因為意法
作工十時或至十二時，英都僅作十時，所以必須使各國生產費
用一律，方能與各國競爭。

德未加入國際聯盟，因英法對德之政策不同，所以德不能加
入，第一，德如加入英法內部必發生衝突，此時美國對法不滿意，英
說如德不加入，法國勢力絕不能減弱，現美的計畫，德見美與
所以提出減少軍備，在海陸軍備工，英美主張減去陸軍軍備，若
減少海軍軍備，須于五月十一日另開會議，美見國際聯盟開會
未成，極力用經濟侵掠歐洲，英國口倡和平，其實盡力發展軍
備，德資產階級甚不滿意，德不參加國際聯盟，但德國人民已
了解國際聯盟是資產階級的騙術，德民主黨亦相信與蘇聯會
聯，并且政府有一部分人尚相信社會民主黨之騙略。

張作霖得帝國主義之佈助，能將國民軍擊敗，國民軍退
出天津之原因：一、保持政策，二、集中勢力，國民軍由
於李景林、吳佩孚夾攻，不只以保北京，故必退往西北，現在國民
軍甚想但尚未發生惡戰，國民軍和平退出天津，如敵人仍進攻
時，國民軍必決一死戰，國民軍現仍保有北京，李軍即來，亦無何
傷，國民軍現仍保持其固有勢力，他們的目的是在要求民族
解放，他不僅要打倒軍閥，而且要打倒帝國主義，國民軍失敗之
原因：一、首領未與群眾發生密切關係，且與人民間外交手段不能
聯合人民之指揮，供給小資產階級之色彩，因此處此打擊，最近須
積極在工作上去求表現，因此代軍閥勢力來抗爭，積極學生在前線
對或戰線攻擊，然而他卻組織大多數的群眾內向，同時他又很少與廣
東政府及各部人民有聯系，此次失敗，但人民革命運動仍然很發展，
相反的方面此次之失敗將必使國民軍得一教訓，認識人民之勢力，現中國
革命潮流正高，即國民軍出京，而國民革命的要在北京城中勃發的
發展起來。

在歐洲又新添一宣傳中國國民革命的機關

名為『歐洲國民通信社』

在柏林出版，三月二十日已出第一號。

從前在巴黎的革命宣傳現在已移植于柏林了。

在僑居西歐的華人中，向來以住居法國者的革命性較為普遍和激烈，其
歷有革命的刊物出版，如從前的『少年』，『赤光』，『華工旬報』等皆能
代表旅法華人中一最大多數是華工和勤工儉學生！一部分覺
悟分子的思想並能領導許多人走上革命的道路，但自五卅事變後，
法帝國主義者因華人在巴黎示威反對帝國主義者在上海的
屠殺，便大加壓迫和逮捕，華僑分子多被迫離法國，因此在法的革命刊物
亦以此停版，只剩下一些共青年黨與國家主義派的刊物
的國民黨的右派分子所辦的刊物，在那裡胡亂替國民革命，于其他人
在法的革命空氣大為消滅，這是很可惜的一件事！

可是中國目前的國民的趨勢，不但不因帝國主義者的壓迫和摧殘而有
所收斂，反而愈激愈高，在國外的華僑中的覺悟分子也是一樣，擁護國民
義者如何壓迫，他們的革命性與國內的民眾遙相呼應，絕不收斂，努力
歐的革命宣傳，就是他們在法國的革命中的一部份革命分子被法帝國主
義壓迫離法以後，德國的一部份的留學生和同共產黨的同志，發起國民黨左
派，在柏林組織『歐洲國民通信社』，宣
傳國民革命，三月廿二日已出版第一期，內容都為關于中國國民黨與國民革命在歐洲
新添一宣傳機關，從前的革命空氣，現在已移植于柏林了！

通信欄

李信晄先生：

來信及高麗僑民在鄉對開會紀念高麗「三一」第七
週年的紀錄一紙，因轉信處在一週前始交來，過期已久，不能用新聞登載，又
因本報前兩期篇幅有限，不及載出，本報第十期開首紀念高麗「三
一」的意義，已有詳細的論文和紀錄，故無再登來信的必要，特於通信欄
說明，望原諒！至于本報第九期未寄到，想係郵局有誤，已通知
本報發行部補寄。

記者

哈爾果夫的僑胞們：

來件記錄哈爾果夫僑胞紀念孫中山逝世週年大
會的詳情，因轉信處在本週前始交來，不及用新聞載
出，同時本報對中山逝世週年紀念出有專號，以廣宣傳，殊
再登來件的必要，特于通信欄說明，望原諒！

記者

本報徵文

本報擬為全世界的『五一』勞動節出專號，特向僑胞們
徵求投稿。

本報編輯部

Главлит №58774 Тираж 6000

Москва, 1-я типо-литография Центриздата Народов СССР. Шлюзовая набережная д. 162. Телеф. 5-22-78.

第一版 №18 第十八期 一九二六 四月九日 9 АПРЕЛЯ 1926 г.

中國前進報編輯發行處
РЕДАКЦИЯ КИТАЙСКОЙ ГАЗЕТЫ „ВПЕРЕД"
г. МОСКВА
пл. Свердлова, 2-й д. Советов, пом 1, ход со стороны Третьяковского проезда

前進報

每星期五出版　每份零售 10 哥比

價目	蘇聯境內	國外
1，每份零售	10 哥比	15 哥比
2，訂閱每月	40 哥比	60 哥比
3，訂閱半年	2 盧布 30 哥比	3 盧布 60 哥比
4，訂閱每年	4 盧布 50 哥比	7 盧布

旅俄華僑協會籌備委員會刊行
編輯人 玉倫

ЕЖЕНЕДЕЛЬНАЯ ЦЯНЬ-ДЗИНЬ-БАО (ВПЕРЕД) ГАЗЕТА

論文

英國底煤業危機與英國資本主義之崩潰

卓仁

資本主義的矛盾現象

資本主義底生產形式和牠的由來，發展及趨向，均為六七十年以前底馬克思為我們說得清清楚楚的了。由馬克思以來這幾十年底時代雖然不同，但生產形式沒有根本的變動，牠不過是在同一法則之下前進罷了。並且這時又有了一個偉大的馬克思底繼承者——列寧來與時俱進地發展馬克思主義，並用行動來證明，於是馬克思對於資本主義底死刑宣告，就成為了十真萬確，顛扑不破的論斷。

事實是怎麼樣的呢？

資本主義發展到現在，已經走到了一個新的步驟——帝國主義。但因帝國主義們是資本主義所發展出來的，完全係資本主義之近代的形式，而資本主義在馬克思時代就表現出來了動搖全社會底矛盾現象——為牠的生產法則之必然結果底矛盾現象，所以在現在，資本主義的矛盾現象，更為加重，而且大大地崩潰起來。

資本主義是在競爭生產和無政府生產底法則之下存在着的，因為這樣地才發展得厲害，但亦因這樣，使不可免地產出生產過剩，存商停滯，工廠關閉，工人失業底危機，從無產階級革命潮流底益發展。資本主義是需要國外市場和廉價原料，廉價勞働的，所以不得不把經濟落後的國家變成為牠的殖民地，為要能就地去利用其原料勞働和市場，而實現牠的慘無人道的掠奪，於是便竭力謀發展殖民地底工商業，可是結果都造出來了日益強壯的本地有產階級和無產階級——而又民族革命底先鋒。資本主義國家為謀其發展，於不得不擴張軍備，征服經濟落後國，同時更不得不用大力去與其他資本主義國競爭，爭奪殖民地，壟斷世界財富，掌握世界霸權，從由此造出底戰爭，又成為破壞工商業和經濟流通底因子，而且于國內無產階級翻外被壓迫民族以可乘之際。

以上這些，使是資本主義所造出底矛盾現象，資本主義自身所產出底崩潰事實。根據馬克思主義列寧主義的見地，只有在這種情形之中，才有破壞舊社會建設新社會底可能和機會，所以一個負有推進歷史職能的革命家，必須要時時追蹤實際，分析客觀條件。

明白了這個，我們便來研究英國底煤業危機與其對於英國資本主義底影響。

為甚麼英國有煤業危機

英國本是現在世界上一個老的帝國主義，若就政治方面說來，牠還是第一名的帝國主義，因此，牠不是資本主義發達的國家麼？是的，照馬克思主義論斷，資本主義愈發達的國家，愈要向崩潰路上走。因為這樣，所以戰前的資本主義第一，世界底資本主義古國，從勝利中出來底資本主義之英國，不能不繼續崩潰而現到在竟呈崩潰底狀態，大表現其崩潰之狀態。煤業危機，就是這種崩潰狀態中底一個重大部份。

一九二五年九月，英國輸入價值為九七·九五〇·三四〇磅，輸出才六〇·七三四·八六八鎊。就全年說來，一九二五年輸入一·三二〇·八五八·一六七鎊，比一九二四年加了四五·四九……鎊；輸出七七三·八六四〇〇鎊，比一九二四年減少二七·六八〇·四二九鎊，輸出減少底物品，以煤為首，所以煤業恐慌，形成了英國最大的漏卮。

為甚麼有這種危機呢？因為：

（一）道威斯計劃之實行。在法國未佔據魯爾以前，德國未接受道威斯計劃以前，英國之煤可以銷行於法意丹瑞等國，但在法國佔據魯爾以後，法意等國便強迫魯爾之煤以自給。德國接受道威斯計劃以後，使英國減少銷煤底市場。在德國接受道威斯計劃以後，使減少工資，增加工時，把倒閉之礦開採起來，於是出煤之量便加多了。所以德國煤產量在一九一三年，每月平均數本為一一·七（以百萬噸為單位）在一九二三年本減少至五·二的，到一九二四年便加至九·九，到一九二五年更加至一一·去年。為完畢賠償義務之故，德國北方面是非廣市場，在運輸上減去煤底運費百分之三〇，以致北方海岸而來銷英煤九·〇〇〇·〇〇〇噸的，現只銷四五四·五七一噸，其市場遂為魯爾之煤所奪。他一方面在一九二二，二三，二四這三年底賠償煤，連褐炭，骸炭合計，法國共得二三·九六九·八四噸，比國九·八六五·八〇三噸，意國八·〇六四·〇四五噸，盧森堡得四四·八七·三四〇噸；於是這幾國在昔為英煤買者，現在都不買或買得極少，譬如在一九一三年，意國輸入煤炭一〇·八三一·〇〇〇噸，其中由英輸入的為九·三九四·〇〇〇，德煤才九六七·〇〇〇，而在一九二四年，英煤竟減至五·九〇五·〇〇〇，自德輸入的便加到了四·四一一·〇〇〇噸（其中已含有三·六五二·〇〇〇噸是賠償底數目）。並且自道威斯計劃實行以來，德國成本極低，價值……〇〇〇噸，那末英國煤業受了德國底煤炭在魯爾運往續了七五這樣的打擊，如何不起恐慌呢？

（二）對蘇聯政策之影響。蘇聯是社會主義國家，自然成為大不列顛資本主義國家底對頭。加之蘇聯又是無產階級和被壓迫民族底革命前鋒，與英國統治極為不利。於是英國不得不對蘇聯取進攻底政策，而與牠發裂，並用種種方法去包圍牠和孤立牠。但因為如此，英國工業便大受影響。一領鋼需要四噸煤，如英國能助蘇聯發展工業，則蘇聯使成為英國的銷煤場，如多造工業品（如機械之類）於蘇聯，則英國自身煤底需要當然加大。可是現在英國不這樣做，反把從前所訂的條約破壞了，結果使英煤輸入蘇聯底量數大為減少。由一九一三年底四·一五三·〇〇〇噸，減到一九二四年底一一三·〇〇〇，而這個減少的數目·四〇四一·〇〇〇相當於英國戰前全部底百分之三，一九二四年底百分之六·五，這不是英國煤業危機底一個原因麼？

（三）殖民地煤產之加多。戰前英國屬邦（Dominions）和其殖民地底煤業不發達，而需要煤炭輸入的，現在可說不是能自給，使是產量日多。在一九二四年南非洲煤的產量比一九一三年多了百分之四一·二，羅達西亞（Rhodesie）多至百分之三百，中國亦多了百分之四一，印度則為百分之五·八，澳洲百分之二七·六，並且這些地方底工資，除澳洲外，都甚低廉，比如印度才七辦士一天，那末英國煤底銷路能不日益縮小麼？

（四）新的燃料之代替。德國為賠償故，減少煤底消費，多以褐炭來代替，這樣，褐炭之產量便日益加多，在戰前才八七·五〇〇·〇〇〇噸，在一九二四年便達一二四·〇〇〇·〇〇〇噸。並且使用電力日益多，煤之消費亦少，依計德國褐炭和水電力之應用，可以每年減下去一〇·〇〇〇·〇〇〇噸煤。又，世界各種船舶底發動力用煤炭的一年少一年，用燃油及揮發油作發動力的一年多一年，其百分數底比較如后表：

年別	帆船	煤炭船	煤油船	揮發油船	共計
一九一四年	八·〇六	八八·八四	二·六五	〇·四五	一〇〇
一九二四年	三·九二	六六·一〇	二六·九九	三·〇九	一〇〇
一九二五年	三·五〇	六四·六六	二七·五四	四·三〇	一〇〇

煤的消費減少，所以產煤底英國自然免不了煤業恐慌。

以上四項（自然還有）便是英國煤業危機底重大原因。這些原因不論其為政治的或經濟的，沒有一樣不是資本主義產生出來的。同時，亦沒有一樣不是資本主義崩潰底因子，所以英國底煤業危機，是英國資本主義矛盾底表現和崩潰底事實。

礦工與礦主爭鬥底近況

危機是加重階級爭鬥底因子，在危機中，礦工與礦主底爭鬥怎樣呢？現在我就把牠最近的狀況說一說。

原來英國煤業因前面所舉四項原故，發生一步緊一步底危

全世界被壓迫民族與無產階級聯合起來！

主要的資本主義的國家——英國的經濟崩潰是國際帝國主義者的死亡的徵兆！ 2

機，據去年六月廿六底報紙底煤礦停工者，有百分之三〇之多，煤礦工人失業的，在一九二四年六月底有一九，七〇〇人，到十月便有一二九，九九四，及至一九二五年六月，為數竟達三一四，六一〇(以上俱有十四日工部總長在下議院底報告。當時就加入工會了底失業煤礦工人來說，亦有三〇〇，〇〇〇人，所以實數尚不止此)加之，印度路工和紡織工底大罷工，中國工人底反抗，使英國資本家在殖民地民族中底特許品減少，而德國底競爭又日益厲害，使英國失掉廣大的銷煤市場，因此，資本家便在危機之中向工人取進攻之勢。

去年六月底，礦主協會宣布造成現在煤業狀況底主要原因在於成本太貴；而成本太貴，即七時工制和工錢昂貴所使之然，所以他要把全國協定(全國礦工底工資工時底統一規定)取銷，以根地方協定(因各地礦山與各地礦主來定)，要求政府另外立法，複設八時工制，如果不然，到七月卅一日，全國煤礦一齊停工不開，自從這個表的英報發出後，劇烈的爭鬥便開始了。

當時礦主便預備提出具體辦法，礦工則一面開礦工全國聯合執行委員會討論，一面開始與路工、運輸工和鐵工商量，以國成立一個爭鬥底同盟，並要求全國總工會援助。七月初，政府激過軍火依桶里基烈(Bridgeman)請同工部總長來作調人，並決定以英王議會事底議員瑪米康(Macmillan)和倫敦蘇格蘭鐵路公司底總理史坦蒲(Stamp)等組織一調查局。但礦工會在七月底中代表大會決議在礦主未撤銷其關門底賣息，以前，拒絕談判，和參加調查局會議。同時，主張礦山國有，請勞動黨宣傳并着手进行，這時鐵路聯合會的書記多麻斯(Thomas)因其為改良派故，反對路工於礦主關門時罷工，請礦工派代表到調查局去列席會議，可是他於革命底總工會卻出來指導這次的爭鬥，與運輸工人聯合會等開會，決議在七月廿一日礦主關門時，停止煤的運輸，和公司的煤，并組織一特別委員會負責進行，礦主這時除預備具体辦法外，復優待一些地方的礦工，以分裂礦工底一致行動，國務總理包爾溫(Baldwin)見得危險在即，乃於廿八日提出與礦主礦工開談判，經三四天底努力，包爾溫乃以在調查期間由政府給礦主與津貼底交換條件，於廿一日下午得礦主允許在五天內暫時撤退關門通告，礦工代表接受此調解，"煤炭底休戰"，方約才簽了字。

難關渡過之後，政府遂於八月初提出下院，討論津貼礦主事，結果通過政府提案以一〇，〇〇〇，〇〇〇鎊津貼礦主直至明春，即今年四月卅日，礦主見得津貼已成事實，乃允全撤銷關門通告，"煤炭的休戰"，方約才像得了國會底批准一樣，於是政府遂以從前巴力士丹(Palestine)高級委員賽彌爾(Herbert Samuel)和財政家納朗西(H. Lawrence)等組織一個調查委員會，來審定改良礦業生產，和增加其競爭力等事宜，這東是資本家底緩兵之計，所以在九月內成立一個法西主義的維持糧食供給團(Organisation pour le maintient du ravitaillement)，來破裂工人運動。

到了今年，因為距四月卅日之期快近了，所以煤炭爭鬥又開始起來，一月中礦主協會會長黑凡欽康(Evan Williams)作先發制人之計，提出恢復八時工作，減少礦路工人工錢若干分之六十底開銷費，並恢復以地方為基礎，解決薪資底舊法，同時全國礦工聯合會與總工會勞動黨等協定計劃，主張礦山國有，設立檢查委員會和消費者協會等，到一月底龍東連類(Londonderry)提出一折衷辦法，就是減少工資和延長工時，不是為恢復礦業所必需，只是要礦工救濟全國協定恢復地方協定，包爾溫雖然贊成此說，而礦工則不要聽，所以二月初開下院開會又涉及了這個問題，到三月十日煤炭委員會(即調查委員會)發表他的報告，贊成煤業組織須有極大的改良，然不同意礦山國有，只主張由國家收買，設立煤輸出檢查，他主說基本的事就在維持各地方工錢平底重大貢化，以對於工時，他主張維持現狀，但同時說，假使礦工願意以減的工資增加工時，議院應允許他，到三月底包爾溫又召集礦主礦工雙方各四代表到國務院討論煤炭委員會底報告，包爾溫說政府雖不贊同該委員會底這些辦法，然卻在礦主礦工接受之後，要採取相當手段來實行，假如在五月一日前能雙方妥協，則四月卅後，政府仍繼續津貼礦主，於是礦工會底審查辦法，礦主與礦工底談判，又熱鬧起來。

無產階級之革命化

我們從英國底煤業危機和其礦工底爭鬥經過看來，完全可以得出這樣的一個結論，就是英國資本主義底日暮途窮。

在這個地方，我們應該知道資本主義是生產商品的，商品非市場不可，而英國底市場卻日益縮小，資本主義是要靠工錢勞動來生產剩餘價值的，所以他必需要能養活工人，不能餓鶏而可以得蛋麼？然而英國的資本家在現在竟自不能解決工人底生活問題了，資本主義生產底目的，是在掠取剩餘價值，可是此時英國底煤業家，卻須要政府底津貼才能繼續，這種事實，至少也是資本主義不能多多產生剩餘價值大規模增殖資本底證明。

不僅這樣，還有百多萬工人經過幾年而尚不能解決其生活底失業問題，去年七月有紡織工九九〇〇〇人底停止工作，輸入超過輸出，金本位之恢復，出來助於英國最重要的原料——麥，棉，羊毛——底輸入比前減少，殖民地和半殖民地底人民一天一天地走上民族革命底道路，現在我們試問一問，舉凡這些，那一樣不是在與英國資本主義以莫大打擊？煤炭是英國的重要工業，所以煤業危機是英國資本主義崩潰底表示，英國是世界資本主義底古國，所以英國資本主義底崩潰是世界資本主義破壞底證明。

經濟現象既然如此，其反映到政治上來的，就不反乎同種種方法維持其資本主義底安寧和存在，所謂文化，和平，安寧奈的，都是對無產階級和被壓迫民族底催眠，以全國資本主義之治安的，所以不論他到洛加諾也好，到日內瓦也好，開兵到中國也好，武裝壓迫的海各國也好，逮捕共產黨人也好，要不外集中於這一點，而在這個將近一年底煤業危機底爭鬥看來，由總理總長，議員，財政家，工業家，以至新聞記者莫不忙忙碌碌地來討論辦理，去找尋解決方法，包爾溫去年八月七日在下院中曾自己承認道："在最近幾年中，我曾經盡力來做，以國保證工業上的和平。"然而一到各重要產業工人同盟起來包爾溫不得不比平時更努力地奔走，低頭於無產階級之前，以圖暫時的和緩。去年七月廿一日不就是這樣的麼？根本的解決辦法，實在找不出來，就以包爾溫於三月十日在礦工會提的一下所舉，對底許多辦法，無一非和緩爭鬥與補直罅漏之圖，然則甚麼才是根本的辦法？共產主義所主張底鑛山國有，資本主義已經進步到實現共產底時代，只有順其趨勢，方可以解決資本主義所產出來底種種矛盾和衝突。

但是共產主義不能自然實現，而必要用人力。在英國負有共產主義之使命底無產階級，幾十年年來都陷在腐敗改良底深淵之裡，而沒有覺悟，近來因為英國底經濟狀況就如上面所說那樣，所以無產階級底革命覺悟，便日益發展。這是英國經濟危機和被壓迫民族反抗，使絕上了有產階級的工人——貴族工人，失其存在基礎，之必然的現象，因此，英國工會要與蘇聯工會聯合，進行國際工會底統一運動，總工會底斯加波羅胡(Scarborough)大會要反對道威斯計劃，攻打帝國主義，援助被壓迫民族的解放爭鬥，革命工人底少數派運動日益發展，在今年三月二日底特別會議，卻有八八三個代表，代表五四九個工人團體，一百萬有組織的工人。

這次礦工底爭鬥，更促進英國工人底覺悟，他們因一九一九至一九二一年森克(Sankey)委員會和一九二四年比克馬士特(Buckmaster)調查底教訓，不相信政府，而要靠自己的工業同盟和自己的解決方案，"他們行動底頗意和他們的心理是這樣的，就是被決定了去推翻資本主義制度，因為他們知道真沒有其他解決衝突底方法"(礦工會書記古克(Cook)在去年八月說的)這種教訓，不僅是煤礦工人才得著了，其他工人亦然，我們沒有看見這次煤炭爭鬥是英國工會在指導，而有廣大的群眾——路工，鐵工等等都在參加麼？因此，這次煤業危機，是資本主義低落一度，無產階級革命化上昇一度底關鍵，我相信在將來有組織的工人完全革命化底日子，便是英國資本主義壽終正寢之時。

蘇聯在國際上的地位

賴可夫的一篇演說

平周 譯

國際政治之重要的一瞬

我們若是把各國的外交政策互相比較一下，就可丢不疑惑的說，在這種關係內只有莫斯科與華盛頓，除了蘇聯之外，全歐洲(倫敦當然在內)都直接或間接與常常增大的美國資本發生關係，國際的情形以及世界政策進行的方向，都由以下重要的形勢規定出來：

(I)全世界唯一的無產階級國家，蘇聯之政治經濟的鞏固及進步，

(II)歐洲資本主義的危機及其與強大的美國資本之關係越發增大，

(III)殖民地及半殖民地國家中反抗帝國主義的民族解放運動愈形擴大。

現在的形勢完全以此三種情形的相互關係為轉移，因這種關連各資本主義國家起了很多政治的變化，過去一年中歐洲資產階級的國際政策總想無論如何將歐洲團結成一個整個的，如同人們常說的，歐洲和平，他們想使各資本主義國家內資產階級間的矛盾減消下去。

為達到這個目的，各國國務總理以及各國代表聚會了很多次，並有多次的解釋，其中有洛加諾(Locarno)會議但是這幾個試驗在各資本主義國家的關係上還是免不了衝突，排除一切的矛盾，建設一個國際資本主義的統一的政治中心，是絕對不可能的，在相當的關係上，各資本主義國家可以相互的諒解，但是在資本主義的基礎上造成一個利益的統一是不可能的。

事實上資產階級靠這些解釋的幫助，曾行了這樣政策，與我們聯工會做統一國際職工運動的鬥爭及組織工人階級統一戰線的政策一樣的，革命的職工會，曾行統一工人運動的政策資本家們也組織他們的統一戰線，那一個界限大些，那可以達到統一運動，我的意見是工人階級與各國資產階級間的衝突是永久存在的，只有資本主義制度消滅之後，這種衝突才會免除，在資本主義制度之下，一個資本主義的國家想向外發展，只有侵奪其他資本主義的國家，資產階級之統一利益的政治的把戲與猶太相鬥是一樣的。

國際聯盟及所謂的保護弱小民族的利益，是和平政策最好試驗，是資產階級組織統一戰線的政策，我們比方說，德法兩國的工人以及其他各國工人間沒有發生過利益衝突的時候，(并且也不會發生)德法兩國資產階級的利益聯合是不可能的。所以在客觀的情形上，工人階級必會達到工人運動的統一戰線，但在客觀的形勢上這些資本主義的國家必不能統一的，他們因無數量的衝突而覆滅。

在這種情形之下，蘇聯未得任何外方幫助的進步，成了世界政治進化中的樞紐，這個進步表示出一方面各資本主義的國家恢復與蘇聯通商的關係漸漸擴大，他方面蘇聯的總國促成了西歐的及蘇俄的勞動群眾之階級聯合，這個國際無產階級的階級聯合之擴大，強迫着社會民主黨，使他在十月革命的價值上及我們的建設上變轉了論調，各資本主義的國家承認了我們的權力以外，我們還得着一個承認者，第二國際的承認，在我們的八週年他們承認(當然還有很多的保留條件)。蘇聯是無產階級的國家，建設社會主義的成效，已經不能再隱瞞着，他們無政治的膽量進行實際的最後要求，但我相信，再用不着第二國際的首領們，工人們自己將要完成最後的要求。

激動及戰爭的吶喊

我們當然不能很大意的說，這種情形或我們的和平政策可以免除了一切敵視我們之舉動的可能性，最近期間的幾件事實證明給我們，他們仍是反抗蘇聯，并且是無疑義的在將來仍是繼續的反對我們。

最近才了結的中東路風潮，不只是他自己的衝突，而是一切

促成帝國主義之王——英國的崩潰，就是宣告國際帝國主義的死刑！

全中國民衆應該一齊起來，以反抗"五卅"慘殺的勇氣反抗北京殘殺，進而實現革命！ 3

反對蘇聯的國家，利用這個機會，離間蘇聯與中國民衆，一切反對我們的輿論，上套着甚麽"紅色帝國主義"及"布爾塞維克的進攻"，想指出給中國民衆，使民族運動中的反帝國主義戰爭而變為反對蘇聯的戰爭，特別是英國的輿論很熱心，不願意說起我們以在平等條約的基礎上所取銷的不平等條約及我們與中國的友誼，說甚麽天要俄復在中國的威權，雖然這個衝突將要到了開戰的狀態，多謝我們的和平政策將此事在和平的道路上完全解決了。

第二個事實是襲取蘇聯的外交郵件，同志薊特之被害及同志瑪希瑪司特之受傷，雷特芝政府的外交文件上自然說用種種方法尋找凶犯，使我們對於這個重大事業的注意，不會麻醉下去，到底誰是襲取郵件的主使者，現在還是一個疑問，竟無致意的，這件案子有政治的用意，攻擊我們的傳遞郵件的人，并不是為個人的私仇，是有人有意於我們的外交文件由而發生了這種事實與刺殺。

我們政府的以及大多數的意見，對於這件案子放在相當的方式下處置之并應追求，誰是伺視蘇俄的機關中之主謀者。

在這些關聯中我還願意引證一篇有特別重大意義的文章，是由一個人用毆吉爾（Augur）的假名在"四星期評論"（Fortnightly Review）去發表的，他完全代表英國保守黨政府的意見，這篇文章的意思是解決所謂的"俄國問題"的，他與英國政府的外交政策完全相同，他很詳細的叙述國際政局的主要問題，并說，對於東歐的關係不整頓好，則"歐洲的和平事業"不會成功，為達到這個目的他還有緊急的倡議，蘇俄人民應屈服於國際聯盟的要求之下，說正確一點，屈服於英國帝國主義之下，他關於處置俄國問題的方法上用恫嚇的口氣說，蘇聯若不屈服於帝國主義政權之下則對方將用"不和平的方法"。

我們對於一個特別與英國統治黨接近者的這種攻擊，應很嚴重的注意，可以完全的證明，這種攻擊是一個公開的戰爭之恫嚇，并欲準備着新的武裝反對蘇聯，這種戰爭的恫嚇，與所謂"歐洲和平"有密切的關連，資產階級漸漸揭去洛加諾會議之和平的外表，而將對付蘇聯的真面目，赤裸裸的暴露出來，并暴露出帝國主義同國際聯盟的假面具以奴隸其他國家的真象。

最近和平的呼聲已開始歸於沉寂了，歐洲資本主義的矛盾越發顯露，"歐洲的和平"，并不是由資產階級的政治家的或社會民主党的計劃可以達到的，利益衝突在"保障和平"的洛加諾會場上已起了很大的裂痕。

人們還想證明，洛加諾會議對於蘇聯是無害的，最近三個月的事實證實給我們，洛加諾是分離蘇聯的一種新試驗，資產階級的政治家對此之停止了辯護，國際聯盟所說的和平是想實行不和平的。

第三國際擴大執行委員會的總結

拉裴士報告　鄭德筆記

第六次擴大會議工作是一般性的，特別是對東方問題東方各國共產党代表出席者很多，並且對策略問題也有圓滿解決，同時西方各國代表亦參加，第三國際與第二國際完全不同者即在此，問題是共同解決，足見第三國際是領導全世界革命的國際組織，這次西方各國參加的代表有：英，法，比，德，意，美，俄，捷，瑞，挪威，東方出席代表有：中，日，印土，高麗，波斯，非洲一部分，此次會議雖是擴大執行委員會議，實際也可以說是小的大會，對於去年五月所議定之決議，現在重新解釋一遍，對世界經濟政治狀况亦詳加分析，將世界革命更推進了一步，並規定了第六次第三國際全体大會。

這次擴大會議上，主要問題是現在党的策略問題，決解法有二：

（一）世界經濟政治狀況；

（二）各國內部工人階級共產主義與改良主義之衝突。

我們的策略即是根據此二基本問題定出，現在世界經濟政治狀況與一九一八—一九—二○年相比完全不同，以前資產階級經濟恐慌甚烈，工廠倒閉，工人失業，貨幣跌價，引起了革命的怒潮，資產階級精神發抖，如果那時工人階級有雄壯的勢力和整個的工人階級以及有堅强的共產党時，我們即可推翻資產階級，取得勝利，如俄國工人階級一樣。

西歐革命的未能成功，主要原因是革命勢力內部的分散，同時又有第二國際改良派在工人群衆中盤據的很大勢力，而共產党在工人中作用小且無經驗，所以機會雖好，可是一般工人反被第二國際蒙蔽了，第二國際幫助資產階級使他們能修理行將破產的經濟，現在資產階級果然利用了第二國際的努力而把經濟修理好了，資產階級的地位亦較穩固了，同時資產的衝突亦漸漸消沈，因之革命的潮流降落，從前工人階級有直接革命的可能，工人在大街上實行狙擊，不論何國統是同樣的形式。

資產階級修理了經濟，但他的內部恐慌是否可以完全消滅，帝國主義間之衝突是否可以免除？帝國主義真是青年之花麼？巧妙的少數派他們答復了，他們說，"我們資產階級已恢復健康，無產階級革命最近五十年是沒有了。"少數派以為帝國主義還能向前發展，共產党分析是不可能的了，但這並不是共產党的希望是如此，而是客觀事實明顯的擺在面前，帝國主義若提高他們的生產，我們是不怕的，而是對革命前途有利益的，資本主義之暫時向上，並不是少數派說的沒有革命了，我們對資本主義經濟之恢復，名為資本主義部分之穩定，即是有些地方改良了，而不是免去危機整個的向前發展，由最近的事實可以證明前次擴大會議所分析的是對的，現在沒有一國能消滅本國的病根，我們看去年底德國有兩百萬失業工人，每月有三百個大企業倒閉；波蘭有失業工人四十萬，英國有失業工人一百五十萬，總共全歐有失業工人五百萬，法國煤業雖發達，可是佛郎價跌使法國經常財政恐慌，小資產階級因之往往虧本引起了小資產階級之憤怒，輸出商品雖然增加，但財政恐慌雖然暫次更易財長，結果仍是無可奈何，所以去年第三國際指出的部分穩定，現在看來是很對而且有很明顯的事實，不過歐洲現在不是直接革命的時候，而是要努力集中工人階級的能力以待時機而武裝暴動奪取政權。

在資本主義穩定的另一面，增長了歐美的矛盾，美在戰後為世界最富強之一國，同時使歐洲各國統在他的經濟支配之下，結果使歐洲起了恐慌，又加以歐洲各國殖民地暴動和反對蘇聯之地位，歐洲各國統受盡美國經濟壓迫的痛苦，特別是英美衝突甚烈，實有發生二次大戰之可能，所以英國召集洛加諾會議，即是為反對美俄與殖民地，第三國際指出國際聯盟等統不能解決歐洲的恐慌，他們完全是玩的騙術，我們反對國際聯盟，使他不至蒙蔽工人，第三國際並指出歐洲合衆國的口號，針對着反對國際聯盟，這個口號就是無產階級革命勝利後，工農聯合建立工農合衆國，才能根本改造歐洲各國，但此口號之實現必靠無產階級努力才成，這個蘇維埃國際聯盟反對資產階級的口號，於一九二三年已提出，現在才開始實行。

關於國際政治經濟狀況和共產党之策略以及各國改良派對於工人階級之影響已如上述，我們知道現在共產党尚未將對工人之大多數，英德意等國之改良派勢力很大，有成千成萬的工人在他們指導之下，共產党的群衆只占少數，這一點極關重要，列寧說："關於德俄革命共產党要取得大多數工農群衆才能成功。"一九二三年大會口號為取得大多數群衆，此策略是根本的，雖事實境遇，而此策略不能少變，現在改良派已看着向共產党進攻，具体的說來就是英國康伯爾斯主義，他是帝國主義的走狗，康伯爾斯主義是反對蘇聯與階級爭鬥，他宣傳工人階級不應有獨立的政治主張，並且在美國開辦銀行，他鼓吹工人階級應積蓄工資，也可以開辦企業甚至可以變為資產階級，此種荒謬絕倫的思想，在美國大肆宣傳，並且收買了幾百萬熟練工人，作為資產階級的助手，康伯爾斯主義現已蔓延於歐洲，並且賄買了日本的林森到東方宣傳改良主義，希圖使東方革命運動投降於美國影響之下。

第三國際是全世界爭鬥的政党，各國共產党甚為發達，特別是德法捷克斯拉夫各党的勢力漸漸雄壯，另在第三國際在最近有很大之成功：英國共產党雖只有五千人，但能與工會接近，使數萬工人在他指導之下，中國共產党增加到十倍以上，而中國少年共產党亦特別發達，中國共產党並能與中國國民党合作，在目前民族革命中已有很大之成功，法國共產党對摩洛哥叙利亞事件的援助與宣傳，均能使一般群衆在他影響之下，各國工人已團結向資產階級進攻，一般工人群衆亦漸脫離第二國際而傾向共產党，以外如英國，挪威，芬蘭的工人來俄參觀，促進了世界工人階級的大聯合，同時也引起了第二國際的不安和仇視。現共產党要聯合大多數之工人群衆，反對康伯爾斯主義，共產党的鞏固和革命化，社會民主党之下的工人左傾，統是增加了革命派與改良派的爭鬥。

現在我們要取得工人階級的大多數，應將工人集中於我們指導之下，積極反對資本主義，作為武裝暴動之預備時期，將工人階級組織在工會之內，竭力推翻社會民主党的勢力，中國工人階級完全在中國共產党指導之下，而德法工人幾十年統在少數派影響之下，所以我們提出：

（一）趕走少數派；

（二）領導工人階級反對資產階級；

（三）使工人階級內部團結一致；

（四）使工人階級團結在共產党指導之下。

因為要實行這幾個决議，所以提出了聯合戰線的口號，為反付下層組織中之工人階級，現歐洲各工會在改良派影響之下是保護資產階級的，在共產党指導之下則為保護無產階級的利益，換言之，即是如果經過康伯爾斯是為資產階級作走狗；如果經過第三國際即是為工人階級謀幸福。

現為明瞭聯合戰線之政策，如對於工人，一部分是改良派帝國主義的工人，一部分是第三國際之下的共產主義工人，帝國主義如何取得工人呢？他們說"共產党是工人之敵，全不顧工人日常生活之需要，而僅主張工人武裝暴動，"所以我們組織工會，組織議會，可以免除租稅，也可以增加工資，改良工人階級的日常生活，改良派所得的雖然可以失掉，但總能得到，不像共產党整日說無產階級革命，擁護蘇聯，反對帝國主義，並且向工人說我們社會民主党是欺騙工人的。"像這一段話，如果工人階級相信時，即其上了社會民主党的惡當，我們知道共產党雖然主張暴動，但共產党人與一般工人同樣在工廠中作工，那能不注意工人的日常要求，共產党主張減免租稅，並且反對政治壓迫，以外還擁護着工人反對資產階級，共產党並不反對為日常生活要求而爭鬥，不過是因為祇有罷工示威還不夠，唯有無產階級革命取得政權，才能得着徹底的解放，目下使工人脫離社會民主党是可能的，因社會民主党實際已背叛了工人階級，我們保護工人，我們把工人日常需要與政治革命觀點聯合，并將他們之叛跡指出，所以我們主張聯合戰線，就是因為我們能暴露了他們的黑幕，使工人階級脫離社會民主党而傾向革命。

關於聯合戰線，我們可以拿最近的一件事實來證明，價值三，五米里亞（一個米里亞等於十萬萬）金馬克（合盧布二米里亞）的德皇室遺產，現要求還皇室，對於此事引起了各階級的注意和討論，資產階級主張照常付的返還，共產党主張一文不付，而社會民主党以為，若不返還，是取銷私有財產，會能推動革命，因之社會民主党聯合資產階級反對共產党，而共產党主張一文不付，是為將這一宗遺產分配與失業工人，並且反對將此事提到議會表決，因議會早已成了資產階級的御用機關，德國共產党主張對此案經過全人民簽字以作最後之表決，社會民主党則大為不滿，他們在議會與資產階級勾結講價錢，絕不願意將這一宗遺產付予失業工人，這就是我們聯合戰線揭破社會民主党假面具的第一步的成功。

第二步是共產党在各報大登而特登主張簽字的决議，可是社會民主党首先便拒絕了，此種拒絕非常之好，使群衆愈能加速的脫離了社會民主党。

第三步我們領導一般群衆和激動社會民主党之群衆，宣傳社會民主党與資產階級勾結的黑幕，使社會民主党重新討論此事，使他屈伏於我們政策影響之下。

第四步使社會民主党的工人和我們共同反對資產階級，提出此事應由民衆解决，並宣布社會民主党最初與資產階級勾

打殺國際帝國主的劊子手，日本的老工具—段祺瑞張作霖等！

4

新聞彙錄

中國新聞

▲革命軍與反革命軍之消息

◎張、吳之衝突

◎馮玉祥擬赴俄作工

◎張作霖、吳佩孚皆有復辟之意

◎張作霖以飛機隊恐嚇北京

◎張作霖向日本借款

◎北京前敵之情形——奉軍退守——

◎段祺瑞以屠戮責任付諸國民黨

▲帝國主義在內戰中之行動

◎請看帝國主義在華之中立(?)

◎帝國主義威嚇北京政府

◎帝國主義的又一陰謀

▲廣東政府的消息

◎香港與廣東之爭鬥

Главлит, № 58774　Тираж 6000　Москва, 1-я типо-литография Центриздата Народов СССР Шлюзовая набережная д. 162. Телеф. 5-22-72

第一版
№19
第十九期
一九二六
四月十六日
16 АПРЕЛЯ
1926 г.

中國前進報編輯發行處
РЕДАКЦИЯ
КИТАЙСКОЙ ГАЗЕТЫ
„ВПЕРЕД"
г. МОСКВА
пл. Свердлова, 2-й д. Советов, пом 1, ход со стороны Третьяковского проезда

前進報

每星期五出版　　每份零售 10 哥比

價目

		蘇聯境內		國外
1，每份零售		10 哥比		15 哥比
2，訂閱每月		40 哥比		60 哥比
3，訂閱半年	2 盧布	30 哥比	3 盧布	60 哥比
4，訂閱每年	4 盧布	50 哥比	7 盧布	

旅俄華僑協會籌備委員會刊行
編輯人　玉　倫

ЕЖЕНЕДЕЛЬНАЯ ЦЯНЬ-ДЗИНЬ-БАО (ВПЕРЕД) ГАЗЕТА

專論

現時國際共產主義運動問題

(共產國際一九二六年擴大執行委員會通過的提案)

(一)資本主義穩定與世界革命

前次共產國際擴大執行委員會(一九二五年三月)看出資本主義，部份的穩定，同時擴大執行委員會指明這個穩定是如何相對的和暫時的。過去的時期已經證明了共產國際這個分析是完全正確的，雖然應用這穩定的名詞，共產國際卻從來沒有說過資本主義，特別是歐洲的資本主義，已經逃出了他的崩潰和瓦解的時期，也沒有說過他已經治好了他在帝國主義第一次世界戰爭所受的創痕，和克服了這次戰爭所引起的很明顯的和很劇烈嚴重的衝突。資本主義崩潰時期依然繼續，但在這個期限內暫時的和部份的改善是可能的。共產國際於一九二五年所看出的正是這樣的改善和這樣的穩定。這個穩定是一個事實，但是不能解釋之為資本主義之長期鞏固的繼續——普通資本主義制度進展的一個新時期——僅僅是比之戰後頭幾年為已達到相對鞏固的程度。這個穩定的相對的和動搖的性質，現時特別表現得明顯。一九二六年初資本主義的歐洲從新走入許多非常嚴重的困難當中。在英國有工業恐慌的現象，在法國特別是財政恐慌，在德國道威斯計劃的經濟的重大恐慌已經開始，在波蘭差不多是經濟的破產，在與大利亦有恐慌等等……過去的一年中，資本主義的穩定在歐洲各主要國家中特別明顯的表現動搖了。

為明確估計世界資本主義的改善狀況達到了什麼程度，我們可以拿來比較：(1)一九一三年的狀況(歐戰前的水平)(2)一九一八—一九二一年的狀況(戰爭終局和資本主義經濟的最高的低落時代)但我們不要忘記，一個與一九一三年或其他各年的簡單比較，認真說來是不可能的，因為在最近十年的過程中，在世界經濟內部當發生許多嚴重的顛覆。

歐洲各強大的資本主義國家(美國完全是另一回事)非僅無一能整個的超過戰前的水平而且還沒有完全的達到，但較諸資本主義經濟低落最厲害的幾年，即在戰爭剛才終止的幾年，資本主義的經濟狀況，在有些國家現時是比較好的了。然而這些標準是不夠的。為要評判現時資本主義穩定的程度非僅不應只估計其生產的絕對數目，還須研究經濟的主要原素間的比例與關係發展的傾向。

歐洲資本主義的部份穩定在一個廣大的限度中，有下列的結果：

(一)歐洲各國內部民眾受從前的壓迫(稅則的壓迫，工資的減少，解家生活水平的降低)(二)殖民地之被壓迫，(三)美國的救濟(美國的借款)壓迫了歐洲，就是強迫歐洲工人除為歐洲資本家作工外同時又為美國資本家作工。

換言之，世界資產階級盡力的在工人階級及勞動群眾身上掠奪其穩定費，這種掠奪的形式，是按各國之不同而不同的。但無論在甚麼地方都只見工人之被剝削更加猛烈。

(一)德國的進行，在積極從事於企業之托拉斯化，使國家的和政府的經濟都由膨脹於美國勢力範圍之下，但這種進行隨帶了許多倒閉與失業。英國經濟雜誌很公開的說：“德國失業人數的增加是改善經濟進展的結果，並且必定達到一種價廉而且經濟的生產”，所有德國資產階級和社會民主黨的首領們都名之為“生產之理性化”。

(二)英國的進行在於維持紙幣的價值，用很明顯的意志去迫令工人階級接受工資的減少，藉以減低生產費，換言之亦即增加利潤。

(三)法國工業現狀之所以比較好些，大部份是由於佛郎跌價，因為這就是等於工人的實在工資的減少。

同時資本主義“穩定”的動搖，大部分是以蘇聯的革命和殖民地及半殖民地的反帝國主義運動的高長為因子。一個寬大如俄國的地方已經從世界平常的經濟制度(資本主義)中逃出來了。

許多強大國家裡繼續不斷的政府恐慌，資產階級的政黨的分裂瓦解等等亦同樣的表明資本主義的穩定是如何相對的。

(1)美國　美國在殖民地上的霸權已是一天天的明顯了。以一個佔全世界百分之五的土地和百分之六，又二的人民的美國，供給了全世界最重要生產的半數以上：煤，鋼，鐵，銅，棉花，石油，汽車。他是世界上輸出資本的最大國：一九二五年新發行的紙幣(四十五萬萬)三分之一到了外國去，特別是加拿大和南美洲，但是，在繼續發展上也是向歐洲中部和東方了。借出外國的戰時借款已達到二千一百萬萬美金，美國以輸出資本的方法開闢了一條侵入世界各地——自然是特這逐漸成為美國資本附屬的歐洲——的道路。

資本的輸出成為“資本輸出過剩”(sur-exportation de capitaux)的形式：美國的對外商業很迅速的增長，而歐洲的幾個主要國的對外商業則尚還在戰前水平之下。

美國掠奪的剩餘利潤不斷的增加。美國資本主義在全世界上的統治地位已成為不可否認的事實了。在所有近幾年來的國際的主要協約裡(華盛頓條約，道威斯計劃，洛加諾保障條約)，誰都能夠找得出美國資本霸權的形跡。

但是應該認清，美國帝國主義的進展是帶隨著一些風浪的，現時已有部分的危機(鐵工業，紡織業，裁縫業)，一般的經濟危機將來也不是不會發生的。

美國的資本家已不再隱藏國家機關與托拉斯間的相互穠接性了，他們在這一點上已沒有做面具的需要。

美國吸盡了歐洲所有的精華，客觀上即助成歐洲的革命情勢。

一時，英國非僅拋棄了世界市場上優先權給美國，並且她亦給了工人運動中反動的優先權(美洲勞動總同盟 Fédération Américaine du travail)

(2)英國　經濟的危機和長期的失業繼續表顯於英國的整個經濟生活裡，英國商業的平衡愈加入於負數方面：一九二三年的負數為一八〇百萬金鎊，一九二四年的為三四四百萬金鎊，一九二五年的為三九五，五百萬金鎊。這個商業平衡的負數尚能為些看不見的輸出所抵償：航海租金(frai maritime)，銀行利息，存放於外國的資本的剝削。煤的生產在一九二四年還戰前百分之九二，在一九二五年僅有百分之八八又二了。鋼鐵工業在一九二四年的生產額達戰前百分之八十六又七；在一九二五年降至百分之七十六又二了。一九二四年生活的昂貴比之一九一四年為百分之一百七十四又七；在一九二五年則已增至百分之一百七十五又六。工人的實在工資不但離增加很遠而反在許多工業部門都已減少，煤業的危機已不止一次的使英國的整個經濟生活成為問題。這個事實必使一般經濟生活上的比例差更大於前。

英國必須——

(一)在太平洋上與美國日本相爭鬥，

(二)在歐洲，反對在大戰時大工業上曾有驚人的進步的法國，反對德國(德國工業發新恢復則必然與英國競爭)反對蘇聯，(東方問題)：英國的屬地，隨著他們的工業化的發展也一天一天的脫離了倫敦的監護。

英國預備專為輸出的資本已經不能滿足她的屬地的需要了。因此這些屬地便不得不從美國運入資本。為要阻止屬地方面破壞英國帝國主義的傾向，英國資產階級從事建立一個“英國與其屬地經濟關係上相互有利的制度”。中國的事變已給與英國帝國主義在東方的勢力一個嚴重的打擊。

雖然最近幾月來在許多方面曾有一種局部的和暫時的改善，我們很可大胆的斷言英國經濟發展的路線整個看來仍是繼續不斷的向下低落，英國帝國主義的政治勢力衰弱下去，主人翁的地位已經無可救藥的被美國帝國主義奪去，英國

全世界被壓迫民族與無產階級聯合起來！

2

帝國主義的勢力已漸漸的向且不可免的走向他的末日了，雖然他在他的殖民地例如印度，有多少暫時的成功。

因階級爭鬥的劇烈，自由黨議亂群的道中；在保守黨中對於下列的重要問題已不能一致：(一)保護貿易主義(Protectionisme)(二)莫索尔(Mussoul)問題 (三)對付工人階級的策略。

勞動党則經過長期的恐慌，而結果使左派强壯了。

英國經濟的惰形對英國工人運動引起了極大的變動，工人貴族的勢力日形減弱，工人群众皆在傾並找新的出路。英國工人運動中產生這樣的變化在世界歷史上是有很大的意義的。

(3)法國 一件新的事實即在過去的一年中法國亦同樣排列到長期恐慌國家的隊伍裡來了。一年間佛郎價值已跌，二十八生丁(Centime)跌至二十五生丁。稅賦的担負愈加愈重。在戰前，稅項佔國家收入的百分之十五·三，而在一九二三—二四年則增到百分之二十，在一九二五，二六將是百分之二十五了。法國嚴重的財政危機(雖然他的商業平衡是正數的，雖然十年來發生了强大工業雖然沒有失業事件)證明其資本主義地位雖然是戰勝國，亦日見一日的困難了。在這種情形之下產生出來的小資產階級的政府，如其仍然依存於私有制不把一部分的大產業充公，則亦終難支持的。摩洛哥與叙利亞事變證明法帝國主義的威權在他的殖民地域內亦同樣的毀壞了。小資產階級(左派聯合)的首領執政在每次內閣的變動中繼續不斷的退讓其位置於大資本家。同時小資產階級的廣大群众(特別是農民)漸漸地發進不能不革命化了。雖然他們還未顯其政治上的無能，支配階級已不如從前那樣自信其力量，對於如何從這種愈弄愈糟愈紛亂的危機中找得一条出路，這事也沒有從前有把握了。

這樣，英國之外，法國亦同樣走入危機與繼續衰落的境地了。不僅第一次帝國主義世界戰爭中的戰敗國而且主要的戰勝國(英法)亦落於只有社會主義革命才能解決的長期危機的時代。

法國大資產階級新的政綱是：(一)議會主義的限制。(二)組織殖民地軍隊，即是說宗主國的軍備充實以為殖民地戰爭的軍隊。(三)國家的金融恐慌給資產階級(Stinnesisation)六千(二十八生丁)以維持佛郎的穩定。(四)鼓勵法西斯帝主義國共為反對無產階級和革命化的中間階級之勢力。

這個政綱恰使法國無產階級的先鋒隊共產党成為各種勞動者主要的人物(Pielagoniste)，組織群众反對國家派(Bloc National)與揭破左派遲疑不決的心理。

(4)德國 德國的生產力有高度的發展，但是他又是處於戰敗國和被解除了武裝的地位上。德國的經濟狀況便是表現於這個深刻的矛盾中。工業上强度的發展使生產的能率很大的超過國內市場的需要，加不得不(Cartels)和托拉斯(Trusts)壟斷的結合，和德國採用帝國主義的政策。和平條約所強定的解除武裝，國家銀行(Reichsbank)托務和鐵路之受外國人的監督，賠款之繳納和外國資本之繼長的侵入，資本輸出之不可能 而有這些都使德國陷入附屬於帝國主義列強之下的地位。這個矛盾必然的會引起危機。

一年之前，馬克跌價時期的終結與資產階級政治上的穩固。這兩件事實可以認為相對穩定中顯著的事實。但是當時共產國際已經看到這個穩定決不能鞏固也不能持久，而社會民主党則同別相反，把他的整個政策都建基於德國資本主義完全確定的穩定上。

過去一年已經完全證明共產國際關於德國政治與經濟情形分斷的正確。雖然道威斯計劃實施(有一部分實施得進步)的第一年在國際狀況中給了一些不可否認的優勢，而這個相對的穩定已經在此時期中更入一個非常嚴重的危機。這個表現於一個巨大失業(三百萬失業工人)很多工人的工作時間的縮少和無數的倒賬在這些現象中。道威斯計劃的結果剛剛開始表現，將來還必定會使經濟狀況更加變壞，而且引起極嚴重的危機。

在一九二五年，德國僅交付了二萬萬二千四百萬金馬克，但的賠款，在一九二六年，道威斯計劃要求交付十萬萬金馬克。他是，賠償問題亦即是減少工資的問題(見當報說的還要)。稅賦的担負在一九二四年已增到四十四萬萬(一九一四年為一十九萬萬)，在一九二五年增到七十一萬萬，依據道威斯計劃，在一九二六年，則將加重。

道威斯計劃不僅使德國的民眾陷入繼續增長的困苦境遇中，他還創出一些很大的困難給德國的資產階級。道威斯計劃的實施(這個實施的可能性，現時非但共產党人懷疑，連資產階級的根本的經濟學家都懷疑了)的第一條件便是創造出一個德國輸出永久超越的情境，現時世界市場所遭遇的銷售危機，誰都未能預料其終結如何——這種終結只有限制製造品和消耗品的售入才有可能，但是在剝削工人血汗上用人力的方法發展起來的德國競爭的能力必然縮小了英法和歐洲其他各國的銷售場，且加重了他們的危機。

德國的輸出附出向海外的國家侵入和取得立足的場所

英國煤礦工業之有道威斯計劃所加重，實在是有目共見的事實。道威斯計劃加緊了資本主義的世界的危機。在德國隨着他的實施程序的增加，道威斯計劃使每次危機都增加了更大的強度。

德國經濟危機的局部的安慰，即在一九二六年亦不是不可能的。但是一個真正的穩定在資本主義的範圍之下是不會有的。惟一的道路便是無產階級革命。國會和內閣不斷的危機，保皇党勢力增長的危險，資產階級的群衆的政党和社會民主党的危機，議會主義的破產，工人群众的左傾，小資產階級對於這些工人階級的態度不決——而有這些都給與共產党人爭取群衆的很大的可能。

(5)意大利 隨着政權的法西斯帝主義，在紙幣跌價危機和必須向外國借款的壓迫之下 他已經不得不公開的採用資產階級和大地主的政策：一部分中等階級的財產已被收歸公有，工人則屈服於加倍的壓迫之下(八小時工作制的廢消，法西斯帝的勞動紀律之設定)，對佃中等和貧苦的農民則實施一種殘酷的稅賦的恐怖政策，法西斯帝的社會基礎更地不得不縮小，很多反對工人和中等階級的專政律：集會結社權的取消，新的選舉法，廢除工會法，市民選舉市長權的取消，對於反對派的政党和刊物之絕對的壓迫，未被黑尼的對內政策已經日益走入不可通的道路，而法西斯帝主義卻想以帝國主義政策，掠奪新殖民地和以戰爭為解脫的政策，找得一條出路。但是這個新的帝國主義卻把法西斯帝的意大利逐漸弄成為各強大帝國主義的玩具了。

(6)波蘭 波蘭的經濟的顛覆狀況在各種工業，銀行，商業，手藝業和農業的各團体的代表於一九二五年十一月十七日寫給總統的信中的一段話描寫得最為明瞭："波蘭國家的經濟生活一天一天的一時又一時的衰頹下去。工業中的失業不停止的增多，現已達到二三〇，〇〇〇人，即佔現時在生產工人之百分之五〇，一個這樣百分比在歐洲各處是遇不着的，就是有工作的人每星期常常僅作五，四甚至於三天工。這樣的結果則六個作工工人就有四個失業者……此種情勢日益險惡，不久以數的人將史於不得不供養多數的人了！工業因沒有買主而停止，小農民——工業生產品銷售力量的主要原素，現已無力購買了，屈服於短時期的和巨大的債款重壓之下的大地主，更缺乏消費工業生產品的力量。工人在此種工業衰頹的現狀中，亦停止了消費，辦事人亦同樣的停止購買。手工作坊，分任工業的危運同樣的縮小了，商業從未處這險惡如現在的狀況。總統先生，波蘭的整個生產生活已顛覆了，無數的企業已走無可救約的破產，我們決不能再延一分鐘了。"

財政總長向國會聲明："積實了並確言國內國外都有信用危機了。"官廳的組織變了一種難以筆墨形容的腐化，賄賂之事處處皆有。再加上白色恐怖與壓迫工人的制度，饑寒交迫的失業工人的失望的爆發……那些壓制烏克蘭人，白俄羅斯人，猶太人，德意志人……等的民族鬭亂激起了愈加厲害的憤恨，群众的被剝削日益加厲，同時稅務負担與生活程度也增高了，不僅是工人如此，即是一般辦事人和小資產階級都顯着他們的經濟地位日益衰敗了。

(7)多瑙河流域與巴爾幹半島諸國 多瑙河流域與巴爾幹半島諸國之過於分散以致發生最深刻的經濟危機。工業已經形成了很久的國家現時因失掉了重要的經濟地域，很受痛苦。其他因關稅保護政策所創出的新工業的國家則久受了銷售市場狹小的痛苦。國際聯盟給與奧國的改善引起兩國裡不斷的經濟危機。大戰後所實行的土地的改良沒有消滅封建時代土地分配的痕跡。農民群众的命運並不曾得着什麼安慰。很多逃亡者逃入其他國內(希臘，保加利亞)這事，引起一些政治上和經濟上的新困難。

民族問題非但沒有為和平條約所解決，且而更加嚴重起來。為要保證被壓迫民族的服從，必須有極大的嚇壓的勢力。多瑙流域各國的壓榨機器而這卻使人民受極重的担負。巴爾幹多瑙流域各國的最是英法意(最近且有美)各帝國主義的要競爭場的一個。他方面巴爾幹各國，特別是若哥士拉夫(Jougo-Slavie)亦有戰將巴爾幹霸權的野心。法國盡力使小協約國在行動上反對在英國勢力範圍下的匈牙利和保加利亞，同時亦以反對與德和蘇聯。為要防止這個團結，英美的資本家想要創造出一個巴爾幹聯盟或歐洲東南部聯盟。

雖然有所有的很大的壓迫，而革命的工人運動依然能夠維持，無產階級與受經濟壓迫的(及一部分受民族壓迫的)農民群合起來，這就是這裡的各國共產党應有的主要的政治路線。

(8)東方 過去一年，亦已證實上次擴大執行委員會所到字去的估量東方事變的進行的絕對正確。東方的民族解放運動有驚人的進步並且有些地方的發展是帝國主義出人意料之外。隨着東方工業化的開始這些事變將擴重要的意義。

我們可以指明在民族解放的爭鬥中有下列的變動和重要的進步：

(一)反對帝國主義壓迫的爭鬥達到了極烈的形式。而在摩洛哥和敘利亞已變成武裝的反叛。

敘利亞和摩洛哥的事變指明：一方面，在殖民地的民族解放運動不可抵抗的增進，削弱了帝國主義，增援了為社會主義鬥爭的無產階級；他方面，表明了法國共產党如何勇敢的反對摩洛哥和敘利亞的殖民地戰爭。無產階級的先鋒如何援助那為自由而爭鬥的殖民地的人民。這個爭鬥又如何的與無產階級的社會主義的鬥爭相聯合。

(二)中國國民革命運動的廣大群衆化——好幾百萬的城市和鄉村的民衆都捲入了漩渦。

(三)印度，埃及和中國(相當限度上)的本地工業資產階級退避民族運動，而民族運動的指導權入於革命民衆的手裡。

(四)中國革命的無產階級的獨立的階級行動(上海，香港，廣州，各地的政治罷工)，印度亦然。迅速的工業化提高了工人在社會的重要意義，這些工人也開始在印度全國的生活上表顯其極大的作用。

中國的運動之有世界歷史的意義是不可辯駁的事實！他表明世界無產階級革命再具有在東方的後備軍是如何的不可限量。

中國工人幼稚的運動的作用，在民族運動整個的當中已經很大的增長。中國工人運動已經做了一些重大的成功：創立了很多作階級爭鬥的工會；與共產党人聯合的國民革命党(國民党)勢力的增高；廣州革命的鞏固，為在東方德謨克拉西的革命的政府之第一個模範，而且他建築於城市和鄉村勞動廣大群衆的上面，堅決的作反帝國主義的鬥爭！

俄羅斯革命和共產國際的思想對於中國事變的巨大的影響，是毫無疑義的了。

(9)拉丁民族的美洲 拉丁民族的美洲亦然，能夠而且必定成為反帝國主義(美國)的解放運動的一個柱石。在現時情形中拉丁民族的美洲人民大多數皆是被壓迫的民族，卑賤地共要溶入於對美帝國主義的爭鬥中。

(10)蘇聯 同時在另一極點上，蘇維埃聯邦在和無產階級先鋒——資產階級的聯邦國家——經濟上有很大的進步，並且無產階級的經濟與政治力量更加鞏固。雖然資產階級國家採用使蘇聯孤立和圍攻蘇聯的政策，雖然有數年的戰爭的重傷，蘇聯經濟大概計之已漸達到戰前的水平，對於

3

會主義的建設工作已有很大的成效並從此更加擴大了，蘇維埃內部發展上蘇聯政府很愿意免除的困難，而在外經國家從事的經濟的戰爭的和文化的建設已引起全世界廣大工人群眾極大的注意和熱烈的同情。都是過去幾年那樣羅經及對俄國革命和蘇聯內戰的社會民主黨的首領們，現在處于工人群眾壓力之下，亦不能不承認蘇聯因身的堅固與勝了許多反在他前面的極大的障礙。蘇聯社會主義建設的成功已漸漸成為國際社會主義成功的尺度。蘇聯是全世界無產者的鬥爭的中心，世界無產階級革命的樞紐。

現時全世界的情形是為兩種制度兩個世界的根本的矛盾所支配——兩者之間的平衡關係動搖，資本的世界一天天的鞏固，無產階級革命的世界——社會主義蘇維埃聯邦共和國的團結，日益[illegible]。英帝國主義維時不斷的在社會主義世界中施行其新的計在國際政治的戰線上當美國感覺到需要的時候便與英國聯合，英美聯合之後便有了不少反[illegible]的合即沒有衝突。以前的德英美對中國問題政策和最近的英法在東歐問題的態度便可知其英的什麼形勢了。這也不是說英美之間將來沒有世界[illegible]在相當的意義上是英美聯合行動的付義一其的都也沒有衝突了。

英美兩強經濟的衝突在一九二五年已經為了英美的衝突存在于太平洋中國日本南美洲等地此衝突帶著世界新的戰爭的危險。英國不得不以美國的負債者，而美國以錢支援發展其生產力，維持的情形則在不成為作資產階級世界的主人，今日的英國不僅是在他的商品當我市場的國家，而且成為他的什麼的輸出者，必然場的國家而英國的處于工業的恐慌和長期失業的狀況中，帝國主義的英國歐美國為社會與殖民地的反抗力使蘇聯處于孤立地位求得其國際的為自立其將為對外的作用，英國國際政策遊戲蘇聯將並準備在適當的機會中依新的蘇聯衝鋒了。

在此資本主義世界情形的英美國基中，在近此為世界戰爭所引起的戰爭人的鑒個的衝突上面資產階級卻鄉下了一個而且以蘇聯戰勝[illegible]群眾的願以造個而其便是洛迦諾條約。

洛迦諾條約的實現上的意義如下：

1. 英國資本主義隨着這個條約增加了他的整個帝國主義的歐洲國家的利益（政治的和平可保證債務的處理一切事務，並有說別地方付他們債款的利息。然美國同時英國很不滿意的窺出了歐洲各債務在相當情形中聯合來反對自己的種種企圖。

2. 英帝國主義藉着這個條約以保護其特殊利益而抗法國，英國站在保証人和公正人的地位）

3. 法國資產階級藉此保証他的特殊利益以抗德國（為英國用來作反對法國的助手之德國）同時洛迦諾條約指明了法國想在歐洲大陸當霸主的雄圖完全失敗了。

4. 英國帝國主義得法國的帮助，利用洛迦諾條約以形成反對蘇聯的戰線，而且更使德國加入這個陣位。

國際聯盟的"帶國和平"方法（特別是用條約的方法例如洛迦諾條約）一天天的暴露其實際上是準備新的戰爭的一方法。國際聯盟的舉動（特別是洛迦諾條約）所產生的和平幻夢使得社會民主黨的首領——國際聯盟種種欺騙的同犯——的盡力依然流行于工人群眾中，他們并且將第二國際改為國際聯盟的一個支行，但是事實的往前推進既把任去打消和平主义的幻夢加以無產階級的廣大群眾和特別同情于此種幻夢的小資產階級並布國際聯盟的虛偽了。在全世界的工人群眾中有一種思想已漸成熟了，這種思想即要避免新的帝國主義戰爭的唯一方法就是無產階級革命。凡有新的戰爭或可能的戰爭都非常明顯就是蘇聯共產黨國際及勞動群眾非一般保護者他反對各種殖民的戰爭。

關於國際情勢我們可以總括如下：

(1) 在美洲和其他几個國家的資本穩定了。

(2) 一九二五年下半期歐洲資本主義几個主要國家的經濟危機更加嚴重了。

(3) 生產方法的集中托拉斯和加特爾（Cartel）有很大的進步，而在他們後面又有銀行資本托拉斯化的進步以美英德為最顯著。

(4) 英美的衝突更形嚴重。在第一次帝國主義的戰爭以前未發的衝突為英德，同樣現時則一天一天的變為英美對抗了。（但是不要因此忘記了其他巨大衝突的重要，如日美衝突、法英衝突……等）

(5) 道威斯計劃已開始破產

(6) 五百萬的失業工人（如果計算英國廢時沒有失業還要的人數更要大得多）

(7) 幾乎在全歐洲國家中的小資產階級都破産不堪。

另一方面：

(1) 在站全地球六分之一的陸地上建設起社會主義基礎有很大的困难（蘇聯）

(2) 在差不多佔全世界四分之一的人民的殖民地上，民族解放運動擴張並且於大規模，而且工人革命運動又為此民族解放鬥爭的領袖（中國）

(3) 在馬洛哥和西里的民族解放運動已成成熟鮮明的戰爭，在印度和埃及，打倒帝國主義的民族解放運動慢慢的但的確的成熟了。

(4) 在整個資本主義的世界中，均証明了共產黨在甚麼環境之下工業狀況的不同而有極好的表現，而工人運動總是日加擴大的。

共產國際排斥那些說："資本主義已完全穩定"的過早的結論，但同時並絕對的排斥過去社会民主黨首領們的斷定"資本主義已經復興起來可以支持整個的歷史時期"的結論。

過去一年中許多事實的進行已不止一次的証明共產國際的列寧主義的路線朝向世界無產階級革命的路線是如何的確切不拔。

在資本主義部份的和暫時的穩定時期中，直接革命條件是欠缺的，這個情形能夠並且必定引起共產國際按照這樣的情形變換一些行動的方略，但是他的工作的目標和原則是仍舊一樣的。

II. 國際工人運動的新事實和統一戰線的策略

在新近時期中各國廣大工人群眾的統一要求表現的特別有力量，同時歷來跟着改良派跑的一類工人中在最近几年來對於改良主义的信仰，有相當的衰弱，更對于改良的方法也有相當的失望了。在現時的情勢中這種統一要求確是大建基于階級爭鬥上的統一要求。

這些新的事實是由以下的許多原因所產生：

(1) 許多強大的資產階級國家其經濟的衰落從新使廣大工人群眾感到改良派的說法是過去的了。英國資產階級的壓迫愈形加強，他一天天的更將把以殖民地和半殖民地中榨取的利利息減少了可能，并以將他僅他對于工人的讓步——在廣大工人群眾中改良派勢力的主要代理人——再不能給予一些特別恩惠。

英國的失業狀況一天天的擴大，為免除第一次工人群的經驗的改良派的迷夢一個嚴重的打擊，資本的進攻激起加緊的衝突（礦工），而使廣大的工人群眾深刻的感覺有組織的工人行動的必要。

在德國的失業範圍愈加擴大，將可使工人群眾的經濟狀況一天一天的惡劣，保守黨的花旗愈形可怕，更促使德國以二十五万万馬克賠償損失的勞動（[illegible]），乃威廉皇帝之[illegible]去的財產），政府的危機成了經常的形勢，[illegible]的損害加強了。

在法國財政危機的結果，其經濟有完全壓倒在勞動群眾身上的危險，西里和馬洛哥的戰爭，在工人們的眼睛中使得英帝國主義殺戮的大衝突的一些殘酷形式顯然的現國會和政府的危機，使勞動群眾對于資產階級的德[illegible]的企圖[illegible]。

同樣的現象亦在波蘭捷克斯拉夫意大利巴爾幹[illegible]其他的國家。

(2) 在歐洲好几個重要的國家中聯盟政策（就是說社會民主黨參加資產階級的聯盟政府——要以和平和改良的方法使群眾得着自由的狀態）已經破產（在德國波蘭各社會民主黨中）。對于這個問題能否從新參加聯盟政府，有明顯的爭鬥，社會民主黨的左派代表在反對與資產階級合作，反對繼續參加聯盟政府的中，雖實表示了（但表示得隱約）社会民主黨隊伍中工人們的不滿意，因為有多次聯盟主义失敗的經驗已去掉其改良的迷夢了。然這並不是說這些社会民主黨的工人們已經根本脫離了改良的迷夢，這個毛病的後癥是可能的，而且在相當的程度上的這是不可免的，但是改良迷夢的吸引力的時期愈加縮短了——如果我們有正確的策略，如此並至最後我們將完全取得社会民主黨的廣大的工人群眾。

(3) 蘇聯經濟的進展對于全世界社会民主黨的工人群眾有很大的影響，甚至于從前反對無產階級專政反對暴力革命反對內戰的空氣特別濃厚的社会民主黨工人群眾，現時他們亦確信蘇聯工人所走的道路是正確的了，蘇聯是工人階級自為主人的社會主義繼續建設，工人階級物質的和精神的條件逐漸改良的唯一的國家，這樣一來他便不能不成為吸引全世界社会民主黨的工人群眾的磁石了。國際社会民主黨的首領們從前誹謗蘇聯的謠言現時都消滅了。參觀蘇聯的工人代表團曾經是而且將來也是那些受改良派影響的社会民主黨工人群眾的重要因子。

(4) 歐洲許多國家的社会民主黨的工人已自然而然的感覺到在最近的將來中新的帝國主义戰爭的危險又快到了，全世界又擴充軍備增加其負担，加于工人階級身上。帝國主义又十字軍又反對東方的民族解放運動，締結新的秘密條約，又繼續破裂，所有這些喚醒了社会民主黨工人覺悟到世界新的屠殺的危險，并且要想避免這個危險，只有全世界的無產階級不可分散的真實的團結起來。

所有這些事實的集合在社会民主黨（和無黨派的）工人中間引起了一種新類的情形，所有這些在群眾中最先使引起他們的決的，誠意的希望工人階級的統一，所有這些在英、德、瑞典等地已引到統一戰線策略第一次可宝貴的成功了。

共產黨所[illegible]部[illegible]很誠意的[illegible]的，是這種社會民主黨工人統一的真誠的希望。

在這個意義上真正的統一戰線策略的廣大的[illegible]只有現在才創立起來。這些非常重要的新現象已經引導了[illegible]工會的形成[illegible]社会民主黨的[illegible]行動[illegible]入運動中工會統一戰線上第一次的成功，聯合了工人組織[illegible]。

社会民主黨的首領們在這大眾[illegible]之下，開始——至少在口頭上的——[illegible]其策略[illegible]對於蘇聯及外[illegible]派的多數，例如Otto Bauer[illegible]法英國的社会民主黨[illegible]毛爾 Compère Morel[illegible]社会民主黨廣大的工人群眾的心裡已經有了很深刻的運動。

同時右派社会民主黨的首領們誹謗共產國際[illegible]派的和最有害的罪[illegible]國際的大會上，[illegible]對於蘇聯及東方人民[illegible]的說："共產國際只想使工人群眾可以由紅軍的援助達到共產國[illegible]"擁護亞洲和非洲的革命運動，希望在那裡革命運動便可以戰爭的方法給資本主义以致命的打擊"，雖然很清楚的知道社会新的戰爭的準備不是由於蘇聯而是由於帝國主義者的政府，社會民主黨的首領們却利用社会民主黨工人仇視戰爭的正當仇恨，以好意遮掩着自己用上面那樣虛偽的斷語，以引起工人厭惡蘇聯，同時即以離開社会民主黨工人的統一戰線的思想。

社会民主黨首領們的另一個反對統一戰線的方法就是指"他們國內的共產黨員是共產主義運動中之最惡劣的份子，共黨的[illegible]家的共產黨員均好鬥，所以絕不能與他們協議，因此他們使用了無限的謠言以破壞共產國內的共產黨員。

最後為要破壞統一戰線的策略，有些社會民主黨的首領，設法用以下的方法，他們自己裝成同情于"統一"戰線，又共產黨員迷要更加堅決的樣子，同時候說"真正的統一只有在共產黨人拋棄其獨立的政黨而加入社会民主黨才有建立的可能……等。

自然，此無論那方面着任其形式怎樣，決不是共產黨和社會民主黨合而為一的問題，如果這樣將是無產階級革命真正的叛逆，將是絕對的拋棄無產階級歷史的重大使命，一個獨立共產黨的存在，乃為馬克思主義和列寧主义的初步，近年以來工人階級的主要成功是，既有無限的困難而獨立的共產黨已能在各國建立起來，而且這些共產黨都能公開的反對社会民主黨首領的叛逆，公開的代表和擴大無產階級革命的思想，只有在共產黨旗幟之下無產階級能夠團結起來，而且將來也必然的團結起來。

4

新聞彙錄

中國新聞

國民黨之逮捕段祺瑞

蔣介石……革命軍與反革命軍之消息

國民軍與吳佩孚和約尚未成立

國民軍痛擊奉軍

北京戰爭甚烈奉軍已由國民軍擊敗

國民軍與吳佩孚聯合成立

國民軍退出北京

段祺瑞……

國民黨反……

Главлит № 30268 Тираж 1500

Москва, 1-я типо-литография Центриздата Народов СССР Шлюзовая набережная д. 162 телеф 5-22-78

第一版
№ 20
第二十期
一九二六
五月廿八日
28 МАЯ
1926 г.

中國前進報編輯發行處
РЕДАКЦИЯ
КИТАЙСКОЙ ГАЗЕТЫ
„ВПЕРЕД"
г. МОСКВА
пл. Свердлова, 2-й д. Советов, пом. 1, ход со стороны Третьяковского проезда.
Тел. 1-36-80

前進報

每星期五出版　　每份零售10哥比

價目	蘇聯境內	國外
1，每份零售	10哥比	15哥比
2，訂閱每月	40哥比	60哥比
3，訂閱半年	2盧布30哥比	3盧布60哥比
4，訂閱每年	4盧布50哥比	7盧布

旅俄華僑協會籌備委員會刊行
編輯人　王倫

ЕЖЕНЕДЕЛЬНАЯ　ЦЯНЬ-ДЗИНЬ-БАО (ВПЕРЕД)　ГАЗЕТА

專論

現時國際共產主義運動問題（續）

（共產國際一九二六年擴大執行委員會通過的提案）

（三）共產國際所屬各支部的危機和打倒偏向的爭鬥

共產國際所屬各支部的危機在初步的顯然是不可避免的，這些危機的產生是由於：(一)現在時代的轉變不定的性質；(二)新的共產黨的組織及革命的經驗；(三)[illegible]

[illegible]

（四）共產國際的任務

[illegible]

[illegible]

全世界被壓迫民族與無產階級聯合起來！

2

如果歐洲社會主義聯邦聯合了蘇維埃聯邦共和國，全世界的被壓迫民族和美洲的無產階級社會主義的中堅，則將成為驚人的足以推翻帝國主義不能抵抗的力量。

(3) 特別在國際聯盟召集國際會議（對於經濟問題與裁兵問題）的領會中，共產黨應以共產國際綱領的一般的原則為出發點，而以鼓動為目的向廣大的勞苦群眾面前揭破我們以反資本主義的政策拯救歐洲的口號綱領。

(4) 除宏大的宣傳工作外，共產黨應該有方法的去與最廣大的工人群眾接近，其方法為部份的合作要求，目前的短時期內的行動綱領。隨時提出的最易最低限度的要求，特別要能夠取得社會民主黨和無黨派的工人群眾贊助的要求置之前列。事實上已經或多或少的得到他們的贊助。……提高工人生活水平同時即促成無產階級的解放事業的口號。

(5) 統一戰線的熱望是普遍於全世界工人現時心理的特點，統一的情緒是甚普遍，工人階級覺悟了本階級隊伍之不統一，則其他任何將趨危險，工人群眾對統一的口號的歡心，特別是對工會統一口號的歡心，這就是現時工人運動中主要的特徵。

(6) 在這個基礎之上統一戰線的策略現時應該特別擴大起來，這個策略的廣大應用現在才開始。統一戰線的策略第一次共產國際的第三次大會上提出了一個大概，而在第四第五次大會與其他擴大執行委員會會議上才詳細的具體的規定了。統一戰線的策略是無產階級的先鋒隊達到取得工人階級的多數為止的整個時期的策略，必須適合環境的更迭（地方的或時間的）而變換其形式和使之具體化。

特別在現在時期應該注意回想到共產國際第三次大會對此策略所採取的決議和第四第五次大會所擴大的決議。這幾次大會的主要提案，直到現在仍是正確的，因此這些提議可以看做新憲章(?)。

(7) 現在統一戰線策略的應用當以使是工會運動，此時各地工人運動中形成的左派所表現的特徵就是其他們的工會的性質。因此共產黨人在工會中的行動便日加重要了。援助工會中的左派分子維持他們團結工人階級力量的要求，為全國工會統一的重新建設而爭鬥，為創立整個階級的統一職工國際而爭鬥。這就是貫徹統一戰線策略的起重機。共產國際為統一利益起見，所有共產黨員應該允許取消赤色職工國際獨立的組織，並且在赤色職工國際與亞姆斯丹國際合開一個世界大會的基礎上和保留雙方的協動自由的條件上，贊許兩個國際的混合。但是這種混合為無可能時每個共產黨員都應盡力幫助赤色職工國際的行動和鼓動每個有意義的運動注意到工會的利益。共產國際完全同意蘇聯共產黨中央執行委員會的宣言。這個宣言說：赤色職工國際指導下的蘇聯職工會加入黃色職工國際，是不能成為問題的。因為黃色職工國際在其現在形式看來已成為帝國主義的國際聯盟的工具，他非但不肯行無產階級的政策而且對工人統一還加以阻難等。

共產國際堅決的要求法國共產黨（自然要他們得到勞動統一同盟的同意）與捷克斯拉夫共產黨（自然要他與赤色職工會的中央機關完全同意）竭以全部的努力去應用共產國際對於職工統一的策略。共產國際說明：所有對此問題的保守主義與黨派的偏見是最大的損失。共產國際只認為如果在法國與捷克斯拉夫不承認此保守主義則聯合戰線策略的應用和每次國家的工作，必也不能決，結在國際無產階級統一的觀點上特別是在建立工人階級的統一的職工國際的中心觀點上。

共產國際將盡其能力維持英俄委員會的行動與一切類乎此種的誠實的創辦。共產國際深信，即使英俄委員會因某種原因不能以為擴大其工作，國際工會統一的思想將來亦必能得到勝利。站在同一觀點上共產國際完全維持未成工人代表團的運動，這個運動在國際無產階級統一的爭鬥中指有日益增大的意義。

(8) 聯合戰線策略的應用常易發生兩個錯誤：

(a) 當與社會民主黨的工人們談判時，我們的黨常提出一些為改良觀念的工人們所不能接受的要求以為共同行動的條件，例如法國黨向社會黨人提出統一戰線以反對摩洛哥戰爭時，竟以接受"撤回法軍"且"與里夫人民親善"的口號為條件。

(b) 為要做到與社會民主黨人聯合，有時我們的組織竟不提出可反對社會民主黨的話，換言之，即拋棄了共產黨的獨立的行動的自由。（德國黨的某一地方支部近日曾做了此類的事件。）

這兩個錯誤之任何一個，都是不能原宥的。宣傳"撤回在摩洛哥的法軍"或"法國共產黨與里夫人民親善"的思想是很正確的。但在現在狀況之下以這種口號向改良派的工人提出作為共同行動的條件，則完全錯誤了。為共同動作而集力說法與社會民主黨工人接洽這是十分正確的，但決不能放棄自己的獨立行動的自由。在統一戰線策略的應用中，我們一面要保持自己的獨立行動，並同適當的形式宣傳我們的全部思想，同時要提起與社會民主黨工人及無黨派的工人的合作（就是一些改良派和平改良派的工人群眾所能接受的根本簡單平常的口號）。只要是能助成反資產階級爭鬥的都可以合作。這些口號大部分是社會民主黨的工人群眾所能接受而且希望的，但是社會民主黨的首領們所不易接受的或者在工人群眾壓迫之下勉強接受的（最好的例子為"德國皇室財產充公"的運動。

不了解共產黨員在現存的或將成立的工人政黨（英國勞動黨一類的政黨 Labour party）中的作用會使聯合戰線策略受很大的損害。

統一戰線策略的實施，不應僅是發表一封或幾封公開的信給社會民主黨，也不應僅是形式上的承認"統一戰線"，這個策略的正確的應用，不應限於煽動上的成效，還須想及組織上成效。但是共產國際下的很多支部對於這些意義現在依然不了解，實在是很大的錯誤。

共產黨應該比以前更加時刻不忘統一戰線的策略亦有他的危險。社會民主黨的首領在其群眾壓迫之下勉強的和我們合作，將來必然利用一切時機極力使共產黨人跟着社會民主黨的尾巴跑，即是說要清滅共產黨人的本來面目，並在緊急時期完全放棄運動或者改變這個運動性質而使之有利於資產階級。

在一切共同行動中，在對於社會民主黨工人意見上的一切讓步中，共產黨應該始終如一的保持其本來面目，宣傳其整個綱領絕不蹈擬(?)一點，應當逐漸提高運動而不失掉與群眾的關聯。

(9) 自然，這決不是共產黨與社會民主黨混合的問題，也不是共產國際與第二國際混合的問題（這是英國勞動黨最近的建議）。這種建議有時是由社會民主黨的首領們做出來的，其用意是：提出不可能的事實以推翻可能的事，提出一些不能實現的條件說些什麼更徹底的（兩黨的混合）以推翻能夠實現的建議。（共產黨的工人與社會民主黨的工人在保障的要求上與在反對資產階級的總體行動中彼此同意的合作）

建議工人階級的整個的國際統一，與創立工人階級全部力量的統一國際，這就是共產國際將來實現的世界歷史的任務。而且正是因為要實現這個任務，無產階級的先鋒在艱難的爭鬥中經過了最大的困難，乃創立了無產階級獨立的共產黨。這些黨一直到底都與資產階級世界及資產階級的社會民主黨首領處於仇敵的地位。唯一能夠始終不變一直到底的保護整個無產階級利益的獨立共產黨之創設乃共產主義者已獲得最大成功，而且這種成功是共產黨人所永久不能拋棄的。

(10) 關於英國獨立勞動黨的建議，擴大執行委員會認為是在獨立勞動黨中的工人分子壓迫之下所產生出來的（這些工人分子聽見了他們的黨的指導機關拒絕英國共產黨提出的反對資本進攻的統一戰的建議，他們非常憤恨）。擴大執行委員會聲明同意於英國共產黨所解釋的意見，即：英國工人之急欲組成統一戰線的表示，是工人階級真正要求國際統一的一個最好的證明。

共產國際擴大執行委員會以很大的注意去觀察英國的事變，以便隨時都能引導共產國際為英國工人階級真正統一戰線的爭鬥，這個統一戰線備其以反對英國礦業資本家的進攻為急務。

(11) 自然，統一戰線的策略其目的特別在於工人的共同行動，但他亦不僅限於此。在順利的情勢中，共產黨人仍應提出一些能夠引起各種半無產階級與小資產階級傾向我們的部份要求。例如在貨幣跌價的情境中，小資產階級的民眾是首當其衝的受着痛苦，小資產階級裡自然發生了真正的危機。例如在法國所發生的情形中，資產階級的重要部份都能夠而且必定被捲入反資產階級爭鬥的激渦中。同樣的效果也能表現於德國現時"皇室財產充公"運動中。直至現在我們黨的工作之主要缺點，就是我們的煽動尚不偏仰(?)。實際克服這個缺點，就是我們最主要任務之一。

(12) 在很多國家都發生一種嚴重的農民分化，這種分化已經反影到資產階級性的（與天主教的）農民組織中，在這些組織的內部的形成了左派……等。一個逐漸有組織的奪取農民的爭鬥已開始了（與國社會民主黨對農民政綱的提案 路易番治的計劃……等）有許多共產黨（法國意大利）因此努力注意在農民中的行動，已獲得了重大的效果。共產國際的所有支部都應該比前努力從事這種工作並且把他和共產國際此種工作聯系起來。

(13) 東方民族解放運動的覺醒與東方工人運動的逐漸的擴大，就是現在最重要的新事實。在此事實上應該提起歐美工人的注意，向他們解釋這個運動對於無產階級解放鬥爭的重要，喚醒歐美工人必須援助東方并與之合作的思想。這就是現時最主要任務之一。

同時，共產國際應用其最大的力量在一切關係之下維持東方工人的組織，并且引導他們逐漸參加無產階級的國際爭鬥。

第二國際忽然間也表顯其對於東方問題的興趣了。馬賽大會便可證明了。他們這個"興趣"的動因，東方革命運動引起第二國際的憂慮和引起帝國主義的資產階級的憂慮一樣，第二國際是在謀打消共產國際和蘇聯在東方的影響。為要達到這個目的，第二國際想把日本、中國、印度的工人運動引入改良派勢力之下。

國際聯盟的國際勞動局曾召集全亞細亞工人大會的決議，便是這種運動方針的一個決心的步驟。英國工會的首領圖謀以改良主義的思想去破壞印度新起的工人運動。共產國際對於這種工人貴族的代表為帝國主義資產階級利益的行動，應該加以注意和攻擊。

(14) 共產國際擴大執行委員會囑咐主席團對於日本工人運動應加以特別的注意。因為日本這個地方具有工人群眾運動的各種條件。當着改良派起來設法把持新起的日本工人運動的組織，並阻撓由日本左派運動的介紹把資產階級的影響引到前程遠大的中國工人運動時候，則對於日本工人運動越更應該特別注意。

(15) 比前次更殘酷的新的帝國主義戰爭之不可避免（如果工人革命不先之而勝利），這個意見在全世界無產階級的先鋒隊的前面一天一天的表現明白的了。全世界的工人群眾也逐漸明白的了，只有在緊緊與蘇聯聯繫着才有反對戰爭之可能。反對戰爭危險的爭鬥，在建設國際無產階級統一戰線的工作中佔着極重大的位置。共產黨員應該切實注意使這種工作的創辦歸到他們的手中。

(16) 在現在革命爭鬥的風波比較平定時期中，共產黨的任務是：更深刻的透入廣大工人群眾日常生活爭鬥中，獲得工人的大多數，即使不能變成一個國家裡唯一的工人政黨，至少亦要成為主要的最有勢力的工人政黨。如果統一戰線的策略應用得正確則這個任務是能夠完全實現的。

(17) 在東方和歐洲南部的許多國家裡以及芬蘭，列多尼（Lettonie）里陶尼（Lithonie）波蘭，羅馬尼亞，匈牙利，意大利，西班牙等國（總共有一萬萬五千萬人口）許多年以來便已在資產階級的恐怖制度統治之下。一切共產主義的公開的群眾運動都被暴力所摧殘。這種恐怖制度還要向前發展。共產國際應該趕緊的很正確的去找得這種恐怖制度的方法和其社會的原因以及打倒這個制度的方法。他方面，在這些國家中必須進行不斷的嚴重的和百折不撓的工作以圖脫離秘密的狀況和獲得公開的可能。

應該依從社會民主黨維持一切工人組織立法權的要求，與幫助反對白色恐怖的爭鬥。如此使社會民主黨的首領表現他們的真面目。

(18) 歐洲幾個重要國家中失業的群眾性已很明顯。共產國際所屬這些國家的共產黨對於失業工人的運動應該加以特別注意。共產黨員應該組織和指導這個運動，使他不要離開了一般的職工運動和在工廠中作工的工人。共產黨應該盡他的能力去促使工會的指導機關去運用工會的力量，一樣的保護失業工人的利益。

不用說，如果在反動的首領勢力之下的工會，拒絕援助失業工人的運動，則共產黨員的責任在於建立"無業工人委員會"以組織這些失業的工人，并盡力幫助這些委員會的行動和指導失業工人的運動。

(19) 黨之改其組織於工廠小組的基礎上已完全證明是正確的。法國右派與意大利極左派對於這個組織原則的反對論調，僅僅證明他們這些論調的和反布爾什維克傾向的表現。

同時，各國共產黨改組的事實很明顯的證明了設立"街路小組"的必要，因為集合那不在工廠作工的共產黨員於一種組織之下是必須的，而集合他們於街路小組之下，便可以有統系的作地方上的工作。

(20) 共產國際看出在很多共產黨內仍然缺乏基本的不可少的

有該政治委員會業照中山遺囑，及國民黨第一二次大會之主張，以完成打倒帝國主義與軍閥之工作。中山主義所主張之同盟礦山、鐵路、減少房租等，完全是保護工農、商人、知識階級民眾的利益的，若要破壞國民黨，完全是帝國主義的工具。若要做到國民革命成功，必須有整個的黨與鐵的紀律。如有謂國民黨中之紅色危險者，即非中山主義之信徒。

◎廣東智識向廣東政府

前進報同志

前進報同志

徐謙贈 民國十五年五月 時客莫斯科

馮玉祥敬贈 十五、五、廿一、在莫斯科

北京五月九日電：前唐生智與兵佔寶慶，宣布湖南歸屬于廣東政府指導之下後，因引起吳佩孚之嫉忌，吳曾于數日前下令討唐，唐力不支，敗走長沙，現長沙已入吳軍之手。因之廣東政府決出兵援湘，以挫吳軍勢力之進展云。

◎香港政府以財政勢力軟化罷工

廣東五月九日電：香港政府現向廣東政府求和，允許對於罷工賠償三百萬以解決罷工，但廣東政府並未承認此種請求云。

◎廣東政府同情于英國罷工

廣東五月十二日電：因英國罷工消息傳入廣東後，廣東政府命令組織「援英罷工委員會」，積極進行募捐，以幫助英國罷工工人云。

◉國際新聞

◎波蘭工人罷工

瓦薩四月十九日電：波蘭財長擬將鐵路工人二萬五千人裁減，因之工人開始宣布罷工云。

◎印度工人罷工

倫敦四月十九日電：葛林寺德工人三萬五千人，因廠主減少工資，而全體罷工云。

◎俄德條約成立

柏林四月二十四日電：俄德條約已於本日上午十二時由兩國同意簽字。兩國政府應負在政治上經濟上保證兩國人民之責，並要求兩國人民在政治上經濟上之協作。條約內容如下：

一、若有第三國與任何國發生戰爭，其他一國即嚴守中立。

二、俄德兩國保存一九二二年四月拉不林條約，俄德兩國政治上經濟上的合作。

三、除以上二條外，若有任何一國以經濟進攻此國，德俄每一國無論如何不得與別國聯合。

四、此條約經上級機關審定後即實行，現只以五年為限期，滿再討論繼續與否。

▲英國總罷工

罷工發作於礦工，漸次波及於其他各業工人，參加罷工者總數達五百萬人以上。

英國煤礦因礦井掘之過深，開採成本太貴，礦主請求政府津貼，政府允于五月一日前發給資助費，至期政府因財政支絀，無法維持。礦主為欲與國外市場競爭，不得不轉向工人階級進攻，因之于五月一日礦主向工人提出減少工資及增加工作時間，由原有七鐘到八鐘等，然工人嚴厲拒絕，礦主終未之肯，因之工會決議於五月一日宣布全英礦山工人總罷工，從此英國大罷工僅在此命令之下擴大起來。

倫敦五月一日電：因礦工宣布總罷工後，同情罷工者相繼而起，罷工總人數共有五百萬。全英國各工會因於罷工之討論，決議運輸、機器、鐵路、印刷、修理各業工人同時響應罷工，電氣、自來水則由工人自行酌用計。運輸工人六六八千，電燈工人一五四千，煤礦工人百廿萬，五金工人一六五三千，建築工人一九二六千。

倫敦同日電：警察與海軍壓迫罷工運動，政府擬將煤礦劃分四區，一切事項由政府負責。前英國五一不過數千人，此次罷工多數女工頸纏紅巾，較一九一九年擴大，較當共產黨所組織之罷工越漸增度，咸表大歡迎云。

倫敦五月五日電：據英國總罷工開始有二百五十萬人。五月一日英國工人在倫敦召開代表大會，議決由五月三日晚起全英國礦工的總罷工。各業罷工之統計：鐵路工人一百萬，機汽車共六萬，鐵道工人一萬，戲房六萬，鐵匠一萬二千，碼頭工人八千，運輸工人一萬六千，工人九萬，木工十一萬，電燈工人三萬，鐵匠一千，銅匠九萬六千，印刷工人一萬五千，石印工人四萬，機器與鐵工一萬六千，五金工人二萬一千，輪船大夫六萬，海船水工五萬五千，印刷手技一萬八千，普通工人三萬二千，裝訂書工人一萬，火車工人三十萬，國家印局工人三萬一千，化鐵工人一萬八千，錫銅鉛工一萬八千，各工廠十四萬，各小工廠二十萬，總數為四百五十萬。鐵路已完全不通。

倫敦五月十日電：政府要求停止罷工，工人毫不退讓，共產黨的口號為「礦山國有」。

倫敦五月六日電：罷工日形擴大，政府與工會開和平談判，現各地均應罷工而要求加入罷工委員會者，正絡繹不絕，惟罷工總會究無正式命令處置之。各地來往大車常有開至中途，開車人不去，政府雖組織有工賊，但亦無如之何。現倫敦各城市皆有路大之示威運動與遊行講演隊云。

倫敦五月六日電：英國罷工組織極為嚴密，所有各種交通皆非得罷工委員會之許可，不得自由開行，現祇有二船開往倫敦。

紐約五月六日電：駐美英使要求美國轉運工人到英國接替罷工工人，此消息被美國共產黨得知，多在紐約組織了示威運動，以反抗此種國際破壞罷工方法。美國共產黨的口號為「美國工人不得一人去英國」。

巴黎五月五日電：英政府要求德、法等國代印報紙，消息由無線電傳出，被德、法工人查覺，當使出極嚴重之反抗云。

倫敦五月十日電：倫敦各大街道有滿載軍隊之汽車百五十輛內載運往碼頭之糧食。現倫敦東方工人與警察衝突。鐵道在前已全部停止，現有一部車由工賊開行，但有限。全英各大街道皆宣布戒嚴，禁止行人來往。巡警並在鐵道上用機關車防止工人阻止開車。在牛津城工人將燒藥置于鐵道，阻止機關車，但無數工人以石片擊車與警，下車武裝衝散工人，被出燒藥二箱云。

倫敦五月八日電：倫敦正工人與巡警衝突，工人將汽車搗毀多輛，工人被逮捕者十八名，現英國各地皆進行逮捕罷工工人，被捕者甚多。報紙因印刷工人罷工無法出版，英政府當要求法德代為印刷。最近聞已由法國印出二十五萬份資本家報紙，由飛機運回英國云。

倫敦五月九日電：鐵道工人罷工，昨晚巡警將罷工委員會搗毀，謂此次罷工為非法行動，巡警並將共產黨之罷工委員會抄毀，工人上前阻止即遭逮捕。多數打字機被巡警搜去，其目的在阻止執行委員會之發號施令，將此總機關搗毀，其他即可無事。被交將工會之打字機、公函、文件搜去。現工會設立四執行委員會：

一、罷工委員會

二、食糧委員會

三、組織委員會

四、外交委員會

罷工會每日發行通告三千份，現組織部被搗毀，對于指導下級機關不免發生困難，同時婦女部之文件亦被抄獲。現英共產婦女運動甚發展，極引起政府之注意。罷工委員會之主要部份為食糧部，現食糧已破收為罷工委員會所有而分配給與工人，惟捐款尚未發給工人。意斯林組織工人臨時蘇維埃，內有共產黨二人，每日刊行工人報紙及工人雜誌，各一千五百份。現倫敦街上各處發現巡警搗亂工會工兵糾察隊擊毀資本家的家庭。最近罷工更形擴大，被捕工人三百七十四人。少年共產黨書記亦遭逮捕，罰作苦工二月，同時又罰一少年共產黨員六月監禁，說其為宣傳罷工之肇事人。在巴列巴遠捕共產黨六人，被控為宣傳政治罷工之要犯。支加哥遠捕工人二百名，得郎尼、佛克蘭罷工工人與巡警衝突，兩方互有傷害。在布米莫德逮捕共產黨五人，因其阻止開行電車。在牙其總工人與警察衝突，逮捕工人三十七名。當晚倫敦警衛隊捕罷工首領二人。在這一天內全英空氣極其反動，政府并下戒嚴令，各街口滿佈運車，即軍隊亦不敢自由行動，因所有各街皆為工人監據云。

倫敦五月九日電：本日晨九鐘五十五分有滿載食糧車一百五十五輛，工人準備搶掠，但因戒備甚嚴未曾結果。現全英兵輪均撤回向工人示威云。

倫敦五月八日電：英政府現下令招收白黨組織義勇家，係藉英國工人內亂，恐受人煽動，白黨即負彈壓之責。此種警察隊專收退伍兵士，不收工人，因退伍兵士與工人利益衝突。政府計劃收買工賊罷工軍，亦給與工賊工作，否則即令工會賠償云。

倫敦五月九日電：英職工會聲明不接受蘇聯幫助，其理由為：英現在罷工，但不能接受俄國之幫助，恐反動派藉此宣傳赤化，使罷工內部發生動搖，但俄國尚未退回云。

倫敦五月十日電：倫敦大街常有講演大會，有一天曾開了四千次，工賊亦同時召集了講演大會，謂：我們是英國人，應愛國，罷工不替破壞英文法律。英西方開八千次講演大會，我工會共產黨首領均主張礦產國有，最近一工人首領講演提出打倒資產階級政府，建設工農政府，礦產國有等口號云。

◎英國司法部宣布此次罷工之非法

倫敦五月十一日電：司法部宣布此次罷工係背叛了英國之憲法，照章應停止罷工，按一九零六年職業法律，此次罷工係非法云。

◎五月十三日英國大罷工的狀況

倫敦五月十二日電：政府宣布罷工非法，警察將罷工委員會搗毀，所有全英國各大城市工人均統一起來向資本家進攻。倫敦工會中央委員會發出宣言：此次罷工是統一的，堅持到底。我工會中央電殖民地伊爾蘭工會極力阻止英船開行，目下交通全斷絕了。全英國皆有極壯大之示威運動及群眾大會，秩序極好。格拉士地方工人亦組織演現大會，決議從援助罷工的工廠，立即宣布罷工。愛金波爾克地方工人與警察衝突，內部有很多工賊冒充工人代表和指導員，被工人發覺，立即驅逐了。運輸工人代表謂：現罷工已非完全經濟問題，如過之，我們即可以馬上武裝起來。共產黨書記謂：我們此次的罷工是為的顏色問題，我們要求的是經濟生活。

倫敦五月十二日電：地道車工人罷工二日，竟代替各開車以破壞罷工云。

倫敦五月十二日電：英國小資產階級對于此次罷工當發生兩派意見：一部分幫助工人，一部份反對罷工。小商人中最大多數捐助五百五十四先令助工人云。

倫敦五月十二日電：自由黨機關報對于此次罷工批評謂：此次工人罷工對于經濟上政治上均有莫大之障礙，政府應在最短期內提出解決，否則將使英國以重大之損失云。

倫敦五月十一日電：　英國北部愛爾蘭對于罷工之六部諸均一致表同情于工人，機器工人及修理火車工人均罷工。乃非力汉工人罷工三星期，得廠主承認工廠夫部分恢復工作，上工後因要求增加工資而與廠主宣布罷工，已得廠主認可而結束罷工。現為一致援助煤礦罷工起見，又於□日前宣布罷工。有一地方工人亦罷工，但所有工錢皆捐助維持罷工工人。現工人組織化裝講演隊，資本家僧恨此工人演劇，意在借以和緩工人之爭鬥。無論男女工人老少，每星期可到工會中取二十先令，并聞現已發出三百鎊普得云。

倫敦五月十一日電：　英政府下令逮捕罷工工人首領。紐赫面吡為工会中央執行委員，現已被捕。封工会中央尚有三十五人。工會宣言被難被捕，但我們還有三十五人，同時我們尚有全體五萬人，儘可任其逮捕云。

倫敦五月十一日電：　工聯消息，罷工日形擴大，自罷工以來，英國的損失不可勝計，鋼鐵業為之停頓中。

倫敦五月十一日電：　英國罷工現又有新的力量，中央委員会下令建築工人、五金工人、修理輪船工人共五萬人，機器和普通工人一萬一千，及修理小船工人三萬四千人，現皆於本日十一鐘加入罷工運動云。

倫敦五月十日電：　自鐵道工人宣布罷工，英政府組織工賊，因來最近由發逆歡迎，充地方開到倫敦的車，在工人前來只要八英鐘，而工賊則開了三十八鐘，因為部機件多遺失，同時且常發生二車互相撞擊事，致傷乘客甚多。據無線電消息，乘車常以工賊不善開行之故，出軌事件常常發生，乘客死亡者不可勝數，多數鐵路致對被工人下去，工賊以不明機械之故，不得而知。英政府布告謂，此有鐵道皆全復工，借以欺騙社會而破壞工人罷工云。

倫敦五月十日電：　牛克思地方四英鐘時有四輛火車出軌，原因工人假上工，以實行破壞火車的政策。現政府已分不清工人和工賊，一概不敢收用云。

倫敦五月十二日電：　英國最高審判廳宣布此次工聯並布總罷工之非法，與一九〇六年所宣佈的工廠法至為抵觸云。

倫敦五月十二日電：　巡警捕去工人三十餘人，恩大切不被捕，去聽判其有破壞電車開行及用石攻擊電車等罪狀云。

倫敦五月十二日電：　工賊因罷工的擴大，亦日形增多，破壞罷工之事日有所聞，情形至為嚴重云。

◎責工人階級的右派首領

倫敦五月十二日電：　本日工聯傳出消息，工人完全上工了，但有煤礦工人仍繼續罷工。現礦工日集臨時大會討論罷工情形，詳細調查政治經濟條件與罷工之關係，特執行委員會及各地工人嚴格擁護一遍，工人一致決議無論如何不得減少工資。礦主默以工人罷工，但仍不很讓右派首領的主張之勞資妥協結果，且要承認減少工資增加工作時間云。

倫敦五月十二日電：　煤礦工人因工聯中央執行委員會下令結束罷工，因之工人代表多人要求仍保留前日罷工形勢，現工人不肯上工，要求召集代表大会後允許上工，其他工人完全上工了，且然工人上工了，而幫助英國工人的仍積極不懈云。

◎世界工人階級對于英國罷工之同情聲

巴黎五月五日電：　少改良派傳出消息，改良派工會和其他工会及水手等，均對于英國罷工表示熱烈的幫助，現决于五月十六日召開工人全体大会討論：

1. 帮助英國罷工。
2. 討論取消加工時間。
3. 礦工七時工作制。
4. 保留别留会議決議。

法國水手現已決議阻止法船開往英國，同時有組織的水手現已決議法船不到英國，如到英即宣布罷工以資抵制云。

柏林五月六日電：　德國工人現已積極組織起来援助英國工人罷工，禁止一切煤礦運煤到英國，水手亦加入此種運動，口號為「不准一斤一兩煤及食品貨物運英」，所有各重要城市工人已經組織了調查委員會，將所有通英要道監嚴加看守云。

紐約五月六日電：　美國黃色工会向工人宣稱，此次英國罷工我們非常表同情，但英國的煤仍可運往英國，因此引起九萬工人全体反對，黃色工会見勢頭不好，只得改口宣布幫助英國工人罷工，而允許禁止運煤到英國云。

東京五月六日電：　日本工會電黃色工会與工團主義工会，謂日本工人階級極表同情于英國工人罷工，不久將有大批捐款幫助云。

◎摩洛哥戰爭

巴黎五月十日電：　烏特將和平條約不成，現法政府又增兵到里夫，不久即將重新開戰云。

◎意大利政府的反動

羅馬五月五日電：　意國共產黨于五月一日組織示威運動以紀念勞動節，政府下令逮捕工人及共產黨員千餘人，共產黨首領亦遭逮捕，右派職工會與警士聯合壓迫工人運動，現被捕者已全下諸大獄云。

◉蘇聯新聞

◎蘇聯紡織工会代表大会

莫斯科五月十日訊：　蘇聯紡紗工會第七次代表大会定于本日在莫斯科召集。在一九二四年六月一日第六次大会時，紡織工人為四十九萬九千四百七十七人，一九二五年增至五十八萬五千七百七十三人，一九二六年一月則增至七十六萬一千一百六十八人。在帝俄時紡織原料全仰給于德國，革命後紡紗工廠日漸發展，第七次大会決議發展紡業，并勸各工人儲蓄棉紗，以利未来紡業之發展云。

本報啟事

馮玉祥先生捐助本報一千盧布，除另具收條外，特此誌謝。

本報編輯發行部啟事

本報因經濟困難的關係，從四月廿三日起到現在停刊四期，以後仍繼續出刊，特此聲明以免讀者發生疑問。

廣告欄

尼熱果諾德商場的意義

尼熱果諾德市場自成立以後一百多年從沒有重大變更，但十月革命後變動很大。這個市場的交易內容很不少，現時是工業區的出產品與原料區的商品互相交易。因此最大的意義是一方面是工場作坊各區域參加這個市場，另一方面蘇聯邊境各國的參加運輸原料到這商場及東方各國的參加可以將其蓄積而待售的原料運來販賣。今年蘇維埃政府認為必須增加東方商業的參加這個商場，因此給外貨以很多的便利。在蘇聯工業品普遍的缺乏之下，對於參加這市場者均供給以必需的商品。蘇聯最高經濟機關——勞動和自衛蘇維埃——的規章首先說為東方外國商人的需要應供給這市場以現成的商品。一九二五年參加這市場者在三十人以上，特別增加了東方的參加者。

毫無疑義今年東方的商品將更有較大的作用。

尼熱果諾德的商場委員會謹介紹一切東方的商情、

第五次蘇維埃尼熱果諾德(Нижегородский)商場于八月一日開市，九月十五日閉市。

蘇聯政府設法減低東方原料品的運費及設法供給東方各國以蘇維埃商品。

參加商場的東方商人可得下列的利益：

(一)從六月十五日到九月十五日，輸入下列商品到商場可以免稅：毛類，棉花，皮革，和樹膠，生獸皮，生皮貨，細製羊毛，生絲……

(二)關口檢驗不但在入口時，在商場範圍內也須檢驗。

(三)從外國運來而未賣完的商品運回時，準於十一月十五日以前退回所其交納的關稅。

(四)凡在商場買到的商品出蘇聯境時可得免稅，除禁品之外，但下列諸商品除外不得免稅：黑魚子，大腸，綵綢，生絲，大麻子，蘇麻，麻屑，有花金屬品，紡織品，各種煙草，藥料，石油生產品。

(五)皮革，生皮和毛料可減鐵路運稅之20–25%；棉花，豬鬃，頭髮，獸毛，大麻，麻織物，練麻等減15%；Для шкур и шкурок козьих пера и пуха птичьего 減10%。

(六)西部西比利亞河的航運減20%，色倫格(Селенга)河的運費減10%。

(七)原料商業無專利，一律納稅。借貸機關決定可借給東方商人，徵收從出發地到尼熱果諾德的運費的125%。

在商場範圍內有完備的商業建築，堆房，特別是原料的堆房，所有房租即交尼熱果諾德的商場委員會的賬房。

Москва, Петровка, дом 3. Тел. 5-47-49
и Нижний Новгород, Ярмарка, Главный дом. Тел. 40-38.

Главлит № 59268. Тираж 6000. Тип. „Рабочее Дело" Шелапутинский, 6.

《工人之路》

（1925—1937）

第一类

关于重大历史事件和革命领袖人物

欧洲大战十周纪念的一片话，1924 年 8 月 1 日，吴德勤

全世界被壓迫的民族聯合起

РАБ...

工人之路

工人解放是工人自己的事情！

г. Владивосток,
Орган Китсекции
Прим. Г.С.П
Ответств. редактор
ЛЯН-БА-ДИ.
1 августа 1924 г.
№ 55
第五十五期
一九二四年八月一日
報價
每月兩期金洋一毛五分
編輯處
北京街和高麗街拐角
中國工人五一俱樂部
樓上
電話一百八十五號

○評論○

歐洲大戰十週紀念的一片話

吳德勤

今天是歐洲大戰的十週紀念日、大約歐美有覺悟的工人和農人、特別是俄國的工人和農人、今天必定都有遊街示威及一切反對帝國主義戰爭的表示。

究竟歐洲大戰是什麼一回事情？他又與我們工人農人有什麼關係？大多數中國的工人和農人還莫明其妙、差不多都以爲歐洲大戰死傷的是歐洲人、耗費的是歐洲財產、與我們中國人是不相千的。

其實、這種想念完全不對的！我們應當知道歐洲大戰與我們中國的農人和工人也有狠重大的關係、切不要誤途的置之不問！

一、歐洲大戰的原因

每一國的資產階級要發財、不但是要剝削自己國內的工人和農人、并且要剝削國外的弱小民族。自己國內的市面有限、不能多消售貨物、不能多採集原料、所以又要多找些殖民地。可是德國的資產階級要剝削弱小民族、要霸佔殖民地、英國的資產階級也要剝削弱小民族、也要霸佔殖民地、法國、美國、俄國……的資產階級也是一樣的、世界上的弱小民族有一定的數量、殖民地的範圍有一定寬闊、你也要剝削、我也要霸佔、於是大家眼睛一紅就打起仗來。

到了一千九百十四年的時候、各國資產階級爲着爭佔殖地大家再忍不住了、你也想把我打下、我也想把你壓倒、好獨自發財、於是歐洲空前的大戰就發生了。

二、戰爭中到底那個吃虧呢？

就上面看來、歐洲大戰發生的原因、是各國資產階級爲着爭奪利益。歐洲大戰是帝國主義宰割弱小民族的戰爭。

可是大家知道、開起仗來、有錢的人是不上前敵的。塡砲眼的都是工人和農人。這一次歐洲大戰也不知道死了多少萬工人和農人！可憐他們死了、他們爲着什麼死了呢？雖然在這次大戰中、資產階級耗費了許多

卢森堡和李布克奈西特两同志死难的六周年纪念，1925 年 1 月 14 日，甲松

第七十五期　　工人之路　　一九二五年一月十四日

РАБОЧИЙ ПУТЬ

工人之路

Орган Дальбюро ВЦСПС.
Отв. редактор Лян-Са-ди.
Адрес редакции: г. Владивосток, ул. Пекинск. и Корейская, Клуб Китрабочих „1 мая"
Телеф. № 1-85

14 января 1925 г.

№ 75

全俄中央職工蘇維埃遠東部出版

每逢星期三出版
報價：零賣每期金洋七分　定閱本埠每月二毛五分　外埠每月三毛
編輯處：北京街和高麗街拐角中國工人五一俱樂部樓上
電話一百八十五號

廣告刊例：每期每字按照三分金洋計算　長期另議

全世界被壓迫的民族聯合起來呵！

「李布克奈西特」和「盧森堡」女士兩同志死難的六週紀念

甲松

今年一月十五日又到了「李布克奈西特」和「盧森堡」女士兩同志死難的六週紀念日了。

我們回想到歐洲戰爭的當兒、全世界的帝國主義者對於全世界的工人大行殺斫的時候、社會民主黨人全體變了節操、那不變節操的究竟是誰呢？就是「李布克奈西特」和「盧森堡」女士兩同志、他們組織鼓吹奴隸革命的團體、就是「斯巴達加斯團」、反對帝國主義者的戰爭、喚起無產階級的革命。他們屢次引着勞働群衆對有產階級大示威大運動。並且他們屢次對他們演說、說：「兵士們！拋掉武器罷！不要替人家殺自己的同類呵！工人們！罷工罷！反抗罷！不要儘着幫資本家做那打仗的工作呵！無產階級同胞們！我們要生存呵！要飯吃呵！全世界的無產同胞們！不要長久受人家的反間利用呵！趕快聯合起來呵！」因此憤怒了德國帝國主義者的代表人物威廉二世、罰「李布克奈西特」當了四年牛軍隊的苦差。他們兩人都頓過三次大獄、他們在大獄做過好多文章登在國際雜誌上面、頂有名的文章、就是「李布克奈西特」同志做的「馬克斯價值論的批評」。「李布克奈西特」更是社會主義青年團的發起人、現在的少年國際所以這樣發達的、我們譬如喝水想起舊源來都不能忘記「李布克奈西特」發起社會主義青年團的功勞呵！

一九一九年、「李布克奈西特」和「盧森堡」女士兩同志引導全德意志的勞工群衆、反對資無產階級的社會民主黨、一月十五日被社會民主黨用陰謀手段暗殺喪命。

可是「李布克奈西特」和「盧森堡」女士兩同志、雖然死了、他的偉大的革命精神感化的結果、陡然教德意志共產黨添加了許多活動和信仰。而且這六年中間德意志共產黨內受社會民主黨的虐待、外受英法帝國主義者的侵略、獨能夠孤軍奮鬪、反對帝國主義者佔領萊因河、佔領上西里西亞和阿爾薩斯的煤鐵鑛、反對共管德意志的「道威斯」計畫、這都是「李布克奈西特」和「盧森堡」女士兩同志生時訓練的功勞。

我們東方勞工自從「李布克奈西特」和「盧森堡」女士兩同志死後、也有了許多為無產同胞死難的先驅、如像為湖南紗廠工人問題被趙恒惕殺了的黃愛龐人銓、為京漢路工人問題被吳佩孚殘殺的施洋林祥謙們四十多人、為國民革命運動被安福派買通流氓打死的黃仁、這都是中國共產黨員受了「李布克奈西特」和「盧森堡」感化的青年同志。我們從這点可以看得出「李布克奈西特」和「盧森堡」女士兩同志的死難、對於世界的革命運動上不知添了幾大的生力軍呵！

※遠東勞工※

△西南崴子運輸工人被刺（王淑琴）

西南崴子大屋子工人在八號碼頭德國綠皮子船上裝豆子。午後六点多鐘散工回家、三三五五、一幫一幫、等等不一。內有三人一幫、走到上崗煤房子門口。路遇俄人四名、有一個懷抱琵琶、年約二十多歲、有一個頭戴尖帽、身穿本色氈子衣。有一個光頭分髮、亦約二十來歲、還有一個穿尋常的衣服。一個一個、瘋癲帶酒、本是無覊的狂徒、覿面相遇、避之不及、被醉鬼打了一拳 當時與他爭論、這狂徒並不答言、即奮老拳以對待、無奈何只得拚力廝爭。怎奈寡不敵衆、被俄人將崔志仁班上的工人、荆樹洪按倒在地、又掏出刀子來刺了一刀。這個時候後邊的工人陸續來到。這四名俄人、一見風頭不好、可就溜之乎也。這荆樹洪當時立將起來、連驚帶駭、只知腰痛、並不知吃了一刀。後來鮮血淋漓、直流不住、摸了一把纔知受了刀傷、即時趕快到家。幸喜家中適有警察三名、訴其情由、當打電話報知紅十字會速來醫治。這警察又與同伴的工人、追趕兇手去了。過十分多鐘、十字會的汽車、並兩個醫生、來到查驗此傷、係左膀下部腰脇。幸喜不深未損肺臟。擦藥裹好、用汽車拉入醫院。警察亦將兇手擒住、帶至五號、想必照章責罰

△新大屋子運輸工人的生活情形

從前大街斜穿過一條巷子、往西南山走、一路上是老屋子帶着殘雪、枯樹林夾着大石頭、空氣新鮮、景子也好看的狠、這就是海參崴的中國運輸工人第二個寄宿舍所在的地方。

原來這中國運輸工人第二個寄宿舍、是去年十二月新設立的、其設立的目的是甚麼呢？就是因為工人三三五五、散漫居住、工會不能明白他們生活情形、於是就把他們集合一塊居住、為的是宣傳主義、辦理教育、改良工人生活都方便些的緣故。他這地方是西南山一百二十二號、運輸工會四號地方委員會的辦事處、也在這個屋子內、這屋子一般的叫他做新大屋子、果然不錯、屋子是又新又大。

一月十日、記者親往參觀、屋子內打掃狠乾淨、衛生狀態的確要比西南崴子的大屋子、好的多、西南 子大屋子、吸鴉片、帶妓女進去睡覺、或是賭錢都狠自由的。這西南山新大屋子規矩却嚴的狠、誰也不敢在裡而吸鴉片、帶妓女睡覺和賭錢。

裏面樓上樓下大小房間、共有二十九間：樓下大屋子一間、小房子七間、都是工人的臥室，辦公室一間、房子狠大、是四號地方委員會的辦公處。還有派工處

列宁周年纪念号，1925年1月21日

一九二五年一月二十一日　工人之路　第七十六期

РАБОЧИЙ ПУТЬ

工人之路

Орган Дальбюро ВЦСПС.
Отв. редактор Чжан-тен-юй
Адрес редакции: г. Владивосток, ул. Пекинск. и Корейской, Клуб Китрабочих „1 мая". Телеф. № 62-5
21 января 1925 г.
№ 76

全俄中央職工蘇維埃遠東部出版

每逢星期三出版
報價：零賣每期金洋七分 定閱本埠每月二毛五分 外埠每月三毛
編輯處：北京街和高麗街拐角中國工人五一俱樂部樓上
電話六百三十五號
廣告刊例：每期每字按照三分金洋計算長期另議

列甯週年紀念號

論文

同志列寧逝世一週紀念

今天是列寧同志逝世的第一週年紀念日、我們失掉了可敬可愛的無產階級和弱小民族底首領、何等的悲哀。環繞我們的仇敵—帝國主義者、資產階級及其走狗社會民主黨——方深以爲幸、以爲他們活動的機會到了、等着共產黨的破滅。可是一年以來、無產階級的祖國—蘇維埃俄羅斯日益强固、全世界無產階級和弱小民族的反抗運動越發進展。可知我們的首領！列寧雖死、全世界無產階級和弱小民族的腦中都貯着列寧的影像和呼聲、且將按照他的遺訓鏟除一切無產階級的仇敵。我們高呼：

列寧主義萬歲！

全世界無產階級和弱小民族革命萬歲！

第三國際萬歲！

全世界被壓迫的民族聯合起來呵！

無產階級首領列寧遺像

◉帝國主義者眼中的列寧和無產階級眼中的列寧

（王鴻勳）

阿列寧是甚麼？列寧是帝國主義者的仇人、列寧同時也就是無產階級的領袖、帝國主義者當然是憎惡列寧的、從他們眼睛裏看見的列寧、你道是甚麼樣的人？是不合舊道德的、是不守舊法律的、是破壞舊制度的、是洪水、是猛獸、是火藥、是炸彈、徑直是反叛、是罪人、是一個不順從的怪物。可是列寧對於一切舊的東西、已經是從根本上否認了、舊道德、舊法律、舊制度、排在列寧面前、列寧對他是用頂簡單的方法來處置、就是一拳打的他粉碎。列寧誠然是帝國主義者眼中的洪水、猛獸、火藥、炸彈、反叛、罪人、不順從的怪物、可是這正是列寧偉大的證據。假若帝國主義者肯贊成列寧一句話、那麽列寧究竟還算甚麼人呢？

無產階級是擁護列寧的、因爲列寧兩個字、已經成了無產階級革命抽象的代名詞、列寧主義算是無產階級的靈魂、無產階級就算是列寧的血肉。換句話說、列寧和無產階級成了一個東西、列寧就是無產階級全體、無產階級全體也就算列寧。我們看呵！俄羅斯的農奴、在舊時代的法律、地主可以任意生殺、買賣、奸淫、俄皇的政府是保護地主的、農奴徑直是有冤沒處訴。不是列寧引導他們革命、他們能夠脫奴籍嗎？一九〇五年正月二十二日、資產階級的走狗基督教徒引誘工人向俄皇請願、被俄皇軍隊槍斃數千工人。不是列寧引導他們奪取政權、他們能夠翻過身來嗎？一九一四年到一九一七年的歐洲大戰、全世界的工農、都受帝國主義者的長期屠殺、沒有止境。不是列寧引導我們推倒俄皇政府、再推倒資產階級的『克連斯基』政府、奪取政權歸於工農蘇維埃手裏、無產階級能夠走入和平幸福的生涯麽？一七一七年以後帝國主義的十四個强盜國、一面盡量的壓迫本國的工農、一面對於俄國實行經濟封鎖。而且不是列甯下十二分決心、實行新經濟政策、能夠恢復俄國經濟原狀麽？而且不是列甯發起第三國際共產黨、造成世界革命的總指導機關、全世界的無產階級和被壓迫民族、能夠做成統一的聯合的革命戰綫、向全世界的帝國主義者進攻麽？列寧誠然是帝國主義者的眼中釘、肉中刺、同時却是全世界無產階級和被壓迫民族的慈父。列寧是一九一七年以後人類史的中心点、假若沒有列寧、這人類史也是沒意味的。

列甯主義與世界的現在和將來

（曾明尚）

我們相信列甯主義、並不是憑空的盲目的去相信他、因爲列甯主義是社會歷史進化必然的程序、我們不能不相信他。自古以來社會組織進化的歷程、千變萬化從漁獵時代進爲農業時代、封建時代。

要想得到自由須先得到權力！

由農業手工業時代，進而為機器工業時代（即資本主義時代）。再由資本主義的工業時代，進而為列寧主義的工業時代。這個時代，是資產階級與無產階級鬥爭的時代，也是歷史進化必經的道路。我們相信列寧主義，列寧主義也是資產階級發展到了最高階段，壓迫剝削無產階級而產生的一種反動。資產階級不但在他的本國剝削無產階級，同時又拚命的去掠奪殖民地或半殖民地的民衆。無產階級和殖民地或半殖民地的民衆，都成了資本帝國主義的犧牲品，因此現在全世界無產階級與殖民地或半殖民地的民衆、覺悟的份子、起而做反抗的運動，即是無產階級革命運動與民族革命運動。

俄羅斯的工人階級在（十月革命）中已實現了他們無產階級革命，同時并實現了他們的國民革命。在西歐德、法、英、意等國的工人階級也正那裡準備着他們階級的革命，實現的時期當然已不遠了。

在半殖民地的中國，國民革命當然是有的，無產階級革命雖然時期不到，然遲早是必然到來的。因為中國是資本帝國主義半殖民地的國家，一切都受帝國主義者的壓迫剝削，要脫離帝國主義壓迫剝削，非工人和農民革命是不可能。引導中國無產階級革命者，只有我們的同志列寧的主義。他不但能引導我們革命，並且能做全世界無產階級革命偉大的後援。看！我們現在世界被壓迫的民衆，無有不受列寧主義暗示的。資本帝國主義謀發達經濟問題，非壓迫工人農民不能取得經濟，壓迫力愈大，反抗力愈大，所以現在全世界無產階級都覺悟了，知道他們帝國主義的壓迫剝削我們，若要不受他們的壓迫剝削，非整理我們的武裝，消滅資產階級而建設共產主義的社會，全世界無產階級聯合起來，打倒帝國主義，實現列寧主義，到那全世界皆變為紅色職工國家，我們全世界無產階級才能得到幸福。可是我們工人，應該明白自己的真正責任，要了解我們自己的地位，我們才能按着一定的計劃向着一定的目標，按步就班的前進，實行列寧主義呵！

經過列寧戀愛後的東方被壓迫民族

（甲松）

列寧同志，為我們被壓迫民族，身先士卒，站在前敵上和帝國主義者拚命的廝殺奮鬥的人。他在俄羅斯本國把無產階級頸項上套着的奴隸鐵鎖，親手解開，使他們得過狠自由狠快樂的生活。並且建設了社會主義蘇維埃聯邦共和國，作世界勞働革命的基礎，同時把一切的權利盡量交給勞農階級的手內，致他們得作新社會的主人翁。另一方面更極力援助我們東方被壓迫民族，回想那沒有列寧同志援助我們的時候，那野心勃勃的列強是用經濟的和武力的侵略東方弱小民族，在土耳其，波斯，中國和巴爾幹半島內大示其威權，施以無情的剝削和殘酷的壓迫。在俄皇政權直接統轄的東方民族如像高加索，韃靼，土耳其斯坦等自然是受蹂慘無人道的暴虐，就是如德法兩國在巴爾幹半島，英國在土耳其和波斯，日本在朝鮮列強在中國的侵略政策，尤其是厲害，他們把持着海關收稅權、領事裁判權，並且強迫租借土地，洋船隨便行航內河，最後尚要行道威斯計劃共管中國。他們共同一致的吸取弱小民族的血汗不遺餘力，若稍有起來反抗的，就大行屠殺，殺得人命連馬蟻還不如了。趕到一九一七年十月，列寧引起全俄無產階級的革命，推翻克倫斯基政府，建設了勞農掌握政權的政府，於是拿出全副精力幫助弱小民族反抗帝國主義者的侵略和壓迫。現在列強譏笑着所稱的病夫國土耳其已經受了列寧的指導，得了列寧所統治的俄羅斯的幫助，把帝國主義驅逐於領土之外，創造出一個獨立的新土耳其。波斯也受蘇聯的幫助，全體國民起來反對英國帝國主義者的虐待，波斯國從此就狠有發展的希望。朝鮮也受列寧的指導，雖在日本專政之下，沒有睜眼的工夫，然而民氣勃勃，革命的精神日盛一日。至於俄皇時代受盡鞭韃的東方民族，如高加索，韃靼，土耳其斯坦，現在已經在無產階級的統治之下，享受自由平等的快樂。至對於中國，則列寧先把舊俄時代在中國所得的一切權利，概行廢除，立定最平等條約。又說道中國國民應該效法土耳其人排除洋人，建設一個在經濟上和政治上完全獨立的中華民國。從此以後中國國民遵着列寧同志教訓的道路去進行就不難成立自主獨立的國家了。今天我把列寧與我們東方被壓迫民族有什麼關係和我們東方民族經過列寧戀愛後的情形如何，對大家貢獻出來，作為參考的材料，請將前後的情形對照着看，就便可明白了。

列寧主義和中國工農

（子餘）

中國的工人和農民，因多年受帝國主義者經濟和政治的猛烈侵略，已經顯著的感覺着自己的生活不安，是受經濟的壓迫，這便是中國工人和農民業經有了階級的覺悟。而且最近三年之間，工人的罷工，和農民的暴動，已不下幾百次，不論他是成功，或是失敗，總算中國工人和農民已經站在階級鬥爭的戰線上了。

我們拿幾件頂大的事實來說：香港海員的罷工的動機，最初只是經濟上感覺不安，及一經英帝國主義者殘酷的壓迫，就完全成了反抗帝國主義的政治運動。在這次運動中，我們曾看見中國大多數的市民對於海員狠肯從經濟和輿論上加以援助，我們可以說這次罷工是：（一）中國的無產階級對於帝國主義的資產階級的階級鬥爭已經開始。（二）中國被壓迫的民族對於帝國主義者民族獨立的運動已經開始。這次運動得了頂大的勝利，中國之有工會，也就從這回起。京漢鐵路罷工的動機，最初僅是爭那臨時約法上集會結社的自由罷了。等到吳佩孚受英美日法領事的挾制，不許工人集會結社，工人憤怒不平遂大罷工。當罷工前，全國各工會代表都因慶賀京漢鐵路總工會成立，而到河南的鄭州。被吳佩孚用軍隊包圍會場驅逐全國各工會代表。各工會代表在槍砲包圍之下萬衆一致，大呼「京漢鐵路總工會萬歲！列寧主義萬歲！打倒洋人走狗軍閥和萬惡的帝國主義！」他們一上火車或是北上，或是南下，或是走支路向東西行在車上都是輪班作憤怒的講

一九二五年一月二十一日　工人之路　第七十六期（三）

推翻帝國主義！

演、一直講到下車。記者當時也在車上親眼看見這些工人代表痛罵一頓帝國主義和軍閥、又痛哭一頓、又互相親熱的擁抱跳舞一頓。他們表現出來的精神是充滿了階級鬭爭的「怒」和同類互助的「愛」、結果大罷工的趨勢好像潮水向下流的一樣、誰也不能阻止他了、於是就罷了工。你看他們曾徒手的奪回被軍隊壓迫開車的工人。你看那時候北京漢口都是上十萬的工人學生市民婦女排着隊伍來慰問他們。你看他們還出了一個「罷工日刊」來宣佈軍閥和帝國主義者的罪惡。我記得這罷工日刊頭一篇文章的題目、就是「勞動者無祖國」請問這口号是甚麼意思？這就是列寧主義。這次罷工把帝國主義者都嚇呆了、所以帝國主義者駐中國的公使領事、就下命令叫曹錕吳佩孚蕭耀南們大行殘殺。當殘殺的時候記者正在戰場、親眼瞧見工人持着鐵棍木棒和軍隊的大砲機關槍格鬭。我們從這次罷工可以看得出工人所爭的、已經不是臨時約法上的權利、而是看透了軍閥和帝國主義者的勾接、爲列寧主義—爲中國無產階級和被壓迫民族的生存前途上拚命一擲的動作。漢口人力車夫罷工的動機是法英美帝國主義者和中國軍閥就是車行主、要加他們的車租、要叫他們吃不成飯、他們六千多車夫、於是罷了一星期的工、仍然不能挽回車行主的意思、於是這六千多車夫可就暴動起來了。他們用徒手把法租界安南巡捕的槍奪了一百多枝、把法國領事府也打壞了、只打得法國領事在大樓上向外作揖才罷。帝國主義者和軍閥看了這形勢、就命他們的走狗基督教徒拿洋錢來替帝國主義者和軍閥賄買工人領袖、那知道工人領袖一個也賄買不動、人力車夫工會就從此成立了。後來帝國主義者和軍閥到底用强力把人力車夫工會解散了。我們從這次罷工可以看得出義和團的精神業已復活、更可以看得清楚基督教徒的確是軍閥和帝國主義者的走狗、一点也沒有

疑惑。唐山路鑛工人罷工的動機、最初只是爭生存和待遇。軍閥楊以德不但自己開兵去打、並且請求英國海軍陸戰隊上陸。誰知我們沒意想到的有一部份軍隊兵士因有七八個月沒領餉同情工人差不多就要兵變了、楊以德這才嚇慌了退威。工人方得勝利。我們從這次罷工、可以看得出中國軍閥和帝國主義者已經結了有攻守同盟、更可以看得出中國兵士、已有階級覺悟的可能了。其餘如像粵漢鐵道湘鄂路的罷工、蕭耀南派兵隊監督開車、工人們—橫臥鐵道上用肉體當着開車。請問工人沒有咬牙切齒的怨恨、肯這樣做嗎？上海日華紗廠罷工、中國警察狠能幫助日本人解散工會、捉殺工人。請問帝國主義者在中國沒有絕大的支配權威、和勢力、中國警察肯這樣做嗎？湖南紗廠工人罷工、趙恒惕慘殺黃愛龐人銓。列位知道是甚麼道理？就是趙恒惕得了紗廠主十萬元洋錢的緣故。廣東商團軍慘殺工團軍黃駒們四人就是因爲工團軍是擁護革命政府的、商團軍是擁護帝國主義的沙面領事、和陳烱明軍閥的緣故。不但中國工人是這樣、就是中國的農人也都上了戰場呵！我們看廣東海豐的農民不是一集會就是十幾萬嗎？他們的宣言是轟轟烈烈正正堂堂反對帝國主義者和軍閥、並且頂反對的就是那在海豐土生土長他們的老鄉就是反革命的軍閥陳烱明。此外廣東還有上十餘縣的農民、都集合組織起來了。正在和地主、土豪、劣紳及軍閥帝國主義者猛烈的鬭爭。還有那浙江的蕭山、湖南的洞庭、許多農民都已經有了組織。這些事實年月日時何前何後、記者已不大記憶了。總結起來都算得是中國的工人和農民、已經有了階級的覺悟及已經站在階級鬭爭戰線上的證據罷！

我們對於這些事實頂要注意的、就是這些事實都是：帝國主義者正在美國的華盛頓府開分贓會議、想把中國瓜分的時候、列寧同志看了狠不平、就召集一個遠東民族大會。於是中國的青年學生工人農民都紛紛的到蘇俄開會、親自受了列寧同志的指示教訓、回國去後、努力宣傳運動、所發生的結果。列寧同志的指示教訓是甚麼？我們可以簡單的說：就是教把西方的無產階級和東方的被壓迫民族聯合起來、用工人農人做指導者、實行西方的階級鬭爭和東方民族獨立及國民革命、好做成世界革命的工作。

同志們！現在帝國主義者和共產主義者爭勝敗最後要緊的一着、就是看誰在中國掌握政權。而且目下帝國主義者又在太平洋上鬧一場世界大戰、我們要用列寧主義武裝全中國的工農和國民才能夠謀生存發展呵！

工人習作

我們中國工人對於列寧主義所負的責任

（楊立德）

工友們！須要明白呵！我們現在在俄羅斯作工、這樣的享受自由平等的權利、沒有一個人敢欺負這是誰給我們造出來的幸福呢？這是不可不知道的。而且更應當知道我們中國國內的勞工羣衆、能和我們享受一樣的自由平等的權利不能？工友們！忘了麽？從前我們在這兒作工吃不飽穿不暖、一天至少也幹十八点鐘的活、幹的稍微懶惰、就抽出皮鞭子來打罵相加、待遇我們簡直不如牲口倘若稍有反抗的意思、和罷工的舉動、那資本

不勞動者不得食！

（四） 一九二五年一月二十一日 工人之路 第七十六期

誰不識字就是瞎子！

家就領着自己看門的狗—軍閥老爺來大行斫殺，殺得不亦樂乎。趕到我們救命的恩人列寧同志引起我們勞工群衆推倒殘殺我們的軍閥，打破剝削我們的資本家，建設了蘇維埃勞工政府，把一國的政權歸於我們的手內，從此我們得着飽食暖衣，幹活也有一定的鐘点，勞金也得相當的報酬了，所以我們對於列寧應該如何的敬禮，而且對於他的主義應該負担責任呢！列寧常說：「全世界無產階級要聯合起來，打倒那有錢的人們呵！」可見列寧是全世界勞工革命的先驅，並不是俄羅斯一部分的革命者。我們中國頂苦的是勞工階級，中國國家尤其是受壓迫的一個國家，所以列寧狠肯特別的幫助我們中國的勞工革命。可惜事未成功身先死，沒達到澈底的造的目的。我們中國今後應該成爲勞工國家，列寧死的不過是身軀，他的主義和事業死後反更添一層光明，正在世上引導我們勞工階級去繼續他的未盡之功呢！所以我們在此學好列寧主義，趕快回國去把我們勞工階級的同胞從有產階級壓迫之下救出來罷！工友們！沒聽過爲京漢鐵路工人問題，被吳佩孚殺害了施洋林祥謙等四十多人，爲湖南紗廠問題被趙恆惕殺害了黃愛龐人銓麽？以外被殺的還多呢！所以我們工人身雖在此，却要常記着中國勞工群衆繼續列寧未盡之功，引起勞工革命，打破壓迫我們的軍閥，和剝削我們的財閥，同樣的建設勞工掌握政權的政府，和我們一塊兒享受平等的權利，自由的幸福，這就是我們中國工人對於列寧所負的責任！

兒童習作

我們小學兒童對於列寧紀念日的感想

（邵德盛）

一月二十一日，到了列寧同志死的週年紀念日了，我們小學兒童當着這天，怎樣的悲痛他，拋棄我們竟死去了呵！怎樣的感謝他引導我們走入光明之路的恩德呵！從前白黨在這兒時候，我們也要上學校念書，無奈我們家庭的生活非常的艱難，沒有買書籍筆墨拿學費的錢，只可在家賦閑過日子。提到近來各處設立貧民學校、幼稚園，使窮家的兒童極力勸勉上校念書，而且書籍紙筆和學費一概供給，恐怕冷了又給我們做衣裳穿，因此我們從前沒法兒念書的兒童得念書了，從此我們的智識假若漸漸的發達起來，能夠成一個狠完全的人，這豈不是因爲列寧同志爲我們無產階級戰勝那有產階級的緣故嗎？所以我們小學兒童當着列寧紀念日要決心好好念書，將來要做第二個列寧纔不辜負列寧的好意呵！

※詩歌※

列寧——列寧！

（小蘋菓）

列寧！列寧！我老頭子，我們失掉老頭子，
千萬群衆淚汪汪。
列寧！列寧！列寧並未死，列寧死了一個年，
紅色紅了半邊天。
列寧！列寧！列寧真偉人，不是列寧教訓我，
我們怎起革命軍。
列寧！列寧！是一陣風火，吹燒皇帝和財主，
工農才不做人奴。
列寧！列寧！你是引路的，引我走進復活路，
我們都有柴和米。
列寧！列寧！紅色在東方，北京城頭飄紅旗，
東方民族喜洋洋。
列寧！列寧！手拿大鐵鎚，斬斷鐵鎖和鏈子，
解放人類從此起。
列寧！列寧！國家和革命，打破國家的界限，
指揮世界階級爭。
列寧！列寧！快要成功了，帝國主義壓力下，
全世界哀鴻正怒號。

※小說※

將來的……「小列寧」

子餘

我們要把列寧同志的事情，編做小說，可是再難就沒有了。因爲人類新歷史開卷第一章，第一句話，就要從列寧同志說起，他的人格已經和歷史同化成了一件整個兒的東西，有了列寧同志，就有人類的新歷史，有了人類的新歷史，也就有列寧同志，普天下的新聞記者、小說家、詩人、文士、大學教授，不知有幾千幾萬的正握着筆在那兒寫列寧的事情，我要說的話，已經都被他們搶先說了，我現在究竟要說什麼是好呢？

唉！有了我說一件本地風光的實人實事給大家聽聽解解悶兒好麼？我要說的不是別的事情，就是當列寧週年前十一天我們有一個女同志在海參威生下了一個小孩子的事情，我說這話，大家聽了一定罵道：「缺德帶冒煙，女同志生小孩子，和列寧同志有什麼相干？難道他是列寧同志的小孩子不成？」、列位別慌，聽我道來：

每一個共產黨員都是列寧的化身，每一個共產黨員生的小孩子，因爲他是把紅色的種子，放在紅色的肚皮裏變化長成的，生下來時一定有共產黨的性質，遺傳在他的血液裡面，假若更把他放在共產社會，一直教養成人，他一定可以成一個頂好的共產黨員。那麼這樣的小孩子，雖然是別的同志的小孩子，他的精神的確是列寧的精神，他的性格的確是列寧的性格！他也就和列寧同志的兒子一樣，我們當列寧週年的紀念日，很想預測一下這列寧兒子的將來。

這小孩子的父親，是一個反抗舊式婚姻的人，他的母親也是一個反抗舊式婚姻的人，他們倆都因爲反抗舊式婚姻和腐敗黑暗的家庭脫離了關係，他們倆相遇在中國共產黨秘密會議席上，於是乎他們倆一見之下，你愛我，我愛你，不知是那年那月那日那時就生了戀愛關係。他的父親指揮着武昌漢口的工人團體，三年中間，不斷的和帝國主義者及軍閥奮鬥，去年四月間被吳佩孚捉去，嚴行拷打，現在還關在洛陽監獄，不知是死是活？當他父親被捉的時候，他的母親也被軍警困關在一個屋子裡，幸虧軍警看他是一個女子就沒十分注意，他的母親乘軍警沒注意，連忙把秘密文件都藏起來了，軍警搜不着什麼，罵了一頓去了，他的母親就逃走了，那時這小孩子大約是已經在他母親肚皮裡了，細他計算時日，這小孩子便是在娘胎裡就受壓迫的一個無產階級的小孩子，現在這小孩子的母親已經在海參威把他從胎裡解放出來了，並且已經把這小孩子捐給無產階級國家了。這小孩子是一生下來就在共產主義的國家裡，將來受好了共產教育，長大成人，豈不是完完全全充滿了列寧主義的一個青年麼？這樣的青年，究竟要給被壓迫的東方民族多大影響呢？我們的幻想——是願意這小孩子成爲東方的列寧，我們更願意中國多生幾個這樣的小孩子，這小孩子生在列寧週年前十一天，就很有些意思，所以我們在這列寧週年紀念，希望中國將來有許許多多的小列寧出世！至於這小孩子父母，叫什麼名字呢！他的父親名叫許時光，他的母親名叫秦英什。至於這小孩子的名字，當我做小說的時候，還不知道叫甚名子。

啓事

中國工人五一俱樂部會員諸君公鑑：從一月初一日起到十五日止，凡是本俱樂部會員都應重新掛號。望各會員見此通告後，趕早到俱樂部掛號，過期不到，即取消會員資格，千萬不可遲延遺誤。

中國工人五一俱樂部管理處啓

Tyd. № 153. [illegible]

三月十八日——巴黎公社和世界革命者救助会的纪念日，1925 年 3 月 18 日，何今亮

一九二五年三月十八日　工人之路　第八十四期

РАБОЧИЙ ПУТЬ

工人之路

Орган Дальбюро ВЦСПС.

Отв. редактор Чжан-тин-юй

Адрес редакции: г. Владивосток, уг. Пекинск. и Корейской, Клуб Китрабочих „1 мая" Телеф. № 6-35.

18 марта 1925 г.

№ 84

全俄中央職工蘇維埃遠東部出版

每逢星期三出版　報價：零賣每期金洋七分定閱本埠每月二毛五分外埠每月三毛　編輯處：北京街和高麗街拐角中國工人五一俱樂部樓上

電話六百三十五號

廣告刋例：每期每字按照三分金洋計算長期另議

全世界無產階級聯合起來呵！

全世界被壓迫的民族聯合起來呵！

三月十八日

巴黎公社和世界革命者救助會的紀念日

（今亮）

一、世界資本主義還是向我們進攻

轟轟烈烈的巴黎公社、是世界無產階級專政第一次的試驗、可惜他不久就被資產階級征服了。當時在法國的工人階級中、因此被屠殺而死傷者、達一萬三千五百人以上、被監禁者尚不計其數。

在今年巴黎公社的五十四週紀念日上、除出無產階級已握政權的蘇維埃俄羅斯以外、其餘世界的資本國家正利用他們的政權、向着被壓迫的工人農民努力進攻、所以在資本國家裡、而爲工人階級出力的首領、常常爲資本家政府謀害如(里布克奈西特、盧森堡)等常常去享受鐵牢滋味。

假使我們把現在和一八七一年的『五月一週』來比較一下、則彼時法國工人的犧牲於革命事業者不過萬人、而現在全世界上的革命份子、爲着工人的利益而和世界資本主義奮鬥、因而被囚或死亡者、已在十萬人以上了(其中德人七千人、意人六千人、保加利亞四千人、餘從畧)

照此看來、足見世界資本主義還是向着我們努力的進攻呢！

二、巴黎公社的教訓

巴黎公社失敗的原因、是因爲工人階級政黨組織的不良、且沒有得到世界上各處無產階級幫助的原故。所以這次巴黎公社、對於全世界工人階級的重要教訓是祇須全世界無產階級狠親密的團結、祇須工人階級和農民携手起來、才能得到勝利。但是照現在的形勢看來、犧牲和流血、是無產階級革命萬不能幸免的命運。

世界革命者救助會、就因此於二年以前在第三國際共產黨開第四次世界大會的時候通過成立了。該會的性質、完全爲着幫助資本國家內被囚的革命者及其家屬。該會的組織完全由於勞動者的自覺力和自動力、且爲該會有納月捐之義務。

三、二年以來世界革命者救助會的工作

二年以來、在蘇聯共和國境內、加入全世界革命者救助會的會員、已近四百萬人。凡在蘇聯以內的各共和國、各省、省區、都有該會的支部。在一九二四年共計收得會金一百萬元金洋。此項巨款、均直接接濟各國被難的革命者、計享受得此款者、達八十四萬人。

世界革命者救助會在德、法、意、波蘭、西班牙、芬蘭、葡萄牙等國、都有他的分會、單是德國、在一九二四年入該會的會員、已達五十五萬人、而在別的各資本國內該救助會都是嚴守秘密的、共入會的會員都是數千數萬不等、不過不能及蘇維埃俄國那樣發達罷了。

四、革命救助會的救助力、當極力擴充。

我們現在救助的力量、尚和急待救濟的革命者的需要相差甚遠、我們現在救助革命者的力量、照革命者的需求計算起來、不過百分之二十罷了、所以我們必須把我們的救助力增高、才能使被囚的革命者及其妻子、不飢不凍以及滿足他們的各項必需、但是我們要提高我們的救助力量、祇有在我們蘇聯境內的覺悟工人、都加入革命者救助會、都參加革命者救助會的實際工作、才能成功。

然而我們的主要責任、並不是只作經濟上的救助、就算完事、我們必須對被囚的革命者作一種世界性的宣傳、使被囚革命者、覺得他們並不是孤獨的、覺得他們的背後、尚有無數千萬的無產者對他們表示狠熱烈的同情、救助他們、而使他們精神上有所安慰、不致失望、不致減低革命的魄力。

五、遠東地方的大獄

日本與中國有多少大獄。和在大獄內、究竟有多少革命者坐在裏面、現在尚無確實統計、在高麗地方、現有十三個大獄、都有革命者坐在裏面、祇休拉(譯音)一處大獄內、被囚的人、已達五千人以上、其餘的已可想見。他們現在都坐在那黑沈沈的鐵屋內、都帶着鉄鍊足銬、受盡那人所不能受的苦楚。工友們！我們在巴黎公社的紀念節上、切不可忘記了他們、因爲他們正在那裡等待着你們的救助呢！

紀念巴黎公社的那一天、切不可忘記了爲工人階級出力而進大獄的同志。他們正在資本家的鉄牢中等待你們救助呢！

＊遠東勞工＊

△錯抄私貨工人受打

十一日上午十時、運輸工會三十三號工友方樹材、上大林衛車行掌櫃的安茂林處買土豆子。方樹材看見大袋的土豆

孙中山先生逝世追悼号，1925 年 3 月 25 日

一九二五年三月二十五日　工人之路　第八十五期

РАБОЧИЙ ПУТЬ

工人之路

Орган Дальбюро ВЦСПС.

Отв. редактор Чжан-тин-юй

Адрес редакции: г. Владивосток, уг. Пекинск. и Корейской, Клуб Китрабочих „I мая“ Телеф. № 6-35.

25 марта 1925 г.

№ 85

全俄中央職工蘇維埃遠東部出版

每逢星期三出版　報價：零賣每期金洋七分　定閱本埠每月二毛五分　外埠每月三毛

編輯處：北京街和高麗街拐角中國工人五一俱樂部樓上

電話六百三十五號

廣告刊例：每期每字按照三分金洋計算　長期另議

全世界無產階級聯合起來呵！

孫中山先生逝世追悼號

中山先生死後沿海省省職工蘇維埃對全體華工宣言

中國國民革命的領袖、中國國民革命的先祖、中國被壓迫民族的導師！孫中山先生死了！中國再沒有孫中山先生了！但是中山先生雖死、中山先生的革命精神和學說、以及他指導你們的革命道路是不會消滅的、永遠在中國被壓迫民族的腦海中的！

中國自甲午之後、國家日漸衰落、對外則受列强帝國主義的包圍、對內始則受滿清的壓迫、繼則受袁世凱的蹂躪、袁世凱死後、而又成爲軍閥各覇一方的割據之局、連年戰爭、人民的生命財產、蹂躪殆盡。孫中山先生知道在這種狀況之中、非打倒國際帝國主義、打倒軍閥、不足以出人民於水深火熱之中。所以他唱三民主義以外抗帝國主義、使中國脫離帝國主義之壓迫、內則限制政府的權力免去軍閥的專橫、他這種主張是目前半殖民地的中國之救世良方、是中國國民革命的過程中所必由之道路！中國要成爲眞正獨立共和國、祇有按照孫先生這種主張—打倒帝國主義、推翻軍閥—才可能！

孫中山先生一生的事業、就是解放中國國民的革命事業、始則與滿清奮鬥、繼與袁世凱反動政府奮鬥、最近又與反動的曹吳奮鬥、他並且引導民衆聯合起來、團結起來以與國際帝國主義和國內軍閥對抗！孫中山先生沒有一天不是做革命事業、他的腦筋裡沒有一刻不掛念着革命　他將死的前一天、對國民黨中央執行委員會委員、和他的家族還說「我做了四十年的革命事業、到現在革命還沒有成功、我現在將死了、不能再做革命了、希望你們努力繼續我的革命……」並且致遺書於蘇聯、請求先進的蘇聯、指導中國的民衆去做反對一切帝國主義和打倒軍閥的革命奮鬥！孫先生時時刻刻不忘記革命、什麼時候也想把中國人民從帝國主義和軍閥的二重壓迫之下解放出來！

孫先生現在已經死了、再也不能來指導你們了！但是環繞着的帝國主義者比從前更加兇猛的進攻、國內的軍閥內訌、比從前更加紛亂、中國這樣的國際地位、政治狀況、你們的革命事業之困難自不待言！你們的責任是何等的重大呵！工友們！你們須體量孫先生的意思、繼續孫先生的革命的事業、并且要比孫先生不死時更加努力、務使在最近的期間、能夠達到下列的目的：

（一）使中國成爲獨立的自主　民主共和國、

（二）廢除一切不平等的條約、—租借地、治外法權、關稅協定等應卽無條件廢除。

（三）打倒國內一切禍國殃民的軍閥。

（四）增進工人的生活狀況、實行八小時工作制。

（五）武裝農民並廢除一切苛徵重稅。

而且在蘇聯做工的工友們、你們更應當把蘇聯工人農人革命的經驗介紹給你們在中國內地的勞苦同胞、你們自己也應該都加入職工會、以學習革命方法、因爲這是對於孫中山先生最好的紀念！工

孫先生遺囑全文

孫先生十一日簽字之遺囑共兩通、一致國民黨同志、一致家屬、全文公布如下：

（一）余致力于國民革命、凡四十年、其目的在求中國之自由平等、積四十年之經驗、深知欲達此目的、必須喚起民衆、及聯合世界上以平等待我之民族、共同奮鬥、現在革命尙未成功、凡我同志、務須依照余所著建國方略、建國大綱、三民主義、及第一次全國代表大會宣言、繼續努力、以求貫澈、最近主張開國民會議及廢除不平等條約、尤須于最短期間促其實現、是所至囑。孫文：三月十一日補簽名。

（二）余因盡瘁國事、不治家產、其所遺之書籍衣物住宅等、一切均付吾妻宋慶齡以爲紀念、余之兒女已長成、能自立、望各自愛以繼余志、此囑　孫文、三月十一日補簽名。

汪精衛筆記。宋子文孫科邵元冲等證明。

全世界被壓迫的民族聯合起來呵！

（二） 第八十五期　工人之路　一九二五年三月二十五日

友們！努力前進啊！

中國國民革命萬歲！

工人和農民失了做革命解放運動的首領孫中山先生，中國的工人階級應該鞏固自己的階級組織——職工會——是對於孫中山先生最好的紀念品！

※論文※

孫中山先生一生的事業

（王鴻勳同志在追悼大會講演）

孫中山先生爲什麼要去革命呢？不是先生自己想要革命才去革命，乃是中國的時代形勢和思潮逼的先生自自然然不得不去革命。

先生生於一八六五年，死於一九二五年三月十二日，年六十歲，廣東香山縣人，當太平天國革命失敗以後，洪秀全楊秀清的黨徒逃到廣東福建的很多，先生的長輩，師友，多是太平天國的亡命客，先生從小孩子的時候就聽慣了滿人做中國皇帝後，虐殺人民的情形，很不願意在滿人勢力底下做升官發財的勾當，奔到香港大學學醫。他在香港求學又看清楚了帝國主義對於中國民族壓迫的情形，心中仍是怏怏不樂，卒業後乃到澳門當醫生。澳門本是明末就被葡萄牙人割據去了的地方，中國人在澳門開賭場，賣大煙，賣淫，澳門葡國的殖民政廳只要能收賭捐，煙捐，花捐，一概放任，獨對於中國人在澳門營正當工商業及各種專門職業的，百端妨害抵制。先生在澳門當醫生時，起先是同業的外國醫生抵制他，後來是葡國殖民政廳幫助外國醫生壓迫他，禁止他在澳門行醫，先生職業上受了重大打擊，就感覺到帝國主義的勢力衝進中國的領土以後，中國人的飯碗一天天的被帝國主義者奪去，異常的可怕，中國的滿清皇帝他本是封建時代的遺留的餘毒，他和帝國主義者一樣是壓迫人的，而且是沒有能力抵抗帝國主義的，中國的前途希望滿清皇帝將來是沒有用的，只有把皇帝推倒，把政權奪到人民手裡，才能和帝國主義者對抗，他的實行革命的動機，就從這時候興起了。他看了英國哥倫的學說，參以他自己獨創的意見，發明了三民主義，這就是他四十年革命事業一貫的主張，却是他的三民主義只算一個外廓，他那主義的內容是隨時代進化而不相同的，譬如民族主義，在辛亥革命前其範圍只限於排滿，及到辛亥革命後先生親自經驗到年年革命運動都是因爲帝國主義者直接或間接的壓迫而歸於失敗，就看透了帝國主義者要壓迫中國全民族的人們！就不得不壓迫代表中國全民族利益的革命運動，中國的革命要想成功，也就不得不以擁護中國全民族的經濟政治文化的自由獨立，而推倒帝國主義的干涉，這便和往年的單純排滿的意思，大大不相同了。又譬如民權主義，在辛亥年前，是包含的盧梭，孟德斯鳩民約論及三權分立說，參加以中國的考試糾察制度，其注重在保護個人的自由。據民國十二年日本「改造」雜誌社記者訪問先生時和先生的談話，先生曾說我的民權主義並不包含個人主義的自由，那就是說用革命手段，擁護中國全族的權利的意思了。至於民生主義，先生往年曾和日本土地復權主義者交往最密，主張土地國有，及累進稅制度，現在因和共產主義者接觸，思想上更進步了。民國十三年正月先生在國民黨代表會議席上解釋民生主義說：「我的民生主義終極目的，就是共產主義」，這一句話道破了民生主義的多年秘密，便和往年所發表的只主張土地國有，及累進稅制是兩樣了。

先生真也太不幸了，他一生下來就是生在這不幸時代，生在這不幸的中國，當他還沒有降生的時候，屈辱的南京條約早已訂結成立了，中國的境遇就不大好，中國的許多領土都割讓租借，南京條約第一條規定的就是外國人在中國取得了領事裁判權，中國到處充滿了的是洋貨，鴉片，馬非，基督教徒，聰明像先生那樣的人怎能不氣憤呵！乙酉年先生首先逢着的，就是中國和法國打仗的事，他看見幫助安南抵抗法帝國主義者侵略的是太平天國時代的亡命客劉永福，而斷送安南和中國一切權利於法國的却是掌握中國政權的滿洲皇帝，因爲亡命客是擁護人民利益而革命的，所以肯幫助安南人打這場不平，先生在這時候就自自然然禁不住要宣傳革命的主義，組織革命的團體了。他就從中國社會上原有的三合會哥老會聯絡着手，那時候本來除了會黨以外，讀書的人，有錢的人，誰也是不贊成革命的。甲午年中國和日本打仗，中國打敗了，割讓遼東台灣於日本，在中國的沙市，蘇州，杭州，替日本開設商埠，好使日本做買賣，賠償日本兵費二千萬兩，先生就到美洲檀香山聯絡海外被帝國主義壓迫的僑民，創辦興中會。庚子以後珠江流域各派會黨都加入了興中會，先生就在歐洲聯絡想變法圖強的學生，組織中國同盟會，這是中國革命的正式組織的最高機關，以後革命勢力逐漸布滿了歐美日本及中國南北各省，先生看見勢力已成，就着手實行革命。乙未年攻廣州失敗了，庚子年在惠州舉事又失敗了，先生『史堅如用炸藥攻督署又失敗了』可是年年的革命運動雖然失敗，因爲帝國主義的侵略比前更加猛烈，所以革命的思想比前更加進步，在這幾年有幾件事實很可以助長革命的怒潮：（一）德人佔領膠州砲台，強訂租借膠州灣條約（光緒二十三年到二十四年）（二）維新黨人楊深秀們六人被殺（光緒二十四年）（三）義和團因反對帝國主義攻入北京，及帝國主義的列強聯軍佔領北京，直接對於中國全民族施行壓迫（光緒二十六年）日俄兩帝國主義者因爭中國屬國朝鮮及中國的滿洲開戰（光緒三十年到三十一年）（五）各省商民因滿洲皇帝借口「路鑛國有」年年把重要權利斷送給帝國主義者，因此大起風潮，爭求路鑛和一切重要產業，歸爲商辦，總而言之，辛亥革命前八十一年中間，外國的商業資本家，銀行資本家，工業資本家，仗着政治的後援，用那外交手段的欺詐，陸海軍的高壓，財政和經濟投資的剝削，條約上特權的拘束和限制，鴉片煙大批的輸入，基督教徒偵探和買辦如網一般的密布中國，於是中國的領土和權利喪失的一天多一天。中國國家財政上的負債和公私經濟上的負債一天重一天，中國的交通工具如像路航郵電眼睜睜看着都歸了外人了。中國的關稅和一切富源都被外國人佔據了，中國的手工業和農民失掉了生活，就競爭的減價拍賣苦力於帝國主義的工商業者，其有連苦力也沒有地方拍賣的，只有當強盜，賣大煙，賭博，開淫業，我們看呵！鄉村貧農的壯丁不知有幾多因肚皮問題不能解決犯了有產階級的法律在那時候頓在大獄了。我們再看許多貧家的好女兒也因爲飯碗被帝國主義者奪了，都和沈滯難受的商品一般，陳列在商場上垂頭喪氣的拍賣廉恥。換一句話說，帝國主義者都在中國做了掌櫃的，做了王，中國人都窮的做了工人，做了乞丐，做了奴隸，人人都失掉了生活，不得不思想革命，先生便是代表這些人打先鋒的頭一個。他統率的同盟會員布滿海內外，或行暗殺，或起暴動，如像黃克強馬福益之湘潭軍革命軍，如像丙午年在萍湘醴陵的起義，如像熊成基在安徽起義，如像在欽州廉州河口上思鎮南關各地的起義，以及黃花岡的血戰或係同志分頭運動，或係先生親自指揮，先生沒有一回失胆喪氣，至於暗殺大案，如像刺恩銘之案，刺李準之案，刺五大臣之案，刺載洵之案，刺攝政王之案，刺孚琦之案，或係黨員中重要分子所爲，或並非重要分子，僅聽過先生一次演說或談話，激於義憤，都能憤不顧身，敢作敢爲，要之中心指導人物，只有先生一人。革命潮流後一浪，壓着前一浪，洶湧而來，辛亥年（即宣統三年）湖北武漢的革命團體，即日知會與日知會產生之文學社和陸軍同胞社（這社是某年秋操時在安徽一山上秘密成立）和共進會與共進會所隸屬之大刀會洪江會都想乘鄂軍開到四川，武漢空虛的時候起義，其最先本決定八月十五日，後改爲八月十九日，這夜六七点鐘底光景，武昌全城槍聲大作，一百幾十個同志，都是窮苦沒飯吃，在碼頭上當苦力的，持着短槍攻總督衙門。衙門內用機關槍對抗，打到夜晚一点鐘前後，城內外如像工程砲馬等營都響應了革命軍，總督瑞澂，統制張標逃走，十五協協統黎元洪藏在床下被兵士們拖出強迫立爲都督，革命一夜幹成了功。先生在美國華典城接了電報，喜得什麼似底，赶快回國，民國元年元日被各省革命軍代表舉爲中華民國第一任臨時大總統，在普通人都以爲推倒滿清革命事業就算終了，在先生只把這看做革命事業一段落的經過，就赶緊由同盟會發起，合併五個小政黨爲一大政黨名子叫作國民黨。安排用黨底勢力限制袁世凱底權力。

辛亥革命只算曇花一現就完了事，政權落在官僚袁世凱們手中，從前底官僚保皇黨都集合到袁世凱旗幟底下，對於革命黨下總攻擊，袁氏乃得任意作出推倒民國底動作，其實袁氏當時也還是處於被動地位，操縱袁氏命他推倒民國底背後勢力，還是帝國主義底列強。我們看袁氏爲什麼要暗殺宋教仁？就是因爲宋教仁主張責任內閣制度，他統帥有參衆兩院內國民黨底多數議員，他要是作了總理，政權便完全落在國民黨手中，袁氏便不能賣國，帝國主義者便不能侵略中國，帝國主義者到了沒辦法底時候，只得命令袁氏施行卑劣手段，袁氏打敗了會黨後爲什麼要解散國會和國民黨呢？就是因爲國會中國民黨議員

要想得到自由須先得到權力！

一九二五年三月二十五日　　工人之路　　第八十五期（三）

反對五國大借款　五國大借款是什麼？就是五國銀行團侵略中國的財政投資。袁氏借得這款，就可借帝國主義底勢力宰制中華全民族。國民黨反對五國大借款，就是擁護中華全民底利益反對帝國主義。討袁軍失敗後，先生亡命日本，組織中華革命黨，往年底老同志除和先生多年共生死患難底人以外，很少來入黨底。民國四年袁氏底顧問美國帝國主義者底偵探古德諾博士和日本帝國主義者底偵探有賀長雄博士都勸袁氏作皇帝，袁氏就於民國五年作了皇帝。這時候中國人民才思想到先生底好處，才肯再擁護先生底主義打倒洪憲皇帝

袁氏死後，袁氏底餘黨如段祺瑞馮國璋都各據一方，任意摧殘中華民國底法律，被袁氏摧殘底中華民國底法律，竟不能恢復，先生雖是統帥西南將士作了好幾年底護法戰爭，仍是沒有辦法。民國十二年先生冒險隻身到廣州，鼓動雲南軍赶走陳炯明，宣言繼續革命，取消護法口號。十　年改組國民黨，把黨底勢力建築到中國民衆上面。把革命政府底勢力建築在黨底上面。並且明目張胆底反對一切侵略中國底帝國主義者　十三年十一月，終久打倒了曹吳。唉！不幸底中國，政權偏又落到軍閥段祺瑞張作霖們手裡了。先生看透了專用武力革命不行只有民衆勢力可以澈底打倒軍閥，就赶快奔到北京預備召集國民會議。不料積勞致疾，病死北京，嗚呼痛哉，中華全民族失了最慈愛底父母和導師，該是怎樣困苦呵！

我們看見先生最近一年間對於蘇聯表示十二分好感情，處處遵從第三國際把西方被壓迫階級和東方被壓迫民族聯合一氣的政策。臨死底遺言還要國民黨員領導中國民衆和蘇聯無產階級底國家發生永遠互助關係　這就是指示我們說：全世界底帝國主義者都是壓迫中華民族的，只有蘇聯和全世界無產階級可以幫助我們　世界帝國主義者和軍閥聽說是孫中山先生死了自然是心滿意足，然而我們看，

孫中山先生死了
孫中山先山底理想是永遠底在中國民衆生活裏面活着。

孫中山先生底理想萬歲！
中國國民革命萬歲！

革命還未成功，同志仍須努力！

對中山先生吊詞

高麗共產黨李東輝同志

中國的同志們！歲月如流、人生似夢。我五六年前亡命中國在廣東上海、和先生交往、先生丰彩毅然、精神强健、誰料到今年三月十二日就和我們永別了。想當初我爲高麗革命問題、和先生討論過幾次、先生披露肝膽說明高麗革命方略、說得異常的澈底。教我到如今還深印在腦筋裏面。我正極力圖謀照先生指示的方略、往前進行，忽然失了這偉大的指導人物，以後先生再不能給我們高麗指示革命的方略了。這是何等的痛苦、何等的悲哀的事情呵！我今天追悼先生、不但是痛哭先生與我的私交、更要痛哭高麗革命的不幸、同時要痛哭中國革命的不幸和世界革命的不幸呵！

（一）高麗是被日本帝國主義者併吞了的國家、高麗要想革命成功、非得無產階級的祖國蘇維埃俄羅斯、和東方被壓迫的中國的幫助做成聯合戰線、不能打倒帝國主義的日本。孫中山先生是代表中國被壓迫的民衆起來革命的人、狠能夠拿出全副精神來幫助高麗的革命。現在高麗革命也沒得他幫助成功、先生一日逝去、這就是高麗革命的不幸。

（二）中國是國際帝國主義統治底下的半殖民地、帝國主義者利用軍閥搶掠和蹂躪中國人民。洋資本家如同餓鬼、見了中國好像見了頂好食物似的、都拚命的擠在一塊兒、互相爭奪、大有不吃盡中國不肯停止之勢。在這種狀況之下正待中山先生驅逐一切帝國主義者、推翻一切軍閥、建設勞農專政的新中國、救中國人民得享自由平等的幸福。而先生事未成功身先死、這就是中國革命的不幸

（三）中國革命是世界革命工作的一部分、失掉了中國革命的領袖、就是失掉了世界革命的一個先鋒、所以先生之死又是世界革命的不幸。

同志們！不要灰心、中山先生雖已死了、而承受中山先生事業的許多孫中山—中國國民黨左派共產黨—決不死、還要更加努力向前進行、何怕革命的不能成功。我相信中國的同胞、在中山先生死去以後、同心協力的、人人都要舉着大刀闊斧、齊上革命戰線、把一切的人生的障碍物、尤其是先生最切齒痛恨的—帝國主義軍閥等等—當斬的就斬、當斫的就斫、使他們永不復生、然後把飽受痛苦的人民、從水火之中救濟出來、以遂中山先生的夙願。這是我追悼中山先生時候、對於中國同志所抱希望。我們要高呼：

中國國民革命萬歲！

中韓被壓迫的民族親密的團結起來完成東洋革命再進一步完成世界革命萬歲！

孫中山爲中國國民從帝國主義的壓迫下解放而奮鬥、中國工人應當繼續孫中山先生的事業、一直做到工人階級完全解放、中國工人和蘇聯的工人一樣脫離資本制度的時候！

不勞動者不得食！

追悼

▲孫中山先生追悼大會的記事

二十二日下午二時、海參崴的中國僑民、在松竹舞臺開中國國民革命領袖孫中山先生追悼大會。會場大門上懸掛着黑布白字的孫中山先生追悼大會的大旗、講壇上高供着中山先生的肖像、四圍黏貼了許多「我們應當繼續中山先生的事業—打倒帝國主義、推翻軍閥！」等等口號、散發了二千多張的宣言書、鼓勵革命精神。在場追悼者約有一萬五千多人、其中工人佔全數十分之八、商人佔十分之二。全場人民都拿出十二分的悲哀沈痛的心思來追悼先生、更加以許多慷慨激昂的演說辭的勉勵、群衆大有卽刻跟從先生的主義前進之勢。開會時首由何同志主席、作開會辭如下：

同胞們！我們中國的人民在最近八十年以來、外面：受着帝國主義者—英美法日等十四國的侵略和壓迫、常常有瓜分共管的危險、內面：始則受滿清的各種專制和虐待、繼則受袁世凱們和各齊國軍閥的摧殘、我們的國民、差不多日日在困苦艱難之中、無有寧日。我們中國國民革命最偉大的領袖中山先生、知道在這種狀況之下、非打倒帝國主義及推翻軍閥、創立一個獨立的民生主義的中華民國不足以救中國國民于水深火熱之中。所以他四十年以來無時無地不從事于這種革命運動。推倒滿清皇室、就是他的功勞、可惜滿清倒了以後、政權仍落在袁世凱等反動派之手、先生仍毫不灰心、繼續革命、要達到最初的目的、我們被壓迫

（四） 一九二五年三月二十五日 工人之路 第八十五期

誰不識字就是瞎子！

的國民正希望他存在着以作我們國民的革命指導，不料于三月十二日遺偉大的革命首領竟與世長辭了，這的確是我們被壓迫民族的最大不幸。（請大家起立對中山先生致敬）（同時奏樂）（宣佈開會）

現把各機關代表演說辭和電稿議決案寫在下面：

沿海省執行委員會代表演說辭

俄國的無產革命，受了列寧同志的指揮，已經成功。中山先生是爲中國被壓迫的民族，同列寧一樣的革命 可惜事業也不成功，一旦逝去，實在是可痛可悲呵！雖然革命並非是一天能得成功的東西，必定經過狠長的路程才能達到成功。中山先生做了四十年的革命事業，已經把應走的道路，走的狠長了。所以中山先生死去以後。只要你們中國的國民，能夠繼續中山先生的事業，努力去奮鬭，就不難同俄國一樣的革命成功了。 所以我追悼中山先生的意思，就是：

中國國民繼續中山先生革命事業努力奮鬭。中國國民革命萬歲！

沿海省職工蘇維埃代表演說辭

係中山先生對外則爲廢除帝國主義者強盜國對於中國所定的一切不平等條約：如像領事裁判權，海關佔領，鹽稅抵押，土地租借割讓等等條約而奮鬭。對內則爲打倒剝削和壓迫工農階級的—軍閥財閥政客官僚而奮鬭。 這樣不屈不撓不休不息的奮鬭了四十年，正渴望中山先生從苦海裏救出中國國民， 那曉先生竟爾死去，中國國民何等的悲痛，勞農專政的蘇維埃俄國人民當然要同情中國國民不勝的悲痛呵！可是我們要明白的，儘管悲痛是沒有意思的，還是要打起精神，體貼中山先生向來的主張，承受中山先生未完的事業，往前做去直成功拉倒，這是職工蘇維埃追悼中山先生的時侯對中國國民的希望。

少年共產黨執行委員會代表演說辭

中國的同志們！中山先生是甚麼人物？是帝國主義的仇敵，同時也就是被壓迫民族的救星。先生早已看透了帝國主義者的侵畧中國的陰謀，聯合無產階級蘇聯國家，要打破一切帝國主義者及其走狗軍閥，建設中國和蘇聯一樣。並且再進一步要完成世界革命，不料事業沒作得成功，已經死去了，中國的同志們！中山先生死去以後，你們還是願當奴隸牛馬呢？還是要當主人翁呢？ 願當奴隸牛馬就罷了，不然趕快的要想法遵照先生的遺言，把國民黨的勢力建設在民衆上面，要和蘇聯親密的聯合，繼續先生未完的事業 我們要高呼：

中國國民黨和蘇聯親密團結萬歲！

追悼大會議決案

中國現在的狀况，在實際上，已經完全是在外國帝國主義者的支配和壓迫之下了！

外國帝國主義者在中國自由設立工廠、數千百萬的中國工人，都盡量的受他們的剝削和虐待。商業發達的都市，差不多都有外國人的租界。 這種租界地完全使用他們的法律—所謂治外法權。而且，外國在中國任何地方，都受所謂領事裁判權之保護，而橫行覇道，目中絕無中國人！如在上海外國花園的門口，掛着一塊「狗與華人不許入內」的招牌，這就是一個狠明顯的証據。

關稅爲國家收入之大宗，且在發達自己之實業上，也有極重要的意義。則完全在外國人的手裏。 一方面在國家的收入上，固受絕大的損失—而他方面外人利用進口稅的低廉，盡量輸入外貨，使中國成爲他們唯一的商場，以吸收盡中國人民的血汗。

不但如此，外國帝國主義者爲了培植自己在中國的利益起見，更各自勾結軍閥，供之以借款及軍火，使互相戰爭，而坐收漁人之利。 年來中國內亂之糾纏不已，都是外國帝國主義者所造成的。

在這樣狀况的下面，中國國民革命領袖孫中山先生曾指導中國一切被壓迫的國民努力與帝國主義者和軍閥奮鬭。中山先生這種奮鬭，迄今已有四十年了，雖然他的目的，尚未達到，可是他的事業、已深印入一般人民的腦海之中了—正望中山先生繼續指導中國的革命，以救人民于水深火熱之中，不幸先生竟于三月十二日與世長辭了，

中山先生的逝世，正是我們中國工人農人的大不幸，我們中國國民，以後應當格外努力，照下列的方法去做：

（一）當繼續和帝國主義者奮鬭，廢除一切不平等的條約，收回關稅，及一切租界地，全中國的一切事情應該完全由我們中國人民自主。

（二）當繼續和軍閥奮鬭，推倒一切督軍，督辦，巡閱使，等等，因爲他們實際上是帝國主義者的走狗，賣國殃民的奸徒，並且應當把中國的募兵制，改爲徵兵制，現有的兵漸化爲工的必要，因爲不是如此，不能制止中國的內亂。

（三）應當努力謀中國統一，且當造成中國爲獨立的民主主義的共和國，同時我們中國的無產階級萬不能忘却自己的利益，就是 甲，當從事于農民的組織，要求規定最高限度的地租，且當在工人政黨指揮以下使農民武裝起來以保護農民的利益。（乙）工人亦當狠親密的團結起來爲要廢除包工制，工廠衛生，以及最低勞金之規定等等而奮鬭。

在沿海省的中國工人必須用各種方法參加中國國民的解放運動，因此自當把蘇聯十月革命的偉大經驗—列寧主義，詳細研究一番，然後介紹給中國內地的勞苦同胞，因爲這真是紀念中山先生的最好良法。

慶祝中國解放萬歲！

推翻帝國主義，打倒軍閥，全中國的工農，在中國共產黨旗幟以下聯合萬歲！

世界社會革命萬歲！

上海民國日報轉中國國民黨中央執行委員會：

我們得着中國國民革命首領孫中山同志逝世的消息，使我們感覺着十二分的悲痛。在這樣混亂的中國，我們正在希望中山同志能永久存在，指導被壓迫的群衆做打倒帝國主義推翻軍閥以求解放的工作，不料中山同志竟拋了我們而長逝了，這是多麼不幸的事情呵！ 可是中山同志雖然已經辭世，而中山同志的革命精神和他告訴我們如何才能從困苦艱難之中解放出來的方法，—打倒帝國主義，打倒軍閥—仍舊永遠藏我們的心坎裏。尤其是中山同志留給國民黨的遺言：「我做了四十幾年的革命工作，到現在還沒有成功，而我現在已經沒有希望了，祗望你們繼續我的主張和精神，努力奮鬭」。和他給蘇聯的書信：「我現在已經沒有希望了。你們（蘇聯）是被壓迫民族的救星，我希望你們以後要幫助國民黨，同國民黨作親密的聯絡，以圖中國的一切被壓迫群衆之解放」更是使我們永遠不能忘記的。 我們希望貴委員會以後更要遵依中山同志的精神和遺訓，不安協的更努力的去奮鬭。 我們誓死爲貴委員會的後盾 孫中山革命萬歲！ 中國被壓迫羣衆解放萬歲！ 打倒帝國！ 打倒軍閥！

海參崴華僑公白

1905 年的革命给我们的教训，1925 年 12 月 20 日，雨红

一九二五年十二月二十日　工人之路　第一百二十二期

РАБОЧИЙ ПУТЬ

工人之路

Орган Дальбюро ВЦСПС.

Отв. редактор Чжан-тин-юй

Адрес редакции: г. Владивосток, уг. Пекинск. и Корейской, Клуб Китрабочих „1 мая"
Телеф. № 6-35.

20 декабря 1925 г.

№ 122

全俄中央職工蘇維埃遠東部出版

每逢星期三出版
報價：零買每期金洋七分　定閱本埠每月二毛五分　外埠每月三毛
編輯處：北京街和高麗街拐角中國工人五一俱樂部樓上

電話六百三十五號

廣告刊例：每期每字按照三分金洋計算　長期另議

全世界無產階級聯合起來呵

全世界被壓迫的民族聯合起來呵

本期摘錄

一九〇五年的革命給我們的教訓
十二月革命略史
一九〇五年的革命成績
一九〇五年的革命與中國國民革命
紀念一九〇五年爭自由的運動

一九〇五年革命二十週紀念號

◉一九〇五年的革命給我們的教訓

（雨紅）

列寧說：『我們應該在每一次的失敗中，追求失敗的原因，作為將來的教訓』、這個話、不但指出在鬥爭過程中的及時工作、而且指出了獲得最後勝利的道路。

所以我們紀念一九〇五年的革命、就不只是追悼當時革命者的犧牲、而最重要的還是接受當時革命留給我們的教訓。他究竟給了我們一些什麼教訓呢？第一就是狠明顯的表示出產業落後國家的資產階級之反動和妥協：一九〇五年的革命、自然是各階級合作的革命、在二十世紀的開始、俄國的資本主義、已畸形的走上了帝國主義的階段、資產階級狠希望獲得政權、到了俄皇在遠東失敗的時候、他遂乘機利用工農勢力、公開的參加反對俄皇政府的運動、此時工農雖已有他獨立的偉大勢力、但在推翻俄皇政府的共同目標下、亦不妨與資產階級作一度的結合。所以在革命開始後、工農並沒有反對資產階級的參加。可是到了工農的革命力量逐漸表示出來、俄皇對於這種勢力不得不取相當讓步的時侯、資產階級對於工人的革命勢力就不得不同樣的發生恐懼、而對於俄皇的退讓、就不得不認為滿足而與之妥協、於是資產階級就漸次的退出革命戰線、與俄皇聯成一片、向工農作最嚴厲的攻擊。當時少數派還肯定的說：『一九〇五年的革命、是資產階級的革命、資產階級是革命的主力軍、無產階級只應幫助他隨着他的後面走』、這種錯誤的理論、不但蒙蔽了資產階級的妥協和反動、而且引導了革命的工農走向反革命的道路。這種錯誤、是產業落後國家的工人階級應該明白、而深切的認清資產階級反動的可能性。第二就是告訴我們在農民佔大多數的國家、工農若沒有狠堅固的聯合、無產階級的革命是不會成功的、在一九〇五年的革命當中、農民為取得土地而欲推翻俄皇政府的革命性、實不減於工人。但是因為他們的經濟條件、使他們沒有組織之可能、使他們行動如潮水般的起落、對於革命不發生多大的作用。如果當時的工人階級、認清了農民的革命作用、設法避免其缺点、而組織之、指導之、則革命將具有不可侮之勢力、而命革結果、必不至一無所得。可是當時的少數派、不僅沒有看見農民的革命勢力、並且還不知道俄國的農民也要求革命、所以他們時常拿着歐洲的農民來比例俄國的農民、認他們是一樣的東西、托羅斯基的『不斷革命』的理論、也就是在這種空洞的思想潮流中形成的。而一九〇五年的革命、遂因此失掉了一部分偉大的農民勢力、以至於失敗。這是所有農民佔大多數的國家中的工人階級、應該引為先鑒而努力去聯合農民的一個教訓。第三就是告訴我們、在革命當中、若沒有集中的組織和適當的策略、必不能應付變動的革命環境而渙散的革命勢力就狠容易被敵人撲滅：在一九〇五年的革命中、各地工人蘇維埃多至數百、而農民委員會亦遍地皆是、但他們都沒有一定的關係、常常此起彼落、使俄皇政府得從容的次第消滅之）而各個蘇維埃的指導者、一方面因黨派不同、意見不能一致、一方面又因沒有聯絡、不一致的意見、無從交換、結果、有主張妥協的、有主張武裝暴動的、有已經武裝暴動的、有徘徊觀望的、甚至於為俄皇利用的、莫斯科工人蘇維埃十二月十七之最後失敗、卽是因為不僅沒有得到別處的援助、而且俄皇政府的援兵、反因鐵路工人的尚未罷工而趕到、於是使一九〇五年的革命完全銷滅。這是任何時任何地的革命者都應當注意的一個教訓、其餘關於軍事運動、攻守的技術、宣傳和組織的方法等等、只要我們肯詳細的將一九〇五年的革命經過研究一次、都可以得着狠寶貴的教訓、這就是我們紀念一九〇五年革命的真正意義、尤其是將要爆發的中國國民革命中的群衆應該特別接受一九〇五年給我們的教訓以完成中國的國民革命！

一九〇五年十二月的革命失敗、就深深埋下了十月革命成功的根、今年五卅以後的中國、正是一九〇五年俄國的形式、况且中國今年在世界統一的革命戰線援助底下、更可提前成功中國的十月。

“二七”三周年纪念世界之形势，1926年2月7日，雨红

一九二六年二月七日　工人之路　第一百二十七期

РАБОЧИЙ ПУТЬ

工人之路

Орган Дальбюро ВЦСПС.

Отв. редактор Чжан-тин-юй

Адрес редакции: г. Владивосток, уг. Пекинск. и Корейской, Клуб Китрабочих „I мая“

Телеф. № 6-35.

7 февраля 1926 г.

№ 127

全俄中央職工蘇維埃遠東部出版

每逢星期三出版　報價：零賣每期金洋七分定閱本埠每月二毛五分外埠每月三毛

編輯處：北京街和高麗街拐角中國工人五一俱樂部樓上

電話六百三十五號

本期摘錄

全世界無產階級聯合起來呵

二七三週年紀念號

◉「二七」三週年紀念世界之形勢

（雨紅）

「二七」是世界革命運動在東方特起的一個狂瀾、他沸騰了幾萬萬沈睡工農的熱血、引導他們走上了世界革命戰線。這個戰線、一年一年的擴大緊張、到現在更形迫切了！

敵人（帝國主義）方面、從屠殺摩洛哥、屠殺中國、屠殺敘利亞、直到洛迦諾會議、更形成企圖屠殺全世界無產階級大本營—蘇聯—之新的聯合！自然我們知道在現在或永久沒有那一個資本主義的國家能夠調動廣大的軍隊進攻蘇聯、而自己不受巨大的損失和危殆、但同時我們亦應知道他們已經明白蘇聯的强健、即是帝國主義的死亡、他們必定千方百計彌補他們必不可免的衝突、以圖破壞無產階級的營壘。如最近國際聯盟預備在日內瓦召集的「裁兵籌備會」、邀蘇聯參加、同時就請蘇聯加入國際聯盟、即是預備進攻蘇聯的一種陰謀。如果蘇聯加入了、自然就是屈服於英帝國主義之下受他的支配、如果蘇聯拒絕加入、那就是紅色帝國主義要破壞國際的和平了。帝國主義者就好籍此完成他們第一步的工作、造成進攻蘇聯的輿論、準備第二步的工作、製造進攻蘇聯的武裝、像這樣進攻世界革命的陰謀、自然在實際上絕沒有成功之可能、但我們却不能不加以注意。

我們（世界無產階級與弱小民族）呢？自從帝國主義盡所有力量從事於創立白色的聯合戰線以後、世界革命的工人就迅速的團結自己的隊伍、創立世界革命的紅色聯合戰線以自衛。自從英國的工團與俄國工會携手以後、黃色職工國際與紅色職工國際之聯合、遂日趨接近。同時摩洛哥的革命戰爭、中國的反帝國主義運動、敘利亞的暴動、已將殖民地及半殖民地的革命潮流重新湧起、而且在實際上已與世界無產階級的革命運動聯成一線。

到現在我們的戰線已擴大了、已漸次堅固了、已將達到完全統一的時候了、但爭鬬的形勢却更嚴厲了！除帝國主義者直接積極向我們進攻外、他們所製造的第二次世界大戰、又將要在最近的將來變成事實。我們現在唯一的責任、就是要准備一方面消滅這個未來的戰爭、一方面實現世界革命！

◉今年「二七」之中國革命運動

（家熙）

列寧說：『失敗的時候不要灰心、不要喪氣、應當保持着勇氣和忍耐直到革命勝利』、『要在敵人仇恨中、用盡我們的力量我們的精神去奮鬬、當敵人恨我們時候、正是我們走上了道路』、這句話的意思、就是說一個革命黨人須在每次鬬爭失敗中去尋求革命經驗來指導革命、不可作無謂的悲傷或痛惜、失掉勇氣、失掉勇氣就是失敗的先兆、因此我們對於中國勞動界破天荒的第一次大流血的『二七』三週年也就用不着那種陳套、只問此次流血是否促進了革命、喚醒了迷夢的群衆？今年『二七』中的革命運動到了什麼境地？

一九二三年『二七』的屠殺、一方面表現中國勞動界的偉大勢力和反抗性、同時軍閥的陰謀假面從此揭穿、令一般不明軍閥和帝國主義罪惡的人民得到一個深刻的教訓、不致認賊做父、我們雖不敢說『二七』後的革命運動完全由他引起、然而可以說五卅事件和國民革命的發展受他推動不小、不過當時環境與主觀條件和現在不同罷了、當時鬬爭的形勢雖是一裡求自由、反帝國主義反軍閥的鬬爭、可是此種口號尚未普及群衆、因之了解此種意義的狠少、至於援助方法更談不到、現在我們知道所謂反帝國主義反軍閥、大資產階級的反革命等標語不僅深入了民衆的腦海成了家常便飯、而且已把他運用到實際上去了、表示得最明顯的、如去年五卅事件發生不到三日、在國內則有各地罷工、各界熱烈的援助、害怕革命的資產階級也有特表出其投機性、在國外凡是有工人的地方都有成千成萬的示威遊行、即建設在殖民地剝削之上的第二國際先生們、也首先打了幾個不痛不癢的通電來反對他的主義。此次反奉運動、只要不是神精病或甘爲奉張奴隸者、均已聯合在一個戰線上努力進攻、固然這種表現是奉張的橫暴所遺、另一方面就是民衆的覺悟已到相當程度、認識了他們真正敵人。

由上看來我們對於今年『二七』之革命運動的形勢可得以下兩点：第一、現在的中國革命運動是反對國際帝國主義和軍閥政治的運動、是世界革命的一部分、並已得着世界無產階級同被壓迫民族的同情和援助。帝國主義和軍閥的後盾竟成了致他死命的有力武器、而不是如過

全世界被壓迫的民族聯合起來呵！

五卅周年纪念号（1928 年），1926 年 5 月 30 日，念祖、雨红

第一百四十二期　　工人之路　　一九二六年五月三十日

РАБОЧИЙ ПУТЬ

工人之路

Орган Дальне-Восточного краевого совета профсоюзов.

Отв. редактор Чжан-тин-юй

Адрес редакции: г. Владивосток, уг. Пекинск. и Корейской, Клуб Китрабочих „I мая“ Телеф. № 6-35.

30 мая 1926 г.

№ 142

遠東邊疆職工蘇維埃出版

每逢星期三出版　報價：零賣每期金洋七分　定閱本埠每月二毛五分　外埠每月三毛

編輯處：北京街和高麗街拐角中國工人五一俱樂部樓上

電話六百三十五號

廣告刊例：每期每字按照三分金洋計算　長期月議

本期目錄

驅逐列強在華的陸海軍！

「五卅」週年紀念號

◉「五卅」的歷史來源

（念祖）

無論那一種群衆運動、必有其所以發生的原因、決不是絕無意識或只憑少數人的一時煽動所能偶然發生的、換句話說、群衆運動必先包含有群衆的物質要求、這種要求最先只有局部的群衆能感覺、殆到各部分都感覺這要求、同時這要求又達到最高度、而沒有一種解決的方法的時候、於是這要求便由抽象的意識變爲群衆的行爲、即蛻化而爲一種具體的群衆運動、上海「五卅」運動的發生、其原因即是如此。當「五卅」事件初起時、帝國主義者在中國的宣傳機關即指明這次事變是俄國過激黨煽動起來的、中國民衆是站在被動地位、這種反動的宣傳、只能騙得中國極小部分很幼稚而糊塗的群衆、至於大多數被壓迫的社會成分特別是最先感覺這種壓迫和要求解除這種壓迫的工人學生群衆、則已很清楚的認識了這次事件是中國民衆自動自覺的結成聯合戰線向帝國主義反攻的一種群衆運動、這種運動有他很深的物質根源和很顯明的群衆意識、絕不是偶然發生、亦絕不是少數人的力量所能煽動得起的、然則什麼是五卅事變的歷史原因呢？即是：

一、中國陷於帝國主義的半殖民地地位已近百年、在這百年中中國國民經濟完全破壞、人民生活逐漸走近恐慌、中國民衆爲挽救這種恐慌計、久已有聯合各階級推倒帝國主義者經濟的統治的決心、這種決心即是帝國主義者自身在數十年前撒播「五卅」運動的種子。

二、歐戰後帝國主義者在經濟上發生很大的危機、這危機使世界資本主義起了很大的動搖、帝國主義者爲援救這種動搖、只有增加本國無產階級和殖民地的剝削、中國是帝國主義者最大的殖民地、戰後受帝國主義者的剝削、亦更厲害、中國民衆在這種極高度的剝削中、故戰後幾年來幾無時無刻不要求推倒帝國主義、這種要求的具體表現、即是上海的「五卅」事變。

三、歐戰中中國工業有了相當的發展、因此產生了中國的無產階級、這個階級一生來就帶有一個特殊使命、即是指揮全中國民衆積極參加民族自由運動。這個新勢力在中國最近幾年的民族運動史上有很大的奮鬥成績、同時也就是爆發「五卅」事變的一種最主要的勢力。

四、年來中國共產黨國民黨已深入群衆、提高了群衆的政治意識和政治要求、這種群衆的意識和要求、特別是在曹吳失敗中國共產黨國民黨號召國民會議時表現得最顯明最激烈、這種趨勢亦是發生「五卅」最重要的根源

以上四種是「五卅」事變的客觀的原因和主觀的事實、是形成「五卅」事變的根本條件、我們研究「五卅」事變就應當把這些根本條件分析得十分清楚、然後我們的結論才不致於錯誤、我們的政治觀念才不致於模糊、我們對於中國民族運動才有正確的認識。

全世界被壓迫民族聯合起來！

◉「五卅」事變與世界革命

（雨紅）

在帝國主義者歌頌資本主義穩定的時候、就好像世界革命宣布了無期延長一樣、其實一点也靠不住！所謂資本主義暫時穩定的意義、除了帝國主義者間的勉强妥協及努力向無產階級和被壓迫民族進攻以外、什麼都沒有。『五卅』事變的構成、就是這個意義的實現、就是日本帝國主義者在世界紗業恐慌的時期、要在比較落後的中國工人身上來實行他減少生產成本的計劃、於是日商紗廠就不惜在上海槍殺顧正紅、在青島槍殺罷工工人、而英美法意等爲要步武日本的計劃、就不得不與日本取一致的行動、槍殺援助死傷工人的工人學生市民。然而這樣的結果、是不是能如帝國主義者所想像的、維持他們所歌頌的穩定、消滅他們所恐慌的世界革命呢？我們只看『五卅』後的事實就可知道：

第一由上海的罷工罷課罷市而惹起天津南京九江漢口長沙重慶廣州等處的民衆因援助『五卅』運動而被屠殺、由各地不斷的屠殺而激起各城市各鄉村以至於全中國人民的憤怒、使他們不僅認識了什麼是帝國主義、而且狠清楚的明白了爲什麼要打倒帝國主義。在世界革命的潮流中、突然增加了四萬萬欲打倒帝國主義的羣衆。世界革命反會因此而消滅麼？

第二在『五卅』當中、上海廿餘萬工人罷工至五月之久、香港廿餘萬工人的罷工至今仍未結束、報載英商因罷工所受的損失、每月當在二千萬以上、而各地排貨給予的損失、更不知若干、而且這種排貨運動、大有與國民革命相終始之勢。如此、帝國主義者不僅不能在中國增加新的利潤、連原有的經濟地位、已根本發生動搖。所謂資本主義的穩定還能繼續嗎？世界革命不因此而爆發愈快嗎？

第三自『五卅』後、中國的革命民衆、尤其是工農、不僅在組織上格外擴大集中嚴密、因爲他們在爭鬭中得了許多經驗、他們的戰略更格外周詳、步伐更格外齊整、簡直形成了帝國主義者在遠東的死敵。這當然是世界革命勢力增加的一個証據。

第四在『五卅』運動過程中、中國的革命民衆已實際與世界無產階級及被壓迫的民族聯成一片、在遠東築成一條紅色的戰線以抵抗帝國主義者在遠東的白色聯盟。這自然是使帝國主義者日夕不安而忽有一破裂之的事體、然而在事實上却只能暴露帝國主義者的衝突、增進無產階級與被壓迫民族的親密關係。請不是証明世界革命勢力之結合麼？

快把莫斯科精神向落後的東方移殖！

列宁逝世三周年纪念苏联经济建设，1927 年 1 月 21 日，练森

一九二七年一月二十一日　工人之路　第一百七十三期

РАБОЧИЙ ПУТЬ

工人之路

Орган Дальне-Восточного краевого совета профсоюзов.

Отв. редактор Чжан-тин-юй

Адрес редакции: г. Владивосток, уг. Пекинск. и Корейской, Клуб Китрабочих „I мая“ Телеф. № 6-35.

21 Января 1927 г.

№ 173

遠東邊疆職工蘇維埃出版

每逢星期三出版　報價：零賣每期金洋七分定閱本埠每月二毛五分外埠每月三毛

編輯處：北京街和高麗街拐角中國工人五一俱樂部樓上

電話六百三十五號

廣告刊例：每期每字按照三分金洋計算長期月議

鞏固蘇聯的建設就是實行世界革命！

◉列寧逝世三週年紀念的蘇聯經濟建設

（𧸘森）

當列寧逝世的時候、世界的資產階級莫不羣起歡呼狂叫以爲蘇聯的命運將隨着列寧之死而宣告終結了。乃列寧去世以後、『列寧主義』更加光大發揮、這主義到現在竟透過了每個工農的腦海、代替了列寧指揮工農的鬬爭工作—如列寧生平—。三年以來蘇聯受列寧主義的引導、在國家建設方面表現了狠偉大的成績、特別是三年來蘇聯的經濟建設、更表現了蘇維埃社會主義的勝利、現特別將蘇聯三年來經濟建設情形簡單的說明于後：

（一）農村經濟方面：一九二四年到一九二五年生產品的數量已抵戰前百分之七十一、一九二五年到一九二六年則增至戰前百分之八十一、至一九二六年到一九二七年則竟達到戰前百分之九十以上。

（二）工業經濟方面：一九二四年到一九二五年生產的額數已抵戰前百分之七十一、一九二五年到一九二六年則增至百分之九十一、一九二六年到一九二七年則竟超過戰前百分之十九。

（三）電氣化方面：國家電氣計劃工程局、最近預定十年至十五年以內、設立三十處大電站其範圍爲一千五白海哩、共值爲八百億元、在去年有幾個電站已開始建築、今年將有七個狠廣大的電站預備開工、至關於農村電氣化方面、則在一九一九年一月有一三八個農村電站、到一九二六年一月則增至四倍之多、卽五百七十個、我們預計十年或十五年之內、蘇聯一定可以達到電氣化的目的。

以上說的都係列寧死後三年蘇聯經濟的發展情形、這種經濟的發展的迅速引起了敵人—世界資產階級—的恐慌、把他們的態度由希望蘇聯因列寧之死而失敗而消滅的歡呼鼓舞情形、一變而爲極端恐怖的憂慮狀態、甚至從四面八方聯合陰謀向蘇聯作第二次的進攻、（如羅加洛會議）但是帝國主義的命運已經到了盡頭、蘇聯的偉大的社會主義的前程已表現有極大的希望、這種希望已經透過了世界無產階級的心靈、特別是在列寧逝世三週年紀念的今天、從蘇聯過去三年經濟建設的情形看來、我們都相信蘇聯正在開大步往社會主義的途程前進、這便是列寧主義的引導工作永遠在人類社會活動！

◉列寧逝世三週年與中國民族解放的革命

（丁山）

全世界工農階級和一切被壓迫民族的革命導師列寧已逝世三年了。在這三年中、全世界的工農和一切被壓迫民族莫不更努力的遵從列寧的遺訓—列寧主義—向國際資本帝國主義進行猛烈的爭鬥而日漸勝利。譬如：實際上完全施行列寧主義的蘇聯之日益鞏固、歐美各國的無產階級先鋒隊—共產黨之日益壯大以及近東遠東的民族解放革命運動之普遍和突飛猛進、已經使國際資本帝國主義者『寢不安席、食不甘味』了。這些事實、恰好是表明『列寧不死』！

在全世界的列寧主義向國際資本帝國主義的猛攻過程中、尤其是中國民族解放的革命更值得我們注意。因爲中國是全世界各資本帝國主義交相侵略和壓迫的半殖民地、中國民族解放的革命一日成了功、就可以加速全部國際資本帝國主義的崩壞。

但是、中國民族解放的革命要怎樣才能成功呢？列寧在一九一三年五月十八日的眞理報(Правда)上已經說過：『……亞洲幾萬萬的勞動者也有可靠的幫手、這就是一切文明國家的無產階級。世界上沒有一種力量能抑止他的勝利、這勝利將把歐洲和亞洲的人民都解放出來。換言之、就是：「要與世界的無產階級相聯合」。領導中國民族解放革命運動的領袖孫中山、他也是了解這種策略的一人、在他臨死時（一九二五年三月）給蘇聯的信上說道：『……我遺下的是國民黨、我希望國民黨在完全其由帝國主義制度解放中國及其他被侵畧國之歷史的工作中與你們（蘇聯）合力共作。』

在事實上、中國民族解放的革命運動之所以能在最近的時期內有如此的進展—北伐實現後到現在、全中國已有十一省是在民族革命的國民政府指揮之下、完全是引用列寧對於民族解放的革命理論和策略。更由此可以証明中國的工農及一切被壓迫的民衆、只有遵行列寧的遺訓—列寧主義、才能得到完全的解放。我們在今天應該高呼：

列寧主義萬歲！

全世界的工農階級和一切被壓迫的民族解放萬歲！

快把莫斯科精神向落後的東方移殖！

在苏联的中国工人应该怎样纪念第四周年的“二七”，1927 年 2 月 7 日，丁山

一九二七年二月七日　　工人之路　　第一百七十五期

РАБОЧИЙ ПУТЬ

工人之路

Орган Дальне-Восточного-краевого совета профсоюзов.

Отв. редактор Чжан-тин-юй

Адрес редакции: г. Владивосток, уг. Пекинск. и Корейской, Клуб Китрабочих „I мая“ Телеф. № 6-35.

7 Февраля 1927 г.

№ 175

遠東邊疆職工蘇維埃出版

每逢星期三出版　報價：零賣每期金洋七分定閱本埠每月二毛五分外埠每月三毛

編輯處：北京街和高麗街拐角中國工人五一俱樂部樓上

電話六百三十五號

廣告刊例：每期每字按照三分金洋計算長期另議

鞏固蘇聯的建設就是實行世界革命！

◉在蘇聯的中國工人應該怎樣紀念第四週年的「二七」？

（丁山）

一九二三年的「二七」是中國工人起來向炙熱一時的軍閥吳佩孚和帝國主義爭取集會結社的自由而爆發空前英勇猛鬥的日子。這次爭鬭的結果、中國工人不幸失敗、暫時還在軍閥和帝國主義兩層嚴重的壓迫之下、尚未完全解放出來。但是中國工人的革命運動並不因爲這次鬭爭的失敗而消滅、反因爲這次鬭爭的敎訓和激動而展開了中國工人革命運動的大道。「二七」是中國工人光榮的革命鬭爭史上的第一頁、是每個痛愛自由的中國工人所應該永久紀念的。

的今年的二月七日、正是「二七」的第四週年。在過去的三個「二七」週年紀念中、中國工人只有一個—一九二四年的—是在全國暗淡的反動政局—曹吳當國時代—之下紀念的、其餘兩個—一九二五年和一九二六年的—都是在狠莊嚴熱烈的局面之下紀念的、尤其是一九二五年的紀念是在爆發「二七」事件的京漢鐵路沿線。在今年的中國、因爲還有最後的反動軍閥—奉系尚未打倒、苟延殘喘的直系軍閥—孫傳芳和吳佩孚尚未肅清、全中國的工人、當不能一致的在莊嚴熱烈的狀況中紀念這個「二七」。但是在廣東、廣西、湖南、湖北、江西、福建、陝西和綏遠及安徽、河南之一部份—凡是在得着中國工人的幫助而占勝利的國民政府和國民軍的旗幟之下的中國工人、因爲已得了相當的結社集會之自由、自然更有一番莊嚴熱烈的行動以紀念這個光榮的「二七」了！

在蘇聯國家內的中國工人呢？結社、集會、等自由、老早就完全得到、而且在政治上、經濟上、文化上和生活上還能同蘇聯及在蘇聯國內的一切工人享受同等的權利。那麼、在蘇聯國家內的中國工人應該怎樣紀念這個「二七」呢？

大家不要以爲只在形式上開一開會、作一作應時卽景的報告、或寫几句「萬歲！」「萬歲！」一類的文字就算是紀念「二七」！紀念「二七」的眞意義是要在行動上承繼着「二七」死難諸烈士的遺志、一直到根本打倒軍閥和帝國主義而完成中國工人階級的解放。因此、在蘇聯國家內的中國工人、應該積極的參加現在蘇聯的職工會工作、應該在職工會中組織廣大的中國工人群衆以發展蘇聯的經濟建設、在職工會中努力學習工人階級在革命前後的鬭爭經驗和知識。我們應該狠明白的知道工人階級的：結社、集會等自由、原來在一切資產階級的國家中（中國也是一個）即使用流血的爭鬭也少有得到手的。「二七」就是狠明顯的例証。然而現在蘇聯國家內的中國工人既然已經得到了、就應該十二萬分的珍重：開會時已經成立了的工會、就應該踴躍的參加沒有工會的趕快的成立起來、不要無故不到、已經設立了的補習學校和俱樂部也應該努力加入去學習一切。除此以外、在蘇聯國家內的中國工人、更應該隨時研究中國和國際的政治事件、訓練自身的能力、豐富自己的革命理論以養成鋒利的革命工具、準備回到中國去參加實際的革命運動。

在蘇聯的中國工人、只有照以上所說的做去才算是眞實的紀念「二七」！

專電

英國從香港運兵一萬六千到上海、現已有一百多名到上海、他們派兵的理由、說是保護僑民、據中國報批評說：這事狠奇怪、上海英人只有七八千人、爲甚麽就要派一萬六千人保護呢？據路透電、在廣東外人已陸續撤退、義大利宣教師已全行撤退。中國報紙推測說：列强的手段、第一步是撤退僑民。第二步是派遣軍隊。第三步是實行干涉。

據北京電英國公使通告英法日義各國公使說：英國已派一萬六千兵到上海、希望各國從速派兵到華。美法日義各公使接通告後、都電告其本國政府請示訓令。

河南紅槍會和奉軍第六騎兵旅發生劇激戰鬪、雙方死傷甚衆。張學良聞信、急向鄭州出發、其目的在同吳佩孚聯絡。

美國外交部長說：美國對於中國的關係狠好。對於國民政府感情不錯、對於北京政府交接也狠圓滿。據報紙批評這正是美國人八面美人式外交的供狀。

據報紙揭載、孫傳芳軍隊已失敗。孫尚强說大言否認失敗說報紙記載是革命軍宣傳作用云云。實際上是戰線後方應援軍隊不聽孫的命令、因而前線失敗。

訪友諸同志注意

以後投稿要寫的乾凈清楚簡單尤其要注意職工運動的團體活動及新的建設、最需要的是勞動藝術的稿件。至關於社會黑幕情形、要用狠巧妙的方法、搜羅證據品、最忌作模糊影響之談。

工人之路社啓

快把莫斯科精神向落後的東方移殖！

我们应怎样的去纪念“巴黎公社”，1927 年 3 月 15 日，雨红

一九二七年三月十五日　工人之路　第一百八十期

РАБОЧИЙ ПУТЬ

工人之路

Орган Дальне-Восточного краевого совета профсоюзов.

Отв. редактор Чжао Е-жень

Адрес редакции: г. Владивосток, уг. Пекинск. и Корейской, Клуб Китрабочих „I мая“ Телеф. № 6-35.

15 Март 1927 г.

№ 180

遠東邊疆職工蘇維埃出版

每逢星期三出版　報價：零賣每期金洋七分　定閱本埠每月二毛五分　外埠每月三毛

編輯處：北京街和高麗街拐角中國工人五一俱樂部樓上

電話六百五十三號

廣告刊例：每期每字按照三分金洋計算　長期另議

各地訪友諸同志！

本報爲欲使親愛的讀者、知道各地職工運動的情形與各地新社會的建設起見、望在各地的訪友同志、關於各地的稿件繼續不斷地按期寄到、以便登載而副愛讀本報的最親愛的讀者之雅意！

工人之路社啓

鞏固蘇聯的建設就是實行世界革命！

社論

◉我們應怎樣的去紀念「巴黎公社」？

（雨紅）

現在是無產階級革命的時代、亦卽是無產階級奪取政權的時代、我們固然應努力的製造將來的勝利、但同時絕不要忘記了過去的失敗！「巴黎公社」是無產階級奪取政權第一次的嘗試、他失敗了！但他給與我們的教訓永遠不會消滅。什麽教訓呢？第一內部分子太複雜紛歧、不能有統一的革命行動、這是「巴黎公社」失敗的一個原因、亦卽是一切革命運動失敗的一個原因、他告訴我們在革命的營壘裡、若包含着一些趁火打刼的强盜、冒牌投機的小偷、讓他們在內部生存繁殖、革命的陣線必被他們衝破、甚至於完全覆滅。因此我們在革命的過程中、應特別注意家賊、我們發現了他們的反動行爲、就應不客氣的用革命的手段去撲滅他們！第二沒有用堅決嚴厲的手段去對付敵人、讓敵人從容反攻。這是「巴黎公社」失敗主要原因之一。這就是告訴我們無產階級奪得政權後、應該立刻解除敵人的武裝、沒收敵人的一切財富、取消敵人的一切自由、一直到敵人無反攻的可能和希望爲止。否則革命的勝利、是無法保持的。第三沒有與農民及其他城市的工人聯絡、致革命力量孤立無援。這也是「巴黎公社」失敗的一個重要原因。這就是告訴我們無產階級的革命、不僅應集中本階級的力量、而且應抓着無產階級的友軍—農民、否則孤軍轉戰、必至敗亡。至若在革命的隊伍裡、安分地域界限、破壞革命力量的統一、簡直是敵人的偵探、奸細！簡直是反革命的行動！我們爲保持革命已得的勝利、爲擁護無產階級未來的利益、就只有用對付敵人的手段去消滅他呵！也只有這樣才配紀念「巴黎公社」呵！

◉三月十二日的兩個重大意義

（丁山）

在十年前的三月十二日（卽俄國舊曆二月二十七日）是俄國的人民起來推翻皇帝專制的革命日。在二年前的三月十二日是領導現代中國國民革命運動的首領孫中山先生逝世的日子。

從「二月革命」開始後、俄國工農無產階級、由列寧及其多數黨之努力和一切適應事變的革命策略之成功、不到七八個月的光景、就實現了「十月革命」、把政權奪到俄國無產階級的手中而開始世界革命的新趨勢。「二月革命」可以算是「十月革命」的序幕。我們不能忘了「十月革命」的重大意義、所以也就不能不牽連的想到「二月革命」的意義了。

領導現代中國國民革命的孫中山先生、雖然在兩年前的三月十二日於北京死了！但是中國的國民革命並不因此而消滅、反而一天一天更有進展、迄今快要成功。這是中國工人在紀念孫中山先生逝世時更要興奮而努力革命的。但是、中國工人、還應該更進一步的把中國的國民革命和俄國的「二月革命」詳細的比較一番、才能夠更切實的找得出完全得到自由和解放的日子！

要聞

◉中國

安徽省蕪湖已被國民革命軍佔領。

上海各報載國民革命軍已佔領了淞江吳江。國民革命軍已打到距蘇州十九里的某地方。據另一消息說已佔領蘇州。

安徽省長陳調元已投降國民政府。

上海各報載、安徽省長陳調元自投降國民政府後、卽統率所部發表宣言、反對奉系軍閥南侵。並率所部把津浦鐵道截斷了。

孫傳芳部下、上海防守司令李寶章欲投降國民政府、國民政府以其竭忠孫傳芳、殘殺上海民衆、拒絕收容。

張宗昌的軍隊已有兩千五百人向南京撤退、上海民衆發表宣言：無論上海的中國工人、學生、商人、和一切的市民都要準備罷工罷市慶祝北伐勝利、並組織市代表委員會來管理上海市政。

又據私人方面傳出消息、說張宗昌軍隊已開始向北撤退。孫傳芳的軍隊有一千五百人由淞江撤回上海、欲往租界、被租界外國軍警用武力阻止、上海租界的美國長官費迭生致電美國政府、要求派兵一萬五千人來上海。

快把莫斯科精神向落後的東方移殖！

应怎样纪念“五四”与“五七”，1927年5月6日，冶人

一九二七年五月六日　工人之路　第一百八十七號

РАБОЧИЙ ПУТЬ

工人之路

Орган Дальне-Восточного краевого совета профсоюзов.

Отв. редактор Чжао Е-жень

Адрес редакции: г. Владивосток, уг. Пекинск. и Корейской, Клуб Китрабочих „1 мая“ Телеф. № 6-35.

6 мая 1927 г.

№ 187.

遠東邊疆職工蘇維埃出版

每逢星期三出版

報價：零賣每期金洋七分 定閱本埠每月二毛五分 外埠每月三毛

編輯處：北京街和高麗街拐角中國工人五一俱樂部樓上

電話六百三十五號

廣告刊例：每期每字按照三分金洋計算 長期月議

積極的反對官僚主義！

社論

◉應怎樣紀念「五四」與「五七」

（冶人）

『五四』是八年前——一九一九年五月四日中國社會裏各階級：學生、工人、商人直接行動、干預政治、反對賣國親日的官僚和軍閥的日子、『五七』是十二年前——一九一五年五月七日日本帝國主義乘歐洲大戰時、利用袁世凱的弱点、提出二十一條强迫中國承認的國恥日。這兩個紀念日、在中國歷史上——一是中國民衆起來開始偉大的民族革命運動的第一頁、一是日本帝國主義勾結中國軍閥官僚、盜賣國權的最痛心最可恥的一頁，凡是中國的人民、祇要不是帝國主義和軍閥的走狗及喪心病狂的人、在這兩個紀念日中、無不深思擘畫怎樣繼續『五四』的精神、雪除中國的一切奇恥大辱、挽回一切已失的自由與主權。

中國人民幾千年傳統下來的『封建思想』和一般軍閥官僚保持自己的地位的『尊洋主義』的金科玉律、自經『五四』革命的高潮鼓蕩、已打得粉碎。中國的革命運動、自『五四』以後乃漸漸深入群衆、尤以讀書救國論的學生和在工廠裡作苦力的工人羣衆所受的影響更大。所以抵制日貨的革命行動、和取消廿一條的示威運動很快的就普遍了全國各地、『學生運動』『工人運動』『社會主義運動』也於一時彌漫了全國。當時之人、莫不以社會主義爲文人學士之美談。此次運動含有民衆的性質，自比『義和團運動』『辛亥革命』一部份、一階級的革命運動高出百倍了。

不過當時一般群衆還迷信美帝國主義者威爾遜的欺罔、所反對的對象僅僅是日本、所提出的口号、僅僅是取消二十一條。把旁的帝國主義尚未認清、把旁的不平等條約尚忘記了。且有一部份智識階級、還以爲美國是我們中國的一個好朋友，因此，在這次運動中、一部份留學美國歸來的所謂大學教授、外交家都出來主張與美國親善、幫助帝國主義搖旗吶喊，不能不謂爲這次運動的缺点。可是『五四』運動，開了革命史上一個新的紀元、他的精神應值得我們紀念和更加繼續努力的。

現在正值國際帝國主義聯合進攻半殖民地的中國革命民衆的時候、尤其是凶横殘酷的帝國主義一致以武力進攻中國革命民衆和革命武力的時候。然而回顧中國民衆的內部呢、哦！『不堪回首』！『五四』運動各階級聯合的精神，不特幾乎要頹喪盡淨了、且有在『五四』運動最努力的份子、早已變成帝國主義與軍閥最忠實的功狗、固不必說、甚至繼續『五四』革命運動的智識份子、和武裝勢力也有一部份背叛革命走向官僚軍閥的路線上去了。所以今年紀念『五四』『五七』應繼續各階級聯合的精神、統一中國的革命戰線、不妥協的反對一切帝國主義和取消一切不平等條約。我們的口号是：

統一各階級的聯合戰線！

反對一切帝國主義所製造的新戰爭！

中國國民革命成功萬歲！

世界革命成功萬歲！

◉七十七年前的馬克思與中國

（雨紅）

中國人一直到現在恐怕還有百分之九十九不知道馬克思、但馬克思却在七十七年以前，從幾萬里以外就注意到中國了、現在我們只摘錄馬克思在一八五〇年的國際評論中論及荀次拉夫所傳來的奇異消息的一段話就可知道：

『中國人口之遲緩的、然而有規則的增加、許久便已使大多數人民不能容受現存制度了。隨後英國人來到中國、並取得五口通商自由、數千英國商船開往中國來、不久中國便充滿英國工廠價廉物美的生產品、建築在手工生產上的中國工業已不能和機器競爭。中央帝國起了恐慌，租稅收不起來、政府有破產之憂、民衆墮落於貧困，已經不肯服從了、已經起來凌辱和殺略帝國官僚及僧侶了、國家處於危亡的境地、被一强烈的革命恐嚇着。尤其不好的、即在這暴動的平民中發現一些人、指出貧富不均的狀況、要求重新分配財富、甚至完全取消私有財產、當這位可愛的荀次拉夫與文明人——歐洲人——別離二十年重回故土時候、他聽見歐洲高談社會主義、並探訪什麼是社會主義，他聽見人替他解釋之後、不覺失驚而大聲說、「我竟沒有一個地方能逃避這種死亡的邪說嗎？現在中國很多平民中所盛傳的、恰好就是這個東西呀！」——不錯中國的社會主義——馬克思接着說——對歐洲社會主義之關係、亦即如中國哲學黑格爾的哲學一樣。然而最老的最難動搖的帝國、却因英國資產階級的棉花子彈於八年中間被迫到了社會主義的門限、這個革命無論如何對於文明必

※工友們注意※

工友們：本報爲遠東工人唯一的喉舌，而且是遠東工人唯一的指路碑，現在本報爲補助遠東工人的知識起見，特在「工人之路」上另闢一「問題問答」欄，以便利我遠東工人所有一切問題自己不能解決時，都可投稿到本報來詢問，本報即當負責答覆。不過文字要力求簡單，以免多占本報篇幅。

工人之路社編輯部啓

快把莫斯科精神向落後的東方移殖！

今年纪念“五卅”的新意义，1927 年 5 月 30 日，越庐

一九二七年五月三十日　第一百九十期

РАБОЧИЙ ПУТЬ

工人之路

Орган Дальне-Восточного краевого совета профсоюзов.

Отв. редактор Чжао Е жень

Адрес редакции: г. Владивосток, уг. Пекинск. и Корейской, Клуб Китрабочих „I мая"
Телеф. № 6-35.

30 мая 1927 г.

№ 190

遠東邊疆職工蘇維埃出版

每逢星期三出版

報價：零賣每期金洋七分　定閱本埠每月二毛五分　外埠每月三毛

編輯處：北京街和高麗街拐角中國工人五一俱樂部樓上

電話六百三十五號

本期要目

社論

今年紀念「五卅」的新意義

（越廬）

「五卅」運動是中國各被壓迫階級結成聯合戰線、向帝國主義進攻的革命運動。由這次運動之後、中國的國民革命更加群衆化、一般羣衆對國民革命更多一層的認識、打倒帝國主義的口號、散布到窮鄉僻處、雖鄉老也知道非打倒帝國主義不足以解除自己的痛苦。並且一般人民都知道要打倒帝國主義、非先打倒軍閥不可。因爲軍閥是帝國主義的工具、帝國主義借軍閥之手來壓迫人民、不先打倒軍閥、要打倒帝國主義是不可能的。

在這次運動之後、帝國主義者與軍閥非常害怕革命群衆的力量、對民衆的壓迫也更加厲害、人民更處於黑暗之中。但是革命的勢力、斷不因壓迫而消沉、且因壓迫而更加澎漲、革命[illegible]潛勢力已非常之強大。在去年「五卅」紀念的時候、在北部因國民軍之失敗、仍沈淪於黑暗之中、在中部正是孫傳芳搖擺之、自稱五省總司令、而最出風頭的時候、能得到相當自由的還算是廣東。所以那時候各地人民狠盼望廣東國民政府出師北伐、以解決人民的痛苦。

自開始北伐以來、因各地工農群衆的幫助而得到狠大的勝利。尤其是上海的工人、盼望北伐軍之來更切、因爲上海是帝國主義在中國的大本營、工人之受壓迫特別厲害、希望解除自己痛苦之心比別的地方的工人更甚！所以在北伐軍將到上海之前、曾作了二次政治大罷工、三次武裝的暴動、前幾次雖然暫時失敗、但是最後一次、與張宗昌軍隊苦戰兩晝夜、終於把張宗昌的軍隊驅逐出上海了。上海工人這樣的期望北伐軍到來、爲的是要解除自己的痛苦。工人打下上海之後、上海總工會曾派幾次代表到白崇禧的參謀部去請求派兵來共維社會秩序、過一天而北伐軍才到上海。上海工人階級以爲北伐軍來上海之後、工人就能得到自由、可以組織起上海的市民政府、以保護自己的利益。誰知這次暴動之後、上海的工人階級就引起帝國主義者、反革命派、國民黨右派和新軍閥蔣介石的嫉視和恐慌、鏟除工人的勢力爲他們刻不容緩的事情、屠殺工人的事情就從此發生了。今年的「五卅」紀念日仍舊沈淪於黑暗勢力之中、中國的工人階級、尤其是上海的工人階級、得到這次極大的教訓、應當覺悟靠人家的力量來解放工人階級是不可靠的、祇有工人自己武裝起來在共產黨指導之下、用自己的武裝力量和黑暗勢力抗戰才能完成打倒帝國主義與消滅一切軍閥的偉大工作。我們今年紀念「五卅」的口號是：

打倒勾結軍閥、壓迫人民的帝國主義！
打倒勾結帝國主義壓迫人民的奉系軍閥！
打倒出賣中國國民革命的叛徒——國民黨右派及蔣介石！
「五卅」的革命精神萬歲！
中國國民革命成功萬歲！

要聞

五月二十五日上海電　據東方社及各通訊社消息、說馮玉祥的軍隊佔領了鄭州、奉軍的第十七軍已全軍覆沒、唐生智軍隊亦節節進逼、河南奉軍不日即可肅清。另一消息蚌埠又被蔣介石佔領了。

五月二十三日漢口電　據最近消息、河南軍事得了極大的勝利、在河南的奉軍被國民軍擊散了兩軍、現在國民革命軍前進甚速、至於湖北背叛武漢政府的夏斗寅一師人已被政府的軍隊全部擊散了、不日即可全完肅清。

五月二十三日上海電　張宗昌在津浦路的軍隊正積極向後撤退、據此間所有消息、說張宗昌的軍隊雲集蚌埠、幾天以內蚌埠必有極劇烈的戰事發生。

五月二十三日上海電　據亞細亞社消息、吳佩孚已和張作霖妥協、簽訂合作反對武漢政府條約。並據此項消息說吳佩孚可爲五師人的總司令、經南陽進攻武漢。

五月二十二日上海電　此間國民黨右派報紙亦載河南唐生智的軍隊大勝、吳佩孚的砲兵大半被擊散了。

五月二十三日漢口電　湖北農民運動發展異常迅速、在三月以前有組織的農民才八千餘人、現即發展到二百二十萬人以上。鄂省有許多縣份的政權都在農民的手裡、以前的一切政治機關完全取消了、地主劣紳、有的已逃走、有的自將土地分給與農民協會、總計給農民的土地和物產價值在二千萬以上。湖北的農民已全體武裝起來、從前劣紳土豪所把持的民團的槍械已全部繳除了。

取消一切不平等條約！

预备十月革命纪念，1927 年 10 月 5 日，丁山

一九二七年十月五日　工人之路　第二百零七期

РАБОЧИЙ ПУТЬ

工人之路

Орган Дальне-Восточного краевого совета профсоюзов.

Отв. редактор Тин-шань

Адрес редакции: г. Владивосток, уг. Пекинск. и Корейской, Клуб Китрабочих „I мая“
Телеф. № 6-35.

5 Октября 1927 г.

№ 207

遠東邊疆職工蘇維埃出版

每逢星期三出版

報價：零賣每期金洋七分定閱本埠每月二毛五分外埠每月三毛

編輯處：北京街和高麗街拐角中國工人五一俱樂部樓上

電話六百三十五號

廣告刊例：每期每字按照三分金洋計算長期月議

反對英帝國主義的白色恐怖！

社論

◉預備十月革命紀念（丁山）

十月革命快到十週年了。今年的紀念比較往年更有廣大的意義。在今年蘇聯的一切工人和農人是紀念十月革命十年以來的勝利。

十年、這是長久的時間。在那些沒有參加過國內戰爭的人和沒有追隨着十年來蘇聯建設的步驟一步一步進行的人和沒有經歷過這十年中許多艱難辛苦的人們是不會明白十年的時間是如何的長久和寶貴的。但是蘇聯的工人階級和農民卻明切的知道。在這十年中有他們自己親眼目覩的標識、在他們的一切生活中各自有各自的日記狠詳確的記載起他們與反革命勢力艱苦奮鬥的經過和時期。

自從發生大戰以後、在實際的工作中、俄皇的壓迫中、瘟疫傳染中及其他狠困難的建設條件之下生長出來的這個紅色的十年、只有在蘇聯的工人和農人才知道他的確實價值。

蘇聯的工人和農人更知道這十年來的道路不僅是勝利的、不僅是凱旋的、不僅是光華顯耀的、而且是毀壞的、進攻的、亦即是那困苦的、日就勞頓的、不斷的工作和鬥爭的道路。

因此、十月革命的十週年對於他們委實是有狠大的意義。

十月革命的十週年既然是蘇聯工人階級和農民勝利的十週年。那麼預備這次紀念的工作也應該特別擴大。黨和職工會的一切組織以及其他的普通組織、均應趕快擬定計劃、充分的預備。

羣衆的紀念、應該把包含自身的勝利階級的文化表現出來。因此我們預備十月革命的紀念不能專等上級機關的計劃和指導才開始工作。要由各種組織對於這次紀念彼此預備競賽的結果、以表現出十月革命十年來的勝利成績。同樣這就可以表現工人階級和農民那種大雄無畏的氣魄！

我們應該鼓勇各方面爲十月革命紀念而努力。爲要有狠大的表現、在事前就要有狠充分的預備。各工會和其他的普通組織關於預備十月革命十週年紀念的工作應該立刻開始。

中國要聞

上海二十七日蘇聯社電　據中國報載葉挺部革命軍於九月二十三日下午五点鐘佔領汕頭。在汕頭的農民軍高舉紅旗歡迎革命軍隊。汕頭全市滿布革命的標語和傳單。在汕頭獄中的政治犯完全釋放、秩序甚好。

北京二十七日東方通信社電　張宗昌發布命令進攻馮玉祥。同時馮玉祥亦下命令進攻張宗昌。

上海二十八日蘇聯社電　據中報載、汪精衛回至漢口召集國民黨重要分子會議、報告漢寧政府合作與武漢國民黨和南京國民黨特別委員會關係。武漢派重要分子對於南京特別委員會表示懷疑、汪精衛主張在武漢設立獨立的政治部以保存武漢國民黨的基礎。

上海二十八日蘇聯社電　國民黨左派黨員郭沫若及共產黨員周恩來、已到汕頭、並發表宣言、略謂南昌暴動後成立的革命委員會乃是糾正中國革命道路而繼續革命鬥爭反對武漢南京等反革命的。聞該革命委員會發布的口號有『反對共產黨卽是反革命！』、『沒收大地主的土地分給貧農！』、『用紅色恐怖消滅白色恐怖！』等等。

北京二十八日蘇聯社電　京師警察廳於北京大學捕去學生十三人、聽差三人、並搜去反對張作霖的文件多種。同時搜查北京大學各學生寄宿舍、陸續捕去多人。

上海二十九日蘇聯社電　英日報載孫傳芳準備反攻、擬奪上海和南京。據聞在租界內有孫傳芳的軍事組織、招集俄國白黨及南方的退伍軍官、待孫軍進攻時在上海舉行暴動內應。另一消息、孫傳芳擬幫助唐生智反對南京政府並與張作霖交涉。南軍中所有與唐生智及孫傳芳有關係或嫌疑的軍隊已被南京政府命令繳械。白崇禧、何應欽、李宗仁等的意見均不一致、南京政府的狀況日形困難。關於廣州方面、李濟琛與張發奎的意見亦有衝突。最近據東方通信社消息、張發奎逼迫李濟琛辭職、尤其是財政部長的位置。另訊、李濟琛及其親信已離廣州、廣東政府的財政部長及警察廳長均同時辭職。

漢口二十九日東方通信社電　武漢報紙熱烈宣傳反對南京政府。漢口國民黨政治部發表宣言、畧謂：『南京國民黨特別委員會爲非法的組織、其用意在於破壞國民黨』。

漢口二十九日東方通信社電　中國報載九月二十四日唐生智與李宗仁的軍隊在蕪湖一帶已開始發生衝突。

漢口二十九日東方通信社電　中國報

◉本報爲十月革命十週年紀念徵文啓事

全世界工人最可紀念而最莊嚴偉大的「十月革命」紀念節現在快要到十週年的紀念日了。本報擬於該紀念日出版特刊二張、以發揚遠東邊疆中國工人對於這個偉大革命紀念的意義。遠東邊疆各地的工友、如有鴻篇大作、請即繕寫清楚、務於本月二十五日以前寄交本報編輯處、以便屆時在本報發表！

工人要解除自己的痛苦須要提高自己的知識！

怎样纪念国际妇女节，1928 年 3 月 8 日，丁山

一九二八年三月八日　　全世界無產階級聯合起來呵！　　第二百三十五期

РАБОЧИЙ ПУТЬ

工人之路

Орган Дальне-Восточн. краевого совета профсоюзов.

Отв. редактор Тин-шань

Адрес редакции: г. Владивосток, ут. Пекинск. и Корейской, Клуб Китрабочих „1 мая" Телеф. № 6-35.

Выходит 2 раза в неделю.

8 Март 1928 г.

№ 235

遠東邊疆職工蘇維埃出版

每逢星期四、星期日出版。

價目：零賣每期金洋五分；本埠定閱每月四毛；外埠定閱每月五毛

編輯及發行處：海參威北京街和高麗街拐角中國工人五一俱樂部樓上

電話六百三十五號

廣告刊例：每期按字照三分金洋計算長期另議

本報編輯處啟事

遠東邊疆的工友們！你們投稿本報時，請注意以下幾点：

（一）用墨水謄寫，字蹟不宜潦草。

（二）每兩行間，可留寬大一些的空白，以便修改。

（三）在稿末請寫出通信地址，以便郵寄稿費。

（四）發表時須用甚麽名字，請附註明。

（五）對於各地的工人生活，須作有系統的詳確通信，隨時投稿本報。

社論　◉怎樣紀念國際婦女節？

（丁山）

從一九一○年起，每年的三月八日都是國際勞動婦女檢閱他們解放運動的工作和參加社會主義革命戰鬥力量的紀念日。三月八日對於國際勞動婦女的意義是與五月一日對於國際工人階級的意義相彷彿的。

在俄國舉行國際婦女節的紀念是從一九一三年在彼得格勒就開始了。一直到一九一七年十月革命以後，在蘇維埃國家的勞動婦女舉行國際婦女節的意義，才不僅是檢閱勞動婦女的力量，提出要求，而且是号召勞動婦女的力量堅固蘇維埃國家，實際的參加社會主義建設。

在蘇聯的中國勞動婦女，因為風俗和習慣的束縛以及教育和文化的落後，直到現在，恐怕還少有知道紀念三月八日─國際婦女節─的重要意義。不但是在蘇聯的中國勞動婦女，就是在蘇聯的中國工人，恐怕也少有知道這個紀念節的意義的。

蘇聯自從十月革命以後，對與民族和婦女勞動者都是一律平等的。無論在社會上、政治上、經濟上以及教育文化等日常生活上，無論男女，都有同等的權利。所以蘇聯的勞動婦女在每年的國際婦女節日應當作的不僅是要求解放而且是實行解放。

我們知道，無論那個國家或那種民族的婦女，差不多都是占全人口的一半。蘇聯是建設社會主意的國家。假使沒有這種廣大的占全人口半數的婦女之參加，當然是不利益的。因此，從一切男女不平等的風俗，習慣和教育，文化以及政治，經濟中作鮮放婦女的運動，這也是增長社會主義建設的力量的。

在蘇聯的中國勞動婦女應當首先打破一切男女不平等的風俗，習慣，而享受政治，經濟，文化和教育的平等權利，另自的建設起社會主義的新習慣！在蘇聯的中國勞動婦女更應與國際的勞動婦女相密接而完成國際勞動階級建設國際社會主義的責任！在蘇聯的中國工人，應該努力的幫助中國勞動婦女為消滅一切不平等的待遇而鬪爭，幫助中國勞動婦女得到真正的自由和解放！只有這樣，才是誠懇的紀念國際婦女節！

中國要聞

◉工農革命運動

上海二日蘇聯社電　從漢口得的消息、革命軍隊毀壞京漢鐵路南段。在廊城一帶共產黨人領導之下的工農軍亦有活躍行動的發展。漢口與廊城間的交通斷阻。

上海三日路透社消息、雲南的農民反對租稅、發生廣大的革命運動。

上海四日蘇聯社電　從長沙得的消息、在湖南暴動的軍隊佔領醴陵並焚毀城市。此外並爆毀醴陵與株州的鐵道。

北京五日蘇聯社會　據日本通信社消息、在敦化縣「大刀會」的暴動運動在接近高麗的地方又强盛起來了。在敦化全縣幾乎被「大刀會」佔領。

◉革命爭鬪的犧牲

莫斯科二日蘇聯社電　太平洋職工會議的書記部，二月間在漢口開始會議，在其布告全世界工人的宣言內云一九二七年在中國大獄中的革命戰士有三萬六千人，被槍殺者將近三萬八千人。

上海二日蘇聯社電　二月二十三日在廣州鎗斃四個黃浦軍事政治學校的學生，據云與共產主義有關係。

◉新舊軍閥的混戰

北京一日路透社消息　從上海得的消息、回回將軍馬福祥預備幫助馮玉祥進攻新疆省督軍楊增新。馬福祥擬開拔四百輛車輪送軍械糧草。

外國要聞

阿德沙二日蘇聯社電　蘇聯商船公司警告在上海的代理處和「俄諾夫斯基」船主、因為他們在上海雇用工人的時候違背蘇聯的勞動法律。因為該代理處和船主雇用中國水手和火夫的條件比較別的工人惡劣。在該警告書內完全不許有這樣的行動。

莫斯科二日蘇聯社電　在益世報上載有「蘇聯政府下令駐俄的中國領事不許發給中國人入口護照」的消息。蘇聯政府委託蘇聯社代為更正。蘇聯社証明這種消息完全不確、其用意是破壞中俄的國際關係。

莫斯科三日蘇聯社電　蘇聯人民委員會議決幫助農村經濟，在一九二八年決定發給七萬一千七百萬盧布為發展農村經濟之用。

柏林三日蘇聯社電　德國上西利西亞礦業五個工會，決定於三月卅一日取消過度工作的條約。

莫斯科三日蘇聯社電　蘇聯社會保險蘇維埃發給一百六十五萬為青年工人學習工作之用。在今年有一萬五千青年工人在這名額內可以學習。

職工會是無產階級專政的基礎、共產主義的學校、建設社會主義有力的工具！

今年的三月十二日，1928 年 3 月 12 日，丁山

一九二八年三月十一日　全世界無產階級聯合起來呵！　第二百三十六期

工人之路

РАБОЧИЙ ПУТЬ

Орган
Дальне-Восточн. краевого
совета профсоюзов.

Отв. редактор Тин-шань

Адрес редакции: г. Владивосток,
уг. Пекинск. и Корейской, Клуб
Китрабочих „I мая"
Телеф. № 6-35.

Выходит 2 раза в неделю.

11 Мар 1928 г.

№ 236

遠東邊疆職工蘇維埃出版

每逢星期四．星期日出版．

價目：
零賣每期金洋五分
本埠定閱每月四毛
外埠定閱每月五毛

編輯及發行處：海參威北京街和高麗街拐角中國工人五一俱樂部樓上

電話六百三十五號

本報編輯處啓事

遠東邊疆的工友們！你們投稿本報時，請注意以下幾点：

（一）用墨水謄寫，字畫不宜潦草。
（二）每兩行間，可留寬大一些的空白，以便修改。
（三）在稿末請寫出通信地址，以便郵寄稿費。
（四）發表時須用甚麽名字，請附註明。
（五）對於各地的工人生活，須作有系統的詳確通信，隨時投稿本報。

◉今年的三月十二日（社論）（丁山）

今年的三月十二日正是偉大的中國民族革命首領孫中山逝世的第三週年紀念日。我們橫覽中國現在的政局、可以說孫中山的死不是在三年前的三月十二日而是在去年四月自從蔣介石明目張胆的背叛國民革命一直到七八月間武漢國民政府殺戮中國共產黨人之時。

孫中山的偉大完全是他的政策包含有民族革命的性質、這個政策就是扶助工農、聯共、聯俄。三年前的三月十二日孫中山雖然在北京死了、但是他遺留下的國民黨、那時尚遵守他的革命政策－扶助工農、聯共、聯俄、而使中國的民族革命運動爆發了「五卅」和一九二六年秋間開始的「北伐」運動 孫中山的精神和事業在這時期仍然是活躍着的。

然而自從去年蔣介石、白崇禧、吳稚輝、蔡元培、胡漢民、李濟琛、汪精衛、馮玉祥、唐生智、張發奎……一般新舊大小軍閥、腐敗官僚政客等背叛國民革命的戰線以後直到去年十二月爲止、孫中山的三大革命政策、被他們完全拋入茅厠去了！現在中國的所謂「國民黨」不過是一個殘殺工農、壓迫革命的中國共產黨、反對打倒帝國主義而建設社會主義的蘇聯國家之反動的政黨！現在中國的一批「國民政府」不過是各地的軍閥－帝國主義 走狗－的政府！於此才可謂孫中山眞是「壽終正寢」了！

我們在今年的三月十二日不僅是紀念孫中山的死、而且要認清楚斷送孫中山於「死」地的人－現在中國的「國民黨」！我們要鏟除防害中國革命運動的障碍、首先就應該打倒現在中國的「國民黨」！

※　※　※

今年的三月十二日又恰是俄國的「二月革命」紀念日。俄國的「二月革命」完全是俄國資產階級革命的成功而又是「十月革命」的前夜。在俄國的「二月革命」之成功、其主力並不在俄國的資產階級各政黨而是在工農兵士等無產階級群衆的力量。俄國的無產階級在那時候已經爭取了領導革命的地位、成立了工農蘇維埃的政權。其後更因列寧的指揮和多數黨的努力、故完成了偉大的「十月革命」

我們紀念俄國「二月革命」的意義就是要不忘了俄國的「二月革命」給予我們無產階級參加資產階級革命的經驗和教訓。例如在過去的中國無產階級之參加中國的民族革命、截至一九二六年的「廣東政府北伐」時代爲止、中國的無產階級畢竟還沒有經常的完全的爭取到導領民族革命的地位。故其結果、一經蔣介石等二三個新舊軍閥的叛變、中國的民族革命因之失敗。同時中國民族的資產階級革命到現在尚未成功、就是在將來也不會勝利！

爲甚麼俄國的無產階級參加俄國資產階級的「二月革命」、結果能成就了俄國無產階級偉大的「十月革命」、建設起向着社會主義進展的蘇聯國家、而中國的無產階級參加中國民族的資產階級革命到現在卻尚未成功呢？這其中的主要原因固然很多、但是中國無產階級未曾堅固的奪取到完全領導民族革命的地位、亦是其一。

遠東邊疆的中國工友們！在今年的三月十二日紀念俄國的「二月革命」時、應當把「二月革命」給與我們的經驗和教訓、詳細的深深記取！應該努力的學習政治知識、預備回到中國完成中國的「十月革命」！

中國要聞

◉工農革命運動

紐約七日蘇聯社電　社會報廣州通信、因爲共產黨人的勢力發展、廣州當局爲防備廣州受共產黨人的進攻、從獨嶺地方調回軍隊二萬五千人。政府的軍隊雖然比較共產黨人的軍隊多些、但是共產黨人的偵探工作和組織比較完善。因此、政府軍隊的行動表現十分困難。

北京蘇聯社電　潘陽兵工廠五千工人進行怠工、反對管理方面的惡劣待遇。另訊、在臨江一帶農民的「大刀會」運動十分發展。

◉白色恐怖

上海七日蘇聯社電　南京政府通信社的消息、在南京破獲共產黨人秘密組織的「大本營」、當時被捕者二人。據聞搜出共產黨人的文件甚多。

◉新舊軍閥的混戰

北京七日蘇聯社電　據保定電、該處現正預備進攻馮玉祥。北京軍界方面云、張學良命令輸送各種重炮到涿州一帶。張學良沿京漢路檢閱軍隊。傳聞張學良的司令部將遷到石家莊、楊宇霆的司令部將遷到保定。另據確訊、吳俊陞提議在臨江設立軍事督察處並分配軍隊作爲平服農民的暴動。傳聞吳俊陞的提議、北京政府已經照准並派山東的軍事督

職工會是無產階級專政的基礎、共產主義的學校、建設社會主義有力的工具！

纪念何今亮同志死难一周年，1928 年 4 月 15 日，丁山

一九二八年四月十五日　全世界無產階級聯合起來呵！　第二百四十六期

РАБОЧИЙ ПУТЬ

工人之路

Орган Дальне-Восточн. краевого совета профсоюзов.

Отв. редактор Тин-шань

Адрес редакции: г. Владивосток, ул. Пекинск. и Корейской, Клуб Китрабочих „1 мая“ Телеф. № 6-35.

Выходит 2 раза в неделю.

15 Апреля 1928 г.

№ 246

遠東邊疆職工蘇維埃出版

每逢星期四、星期日出版。

價目：
零賣每期金洋五分
本埠定閱每月四毛
外埠定閱每月五毛

編輯及發行處：海參威北京街和高麗街拐角中國工人五一俱樂部樓上

電話六百三十五號

本報特別啓事

本報擬從今年的五月一日起擴大篇幅、所有各地的報費均不增加。各地的同志及讀者對於本報的編輯、印刷和發行……等各方面如有意見或批評者請卽通知本報以資借鏡而在進行上盡力改善。

（社論）

◉紀念何今亮同志死難一週年

（丁山）

去年三月震驚全世界帝國主義的上海工人暴動勝利後成立的臨時市政府、從四月十一日起就開始被反革命的國民黨人蔣介石等新舊軍閥勾結帝國主義而用最下流無恥、極卑污齷齪的手段破壞了！領導上海八十餘萬工人群衆暴動的領袖何今亮同志便是此時首先被害的！

何今亮同志不僅是中國職工運動革命的領袖而且是蘇聯遠東邊疆中國工人的導師。他自從一九二二年夏季在黑河辦理華工會事務以來、往返於伊爾庫次克及海參威等地、組織中國工人、領導中國工人與白黨餘孽、通事、工頭等人奮鬬、創設中國工人『五一』俱樂部以敎育中國工人、提高中國工人的階級覺悟、並且努力進行共產黨與共產主義青年團的工作、吸收明瞭、活動而有勇敢的中國工人分子參加共產黨和共產主義青年團的行列。在蘇聯遠東邊疆中國工人中一切工作的根本、就是何今亮同志開始建設的。（參看本報第一八九期和一九〇期何今亮同志的略史）

今年的四月十四日已經是何今亮同志死難的一週年了、回憶何今亮同志死難時的慘狀情景、歷歷在目！這一年來在中國革命的工農兵士及學生等仍在繼續何今亮同志未竟的事業而流血犧牲！這一年以來殺害何今亮同志的劊子手蔣介石、白崇禧……等新軍閥尚未打倒反而更野蠻殘酷的反動！這一年以來、在遠東邊疆中國工人中的工作雖然有不少的進步、但是還有許多中國工人尚在通事、工頭、掌櫃和流氓的影響和擾亂之下、中國工人的教育工作尚未十分發展、中國工人中的共產黨和共產主義青年團的組織尚未擴大、中國工人中還有許多不明瞭建設社會主義經濟的意義而在生產上和經濟上不十分注意！

不要忘記何今亮同志！更要努力繼續何今亮同志的事業！加緊的預備打倒蔣介石、白崇禧……乃至於馮玉祥、張作霖等新舊軍閥和一切帝國主義的革命工作！加强與的通事、工頭和掌櫃的影響奮鬬而且用合法的有系的手段肅清流氓！加入共產黨或共產主義青年團！努力參加社會主義建設的經濟！這是遠東邊疆每一個中國工人紀念何今亮同志死難一週年的重要責任！

（中國要聞）

●工農革命運動

紐約十日蘇聯社電　由廣州得的消息、在共產黨人領導之下的軍隊約三四千人佔領廣東西北部英德、陽山等地。駐在該處的軍隊與共產黨人表同情。

上海十日蘇聯社電　據各報載、在湖南西部綏寧附近的『政府』的軍隊與共產黨人的軍隊開始衝突。在城步附近有共產黨人四五千人。

●『國民黨』掛羊頭賣狗肉

東京十一日蘇聯社電　據漢口得來的消息、中國當局擴大収回法國租界的運動、因爲法國領事不引渡駐在法國租界的七十個共產黨人。法國領事安置保衛租界的設備。

●日本帝國主義用武力侵略滿洲

東京十一日蘇聯社電　日本朝日新聞報載、駐奉的日本領事及駐在南滿鐵路的日本軍官於瀋陽開會、議決、如中國政府再不注意日本政府對於奉軍侵佔南滿鐵路車箱的抗議、日本政府應用武力保持所有的權利。要求開拔日本軍隊駐防洮南及張家屯。

（蘇聯要聞）

伯力八日蘇俄社電　韓國『勞動』公社在阿穆爾河葉喀鐵里羅—尼古爾斯克區開始培植茶葉的工作。去年培植的結果很好、獲得該區農業展覽的第一等獎勵。

莫斯科八日蘇俄社電　人民委員會土地部決定發給五萬盧布幫助遠東邊疆的韓國農民。

莫斯科十一日電　蘇俄協作社決定支用三千萬盧布作爲發展各農村經濟協作社的牛乳部份及建設油房、牛乳房等之用。

（各國要聞）

柏林十日蘇聯社電　干堡的五金工人反對公正法庭關於增加工資的議決案、宣布罷工、罷工的人數達一萬人。

本報編輯處啓事

遠東邊疆的工友們！你們投稿本報時、請注意以下幾点：

（一）用墨水謄寫、字跡不宜潦草。
（二）每兩行間、可留寬大一些的空白、以便修改。
（三）在稿末請寫出通信地址、以便郵寄稿費。
（四）發表時須用甚麼名字、請附註明。
（五）對於各地的工人生活、須作有系統的詳確通信、隨時投稿本報。

職工會是無產階級專政的基礎、共產主義的學校、建設社會主義有力的工具！

五卅三周年回想，1928 年 5 月 31 日，雨红

一九二八年五月三十一日　全世界無產階級聯合起來呵！　第二百五十八期

每一個遠東邊疆的中國工人必須與「工人之路」發生親密的關係！

РАБОЧИЙ ПУТЬ

工人之路

Орган Дальне-Восточн. краевого совета профсоюзов.

Отв. редактор Тин-шань

Адрес редакции: г. Владивосток, уг. Пекинск. и Корейской, Клуб Китрабочих „1 мая"

Телеф. № 6-36

Выходит 2 раза в неделю.

31-го мая 1928 г.

№ 258

遠東邊疆職工蘇維埃出版

每逢星期四、星期日出版

價目：
零賣每期金洋五分
本埠定閱每月四毛
外埠定閱每月五毛

編輯及發行處：海參威北京街和高麗街拐角中國工人「五一」俱樂部樓上

電話六百三十五號

廣告刊例：每期每字按照三分金洋計算長期另議

本報編輯處啓事

遠東邊疆的工友們！
你們投稿本報時，請注意以下幾点：
（一）用墨水謄寫，字蹟不宜潦草。
（二）每兩行間，可留寬大一些的空白，以便修改。
（三）在稿末揣寫出通信地址，以便郵寄稿費。
（四）發表時須用甚麼名字，請附註明。
（五）對於各地的工人生活，須作有系統的詳確通信，隨時投稿本報。

▲社論▼

◉「五卅」三週年回想

（雨紅）

帝國主義者在上海南京路上排演屠殺徒手的中國工人學生市民的慘劇、到今天已整整的三年了！南京路上的血痕、已經由赤而碧而灰白了！普遍全中國、震驚全世界的「五卅」運動、已經消沈得無影無踪了！帶着鎖鍊而生活着的中國人們、這是何等痛心而恥辱的血史呵！然而誰是葬送「五卅」運動的凶手？「五卅」運動是怎樣的消沈和轉變的？我們應怎樣的繼續「五卅」運動？恐怕着忘而苟安的「大國人」們、很少想過這些問題罷！

今天是「五卅」運動的三週年紀念日、我們不妨從頭至尾的來想他一想：

自從一九二五年五月三十日英帝國主義者在上海南京路上毫無人性的屠殺開始過後、立刻就沸騰了全上海工人學生市民的熱血、爆發了幾十年來在帝國主義者積壓下的憤怒、罷工罷課罷市的威力統治了全上海、革命民眾反帝國主義的傳單、標語、口號、竟變成了抵抗帝國主義者的機關鎗、大炮、鐵甲車的唯一武器。野獸般的屠殺雖然繼續着！民眾的死亡雖然繼續着！然而反帝國主義的「五卅」運動卻如狂風驟雨般的散佈了全中國。帝國主義者遂站在英勇的「五卅」運動面前發抖、不得不預備在革命的民眾面前讓步。眼看着革命之花就要結起革命之果。然而不料在這個勝利的關頭、帝國主義者的老走狗、萬惡的奉系軍閥、竟自告奮勇、從北京、天津、濟南一直殺到上海。解散一切民眾的組織、鎗斃一切民眾的領袖、活活的把帝國主義者從「五卅」運動的血海中救出！「五卅」運動遂活活的葬送於奉系軍閥之手！

此時自然非常明顯、要想繼續或完成「五卅」運動、首先就應打倒葬送「五卅」運動的劊子手奉系軍閥。於是轟轟烈烈的「五卅」運動就急轉直下而變為反奉戰爭。

反奉戰爭雖然是繼續「五卅」運動而起的帶有革命性質的戰爭、然而卻被老奸巨滑的直系軍閥吳佩孚、孫傳芳所利用、以致快到反奉戰爭勝利的時候、直系軍閥不僅公然的退出反奉戰爭勝利的聯合戰線、而且與奉系軍閥勾結回頭來攻打比較接近民眾的國民軍。結果反奉戰爭遂又完全葬送於直系軍閥之手！此時除廣東外、其餘的地盤差不多直接或間接隸屬於奉直兩系軍閥的勢力範圍。

此時自然又非常明顯、要想繼續或完成「五卅」運動、首先就應打倒北方的兩大軍閥、因為他們都是直接或間接葬送「五卅」運動的劊子手。於是廣東政府在革命民眾北伐空氣的壓迫下、在直系軍閥的包圍恐怖中、遂實行了數年來高唱入雲的「北伐」。

「北伐」雖然是很冒險的開始、然而他在工農的殺力擁護下、不數月竟佔領了全中國三分之二的地盤、撲滅了整個的直系軍閥、收回了漢口九江的租界、懲罰了無數的土豪劣紳、革命的光燄簡直籠罩了全中國而遠映到全世界。在這個時候、帝國主義者都戰戰兢兢而又磨牙切齒的商量怎樣的先交還租界、張作霖也驚惶萬狀、假惺惺的提議怎樣的收回天津的租界。好像國民革命真要成功了、被壓迫的中國民族真要開始得着解放了、「五卅」流血的先烈們也含着笑在慶祝國民革命成功呵！哈哈！這是何等光榮的勝利呵！

然而霹靂一聲、蔣介石倒戈了！站在「北伐」前線上成千成萬的共產黨員及其所領導的革命工農群眾被蔣介石屠殺了！收回的租界已由蔣介石雙手奉還帝國主義者了！土豪、劣紳、貪官、污吏、以及一切封建餘孽復活了！於是整個的中國又重新變成新舊軍閥割據的戰場、造成極端黑暗和恐怖的局面。

唉！好好的一個「北伐」、好好的繼續「五卅」運動的一個「北伐」、竟輕輕斷送於帝國主義的新走狗蔣介石之手！工友們、這是何等可惜而痛心的事情呵！我們想到這裡、就不得不簡直的說：

蔣介石確是葬送「五卅」運動的劊子手！蔣介石確是我們目前唯一最凶惡的敵人！我們要繼續「五卅」運動、就應該起來打倒這個殘酷無恥的蔣介石！

但是、我們應知道打倒蔣介石、比打倒一切舊式軍閥還要困難。因為他欺騙民眾佈置爪牙的方法比一切舊式軍閥都要厲害、他尤其會利用一切封建殘餘的組織來作發展他下層羣眾的基礎：如在「北伐」軍中組織「黃浦同學會」、在工人群眾中勾結「青」「紅」幫、在農民群眾中勾結土豪劣紳所把持的「民團」、在僑民和留學生中組織甚麼「互助會」「江浙同鄉會」等等。由此、可知他的勢力、已經不是簡單的有幾十萬枝槍的兵士、而是很複雜的一切反動封建殘餘的總和。也可說他的反動勢力現在已經無孔不入了。

工友們、同志們、這是何等值得我們注意的敵人呵！所以我們要打倒蔣介石、就應該十分精細、十分小心、無情的消滅他埋伏在我們周圍的奸細、即蔣介石的走狗之走狗、然後我們才能消滅那個萬惡的大走狗——蔣介石。

◉第三國際執行委員會對中國和日本的工人宣言

（爲一譯）

中國已經開始軍事的瓜分了。國際資產階級把中國民族革命運動擊沉在工農的血渠裡、他們由干涉而變為公開的佔領。

由日本開始的戰爭、能夠轉變為世界的火災、變為帝國主義重新瓜分殖民地的鬪爭、變為反對全世界被壓民眾流血的進攻。祇有全世界無產階級和被壓迫民族、毫不遲疑的英勇同情、才能避免或延緩這種災禍的爆發。

日本的工人、農民和兵士們！放在你們肩上第一革命責任就是要你們去撇開放在中國人民頸項上的大刀。對於用流血佔領山東、你們的答覆就是有組織的和奮勇的羣眾作反對政府的鬥爭、並且、首先、就是要你們親自建設、鞏固和擴大你們自己的革命的組織。確信地、自覺地、高舉着共產黨的旗幟。排除改良主義的叛變者、他們隱蔽在欺騙的允許和偽善的面具之下、在緊急關頭的時候、他們就幫助反動。

務要做到、使每一個由政府派遣到中國領土上的兵士、都會反過來與日本帝國主義對敵而忠誠地作中國革命的聯合者、並且要成為推翻日本資本主義的忠實奮鬥者。

中國的工人、農民和城市的貧民們！祇有確信你們自己固有的勢力。恢復、鞏固和把你們自己組織的階級覺悟提高。在共產黨的週圍緊密地團結起來。

全世界的工人們！用你們新的勢力、推動保護中國的革命和反對軍事的瓜分中國、要做到下列的口號之實現：

無論那一個兵、無論那一枝鎗、都不用去反對中國革命！

估量接近爆發世界戰爭的危險！

不要相信「阿姆斯特丹」第二國際欺騙的允許和矯偽的論斷。

勇猛不倦地工作、為預備變更帝國主義戰爭為國內戰爭的可能之條件。

（中國要聞）

◉工農革命運動

上海二十四日蘇聯社電　湖南湖北反對廣西派的運動擴大、各地方組織要求這兩省獨立。各地方當局惟恐在今年夏季於該兩省內發生共產黨人的暴動。

上海二十五日蘇聯社電　從廣州得的消息、警察搜查共產黨人的秘密機關。據警察指明被捕者有中國共產黨中央執行委員會的委員唐作人。

紐約二十五日蘇聯社電　社會報從廣州得的消息、廣西政府的軍隊在廣州殺死一百五十人均與共產黨有關係。從廣州驅逐俄國女子數人、係與共產黨人有關係。

◉新舊軍閥混戰

上海二十五日蘇聯社電　據南京消息、郭松齡舊部五千人擬在山海關斷絕奉軍歸路。

上海二十五日蘇聯社電　據日本電報通信社消息、張作霖派代表至南京向蔣介石提議和平條件：奉軍和南軍即行停止行動。所有一切問題提交張作霖召集的國民會議解決。張作霖自召集國民會議後即行離開北京。

十月革命第十一周年纪念与远东边区的中国工人，1928 年 11 月 7 日，丁山

第三百零二期　全世界無產階級聯合起來呵！　一九二八年十一月七日

每一個遠東邊疆的中國工人必須與「工人之路」發生親密的關係！

РАБОЧИЙ ПУТЬ

工人之路

Орган Дальне-Восточн. краевого совета профсоюзов.

Отв. редактор Тин-шань

Адрес редакции: г. Владивосток, ул. Пекинск. и Корейской, Клуб кит. рабочих „1 мая“ Телеф. № 6-35

Выходит 2 раза в неделю.

7-го ноября 1928 г.

№ 302

遠東邊疆職工蘇維埃出版

每逢星期三、和星期六日出版

價目：零售每份金洋五分　本埠定閱每月四毛　外埠定閱每月五毛

編輯及發行處：海參崴北京街和高麗街拐角中國工人「五一」俱樂部樓上

電話六百三十五號

廣告刊例：每期每字按照三分金洋計算長期另議

十月革命第十一週年紀念特刊

（第一張）

◉「十月革命」第十一週年紀念與遠東邊疆的中國工人

（丁山）

一九一七年震驚全世界資產階級的「十月革命」、到現在又是第十一週年了。「十月革命」和在「十月革命」的火中產生的蘇聯之十一年的社會主義建設、就是全世界工人運動革命化的原動力。

在「十月革命」第十一週年紀念的現時、全世界的資本主義國家各因其經濟矛盾和政治衝突、正醞釀不可避免的第二次帝國主義戰爭。無恥下流賣階級的社會民主黨已經和身的倒在帝國主義懷裏、替帝國主義効勞、企圖重演麻醉工人階級的把戲。另一方面、更因爲資本主義國家內的階級鬥爭日趨激烈、蘇聯的社會主義建設日益發展、帝國主義圍攻蘇聯的行動更形緊張。蘇聯的工人階級在其政黨—蘇聯共產黨—領導之下、目前對於國際狀況的責任就是站在共產國際的列寧旗幟之下、聯合全世界革命的工農、鞏固的保衛蘇聯、形成統一的戰線、轉變帝國主義的戰爭爲國內戰爭、反對資產階級的走狗—社會民主黨及亞姆斯特丹黃色職工會、一直到打倒世界的資本主義。

蘇聯在「十月革命」後這十一年的建設成績已經是超越於全世界的資本主義國家。但是、擺在蘇聯國家面前的困難、擺在蘇聯的工人階級面前必須親自解除的困難、也是龐雜重大的。因爲蘇聯受帝國主義國家的封鎖、因爲蘇聯的生產技術落後、因爲蘇聯的鄉村經濟尚逗遛在小農的耕種條件之下、因爲蘇聯國內尚有資本主義分子的殘餘、因爲蘇聯的人民—尤其是農民—還保守一切落後的風俗習慣、最後、因爲蘇聯國家時遭自然的災害……、凡此種種、都是使蘇聯的工人階級在社會主義建設的過程中隨時隨地都感受困難的。可是、蘇聯的工人階級有其豐富革命經驗的列寧主義的蘇聯共產黨之領導、尤其是蘇聯共產黨第十五次大會的議決案之正確、具體而周詳的領導、對於橫在目前一切不可免避的困難、都有戰勝的方法而不退讓！

在「十月革命」的第十一週年紀念時、在蘇聯遠東邊疆的中國工人、必須根據蘇聯共產黨第十五次大會的議決案加强的向城市和鄉村的資本主義分子—掌權的、通事、房東、地主和富農及一切投機的商人—奮鬥！在蘇聯社會主義建設十一年的發展、對於一切資本主義分子是必須更進步的鉗制和進攻的。因此、遠東邊疆的中國工人、必須活動的參加現時正在舉行的蘇維埃改選工作、熱烈的參加管理國家的事務、施展無產階級專政的作用、掃滅一切反對蘇維埃政權和利益的敵人。要肅清蘇聯國內工人階級的一切仇敵、才能鞏固保衛蘇聯的基礎、才能戰勝隨時隨地企圖進攻蘇聯的國際帝國主義、才能前進到世界的「十月革命」。

同時、在蘇聯遠東邊疆的中國工人、更必須完全的團結在各職工會的組織之內、參加遠東邊疆社會主義建設、無疑議的擁護蘇聯共產黨發展工業化和協作社的鄉村經濟之方針。要在工廠、作坊及一切國家的機關和企業內、嚴整勞動紀律、預備過渡到七小時工作制、用節省經濟以提高生產力而減低生產品的原價、正確的運用自己批評、嚴厲的同官僚化份子鬥爭以保護工人群衆的利益。各職工會尤必須擴大民主的範圍、廣大的提拔活動的中國工人參加管理生產的事業、鞏固的、親密的廣大的接近中國工人群衆。

另一方面、遠東邊疆每一個中國工人必須參加文化革命的建設。要參加各地的俱樂部或閱報室的一切工作、取消不識字或不通文墨、要參加各種研究會、學習政治知識和列寧主義……等革命的理論。要戒除抽大煙和賭博、因爲這不僅是妨害個人的身心的習慣而且是不適合於社會主義建設的習慣。要破除迷信和過舊年舊節的風俗、因爲這不僅是野蠻無稽的荒唐行爲而且是腐劣工人的物質生活之風俗、這些落後的習慣和風俗、只有熱烈的參加無產階級的體育、音樂、唱歌、電影、新戲以及羣衆的娛樂晚會和一切文化革命的建設工作才能替換的。尤其是中國的婦女、更必須破除一切奴隸式的風俗習慣、反對裹足、童養媳、賣買婚姻和多妻、進而參加蘇聯的一切社會事業。

在蘇聯遠東邊疆的中國工人、尤必須隨時注意到中國的革命運動。中國的革命工農羣衆、現時在英勇鬥爭的中國共產黨領導之下、雖然在嚴重殘酷的白色恐怖條件之中、然而仍一致的堅强其內部組織和改正其過去的錯誤。現時在中國的南部如湖南、江西、廣東等省的鄉村中已建設起中國的蘇維埃政府、組織紅軍、澈底的解決土地問題。但因敵人的勢力重重包圍、中國共產黨領導的中國革命運動、目前是在艱難萬狀的條件之下存在和發展。在蘇聯遠東邊疆的每一個中國工人、應隨時隨地的切實幫助中國革命、應趕急的預備回到中國參加實際的革命運動。因此、每一個中國工人應當參加在蘇聯各地的世界革命救濟會和發展其一切工作。

在「十月革命」第十一週年紀念時、每一個覺悟的中國工人、更必須明瞭「十月革命」勝利的主要原因之一、就是蘇聯的工人階級有其政黨—現在的蘇聯共產黨—之正確的革命領導。同樣、每一個覺悟的中國工人、亦必須明瞭繼續「十月革命」的勝利而使無產階級專政的國家—蘇聯—有這十一年的偉大的社會主義建設以及將來一直到實現社會主義的社會、亦全仗有豐富的革命爭鬥經驗的列寧的黨—蘇聯共產黨之領導。蘇聯共產黨就是蘇聯的覺悟、活動而勇敢的無產階級之先鋒隊、亦即是蘇聯的無產階級之革命爭鬥的大本營。因此、每一個覺悟的、活動的和勇敢的中國工人必須加入蘇聯共產黨、爲整個的無產階級謀解放和爲全世界的解放而鬥爭和犧牲—這是人類最光榮的行動。

遠東邊疆的中國工友們！「十月革命」的第十一週年就全世界的資本主義走向死滅的第十一週年、亦即是社會主義建設的第十一週年。在蘇聯國家担負的革

「十月革命」創造者—列寧主義萬歲！

本報編輯處啓事

遠東邊疆的工友們！

你們投稿本報時、請注意以下幾點：

（一）用墨水謄寫、字當不宜潦草。

（二）每兩行間、可留寬大一些的空白、以便修改。

（三）在稿末請寫出通信地址、以便寄稿費。

（四）發表時須用甚麼名字、請附註明。

（五）對於各地的工人生活、須作有系統的詳確通信、隨時投稿本報。

在第三國際旗幟之下為反抗全世界反動的白色恐怖而鬥爭

命重任日益增大、在蘇聯的無產階級担負的革命使命日益迫切、在蘇聯遠東邊疆的中國工人應担負的革命力量日益加重、大家要根據上述的各点、切實的在日常生活上實行起來、才能担負起應盡的責任！

「十月革命」萬歲！
無產階級專政萬歲！
蘇聯社會主義建設萬歲！
無產階級的文化革命萬歲！
蘇聯職工會萬歲！
蘇聯共產黨萬歲！
中國革命萬歲！
世界的「十月革命」萬歲！

十一年來的世界革命運動的三個時期

（之貞）

偉大的「十月革命」十一週年紀念又到來了。我們在最近十一年之間的國際間已不知發生了多少重大的事變、這些事變無一不是與世界革命運動有連繫的影響、所以世界革命從歐戰後發展的一般估計起來、可分為三個主要時期。

（一）蘇聯「十月革命」時為世界革命發展之第一時期

一九一四—一九一八年間的戰爭、喚起了世界革命的怒潮、尤其是歐洲各國、也就是革命發展到最高階段、洶湧的革命潮流、衝逼了全歐洲的時期。這個時期的最高点是一九二十年至一九二一年。

在這個時期中有俄國二月革命和俄國無產階級「十月革命」的勝利、促進各資本主義國家及殖民地內共產黨的組織。一九一八年三月有芬蘭的工人革命、一九一八年八月有日本的米糧暴動、一九一八年有奧大利和德意志的十一月革命、有匈亞利的無產階級革命、一九一九年三月有高麗的暴動、一九一九年有巴法里亞蘇維埃的建立、一九二十年一月有土耳其的資產階級民族革命、一九二十年九月有意大利工人的奪取工廠、同時有蘇聯紅軍之進攻波蘭的瓦薩瓦、也可算在裏面、最後我們還有所謂一九二一年德國的三月事件。

我們可以看到、在這第一時期中是充滿了偉大的有歷史意義的革命事變、還些事件都是銳利猛烈、形式表現出了資本主義制度崩潰的過程、尤其是歐洲的資本主義。但是因為西歐各國社會民主黨之背叛、把革命的怒潮發展堵塞了。同時國際共產黨—無產階級的先鋒、當時還很幼稚薄弱、沒有團結堅固的共產黨、因為工人階級的極大部份、仍舊在社會民主黨—改良主義的政黨的領導之下、所以直接的革命行動、受着創鉅痛深的長期失敗。只有蘇聯的革命是勝利了、歐美各國資產階級、却仍然能夠征服工人階級、鞏固自己的政權而部份得着資本主義的經濟穩定。

（二）世界革命的第二時期、是資本主義之部份穩定

世界革命形勢的第二時期之中、便是資產階級廣大的進攻無產階級時期、自一九二三年九月保加利亞的暴動失敗和一九二三年秋間德國無產階級革命失敗之後、這些消失敗、實為資產階級繼續發展的政治背景。尤其是德國無產階級革命的失敗、對於歐洲中部、以及對於整個的歐洲是有莫大的影響。

資本主義經濟部份的穩定、一方面是自己政治的勝利和得着美國的黃金接濟、同時却是資本主義的生產機關急劇的實行節省主義、根本上是殘酷的剝削工人、使工人階級的生活狀況日益惡劣、取消勞動者在前一時期所爭得的權利（八小時工作制、工資的增加、政治的自由等等）。

但是工人階級對於資產階級這種進攻的防禦鬥爭、有些罷爭確已達到了極大的規模、英國的總同盟罷工和礦工罷工就是其中之一。第一個時期搖撼了歐洲以及世界資本主義的不少的「安寧與秩序」、是直接的革命事變已由歐洲大陸轉移到殖民地和半殖民地國家中去了。在一九二五年摩洛哥發生了暴動、以二萬八千的革命軍隊抗拒法西斯軍三十餘萬之衆。一九二五年八月又發生了敘利亞的暴動、同年五月在中國發生了偉大的「五卅」運動。這一運動把中國的革命形勢更明顯的殷利化了。同時引起了廣大的中國工農群衆之反帝國主義運動、喚起了沉淪於中世紀的中國人民的革命情緒。因此、如果我們說在第一個時期中的直接革命形勢是帶有一種很明顯的歐羅巴色彩的、那麼我們也可說、在第二個時期中的直接革命形勢是在世界帝國主義的殖民地的特性。

（三）世界革命的第三時期就是廣大群衆之革命化

資本主義依靠自己的政治勝利、的確得到了相當的經濟穩定、可是這一個時期剛剛經移了、而資本主義改造時期却又到來。這就是所謂「生產合理化」、技術的改良使生產在質量上和數量上都超過了戰前的程度時期。現時在許多重要的資本主義國家內電汽化經濟之巨大的發展、在實用化學方面已有了很重要的發明、燃料原料之綜合生產的新方法、製造揮發油和人造絲的生產新方法等等—都是現代資本主義工業的特点。例如美國電力生產有如下表：

（下列以百萬啟羅瓦特—小時為單位）

1912年	1922年	1926年	1927年
17.572	47.659	73.991	79.724

此外還有幾個關於各種金屬在世界生產品中的發展情形以及人造絲在生產的狀況　如果我們假定一九一三年戰前一切生產品是一百、那麼我們在一九二六年的各種生產品就有下列的數目：

鋁……122%　鉛……107%
銅……109%　錫……110%

鋁合金屬品、現在在電汽工業方面、鐵道建築方面、德國美國的電車製造方面、都是很得勢的與其他的金屬品相競爭。關於人造絲生產方面的數目表還更有趣。世界人造絲的生產有下列的數目：

（以一千基羅格拉木為單位）

戰前的生產	11 000
1923年的生產	30 000
1925年的生產	84 000
1927年的生產	125 000

若假定戰前生產是一百、則以百分數計之可得下列的數目：

1921年	[illegible]
1926年	[illegible]
1927年	1056%

至於化學品的生產增加更屬可驚了、在各資本主義的國家中消費物品的消費有下列的數目：

（以千噸純硫酸為單位）

德國在戰前	240	1926年	[illegible]
英……	[illegible]	1926年	[illegible]
法……	[illegible]	1926年	[illegible]
意……	[illegible]	1926年	[illegible]
美……	[illegible]	1926年	[illegible]

在這些數目中也用不着我們詳細的解釋、很明顯的可以看出各資本主義國家將引起技術革命的技術上的變遷、是和國民經濟托拉斯化、是巨大的銀行組合的建立、以及現在戰後各種形式的國家資本主義傾向之發展有關係的。然而資本主義生產力的發展、一方面固由於偉大的技術上的進步、另一方面也是由於資本主義經濟連繫之廣大的改組所致。可是這種技術的進步和經濟的改組、是與反對資本主義的力量滋長及其內部矛盾之極迅速的發展是相伴而來的。

頭一個要算蘇聯。蘇聯的工人階級向着廣大的農民群衆、在許多大困難的環境中、已競達到廣泛地超過戰前的建設、而發展了新的建設。工人階級創造了許多新的製造場和新的電汽工廠、他開採了許多新的礦井、他建立了一個新技術、國家工業化已是猛烈的向着前進。但是他亦決定了改造農業整個的任務、他要幫助數百萬農村實行買和賣的合作、用耕種機和收穫機來代替原始的犂和鐮、用模範的集體的經濟來代替粗陋的個人的經濟。蘇聯這種技術的進步和經濟的改組、也是與資本主義改造時期相件而來的。十一年來的社會主義建設之成績也就是全世界工人運動革命化的原動力！

同時國際帝國主義整個系統之下的巨大的主要的矛盾也日益劇烈起來。資本主義的世界和社會主義的蘇聯之間的關係日益劇烈、資本主義國內工人階級與資產階級之間的矛盾、日益生長起來、帝國主義列強與殖民地半殖民地的革命運動群衆之間的矛盾也在日益深入、以至於引起許多直接的武裝鬥爭及暴動（

我們的旗幟—列寧！
我們的武裝—列寧！！
我們的責任—世界革命！！！

一九二八年十一月七日　全世界無產階級聯合起來呵！　第二百零二期（三）

號召東方千百萬被壓迫的工農群衆爲解放而鬥爭呵！

中國、印度、爪哇、摩洛哥、敘利亞等）再則，因爲資本主義發展的不平衡的，所以帝國主義列强自己之間的矛盾，也是日益劇烈，各帝國主義爲了維持自己的經濟系統，所以極力從事於可驚人的軍事準備，而爲人類殘忍流血的世界第二次帝國主義大戰。

所有這些矛盾的劇烈，便使世界革命的第三時期的開始。世界革命第三時期的特点是：工人階級的左傾和革命化，東方殖民地和半殖民地的幾千百萬的群衆起來參加進攻帝國主義的鬥爭，蘇聯更加成爲强有力的動力，更加成爲國際工人運動及世界被壓迫民族的革命的中心。同時也有第二次世界大戰的危險和帝國主義聯合進攻蘇聯之可能。

全世界的工人階級和一切勞動者，要在歷史所要求的無產階級革命旗幟之下——共產國際——聯合起來！反對那天崩地裂似的人類災患的大戰危險，反對帝國主義聯合進攻蘇聯的戰爭，準備公開的與資本主義判決最後勝負的武裝鬥爭，以完成世界的「十月革命」！

◎「十月革命」第十一週年紀念與中國運輸工人

（王相實）

蘇聯無產階級完成的偉大「十月革命」、到現在又是第十一週年的紀念日了！如果我們展開「十月革命」的歷史看一看、我們所能見到的只是：蘇聯無產階級的英勇鬥爭！蘇聯的無產階級在「十月革命」以前團結在多數黨的領導之下、勇敢的爲求解放而不斷的鬥爭，形成一九〇五年和一九一七年二月和十月的三次偉大革命。在這些革命鬥爭中，蘇聯的無產階級犧牲無數的英勇戰士，流灑了無量的鮮紅熱血，毀壞了成千百萬的財產，畢竟將反革命的白黨將軍，地主和資本家政權撲滅而成立了無產階級專政的蘇維埃政權，完成了轟動全世界的「十月革命」。在「十月革命」後的蘇聯無產階級，更鞏固的在蘇聯共產黨的列寧主義領導之下，與帝國主義的圍攻鬥爭、與落後的技術鬥爭、與散漫的農村經濟鬥爭，與官僚化的人員鬥爭和與落後的風俗習慣文盲鬥爭，而建設社會主義！「十月革命」的第十一週年就是蘇聯無產階級鬥爭了第十一年，同時已是建設了第十一年。

中國運輸工友們！我們是蘇聯的無產階級一份子，蘇聯的無產階級這樣十一年的鬥爭和建設的「十月革命」事業也就是我們的事業 我們在「十月革命」第十一週年紀念的現時，不僅是要停止工作、進行「十月革命」的宣傳運動，在大街上舉行遊行示威就算是盡了我們應負的責任，就算是我們紀念了過去英勇鬥爭的無產階級革命戰士同志——這不過是形式的表示罷了。這還不夠！

我們每一個中國運輸工友，在「十月革命」的第十一週年，必須知道我們自己應担負的責任之加重的偉大。要知道，每一個中國運輸工人，就是蘇聯無產階級爲建設社會主義而鬥爭的戰士！同時，每一個中國運輸工人也要知道自己就是世界「十月革命」之一個戰鬥員！

因此，每一個中國運輸工友，在「十月革命」的第十一週年紀念時，更要實行列寧同志的遺訓：「學，學，學」，要參加在運輸工會的各種學校識認中國字或俄國字，要學習列寧主義……等等革命的理論和經驗。另一方面要戒除不講衛生、不愛清潔或抽大烟、賭牌九……等落後的習慣。應參加俱樂部的工作，學習軍事和體育。在工作方面，更應遵守勞動紀律，不要缺工或遲到而要參加生產會議，提議改善工作的技術，提高生產力。要有系統的同官僚主義者和民族主義者奮鬥！要參加管理生產和國家的事業及一切社會事業，活動蘇維埃，協作社和世界革命救濟會的工作！我們中國運輸工人要最近與俄國運輸工人親密的聯合，共同的站在蘇聯共產黨領導之下，爲社會主義的建設而鬥爭，爲世界的「十月革命」而奮鬥！

每一個中國運輸工人必須識字！

每一個中國運輸工人必須參加生產會議！

有系統的同官僚主義者和民族主義者奮鬥！

活動蘇維埃，協作社和世界革命救濟會的工作！

站在蘇聯共產黨的領導之下發展自己批評！

「十月革命」萬歲！

◎「十月革命」第十一週年和海參崴運輸工會第四號地方委員會的成績

（[illegible]夫）

在偉大的「十月革命」第十一週年紀念的現時，計算我們中國運輸工人自己所有的成績，應當回憶到海參崴中國運輸工人在一九一七年和一九一七年以前在俄皇專制時候的狀況。那時候的中國運輸工人就是很簡單的一個被剝削者，少有人算他是一個人！他們受了俄國資本家和中國通事工頭無限的剝削，隨便的發給他們的工資。可是在一九一七年「十月革命」以後，於是就取消了民族間的不平等和鏟除了俄國資本家的剝削。因爲整個的工人階級，在蘇俄已經由奮鬥而得了自由在俄國的其他民族和中國工人，也隨着俄國工人得到了自由。中國運輸工人同俄國的工人階級爲「十月革命」的勝利同資產階級未停止一時一刻的戰爭！

遠東邊疆的國內戰爭在一九二二年十月二十五日才告完結。從這個時候起，在遠東邊疆才使中俄工人得到完全的自由！

海參崴的中國運輸工人，在一九二三年才開始加入運輸工會。在這時候組織了第四號地方委員會。第四號地方委員會的組織工作，當時經過了許多困難，到處都有通事和工頭的障碍。另一方面又因爲中國人的職工辦事員此時很少，所有的領導工作，經濟工作和教育工作差不多未有進行。這時候一切的力量都注意在組織工作上。

在一九二五年這種組織時期已告完結，於是才開始作經濟和教育工作

在一九二六年到一九二七年間，所有的一切的力量都注重在加强和鞏固這些工作。

今年到了「十月革命」的第十一週年紀念了，在海參崴的中國運輸工人（大部份在第四號地方委員會組織的）在這個偉大的紀念日計算起來，已有以下列的成績：

一、中國運輸工人都有保險的工資。

二、沒有一個中國運輸工人不是固定的運輸工人。

三、完全是八小時的工作日。

四、有定期的和單個的領取自己的工資。

五、領取有相當的作工專門衣服。

六、有兩個星期的暑假和到避暑處歇伏。

七、有中國運輸工人的寄宿舍。

八、每年隨着生產的提高增加工資。

九、在教育工作上已經有六個補習學校畢了業的學生而且派了很多的工人到黨部學校與勞動班去學習

十、除消了不勞而食的工頭。

十一、有中國工人自己的職工辦事員。

十二、在閱報室爲進行偉大的教育工作。

以上所說的成績，都是海參崴的中國運輸工人在「十月革命」以後，不久的時期以前（從一九二二年到現在）才得到的。

直到現在，海參崴的中國運輸工人還有很多（約占百分之六十）都不識字。必須在「十月革命」的第十二週年紀念時、（一九二九年）完全鏟除這個缺点。

海參崴運輸工會第四號地方委員會今後應進行以下的工作：

第一、使全體的會員（中國運輸工人）都要識字。

第二、廣大的吸收中國運輸工人活動的參加職工會的工作。只有提拔活動的中國運輸工人參加職工會的工作，才能改善我們的生產和促進工人國家的社會主義建設事業之進步。

中國運輸工人是無時無刻停止了「十月革命」的爭鬥和建設的。

◎「十月革命」與在蘇聯的中國婦女

（[illegible]）

勞動婦女在「十月革命」未成功的時候、無論在政治上、經濟上和教育上都是毫無權利的，然而自從「十月革命」的成功、在蘇聯的一切勞動婦女，就完全得到了政治、經濟和文化上的絕對自由平等了。

在俄皇時代，利用奴隸婦女的制度法律，規定着妻子應當完全服從丈夫，這就是把丈夫當做是家庭的主人，無論如何都要使他滿意歡忻，至於女子的權位則和牛馬一般。討生活。比如當丈夫的吃醉了酒或狂暴的時候，當妻子的也應當服貼貼的使丈夫滿意。俄皇時代的婦女們所受的這種痛苦，在現時的中國婦女，還不是日以爲常嗎？

然而在蘇聯國家的一切婦女，都得了蘇維埃政權的保護，蘇維埃政權對於一切婦女均認爲與一切男子平權平等的，而且對於有小孩或懷孕的婦女，更有特別保護的規定。這其中，在蘇聯的中國婦女當然不在例外

蘇維埃政權是甚麼呢？他是「十月革命」的結果。他是由不分男女、民族，只要有十八歲的勞動者選舉出來掌管國家事務的，在蘇聯之中國勞動婦女，當然亦有這種參加蘇維埃政權的權利。

選舉權及被選舉，在蘇維埃國家是非常重要的。因爲在蘇聯的人民，要有選舉權和被選舉權才能積極的參加國家的以及一切社會的工作，才能解決在政治、經濟和文化上的種種問題，才能定出具體的方法推動國家的政治、經濟和改善男女勞動者 在風俗習慣上的一切痛苦。

現在蘇聯的勞動婦女，已經完全得到平權平等的權利有十一年了！蘇聯的勞動婦女，在蘇維埃政權保護之下完全享受各種平等自由的權利，例如：結婚、離婚的自由權，勞動保護和一切政治、經濟的權利都與男子同等的享受了。但同時就是蘇聯的勞動婦女積極的參加蘇維埃政權幫助社會主義建設的原故。

在蘇聯的中國婦女尚有許多不知道蘇維埃政權的意義，因此，伊們所應享受的這些權利，也不知道去享受。尤其是參加蘇維埃工作去管理國家更不知道。因此，在「十月革命」的第十一週年，每一個革命的同志應竭力的向在蘇聯的中國勞動婦女解釋蘇維埃政權的意義！要

職工會！接近生產．接近建設社會主義的實際責任！

引導在蘇聯的中國勞動婦女參加蘇維埃的工作。同時、還要引導在蘇聯的一切中國婦女活動參加蘇維埃的一切社會工作、如補習學校、飛機化學社、體育團、兒童遊藝場……等等工作。

婦女解放、固然是婦女自身的事。但是、在數千年的壓迫之下的中國婦女、如若單獨的、伊們自己起來解放或自動的解放、還是不可能的事 尤其是勞動的中國婦女、伊們顯然是無產階級的一部份。這更是每一革命的同志應積極幫助伊們得到完全解放的！

「十月革命」和蘇維埃政權萬歲！

中國的勞動婦女解放萬歲！

「十月革命」第十一週年紀念的口號

(一)一九一七年偉大的「十月革命」開啓了全世界無產階級的勝利。「十月革命」萬歲！

(二)全世界的無產階級和被壓迫的民衆呀！站在共產國際的列寧旗幟之下、前進到世界的「十月革命」！

(三)蘇維埃的勝利、從資本主義剝削的和帝國主義戰爭的地獄內超拔人類——只有世界的「十月革命」！

(四)共產國際的綱領就是世界無產階級革命引路的明星。共產主義勝利的組織者——共產國際萬歲！

(五)在「十月革命」的火中產生之蘇維埃社會主義共和國聯邦、就是國際革命的堡壘。全世界的勞動者、鐵壁似的聯結起來、團護蘇聯！

(六)「十月革命」的敵人、預備武裝反對蘇聯、我們鞏固紅軍和保衛蘇維埃國家以回答！

(七)爲和平與完全解除軍備之蘇維埃的鬥爭萬歲！

(八)反對機會主義和少數主義的鬪爭才得到「十月革命」的勝利。無情的向世界的少數主義和一切機會主義的影響鬪爭！

(九)打倒在第二國際內之帝國主義的臣僕與附和者！在第三國際旗幟之下統一的和戰鬭的世界無產階級聯結萬歲！

(十)站在列寧的黨領導之下、我們從地主和資本家得到「十月革命」的勝利、站在列寧的黨領導之下、我們建設社會主義、站在列寧的黨領導之下、我們從資本之下得到勞動者完全的勝利！列寧的黨和蘇聯共產黨萬歲！

(十一)在「十月革命」中、在國內戰爭的戰線上、無產階級的英勇健兒流灑血汗才能建設社會主義 社會主義建設萬歲！

(十二)年年歲歲、社會主義建設呈現出新的勝利。在蘇聯的社會主義建設勝利萬歲！

(十三)社會主義的進攻激厲起階級的仇敵之矛盾。猛勇的向富農、新經濟政策之下的資本家、破壞經濟的人員和贊助官僚化的分子開鎗掃射呀！

(十四)無產階級的敵人企圖利用社會主義建設的困難反對蘇維埃政權。無產階級利用自己的專政反對社會主義的敵人！

(十五)在革命中鍛鍊出的無產階級、不怕困難。除去徘徊、疑慮和動搖！前進到在蘇聯和全世界的共產主義勝利！

(十六)鞏固社會主義的基礎！前進到國家工業化！要增多煤炭、煤油、五金和機器！

(十七)同沒有秩序和不節省經濟鬪爭！用各種方法減低原價、爲社會主義的改善化和生產的紀律鬪爭！

(十八)「十月革命」的產兒——七小時工作制、爲勞動的强度而鬥爭萬歲！

(十九)打倒在工廠、作坊、礦井和鐵路上的缺工和沒有秩序！無產階級的勞動紀律、純粹是無產階級的勞動、鞏固工人的國家之力量萬歲！

(二十)用緊張的勞動和革命的紀律、保証我們的經濟之鞏固、改善居住、俱樂部、新的醫院和學校、提高無產階級的物質和文化程度！

(二十一)工人階級和農民的根本群衆之聯合、就是牢不可破的堡壘、這是世界的地主和資本家企圖挑撥破壞的、鞏固這個堡壘呀！

(二十二)蘇維埃的工作是向着用各種方法幫助農村經濟、提高收穫和發展協作社進行的。社會主義的改造鄉村萬歲！

(二十三)爲蘇維埃經濟和組合到社會主義的道路消滅小農經濟的殘餘和分裂而鬥爭！前進到廣大的集合的耕種！

(二十四)壓制無產階級的敵人、經過蘇維埃提高工農羣衆的活動以建設社會主義。前進到國家——公社！

(二十五)工人和女工！全體參加蘇維埃的報告會議、全體參加蘇維埃的改選！勇敢的提拔新的工人和女工到管理國家的事業！

(二十六)爲蘇維埃——工人專政的機關——而鬥爭！鞏固無產階級和共產黨在蘇維埃內的領導！

(二十七)只有在多數黨的領導之下、蘇維埃在過去和將來都是無產階級專政的機關，社會主義建設的組織者！

(二十八)瀕弱農婦在蘇維埃的工作就是在鄉村中社會主義建設的妨礙！農婦們！參加蘇維埃的改選！貧農和僱農前進呀！

(二十九)用新的風俗習慣、破壞東方奴隸勞動婦女的風俗習慣！打倒裹足、買賣的婚姻和多妻！東方的勞動婦女參加蘇維埃的工作！

(三十)共產主義青年團員！在蘇聯列寧——共產主義青年團十週年的時候、號召青年的工人和農人參加蘇維埃和社會主義建設的工作！

(三十一)共產主義青年團員！鞏固「十月革命」的事業！在工廠內改善生產、在鄉村內改善耕種——進行農業革命、改善組合經濟的人員、在蘇維埃內活動的工作！

(三十二)職工會——共產主義的學校、無產階級專政的柱石。鞏固職工會、改善其與群衆的關係！

(三十三)擴大職工會的民主範圍！

(三十四)「十月革命」消滅了蘇聯國內的民族壓迫。蘇聯國內一切民族牢不可破的聯合、建設社會主義萬歲！

(三十五)一切的工作、一切的建設——站立在自己批評的火光之下！

(三十六)工農通信員就是向着官僚主義、新經濟政策之下的資本家和富農射擊的前鋒！堅固工農通信員的行列！

(三十七)向着自己批評的工作進行、反對我們自己行列內的一切弊病、反對沒有秩序、不通文墨、醉酒、抽大煙、賭博和迷信！

(三十八)高漲自己批評的聲浪、對於改善社會主義建設的工作！發展無產階級的民主！選拔社會主義建設前鋒的新人物！

(三十九)掃除文盲、提高學校、改善俱樂部和閱報室的工作、加强與「酒鬼」、「大煙鬼」和「賭鬼」奮鬭！無產階級的文化革命萬歲！

(四十)工人和女工！去參加社會主義建設！去參加列寧的黨！

(四十一)列寧的黨之一致和聯結、消滅一切的困難！

(四十二)中國的工農在中國共產黨領導之下建設中國的蘇維埃 這是世界「十月革命」發展的階段。援助中國革命、預備實際參加中國革命、這是在蘇聯每一個中國工農的責任！

(四十三)讓統治階級在共產革命的面前發抖。無產階級只能失掉自己的鎖鍊而得到的是全世界。全世界的無產階級聯合起來呵！

★

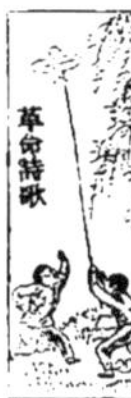

◎「十月革命」第十一週年紀念歌

（吉諾夫）

同志們的血仍然潰湧、
工農們的心仍然壯雄、
分明是昨天前天的爭鬭、
怎便說匆匆的又到了十一週年？

＊　＊　＊

分明是昨天前天的爭鬭、
打倒「克侖斯基政府」的聲浪還在耳邊、
打倒資產階級的統治活現在眼、
「土地歸農民」、
「一切權力歸蘇維埃」、
怎便匆匆的又到了十一週年？

＊　＊　＊

試看那：
帝國主義還在圍攻、
俄皇的殘餘還在鼓動、
資產階級的走狗還在想出頭露面的播弄、
十一年的爭鬥、一分一秒的繼續爭鬭。

＊　＊　＊

我們有：
鋼鐵般統一强固的共產黨、
千百萬勞動團結的職工會、
更有上下衔接的蘇維埃、
十一年的爭鬭、一分一秒的繼續建設、

＊　＊　＊

建設了凌空翱翔的飛艇、
發展了貫串城鄉的電站、
興設了縱橫阡陌的農場、
成立了煙囱林立的工廠、
十一年的爭鬭、十一年的建設。

＊　＊　＊

是誰說工農是資本主義的奴隸？
且看我們的「十月」！
是誰說帝國主義還要生存？
且看我、十一年後的世界的「十月」！

在戰場上保衛蘇聯！
在俱樂部進行文化革命！

一九二八年十一月七日 全世界無產階級聯合起來啊！ 第三百零二期 （五）

每一個遠東邊疆的中國工人必須與「工人之路」發生親密的關係

十月革命第十一週年紀念特刊

（第二張）

世界資本主義之狀況

（山石）

（一）如果認爲中國革命之解決要在世界無產階級革命以後、這固然是錯誤、如果認爲世界資本主義之穩定動搖、與中國革命無多大關係、這尤其是錯誤其實、世界資本主義或是局部的暫時穩定、或是穩定業已告終、都直接間接與中國革命發生密切關係。因此、我們對於世界資本主義的現狀、有求了解的必要。

我們在未說及世界資本主義的現狀以前、我們首先要將資產階級的世界大經濟學家、對於世界資本主義的狀況所說的話引幾段來看一看。資產階級的大經濟學家德人錦麗爾德、在他自己所著的「高度資本主義時代之經濟生活」一書的序言上說道：「戰爭一起、資本主義之高度時期、馬上終了。過了此時期、好像與一九一四年以前幾年一樣、已經表現出資本主義之消滅的象徵……這是衰老的現象、牙齒落了、頭髮白了。…現在還算是男子的壯年時代、可是最强壯的年齡業已過去、而開始過四十歲以後的生涯了」另一個資產階級大經濟學家格爾姆斯教授在他著的「關於經濟戰爭與國際經濟會議」一書上說道：「…現在世界資本主義的中心、已經不在歐洲、而在美國。美國在將來「高度資本主義」時代、必然居領袖的地位、資本主義就在新國家的帮助之下、表現其勝利的前程。然而一說到歐洲就要回憶到古代羅馬、羅馬當時在日益劇烈的社會的困難中、只有將麵包分給群衆是出路了」。

這兩個資產階級的大經濟學家、其一只承認目下的世界資本主義處於衰老時期、尚未到死亡時期。其二、惟一希望美金來救濟羅馬前夜的歐洲、他們倆用糊塗的眼睛來觀察垂死的世界資本主義、只夠得到真理的半面、却不能得到真相的全局。現在的歐洲確似覆亡前夜的羅馬、但是現在機器訓練出來的工人階級、決非古羅馬時代的流氓無產階級可比

然而我們並不否認資本主義的局部穩定、但是要知道此局部穩定之發生是在資本主義的腐爛時期、資本主義雖然暫時保存着局部穩定、但是、資本主義之經濟化確已發生危機。

（二）資本主義經濟化的危機 世界資本主義（如美國如德國）採取經濟化以後、在多多剝削工人階級增加每個工人的生產力的基礎上面、資本主義的生產確是增加了。但是無政府生產狀態的資本主義、根本不能解決其困難與矛盾。

世界資本主義領袖（美國）、大戰以後、工業上面所雇用的工人、其數目日益減少、此種工人總數的減少是絕對的並非相對的而且是在增加生產的狀況之下減少的。大戰以後、美國工業方面、工人數目之減少如下表：

（以千爲單位此表爲美國勞工統計局所發表）

	1919年	1925年	1926年
農業	11,300	10,500	10,350
大工業	10,689	9,772	9,850
礦業	1,065	1,065	860
運輸業(鐵路)	1,915	1,744	1,782

照這表看來、一九一九年至一九二六年之間、美國工業上的工人數目減少二百萬以上、一方面工業上所雇用的工人數目減少、而另一方面工業出產到反增加了 這因爲每個工人的生產力增高了、雖然工廠裏的工人減少、但是出產倒反能增多。技術改良了、生產經常擴大了、而資本也就增加起來了、同時生產出來的消費品和生產工具就需要更大的市場。使農業工業化、確能銷售工業上的許多機器、但是美國農業的工業化已經非常完全、决沒有再行工業化的可能了。要農業方面容納多量機器、固然不可能、但是美國農業還是繼續不斷的引用新式的優良機器、因此、美國農業上的工人還要不斷地減少下去。換言之、失業工人逐日增添。美國國內農業不能容納許多機器、工業資本勢必要找國外市場、要解決國外市場問題、引起世界第二次大戰爭不止。

綜上以觀、所謂經濟化已經發生着兩種危機、技術改善了、每種商品所包含的必需勞動時間減少了、但是失業工人因之也增加起來、此其一、技術改良了、生產量增大了、可是生產可能與銷售生產之間存在着極大的矛盾、此其二。

經濟化之在美國已經發生兩種危機、但是對於經濟化程度最高的德國究竟怎樣呢？如果以一九二五年的德國一個工人每天生產生鐵爲一〇〇、則一九二七年就增至一四〇、以一九二五年的一個工人每生產生鋼爲一〇〇 則一九二七年就增至一三七 德國工業的生產量確是增大了、但是德國的國內市場、比之美國更要狹小、要解決國外市場只有新戰爭才有可能、現在德國人批評經濟化說道：經濟化的結果是在於生產量之過於擴大與德國外債之若大的增加、失敗的理由就在於瞎着眼睛模仿美國的方法。

在最近的將來經濟化將在美國發生嚴重的結果。無論在美、在德在英、經濟化的過程、均將發生資本主義內部的極大矛盾、資本主義的列强爲擴大其資本主義的經濟制度起見、將引起世界的第二次大戰。

（三）世界經濟之一般的形勢 現在世界資本主義的大國、沒有一國有很好的營業地位、在多數國家裏、即資產階級自身、對於營業能否發達也抱懷疑的態度。現在世界經濟的一般情形是趨向於生產過剩、主要產煤的國家、煤的恐慌一天厲害一天、在美國、因爲工人的罷工、一年當中、煤的出產就減少一萬萬噸。在美國、停開的煤礦、有增無已、在法國、煤的貯藏日益堆積、在德國大感國內市場之困難。

煤油生產、顯然表現出生產過剩、美國在一年當中、煤油的價格幾乎減低百分之五十。（美國與英國煤油競爭一天劇烈一天、生橡皮也是同樣的情形。棉紗工業之恐慌仍繼續不已、尤其是在英國、恐慌更甚。美國之汽車遲早將見生產過剩、許多主要商品也趨於生產過剩。

國

世界資本主義如要解決生產過剩的難關、他必須設法重行劃分領土、否則帝國主義各自現有的領土是不夠供給他剩餘的、帝國主義列强理想中的地方、就是南美洲、中國與蘇聯。

（四）以上關於普遍方面、稍稍加以說明、現在再將各國分別畧述一下。

（甲）美國、我們首先要知道的、就是世界經濟中心後歐洲的倫數移到美洲的紐約。全世界各部分的生產、美國所佔有百分數目如下：鋼鐵百分之六十、煤油百分之七十二、銅百分之五十三、煤百分之四十三 全世界的黃金貯蓄、美國獨佔半數以上。這種經濟重心的轉移、在整個資本主義制度上說來、只有增加許多困難。

世界的經濟重心雖然從歐洲移到美國、但是美國有很大的資本主義的困難問題、解決不了。如汽車工業將要大大感受生產過剩、福特一行每年可出汽車二百五十萬輛、以美國全國而論、每年至少可出六百萬輛汽車。煤生產雖因礦工罷工而減少、然而如果罷工一停止、煤馬上就有生產過剩的恐慌。

煤油每日出產二百四十萬桶、而貯藏有增無已、現在所貯已足供全國九個月的用需、價格大大低減、恐慌自是難免。

我們將以上兩節所說一並看來、就知道美國最困難問題是生產過剩問題、就是找市場問題。

（乙）英國、英國的發達最早、所以他的技術也最陳舊、不及新起的德國美國來得精良。大部分工業尤其是礦業、都變成不能賺錢的生意了。製造工業有特別危機、對於工業的大投資、也是辦不到的、因此、工業上就沒有技術改組的基礎。英國工業日趨衰敗、如江河日下、勢必自「世界大工廠」的英國、一變爲寄生於債權生活的英國。

一九二五年、英國從商業貿易當中得一萬萬金磅利潤、而從資本輸出以及其他銀行營業、所得利潤爲萬二千萬金磅、於此就可証明了。

英國工業的生產一天減少一天、所以出口每年減少而進口則每年有增無已、我們以一九一三年的進出口爲一〇〇則一九二四年與一九二五年的進出口如下：

	進口 1924年	進口 1925年	出口 1924年	出口 1925年
[illegible]	125	127	88	83
[illegible]	90	97	89	80
[illegible]	105	118	79	80

在一九〇七年到一九二四年之間、英國在工業上與礦業上、工人人數增加百分之十七、但是出產只增加百分之二十一、如果將價格的增高計算在內、則一三一的數字就要變爲八三了。如果將英國和美國之同一部門的工業比較一下、更見得出英國工業的落後了：

每一工人的生產

	英國1924年 工人數目（以千爲單位）	英國1924年 每一工人所生產的價值（金磅）	美國1925年 工人數目（以千爲單位）	美國1925年 每一工人所生產的價值（金磅）
[illegible]	200	747	371	1,580
[illegible]	571	415	693	1,150
[illegible]	147	578	430	2,910
[illegible]	123	565	240	1,985
[illegible]	125	408	30	705
[illegible]	102	723	445	770
羊毛工業	201	720	208	1,180

我們從這數上看來、美國一個工人所生產的價值比之英國一個工人要多兩三倍。

英國工業的技術、全部太陳舊了、所以每一次所生產的價值較之美國相差很遠、要全部翻來改組、這是辦不到的事、且所需資本亦太大。要想在增加生產力上圖、小小經濟化一點、那亦是無濟於事的、並且也找不到市場。所以英國資本主義畢竟打不破當前的難關。

（丙）德國、德國是歐洲衝突的焦點、一切衝突都集中於德國。德國在技術與資本組織方面、得到一些成績。如商品的成本減低了、世界市場的競爭能力、也增高了。這就是經濟化得到

（六） 一九二八年十一月七日 全世界無產階級聯合起來呵 第三百零一期

在第三國際旗幟之下為反抗全世界反動的白色恐怖而鬪爭

一些成績的模範國、但是另一方面、凡爾賽條約、對於德國就有嚴重的危機。德國最嚴重的問題、就在於想怎樣將一九二八年九月一日的新預算減去十二萬萬五千萬的賠欵支付。賠款除外、德國尚有一百萬萬馬克的借款。此償款利息之支付與賠款之償付、確是德國目前最嚴重的問題

德國是穩定成績最好的國家、可是同時破壞此穩定之難題也最多

世界資本主義列強間的衝突、近來日益加劇、如歐洲資本主義國家與美洲資本主義國家的部分的衝突、而整個資本主義世界尤其是英國與蘇聯的衝突、特別來得厲害、因此逼迫着資本主義國家內部之經濟的聯合趨於增進、而資本之集中與集合的過程也更來得急遽。所以德國近年來形成托辣斯化的趨勢、非常迅速 有走入國家資本主義的趨勢 然而這決不是說垂死的資本主義在其質量有甚麼改變、也不是背叛工人階級的考茨基所說的超資本主義的實現

一九二五年的一個短時期、德國確是營業興盛時期、但是到了一九二五年、此種興盛就大生問題了。據營業發展研究會敘述本年二月底的營業地位說道：「消費品的生產減低百分之四六。生產工具的出產減低百分之二四。這種緊張的情形尚未改變……」。

德國鋼鐵托辣斯獨佔德國鋼鐵生產的三分之二、他很堅決的指揮國家的政治、全國電力、五分之四集中在國家手中、現在德國工業 幾乎沒有一部分不與德國的內政外交發生直接聯繫 這就是趨向於國家資本主義的一種方式。

（丁）法國、一般說來、法國經濟自從一九二三年起、總是處於上昇的局面、雖然一九二七年煤的生產不很順利。煤的出產雖然沒有減低、貯藏也堆積起來（約三百萬噸）、但是煤工業仍處於困難的狀態

法國鐵與鋼鐵情形比較好些、下列一表即表明法國重工業出產的增加：

（以千噸為單位）	煤	鐵	鋼
1926年每月平均數	4[illegible]25	[illegible]	[illegible]
1928年一月	4142	809	[illegible]
1928年二月	4264	785	738
1928年三月	4'66	858	804

至於其他部門工業的情形、既不很好、又不很壞、都是平平常常。

但是法國對英對美償款問題、實無法解決。法國惟一希望德國的賠款來償付償款、可是德國又設法要、一九二八年九月一日的新預算減去十二萬萬五千萬賠欵的支付。

（戊）意大利、意大利是新起的一個國家、一切工業上主要的原料品、他都是沒有的、全國工農非常窮困、國內市場更其狹小。在這兩点說來、意大利資本主義與日本資本主義實相類似。

意大利的資產階級專政又是一種形式、工資之減低工業品價之規定、都由政府命令執行、如不得政府允許銀行營業是不能進行的。這種專政對於資產階級自身也沒有多大特別利益。

一九二七年夏、政府命令減低工資百分分之十、同年秋又命令再減低百分之二十。現在工資僅等於戰前百分之七十至七十五。

經濟化的結果、使工人的勞動痛苦、失業增多、一九二八年二月失業總數共四一三三八四人、短工工人共五八一〇九人、短工工人今天有工做、明天就要失業的。

意大利資本主義是國家資本主義的另一種特別形式。

慕沙里尼取消國會、代以法西斯底的「社團國家」、以國家的政權來控制資本主義、來發展資本主義、慕沙里尼就想在極端殘酷的剝削工人階級的基礎上面、使意大利工業化

所謂「社團國家」究竟 甚麼一回事呢？所謂「社團國家」、就是鮑埃爾所謂的「職務德謨克拉西」罷了。照鮑氏的理論、德謨克拉西應當是各職業各階級各集團等等各自依照其在社會生活中之職務而組成的代表制度。鮑氏說道、如果照着這些各種職務而組織的代表制度、那麼我們豈不是得到了一種非國會的特別形式的政府嗎？鮑氏的錯誤、就在乎他不明瞭政權問題、不懂得政權是誰的機械、誰管理政權 無論你為「社團國家」、或是「職務德謨克拉西」、意大利資本主義是趨向於國家資本主義的另一種形式。

（己）日本、日本資本主義與意大利一樣、國內市場既然狹小、且又缺少工業上的原料品。但是日本資本主義既未曾如歐洲各資本主義國還樣受過創痛、最近幾年又將蒙古和滿洲活活併吞進去、成為事實上的殖民地—自然原料豐富、取之無盡、市場廣闊、是營業的安樂土

日本除鐵路不計外、工業和銀行的資本、百分之三十是屬於國家的、可是現在已轉變而為日本政府直接發生連繫的財政資本主義制度了 同時日本政府亦成為財政資本主義的代表人了、日本帝國主義與英美帝國主義有不可調和的衝突。他受到國外的攻擊、所以不得不使其內部趨向於國家資本主義、準備與英美帝國主義相抗衡的實力。

（五）工人階級之現狀 對於國際資本主義的現狀、約略加以說明、自然對於世界工人階級的情形、也有加以簡單說明的必要。各國官場的統計、都說各資本主義國內的工資「已達到戰前水平線、然而有許多更詳細的調查、如英國工人調查局、凡爾加（人名）調查局以及德國之「帝國信用社」的有些統計數字、均與官場統計不符。除美國以及美洲沿海各國外、其他各國的工資均未達到戰前的水平線。如德國一九二七年七月熟練工人的實際工資僅等於戰前百分之九十三、據德國「帝國信用社」的統計、熟練工人的工資等於戰前百分之一百三十五 八、但是物價指數則增高至一百四十六四、這就是說實際工資未達到戰前的水平線。英國之平均工資僅等戰前實際百分之九十、紡織煤鐵業方面 工資、特別來得低下 法國巴黎一九二六年底只有排字工人的工資超過戰前、而其他各部門的工資只有戰前百分之六十五至八十七。意大利工資、減低百分之三十以後、只等於戰前百分之七十至七十五。美國工資雖然平均增加百分之三十、但是這種增加、僅增加於美國工人身上、而美國南部非洲黑人工人的工資倒是很少、工時既長、勞動狀況又苦

各資本主義國裏的工資、未達戰前標準、而工時又增加起來、工人階級已經非常痛苦、但是資產階級還認為現在的工資、必須再行減低呢！由此我們顯然看出資本主義之局部穩定和資本主義之經濟化的基礎是築在進一步剝削工人階級上面的、築在工人階級背脊上的資本主義穩定資本主義經濟化、其結果除上述生產過剩與爭奪新市場準備新戰爭的危機外、勢必使階級鬥爭日益加劇、促進資本主義之早日死亡。

（六）結論 我們分析世界資本主義的現狀、知道築在進一步剝削工人階級的基礎上面的資本主義經濟化、一方加劇階級鬪爭一方發生生產過剩的危機。要解決生產過剩的問題、自然要尋找新市場、但是世界上的市場早已劃分好勢力範圍、要打破特殊的勢力範圍、重行劃分地圖、非發動世界二次大戰不可。

一九一四—一九一八年世界大戰的時候、謝謝各國社會民主黨背叛工人階級、在「擁護祖國」的口號之下、延長了世界資本主義的壽命。但是世界二次大戰爭不發生則已、如果不幸發生世界二次大戰、那各國社會民主黨不能再來欺騙工人階級了、而工人階級已經受過列寧主義的深切的訓練、必能變國際戰爭而為國內戰爭、推翻世界資本主的統治、建設世界社會主義大共和國。

附註：一、本文參考材料：一、布哈林同志在蘇聯共產黨十五次大會關於國際形勢的報告。二凡爾加同志對於一九二八年三月來世界經濟與經濟政策的論文。

附註：二、此文係轉載中國共產黨機關報「布爾塞維克」第二十七期。

◉「十月革命」十一週年紀念與中國青年工人

（馬子昂）

「十月革命」的第十一週紀念日又來到了！我們在蘇聯的中國青年工人、對於這個紀念日、將作如何感想呢？我們若回憶到從前的以及推想到將來的社會時、誰都知道現在的資本主義社會是黑暗的、而將來的社會主義社會是光明的。而且、這個光明的社會、在蘇聯不久便要實現了！

現在的世界、因為有垂死的資本主義—帝國主義妨害了世界人類的社會進化、造成了少數的資本主義寄生蟲、壓迫和剝削多數的工農群衆。在「十月革命」的潮流一天奔放一天的高漲、還有什麼理由可以允許資本主義繼續的存在下去呢？資本主義命運、不久便會終結的！

看呀！在「十月革命」的十一週年紀念日、全世界的帝國主義者、都在無產階級的面前發抖！因為從「十月革命」的火中生的蘇聯的無產階級已經有堅強的武裝鞏固了世界上第一個社會主義國家的建設。帝國主義者侵畧弱小民族的野心亦因為「十月革命」的潮流之沖擊而「撤開了手」！

帝國主義者固然時時刻刻的預備向蘇聯武裝的進攻、然而同時他們互相間的矛盾、已達到極點、因此為爭奪市場和原料的第二次世界帝國主義大戰、轉瞬間便要爆發。

在第二次世界帝國主義大戰爆發時、帝國主義者還要用「保護祖國」的口號來欺騙全世界的勞動者到戰場上去塞礮灰替帝國主義者犧牲其性命！這也是我們早已料想得到的！

在第二次世界帝國主義大戰爆發時、在資本主義國家內和殖民地以及半殖民地的無產階級應該一致的團結在共產國際的列寧旗幟之下、轉過鎗炮的目標、向着資產階級的政府射擊而保衛蘇聯和建設世界的蘇維埃社會主義共和國、完成世界的「十月革命」！

我們在蘇聯的中國青年工人們、對於第二次世界帝國主義大戰的責任、就是要在第二次世界帝國主義大戰尚未爆發之前、參加軍事團的工作、時時刻刻、加緊武裝的訓練以準備更強固的保衛我們無產階級的「祖國」—蘇聯、同時幫助各國的無產階級建立蘇維埃國家！另一方面在現時更要向中國工農解釋第二次世界帝國主義大戰的危險而保衛蘇聯的重要！

我們在「十月革命」的十一週年紀念中、還要加強在蘇聯的中國工人中之文化革命工作！我們是青年工人、我們對於

一九二八年十一月七日　全世界無產階級聯合起來呵！　第三百零二期（七）

號召東方千百萬被壓迫的工農群衆爲解放而鬬爭呵！

的、甚至深深習染的。我們對於抽大烟、賭博和信神信鬼，過舊年舊節……等等都容易除去 除此以外 我們每一個中國青年工人必須嚴肅認識！所謂「少壯不努力、老大徒傷悲」、這就是我們每一個中國青年工人所應銘心刻骨的警惕的！

「十月革命」是世界革命的種子。我們每一個中國青年工人在年年歲歲的紀念「十月革命」就是要年年歲歲的播散這種「世界革命」的種子！我們要站在列寧的旗幟之下、站在共產主義青年團的領導之下努力呀！爲世界革命而努力呀！

反對第二次世界帝國主義大戰！

打倒資本主義！

「十月革命」萬歲！

無產階級的文化革命萬歲！

共產主義青年團萬歲！

列寧主義萬歲！

世界革命萬歲！

本報緊要啓事

本報特刊第一張第二頁圖畫註釋第二句「我們的武器—列寧主義！」誤爲「我們的武裝—列寧！」特此更正

（中國要聞）

▲白色恐怖

上海卅一日蘇聯社電 在廣州被逮捕的工人甚多 但大部份係鐵路工人、均認爲有共產嫌疑者。據廣州報載從九月廿六日到十月十五日在廣州共槍斃共產黨員六十八人。在香港被捕數人、認爲與去年廣州暴動和海陸豐蘇維埃政府有關。

北京一日蘇聯社電 北京晨報載、馮玉祥命令甘肅、陝西、河南各省對於共產黨的活動、須根本鏟除 因此在最近有許多共產黨員被捕槍斃。

▲日本大批軍官派往中國

北京卅一日蘇聯社電 據電通社消息、日本現在派一百八十個軍官已到天津、其中有一百五十人係步兵軍官、三十個係砲兵軍官、現正派往天津北京兩處日本軍隊中服務。

▲南京政府對於國際聯盟失望

上海廿九日蘇聯通訊社電 據上海報紀載、現在南京政府擬退出國際聯盟、其原因係以前南京政府要求國際職盟常務委員一席和濟南事件、而國際聯盟置之不理。禁煙問題、國際聯盟獨對中國須派員考查、印度產鴉片區域則除外。

日本與奉天交涉停止

東京一日蘇聯社電 電通社消息、日本與奉天關於滿洲建築新鐵路的問題已停頓 因爲人民反對張學良允許日本投資築路。

▲人民對於日本交涉的提議

上海十月卅一日蘇聯社電 南京人民團體四百個代表開會提議南京政府要求日本政府任命代表到中國談判。如在恢復交涉時、主要的是日本撤退在中國一切軍隊。在談判時應公開的允許人民傍聽。

▲在哈爾濱的蘇維埃報館被封

哈爾濱三日蘇聯社電 警察廳命令封閉蘇維埃的報紙—「馬爾瓦」。該報的主筆被捕、旋因出保証金開釋。封閉該報的原因、係因該報載有歐洲罷工的消息和言論。據警察廳的命令、該報於此案未解決以前、不准出版。

▲中東路副局長就職

哈爾濱三日蘇聯社電 中東路副局長啓爾告納由莫斯科昨晚抵哈就職。

▲崴哈間的長途電話通電

哈爾濱三日蘇聯社電 海參崴與哈爾濱間的長途電話於本日通電。中國行政方面派代表出席慶祝會。

（蘇聯要聞）

▲出口貨的增加

莫斯科廿六日蘇聯社電 據國家貿易委員會報告在一九二七—一九二八年出口貨值二千四百二十一萬八千六百盧布、在一九二六—一九二七年出口貨僅一千一百三十七萬[illegible]千盧布、最大部份是化學的原料出口 在一九二七—一九二八年較一九二六 一九二八年出口增加四倍。在一九二七—一九二八年火柴的出口三十七萬箱值三[illegible]六十五萬盧布 較一九二六—一九二七年超過七倍。

▲發明製造肥料的新方法

莫斯科廿八日蘇聯社電—莫斯科國家化學研究學院「依巴柯夫」利用燐素和魚發明土壤肥料方法。蘇聯人民經濟委員會擬[illegible]近採用這種新方法製造肥料、以灌溉土壤。在一九二八—一九二九年預備這種肥料的費用爲六千五百萬盧布。

▲預備日用生活品

伯力卅一日紅旗報通訊電 從歐俄中部運來白糖二十五萬布袋、在東口的食糧已預備充足、在黑河尚形缺乏 遠東邊疆冬季布疋從西方工業區運來一百三十車箱、較之六月前要多二十五車箱。此外爲製造毛布經費四十一萬盧布。

▲生產力的進步

莫斯科二十九日蘇聯社電 中央職工蘇維埃執行委員擴大會議上、人民委員會勞動部主席史米特報告、關於減少工作時間爲七小時的結果、生產品較以前爲佳 本年減爲七小時工作的佔百分之二十、生產力及勞動紀律亦日漸提高。

▲愛史多利亞偵探被捕

莫斯科卅日蘇俄社電 愛史多利亞派赴蘇聯偵探九人、業已被捕。現正移交列寧格勒軍事審判廳審訊。其中爲首者係一女子、在一九二七年爲偵探蘇聯情形、往返數次、於去年十二月在列寧格勒被捕。

（各國要聞）

▲美國政府誣殺查可王宅其事件已証明

紐約卅日蘇聯社電 在去年美國政府殺害查可王宅其的事件、因審判者將誣殺查可王宅其事件隱秘、執行處死。但現在主謀者本人竟投函官廳、聲明確非查可王宅其等。

▲拉特維亞資本家剝削工人

里加卅日蘇聯社電 據里加報載、工人工資近年雖增加百分之二、五、可是一般的物價指數已增加到百分之廿三。鄉村工人工資亦非常低落。

▲波蘭紡織工人繼續罷工

瓦薩瓦廿九日蘇聯社電 洛志「維吉斯克亞」紡織工廠工人尚繼續罷工、因業主不願增加工人百分之五的工資。皮業工人亦仍繼續罷工、要求增加工資百分之二十、但業主僅允許增加百分之一

▲洛志發現大批炸彈

瓦薩瓦廿七日蘇聯社電 洛志城現發現炸彈甚多、現在警察正從事搜索

▲法國罷工運動高漲

巴黎二十八日蘇聯社電 法國「洛苑」紡織工人罷工、在「達爾拉陶」地方所有紡織工廠都實行停廠、在「路苑納」亦停止紡織工廠六個、在其他處亦發生罷工並舉行示威運動

巴黎二十七日蘇聯社電 「路苑納」紡織工人要求增加工資百分之廿、但業主僅答應增加百分之四。在「大倫滔」罷工的紡織工人有一萬七千餘人。

▲德國資本家不承認工人的要求

柏林二十九日蘇聯社電 在德國東南的各紡織工廠主預備在十一月卅日實行取消以前增加工資的合同。

（本埠要聞）

▲中國勞動者對於一九二八年被選到城市蘇維埃的代表之委託草案

（蘇聯共產黨海參威州委員會提議和介紹）

我們中國勞動選舉者……八、派送我們的代表到城市蘇維埃與在蘇維埃國家內居住的一切勞動者同等、我們在此享用比我們本國絕大的權利、在我們的本國內、是本國的外國資產階級走狗—各種軍閥無憐惜的壓迫我們的同胞、殘酷的殺害我們爲一切自由的戰士。

蘇聯的勞動者進行其到社會主義唯一的道路，其成績是由於蘇聯共產黨的領導責任之堅固和正確。蘇聯共產黨是一切無產者的唯一保護者和被壓迫者向壓迫者鬬爭的確實靠山。

指明新的戰爭之危險和資產階級國家扼制蘇聯國家的企圖、蘇聯的存在和鞏固、對於每一個勞動者無論是何種色和民族都是寶貴的、因爲蘇聯的存在是對於他們一切的生活改善之保証—大會委託城市蘇維埃、引用一切方法以增加保衛蘇聯的能力和鞏固紅軍的戰鬥力。

在實行城市蘇維埃面前的重要責任、努力的鞏固城市的經濟、改善城市的建設、解決居住的問題、發展地方的工業、減低生產品的原價、發展人民的協作化和協作社的統系—我們委託我們的被選者和城市蘇維埃注意我們的風俗習慣和民族的需要。

必須設法對中國人民多多的解釋蘇維埃的法律和用以根本取消一切工頭、通事和中間人的欺詐。同樣增加蘇維埃在將來必須在各機關內進行城市中國人民的代表、以便於保証不會說俄國話的中國人民到各機關去接洽。

參加城市蘇維埃的工作必須多吸收普通的中國勞動者而且會同他們解決我們的生活之根本問題、在中國勞動人民之前、改善城市蘇維埃的工作報告、

在這次召集的城市蘇維埃之一切工作上、我們全體完全贊同提出下列的具體責任：

▲開往莫斯科的火車班秩已更改

由本埠開往莫斯科的火車每星五次、其時間是：二、三、五、六、星期五。每次都是夜晚十一点零五分。

▲增加魚業托拉斯資本

魚業托拉斯資本原係一百六十八萬盧布、現該托拉斯要求人民經濟委員會主席團增加固定資本爲三百五十五萬盧布、流動資本爲三百二千萬盧布。

（八） 第三百零二期　　全世界無產階級聯合起來呵！　　一九二八年十一月七日

職工會！接近生產，接近建設社會主義的實際責任！

▲人民登記費的規定 從一九二七—一九二八年起、海參崴工人、農民、職員、以及小手工業者、凡登記時每人須納二毛五分登記費、但商人、自由之業者以不勞動者登記時須納五盧布的登記費。

▲遠東工廠製造鋼板火輪 遠東邊疆執行委員會議決在遠東工廠製造鋼板火輪

▲邊疆人民檢察委員會審判官僚 本年七月某日在歐伏車中有一學生、因不經心用鉛筆亂塗於車箱板上、被檢查員瞥見、遂罰該生十盧布、同時有藝術專門學校學生某係紅旗報通信員知其事、認爲鐵路檢查員不對、（按規章只能罰三盧布）遂將此事的眞相寫給紅旗報發表、但鐵路檢查員亦呈控於人民檢察廳、可是人民檢察廳未經詳細調查、即將全部卷宗移交人民審判廳、不料該廳據此即判處該通訊員六個月有期徒刑。因此該通訊員因感繼續求學發生困難、復憤官僚分子處事不當、一時氣憤遂萌短見自殺 現在邊疆人民檢察委員會特派專員來此處理此事。

〔工人生活〕

◉中國工人「五一」俱樂部軍事團的工作狀況

在九月二十一日中國工人「五一」俱樂部軍事團的全體大會上、由丁立助報告該軍事團的工作、略謂過去六個月的工作、只出去打野操一次、參加者有三十餘人、半時練習軍操三次、練習射擊七次。在幹事員方面、對於工作不甚積極、很少接近俱樂部。統觀以上各点該軍事團的工作、在過去是沒有多大成績的 繼後、該軍事團改選幹事員、結果、張希孟、姜德仲、邵茂德、李漢雲、劉風、袁杏三、孫正賓七人當選 該軍事團這次當選的新幹事員同志、已於九月二十四日開會、有飛機化學社的代表孫洪祥同志參加、當即擬定計劃、分配工作、注意實際訓練與宣傳方面的工作。該軍事團這次當選的新幹事員同志、都是熱心參加軍事化工作的、同時又值各學、各團體的工作人員均易會集、在最近的將來、該軍事團的工作必有一番新的發展。

中國工友們！軍事團是實行工農軍事化和保衛蘇聯的自由組織。當國際帝國主義在現時正在準備進攻蘇聯的現時、大家都要參加這個組織的工作。這才是盡了我們目前應盡的一種責任呀！（風）

△海參崴五金工會設立俄文工人補習學校

海參崴五金工會聯合作坊委員會、最近爲滿足東方工人學習俄文的要求、現在特別設立東方工人俄文補習學校、定於十一月一號在該聯合作坊委員會閱報室開始上課。至於一切必須的書籍筆墨等物、均由該聯合作坊委員會發給、分文不取。該補習學校計分兩班、一班是高級的、一班是初級的。無論曾經是否學過俄文的五金工會會員（中國工友和韓國工友）都可報名學習。工友們！在蘇聯國家、能夠通曉俄文俄語、我們在工作上和在日常生活上亦能解除許多困難。學習就是戰勝困難的鑰匙。我們五金工會的中國工友都應學習、同時還希望其他的工會工友亦要應當學習。（應）

△海參崴商店工會第二號地方委員會的工作發展

海參崴商店工會第二號地方委員會在十月二十五日下午六時半召集海參崴中國工人全體大會、當日到會的工友約六十餘名。首由張玉文同志宣佈開會、選舉段永昇同志爲書記、于令五同志爲主席、當日的議事日程是：一、「蓋利特」同志報告儲蓄銀行的意義。二、收取會員。三、通過商店工會的書記「些四大老夫」同志退工作、及通過「非大謝我」同志接收書記的工作 茲將該日的會議情形略述如下：

一、「蓋利特」同志報告儲蓄銀行的意義、其結論是說海參崴商店工會第二號地方委員會的覺悟工友及職員都應加入儲蓄銀行、發展儲蓄銀行的工作、幫助蘇聯國家社會主義建設的財政。

二、關於會員、總共收取十三人、此外有二人未收：（甲）于丕珍、未收他的原因、就是因爲他在早已經加入過商店工會、但因無故把會員証交還工會、自動的開除了的、在當日到會的工友就問他爲甚麼把會員証交給工會呢？他並未回答甚麼原故 所以當日的大會決定改在下次再收 于丕珍如有甚麼原因、可到商店工會第二號地方委員會和書記說明。（乙）呂秋仙、未收他的原因、係因爲他是給他的哥哥作工

三、全體通過「非大謝我」同志繼續「些四大老夫」担任地方委員會書記的工作。

海參崴商店工會第二號地方委員會的中國工友、近來參加工會工作比較活動將來的工作發展自是當然的趨勢（勇敢）

△再誌楊雲光引誘工人賭錢

△流氓和掌櫃設局 △工人被誘去賭錢 △輸了盧布還挨打

在凉子河的鋼木工廠（фанерный завод）內有中國工人有一百五六十人、其中間有個流氓楊雲光、他白天在工廠作工、夜間就勾引一般工人到車站上一家理髮店去大開賭局 這個喝血的流氓怪物楊雲光和理髮店的馬掌櫃、他們只消一夜就能乾進三百多盧布 前日有一工人劉憲亭被他們引誘去賭錢、因爲多取了骨牌一張、就被流氓楊雲光大怒大打、連打三次將工人劉憲亭打的面腫眼青、鼻孔流血 聞劉憲亭已到醫院去經醫生檢驗、給了字據 並將他交給當地的「米里次」追究在案 工人劉憲亭當日共輸錢一百盧布零三十哥比 在十月二十日那天、劉憲亭到賬房去取工錢三十盧布、但被流氓楊雲光催逼賭博債無奈、即把這三十盧布完全給了楊雲光去了 現在工人劉憲亭還在受了流氓楊雲光的壓迫、而且他手中一文錢亦沒有、眼見得就不能維持生活 劉憲亭迫不得已、就到賬房去把工作辭退了

楊雲光從前原在崴街的寶局揭盒出身、他本來是個流氓、現在他混在工人中間、顯然是中國工人的障礙物、工友們！還不把他去掉嗎？

海參崴木匠工作的指導員黃恩程同志查、去掉楊雲光這種流氓的工作。（衞綠）

△半站煤礦賬房爲何不給工人匯錢呢？

半站煤礦賬房的總管、在九月初就定出計劃、要給中國工人辦理往家鄉匯錢的事務、但到現在還沒實行！在九月二十七日、開煤礦工人全體大會時、由該次大會全體通過 定於十月一日就開始給中國工人往家鄉匯錢、但到而今、仍沒實行！在蘇聯遠東邊疆作工的中國工人大多半沒有携帶家眷同住、全憑匯錢到家鄉去養活家口 蘇聯共產黨海參崴州委員會、已經特別議決關於在蘇聯國家機關作工的中國工人匯錢的指揮、海參崴的國家銀行已經照着實行（參看本報第……期「政府通告」）。半站煤礦上的中國！友于永齡曾因不能匯錢到家而發生瘋病和失踪。半站煤礦的賬房應即速按照蘇聯共產黨海參崴州委員會的指導和海參崴國家銀行的手續給中國工人匯錢往家裏去 一來免得一般非法匯兌的奸商愚弄中國工人、二來可以保証中國工人的家眷（在中國的）之生活、這才是擁護社會主義建設者的群衆利益！半站煤礦的賬房如有任何原故不能給中國工人往家裏匯款、亦應在中國工人的大會上說明理由、使中國工友完全明白國家經濟機關的困難之處而努力的除去這種困難！如果單憑一紙空文的計劃、只說不作、而又不說不作的原因、這就不免是官僚化的現象！在蘇聯的一切工人、現在正要同這些官僚化的現象奮鬥的！半站煤礦賬房的人員！猛省呀！（照敏）

〔團的生活〕

◉蘇聯共產主義青年團的歷史

（蕭登）

俄國的青年運動、從一千九百年代即漸漸開始 但在當時的青年運動、還未普及到全俄的青年群衆、祗是在各地有小部分青年較有組織而不是廣大群衆的青年運動 這是因有以下幾種原因：（甲）在俄皇的嚴厲壓迫之下、不能成立團的小組。（乙）當時的青年組織沒有共同的目的、而大半的青年都不覺悟。（丙）青年工人加入這種團體的很少。在這樣的環境當中、遂使全俄的青年、不能

在一九零五年到一九零六年的時候、在波蘭、猶太和立陶宛的青年中、即有團體的組織、並且有很好的紀律。這種團體名叫「朋德社」。以後這種團體即影響到俄國的青年組織。這時俄國各地的青年、都積極參加「朋德社」的工作。到一九一四年這些團體、派代表召集代表會議、在這個代表會議上、議決組織「將來社」。因此、這個團體在俄國青年工人中特別的多。

同時、俄國學生、全體起來反對俄皇、不滿意俄皇政府的待遇、又因爲當時在學校裏的紀律非常嚴重遂引起學生的反抗 在這種情形之下、全俄的學生運動日日高漲、即普遍全國。

在一九零五年中、因爲俄國的革命運動逐漸澎漲、學生因受革命的影響、表示同情、與工農群衆全體起來罷課、參加這次暴動。在現時學生給了黨的工作一個很大帮助、即是自願帮助黨在群衆中做宣傳工作、並且活動的學生在這時大半都加入黨的組織。

自二月革命、把俄皇政府推翻以後、這時候在俄國的青年群衆工作即公開了。（未完）

誰中了彩？

第一次國家工業化公債券第三次開彩及中彩的正式號碼表

一九二八年二月二十日圖廿二日在屯也泊羅彼得諾夫斯克開彩

串的號碼	公債券的號碼	得彩的盧布數目	串的號碼	公債券的號碼	得彩的盧布數目
153.467	1—50	100	156.262	1—50	100
153.477	1—50	100	156.438	1—50	100
154.071	1—50	100	156.906	1—50	100
154.604	1—50	100	156.930	1—50	100
154.730	1—50	100	157.757	1—50	100
155.282	1—50	100	157.763	1—50	100
155.380	1—50	100	157.776	1—50	100
156.601	1—50	100	157.877	1—50	100
155.768	4	1.000	157.915	1—50	100
155.762	1—3, 5—50	100	158.548	1—50	100
155.900	1—50	100	158.996	1—50	250
156.248	1—50	100	159.186	1—50	100

预备广州暴动一周年纪念，1928 年 12 月 8 日，丁山

一九二八年十二月八日　全世界無產階級聯合起來呵！　第三百十期

每一個遠東邊疆的中國工人必須與「工人之路」發生親密的關係

РАБОЧИЙ ПУТЬ

工人之路

Орган Дальне-Восточн. краевого совета профсоюзов.

Отв. редактор Тин-шань

Адрес редакции: г. Владивосток, уг. Цеханск. и Корейской, Клуб Китрабочих „1 мая".

Телеф. № 6-35

Выходит 2 раза в неделю.

8-го декабря 1928 г.

№ 310

遠東邊疆職工蘇維埃出版

每逢星期三、和星期六日出版、

價目：

零賣每期金洋五分

本埠定閱每月四毛

外埠定閱每月五毛

編輯及發行處：海參崴北京街和高麗街拐角中國工人「五一」俱樂部樓上

電話六百三十五號

廣告刊例：每期每字按照三分金洋計算長期另議

本報編輯處啓事

遠東邊疆的工友們！

你們投稿本報時，請注意以下幾点：

（一）用墨水謄寫，字畫不宜潦草。

（二）每兩行間，可留寬大一些的空白，以便修改。

（三）在稿末請寫出通信地址，以便郵寄稿費。

（四）發表時須用甚麼名字，請附註明。

（五）對於各地的工人生活，須作有系統的詳確通信，隨時投稿本報。

▲社論▼

預備廣州暴動一週年紀念

（丁山）

一九二七年十二月十一日、在中國共產黨領導之下的中國革命工農羣衆在廣州舉行英勇的暴動、在廣州建立第一個工農蘇維埃的政權。中國革命的過程、就從這次廣州暴動以後更開展了。

光榮的廣州暴動雖然暫時失敗、中國工農蘇維埃政權的旗幟在廣州雖然豎立不久、到現在中國革命的怒潮雖然沈落、然而英勇的廣州暴動所給與中國工農的革命教訓是極偉大的、極寶貴的。尤其是對於東方一切殖民地、半殖民地的革命工農、英勇的廣州暴動更給與深切的革命經驗。

革命發展的階段是起伏曲折而不是順流筆直。歷觀無產階級革命的過程、從「巴黎公社」的失敗和一九零五年俄國工農革命的失敗一直到一九一七年「十月革命」的勝利都可以証明的。

如果說「巴黎公社」和一九零五年俄國工農革命的失敗就是「十月革命」勝利的教訓、那麼、我們也可以說去年在中國英勇的廣州暴動即是將來東方的殖民地和半殖民地工農革命勝利之經驗。

廣州暴動是在近年來中國革命發展到最高度時的一個階段。廣州暴動是在中國民族資產階級完全投降到帝國主義的懷裏、軍閥、土豪、劣紳、地主打成一片的反動武力而與廣大的中國工農群衆判決生死的鬭爭。廣州暴動是代表中國無產階級利益的中國共產黨與背叛中國民族革命利益的中國國民黨爭奪中國革命領導權的決鬭。

廣州暴動的失敗是由於帝國主義拚死的帮助中國資產階級和新舊軍閥、土豪、劣紳和地主而極力撲滅中國革命、加勁的壓迫廣大的中國工農群衆。廣州暴動的失敗是由於中國工農群衆的實際革命經驗薄弱。廣州暴動的失敗使帝國主義得以苟延一夕的殘喘。廣州暴動的失敗使廣大的中國工農群衆更加倍的受帝國主義和新舊軍閥的重重壓迫。

從廣州暴動失敗的意義、從廣州暴動失敗的影響不僅是革命的中國工農應該深深的紀念、應該詳詳細細的記取廣州暴動失敗的教訓、應該正確的明瞭廣州暴動失敗的意義、而且是東方殖民地和半殖民地革命工農亦應同樣的紀念、亦應同樣的記取這種寶貴的革命經驗。

中國革命是世界革命的一節環。中國革命的勝利只有在中國共產黨的領導之下才有可能。中國共產黨為爭取中國革命的領導權而舉行廣州暴動的失敗、這不僅是中國共產黨應該紀念的而且是各國的共產黨應該紀念的。

（中國要聞）

▲日本撤退山東軍隊仍然無期

東京一日蘇聯社電 按照日本報紙消息、田中內閣在國務會議上宣布、謂日本駐滬矢田領事與南京政府外交部王正廷交涉斷絕了。因為中國內部狀況發生恐慌、田中內閣說、日本對華政策始終不變、對於將來日本軍隊從山東撤退時、中國須有完全之保証、在未有保証之前則不能退撤。

▲南京政府的廢約不過如此

北京二日蘇聯社電 日本機關報「華北明星」論中國與比利時所訂的條約、結果是比利時佔優勝、無論南京政府宣布取消不平等條約、抑或是取消治外法權、但是比利時到一九三十年對於比國籍人仍保有治外法權的權利。關於海關條約仍如其他國家同樣。

▲武裝的北京大學校長——李石曾

北京二日蘇聯社電 北京大學校長李石曾用武力佔領美術專門學生遂用石頭磚瓦向軍警拋擲以為自衛、結果李石曾所領的軍警退走。北京學生會因此向南京政府控告李石曾、謂李石曾積欠教員薪金不給、並任意辱罵學生、要求恢復以前服該校校務者主持校務。

▲奉天與南京決不聯合

北京四日蘇聯社電 按照晨報消息、在奉天所召集的軍事會議、決定反對與南京聯合。張學良仍任東三省總司令。根據軍事會議決議、在東三省北部應與共產主義鬭爭、西部則反對三民主義 對於日本應繼續親密的友誼政策。因為日本了解滿洲情形、要使成為高麗一樣是不可能。

中國工友們！

全體參加城市蘇維埃的改選會議！

管理和改善城市的一切工作、這是我們工人的事務！

城市蘇維埃過去對於中國人民的工作缺点、只有中國勞動者熱烈的參加城市蘇維埃才能去除！

中國的勞動婦女工友們！

趕快從廚房內、洗衣房內出來參加城市蘇維埃的改選會議！

（蘇聯要聞）

▲對於社會主義建設的要求

莫斯科一日蘇聯社電 在蘇聯最高經濟蘇維埃的擴大會議上、願頁布塞夫同志、在結論上說：黨和政府、在工業前面提出更重要的責任、這些責任、在企業的工作上質量上沒有根本的改變。根本的責任是：減低物價、鞏固勞動紀律、同時為我們向工人要求最高度的紀律、並須工人對於改善企業的工作和生產、勞動紀律活動的遵守、工人階級須經過大的組織、我們才能夠達到經濟發展的初步、因此經濟機關和職工會辦事員應當極力注意生產會議的工作、這種會議的形式、就是集中群衆的生產力。

▲新發現列寧同志的遺著

列寧格勒一日蘇聯社電 在列寧格勒存儲文件處尋得列寧同志尚未發表的文章二篇。第一篇、在一九十七年十二月二十四日論烏克蘭反革命政府的事實、用無線電送達烏克蘭政府和全體民衆。第二篇、在一九十七年十月三十日論白黨將軍克拉斯洛夫和克倫斯基的。這二篇文章現已送至莫斯科列寧學院。

▲獎勵蘇維埃的改選

斯莫念斯克一日蘇俄社電 在斯莫念斯克省進行蘇維埃改選工作異常急進、選民掛號者亦日益踴躍、國家工廠延長三小時工作、並將所有的收入獎勵改選區域成績之最優者。

▲採用新的肥料

莫斯科二日蘇聯社電 人民土地委員會決定採用石灰為肥料的土地有三千萬法畝。

▲歐斃通信員的結果

則滅兒里克三日蘇聯社電 在則滅兒里克有一通訊員揭發鄉村蘇維埃主席和協作社主任之不法、結果被毆而死。因此審判委員會決定、謂行凶者係蘇維埃獰惡的敵人、應按律槍斃。

（各國要聞）

▲德國罷工運動擴大

柏林三十日蘇聯社電 萊茵五金工罷工委員會給改良主義者一封公開的信、要求煤礦、運輸、電燈各業工人同情罷工和援助。若業主在十二月六日還不能滿足工人的增加工資減少時間的要求、即宣佈總同盟罷工。

柏林一日蘇聯社電 德國濟難會援助被開除的五金工人工作日漸發展、每日給開除工人午餐十萬頓、在最近送出被開除小孩至荷蘭瑞典。募捐幫助工人亦有很大的成績。

▲法帝國主義與意大利的衝突

羅馬二日蘇聯社電 法西斯狄報載、謂曾恩加資在國會宣佈海陸軍預算案時說：「現在有帝國主義已準備管理敘利亞」法西斯狄報稱在法國會玩弄意大利國家名義。法國在戰後得到了很多的殖民地、但是意大利對於敘利亞並不是要管理而是使敘利亞脫離法國的統治。

羅馬一日蘇聯社電 意大利法西斯狄對於法國政府非常仇視、在大學校、學生公開貼出標語「死的法國」並擬舉行示威運動反對法國。

▲法國警察驅逐共產黨

巴黎二日蘇聯社電 在法國盧克學布爾克煤礦工人中意大利的共產黨被警察驅逐。

纪念英勇的广州暴动第一周年，1928 年 12 月 12 日，丁山

一九二八年十二月十二日　全世界無產階級聯合起來呵！　第三百十一期

每一個遠東邊疆的中國工人必須與「工人之路」發生親密的關係！

РАБОЧИЙ ПУТЬ

工人之路

Орган Дальне-Восточн. краевого совета профсоюзов.

Отв. редактор Тин-шань

Адрес редакции: г. Владивосток, ул. Пекинск. и Корейской, Клуб Китрабочих „1 мая" Телеф. № 6-35.

Выходит 2 раза в неделю.

12-го дек. 928 г.

№ 311

遠東邊疆職工蘇維埃出版

每逢星期三、和星期六日出版。

價目：零賣每期金洋五分　本埠定閱每月四毛　外埠定閱每月五毛

編輯及發行處：海參威北京街和高麗街拐角中國工人「五一」俱樂部樓上

電話六百三十五號

廣告刊例：每期每字按照三分金洋計算長期另議

本報編輯處啓事

遠東邊疆的工友們！

你們投稿本報時，請注意以下幾点：

（一）用墨水謄寫，字畫不宜潦草。

（二）每兩行間，可留寬大一些的空白，以便修改。

（三）在稿末請寫出通信地址，以便郵寄稿費。

（四）發表時須用甚麼名字，請附註明。

（五）對於各地的工人生活，須作有系統的詳確通信，隨時投稿本報。

▲社論▼

（●）紀念英勇的廣州暴動第一週年

（丁山）

英勇的廣州暴動是中國工農在蘇維埃的口號之下，高舉革命的紅旗，保障中國國民革命勝利的暴動。英勇的廣州暴動是在國際階級爭鬬的主要部份而試打碎帝國主義鎖鍊的暴動。英勇的廣州暴動不僅是中國的工農無產階級應該深深的熱烈紀念，就是全世界的工農無產階級亦應同樣的紀念。

當去年中國全部的國民革命戰線因其內部的矛盾而分裂之後，當中國國民黨的殘餘建立的武漢中央而投入於反動的中國資產階級和封建軍閥的營壘之後，擺在中國共產黨面前的責任就是領導中國工農群衆實行武裝暴動，保障中國國民革命的勝利。

在這時期，南昌暴動就是第一次的嘗試。但是，南昌暴動還在左派國民黨的名義之下進行的，而且同中國工農羣衆的暴動和許多農民的「秋收暴動」尚未關連。

待到廣州暴動時的廣州狀況，李濟琛、李福林和張發奎等國民黨的軍閥之間，正爲爭奪政權而爭鬭，在軍隊中一部份有革命的傾向，同時在廣州的工農革命怒潮，更因汕頭等處的失敗而更激烈。革命的怒潮在廣州的工農中一日增高一日，故於去年十二月十一日在蘇維埃的口号之下爆發了英勇的廣州暴動。

蘇維埃的口號，在半殖民地的中國從此變爲實行的口號了！蘇維埃的旗幟從此在中國成爲工人階級和農人的革命民主專政之爭鬥而揭揚了！英勇的廣州暴動，於此就含有世界革命的歷史意義了！

英勇的廣州暴動，不幸只保持三日而失敗了。這是其不能抵抗在中國的帝國主義和反動軍閥與資產階級的聯合力量而寡不敵衆的光榮失敗。因爲廣州暴動的失敗未能重新高漲中國革命的潮流，成千萬的中國工農革命戰士犧牲了，光榮的廣州公社淹沒於中國工農革命戰士的血海了，反動的中國封建—資產階級和在中國的帝國主義應驚暫時得了勝利。

但是，中國革命並未消滅！從英勇的廣州暴動失敗以後，中國革命運動更進入新的階段。英勇的廣州暴動失掉的旗幟，現在中國革命的工農群衆更重新的高舉了。

在廣東江西和湖南等處的農民革命運動，直接爲奪取政權而鬬爭，實際組織自己的管理機關—蘇維埃和自衛的武裝—紅軍。只有在這些省份的城市是屬於國民黨的軍閥—反革命的南京政府。

在中國共產黨領導之下的中國革命仍然活着。在中國所有的廣大勞動群衆，現正吸引到中國工農無產階級武裝暴動的爭鬭行列。

無論怎樣殘酷兇狠的白色恐怖，是不能消滅中國工農無產階級的革命的。站在共產國際的口號之下戰鬪的中國革命，其目的就是建立工農民主專政的蘇維埃政權。新的中國革命潮流之高漲是有待的。

英勇的廣州暴動雖然失敗了，中國革命仍然活着！遠東邊疆的中國工農們，我們準備參加呀！

（中國要聞）

▲國民黨的分裂

上海五日蘇聯社電　國民黨活動份子另組織新的團體，並在上海召集國民黨會議。據路透電社消息，謂國民黨這個團體之發生，係南京政府沒有實行孫中山的三民主義，並解釋三民主義之任務，同時組織政治機關反對國民黨指導機關。但未採取軍事行動的反抗，擬在國民黨第三次大會上進行合法的鬭爭，然其所宣佈之綱領並不顯明。

▲日本要求討論滿蒙問題

北京五日蘇聯社電　據電通社消息，謂駐哈日本領事提議與張學良恢復談判討論滿蒙問題，張學良頗推辭這種提議。

▲甘肅省回教徒流血的爭鬭

上海五日蘇聯社電　據華北日報甘肅牧師投函該報云，謂在甘肅回教徒的暴動異常嚴重，非一時可以平恢。因暴動的區域河流結冰，所以暴動的範圍更形擴大。現在甘肅省異常飢荒，受飢餓者有三百萬人，參加暴動者有一百五十萬人。該牧師復稱，現在甘肅因受饑荒、瘟疫、戰爭的影響，死亡的人數已達五十餘萬，以前報載死二十萬人但與實際不符。

▲南京政府對帝國主義的幻想

上海六日蘇聯社電　南京政府外交部長王正廷與申報記者談話，謂關於日英恢復同盟問題，恐不十分確實，英公使到南京時亦曾否認此種消息。日本將改派新的領事到南京代替駐滬矢田領事，一俟新領事來華，中日交涉當可恢復談判，並希望本年底與各國訂立互惠的商約。

▲天主教在滿洲的發展

哈爾濱七日蘇聯社電　據哈爾濱報載，在滿洲里法國和波蘭的教堂組織發展，駐哈法領事盡力保護這種組織之進行，在波蘭教堂內常借給白黨開會。

（蘇聯要聞）

▲與脫工者奮鬭

別爾米五日蘇俄社電　別爾米省工廠的共產主義青年團組織提高生產紀律的團體，因此生產各部門脫工者亦減少，生產亦日漸增加。

爲掃除文盲而鬬奮

莫斯科五日蘇聯社電　在全俄鄉村僱農大會上，蘇俄人民教育委員會代表盧納恰爾斯基報告對於消滅文盲問題，謂全俄有僱農三百八十萬人，其中不識字者佔一百七十萬人，因此爲消滅文盲，在鄉村應組織各種活動學校和星期日補習學校。

▲定購大批農村機器和肥料

莫斯科五日蘇聯社電　政府已在國外定購大批農村機器和化學肥料爲預備明年春農村耕種之用，並購有五千架耕種機，用專輪由紐約運至蘇聯。

▲召集東方小民族勞動婦女大會

莫斯科六日蘇聯社電　於十二月五日在莫斯科開東方小民族勞動婦女大會，抵莫斯科代表有六十人，其中有烏拉、小亞細亞、以及遠東邊疆各地代表。亞洛斯拉夫同志演說：謂蘇聯對於解放婦女的法律，在現代各資本主義國家內是不能尋着。買賣婦女、多妻制度以及強迫婦女賣淫這都是資本主義國家的特点，蘇聯用文化教育方法，日與社會舊的風俗習慣鬭爭，引導婦女到解放之路，男女一律平等。

▲社會主義建設的勝利

第非利斯五日蘇俄社電　據高加索鐵路局長說，人民交通委員會擬建築阿爾第克—列寧克鐵路，建築費係八百一十五萬盧布，決定在一九二九年九月一日竣工。

格洛志內七日蘇聯社電　格洛志內到他烏伯塞煤油管已建築成功有幾百米突長，這是社會主義建設偉大的勝利。

列寧格勒四日蘇俄社電　瓦爾霍夫電站在最近兩年預備五萬一千二百萬啓羅瓦特，該電站若用煤須三萬六千六百車箱，但是現在用水發電可節省一千三百四十萬盧布。

▲蘇維埃改選與富農的鬭爭

莫斯科七日蘇聯社電　蘇俄中央執行委員會代表，赴黑海檢查蘇維埃改選工作，查出富農賄買選民充當蘇維埃代表，每個得選民賄十盧布。另訊，在黑海附近Пятигорского州有一青年共產團團員與貧農在鄉村籌備改選工作，結果該青年團員被富農打死。在高加索北部Воронцово-Александровском區有一青年共產團團員在蘇維埃改選大會時被富農打死。在Чечне改選蘇維埃主席亦被富農毆斃。在Ор-шанском州鄉村經濟部被富農縱火焚毀。

（各國要聞）

▲德國被開除的五金工人已恢復工作

柏林四日蘇聯社電　萊茵五金工業業主現在允許恢復一部份被開除工人工作。在波湖被開除工人仍舉行示威運動，組織繼續罷工鬭爭委員會，和革命的職工會，揭露改良主義者賣工人階級的計劃。

▲德國共產黨選舉勝利

柏林四日蘇聯社電　在德國[illegible]省改選省政府時，共產黨員爲代表者亦多。在魯爾區域雖然有少數派[illegible]

广州暴动第二周年纪念，1929 年 12 月 11 日

„РАБОЧИЙ ПУТЬ“
工人之路
Орган Далькрайкома ВКП (б) и Далькрайсовпрофа.
蘇聯共產黨遠東邊疆委員會和蘇聯遠東邊疆職工蘇維埃出版
№ 416 (78)
第四百十六(七十八)期
11 декабря 1929 года.
一九二九年十二月十一日
Выходит через день
每隔一日出版一次
(Год издания 7-й)
(一九二二年三月創刊)

全世界的無產階級聯合起來呵！
Пролетарии всех стран, соединяйтесь!
編輯和經理處：伯力，協辛千可街，第二十四號，電話第一千一百六十三號
Редакция и контора: город Хабаровск. улица Шевченко, № 24 Тел. № 11-63

定閱金洋	Условия подписки
一年四吊	На 1 год. 4р.00к.
六個月二吊一毛	6 мес. 2р.10к
三個月一吊一毛	3 „ 1р.10к.
一個月無論本埠	1 „ — 40к.
外埠一律四毛	

責任編輯 丁山
Отв. редактор ТИН-ШАНЬ
海參崴代理處
中國工人「五一」俱樂部
Адрес Владивостокского пункта: Клуб китайских рабочих „1 мая“

廣告例刊	Условия об'явления
每期每字	Кажд. иероглиф в номер
五哥比	по 5 коп
長期月議	постоянные об'явления по соглашению

零售每份五哥比
Цена номера 5 коп.

本期要目

繼續廣州暴動的精神建立中國工農兵的蘇維埃政權！
廣州暴動萬歲！統一獨立的中國蘇維埃共和國萬歲！世界革命萬歲！

廣州暴動第二週年紀念（丁山）

廣州暴動的偉大意義就是在中國第一次豎立起蘇維埃政權的旗幟。廣州暴動對於中國革命提出了用武裝鬬爭建立蘇維埃政權的問題，提出了工農民主專政的問題，提出了土地革命的問題，提出了八小時工作制的問題，提出了中國獨立的問題以及中國革命與國際帝國主義的關係等問題。所有這些，都是切實的表明廣州暴動開闢了中國革命的新階段。中國革命由這一新的階段的發展是要澈底完成資產民主革命和解放中國的勞動群衆，使中國脫離帝國主義的束縛，以作由資產階級民主革命轉變爲社會主義革命的條件之準備。因此，廣州暴動對於中國，對於國際的工人階級，都有偉大的意義。

由廣州暴動而成立的蘇維埃政府——廣州公社——在當時僅存在了三天。可是，就是這三天的光榮歷史，就是這三天的光榮鬬爭而失敗的歷史，對於中國工人運動，對於殖民地半殖民地的革命運動卻給了寶貴的，很豐富的革命鬬爭經驗！廣州暴動指示出工人階級在與資產階級和帝國主義的爭鬬中那些方法是應該的，那些方法是不應該的。

自一九二五年到一九二七年的中國革命，經過極迅速猛烈的鬬爭，發動了極廣大的革命群衆。中國革命在這過程中表現出極劇烈與迅速的階級分化，同時反映到國民黨的旗幟已經逐漸的由革命的反帝國主義旗幟完全變成反革命的旗幟（由『北伐』到蔣介石的背叛，由蔣介石的背叛以至於武漢政府的背叛）。中國工人階級自從一九二七年三月上海暴動及其失敗即起而與中國資產階級力爭革命領導權——『要想從群衆的革命組織之中，產生革命的群衆獨裁的新政權』。但自從武漢政府的背叛，南昌暴動的失敗，中國的小資產階級上層份子都已震驚失措，紛紛拋棄革命，投降到反動的營壘去了。這時候，中國工人階級的階級鬬爭已達到劇烈的極點，同時中國農民土地革命的要求已有相當的普遍和深入，中國工農民主專政的蘇維埃政權在這時候是應該建立的。廣州暴動就是建立這個蘇維埃政權的革命武裝暴動！由廣州暴動指示出中國工人階級和在其領導之下實行土地革命的農民群衆，只有在這個工農民主專政的蘇維埃政權之下，才能完成中國革命！

但從廣州暴動的失敗方面，首先指示出廣州工人群衆的力量在當時還不够戰勝英，美，日，等帝國主義的槍炮武裝威脅；在當時還不強大於四面包圍的反動軍閥勢力。廣州暴動的這種弱點，特別是在暴動的準備上沒有充分表現的尤爲明顯。

羅佐夫斯基（Лозовский）同志論廣州暴動的教訓，特別指明在當時『因爲沒有實行總罷工和廣大的群衆參加鬬爭，結果革命與反革命的力量衝突僅只集中於幾個地點。同時，如果實行總罷工，則每個工廠，每個作坊，每隻輪船，都可成爲劇烈的階級爭鬬場所。廣州全城，廣州附近各地，都將變成戰場。反動的力量因腹背受敵，需要四方照顧，由是分散其力量。這樣，他們（帝國主義和反動軍閥）也許陷於非常不利的地位』。

又說：『如果沒有群衆參加這次暴動，如果群衆僅見了街道中武裝衝突之後，才知道暴動的口號，那怎能使廣大的群衆捲入鬬爭的漩渦？如果暴動對於他們（群衆）是一件政治上，組織上的突如其來的事，那怎能吸收成千成萬勇武戰士來參加呢？很明顯的，至少須要幾天的工夫，把暴動的目的，暴動的口號，暴動的任務傳達於一切工人。只有這樣，在暴動時戰鬬的革命生力軍才能源源而來。但廣州暴動開始幾天就決定了暴動的命運。一小部份的暴動力量忙於作戰，其他因力量缺乏而不能跑入群衆以解釋暴動的目的和任務。結果，在不識字的工人佔大多數的條件之下，散發刊印的口號，亦不能立見效果。這樣看來，暴動的基礎不十分廣濶，沒有普遍的罷工運動，也就決定了暴動的命運』。

廣州暴動的失敗方面，還有關於軍事上的，還有關於組織上的以及關於政治上的各種缺點。特別是在政治方面，沒有作群衆的罷工運動，這是已在上面說過的。至於沒有在反動的軍隊中作充分的軍事政治工作，能使反動的軍隊自行瓦解，這是廣州暴動的失敗最重要的原因。

在今年紀念廣州暴動的第二週年，正是中國革命高潮快要到來的時候。廣州暴動雖然失敗了，可是由廣州暴動豎立的蘇維埃旗幟現在尚繼續的在中國南部江西，福建，廣東交界以及兩湖，四川等省的區域內在中國共產黨人朱德，毛澤東，方志敏，周逸群，彭德懷等領導的工農革命軍，游擊隊的手內高舉着！紀念廣州暴動的工農同志們，就是要繼續廣州暴動的偉大事業，學習廣州暴動給予我們的寶貴的，豐富的革命經驗，努力參加中國革命運動。打倒國民黨和帝國主義！在中國共產黨的領導之下，很快的建立起全中國工農民主專政的蘇維埃政權！

廣州暴動萬歲！

中國革命萬歲！

全世界蘇維埃政權萬歲！

廣州暴動的世界歷史意義（卓英）

今日（十二月十一到十三日）是廣州暴動二週年的紀念日，即兩年以前中國無產階級反封建資產階級及其餘孽與軍閥和帝國主義鬬爭勝利的一天，就是中國工農在東亞殖民地上第一次豎立蘇維埃旗幟的一天，亦即是中國無產階級革命光榮失敗的一天！在這天不僅是中國工農群衆應深切的紀念的，就是全世界的無產階級亦應深切的紀念的。因爲中國革命是世界革命的一部份，中國革命的勝利就是世界革命成功的保障！同時中國革命的損失，亦即是世界革命的損失！

而廣州暴動之成功的蘇維埃之組織及中國革命進到蘇維埃的階段；即是全世界無產階級的勝利！因爲中國革命是表示解決世界革命的一部份，因爲中國無產階級的鬬爭，是表示國際無產階級反世界帝國主義直接鬬爭的一部份。並且廣州暴動，提出了中國的蘇維埃問題，提出了工農民主專政的問題，以期澈底的完成資產階級民主革命和解放中國的勞動群衆，使其脫離帝國主義的束縛，以作由資產階級民主革命轉變至於社會主義革命的條件之準備。這就是所以廣州暴動是世界歷史的意義！

雖然廣州暴動僅維持存在到七十二小時，即被反革命的壓迫而失敗了。牠不是中國革命的新高潮之高漲，而是反轉過來，革命退兵時的一戰。所以整千萬的中國英勇工農的戰士，不得不殉廣州公社的失敗而犧牲、將血泊染遍了廣州市，流滿了珠江了！

但廣州暴動的蘇維埃政權雖然存在的時間短促（只有三日），而牠所做的事業有不可埋沒的，牠首先頒佈了關於八小時工作制的法律，國有土地的法律，以及廢除不平等條約和租借的義務之法律。且在牠最後存在一點鐘的時候，還發佈了告全中國的工農兵及世界無產階級的宣言。牠曾實行的：恢復所有省港罷工的狀況，把罷工的工人全組織爲赤衛軍；沒收大資產階級的房屋分給勞動者使用；頒佈分給革命軍兵士土地的律令；國家補助失業；檢查生產；廢除舊的城市苛捐雜稅；及即刻釋放監獄中的政治犯等的法令。此外更組織暴動非常委員會與反革命的鬬爭。

廣州暴動失敗的主要原因，就是蘇維埃的廣州與農民暴動的區域沒有切實的連系，以致實行孤立；在群衆中的宣傳不甚廣泛，致使廣州較大的黃色工會——機器工會——僱他的叛變，公開的轉到反動的方面；軍事技術的薄弱，沒有積極的進攻肅清反革命軍隊和在軍隊中做宣傳瓦解敵人的工作，使反動的力量能很快的動員衆多的軍隊實行反攻；帝國主義公開的幫助反革命軍隊，用大兵艦掩護反革命軍隊的進攻並直接的用槍砲威嚇；暴動準備工作非常的不充分，在暴動前沒有實行總罷工，使暴動的基礎不十分廣濶。因有這些主要的原因，就決定了這暴動的命運了！

但是廣州暴是失敗了，我們要從這暴動的失敗中得到我我們成功的經驗及教訓，實刻的學習和研究過去的錯誤和失敗，以使充分的對過去寶貴經驗的教訓之準備，而於革命高潮的轉變中取得最後的勝利！

但是，中國革命是沒有失敗！中國革命仍是活着，仍然是向前發展着！最近的事實，更證明了中國革命運動的高潮是不可避免要到來的。在這過程中最大的影響勢力的發展，就要算工農革命軍游擊戰爭運動的發展迅速而普遍，可說是已深入廣大的工農群衆之中了。據最近的統計，工農革命軍實際佔領的地方，在南方各省共計有一百零六縣，所管轄的人民差不多達二千八百五十餘萬人。茲列表如下：

省份	佔領的縣數	領有的居民
福建	十四縣	三百零八萬人
江西	二十七縣	七百十五萬人
廣東	十三縣	二百八十九萬人
湖南	二十六縣	六百九十八萬八千人
湖北	十一縣	二百七十四萬六千人
四川	十五縣	五百六十五萬六千人
共計	一百零六縣	二千八百五十一萬人

此外還有安徽浙江及江蘇尚有佔領小部份的地方未曾統計。從上面的事實看來，中國革命運動的發展。是絲毫無疑義的。但是有一點我們應當特別注意，就是工農革命雖然佔有一百多縣（一省半的地方），而他的力量還是完全分散的，並不是集中在一起，且軍器非常缺乏，只有短銃，木槍，鐮刀，斧頭等等作兵器，且係農民自己土製的，故游擊戰爭無論在各省到處都有爆發可能，而勝利却是非常艱難。

然而中國現在的軍閥內戰無了無休，且加普遍的飢荒，以及中東路的事變，帝國主義欲企圖插入干涉，實行國際共管，這樣的環境更迫使民衆走進革命的道路，更加的階級的覺悟。因此我們在這廣州暴動二週年紀念日的目前的責任，就是廣大的組織工農群衆及充分的發展游擊戰爭以便準備對中國革命高潮來到的接受；『保護中國革命』應站在經常的宣傳和傳佈共產黨的口號及思想；保護世界無產階級的祖國——蘇聯和牠的社會主義的建設；實行鞏固東方殖民地與西方革命群衆的國際聯合，並應解釋牠在打倒帝國主義事業中和本身解放事業中及中國革命的意義；必須揭破各帝國主義假『克洛克』和平條約干涉中東路事件；必須反對蹂躪人民的國民黨和一切的中國軍閥，以及剝削工農的資本家和地主，並實行與他們無情的鬬爭，一直到最後消滅他們爲止；更要繼續廣州暴動的英勇精神，在無數萬工農群衆手內已失去的蘇維埃之旗幟將由我們後死的無數的英勇戰士再重新豎立起來！我們特高呼：

廣州公社萬歲！

國民黨的白色恐怖不能消滅中國革命！打倒國民黨！

保護無產階級的祖國——蘇聯！打倒帝國主義及其干涉中東路的事件！

東方殖民地和西方革命的工人聯合起來！世界革命萬歲！

英勇的廣州工農兵暴動時的情形

广州暴动的世界历史意义，1929 年 12 月 11 日，卓英

„РАБОЧИИ ПУТЬ"
工人之路
Орган Далькрайкома ВКП (б) и Далькрайсовпрофа.
蘇聯共產黨遠東邊疆委員會和蘇聯遠東邊疆職工蘇維埃出版

全世界的無產階級聯合起來呵！
Пролетарии всех стран, соединяйтесь!

編輯和經理處：伯力，協宇千可街，第二十四號，電話第一千一百六十三號
Редакция и контора: город Хабаровск. улица Шевченко, № 24 Тел. № 11-63

定閱金洋 Условия подписки
一年四吊 На 1 год. 4р.00к.
六個月二吊一毛 „ 6 мес. 2р.10к.
三個月一吊一毛 „ 3 „ 1р.10к.
一個月無論本埠 „ 1 „ —40к.
外埠一律四毛

責任編輯 丁山
Отв. редактор ТИН-ШАНЬ
海參崴代理處
中國工人『五一』俱樂部
Адрес Владивостокского пункта: Клуб китайских рабочих „1 мая"

廣告例刊 Условия об'явления
每期每字 Кажд. иороглиф в номер
五哥比 по 5 коп
長期 постоянные об'явления
月議 по соглашению

零售每份五哥比
Цена номера 5 коп.

№ 416 (78)
第四百十六(七十八)期
11 декабря 1929 года.
一九二九年十二月十一日
Выходит через день
每隔一日出版一次
(Год издания 7-й)
(一九二二年三月創刊)

本期要目
▲廣州暴動第二週年紀念
▲美帝國主義企圖干涉中俄交涉
▲奉天將發生大罷工
▲浦口的軍隊譁變
▲各地工人一致反對帝國主義的挑釁行爲
▲二百萬工人擁護共產黨

繼續廣州暴動的精神建立中國工農兵的蘇維埃政權！
廣州暴動萬歲！統一獨立的中國蘇維埃共和國萬歲！世界革命萬歲！

廣州暴動第二週年紀念（丁山）

廣州暴動的偉大意義就是在中國第一次豎立起蘇維埃政權的旗幟。廣州暴動對於中國革命提出了用武裝鬬爭建立蘇維埃政權的問題，提出了工農民主專政的問題，提出了土地革命的問題，提出了八小時工作制的問題，提出了中國獨立的問題以及中國革命與國際帝國主義的關係等問題。所有這些，都是切實的表明廣州暴動開闢了中國革命的新階段。中國革命由這一新的階段的發展是要澈底完成資產民主革命和解放中國的勞動群衆，使中國脫離帝國主義的束縛，以作由資產階級民主革命轉變爲社會主義革命的條件之準備。因此，廣州暴動對於中國，對於國際的工人階級，都有偉大的意義。

由廣州暴動而成立的蘇維埃政府——廣州公社——在當時僅存在了三天。可是，就是這三天的光榮歷史，就是這三天的光榮鬬爭而失敗的歷史，對於中國工人運動，對於殖民地半殖民地的革命運動卻給了寶貴的，很豐富的革命鬬爭經驗！廣州暴動指示出工人階級在與資產階級和帝國主義的爭鬬中那些方法是應該的，那些方法是不應該的。

自一九二五年到一九二七年的中國革命，經過極迅速猛烈的鬬爭，發動了極廣大的革命群衆。中國革命在這過程中表現出極劇烈與迅速的階級分化，同時反映到國民黨的旗幟已經逐漸的由革命的反帝國主義旗幟完全變成反革命的旗幟（由『北伐』到蔣介石的背叛，由蔣介石的背叛以至於武漢政府的背叛）。中國工人階級自從一九二七年三月上海暴動及其失敗即起而與中國資產階級力爭革命領導權——『要想從群衆的革命組織之中，產生革命的群衆獨裁的新政權』。但自從武漢政府的背叛，南昌暴動的失敗，中國的小資產階級上層份子都已驚慌失措，紛紛拋棄革命，投降到反動的營壘去了。這時候，中國工人階級的階級鬬爭已達到劇烈的極點，同時中國農民土地革命的要求已有相當的普遍和深入，中國工農民主專政的蘇維埃政權在這時候是應該建立的。廣州暴動就是建立這個蘇維埃政權的革命武裝暴動！由廣州暴動指示出中國工人階級和在其領導之下實行土地革命的農民群衆，只有在這個工農民主專政的蘇維埃政權之下，才能完成中國革命！

但從廣州暴動的失敗方面，首先指示出廣州工人群衆的力量在當時還不够戰勝英，美，日，等帝國主義的槍炮武裝威脅；在當時還不强大於四面包圍的反動軍閥勢力。廣州暴動的這種弱點，特別是在暴動的準備上沒有充分表現的尤爲明顯。

羅佐夫斯基（Лозовский）同志論廣州暴動的教訓，特別指明在當時『因爲沒有實行總罷工和廣大的群衆參加鬬爭，結果革命與反革命的力量衝突僅只集中於幾個地點。同時，如果實行總罷工，則每個工廠，每個作坊，每隻輪船，都可成爲劇烈的階級爭鬬場所。廣州全城，廣州附近各地，都將變成戰場。反動的力量因腹背受敵，需要四方照顧，由是分散其力量。這樣，他們（帝國主義和反動軍閥）也許陷於非常不利的地位』。

又說：『如果沒有群衆參加這次暴動，如果群衆僅見了街道中武裝衝突之後，才知道暴動的口號，那怎能使廣大的群衆捲入鬬爭的漩渦？如果暴動對於他們（群衆）是一件政治上，組織上的突如其來的事，那怎能吸收成千成萬勇武戰士來參加呢？很明顯的，至少須要幾天的工夫，把暴動的目的，暴動的口號，暴動的任務傳達於一切工人。只有這樣，在暴動時戰鬬的革命生力軍才能源源而來。但廣州暴動開始幾天就決定了暴動的命運。一小部份的暴動力量忙於作戰，其他因力量缺乏而不能跑入群衆以解釋暴動的目的和任務。結果，在不識字的工人佔大多數的條件之下，散發刊印的口號，亦不能立見效果。這樣看來，暴動的基礎不十分廣濶，沒有普遍的罷工運動，也就決定了暴動的命運』。

廣州暴動的失敗方面，還有關於軍事上的，還有關於組織上的以及關於政治上的各種缺點。特別是在政治方面，沒有作群衆的罷工運動，這是已在上面說過的。至於沒有在反動的軍隊中作充分的軍事政治工作，能使反動的軍隊自行瓦解，這是廣州暴動的失敗最重要的原因。

在今年紀念廣州暴動的第二週年，正是中國革命高潮快要到來的時候。廣州暴動雖然失敗了，可是由廣州暴動豎立的蘇維埃旗幟現在仍繼續的在中國南部江西，福建，廣東交界以及兩湖，四川等省的區域內在中國共產黨人朱德，毛澤東，方志敏，周逸群，彭德懷等領導的工農革命軍，游擊隊的手內高舉着！紀念廣州暴動的工農同志們，就是要繼續廣州暴動的偉大事業，學習廣州暴動給予我們的寶貴的，豐富的革命經驗，努力參加中國革命運動。打倒國民黨和帝國主義！在中國共產黨的領導之下，很快的建立起全中國工農民主專政的蘇維埃政權！

廣州暴動萬歲！

中國革命萬歲！

全世界蘇維埃政權萬歲！

廣州暴動的世界歷史意義（卓英）

今日（十二月十一到十三日）是廣州暴動二週年的紀念日，即兩年以前中國無產階級反封建資產階級及其餘孽與軍閥和帝國主義鬬爭勝利的一天，就是中國工農在東亞殖民地上第一次豎立蘇維埃旗幟的一天，亦即是中國無產階級革命光榮失敗的一天！在這天不僅是中國工農群衆應深切的紀念的，就是全世界的無產階級亦應深切的紀念的。因爲中國革命是世界革命的一部份，中國革命的勝利就是世界革命成功的保障！同時中國革命的損失，亦即是世界革命的損失！

而廣州暴動之成功的蘇維埃之組織及中國革命進到蘇維埃的階段；即是全世界無產階級的勝利！因爲中國革命是表示解決世界革命的一部份，因爲中國無產階級的鬬爭，是表示國際無產階級反世界帝國主義直接鬬爭的一部份。並且廣州暴動，提出了中國的蘇維埃問題，提出了工農民主專政的問題，以期澈底的完成資產階級民主革命和解放中國的勞動群衆，使其脫離帝國主義的束縛，以作由資產階級民主革命轉變至於社會主義革命的條件之準備。這就是所以廣州暴動是世界歷史的意義！

雖然廣州暴動僅維持存在到七十二小時，即被反革命的壓迫而失敗了。牠不是中國革命的新高潮之高漲，而是反轉過來，革命退兵時的一戰。所以整千萬的中國英勇工農的戰士，不得不殉廣州公社的失敗而犧牲、將血泊染遍了廣州市，流滿了珠江了！

但廣州暴動的蘇維埃政權雖然存在的時間短促（只有三日），而牠所做的事業有不可埋沒的，牠首先頒佈了關於八小時工作制的法律，國有土地的法律，以及廢除不平等條約和租借的義務之法律。且在牠最後存在一點鐘的時候，還發佈了告全中國的工農兵及世界無產階級的宣言。牠曾實行的：恢復所有省港罷工的狀況，把罷工的工人全組織爲赤衛軍；沒收大資產階級的房屋分給勞動者使用；頒佈分給革命軍兵士土地的律令；國家補助失業；檢查生產；廢除舊的城市苛捐雜稅；及即刻釋放監獄中的政治犯等的法令。此外更組織暴動非常委員會與反革命的鬬爭。

廣州暴動失敗的主要原因，就是蘇維埃的廣州與農民暴動的區域沒有切實的連系，以致實行孤立；在群衆中的宣傳不甚廣泛，致使廣州較大的黃色工會——機器工會——領袖的叛變，公開的轉到反動的方面；軍事技術的薄弱，沒有積極的進攻肅淸反革命軍隊和在軍隊中做宣傳瓦解敵人的工作，使反動的力量能很快的動員衆多的軍隊實行反攻；帝國主義公開的帮助反革命軍隊，用大兵艦掩護反革命軍隊的進攻並直接的用槍砲威嚇；暴動準備工作非常的不充分，在暴動前沒有實行總罷工，使暴動的基礎不十分廣濶。因有這些主要的原因，就決定了這暴動的命運了！

但是廣州暴是失敗了，我們要從這暴動的失敗中得到我我們成功的經驗及教訓，實劾的學習和研究過去的錯誤和失敗，以使充分的對過去寶貴經驗的教訓之準備，而於革命高潮的轉變中取得最後的勝利！

但是，中國革命是沒有失敗！中國革命仍是活着，仍然是向前發展着！最近的事實，更證明了中國革命運動的高潮是不可避免要到來的。在這過程中最大的影響勢力的發展、就要算工農革命軍游擊戰爭運動的發展迅速而普遍，可說是已深入廣大的工農群衆之中了。據最近的統計，工農革命軍實際佔領的地方，在南方各省共計有一百零六縣，所管轄的人民差不多達二千八百五十餘萬人。兹列表如下：

省份	佔領的縣數	領有的居民
福建	十四縣	三百零八萬人
江西	二十七縣	七百十五萬人
廣東	十三縣	二百八十九萬人
湖南	二十六縣	六百九十八萬八千人
湖北	十一縣	二百七十四萬六千人
四川	十五縣	五百六十五萬六千人
共計	一百零六縣	二千八百五十一萬人

此外還有安徽浙江及江蘇尙有佔領小部份的地方未曾統計。從上面的事實看來，中國革命運動的發展。是絲毫無疑義的。但是有一點我們應當特別注意，就是工農革命雖然佔有一百多縣（一省半的地方），而他的力量還是完全分散的，並不是集中在一起，且軍器非常缺乏，只有短銃，木槍，鐮刀，斧頭等等作兵器，且係農民自己土製的，故游擊戰爭無論在各省到處都有爆發可能，而勝利却是非常艱難。

然而中國現在的軍閥內戰無了無休，且加普遍的飢荒，以及中東路的事變，帝國主義欲企圖插入干涉，實行國際共管，這樣的環境更迫使民衆走進革命的道路，更加的階級的覺悟。因此我們在這廣州暴動二週年紀念日的目前的責任，就是廣大的組織工農群衆及充分的發展游擊戰爭以便準備對中國革命高潮來到的接受；『保護中國革命』應站在經常的宣傳和傳佈共產黨的口號及思想；保護世界無產階級的祖國——蘇聯和牠的社會主義的建設；實行鞏固東方殖民地與西方革命群衆的國際聯合，並應解釋牠在打倒帝國主義事業中和本身解放事業中及中國革命的意義；必須揭破各帝國主義假『克洛克』和平條約干涉中東路事件；必須反對蹂躪人民的國民黨和一切的中國軍閥，以及剝削工農的資本家和地主，並實行與他們無情的鬬爭，一直到最後消滅他們爲止；更要繼續廣州暴動的英勇精神，在無數萬工農群衆手內已失去的蘇維埃之旗幟將由我們後死的無數的英勇戰士再重新豎立起來！我們特高呼：

廣州公社萬歲！

國民黨的白色恐怖不能消滅中國革命！打倒國民黨！

保護無產階級的祖國——蘇聯！打倒帝國主義及其干涉中東路的事件！

東方殖民地和西方革命的工人聯合起來！世界革命萬歲！

英勇的廣州工農兵暴動時的情形

纪念李布克内西和卢森堡同志，1930 年 1 月 4 日

„РАБОЧИИ ПУТЬ“

工人之路

Орган Далькрайкома ВКП (б) и Далькрайсовпрофа
蘇聯共產黨遠東邊疆委員會和蘇聯遠東邊疆職工蘇維埃出版

全世界的無產階級聯合起來呵！
Пролетарии всех стран, соединяйтесь!

編輯和經理處：伯力，協辛干可街，第二十四號，電話第一千一百六十三號
Редакция и контора: город Хабаровск. улица Шевченко, № 24 Тел. 11-63

定閱金洋	Условия подписки	責任編輯 丁山 Отв. редактор ТИН-ШАНЬ	廣告例目	Условия объявления
一年六吊七毛	На 1 год. 6р.70к.	海參崴代理處	期每字	каждый иероглиф
六個月三吊四毛	6 мес. 3р.40к.	中國工人『五一』俱樂部	五哥比	в номер по 5 коп
一個月無論本埠外埠一律六毛	1 — 60к.	Адрес Владивостокского пункта: Клуб китайских рабочих „1 мая“	長期月議	постоянные об‘явления по соглашению

零售每份五哥比
Цена номера 5 коп.

№ 431 (93) 14 Января 1930 года 3 раза в неделю (Год издания 7-й)
第四百三十一（九十三）期 一九三十年一月十四日 每逢星期二，四，六各日出版 （一九二二年三月創刊）

本期要目

爲李布克內西和盧森堡同志復仇，繼續他們未完成的革命事業，打倒社會法西斯蒂！

社論

紀念李布克內西和盧森堡同志

一九一九年一月十五日德國無產階級的領袖德國共產黨的組織者李布克內西和盧森堡，在德京柏林被資產階級的走狗——社會民主黨槍殺了！使德國無產階級失掉了兩位偉大的領袖，這不僅是德國的一個大損失，而且是世界革命的一個損失。因爲李布克內西和盧森堡同志是組織共產國際的兩位重要人物。追憶到李布克內西和盧森堡同志的犧牲，不能不使我們聯想到戰後的德國革命。

德國無產階級受了社會民主黨的欺騙，爲資產階級奪取市場，侵佔殖民地；在戰場上血戰了四年。戰爭的綿延，需要巨量的軍火。因此大多數的生產機關，都變成了兵工廠。生產的縮小，以致國內的生活程度，一日千里的提高。青年人和成年人都大批的被派送到前線上去，工廠的勞動者都換成了婦女和兒童。國內經濟情形一天一天的惡化。一九一八年下半年協約國向德國開始了各戰線上的總攻擊。在七，八，九三個月的中間德國兵士被俘虜者達二十三萬人，並有很大的死傷。許多領土和軍需品，被協約國佔領和奪取。德國帝國主義在軍事上的失利，成了爆發革命的導火線。

德國資產階級處於軍事上的失敗後，已經看到革命的將臨。統治階級爲了應付當時的危機，爲了避免革命的出現，決定向革命群衆作一點臨時的讓步，借以減低熱烈的革命情緒。因此在一九一八年九月改組內閣，使自由黨上台。幾個社會民主黨黨員也被吸收到內閣去，宣佈了男女平等的普選制，釋放了幾個政治犯。但是資產階級這個企圖，並未成功。因爲這點微小的讓步，已經不能滿足革命群衆的要求了。革命終久是爆發了！

一九一八年十一月一日在克爾（Кил）軍港開始了海軍暴動，克爾的城防軍和工人起來響應暴動。同月四日在該處組織了兵士蘇維埃。克爾的海軍暴動成了德國革命的信號了！暴動綿延到所有的海軍艦隊，許多前線上的兵士，拒絕長官的命令，從五日到八日全國沸騰各處的工人兵士大部份都加入了革命。六日柏林及各大城市開始了罷工。七日德皇韋廉宣佈退位。九日柏林工人舉行遊行示威，德皇逃往荷蘭。全國政權事實上已落在工人的手裡，宣告共和。十一月十日社會民主黨和獨立社會黨共同組織了革命政府。

十二月十七到二十五日舉行了全德國蘇維埃的代表大會。以四百票對四十二票的大多數決定於一九一九年正月十九日舉行立憲會議的總選舉。選舉是根據普選制，資產階級也可以參加。這個決議很明顯的證明社會民主黨已經拋棄了無產階級專政的原則，而變成了資產階級的議會制度。

在德國這次革命的過程中社會民主黨，一點革命的作用沒有，而是阻止革命，以至於反革命。當克爾發生海軍暴動以後，社會民主黨員諾斯克受了專制政府的委任，被派往克爾鎮壓革命的海員。

當時德國共產黨曾表示了很積極的活動，但當時他是很幼稚的，沒有像現在的這樣健强，不能夠和社會民主黨爭奪革命領導權。社會民主黨當權之後，公開的開始了反革命的行動。把許多反革命的軍隊，調往柏林，預備鎮壓革命的群衆。社會民主黨的反革命行動，引起一部份先進的無產階級和一切革命兵士的不滿意。

李布克內西和盧森堡同志所領導的共產黨，在這種情形之下，他的影響在群衆中一天一天的擴大起來，『一切政權歸蘇維埃』的口號佈遍到廣大的群衆去。一九一八年十二月三十日在柏林召集了德國共產黨第一次代表大會。李布克內西和盧森堡同志皆被選爲中央委員會委員。代表大會決定黨的基本任務是：建設無產階級專政，組織蘇維埃政權。此後德國共產黨在工人群衆中的影響，一日千里的擴大起來。

李布克內西同志遺像

一月六日在共產黨和獨立社會黨左派的領導之下，開始了武裝暴動，要推翻反革命的社會民主黨的政府。李布克內西同志被選爲革命委員會委員。武裝的工人佔了許多機關，與社會民主黨員諾斯克所領導的反革命的軍隊開始了巷戰。血戰了一禮拜，於十二日暴動被社會民主黨鎮壓下去了！暴動的首領李布克內西和盧森堡同志在一月十五日被反革命的軍隊逮捕了，並且不經過任何法庭的審判，便被社會民主黨殺了！

德國革命的怒潮，直到一九一九年五月才漸漸的被社會民主黨完全鎮壓下去！

使德國革命陷於失敗，槍殺了無產階級的領袖——李布克內西和盧森堡同志及無數的革命工人，這便是社會民主黨供獻給資產階級的敬禮。社會民主黨已成了資產階級的憲兵和走狗，他已經在工人的面前宣佈破產了。成千成萬的無產階級已經脫離了社會民主黨而走向李布克內西和盧森堡同志手創的德國共產黨的旗幟之下，準備爲李布克內西和盧森堡同志復仇，繼續他們兩位未完成的革命事業。

（魯泊）

德國共產黨檢閱群衆的工作

柏林十一日蘇聯社電 德國共產黨實行檢閱黨的組織和單個黨員羣衆的工作。檢閱的期間定於一月六日起至二月十五日止。

煤油大王受打擊了

◁發現納比爾(Нобель)和紀提爾金(Детердин)的陰謀▷

◁在柏林審訊假造蘇聯鈔幣的哥魯金工廠主▷

柏林十日蘇聯社電 柏林現已開始審訊組織假造蘇聯的金盧布鈔幣（Червацц）的工廠主，哥魯金（白黨）和德國的法西斯蒂。卡盧米德志（Карумидзе）——是其中當事者之一，關於他反蘇聯的運動，直認不諱。他曾接得從哥盧金（Грузин）寄來的信，在那個致他的信中曾寫有『沒有經費不能達到舉起反蘇維埃政權的暴動』的話。那個時候他曾擬定許多假造金盧布（Червацц）的計劃，其目的無非爲組織『暴動』，想破壞和擾害蘇聯的金融。

當審判官問卡盧米得志組織假造鈔幣的經費是誰給與的呢？卡盧米得志拒絕答覆。卡盧米得志曾堅決的說，他存在瑞士的銀行中有十五萬美金。

但是卡盧米得志雖然企圖掩飾經費的來源，而德國的報紙已很明顯的確定的說，一切反蘇聯的假造鈔幣的計劃，是煤油大王納比爾（Нобель）和紀提爾金（Детердинь）主使的。

據調查得的證據，卡盧米得志在印刷所假造鈔幣的紙係德國法西斯蒂供給的其中的領袖就是納比爾。卡盧米得志同樣的與著名法西斯蒂爾格爾得脫（Эргардт）均有關係。

卡盧米得志曾謂他曾與法國外交部的談判。因此，德國外交部對卡盧米得志這種誣蔑的說詞，曾聲明否認在蘇聯範圍以外有其與哥魯金的獨立的外交關係而僅與蘇聯政府維持正式的外交關係。

第二次海牙會議開幕

帝國主義的矛盾更加尖銳

海牙十日蘇聯社電 關於通過『消滅戰爭』計劃的會議——或稱爲第二次海牙會議——已經開幕。美國的代表在這次會議表示僅爲監督者。第一次常會以後組織二個委員會：第一個係爲德國的賠款問題，第二個係賠款與奧大利亞，匈牙利和保加利亞。委員會曾舉行會議，在德國的委員會中德國與法國之間已發生極大爭論。

中俄各領事館已恢復

上海十日蘇聯社電 張學良通知南京政府云，駐哈爾濱及奉天的蘇聯領事館已恢復。同時駐赤塔的中國領事亦已起程前往就職。

中東路交通恢復

東京十日蘇聯社電 中東鐵路現已努力恢復交通，整頓路政。

中國軍隊撤退

東京十日蘇聯社電 東三省軍隊已開始由中俄邊界撤退。

中國要聞

閻錫山就副總司令

北平八日蘇聯社電 閻錫山通電就南京政府委任的副總司令之職。

山東發生暴動

北京八日蘇聯社電 據路透社消息，山東省暴動隊伍又大活動，佔領數重要車站，截斷交通。

新任中東鐵路管理局長的措置

◁準備恢復各線的交通▷

東京八日蘇聯社電 中東鐵路局長盧德爲恢復滿州里一帶的交通，現已組織委員會，以便該區調查一切，然後規定妥善的辦法。

此外，該局長盧德並通知烏蘇里鐵路局云，中東鐵路現已著手準備開行直達海參崴的客貨車，請即著手籌備云云。

另訊，中東鐵路與烏蘇里鐵路間之貨客車，於一月十號即行恢復。

謝馬洛夫斯基已正式接事

東京八日蘇聯社電 駐哈爾濱蘇聯臨時總領事謝馬洛夫斯基已接事，駐哈爾濱德國領事已將保護蘇聯僑民的事務交代於謝馬洛夫斯基。

非法開除的工人現已復職

東京八日蘇聯社電 據哈爾濱來訊，自中俄衝突以後，被開除及自動辭職的中東鐵路的工人及職員，現均已復職復工。

最後消息

蘇聯在滿洲里的經濟機關已經恢復

東京十二日蘇聯社電 由哈爾濱得來的消息，那裡已來到蘇聯煤油和紡織業的全權代表，該代表係爲在滿洲里恢復這些新提加的分發行所。

又訊，總政部已撤銷停止發給蘇聯人民在東三省特別區遊歷的證書。

又訊，據哈爾濱的消息一月八日滿洲里已撤銷戒嚴。

波蘭紡織工人大罷工

瓦薩瓦十二日蘇聯社電 在郎地（Лодзи）因縮減工資百分之三十，有二千紡織工人實行大罷工。罷工者曾發佈告郎地一切工人的宣言；並要求關于維持他們的罷工。

時評

評帝國主義第二次海牙分贓會議

第一次海牙會議是在新帝國戰爭的熱烘空氣中『和平的』（？！）海牙舉行的，曾做了關於分配德國賠款的償付問題。故這次會議特別明顯的表示了英美間的衝突。

英國帝國主義參加海牙會議的代表史納汀曾做了英勇的攻擊者。當分配賠款的時候，史納汀提出了交易的結果，曾得到增加『交還』英國賠款一百萬馬克。英國這個步驟，不管是對美國表示『英國是在歐洲的主人而且老大不列顛（英國）獅子的牙齒還沒有脫落』呢！

但是，自海牙會議之後，現在美國已進到積極的進攻的情勢了。

同樣，第一次海牙會議還表顯着英德之間的矛盾。

在海牙會議之後，絕對的不平均，尤其是法德間的根本矛盾。

德國對第二次海牙會完全是傾向退讓的地位。因爲在這個條件下使德國的狀況惡劣，更有甚於過去的第一次海牙會議。束縛德國的美國資本主義現時因爲發生經濟的危機極端擴大而且這種危機在美國將來還要更加鞏固。

因爲這些，就是能使廣大的德國工人群衆的革命迅速的發展，而且能迅速的在群衆中間，關於社會法西斯蒂的『德謨克拉西』（民主主義）的欺騙蠱力的揭露！所有的一切，也就是德國無產階級革命『升堂入室』的步驟。

“三一八”惨案四周年纪念，1930 年 3 月 15 日，长虹

„РАБОЧИЙ ПУТЬ“

工人之路

Орган Далькрайкома ВКП (б) и Далькрайсовпрофа
蘇聯共產黨遠東邊疆委員會和蘇聯遠東邊疆職工蘇維埃出版

全世界的無產階級和被壓迫的民族聯合起來呵！
Пролетарии всех стран и угнетенные народы, соединяйтесь!

編輯和經理處：伯力，協字干可街，第二十四號，電話第一千一百六十三號
Редакция и контора: город Хабаровск. улица Шевченко, № 24 Тел. № 11-63

定閱金洋	Условия подписки	責任編輯 丁山 Отв. редактор ТИН-ШАНЬ	廣告例刊	Условия об'явления
一年六吊七毛	На 1 год. 6р.70к.	海參崴代理處	每期每字	Кажд. иероглиф в номер
六個月三吊四毛	6 мес. 3р.40к.	中國工人『五一』俱樂部	五哥比	по 5 коп
一個月無論本埠	60к.	Адрес Владивостокского пункта: Клуб китайских рабочих „1 мая“	長期另議	постоянные об'явления по соглашению
外埠一律六毛				

零售每份五哥比
Цена номера 5 коп

№ 456 (118) 15 марта 1930 года 3 раза в неделю (Год издания 8-й)
第四百五十六(一百十八)期 一九三十年三月十五日 每逢星期二,四,六各日出版 (一九二二年三月創刊)

本期要目

社論

『三,一八』慘案四週年紀念（長虹）

一九二六年三月十八日上午十時，北京城十幾萬革命的工人和學生爲反抗日本帝國主義砲擊大沽和八國公使聯名致北京政府的最後通牒，在天安門開市民大會。大會之後，整隊示威遊行至所謂國務院執政府去『請願』，以表示民氣的激昂，同時藉以警告段祺瑞，賈德耀……這般賣國老賊，不許他們向帝國主義降服。誰知他們早就預備好了，以鎗彈來『迎接』示威群衆，成千成萬的群衆一到執政府門前，那兒已排着荷鎗實彈的隊伍。群衆的代表們還沒有說幾句話，這些如狼似虎的衛隊突然向群衆開放排鎗。一時東西兩門，人上堆人，擁擠不開，坪中血肉橫飛，屍身遍地，男女老幼，慘哭呼號，震動天地！兩次放鎗，在半點鐘內，死男女學生工人五六十人，傷二百餘人。這便是北洋軍閥賣國老賊屠殺民衆所演的『三一八』慘案。

但是『三一八』慘案發生後，北京反動的報紙如瘋狗一樣的一口咬說：這是共產黨害人，恍惚是說，如沒有共產黨的鼓動，便不致發生這次屠殺，並且說共產黨沒有死一個。不錯，像這樣的群衆運動，共產黨自然是站在前面去領導群衆。這次死的人不僅是共產黨員佔一大半，就是大家知道的中國共產黨首領李大釗同志這次亦在血跡模糊的屍身之下，倖免於難！從事實上可以證明了共產黨是民衆的先鋒領導者。只有慣習造謠中傷的反動新聞記者以及無耻下流的國民黨和國家主義者向段祺瑞告密，向帝國主義投降，才是欺騙民衆，陷害民衆，才是屠殺民衆的劊子手。他們當時肆意攻擊中國共產黨的行動，適足以證明其反動與無耻！總之慘案的禍首罪魁，除賣國老賊段祺瑞等外，這還東西是罪容不赦的了。

『三一八』慘案到現在是四週年了。在這四年之中，中國革命已走入一個新的階段——蘇維埃階段。在這階段之中的特點是：（一）代表資產階級的國民黨背叛革命脫離革命的戰線，完全投降到帝國主義的懷裡，進行其反革命事業。（二）在農民暴動的高潮中（如廣東，廣西，湖南，湖北，江西，福建，安徽。，四川，八省的紅軍區域）舊勢力的基礎逐漸崩潰。（三）在新舊軍閥繼續不斷的混戰中，全中國經濟日漸破產之下，使工人由經濟鬪爭漸次轉入政治鬪爭，使一般被壓迫民衆走上革命的道路。（四）我們革命的中國工農和一切群衆現時不用『請願』了，而是用武裝暴動和遊擊戰爭。要在這個舊的統治勢力崩潰之際，準備建設一個新的全中國的工農民主專政的政權。

遠東邊疆的中國工友們！『三一八』是中國民衆極可悲痛的紀念；因爲有『三一八』紀念，所以使中國革命民衆時時不能忘却八國聯名的最後通牒，不能忘却各帝國主義之兇惡陰險，日本砲擊大沽事件；不能忘却賣國老賊段祺瑞對民衆之屠殺；直至於現在全國白色恐怖和革命高漲之時，更不能忘却反革命的國民黨的南京政府，以及殺人不眨眼的蔣介石，馮玉祥，閻錫山，張學良，張發奎等大小軍閥勾結美英日各帝國主義，拍賣中國，屠殺民衆的陰謀。所以在今年的『三一八』紀念中，更使我們有消滅帝國主義和軍閥的決心。這個血染『三一八』的紀念日，實在給了我們許多教訓，我們應記取這些教訓。踏着『三一八』烈士的血路前進！

湖北省的紅軍普遍發展

武漢通訊 自湖北省的小軍閥胡陶坍台以後，反革命的劊子手蔣介石曾到武漢一趟，仍然襲用胡陶的白色恐怖政策，到處屠殺和拘捕工農革命群衆。狗子聽到槍聲，就知道有人肉吃，長得肥肥的。但是壓迫力愈大，反抗力亦愈大，湖北最近的工農鬪爭、日趨激烈，武漢紗廠工人罷工竟與國民黨軍警直接肉搏。其餘各縣的紅軍，更是普遍的發展。玆摘要寫在下面：

一，**鄂東**現已組織紅軍數萬人，並設有總指揮部，業已佔領陽新，大冶，鄂城，廣濟及黃梅等縣。去年國民黨走狗劉峙派獨立十五旅到大冶與紅軍打仗，但不到兩個鐘頭該走狗軍大敗四散，紅軍還繳得槍械八九百枝。

二、**鄂西**紅軍的總指揮賀龍領了二三萬紅軍在鄂西佔領十七八縣，各縣都設有蘇維埃政府，現正擴充組織，準備向武漢進攻。

三，**鄂南**前月紅軍佔領汀泗橋，將武長鐵路挖斷了。現在還正和敵人打仗，並且很激烈。

四，**鄂中**監利，石首，公安，潛江，沔陽，漢川等縣都有無數的工農遊擊隊，每隊五人，每人一枝盒子砲。敵人不論多少，總之不敢在這些地方駐紮。聽說這裡現在已成立了蘇維埃湖北省政府。

五，**鄂北**前次國民黨中央軍和唐軍（生智）打仗的時候，中央軍打得大敗，紅軍趁勢大得農民的帮助，繳了夏斗寅軍隊一千多桿快槍。

河南商城縣又成立一個蘇維埃

據北平十一日專電 河南商城縣被紅軍佔領，領袖周維炯，領導工農組織蘇維埃政府。該縣的土劣分途遠颺

波蘭失業的發展

瓦薩瓦電 據確實的統計，截至三月三日止，波蘭失業工人已達二十九萬人。此外，在最近鐵路曾開除工人三萬人。

反蘇聯的運動仍繼續大擴

◁德波之聯合戰線▷

◁英國組織反蘇聯的同盟▷

柏林電 當國會第二次討論實行『雍克』計劃時，許多議員激烈的反對訂結滅亡的協定，局部的關於與波蘭的協定。共產黨議員雅達士在他的演說中特別指出與波蘭訂結軍事政治協定的作用，謂波蘭是協約國的走狗，牠結合反對蘇聯的聯盟。英國久欲調劑德國與波蘭猜忌的關係，拒絕德國資產階級擁護在波蘭的德國少數派。這不僅是表示民族主義者的語句，而是指示怎樣的犧牲以達到德波間之聯盟。

倫敦電 英國保守黨的報紙提出新的反蘇聯的方法。因此『蘇聯友誼社』爲答復反蘇聯的宣傳運動，定於三月十四，十六和十九三日舉行全英與蘇聯的團體會議，進行擁護蘇聯和反對保守黨，牧師的運動。

瓦薩瓦電 教會的主教號召反對『蘇聯取締宗教』，並擬組織各社團的遊行大會，表示抗議。

『社會民主黨』的反蘇聯運動

柏林電 德國國會社會民主黨的黨團曾質問政府以下的問題：『共產國際執行委員會在最堅固的蘇維埃政府之內，決定與蒂爾曼（德國共產黨的總書記）共同以所有的經費維持共產主義的運動和用各種方法協助德國革命家。政府意欲採用怎樣的手段，以阻止蘇維埃機關干涉德國政治生活之拉巴爾（раппольский）條約』？政府的回答秘不宣佈。

資本主義「繁榮」的基礎破滅了！

當美國資產階級苦心孤詣的高呼『資本主的繁榮』時，而無限止增加的失業工人已時走入直接革命的道上，把『繁榮』的基礎打倒了！

中國要聞

殺民主義的實行

◁軍閥打仗▷

◁車夫遭殃▷

上海電 南京刮民政府調大批軍隊往湖北及江蘇北部各區佈防，政府當局在南京蘇州等處大行拉夫封船，一般車夫及做小買賣者均被軍隊拉去扛運槍械子彈，不但不給分文，而且加以毆打；車夫等被軍隊放回後，都說三民主義就是殺民主義！至於一班船主，亦大駡國民政府無故封船，妨碍航務云云。

閻蔣戰聲中的農民

◁不能進行春種▷

◁只有餓死打死▷

東京電 因閻錫山馮玉祥與南京刮民政府將發生戰爭之故，戰區農民均不敢進行春種。據農民云：今年又必成爲荒年，在此種軍閥統治之下，農民只有被軍閥打死餓死。刮民政府口口聲聲大叫『民生』，其實中國人民在刮民政府統治之下，只有死路並無生路可走！

蔣介石還想『統一』鄂軍

據南京來訊，蔣介石因爲馮玉祥的軍隊準備進攻湖北，特命在湖北省的各軍隊一律均歸所組織的行營指揮，以便統一指導。

奉軍將行改組

◁再也不談編遣問題了！▷

北平電 不久以前所舉行的東三省軍政會議，曾熱烈論及改組奉軍問題，並曾詳細討論按照日本式的奉軍改組草案，內容非常秘密。

廣東蔣系之末運

白崇禧張發奎捲土重來

◁省防軍難於抵禦▷

北平電 白崇禧張發奎所部軍隊已攻入廣東，廣東省政府軍隊無力抵禦，向後退却。廣州情形，十分混亂，逃往香港者甚衆。據一般推測，南京政府因現在北方情勢十分緊急，決不能派兵援助廣東，因此廣東勢必爲桂系及改組派所佔領云。

黑龍江督辦已辭職

北平電 傳聞黑龍江督辦萬福麟已辭職，張學良將委任興安區移民處處長曹作華繼任。

張學良極力備戰

哈爾濱電 東三省當局張學良等軍閥決定頓整軍隊，預備戰爭，其大概可分三方面：

改組陸軍——步兵以旅爲本位，騎兵以師爲本位，砲兵以旅爲本位，各種特務兵以團爲單位，工程輜重以營爲本位，三省共分十六區編制。此外並決定補充遺額，擴充鐵甲車隊。

增加海軍——由沈鴻烈負責整理，海防艦隊，增編陸戰隊十營；江防艦隊先增編五營。並決定增購軍艦，增加常年費及全部費用。

發展航空——向美國定購飛機。

白黨組織中俄學會

東京電 據哈爾濱來訊，在哈爾濱的白黨現組織中俄學會，白黨學生加入其中者甚多，東三省教育廳亦積極參加此種學會之組織。

白黨別動隊的緣起及近況

據海納爾來訊、『白黨別動隊繼續在三道河一帶逞兇，當地百姓，不堪其苦。匪首別西可夫所帶領之別動隊，專一擱劫經過三道河的旅商爲業，其餘各別動隊，甚至於逐戶搶刼居民，姦淫婦女，居民無法可想，只得組織保衛團，以便抵抗白黨及逃兵

國民黨機關報『國際時報』云：『自歐戰終結，俄國革命發生後，由俄邊境各區，逃來白黨甚多，大約千餘人之譜，中國當局對於此項白黨，盡量收容，使其可以在東三省安耕禾業，迄今不覺已至十年。在此十年之中，白黨甚至有致富者。乃白黨陰狠成性，在中俄衝突時，藉口自衛，自行募集强壯白黨數百人，並授以武器，毫不受當地中國當局的節制。至於擱刼經過該地的人民等事，時有所聞。甚至有殺傷中國居民之事。該縣知事，雖曾請（！）白黨保持鎮靜，但白黨竟置之不理。

現在該白黨等竟公然反客爲主，居然敢拒絕中國當局的管束。不僅危及社會治安，有傷中國主權，亦與伯力協定不合。因此中國當局已命杜團長率兵前往征剿（？！）』云。

由上述的消息足見在三道口一帶確有白黨的武裝別動隊存在，而中國當局對該別動隊尚持優容的態度。

莫德惠已往奉天

莫德惠己由南京起程回奉天。據說莫德惠在三月十五往莫斯科。在中俄會議上所討論問題，一爲中東路管理問題，二爲中國出資購買中東路問題。至於伯力協定，南京政府與東三省政府的意見完全相同，並無差異。

广州暴动第三周年纪念万岁，1930 年 12 月 1 日

„РАБОЧИИ ПУТЬ“
工人之路
Орган Далькрайкома ВКП (б) и Далькрайсовпрофа
蘇聯共產黨遠東邊疆委員會和蘇聯遠東邊疆職工蘇維埃出版

全世界無產階級和被壓迫民族聯合起來啊！
Пролеарии всех стран и угнетенные народы соединяйтесь

本報社在伯力，協孚千可街，廿四號，電話一一六三
Адрес редакции: г Хабаровск, Шевченко, № 24 тел. 11-63

定閱本報 請逕接向各地郵政局的報紙部(Газетное Бюро)接洽
Подписка принимается во всех местных почтовых отделениях

定閱價目
一年……… 六元七毛
半年……… 三元四毛
本埠外埠 一月六毛
Условия подписки
На 1 год. 6 р. 70 к. 6 м. 3 р 40 к. 1 м. 60 к.

每期零售五哥比
Цена номера 5 коп.

本期要目

№572(234) 第五七二(二三四)期 5 Декабря 1930 г 一九三十年十二月一日 Выходит через день 隔五日出版(Год издания) 8-9一九二二年三月創刊

廣州暴動第三週年紀念萬歲！

中國現時革命的性質與特点

今年十二月十一日，全世界工人階級和被壓迫民族，將舉行偉大的廣州暴動第三週年紀念節。中國的勞動群衆在這一天，不但將統計近三年來與國民黨反革命，與軍閥，與地主，與資產階級，與帝國主義鬥爭的成績和經驗，而且將舉行中國蘇維埃第一次代表大會，成立中國工農兵代表的蘇維埃政府，以更鞏固和擴大中國現有的蘇維埃區域，以更鞏固中國的工農紅軍，使蘇維埃政權在全中國勝利。

參加這次全國蘇維埃代表大會的，將有中國南方和中部二百個蘇維埃縣的代表，三十萬中國紅軍戰鬥員的代表，千百萬農民游擊隊的代表，革命工會的代表，非蘇維埃區域中赤色工會和革命的農民團體的代表。這是何等大的中國工農革命的勝利啊！

一九二七年十二月，廣州革命工農兵所失掉的蘇維埃旗幟，現在由中國千百萬的勞苦群衆舉起來了，並且把他大踏步的推往前進。這是證明中國革命現在強有力的高漲。這是証明托洛茨基派陳獨秀派說國民黨政府將長期穩定，說現在中國沒有革命高潮，說要主張『國民會議』等等的鬼話，完全破產。這是證明共產國際和中國共產黨革命路線的完全正確。這是證明列寧主義的偉大勝利。

但是現在中國革命的特點在那裏，中國革命現在的性質是怎樣，中國共產黨現在有些什麼任務，這些問題，都是我們在紀念廣州暴動的時候，特別要注意，特別要明白的。現在且把這些問題簡單的來說一說。

（一）中國革命現在的性質

現在中國蘇維埃區域中所做的大事情，就是沒收地主的土地，把土地分給農民，使耕田的人有田耕。因為這樣，便發生很厲害的階級鬥爭。農民以真正革命的手段來對付那些地主和豪紳……，廢除苛捐雜稅，廢除各種農奴式的契約，廢除高利貸的債務，沒收地主的財產房屋及牛馬等生產工具，並將這些東西分配給工人農民及紅軍的兵士。組織赤衛隊，建立紅軍，實行八小時的工作時間制，實行最小限度的社會保險。

同時，中國蘇維埃為中國完全獨立而鬥爭，為取消帝國主義的不平等條約而鬥爭，為拿蘇維埃政權來統一中國而鬥爭。

蘇維埃區域裡所做的這些大事情，總合起來，是證明這些區域裡現在的革命，是反對帝國主義革命的，是土地革命，也就是說，按他社會的和經濟的意義，是個資產階級的民權革命，還不是無產階級的社會主義革命。但是因為：（一）中國的富農要以土地出租來剝削貧農，要以借錢給貧農的方法來剝削很高的利息，所以他反對現在的土地革命，而在無產階級領導下竭力為土地革命而鬥爭的只是貧農和中農群衆，所以可很快的轉變到社會主義的辦法，實行土地國有，以根據社會主義來改造農業。（二）中國的蘇維埃政府中，將以共產黨員佔多數。領導革命的是無產階級。這就是說，革命政府將有計劃的使轉變到社會主義的過渡，格外加速。（三）蘇聯國家是一天天強大起來，無產階級專政是一天天鞏固起來，社會主義建設是一天天勝利，而帝國主義的統治是經受着很大的恐慌，一天天崩壞下去。殖民地的革命一天天高漲，西歐的無產階級鬥爭一天天緊張，共產國際是一天天的鞏固和勝利。所有這些事實，都是能夠快快的使中國資產階級民權革命，轉變到社會主義革命，都是這個轉變的有力的先決條件。

（二）中國革命現時的特點

現時的主要特點是，在于中國革命運動發展的不平衡。工人和農民的組織力量，他們的覺悟程度和經驗，在中國各地方是不一樣的。比方江西湖南湖北福建的農民運動，已經發展到成立蘇維埃，江蘇浙江四川安徽的蘇維埃運動只在開始，而北方暫時只有無組織性的農民團體的活動，東三省呢，暫時還沒有廣大的農民群衆運動。而且農民運動的發展，是比工人運動要快的。

這種情形的原因，是在于中國經濟發展的不平衡，在于軍閥的四方割據，在于革命運動本身發展在歷史上各處的不一樣。比方一九二五到一九二七年的中國大革命，在南方和中部是大大發展過的，北方少一點，東三省暫時更是反動的老巢。致于大都市的工人運動比較農民運動的發展要慢，帝國主義與國民黨軍閥是有很大作用的。因為他們把大批海陸軍屯在大都市，竭力壓制和屠殺工人運動，竭力妨碍工人運動和農民運動的聯合。但是無論怎樣，大都市的工人運動，還是一天天高漲起來的。而且差不多每回經濟罷工，總是與軍警發生衝突，工人群衆表示很勇敢的與國民黨的軍警鬥爭。這就是工人群衆的經濟罷工，變成反對國民黨的政治鬥爭一天天激烈起來。

（三）中國共產黨現在的主要任務

由上面說來，現在的主要任務有三個：

（一）組織強有力的中國紅軍，保證紅軍的成份是工農的成份，使紅軍有鐵樣嚴厲的紀律，保證共產黨對于紅軍的強有力的指導。紅軍應有堅固的地域和物質基礎。

（二）建立蘇維埃政府，使他成為革命鬥爭的組織者和領導者，使他依據很可靠的紅軍，實行土地革命和反對帝國主義的政綱。使他拿事實証明蘇維埃政府是工人和農民的政府。

（三）組織和動員蘇維埃區域和非蘇維埃區域的廣大工農群衆，為革命的新勝利而鬥爭。要使非蘇維埃區域的工農運動，根據他們的日常要求普遍發展起來，把這種日常鬥爭，與取得蘇維埃政權在全國勝利的任務緊密聯係起來，要使大都市的工人運動提高起來，為奪取政權而鬥爭。要組織成千百萬的工農群衆來打倒國民黨和帝國主義的反革命。

以上幾個大的任務，中國共產黨只有在一個條件之下纔可完全執行，就是要不調和的，堅決的進行兩條戰線的鬥爭：集中火力反對目前黨內的主要危險——右傾機會主義（如富農傾向，合法主義傾向，不堅決反對黃色工會首領，且有時與他們投降等等），同時反對『左傾』（如軍事冒險脫離群衆，輕視群衆運動等等）。

全中國工農群衆起來暴動，推翻國民黨和帝國主義的統治！為蘇維埃政權而鬥爭……！

联共边委关于广州暴动第三周纪念的宣言，1930 年 12 月 9 日

„РАБОЧИИ ПУТЬ“
工人之路
Орган Далькрайкома ВКП(б) и Далькрайсовпрофа
蘇聯共產黨遠東邊疆委員會和蘇聯遠東邊疆職工蘇維埃出版

全世界無產階級和被壓迫民族聯合起來啊！
Пролетарии всех стран и угнетенные народы соединяйтесь

本報社在伯力，協平千可街，廿四號，電話一一六三
Адрес редакции: г. Хабаровск, Шевченко, № 24 тел. 11-63

定閱本報	定閱價目
請直接向各地郵政局的報紙部（Газетное Бюро）接洽	一年……… 六元七毛 半年……… 三元四毛 本埠外埠： 一月六毛
Подписка принимается во всех местных почтовых отделениях	Условия подписки На 1 год. 6 р. 70 к. 6 м. 3 р. 40 к. 1 м. 60 к.

每期零售五哥比
Цена номера 5 коп.

№574(236) 第五七四(二三六)期 9 Декабря 1930 г. 一九三十年十二月九日 Выходит через день 隔五日出版(Год издания) 8-й 一九二二年三月創刊

本期要目

聯共邊委關於廣州暴動第三週紀念的宣言

一九二七年十二月十一號，廣州的工人勞動群衆和革命的士兵們，舉起了英勇的暴動，以反對資產階級和地主的反革命，以反對帝國主義在中國的統治。

廣州暴動是在中國經濟和政治危機的基礎上爆發起來的，是在廣大工農群衆痛恨國民黨的統治而爆發起來的，他是一九二五到一九二七年中國大革命的『退兵時之一戰』。

一九二七年四月的上海暴動，已經把無產階級對于中國民族革命運動的領導權問題堅決提出來，已經把中國資產階級完全推到反革命的營壘中去了，而引起了蔣介石的反革命的叛變。嗣後中國工友們，爲奪取政權，起來作獨立的鬬爭，農民運動也日益高漲起來，且發展而成爲深刻的土地革命。這樣一來，便使國民黨中小資產階級份子所領導的武漢政府，也跑到反革命的營壘中去了。

廣州暴動，是一九二五到一九二七年中國大革命時期的一個最後的大戰鬬。廣州無產階級在這次大戰鬬中，曾經企圖把土地革命的事業，拿來與推翻國民黨的鬬爭聯結起來，拿來與建立中國工農革命專政的鬬爭聯結起來。廣州暴動，及自廣州暴動勝利而產生的廣州公社，雖然存在的時期很短，但是他不但只開始了中國革命的蘇維埃階段，而且給了殖民地和半殖民地被壓迫民衆起來作革命解放鬬爭的一個好模範。

中國革命，是全世界無產階級推翻資本統治，整個鬬爭的一部份。廣州武漢上海各地的工友們，是全部被壓迫的東方起來反對帝國主義，幹革命鬬爭的先鋒隊。

廣州工友們的事業，是全世界工人階級和被壓迫民衆的事業。一方面是俄國無產階級革命的勝利，及爲鞏固此勝利而流的血；廣州勞動群衆所流的血，以及外國工友們對于廣州暴動的幫助；另一方面，世界帝國主義拚命幫助屠殺中國工農的國民黨劊子手；——這種事情証明什麽呢；這些事情是証明得到中國蘇維埃革命勝利的道路只有一條，就是在共產國際和其支部——中國共產黨的領導：徹底根據列寧主義的原則組織群衆的武裝暴動，與世界無產階級的緊密聯合，首先就是與建設社會主義勝利的蘇聯無產階級緊密聯合。

廣州暴動的第三週紀念，是在中國革命新高潮日益發展的條件下經過着的。日益激烈的革命戰爭，日益鞏固的中國工農紅軍，日益擴大的蘇維埃區域（中國南方與中部），已經產生組織中國蘇維埃政府的必要；此政府，將由廣州暴動紀念日所舉行的將全中國蘇維埃第一次代表大會選舉出來。一九二七年十二月廣州工農戰士所失掉的蘇維埃革命旗幟，現在已由中國千百萬的勞苦群衆重新豎立起來，因此蘇維埃的旗幟，將穩固發展起來。

同時，中國工人階級和中國共產黨的面前，便發生鞏固蘇維埃區域，及使蘇維埃政權在全中國勝利的許多重大任務。

要使中國資產階級民主革命得到最後的勝利，要保證這一革命轉變到無產階級革命的社會條件，只有實行馬克思列寧的革命路線才有可能，只有徹底實行土地革命才有可能，只有千百萬農民群衆成爲工人階級堅固的同盟者，并受工人階級的領導才有可能。

只有蘇維埃政府，能够徹底實行土地革命和反帝國主義革命的政綱，團結工人和農民群衆在自己的週圍，并使無產階級在現時日益擴大的革命戰爭中，容易實現自己的領導權。

中國蘇維埃政府，將在穩固的地域和物質基礎上，建立强有力的工農紅軍，使紅軍有充份的無產階級幹部，並得有布爾塞維克的領導和鐵的紀律。蘇維埃政府，將依賴忠心于革命的紅軍，繼續發展鬬爭，以推翻帝國主義及其走狗——國民黨軍閥的統治。

蘇維埃政府，將組織並動員更廣大的工農群衆來反對國民黨的反革命，反對帝國主義的武裝干涉，爲革命的新勝利而鬬爭，且將使非蘇維埃區域的一切經濟鬬爭和政治鬬爭，與鞏固蘇維埃政府和紅軍的任務聯結起來，與蘇維埃政權在全中國勝利的任務聯結起來。

中國共產黨要勝利地完成這些任務，只有不調和地進行布爾塞維克的兩條戰線上的鬬爭。一方面反對目前主要的危險——右傾機會主義。這個危險表現在有取消派合法主義的傾向，表現在害怕發展反帝國主義的鬬爭，表現在解決土地問題上的富農傾向等。同時反對過左的軍事冒險的傾向，反對群衆工作的作用估計不充分反對過早執行在革命下一階段上的任務之『左』的企圖。

鞏固世界無產階級和被壓迫民衆的祖國——蘇聯，是蘇維埃在全中國勝利的必要前提。

聯共邊委號召所有邊疆的工農，特別是東方工人和勞動群衆這樣來紀念廣州公社第三週年：在執行超過執行工業財政計劃的鬬爭中，更加緊提高勞動熱忱，更加緊發展社會主義比賽和突擊運動，在資本主義經濟普遍的低落與他空前危機的基礎上，執行並超過執行工業財政計劃之世界歷史的意義日益增加，社會主義經濟制度遠勝于資本主義，更明顯地證實，這樣在反帝國主義的鬬爭中一更加强世界無產階級革命的堅决性；更加緊團結在聯共及其列寧的中央的周圍；在鞏固無產階級專政，反對反革命的陰謀危害份子並武裝干涉者的鬬爭中，更加緊提高階級的警惕心；更加緊反對各种機會主義，反對民族主義，特別是大俄羅斯民族主義，反對在工人階級隊伍中的富農和刮民黨的代理人，爲列寧的民族政策而鬬爭。

成千成萬的工農，在反對全副武裝的帝國主義的鬬爭中犧牲了，在兇惡的刮民黨劊子手的大刀濶斧下犧牲了。可是中國革命還活着，他的隊伍更鞏固起來。國際無產階級應加緊幫助中國暴動的工農。

戰鬬中的犧牲者永遠不朽！高舉着革命的紅旗，緊步着先烈的血跡前進是莫大的光榮！

獨立中國蘇維埃共和國萬歲！

被壓迫民衆勝利的暴動萬歲！

勝利地建設社會主義的蘇聯——世界無產階級和被壓迫民衆的祖國萬歲！

世界無產階級革命的參謀部——共產國際萬歲！

聯共邊疆委員會

特別季的第三月已經開始了利用各企業的好的經驗，掃除本工廠的缺點

快快來執行特別季的計劃吧！

工人創造性的煥發

黑河通信　黑河現正編制第三年計劃，當地職工蘇維埃現正進行收集工人提議大運動。工人參加者非常踴躍，在進行運動的第一日中，已收集提議二百餘件，內有極有價值的提議甚多。工人創造性異常煥發。

生產大有轉變

在十一月最初十日中，糶隆斯皮革工廠未執行生產計劃。在十一月第二個十日中，生產大有轉變，已執行計劃的百分之一百零四。

黑河酒廠大有轉變

黑河通信　黑河酒廠近來努力從事整頓，工作大有轉變，生產日益增加。自十一月二十六日，已執行計劃的百分之八十六，計在最近十四日之中（十二日至二十六日中），共執行計劃的百分之三十之多。

該廠工友表示，以後必須繼續努力，以便彌補過去虧空，並執行，特別季計劃云

黑河車站大有改良

黑河通信　在十一月第二個十日中，黑河車站大有改良，社會主義比賽與突擊運動逐漸發展，與流動性爭鬬亦日漸高漲。車輛停滯的數目已減至百分之十九（在十一月第一個十日中，車輛停滯的數目爲百分之三十三）。

黑河車站雖有以上成績，但仍有各種缺點，車站工友更應努力前進，掃除所有的缺點。

莫大的成績

黑河通信　黑河電站生產成績極好。在十一月第二個十日中，雖然燃料感覺缺乏，但該站工人用突擊的精神進行工作，結果戰勝所有的困難，遂得莫大的成績。

工人創造性非常蓬勃，紛紛提出各種有價值的提議。

電站經理處估及上述成績，現決將各種獎品獎與工人。

麒麟甲區金礦是遠東各金礦的模範

麒麟甲區在一九三十年生產總結完成生產計劃的百分之一百四十，提高生產力到百分之十五，社會主義比賽與積極生產隊甚爲發展，大多數生產部門及金廠已整個的進入積極生產部門及區域，電站比原定期限早兩月修成，電船早一月半完竣，近來在積極生產隊全體代表大會及各區黨的職工會的代表大會上，已正式提出五年計劃三年半完成及全區進入積極生產區之口號云。

梁是十月七號，

纪念巴黎公社，1932 年 3 月 18 日

全世界無產階級和被壓迫民族聯合起來呵！

工人之路

"Gungrhenzh Iu" ★ „Рабочий Путь"
Орган Далькрайкома ВКП(б) и Далькрайсовпрофа
蘇聯共產黨遠東邊疆委員會和蘇聯遠東邊疆職工蘇維埃出版

№ 798 | 18Марта 1932 г. 三月十八日 | 隔一日出版

紀念巴黎公社

一八七一年三月十八日巴黎無產階級，以武力將舊的統治階級的政權推翻，建立了無產階級政權——巴黎公社。巴黎公社的存在，僅七十二天的時期，而被法國地主資產階級的反動勢力，劊子手梯也爾在普魯士卑斯馬克的幫助之下，慘酷的把她摧殘了。三萬巴黎無產階級的先鋒，死在凶惡強盜的刀槍之下。

巴黎公社雖然在六十一年前失敗了，但是巴黎公社鮮血染下的光榮的旗幟，高擎在全世界無產階級的手中。『巴黎公社是第一個工人階級的政府，是生產階級和剝奪階級兩者鬪爭的結果』。（馬克思：法蘭西之內戰）。巴黎公社是無產階級自有史以來，第一次奪取政權的企圖，第一次無產階級企圖以社會革命的手段，解放自己。『巴黎公社的事業——是社會革命的事業，在政治上和經濟上完全解放勞動群衆的事業，是全世界無產階級的事業』。（列寧全集第十五卷一百六十頁）。

巴黎公社的偉大的歷史的意義是如此。世界無產階級每到三月十八日，不但深刻哀悼死難的自己同階級的弟兄們——巴黎公社的戰士，並且在學習他們的精神，爲其遺業而鬪爭。

巴黎公社的失敗，有許多當時內部和外部的原因，其主要的原因是在當時巴黎幼稚的無產階級未有鬪爭的經驗，把舊的統治政權推翻了，沒有以堅固的無產階級的政權代之，在巴黎公社中混進階級異己的份子，甚至有凡爾賽政府的一派，因此巴黎公社也未有採用統一的革命恐怖手段，對待一切反革命；未沒收銀行及反革命的財產；沒有即刻開始消滅國內反革命，沒有根本把反革命的武裝立刻解除，讓梯也爾政府反動勢力保持着自己的武裝，逃往凡爾賽去，普魯士政府留他們放回所有法兵俘虜，而使梯也爾有可能重整旗鼓再來；未得農民的帮助，當時法國的農民在資產階級利用之下；沒有堅固統一的思想純定的無產階級的政黨，在巴黎公社指導者中還有無政府黨布蘭克黨人。當然除了這些原因之外，還有許多客觀原因，決定了巴黎公社的命運。雖然如此，但巴黎公社在短期中，實行了許多革命的法律，巴黎工人始終一致的擁護巴黎公社，以至到流血犧牲。

巴黎公社留下無產階級革命寶貴的經驗，馬克思曾把這個經驗自己研究過，以作後來無產階級革命的教訓。列寧對於巴黎公社的教訓，曾有精密的研究，用於俄國革命中。

『一九〇五年及一九一七年俄國的革命，是在另一個環境中，另一個條件之下，繼續着巴黎公社的事業』（列寧）

巴黎公社無產階級戰士的旗幟，在千百萬蘇聯的工人及集體農民手中高擎着，勝利的建設着社會主義，世界六分之一的地方已成爲世界無產階級的社會主義的祖國。

巴黎公社的旗幟，在千百萬中國工農群衆手中高擎着，爲反帝國主義及土地革命而鬪爭，爲蘇維埃鬪爭。

巴黎公社的旗幟，在全世界無產階級手中高擎，在共產黨的領導之下，逐漸的起來作推翻資本主義的鬪爭，爲無產階級革命鬪爭。

現在繼續着巴黎公社事業鬪爭着，是千百萬的革命群衆，是全世界的無產階級，是工人唯一的革命政黨——共產黨。

現在世界帝國主義在恐慌中，準備着反蘇聯戰爭，進行瓜分中國，準備以武力壓迫工人革命運動。日本帝國主義正在中國搶掠，並準備進攻中國蘇維埃區域，準備進攻蘇聯。巴黎公社的劊子手梯也爾的後裔——法帝國主義幫助日本在瓜分中國，組織反蘇聯戰爭。

我們今年紀念巴黎公社戰士最好的花圈，是加緊蘇聯的國防，學習軍事，對反蘇聯戰爭的組織者在進攻蘇聯時，準備給以當頭的打擊，擁護中國蘇維埃。

努力完成一九三二年的生產計劃，以戰鬪的精神完成第一個五年計劃。這是我們紀念六十一週巴黎公社最好的紀念品。

⊠ 打魚運動開始了 ◆ 大批青魚快來了 ⊠

全副武裝起來爲執行打魚計劃而爭鬪

「一九三二年魚業的勝利的最主要的前提，就是與魚業有關的每個機關以及每個工作人員，必須要努力消滅去年的缺點，而在史大林六個指示的基礎上面，來堅決改造自己的工作。」 第五屆邊委全會的決議

海參崴各漁場已經開始打魚

海參崴通信 在海參崴各魚場已開始打魚。在三月十號，海參崴區集體魚場，已放下魚網三十個，超過了計劃，據計劃的規定，祇爲二十八網。

其次七孟河區放下魚網十三個，但計劃定爲十五個，未執行計劃。

高麗會放下魚網二十一個，但計劃定爲三十六個，未執行計劃。

關於蘇城區打魚的情形，現在尚無報告，但據一般的消息，打魚準備工作做得很不充分。

趕快準備魚桶

要剷除去年的錯誤

海參崴通信 魚桶是準備打魚的一種很重要的工作，爲要製造魚桶，必須準備大批的木材。

據計劃的規定，爲製造魚桶起見，必須預先準備木材八萬立方米突，但實際到三月一號爲止，還沒有準備好五千立方米突。打魚運動已經開始了，努力準備製魚桶的木材，而剷除去年的錯誤。

與以嚴格的處罰

海參崴通信 在『海風』島的漁場，沒有事先準備燃料，以至十五架日本式的漁船，因缺少燃料而不能下水捕魚。對於這樣做工的經理人員，應當與以嚴格的處罰！

要加緊努力

海參崴通信 在三月第一個五日中，遠東漁獵托拉斯各漁場，總共祇打到魚類兩百八十九担，祇執行三月份全月打魚計劃百分之一。這個數目太少了，漁獵托拉斯各漁場的中俄工友們！加緊來努力！對於那些不注意捕魚的經理人員，是必須與以痛擊的！

要全副武裝起來

海參崴通信 在三月九號，海參崴魚場已開始撈打青魚，捕魚的專家調查的結果，在最近數日中，將到大批青魚！

海參崴各魚場應當趕快佈置魚網，一担青魚也不要放過！在現在的時候，遠東漁業托拉斯各魚場及各集體魚場，還沒有完全安好魚網，這是絕不允許的，我們要全副武裝來捕魚！

準備工作很好

海參崴通信 在『安娜』灣的魚場，對於打魚運動的準備，進行很好。現在已派出魚船五艘往海面撈打海獸。

白石拉中國工友勝利了 ◆ 下馬牙中國工友落後了

◀ 像白石拉木場的工友們一樣 ▶

下馬牙木塲中國工友們應加緊努力！

⊠ 中國工人王通班運木計劃的執行 ⊠

第二個十日	第三個十日
125%	135%

中國工人王通班又超過了計劃

白石拉通信 中國工人王通運木班，在第二個十日既然執行了計劃，同時在第三個十日，成績更好！

據計劃的規定，該班應運木一百七十個立方米突，但實際他們運出二百二十個立方米突，執行十日計劃百分之一百三十五，運木速度比以前還加快了！

對於王通班的工友，木場協作社已多與以七個滿時的麵紛來獎勵他們。王通班是我們的好模範！

★下馬牙木場★ 中國工友落後了

下馬牙河通信 在木業的戰線上，下馬牙河的中國工友落後了！在二月第三個十日中，他們各班的放木伐木計劃，沒有一班執行了的！

在工人中間，有遲到早退及脫工等現象，特別是馮惠祥班，勞動紀律特別不好！白石拉中國工友執行並超過了計劃，下馬牙河木塲的中國工友，應當像他們一樣努力！

白石拉木場醫生 不注意自己的工作

白石拉通信 白石拉木塲醫生不注意中國工人的工作，很少到中國工人木棚子裡面去檢查，包腳布、髒東西，到處乱扔亂放，醫生一點監督的工作也沒有進行。給中國工人看病也是疏疏忽忽，不肯注意。對於這些缺點，白石拉木塲的醫生，是應當要改正的！

（周日臣）

四站黑對區中國工友全體加入突擊隊

四站通信 四站黑對區木塲，有一隊（隊友）中國工人，他們做伐木拉木的工作。在日前開生產會議時，中國工友一致認爲木業計劃是可以執行及超過的。在討論木業計劃以後，他們通過下面的決議：

一）全體加入突擊隊，與少數怠工，脫工，誤工的份子，進行堅決的鬪爭。

二）要求協作社準備馬料改良供給。現在因爲沒有馬料，馬匹不能拉木，許多木材停在山裡，而妨礙工人的生產。對於這種的現象，以後必須堅決剷除。 （孟珍）

中國工人王通班 超過了伐木計劃

上馬牙河通信 中國工人王通班，是紅軍十四週年紀念突擊隊，他們真能用突擊的精神，來執行木業計劃。在二月份中，他們應伐木四百五千個立方米突，但實際伐下五百三十四個立方米突，執行計劃百分之一百一十八！ （多）

京汉铁路工人“二七”流血的第十周年纪念，1933 年 2 月 6 日

全世界無產階級和被壓迫民族聯合起來呵—

工人之路

„GUNGRHENZH LU“

„Рабочий путь“
ОрГан ДКК ВКП(б) и ДКСПС
聯共遠東邊疆委員會
和
邊疆職工蘇維埃機關報

編輯部地址 Адрес
Город Хабаровск
ул. Комсомольская № 54
電話號碼 Теле 10—58

定價：每期10分錢 一月一盧布
半年六盧布 一年12盧布

Китайская газета | № 16 (946) | 6 Февраля 1933г. 一九三三年 二月六日 | 隔日出版 各地郵局均可訂購

京漢鐵路工人「二七」流血的第十週年紀念

今年的二月七日，是中國京漢鐵路工人『二七』流血的第十週年紀念日。京漢鐵路工人的『二七』運動，開中國工人階級實行英勇的政治鬪爭的新紀元。

在一九二三年的二月初間，京漢鐵路的全體工人，為要成立公開的京漢鐵路工會而遭了軍閥吳佩孚，蕭耀南以及帝國主義的壓迫——禁止成立京漢鐵路總工會。全路的工人便一致的用總罷工的戰略來反抗中國軍閥和帝國主義，爭取集會結社的政治自由。結果乃進到成千成萬以上的工人群衆，在江岸，鄭州，長辛店等處，不顧流血犧牲以與中國軍閥和帝國主義全副武裝的反動軍隊鏖戰，表現出中國工人階級空前的英勇，表現出中國工人具有何等偉大的階級鬪爭力量。

『軍閥手中鐵；工人頸上血；頭可斷，皮可裂，奮鬪的精神不消滅！』——這就是京漢鐵路工人英勇鬪爭的描寫。

京漢鐵路的工人為反對中國軍閥及帝國主義，在『二七』的流血鬪爭中所要取得的，乃是為全中國的勞動群衆，首先是中國工人階級在當時必需的最初步的政治自由。

『二七』事件過去已十年了在這十年中，中國無產階級不斷的鬪爭着，在這十年中中國無產階級得了不少寶貴的革命經驗，由『二七』到『五卅』；『五卅』是中國工人更擴大的參加民族革命運動為奪取領導權而鬪爭；由『五卅』到『廣州公社』，『廣州公社』是中國工人階級與勞動農民展開中國革命蘇維埃階段的鬪爭。

現時在中國的蘇維埃革命，就是中國工人階級及其先鋒隊——中國共產黨領導之下進行的。

中國工人階級及其先鋒隊——中國共產黨現時領導中國的勞動農民和一切被壓迫的勞動群衆所要爭取的，而且已經取得了的——佔中國土地五分之一的蘇維埃區域，有了三十萬以上的中國工農紅軍——已經不是十年前的京漢鐵路工人所流血爭鬪的集會結社的政治自由，而且更踏着『二七』死難烈士的血跡英勇的前進，打倒在中國的一切帝國主義，實行土地革命，剷除一切的封建殘餘，推翻資產階級和地主——國民黨的政權，建立工農民主專政的蘇維埃政權。

但是，親手慘殺京漢鐵路工人的軍閥吳佩孚和更加殘酷的屠殺中國工人和一切革命戰士的新軍閥蔣介石，張學良的國民黨和日，英，美，法等帝國主義，還正在拚命的用盡一切反革命的力量來進攻中國工人階級，首先就是用全副的反動武裝來進攻中國工農已經完全得了政治自由和一切自由的蘇維埃區域。蔣介石的國民黨現時正在用『曾國藩的方法』來進攻中國蘇維埃和中國紅軍。日本帝國主義，在法英帝國主義者直接幫助，和整個國際聯盟袒護之下，不僅搶奪了東三省，而且正繼續擴大瓜分中國的戰爭，佔領了中國北方門戶——山海關，進攻熱河，威逼京津。英帝國主義進攻西藏，川邊。法帝國主義在雲南武裝進攻的陰謀。美帝國主義則企圖扶植蔣介石的南京政府以達到其獨佔中國的目的。

無疑的，中國工人階級在其先鋒隊——中國共產黨和共產國際執委十二次全會具體正確的指示所領導之下，動員一切革命的群衆力量，將更英勇的表現空前激烈的戰鬪來克服一切反革命勢力拚命的進攻，完成中國革命。

在遠東邊疆的中國工人和集體農民以及一切勞動群衆，在紀念京漢鐵路工人的『二七』流血鬪爭時，擺在我們面前的任務就是要効法京漢鐵路工人那種英勇鬪爭的精神，和中國革命戰線上為蘇維埃政權而鬪爭的工農群衆那種為革命而犧牲的熱情，來首先完成第二個五年計劃第一年的生產計劃。

日軍繼續集兵綏中胡蘆島山海關

轟炸開魯毀壞五百座房屋

上海 蘇聯通訊社二日電 正月二十三日日軍轟炸開魯的結果，毀壞了五百座房屋。

據中國北部的消息，日軍繼續加强軍備，深入熱河。謂二三月中，嚴霜過後，日軍將大舉深入熱河。

由山海關到瀋陽的客車完全停止。該鐵路完全轉運兵士。日軍繼續集中於 中，葫蘆島和山海關。並有五列車軍火運往該地。在通遼地方，又增加日軍及滿洲國軍，並帶有飛機，大炮和軍用汽車。在通遼附近日軍部修理飛機場。

★ ★ ★

南京政府為改組蒙古軍隊起見，決定在內蒙開辦一個陸軍學校分處。

三千萬作滿洲軍費

東京 蘇聯通訊社二日電 『日日新聞』報載，因日本經濟恐慌及軍事消費的擴大，東京的物產特別高貴，東京的工人，失業工人及職員的生活狀況，更加困苦。據市政局統計，東京居民多逃往他地，房屋空了許多，一九三二年東京有十萬座的房子無人住。

日本國會預算委員會一致通過一九三二——一九三三年度的預算案，到預算年底，撥付四千萬金票為日軍在滿洲軍用費。

日軍繼續轟擊熱北

滿洲國調兵遣將

東京 蘇聯通訊社三日電 據『聯合通訊社』的消息，日軍飛機在『熱河北部某地』轟擊駐有五萬華軍的區域，據云華軍損失甚大。

據『朝日新聞』報載，滿洲政府曾公佈宣言，謂『因熱河省政府主席湯玉麟受張學良的唆使，取反滿洲國的態度，滿洲政府決定討伐湯玉麟和張學良』。因此動員滿洲所有的軍隊。

『在一九三三年內，工業的任務關鍵，就在於勞動生產力的提高方面……很明顯的，現在的事情，不是在於更加集體化的速度，而是在於蘇維埃農莊和集體農莊的組織勞動』（莫洛多夫）。

要做到勞動生產力的提高和組織勞動，在目前首先就要堅決的而且嚴厲的反對脫工。因為脫工乃是社會主義建設中一種極大的妨害，實際上就是破壞完成生產計劃。

中國工人和集體農民，應在『二七』紀念中發展起為完成第二個五年計劃而鬪爭的社會主義比賽和突擊運動高潮來紀念中國革命的先烈，來與中國革命戰線上英勇鬪爭的工農群衆作革命的比賽。

用各種方法來為完成第二個五年計劃鬪爭，就是鞏固蘇聯的國防和擁護中國革命的表現，亦就是真正紀念了京漢鐵路工人『二七』流血犧牲的革命先烈！

被日軍認作義勇軍的奉天農民

佔天津和北平的準備

上海 蘇聯通訊社碉日電，日本駐哈爾濱軍務團首領 Цохивара 已到天津，據『國聞通訊社』的消息，Цохивара之來津，與日本佔據天津和北平的計劃有關。

日外交人員論蘇日兩國訂立商務問題

東京 蘇聯通訊社二十三日電 『露和訊社』的消息，謂日本外交部一部份人員，提出日本必需與蘇聯訂立商約的問題。據該通訊社的消息說『關於兩國訂約的問題，在去年已經提出，現因蘇聯第一個五年計劃完成的勝利和第二個五年計劃的開始，這個問題更加切要。特別是估計到蘇聯因採用計劃經濟的結果而得到明顯的勝利，訂立商務，可以加緊蘇聯與日本的經濟連繫』。

『露和通訊社』又訊：外交當局人員發表贊成訂立商務的意見，估計到『日本與蘇聯兩國直到現在時常發生的帶有政治性質的衝突，只以兩國有經濟連繫的存在，有時便減輕這些衝突』。

纪念“五卅”八周年与远东边疆中国工人的任务，1933 年 5 月 30 日

全世界無產階級和被壓迫民族聯合起來呵！

„Gungrhenzh lu" 一九三三年五月三十日 №70 (1000) 30 мая 1933г.

工人之路

聯共遠東邊委及邊疆職工蘇維埃機關報

Китайская газета „РАБОЧИЙ ПУТЬ" орган ДКК ВКП(б) и ДКСПС

編輯部地址 Адрес г. Хабаровск ул. Каисаиаыская №54

電話號碼 Телеф №10—54

『五卅』紀念特刊

加緊參加蘇聯社會主義建設及幫助中國革命來紀念光榮的「五卅」

紀念『五卅』第八週年與遠東邊疆中國工人的任務

現在又到了『五卅』的第八週年紀念。1925年五月卅號上海的工人和革命的學生，因爲在上海的日本的資本家打死了紡織工人顧正洪，舉行遊行示威，上海租界的帝國主義武裝警察對於示威的人實行屠殺。這個事變，引起了全中國的反帝國主義運動的高潮，就成爲1925——1927年中國大革命的開端。所以『五卅』事變在中國革命歷史上是光榮燦爛的一頁。在今年紀念『五卅』的時候，正當資本主義暫時穩定完結，過渡到新一個革命浪潮與戰爭時期；正當日本帝國主義強盜繼續擴大搶奪中國領土和世界一切帝國主義正準備開始瓜分中國，與奴役全中國勞苦民衆的時候；正當無產階級的國家——蘇聯勝利地在四年內完成了第一個五年計劃，而開始第二個五年計劃的時候。在這樣條件之下，來紀念『五卅』是更有特殊的意義。

資本主義經濟的世界危機，一天天的擴大與加深。資本主義國家生產，縮小了一倍，失業工人增加至六千萬以上。資產階級加緊向工人階級的生活水平進攻，不斷減低工資，延長工作時間，千百萬廣大工農群衆處在饑餓，貧困，死亡，失業，危機，恐怖等非人類生活狀態。但是在蘇聯，完全消滅了失業，工農勞動群衆的生活日益改善。第一個五年計劃，奠定了社會主義經濟的基礎，在工業和農業方面都得到了人類有史以來空前未有的偉大勝利，在國內解決了列寧同志所提出的『誰勝誰敗』的問題。現在已開始第二個五年計劃要建立無階級的社會主義社會。

正因爲如此，所以世界資本主義仇恨蘇聯，想從戰爭中找尋恐慌的出路。帝國主義瘋狂似的準備武裝，企圖掀起新的世界大戰，特別是反蘇聯戰爭的危險。所謂資本主義所號召的『和平』無論現在的維斯福這類空談的雲煙，都會很快的被遠東槍砲的轟聲衝散的。日本帝國主義的佔領滿洲，己表明開始在重新瓜分中國，同時也證明了建立從東方來進攻蘇聯的遠東武裝干涉的基礎。現在日本強盜大砲的轟聲，不僅是滿洲，熱河境內，山海關頭，而且已經是彌漫着中國北部，威逼津京。

無疑問地，這將更引起各帝國主義強盜爭奪太平洋統治戰爭更加劇烈了。

日本强盜霸佔滿洲，進攻上海，吞併熱河，威逼京津，這是國民黨一貫投降帝國主義政策和無耻的出賣中國的結果。這些一切，都完全證明了國民黨是中國民族的敵人，他拒絕中國蘇維埃政府出兵抵抗日本的條件，拚命鎮壓工人反日罷工和示威，他最近又準備把北平讓給日本。國民黨對於日本實行無抵抗和打敗仗的政策，但却以全力來攻打中國紅軍。所以要打倒帝國主義，就首先要打倒帝國主義的工具——民族背叛與民族耻辱的國民黨政府。全中國被壓迫民衆要認識：只有中國共產黨領導之下的蘇維埃的政權，才能眞正的領導全國的民族革命戰爭，直接對日作戰，反對帝國主義瓜分中國；只有中國工農紅軍，才是眞正實行民族革命戰爭的眞正民衆武裝；只有全世界無產階級和被壓迫及蘇聯，才是眞正同中國民衆聯合起來去反對帝國主義的力量。

我們在遠東邊疆的中國工人和集體農民現在來紀念『五卅』的重大意義，不僅在於深刻了解『五卅』對於中國革命的偉大教訓，而是要更加緊動員我們的力量，實際的帮助中國革命，在精神上物質上切實來帮助中國紅軍。

同時要努力的參加蘇聯社會主義建設，因爲社會主義建設得一份新的勝利，就是給帝國主義和中國反革命一個新的打擊，也就是給中國革命一個强有力的帮助。因此我們在遠東邊疆的中國勞動群衆，更應鼓起新的勞動高潮，努力完成第二個五年計劃第一年的生產計劃。加緊提高蘇聯國防，積極地武裝自己，來保護蘇聯。更英勇的爲黨的總路線而鬪爭，積極帮助目前清黨的工作。就是帮助中國革命，保護蘇聯最好的方法，同時也就是紀念『五卅』的主要任務。

中國紅軍屢獲勝利蔣介石大爲驚駭

上海二十五日電 據「紐約太晤士報」消息云，在最近數月中，紅軍屢獲勝利，已澈底衝破蔣介石第五次圍勦。漢口已在紅軍威脅之中，賀龍所領導的紅軍，現由漢口西北方面推進。同時湖北左面紅軍亦極活躍，現已佔領荆口，蔣介石對於紅軍勝利極爲驚駭，極力企圖與日本帝國主義實行妥協（現在蔣介石已與日本帝國主義妥協，見本報第四板）以便加緊反對中國紅軍。

又電 江西紅軍由西北向江西省城南昌前進，南昌資產階級及地主豪紳等飛電蔣介石速即回贛『勦共』與日本帝國主義不妨妥協。

五千農民示威 包圍縣政府 組織死抗隊

五日綏遠通訊 薩縣水澗溝門鎮農民因拖欠軍閥法外剝削煙畝花款。縣長竟將一農民周文斌非刑拷打。正當國民黨政府征收正款和騙人『抗日捐』時，又這樣施行殘酷壓迫，一般破產農民非常憤恨遂集合全鎮被迫種煙煙戶和貧民開會討論，決定溝門人民不論老少一致團結，組織『死抗隊』舉行示威包圍縣政府，要求豁免煙苗款，五千農民列隊出發，行至車道北宮壩地方，適遇縣政府科長董某和催款委員裴某到溝催款，農民一見眼紅，馬上綁起擁到縣政府門前，將裴某用煙土燻個半死不活，後來五千農民又將縣政府團團包圍，要縣長立刻允許緩催煙苗款，縣長在五千農民憤怒之下，答應不催煙款，並將周文斌釋放，農民才平息散去。

江蘇沭陽灌云紅軍突起 組織分糧特委◆打倒地主富豪

江蘇北部隴海路東段迤南地方沭陽灌雲等縣，革命的力量早已深入到破產農村，近來一般農民群衆和小學教員。因爲國民黨加緊的剝削，紛紛起來組織分糧抗捐委員會，實行抗捐抗稅，打倒富豪地主，本月三日又舉行暴動組織紅軍遊擊隊。他們還仿照當地土俗小調編製了許多詞曲，用紅色紙印成小册，宣傳革命。兩縣紅軍以沭陽的高家溝至灌雲縣第三區等地爲根據地，貧苦農民都紛紛加入。他們都高舉紅旗手托槍械，臂扎紅色符章，非常英勇，勢力日益擴大。

一個陝西農民的談話：紅軍才是爲我們謀利益的軍隊 他媽的那些國民黨軍隊才壞哩

自從紅軍四方面軍到陝西以後，西北工農勞苦群衆起來擁護。下面是一個陝西農民的談話，我們記下來，給一般勞苦群衆兄弟們看：『紅軍才眞是爲我們謀利益的軍隊，他們是所過的地方才眞是秋毫無犯哩！他們有精神也整齊，什麽事有算計有條理的，他們帮我們去分地主的土地，糧食，打倒一切苛捐雜稅，簡直好極了，他媽的，那些刮民黨的軍隊才够壞哩！燒殺，搶掠，姦淫，沒有一樣不幹，虧他們還有面子說『殺人放火共匪』，這簡直是鬼話，傻子才會相信！我們現在明白了，祇有工農紅軍才是我們的軍隊，我們不受一切痛苦，只有加入紅軍，連結在一塊去打那些刮民黨的軍隊，我們才有出頭的日子，不然我們只有受一輩子的罪，我們現在已連結起來了，是紅軍過過的地方差不多都有。紅軍沒到過的地方，兄弟們都跑來找我們問了紅軍來嗎，他們聽到我們說『紅軍要回來哩』簡直歡喜的又舞又跳的，願意回去結合起自家兄弟們來，歡迎紅軍，擁護紅軍……（長安五月六日訊）

下圖：即中國反對帝國主義及其走狗中國軍閥的唯一武裝力量——中國工農紅軍行軍時情形（在江西）

光荣英勇的六周年（广州公社六周年纪念），1933 年 12 月 11 日

「廣州公社」的旗幟高舉在千百萬工農的手中 爲勝利的蘇維埃中國而鬪爭！

全世界無產階級和被壓迫民族聯合起來啊！

六年前今日，在這個城市中，中國工人武裝暴動曾建立了第一次蘇維埃政權。

工人之路

聯共遠東邊委及遠區職工蘇維埃機關報 | Китайская газета орган ДКК ВКПб и ДКСПС „Рабочий путь" | 一九三三年十二月十一日 11 декабря 1933г. №163 | 「廣州公社」六週年特刊

廣州蘇維埃政府主席 蘇兆徵同志

光榮英勇的六週年

六年前，當中國民族資產階級和城市上層小資產階級，已經完全叛離當時國民革命統一戰線而和地主聯合一起進攻中國工農聯合的時候，當中國共產黨因爲過去右傾機會主義領導底錯誤而遭受革命中許多嚴重失敗的時候，只有當時工農的廣大群衆和革命兵士，首先是廣州的工人和革命的城市小資產階級群衆，在中國共產黨領導之下，以武裝暴動推倒了帝國主義者所卵育所保護的在廣東的反革命國民黨政權，第一次高舉起蘇維埃的旗幟，開闢中國革命發展的新階段——蘇維埃的階段。這就是我們今天所紀念六週年的廣州公社。

廣州公社底存在雖然不久，一共只有三天（十二月十一日到十三日），但是它在這極短的時間中，把一九二五年到一九二七年的中國大革命提到最高點，把白色的國民黨的廣州城變成爲紅色的工農蘇維埃政權的中心。把幾千年這個老大的封建勢力占統治地位的中國變成爲世界革命時代殖民地和半殖民地國家中建樹蘇維埃旗幟的第一個。

廣州暴動是一九二五年到一九二七年中國大革命底退兵時的一戰，它表示出中國無產階級是革命到底唯一的最主要的動力，是中國資產階級民主革命中的領導者。廣州公社使中國革命向前發展到更高更深刻的階段，成爲現在中國蓬勃發展的蘇維埃底開創者。中國蘇維埃革命的勝利就是列寧主義對於這種理論在殖民地國家中歷史上的試驗。這就是廣州公社在全世界歷史上的意義。

廣州公社終於被地主資產階級聯盟的反革命國民黨在帝國主義直接幫助之下所鎮壓下去了。成千成萬的英勇的公社社員與廣州的勞動群衆，被反革命的白色恐怖所屠殺了。而且在廣州並沒有參預這次暴動的蘇聯的領事也被殺害了。廣州公社失敗底原因，固然是因爲帝國主義者直接幫助之下的反革命力量還大過於革命力量的緣故，但是同時也因爲廣州公社底領導犯了許多嚴重的錯誤，這些錯誤是每個革命者所應該研究的。廣州暴動在政治上的準備是不充分的，在暴動以前，黨與少共對於暴動的準備不充分，對於群衆的政治動員工作做得薄弱，沒有廣大的政治總罷工和對於工農群衆之中的準備工作不充分，沒有能夠把廣州附近的農民運動和暴動相配合起來，沒有正確的政策去對付黃色工會，對於反革命軍隊中的工作做得不充分，沒有能夠破壞敵軍的內部組織，沒有能夠阻止敵人援軍進廣州等等。所有這些錯誤，所有在一九二五年到一九二七年大革命中的[illegible]的經驗，中國工農群衆在中國共產黨領導之下，在實際鬪爭中已改正了。廣州公社雖然有這些錯誤，但是它在歷史上的偉大意義是永不能消滅的。『廣州公社是領導中國大革命的中國工人階級偉大的英勇底模範』。

自從廣州暴動以來，到現在已經有六年了。在這六年之中，廣州公社所高舉的蘇維埃旗幟，已經飛揚於包括有八千萬居民的蘇維埃區域之中了，已經日益成爲國民黨統治下的中國底工農群衆鬪爭的目標了。中國現在的蘇維埃政權就是廣州公社最好的紀念碑。在這六年之間，領導廣州公社的中國共產黨，衝破了從來所未聞未見的那種白色恐怖，在兩條戰線上戰勝黨內一切反黨的各種形式的機會主義——右傾機會主義，盲動主義，反革命先鋒隊的托陳派底殘餘，瞿秋白的兩手派，半托洛茨基的李立三主義，羅章龍派右派，以及其他一切調和派等，領導中國工農群衆，革命的城市小資產階級，繼續並光大了廣州公社底偉大事業。

在這六年來的鬪爭，就是兩個制度的鬪爭，是蘇維埃中國和國民黨中國底鬪爭。這種鬪爭底過程，就是蘇維埃中國底勢力日益發展與鞏固，國民黨中國底勢力日益削弱與破產底過程。在這種鬪爭中，中國蘇維埃的紅軍打敗蔣介石底五次『圍剿』，蘇維埃區更擴大，國民黨中國區域中廣大的工農群衆對蘇維埃運動更同情，中國蘇維埃的威權在白色中國工農群衆中日益增大。現在中國蘇維埃政權雖然還沒有佔領到工業中心，但是它是現在中國所存在的政權中唯一最有威信最鞏固的政權；現在中國紅軍雖然在技術上還比國民黨軍隊要差很遠，但是它是現在中國最有紀律，最有戰鬪的精神，最強固的工農軍隊。中國蘇維埃政權與紅軍已經成爲不可撲滅的而爲千百萬工農群衆所擁護的偉大力量。這種力量就是使中國工農與一切被壓迫勞動群衆從國民黨與帝國主義者雙重壓迫之下解放出來底最可靠的保證。中國蘇維埃中央臨時政府就成爲現在中國民族解放戰爭的領導者。

自從日本帝國主義者強奪東三省以來，國民黨出賣民族利益的投降政策已完全暴露，他們既把中國北部出賣給日本帝國主義者，現在又和爭奪把福建出賣給美帝國主義者，把新疆，西藏及四川出賣給英帝國主義者，把雲南及廣西出賣給法帝國主義者。帝國主義者瓜分中國，現在已進到更具體化了。帝國主義者瓜分中國，其主要目的是消滅真正反帝國主義的中國蘇維埃政權與準備進攻建設社會主義的國家蘇聯。

現在帝國主義戰爭的危險，尤其是進攻蘇聯戰爭與撲滅中國蘇維埃的危險，比任何時期更緊張。在那裡，在中國，蔣介石在帝國主義者幫助之下組織第六次『圍剿蘇區』。在這裡，在蘇聯遠東，日本帝國主義者不斷的無理挑釁以企圖進攻蘇聯。在那裡，中國的工農群衆，在中國共產黨領導之下，正與反革命國民黨作殘酷英勇的戰鬪，他們五次打敗蔣介石圍攻的經驗，已給將來快打敗反革命的第六次的圍攻的保証，以擴大與鞏固蘇維埃區域，就是他們最光榮的紀念廣州公社和給正在開的第二次蘇維埃代表大會的敬禮。在這裡，在遠東的中國勞動群衆，也都應在聯共領導之下，以突擊隊的精神來完成社會主義建設上的生產計劃，以鞏固國防，就是我們今天紀念廣州公社的實際任務。這也就是我們當在帝國主義者進攻蘇聯的時候，保証我們的敵人在前方與後方的完全失敗的條件！

廣州暴動時的口號

米糧歸工人，土地歸農民，一切政權歸工農兵蘇維埃，打倒軍閥的混戰，沒收帝國主義在華的財產。

中華蘇維埃政府的目前的政綱

「保證蘇維埃區域工農民主專政的政權和達到牠在全中國的勝利，消滅一切封建殘餘，趕走帝國主義，限制資本主義的發展，進行國家經濟建設····以轉變到無產階級的專政。

蘇維埃全部的政權是屬於工人，農民，紅軍兵士及一切勞苦民衆的。

宣佈中國民族的完全自主與獨立，不承認帝國主義在華的政治上和經濟上的一切特權····宣佈八小時工作制。規定最低限度的工資標準，與國家對失業的津貼，工人有權監督生產。

主張沒收一切地主階級的土地，分配給貧農中農，並以實現土地國有爲目的。

保證澈底的實行婦女的解放，承認婚姻自由，實行各種保護婦女的辦法····。

承認中國境內少數民族的民族自決權····。發展他們自己的民族文化和語言······」。

中國蘇維埃政權宣佈牠是與世界無產階級和被壓迫民族站在一條革命戰線上。無產階級專政的國家——蘇聯——是牠的鞏固的同盟。

「廣州暴動是中國無產階級在中國革命過去階段的英勇退兵時的一戰，雖然領導犯了深刻的錯誤，牠仍是革命的蘇維埃階段的旗幟」。

共產國際全世界第六次大會決議

廣州暴動的工人在退出廣州城時，曾大聲疾呼："我們還要回來同你們拚命"。經過了六年，繼廣州死難的先烈而起的千百萬工農群衆，組織了三十萬的工農紅軍和二百萬人的遊擊隊。

「在中國現在有群衆反帝鬥爭的高漲，中國蘇維埃運動的擴大，英勇紅軍的大勝利」。

共產國際執行委員會十二次全會的決議

十月革命十七周年纪念的前夜，1934 年 10 月 30 日

聯共遠東邊委及邊疆職工蘇維埃 機關報

„Рабочий Путь“

Орган ДКК ВКП(б) и ДКСПС

全世界無產階級和被壓迫民族聯合起來呵！

工人之路

„GUNGRHENZH LU“ Китайская газета

編輯部地址：伯力 青年團街五十四號 電話：一〇——五八號

Адрес Редакции: Гор. Хабаровск У.Комсомольская 54 Телефон.№ 10—58

一九三四年十月三十日 第一四六期 №146 (1245) 30 октября 1934г. 隔日出版

十月革命十七週紀念的前夜

（「眞理報」用無線電發出的社論）

社會主義的十月革命在歷史上又過了一年，在歷史上又增添了英勇鬪爭的一頁，又完結了光榮燦爛的一章。

一九一七年的十月革命，牠永久是偉大革命熱情的根源，牠是爲社會主義的新社會鬪爭的發動機。在工人階級武裝暴動的火焰中產生了蘇維埃政權，產生了無產階級專政。共產主義的紅星高陞起來照着全世界。工人和農民在布爾塞維克的領導之下，在無產階級革命偉大首領列寧和史大林的領導之下奪取了政權。他們得了祖國，他們爲自己的生活和命運的主使者。

全資本主義世界聯合起自己的力量，企圖消滅剛成立起來的年幼的無產階級國家，可是勞動民衆，工人階級和農民的優秀子弟，却拿着武器來保護十月革命的勝利。全國滿佈着國內戰爭的戰線。由波蘭的邊境到海參崴，在沃特加河流域，在烏克蘭，在黑海，白海，加斯比海，在莫斯科和彼得堡的近郊，進行了爲蘇維埃政權和爲社會主義的流血鬪爭。

工人階級和勞動農民在共產黨和列寧史大林領導，組織，鼓動，武裝下，得到了勝利，他們由人類的鎖鍊和壓迫下解放出來，很帝國主義戰爭和國外武裝干涉所破壞的國家開始建設，前線戰士回到半破壞的工廠裏，開始恢復生產建設新生活，那時就奠定了我國工業和集體農業莊建築的模基。

我們現在變得怎樣了呢！看吧，東，西，南，北！煤產，鋼鐵和大機器。蘇維埃農莊和集體農莊的糧食充滿了糧倉米庫。全國天空中飛翔着進壯的紅色航空隊。國防先進技術和優秀的人們——我們祖國英勇的子弟，聯成布爾塞維克鋼鐵的鎖鍊，緊鎖住全國廣大的邊境。

革命後的第十七年在我們的革命史上爲繼續鞏固蘇聯的一年，爲我國在國際舞台上的力量和作用大增長的一年。蘇聯爲和平的堅決鬪爭，不僅得到資本主義國家千百萬勞動民衆的同情，並且對於那些外國政府也是一樣，他們因爲許多原因，在現時贊助保護和平的政策，就以請我國加入國際聯盟的事實來看，便是証明。

一九三四年——在我們國民經濟發展方面也是顯著的一年。如果工廠經理，技師和突擊隊員在第四季中繼續努力工作，重工業在各方面都可完成全年計劃。我們的熔鐵爐比一九三三年可多出產三百萬噸鐵。看到這些數目字之後，便應當知道社會主義工業的力量。

本年在工作質量也比往年大不相同。新的文化展開了寬濶的大道。人們都用另一種方法工作，都富有智識和經驗。在城市和鄉村中人們的水平線都高出了一頭，人們和幹部都得着無限的發展。所有這些，都是新社會制度鞏固最好的証據。『切流斯金』探險隊，『李特克』探險隊，特別是救護『切流斯金』探險隊的飛機師，這是証明我們革命的後輩如何堅強可靠。

一九三四年是在訓練大小事業的新英雄標示之下的一年。突擊隊員的隊伍逐日加倍的增多。在局部方面，鄉村的突擊隊員在經濟上和在組織上鞏固我們新的集體農莊制度。在今年夏天開始時有許多區域天旱，特別困難的情形之中，又一次證實了集體農莊制度的力量。在困難的，和在順利的環境中，集體農莊都証明，只有集體農莊纔能走到富裕生活。在最近的時期就要完成糧食採集——這是一九三四年大勝利的標示之一。

一九三四年以十七次黨大會開首，以蘇維埃的改選結尾。十七次黨大會和史大林同志報告所擬定的政策；得到我國廣大勞動群衆的擁護，並已在實際上實行出來。他們選舉工人階級，集體農民和蘇維埃智識份子中的優秀人物，參加無產階級專政機關——蘇維埃，以更大的力量和榮耀把革命的發展推向前去。今年蘇維埃改選的開始，適當十月革命十七週紀念。由十月革命暴動奪取冬宮到蘇維埃第七大會的改選，結聯着成一掛黃金鎖鍊。

我國正在準備紀念社會主義革命的紀念。十一月七日我國的勞動群衆將團結在社會主義的紅旗下面遊行表示自己的力量，社會主義的秩序和對自己的黨，對列寧的中央委員會及對首領史大林同志的無限的忠實。

在社會主義的十月革命旗幟及其口號之下，在這一天，在國外鬪爭着的同志們也將遊行示威。在工農流血充滿的法西斯蒂國家，在全世界各國的無產階級中心城市，在那裡勞動群衆受盡資本主義壓綫和正在準備戰爭的軍閥底凶橫的痛苦，在那裡十月革命的典型將更加顯明。全世界上將普遍着更加有力的呼聲：

——全世界無產階級聯合起來呀！

北美艦隊忽然開到太平洋

紐約二十四日電 美國的艦隊原定在克拉布海舉行操演三個月，這計劃忽然取消。該艦隊突然經過巴拿馬運河向太平洋開行。關於改變演操計劃的原因，並沒有公佈。現時八十八艘軍艦，用空前未有的速度駛過運河。

據「紐約時報」的消息，該艦隊企圖以最高的速度，不燃燈火駛至克利斯道（巴拿馬運河附近）。在巴拿馬運河的入口有大批軍隊專門保護。

日本海軍檢閱

東京二十五日電 於十月二十日日本海軍聯合艦隊在大坂舉行閱兵，參加閱兵的海軍在三千人以上，並有大批飛機參加。參加閱兵典禮時，除日本海軍部長及高級海陸軍官員外，並有英，美，德，意和中國的軍事武官到場。此次閱兵爲日本聯合艦隊大演操三個月來的終結。

海軍談判中各帝國主義間的衝突

日本要求海軍平等，英美漸接近

東京訊 十月二十四日美日兩國代表團在倫敦進行第一次海軍軍備問題的會商。美國代表團曾堅決聲明要保持已有比例制（主要列强互相規定海軍軍備的數量的比例——編者）並証明從華盛頓協定後，對於日本國防的安全一點也沒有威脅。

日本報紙引証美國代表團首席代表達維斯的聲明：『海軍軍備底平權，在不威脅其他列强範圍內是在現行海軍協定中已承認了的』。

日本海軍部的代表十月二十四日又從新解釋日本要求廢棄比例制特別是根據日美的相互關係，並聲明說：第一日本從前所以同意訂結華盛頓協定的，是因爲在這個協定內限制在太平洋上建港和不限制建造輔助艦。並且當締結協定的時候，美國祗有三艘戰鬪艦，行動的範圍祗能在三萬海里半徑圓周內。現在因爲軍事技術的進步，美國戰艦的能力就大大增加了。第二達維斯說的很對，所謂軍備平等，應該是在不威脅鄰國的時候。那麼，這樣一來美國就不需要五與三的比例了，因爲五與三的比例美國正威脅着日本。第三日本在遠東是唯一維持平衡的力量。第四從一九二四年到一九三二年這個期間美國每年平均建造二萬八千噸新戰艦，日本每年平均建造四萬一千噸新戰艦，實際上日本的海軍在這個期間內是超過了美國。

所有以上這四個原因就是日本要求與美國海軍平等的口實。

★ ★ ★

倫敦二十五日電 據英報載，此次海軍談判的主要焦點，就是關於「比例制」（軍艦噸數的比例規例）和總噸數等技術問題。

因爲採取限制總噸數的原則，所以日本就以多建造潛水艇來代替建造主力艦。英國也建造袖珍的戰艦。

日本海軍專家最關心航空母艦的問題，因爲他可以使敵人的轟炸機能到達日本的軍港和潛水艇。所以日本代表在此次談判中預備以航空母艦是進攻的武器的名義提出討論完全取消航空母艦。

★ ★ ★

倫敦二十五日電 達維斯與麥克唐納爾曾進行會談，雙方決定要求日本把他的提議更詳審的規定。

麥克唐納爾與達維斯的決議可看作英美協合的初步。

「法國與蘇聯的聯合使和平更得到了保障」

法國急進社會黨大會

南特（法國地方）電 考特（前任法國航空總長）在急進社會黨員大會上報告法國的對外政策，他這報告已事先得着大會外交委員會一致的通過。報告人和大會都集中注意到蘇聯問題。報告人說，愛里歐（急進社會黨領袖）不顧右派的反對，首先進行與蘇聯交歡，現在誰都承認法國與蘇聯的接近，是保障法國和世界政局安全的最重要的因素。報告人並極力陳述蘇聯工業化的高漲，使他成爲世界上第一等强國。誰都知道若是德國與蘇聯聯合，就會使法國完全失敗，可是現在法國與蘇聯聯合就可避免戰爭的危險。

國聯處理中日衝突的時候，完全暴露出軟弱無能。蘇聯加入國聯，立刻增加了他的威勢，現在國聯反對侵略者的決議將不僅寫在紙上就算完事。報告人又指出一切愛好和平的國民應當聯合起來，把那些以盲目的民族主義，和軍事冒險作爲對外政綱的國家的道路截斷。新的戰爭因蘇法聯合，暫時沒有爆發，可是我們不能保證那些對內專政失敗的冒險者，不到對外戰爭中去找補償。最後報告人提議在國際聯盟內應組織國際的空軍，在必要時可以用他來打擊侵略者，又提議把各國的國民航空事業國際化起來並監視軍械的生產。

德國的無聲飛機

巴黎二十五日電 據『愛爾爾』報載，現在英國對於歐洲的政局比對於海軍會議還關心些。英國人聽到在德國發明了無聲飛機，非常感到不安。

該報又寫道：『英國人都以爲德國在最近一月就可能做出某種無理性的行爲』。

莫斯科蘇維埃改選運動

卡加諾維奇同志發表演說

莫斯科二十四日電 十月二十三日莫斯科城市蘇維埃和特區執行委員會在『聯合會廳』舉行聯席會議，由特區執行委員會主席菲拉托夫同志報告蘇維埃改選運動的任務。在報告中指出莫斯科特區經濟和政治建設的增長，莫斯科列於偉大社會主義國家各特區的前列。在報告人講到史大林同志對於莫斯科特區的一切建設特別注意，史大林最好的戰友卡加諾維奇同志如何鼓舞全莫斯科的黨組織及全特區工作人員，如何以史大林的方式來工作時，全場不斷熱烈鼓掌。

莫斯科城市蘇維埃主席布爾干寧同志在他的發言中指出無產階級祖國的首都在近年來，在蘇維埃改選期間，莫斯科城市建築了兩千座大樓房，容納了四十五萬人。也就是說，建築了六分之一的莫斯科。三萬五千萬盧布建築學校，三千萬盧布建築醫院，在將來新改選的蘇維埃面前，有很大的任務：沃爾加——莫斯科運河，建築地下車道的第二條路線，建築四百萬平方米突面積的居住樓房。

當日會議，並有聯共中央執委書記葉奴吉澤同志，全俄中央執委書記吉西洛夫同志及工人突擊隊員——蘇維埃代表相繼發表意見。

在不斷的熱烈的鼓掌之下，莫斯科黨委書記卡加諾維奇同志發表長篇演說，論蘇維埃改選運動的任務。

全場一致鼓掌通過致聯共中央史大林同志，致莫斯科省委和市委的祝詞。

遠東邊疆中國工人優秀突擊隊和突擊隊員慶祝偉大革命節的禮物

遠東工廠的先進中國突擊隊

海參崴通信 海參崴遠東工廠中國工人突擊隊和突擊隊員最近在迎接十月革命紀念節和蘇維埃選舉大會運動中，更加緊努力工作，他們都超過完成了第三季全季的計劃。各隊的具體成績如下：

（一）運輸部

第五號（李德發）突擊隊183.9％

第二號（周策平）突擊隊133.4％

第四號（余錦大）突擊隊 118.6％

（二）木作部

尤利（突擊隊員）	129.6％
王英高（突擊隊員）	127.3％

（三）鑄鐵部

呂本亭（突擊隊員）	122％

（四）汽鍋部

杜振有（突擊隊員）	105.3％
杜振田（同上）	105.1％
劉師慶（同上）	112％
王福盛（同上）	107.7％

（五）建築部

于同會（突擊隊員）	113.5％

（六）修理部

張學賓（突擊隊員）	157％
潘發（同上）	111％

（七）鋸木部

艾有成（突擊隊員）	100％

（廣源）

何才隊勝利的執行自己的任務

本城通信 伯力第一百二十五號建築處中國工人木匠班——何才班，在不久以前曾宣佈爲『蘇聯蘇維埃第七次大會』突擊隊，他們對於執行自己的任務已得到下面的勝利：

九月份全月計劃執行百分之一百五十；

十月份上半個月執行計劃百分之一百四十二。

在他們這個突擊隊中最好的突擊隊員是王春棠和吳文藻，他們這兩人不但是按時和先期完成自己的任務，並且所製出的東西（如窗子，門框等等），質量堅固結實。在最近該建築處突擊隊員檢閱大會上，何才班全班得到木匠用的器具一套，王春棠和吳文藻各得到西裝一套的獎賞。

同時，據隊長何才說，他們最近居住生活條件已大大的改善了，房屋也非常寬大，在宿舍中一切的用具，柴水皆供給俱全，並派有專門掃地的女子，每日清潔兩次。此外，各種食物品的供給都很好，每月按時可領得白麵，豆油，沙糖，魚和各種菜蔬等。

最後何才又說，我們全班中國工人已決定在十月革命的時候，全體都已準備新的服裝好去參加遊行慶祝，並努力奪取新勝利來作爲這兩個偉大節期的送禮。

（明張）

伯力糧食採辦處中國工人的表示

本城通信 伯力糧食採辦處中國工人最近在全體大會上一致通過迎接十月革命節和蘇維埃大會的比賽條約，其中有：

一）消滅脫工和怠工現象，保証百分之百的執行生產計劃；

二）加緊保護社會主義的財產，與一切腐敗現象作嚴厲的鬪爭；

三）百分之百的參加十月革命慶祝節的遊行；

四）整理宿舍的清潔，改良衛生條件，爲文化模範的宿舍而鬪爭。

五）出版墻報特刊，擴大吸收工人參加讀報組的工作。

凡執行上面條件和最好的突擊隊員將得到光榮的獎賞。

（文盛）

法西斯蒂的德國供給日本軍用品

東京二十五日電，據英國『日報』所載消息，謂德國與日本訂立秘密條約，日本供給德國滿洲所產大豆，交換德國的飛機發動機，毒氣用品及其他軍需品。聽說日本當局否認這個消息的眞實。

但據日本報載，日本海軍部提議向德國定購一隻大飛船，容積二十萬立方米突，每點鐘速度一萬五千基羅米突。該飛船可乘坐八十人到一百人。如飛船製造得好的時候，海軍部再準備定購兩隻。

★ ★ ★

日本『聯合通訊社』的消息，日政府因海軍軍用飛機駕師的缺乏，決定在本年年底再重新訓練後備機師，提高他們的技術，以備隨時調用。

又一條軍用鐵路

據大連報紙的消息，由東寧到東京城（吉林省寧安縣屬）的鐵路現已建築完工，十一月一日開始通車。到十二月一日就能通到牡丹江，並開始試通牡丹江到土門一段。又據哈爾濱『大北新報』的消息，十月十一日在哈爾濱密山（鄰蘇聯邊境）間就要設立經常郵務和航空聯繫。

世界名人營救特爾曼

倫敦二十五日電 本地各報紙登載了許多著名人物簽名的公開信，要求德國當局釋放特爾曼，陶格烈爾及其他政治犯。在該信中指出德政府的不人道和不法的行爲，例如逮捕二月間被殺的共產黨柏林省議員施泰爾得的妻，及逮捕共產黨員納道爾納的妻爲抵押等等行爲。

各城區蘇維埃改選代表額定

全俄中央執行委員會主席團決議

全俄中央執行委員會主席團決議：

一）以各城市居民的多少規定下列城市蘇維埃改選代表的額定：

1）有三千居民以上的城市——每十五——二十名選民選代表一人；

2）由三千到五千居民的城市——每二十——三十名選民選代表一人；

3）由五千到一萬居民的城市——每三十——五十名選民選代表一人；

4）由一萬到一萬五千居民的城市——每三十——五十個選民選代表一人；

5）由一萬五千到兩萬居民的城市——每五十——六十個選民選代表一人；

6）由兩萬到兩萬五千居民的城市——每七十五名選民選代表一人；

7）由兩萬五千到五萬居民以上的城市——每七十五——一百名選民選代表一人；

8）由五萬到十萬居民的城市——每一百——一百五十名選民選代表一人；

9）由十萬到二十萬居民的城市——每一百五十——二百名選民選代表一人；

10）由二十萬到三十萬居民的城市——每二百——三百名選民選代表一人；

11）由三十萬到四十萬居民的城市——每三百——四百名選民選代表一人；

12）由四十萬到五十萬居民的城市——每四百——五百名選民選代表一人。

附註：對於每個城市的代表額定的確數，由各所屬自治共和國中央執行委員會，邊區，特區和區執行委員會按本決議的範圍內規定之。

二）區蘇維埃的選舉（城市中的分區）其選舉額定，要比該城城市蘇維埃選舉額定少一倍。

三）對於莫斯科和列寧城規定下列選舉代表的額定：

a）莫斯科和列寧城的城市蘇維埃——每一千五百選民選代表一人；

б）莫斯科和列寧城的區蘇維埃——五百選民選代表一人。

全俄中央執行委員會主席

加里寧

全俄中央執行委員會書記

克魯列夫

莫斯科 克里姆宮 一九三四年十二月二十日

拥护社会主义的祖国，1934 年 11 月 7 日

聯共遠東邊委及遠邊職工蘇維埃 機關報

„Рабочий Путь"
Орган ДКК ВКП(б) и ДКСПС
十月革命十七週年紀念日特刊

全世界無產階級和被壓迫民族聯合起來呵！

工人之路

„GUNGRHENZH LU" Китайская газета

一九三四年十一月七日 第一四八期 №148 (1247) 7 ноября 1934 г. 隔日出版

擁護社會主義的祖國

聯共中央底口號
（十月革命十七週年紀念）

聯共黨（布爾塞維克）中央委員會

十月暴動

勃萊斯和約

國內戰爭

新經濟政策和恢復時期

广州公社第七周年纪念，1934 年 12 月 11 日

擁護廣州公社事業的直接繼承者中國蘇維埃和中國紅軍！

聯共遠東邊委及邊疆職工蘇維埃 機關報
„Рабочий Путь“
Орган ДКК ВКП(б) и ДКСПС
廣州公社第七週年紀念特刊
全世界無產階級和被壓迫民族聯合起來呵！
工人之路
„GUNGRHENZH LU“ Китайская газета
一九三四年十二月十一日 第一六四期 №164 (1263) 11 декабря 1934г. | 隔日出版

上圖：中爲廣州蘇維埃主席蘇兆徵同志 左爲廣州蘇維埃軍事人民委員張太雷同志 右爲廣州蘇維埃土地人民委員 彭湃同志

廣州公社第七週年紀念

『廣州暴動是中國無產階級在中國革命剛過去的時期中英勇的退兵時的一戰，雖然領導方面犯了嚴重的錯誤，牠却成爲革命底新的蘇維埃階段底旗幟』

——共產國際第六次大會曾經這樣估計廣州暴動底歷史意義。

一九二七年十二月十一日的廣州暴動，是中國無產階級在中國共產黨領導之下第一次獨立地發動反對資產階級地主及帝國主義的反動聯盟，爲工農民主專政，爲蘇維埃政權的鬥爭。牠在中國南部工商業中心的大城市，以武裝暴動推翻統治階級而建立新的革命政權，在世界殖民地和半殖民地國家中第一次樹起鮮紅的蘇維埃旗幟，開始了中國最近幾年來蓬勃發展的蘇維埃運動的先聲。

在暴動中產生的廣東蘇維埃政府，牠一存立便宣佈實行八小時工作制，改善勞動條件和勞動保護法，無代價的沒收一切地主的土地交給農民，廢除一切國民黨軍閥統治時代的苛捐雜稅和高利貸，組織工農武裝的紅軍，改善兵士的生活，廢除帝國主義和反革命政府所訂立的一切壓迫中國民族的條約，沒收一切帝國主義在中國的企業，銀行，鐵路及鑛山歸爲國有等等命令。這些命令，都充分證明的表示出公社事業的偉大。同時，這次暴動是中國無產階級表示了自己已經覺悟到他是中國革命唯一的領導者和基本力量，中國革命往前的發展只有在他的領導之下才能達到勝利。

但是帝國主義者和國民黨軍閥砲火的猛烈圍攻，革命武裝力量的薄弱，以及暴動領導上所犯的錯誤：在工人農民群衆中和在敵人軍隊中準備工作的不充分，對於黃色工會的工人沒有採取正確的關係，黨和少共的組織對於暴動沒有充分的準備，政治發動群衆的薄弱（缺乏廣大的政治罷工）等等——廣州公社只存在三天之久，終於被反革命的白色恐怖所鎮壓下去了。

廣州公社雖然失敗了，但是牠的事業，牠的旗幟——蘇維埃，却在牠失敗後的七年當中，日益發展起來。『只有蘇維埃能够救中國』的眞理已經深入到中國廣大的勞動群衆底意識之中，而成爲他們實際的革命行動了。最近幾年來，蘇維埃運動已經不是像七年以前那樣只有在珠江沿岸，而是在中國各區廣大的發展，由長江流域，黃河流域，直到松花江沿岸，許多地方都樹起蘇維埃的旗幟；中國蘇維埃中央政府存立到今已有三年以上了；英勇善戰的中國紅軍在和白軍的戰鬥中已發展到三十餘萬，自從一九三〇年以來，牠已經粉碎了蔣介石的五次《圍剿》。

反革命的國民黨軍閥們旣已把我們東三省熱河斷送出賣給日本帝國主義，現在蔣介石又和日本帝國主義者訂立了各種賣國密約，把北方幾十萬軍隊不但不去幫助東北幾千萬被日本帝國主義者所壓迫的中國人民一同去反抗日本帝國主義，反而撤回到南方去攻打中國紅軍；南京政府向帝國主義者借得大批『救災的』借款，他們不但不把這批金錢的萬分之一賑救幾千萬流離待斃的飢民，反而把全部的借款都被蔣介石拿去作爲攻打中國紅軍之用。蔣介石在帝國主義者直接指揮和幫助之下，重新組織更大規模的第六次『圍剿』中央蘇區，到現在已經繼續了一年以上，並沒達到『完全消滅』中國蘇維埃和中國紅軍的目的，而中國蘇維埃中央政府和中國紅軍在這個艱難的鬥爭中，曾經幾次給蔣介石的軍隊以嚴重的打擊。現在這個鬥爭還在激烈殘酷的繼續着，中國紅軍正向着新的區域發展，正在奪取四川，擴大蘇維埃區域在四川的根據地。毫無疑義的，不管國民黨軍閥和帝國主義任何凶惡的力量，總不能阻止中國蘇維埃革命的繼續發展和牠的最後勝利，因爲牠已被中國千百萬勞動群衆所熱烈擁護而看作爲他們自己的生命了。

擁護廣州公社的直接承繼者中國蘇維埃和中國紅軍，是今年我們紀念廣州公社底一個最大的任務。但是我們要完成這個大任務的一個最實際有効的辦法，就是要更努力參加蘇維埃遠東的社會主義建設，完全實現聯共中央十一月全會底決議，更鞏固無產階級專政機關——蘇維埃，更鞏固我們社會主義祖國的國防，因爲蘇聯社會主義建設之繼續發展和勝利，就是鼓舞着我們在中國的階級弟兄們更努力爲中國蘇維埃政權而鬥爭，更加强他們的確信，最後的勝利是屬於工農階級的。

爲蘇維埃鬥爭，這是最殘酷無情的階級鬥爭，這是要經過無數困難和挫折才能達到最後勝利的。我們紀念廣州公社，我們紀念爲廣州公社奮鬥而犧牲的英雄們，我們要用無產階級的鐵手去剷除屠殺我們英雄們的劊子手！

我們今天紀念廣州公社，同時我們紀念終身爲蘇維埃，爲社會主義建設而奮鬥的偉大的布爾塞維克——齊羅夫同志，我們要無情的完全消滅謀害齊羅夫同志的兇手——蘇聯最後的階級敵人的殘餘！

我們紀念廣州公社，我們要更努力把德國共產黨首領，爲蘇維埃德國而奮鬥的特爾曼同志從法西斯蒂的囚犯裡援救出來！

蘇維埃的敵人有時固然還能够危害爲蘇維埃旗幟鬥爭的個別英雄，但是他們却永遠不能撼動成千百萬勞動群衆所擁護的蘇維埃大紅旗！

『爲蘇維埃鬥爭』，這是現在全世界無產階級和殖民地廣大勞動群衆底共同的中心口號。現在爲蘇維埃的鬥爭，這已經不僅在西歐日益成熟着，不僅在中國廣大發展着，而且在安南，在智利，在古巴，等國家都先後發生起來了。毫無疑義的，全世界一切被壓迫的人，一切被剝削的人，都要在蘇維埃旗幟之下來鬥爭，把自己從資本主義恐慌中，從帝國主義戰爭危險中，從法西斯蒂專政下解放出來。

讓我們更高舉蘇維埃的旗幟吧！把全世界蘇維埃的一切階級敵人都埋葬在這偉大的階級決戰之中。

廣州公社萬歲！

蘇維埃在全中國和在全世界勝利萬歲！

廣州暴動紀略

一九二七年十二月十一日，中國南部大工商業中心廣州城底工農兵在中國共產黨領導之下所掀起的廣州暴動，是一九二五年到一九二七年中國大革命發展的最高點，同時牠開始了中國革命以後發展的新階段，蘇維埃革命的階段。

這次暴動，在牠存在的時間上雖然只有三天，並且已經過去了七年，可是牠在那三天之內的英勇鬥爭的經過，永遠不能使每一個被壓迫者被剝削者忘記而不回憶呀！

暴動第一天

暴動的一切佈置，事先都已準備好了，現在只是靜候革命委員會發動的命令。在十一日淸早三時三十分鐘的時候，正是廣州城由一般國民黨軍閥官僚和富翁熟睡得做他們好夢的時候，中國共產黨中央委員會和暴動組織者張太雷同志和蘇維埃代表等，親身到廣州城東郊駐紮的教導團，在全體士兵大會上做了熱烈的演講，當場槍殺反動的國民黨軍官十五人，全場官督服從廣東蘇維埃命令，在熱烈歡呼《暴動》的沸騰中高舉斧頭鐮刀的大紅旗，各隊照着預定的計劃，直向黑暗沈靜廣州市飛馳，到達作戰的地點。

同時，工人們，工人赤衛隊，也豎起紅旗，圍着紅布，一同和革命的兵士們動作起來，有的擲炸彈，有的開槍，有的担任運輸，有的担任傳遞消息，有的徒手準備奪取敵人的槍砲去一同攻打敵人，表示出英勇的廣州工人們在這次暴動中的先鋒作用。

暴動者以迅雷不及掩耳的手段，在兩點鐘之內，便勝利地解除了城內外許多國民黨的武裝隊伍，佔領了公安局，憲兵司令部，軍械局，郵政局，無線電局等等重要機關，除了張發奎的司令部，李濟深的住宅等少數機關沒有攻下之外，廣州全城已落在暴動者手中。

廣州勞動群衆底革命熱情眞是達到極點了。進攻敵人的，肅淸城內反革命的，散發蘇維埃政府宣言和傳單的，宣傳蘇維埃政綱的，組織食品供給革命戰士的，……無不萬分興奮積極，大有《滅此朝食》的氣槪。

當暴動者打破國民黨政府的牢獄，釋放出一千多革命的政治犯的時候，其中有許多還來不及解除鎖着的手梏脚鐐的，他們便奮不顧身上前線去號呼助戰殺賊！

在廣州市的街上和牆上，隨處都可以見到蘇維埃政府的宣言和傳單：米歸工人，地歸農民，一切政權歸工農兵蘇維埃，打倒國民黨，改善兵士生活，逮捕及槍斃一切白色恐怖的施行者等等革命口號。

這樣，在幾點鐘之內，就把死沉沉黑暗的廣州立刻變成爲光明鮮紅的廣州了，眞是把《孫文的廣州變爲列寧的廣州了》。

暴動第二天

暴動者在第一天的勝利，使國民黨各派互相火併的軍閥又《團結》起來了，他們在各帝國主義者停泊在珠江的軍艦直接援助之下，在機器工會一部份反動工人份子直接幫助之下，向蘇維埃的廣州市大舉進攻。

十二日淸晨四時三十分鐘，在長堤方面槍聲大發。這就是駐紮在廣州市對岸的河南李福林軍隊，在帝國主義軍艦砲火掩護之下渡河進攻廣州市的企圖。但是李福林軍隊這樣的四次衝鋒，却都被革命的武裝隊所打退了。

敵人的軍隊，簡直像糞坑蛆虫那樣多，有從黃埔方面向東門進攻的，有從西江調來的軍隊向西關進攻的，有從韶關調來的軍隊向北門外的觀音山進攻的。廣州蘇維埃政府就在敵人這樣四方包圍之中和敵人血戰肉搏。

在革命軍和反革命國民黨軍隊激戰之中，十二日上午十二時，在城內西瓜園舉行工農兵蘇維埃大會，到會者約萬人之多。在這次大會上宣佈了蘇維埃政府底成立和牠的政綱，大家一致熱烈擁護，誓死反對反革命的國民黨政權。

蘇維埃大會纔閉完，新的革命政府便遭受了一件極大不可抵償的損失，這就是在大家散會的歸途中，廣東蘇維埃政府的代理主席和海陸軍總長張太雷同志，被由大北門進攻來的敵軍射死在汽車上。因此，廣州公社的革命軍便失去了統一的實際領導和指揮。在這個時候，敵人在觀音山，長堤和西關三方面戰線上進攻非常猛烈。同時，東江的農民武裝隊，又因相離太遠，眞是『遠水救不得近火』。而敵軍雖屢戰屢敗，但是各地援兵紛紛調動而來，有加無減。這樣，暴動第二天下午，廣州公社在軍事上已陷於四面楚歌的嚴重包圍之中了。但是公社的英雄們，還是毫不顧身和凶狠的敵軍血戰肉搏地堅守陣地。

暴動第三天

公社的武裝力量和反革命國民黨軍隊相比，在數量上和技術上當然有天淵之別，但是英勇的公社社員還是在敵軍四面包圍之中堅守自己的陣地到第三天。

公社的武裝力量在第三天更是大大減少了，因爲在十二日晚上暴動指揮者下令退却，而大部份赤衛隊不及退却，他們便和革命工人們留在廣州，單獨抵抗四面的敵人。但是這不多的革命武力和幾萬的國民黨軍隊，和各帝國主義的砲艦，還是互相血戰到下午五時，英勇的公社社員直把自己的鮮血流到最後的一滴。

公社社員這樣英勇的奮鬥精神，無怪雖敗猶使敵人喪胆。當反革命軍隊大舉包圍蘇維埃政府機關的時候，大家發抖不敢進去，因爲他們見到屋頂上還迎風飄揚着一面斧頭鐮刀大紅旗，他們不知道紅旗下還掩護着有多少勞動群衆！他們只得架起大砲，瞄準着這面大紅旗，大放其砲，直到這面旗被砲彈打倒了，他們之中有些人才張着胆，像老鼠樣伸出頭向裏去探望探望！

廣州公社雖然失敗了。但是公社的英雄們所流的血却喚醒了中國最廣大的勞動群衆，公社的這面大紅旗現在已經飄揚在中國廣大的蘇維埃區域之上，在不久的將來牠將飄揚在全中國和全世界！

在四川貴州中國紅軍之新勝利

盛京時報載重慶來電：四川省共軍已佔閬江，迫近萬縣，政府軍大敗，士氣沮喪，盡失戰意。重慶動搖。

× ×

日本大阪報載：不久以前參加打進四川省的中國紅軍有一萬人，武裝有十譚穿山砲，大量的機關槍及五千步槍，並繼續向前進攻。

又謂：何鍵領導下的南京軍隊，懼怕大的失敗，所以現在不進行積極反對紅軍的軍事行動。據通訊員的消息，紅軍在行軍的時候，沒有遇到實際的反抗。該報並指出廣西與廣東的政府軍隊，『直到現在並沒有表現出與紅軍作戰的積極能力』。

○ ○

東北四省遊擊隊的鬭爭情形

據哈爾濱的消息說，日滿報紙近來曾發表一個日滿軍隊反對遊擊隊的統計。

根據這個統計，東北四省在九月中共有三萬八千餘名『土匪』，曾參加鬭爭。他們共分一百零九隊，共向日滿軍襲擊過一千七百零六次。在作戰的時候，共擊斃一千一百八十八名『土匪』，但是日本官兵被『土匪』擊斃一百三十七名。

大家都知道，日滿報紙終是把那些反對日帝統治的武裝鬭爭叫做『土匪』。

为苏维埃革命在全中国的胜利而斗争——纪念“广州公社”第七周年，1934年12月16日，丁山

「工 人 之 路」 一九三四年十二月十六日

往年沒有今年好
小麥賣給協作社

肅鮑夫中國集體農莊『東方突擊員』秋收工作做得很好。現在所收穫的糧食除了子種等以外，依照勞動日的多少都分給集體農民。每個勞動日分得小麥八個普羅，還有黃豆，土豆子，向日葵等糧分五普羅一個勞動日。在十一月一個月『東方突擊員』集體農莊的農民自己所分得的小麥一部分，共六十多稱特賣給鄉村協作社。依集體農莊主席說，還有很多集體農民正在準備出賣自己剩餘糧食。現在已封江了，運輸交通很便利，協作社的各種貨品也充分了，集體農民出賣自己剩餘的糧食更多。在協作社執行收買糧食計劃早已超過了。

『東方突擊員』集體農莊的農民們，現在差不多個個身上都有皮襖，腳上穿的氈襪。有的農民以自己餘糧去買腳踏車，還有女莊員們也購買了不少的綢子和布疋。在集體農莊裡時常都聽到這種話的聲音：往年沒有今年好。（紅）

四站「史大林」集體農莊出賣了八百二十稱特糧食給國家

四站特約通訊　四站中國人的『史大林』集體農莊，在全區各集體農莊出賣糧食給協作社的運動中，佔了先進的地位。在十月一日全區還未開始賣糧的時候，『史大林』農莊已把去年的存糧，小米子，綠豆，蕎麥等賣了二十稱特給國家，作爲購買耕種機司機生專門衣服和其他農具之用。在十一月十五日又經過全體大會的決議，出賣了二百稱特稻子和百稱特小麥作爲修理宿舍飯堂購買農具等用。十一月三十日他們因爲自己的糧食還有剩餘，又決議出賣一百五十稱特稻子。其中五十稱特作爲補充修理農具用費，一百稱特賣去作爲莊員個人購買皮襖氈靴衣服等用費。到現在『史大林』集體農莊已出賣了的糧食，八百二十稱特糧食，價值一萬零九百三十三盧布。以出賣糧食的數量來比較，『史大林』集體農莊超過四站全區別的集體農莊。按賣糧的價值，該農莊佔四站區的第一位。

雖然，『史大林』集體農莊莊員賣了很多糧食，但是他們除了留種等等一切費用外，現在每人還可領七十普特糧食。土豆子，白菜等不算在內。每個莊員們都是過富裕的生活。

現在『史大林』集體農莊請了工程師來製定計劃，決定修築莊員公共宿舍和飯室。把舊房拆蓋在其他地方，作爲澡堂和閱報室。此外還決定蓋馬棚牛棚豬圈等等，如果這個計劃很快的完成，將來不僅是富裕的而且是文明的集體農莊了。（英）

工人通訊

黑河東方工人飯堂

黑河東方工人飯堂，自本報以前組織檢查隊檢查以後，在九月份曾改良了。而在十月十一月飯堂飯食的質量又低落下去，黑河城市黨部接到『工人之路』報社關於東方飯堂的材料，即派指導員Будельцев同志和飲食協作社主席及本報記者共同重新調查飯堂一切工作。調查結果認爲飲食協作社沒有注意改善東方工人飯堂的工作。當天檢查隊經過城黨部代理書記Соргин同志共同解決。指令飲食協作社主席從第二天起，改善東方工人的飯堂，並且要保証一切食品的供給。同時提議在東方工人飯堂附設的普通營業的飯與工人的專門飯室兩部分開，將飯室的地址搬到東方俱樂部附近。另外由城市黨部負責指導員召集東方工人作工的各企業負責者會議，由各經濟機關，具體保証幫助東方工人飯堂的食品。

現在黑河東方工人飯堂已漸漸改好了，在質量和數量也比以前有很大的改善，並且價錢也便宜。例如現在午飯三個大饅頭，連第一和第二盤菜，價錢只七毛錢。（王）

Нил金廠工會應幫助新文字的工作

Джестулак　在Нил金廠有二十多個中國工人，爲了在那裡進行掃除文盲工作，特派了一個新文字教員吳公發同志在那裡進行新文字的工作。在二十多個工人中，參加念書的只有六人。

職工會對於動員工人參加學習，和幫助新文字的教員在組織上的工作，完全沒有注意。新文字學校，沒有適當的課堂，一切應用器具沒有充分的保証。同時職工會沒有鞏固在生產中的工人，沒有消滅工人流動現像，因此對於發展新文字的工作更是發生不好的影響。（發）

кулиқон金廠的中國工人政治研究組的工作還沒有轉變

Тыгда通訊：在Куликон金廠的中國工人政治研究組有很大的缺點，在『工人之路』報上已登過一次。但是政治研究組的負責者，對於這種工作還是沒有切實負起責來。上課次數沒有按照所規定的進行，從前每月六次，現在減少到了兩次。在十月間，僅上了兩次課在教授的質量一方面，也是很不好，教員在上課以前對於所上的課目，並沒有充分的準備。同時在組織上沒有動員一般的工人積極份子來參加政治組的學習，負責者因爲對於工作不注意，所以上課的人數由十六人減少到了十一人。

Тыгда區黨部宣傳部必須經常的領導中國工人中政治教育工作，同時對不盡職務的政治工作指導人應給以嚴重的處罰。

宣傳員欄

爲蘇維埃革命在全中國的勝利而鬪爭
（紀念『廣州公社』第七週年）

一九二七年十二月十一日，在中國南部工商業的城市（廣州），由中國共產黨的領導，爆發了震動全世界的工農兵大暴動，高舉起蘇維埃紅旗，建立起了工農民主專政的『廣州公社』。

『廣州公社』在它存在的五十八點鐘一短促的時期內，宣佈了中國廣大民衆所迫切需要的政綱，發表了告蘇聯及全世界無產階級的宣言，申明它是忠實於國際社會主義而鬪爭的事業。

帝國主義和國民黨就用空前兇殘的白色恐怖來鎮壓『廣州公社』來屠殺中國革命工農群衆（只就國民黨的統計，在一九二八年和一九二九年中被殺的中國共產黨員和革命工農約二十五萬至三十萬人），而無恥的歡呼自己的勝利，宣告中國的『永久安寧和秩序』。

國際資產階級的反革命先鋒隊——托洛茨基，曾利用過『廣州公社』的『失敗』來誣蔑共產國際和中國共產黨對中國革命領導的路線，同時咒罵廣州公社是『捏造的』。叛徒陳獨秀則罵『廣州公社』是中國共產黨『盲動政策的結果』，公開承認『國民黨得到了永久的勝利』。其餘的中國革命叛徒們——施存統派，譚平山派，中國社會民主黨等等和中國共產黨內的機會主義者，都曾經異口同聲的怪叫『廣州公社』是『中國共產黨超時代的政策』是『在中國拿蘇維埃革命來開玩笑』。

不管一切反革命怎樣污蔑『廣州公社』，中國廣大的工農群衆在共產國際和中國共產黨的領導之下曾經在馬克思，列寧主義的立場上來深刻的研究和學習了『廣州公社』所給予的嚴重寶貴而且豐富的教訓，並且在生活中把他們所研究和學習過了的教訓實現起來。

在這七年以來，在全世界和中國的階級鬪爭的舞台，已經發生了巨大變化。在國際範圍內，兩個制度，兩個世界的對立，現時是極端的尖銳。一方面，社會主義制度的蘇聯，正在勝利地完成第二個五年計劃中第二年的計劃而鬪爭，無疑義的，蘇聯社會主義建設的勝利更加鼓舞起各國勞動群衆進行革命鬪爭。但是，另一方面，在垂死的資本主義世界方面，『拖延性的經濟危機底結果，就是各資本主義國家內部以及它們彼此間的政治形勢空前地緊張起來』（史大林）。各帝國主義國家內，資產階級政權的日趨於法西斯蒂化以及他們瘋狂的準備大戰。同時，各國革命運動日益高漲，『表示現在世界已經逼近地走到革命與戰爭的新週期』。

目前中國的狀況，也反映出現時國際狀況的矛盾。在中國已經有兩個政權的對立，一方面是反革命的國民黨政權；另一方面是蘇維埃政權。這兩個政權的鬪爭，充滿了最近幾年來全中國的政治生活。

自從一九三一年中國蘇維埃中央政府成立以來這幾年中，在中國最大的事變，就是日，英，法，美等帝國主義公開的武裝瓜分中國和反革命的國民黨對中國蘇維埃和紅軍不斷的『圍剿』。蘇維埃在中國共產黨領導之下，號召和組織廣大的工農群衆來進行反帝國主義的民族革命戰爭和英勇的中國紅軍打破國民黨屢次的『圍剿』，在事實上已經証明只有中國蘇維埃才是唯一反對帝國主義的政府，只有中國紅軍才是保護中國工農群衆，爭取自由幸福的武裝！中國紅軍已經發展到三十五萬以上（只就一九三四年一月時的統計），而在目前正在勝利的完成一百萬紅軍的戰鬪任務。

很明顯的，在中國的蘇維埃和紅軍的每一個勝利，就是在太平洋上革命根據地的更加鞏固，就是打擊世界帝國主義準備和進行太平洋的大戰，首先就是打擊牠們從東方來進攻蘇聯的企圖。因此，帝國主義和其走狗國民黨便拚命的動員了所有的力量，來企圖消滅中國的蘇維埃和紅軍，進行了延長一年來的第六次『圍剿』。

在反對第六次『圍剿』的過程中，中國紅軍，在開始的兩個階段中，已經得了不少的勝利。在今年一月舉行的中國蘇維埃第二次代表大會把澈底的粉碎這次『圍剿』，爭取蘇維埃在全中國的勝利，提到議事日程，曾經動員了全中國的工農群衆來爲迅速完成這個戰鬪任務而鬪爭。

在最近的幾個月中，根據不完全的消息，中國紅軍，得到了以下的勝利：

一）閩北路　據美國的中文『先鋒』報載：『已經對日宣戰的中國工農紅軍…於八月一日組織北上抗日先遣隊…經過福州近郊，在閩北幫助群衆建立了許多縣的蘇維埃。八月二十八日，長驅入浙江南部，佔領了慶元縣。九月七號又向北進，佔領龍泉縣。又有一支先遣隊，取道玉山，常山，已進到遂安。…在慶元的戰爭中，紅軍繳了白軍發賓鋤兩營的械。八月三十日在朱口擊敗白軍一團。……同時皖贛邊境的紅軍亦北上抗日。八月底該地紅軍把白軍第六十五師，打得落花流水，佔領黟門縣。因此該地蘇區擴大到縱三百里，橫六十里，比以前大了四倍』。

二）川北路　紅四軍在四川的東北建立蘇區，還在二年以前的時候，但在不足一年的時期已經在二十餘縣建立了蘇維埃政權。最近已經佔領閬中，威逼重慶。四川的軍閥劉湘因爲失敗而逃隱。白軍二十三師的師長羅澤洲，因爲誑報軍情，臨陣脫逃，被蔣介石撤職查辦。

三）川東路　紅二軍賀龍領導的部隊進攻四川東南一帶。該軍在銅仁已經與蕭克聯合，向西部進發，建立了新的廣大的蘇維埃區域。……該部集中的紅軍，派遣了專門的軍隊向四川進攻，佔領南川，彭水和江口，直抵揚子江邊。

四）黔北路　不久以前在蕭克領導之下的紅軍，由江西出發，經過湖南，進攻貴州北部，會合了賀龍領導的紅軍，佔領了印江，后坪，婺川，松桃和思南等縣。

五）廣北路　在朱德，毛澤東，彭德懷領導下的二十萬紅軍，最近向廣東和廣西北部進攻，前鋒已佔領連山，富山，瀋陽和全州一帶。

紅軍的這次擴張新的陣地，很明顯的就是爲擊破第六次的『圍剿』而完成爭取全中國的蘇維埃革命勝利的戰鬪任務。『中國蘇維埃區域正在發展着，中國資產階級和外國資產階級聯合起來的反革命勢力，竟不能阻止這種發展』（史大林）。今年我們在紀念廣州公社時，必須把參加蘇聯社會主義建設和擁護中國蘇維埃的任務，密切的聯繫起來使遠東中國工人積極參加蘇聯社會主義建設，就是繼續『廣州公社』的事業和擁護中國蘇維埃革命在全中國的勝利！

（丁山）

Xeixo saochu wenmangdi gungzo an gixua xuanjou xen dadi kuikung

Xeixodi sin wenz gungzo, xianzai suirhan iou siangdangdi zinвu, dansh duiy вianglang SZW soguidingdi gixua xuansh siangchadi xen yan.

Zai 10 ye xo 11 yedi вusiвan, zhjou xuomo liangsh chuchanchu, ynshuchu, shzheng weishenggy xo „Guangzhou gungshe" kolxoz (kolxoz zai 11 ye ziu tingzhliao shangko).

Shao shzвan, iou „Chenguang zuxo„ xo Dungfang gungrhen gylови liangвan (gylови dao 11 ye di cai zuzh).

Cangia shangkodi rhenshu, вu shzвan igung iou 27 rhen: shao shzвan igung 10 rhen.

5 go sin wenz giaoyan, shzishang zogungdi zhjou 4 rhen. Wenxua geminggy wancyan meijou.

Giaoyan meijou giaoshou gixua. Bu shzвandi giaokoshu xuansh 1932 nian chuвandi „Sin wenz Zhungguo gungrhen shz koвen". Giaoxyo gixua meijou. Cung di-3 gi dao xianzai, shzвandi xyosheng, zui dodi zh nianliao di-16 ko.

Zai gogo sin wenz вusiвan, meijou zhengzhko. Tungsh zai koвenshangdi zhengzh wenti, giaoyan meijou chungfendi giesh.

Zai di-3 gi xo di-4 gi, kailiao 3 c xuiji taolun giaoshoufa. Duiy giaoyandi zhengzh xynlian sh meijou. Gengy shangmiandi cailiao, koji zochu zhejangdi gielun:

1) Gungzo meijou gixua, xuansh dalzho zliudi xianxiang. Giaoyanmn вaozho „dang 1 tian xoshang zhuang 1 tian zhung" di taidu: daoliao shgian, ziu ky shangko, lai gigo rhen, gio gigo rhen, gungrhen ie sh lunliudi cangia xyosi, soji zai 5 go yedi kigian, zh giaoliao 16 ko. 2) Meijou tigao giaoyandi iwei neng nian, neng sie sin weoz ziu suansh sin wenz xyodi xen xàoliao, kosh shzishang, giaoshou fangfa idian ie вu dung, zai giaoko ician gungrhen xyosi sin wenz ziu gangyo dao meijou xingcy: kaishdi shxou 10 go rhen shangko, goliao gitian zh shengliao 3 go xozhe 5 go rhen; tungsh xyosidi rhenshu gianshao, ingxiangdao giaoyan gianxyo ie meijou xingcy, Shao Inggie igo ye meijou zogung. Wang Gui iu tichu iaokiu giefang gungzo, zhe ie sh zhujaodi yanjn.

3) Giaoyan zai gungrhenzhung zhengzh kynzhung gungzo tai вorho, zhe sh inwei giaoyan вenshen duiy zhengzhshang liaogiedi вu giancyan.

Zai 11 ye 30rh sin wenz gungzo rhenjyan xuijishang gyeding mucian gungzo iao zodao xia mian gidian:

1. Zai go sin wenz вusiвan meigo 6 rh zhou zenggia zhengzhko 3 dianzhung. 2) Zuzh giaoyan iangiuzu xo giaoshoufa iangiuzu, meigo 6 rh zhou shangko 1 c. 3) Kuoda xo zuzh sin wenzdi вusiвan, meigo giaoyan tungzh fu zuzhdi zerhen.

Cwai duiy wenxua geminggyndi gungzo, ie вu neng вu zhuji. Ingdang giagin xishou rhensh sin wenzdi tungzhmn, iou gixua lingdao tamn cangia sin wenzdi gungzo.

Kic xuan ingdang giagin sin wenz syanchuandi gungzo, xaozhao вisai, ciangвao, wanxui d. d. zochu gixualai, zhding fuze rhenjyan ky zhxing. Rhugo xianzai meijou siangdang gichu, dao 1935 niandi gungzo genggia kunnanliao.

Kulikan ginchang sin wenz вiedi di-1 pi xyosheng

Teigda kyy tungsin: Kulikan ginchangdi Zhungguo sin wenzвan, cangia nianshudi iou 22 go rhen, zai 11 ye 20 xao, вijeliao 8 rhen, zhe isie вijedi rhen, du neng zjudi kan xo du sin wenzdi shuвao xo siesin kiy meijou вijedi xyosheng, du вa sin wenz giaokoвen nianliao idaвanliao. Xiwang zhe isie вijedi gungju xuan-iao gisy nulidi xyosi, вiancheng igo shzdi wenmingdi gungrhen.

(Zhou)

Zhju gungrhen giagin xyosi sin wenz

Shuangchengz laisin. Zhju gungchang cengging zuzhliao igo sin wenz вusiвan, sh cung 10 ye 8 xao kaish shangkodi, cangia xyosidi iou 6 rhen. Xianzai вijedi kigian—12 ye 15 rh. kuai daoliao, zhego вusiвandi 6 go xyosheng xusiang dinglilliao shexuizhuji вisai xotung, lai giagin xyosi docy shengli.

• • •

Shuangchengz Worcshilow gie di-16 xao fangz, zai 10 ye 25 rh cengging kaiвanliao igo sin wenz вusiвan, cangia shangkodi iou 9 rhen. Tamn guiding 1935 nian 1 ye 1 xao вije. Xianzai tamn syanвu geng giaging tigao xyosidi gily, docy sindi chengzi, zai вije ixou iao nenggo uzjudi kanshn kanвao.

Sulian zui gao fayandi gynsh fating guanjy вaidang zuzh anshadi pangye

Sulian zui gao fayandi gynsh fating y 12 ye 5 rh zai Lenincheng shenpanliao 41 ming zhunвei zuzh fandui Sowet gungzo rhenjyan ansha xingweidi вaidang. Zhesie вaidang daвufen sh cung Ouzhoudi Litaowanguo, iвufen sh cung Fenlanguo xo Polanguo вimidi pao Sulanlaidi, tamndi mudi sh zhuanmen lai zinxing anshadi.

Inc Sulian zhenglu ginggo gynsh fatingdi shenpan, ciangвiliao 39 ming.

Zai Moskwa ie shenpanliao 32 ming вaidang —anshadang, tamn du sh cung igo difang laidi, sanвuzai Suliandi go zhungsin chengsh, zinxing fan Sowetdi ansha xingdung. Inc, ginggo Moskwa fatingdi shenpau, ciang вiliao 29 ming.

文藝界新書出版
「毀滅」中文本出版

著名蘇聯作家法捷也夫所著的長篇創作「毀滅」，不久前已由遠東邊疆出版部印成中文本出版，譯文根據中國著名無產階級作家魯迅的譯本，共印三千五百份價格兩盧布七十五哥比。

此外，在本月底，遠東出版部中國部編輯之「革命戲劇彙刊」將行出版。

通　告

茲定於本月十九日下午六點在「工人之路」報社舉行文藝研究組常會。議事日程：

1，批評「太平洋燈塔」
2，批評「蘇維埃文學」（拉丁化本）

希望本城黨團員及中國工人積極份子屆時到會爲盼！

「工人之路」編輯部

讀者注意

請繼續訂閱一九三五年的

「工人之路」報

定價：全年十八盧布，半年九盧布，三個月四個盧布五十哥比，每月一盧布五十哥比，零售每份十哥比。

各地郵局(Почтовое отделение)及「書報聯合會」(Союзпечать)書店和每個送信的均可代訂。

期限到十二月十五號截止，請勿錯過期限，按時訂閱爲盼。「工人之路」報社

Зам. Ответ. Редактора Лидов 代理負責編輯 [illegible]夫

Гор. Хабаровск, типография Дальгиза, ул. Льва Толстого № 45. Заказ № 1548. Крайлит № 924 от 1 июля 1934 г. Тираж 7.000.

上海战争的四周年，1936 年 1 月 28 日

聯共遠東邊委及邊區職工蘇維埃 機關報
„Рабочий Путь“
Орган ДКК ВКП(б) и ДКСПС

全世界無產階級和被壓迫民族聯合起來呵！

工人之路
„GUNGRHENZH LU“ Китайская газета

編輯部地址：伯力
青年團街五十二號
電話：一〇—五十八
Адрес Редакции
Гор. Хабаровск
У.Комсомольская 52а
Телефон № 10-58

一九三六年一月二十八日 第十三期 № 13 (1440) 28 января 1936г. 上海戰爭四週年特刊

上海戰爭底四週年

四年前，日本帝國主義强盜在中國國民黨軍閥不抵抗下，佔據了中國東三省後，於一月二十八日更南下向上海進攻，財狼成性，貪而無厭的日本帝國主義者，滿想着又輕容易的佔領上海，握住全中國政治經濟生活的關鍵，繼續對中國的侵略，以進攻中國紅軍和蘇維埃，把中國變為其進行反蘇聯反革命戰爭的根據地，和與其他帝國主義者爲爭霸太平洋而火拚的戰場。

日本帝國主義者這一場好夢，無意中，被上海中國英勇的工人，勞動群衆，學生和革命兵士的鬪爭所打破。

還在日帝軍閥侵佔東三省時，中國共產黨已提出『武裝民衆反對日本帝國主義，保護中國的民族獨立，領土完整和國家統一』的口號。經過多年革命訓練的上海無產階級，在中國共產黨領導下，曾一再起來罷工，示威以反對日帝奪取東三省的强盜行爲。在上海無產階級的英勇鬪爭直接影響下，更掀起和擴大在城市貧民，學生和兵士群衆中反帝革命情緒的高漲。

日本帝國主義强盜四年前的進攻上海，因此，便遭受上海工人，革命兵士，學生和廣大勞動群衆聯合起來的迎頭痛擊。在廣大群衆和革命兵士反帝激烈鬪爭高漲壓迫下，當時國民黨的十九軍將領也不得不出來作相當的抵抗。但蔣介石領導下的國民黨軍閥政府，都始終向日帝投降，出賣上海革命群衆保護上海的戰爭。

在蔣介石政府的叛變與破壞下，上海工人，學生，廣大勞動群衆與十九路軍革命兵士保護上海的英勇戰爭，雖然沒有達到最後的勝利，但已給當時日帝大舉進攻的計劃，以嚴重的意外打擊。

保護上海的英勇戰爭不僅在全世界面前，把日本帝國主義軍閥號稱『戰不敗』的日本『帝國軍隊』底招牌打破了，同時引起日本軍隊內部革命兵士的暴動和日本英勇無產階級，勞動人民反對帝國主義戰爭和幫助中國人民革命解放運動的發展。今天本報發表日本共產黨當時發表的宣言，便是明証。

保護上海的英勇戰爭，同時更激起全中國人民反帝的怒潮和鼓舞在日帝鐵蹄下，東三省中國人民反對日帝强盜游擊戰爭的擴大。

上海戰爭四年來，狼子野心的日本帝國主義者，在國民黨軍閥的不斷投降與叛變下，已把中國大好河山吞併了一大半，東北四省，華北五省一萬萬四千萬中國人民的生命財產已落到日帝强盜的血腥爪下。正如中國共產黨最近宣言中所說：中國民族的命運已處在千斤一髮之秋了！已到中國四萬萬同胞緊急的生死關頭了！

上海戰爭幾年來的教訓，國民黨一切欺騙和修飾對內對外政策的破產，都告訴中國人民，只有實現中國共產黨挽救中國的主張，才是偉大中國人民救亡的唯一正確道路。最近在中國各地反帝運動的擴大發展和中國工農紅軍的新勝利，都証明，有光榮革命鬪爭歷史的偉大中國人民已更緊密的團結起來，爲挽救中國民族的生存而鬪爭。

在目前中國所處新環境中，中國人民擴大反帝統一戰線，團結在中國共產黨新政策與新口號下，實現：『與蘇維埃政府和東北各地抗日政府一起組織全中國統一的國防政府，與紅軍和東北反日人民革命軍和義勇軍一起組織全中國統一的抗日聯軍』（見中共中央和中國蘇維埃政府八月一日『爲抗日救國告全體同胞書』），繼續保護上海戰爭的英勇精神，一致向日本帝國主義侵略者和他在中國的走狗們迎頭回擊，便是戰勝豺狼成性，貪而無厭的日本帝國主義强盜向中國不斷進攻的保障。

我們在社會主義祖國——蘇聯參加社會主義建設的中國勞動群衆，時時刻刻都在注視着中國的事變和盼望中國人民這種勝利的到來。同時，我們一刻也不能忘記，日本帝國主義者吞併中國的計劃，便是進攻我們全世界勞動群衆祖國——蘇聯——的準備。近年來，日本軍閥在『滿洲』（東三省）中國北部，內蒙古的一切軍事建築與設備，便是準備進行其反蘇聯的反革命戰爭的陰謀。最近日帝冒險軍閥侵入外蒙人民共和國邊境，和在蘇聯遠東邊界的許多挑釁行動，更其証明日帝反蘇聯的陰謀。

我們的回答是：擴大參加施達漢諾夫運動的隊伍，更多的超過完成社會主義生產計劃，以更多的增加社會主義祖國的財富，以更加强社會主義祖國遠東邊疆的國防，遇必要時，與其他民族弟兄們親密的團結起來，在布爾塞維克黨領導下斯大林的同我們布留赫爾同志指揮下的光榮百戰百勝的紅軍一起，把膽敢伸入我們社會主義祖國樂園的豬鼻子砍掉，以保証進攻我們敵人在前線的大敗和在後方無產階級革命的勝利！

中國紅軍進佔鎮雄關

東京二十六日電：據日本『同盟通信』社的消息，在賀龍和蕭克統率下的中國紅軍，繼續在貴州省進攻，二師主力集中於貴州東部四縣，先頭部隊已達到鎮雄關（在貴州鎮遠縣城以西）。因此廣西軍閥趕緊派四師軍隊到貴州企圖抵當紅軍前進，現在已達到貴州東南部的獨山縣境。

• • • • •

中國共產黨告全國民衆各黨派及一切軍隊宣言

同胞們，弟兄們

日本帝國主義正在組織『華北國』並向全中國進攻了，北方軍閥已實行出賣我北五省的領土和九千萬同胞，在南京政府方面雖然在對日問題上最近有很多爭論，但在實際上仍繼續不抵抗政策。

我們的整個祖國危險了！

我們的整個民族的命運已處在千斤一髮之秋了！

當我四萬萬同胞的緊急生死關頭，中國共產黨中央再一次鄭重號召：一切同胞們，一切愛國志士們，一切我國的軍隊：不分信仰，不分派別，團結抗日，一致救國！

還在今年八月一日『爲抗日救國告全體同胞書』上，中國共產黨中央和中國蘇維埃政府已經向一切不願作亡國奴的同胞和軍隊具體提議說：與蘇維埃政府和東北各地抗日政府一起組織全中國統一的國防政府，與紅軍和東北反日人民革命軍和義勇軍一起組織全中國統一的抗日聯軍！

現在是行動起來的時候了！

現在是我們全中國人團結一致起來救國的時候了！

只有我們偉大的中華民族迅速團結起來一致行動，才能挽救我們的祖國。

中共中央再一次鄭重聲明：中國共產黨渴望着與一切愛國同胞一起攜手救國。紅軍急切準備着與一切愛國軍隊聯合起來共禦外侮。

趕快停止中國人和中國軍隊之間的一切內鬨吧！

全中國同胞和全中國軍隊趕快團結起來一致抗日救國吧！

中共中央提議：一切願意抗日的各黨派各軍隊各社會團體和各群衆組織立刻開始談判共禦外侮的條件和方法。

中共中央提議：立刻召集一切願意抗日的黨派，軍隊和各界團體選出的代表參加的全國救國大會，以便討論關於團結和動員全國同胞和全國軍隊一致對外的具體辦法。

打倒日本帝國主義——全中國人民的死敵！

全國同胞和全國軍隊抗日救國大團結萬歲！　（一九三五年）

日本共產黨對上海事件宣言

日本的工人，農民和兵士們！中國的革命工人和農民們！

日本軍隊於正月二十八——二十九日强佔上海，成爲國際無產階級和全世界帝國主義者注意的中心。强佔上海已成爲有歷史意義的事件了。

由此而來，第一就是美國，英國，法國和日本帝國主義者武裝干涉中國底開始，第二就是這些帝國主義國家間分贓鬪爭底加劇。在我們眼前又在進行着重新瓜分廣大的中國。帝國主義新戰爭底直接危險已很顯見了，而在這個危險底前面，國際聯盟只不過是一個很可憐的傀儡。

正當國會於二月二日閉幕時，日本軍隊即在上海全線大舉進攻。日本帝國主義者說，佔領上海就是反對强橫的反日行動底『防禦辦法』。雖然在中國的城市裡廣流着成千中國工農的鮮血，雖然帝國主義者劫佔和用砲火轟炸着毫無防禦的中國城市，而日本社會民主黨却完全贊助這種下賤的欺騙。

國民黨政府除發表不負責的聲明以外，並不給帝國主義者以任何抵抗。而正是相反，國民黨政府却順從着帝國主義者底旨意摧殘民衆的革命運動。因此在中國中部許多城市，徵引起了工人和學生的憤激，因此許多武裝隊攻打外國租界，並且在許多地方變成爲正式軍隊。日本帝國主義强佔上海，就是繼續着强佔瀋陽的陰謀。强佔瀋陽就是强佔滿洲的開始。强佔上海就是搶奪瓜分全中國的開始。

近來日本帝國主義者更加緊了自己對中國工人底壓迫，用最野蠻的方法壓迫他們中間的革命運動。日本帝國主義者的歷史傳統，就是用半殖民地的方法壓迫本國的工人。日本和中國的無產者在經濟上政治上一齊向前衝鋒，以反對用殘酷的方法壓迫和屠殺勞動者的日本帝國主義者。我們堅決的宣言，在勞動者之間沒有任何民族區別。

同志們！世界恐慌不但是打擊了所有歐洲各國的資本家，並且打擊了日本資本家。他們在這樣行動上再也不動搖了。戰爭就是國際資產階級的唯一計劃。毫無疑的；重新瓜分中國的戰爭，定要變成爲反蘇聯的戰爭。日本帝國主義已開始了搶奪中國的國土。第二次帝國主義大戰已由日本帝國主義開始了和直接由搶奪中國的戰爭中產生。看在最近幾天內，美國，英國，及其他國家把多少軍艦調到中國的重要港口？

帝國主義者早就等着機會用一切武裝力量從各方面進攻中國。日本艦隊已在南京開砲了。崑山已成爲戰事中心了。同時在蘇維埃中國的邊界上，也在進行着反對革命紅軍的戰爭。

工人們！農民們！你們曾經進行罷工和在街上遊行示威以表示自己反對强佔滿洲。你們在鄉下的群衆大會上揭穿了帝國主義者底陰謀並曾要求把自己的父兄從前線上調回來。

兵士們！我們知道前線兵士底革命行動。革命兵士的隊伍已暴動起來反對自己的長官。他們提出了停止帝國主義戰爭的口號。從這個時候起，就動搖了日本帝國主義極堅固的基礎。參加暴動的兵士們都就地被槍殺了，可是他們的事跡將永存不朽。他們的革命行動將普遍於各戰線和所有的日本軍營裡去。

同志們！已到了開始行動的時候了。必須與中國的革命勞動者和帝國主義國家的無產階級手攜手地前進。只有無產階級的統一力量，才能夠打碎戰爭和國際帝國主義者的武裝干涉。全世界無產階級應當宣言：『不許侵犯中國！』，『反對帝國主義戰爭！』和開始積極的革命行動。日本無產階級應當站在鬪爭底前線。

日本無產階級起來反對資產階級『保護祖國』的口號。同志們！要爲使我國資產階級失敗和我們自己勝利而鬪爭。

保護中國革命！打倒帝國主義戰爭！變帝國主義戰爭爲國內戰爭！

運輸工人們！要拒絕運送軍隊和軍火。

一九三二年二月四日。

中國共產黨中央委員會告上海兵士書

革命的兵士們！快起來與上海一切革命群衆共同武裝保護上海的勞動群衆和革命運動。爲反對日本帝國主義强佔上海而鬪爭，要求把一切日本軍隊從上海撤退。爲反對帝國主義者壓迫革命運動而鬪爭，推翻國民黨的統治。

弟兄們！日本帝國主義的凶惡，一天比一天的更加厲害了。現在，已不僅是我國的廣大疆土，已不僅是幾千萬東三省的兄弟們處在日軍的鐵蹄和刺刀下了。屠殺不可勝數的中國勞動者，工人和農民的日本帝國主義者，已不僅是在天津，青島，福州和各地不斷的挑釁了。日本帝國主義已調了幾十艘軍艦，大批飛機和陸軍開到上海了。日軍在浦東把三友工廠焚毀，槍殺了一個中國警察，到處毒打工人。毒打在四川路舉行遊行示威的工人和學生。此外，日本帝國主義企圖用武力强佔上海附近的區域，以圖用大砲和機關槍在上海壓迫革命的反日運動和罷工鬪爭，以及屠殺上海勞動群衆。國民黨的軍閥們和政府已完全服從和投降於日本帝國主義了。他們與帝國主義者共同壓迫群衆的革命運動，把上海奉送給日本帝國主義者。

弟兄們！已到了嚴重的關頭了。日本帝國主義者的刺刀已放在我們的咽喉上了。能不能隨着國民黨去出賣我國，在帝國主義面前投降，甚不抵抗的忍受日本軍閥的屠殺和侮辱？或者是高舉武器來打擊帝國主義及其走狗國民黨，以圖保護上海，保護上海的革命運動和勞動群衆呢？一點也不能遲延，一點也不能動搖了。我們應當與革命的群衆一齊起來並幫助他們武裝起來。必須爲反對帝國主義者和國民黨壓迫革命運動而鬪爭。弟兄們，快起來罷！共同與革命的群衆武裝保護上海勞動群衆和革命運動。爲反對日本帝國主義强佔上海而鬪爭。爲反對帝國主義者和國民黨壓迫革命運動而鬪爭。起來與武裝群衆共同進行民族解放鬪爭。選舉自己的代表到革命的群衆反日組織裡去。武裝保護群衆的革命組織及其首領。起來反對自己長官並絕抵抗日軍的命令。槍殺這個賣國賊和亡國奴。打倒國民黨政府，成立工農兵蘇維埃政權。

中國共產黨中央委員會
一九三二年一月二十六日。

日滿軍隊又侵犯蒙古共和國邊境

烏蘭巴圖電：日滿軍隊繼續不斷的在蒙古人民共和國的邊界挑釁。

一月二十二日，日滿軍隊乘三輛載重汽車，隊後還隨着五輛汽車，一直到蒙古的成吉思汗卡子（在蒙古人民共和國境內離邊界二十五基羅米突的地方）。在離卡子一個半基羅米突的地方，日滿軍隊即在輕機關槍的掩護下，直向蒙古卡子衝進。

因爲蒙古邊防隊極力抵禦的結果，日滿軍隊才轉回向着邊界退去，在衝突的地方留下一個屍首和一架輕機關槍。

當日滿軍隊退回時，曾把兩個巡邊的蒙古兵架去，生死尚未可知。

聯共遠東邊疆第五次全會日誌

正月二十四日

在早會和晚會上都曾討論維爾納(Верпин)同志關於在遠東黨組織檢查黨文件總結的報告。

在討論中發言的有哈佛金（猶太自治區特區書記），卡甫闊（伯力特區黨委書記），依萬諾夫（阿穆特區黨委），哈司里伯諾夫（海參崴城黨委書記），達維松（黨中央屬下的黨監查委員會委員），蘇里莫夫（海監），以及其他同志等十四人。

正月二十五日

早會繼續討論維爾納同志的報告，發言者有烏里揚斯基(Сахалин)，尼古拉一金(Х…)，博克坦諾夫（邊防軍），朋公（《工人之路》報主筆），埃司特林（遠東黨邊委宣傳部主任），魯特彼爾（烏蘇鐵路政治部主任），紹新（中央監委委員）及其他同志等九人。在這次會議上關於報告的討論作了結束。

在全會上代表鐵路工人致歡迎辭的有青年團員巴烏羅夫同志。

全體會議對已去世的聯共中央政治局委員和人民委員會副委員長古依彼雪夫同志死的一週年曾全體起立記念。

全體會議通過了以下的決議：1)關於工業與交通及施達漢諾夫運動的問題，2)檢查黨的文件的總結。

最後，聯共邊疆黨委員書記拉夫連切夫同志作了長篇的關於全會總結的演說。

大會一致通過致史大林同志的電報。全場呼「史大林同志萬歲！」。隨後主席宣佈遠東邊疆黨委第五次全體會議閉會。

聯共遠東邊疆第五次全會
遠東森林工業，食品工業與施達漢諾夫運動的問題

正月二十一日在遠東邊疆全會上，關於議事日程第一項——工業與交通及施達漢諾夫運動的問題，繼續作了報告的，有格爾柏克同志（遠東邊疆林業總經理）與佛爾斯基同志（食品工業駐遠東總代表）。

格爾柏克同志在報告中首先即說明森林工業計劃在一九三五年未完成的原因。運輸木料的計劃僅完成了百分之九十四點五。其未完成的主要原因，就在不能利用技術的結果。在鋸木工業與木器製造工業，雖然是在整個森林工業中比較好的部分，但其工作亦還不能令人滿意的。

關於森林工業技械化的問題，報告人曾指出了在近幾年的發展。在一九三三年在遠東森林工業中，僅有七十一架拖拉機，而在一九三五年就增加到一百七十一架，或比那時要多一百架。在一九三六年將再增加一百架拖拉機。並且這些拖拉機都是史大林號的。在一九三六年我們還可以採用電氣發動的拖拉機。在木材工業經濟方面，我們已有二百八十八輛汽車，五個莫托佛斯(Мотовоз)，五個大的火車頭及六個小的火車頭等。這樣，我們的森林工業就由小手工業式的變爲重工業化的了。與技械化同時發展的還有道路的建築等。

格爾柏克同志在其報告中又指出在森林工業中施達漢諾夫運動發展的薄弱，雖然在那裡已有不少很好的個別施達漢諾夫者。

在講到施達漢諾夫運動落後時，報告人同時指出了其落後的原因就在於遠東森林總經理處沒有具體幫助施達漢諾夫運動，工資制度之不良與個別經濟領導者之曲解施達漢諾夫運動等（如賓金斯基Бинкинский的森林經濟副主任在其命令中說道，只有超過四百分以上的，才是施達漢諾夫運動者）。

最終報告人說道，在一九三六年我們不僅要完成計劃，並且要超過計劃，因爲一切可能都是具備的。

關於食品工業問題佛爾斯基同志在報告中指出，遠東食品工業在人民委員長米可華（Микоян）同志特別的幫助與聯共遠東邊疆委員會直接領導之下得到很大勝利。

漁業工業在一九三五年先期完成了全年計劃百分之一百零一，即完成了計劃二百七十八萬六千稱特魚，超過了原定計劃二百七十四萬九千稱特。同時在質量與種類上亦有極大改善。假使在一九三四年第一等魚只有百分之二十一，而在一九三五年第一等魚就有百分之四十八零四。當然，在漁業工業上還有許多缺點如減低成本費和消滅過分的耗等。

在製造動物油的康賓那特方面，一九三四年製造出一千一百三十四噸油，而在一九三五年則製出四千七百三十四噸。肥皂在一九三四年製出了二千八百六十二噸，而一九三五年則製出五千三百一十一噸。

在製造香腸與酒精事業方面亦得到同樣好的結果。

關於施達漢諾夫問題報告人曾說道，在各食品工業部門看到許多優秀的施達漢諾夫者（如已得到政府最高紅旗獎章的施達漢諾夫者李鴻）。但一般的講，施達漢諾夫運動仍未達到廣大群衆運動。

爲要廣大的發展施達漢諾夫運動，報告人認爲必須準備與培養幹部，保持幹部與消滅自由流動，集中的季節現象。除此，還必須進行組織工作——修理漁船，漁網，準備煤油及煤等——以爲在漁業季節開始時即廣大的發展施達漢諾夫運動，完成一九三六年的計劃。

日本軍費底增長

日本著名的經濟學家鈴木曾於去年十二月在『Цюо Корон』雜誌上發表論文，詳細分析日本的軍事預算。

鈴木寫道：『在最近幾年來，我帝國軍費在全國預算中的比例，比其餘的國家都要大』。

作者說，例如英國預算的軍費比重爲百分之十三又六，美國爲百分之十八又一，而日本則佔百分之四十六又六。

作者接着寫道：『全體人民已再不能對軍事預算表同情了，可是如此一來，對於政府和軍人的威嚴就可發生不好的影響』。

作者特別指出大部軍費都用到擴張武裝上了。他說陸軍部在一九三一年定製了價值一百二十二萬七千日金的步槍，而在一九三五年已增加到一百四十三萬一千圓，手槍的價值由八萬五千圓增長到二十七萬九千圓，機關槍由一百五十九萬一千圓增長到五百九十四萬五千元，臼砲由四十四萬九千元增長到九十六萬三千元，『康砲』式的大砲由三十一萬八千元增加到一百零七萬五千元，高射砲由一百八十五萬增加到二百六十萬零九千元，砲兵設備由一百八十五萬九千元增加到三百三十二萬六千元，野戰砲和山砲由八十八萬八千增加到九百五十六萬一千元，黃色的和無煙火藥由九十萬零八千元增加到一百八十二萬四千元，槍彈火藥由三百四十萬零七千元增加到一千零二十萬八千元，炸彈藥由六百七十二萬八千元增加到四千八百三十七萬八千元，飛機由六十一萬二千元增加到三百零一萬四千元，鐵甲汽車由七十九萬七千元增加到二百二十二萬元。

作者寫道：『如此，政府所屬兵工廠在一九三一年所製造的軍器共值四千七百萬元，在一九三五年內，增加了兩倍半還多。陸軍部所屬兵工廠的工人增加了百分之六十五，共有兩萬一千人。軍服廠的工人增加了百分之二十九』。

關於海軍部直轄兵工廠的工作，作者沒有例舉詳細的統計，只不過指出各工廠的工人數目却大大的增加了。

作者對於日本政府這樣擴張軍備表示非常擔憂。他在結論裡說道：

『軍事工業的發展，就同下樓一樣，先是慢慢的下，可是越下就越快了。只要軍事工業開始發展起來，那就一定要擴大自己的範圍，結果一定要弄成戰爭。

如果不發生戰爭，而軍事預算隨着減縮的話，那就一定要因爲軍事行情破產而發生恐慌，結果就將使整個生產倒台。那時無論軍人們覺得自己好像有無窮的力量，可是就是他們也不能挽救這個恐慌』。

无产阶级的伟大艺术家，1936 年 6 月 24 日

全世界無產階級和被壓迫民族聯合起來呦！

工人之路

„Рабочий путь“

聯共遠東邊委和邊區職工蘇維埃機關報 ОРГАН ДКК ВКП(б) и ДКСПС

24 июня 1936 г № 70 (1493) 一九三六年六月二十四日 第七十期

日本軍閥又無恥的造謠欺騙日本人民

據日本報載：日本陸軍部發表聲明，硬說好像蘇聯軍隊曾多次渡過蘇滿邊界。莫斯科『新聞報』（蘇聯中央執行委員會的機關報）曾於六月十九日發表社論，揭穿這完全是日本軍閥無恥造謠誣賴蘇聯，以圖欺騙日本社會輿論底陰謀。

『新聞報』在自己的社論裡逐條批駁日本軍部的聲明，首先指出日本政府拒絕了締結不侵犯條約，拒絕組織邊境衝突調查委員會和對蘇滿定界委員會怠工的事實。其次，在社論裡又指出日本軍閥自己破壞了禁止在韃靼海峽和宗谷海峽一帶設防的條約，却反借口這個與蘇滿邊界無關連的條約，要求蘇聯撤消在遠東的國防，並設立所謂非戰區，好使日本軍隊能毫無阻碍的進攻誠意努力於和平事業的蘇聯。（『新聞報』的社論原文，將在下期本報上發表）。

無產階級底偉大藝術家

（《眞理》報的社論）

理智底星光熄滅了，亞列克塞依馬克西謨維奇高爾基的心田停止了跳躍。偉大和美麗生活底命脈折斷了。在人類底兩個時代——資本主義的滅亡和共產主義的曙光——的過渡中，偉大俄國人民底這個偉大兒子曾受盡了苦惱，他曾創造了和鬪爭了一生，他曾熱烈的愛戀和憤怒的憎惡。

高爾基是文學上的天才藝術家。在他的著作中所描寫的人物，已深入和深入着到千百萬人們的意識和感覺中去。誰要是讀過高爾基的作品，那他就覺得高爾基所描寫的人物生動的表現在他的眼前。他那不世出的尖銳眼睛，就像雄鷹一樣。他的作品在文學上是多麼爽直和民衆化，這只有歷史的偉大作家才配得上。他善於觀察並能用天才一爽直的藝術形式，把所見到的傳達給民衆，以便燃燒起民衆對他的作品中那些主角底愛慕和憎惡。

看他多麽會愛戀，看他多麼會憎惡！在高爾基的每部作品裡，都充滿了對勞動人民底愛慕，——恐怕世界上的偉大藝術家，誰都沒有像高爾基這樣眞實的描寫出資本主義人類《下層》底生活，誰都沒有像他那樣正確的表現出下層民衆在沙皇俄國所過的殘酷生活。尤其是，高爾基——無產階級底偉大藝術家，——比誰都會用藝術的方法，表現那在資本主義下被壓迫和唾棄，可是在推翻了剝削制度後，即盡量輝煌起來的勞動人們的心靈是多麼寶貴。高爾基對這個制度底憎惡，就是摧毀舊世界那些强力和壓迫，卑鄙和齷齪，剝削和貪慾，市儈和下賤生活的强大火力。

科學社會主義底始祖，還是在高爾基的才能繁華時期很早以前曾寫過：《哲學家不過是曾用了各種方式解釋世界，而任務却在於改變它》。出身於民間最下層，親身嘗試過舊世界的一切卑鄙齷齪的高爾基，把自己的整個覺悟生活，都供獻於變更和改造世界。他的故事和歌曲，小說和文章中的每一行都充滿了革命行動底熱烈精神。眞不愧他曾把自己的生活同布爾塞維克主義密切的聯繫起來，不愧他曾是列寧和史大林底親近朋友。

列寧曾多次寫過，說『高爾基是偉大的藝術天才，他供獻了並將供献給世界無產階級運動以很多的功効』。列寧又寫道：『高爾基毫無條件的是無產階級的藝術底偉大代表』，他『把自己的偉大藝術作品同俄國和全世界的工人運動堅固聯繫起來』。布爾塞維克主義的火星，列寧和史大林的偉大思想培植下社會主義革命的海燕（海燕是颶風將到來的一種報信鳥——編者註）底偉大藝術天才。還是在無產階級革命勝利以前，在反動勢力統治的黑暗時期，高爾基就已覺到颶風將來到：

『他相信，雲彩蔽不住
太陽——不，絕蔽不住！……
——颶風！颶風快要鳴響！
這是勇敢的海燕
高傲的在閃電中飛翔
在怒吼着的海上；
高呼着勝利底預言：
讓颶風更鳴響吧！…』。

高爾基很幸福能活到當社會主義革命底颶風已在自己的祖國鳴響過，當社會主義的陽光已在世界上出現。高爾基是無產階級底火焰般的海燕，爲共產主義勝利鬪爭底積極戰士。他曾是布爾塞維克革命底雄鷹，他無限的憎惡孟雪維克主義和其他各種形式的資產階級自由主義的一群播土蛇（庸人俗子的意思——譯者）。在當着少數派的播土蛇們驚叫：『不應當拿起武裝』和躲避革命的危險和颶風時，高爾基曾歌頌布爾塞維克主義底雄鷹，正就是：—

『活的榜樣。
高傲的號召
向自由去，向光明去！……』

他自己也曾是這樣的榜樣。他曾編寫和轉運布爾塞維克的傳單，參加布爾塞維克的報紙，募集款項和組織工人與黨接頭。他曾不止一次落在憲兵手裡，他被充過軍，在彼得巴伏洛夫監牢，在麥鐵赫大牢，下城和美考薄的監獄裡被囚禁過。

社會主義革命在蘇聯的勝利，給了高爾基的天才繁華以新的推動。在社會主義的改造年份中，高爾基繼續供献給人類以新的天才藝術作品，又持起那共產主義底煽動家的筆頭。他是文化底偉大能手，他號召資本主義世界底文化能手並指示給知識份子：全體忠實人類底道路，就是蘇聯無產階級的道路和社會主義。

高爾基是一切勞動者的忠實朋友，他受全蘇聯人民愛戴，他直到最後的一息，始終是爲馬克思—恩格思—列寧和史大林底事業，爲共產主義熱烈而鬪爭的忠實戰士，他是我們時代永垂不朽的文學事業底發起者和創造者。

高爾基底天才是多麼偉大，他在人類前的功績是多麼偉大。在勞動人類的腦海中，將永不熄滅的燃燒着偉大的俄國作家，天才的藝術家，勞動者底忠實朋友，爲共產主義勝利鬪爭底戰士亞列克塞依馬克西謨維奇、高爾基同志的名字。

在與他沉痛訣別時，布爾塞維克黨，工人階級和蘇聯全體人民低垂着自己的旗幟。

高爾基同志的傳略

偉大的無產階級作家高爾基同志，於一八六八年舊歷三月十六日，生於下新城一個裱糊匠——彼士可夫的貧苦家庭，四歲時他的父親死了，十歲時母親又死了。

他幼年時代，不僅沒有上學讀書的機會，（只在七歲時讀過幾個月書後，便失學了）同時受盡一切謀生困難的痛苦。從十歲起，便全靠自己出賣勞動來維持生活。他做過各種各樣最『低微』的粗工。但幼年時高爾基已與工人，學生急進份子和革命家的研究團體發生關係。他那時便已開始研究俄國民粹派和馬克思主義的著作。

一八八九年，高爾基因與政治犯發生關係，第一次在下新城被沙皇政府所拘捕。

一八九二年，在齊夫里斯報上，出現他第一篇小說『馬加爾，屈得拉』，同時，在『窩瓦消息』，『沙馬爾報』等報上開始登載高爾基的許多著作。並出版了許多有名的文學作品，如『北方消息』，『俄國富源』，『俄國思想』等。一八九八年，高爾基的兩大小說全集，已盛行於全國了。

一九零二年，高爾基曾被選爲科學研究院優等文學部的名譽會員。但沙皇以他『政治上的不可靠』，把他的名譽會員取消了。因爲在一年以前，他曾因反對沙皇的革命工作，在下新城被警察所拘捕，並被放逐於亞爾沙馬。

一九零五年，正月九號的事變後，高爾基因號召民衆反對沙皇，被沙皇政府重新又逮捕，並拘禁於彼得巴夫羅夫的大監牢。一九零六年從牢中出來後，即逃往意大利的加比利島繼續其反對沙皇制度，爲工人勞動者解放而鬪爭的文藝工作。他曾積極的用金錢來幫助秘密出版的『火星』報。並參加過組織布爾塞維克的公開報紙——『新生活』的工作。在一九零七年社會民主工黨五次大會於倫敦召集時，高爾基曾以發言權的資格到倫敦參加大會。很快的就與列寧常相書信往來，和相互通訊。在世界大戰時，他團結青年的無產階級作者於自己周圍，並出版了《年鑑》雜誌，站在國際主義立場，反對帝國主義戰爭。

高爾基曾寫了許多天才的，世界有名的文學作品。如『正月九號』，『母親』，『海燕』，『我的大學』，『三個人』，『太陽的孩子』，『俄國故事』等。

一九二一年根據列寧的主張，派高爾基赴國外養病，一九二八年回來時，受全國勞動者熱烈的歡迎。在慶賀他六十歲的壽時，蘇聯人民委員蘇維埃曾給與他奬狀，並把莫斯科國家大學文學部取名爲高爾基文學部作紀念。

高爾基是蘇聯中央執行委員會的委員，共產主義研究院的會員，蘇維埃作者聯合會的創造者和領導者。曾組織和編輯『我們的成績』，『國內戰爭史』，『文學教育』等有名的雜誌。

在一九三四年九月二日莫斯科組織的中國文學晚會上，高爾基曾致中國革命作者一封信，慶賀中國無產階級的英勇鬪爭和號召他們更積極的去爲爭取最終勝利而鬪爭。

殯葬偉大的作家高爾基

六月十八日的深夜，高爾基的靈柩即由高爾克村運到莫斯科，安置在堆滿了鮮花的職工俱樂部的大廳裡。

花圈不斷的送入大廳，其中有聯共中央和蘇聯人民委員蘇維埃的，蘇聯中央執委的，卡加諾維奇，沃羅西洛夫，克魯波斯加雅等同志的，紅軍，作家聯合會，莫斯科蘇維埃的等等。

四點三十分了，偉大的人民首領史大林同志，莫洛托夫，阿爾僑尼吉澤，米可羊，葉若夫等同志輪班站靈。洛新諾島童子團的代表流着眼淚來送鮮花，上邊寫着：『謹向親愛的亞列克塞依，馬克西謨維奇，高爾基致童子團的敬禮！』。

晚上九點鐘了，在高爾基的靈柩前已經過了五十多萬人。在一天內，曾有聯共中央委員，政府委員，共產國際執行委員，世界的著名作家不斷的輪流站班。

十九日夜深，在首都勞動者的沈默中曾舉行火化。

∴ ∴ ∴

六月二十日，各工廠，各大建築，各文化團體的代表，法國，捷克斯拉夫政府的代表接續不斷的贈送花圈。

五點三十分了，史大林同志，莫洛托夫，卡加諾維奇，阿爾僑尼吉澤，日丹諾夫，米可羊等同志又站在偉大作家的靈前。在悲壯流潤的『國際』歌樂聲中，起柩向紅場出發。

∴ ∴ ∴

成千成萬的莫斯科的勞動者都嚴肅地整隊向紅場去，在千萬人衆的頭上高舉着無數的花圈，高爾基的照像。

在治葬委員長布爾加寧同志宣佈追悼會開幕後，首先由莫洛托夫同志代表蘇聯政府和聯共中央致詞。隨後即由布爾加寧同志代表莫斯科黨和蘇維埃組織，由亞列克塞依托爾斯泰代表作家聯合會，法國作家基特代表國際作家聯合會相繼發言。

六點四十七分了，偉大的人民首領史大林同志及黨和政府的領導者抬着蘇聯偉大公民高爾基的靈灰，安置在克雷姆宮墻下。

成千成萬的人們低垂着戰鬪的紅旗，鳴炮二十一排致敬後，軍樂隊又奏着戰鬪的『國際』歌，號召繼續高爾基的精神前進，爲整個人類的解放而鬪爭。

全世界追悼天才的俄國偉大作家

全世界都在追悼偉大無產階級的天才作家高爾基。各國報紙都登載高爾基的遺像和發表關於高爾基生平事業的文章。

捷克斯拉夫報紙特別指出捷克斯拉夫人民對高爾基有很大的愛情。從一九〇一年起，所有高爾基的著作都譯成捷克文出版了。

波蘭的『我們底槪覽』報寫道：『高爾基作品底讀者，第一步就覺到他是那應當毀滅一切壓迫，下賤和不公道底颶風將到來的海燕』。

"九一八"中国人民国耻纪念五周年，1936 年 9 月 18 日

全世界無產階級和被壓迫民族聯合起來啊！

工人之路

„Рабочий путь"

聯共遠東邊委和邊疆職工蘇維埃機關報 ОРГАН ДКК ВКП(б) и ДКСПС

18 сентябрь 1936 г № 98 (1520) 一九三六年九月十八日 第九十八期

「九一八」中國人民國恥紀念五週年

中國民衆所永遠不能忘記的，日本帝國主義者侵佔滿洲的「九一八」國恥紀念日，如今又到五週年了。

日本帝國主義者奪取了滿洲後，他利用南京政府的賣國投降政策，不斷地更加緊的向全中國進攻。到現在，不僅是整個的東北四省，已完全列入日本的版圖；並且全部的華北，經過其傀儡宋哲元等所組織的冀察政治委員會，也落入日本帝國主義的鐵蹄下。照這樣下去中國數千萬方里的土地，都將成了日本帝國主義的殖民地，中國四萬萬的同胞都將成了日本帝國主義的奴隸。在這空前未有的亡國滅種的民族危機前面，中國民族生存的唯一出路，只有集合全國民衆力量，去反對日本帝國主義，爲民族獨立，國家統一和領土完整而決死戰！

這五年來，中國民衆解放運動的領導者——中國共產黨，什麼次號召全國民衆不分黨派地團結成強大的反日人民統一戰線，去共同進行抗日的民族革命戰爭。在他有歷史意義的去年八月一日的宣言中，中國共產黨及其領導下的中華蘇維埃政府並把這反日人民統一戰線更具體化起來，和擴張到新的階段，向全國民衆提議：共同組織抗日聯軍和國防政府，並提出組織這國防政府的具體綱領。爲着實現自己北上抗日的目的，中國共產黨領導下的紅軍，曾經過二萬五千里的長征，克服無限的困難，而在北方建立起人民抗日的根據地——陝北蘇區，以便對日直接作戰。在今年三月十日中共中央北方局爲抗日救國的宣言中，中華蘇維埃政府又宣言：爲着集中全國人民的力量，實現抗日救國的目的起見，特將自己從蘇維埃工農共和國改爲蘇維埃人民共和國，並將蘇維埃人民共和國政策的許多部分改變到更加適合於民族革命戰爭的要求。所有這些，都証明：『中國共產黨不僅是工人階級底政黨，而且是中國全體人民爭取民族解放和社會解放的政黨』（王明）和『蘇維埃政府，不只是代表工農利益的政府，而且是代表全民族利益的政府』（中共中央北方局爲抗日救國的宣言）

但這五年來，賣國的國民黨南京政府，不獨沒有接納中國共產黨和蘇維埃政府屢次提出的關於停止內戰，共同抗日的提議，反而調集全國數百萬軍隊，竭盡全國資財去反對蘇維埃和紅軍，阻碍他們北上抗日。它出賣了十九路軍和上海民衆英勇的反日防守和槍殺了北上抗日的民族英雄方志敏。它進行賣國的南京中日會議，接受日本的一切要求，鎮壓反日運動，摧殘愛國團體。他調遣了三十五萬軍隊，壓倒了西南派的廣東政府，現在又集中兵力包圍廣西，進行屠殺本國人民的新內戰。歷史的車輪，早已把國民黨的南京政府釘上賣國害民的可恥柱子了。

但是，任何日本帝國主義及其走狗的機關槍和大砲，任何他們的造謠，欺騙和誘惑，也停止不了中國民衆反日救國的鬭爭，恰恰相反，五年來生活和鬭爭的經驗，更使中國民衆深信只有中國共產黨，才是唯一眞正反日救國的政黨，只有一致團結在中國共產黨領導下，實現他所提出的民族革命戰爭的口號，才能把中國從水深火熱中拯救出來。最近全中國反日民衆運動的高潮，在反日救國的綱領上民族統一戰線運動的深入，蘇維埃和紅軍的力量和影響的擴大，反日遊擊運動的發展，以及中國共產黨在廣大群衆中的威信空前未有地增長，便是一個明顯的例証。

如果在帝國主義壓迫下的中國，在這『九一八』的五週年，正當中國的河山，被人侵佔，中國的人民，被人魚肉，亡國滅種危在旦夕的時候，那麼，在另一個世界，在社會主義的蘇聯各民族的生活，却完全是另一幅畫，在蘇聯，不僅沒有民族壓迫和欺凌，並且根據史大林的憲法，蘇維埃法律無情的制裁任何宣傳民族仇視或特權的人們。在蘇聯，不僅所有的民族都能享受眞正的自由和平等，並且許多過去被壓迫的落後民族，如亞爾美尼，格魯金等，在中央政府和先進民族幫助之下，已變成先進的社會主義工業國。在蘇聯，現在有七十種不同語言的學校，九十種不同語言的書籍和八十二種不同語言的報紙。所有這些人類偉大勝利，都更明顯的實際地指示給全體中國民衆：『只有蘇維埃，才能把中國從最後的破產和貧困中解放出來』（史大林），同時也就粉碎了法西斯蒂反科學的高低種族的『理論』，和使中國民衆相信自己勝利的前途，鼓舞起他們反對日本帝國主義爲自己的解放而鬭爭中新的英勇。

每個覺悟的中國勞動者都知道：在社會主義的企業中每次超過的完成生產計劃，每次奪取得新的技術，不僅是蘇聯人民的勝利，同時是全世界勞動者的，同樣是中國人民的勝利，讓全體社會主義遠東的中國勞動者和蘇聯各民族的勞動者手攜手地更親密的團結在偉大的列寧—史大林黨底週圍，更廣汎和深刻的發展施達漢諾夫運動，來使世界革命的柱石——蘇聯更強大興盛，以加速全世界被壓迫民衆和中國民衆底解放鬭爭的勝利吧！

首都歡迎蘇聯英雄列萬聶夫斯基和飛行舵手列夫青可

偉大史大林的賀電

謹向我們祖國底英勇男兒致兄弟的敬禮！

謹祝賀你們勝利的執行了有歷史意義的長途飛行。

熱烈的同你們握手。

史大林

* * *

謹向史大林，莫洛托夫，卡加諾維奇，沃羅西洛夫，阿爾尙尼吉澤同志報告

今天我們已完成了由洛斯—安熱洛斯到莫斯科，共長一萬九千基羅米突的長途飛行。這次長途飛行的路線，是沿太平洋岸和北海航路，經雅庫特自治共和國的領土，西比利亞和蘇聯中部區域而使兩大強國——蘇聯和美國聯絡起來。

在整個飛行過程中，我們深覺到偉大史大林對我們的關心，他的名字鼓舞了我們克服在飛行中的一切障碍。我們曾感覺到自己的美麗祖國對我們的偉大愛護和幫助，我們準備着把一切力量，學識和生命都供獻於使我們祖國繁榮的事業上。

這次長途飛行完成了。我們準備着執行黨和政府給與我們的任何新的任務。

一九三六年九月十三日

列萬聶夫斯基

列夫青可

◆◆◆

在飛機場的歡迎大會上

莫斯科在熱烈和快樂的歡迎飛行英雄。在到塞可夫飛機場的街道上，又有五光奪目的旗幟飄揚起來，沿路懸掛着很多慶賀的標語和偉大首領史大林及其親近戰友底畫像。

黨和政府底領導者莫洛托夫，卡加諾維奇，安得列也夫，雅果達等同志都到場歡迎，人們不斷的一直向飛機場去。在歡迎者中有紅軍長官，飛行師們的親屬，莫斯科黨和蘇維埃組織底領導者以及美國大使館的官員。

五時五分飛機落地了。發動機停止了，蘇聯英雄列萬聶夫斯基走向莫洛托夫同志面前，很興奮的說道：

——蘇聯人民委員蘇維埃的主席同志，謹向你報告由洛斯—安熱洛斯到莫斯科的長途飛行已完成了。

蘇聯英雄飛機師列萬聶夫斯基（右）和舵手列夫青可（左）

——慶賀你們成功，莫洛托夫同志笑嘻嘻的回答，並同列萬聶夫斯基同志親密的握手。

當列萬聶夫斯基和列夫青可同志剛下了飛機後，卡加諾維奇同志即把史大林同志底賀詞轉給他們。這使英勇飛行英雄多麼興奮，多麼快樂，他們深刻的感覺到偉大史大林對他們是多麼愛護和關心。卡加諾維奇，安得列也夫，雅果達及其他同志都繼續同列萬聶夫斯基和列夫青可熱烈的握手。

這時在空際忽然出現兩隊輕毀滅機，表演各種新奇的姿勢，以慶賀自己的親愛的弟兄。

露天大會開幕了，人們都在熱烈的鼓掌歡呼，高呼慶祝偉大的史大林及其戰友。

接着在大衆鼓掌歡呼中，莫洛托夫同志代表黨和政府慶祝完成了長途飛行的列萬聶夫斯基和列夫青可同志。

當莫洛托夫同志最後高呼：『蘇維埃航空及其光榮的代表蘇聯英雄列萬聶夫斯基和飛行舵手列夫青可萬歲！列寧—史大林的黨培養出來的蘇維埃航空底光榮雄鷹萬歲！』時，大衆又熱烈的鼓掌歡呼，慶祝人民的偉大領袖史大林，慶祝蘇維埃政府的首腦莫洛托夫同志和蘇維埃航空底英勇男兒。

接着是列萬聶夫斯基同志致答詞，他說道：

同志們，在我們眼前的這種熱烈的歡迎，我和列夫青可都感到我們做下一點很好的事情。

我們想把我們在飛行過程中所積聚的勞動，如果可以這樣講的話，像我們的整個生命一樣，都供献給史大林同志。

這幾句很簡短而極熱烈動人的話，在全場引起不斷的鼓掌。

* * *

在歡迎會完畢後，列萬聶夫斯基和列夫青可同志及其親屬乘坐裝滿鮮花的汽車進城，後邊有很多汽車追隨着。

成千成萬的工人，集體農民都聚集在汽車路旁歡迎英勇的飛行師。離城愈近，觀衆愈多。

進城後，在莫斯科蘇維埃曾舉行黨和政府底領導者同英勇的飛行師列萬聶夫斯基和列夫青可及其家屬的談話會。在談話會上曾有莫斯科組織，北方海運局的工作人員和著名的飛行師參加。

列萬聶夫斯基和列夫青可同志得到光榮的蘇聯勳章

蘇聯中央執行委員會決議，授給列萬聶夫斯基同志以『勞動紅旗章』（以前曾得到『列寧章』和『紅星章』），授給飛行舵手列夫青可同志以『列寧章』。此外並賞給列萬聶夫斯基同志二萬五千盧布，賞給列夫青可同志一萬五千盧布。

◆◆◆

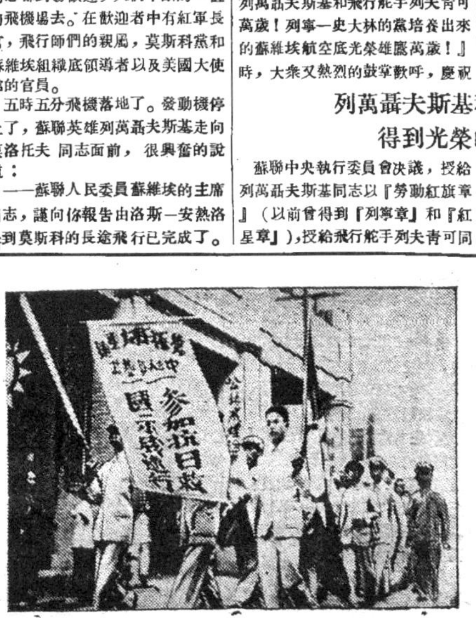

在廣州的學生反日示威運動

十九路軍保護北海港

上海十四日電：據中國報載，『十九路軍司令已下令，如果日本海軍陸戰隊企圖在北海港（廣東西南部）登岸時，即開槍抵禦』。據說現時在北海港口外已有四隻日本砲艦。

東京十四日電：據『同盟』社的消息，日本海陸軍和外交部的代表曾經會議，認爲必須『要求蔣介石把十九路軍從北海港趕走。如果蔣介石對此事動搖的話，那日本就要像一九三二年在上海一樣，用武力對付十九路軍。而軍事行動的責任，應由南京政府負担』。

九年来（广州公社纪念），1936 年 12 月 11 日

全世界無產階級和被壓迫民族聯合起來呵！

工人之路

ОРГАН ДКК ВКП(б) И ДКСПС

聯共遠東邊委和邊疆職工蘇維埃機關報

„Рабочий путь“

11

декабря 1936 г,

№ 126 (1546)

一九三六年十二月十一日

第一百二十六期（一五四六）

定價：一月1р 三月3р. 半年6р. 一年12р. 零賣10к. Цена 10коп.

十二月十一日爲
英勇的廣州公社
第九週年紀念日

九年來

今天是英勇光榮的『廣州公社』底九週年紀念。

回憶九年以前，當中國一九二五——二七年大革命發展到新階段的時候，當廣大的中國勞動群衆都起來積極反對中國人民的民族壓迫者和封建壓迫者的時候，當着這偉大中國人民的革命力量勢如破竹的掃除賣國殃民的北洋軍閥統治，當着兇惡的外國帝國主義者已在這中國革命人民面前嚇得發抖的時候，曾參加民族革命統一戰線的中國民族資產階級，在外國帝國主義挑撥離間下，竟出賣中國人民革命利益，投降帝國主義去與封建侖勢力妥協。

在國民黨掌握軍權的資產階級代表蔣介石便掉轉槍頭來屠殺革命的中國人民去和封建軍閥結合組織地主資產階級統治的反革命南京政府。

隨着，武漢政府的小資產階級上層經過相當動搖後，也投入南京地主資產階級——的反革命營壘，共同來屠殺革命的工農與中國一九二五——二七年大革命中最勇敢，堅決徹底的英勇戰士和領導者——中國共產黨黨人。

當着這些反革命力量勾結外國帝國主義來大舉向革命進攻時，中國『工人階級和農民曾還企圖在屢次的暴動中（賀龍，葉挺的暴動，在湖南，湖北，廣東，江蘇的農民暴動），把政權從帝國主義者，資產階級和地主手中奪回來，以避免革命的失敗。但他們沒有達到這點。英勇的廣州無產階級的暴動算是這革命浪潮最後强有力的一次衝鋒……』（見共產國際六次大會決議）

英勇光榮的『廣州公社』雖然在反革命聯合力量壓迫下和因當時領導所犯的錯誤而失敗了，但『廣州暴動應該被認爲是，有權担負偉大中國革命領導權的歷史作用底中國工人極其英勇的模範』。（共產國際執委九次全會決議）

廣州暴動是中國工人退兵的一戰，它同時開中國革命的蘇維埃階段。

九年來中國工人階級繼承『廣州公社』烈士的英勇模範，高舉着蘇維埃旗幟，在光榮的中國共產黨領導下，繼續着『廣州公社』未竟事業，爲中國的民族獨立，國家統一，掃除封建餘孽而鬪爭。這也就是說，首先爲完成一九二五——二七年中國大革命未解決的任務而鬪爭。

可是，另方面，『勝利了』的，九年來掌握政權的國民黨，自從一九二七年背叛革命，破壞統一戰線，投降帝國主義以來，不斷的摧殘人民革命力量，在帝國主義指使下屢次圍攻中國蘇維埃區域，結果只助長帝國主義者壓迫侵略中國的勢焰，減弱中國人民團結抵抗的力量，以致使一九三一年日本帝國主義强盜得來公然開始其吞併中國的大計劃。

在日本帝國主義軍閥搶奪中國五年多以來，蔣介石領導的國民黨和南京政府却採對外不抵抗政策和對內繼續其壓迫人民，進攻蘇維埃區域，結果把半個中國大好河山拱手送給日帝强盜踐踏蹂躪。

當中國人民處在這民族生死存亡關頭，只有中國共產黨和它領導下的蘇維埃政府，紅軍提出徹底挽救中國民族於危亡的主張，並且始終爲貫徹這抗日救國主張而鬪爭。這從下面所引中國共產黨今年八月間給國民黨公開信中，更可明見。

『在很久以前，還在九一八事變之初，我們的黨及蘇維埃政府和紅軍，便號召全國人民和軍隊進行神聖的民族革命戰爭，驅逐日本帝國主義出中國。及至一九三二年淞滬抗日戰役之後，蘇維埃政府和紅軍更向你們的黨和政府所屬的一切『圍剿』蘇區的部隊提議：立即停止內戰，進行和平談判，以便締結共同反日合作協定。北方事變剛一發生，我們便立刻提出新政策，提出關於迅速建立各黨各派及一切社會團體的反日統一戰線的政策。我們曾不止一次地向你們的黨和政府提議停止內戰，共禦外侮，我們且提議迅速召集真正代表全體同胞及一切願意抗日軍隊的全國代表大會，以便決定抗日救國的基本辦法，選舉全中國統一的國防政府，成立全中國統一的抗日聯軍，以便在實際上進行大規模的對日抗戰。我們並曾堅決宣佈蘇維埃政府願意成爲這樣組成的國防政府的組成部份，中國紅軍願意服從統一的抗日聯軍總司令部的指揮，担任全部戰線中的一定防線，並完成自己所負的任何戰鬪的任務。我們的黨及蘇維埃政府和紅軍的這些提議，完全適合全國民衆的要求，而且成爲唯一正確的救國的政策。全國人民沒有任何時候比現在還更迫切的要求停止內戰，要求統一和團結全國一切的力量，以共同進行抗日鬪爭。只有日寇及其走狗們才樂意挑唆中國內部繼續不斷的互相殘殺與內戰，因爲，這正是日寇滅亡我國所必須的條件』。（摘自『中國共產黨致中國國民黨書』見巴黎救國時報六十四期）。

日本帝國主義在中國人民這日益普遍擴大的抗日統一戰線發展前已驚惶失措，因而一面拚命加緊對中國的新進攻以企圖在中國人民統一戰線勝利前，把中國先吞并下去，同時極力在用盡一切卑鄙，造謠挑撥的陰謀來破壞統一戰線的形成。無怪已成爲法西主義走狗的托洛茨基主義者，在中國的托陳派也同樣在日帝法西斯蒂軍閥指使下，無恥下賤已極的來反對中共建立統一戰線的新政策。

可是廣大中國人民，在九年來的教訓中，已認清，只有中國共產黨和蘇維埃所指的道路才是中國人民解放自救的道路，他們已勇敢堅決的在唾棄一切叛徒的狗吠，更緊密團結在抗日統一戰線旗幟下來爲中國民族的救亡而鬪爭。

只有趕出日帝强盜，才能勝利完成『廣州公社』先烈未竟的中國民主改造事業。

全蘇聯蘇維埃非常的第八次大會

莫洛托夫同志關於新憲法的演講

（續第一百二十四期）

社會主義的民主主義底力量也就在於，是由無產階級專政勝利底結果上所生長的，它一天天地，特別是與群衆的文化程度底增漲一起，在發展着與擴大着。這裡也反映着我們力量底强大增漲。在我們國家裡社會主義底完全勝利以後，蘇維埃制度的民主主義用更大的力量，用更大的規模發展着，同時也是社會主義力量高漲底更加加速的槓桿。

我們國家裡民主主義底發展指出社會主義民主底完全優越於資產階級國家的民主。

可是在這裡，得對按照德國法西斯蒂方法的，已完全是一種特殊的『民主主義』做點不大的讓步。

爲着放縱執治的資本主義寡頭底統治，德國法西斯蒂繼續不斷地灌輸給群衆以及民族—社會黨的全體黨員以這樣的觀點：『我的領袖們知道，他們要什麼。可是假若他們還不知道，那麼我怎麼能知道和決定呢！』簡單點說，這個『民主主義』是按着『不要談論，否則對你更壞』的原則的。

因此所有這些紐倫堡的大會不像真正的大會。這個——不是大會，而是別的東西。

聚集到大會上來，僅是爲着聽『首領』的兩一三篇演講。在這些『大會』上不進行任何的商議與任何的討論。那裡任何的決定和決議都不表決。祗給群衆一件：忍受這樣大會底結果……

蘇維埃民主主義與資產階級國家民主主義，甚至是其形式中最好的，底比較，都說明出其中基本的差別，以及前者比較後者原則地優越點。只一點就明顯了。僅有社會主義的民主主義是勞動者的民主主義，從剝削者統治下解放出來的真正人民群衆的民主主義。

誰想要說明我們制度的民主主義，那麼應該不忘記主要的。在蘇維埃制度中底主要的，像人所共知，是在憲法第六條中所解釋的。

「第六條」是這樣：

『土地及其蘊藏，河海湖泊，森林，工廠，製造廠，煤井，礦山，鐵路，水路與空中運輸，銀行，交通工具，由國家組織的國營大規模的農業企業（蘇維埃農場，耕種機站等等），以及城市及工業中心的市政企業和基本居住建築，都爲國家的所有財產，就是全民的財產』。（鼓掌）。

現在所有都屬於全體人民。再更加還需要什麼樣的民主呢？

讓在任何其他國家都實行同樣的辦法。那時我們將承認這個國家底民主主義是像蘇聯民主主義一樣的真正的全民民主主義。（鼓掌）。

現在新憲法給蘇聯全體公民以平等的權利。甚至於可以說，以前的財產所有者又已回轉來了管理財產，雖然是在特別的情形下。現在他們經過勞動者蘇維埃參加這管理，他們成爲無可比量地加富了，因爲他們所管理的不是私人的，而是全民的財產。（鼓掌）。

自然在這個問題上，我們國家的勞動者有自己深刻的見解：『以前的人』得着權利，這個——並不壞；只要他們誠實地勞動！

史大林同志在報告中曾着重指出，我們制度的民主主義底另一個優美的事實。

『蘇維埃政權消滅了地主階級，把過去地主底，官廳底和寺院底一萬萬五千萬多加土地交給了農民，並且這是除了農民以前原有的土地而額外給的』。

我們看看，假使是在那一個資產階級國家裡，無代價的，能給農民，不用說一萬萬五千萬，就祗是一千五百萬加地主和其他的土地（鼓掌），那時我們也就準備好承認，這個國家是開始認真地接近於真正的民主主義（鼓掌），勞動者的民主主義。

可是沒有聽到過，地主，貴族，寺院的僧正從他們自己的階級觀點，曾認爲這將土地轉交與農民是『民主的』事情。不能不承認，革命的民主主義對於他們是不相容的。

一九一七年時社會革命黨和孟塞維克中的社會主義者曾在我們國家掌握政權與統治。像大家所知道的，他們使用政權不是爲着轉交土地給農民，而是爲着拖延這件事。

他們在這表現了是地主與資產階級底直接同盟者。但是，他們是何等的曾以自己對民主底『忠實』來眩傲。這就是說，孟塞維克—社會革命黨的『民主』，在我們時代，是資本家，地主，富農，貴族和僧正手中的工具。（鼓掌）。這就是說，孟塞維克社會革命黨所了解的『民主』現時與真正的，人民所需要的民主是毫無相同之處。

還有一個蘇維埃民主底例子。

在我前面發言的是著名的作家阿列克西，托爾斯泰。誰不知道，這是以前的托爾斯泰伯爵？

可是現在呢？蘇維埃國家的最優秀與著名的作家之一，是阿列克西，托爾斯泰同志。（鼓掌）。這是歷史底迴轉。可是變動是向着好的方面。對於這點，我們與阿列克西，托爾斯泰全都是同意的。

新憲法還更鞏固着我們深刻的民主制度。而在其中，與蘇聯公民義務底規定一起，確定地保証着這樣的權利，像勞動權，休息權，老年有物質保証的權利，受教育權，女人與男人完全平權，在蘇聯的民族與種族底完全平權等等，我們大聲地聲明着，應該怎樣了解社會主義的民主主義。

甚至於資產階級國家中的最完滿的民主形式，實質上是用資產階級少數人實際統治底範圍極端限制與極端壓制人民的。資本主義制度下的任何民主主義是不超出，並且不能超出資產階級特權少數人統治底範圍，將人民底權利與自由放在堅硬的『普洛克魯斯托沃的床』上（意思指被割裂損害——譯者）。

資產階級經過自己的思想家和自己的刊物達到了，將極微小可憐的資本主義民主，資產階級國家底民主，通常鼓吹着好像是一般的民主，民主底『超階級的』形式或者甚至於是民主主義底『全民的』形式。資產階級與社會民主黨的政客與『理論』家底狡滑在這方面達到了魔術家的程度。

在實質上，沒有一個資本主義國家過去給予了與現在給予勞動者以甚至是蘇聯勞動者所享受的那些實際民主權利與自由中底一小部份，而後者根據新憲法將更加多享受到更大的程度。（極大的鼓掌）。

資產階級民主主義在『全民的民主主義』名義之下鼓吹着，在最好的情形下，也不過是在資產階級制度下極端被限制與極端被減削的勞動者底權利，在資產階級制度下其中刊物，印刷所，紙張，會場，全部資本與全部政權，就是實際上一切權利都在統治階級的手中，而勞動者只得些豐盛餐棹上所落下來的殘渣。

工人和其他勞動者階層學會了，利用甚至所有這些被剝削的資產階級自由，甚至被限制的民主權利，爲着自己的利益，爲着在政治上教育群衆，爲着應付當前戰鬪的力量底必需的準備。因此很明顯的，資本主義國家中的工人和全體民主份子爲着保護和擴大甚至不大的資產階級民主的自由與權利，便進行着那樣堅決的鬪爭。

可是從另方面，在那已經不相信有可能影響群衆的統治底資產階級，因此便採用公開的資產階級—恐怖專政的法西斯蒂方法。自然可以說，用那樣對於群衆的恐怖和無數壓迫的方法是不能維持很久的。但是法西斯蒂資產階級總可以那樣想，雖然祇一天，可是我的。

（以下接第二版）

第二类

关于工人运动和青年运动

海参崴中国工人的剖解，1924 年 9 月 10 日，王鸿勋

一九二四年九月十日　工人之路　第五十八期 (一)

РАБОЧИЙ ПУТЬ

工人之路

Орган Дальбюро ВЦСПС.

Отв. редактор Лян-ба-ди.

Адрес редакции: уг. Пекинской и Корейской. Клуб Китрабочих „1 мая“, Тел. № 1-85.

10 сентября 1924 г.

№ 58

全俄中央職工蘇維埃遠東部出版沿海省華工總部編輯

每逢星期三出版

報價：零賣每期金洋七分定閱本埠每月二毛五分外埠每月三毛

編輯處：北京街和高麗街拐角中國工人五一俱樂部樓上

電話一百八十五號

廣告刊例：每期每字按照三分金洋計算長期另議

全世界無產階級聯合起來呵！

全世界被壓迫的民族聯合起來呵！

評論

海參崴中國工人的剖解

鴻勛

俄國工人知道與工會親近、與工會發生狠密切的關係、中國工人能與工會發生密切關係的狠少狠少，這就是表現出俄國工人知道自己階級的利益、知道工會是保護自己階級利益的機關。中國工人有階級覺悟的狠少、缺乏階級利益的知識、所以不知道工會是保護自己利益的機關，不與工會去接近。現在我將海參崴的工人來解剖一下、大約可分三種：

第一種：他們向來不主張加入工會的、有時候工會上的人或者勞動檢查員去檢查他們的掌櫃、他們反瞞着檢查的人、替掌櫃說話、不是說替掌櫃幫忙、就是說打小股子。到了掌櫃淘他們的時候、比方不開支、不要他們幹活等等事情發生時、他們才跑到工會上去要求加入工會。入了工會之後、當時就要求工會替他辦理事情。這種人平素反對工會、到了事情臨頭的時候、才去找工會、才知道工會是保護他們的機關。

第二種：已在會的工友、他們入了工會之後、不知道工會與他們有什麼關係、永遠不到工會裡去、尤其是召集開會的時候、連他們的足跡都沒有看見。到了掌櫃或通事淘他們的時候、才和工會見面、才利用他這本在會的小賬、去要求工會幫忙、這種人可憐不可憐？

第三種：這種工人是一知半解、對於工會稍稍明白一点、可是他們其實不明白。他們以為加入了工會之後、就可以拿出「沙油子」的招牌到戲園子和窰子裡去胡鬧、到飯館裡去不給錢、好像把「沙油子」這個字拿出來就什麼事情都可以做！各種工人之中、尤其是皮業工人鬧得厲害！但是大家要知道、工會並不是為擀窰子和鬧戲園子而設立的！而對於胡鬧的工人、工會是絕對不能保護他的。

上面這三種工人、佔工人的大多數、差不多成為一種普通現象。上面這三種工人、又可以把他們分做兩類：第一類是第一第二的兩種工人、這兩種工人的本心並沒有壞、不過還未覺悟罷了、到了覺悟的時候、一定是狠好的工人、必定能夠按照工會的路程走。我們對於這種工人、第一步工作是要使他們和工會接近、引導他們漸漸兒覺悟起來。第二類是第三種工人、是工人中的壞分子、是「害群之馬」、是狠難教訓的。倘若他們能夠聽教訓最好、否則、祇有用嚴厲的手段、責罰他們、或者開除出工會。此外我對於工友還有幾句話：就是工人是被壓迫者、被資本家壓迫得頭都舉不起、要脫離這種壓迫、解放自己、祇有聯合起來去打倒資本制度！加入工會就是工人聯合的方式、時常和工會接近、到俱樂部裡去、就能得到解放自己的道路、希望工友們時常和工會及俱樂部接近！

世界革命者救助會

乃生

好幾個月以前、我們就聽着了什麼「世界革命者救助會」這個新名詞。看了他這個名詞、這個會有一個什麼目的、馬上就看得出來、是救助世界上一些為工人的利益、捨自己的身子去革命而被了難的同志。

這個會是什麼人倡的呢？是俄國人倡的嗎？不是的。是全世界工人的總指揮者第三國際會倡的、并不止在俄國地方有這個會、全世界上工人已覺悟的地方就有這個會。不過在俄國要算工人頂覺悟、加入的人頂多、組織得頂好罷了。

他的辦法是怎樣的呢？他的組織法和共產黨的組織法差不多、有三四個人入了會就可以成立一個小組。可是、他的入會金和月費是沒有一定的、由各人自便、或者會員大家開會決定之。每個月少到一毛。多到十元二十元都可以的。或者還可以唱戲、開遊藝大會、收了錢交給這個會去幫助被難的同志、所以現在俄國地方、這個救助會已經聚集了好幾十萬元了。

別地方的人被了難、和我們沒有一点關係、我們為什麼要救助他們呢？如果這樣講、那就俄國人尤其多事、他們革命已經成功、他們工人已經掌了國家的政權、他何必去多管那些不痛癢的事？俄國工人豈不是鬧胡塗了嗎？不是、一点也不會錯的。我們工人祇分階級不分國界、就是說、中國的工人、就是俄國和全世界工人的朋友。那些壓迫中國的工人有錢的人、是中國工人的仇敵、也就是全世界工人的仇敵。比喻說罷、去年京漢路罷工、那些被殺的、被捕在大獄的、難道他們是為着自己一個人？他們是不是為爭全體中國工人的自由？是不是全世界工人中的好同志？我們怎能眼望着他們的家口、或者坐在大獄裡的去挨凍挨餓呢！再說罷、假若是各國的工人都奮不身的反對自己的仇敵、都能像俄國工人一樣得到勝利、那個時候、是不是全世界的工人都能安安靜靜享受新世界的快樂。這些現在被難的同志、都是為創造新世界、為我們全世界工人的好處而自己去受罪的、我們怎能不去救自己的恩人、自己的指導者呢！

革命已經成功的俄國工人尚且竭力的去救助別國被難者。我們正要往前奮鬥的中國工人還不去救那些打前鋒的同志嗎？

中國的工友們、大家加入「世界革命者救助會」啊！

海参崴的中国青年工人应该加入俄国少年共产党，1924 年 10 月 1 日

一九二四年十月一日　工人之路　第六十一期　(一)

РАБОЧИЙ ПУТЬ

工人之路

Орган Дальбюро ВЦСПС.

Отв. редактор Лян-бэ-ди.

Адрес редакции: уг. Пекинской и Корейской. Клуб Китрабочих „1 мая". Тел. № 1-85.

1 октября 1924 г.

№ 61

全俄中央職工蘇維埃遠東部出版
沿海省華工総部編輯

每逢星期三出版　報價：零賣每期金洋七分　定閱本埠每月二毛五分　外埠每月三毛

編輯處：北京街和高麗街拐角中國工人五一俱樂部樓上

電話一百八十五號

廣告刊例：每期每字按照三分金洋計算　長期另議

海參崴的中國青年工人應該加入俄國少年共產黨

少年共產黨、是少年無產階級的政黨、他的責任是領導無產階級的青年、在政治上、經濟上、與資產階級的政府、作極激烈的奮鬥、爲無產階級的青年謀解放、推翻資本主義社會的一切制度、進而與全世界無產階級建設共產主義的社會。

俄國少年共產黨、在世界上可算是無產階級的青年一個最有力量的團體、他不但有力量爲俄國無產階級的青年謀利益、并且能爲全世界無產階級的青年預備一條新的道路、爲將來世界革命的急速成功。換一句話說就是他有力量指導和幫助各資本主義國家的無產階級青年作解放運動、因爲俄國現在是無產階級握權的國家、他的一切建設和組織都是根據於無產階級的利益上面。

海參崴的中國青年無產階級呵！你們應該知道你們是半殖民地國家的人民、你們是帝國主義者、軍閥和資本家的魚肉、你們所受的經濟壓迫非常厲害、資本家、軍閥到處驅逐你們、你們無法營生、流離海外、又受店主和外國資產階級的剝削、他們欺騙你們年青、給你們多量的勞働、少量的工資、牛馬似的看待你們。

兄弟們！若是問一問法國和美國的中國無產階級的青年兄弟們、你們就知道、他們所受的痛苦是怎樣厲害呢！海參崴是蘇俄的地方、蘇俄的政府對於任何民族的無產階級都是一律看待、任何民族的無產者凡居住於蘇俄領土之內其權利與義務、亦與俄國的無產階級同。

中國的青年工人們呵！你們應該明瞭你們的地位、你們應該了解俄國少年共產黨是爲無產階級的青年謀利益的、你們應該加入俄國少年共產黨、受無產階級青年的訓練和教育與俄國少年共產黨同作世界革命的事業、打倒中國的軍閥、打倒國際的帝國主義者、解放你們自己！

※遠東勞工※

▲一個不留意勞働法受騙的工友

威口、彼德諾夫斯克街、二十四號屋內俄國商人某掌櫃、僱了一位中國工友做廚子、每月勞金、言明四十元零六毛、這廚子做了九個半月的工、某掌櫃忽然要搬家回他的故鄉、在前六天就對那廚子說：『我們要回家鄉去了、想辭退你的工、所以先告訴你』、那廚子答應了一聲、也沒說什麼。那掌櫃到了臨走的時候、把那廚子叫來說：『你的勞金、我都清算給你了』、大司傅還是對那掌櫃的、千恩萬謝、某掌櫃、也就此上車回鄉去了。等到第二天、這廚子想過來了。他說：『我做了九個半月的工、應該給我二十一天的歇暑錢、還應該有半個月的退工錢、這掌櫃都沒有給我算出來、仔細算起來、簡直要損失五十六元八毛金洋、這叫我向誰要呢』！想了一回、自己在家裡歎氣納悶。究竟對於勞働法、還不大明白、再去找老辦『沙油子』的會員來問、也是說他上了當、他這一疏忽可眞損失的不少。聽說、這位做廚子的工友、還是我們『沙油子』的老會員、他這樣幹活、不留心勞働法、徒受損失、這都是不常到『沙油子』的緣故呢！工友們、以後要常到『沙油子』、把你們的情形常常報告『沙油子』才免得吃苦呵！

(松壽)

▲周本堂虐待工友

(辛松壽投稿)

威口、東底子五道街、有一家靴子店、這店裡掌櫃周本堂、生性刻薄、他店裡用了三名工人、兩名是『沙油子』的會員、另一名是徒弟、這徒弟在周本堂櫃上、做了一年零二個月的工、聽說『沙油子』是保護工人的會、就狠想加入、但是他不明白加入『沙油子』是怎麼一種章程、所以這個念頭、轉了好久、總還沒加入『沙油子』、那知他這種心事時常表現出來、不提防傳到周本堂耳朵裡去了、周本堂就狠不願意的向這學徒講『照我的意思、你狠可不用去加入那些幫助工人的『沙油子』』、那學徒聽了這話、倒抽了一口冷氣、沒奈何、在他店裡賣力氣、只好說忍耐着罷了、那周本堂向來是虐待工人的、從此以後、對這學徒壓迫的更狠毒、不是朝打、就是夕罵、店裡的工人、每天從清早五六点鐘幹活、一直幹到下晚十一点鐘、他還說幹活幹的少了、時常借故打罵、曾被俄國工人看見了、抱不平、干涉了一次、他還是不改、九月十七日、下晚九点鐘、他正又在屋裡打罵徒弟的時候、不提防又被俄國工人看見了、十八日就叫徒弟到皮業工會會長那裡去告發、皮業工會會長叫那掌櫃周本堂來、大發雷霆、嚴加申斥、說你這樣虐待工人、是干犯刑律的事、倘再這樣、定然把你送到法庭重辦、那周本堂嘴裡還狡辯、說學徒未加入『沙油子』、我是照老規矩管教呢！照這樣看起來、工人不加入『沙油子』、是怎樣吃苦呀！

工友們、我再告訴你們、加入了「沙油子」、「沙油子」就可按照法律、命令掌櫃、拿錢給你們保險、保了險、生了病的時候、便可以住六個月、到一年多的病院、不要化錢、你住病院一月、保險局頭一月可照給你薪金、譬如你每月薪金四十塊錢、可照領四十塊錢的薪金、你若住半年病院雖按月減少還能領二百六十塊錢的薪金、工友們、赶快覺悟、赶快加入工會呵！加入工會、我們才有力量呵！

▲華工總部會議一瞥

本月(九月)二十六日、一時、華工總部開代表會議、其大體情形如下：(一)何同志報告前週在伯力所開遠東職工代表

全世界被壓迫的民族聯合起來呵！

对于少年共产党的呐喊，1924 年 10 月 15 日，张子余

一九二四年十月十五日　工人之路　第六十三期　（一）

РАБОЧИЙ ПУТЬ
工人之路
Орган Дальбюро ВЦСПС.
Отв. редактор Лян-ба-ди.
Адрес редакции: уг. Пекинской и Корейской, Клуб Китрабочих „1 мая", Тел. № 1-85.
15 октября 1924 г.
№ 63
全俄中央職工蘇維埃遠東部出版
每逢星期三出版
報價：零賣每期金洋七分定閱本埠每月二毛五分外埠每月三毛
編輯處：北京街和高麗街拐角中國工人五一俱樂部樓上
電話一百八十五號
廣告刊例：每期每字按照三分金洋計算長期另議

全世界無產階級聯合起來呵！

全世界被壓迫的民族聯合起來呵！

對於少年共產黨的吶喊！（子餘）

親愛的少年共產黨各位同志、我們現在有幾句要緊的話、和你們講講：就是說、我們的少年生活、是我們『美麗的仙鄉』、這仙鄉是狠難得的、同時又是狠容易失掉的。譬如春天二三月的花、紅紅白白開的多麼好看呵！等到來一陣狂風大雨、都飄落在泥裡溝裡、一点也不好看了。又譬如八月十五的月亮、好像圓鏡子、水晶球一樣、掛在天邊、又多麼好看呵！等到十六以後、就漸漸缺的沒有、一点也不好見了。所以我們少年共產黨的各位同志、對於『現在』的少年生活、就是對於這『美麗的仙鄉』、千萬不要白白的辜負、尤其是不要隨隨便便的糟蹋才好！

我們說這話、並不是說、我們少年共產黨各位同志一定有怎樣大的缺点、其實從我們眼睛裡看見的、少年共產黨各位同志、都是狠不錯的。不過無論是什麼人『百美中間、總還有点不足的地方』、一塊美玉、也不免有一兩處斑点、所以我們、雖然明白你們都是狠不錯的、但是爲要你們從進步中再求進步、就對於你們百美中間、不足的地方、對於你們這塊美玉上面、有斑点的地方、不能不稍微說說：

第一件、你們有好些人、都是混混沌沌的、心裡都想著『過一天、算一天罷』！這樣是不對的、這是連對於自己怎樣做人、怎樣生活、都不肯負責任的思想的表現、這不是年富力强、少年人的思想、是衰弱腐朽、老年人的思想。若果這樣、我們人的生活、也就好像爬蟲一般、隨隨便便、毫無意思、東爬西爬的過日子罷了。你們不要這樣、你們要想『過一天、非做一天不可』、而且要留心追究『過一天、應該要怎樣做一天、才好』、這才是對於什麼事、都肯負責任的少年共產黨員呵！

第二件、你們有好些人、遇事狠隨便、狠不留意、你們心裡總是想著『隨他怎樣都好、都不管他』、你們並不明白做一個人、還要留心政治的－你們尤其是對於中國的政治情形、莫明其妙－就是有人說給你們聽了－而且你們自己已經明白了－心裡還不免常想着『這些事、不管他、與我們無干、明白他幹麼』？這樣也是不對的、這也不是年富力强人的思想－這也是衰弱腐朽老年人的思想－若果這樣、豈不是任憑資本家、官僚、軍閥、怎樣殺我們的頭、喝我們的血、我們也要狠隨便、狠不留意、凡事都不管他、照老樣子、莫明其妙嗎？你們別這樣『隨便』與『不留意』和不管他』與『莫明其妙』、這都是叫我們失敗的口號、我們要『不隨便』呵！要『留意』呵！要『明其妙』呵！這才是肯管事的少年共產黨員呵！

第三件、你們有好些人、似乎像不大樂意求進步、凡是一件壞處、自己本來覺着不好、總是改不了、而且總不肯改、心裡總是想着『這件事、從來是如此如此』、或是『這件事、人人都是這樣、這樣、我也何妨這樣、這樣』、須要明白『從來都是這樣、這樣的事情』和『人人都是這樣、這樣的事情』、不見得是好事情、不見得是可做的事情。我們要站在一個少年共產黨員的地位說話、就是說因爲從來是如此如此、才鬧的不好。我們要換一個法子、把他改好、人人因爲這樣、這樣、才鬧的不好、我們要換一個法子、把他改好、我們應該拿最好的事、來做榜樣、不應該拿最壞的事、來做榜樣。這才是肯求進步的共產黨員呵！

少年共產黨各位同志！因爲你們是我們最親愛的！所以我們才這樣對你們吶喊！你們要選擇狠美的環境、造成狠美的生活、莫辜負了少年的仙鄉呵！

※遠東勞工※

△共產黨十九小組開會紀要

十月八日下午七時、海參威共產黨、第十九小組、開二十七次常會。邊同志主席。『閔同志紀錄』。首先由何同志報告呂賢基同志、被胡匪暗殺情形、大意謂呂同志是爲擁護工人利益而死、就是呂同志充鑛工指導員時、胡匪常勒逼鑛工捐款、呂同志禁止胡匪勒逼工人捐款、且以嚴厲手段對待、胡匪恨之、遂種此暗殺之因。我們要爲呂同志報仇、此後凡是反對我們共產黨、和工人的、我們斷不能輕輕放過、『凡是不反對我們共產黨、和工人、我們也不過問他們的事』。報告畢、續由王鴻勳演說、大意謂（一）我們要替呂同志報仇（二）我們要承繼呂同志的志氣、和事業。演說得激烈悲壯、全場憤怒之氣、達於極点、結果、決定全體一致團結、掃清反對份子、繼續做呂同志未做完的事業、好替呂同志報仇。次由邊同志報告上級機關通告多份及討論替共產黨、與少年共產黨、找房子共同居住的事情、畢、十点鐘散會。

△呂賢基同志出殯時的悲壯和熱鬧

十月九日下午、五点鐘、是我們的少年共產黨『呂賢基同志送殯的日時。這天參列送葬的是、（一）中俄韓共產黨員、和其代表。（二）中俄韓少年共產黨員、和其代表。（三）中俄表童子軍、和其代表。（四）中俄韓工人、和其代表。（五）各界來賓、和其代表。五点鐘出發、在五一俱樂部門前照像。第一列、有紅旗兩面、上寫『共產國際職工聯合萬歲』有花圈兩個、一爲少年共產黨贈送、一爲運輸工會、第四號埠方委員會贈送、上拖紅紗兩披、紗上書着『我們要承繼呂賢基同志未做完的事業、堅持到底』等語、次爲呂賢基同志靈位。

祝共产少年国际五周年纪念，1924 年 11 月 26 日，立功

一九二四年十一月二十六日　工人之路　第六十八期（一）

РАБОЧИЙ ПУТЬ

工人之路

Орган Дальбюро ВЦСПС.

Отв. редактор Лян-ба-ди.

Адрес редакции: уг. Пекинской и Корейской, Клуб Китрабочих „I мая", Тел. № 1-85.

26 ноября 1924 г.

№ 68

全俄中央職工蘇維埃遠東部出版

每逢星期三出版

報價：零賣每期金洋七分定閱本埠每月二毛五分外埠每月三毛

編輯處：北京街和高麗街拐角中國工人五一俱樂部樓上

電話一百八十五號

廣告刊例：每期每字按照三分金洋計算長期另議

祝共產少年國際五週紀念

立功

共產少年國際迄今已五週年了、這五年來、共產少年國際、對世界的少年工農究竟做了些什麼事情？這或者是許多少年要問的、爲明白共產少年國際起見、畧述幾句如左：

一、共產少年國際未成立以前、世界的工農少年、都在第二國際的社會民主黨指導之下、去做他們升官發財的工具、引導我們的工農少年去做資本家爭殖民地的槍把、低首下心去做資本家的奴隸、受資本家的剝削和壓迫。共產少年國際第一種責任、就是引導工農少年脫離社會民主黨和資本家二重的壓迫、爲工農階級自己的利益而鬭爭、成爲工農階級的少年先鋒隊。

二、無產階級革命的偉大事業、少年工農也負有一部分的責任。從前少年工農在第二國際指導之下的時候、把整個的階級分做兩段、自相殘殺、阻碍無產階級的革命大事業。共產少年國際少年工農走到革命的路上、爲自己階級的利益去奮鬬、以早完成無產階級世界革命的偉大的事業。現在世界的工農少年奮勇而起、實由於少年國際指導之力居多！

三、東方殖民地、或半殖民地的少年工農、外受帝國主義的侵略、內受軍閥的殺戮和搶掠、資本家的剝削和掠奪、最苦不過的是東方少年！尤其是亂雜無章的政治之下的中國少年！這五年來少年國際指導東方的工農少年去和帝國主義者奮鬬、做反對帝國主義的運動、去和軍閥奮鬬、[illegible]打倒軍閥的運動、東方的少年、這幾年躍躍有生氣、都是共產少年國際指導之功。

畧舉以上幾端、已經可以知道共產少年國際五年來對世界工農少年的成績了。我們都是被壓迫的工農少年、應該趕快聯合起來、在共產少年國際的旗幟之下、爲我們自己的利益而鬭爭！敬祝

共產少年國際五週紀念萬歲！

少年先鋒—共產少年國際萬歲！

哀痛呀！受帝國主義者慢性宰割的中國人民呵！

子餘

中國的亂事、好像打瘧疾般似的、打一回仗過後、歇幾個月了再打、打了又歇、歇了又打、中華民國十四年間受這樣的慢性宰割、總計起來一切的損失和痛苦、我看不見得少於歐洲戰爭的損失和痛苦呵！

我們現在推究這慢性宰割的原因、就是因爲帝國主義者各自爭向中國開拓做買賣的市場與購買賤價的原料和勞力、及各自爭向中國銷售多餘的粗濫貨物、對中國政府和商人放高利、掠奪中國的重要利權。他們把中國劃分成幾塊、那塊是我的、那塊是你的、叫做什麼『勢力範圍』、誰也不准誰侵犯誰的『勢力範圍』、其實他們事實上還是互相侵犯。他們唯一的侵略手段、是各自在中國製造順從自己意思的順民、就是製造出那些軍閥、買辦、外交官、基督教徒們、一批亡國奴。這些順民、各爲維持或擴充自己的利益、自然要各自效忠自己的老板帝國主義者、所以一有衝突、遂成戰爭。我們此處要注意的每一次戰爭、帝國主義者都要乘機在中國伸張一次權利。及至權利伸張到比較的平均、而在實力上誰也不能推倒誰而侵犯誰的『勢力範圍』的時候、所以帝國主義者又暫時各自互相妥協、並且命令自己的順民暫時妥協、好維持那群狗爭骨、鬭鷄相向的均勢 但是帝國主義者始終是互相侵略的、一切侵略的陰謀詭計、用到露骨的時候、所以又放縱他們的順民打起仗來、這就是對於中國慢性宰割的原因。

因爲慢性的宰割、所以中國人民雖然受了狠大的損失和痛苦、自己並不能覺察。帝國主義者的手段眞巧妙呵！他們雖然吃完了中國人民的肉、喝完了中國人民的血、但是他們把中國人民的幾根枯骨頭、一張瘦皮還總保存着、不教他損壞。好致中國人民不明白自己已經是到了山窮水盡的境遇、還只望自己是狠富狠强的中華大國人民安安靜靜睡太平覺、一点也不覺悟、一点也不反抗。唉！中國人民一點實力也沒有、怎麼能怪中國的亂事不是無已時的打了又歇、歇了又打呢！

被帝國主義者慢性宰割的手段鬧麻木了的中國國民呵！起來呵！起來呵！

工人習作

我的生活

我王芝彬生長山東是一個工人、十歲的時候、也曾進學堂讀了七年書、出了學堂、就在家裡種田。後來我思想當兵狠好、就跑到曹琨部下當兵。一連幹了三個月、看見曹琨這東西實在混帳、他辛亥年帶第三師的兵燒漢口、民國元年又燒了北京的東安市場 我就氣憤不過、退伍不幹、跑上崴子街來幹活 但是崴子街上、人地生疏、一無親戚、二無朋友、沒奈何只得在這裡賣苦力吃飯。那時候崴子街上還是白黨的勢力、工人是在通事手下做工、拿勞金要經過通事的手。有時通事把工人勞金捲逃了、工人沒處拿錢、就得要餓肚子、那種苦況實在是說也說不盡呵！却是自從紅黨進了崴子街、就把萬惡的白黨趕走了、設立了保護工人的沙油子、我就加入了沙油子、又加入了俱樂部、在俱樂部讀書看報 後來又搬到西南崴子大屋子運輸工人寄宿舍裡住、內中有工人一百六十人、分五個打頭的帶領

全世界被壓迫的民族聯合起來呵！

我们为什么要办这个华工子弟小学校，1924 年 12 月 10 日，怪君（柯庆施）

一九二四年十二月十日　　工人之路　　第七十期（一）

РАБОЧИЙ ПУТЬ

工人之路

Орган Дальбюро ВЦСПС.
Отв. редактор Лян-ба-ди.
Адрес редакции: ул. Пекинской и Корейской, Клуб Китрабочих „1 мая", Тел. № 1-85.
10 декабря 1924 г.
№ 70

全俄中央職工蘇維埃遠東部出版

每逢星期三出版
報價：零賣每期金洋七分　定閱本埠每月二毛五分　外埠每月三毛
編輯處：北京街和高麗街拐角中國工人五一俱樂部樓上
電話一百八十五號

我們爲什麽要辦這個華工子弟小學校？

怪君

在海參崴任何街道上、隨時我們都可以看見許多工人子弟在那兒玩耍。這雖是一件極平常的事情、但由此我們可以知道在崴子街上、有許多工人子弟需要教育。

無論那一個工人、他們都能明白小時候不讀書、大時候一定要遭受種種的痛苦。因爲他們自己、爲了小時候沒有讀書的緣故、以致一生過那隨時隨地受工頭通事的種種剝削與壓迫。這種不幸的事實、可以使他們知道、自己的子弟非叫他們讀書不可！但是、他們雖如此想、然在實際上、他們又發生了許多困難。這個困難、最大的有二点：

（一）沒有錢。

（二）沒有適宜的學校。

因爲現在崴子街上、中國人雖然不少、而中國人的小學校、雖有三四所、但是那些小學校、所教的功課、設立的目的、都與我們華工無關。他們設學校的目的、是怎樣去反對沙油子、是怎樣去當資本家的走狗而來壓迫工人、剝削工人！并且他們的學校、每一個學生須費許多冤枉的學費、書籍費以及其他雜費。窮苦的工人、那裡有許多的錢替子弟教育呢？工人是被剝削者、被壓迫者、自己受人家的剝削和壓迫、用不着去學那些用以壓迫人家的東西。因此在此地華工、須要一個專門爲自己子弟的學校。從前因爲沒有這樣的小學校、這些華工子弟、在街上遊玩嬉戲、成爲一種遊手好閒的遊民、成爲社會的蠹虫。

我們爲了救濟這種困難起見、於是想了許多方法、才開辦了這個華工子弟小學校。我們這個學校裡、不但不收學費、而且一切應用的筆墨紙硯等都由學校供給。同時、我們因爲冬天冷了、覺得小孩子沒有衣服、又設法代他們做衣服。凡是小孩子的事情、爲小孩父兄所辦不了的、我們總當努力設法。所以我們辦這個學校、完全是代工人教養子弟、完全是爲了保護工人的利益。

華工們有了這個小學校、從前不能解決的教育子弟問題、現在可以解決了！我們的小學校、既不比他們那些小學校專門爲造就剝削和壓迫工人的人而設立、是教育工人子弟怎樣去做人、怎樣去脫離資本家的羈絆、這種教育目的、才適合於我們的華工子弟。華工子弟既不要繳費可以受教育、而教育的目的又適合於工人子弟、凡我華工之有子弟者、何不快快的送入華工子弟小學校念書呵！

全世界被壓迫的民族聯合起來呵！

※遠東勞工※

▲西南崴子讀書班成立了

十二月四日下午八時、四號運輸工會、着手編制讀書班。首由教員汪同志報告編制讀書班的理由說：運輸工人的困苦、就是幹活的閑忙沒有一定、幹活的時間也沒有一定。一有電話來了、馬上就要去幹活。所以要讀書、就不能幹活。要幹活、就不能讀書。現在我們已經想好了法子、就是從各打頭的小組上挑選出讀書的人、編制一個讀書班。幹活的時候、就一班同去幹活；讀書的時候、就一班同去讀書。好教幹活讀書的時間、兩不相妨、這就是我們編制讀書班的意思。次由運輸工會地方委員會的會長陳永年同志、指導員王鴻勳同志、工人寄宿舍主任馬春旺同志、打頭的崔子仁同志、共同指揮挑選各班讀書的人、計共挑選出三十六人。內中工作熟練的、如像能看車的有七人、能碼垛的有五人、能駕風筒的有一人、能扛包的有三人、其餘工作不熟練的、也都能幹普通的活。當時開始選舉打頭的和管賬的先生。孫瑞福以十五票當選爲打頭的、李義祥以十二票當選爲副打頭的。王萬昌以十九票當選爲管賬先生。開會中間陳永年、王鴻勳、馬春旺、崔子仁各同志都有講演。大意是說：我們爲什麽組織讀書班呢。就是要把工人從包工頭或通事及打頭的手裡解放出來。但是怎麽樣才能夠解放出來呢？只有教工人學習中俄文字、教他們有說外國話、寫白話信、看報、算賬的能力、才能夠自己來當頭腦、不受包工頭通事打頭的壓迫、希望各位工友發奮讀書、好在頂短的時期造成頂有用的人材云云。

▲邱文彬又奸又惡

（力門）

皮業工人鄭好義、山東掖縣人、今年二十七歲。他從一九二一年陰歷五月初十日、憑人保薦到本埠瑞蔘斯克街二十五號邱文彬靴子舖掌櫃名下當徒弟。約定學徒弟三年、給勞金一百五十元。今年春天經皮業工會辦事人馬立大牛克查着他沒加入沙油子、就向他說：入了沙油子可以保護你得頂多的勞金、可以不要錢醫病念書云云。從此鄭好義就成了我們沙油子的會員了。

且慢歡喜、那刻薄工人成家的邱文彬、他有錢有勢、豈肯放鬆平素當奴隸使喚的徒弟鄭好義來受沙油子的保護嗎？所以他聽了這事、當時怒在心頭、恨在眉梢、恨不得把鄭好義一口吞盡肚子去才甘心。恰巧這天鄭好義因爲天寒地凍、要掌櫃邱文彬支錢給他買衣服。邱文林就怒氣冲冲的說、你前前後後支用了三十幾元錢、現在那裡還有錢給你使用、老實說、我現在不用你了、替我滾出去罷！鄭好義說、滾自然是要滾的、可是我的大

对海参崴工人谈妇女节，1925年3月4日，张子余

一九二五年三月四日　工人之路　第八十二期

РАБОЧИЙ ПУТЬ

工人之路

Орган Дальбюро ВЦС[illegible]

Отв. редактор Чжан [illegible]

Адрес редакции [illegible] уг. Пекинск. и К[illegible] Китрабочих [illegible]

4 марта 1925 г.

№ [illegible]

全俄中央職工蘇維埃遠東部出版

每逢星期三出版 價目：零售每期金洋七分 定閱本埠每月二毛五分 外埠每月三毛

編輯處：北京街和高麗街拐角中國工人五一俱樂部樓上

電話六百三十五

全世界無產階級聯合起來呵！

對海參崴工人談談婦女節

（子餘）

來！來！我們和海參崴的工友們談談

我們談什麼呢？好！就談談婦女節罷。

婦女節是世界婦女運動的紀念日、是世界無產階級的婦女並且是信仰社會主義的婦女們爭權力和自由的紀念日。這事原來就是一九一〇年三月八日、世界社會主義的婦女集合在丹麥的京城開了一個大會、這大會參加的有我們資格頂老的女同志格拉兒、塞得金女士、就是現在的第三國際婦女部的秘書。他那時在大會上提議要用三月八日做全世界無產階級的婦女對於資產階級示威的日子。這個決議當時在會場上通過了、所以以後全世界無產階級的婦女這一天都有示威運動。

我們既然明白了婦女節的來由、對於這婦女節究竟有什麼感想呢？我們覺得在三月八日以前的婦女運動、如像一七八九年法蘭西革命時婦女提出女權宣言書於法國皇后、如像英國的穆勒於一八六七年在英國議會提出給婦人參政權的議案、這都是叩頭打恭、搖尾乞憐的婦女運動、並且是資產階級婦女的參政運動、這些婦女運動、不過是資本家的太太小姐們想當當議員罷了、他們當了議員和我們無產階級婦女有什麼好處嗎？可以說享福的太太小姐們、福中還要求福、吃苦的無產階級婦女們、苦中還要吃苦、一点也得不到好處呵！就是那一九〇五年德國婦女聯合會所發表的政策、皇皇大文、似乎像是一種婦女解放運動、然而實際上也是資產階級的女政客替資產階級消滅無產階級婦女革命的巧妙方法、一点也沒價值的。只有一九一〇年三月八日這紀念日是世界做工的窮婦女們決定用革命手段從根本上奪取政權的紀念日。他這運動要是成功、全世界上的女子都可以管理政治和取得自由。所以他的價值和那有錢的太太小姐們鬧取樂的婦女運動是一点也不相同的。因爲有錢的太太小姐們爭政權和他們吃酒打牌一樣、總有許多是帶着鬧心在做呢！固然像英國女權運動者也有在大獄裡鬧過絕食同盟把戲的、這畢竟是少數領袖才有這樣氣魄、比較無產階級婦女個個都因受有剝皮抽筋的痛苦而來參加革命的、自然就大不相同了。

我們說了這許多的話、海參崴的工友聽了、一定還不感覺這個問題的重大。因爲海參崴的中國婦女很少、女子做工的沒有一個、女子的黨員也只有一個、其餘女子不是商人的老婆、就是些夜度娘。許多華工在此地年代久的、都接有俄國老婆、大多數華工都是些單身漢子、老婆還寄放在中國、在海參崴華工中間、不但是做不成婦女運動、徑直是沒有婦女可以給我們做運動、所以我知道華工一定把婦女運動看得輕微、雖然假若是這樣、那就錯了、我們第一要明白無產階級的政治運動和經濟運動任憑是什麼運動、要是離開了女子想男子單獨做成功是不行的、必得要男女合作、所以婦女解放是無產階級革命頂要緊的工作。第二自從帝國主義的工商勢力侵入中國以後、中國人的稀飯碗都打破了、大多數女子都被經濟的壓迫、不是跑到資本家工廠去做苦工、便是跑到商廠去賣淫、還有被匪類拐騙販賣出洋、不但是賣淫並且是過那許多我們夢想不到不是人類的生活。工友們！你想想我們的國內無產階級婦女是怎樣的受苦呵！我們既然是一個有革命志氣的工人、我們就應該引導全中國婦女走入革命的路徑、所以我們就應該看重這婦女節。末了我還有一句話、海參崴的中國婦女、只要他是個窮人、不管他是幹什麼生活吃飯、我們都應該引導他們走入革命的路徑、你們大家有什麼辦法呢？要是有辦法、就請投稿在報上回答我們！

工人習作

沙油子的好處

（鵬紀春）

工友們！知道沙油子的好處麼、我是受過沙油子保護的人、狠知道沙油子的好處、想着對大家工友談一談、請大家留心聽聽罷！

我從去年冬天、被前大街鐘表舖掌櫃的辭退以後、無衣無食的流落在街上、就有性命不保的危險。想來想去沒有可辦的法子、就上我所在的商店沙油子請求周濟。沙油子就發給我二十元金洋的飯錢、買了棉衣皮鞋、這才得着充飢避寒、沒有凍餓身死。工友們！請看沙油子保護工人有多麼周到呢！希望工友們！明白沙油子的好處、趕快的加入沙油子享受保護的利益罷！

※遠東勞工※

△計退工人王廣齋失敗

（立德）

高麗街十四號房子、福增永成衣舖掌櫃的王廣齋、平日待工人非常刻薄。那一個工人稍有不順他的意思、就想出種種毒計來坑害。他櫃上的工人王興善、幹活謹慎耐勞、狠受人贊成、不知因什麼觸犯了掌櫃的。掌櫃的想不用他又怕沙油子不答應、於是先把王興善的沙油子小賬偷着退去、就於陰歷正月十三日、毫無顧忌的將王興善私自辭退了。並且臨走算賬的時候、不按照工資合同上所定的勞

全世界被壓迫的民族聯合起來呵

上海纱厂工人罢工的胜利和以后应注意的事情，1925 年 3 月 11 日，张子余

一九二五年三月十一日　工人之路　第八十三期

РАБОЧИЙ ПУТЬ

工人之路

Орган Дальбюро ВЦСПС.
Отв. редактор Чжан-тин юн
Адрес редакции: г. Владивосток, ул. Пекинск. и Корейской. Клуб Китрабочих „1 мая“ Телеф. №
11 марта 1925 г.
№ 83

全俄中央職工蘇維埃遠東部出版

每逢星期三出版
報價：零賣每期金洋七分定閱本埠每月二毛五分外埠每月三毛
編輯處：北京街和高麗街拐角中國工人五一俱樂部樓上
電話六百三十五號
廣告刊例：每期每字按照三分金洋計算長期另議

全世界無產階級聯合起來

上海紗廠工人罷工的勝利和以後應注意的事情

（子餘）

中國紗廠工人罷工勝利了、這次勝利直接當戰鬬之衝的、是紗廠工人、可以說是工人罷工的勝利。罷工的時候一切國民都幫助工人反對帝國主義、可以說是國民運動的怒潮已經湧起。紗廠工人中最多的就是女工、這次運動的勝利可以證明中國女工是有狠大的力量。

然而這只算是罷工的勝利、只算是革命戰線向前進展了一步。既然向前進展了一步、中國的工人運動、便可從防禦的戰鬬轉入到進攻的戰鬬、這實在是狠好的現象。至於談到根本勝利上面還早着呢？因爲什麽？就是因爲中國的政權還是拿在日本帝國主義者的走狗段祺瑞張作霖手裡呀！中國人民的飯碗子還是拿在列強帝國主義者的手裡呀！根本上的壓迫是一点也沒去掉呀！同志們！工友們！還要努力前進呵！

同志們！工友們！還有應該注意的、就是日本資本家這回承認的條件並不是他心下情願。(一)是因爲我們工人力量大了、逼的他不能不承認。他將來要是有翻悔的機會、就是他自己承認了的條件、他都要一律推翻的。俗話說得好『縛猛虎不得不緊』、我們要把日本資本家和一切帝國主義者的資本家當猛虎一般縛得緊而又緊、切莫放鬆一点、教他再來吃人。(二)是因爲日本資本家壓迫我們固然是可怕、他的承認條件更是可怕。他的承認條件並不是他有意優待工人、正是他的手段進步了、他知道硬壓的手段不行、就要用軟騙的手段來消滅我們工人的革命精神了。他的慣用手段、大概是我們想得到的：(甲)對於工人施行奴隸教育。(乙)收買工人中不覺悟的份子命他破壞工人組織。(丙)單獨壓迫工人中信共產主義的份子或不使工人和共產黨接近或造謠離間工人和共產黨的關係。其餘還有許多我們意想不到的手段、也不必細說。總而言之、我們每一次罷工勝利、就要防備大勝利後的失敗才不得遭資本家的暗算呵！

我們海參崴的工人雖然離中國太遠、不曾參加這次罷工的運動、可是對於罷工的手段、也應該學學將來回中國去方能擔任革命的工作呀！你瞧……

> 爲擁護上海紗廠工人利益頓大獄的、就是爲擁護我們全中國工人利益頓大獄的、我們要用經濟的實力幫助他們、好表示我們無產階級全體一致的精神

俄國帝制推倒紀念日感言

（鴻勳）

三月十二日是俄國推翻皇帝江山的日子。皇帝江山推翻了過後、湧現出了兩個政府：一個是資產階級的政府、一個是無產階級的蘇維埃組織。資產階級的政府看見無產階級革命的氣勢猛烈、就聯絡協約國做靠山、繼續帝國主義的戰爭。無產階級的蘇維埃那時看透了民衆要求和平和生存的志願、極力反對對帝國主義的戰爭、指導人民奪取資產階級手裏掌握的政權。十月革命的成功就是無產階級的運動家眼靈手快、不等資產階級的毛羽豐滿、根基穩固、早就動下手來的緣故。

我們中國辛亥年革命、也把滿清皇帝的江山推翻了。可是革命的領袖孫文先生輕輕把政權讓給了袁世凱、所以在這中華民國十四年中間、袁世凱也要做皇帝、張勳也來復辟、一切軍閥也都變成了帝國主義者的走狗、都是孫文先生輕輕把政權這一讓讓錯了的緣故、這可也難怪孫文先生、因爲革命當初、滿清政府勢力底下的官僚保皇黨都鑽進革命政府的勢力範圍內來做反革命的運動。當時南京臨時政府和南京臨時參議院內充滿了許多官僚、保皇黨、逼迫孫文先生把政權讓給袁世凱、因而袁世凱才得濫藉權勢、搗亂革命的勢力。

眼前段祺瑞代曹琨掌握了政權、他也是因爲毛羽不豐滿、根基不穩固、怕人民動手革他的命、就得要處處求他的老掌櫃日本帝國主義者出力維持。因而他也就不得不以壓迫中國工人農民和一般老百姓以取媚日本帝國主義者。這次紗廠罷工段祺瑞的警察開槍把工人打的死傷多名、便是他取媚日本帝國主義者頂好的證據。工友們！趕快學俄國無產階級的革命手段、趁着段祺瑞初上台、毛羽未豐滿、根基未穩固、早把他攆的滾蛋。若是栽林養虎、虎養大了還不知道要吃幾多人呢！所以記者特爲在這三月十二紀念日談這一番話、好教工友們努力前途、奮勇殺賊。

※遠東勞工※

△可憐自稱清國人的工人

（鴻勳）

△寧肯犧牲胳臂
△不肯剪去辮子

三月一日運輸工會三十三號班、在西南崴子裝木頭。這班工人買云浩、他裝木頭的時候因爲裝木頭的機器不好使用、木頭掉下來壓壞了他的右胳臂、一時不能動顫、大夥就叫了馬車、把他送到國家醫院醫治去了、治了兩天、看護婦看他頭上還帶着小辮子、非常的不乾淨、看護婦就勸他把辮子剪去、他答道：帶辮子是我們清國的老規矩、我是清國的人、不能打破清國的規矩等語、百般的推委、終是不肯剪去、他又恐怕看護婦偸着把他

全世界被壓迫的民族聯合起來呵！

上海纱厂工人罢工的胜利和以后需要注意的事情，1925年3月11日，张子余

一九二五年三月十一日　　工人之路　　第八十三期

РАБОЧИЙ ПУТЬ

工人之路

Орган Дальбюро ВЦСПС.

Отв. редактор Чжан-тин-юн

Адрес редакции: г. Владивосток, уг. Пекинск. и Корейской, Клуб Китрабочих „1 мая“ Телеф. № 6-35

11 марта 1925 г.

№ 83

全俄中央職工蘇維埃遠東部出版

每逢星期三出版　報價：零賣每期金洋七分　定閱本埠每月二毛五分　外埠每月三毛

編輯處：北京街和高麗街拐角中國工人五一俱樂部樓上

電話六百三十五號

廣告刊例：每期每字按照三分金洋計算長期月議

上海紗廠工人罷工的勝利和以後應注意的事情

（子余）

中國紗廠工人罷工勝利了、這次勝利直接當戰鬬之衝的、是紗廠工人、可以說是工人罷工的勝利。罷工的時候一切國民都幫助工人反對帝國主義、可以說是國民運動的怒潮已經湧起。紗廠工人中最多的就是女工、這次運動的勝利可以證明中國女工是有狠大的力量。

然而這只算是罷工的勝利、只算是革命戰線向前進展了一步。既然向前進展了一步、中國的工人運動、便可從防禦的戰鬬轉入到進攻的戰鬬、這實在是狠好的現象。至於談到根本勝利上面還早着呢？因爲什麽？就是因爲中國的政權還是拿在日本帝國主義者的走狗段祺瑞張作霖手裡呀！中國人民的飯碗子還是拿在列強帝國主義者的手裡呀！根本上的壓迫是一点也沒去掉呀！同志們！工友們！還要努力前進呵！

同志們！工友們！還有應該注意的、就是日本資本家這回承認的條件並不是他心下情願。（一）是因爲我們工人力量大了、逼的他不能不承認。他將來要是有翻悔的機會、就是他自己承認了的條件、他都要一律推翻的。俗話說得好『縛猛虎不得不緊』、我們要把日本資本家和一切帝國主義者的資本家當猛虎一般縛得緊而又緊、切莫放鬆一点、教他再來吃人。（二）是因爲日本資本家壓迫我們固然是可怕、他的承認條件更是可怕。他的承認條件並不是他有意優待工人、正是他的手段進步了、他知道硬壓的手段不行、就要用軟騙的手段來消滅我們工人的革命精神了。他的慣用手段、大概是我們想得到的：（甲）對於工人施行奴隸教育。（乙）收買工人中不覺悟的份子命他破壞工人組織。（丙）單獨壓迫工人中信共產主義的份子或不使工人和共產黨接近或造謠離間工人和共產黨的關係。其餘還有許多我們意想不到的手段、也不必細說。總而言之、我們每一次罷工勝利、就要防備大勝利後的失敗才不得遭資本家的暗算呵！

我們海參崴的工人雖然離中國太遠、不曾參加這次罷工的運動、可是對於罷工的手段、也應該學學將來回中國去方能擔任革命的工作呀！你瞧……

> 爲擁護上海紗廠工人利益頓大獄的、就是爲擁護我們全中國工人利益頓大獄的、我們要用經濟的實力幫助他們、好表示我們無產階級全體一致的精神

俄國帝制推倒紀念日感言

（鴻勳）

三月十二日是俄國推翻皇帝江山的日子。皇帝江山推翻了過後、湧現出了兩個政府：一個是資產階級的政府、一個是無產階級的蘇維埃組織。資產階級的政府看見無產階級革命的氣勢猛烈、就聯絡協約國做靠山、繼續帝國主義的戰爭。無產階級的蘇維埃那時看透了民衆要求和平和生存的志願、極力反對對帝國主義的戰爭、指導人民奪取資產階級手裏掌握的政權。十月革命的成功就是無產階級的運動家眼靈手快、不等資產階級的毛羽豐滿、根基穩固、早就動下手來的緣故。

我們中國辛亥年革命、也把滿清皇帝的江山推翻了。可是革命的領袖孫文先生輕輕把政權讓給了袁世凱、所以在這中華民國十四年中間、袁世凱也要做皇帝、張勳也來復辟、一切軍閥也都變成了帝國主義者的走狗、都是孫文先生輕輕把政權這一讓讓錯了的緣故、這可也難怪孫文先生、因爲革命當初、滿清政府勢力底下的官僚保皇黨都鑽進革命政府的勢力範圍內來做反革命的運動。當時南京臨時政府和南京臨時參議院內充滿了許多官僚、保皇黨、逼迫孫文先生把政權讓給袁世凱、因而袁世凱才得濫藉權勢、搗亂革命的勢力。

眼前段祺瑞代曹琨掌握了政權、他也是因爲毛羽不豐滿、根基不穩固、怕人民動手革他的命、就得要處處靠他的老掌櫃日本帝國主義者出力維持、因而他也就不得不以壓迫中國工人農民和一般老百姓以取媚日本帝國主義者。這次紗廠罷工段祺瑞的警察開槍把工人打的死傷多名、便是他取媚日本帝國主義者頂好的證據。工友們！趕快學俄國無產階級的革命手段、趁着段祺瑞初上台、毛羽未豐滿、根基未穩固、早把他撵的滾蛋。若是栽林養虎、虎養大了還不知道要吃幾多人呢！所以記者特爲在這三月十二紀念日談這一番話、好教工友們努力前途、奮勇殺賊。

※遠東勞工※

△可憐自稱淸國人的工人

（鴻勳）

△寧肯犧牲胳臂

△不肯剪去辮子

三月一日運輸工會三十三號班、在西南崴子裝木頭。這班工人買云浩、他裝木頭的時候因爲裝木頭的機器不好使用、木頭掉下來壓壞了他的右胳臂、一時不能動顫、大夥就叫了馬車、把他送到國家醫院醫治去了、治了兩天、看護婦看他頭上還帶着小辮子、非常的不乾淨、看護婦就勸他把辮子剪去、他答道：帶辮子是我們淸國的老規矩、我是淸國的人、不能打破淸國的規矩等語、百般的推委、終是不肯剪去、他又恐怕看護婦偷着把他

全世界被壓迫的民族聯合起來呵！

五一节和华工，1925 年 5 月 1 日，何今亮

一九二五年五月一日　工人之路　第九十期

РАБОЧИЙ ПУТЬ

工人之路

Орган Дальбюро ВЦСПС.

Отв. редактор Чжан-тин-юй

Адрес редакции: г. Владивосток, ул. Пекинск. и Корейской, Клуб Китрабочих „1 мая" Телеф. № 6-85.

1 мая 1925 г.

№ 90

全俄中央職工蘇維埃遠東部出版

每逢星期三出版　報價：零賣每期金洋七分　定閱本埠每月二毛五分　外埠每月三毛

編輯處：北京街和高麗街拐角中國工人五一俱樂部樓上

電話六百三十五號

廣告刊例：每期每字按照三分金洋計算　長期另議

全世界無產階級聯合起來呵！

五一紀念號

五一節和華工

（今亮）

偉大的世界工人的勞働大節！五月一日、今年又到了、我們中國工人應該怎樣領受這個大節的眞意？應該怎樣過了大節以後、切切實實的去做呢？我以爲中國工人在五一節上應該明白領受而去做的是：

第一、三十九年以前的五月一日、祗有美國芝加哥地方幾萬工人的團結、就能得到每天幹八点鐘活兒的勝利、後來俄國工人團結、所以在七年以前、能把俄國的資產階級推倒、這樣看來、倘若全世界的工人聯合起來、就能把全世界的資產階級推倒、是毫無疑義的事情、所以我們中國工人、應當領受了這一点眞意義、努力去做、就是還沒有加入職工會的、應當立刻加入、已經加入職工會的中國工友、應當努力去鞏固工會、因爲職工會是共產主義的學校、是爲工人階級奪取政權的唯一團體。

第二、除出蘇維埃共和國以外、各國的政權、還握在帝國主義和資產階級的手裡、他們正利用着政權、盡量的壓迫我們工人、狠凶猛的對待我們工人、尤其是在中國地方的勞苦群衆在外國帝國主義和國內軍閥二重壓迫以下、生活不堪設想、在這種狀況之中我們所領受的眞意是：工人階級必須得到政權、必須建設蘇維埃共和國、才能免去一切的壓迫、所以我們在蘇聯境內的中國工友、應當把俄國十月革命奪取政權的方法和經驗、傳達到中國地方的勞働群衆、使他們能奪取政權。

第三、無產階級的先師列寧說「智識是和資產本家奮鬥的工具」、我們在此地的中國工人大多數一字不識、智識淺陋、所以我們以後應當努力于中國工人的教育運動、因爲不識字、一点教育沒有受、怎樣能去學習和資產階級奮鬥的方法！怎樣去管理自己的事情！

第四、在這個五一節上、在蘇聯境內的工友、固然是狠自由的示威慶祝、但是在各資本國家的工人、在這次節上、正不知要犧牲了多少爲工人出力的戰士、我們千萬不能忘記了他們、我們正應當設法幫助他們。使他們能繼續和資本家鬥爭。

工友們！努力前進罷、我們的口號是：

全世界無產階級專政萬歲！

全世界工人、在第三國際共產黨指揮以下萬歲！

打倒帝國主義推翻軍閥

無產階級所失的不過是他們的鎖鍊、得到的是全世界

中國工人五一俱樂部週年紀念

（述）

自從去年五月一號沿海省省職工會蘇維埃華工總部開辦中國工人俱樂部以來、到現在已經一年了。在這一年當中、我們俱樂部的工作、雖然不能說是十分美滿、可是也有相當的成績、現在且把過去的狀況、大畧的說一說：

（一）中國工人現在已經加入俱樂部的共有五百十三人。

（二）在俱樂部裏面、曾經辦過兩個補習學校。這兩個補習學校、可以使工人不花錢而得到相當的教育。

（三）設置閱報室、內備中外各種革命黨的報紙、及棋子、每天工人來看報和下棋的、至少在六十人以上。

（四）創設圖書館、現備有中外書籍四百部以上、以供工人閱覽。

（五）進行各種研究會、教育工人各種常識。

（六）出版壁報、以使工人練習發表能力。

（七）創辦童子軍、以教育工人子弟

（八）此外如新劇的排演、電影的開映、都與工人有極大的俾益、且爲工人所歡迎

至於華工之加入工會者、每星期總在俱樂部開會一次以上

我們從上面所寫的過去的情形看來、我們對于俱樂部的工作、當有狠明瞭的認識、唯我們在另一方面觀察之、我們的缺点却也不少　如海參崴華工在沙油子的共有七千多人：而加入俱樂部的不到十分之一　且加入俱樂部的工友、他們對於俱樂部的事業、雖都很熱心的參與、然却不能狠熱心的去參加這種工作、所我們在俱樂的一週年紀念中、我們對于俱樂部的以後的進行、有這種希望：

（一）俱樂部應在狠短的時期中、設法使在沙油子的工人、都能明了俱樂部對于工人之利益、使每個在沙油子的工人、都加入俱樂部。

（二）凡是加入俱樂部的工人、都應該明白俱樂部的工作、就是自己的工作。所以凡是在俱樂部一切事業、每個在俱樂部的會員、都應當狠熱心的去參加。

（三）俱樂部的管理處、以後對于工人教育和娛樂的事業、應當更使勁的努力。

全世界被壓迫的民族聯合起來呵！

青岛纱厂工人罢工和日本帝国的末路，1925 年 5 月 20 日，张子余

一九二五年五月二十日　　工人之路　　第九十三期

РАБОЧИЙ ПУТЬ

工人之路

Орган Дальбюро ВЦСПС.

Отв. редактор Чжан-тин-юй

Адрес редакции: г. Владивосток, уг. Пекинск. и Корейской, Клуб Китрабочих „1 мая"
Телеф. № 6-35.

20 мая 1925 г.

№ 93

全俄中央職工蘇維埃遠東部出版

每逢星期三出版　報價：零賣每期金洋七分　定閱本埠每月二毛五分　外埠每月三毛

編輯處：北京街和高麗街拐角中國工人五一俱樂部樓上

電話六百三十五號

廣告刊例：每期每字按照三分金洋計算　長期另議

全世界無產階級聯合起來呵！

青島紗廠工人罷工和日本帝國的末路

（子餘）

青島紗廠工人一萬五千人罷工、日本帝國主義正在拚命的壓迫、雖然、日本資本主義之發展、經過了六七十年、已經進到奄奄垂斃的帝國主義的老年期了。好比一顆樹、從表面看還是一顆狠大的樹、枝葉倒還茂盛、其實樹身已經空虛了、根也朽了、土也鬆了。這話有什麼事實來做證據呢！

第一、日本國內外工商業和一切輸出入事業、及陸地海上交通工具、如像路、航、郵、電、等等事業、並對於弱小民族之財政投資、統統獨霸在十幾家銀行資本家手裡、中小資產階級減少的狠快、資產階級和無產階級中間的界線劃分得十二分清楚。全國工人遂也各依產業組織成立了工會。更由各產業工會成立了勞働總同盟、在勞働總同盟底下有三十幾個大產業工會、是受日本共產主義者的指揮的、所以勞動總同盟會會長改良派的領袖鈴木文治屢次想開除勞働總同盟內信共產主義的工會、竟是分毫也不能動搖。日本各縣郡市町村的地主壓迫佃農甚是利害、佃農年年皆有抗租抗稅的暴動。農村消防夫警察都是貧農出身、往往同情佃農、遇有佃農火燒地主倉庫時、消防夫用水龍注水於地主倉庫、濕其糧米、警察則緩緩救濟。目下日本農村有五十幾個大區域的佃農已經有了組織、而且都在共產主義指揮者之下。日本還有一種部落民、名爲穢多、是比較一般平民社會地位還低下的人、他們在近三年內覺醒了、組織了一個水平社、想用革命手段來改良自己的地位。水平社有三百多萬的社員、第一次開成立會時一百萬的穢多民族、聚集東京、嚇的日本政府把郵政電報都臨時停止了、急忙召集浪人、組織國粹派來和水平社用腕力決鬭。日本是徵兵制度的國家、徵兵總離不開工人農民和穢多部落民的社會。現在他們都有了組織、都是無產階級奮勇的戰士、這些戰士被徵到軍隊裡去時、豈有不做革命運動的嗎？多年未通過的普通選舉法案、今年已經通過了。日本無產階級至少可以送幾個議員到議會裡去、實行革命的宣傳政策、或利用議會黨派矛盾的現象、來擴張無產階級的勢力、資本家還能高枕而臥嗎？

第二、日本所統治的殖民地半殖民地的群衆已經覺醒了、譬如台灣自從被日本佔據後、年年有狠猛烈的革命暴動。雖說日本的台灣總督一面常用格殺勿論的手段對付、一面禁止報紙登載、外面不知眞相、但是熟習台灣情形的人、沒有不知道台灣的革命運動遲早要暴發的。日本工業上用的樟腦和日用品的糖、尤其是戰爭時海軍用的煤油、全靠台灣供給。要是台灣能夠起狠大的革命運動、不論是成是敗、對於日本的工業和國民經濟尤其是海上的霸權當然有狠太影響、這是日本狠恐慌的事情。再如高麗他有狠豐富的農產品、可供給日本的民食、野獸森林的出產也狠大。可是高麗有三千年最優秀的政治文化歷史、自被日本併合以後、有許多革命志士或起兵隊或行暗殺總不間斷的在做獨立運動。往日的獨立黨還沒大看清楚帝國主義整個的好壞、有些仇日親美的色彩。現在不然了、他們獨立黨員多走入共產主義的路徑了、他們現在正腐心的指導高麗的農民羣衆、謀高麗的民族獨立、並做反對一切的帝國主義者的革命。高麗的革命動運一天不已、日本的經濟政治總不能十分安靜。譬如中國的滿洲蒙古也是日本認爲豐富無盡藏的殖民地。滿洲的工農群衆雖未全覺醒、而蒙古國民黨早已自組獨立政府、實行徵兵制度、日本現在對於蒙古一點也不能染指。至於中國內地自從五四運動以後、一般國民和工人階級對於日本的仇視異常普遍、日本工商事業總不能再在中國任意消暢。我們要知道日本的工商事業對於中國不能繼續擴張、他的國內經濟就不免發生恐慌。

第三、世界大戰的危機快暴發了、英國的星加坡築軍港、美國的太平洋海軍大演習、這都是日本帝國主義者聽了頂害怕的消息。所以日本帝國主義者也忙的對於海軍從事整理擴張。但是戰爭結果怎樣？漫說日本帝國主義者沒有把握、就是任何帝國主義者都沒有憑據預料。日本帝國主義者現在正和賭徒一樣、揑着一把汗、妄想一寶翻稍呢！日本現在無論對內對外、都是百孔千瘡、扶得東來西又倒、然而日本帝國主義的政府當此無可如何之餘、更是手慌脚亂、一味拿那偵探政策、警察政策、收買政策、來應付本國和殖民地半殖民地的革命運動、而終不能阻止革命大勢的進行。拿那擴張軍備的老辦法來應付世界二次大戰的危機、反使這世界二次大戰發生的更快。愚蠢的日本帝國主義者呵！你的運命早注定了、任你現在如何壓迫上海青島的紡織工人和一般國民、這正是你在成全我們！我們必然要和日本被壓迫的工農及高麗台灣的革命者聯合以除去我們頸上共同的一條鎖鍊呵！

＊遠東勞工＊

△四號運輸工會工頭被撤　（正）

四號運輸工人、西南歲子大屋子三號

全世界被壓迫的民族聯合起來呵！

我们应该怎样当一个好打头的呢？1925 年 5 月 27 日，张孑余

一九二五年五月二十七日　工人之路　第九十四期

全世界無產階級聯合起來呵！

工人之路

РАБОЧИЙ ПУТЬ

Орган Дальбюро ВЦСПС.
Отв. редактор Чжан-тин-юй
Адрес редакции: г. Владивосток, уг. Пекинск. и Корейской, Клуб Китрабочих „I мая"
Телеф. № 6-35.
27 мая 1925 г.
№ 94
全俄中央職工蘇維埃遠東部出版
每逢星期三出版
報價：零賣每期金洋七分定閱本埠每月二毛五分外埠每月三毛
編輯處：北京街和高麗街拐角中國工人五一俱樂部樓上
電話六百三十五號
廣告刊例：每期每字按照三分金洋計算長期月議

我們應該怎樣當一個好打頭的呢？

（子餘）

資本主義社會底下當工頭的、原就是資本家的心腹爪牙、他所處的地位、自然是要上向資本家討好、下壓迫勞働者、才能夠大發財源和保全自己的地位。所以我們在資本主義社會裡時常拿打破工頭制度來鼓動工人群衆的革命精神。

蘇聯國家已經是工人階級的祖國、工頭制度早已經打破了。不過在遠東中國工人中間：（一）因爲不懂俄國話。（二）因爲不識中國字。（三）因爲不能算賬、不得已、就仍然暫設工頭、領着工人幹活、爲的是幫助工人領工錢、寫賬算賬、保護工人利益起見、他就算是一班工人的領袖、他就應該時時刻刻存一個擁護工人利益的心事。譬如工人的勞金、飲食、居住、衛生、疾病、教育等事、當工頭的都應該負完全責任、幫助工人、這才算是一個好工頭。

而且在蘇聯國家內當工頭、比在資本主義國家內當工頭是不同的、在資本主義國家內的工頭越會壓迫工人、資本家越是優待工頭。在蘇聯國家當工頭的要是不能擁護工人利益、他的地位是站不穩的、要是壓迫工人、不消說更其是蘇聯國法所不容許。所以在蘇聯國家內當好工頭、就是他在自全自存、當壞工頭、就是他在自滅自殺。現在沿海省各工會的工頭中間、也有許多不苟弊、而且狠能替工人做事的人。可是因爲苟弊的人也不少、就把許多好工頭的名譽一併帶累壞了。現在且把他們的頂大的壞處說一說：

（一）自己不做工、專意靠劈分工人的工錢過日子、而且本班上工人轉到別班上幹活、他還是一樣的要劈工錢、這樣不勞而食、實在是很可恥的事情。

（二）開工人勞金時不肯給工人算清數目、一味蒙混欺瞞、於中取利。這不但是心術不好、而且日久被工人發覺、必然要栽根頭的。

（三）許多工人生活乾枯、沒處消遣、當工頭的就乘機在家設下寶局、引誘工人賭博、抽頭漁利、工人辛辛苦苦的勞金、每月總是輸得精光、還負上一身的重債、要是有時被警察察覺、不分工頭工人都得要頓大獄。

（四）賣大煙、這樣的事情、海參崴街上的工頭還少做過。至於煤窰上的工頭却狠多做這樣買賣、像這樣引誘工人抽大煙、不但是剝削工人利益、而且是損害國家勞動力。

（五）偷稅販私貨、一方面是使蘇聯關稅收入減少、一方面又是使資本國家的貨物散布市面而令無產階級國家的貨物消售減少、這是狠大的犯罪的行爲、不論什麼人都不應該做這樣的事。當工頭的既爲工會信任、充當工人領袖、就應該做個榜樣給工人看看、現在居然時常發現販私貨的事情、這是狠不好的。

（六）替工人設補習學校、使工人來受教育、爲的是養成領袖人材、擴大我們革命工作的範圍。目下時常感覺領袖人材太少的困難、將來一班一班工人領袖養成之後、所要他們做的事正多着呢！並不是在那個工會裡把新的領袖養成了馬上就把舊的一律撤換、這樣事是斷乎沒有的。要是你工做的好、就是有了新的領袖人材、你的地位還是安穩的。要是你的工做的不好、縱然沒有新的領袖人材來代替、你的地位還是不安穩的。目下許多工頭對於替工人設補習學校一事、明白的倒狠努力勸工人讀書、不明白的就發生了一種誤解、以爲工人讀了書能夠說俄國話、能寫帳算帳、自己的地位就不穩固了。於是暗中設法反對工人補習學校、這是狠錯誤的。

我們應該怎樣做工頭？我們要是明白了以上說的六樣事情不好、我們不應該做、而且明白做了這樣的事、一時雖然像狠好、結局是於我們的前途有狠大的不利。並且我們狠努力的擁護工人的利益、那麼、我們就算是一個好工頭！

△勞動檢查員口中報告的勞動檢查狀況

※遠東勞工※

勞動檢查員對於華工保護的經過情形、曾於上星期一第八次華工指導會議時、做一重要報告、其大概如下：

從去年十一月起東方勞動檢查處對於中國的小手工業者異常注意。爲維持工人現在生活、使失業者減少起見、凡對於小手工業者初次發現某樣弊病、不當時命他停止營業、現在已經檢查過的產業總數有一百三十一家舖子：內中國家商店佔十分之三、消費協作社佔十分之三、其餘皆係私人經營的店舖。工人總數有四千九百一十九人在國家產業裏做工的佔多數在私人產業裏做工的佔少數、而私人產業中以靴子舖佔重要位置。勞動檢查員執行職務時、其所注重的有二、（甲）關於過去的工人生活普通狀況即（一）注意工人有無保險？（二）注意開支對不對？開舖子是不是按照勞動法一百三十八條？（乙）注意工作時間、（一）注意工資的多少？（二）注意住處怎樣？大約各舖子以違犯勞動法第七條第一百三十八條及一百八十四條的爲最多。雇主和工人方面所起糾葛以關於工資和理由辭工等事爲最多。麵麭舖被罰的已達七十

全世界被壓迫的民族聯合起來呵！

夏期中国共产党员和少年共产党员对于工人教育的责任，1925 年 6 月 3 日

一九二五年六月三日　工人之路　第九十五期

РАБОЧИЙ ПУТЬ

工人之路

Орган Дальбюро ВЦСПС.

Отв. редактор Чжан-тин-юй

Адрес редакции: г. Владивосток, уг. Пекинск. и Корейской, Клуб Китрабочих „1 мая“ Телеф. № 6-35.

3 июня 1925 г.

№ 95

全俄中央職工蘇維埃遠東部出版

每逢星期三出版　報價：零賣每期金洋七分定閱本埠每月二毛五分外埠每月三毛

編輯處：北京街和高麗街拐角中國工人五一俱樂部樓上

電話六百三十五號

廣告刊例：每期每字按照三分金洋計算長期另議

全世界無產階級聯合起來呵！

夏期中共產黨員和少年共產黨員對於工人教育的責任

五月三十日今亮同志在共產黨小組和少年共產黨小組聯席會議席上演講

同志們！夏期又到了、我們在這夏期的教育工作、應該怎樣做？這是當面要討論的問題、我們共產黨和少年共產黨、是工人的政黨、是工人的先鋒、我們無論何時、不能夠離開工人羣衆、不能夠停頓對於工人的教育。在海參崴的共產黨和少年共產黨當中中國的黨員、照有組織的華工總數作比例計算只佔百分之二、人數太少、對於工人教育的工作能力、不夠分配、所以過去的教育工作多有未能如意進行的地方。

中國國家久在帝國主義和軍閥統治之下、中國工人被掠奪的一無所有、沒有飯吃那還有受教育的機會呢？而且帝國主義者和軍閥頂毒的政策、就是敎中國工人一字不識、常在愚蠢黑暗狀況之下。要不然就是拿一種奴隸教育麻醉中國工人、因此中國的工人就長久在黑暗社會底下、過那醉生夢死的生活。不說別處、我們單就海參崴論、許多工人不是頭上還戴着小辮子嗎？他們不是一個字都不認識、常受人的欺侮嗎？他們腦子裡所知道的只是一個海參崴、或是知道自己是一個大國人、對於世界的大勢是一点也不知道的。因此他們沒有一点階級的觀念。他們雖然加入了工會、可是工會是什麼東西、他一点也不明白、他只心想進工會無非是化錢買一本小帳、買一本小帳、無非是爲的幹活。他們把工會看的和自己毫無關係、就是遇着自己切身利害問題、也並不順從工會、反轉來幫助掌櫃的出力、掌櫃的分明狠刻薄、他倒說掌櫃的待他狠不錯、掌櫃的不給他勞金、或是少給他勞金、他總說是掌櫃已經給了他的勞金、或是多給了他的勞金。他這一方面是害怕掌櫃不要他、一方面也就是不明白工會是替工人謀利益的、工人不明白加入工會的好處、竟究是誰的責任呢？是我們共產黨和少年共產黨的責任。因爲我們的教育工作做的不出力、所以工人才不明白、現在我們就應該格外努力教育的工作。我們的教育、並不是只敎工人認識幾個字就算了事的、我們的教育最注重的是要工人明白自己是站在什麼階級、明白共產主義是什麼？

中國工人五一俱樂部是我〃頂要緊的教育機關、我們現在看一看俱樂部和各處教育機關的現狀究竟怎樣？俱樂部會員太少、共黨產少年共產黨工人參加俱樂部工作的人也太少、工作上不能說是怎樣圓滿。別的教育機關、也是和這一樣。在這夏期一季中間、我們竟究當怎樣進行教育的工作呢？我們應該負担的具體責任如下：

一、當分工執行教育的工作、不應當使幾個人忙的要死的做工、依然沒有一点效果。却另有許多人把一雙手藏在袖子裡一点事也不肯辦。

二、在夏期中有許多負責做工的人、都要休暑、當預備負責做工的代理人材、使負責做工的人在夏期中可以休養氣力

三、當極力提倡體育、如像組織足球隊、手球隊、籃球隊、游水隊、跳高、競走等等團體、務必引導工人群衆對於體育發生興趣。

四、夏期在屋子裡集會做教育工作、是狠困難的。我們應該變通辦法或是到花園子裡去開會、或是到海岸、山上、樹林子裡去集會。所以我們要熱心參加各種旅行及野外集合、借種種有興趣的游戲笑談、對於工人群衆、進行我們的教育工作。

五、只是頂少的共產黨和少年共產黨來做教育工作、力量還是不夠、我們應該敎各工會地方委員會的委員及俱樂部的辦事人、都參加這種工作。

六、我們反對只掛一個辦事人的空牌子、什麼事都不做的人。

七、我們對於童子軍當注意用一種有組織計畫、而且具有教育作用的正當游戲、反對一切無意識的游戲、

雖然、我們這些工作要都做的圓滿、頂要緊的條件、就是要問我們共產黨少年共產黨從過去到現在所受黨的教育是怎麼樣？假若我們還沒十分受着黨的教育、我們自己還不大明白主義、教我們拿什麼去教育工人呢？我們所教育的究竟對不對呢？所以我們的結論是在這夏期中、共產黨和少年共產黨都應該有兩種努力、即（一）應該格外熱心去接受黨的教育、把自己訓練好。（二）應該都到工人羣衆中間去做教育工作。

※遠東勞工※

△鮑貴卿違反中俄協約與中國工人的憤怒

中東路管理處日前曾發出第九十四號布告：辭退反對中俄協定的白黨工人。不料中東路督辦鮑貴卿違反中俄協定第五條、不經正副督辦共同簽字之手續、擅出告示、取消第九十四號通告。因此激起中俄兩國工人階級的憤怒。五月廿八日晚七時、海參崴中國工人在五一俱樂部開一演講大會、許多工人交相登台、發揮狠激昂慷慨之言論。大體爲反抗受帝國

全世界被壓迫的民族聯合起來呵！

保护劳动须先从教育入手，1925 年 6 月 24 日，梦醒

一九二五年六月廿四日　　工人之路　　第九十八期

РАБОЧИЙ ПУТЬ

工人之路

Орган Дальбюро ВЦСПС.

Отв. редактор Чжан-тин-юй

Адрес редакции: г. Владивосток. уг. Пекинск. и Корейской, Клуб Китрабочих „1 мая"
Телеф. № 635

24 июня 1925 г.

№ 98

全俄中央職工蘇維埃遠東部出版

每逢星期三出版

報價：零賣每期金洋七分定閱本埠每月二毛五分外埠每月三毛

編輯處：北京街和高麗街拐角中國工人五一俱樂部樓上

電話六百三十五號

廣告刊例：每期每字按照三分金洋計算長期另議

本期摘要

中國　一般國民對於捐助罷工者、異常熱心。並決定於二十五日舉行全國總罷工罷市大示威運動。

俄國　今俄少年共產黨於十九日在莫斯科開代表大會。

波斯　全世界農民大會、在波斯外爾色開會。

全世界無產階級聯合起來呵！

保護勞動須先從教育入手

（夢醒）

在海參崴中國工人之中講保護勞動、簡直是一件困難的事情、你要保護勞動、勞動者却不願意你去保護他們、因爲他們狠少覺悟、掌櫃加在他們身上的一切壓迫和剝削、他們並不覺得痛苦、並不知道掌櫃的壓迫和剝削是不應該的。此地的中國人、大都在手工業的小生產裡幹活兒、掌櫃與工人同居住、同飲食、因爲多接近、多聽掌櫃的花言巧語、說什麼「年頭不好、毛子官廳儘兒人、這樣捐、那樣捐、賺來的錢不夠打捐錢」等等話、工人們天天聽了這些話、日久年長、以爲掌櫃眞的狠可憐、自己在掌櫃這兒幹活兒、還是掌櫃可憐我們、所以才給我們活兒幹、因此掌櫃們所說的話、工友們沒有不是惟命是聽的、而工人與掌櫃間的階級觀念、被掌櫃所蒙蔽、十二分的替掌櫃效力、從此掌櫃得多量的剝削、所賺的利潤特別的多！

工人們受了掌櫃們這樣的惡陶養、不知不覺的做了掌櫃的傀儡、替掌櫃撒謊、譬如勞動檢察員去檢查的時候、工人總是沒有說實話的、每天的工作時間、明明做十二三点鐘、星期日、紀念日以夜晚都幹活兒、他們却說祇幹八点鐘的活兒、星期日和紀念日都休息。查到他們做過度工作的時候、他們就說剛才坐下。夜晚關着門在裡面幹活兒、去打門的時候、他們收拾了作場才來開門。有的掌櫃祇供給工人不會餓死的飲食、工錢是不給的、但開支小帳上却寫着二三十元、問工人掌櫃給了錢沒有？工人總說給了、多少錢一月呢？我不知道、不是那邊開支小帳上寫着嗎？諸如此類、舉不勝舉、在這種狀況之中去講保護勞動、從什麼地方去着手保護起呢？

在這種狀況之中、我以爲要保護勞動、須先從教育工人着手、最要緊的是要使工人明白工人與掌櫃的利益之不同、工人應該保護自己的利益、不要替掌櫃說謊話來欺騙自己的保護者—勞動檢察員。第二是要工人明白勞動法、按照勞動法去做工、不要替掌櫃做過度工作和夜工、也不要替掌櫃在星期日和紀念日作例外之工作、工錢要按時領取、不要說沒有領錢却說領了錢的蠢話、掌櫃壓迫自己的地方、趕快去告訴勞動檢察員或職工會、在那邊就找到了自己的保護者。

進行這種教育工作、工會的指導員和勞動檢察員應當負完全的責任、多與工人開保護勞動的講演會、解釋勞動法、分析工人和掌櫃間的利害關係等等、使工人明白了自己的利益、不再做掌櫃的傀儡的時候、保護勞動的工作、才有頭緒可尋、才能夠開始做保護勞動的工作！

專電

國內人民之勇敢奮鬥

廿二日北京電　上海之罷工罷市、迄今已二十餘日。各地之群衆運動、已日益發展。漢口南昌市民、先後均與外人發生衝突、死傷甚衆、經北京各團體協議之結果、決定于二十五日舉行全國總罷工罷市運動。是日全國休業半日下半旗、停止娛樂宴會、停止各機關事務、舉行大示威運動。並決在該日募捐一萬元、以救助罷工罷市者。據上海學商工聯合會之統計、國民對于募捐、非常熱心、計已收到一百餘萬元。

鮑貴卿已撤換

二十日北京電　破壞中俄協約之中東鐵路董事長鮑貴卿、業已於日前撤換。

全俄少年共產黨開大會

二十號莫斯科電　全俄少年共產黨代表大會、於十九號在莫斯科開會、討論如何保護全世界青年工人之利益及如何在鄉下作工等等問題。

法國反對戰爭運動

二十三日巴黎電　法國國內之反對與瑪諾哥戰爭運動、日益激烈、共產黨人被捕者共一百二十人、巴黎運輸工人已罷工。

全世界農民之團結

二十二日外爾色電　各國農民代表於六月二十一號、在外爾色開全世界農民代表大會。

全世界被壓迫的民族聯合起來呵！

旅崴中国工人目前的任务，1925 年 7 月 23 日，雨红

一九二五年七月二十三日 工人之路 第一百零一期

РАБОЧИЙ ПУТЬ

工人之路

Орган Дальбюро ВЦСПС.
Отв. редактор Чжан-тин-юй
Адрес редакции: г. Владивосток, уг. Пекинск. и Корейской, Клуб Китрабочих „1 мая“ Телеф. № 635.
23 июля 1925 г.
№ 101

全俄中央职工苏维埃远东部出版

每逢星期三出版
报价：零售每期金洋七分定阅本埠每月二毛五分外埠每月三毛
编辑处：北京街和高丽街拐角中国工人五一俱乐部楼上
电话六百三十五号
广告刊例：每期每字按照三分金洋计算长期另议

全世界无产阶级联合起来呵！

本期摘要

英水兵杀死重庆农民
保加利亚农民共产党员被枪毙
中国铁路总工会的十大方针
怎样才能打倒帝国主义呢？（时评）

旅崴中國工人目前的任務

（雨紅）

在資本社會還未根本覆滅、共產社會還未完全建設的時候、世界上每一個工人的重大任務、當然是積極的準備世界革命的工作。

旅崴的中國工人是世界工人之一部、他的任務、自然不會離開世界革命的大前提。但如何去準備呢？在革命的步驟上、是要按照地理環境的不同、歷史關係的不同、而各地有各地應該特殊努力之点。因此旅崴的中國工人要明白他自己目前的任務、就須將自己所處的地位和歷史上的關係分析清楚。海參崴是蘇維埃政權統制下的一塊地方、是保護無產階級利益大本營之一部、中國工人在這個政權之下、不僅有集會結社言論出版等自由、而且同樣的享有選舉和被選舉的權利、因此站在階級的觀点上來說、旅崴的中國工人、絕不是普通的華僑、而是無產階級國家的組成分子。因此每個旅崴的中國工人都有擁護蘇聯政權的義務。如果蘇聯的政權穩固了、强大了、世界革命的勝利、即將增加一分把握、亦即是我們對於世界革命的工作、盡了一分力量。但旅崴中國工人的責任、只如此就完了麼？沒有完！無產階級自然沒有國界、但因爲文字、語言、風俗、習慣、等等不同的關係、他對於他生長的地方就負有特殊的歷史使命。旅崴的中國工人既是中國生長的、那末他對於帝國主義之屠殺中國人民、封建軍閥之賣國殘民、使中國的人民處於兩重壓迫之下、他能不積極的起來參加中國的革命、以完成他的歷史使命麼？旅崴的工友們！中國國民革命的成功、即是給帝國主義一個最後的打擊、亦即是我們對於世界革命的工作盡了一分力量。旅崴的工友們！擁護蘇聯的政權！參加中國的革命 這是我們目前最偉大的任務呵！

工人是世界的創造者、俱樂部是娛樂和智識貯藏所 工人俱樂部、是在工人創造世界的工作中、疲倦了的時候、用以娛樂精神、麻木了的時候、用以吸收智識的地方 所以每一個工人覺悟了他責任重大、要保存他創造的能力、和增加他創造的能力、就必加入工人俱樂部、以求休息、以求智識。

專電

十五日北京電 廣東革命政府和英領事交涉破裂、英國正利用楊希閔劉振寰擾亂廣東、危害革命政府。但革命政府根基穩固、楊劉不能動搖。

十五日北京電 北方各地罷工擴大。北京某鑛山五千多人罷工。外人家內傭工亦動搖。華人不供給英人飲水及食糧、英人恐慌、鑛山英人不得已親自用排水機排除鑛井的水。

十五日北京電 七月三日英帝國主義者封閉上海海員工會、海員工會宣言、吾人努力反抗新的壓力必能得到最後勝利而見工會重開之日。

十五日上海電 上海工商學聯合會決定擴充罷工基金、從商界募集百分之五、從房主募集百分之十、並電南京省長要求以江南製造局作擔保、募集內國公債、充當罷工基金。

十七日哈爾濱電 英國水兵無故殺死重慶農民多人、秘密投尸於江中或埋於地下。被外交協會在英國軍艦附近、獲得死尸一具。尸身受有刀傷、耳鼻都被割去。外交協會當即搬尸入城、開一露天大會。陳列死尸於會場、藉以喚醒羣衆。當時一萬群衆、失聲痛苦。忽有軍官王陵基帶兵擁來、撤去死尸、開槍打死十人、傷十餘人、捉去四十餘人、羣衆憤怒正要求重慶法庭公平裁判。

十八日哈爾濱電 天津風清（譯音）紡織工人三千五百人七月十五日、要求增加工資、結果增加工資百分之十、業已上工。

十八日哈爾濱電 十六日上海海員工會代表三十人到天津、同學生會接洽、擬在天津募三千元做罷工基金、更運動津沽一帶海員罷工。

十六日莫斯科電 保加利亞女子尼哥來被保國政府判决在群衆前絞死。其原因係由隱藏農民共產黨。因其係法國籍、經法國領事要求減刑、改爲監禁。但近聞在大獄受嚴刑拷打、命在垂危、其痛苦與處死刑無異。

十七日維也納電 據蘇菲亞消息、保加利亞農民共產黨伊萬謀夫在大獄用非人的嚴刑逼供、畫供後、當在大獄中槍斃。

全世界被壓迫的民族聯合起來呵！

日本劳动界对于中国国民革命的态度，1925 年 9 月 10 日，张子余

一九二五年九月十日　　工人之路　　第一百零八期

РАБОЧИЙ ПУТЬ

工人之路

Орган Дальбюро ВЦСПС.

Отв. редактор Чжан-тин-юй

Адрес редакции: г. Владивосток, уг. Пекинск. и Корейской, Клуб Китрабочих „1 мая“ Телеф. № 6-35.

10 сентября 1925 г.

№ 108

全俄中央職工蘇維埃遠東部出版

每逢星期三出版
報價：零賣每期金洋七分定閱本埠每月二毛五分外埠每月三毛

編輯處：北京街和高麗街拐角中國工人五一俱樂部樓上

電話六百三十五號

本期摘要

◉日本勞動界對於中國國民革命的態度

（子餘）

自從中國的五卅慘案發生、各國勞動界一致對於共同之敵—帝國主義進攻。日本勞動界的反抗更是猛烈、我們一看日本勞動組合評議會及海員刷新會本部的宣言就可以知道他們的態度、茲將宣言要点摘寫如左：

一、拒絕日英各輪船公司僱用海員的要求、警告日本海員不要受日英資本家的僱用、而去破壞中國的罷工、並指明這是蹂躪階級道德和國際道德、要明白勞動階級的利益是共同一致的。

二、說明中國這次運動的原因、是由於帝國主義的侵略：（一）慘酷的搾取中國的勞動力。（二）強佔中國海關、只納低額關稅。（三）輸入毒人的鴉片及殺人的軍火。（四）實行用一種名叫租界的強盜政策的司法權和行政權強奪中國。由此遂凝結成了反抗帝國主義的精神、就是民族獨立的運動。

三、認識中國的國民革命、即民族獨立的運動、是世界勞動階級解放上的一頁新歷史。弱小民族對於帝國主義的反抗運動和在資本主義國家內的勞動階級反抗帝國主義運動、是不相差異的、是世界勞動階級解放上一樣的緊要問題。因為搾取弱小民族正是所以維持帝國主義的運命、弱小民族的反抗、正是對於帝國主義根本上所施的威脅。日本勞動界站在階級的地位、應該努力幫助支持中國國民運動的全體。

四、對於日本帝國主義政府提出四條抗議的要求：（一）停止對於中國的武力的干涉、即禁止日本水兵在中國上岸、並撤退日本在中國的兵船。（二）對於日本警察殺死的顧正紅君及其餘一切死傷者、賠償和謝罪、（三）懲罰只知謀財害命的日本資本家。（四）廢止日本在中國的領事裁判權。

五、認識了中國這次運動的團結力、統一力、組織力、要從中國這次運動學習使勞動運動有意識的政治化、改去日本從來偏向經濟運動的毛病、更要努力反對日本帝國主義所宣傳的國民主義及大亞西亞主義、而和中韓無產階級握手。

我們看了日本勞動界的態度、就知道：（一）世界勞動者是站在一個階級上面的。（二）中國的民族獨立是世界革命過程上頂要緊的工作。（三）中國無產階級、是能引導被壓迫民族革命、而且同世界一切無產階級及被壓迫民族聯合的。

中國的工人農人及一切被壓迫的人民呵！這就是一方面說明我們革命勢力之偉大、用不着畏懼不前、一方面說明我們責任之沉重、更應該加倍努力以完成人類最後的解放工作！

專電

◉哈爾濱中俄人歡迎蘇聯大使

哈爾濱卅一日電　蘇聯大使加拉罕回國、道經哈爾濱、在齊齊哈爾車站、受中俄人民熱烈壯大之歡迎。

◉俄飛行家已到日本東京

北京三十一日電　俄國飛機二架、已從北京飛到日本東京、其餘飛機和飛行家還停留在上海。

◉蘇聯經濟進步

扎波羅尼亞九月一日電　據杜羅斯基同志在烏克蘭之格列布拉報告蘇聯經濟狀況：糧食已収到四十億甫德。工業品較戰前已達到百分之七十二。

◉日本海兵已從中國退回本國

上海九月二日電　日本海兵因中日兩國工人反對猛烈、已從中國撤退回國。

◉廣東革命軍與反革命軍激戰

香港九月二日電　國民黨右派許崇智軍隊李福林部、反抗左派新政府、兩下交戰、李軍敗退、新政府軍隊優勝、目下尚在激戰中。工人農民擁護國民黨左派之新政府。買辦階級富商勾接英帝國主義者、暗助反革命的國民黨右派。

◉李景林禁止幫助上海工人募欵

北京三十日電　李景林突然下令禁止各團體在天津募欵幫助上海罷工工人、謂倘有不遵者、定行懲辦。軍閥媚外、可謂已極。

◉李景林又大施其威權

北京三十日電　李景林在天津又大行搜捕、捕去大學教授七人、學生二十人云云。

全世界被壓迫的民族聯合起來呵！

海参崴华工们！快去参加海参崴城市苏维埃的选举呵！1925 年 12 月 2 日，张子余

一九二五年十二月二日　工人之路　第一百十九期

全世界無產階級聯合起來呵！

РАБОЧИЙ ПУТЬ
工人之路
Орган Дальбюро ВЦСПС.
Отв. редактор Чжан-тин-юй
Адрес редакции: г. Владивосток, ут. Пекинск. и Корейской, Клуб Китрабочих „1 мая"
Телеф. № 6-35.
2 декабря 1925 г.
№ 119
全俄中央職工蘇維埃遠東部出版
每逢星期三出版
報價：零賣每期金洋七分定閱本埠每月二毛五分外埠每月三毛
編輯處：北京街和高麗街拐角中國工人五一俱樂部樓上
電話六百三十五號
廣告刊例：每期每字按照三分金洋計算長期另議

本期摘錄

海參威中國工人快去參加海參威城市蘇維埃選舉呵！（論文）
海參威中國房東鋪舖之內容（時評）
第八次省黨部代表會議議案摘要
牛站工人俱樂部的新氣象
拉饕車工人李同志的來信
華工子弟學校學生自治會的組織

○海參威華工們！快去參加海參威城市蘇維埃的選舉呵！

（子餘）

我們相信不是眞正無產階級的國家、不能有眞正的民選制度 因爲在資產階級的國家、他的議會選舉、無財產者是不能參預的、外國人是不能參預的、婦女是受限制的。他的選舉、是用酒食金錢賄買的。他的選舉精神、只算是根據個人主義利己主義出發的一種統治權勢的競爭、被選之後、日夜苦心經營的、只是做走狗、做強盜！

俄國是無產階級的國家！他的政治精神、是萬機取決於民衆會議！他的選舉制度、是只有無產階級才能有選舉權、資產階級是沒有權利參預的。只要是一個無產者、不問你的國籍如何？人種民族如何？而且不管是男子或是婦人、只要到了十八歲年齡、都有選舉權和被選舉權、他的選舉、是不能用酒食金錢運動的、他的選舉精神是根據一種徹底的民主主義出發的社會服務精神！假使被選的人不好！只要選舉人四十人以上署名呈請、就可以把這被選人撤換、所以無論何人被選後都要忠實的代表民意、絲毫不能爲惡！

海參威城市蘇維埃是一年一改選、現在又到了改選的時期、我們旅威的中國工人和俄國人一樣、有選舉權和被選舉權 據俄國憲法六十四條、城市蘇維埃所負的任務是：「提高城市經濟文化。改善勞動群衆生活習慣、統一城市一切機關的權限。鞏固革命法律、防禦社會危險。討論對於社會國家有意義的一切問題 討論一切公民及國家上級機關所提出的一切問題。製作、審察、決定並執行城市的預算」中國工人假若不熱心參加海參威城市蘇維埃的選舉、不但是不明白自己在無產階級國家所處地位和所負責任、而且對於中國工人生活的痛苦怎樣解除？並新的生活怎樣建設？是很沒有提出討論的機會的？因爲中國工人的生活情形、只有中國工人自己明白、也只有中國工人熱心參加海參威城市蘇維埃的選舉、才能改善中國工 自己的生活。

俄國的城市蘇維埃選舉是照人口比例算的：每二萬五千人的城市、可由五十人中選出一人 從二萬五千人到五萬人的城市、每七十人中可以選出一人 從五萬人到十萬人的城市、每百人中可以選出一人。十萬人以外的城市、每二百人中可以選出一人。在莫斯科、列寧格勒兩地、每四百人中可以選出一人。海參威城市是十萬人以上的城市、每二百人中可以選出 人。中國工人在海參威城市的有九千人、可以選出四十五人。內中不在會的的工人共五千人、從十二月一號到十號是選舉時期、地点是南北兩戲園及中國工人五一俱樂部」一共可選出二十五人。中國工人果眞熱心參加選舉、在海參威城市蘇維埃可選出四十五個代表、豈有我們中國工人的生活、還有不能改善的麼？工友們！大家熱心參加選舉呵！

專電

◉奉系軍閥之自相殘殺及奉天恐慌情形

哈爾濱二十七日電 奉軍郭松齡軍變叛、楊雨霆被逐逃往大連。郭松齡電勸張作霖辭職、以張學良繼任。一面更和在直隸宣告自主的李景林互相聲應聯絡 目下陸續向奉天境內進兵、其前線已佔領山海關、張作霖軍大敗、已從山海關向後方撤退、張作霖氣憤、自將十九師及護衛隊、並編警察五百名爲陸軍、向前敵出發、誓和郭松齡一決雌雄、同時郭松齡亦聲言雖只剩一兵一甲、亦不肯退讓欒河一步。張作霖爲抵禦郭松齡起見、電求敗退溝幫子的張宗昌盡力幫助、但張宗昌只剩殘兵敗將、不能打仗。目下奉天正在戒嚴、奉票更下落、京奉車不通、人民多避往日本租界、日本人恐張作霖敗、喪失利益、正設法援助。

◉北京市民要求關稅自主之大暴動

北京二十五日電 北京市民學生一百餘團體、五六萬人、爲主張關稅自主反對二五加稅、遊行示威、被段祺瑞的警察廳長安福派十大禍首中的朱琛嚴重壓迫、群衆憤怒、搗毀警察廳、並打壞段祺瑞所派保護關會委員的官員乘坐之汽車兩輛。

◉獵人剛來了、兎兒一齊逃

北京二十八日電 北京政治大有暴風狂雨卽時襲來之勢、各派政客雲集北京、佇待變化、段政府之安福派賣國內閣、都紛紛逃往洋人的租界、各官衙公署都自行關板。

◉張作霖快完了

北京二十八日電 郭松齡進攻奉天、張作霖給一百萬元大洋於張學良、命他收買郭松齡及其部下、張學良和郭松齡磋商不得要領。據某電社得來消息、奉天政治將生大變化、張作霖有不得不把權力移交張學良之勢。

◉蘇聯外交委員長到法

巴黎二十九日電 蘇聯外交委員長同志吉捷林已由德國柏林到法國巴黎數日、和法政府各閣員會面後、關於俄法外交上有所商磋。

全世界被壓迫的民族聯合起來呵！

怎样使华工知道享受海参崴府职工大会决定的好处，1926 年 4 月 11 日，张孑余

一九二六年四月十一日　工人之路　第一百三十六期

РАБОЧИЙ ПУТЬ

工人之路

Орган Дальне-Восточного краевого совета профсоюзов.

Отв. редактор Чжан-тин-юй

Адрес редакции: г. Владивосток, уг. Пекинск. и Корейской, Клуб Китрабочих „I мая“ Телеф. № 6-35.

11 апреля 1926 г.

№ 136

遠東邊疆職工蘇維埃出版

每逢星期三出版

報價：零賣每期金洋七分定閱本埠每月二毛五分外埠每月三毛

編輯處：北京街和高麗街拐角中國工人五一俱樂部樓上

電話六百三十五號

本期目錄

◉怎樣使華工知道享受海參崴府職工大會決定的好處？

（子餘）

旅俄華工許多想入工會，因爲不識中俄文字，不明白加入會的手續，多有躊躇未加入者。有的或是短期展轉零賣日工，工作無定，不易加入或種組織者。有的許多因爲親戚血緣鄉土等等特別關係和掌櫃一鼻孔出氣，不肯加入工會者。這些畢竟佔狠少數。大多數都是加入了工會的。不過他們加入工會的人內中知道工會是於工人有利害關係的固然狠多，至於把進一會只當作買一本小賬我生活的也着實不少。省政府看見華工特別落後，爲要華工明白蘇維埃政治，就使許多華工都參加城市鄉村蘇維埃的選舉。爲使華工明白工會內容，就從各方面努力勸誘華工參加工會工作。最近的海參崴府職工會大會，對於過去工作的估量。積弊振刷，狠加了一番努力。舉凡文化、織織、經濟、都有詳密規定，照這規定進行，不論是工人物質的或精神的生活有欠缺時，都可從職工會求得滿足的解決，尤其是對於工人的文化組織經濟上加以特別注意。這不能不算海參崴工人運動及對華工運動中的一大段進步。但是我們怎樣把這大會的効力貫澈到華工身上呢？應該注意的是：

（一）在海參崴有狠大的華工群衆，而在這當中活動的下層工作者狠是缺乏，往往使我們的力量爲通事把頭等所捍隔。應該迅速訓練出來下層工作的人材，使我們的氣力達到底層，然後大會的决議才通行無阻。

（二）華工識俄國語的狠少，府職工會對於工人生活新建設的議案，俄國工人狠容易知道，華工大多數是莫明其妙的，我們除了把議決案向羣衆分別報告以外，應該是把所有開會的記錄議案通通譯成華文，使工人個個手持一本，然後華工才能實際享受工會的利益。

（三）我們現在頂困難的是失業問題，要解決這個問題，應該向要下列兩種工作中消納失業人口：（一）要求國家分配土地使失業工人種地。（二）在各種季節工作中努力介紹失業分子，使工人因經濟生活良好，對於工會格外信仰。

（四）從各種工作上例如從經濟和宣傳上努力鏟除中俄工人所抱民族偏見的來因，使華工不把自己當着普通華僑，而俄國工人亦不把華工看做外國人，以鞏固工人的結合。這樣華工才知道工會是自己的東西，不是甚麼隨了外國。

這四件的力量做到了，那末，府職工大會的議案効力，自然就達到了各個華工身上，各個華工也就能更進一步明白工會的內容，這是我們在華工當中工作者應該特別努力的地方。

快把莫斯科精神向落後的東方移殖！

專電

◉英國征服中國之陰謀

倫敦四日電　英國撲滅中國民族運動的陰謀計畫，已經暴露。卽（一）用十萬大軍征服中國，其一半由印度調遣，香港警備已增强，多數軍隊配置上海天津，第一部分在天津上岸努力對馮玉祥决戰，現已和張作霖商妥。在漢口只須數艦卽可征服。用英兵一團從沙面上岸，護以數月來調集之兵艦，就可進攻廣州。（二）以二年爲期克服中國，軍費每日預計需十五萬磅。戰後攫奪中國路權，可增造鉄道一萬二千英里，大行擴充租界及經濟投資。（三）戰時可以嚴密檢查郵電，不使英國工人及革命團體知道中國眞相（四）現已由英國國家銀行交款六十萬磅，作爲征服中國的宣傳費。

◉中國軍閥相斫中之農民暴動

北京五日電　山東青島附近農民業已暴動，組織無數之軍隊反對張宗昌之暴虐。張宗昌軍隊受此牽制已從天津向山東撤退。同時河南農民亦組織有紅色武裝團，加入反對吳佩孚的戰線。吳佩孚張作霖的代表在天津因贓品分配不勻，吳聲言和國民軍聯絡並拉攏閻錫山成犄角之勢，張已不能進攻國民軍，國民軍現在堅守北京，决不退讓。

◉日本對於張作霖的借欵已成立

東京五日電　日本借給一千萬元金票於張作霖，年利五分，限二年半還清。以奉天官銀號歸日本監督爲條件。其抵押品，爲東三省之軍事上產業與奉天之動產及不動產。

◉意大利法西斯特黨首領被刺

羅馬八日電　七日上午意大利首相法西斯特黨領袖墨鎖尼利，被一妙齡女子射擊一槍，槍彈從面上横斜擦通，將鼻子粉碎，生命尙未死亡。

世界职工运动的现状及将来，1926 年 6 月 25 日，大彬

一九二六年六月廿五日　工人之路　第一百四十五期

РАБОЧИЙ ПУТЬ

工人之路

Орган Дальне-Восточного краевого совета профсоюзов.

Отв. редактор Чжан-тин-юй

Адрес редакции: г. Владивосток, уг. Пекинск. и Корейской, Клуб Китрабочих „1 мая"

Телеф. № 6-35.

25 июня 1926 г.

№ 145

遠東邊疆職工蘇維埃出版

每逢星期三出版

報價：零賣每期金洋七分定閱本埠每月二毛五分外埠每月三毛

編輯處：北京街和高麗街拐角中國工人五一俱樂部樓上

電話六百三十五號

廣告刊例：每期每字按照三分金洋計算長期另議

本期目錄

逐驅列強在華的陸海軍！

◉世界職工運動的現狀及將來

（大彬）

職工運動是與政治經濟的狀況有密切關係的。最近世界的政治經濟現狀、仍然是資本主義暫時穩定的時期。所謂資本主義穩定、不過是指資本主義已經逃過了歐戰後的恐慌、舊的革命潮流已經低落、新的革命潮流還未興起、因此資產階級得以修損補傷。加倍向工人階級施行攻擊。並不是說資本主義恢復了戰前一切的勢力、眞正穩定起來、而且永遠免除革命的危險了。在這時期、各國的工人、應積極培養本身的革命勢力、整頓內部的各種組織、尤其重要的、是在建立世界職工運動的統一戰線。最近世界職工運動、的確是按照這個方向進行的　資本主義既暫時穩定、因此資產階級的進攻、也更加猛烈。其進攻的方式、是降低工人的生活程度、達到減少生產商品的成本；許多國家裡因此工作時間都延長了、工資都減少了、（最近英國煤礦工人的大罷工其原因卽是爲此）而且苛稅雜捐、都一天天的向工人身上加重。這進攻的結果、使工人失業的數目增加、使工人生活的困難滕長、工人的地位、一天天在這種動搖和恐慌的狀態中、遂激發了他們革命的要求、促進了廣大的工人群衆的左傾。現在將工人群衆左傾的事實列舉於下：

（一）在西歐各國改良派的職工會中形成了左派。

（二）蘇聯職工會影響的增長、歐洲各國工人代表團赴俄之熱烈、以及英俄工人聯合委員會之組織。

（三）殖民地和半殖民地國家職工運動之迅速的發展。

我們由上面所舉的最近的三件重要事實看來、卽知道現時國際職工運動的十分發展及其趨向的十分正確。我們由這種形勢推測下去、卽能斷定今後的職工運動、必定比以前更爲發展、更爲猛烈、一直到結果資本主義的壽命實現職工運動最後的目的、這是現時職工運動狀況下所放出的一点異彩、是我們全世界工人階級所引爲樂觀的。

附錄本屆共產國際擴大執行委員會議決之行動大綱：

（一）反對直接的和間接的延長工作時間、堅持八小時制爲最高限度工作時間。

（二）要求工會組織自由、反對法西斯特的反動、反對法西斯特包辦工會。

（三）要求各國的工人與蘇聯的工人接近、要求西方的工人與被壓迫的東方工人接近。

（四）要求建立一個統一的包括各國各人種各大陸的職工的階級的國際。

專電

◉英首相對工人努力進攻

倫敦十八日電　保守黨政府提出增加礦工工作時間至八小時的法定案。礦工表示鮑爾溫的這種提案、只足以鞏固工人繼續奮鬬的意志。工黨及自由黨都表示反對鮑爾溫這種提案、並已決定在國會中提出反抗這提案的意見。

◉英礦工繼續奮鬬

倫敦廿一日電　英國保守黨政府繼續反對蘇聯。國際礦工代表大會、号召全世界工人援助英國礦工。

巴黎二十日電　法國共產黨中央發出宣言：号召法國全體工人、一面實行擁護蘇聯、一面積極捐款幫助英國礦工。

紐約廿十日電　美國勞動中央蘇維埃、号召美國工人籌款援助英國礦工。

◉「五卅」週年紀念節在漢口的示威運動

北京十八日電　上海「五卅」慘殺週年紀念、在武昌漢口兩大城市、曾舉行了極大的羣群示威運動和露天講演、參加運動的、有國民黨工會商會學生會等團體、人數不下三萬餘人、在講演大會上通過了要求廢除苛稅改變全省的經濟政策、擁護廣東政府北伐等議決案。

◉英美走狗顏惠慶又借新外債

北京十八日電　吳系軍閥的國務總理顏惠慶、爲救濟端陽節北京財政的恐慌、又借新外債五十萬。

◉波蘭突起罷工潮

瓦沙發二十日電　在格羅尊得澤、罷工的電車工人與警察發生了流血的衝突、殺傷工人十餘名、接着公社工人又繼起罷工、範圍頗爲擴大。

瓦沙發十九日電　職工會左派要求紡織工塲增加工資百分之二十五、染色工塲增加工資百分之八十、如塲主不接受這要求、卽舉行全波蘭紡織業的總同盟罷工。

快把莫斯科精神向落後的東方移殖！

英国大罢工对中国民族运动的意义，1926 年 7 月 9 日，赤生

一九二六年七月九日 工人之路 第一百四十七期

РАБОЧИЙ ПУТЬ

工人之路

Орган Дальне-Восточного краевого совета профсоюзов.

Отв. редактор Чжан-тин-юй

Адрес редакции: г. Владивосток, уг. Пекинск. и Корейской, Клуб Кит.рабочих „1 мая“ Телеф. № 6-35.

9 июня 1926 г.

№ 147

遠東邊疆職工蘇維埃出版

每逢星期三出版

報價：零賣每期金洋七分定閱本埠每月二毛五分外埠每月三毛

編輯處：北京街和高麗街拐角中國工人五一俱樂部樓上

電話六百三十五號

廣告刊例：每期每字按照三分金洋計算長期另議

本期目錄

逐擊列強在華的陸海軍！

◉英國大罷工對中國民族運動的意義

（赤生）

去年中國的「五卅」運動、歐美日本各國的工人及政黨、都對于中國工人階級的奮鬥、與以精神上物質上的援助。「五卅」運動所反抗最猛烈的是英日兩國、而英日兩國的工人反援助中國的「五卅」運動」現在英國的大罷工、中國的工人學生亦都奮起援助 這兩種援助的發生、蓋因中英兩方面的被壓迫者、認識了中國民族解放運動和英國無產階級解放運動有極密切的關係、中國民族解放運動的敵人是帝國主義、英國無產階級解放運動的敵人亦是帝國主義、因爲帝國主義是他們兩方面的共同敵人、所以他們兩方面必定要結起聯合戰線、對付這一個共同敵人－帝國主義。因爲帝國主義時代、全世界的經濟是整個的、全世界的政治也是整個的、同時全世界的統治者－帝國主義－也是整個的、被統治者－工農階級及弱小民族－對於統治者的反抗也是整個的、因此全世界的解放運動也應該是整個的、弱小民族的解放運動、和帝國主義國家內的工農解放運動、都是整個的世界解放運動之一部分而有相互的關係與影響、即是：現在是整個的世界革命時代、無論東西各國的革命運動、都應互相結成聯合戰線、向其共同的敵人下總攻擊、而不應把各部分的革命運動、看做是獨立的而不去合作。明白了這点、就知道這次英國的罷工、對於中國的民族運動、有極重大的意義。我們都要羣起援助英國的罷工、擁護英國罷工工先鋒隊－礦工得到最後的勝利。我們對援助英國的工人運動、要像對中國的民族運動一樣的努力。我們援助英國的工人運動、就是發展中國民族運動、直接的援助英國的工人、間接的就是援助中國自己。我們目前對中英兩國革命運動的責任、就是要把中國民族解放運動的潮流、和英國工人解放運動的潮流、匯合一起、去一致動作、一致進行。

專電

◉美國成衣工人大罷工

紐約四日電 紐約市有四萬在會的成衣工人罷工、這次罷工、純由工會左派領導。罷工工人要求每星期四十点鐘的工作制、並要求增加工資。此外又召集了二萬工人的露天演講大會、表示一致擁護罷工、並接受了要求政府釋放工人首領的議決案。

◉蘇維埃爲改良貨物品質而奮鬥

莫斯科四日電 蘇聯人民經濟最高蘇維埃、見於節省經濟和改良生產品的質量、是蘇維埃經濟和工業的兩大使命、特在最近召集特別會議、討論這項問題。

◉民族自由運動的摩洛哥

△摩洛哥預備繼續與法西兩帝國主義者奮鬥

巴黎四日電 摩洛哥戰爭、里孚民族雖暫時失敗、但現時里孚區又有數小民族預備繼續同法西兩國開戰。

◉英礦工堅持到底的罷工奮鬥

△礦工首領態度强硬

倫敦四日電 英國礦工首領表示：礦工無論如何不對礦業資本家讓步。英國全國總工會、号召各地工會援助罷工的礦工、法國礦工繼續援助英國礦工罷工。

◉德國無產階級的奮鬥勝利

柏林三日電 關於國家沒收皇族財產的法定案、德國工人在共產黨指揮之下、經過了不斷的奮鬥、始達到議會延期接收。

◉國民軍抵禦奉直兩軍閥的聯合進攻

○國民預備擊退吳佩孚

北京三日電 張作霖已由北京回到天津、在北京已與吳佩孚會面、關於他們衝突的問題、會面後仍無方法解決。吳佩孚預備進攻南口、國民軍在山西方面已停止進攻。預備集中軍事勢力、擊退南口方面的吳佩孚。

◉奉天軍閥預備大戰

北京四日電 奉軍預備七月五日向國民軍施總攻擊、張作霖進京隨帶的軍隊、現都據扎北京。李景林的軍隊、都預備開往南口前線。吳佩孚張學良都在自己的戰線上繼續檢閱軍隊。

快把莫斯科精神向落後的東方移殖！

第三次全国劳动大会之经过，1926 年 7 月 16 日，赤生

一九二六年七月十六日　工人之路　第一百四十八期

РАБОЧИЙ ПУТЬ

工人之路

Орган Дальне-Восточного краевого совета профсоюзов.

Отв. редактор Чжан-тин-юй

Адрес редакции: г. Владивосток, ул. Пекинск. и Корейской, Клуб Китрабочих „1 мая" Тел. № 5-35.

16 июля 1926 г.

№ 148

遠東邊疆職工蘇維埃出版

每逢星期三出版　報價：零賣每期金洋七分　定閱本埠每月二毛五分　外埠每月三毛　報館處：北京街和高麗街拐角中國工人五一俱樂部樓上

電話六百三十五號

廣告刊例：每期每字按照三分金洋計算長期另議

本期目錄

快把莫斯科精神淘落後的東方移殖！

列強在華的陸海軍！

◉第三次全國勞動大會之經過

（赤生）

第三次全國勞動大會、自五一節起至十二日止、開會於廣州。這次大會共到工人代表五百零二人、代表有組織的可統計的一人一百廿四萬、代表工會共四百餘。在組織上這次大會與第一二兩次大會比較起來、（第一次大會有組織工人二十萬、第二次大會有組織工人五十萬）是進步而有成功的、即以罷工運動而論、一年來全國各大城市、都發生過極大的罷工鬭爭、總次數在二百次以上、參加罷工者共計有八十餘萬人、這都是這次大會過去工作的成績。在這次大會的本身所討論議決的有下列諸決議案：（一）職工運動之總策略。（二）組織問題及其運用之方法。（三）經濟鬭爭之最近目標及其步驟。（四）罷工的戰術。（五）工農關係。（六）宣傳敎育問題。（七）女工童工問題。（八）勞動法大綱、（附工會條例）（九）失業問題。（十）協作社問題。作這些議決案的材料、指示中國工人階級之正確的政治經濟社會與職工運動的觀念和策畧的、有下列各種報告：（一）一年來職工運動之發展及其在國民革命中的地位。（二）全國政治與社會狀況。（三）國民政府現狀。（四）世界革命狀況。（五）世界職工運動。（六）蘇俄狀況。（七）全國總工會報告。（八）上海總工會報告。（九）省港罷工報告。（十）各地各代表團的報告。（十一）工農兵大聯合的報告。（十二）出席赤色職工國際經過報告　担任這些報告的、有國民政府委員、蘇俄同志、中國共產黨黨員、職工運動諸領袖、總計大會通過正式決議案九件、報告後決議案十件、提案與其決議四十七件。決議案中最重要的要算總策略的規定、組織的方法、經濟鬭爭的目標、及罷工戰術諸項。在總策裏、大會指明五卅後與五卅前中國工人階級不同的地位、提出工人階級最近之目的在求經濟改善與自由、而責任則在促成帝國主義與軍閥之死亡。又指明工人階級之組織形式、一爲改黨一爲工會、政黨乃階級的最高組織、工會須從原始的簡單的形式、進而作嚴密的團結。又確定與農民的親密携手及與城市中各階級革命民衆建立國民革命的聯合戰線。大會一方面指出工人階級在國民革命中之地位、另一方面亦警告惟有廣大的組織與革命的聯合戰鬭才能達到目的。在組織方法決議案裡、詳細說明各級下層組織、工場支部、幹事會、工場委員會、產業聯合會會議、秘密組織等規律和實際。

在經濟鬭爭問題裡、指出最低限度工資與最高限度工時、勞動保護、改良待遇、優待女童工等目標與進行步驟及鬭爭的指導和經驗的交換。在罷工的戰術決議案中、分析罷工的性質、決定的條件、準備的步驟、注意的問題、敵人的破壞之估計等等。這些決議案性質之重要、都是從經驗與實際奮鬥中產生出來的。

現在再將這次大會的結果、總合幾点於下：

（一）自五卅後長期大戰鬭的自身力量的總檢核。

（二）最近政治狀況與革命聯合戰線及職工運動的總策畧。

（三）組織上的進步　與此後更大的團結。

專電

◉世界無產階級的統一戰線

巴黎十一日電　比利時、捷克斯拉夫、瑞典三國的工人、一致援助英國罷工的礦工。蘇聯職工會幫助英國礦工罷工的款項、計五六兩月已達三百七十二萬零七百七十六元。

◉粵桂川黔四省的軍事大聯合

北京十三日電　四川貴州有數軍長已贊行與兩廣國民政府聯合、並請求國民政府將其軍隊改編。

◉孫傳芳的反動

北京十一電　上海總工會於上月廿七日被孫傳芳封閉。孫傳芳命令上海地方官廳將上海各工會一律封閉。

◉廣東的大流血

倫敦十一日電　英國軍隊和香港罷工工人的武裝糾察隊、在廣州附近、發生了軍事衝突、結果英兵殺死中國工人廿六名。

◉美國又發生罷工

紐約九日電　紐約市的燧道（地底鐵道）工人爲要求增加工資舉行大罷工。

Тип. № 17. Окр. № 1218. Тир. 1600.

国际少年运动周和远东中国少年工人的谈话，1926 年 9 月 8 日，杨兴顺

一九二六年九月八日　工人之路　第一百五十五期

鞏固蘇聯的建設就是實行世界革命！

РАБОЧИЙ ПУТЬ

工人之路

Орган Дальне-Восточного краевого совета профсоюзов.

Отв. редактор Чжан-тин-юй

Адрес редакции: г. Владивосток, ут. Пекинок. и Корейской, Клуб Китрабочих „I мая“ Телеф. № 6-35.

8 Сентября 1926 г.

№ 155

遠東邊疆職工蘇維埃出版

每逢星期三出版
報價：零賣每期金洋七分定閱本埠每月二毛五分外埠每月三毛
編輯處：北京街和高麗街拐角中國工人五一俱樂部樓上

電話六百三十五號

本期目錄

◉國際少年運動週和遠東中國少年工人的談話

（興順）

每年九月頭一個星期是「國際少年運動週」、今年的運動週又輪到了、這正是世界革命的無產少年蓄精養銳厲兵秣馬向國際帝國主義猛攻的時候。落日西沈的帝國主義、雖正逞其殘暴淫威、表面看來好像是毒燄方張惡運未已、却不道「夕陽無限好、只是近黃昏」、少年同志們！他們快死、豈不是我們快要活了嗎？

世界的無產少年、自從一九一五年以來、開始反對帝國主義和軍國主義的戰爭以後、其影響所及不但西歐資本主義的基礎發生動搖、黃色國際也起了化學分解的作用、並且創造了個人類歷史上未有的蘇聯國家、激刺起了世界殖民地半殖民地的獨立運動、這些活動的中堅分子是些什麼人呢？是帝王將相英雄豪傑財主及受高等教育者嗎？不是的、這些偉人都成了過去時代的煤灰糞土。新時代自有新人物、新人物自有新事業、他們是沒有地位的、是沒有財產的、他們並不是什麼特別偉大的偶像、也不曾受過帝國主義的高等教育、他們的生活等於乞兒餓莩、他們的痛苦超過奴隸牛馬、他們在這種不良境遇之下、找着了馬克斯主義——列寧主義、知道了除非根本顛覆罪惡的資本制度、斷無求生自救之道。於是他們群起而奔赴於國際聯合之一途、這便是担負現代革命的世界無產少年、這個時代、便是我們少年的時代。

世界革命有如山洪暴發、從四周旋轉飛捲而來、直向一個凹地——落後的中國奔流灌注、落後的中國反成了革命的中心。沈埋在封建勢力壓迫下的百丈深淵的中國人民、尤其是少年都浮起在革命的潮頭了、這幾年中國的工人運動、民族運動以及許多少年斷頭流血頓大獄亡命奔走、是怎麼一回事？就是革命的國際活動、尤其是國際少年的活動都集中在中國緣故。

最奇怪的、在蘇聯遠東邊疆各省的華工少年、一則因爲經濟生活文化程度特別落後、一則因爲在革命成功的國家、都存着屋簷下避雨、苟且偷安的心理、許多少年工人不但沒有階級覺悟、肯爲革命奮鬥的精神、並且連階級意思都狠缺乏，他們有許多是木偶泥鷄一般久被征服於掌櫃通事利爪鐵蹄之下、一点也不敢轉側反抗、這樣該是怎樣羞恥屈辱的生活呵！

遠東的中國少年工人生活如此慘淡、不待言是俄國少年共產團中國團員的責任。所以我們應該從這一個少年運動週起開始下列的一切活動：

（一）每個團員都要和水銀瀉地般無孔不入的鑽進群衆當中活動。

（二）使列寧主義在一切群衆中流走普遍。

（三）努力幫助少年工人爲他們的工資時間社會保險失業救濟並政治訓練及教育文化等事業奮鬥。

（四）幫助被壓迫的婦人和少女使其脫離奴隸生涯。

（五）注意兒童當中的活動、特別是無父母的孤兒的教養。

同志們！光陰不再、莫等閒白了少年頭空悲切呵！

第十二次國際少年紀念日、世界勞動者的少年應該站在少年共產國際旗幟之下。

專電

吳賊佩孚在湖北賀勝橋和國民革命軍激戰大敗、身受重傷、性命難保、國民革命軍一面向武昌進攻、一面用重兵間道繞襲後路、於最短時間佔領漢陽漢口、而漢陽兵工鋼鐵兩場之佔領、尤爲革命軍戰勝偉大成績。吳賊軍隊雖暫時退出郊外、但英日帝國主義者已准備使用長江聯合艦隊對國民革命軍示威、擬另用外交手腕劃漢口租界附近四周三十里爲非戰區域、藉口保護租界安全、實行幫助吳賊、此計畫實行、則漢陽兵工場亦不免被圈在非戰區域內、此爲國民革命軍最難忍受之舉、現國民革命軍已在武昌蛇山漢陽龜山滿架重砲以備抵敵、並擬開武昌鳳凰山之最大要塞砲向殘餘之敵轟擊。目下武漢工人市民已發起了空前羣衆運動並聯合外縣農民一致幫助國民革命軍進攻吳賊。

張賊作霖下命軍隊撕毀蘇聯國旗、搶劫蘇聯船行、封閉中東路所屬一切學校、任意搬去中東路公共財物歸爲己有、已引起外交上絕大問題。

快把莫斯科精神向落後的東方移殖！

日本工农运动左中右三派之趋向，1926 年 11 月 27 日，洁玉

一九二六年十一月廿七日　　工人之路　　第一百六十六期

РАБОЧИЙ ПУТЬ

工人之路

Орган Дальне-Восточного краевого совета профсоюзов.

Отв. редактор Чжан-тин-юй

Адрес редакции: г. Владивосток, уг. Пекинск. и Корейской, Клуб Китрабочих „1 мая"
Телеф. № 6-35.

27 Ноября 1926 г.

№ 166

遠東邊疆職工蘇維埃出版

每逢星期三出版
報價：零賣每期金洋七分　定閱本埠每月二毛五分　外埠每月三毛
編輯處：北京街和高麗街拐角中國工人五一俱樂部樓上
電話六百三十五號
廣告刊例：每期每字按照三分金洋計算　長期另議

訪友諸同志注意

以後投稿要寫的乾淨清楚簡單、尤其要注意職工運動的團體活動及新的建設、最需要的是勞動藝術的稿件。關於社會黑幕情形、要用很巧妙的方法、搜羅證據品、最忌作模糊影響之談。工人之路社啓

鞏固蘇聯的建設就是實行世界革命！

◉日本工農運動左中右三派之趨向

（潔玉）

日本的革命鬥爭、最近越越的尖銳化、因此左右派所走的方向相隔距離愈遠。右派完全站在國家主義的見地、在工人羣衆中做資產階級的代辯人。他們逐步轉向法西斯特的路上走去。左派現在是站在革命的政治鬥爭的見地、爲完成無產階級的單一政黨而開展全階級的鬬爭活動。

右派的主張和行動是肯定資本主義存在的、是代表小資產階級而向議會活動的。他們隨着階級鬬爭的尖銳化、愈和大資產階級合作、這個合作便是日本法西斯特專政的開始、這是日本資產階級反動最後的一個形式。右派因此也就失掉革命群衆的勢力。左派的主張及對工團主義！否認現存的資本制度。對於右派不是採用盲進肓動的浪漫野戰政策、他們是有意識的拿革命的政治理論引導革命群衆、拿革命的戰術指揮革命羣衆。

現在日本勞動運動上之分野：(一)右派、(二)中間派、(三)左派。右派代表甚麼人的利益呢？他所代表的是『勤勞階級』的利益、不是無產階級的利益。甚麼是勤勞階級的利益？即小資產階級的利益。例如小職員、小商人、俸給生活者、官業被傭人、他們的機關報紙『民衆新聞』大標其『撲滅共產派』展開『國家觀』『支持資本制度』『實行改良政策』謳歌資產階級的自由主義』想利用普選案通過後新有選舉權之小資產階級、作議會政治的活動。這可以說日本工農運動的右派已和資產階級有意思的結合、成了有意思結合的右派。

中間派是站在資產階級和無產階級的當中的一派。他們對於左右派的鬬爭兩不贊成。他們總是說左右派分裂不好、時常嘆氣、他們却乘這機會擴充中間派的勢力、想自成一派。這派人以『社會思想』雜誌的一派知識分子爲首領。其勢力是一般不明白階級利益抱嚴正中立主義的工人。簡單說：就是一種投機派。他這派在日本勞動運動上也是狠有歷史經過的、約言之、可分爲正則發展時期。結成時期。現在已經到了積極的右派化的時期。但是這一派是不能長久存在的、因爲他的運動端靠左右派鬥爭勢力均衡才能保存、一旦均衡破壞、他也就要銷滅。

左派不消說：是日本的社會革命者、他在工農群衆當中原自有獨自的組織。日本職「會的下級組織和農民全在這派手中。他之參加勞動農民黨不過是一種公開的運動、而勞動農民黨之排斥左派三團體、亦只是勞動農民黨離開革命的群衆。並不能使左派勢力生如何影響。因爲他始終是照着列寧主義政治鬬爭的路徑前進。

專電

◉中國

國民革命軍擬乘破竹之勢佔領孫傳芳在江浙的地盤、若張宗昌軍對革命軍不挑戰亦暫採不進攻的態度。

國民革命軍中央政府決定遷都武漢。

國民革命軍擬在九江設飛行機的總格拉庫。

蔣介石命令第一第二第四第六、四個軍團向浙江方面出發。

孫傳芳軍一部向安徽進攻、但軍心渙散服從程度如何還是疑問。

安徽軍隊不贊成對革命軍作戰。

馮玉祥軍隊已佔領長安、不日出潼關。

吳佩孚要求閻錫山借兵死守潼關。

日本幫助俄國白黨謝米諾夫在上海組織軍隊、援助中國白黨孫傳芳。

◉蘇聯

第三國際於二十二日開代表大會。其報告目錄：

(一)國際現在對於世界的責任。(史達林報告)

(二)英國罷工中所得的教訓。(莫爾非報告)

(三)中國問題(譚平山報告)(另有中國國民黨代表邵力子在開會時代表國民黨出席致祝辭)。

(四)共產黨在職工運動中的工作。(羅佐夫斯克)

(五)共產黨在農民運動中的工作。(農民運動代表某報告)

◉歐洲

蘇聯駐英大使克拉新氏、因過勞、得心臟破裂症逝世

英國鑛業工會的黃色領袖又想和政府資本家妥協、破壞罷工、工人群衆和共產黨反對猛烈。

◉南洋群島

爪哇大獄中有二千人響應暴動者。

瓜哇暴動、仍繼續、荷蘭政廳已供給一切白色人種的武器。

快把莫斯科精神向落後的東方移殖！

怎样预备工厂作坊委员会的改选，1927 年 9 月 28 日，王鸿勋

一九二七年九月二十八日　　工人之路　　第二百零六期

反對英帝國主義的白色恐怖！

РАБОЧИЙ ПУТЬ

工人之路

Орган Дальне-Восточного краевого совета профсоюзов.

Отв. редактор Тин-шань

Адрес редакции: г. Владивосток, уг. Пекинск. и Корейской, Клуб Китрабочих „1 мая"
Телеф. № 6-35.

28 Сентября 1927 г.

№ 206

遠東邊疆職工蘇維埃出版

每逢星期三出版

報價：零賣每期金洋七分定閱本埠每月二毛五分外埠每月三毛

編輯處：北京街和高麗街拐角中國工人五一俱樂部樓上

電話六百三十五號

社論

◉怎樣預備工廠作坊委員會的改選？

（王鴻勳）

工廠作坊委員會原來是工會的基本組織。因此、整個工會的一切的工作之好壞全關係於工廠作坊委員會的工作而決定。但是、工廠作坊委員會的工作又全視工人群衆參加的努力與否而決定。因此、怎樣去使工人羣衆參加工廠作坊委員會的工作？是現在急須解決的重要問題。

要解決以上這個問題、第一就要在改選工廠作坊委員會的時候、必須由工人群衆自己推選工人中的活動份子爲工廠作坊委員會的委員。第二、要由這些委員領導工人群衆參加工廠作坊委員會的工作。

可是在過去參加工廠作坊委員會改選的工人數目太少了。因爲參加的人數太少、所以結果產生不出狠好的工廠作坊委員會。在過去工人群衆沒有積極的參加工廠作坊委員會改選的原因、係由於工廠作坊委員會未曾把自己過去的工作向着工人羣衆詳細報告、也沒有在改選之前把關於改選工廠作坊委員會的意義在工人羣衆中間宣傳。

但是、現在又屆改選工廠作坊委員會時候了！從過去的經驗告訴我們、前屆的工廠作坊委員會在這時候應當有充分的預備。所以在這次改選工廠作坊委員會的預備時期中、我們應當注意以下幾点：

（一）詳細預備工廠作坊地方委員會過去的工作報告。

（二）在報告過去的工作之前、調査委員會應該調査前屆工廠作坊委員會對於工人委託他應負的責任實行如何。

（三）廢除代表制的當選名單、應按照工作能力推選。

（四）在各工會的壁報上應登載改選工廠作坊委員會的意義。

（五）關於改選的消息在各工會和俱樂部應特別開晚會、盡量的宣傳、使所有工人羣衆都知道改選工廠作坊委員會的重要。

（六）在改選時不能出席的工人、可以提出名單、在改選大會上通過。

在蘇聯無產階級專政的國家、職工會是幫助建設社會主義的杠桿。我們爲要能夠使蘇聯的職工會担負起這個責任、就應從根本上着手進行。工場作坊委員會既是工會的根本、所以我們對於工場作坊委員會的工作不能忽視。担負工會指揮工作的同志和各生產機關及其他企業的工人同志或工友對於這次改選工場作坊委員會的工作應該十分的注意！

中國要聞

上海十七日電　國民黨南京、武漢和西山會議各派的意見已接洽妥當、最近擬召集擴大會議組織特別委員會。

上海十七日蘇聯社電　民國日報載汪精衛發表宣言、自承不能早日開除共產黨員以致發生葉挺賀龍部軍隊暴動的錯誤，並聲言當卽辭職。據聞陳公博亦將隨汪辭職。

澳門十八日蘇聯社電　李濟琛派兵三師於東江一帶、防禦葉挺賀龍進攻廣州、但因惠州一帶之陳炯明舊部發生暴動、不能向北開拔。在廣東各處均有農民暴動、尤以汕頭和東江北江一帶聲勢浩大。

上海十八日蘇聯社電　上海英文晨報載、自葉挺賀龍的『紅軍』進佔廣東後、各地革命運動聞風而起。南部農民佔領數縣、於農民中推選農團軍司令。據聞李福林部一營已降『紅軍』。

廣州十八日蘇聯社電　據香港報載、東江一帶農民暴動已佔領海豐陸豐和惠寧等縣。廣州軍事當局因北江一帶形勢嚴重、對於東江一帶的農民暴動無法派兵平服。李濟琛命令新招兵士五千人。

上海十八日蘇聯社電　國民黨中央委員會和中央監察委員會擴大會議在南京開會、譚延凱主席、提議開除國民黨中央委員譚平山、及國民黨中央候補委員白雲悌毛澤東等共產分子、補充中央委員九人、中央監察委員一人。經討論後、並決議開除鄧演達、彭澤民等國民黨黨籍。又議決挽留汪精衛胡漢民蔣介石等復職、並當選爲國民黨特別委員會委員。又議決增加白崇禧何應欽爲特別委員會委員的名單。

南京十八日東方通信社電　國民黨中央委員會議決設立中央軍事委員六十三人由蔣介石領導。中央軍事委員會設主席團十四人、內有蔣介石、胡漢民、閻錫山、馮玉祥、楊樹莊等新舊軍閥。並議決組織國民政府以胡漢民、蔣介石、汪精衛、蔡元培等爲主席團。

天津十九日東方通信社電　孫傳芳軍隊於除州一帶與徐州一帶之奉軍聯合、預備反攻南京。

漢口十九日通信社電　唐生智通電調

本報特別啓事

遠東邊疆的中國工友們！本報是遠東中國工人的唯一喉舌。你們凡有關於政治和經濟方面的問題及日常生活的狀況均可在本報發表意見。請你們隨時向本報投稿。凡經本報登載的稿件、稿費定從優酬給。工友們！你們要表示真實的擁護本報、就當要隨時與本報發生密切關係！

工人要解除自己的痛苦須要提高自己的知識！

怎样进行改选俱乐部管理处的工作，1927 年 12 月 14 日，王鸿勋

一九二七年十二月十四日　工人之路　第二百十六期

РАБОЧИЙ ПУТЬ

工人之路

Орган Дальне-Восточного краевого совета профсоюзов.

Отв. редактор Тин-шань

Адрес редакции: г. Владивосток, уг. Пекинск. и Корейской, Клуб Китрабочих „1 мая" Телеф. № 6-35.

14 Декабря 1927 г.

№ 216

遠東邊疆職工蘇維埃出版

每逢星期三出版 報價：零賣每期金洋七分 定閱本埠每月二毛五分 外埠每月三毛

編輯處：北京街和高麗街拐角中國工人五一俱樂部樓上

電話六百三十五號

廣告刊例：每期每字按照三分金洋計算 長期另議

反對英帝國主義的白色恐怖！

社論

◉怎樣進行改選俱樂部管理處的工作

（鴻勛）

現在各地的俱樂部管理處將進行改選的工作了。各地俱樂部在進行改選管理處的工作時、就可使各地的工人群衆得到檢查俱樂部在教育工作上建設成績的機會。因此、各地俱樂部在改選管理處的時候、應當在各工會的晚會上和壁報上把俱樂部過去的工作發表出來、好使工人群衆盡量的批評和對於俱樂部在將來的工作上貢獻意見。

我們知道、各地的俱樂部在過去的一切教育工作上之缺点和困難、除了各地的工人群衆指示出來、別的人是無從知道的、俱樂部的本身也是不知道的。在遠東邊疆的條件之下、尤其是在中國工人之中的各地俱樂部、自然一時不能做到完善的。但是所有的缺点和困難、既然是經各地的工人群衆所感覺到的、所指示出來的、當然是能夠盡量的除去的。所以、各地的俱樂部現時在將要改選管理處的時候、應當想出各種方法、盡量的吸收工人群衆積極參加改選俱樂部管理處的工作。茲將各地俱樂部進行改選管理處時應執行的工作方法、摘要如下：

（一）各地俱樂部管理處現時應該召集各俱樂部的活動分子和在各地方委員會作教育工作的人員參加會議。在這個會議上討論改選新管理處的方法和手續。

（二）各地的俱樂部管理處應該指派活動的俱樂部管理員到各工會及其他工人羣衆集中的地方作關於俱樂部過去工作的報告。

（三）各地的俱樂部應當召集關於俱樂部過去工作的問題回答晚會。在壁報上應當特別登載關於改選俱樂部管理處的文章。

（四）各地的俱樂部關於過去的財政收支報告表以及各種工作的圖表應該在明顯的地方張掛出來，使所有的工人群衆都能看見、而且引起他們的注意。

以上四項，不過是據我所見到的。各地俱樂部負管理責任的同志、還可用其他別的方法、引起工人群衆對於改選俱樂部管理處的工作的注意和興趣。

總之、我們希望各地的俱樂部管理處在下屆的工作上更有長足的進步和發展、所以我們對於現在正在進行的改選管理處的工作應該十分注意。各地職工會的指導員尤應當十分的注意。

中國要聞

●革命運動

上海四日蘇聯社電　因為在南京槍斃了反對南京派的國民黨員、在廣州有羣衆的露天大會。張發奎同他一派的人正在演說之際、羣衆中忽然高聲大叫：『打倒張發奎及新軍閥！蘇維埃萬歲！』的口号。到會的群衆中高揭紅旗。當時有三人被捕。

●國民黨的分裂

上海四日蘇聯社電　汪精衛與外國新聞記者談話、袒護張發奎、聲言如果不取消國民黨的特別委員會、他將同廣州的國民黨中央委員回到廣州組織新的獨立政府。

上海七日蘇聯社電　在上海召集之國民第四次中央委員會和中央監察委員會擴大會議的預備會、因為廣西派的分子不出席、遂不能開會。據報載廣西派的國民黨中央委員另行召集獨立的會議。但據上海方面的傳說、這種會議也開不成。按照一般的推測、廣西派將和他的敵派開始軍事的衝突。

●軍閥的爭鬬

北京三日蘇聯社電　按東方通信社消息、奉天的警察捕獲三人、係欲炸毀奉天兵工廠者。據調查的結果、已到奉天有一千餘人、欲乘炸毀兵工廠時進攻奉天的電站、並欲聯合京奉路各地的同事。被捕者供稱與反奉的各軍官均有關係。

上海四日蘇聯社電　李濟琛在汕頭組織他自己的政府。

上海四日蘇聯社電　南京政府對張發奎宣戰、並發布命令立即出發討伐軍反對張發奎。在這命令中並說張發奎『勾結共產黨』、是『國民黨的背叛』。按照南京政府這種方法、實際上是反對汪精衛及與他同來開擴大會議的中央委員。廣西派現欲維持南京和武漢、不願同汪精衛交涉、並設法欲佔領廣州。

北京八日蘇聯社電　近有二十一人已經判決死刑、內中除一人外，均承認得了閻錫山的津貼、運動人民反對奉軍。

●蘇聯領事要求取締白黨

哈爾濱九日電　蘇聯駐哈爾濱總領事給中國當局照會、指明白黨分子在中東鐵路各地秘密開會、要求設法取締。

外國要聞

日內瓦四日蘇聯社電　世界減裁兵備會議於本月三日閉會。這次會議並無結

本報編輯處啓事

遠東邊疆的工友們！你們投稿本報時，請注意以下幾点：

（一）用墨水謄寫，字跡不宜潦草。

（二）每兩行間，可留寬大一些的空白，以便修改。

（三）在稿末請寫出通信地址，以便郵寄稿費。

（四）發表時須用甚麽名字，請附註明。

（五）對於各地的工人生活，須作有系統的詳確通信，隨時投稿本報。

工人要解決自己的痛苦須要提高自己的知識！

为什么要组织中国儿童游戏场，1927 年 7 月 30 日，陈为一

一九二七年七月三十日　工人之路　第一百九十八期

РАБОЧИЙ ПУТЬ

工人之路

Орган Дальне-Восточного краевого совета профсоюзов.

Отв. редактор Чжао Е-жень

Адрес редакции: г. Владивосток, уг. Пекинск. и Корейской, Клуб Китрабочих „I мая“ Телеф. № 6-35.

30 июля 1927 г.

№ 198

遠東邊疆職工蘇維埃出版

每逢星期三出版　報價：零賣每期金洋七分定閱本埠每月二毛五分外埠每月三毛　編輯處：北京街和高麗街拐角中國工人五一俱樂部樓上

電話六百三十五號

廣告刊例：每期每字按照三分金洋計算長期另議

反對英帝國主義的白色恐怖！

本期要目

社論

◉為什麼要組織中國兒童遊戲場

（爲一）

中國兒童遊戲場已於七月十一日開始工作了、但自開辦到現在、兒童到的人數非常之少。我們一方面固然要督促一般負此項工作責任的人、加倍的努力做去、同時我們還更希望海參崴的工友們、對於此項組織能得到一個明確的了解。

（一）中國兒童遊戲場對兒童究竟有什麼好處？凡是一種組織、必有他的利益所在、兒童遊戲場的利益究在什麼地方呢？一般帶老眼鏡的人、對於這点一定會冷笑說：「遊戲對於兒童有什麼好處？這不但會把兒童的心弄野、並且遊戲不好、兒童還要受跌傷損失的危險」、唉！這種話、竟如俗話所說「勤有功戲無益」「好男不當兵」「少年老成」一樣的可笑、一樣的無意義。

人生本有一定的程序。自兒童期以至青年期、壯年期、老年期、各期都有他特殊的生活和特殊的工作、我們決不能把少年人的生活「靈敏活潑的」強迫他學習像八九十歲的一個老頭兒、死板板的、擺々搖々的竟像木偶一般。中國人民因為經濟的落後結果都做了『顚倒的人生』、生活普遍的現象就是兒童期的遊戲和青年期的學習幾乎完全取消、十歲左右的小孩子、小姑娘、就要他燒茶、掃地、買東西、十三歲以上的就要他到鋪子裏當徒弟、一生苦到頭、竟是所謂少年老成、結果到了、壯年、什麼背痛、眼花、肺壞。種種的病態都表示出來。老年未到、棺材板就各各的背起來了。哎呀、這並非是張大其辭、這實在是我們受幾百年來帝國主義侵畧的中國人生活的寫照。

可是現在我們所處的地位不同、這裡是無產階級的國家、他對於各時期人生的生活是狠注意到的、三歲至八歲的兒童期是在遊戲的時期、遊戲是兒童的生活、也是兒童的工作。但是遊戲的種類狠多、有益的也有害、兒童遊戲場內的各種遊戲是有組織的、是有益的、他能強壯兒童的身體、開發兒童的理智、養成兒童的團體的生活、使兒童成為活潑健全無病無痛的、這就是兒童遊戲場的好處、也就是所以組織中國兒童遊戲場的意義、

（二）中國兒童遊戲場的組織狀況　中國兒童遊戲場是教育廳辦的、俱樂部從中幫助、內有女指導員三人以專門教育兒童各種的遊戲、遊戲的玩具種類狠多、且都能開發兒童的理智。遊戲時間每天自上午十時至下午四時、備有中膳、在六小時中尙抽出一小時專門教育兒童念書、這是遊戲場內部的大概情形、我們看了這種組織就不難明白中國兒童遊戲場對於中國兒童確實有狠大的利益。

在最近天氣暑熱的時候、大多數中國人的家庭空氣是狠不好的、兒童正當的遊戲是沒有的、這樣做父母的就應該快快送兒童到這兒童遊戲場來、使兒童得到美滿的生活。

要聞

七月二十七日漢口電　中國共產黨已完全退出武漢政府、並發表宣言舉出武漢政府處置之失當。共產黨員譚平山、蘇兆徵退出國民政府後聯名發表宣言、說國民黨中央反對階級鬥爭、壓迫工人、破壞工會農會的組織、有種種阻礙工農發展的反革命行動、故不得不退出。最後並盼望革命的國民黨員團結起來、反對中央黨部。

七月二十七日上海電　南京政府發表一個密令、說反日運動非國民黨中央的意思、以後非得中央命令、不能有此行動。

七月二十七日上海電　廣東李濟琛反對蔣介石益烈、擬脫離南京、聯合胡漢民另組織兩廣雲南三省的特別政府。

七月二十六日上海電　據國聞社漢口消息、說馮玉祥致電武漢、在開封召集會議、請武漢南京俱派代表參加、但無結果。

七月二十六日上海電　孫中山的妻子宋慶林由武漢來上海、胡漢民卽派一個代表送一封信給宋慶林、請他到南京去、宋慶林拒絕。

七月二十一日北京電　據本埠新聞、說張作霖派楊宇霆代表奉系和山西代表李啓芳討論和平條約：奉天、南京、山西一致聯合反對河南、湖北、湖南。現南京在山東的軍隊已調回徐州、奉張承認孫文主義、並在奉系地盤內組織國民黨的黨部。

七月二十日北京電　據東方社消息、蔣介石的代表黃輔良秘密來北京、在奉軍司令部討論和平、聞奉張主張

工人要解決自己的痛苦須要提高自己的知識！

本报两百期纪念告旅俄华工，1927 年 8 月 17 日

РАБОЧИЙ ПУТЬ

工人之路

Орган Дальне-Восточного краевого совета профсоюзов.

Отв. редактор Чжао Е-жень

Адрес редакции: г. Владивосток, уг. Пекинск. и Корейской, Клуб Китрабочих „I мая“ Телеф. № 6-35.

17 Августа 1927 г.

№ 200

遠東邊疆職工蘇維埃出版

無逢星期三出版
報價：零賣每期金洋七分定閱本埠每月二毛五分外埠每月三毛
編輯處：北京街和高麗街拐角中國工人五一俱樂部樓上
電話六百三十五號

反對英帝國主義的白色恐怖！

本期要目

社論

◉本報兩百期紀念告旅俄華工

工友們！代表你們自己利益而說話的喉舌「工人之路」、自誕生迄今已有五年半的歷史了、在這五年半的歷史中、共計刊行了兩百期、現在即是他的兩百期紀念日了。試問在這兩百期紀念當中、對於旅俄華工作了些什麼？想大家感覺着的必有以下的幾点：

（一）遠東華工在「工人之路」未產生以前、還是一盤散沙、完全在通事、工頭、掌櫃的厭迫之下過生活。自「工人之路」產生以後、即宣傳工人應有工會的組織、並積極的領導和幫助工人向他們的敵人進攻、經過這長期的鬥爭、才將他們的敵人漸次肅清、進入於承平之境。在另一方面、他們經過長期的歷史鬬爭以後、已徹底的認清了本報的確是他們解放奮鬬的南針、的確是工人階級唯一的輿論機關、更進而與本報發生密切的關係。

（二）遠東的華工在「工人之路」產生的初期、雖漸次覺悟有組織工會和加入工會的必要、可是在經濟落後的遠東工人、知識程度非常低落、並沒有狠強大的力量去和他的敵人鬬爭、本報則積極的主張工人教育、提高工人的知識程度、俾工人狠清楚的認識他們自己的地位、怎樣去和資本家奮鬬。現在工人教育亦已發達、受過教育的工人也一天增多一天、他們的組織和戰鬥力也愈漸擴大堅强了。

（三）最近國際資本帝國主義和國內的新舊軍閥、資產階級、地主劣紳、愈益猖獗繁衍、殘殺工人農民、破壞工人農民的組織、以及向我無產階級祖國、世界革命大本營——蘇聯挑釁的事件、時有所聞。世界大戰隨時都有發生的可能。本報以此祇有工農的武裝力量才能鞏固蘇聯、才能消滅國際帝國主義及其賴以侵畧中國的工具——軍閥、資產階級、遂又積極提倡武裝工農、普及工農的軍事教育、以及保護蘇聯實行工業化軍事化的政策．現在都已實現了。凡事本報總站在群衆的前面、狠明白的給群衆以可走的道路、群衆失了本報、即如無舵之扁舟、徘徊岐路、無所適從。由此看來、本報已深入群衆、本報的基礎已建築在普遍的廣大的羣衆上面了、倘能如此繼續不斷的向前發展、本報前途、誠莫可限量．遠東華工如能與本報發生更密切的關係、欲根本消滅他們的敵人、保護他們自己的利益、實心悅而事成了。

根據上面的事實看來、我們就知道「工人之路」與旅俄華工關係的密切了。在今天本報的兩百期紀念日、特與遠東工友相勉勵、今後本報唯一的任務、即更盡量的揭破你們的仇敵的罪惡、積極的領導和幫助工人向其敵人奮鬬．在遠東工友群衆方面、今後要更徹底的認清你們自己對於本報的責任、推廣本報的銷路、積極參加本報的工作、擁護你們自己的喉舌——「工人之路」、更進一步與本報發生狠親密的關係．這就是本報對於旅俄工友群衆唯一的一点希望。

◉介紹第三國際對中國問題的議決案

（冶人）

二

適值中國革命運動發展得大有可觀、城市和鄉村的一切工人農民均勃然而興要求中國革命實現熱度最高漲的時候而聯合戰線中的資產階級和代表資產階級的國民黨中央委員、既已紛紛脫離革命的工農聯合戰線、反對工農革命、破壞工農組織、屠殺工人農民和代表工農階級利益而奮鬬、而革命的政黨——共產黨、完全與封建軍閥及其所賴以生存的帝國主義一鼻孔出氣。中國的革命運動、發至此、又走到一個新的階段了、即是走到無產階級和資產階級大決鬬的階段了。然而中國革命民衆的革命政策、還是均守前日的老法門一層不變嗎？當然不是的！我們祇要看一看第三國際所指示於我們的革命道路就明白了：

「第三國際對中國共產黨目前的革命政策、提出一個意見、即是現在要進行宣傳蘇維埃的組織。

從前未提出這個問題的原因、是因先前的國民黨還是革命的、現在國民黨的上層黨員既已背叛革命、走到反革命的道路上去了、目前提出宣傳蘇維埃的組織、在政治上是狠合時的。

先前有人說是否可以提出宣傳蘇維埃的問題、當決然的回答道：「不可」！因爲當時提出這個口號、於革命的聯合戰線、大有妨害。

從前國民黨所有的黨員、對於中央黨部的叛跡還沒有狠清楚的認識、設若我們那時就提出宣傳蘇維埃的口號、結果、必致所得的害多而益鮮。現在國民黨的中央黨部既已背叛、中國共產黨於此時

工人要解決自己的痛苦須要提高自己的知識！

海参崴州中韩工人活动分子会议的意义，1928 年 3 月 15 日，丁山

一九二八年三月十五日　全世界無產階級聯合起來呵！　第二百三十七期

遠東邊疆的中國工農必須努力參加遠東的社會主義建設！

РАБОЧИЙ ПУТЬ

工人之路

Орган
Дальне-Восточн. краевого
совета профсоюзов.
Отв. редактор Тин-шань
Адрес редакции: г. Владивосток, уг. Пекинск. и Корейской, Клуб Китрабочих „I мая"
Телеф. № 6-35.
Выходит 2 раза в неделю.
15 Март 1928 г
№ 237

遠東邊疆職工蘇維埃出版
每逢星期四、星期日出版。
價目：零賣每份金洋五分 本埠定閱每月四毛 外埠定閱每月五毛
編輯及發行處：海參崴北京街和高麗街拐角中國工人五一俱樂部樓上
電話六百三十五號

本報編輯處啓事

遠東邊疆的工友們！你們投稿本報時、請注意以下幾点：

（一）用墨水謄寫、字識不宜潦草。

（二）每兩行間、可留寬大一些的空白、以便修改。

（三）在稿末請寫出通信地址、以便郵寄稿費。

（四）發表時須用甚麽名字、請附註明。

（五）對於各地的工人生活、須作有系統的詳確通信、隨時投稿本報。

◉海參崴州中韓工人活動分子會議的意義（社論）（汀山）

海參崴州是蘇聯遠東邊疆最末端的區域同時又是蘇聯遠東邊疆與東方一切國家毘連交界的境地。海參崴的城市是遠東邊疆最繁盛的城市、而且在海參崴州有數萬中韓民族的工農羣衆。單就這些條件很顯然的就決定了海參崴州的政治、經濟和文化教育對於無產階級專政而建設社會主義的蘇聯國家和其在國際關係的地位上之重要了！

領導無產階級專政而建設社會主義的蘇聯國家之蘇聯共產黨自從去年第十五次大會以後、對於提高無產階級教育程度的工作特別注意。因爲蘇聯經濟在最近幾年來發展的迅速、要實行國家工業化而進步到電氣化已經是不成問題了。成問題的就是無產階級的技術若不能與經濟發展的步驟同時並進、則不能戰勝所有的一切困難和障碍！

要提高蘇聯無產階級的技術程度、必須使蘇聯各民族的文化教育迅速的發達。因此、最近在莫斯科將開的全蘇聯各民族教育文化工作會議、就是爲這種目的而進行的。

遠東邊疆各州的職工會現在亦在進行預備這個會議的工作。海參崴州職工蘇維埃在三月十五日於中國工人『五一』俱樂部所召集的中韓民族工人活動分子會議亦是預備這個工作的一部份。

在這個會議上所有的中韓民族工人的活動分子都應參加。在這個會議上不僅要總計中韓民族中工人羣衆過去在教育文化工作上的建設成績而且要指出過去中韓民族工人中關於教育文化工作上的困難、缺点和障碍。同時更要提出將來在中韓民族工人中關於提高教育文化工作的計劃。

海參崴州中韓民族的工人群衆應該注意這個會議。遠東邊疆的各民族工人群衆亦應該注意這種會議。

中國要聞

◉工農革命運動

上海十日蘇聯社電　據報載、在中國地面的紡廠工人與警察發生衝突。結果死一工人。發生衝突的原因、係由警察不許工人開反對開除工人的大會。

上海十日蘇聯社電　據東方時報的消息、范石生的軍隊進攻廣東西部之恒化和安岡等地。該地已爲共產黨人佔領。

據報載、共產黨人的革命軍隊激烈的反抗范石生的軍隊且得勝利。

北京十一日蘇聯社電　舉行暴動之農民『大刀會』的軍隊在敦化附近大敗奉軍。奉軍在敦化城內關閉城門防守。另訊、奉軍當局發現從山東來到東三省參加『大刀會』的人民日多、現已下令禁止別省的人民入東三省境。

◉日本帝國主義侵略中國

上海十日蘇聯社電　駐厦門的日本領事要求中國當局禁止抵制日本商船的運動、否則擬調駐在厦門之日本軍艦干涉。

據聞在厦門抵制日本運動係因日本警察在中國地越界逮捕三個韓國人而起。

外國要聞

莫斯科八日蘇聯社電　蘇聯政府簽字同意在國際戰爭時不用毒氣炮。

新西比利亞八日蘇聯社電　據西伯利亞西部煤油公司消息、在中國西部最近輸出蘇聯的煤油愈多。中國的煤油公司最近在謝米保拉丁斯克訂購蘇聯揮發煤油九十噸、因最近在新疆省內新開設了汽車路線。

莫斯科八日蘇聯社電　第三國際執行委員會第九次擴大會議、決定於今年在莫斯科開第六次全世界共產國際大會、其議事日程是（一）第三國際執行委員會報告。（二）國際監察委員會報告。（三）少年共產國際執行委員會報告。（四）第三國際的工作計劃。（五）關於世界帝國主義發生戰事的鬥爭方法。（六）殖民地革命運動的問題。（七）蘇聯的狀況。（八）改選。爲要使西歐共產國際的各支部有密切的關係起見、該擴大會議並議決托付主席團在西歐設立第三國際的幹事局。

日內五八日蘇聯社電　據國際聯盟的消息、在將來開的裁減兵備會議、擬定爲長期的會議。現時各帝國主義國家的外交部部長已至日內瓦進行秘密會議、對於蘇聯代表提出之減裁兵備議案、作一致的反抗表示。據確訊、該秘密會議已決定停止討論蘇聯代表的提議。這種提議擬定由日本代表提出。

柏林八日蘇聯社電　在德國的電汽工廠已開除一萬五千人。並聞電汽工廠尚擬開除六萬工人。這是爲柏林機器工人罷工的反抗。

莫斯科八日蘇聯社電　蘇聯飛機化學社總部發表宣言『我們對於答覆張伯倫』的基金截至三月七日爲止已達一千萬盧布。

職工會是無產階級專政的基礎、共產主義的學校、建設社會主義有力的工具！

纪念上海工人三月暴动一周年，1928 年 3 月 22 日，章

第二百三十九期　全世界無產階級聯合起來呵！　一九二八年三月二十二日

РАБОЧИЙ ПУТЬ

工人之路

Орган
Дальне-Восточн. краевого
совета профсоюзов.

Отв. редактор Тин-шань

Адрес редакции: г. Владивосток,
уг. Пекинск. и Корейской, Клуб
Китрабочих „I мая"
Телеф. № 6-35.

Выходит 2 раза в неделю.
22 Марг 1928 г.
№ 239

遠東邊疆職工蘇維埃出版

每逢星期四、星期日出版

價目：
零售每期金洋五分
本埠定閱每月四毛
外埠定閱每月五毛

編輯及發行處：海參威北京街和高麗街拐角中國工人五一俱樂部樓上

電話六百三十五號

遠東邊疆的中國工農必須努力參加遠東的社會主義建設！

◉紀念上海工人三月暴動一週年

（社論）（章）

上海八十三萬工人第二次總同盟罷工、二三萬工人第三次武裝暴動，激戰兩日一夜共三十小時之久，終於將所有警察署、兵工廠、電報局……通通佔領，將直魯軍閥完全消滅。除租界外，上海全市實際完全在工人統治之下。這場激烈的英勇的革命戰爭，使全世界的帝國主義者大驚失色，望着發抖，全世界的無產階級和被壓迫的民衆爲之眉飛色舞、歡躍狂呼。這場英勇的爭鬥，開中國革命及世界運動的新局面，在歷史上再加一回顯出工人階級是唯一眞正偉大的革命的力量和主力軍——這是去年昨今兩日，即三月二十一、二十二這兩天一夜的事。

祇有幾支手鎗和一群徒手的工人，便可以叫警察們剝去制服，交出鎗械低首投降。祇須十幾個工人，幾桿盒子炮，便可以圍繳百餘魯軍的鎗炮子彈，捉着一個個活的俘擄。只須一兩個革命學生和三五個勇敢的工人，伏在橫濱橋頭，抵住幾座機關炮、無數炸彈、排鎗，整一夜之久。不提防的將鐵軌析毀幾段，使一列由吳淞開來的兵車，剛過天滝庵車站便完全倒塌，敵人再也不敢前進。在北火車站寶山路頭敵人晚間放火焚燒幾百間民房，義勇絕頂的工人糾察隊一面要進攻和防禦敵人，一面要撲滅大火，救護男女老幼。一場英勇的巷戰奪取武裝，趕走直魯殘軍，使居民去掉搶劫燒殺之禍，使所謂北伐軍不費一彈很順暢的開到上海。祇這些數不盡的豐功偉績，描寫不全的忠誠義勇，上海無產階級之組織的戰鬪的革命的力量，不是中國及全世界工人階級的榮譽嗎？不值得我們一年二年十年百年……永遠地紀念嗎？

這一場暴動革命應該紀念的，還有由工人領導及各層民衆組織成立的上海市政府，這是表示上海的工人階級已經能夠領導民衆獲得自己的政權，建立自己的民主革命政府。

但是上海本是革命勢力最雄厚的地方，同時反革命者也特別忌視上海的革命力量，尤其是三月這次工人階級的英勇鬥爭以後，帝國主義者、民族資產階級、國民黨右派、蔣介石、白崇禧……一個個望着上海無產階級發抖，眼中出血地嫉視、憤恨，口啣利刀，早就定下屠殺的計劃。首先北伐軍只到龍華，不肯再前進，因爲怕與帝國主義衝突，自然不顧工人階級孤軍地在艱苦奮鬪，一到上海，便宣佈戒嚴，「制止民衆暴動」。便干涉市政府委員就職，並用法西士方法，利用流氓，寫信恐嚇市政府委員。蔣介石到上海天天只接見外國領事、新聞記者、官僚買辦等，不理會什麽民衆代表，再則不分晝夜地和張靜江、蔡元培、吳稚暉、白崇禧、何應欽……一班官僚軍閥計劃屠殺工人的方法。帝國主義的記者一面問他是否有權統治上海，一面稱之爲「穩健派」「更優惠於外人權利」，說「一切多恃蔣介石之態度」。蔣介石待一切計劃好了，到四月十二日便動起手來，完全繳除工人糾察隊的武裝，封閉上海總工會，用機關鎗向工人羣衆掃射，死的傷的不計其數。從此以後，蔣介石完全暴露他的反革命面目，東南幾省同時大反動起來。無論上海工人及全國的革命亦從此完全改向失敗。蔣介石諸新軍閥完全投在帝國主義懷裏，做他們的有力的新工具和馴犬！到現在國民黨更已不成其爲東西，而誠是反革命的屠殺工農，厲行野蠻殘酷不忍聽聞的白色恐怖的一群野獸。殺工人，殺農民，殺男女學生，殺共產黨員和青年團員……凡是革命的便殺、斫、燒、凌遲活刮，慘難卒述，古今中外找不出這樣兇惡殘暴的劊子手和豺狼虎豹來。唉！難道還能說他們是「人」嗎？

上海工人三月暴動在中國在全世界革命歷史上是鮮紅的光榮的一頁。我們紀念上海工人階級的英勇爭鬥，誠懇地稱許他們練習了革命的最高藝術——暴動。但是末了我們還要應將這次暴動所得的教訓反省一回。第一、這次上海無產階級及一班勞動者的組織和準備頗好，但是小資產階級的工作做的太壞？第二、主要的缺点是太相信大資產階級能夠革命，因此而處處遷就他們，生恐他們離開革命，不正確的狠機械的聯合戰線策略，錯誤到底。第三、市政府毫無工作，不起作用，內中如買辦資產階級虞洽卿及國民黨女流(張)鄭郁秀都有，他們一開始便怠工，而比較革命的小資產階級代表太少，上海自暴動後一兩個多星期沒有政府，而市政府並不趕緊工作。第四、頗有視上海運動與全國運動隔離，與各地革命運動沒有連帶關係之弊。第五、狠久便知道蔣介石的反革命行動，和白崇禧等是反對共產黨的，他們到上海後，尤其看的清楚。可是對付他們，不獨沒有什麼準備，而且事事處處向他

本報編輯處啓事

遠東邊疆的工友們！你們投稿本報時，請注意以下幾点：

（一）用墨水膳寫，字畫不宜潦草。
（二）每兩行間，可留寬大一些的空白，以便修改。
（三）在稿末請寫出通信地址，以便郵寄稿費。
（四）發表時須用甚麽名字，請附註明。
（五）對於各地的工人生活，須作有系統的詳確通信，隨時投稿本報。

職工會是無產階級專政的基礎、共產主義的學校、建設社會主義有力的工具！

保衛世界革命的大本營——蘇聯是無產階級的責任

們讓步、唯恐嚇了他們。只知向工人糾察隊定下些消極的不許怎樣怎樣的紀律、而不防革命的運命危在旦夕、尤其是武漢的同志們已在高喊『打倒蔣介石』的口号時、而上海的同志們生怕反蔣、猶疑不決、因此無準備、無行動、結果乃大犧牲！這種『機會主義』的錯誤、是我們最不能忘的一課呵！

中國要聞

●工農革命爭鬥

北京十五日蘇聯社電　因奉系軍隊不能撲滅『大刀會』的運動、奉軍方面提議要求『大刀會』停戰、並收編爲正式軍隊。

北京十六日蘇聯社電　新聞報載、上海九十三個紗廠罷工的工人於本月十四日復工　關於要求被開除的工人復工、已得圓滿答覆。

●德州兵士暴動

北京十七日蘇聯社電　據德州的來的消息、該地兵工廠被暴動的兵士毀壞　暴動的兵士將兵工廠改爲兵士住宅。所有一切機器和軍械以及工具之一部分已經損壞．一部分被提取　據該兵工廠廠長云．在德州不能恢復兵工廠的製造。

●新舊軍閥的混戰

上海十五日蘇聯社電　國民通信社云．白崇禧同意與蔣介石合力北伐。

北京十六日蘇聯社電　徐州方面傳來的消息、孫傳芳軍隊的第三軍軍長李春生因與馮玉祥軍隊勾結、超過黃河．李春生被孫傳芳鎗斃。

北京十七日蘇聯社電　據奉天軍總司令部消息、馮玉祥的軍隊在直隸西部失敗、向東部撤退。奉軍擄俘的兵士和軍械甚多。馮軍退敗時秩序甚紊亂。

●南京政府與北京政府的勾結

北京十五日蘇聯社電　北京政府和南京政府訂立郵政條約．北京政府郵務局的代表担任南京政府郵務局的副局長。

●國民黨與帝國主義勾結及其反動

上海十五日國聞社消息　外交委員郭泰祺和上海市政廳長江廷瀚設席歡迎英國公使廉卜森。參與賠席者有英國領事巴爾登和南京政府外交部長黄孚。江廷瀚聲言英國現在對於南京政府的財政和思想上均有帮助　廉卜森回答希望「中國」和英國的關係更密切。黄孚與廉卜森事前已開秘密會議。

上海十七日蘇聯社電　成都的軍事當局解散國民黨的組織並搜查高中各級學校逮捕學生教員八十人、次日即行鎗斃。

蘇聯要聞

巴古十五日蘇聯社電　在高加索蘇維埃社會主義聯邦共和國執行委員會上煤油托拉斯總經理報告、自從沒收私人的煤油以後、該年共得二百五十萬噸煤油．去年已得六百八十萬噸煤油　比較戰前多得百分之五十。按今年的計劃輸到外國的煤油比較戰前多三倍半。

紐約十六日蘇聯社電　蘇聯政府因購買美國的機器．運値一千萬盧布的金塊到美國　美國的銀行因爲美國財政部的禁令、拒絕收用。法國銀行提出訴訟、主張扣留、據云這項金塊是法國在一九一三年給俄皇政府的。另訊、美國銀行家及法律家均云法國銀行的訴訟無根據

莫斯科十六日蘇俄社電　蘇聯人民委員會和經濟會議決定指撥十萬盧布作爲在赤塔設立電站的基金

另訊、農民委員會決定於今年發給二十九萬九千盧布帮助遠東邊疆的貧農和力量薄弱的中農　另訊、全蘇聯協作社委員會運送値四十萬盧布的食糧和工具到阿穆爾河。

各國要聞

日內瓦十日蘇聯社電　蘇聯出席國際聯盟第五次裁減兵備會議代表立持文諾夫聲言　反對另自設立「取消危險委員會」主張開始討論蘇聯前次提議解除全世界武裝的問題。

工人生活

△市政工會對於中國工人的過去工作與將來

海參崴共有一二十幾個工會的組織、關於華工指導員一席早已實施。但市政工會地方委員會、雖說成立許久、所用的辦事人均係俄國同志、在市政工會的中國工人．時常因爲不會說俄國話的緣故、交涉的事情每多隔膜、影響到中國工人至今尚不明白市政工會的意義、市政工會是爲誰設立的？有了以上的種種原因、在海參崴城市私人企業的雇主就趁勢大施其剝削的手段。雖然有時有俄國同志前去調查、亦難發覺其中的黑幕和詭計。自從去年（一九二七年）八月間許正林同志担任市政工會指導員以來、已經召集中國工人開了數次中國市政工人全大會、解釋市政工會的意義和其保護工人的責任與專向雇主奮鬥的工作。嗣後就有許多中國市政工人要求加入市政工會。刻下市政工會內已有會員一百三十多名、均是按月繳納會費。市政工會的中國會員雖然是這樣的迅速增加、但是這還不算在中國工人的工作中有偉大的成績。因爲據確實的調查尚有許多中國市政工人沒有加入工會。他們是在假打小股子的名義之下受雇主的壓迫而且幫助了掌櫃的減省社會保險等等捐錢。至於工人染病得不到醫藥、雇主自由開除工人等等黑幕、簡直是司空見慣層出不窮的事。甚而有雇主的『皇親』『國舅』仗勢欺壓工人至於半死的事實。聞去冬某澡塘子項名假打小股子的工人、無故被雇主開除私自出境、行至三岔口地方被大雪氷凍失掉了兩足。以上各種問題、希望勞動檢查員及市政工會華工指導員根據這個提議、詳細前去調查、在將來表顯出市政工會眞正是保護工人的。（愼）

△楊吉林專門設立烟館寶局

蘇城煤礦三號井子、有一個使鍇的工人楊吉林、前幾年是明裏做工、秘密設立寶局。自從一九二七年選舉城市蘇維埃的時候、煤礦華工指導處、把他推舉到城市蘇維埃爲議員。到了這個時候他把紅小賬拿到了手中、就把心地變了。在十號礦井的地方原幾有處小房子、都是開設寶局和煙館等的、楊吉林自留一處房子、仍然設立寶、會、牌、等局、此外還有大煙館。自言我在十號井子上、開設各種賭局、不許別人佔我這地盤。誰要是來出局、就要給我的見面禮！要我準他設立、才敢設立。我是有權力的一個人物！這十號井子的地盤、我是佔了的不準別人到此。而且還有一個同盟王永盛亦是一個議員。他把煤礦的工作已經退了年餘．現在專門與楊吉林『打小股子』開設烟館寶局爲生活。蘇城煤礦的中國工友、應該調查楊吉林和王永盛的確實証據、撤回他們在蘇維埃當代表的責任同時在蘇城地方當局告發他們。務須鏟除中國工人中這種惡劣分子！（仁山）

△紡織工會注意協作社的工作

海參崴紡織工會於前日開地方委員會、討論協作社的工作問題、結果議決派楊毛尼同志代表協作社的工作。凡是紡織工會的會員都應參加協作社。若有願意參加協作社者、可到中國工人『五一』俱樂部樓上『管理處』去找楊毛尼同志卽可辦理一切。參加協作社的股金、由一盧布五十哥比到五盧布五十哥比、再至十一

遠東邊疆的革命工人、必須隨時幫助中國革命、打倒反動的中國國民黨及野蠻殘酷的白色恐怖！

纪念上海工人三月暴动一周年，1928 年 3 月 22 日，章

一九二八年三月二十二日　全世界無產階級聯合起來呵！　第二百三十九期

РАБОЧИЙ ПУТЬ

工人之路

Орган
Дальне-Восточн. краевого
совета профсоюзов.

Отв. редактор Тин-шань

Адрес редакции: г. Владивосток,
уг. Пекинск. и Корейской, Клуб
Китрабочих „I мая"
Телеф. № 6-35.

Выходит 2 раза в неделю.

22 Марг 1928 г.

№ 239

遠東邊疆職工蘇維埃出版

每逢星期四．星期日出版，

價目：
零賣每期金洋五分
本埠定閱每月四毛
外埠定閱每月五毛

編輯及發行處：海參威北京街和高麗街拐角中國工人五一俱樂部樓上

電話六百三十五號

廣告刊例：每期每字按照三分金洋計算長期另議

本報編輯處啓事

遠東邊疆的工友們！你們投稿本報時，請注意以下幾点：

（一）用墨水謄寫，字蹟不宜潦草。
（二）每兩行間，可留寬大一些的空白，以便修改。
（三）在稿末請寫出通信地址，以便郵寄稿費。
（四）發表時須用甚麽名字，請附註明。
（五）對於各地的工人生活，須作有系統的詳確通信，隨時投稿本報。

〔社論〕

◉紀念上海工人三月暴動一週年

（章）

上海八十三萬工人第二次總同盟罷工、二三萬工人第三次武裝暴動、激戰兩日一夜共三十小時之久、終於將所有警察署、兵工廠、電報局……通通佔領、將直魯軍閥完全消滅。除租界外、上海全市實際完全在工人統治之下、這場激烈的英勇的革命戰爭、使全世界的帝國主義者大驚失色、望着發抖、全世界的無產階級和被壓迫的民衆爲之眉飛色舞、歡躍狂呼。這場英勇的爭鬥、開中國革命及世界運動的新局面、在歷史上再加一回顯出工人階級是唯一眞正偉大的革命的力量和主力軍——這是去年昨今兩日即三月二十一、二十二這兩天一夜的事。

祇有幾支手鎗和一群徒手的工人、便可以叫警察們剝去制服、交出鎗械低首投降。祇須十幾個工人、幾桿盒子炮、便可以圍繳百餘魯軍的鎗炮子彈、捉着一個個活的俘擄。只須一兩個革命學生和三五個勇敢的工人、伏在橫濱橋頭、抵住幾座機關炮、無數炸彈、排鎗、整一夜之久。不提防的將鐵軌柝毀幾段、使一列由吳淞開來的兵車、剛過天潼庵車站便完全倒塌、敵人再也不敢前進 在北火車站寶山路頭敵人晚間放火焚燒幾百間民房、義勇絕頂的工人糾察隊一面要進攻和防禦敵人、一面要撲滅大火、救護男女老幼、一塲英勇的巷戰奪取武裝、趕走直魯殘軍、使居民去掉搶刼燒殺之禍、使所謂北伐軍不費一彈很順暢的開到上海。祇這些敗不盡的豐功偉績、描寫不全的忠誠義勇、上海無產階級之組織的戰鬪的革命的力量、不是中國及全世界工人階級的榮譽嗎？不値得我們一年二年十年百年……永遠地紀念嗎？

這一場暴動革命應該紀念的、還有由工人領導及各層民衆組織成立的上海市政府、這是表示上海的工人階級已經能夠領導民衆獲得自己的政權、建立自己的民主革命政府。

但是上海本是革命勢力最雄厚的地方、同時反革命者也特別忌視上海的革命力量。尤其是三月這次工人階級的英勇鬥爭以後、帝國主義者、民族資產階級、國民黨右派、蔣介石、白崇禧……一個個望着上海無產階級發抖、眼中出血地嫉視、憤恨、口啣利刀、早就定下屠殺的計劃。首先北伐軍只到龍華、不肯再前進、因爲怕與帝國主義衝突、自然不顧工人階級孤軍地在艱苦奮鬪、一到上海、便宣佈戒嚴、「制止民衆暴動」。便干涉市政府委員就職、並用法西士方法、利用流氓、寫信恐嚇市政府委員。蔣介石到上海天天只接見外國領事、新聞記者、官僚買辦等、不理會什麽民衆代表、再則不分晝夜地和張靜江、蔡元培、吳稚暉、白崇禧、何應欽……一班官僚軍閥計劃屠殺工人的方法。帝國主義的記者一面問他是否有權統治上海、一面稱之爲「穩健派」、「更優惠於外人權利」、說「一切多恃蔣介石之態度」。蔣介石待一切計劃好了、到四月十二日便動起手來、完全繳除工人糾察隊的武裝、封閉上海總工會、用幾關鎗向工人羣衆掃射、死的傷的不計其數。從此以後、蔣介石完全暴露他的反革命面目、東南幾省同時大反動起來。無論上海工人及全國的革命亦從此完全改向失敗。蔣介石諸新軍閥完全投在帝國主義懷裏、做他們的有力的新工具和馴犬！到現在國民黨更已不成其爲東西、而誠是反革命的屠殺工農、厲行野蠻殘酷不忍聽聞的白色恐怖的一群野獸。殺工人、殺農民、殺男女學生、殺共產黨員和青年團員……凡是革命的便殺、斫、燒、凌遲活刮、慘難卒述、古今中外找不出這樣兇惡殘暴的劊子手和豺狼虎豹來。唉！難道還能說他們是「人」嗎？

上海工人三月暴動在中國在全世界革命歷史上是鮮紅的光榮的一頁。我們紀念上海工人階級的英勇爭鬥、誠懇地稱許他們練習了革命的最高藝術——暴動。但是末了我們還要應將這次暴動所得的教訓反省一回。第一、這次上海無產階級及一班勞動者的組織和準備頗好、但是小資產階級的工作做的太壞。第二、主要的缺点是太相信大資產階級能夠革命、因此而處處遷就他們、生恐他們離開革命、不正確的狠機械的聯合戰線策略、錯誤到底。第三、市政府毫無工作、不起作用、內中如買辦資產階級虞洽卿及國民黨女流氓鄭郁秀都有、他們一開始便怠工、而比較革命的小資產階級代表太少、上海自暴動後一兩個多星期沒有政府、而市政府並不趕緊工作。第四、頗有視上海運動與全國運動隔離、與各地革命運動沒有連帶關係之弊。第五、狠久便知道蔣介石的反革命行動、和白崇禧等是反對共產黨的、他們到上海後、尤其看的淸楚。可是對付他們、不獨沒有什麽準備、而且事事處處向他

職工會是無產階級專政的基礎、共產主義的學校、建設社會主義有力的工具！

帮助中国共产主义青年团，1928 年 3 月 25 日，丁山

一九二八年三月二十五日　全世界無產階級聯合起來呵！　第二百四十期

РАБОЧИЙ ПУТЬ

工人之路

Орган
Дальне-Восточн. краевого
совета профсоюзов.

Отв. редактор Тин-шань

Адрес редакции: г. Владивосток, уг. Пекинск. и Корейской, Клуб Китрабочих „I мая"
Телеф. № 6-35.

Выходит 2 раза в неделю.

25 Марг 1928 г.

№ 240

遠東邊疆職工蘇維埃出版

每逢星期四、星期日出版。

價目：
零售每期金洋五分
本埠定閱每月四毛
外埠定閱每月五毛

編輯及發行處：海參威北京街和高麗街拐角中國工人五一俱樂部樓上

電話六百三十五號

遠東邊疆的中國工農必須努力參加遠東的社會主義建設！

幫助中國共產主義青年團

（社論）（丁山）

中國共產主義青年團是中國所有的青年工農兵士及學生和婦女等爲共產主義而鬥爭的革命組織。中國共產主義青年團的發生和中國共產黨是在相同的條件之下和相差不久的時代。中國共產主義青年團是國際共產主義青年團的支部。中國共產主義青年團在政治上的工作完全是受中國共產黨的領導。

年來中國革命的高潮湍飛激漲、中國共產黨在中國革命過程中固然作了許多英勇悲壯的爭鬭，同時、中國共產主義青年團在中國共產黨領導之下、号召中國的一切革命青年及其組織、在中國革命的戰線上亦是奮勇前進的。

年來當中國南北各省新舊軍閥的白色恐怖之極盡人類兇殘的屠殺、中國共產黨員的犧牲固屬不少，同時、中國共產主義青年團的青年戰士差不多每一次都與中國共產黨員有同等的犧牲。

中國共產主義青年團是中國共產黨的繼承者、亦卽是中國革命的繼承者！中國共產黨的勝利、就是中國革命的勝利、亦卽是世界革命的勝利。然而要使中國共產黨得到完全的勝利，則不能不有賴於中國共產主義青年團的勝利！

幫助中國共產主義青年團就是幫助中國共產黨、亦卽是幫助中國革命和世界革命！幫助中國共產主義青年團！不僅是目前中國青年工農兵士及學生和婦女的責任而且是全世界的革命工農兵士及學生和婦女的重要責任！

遠東邊疆的中國工友們！中國青年工友們和中國青年婦女們！在本月中（海參崴州定於十八日至廿五日）所舉行的幫助中國共產主義青年團週內、應該在宣傳上、物質上、努力幫助！尤其是中國青年工友和婦女們應該認識中國共產主義青年團的意義、加入俄國共產主義青年團、中國組、挺身出來、担任解放一切被壓迫青年的責任！

（中國要聞）

●工農群衆革命運動

上海十九日蘇聯社電　革命軍隊從海豐陸豐等縣出發、進佔惠來、惠江、距汕頭二百公里。從汕頭到潮州的鐵路和到汕頭的自來水管均被炸毀。

北京十九日蘇聯社電　據路透社消息、中國中部重新壓迫革命運動。最近數日廣西軍隊所在的地方屠殺十八人。據云重新壓迫革命運動的原因、係因湖北政府恐懼又有新的高漲的革命運動。

上海二十日蘇聯社電　從廣州得的消息、共產黨人的軍隊佔領廣東東部汕頭之南的惠來。

上海二十一日蘇聯社電　李濟琛至上海與新聞報記者談話、據云：『他來此係爲北伐問題。因爲廣東軍隊與共產黨人戰爭不能參加北伐』李濟琛並云『在海豐存在之共產黨人領導的政府和其在廣東各處駐防的軍隊約有一萬人。

上海二十一日蘇聯社電　據報載、農民暴動的軍隊佔領天津附近之滄州縣城。政府軍隊與暴動的農民軍激戰兩日。結果農民暴動軍退去。另訊、申報載、漢口警察解散某五金工會共產黨人的秘密會議、當時逮捕二十六人、其中七人已經鎗斃。

●新舊軍閥的混戰

東京二十日蘇聯社電　日本報從上海得的消息、張作霖的軍隊佔領歸德。據云馮玉祥與張作霖的軍隊已經停戰。

上海十九日蘇聯社電　南京政府軍事要人云「北伐將來是中國歷史上空前的戰爭」。據云、南京政府擬新招七十萬兵士加入各戰線。

●各帝國主義干涉中國郵務

北京十九日蘇聯社電　京津太晤士報載、南京和北京訂立的郵務合同違背郵務局長的權利。因此各公使提出抗議、聲言這種郵務合同違背華盛頓會議的議決案。

●南京政府投降帝國主義解決炮擊南京慘案

東京二十日蘇聯社電　英國公使廉卜森提議承認南京慘案是共產黨人煽動而發生的、南京政府對此事可不負責任、關於賠償南京慘案發生時外國人的損失、由南京政府和英國代表聯席會議調查之。

上海二十日蘇聯社電　關於炮擊南京慘案的交涉現已完結。南京政府承認賠償在南京之外國人的損失。

●李濟琛是英帝國主義的走狗

廣州二十日蘇聯社電　李濟琛的政策完全是仰承英帝國主義、張貼取消一切反帝國主義口號的告示　但遭民衆反對、卽於該告示上面貼出打倒帝國主義和他的走狗—李濟琛的口號。並有貼出李濟琛領受香港政府賄賂五十萬元的畫報。

本報編輯處啓事

遠東邊疆的工友們！你們投稿本報時，請注意以下幾点：

（一）用墨水謄寫，字畫不宜潦草。
（二）每兩行間，可留寬大一些的空白，以便修改。
（三）在稿末請寫出通信地址，以便郵寄稿費。
（四）發表時須用甚麽名字，請附註明。
（五）對於各地的工人生活，須作有系統的詳確通信，隨時投稿本報。

職工會是無產階級專政的基礎、共產主義的學校、建設社會主義有力的工具！

远东边疆党部第五次扩大会议的经过，1928 年 6 月 14 日，梁柏台

一九二八年六月十四日　全世界無產階級聯合起來呵！　第二百六十二期

每一個遠東邊疆的中國工人必須與「工人之路」發生親密的關係！

工人之路

РАБОЧИЙ ПУТЬ

Орган Дальне-Восточн. краевого совета профсоюзов.

Отв. редактор Тин-шань

Адрес редакции: г. Владивосток, уг. Пекинск. и Корейской, Клуб Китрабочих „1 мая"

Телеф. № 6-86.

Выходит 2 раза в неделю.

14-го июня 1928 г.

№ 262

遠東邊疆職工蘇維埃出版

每逢星期四、星期日出版

價目：

零賣每期金洋五分

本埠定閱每月四毛

外埠定閱每月五毛

編輯及發行處：海參威北京街和高麗街拐角中國工人「五一」俱樂部樓上

電話六百三十五號

本報編輯處啓事

遠東邊疆的工友們！

你們投稿本報時，請注意以下幾点：

（一）用墨水謄寫，字畫不宜潦草。

（二）每兩行間，可留寬大一些的空白，以便修改。

（三）在稿末請寫出通信地址，以便郵寄稿費。

（四）發表時須用甚麼名字，請附註明。

（五）對於各地的工人生活，須作有系統的詳確通信，隨時投稿本報。

▲社論▼

遠東邊疆黨部第五次擴大會議的經過

（趙廬）

在五月間遠東邊疆黨部所召集的第五次擴大會議、對於遠東社會主義的建設有極大的關係。這次會議上所討論的問題、可以說是討論在實際上如何執行第十五次黨大會的決議、估量遠東的情形、以實行實際的建設。這是與我們遠東邊疆的一農有極大的關係的。

這次擴大會議所討論的問題共有六項：（一）文化建設的責任。（二）在鄉村中蘇維埃經濟與公共經濟的工作。（三）一九二八—一二九年遠東國家與地方的預算。（四）發展遠東金工業。（五）遠東國家工業的預算。（六）遠東黨部的工作計劃。

自從「十月革命」以來、蘇聯國家對於各種建設、雖然已得到很大的成績、但是文化建設的成績卻比較落後得多。這是因為蘇聯的工農早前受俄皇愚民政策的壓迫太甚、普通一般的知識程度太低、自然斷非一天二天就能得到很大的成績。並且蘇聯受歐戰與國民戰爭的損失、國家的元氣剛才恢復起來、沒有很多的經費可以做文化建設的事業。所以在文化事業上還有很多的缺点。

遠東邊疆的工人、教育程度比較普通一般工人更低。遠東邊疆開化較遲、其經濟又建立在小農業與小手工業上面而且蘇維埃政權的勢力到遠東較遲、所以遠東的文化事業比較旁的地方特別落後。識字者僅佔百分之四十四又一、而識字的中國人恐怕僅佔中國人總數的百分之十。黨在教育界的影響還很少。教職員中黨員的成分極少。社會上民族歧視的舊觀念還遺留着。各機關的職員、「只重衣冠不重人」的惡習慣還時有發現。如此種種的缺点都是發展文化與社會主義建設的阻礙物。

第十五次黨的大會提出了文化革命的口號、實與蘇維埃建設有莫大的關係。沒有文化、就不能建設社會主義。因為建設社會主義、須發展大工業。要發展大工業就必須有科學的技術。倘若不提高文化程度、科學的技術從何而來？所以文化革命是目前社會主義建設最切要的問題、尤其是遠東邊疆的建設。遠東邊疆黨部第五次擴大會議提出文化建設的責任的問題、就是遠東邊疆黨部在實際上具體的執行第十五次黨大會的決議。

不發展農業、就不能發展工業、工業不發展、社會主義就不能實現。因為農業是工業原料的淵源、農業不發達、工業的原料將無從出。所以農業的發展、實與發展工業及社會主義的建設有連帶的關係。第十五次黨大會對於發展農村經濟的問題非常注意。第十五次黨大會之後、各地黨部將大會的議決案在實際上去執行。但是要發展農村經濟、必須將農村經濟集中起來、所以在鄉間的蘇維埃經濟與公共經濟的工作非常重要。根據調查四個州的結果、在遠東邊疆對於鄉村中的蘇維埃經濟與公共經濟的工作、有以下各種形式的發展：

	1923	1924	1915	1926	1927
公社經濟	3	5	13	16	24
農村經濟組合	98	74	134	194	237
打小股子	1	4	10	18	30
共計	32	82	157	228	291

從以上的圖表可以看出在鄉間公共經濟雖然是一天發一天、但是也有不少的缺点。例如組織不好、機器缺乏、鄉村中黨的支部對於公共經濟少注意……等等都是使公共經濟發生許多困難的。有幾個地方、甚而因此而退步了。遠東邊疆黨部第五次擴大會議提出這個問題、實在與遠東社會主義的經濟建設有重大的意義。

金工業是遠東邊疆工業的重要部分。遠東邊疆出金額非常豐富。有人說：「遠東邊疆遍地都有黃金」。這句話雖不是絕對的確實、但也可以形容遠東邊疆出產金額之豐富了。在過去的期間、因為人材和經費的缺乏、對於金工業無暇顧及、所有的金廠大部分落在私人之手。最近幾年來、黨對於金工業非常注意、對於人材方面、在遠東國立大學已造就有十個免費學生、專門預備為金工業的技師。人材方面已不像從前那樣茫無着落了。但是這還不夠。因此造就專門工作人員、這是目前的重大問題之一。現時遠東金工業已有百分之八十五為國家所有、私人僅佔百分之十五、而且私人的金工業漸漸低落、將近不能維持的現象。過去的時候、有百分之八十一是體力掘金、現在已漸趨機器化、將來對於這部分的工作成績是定可預計的。

一九二八—一二九的會計年將到了、對於國家的預算應預先計劃出來。遠東邊疆黨部第五次擴大會議提出這個問題、這可見黨對於國家的預算是及時注意的。此外如遠東國家工業的預算、這個問題對於五年經濟計劃、遠東工業的發展均有極大的關係。

由上面看來、我們可以很明白的知道、黨對於遠東邊疆社會主義經濟建設的發展、和遠東社會主義的文化建設、比任何人都要注意到、而且預先估量到的。這可見遠東黨部第五次擴大會議對於遠東社會主義建設的重要了。這樣重要的決議案、每個黨員、每個有覺悟的工人和農人都應當奉之為金科玉律、切實的在生活上去執行起來！

〔中國要聞〕

日帝國主義走狗的狗腿割去了

上海九日蘇聯社電　關於張作霖究竟生死如何、還沒有確實的消息。據瀋陽得來的消息、張作霖的腿必須割去。但據別的消息謂張作霖已死。

東京七日蘇聯社電　東方通信社消息、日本田中內閣與新聞記者談話、略謂：將來的中國狀況、與中國的領袖蔣介石、閻錫山和馮玉祥等的態度有關係。同樣在東三省的狀況亦與他們有關係。日本政府希望東三省保持安寧和秩序、對於保護南滿鐵路發生一切意外事件已設備完全。南軍方面、現時尚有複雜困難的問題、例如關於國都、減少軍隊！等等。

新舊軍閥爭割中國地盤

上海七日蘇聯社電　上海報載、蔣介石與閻錫山聯合共同與馮玉祥爭奪北京的政權。據云蔣閻協商、防止馮的勢力恢復。另據東方通信社電、馮閻之間、仇視日增。另據香港工商業日報載蔣馮之間將發生衝突。

倫敦七日蘇聯社電　南京「政府」要求遷移中國的國都於南京。另訊、南京「政府」對於與奉系和議的條件如下：張作霖完全免職。繼承者完全承認南京「政府」。在政治上將中國分為六大區—南京、「廣州、漢口、開封、北京、瀋陽、以上各區應承認南京為最高政權。

新舊軍閥混戰

天津八日東方通信社電　南軍進攻天津。南軍的騎兵先鋒已到蔡家舖、南軍已佔領羅冲屯。在軍糧城車站能聞轟擊的砲聲。

另訊、津京鐵路集中的孫傳芳軍隊、擬一部份退去東三省、另一部份退到天津。

北京九日蘇聯社電　中國報載、馮玉祥的軍隊已到北京附近的湯山。北京戒嚴。山西軍隊已到北京。在城內有孫岳帶領的軍隊四千五百人。

〔國際要聞〕

莫斯科八日蘇聯社電　太平洋職工書記部為日本侵略中國發表宣言：「日本利用中國內戰、破壞一切條約和國際法權、不只侵佔東三省而且更侵佔中國的廣大土地。太平洋職工書記部抗議帝國主義的這樣搶掠中國、指示中國的勞動羣衆和全世界的工人、這種民族的壓迫應由帝國主義和反叛革命的國民黨領袖們負責。

中國的工人和農人、不許帝國主義者得寸進尺的將中國掠去。職工會和全世界的工人階級、必須擁護中國羣衆和盡力的反對全世界帝國主義新的侵略企圖。

日本的工人不得衛默。第一的責任就是要求撤退在中國的日本海陸軍、工人階級同情負責的口號、就是『從中國撤開手去』！

日帝國主義評論中國政局

反日帝國主義運動

上海九日蘇聯社電　上海各絲廠發生罷工運動、總共有八十個企業、包含五

活动分子与中国工人目前的责任，1928 年 8 月 5 日，杨兴顺

第二百七十七期　全世界無產階級聯合起來阿！　一九二八年八月五日

每一個遠東邊疆的中國工人必須與「工人之路」發生親密的關係！

РАБОЧИЙ ПУТЬ

工人之路

Орган Дальне-Восточн. краевого совета профсоюзов.

Отв. редактор Тин-шань

Адрес редакции: г. Владивосток, ул. Пекинск. и Корейской, Клуб Китрабочих ,,1 мая'' Телеф. № 6-35.

Выходит 2 раза в неделю.

2-го Август 1928 г.

№ 277

遠東邊疆職工蘇維埃出版

每逢星期四、星期日出版。

價目：

零賣每期金洋五分

本埠定閱每月四毛

外埠定閱每月五毛

編輯及發行處：海參崴北京街和高麗街拐角中國工人「五一」俱樂部樓上

電話六百三十五號

廣告刊例：每期每字按照三分金洋計算長期另議

本報編輯處啓事

遠東邊疆的工友們！你們投稿本報時，請注意以下幾点：

（一）用墨水謄寫，字當不宜潦草。

（二）每兩行間，可留寬大一些的空白，以便修改。

（三）在稿末須寫出通信地址，以便郵寄稿費。

（四）發表時須用甚麼名字，請附註明。

（五）對於各地的工人生活，須作有系統的詳確通信，隨時投稿本報。

▲社論▼

◉活動分子與中國工人目前的責任

（興順）

中國工人目前的責任，在本報上已經說得很多而且很清楚（參看州黨部第二次擴大會議的議決案）。總結起來可以說中國工人目前的責任就是要加强群衆教育工作，實行文化革命，打破中國的一切舊習慣，保護中國工人的利益，排除一切的黑暗勢力—通事、掌櫃等等，以免去中國工人一切的痛苦。要造成海參崴州數萬的中國工人成爲參加蘇聯遠東邊疆社會主義建設的生力軍。要造成遠東邊疆的中國工人成爲中國革命的間接和直接的幫助者。

要完成以上所指的責任，並不是一回簡單容易的事，亦不是由幾個人可以做到的，而是要由工人群衆很活動的來參加一切的工作，才能達到這種目的。我們知道，中國工人群衆不是個個都是很覺悟的和很活動的。在中國工人中的活動分子而祇是中國工人中的一小部分。因此要完成我們以上所說的目前的責任之中心問題，第一步就是要怎樣擴大中國工人活動分子的數量和提高他們的質量。

中國工人中活動分子的問題，雖然這樣重要，可是在過去我們的下層組織並沒有極力的注意到這項工作，以致近幾年來的中國工人活動分子並沒有多大增加和質量上的改善。防害中國工人的活動分子之發展的障碍物，一直到現在還依然存在！所以近幾年來在海參崴的工作並沒有達到我們所希望的目的。

在大生產機關內的中國工人活動分子雖然有相當的增加，而在實際的工作上、職工會的下層組織並沒有組織的去領導他們和有系統的去訓練他們。

在小工業中的中國工人方面更不用說了。他們完全在掌櫃們的勢力支配之下，動也不敢動彈一下。在過去有很多的事實，即或有少數的工友到工會裡去參加一些工作，少少的去活動一活動，然而就被掌櫃們抵制，甚至於開除工作。結果，等於永久的失業工人。所以使得一般普通的工人害怕起來，不敢參加一切工作的活動，也就是怕打破了自己的飯碗！這種情形尤其是在「小手工業聯合會」內的一班小手工業的中國工人還在不公開的掌櫃支配之下，每天做十五六点鐘以上的工作更屬厲害。有了這些原因，故使得一班工作都沒有活動可能。

要完全我們目前的責任，要造就大批的中國工人活動分子，我們在最近要嚴厲的進行以下的工作：

（一）打破影響中國工人的一切舊勢力、加强中國工人的教育工作。

（二）給每個中國工人有參加一切社會工作的可能—加强檢查違犯蘇聯法律的一切工作和在「小手工業聯合會」內規定一定的工作時間。

（三）幫助在私人掌櫃和通事內勢力之下的中國工人活動分子，嚴重的處罰防害中國工人活動分子的活動之一切掌櫃和通事……。

（四）盡量的注意培養中國工人活動分子和訓練的工作。

（中國要聞）

▲中美的妥協與各帝國主義

華盛頓二十九日蘇聯社電 美國政府致南京「政府」通牒，要求速即開始訂立商務條約。在該通牒內並未說及領事裁判權和不平等條約，只是詳細的訴說美國如何維持中國的統一，希望南京「政府」克服東三省。該通牒的目的係反對日本在中國的勢力。

倫敦二十九日蘇聯社電 工黨（改良派）的報載，美國政府致南京「政府」這種通牒有二種意義：在經濟上這是對於美國人在中國的商業很好的「介紹書」，在政治上這是中美妥協以鞏固美國的國際地位。這足以保証美國在太平洋上的統治。

東京二十九日東方通信社電 日本外交部驟然接到中美簽訂關稅條約的消息，日本政府認爲是沒有何種意義，中美的妥協不過是夢想。

北京三十一日蘇聯社電 中美簽訂關稅條約給其他的强列一種「震驚」，英、日等帝國主義均驚惶失措。據云，英國不日將步美國的後塵。日本政界方面亦以對中國的政策之前途爲憂。

另訊，意大利政府回覆南京「政府」關於改訂條約的通牒，略謂意大利政府不能承認該條約。中國政府可於七月三十日起的六個月內開始進行新的條約。在未訂立條約之前，舊的條約仍保存效力。意大利政府希望將來的條約不致有妨害意大利人民之權利云云。

北京八月一日蘇聯社電 由柏林得的消息，德國政府預備承認南京「政府」爲代表中國的合法政府。

▲日帝國主義堅持在東三省的侵畧政策

北京二十九日東方通信社電 張學良給閻錫山的電報，謂東三省現因環境偪迫，不能掛國民黨的國旗，但是他的初志仍未改變。

東京二十九日東方通信社電 田中內閣在其私宅講見張學良的代表陶善民，陳說張學良的見地及其將來與南軍各派的關係。田中內閣說明日本對於中國、蒙古及東三省的關係如下：「日本政府自然沒有任何侵略中國的計劃和攘奪中國的主權。日本政府僅僅是防止中國「赤化」因而擾害安寧和秩序，特別是東三省。最近南京政府單方面宣布廢除條約，我們認爲係與當日的蘇聯一樣。因此，我們認爲南京「政府」「赤化」了。但我也不能認爲南京「政府」完全「赤化」，故日本對南京「政府」的政策，暫時尚不確定」。

▲南京「政府」對日本的政策

南京三十一日蘇聯社電 王正廷與新聞記者談話云：如日本不容納我們的觀点和不放棄一八九六年的中日條約之效力，我們絕不退讓，甚至於與日本斷絕外交關係。

▲會審公堂行將取消

上海八月一日蘇聯社電 在租界內的會審公堂的中國審判員拒絕意大利的審判員參加審判。意大利的領事預備提出抗議。中國當局，擬用武力收回會審公堂。

（蘇聯要聞）

▲消滅宗教的組織

西蒙斐諾波爾三十日蘇俄社電 克內蒙中央委員會議決消滅在牙爾金斯克及西蒙斐諾波爾區域內的三個取消婦女奉教的農村經濟組合。因爲該經濟組合實際上仍是宗教的組織。

▲建設大規模的農村經濟

莫斯科三十日蘇俄社電 蘇俄人民委員會通過預先審查人民自由組織蘇維埃經濟的法律草案，預計在一九三二年、其中至少可收到一百六十五萬噸糧食。

羅斯托夫三十日蘇俄社電 人民委員會土地部決定在捷齊尼改善土地的草案，將來可以利用十二萬三千「格克托」的新土地以種植棉、麻。對於新組織的蘇維埃經濟組織和一千五百農民的經濟均有發展。

▲與官僚化分子鬭爭

斯大佛諾波爾八月一日蘇俄社電 會計員朗斯克因官僚化和極端的瀆職，已由州審判廳判決處以一年零三月的有期徒刑。

維節布斯克八月一日蘇俄社電 國家政治管理局將受賄之關稅人員六人完全拘捕。

▲遠東邊疆的水災

黑河三十日蘇俄社電 黑河江與介牙江會合，淹沒柯爾沙可夫斯克街。總共淹沒七十四方街，十五個場地，四條十字街。有二千以上的逃災者住在指定的公共房屋，其餘有三千餘人逃避於其他的房屋。在黑河州總共淹沒四十九處鄉村，內有六千八百零二處經濟，受災者三萬六千餘人。按最後的電報云，介牙州的鄉村完全被水淹沒。介牙城亦完全被水淹沒。

黑河三十一日紅旗報通信員電 三十日水勢仍陡漲，今日午前漸次低落，人心漸定。在別羅哥斐亞車站的鉄路線被水冲壞三千「沙繩」。火車與輪船的交通、一時不能恢復。

海參崴遠東工廠全體工人捐一天的工資共統三千盧布作爲救濟費。海參崴州的軍事人員捐三天的工資作爲救濟費。中國運輸工人決定捐款救助。海參崴州執行委員決定在各鄉村組織委員會會同職工會及黨的機關進行募捐賑濟。

伯力八月二日紅旗報通信員電 在黑河以下的水，仍淹沒許多鄉村。介牙州百分之七十五的房屋完全被水毀壞。從伯力到莫斯科的電報，只有一根電線能夠通電。

职工会目前的任务，1928 年 10 月 24 日，马松

一九二八年十月二十四日　全世界無產階級聯合起來呵！　第二百九十九期

РАБОЧИЙ ПУТЬ

工人之路

Орган
Дальне-Восточн. краевого
совета профсоюзов.

Отв. редактор Тин-шань

Адрес редакции: г. Владивосток, уг. Пекинск. и Корейской, Клуб Китрабочих „1 мая"
Телеф. № 6-35.

Выходит 2 раза в неделю.

24-го Окт. 1928г.

№ 299

遠東邊疆職工
蘇維埃出版

每逢星期三。
和星期六日出版

價目：
零賣每期金洋五分
本埠定閱每月四毛
外埠定閱每月五毛

編輯及發行處：海參崴北京街和高麗街拐角中國工人「五一」俱樂部樓上

電話六百三十五號

廣告刊例：每期每字按照三分金洋計算長期另議

本報編輯處啓事

遠東邊疆的工友們！
你們投稿本報時，請注意以下幾点：

（一）用墨水謄寫，字體不宜潦草。
（二）每兩行間，可留寬大一些的空白，以便修改。
（三）在稿末請寫出通信地址，以便郵寄稿費。
（四）發表時須用甚麼名字，請附註明。
（五）對於各地的工人生活，須作有系統的詳確通信，隨時投稿本報。

每一個遠東邊疆的中國工人必須與「工人之路」發生親密的關係！

▲社論▼

職工會目前的任務（馬松）

蘇聯職工中央蘇維埃在最近的會議上提出了許多重要的問題，指出有些工會組織有成爲經濟機關的附屬品而使工人生活條件趨於惡劣化的傾向。例如過去東巴斯的職工會組織 不但未注意工人對於生產的恐慌，不但對於工人的要求裝聾，並且很明顯的掩飾經濟機關對於工人的不好待遇 這種現象，係因爲職工會 組織與工人羣衆脫離了親密的關係而發生的，亦即是因爲工人羣衆對職工會的工作上少有活動批評的原故。另一方面就是表明在職工會組織內的工作人員不免有許多官僚化的分子。他們對於工會會員要求很簡單的利益，都不免用官僚化的態度對待 這些缺点，蘇聯職工中央蘇維埃提議必須於最近的將來完全除去。各職工會組織的人員無論對於那種不注意工人群衆利益之處，必會受嚴重的處罰或撤換其工作。蘇聯職工中央蘇維埃認爲在目前應進行下列的任務：

組織工作與接近羣衆

關於在職工會組織內和負責人員的工作缺点，各職工會的組織必要由下而上和由上而下的揭露出來，迅速的改正。對於工人的呈訴不注意的工會組織，必須嚴重的處罰。

不要將下級的工會機關擴大，而要使他們接近群衆。因爲要使工人羣衆與工會接近，就必須使下級的工會機關—工廠作坊地方委員會與工人群衆接近。但是這種工會組織的原則，現時有許多工會的負責者尚未實行。有許多工會只注意財政方面的工作，故組織了聯合的地方委員會而與許多企業的工人群衆相離很遠！因此，下級的工會機關就與工人群衆自然脫離了親密的關係。工會的信仰，在工人群衆中亦受影響。礦工會的經驗就是一個例証。根據這種情形，下級的—會機關有改組的必要。同時，節省工會的經費亦是必要的，故應很堅決的不主張工廠作坊地方委員會有擴大的傾向，而在最近的將來要把職工會下級的機關重新審查，其目的是要在每超過二十五個工人以上的企業和機關內必須組織獨立的工廠作坊地方委員會。各職工組合的機關必須監視實行這種原則。

經濟工作

經濟工作到現時還有許多地方不免是很鬆懈的。因爲大體上單是顧及大的方面，而一些小的問題尚未注意到。同時，關於經濟建設的政策上 亦時有防碍工人的利益而使工人群衆對於職工會表現不滿意！

在將來的工作上應當提高職工會經濟工作的形式。職工會須站在有力量的方面解决一切重要的問題。改善工人的物質生活，提高工人的教育程度，盡可能的建議幫助經濟機關，注意生產改善化，減低生產品的價值，改善生產品的質量 這些工作，須吸收廣大的工人群衆參加，才能做到 因此，職工會應盡力的幫助 絕不是服從 經濟機關和發現其各種缺点，同時要吸收廣大的羣衆參加生產委員會與企業內的監察委員會以管理生產。要在生產會議上發展自己批評，使工人羣衆成爲健强的改善生產的槓杆。要由下而上的不顧情面的批評，揭露一切缺点和錯誤，而使每個經濟機關負責人員，知道他們是在工人群衆的監視之下工作的。必須如此，才能活潑工人羣衆的工作而得到經濟戰線上勝利的結果。

尤其是在生產會議上應按期報告關於執行生產會議的議决案和提議的結果。同時須說明執行的步驟。職工會應在最近三個月中檢查生產會議的工作。生產會議的責任，主要的是發展蘇維埃經濟的技術而使經濟機關的負責人必須執行工人群衆對於改善生產的建議。另一方面更須用相當的方法獎勵建議的工人。

勞動保護

過去在勞動保護的工作上尚不完全。工人發生不幸的事情仍然不少。關於工廠作坊內的衛生和機械的狀況，改善的也很少。特別的工作衣服問題，仍使工人不滿足。有些業主，對於去除勞動方面的缺點很消極，甚至有把發下來作勞動保護的用費，往往擱置不用。這些事情，完全是因爲勞動檢察廳與職工會的不注意。

在最近，職工會勞動保護的工作應排在第一列。頂重要的問題，就是要將指作勞動保護的這筆經費花消在勞動保護和衛生及改除機械的危險方面上去。並且要很嚴重的監視新修的工廠和被修理的工廠內之切實的執行勞動保護的要求。各職工會第一要參加檢查大工廠規定的衛生和改除機械危險的計劃。第二要參加勞動檢察廳對於檢查經濟機關的合同，關於實行衛生和避免機械危險的條件和方法。第三要參加監視花消勞動保護的經費和經濟機關實行勞動保護的合同條件及監視其實行的程度。

當經濟機關擬定財政計劃時，職工會亦必要參加，爲要注意增加勞動保護的經費。當建設新的工廠作坊時，職工會應當同人民勞動委員會的機關預先在批准其計劃以前，當得到完全遵守勞動保護的要求。同時，更必須與預知將發生不幸的事件而取消極態度的人奮鬬、

教育工作與自己批評

只有在發展職工會的民主制和保證廣大的工人羣衆批評我們的企業和機關之工作，才能吸收廣大的工人群衆來參加社會主義的建設。職工會的教育委員會應幫助這種工作，吸引很覺悟的，熱烈的工人參加社會主義的建設，同時應向工人解釋生產會議的重要。因此，在職工會工作內容中，應偏重在政治的教育工作。所有的俱樂部和閱報室的工作，應注意工人群衆對於現時所最注重的問題，要是有工人發生了這種問題，必須有相當的明瞭回答。職工會的教育工作，應當與黨及經濟機關的工作經驗連貫起來。

在發展自己批評的工作上，必須按期的出版宣傳品。這是有重大的意義。號召起廣大的工人群衆批評職工會和蘇維埃的工作，在各種報紙上已登載了很多，尤其是職工會的機關報，但是，同時還須注意工人的通信和報紙上登載的材料。

有許多職工會的組織，往往不注意工人的通信和報紙上登載的材料。有時就是一個回答也是不正確的，甚至於有按照報紙上登載了的材料去調查時，反而去訊問被批評者，—這是不對的 揭露經濟機關和職工會組織的缺點，往往爲要顧全職員的面子，而隱瞞揭露的事實。這種現象，必須要堅决的與其鬬爭。

此外，還要幫助報紙發現妨碍社會主義經濟發展的腐敗分子，同時，各工會的工廠作坊地方委員會應盡力的保護通信員。

至於各企業和機關的壁報，顯然是自己批評的工具。因此，必須吸引工人羣衆活動的參加壁報的工作，盡量的討論改善生產的方法。去除當地的一切缺点和其方法亦應在壁報上登載出來。

擺在蘇聯職工會一切組織面前的任務，蘇聯職工中央蘇維埃在最近的會議上指示得十分明顯而正確。蘇聯職工會的一切組織和其中負責任的同志及每一個職工會的會員，必須按照蘇聯職工中央蘇維埃的指示，切實的實行起來，才能提高自己的工作，担負起目前與社會主義建設逐日齊驅並駕的蘇聯職工會之偉大而複雜的任務。

（中國要聞）

▲南京政府的外交

上海十八日蘇聯社電 關於一九二六年南京慘案事件，南京政府允許賠償法國之損失。

另訊 對於修改不平等條約，法國政府僅贊成在可能範圍內酌量修改之。

南京十六日東方社電 南京政府外交部長王正廷與東方社新聞記者談話，謂駐京之日本總領事「亞丹」將由滬返南京、關於中日交涉問題可開始進行討論。二五附稅問題，自一九二九年正月一日起中國政府須完全實行徵收。但一切不平等條約之修改可尊重各國政府意見自由談判。

上海十六日日本電通社電 十月十一南京政府財政部長宋子文爲實行新的海關稅則與「亞丹」領事談話，結果未得要領而散。

海參崴黨部學校夜班每週上課時間表

（從本月二十三日至十二月九日）

功課名稱＼時日	星期二	星期四	星期六
中文	7—8.45	7—8.45	7—8.45
算術	9—9.50	9—9.50	9—9.50

凡加入黨部學校夜班的同志，務必按此表所規定之時間到校上課。

今年修订团体合同时应该注意之点，1928年11月17日，丁山

一九二八年十一月十七日　全世界無產階級聯合起來啊！　第三百零四期

每一個遠東邊疆的中國工人必須與「工人之路」發生親密的關係！

РАБОЧИЙ ПУТЬ

工人之路

Орган
Дальне-Восточн. краевого
совета профсоюзов.

Отв. редактор Тин-шань

Адрес редакции: г. Владивосток, ут. Пекинск. и Корейской, Клуб Китрабочих „1 мая"
Телеф. № 6-35

Выходит 2 раза в неделю.

17-го ноября 1928 г.

№ 304

遠東邊疆職工蘇維埃出版

每逢星期三。和星期六日出版。

價目：
零賣每期金洋五分
本埠定閱每月四毛
外埠定閱每月五毛

編輯及發行處：海參崴北京街和高麗街拐角中國工人「五一」俱樂部樓上

電話六百三十五號

廣告刊例：每期每字按照三分金洋計算長期另議

本報編輯處啓事

遠東邊疆的工友們！

你們投稿本報時，請注意以下幾点：—

（一）用墨水謄寫．字畫不宜潦草。

（二）每兩行間．可留寬大一些的空白．以便修改。

（三）在稿末請寫出通信地址．以便郵寄稿費。

（四）發表時須用甚麼名字．請附註明。

（五）對於各地的工人生活．須作有系統的詳確通信．隨時投稿本報。

▲社論▼

◎今年改訂團體合同時應注意之点

（丁山）

團體合同原來是輔助勞動法上保護工人的權利之不足的。團體合同的效力雖然有時間空間的限制、但一經訂立、其作用是與勞動法相等的。

現時各職工會正在進行改訂團體合同的時候、擺在各職工會的指導員、活動份子和黨的小組面前的責任、就是要發展改訂團體合同的運動、領導改訂團體合同的運動、在調節工資、勞動生產和實行訂立團體合同之範圍內保証其正確的路線。進行這種工作的主要点、應當統計已經訂立的合同之實行的成績和缺点、同時須指明在將來改善工人的物質生活、滿足工人的文化習慣之需要、鞏固勞動紀律、提高勞動生產以及改善勞動保護的一切條件。

要進行這些工作、還須審查相當的企業或機關的生產力和財富力、同時、還要考究在相當的企業或機關內的工作條件。

例如、在海參崴州的經濟、據今年的統計：平均的工資決定增加百分之五而勞動生產力的提高則是百分之十一。只就海參崴第二區內各個單獨的企業增加的工資而言、據今年的統計：皮業托拉斯占百分之一、國家肥皂工廠占百分之四、國家烟葉工廠占百分之二、「五金」工廠占百分之五、電站占百分之十、國家漁業托拉斯占百分之五、國家商業占百分之五。其餘的各有規定。

此外、增加的工資、應散佈在工人和學徒的部份之內。職員和管理—術員司的工資、應照以前一樣。

因此、在現時實際進行改訂團體合同的運動時、各職工會的指導員、活動份子和各地黨的小組應注意下列各点：

（一）各職工會的工廠作坊委員會會同其黨團以及經濟人員、進行已經實行和在這一年內正在進行的團體合同之統計報告並指明在新訂的團體合同內應修改之点。

（二）在新訂立的團體合同內之一切條件、應在事前分別的相當討論 在黨的小組全體會議上既有了相當的討論和修改、則在職工會．大會上便能使發言者的一致、保護工人羣衆所指明的正確條件而給予一切有妨害的要求之打擊。

（三）保証工人羣衆能夠按照生產部門而討論新訂立的團體合同之草案。因此、必須利用壁報和其他的羣衆工作以資進行改訂團體合同的工作。

（四）要用一切方法以使新訂立的團體合同在既經簽訂之後就能在限定的時期內完全發生效力。

〔中國要聞〕

▲南京政府和日本的外交關係

上海十日蘇聯社電　日本駐滬矢田領事於日前赴南京、會見南京政府財政部長宋子文談及日本對於中國海關自主問題。

另據電通社消息、關於矢田與王正廷的談話、沒有什麼結果。關於商務與解決濟案問題、日本或還就一点。但是日本在東三省既得的權利以及與張作霖所訂的條約、日本絕不能讓與或修改。

▲哈爾濱如火如荼的反日運動

哈爾濱十二日蘇聯社電　在哈爾濱和滿洲里於五日舉行有組織的反日運動、並推舉代表晉見張煥相、張煥相向群衆演說、我們須努力保護中國的主權。但哈爾濱當局因受日本的監視極力壓迫反日運動。

九日、反日運動的學生在哈爾濱大街舉行遊行示威、與警察相遇、抵抗甚久、末後警察開槍、受傷者有一百四十餘人。

國際協報載、在傳家甸有三千中國工人得了警察槍殺學生的消息、即派代表參加東省鐵路管理委員會議、要求懲辦兇首、工人全體一致寧死不屈的保護中國主權。學生受傷者的家族亦極端要求懲辦兇首。

一切受傷者據國際協報載有一百四十餘人或一百七十餘人、受傷甚重者有生命危險。

哈爾濱法政專門學校校長雷殿於十月十一日、携帶示威運動者的血衣往奉天謁見當局。日本總領事、向政府提出抗議、反日運動群衆、在領館前呼喊打倒日本帝國主義的口号。奉天當局遂命令派警察保護日本領館及僑民之生命財產。

▲張煥相被捕

哈爾濱十四日蘇聯社電　據中國官場消息東三省特別區督辦張煥相、於本月十日、根據奉天當局命令在奉天被捕。假定這個消息是事實、就是表示滿洲政治方面將發生很大的變化。日本報紙宣稱張煥相是反日運動的組織者而且是鼓動者。

▲吉林當局禁止反日運動

哈爾濱十日蘇聯社電　據電通社消息、謂張學良特派莫德惠赴日本慶祝日皇加冕並餽贈許多貴重寶物。

哈爾濱十日東方社電　張學良任命美國機關報—華北明星報主筆佛克思爲顧問。

〔蘇聯要聞〕

▲巴枯大企業已過渡到七小時工作

莫斯科十一日蘇俄社電　在巴枯過渡到七小時工作者、有十二個煤油礦井和一個煙草工廠。

▲通過大擴職權邊疆的法律

莫斯科十一日蘇俄社電　蘇聯人民委員會通過法律、根據這個法律遠東邊疆執行委員會、在經濟管理和文化上的職權、都有相當的擴大。例如遠東邊疆執行委員會有權改變邊疆區域、增高各小民族蘇維埃權柄、規定各區域工資等級。

▲規定第八次全蘇聯職工蘇維埃大會日期

莫斯科十三日蘇聯社電　蘇聯中央職工蘇維埃規定第八次全蘇聯職工蘇維埃大會在十二月十日開會。

〔各國要聞〕

▲法國罷工運動

黎巴十一日蘇聯社電　在「波爾多」木料工人宣佈同情碼頭工人罷工、因此碼頭上停留二十八個輪船不能起錠。「波爾多」各工廠的工會組織捐款援助罷工。並舉行示威運動。

巴黎十一日蘇聯社電　阿路昂附近紗廠工人繼續罷工、因企業家在法比兩國邊境的官吏收買工賊破壞罷工、工人爲反抗企業主這種企圖組織罷工委員會。

▲顧維爾當選爲美國總統

華盛頓十二日蘇聯社電　美國選舉新的總統顧維爾。據美國政治界觀察、在將來將改善蘇聯與美國關係並可承認蘇聯。

〔工人生活〕

△協作社二年中的發展

十月革命第十一週年紀念日已經過去了。但是我們協作社在這幾年中的發展情形、是怎樣？這是每個勞動者要知道的。海參崴協作社在今年比去年的基金已擴大到一千二百萬盧布、協作社的經濟地位在這一年中給了一個很大的改良和提高、同時協作社社員亦漸增加、從下表即可看出、一九二七年十月社員有一萬六千八百四十五、到一九二八年十月社員有三十多萬。在這中間職工會會員加入協作社增至百分之八十五。協作社的股金費到一九二八年增加到廿九萬七千盧布、較比去年發展至百分之二百八十八。

除此以外、我們還更知道下面三点：第一、海參崴過去有名的大商店「秋林洋行」、現在已經被協作社佔有、做爲我們的商店。第二、最近在東熱鬧街埃及巴司院內、設立一處最大麵包工廠、現在麵包工廠已開始做工、每日可做二千五百個布袋白麵的麵包。聞說在將來、這工廠造的麵包、可供給全崴的人民需用。第三、將來要在西南崴子爲一般運輸工人設立協作社的公共食堂、這飯堂完全是用機器做飯（由莫斯科買來的機器）、同時爲街裡人民之需要、最近在國家電影場對面也設立一處公共食堂。

協作社這樣的發展、而私人的商店是怎麼呢？一句話可說、他們是要消滅的。在這二年中我們只拿中國人的商店來看就知道了、如：西菜市的中國商家、王老五院的飯館和中國人的煤廠、不知過去關閉了多少、而協作社在各地一天增加其一天。由這可以証明、工農協作社是向社會主義道路上走而私人的商店是向死亡的道路上走、因此我們也就可以確定他、在蘇聯國家的私人商店或財產、不論時間的長短、始終是要消滅的。

（永華）

特别注意中国工人的文化工作，1928 年 12 月 15 日，青人

一九二八年十二月十五日　全世界無產階級聯合起來呵！　第三百十二期

每一個遠東邊疆的中國工人必須與「工人之路」發生親密的關係

РАБОЧИЙ ПУТЬ

工人之路

Орган
Дальне-Восточн. краевого
совета профсоюзов.

Отв. редактор Тин·шань

Адрес редакции: г. Владивосток, уг. Пекинск. и Корейской, Клуб Китрабочих „I мая"
Телеф. № 6-35.

Выходит 2 раза в неделю.

15-го Дек. 928 г.

№ 312

遠東邊疆職工蘇維埃出版

每逢星期三。和星期六日出版。

價目：
零賣每期金洋五分
本埠定閱每月四毛
外埠定閱每月五毛

編輯及發行處：海參威北京街和高麗街拐角中國工人「五一」俱樂部樓上

電話六百三十五號

廣告刊例：每期每字按照三分金洋計算長期另議

▲社論▼

⊙特別注意中國工人的文化工作

（青人）

在『文化革命』和『掃除文盲』的口號之下，對落後到百分之九十幾不識字的中國工人的教育工作，自然是應當特別注意的。我們在各種會議上聽見了許多關於這個問題的報告和討論，作出了許多很好的決議案。但是我們的責任不僅如此就完了，還要切實的執行這些決議，使在實際上得到結果。

海參崴教育廳對於中國工人的教育，自來就是敷衍了事的 現時在『文化革命』和『掃除文盲』等口號喊得十分熱烈的情形之中，他們也有相當的冠冕堂皇的計劃：在一年中要教會二千中國人識字。但是，如何能切實執行這個計劃？如何才能使他們所計劃的這二千不識字的中國人，不但在補習學校的名冊掛上號而且真能認識幾個字呢？或者這些都不是他們想過一次的。他們因爲希圖勞動班和鄰校兩校學生可以盡義務而減少教員的勞金，就拒絕了一部份新被介紹去的教員，甚至於放着中國教員不用而要在東方大學去找俄國人來教中文。所有的補習學校都不給本子鉛筆。

因爲有了兩校的學生盡義務，而減少教員的勞金，這是什麼意思呢？不是說、勞動過剩了，可以利用這種機會減少一点錢麼？這未免同商人一樣，是只在省錢的觀点上而不是站在發展教育的觀点上，很容易使被減薪的教員發生不滿、而不積極工作。一方面兩校的學生雖多，但在時間上和能力上能担負教員工作的甚少。況且他們因爲一方面要忙於校課的關係，決沒有很多功夫來預備，所任用兩校的學生爲教員時應當在能力和時間方面考査一下。假如另外有能担任的教員時，還是應當多給兩校的學生以學習的機會。

中國話是很難的，中國文更難。實際上雖然學習中文數年，号稱華文博士的俄國同志，他的中國話還隨時說不完全，東方大學中文班的學生的程度我們是知道的，他們斷不能教中文，而且他們學的中文都是『三民主義』一類的東西，更不能去教中國工人的政治。但是，事實上公然實現了，以前曾經聽說要派東方大學學生某俄國同志到某處去教補習學校，現在又聽說某工會有一個東方大學的女學生某俄國同志教政治。這不是開玩笑麼？我不懂爲什麼放着中國教員不用而要用俄國人去教中文，大概這又是免費盡義務吧！

我相信在黨，職工會，蘇維埃非常注意中國工人的教育工作的情形中，爲實行教會兩千中國工人識字的計劃，必定有相當的教育經費。但是結果，兩校學生盡義務，原有補習學校的教員減少勞金，各補習學校的本子鉛筆不發給。那末用作中國工人的教育經費到什麼地方去了呢？不要又是和以前一樣，用到別的方面去了呀！

黨，職工會，蘇維埃，對於中國工人中的『文化革命』和『掃除文盲』的工作看得非常重要，不知道報告了多少次，討論了多少次，在議決案上寫了多少，而教育廳負責的同志們，却才這樣敷衍了事，這眞未免太官僚化了！我們應同這些官僚化的分子奮鬥，在教育廳內應用一個中國人來辦中國人的教育工作。同時當此城市蘇維埃改選的時候，應使新的城市蘇維埃委員在會議上提出，要求相當機關，檢查教育廳對中國工人教育的經費是否完全用在中國工人方面？要求教育負中國工人教育工作責任的同志，到中國工人的群衆大會上做報告。（完）

（中國要聞）

▲上海電車工人罷工

上海十日蘇聯社電　據滬報載上海法租界有一千五百電車工人罷工。要求增加工資和組織工會的自由。

▲北京當局搜查共產黨的計劃

北京十日蘇聯社電　北京市政局向警察局提議、對於限制共產黨的活動、擬於每禮拜或兩禮拜在各飯店旅社作不定期的臨時搜査。

▲南京政府獻媚於英帝國主義

上海八日蘇聯社電　本月八日英國公使藍浦生赴南京時、南京政府各要人均到站歡迎、並設宴爲藍浦生洗塵，席間有政府要人作陪。關於中英談判約在十二月十日開始進行。

▲日本拒絕南京政府的通知

上海八日蘇聯社電　據中國各報紀載、謂南京政府關於施行新的海關稅則、已通知各國駐上海領事轉達各國駐北京公使。新聞報根據日本報紙消息、日本領事拒絕收納南京政府的通知。

▲論恢復中國與蘇聯的外交關係

北京十一日蘇聯社電　天津大公報、論中國與蘇聯的外交關係應從速恢復、並批評南京政府處置失當。因爲最近蘇聯與英國的關係行將恢復、而且美國亦將承認蘇聯、蘇聯在國際間地位已日漸鞏固、如果南京政府尚不承認蘇聯、則將使共產黨在中國更形活動、因此第一應迅速恢復與蘇聯的外交關係。

▲中國北部和中部最大的饑荒

上海十一日蘇聯通信員電　據最近中國各報紀載、在中國北部與中部發生很大的飢荒、受飢餓者有一千二百萬人、不久快到二千萬人以上。

（蘇聯要聞）

▲第八次全蘇聯職工大會開幕

莫斯科十一日蘇聯社電　在莫斯科十日舉行第八次全蘇聯職工大會、到會代表有一千零三十五個有表決權、有發言權而無表決權者四百個代表。代表有組織的工人一千一百零六萬人。

▲協作社的發展

莫斯科七日蘇聯社電　莫斯科中央協作社管理處報告一九二七—一九二八年經濟和營業狀況、本年各處協作社組織有二萬八千零零七個、鄉村協作社社員增加到一千三百五十一萬三千。城市協作社社員增加到七百五十六萬八千人。

▲鞏固蘇聯的國際地位

莫斯科十日蘇聯社電　在本月十日蘇聯中央執行委員擴大會議、人民外交委員會李特維洛夫演講蘇聯的國際地位、謂自大戰之後、國際間情形異常複雜、主要的如英法訂立海軍條約、日英同盟的恢復、對於宰割中國日英採取一致行動、這是很明顯的事實、帝國主義裁減軍備不過是欺人之假面具而已。

▲製造輪船的工作進步

列寧格勒十一日蘇聯社電　駐列寧格勒英國輪船掛號代表、與蘇聯新聞記者談話、謂蘇聯製造輪船要佔全世界第七等地位、有造船廠三十三個、共十萬二千噸、造輪時間亦減少、從前須三十三月完工的、現在可於十二個月完工、所採取的材料與英法各國無甚差異。

▲赤塔煤鑛過渡到七小時工作

赤塔十二日蘇聯社電　赤搭車爾洛阿斯克煤鑛工作時間已過渡到七小時。

▲預備大批食糧

伯力十二日蘇俄社電　在本月內尚擬預備運出七百車箱食糧至邊疆各地。其海中參威州佔二百二十五車箱、伯力一百二百五十五車箱、赤塔和史特列金斯克三十車箱。

（各國要聞）

▲奧國工人罷工

維也納十日蘇聯通信員電　最近奧國有幾千電氣工人罷工、電報局與郵政局工人、向政府要求增加工資、如在一定期限內不允許則宣佈罷工。

▲波蘭紡織工人與守舊派鬬爭

瓦薩五十一日蘇聯社電　在洛志有數百紡織工人尚繼續罷工、曾佔領守舊派工會會址數次、並在該會址分配一切救濟費、與守舊派工會工人及其領袖發生鬬毆甚厲。

美國香蕉工人罷工

紐約十一日蘇聯社電　哥倫比亞香蕉工人罷工　罷工時將電線割斷、與軍隊發生很大的衝突、受傷者頗多、死者八人。政府現在檢查極嚴。

▲英國擴張殖民地的軍備

坎拿大十一日蘇聯社電　坎拿大政府準備八萬五千英磅購買七十架飛機、以供給陸戰隊作戰之用。並組織了三十七個飛機俱樂部。

本報編輯處啓事

遠東邊疆的工友們！
你們投稿本報時，請注意以下幾点：
（一）用墨水騰寫，字畫不宜潦草。
（二）每兩行間，可留寬大一些的空白，以便修改。
（三）在稿末請寫出通信地址，以便郵寄稿費。
（四）發表時須用甚麼名字，請附註明。
（五）對於各地的工人生活，須作有系統的詳確通信，隨時投稿本報。

第三类

关于中国革命与党的理论

最近中国军阀内讧与中国无产阶级应采的态度，1924 年 9 月 17 日

一九二四年九月十七日　工人之路　第五十九期　(一)

РАБОЧИЙ ПУТЬ
工人之路
Орган Дальбюро ВЦСПС.
Отв. редактор Лян-ба-ди.
Адрес редакции: ул. Пекинской и Корейской, Клуб Китрабочих „1 мая“, Тел. № 1-85.
17 сентября 1924 г.
№ 59
全俄中央職工蘇維埃遠東部出版 沿海省華工總部編輯
每逢星期三出版
報價：零賣每期金洋七分定閱本埠每月二毛五分外埠每月三毛
編輯處：北京街和高麗街拐角中國工人五一俱樂部樓上
電話一百八十五號

全世界無產階級聯合起來呵！

評論

最近中國軍閥內訌與中國無產階級應採的態度

我們國內現在正在打仗、始而是江浙兩省齊燮元和盧永祥的打仗、隨後就有張作霖的進兵、曹琨的宣戰、變成了奉直兩派大打其仗。一根頭髮牽動了全身、大砍大殺、我們做工的窮人眞眞受苦不淺。幸而還有孫中山先生的革命軍從江西進兵和中國共產黨努力指導工人農夫反對打仗、稍微可以維繫我們的一線的希望。不然、是怎麼得了呵！

我們現在要問『他們爲什麼平白的打仗？』先就要知道『他們是些什麼東西？』他們是踐踏在我們工人農夫身上的人、他們是早被我們工人農夫棄掉了的人、他們是一群一群武裝組織了的山賊海盜、他們是站在帝國主義者的英美法日等强國與我們工人農夫的中間、幫助帝國主義者實行掠奪的東西、他們是靠幫助帝國主義者掠奪才能滿足貪慾的東西、或者可以直說他們就是帝國主義的列强、管理殖民地工人農夫的一部分政治組織、他們恰和租界內巡捕包探是一樣的掠奪、其實這就是他們的職務、並不全是幫助。那些帝國主義的列强、所以能把鎖練套在我們工人農夫頸上的緣故、就是單靠有這般上級巡捕、高等包探、他們靠做保護自己頂堅固的城岩、也就是帝國主義的列强所給的金錢和槍砲。帝國主義的列强爲對近東中東遠東及中國分贓、預料不久將再開一場世界大戰。現在中國國內的戰爭、就是世界大戰的信號。不過這只算是帝國主義的列强、所使用的巡捕包探分贓的衝突。曹琨吳佩孚是英美的巡捕包探、張作霖是日本的巡捕包探、齊燮元盧永祥還只算小巡捕小包探。他們因爲所依靠的老板不同、早已互相疾視、他們要分的贓品、只有一件、分給你、我就沒有了、分給我、你就沒有了、誰要能取得贓品、而且多取得贓品、只有一條辦法、就是打仗拚個你死我活的一條辦法。『贓品是什麼呢？』、是從我們工人農夫身上絞搾出來的血、刮割下來的肉、『打仗是靠什麼打呢？』、是靠我們工人農夫的生產品和生命來打的。他們平時是靠我們工人農夫的血肉做給養、他們戰時更是靠我們的生命全體做給養、所以他們的一眨眼、一談笑、一舉手、一投足、都可以頃刻間叫我們血肉成河、屍骨堆山、『他們對我們的好處是什麼？』、是掠奪我們的工錢、强竊我們的麵包、用錢糧地租厘金煙酒糖稅來敲我們工人農夫的竹杠、把我們捉將監獄裏去、我們單看這幾年的事、全國各地工人罷工、那些軍閥和帝國主義的列强、不都是聯合的壓迫嗎。我們看那京漢路的慘殺、我們是怎樣的憤火中燒呵！加以這幾年水災旱災鬧的怪兇、柴米油塩騰貴的了不得、那些狗官還要强迫我們擔負公債、購買彩票、我們大多數的工人農夫、年紀老的父母、不能幹活餓死了、妻子沒有飯吃分離了、兒女也賣了、自己做工種田沒有希望成了要飯的花子了、就是少數有職業的工人罷、一天作十幾点鐘的工、依舊是沒有飯吃、不是失愼死在鐵廠的化鐵爐上、就是窒息死在一千尺深的鑛窿裏面、或是軋斃在電機之下、我們工人農夫度這隸屬生活、所受的苦已經夠了。現在剛剛開仗、上海的米價、陡從十三元漲到二十元、還在繼續不斷的增漲。請問我們工人農夫怎樣活命呢？我們老實不客氣的說、我們要乘這當兒聯合全國無產的工人農夫兵士做一番『要飯吃』『要性命』的大運動、抵死的反抗戰爭。卻是我們要知道、妄想苟且一時的和平、空叫反對戰爭、是無用的。我們一面要幫助孫中山做成國民革命工作、一面尤其要服從中國共產黨的命令將政權奪在我們工人農夫的手裏、那時我們窮小子才能夠翻身呵！

情面是工人的仇敵

乃生

中國人有一種狠不好的脾氣、就是「講情面」三個字。講講情面又有什麼不好呢？我就要反問一句「世界上有誰講眞情面呢？」我們狠知道、講情面最盛的地方就是一些買賣商行裡買賣家。一些吃勞金的工人、何嘗不是一個樣賣自己的氣力、賣自己的心血去替人家賺錢。但是、這些人、大多數是掌櫃親信一点的人、不是同鄉、就是親戚故舊。掌櫃的原來要他的買賣好、要他的買賣不出什麼本兒。如是就拿出他那胡弄人的手段來、向一些夥計們、不是呼兄喚弟、就常申說你我是通家世誼、把一些人眞的胡弄得要怎樣就怎樣、簡直像似自己白頂了一個頭、不能夠自己有什麼主張的了！

這麼樣、情面就眞顧到了、還講什麼一個月勞金多少、還講什麼一天止作八点鐘的工、還講什麼要掌櫃的替他保險、住的吃的更談不到了！掌櫃的眞就太合算了、到了年頭節尾算起賬來、不是淨賺幾百、就是淨賺幾千。到這時候、一些講情面的夥計們又止有向掌櫃的道喜、贊揚他命好的分兒、何嘗明白這是仗自己的汗血賺來的呢！

一些居中國買賣家的工友們呵！情面不是不能講、但是要彼此講個眞情面、你們絲毫不欺掌櫃的誠心幹活、掌櫃的一定也要給你們狠公平的薪金、替你們保險、飲食起居總要合法才好。一個大人不要像小孩兒一樣、讓人家白胡弄了呢！

最好是仗自己的氣力賺飯吃、一切照

全世界被壓迫的民族聯合起來呵！

什么是帝国主义与军阀，1925 年 8 月 20 日，8 月 27 日，雨红

一九二五年八月二十日　工人之路　第一百零五期

РАБОЧИЙ ПУТЬ

工人之路

Орган Дальбюро ВЦСПС.

Отв. редактор Чжан-тин-юй

Адрес редакции: г. Владивосток, уг. Пекинск. и Корейской, Клуб Китрабочих „1 мая" Телеф. № 6-35.

20 Август 1925 г.

№ 105

全俄中央職工蘇維埃遠東部出版

每逢星期三出版　報價：零買每期金洋七分定閱本埠每月二毛五分外埠每月三毛

編輯處：北京街和高麗街拐角中國工人五一俱樂部樓上

電話六百三十五號

廣告刊例：每期每字按照三分金洋計算長期另議

本期摘要

什麼是帝國主義與軍閥？

張作霖又命部下李景林槍殺工人

又是一件工會保護工人的實例

海參威華工對於中國革命問題的講演大會

張二的錯處（戲劇）

全世界無產階級聯合起來呵！

◉什麼是帝國主義與軍閥？

（雨紅）

帝國主義與軍閥，已經屠殺了幾千百萬的人類，現在還在那裡繼續不斷的努力屠殺，大有非將人類的血，染紅了整個世界不止之勢。

然而人們還提出這個問題：什麼是帝國主義與軍閥？豈不奇怪？

其實並不奇怪，人們的感覺有時本來非常遲鈍，更加以帝國主義與軍閥千萬斤的暴力壓在上面，早已弄得他腰折股斷，頭暈眼花，不但看不清誰是他的敵人，甚至敵人的槍，已到了他的胸口，敵人的刀已到了他的頸項，他還糊糊塗塗認爲是他的夥伴。這是何等悲慘痛心的現象呵！帝國主義與軍閥殺人的手段眞正厲害！

因此我們對於這個問題的第一答覆就是帝國主義與軍閥不是別的東西完全是屠殺人類的劊子手！是一切被壓迫人類的死敵。其次再去分析帝國主義與軍閥的本身究竟是個什麼東西？

列寧說「帝國主義是社會革命的前夜」又說「帝國主義是資本主義的死期」這都是很確切的定義，因爲資本主義的發展、已由自由競爭的資本統治，到了壟斷的資本統治，即是到了資本主義是後的一階段，這個資本主義快死亡的階段，就謂帝國主義。更明顯一点說，第一資本主義的生存，完全建築在極端殘酷的掠奪和屠殺一切被壓迫的人類的政策之上，到了帝國主義時代，更形成了萬能的財政寡頭政治，使人們狠明顯的感覺得幾個託拉司的壟斷，其壓迫厲害，更百倍於從前。於是使人們認定了自救的出路，只有走向無產階級革命。在無產階級的戰線上，於是增加了無量的爆發原素。第二在帝國主義時代，世界的經濟已成了整個的鎖練，在這個整個鎖練的束縛之下，遂將人類分成兩大營壘：一個是資本主義的國家，一個是半殖民地的國家，前者爲剝削的，壓迫的，後者爲被剝削的，被壓迫的，後者要想從前者的剝削和壓迫下解放出來，只有打破帝國主義的統治。第三到了帝國主義時代，必然的惹起帝國主義者重新瓜分世界的戰爭，在這個戰爭的中間，無產階級的革命，與民族革命，戰線，必然聯成一片，搆成反對帝國主義的世界革命。這就是帝國主義的內容和其必然的結果，所以列寧說「帝國主是社會革命的前夜」。

未完

專電

◉張作霖又命部下李景林大殺工人

北京十四日特電　八月九日天津日本別克大（譯音）紡織工廠工人，因不堪虐待剝削，發生罷工。張作霖受日本方面要求，派李景林發兵前往鎮壓。恰值工人捉獲平素虐待工人的日本：廠經理，交到李之司令部，呈請中國軍隊保護中國工人，懲辦日本資本家。李竟然命令軍隊開槍打工人，不料兵士都同工人聯合，不肯開槍打工人。李又急從別處另調兵來，開槍打死六人，傷無數，捉去二十餘人，這消息頃刻傳遍各紡織工廠，各工廠都陸續罷工，八月十二日紡織工人召集了六千多人的群衆大會，正開會時，李派兵五千將工人重重包圍，命令軍隊開火，打死二十人，多數工人跳入白河淹死，總共殺死六十多人以上，受傷者不計其數，居住紡織工廠附近之學生全被捉去。

◉張宗昌不斷的殺人

北京十五日電　張宗昌又在山東濟南槍斃學生十六名及工人多名。

◉法德比教員代表視察俄國行程

莫斯科十二日電　法、德、比、各國教員代表一行人衆八月十五從列寧格勒到莫斯科預備停留到八月二十一日往鴉斯奴波領奴及哈爾果夫等地視察各地教育狀況。

◉捷克斯拉夫國的殖民地革命運動

多列斯及約爾達里並許多屬於捷克斯拉夫的殖民地，革命運動擴大。他的目的是：（一）反對現社會的所有制度。（二）創造蘇維埃的政治。捷克國政府現採嚴厲壓迫手段，捕去多人，並從各地驅逐革命份子。

全世界被壓迫的民族聯合起來呵！

一九二五年八月二十七日　　工人之路　　第一百零六期

РАБОЧИЙ ПУТЬ

工人之路

Орган Дальбюро ВЦСПС.

Отв. редактор Чжан-тин-юй

Адрес редакции: г. Владивосток, уг. Пекинск. и Корейской, Клуб Китрабочих „I мая“ Телеф. № 6-35.

27 Август 1925 г.

№ 106

全俄中央職工蘇維埃遠東部出版

每逢星期三出版　報價：零賣每期金洋七分定閱本埠每月二毛五分外埠每月三毛

編輯處：北京街和高麗街拐角中國工人五一俱樂部樓上

電話六百三十五號

全世界無產階級聯合起來呵！

全世界被壓迫的民族聯合起來呵！

本期摘要

◉什麼是帝國主義與軍閥？

（雨紅）（續）

軍閥呢？是半殖民地的特產—封建餘孽，是帝國主義的爪牙—殺人工具。他們以製造兵士爲職業，以流氓土匪爲原料，以戰爭爲市場，以帝國主義爲參謀部，以謀財害命爲目的，所以製造的兵士越多賺錢越多，殺人越多賺錢越多，簡直無異於一個兵士製造廠的資本家，販賣人肉的屠戶，這一般殘酷的野獸，就謂之軍閥。這僅就軍閥的本身來說，若就軍閥與帝國主義的關係來說：則帝國主義是獵戶，軍閥卽是獵狗，帝國主義如虎，軍閥卽如倀，總之這兩個東西始終相依爲命，狼狽爲奸，在此次上海事變中，我們更看得特別清楚，當上海英帝國主義屠殺中國工人學生市民之後，段祺瑞卽下令全國保護外僑，漢口英海軍用機關槍掃射援助滬案示威運動中之中國工人學生商人之後，蕭耀南又下戒嚴令，禁止言論出版集會等自由，並槍殺過激黨—卽工人學生的代表七人，拘捕的無數。長沙的帝國主義還未舉行屠殺，趙恆惕卽首先下令戒嚴，禁止人民的愛國運動。青島的張宗昌，除調遣海軍警察幫助日本資本家解散中國工人工會及槍殺罷工的工人外，更槍殺青島公民報主筆胡信之，及共產黨青島地方委員會書記李慰農。天津李景林除解散學生聯合會外，現又幫助日本紡紗廠資本家槍擊工人，死傷無數。上海邢士廉除下戒嚴令禁止反帝國主義運動的一切示威和集會等行動外，更封閉工商學聯合會、海員工會、洋務工會等。奉天張作霖禁止人民的反帝國主義運動。這些事實都是証明在帝國主義屠殺中國人民的時候，軍閥與帝國主義始終是一致的，在此我們就可以得一個切實的結論，帝國主義與軍閥，在形式上是兩個東西，在實際上却都是屠殺中國人民的劊子手。

同志們！九月七日是少年共產國際的紀念日，同時是帝國主義列强强迫中國訂立辛丑和約的紀念日，同時又是全世界青年工人和兒童做共產主義運動的紀念日，這一天全世界的少年共產黨員工人和兒童及被壓迫民族，都有很重大的鬬爭和示威！

同志們！被壓迫的中國民族一齊上了國民革命的戰線呵！我們海參威的少年共產黨工人和兒童都要在第三國際指揮下，都要走上革命戰線去啊！

專電

◉李景林又槍斃十二名共產黨員

北京十九日電　天津工人被李景林捕捉四百四十四人投入大獄，內中有十二名工人是共產黨員，業經張作霖命令李景林下令槍斃。同時李景林更對日英美三國資本家的工廠，每廠派八十名兵丁保護。

◉廖仲凱被暗殺

八月二十日北京電　共產黨員國民黨重要領袖廖仲凱同志，最近因猛烈反對帝國主義，於八月二十日被人暗殺。

◉帝國主義的關稅會議快開了

八月二十日北京電　帝國主義列强援助軍閥侵略中國的關稅會議，定於十月二十五日開會。

◉中國學生的農民運動

上海十八日電中國學生總會利用暑假期間，已經分派各省學生分頭回到鄉村，從事農民運動。

◉革命政府的軍財兩政統一

上海十八日電　革命政府軍政財政均已統一，從前楊希閔劉震寰所設苛稅雜捐實行豁除，浮收舞弊等事嚴行取締，人民大悅。

◉京津工農兵商學的革命戰線

天津十八日電　京津工學兩界，現正聯合京津工農兵商學各界爲大規模的全體罷工運動。

◉白黨首領被捕

北京十四日電　白黨首領尼采也夫，在東三省替張宗昌召募俄國白黨充當兵士。經蘇聯大使加拉罕，向段祺瑞抗議結果，尼采也夫及其部下二人已在吉林被中國軍警捕獲，張作霖聞知此事，急電吉林官廳命其報告被捕詳情。

▲地水風三災並至之日本

東京十八日電　日本東京和東北一帶發生很强烈的地震和水災，鐵道橋梁室宇人畜禾稼，毀壞不計其數，山梨縣附近約有兩縣之地，皆遭颶風災厄，工人農民傷病号泣，飢餓露宿，苦不堪言。

妇女节—谈中国的妇女运动，1926 年 3 月 8 日，张子余

一九二六年三月八日　　工人之路　　第一百三十一號

РАБОЧИЙ ПУТЬ

工人之路

Орган Дальне-Восточного краевого совета профсоюзов.

Отв. редактор Чжан-тин-юй

Адрес редакции: г. Владивосток, ул. Пекинск. и Корейская. Клуб Китрабочих „1 мая“ Телеф. № 6-35.

8 марта 1926 г.

№ 131

遠東邊疆職工蘇維埃出版

每逢星期三出版

報價：零賣每期金洋七分定閱本埠每月二毛五分外埠每月三毛

編輯處：北京街和高麗街拐角中國工人五一俱樂部樓上

電話六百三十五號

廣告刊例：每期每字按照三分金洋計算長期另議

本期摘錄

運輸工會對於工人康健狀態之注意
斯巴斯克華盛掌櫃對於工人欺騙之方畧
通事張芝善因抽花煙虧空捲逃金洋六百元
婦女節一談中國婦女運動（論文）
獅子與日本和其身上的蝨（時評）

◉婦女節一談中國的婦女運動

（子餘）

東方中國的婦女、經過古典文明長期的束縛、加以資本制度侵入、愈被排擠到不幸的境地、他們最好的生活、只不過是馴養在籠中一隻玩禽、徼倖不會被人拋棄的綿延血種工具罷了。他是用狠大的努力來承受一切屈辱、羞侮、虐待、而又要善於使弄取媚爭妍的技術、才能保存最小限度的肉體生命。許多女子簡直一生下來就成了被人展轉販賣掠奪的商品。在中國的蘇州常見有人肩担着四五個小女孩叫賣、價錢低的時候、五百錢就夠了、人們少抽点煙捲、就可以買許多孩子來賺錢。在帝國主義侵略中國的大本營上海、常見許多無業遊民、只要家中買有幾個女孩子養着、向人拉借款項、就格外有信用。城市和鄉村成千累萬的婦女或是當工廠奴隸或是當公娼和密秘賣淫及充當妾婢、在中國法律上、他們沒有遺產承繼權、在社會上沒有女子的職業、教育是不和他們相干的、在婚姻制度上選擇配偶者、是家族中父母兄弟的權力。女子到了成年時候、要打定一生前途、狠是沒有主張、既然沒有獨立主張、只有抱着嫁鷄隨鷄嫁狗隨狗的主義去做罷了。嫁鷄！到底是不是一隻好鷄？嫁狗！到底是不是一條好狗？這是和賭博一樣、單靠逢機會的！社會上特別留給他們的、是小脚、脂粉、愚蠢、花柳病、肺痨症、兒女過多無力養育、或老來孤貧無人扶養的種種痛苦！這寃屈叫人怎伸呵？

中國婦女爭自由的運動、已經有了十幾年的歷史、他還運動最初是由於辛亥革命國民政治思想上得一狠大解放、因而婦女生活中也有文化侵入了。然而當時只少數資產階級婦女作一種參政運動、而且當初革命政黨國民黨是屬於右派的宋教仁起草的政綱、他是極端反對婦女在政治上活動的。在這時候婦女運動並無怎樣有活動力的領袖人物、既無羣衆、無領袖、又無政黨爲之策劃、所以在這時期是無如何可紀錄的運動的！婦女運動的新時期、在五四以後、學潮不斷的發生、新的革命文化侵入了許多小資產階級婦女中間了、各地勞動運動興起、無產階級婦女走上階級戰線了。中國共產黨和國民黨合作後、國民黨中居然有了婦女部了。五卅以後國民革命潮流高漲、中國婦女明白了要達婦女解放的特殊要求、非參加國民革命解決中國總共根本問題不能成功。所以現在中國各省婦女團體、大有日益興起之勢！

我們海參崴中國婦女運動、可是沒有成績、然而既有許多不幸的中國婦女在這裡、我們必定要使他們生活上起一新的變化。一九一〇年三月八日、是各國社會主義的婦女爲謀世界無產階級婦女解放、聚集在丹麥京城開第一次大會的紀念日、我們要決定從這天起、使海參崴的中國婦女趕快從黑暗地獄向有光線的方向奔跑！

中國婦女解放萬歲！

海參崴婦女解放萬歲！

專電

◉上海又有極大的罷工風潮

北京四日電　上海日本紗廠因監工日人凌辱一女工、激怒工人、打死日本監工。廠主招來英巡捕包圍全廠工人、捕去十餘人。工人當卽罷工、罷工人數約四千、上海中外各工廠、均在准備響應。工人要求條件：(一)給以人類同等待遇。(二)立時釋放被捕工人。目下中外軍警、正幫助日資本家守護工廠云。

◉帝國主義者對蘇聯的政策變化

莫斯科轉來三日東京電　蘇聯國防和經濟的力量强大、使各帝國主義現在已漸拋棄進攻政策、暫採聯合政策了。日本各報紙最近論調、都謂幫助張作霖進攻蘇聯、不如幫助中俄人民親善、造成中俄日三國人民的新關係、所得經濟利益爲大！英國銀行團從前是主張新俄不還舊債、不承認和蘇聯締結正式條約的。現在銀行團都要和蘇聯做買賣、一變從前的態度了。

◉長江軍情的變動

北京二日電　湖北軍師長劉佐龍盧金山之軍隊、因見走狗蕭耀南之死、兎死狐悲、早和江西督辦方本仁等聯合一致、現已在河南前線倒戈反攻吳佩孚、同時湖南軍師長唐生智已外聯廣東國民革命政府、內結保定軍官學校出身之各高級軍官、按排卽時趕走吳佩孚的走狗湖南省長趙恒惕。

全世界被壓迫的民族聯合起來呵！

投机妥协是国民军失败原因之一，1926 年 4 月 25 日，张子余

一九二六年四月廿五日　工人之路　第一百三十八期

РАБОЧИЙ ПУТЬ

工人之路

Орган Дальне-Восточного краевого совета профсоюзов.

Отв. редактор Чжан-тин-юй

Адрес редакции: г. Владивосток, уг. Пекинск. и Корейской, Клуб Китрабочих „1 мая“ Телеф. № 6-35.

25 апреля 1926 г.

№ 138

遠東邊疆職工蘇維埃出版

每逢星期三出版

報價：零賣每期金洋七分定閱本埠每月二毛五分外埠每月三毛

編輯處：北京街和高麗街拐角中國工人五一俱樂部樓上

電話六百三十五號

本期目錄

◉投機妥協是國民軍失敗原因之一

（子餘）

我眞佩服法國大革命的精神、因爲他毫不遲疑的教路易氏的子孫（法皇）上了斷頭台。

我眞佩服義和團的革命精神、因爲他狠看得清楚東交民巷列强使館是强盜們坐地分贓、保護國賊走狗的大本營、他便大胆的用武力來鏟除他。

國民軍爲甚麼失敗？就是沒有這樣革命的勇氣！因爲他初進北京、就應該毫不遲疑的槍斃國賊段祺瑞及曹琨、他不但不敢做、而且不肯做、甚至和國賊合作、甚至國民軍領袖馮玉祥隱退鳴高、讓政權於安福國賊手中、使國賊段祺瑞能夠內聯軍閥張吳、外援列强勢力進攻國民軍。最後段祺瑞大胆的對民衆屠殺、逃到東交民巷使館受帝國主義保護。而且宣言北京政令非伊簽字、不生效力。這便是國民軍徒抱機會主義、站在民衆與官僚之間、安協、彌縫、操縱、鬧成的失敗。這便是沒有法國大革命請敵人上斷頭台的勇氣。

東方的中國自從東交民巷列强使館支配北京政府以來、無論是前淸的皇帝軍機。民國的總統、內閣、事實上都是列强的買辦、因爲一切政治的發源、都是出自東交民巷列强的會議、譬北京政府是一個機器、其電氣的發動力、則在於東交民巷、中國的賣國賊爲什麼不倒？自然是他們後台的扶助、就是失敗了、一脚跳進東交民巷、不但可受保護優待而且馬上可以搬兵進攻中國、過去如像康有爲、張勳、徐樹錚等安福十大禍首、黎元洪都曾跳進東交民巷列强使館、受其保護幫助、重行在中國政治上爲擾亂的活動。現在的段祺瑞曹琨又跳進東民巷了。不但段氏自身敢恃外援爲護符、向國民爲威嚇的宣言、而且列强軍隊密布北京市內竟敢公然主張、非段氏重掌政權不可。國民軍若早知軍閥帝國主義聯合進攻是萬不能避免的一個階段、應該乘早宣言廢除東交民巷使館附屬地的治外權。並勒令其解除武裝、否則乘其聯合準備未就緒時、就因此宣戰亦所不惜。雖說是戰而必敗、這樣的戰敗、可使全國民全世界受狠大震動、促進革命運動狠大的力量、失敗中有絕大勝利、况且土耳其曾經幹過、未必就有失敗。

有的人說：國民軍力量不足、須得權時忍耐、我們說國民軍若有鮮明態度、一入北京便槍斃段祺瑞曹琨宣言廢止列强使館界內及散佈全國的一切特權、並解除其武裝、必能得民衆空前絕後的助力、可惜國民軍不能如此遂致失敗。

我們從這失敗中得的教訓：是國民軍因機會妥協而失敗。

專電

◉國民軍退出北京

北京十九日電　國民軍退出北京、扼守南口、退時秩序安全、張學良兵已入北京、吳佩孚對此頗含醋意、曾自語云、權時忍耐、另想辦法。

◉湖南政府已受廣州國民政府指揮了

長沙二十日電　唐生智派代表到廣州國民政府商量條件後、國民政府已派代表白崇禧陳銘樞到湖南接洽一切、唐生智已全承認國民政府所提條件、決依次實行。目下國民政府軍隊宋鶴庚魯滌平兩師長軍隊已到湖南湖北交界線上。湖南全省工農兵學政商連日盛開大會歡迎白陳兩代表。一致要求國民政府出師北伐、打倒一切反動軍閥、從速召集國民會議、廢除一切不平等條約。

◉段祺瑞逃走與國直奉三面相持的現狀

北京二十一日電　段祺瑞已從北京逃往天津、吳佩孚致書張作霖、否認同國民軍聯合之事實、並勸張作霖努力攻打國民軍不使存留、但張作霖的主人日本帝國主義者則以爲吳佩孚毫無實力、全想利用奉軍力量成就自己勢力、勸張作霖暫緩對於國民軍進攻、莫爲吳佩孚所算、日本漢文報紙北京順天時報、亦發表這樣論文。

◉山東農民已踏入世界革命戰線了

北京二十一日電　山東農民開全省代表會議、其重要議案：（一）第一步着手全山東農民解放運動。（二）加入農民國際。其口号爲全世界農民聯合起來。

◉埃及白都英民族大敗義軍

羅馬二十日電　埃及之白都英民族和義軍戰爭結果、將義大利駐屯軍完全繳械並獲得飛行機一隻。事實上已經獨立。

快把莫斯科精神向落後的東方移殖！

中国国民革命运动的意义，1926 年 12 月 27 日，陈麻子

一九二六年十二月廿七日　工人之路　第一百七十期

РАБОЧИЙ ПУТЬ
工人之路
Орган Дальне-Восточного краевого совета профсоюзов.
Отв. редактор Чжан-тин-юй
Адрес редакции: г. Владивосток, уг. Пекинск. и Корейской, Клуб Китрабочих „I мая“
Телеф. № 6-35.
27 Декабря 1926 г.
№ 170
遠東邊疆職工蘇維埃出版
每逢星期三出版
報價：零賣每期金洋七分定閱本埠每月二毛五分外埠每月三毛
編輯處：北京街和高麗街拐角中國工人五一俱樂部樓上
電話六百三十五號
廣告刊例：每期每字按照三分金洋計算長期另議

訪友諸同志注意

以後投稿要寫的乾淨清楚簡單尤其要注意職工運動的團體活動及新的建設、最需要的是勞動藝術的稿件。至關於社會黑幕情形、要用狠巧妙的方法、搜羅證據品、最忌作模糊影響之談。

工人之路社啓

◉中國國民革命運動的意義

（陳麻子）

凡是所謂一種革命運動、決不是憑空而來的、當然說不上有什麼『過激』。革命運動、乃是社會進化的運動、他的發生。全由於某時代社會底經濟和政治的組織已不能適應當時社會的需求。因之、在客觀上必須產生一種革新的舉動使社會的進展得順而無障。我們拿生物學上的例子來說：當母鷄孵他雛時、幼雛經過相當時期發育滋長、在這大不如拳的卵殼內、那時已不能容納、於是勢必破殼而出、社會革命運動的發生也是這個道理。

中國八十餘年來受帝國主義與封建軍閥的剝削、農業經濟和手工業經濟逐漸破產、外國商品如洶濤般的湧入、把中國經濟的命脈、幾置於死境、同時、帝國主義者爲要維持其經濟侵畧特殊的地位、於是在政治上便不能不利用中國舊統治階級封建軍閥的勢力來極力摧殘民衆的自由、這樣帝國主義者在經濟上和政治上的侵畧中國、特別在歐戰後爲更厲。可是自蘇俄十月革命後中國民衆除少數買辦階級甘心作帝國主義工具外、大部分、尤其是無產階級和貧農沒有不熱烈地對帝國主義作嚴重的反抗、去年五卅運動的爆發、反奉戰爭的產生。以至於防禦反赤運動的北伐和由北伐的勝利而造成今日中國普遍的國民革命運動的形勢、其間皆有其政治經濟的背影、歷史的根源、和深切的革命意義。

但是中國國民革命運動的勝利、其意義決不僅是推翻中國的封建軍閥和消滅帝國主義在華的勢力、乃有開闢世界革命道路、根本消滅帝國主義的作用。蓋自歐戰後、各列强帝國主義、除美國外、其國家的經濟無一不日瀕于破產、他們唯一的掠奪和寄生地只有中國、所以此次若能由北伐而產生整個的中國國民革命運動勝利的局面、世界革命的運動必將由是而增大、「帝國主義將宣佈其末日」。施塔林同志說：蘇聯、中國、和英國、將爲世界革命的大本營、英帝國主義報紙泰晤士報也說、此次中國國民革命運動在世界和歷史上含有重大的意義、我們從此可以想見中國國民運動的意義是何等的深切。

專電

中國

據北京晨報載、英國公使列莫遜對國民革命政府外交委員長陳友仁說：英國可以承認國民革命政府在揚子江一切徵稅權力、要求國民革命政府取銷一切排英運動及罷工。

日本電通社消息：英日政府對於國民革命政府的外交方針業已改變。並說一星期或兩星期內英日兩國可以承認國民革命政府。

張作霖的軍隊對於國民革命雖反對而不能向前敵進攻、因爲沒有錢、正在大借外債、必須外債借成、才能施行攻擊。

奉票更下落、一元日幣可換五百五十五元奉票。

國民革命政府移武漢後、武漢民衆開了一狠大的遷移紀念大會、並對敵人做了狠大的遊行示威。

廣東省政府下令減少土地稅百分之二十五。

廣東省政府下令取銷歷史上遺留的農奴制度、許其能爲土地所有者及自由婚嫁。

湖北之宜昌已入國民革命軍手裏。

國民軍已佔領河南商州。

歐洲

尼陶宛共和國已變質爲法西斯專政制度。

荷國十九日發生革命暴動。

保加利亞印刷工人因要取消新法令已罷工。

列寧格勒附近之無線電站已於十九日開始發電（附註該電站約有二萬基羅瓦特電力。從八年前開始建築現在方才竣工）。

英國鑛業罷工因黃色領袖妥協失敗、失業工人達四十餘萬人。各國勞動界正從事募款幫助。

蘇聯現在有一千二百萬不識字的工人、職工會因此對掃除文盲運動、格外努力。

英國看見中國革命潮流、難用武力壓服、已經在中途召回派遣到華之軍艦。

快把莫斯科精神向落後的東方移殖！

妇女解放是东方民族解放的道路，1927 年 3 月 8 日

一九二七年三月八日　　工人之路　　第一百七十九期

РАБОЧИЙ ПУТЬ

工人之路

Орган Дальне-Восточного краевого совета профсоюзов.

Отв. редактор Чжао Е-жень

Адрес редакции: г. Владивосток, уг. Пекинск. и Корейской, Клуб Китрабочих „I мая“ Телеф. № 6-35.

8 Март 1927 г.

№ 179

遠東邊疆職工蘇維埃出版

每逢星期三出版
報價：零賣每期金洋七分定閱本埠每月二毛五分外埠每月三毛

編輯處：北京街和高麗街拐角中國工人五一俱樂部樓上

電話六百三十五號

廣告刊例：每期每字按照三分金洋計算長期月議

鞏固蘇聯的建設就是實行世界革命！

訪友諸同志注意

以後投稿要寫的乾淨清楚簡單尤其要注意職工運動的團體活動及新的建設、最需要的是勞動藝術的稿件。至關於社會黑幕情形、要用狠巧妙的方法、搜羅證據品、最忌作模糊影響之談。

工人之路社啓

社論

◉婦女解放是東方民族解放的道路

無論什麼新的法門、在東方民族解放的道路上、總是不外乎提高教育與經濟。青年的婦女、自結婚以後、身體日漸衰頹。在懷孕的時候、還要去作那狠困難的工作、因此、將來所產生的小孩、體質定是狠薄弱的、尤其是未受過教育、裝滿了腦袋的宗法社會思想、及衞生也不知講求的婦女、結果必致疾病或以此而死亡、東方民族的婦女、設若有以上的毒素環繞、在政治上與經濟上、定會發生許多的障礙。

東方民族的婦女、至此尚不知痛改前非、掃除餘毒、仍努力地向舊的習慣上去進行、那末、我們不但不能夠說、在蘇維埃的工作上能活動、卽對于教育與經濟的建設也說不上。

因爲有以上的原故、在三月八日這一天、列寧的黨和所有一切的勞動人民、他們的偉大的工作和任務、就是解放東方民族的婦女。

黨與蘇維埃的政權、過去已作過這樣的工作、現在仍在不斷的進行、卽邀婦女管理國家的工作、介紹入黨與少年共產黨及加入協作社或派往工廠作坊裡工作、都是爲此。

蘇維埃政府與共產黨、爲扶助東方的婦女、曾組織婦女學校、婦女俱樂部、幼稚園、婦女病院、產科醫院等等、並且沒有力量的貧農婦女、亦給他種種狠大的幫助。

至於保護工農婦女方面、蘇維埃政府、在世界上有狠好狠完善的法律、我們所有一切勞動的人民、在解放婦女的工作上、應當實際地執行、每一個工人和農人都應知道『蘇維埃的政權和法律』、而且光是知道還不夠、還要照這樣的去做和邀一切的人民夥同進行、同時少年共產黨與共產黨的黨員、亦當狠好的去履行、作民衆的一個榜樣。

工農的婦女們、在蘇維埃政權上和黨的工作上、都應當依此進行、都要狠誠懇的遵守列寧同志遺囑上所說的『向着解放婦女的道路上走去』！

◉蘇維埃政府與共產黨對東方婦女作了什麼？

東方蘇維埃政府、對於東方民族的婦女解放、異常注意、其在城市和鄉村的蘇維埃、對於婦女教育上經濟上的扶助、不遺餘力、如多方設法使東方民族的婦女、享受教育和派婦女到工廠作工、令一般婦女都得到知識的滿足與經濟的獨立卽其實例。

東方的工人婦女、在工會者、一九二五年四月一日的時候、有一萬一千九百七十六人、一九二六年四月一日、有一萬六千一百三十三人、自一九二六年四月一日到現在又增加了百分之十、在這數目內、有幾十個是遠東的婦女、卽高麗和中國的婦女。

過去的一九二六年中、對於婦女的工藝已提高了許多、一九二六年至一九二七年、在烏士伯克司坦地方、組織了一個紡紗學校、在格爾克士亞、阿士爾伯張和高加索共和國等地方、亦設有好幾個女子工藝學校、至于中亞細亞方面女子所受的不平等待遇已掃除了、在烏士伯克斯坦、土耳其斯坦等地的婦女、現在有一千五百人得到了經濟上的獨立。

以上的數目中、在審判廳機關司職者、計有四千七十八人。他們的職務、如審判員、監差及其他職務都有。

游藝和教育方面、設有婦女俱樂部、在去年有五十一個、現已發達至八十一個、各俱樂部、總計有會員三萬人、閱報室亦設了有二百十八個。

婦女代表會、去年有會員二萬二千餘人、今年已發達到三萬三千餘人了。

東方婦女在共產黨者、一九二六年時計有三千九百七十七人、在城市蘇維埃的婦女、增加了一萬五千八百八十八人、在少年共產黨的青年女子計有七千三百另七人。

東方民族的婦女、尤其是近東的婦女、在未革命以前、面目猶用黑紗遮蓋、以避免男子瞧見、這種不平等的情形、現在已漸次消滅了。

遠東近東的婦女們！我們既得了蘇維埃政府、狠完善的法律的保障、就應當享受所有一切應享的權利、要實際地把一切不平等的餘毒掃除盡淨。

三月八日是全世界的婦女起來要求解放的紀念日、東方民族的婦女們應迅速的覺醒、應用『三八』的經驗、向前猛進、以求全世界的婦女共同得到解放的自由！

快把莫斯科精神向落後的東方移殖！

庆祝北伐军占领上海与哀吊帝国主义枪杀的南京市民，1927 年 3 月 31 日，冶人

一九二七年三月三十一日　　工人之路　　第一百八十二期

РАБОЧИЙ ПУТЬ

工人之路

Орган Дальне-Восточного краевого совета профсоюзов.

Отв. редактор Чжао Е-жень

Адрес редакции: г. Владивосток, уг. Пекинск. и Корейской, Клуб Китрабочих „I мая"
Телеф. № 6-35.

31 Март 1927 г.

№ 182

遠東邊疆職工蘇維埃出版

每逢星期三出版
報價：零賣每期金洋七分定閱本埠每月二毛五分外埠每月三毛

編輯處：北京街和高麗街拐角中國工人五一俱樂部樓上

電話六百五十三號

廣告刊例：每期每字按照三分金洋計算長期月議

鞏固蘇聯的建設就是實行世界革命！

快把莫斯科精神向落後的東方移殖！

社論

◉慶祝北伐軍佔領上海與哀吊帝國主義鎗殺的南京市民

（冶人）

上海市民尤其是工人階級、不畏艱難、不惜犧牲、百折不回的與黑暗勢力—孫傳芳爭奪上海的市政權、而今已得了最後的勝利了 還勝利的消息、傳達到海參崴以後、全埠的工人羣衆、高興的如大旱之後、得到了甘雨、慶祝的聲浪、不絕地震動於吾人之耳鼓。

為什麼北伐軍佔領了上海、我們海參崴的民衆如此熱烈地慶祝他呢？因為上海為各國帝國主義者運銷商品的最大市場、亦卽是彼等侵略中國的最後根據地、同時也是最反動的奉直軍閥必須爭得海關附稅以維持軍閥殘喘的目的地．上海被革命的武力奪取了、就是中國革命民衆得了勝利、中國統一的民主政權、快到了實現的保障。而且同時也就是國際帝國主義者在華勢力根本起了動搖、和中國的反動軍閥走到了死亡的最後命運了。

洪楊起兵反對滿清之所以失敗者、即因在上海的帝國主義者、死力的扶助滿清政府、直接用軍事力量向洪楊進攻、因此、洪楊的軍事上受了帝國主義者極大的打擊、以致一敗塗地而不能復振。現在北伐軍因得上海幾十萬有組織的工人的幫助、遂得占領帝國主義與軍閥做買賣勾當的大本營。革命軍最大的難關、亦已過去、自此以後、北伐軍對于軍事的進行、更加順利、由徐州直搗山東、合國民軍會師北京、奪取張作霖的老巢穴—東三省、直等於摧枯拉朽、指顧間的事了。

其次政治方面、國民政府因攻下了上海、勢力日漸擴大、地位也愈臻鞏固、帝國主義者對國民政府、雖萬分的仇視、但終不能不出於承認國民政府為中央正式政府的一條路。至於上海的市民、尤其最革命的工人階級、在這次大犧牲的爭鬬中、流了許多的鮮血、才把北洋軍閥在上海的勢力掃滅了、自然已得了相當的自由。並且在此次大爭鬬中更狠明確的證實了祇有工人階級起來幫助革命的武力、才能消除一切帝國主義及其工具封建軍閥。復次又證明了祇有工人階級才是新社會的創造者、這次上海的陷落、給與我們許多的教訓、這是我們慶祝北伐軍占領上海最大的一個意義。

但是、工友們、我們慶祝上海的勝利、切不可忘記了前途還有許多障礙物呵！你看呀工友們！英美帝國主義者眼睁睁地看着上海被革命勢力占據了、他心裡是如何的恐慌、憤怒！於是趕派了許多軍艦、駛往南京、扶助他已卸甲丢盔的張宗昌、逞其帝國主義之淫威、任意用極猛烈的炮彈轟擊南京城、火燄冲天、所有南京繁盛之區、華麗屋宇、已悉化為灰燼、被轟擊而死傷的市民至七千餘人之多、啼聲載道、尸骨滿街、此種悽慘之狀、眞令我們目不忍睹。哦！帝國主義者對中國革命民衆、施行毒辣政策、轟擊殘殺、已成了家常便飯、並不是一件奇怪的事。然而我們應怎樣去哀悼被帝國主義殘殺的南京市民和一切為革命而犧牲的烈士呢？祇有我們工人階級更廣大的團結起來、與全世界的無產階級一致奮鬬、根本的消滅世界資本帝國主義、使他永遠地絕跡於世界、才不致再有這種殘酷的事件發生呵！我們現在的口號是：

全世界的工人階級和一切被壓迫民衆聯合萬歲！

根本打倒帝國主義及其工具封建軍閥

中國國民革命成功萬歲！

世界革命成功萬歲！

要聞

上海有極大的示威運動、反對外國人在南京殺死中國人民七千餘人、空氣異常緊張、並說應當以同樣的手段報答慘殺中國人民的外國人。

南京事變死外國人四名、兩個英國人、一個美國人、一個日本海軍。因此帝國主義乘機轟擊南京市民、致死傷七千餘人之多。

渤海艦隊在吳淞口與投降國民政府的軍艦開戰、結果如何？現在尚未探悉。

美帝國主義又派一千五百海軍來上海、現正在途中。

奉系軍閥張學良韓麟春等於三月二十二日發表宣言云：我們應停止戰爭、維持和平、一致對外。

外國軍艦用炸彈轟擊南京城、南京街上、被燒殺而死的尸首、在兩千餘具以上。現在南京城及其附近一帶均在大火燃燒中。美公使發出命令、凡在革命軍占領的地方、美人須一律退出。

二十六日早晨世界革命救濟會上海分部致莫斯科電云：「一小時以前、我們的代表（救濟會代表）從南京回來說

❀工友們注意❀

工友們：本報為遠東唯一的喉舌．而且是遠東工人唯一的指路碑．現在本報為補助遠東工人的知識起見．特在「工人之路」上另闢一「問題回答」欄．以便利我遠東工人所有一切問題自己不能解決時．都可投稿到本報來詢問．本報即當負責答覆。不過文字要力求簡單．以免多占本報篇幅。

工人之路社編輯部啓

国民革命军占领上海后的英帝国主义，1927 年 4 月 6 日，贵连

一九二七年四月六日　　工人之路　　第一百八十三期

РАБОЧИЙ ПУТЬ

工人之路

Орган Дальне-Восточного краевого совета профсоюзов.

Отв. редактор Чжао Е-жень

Адрес редакции: г. Владивосток, уг. Пекинск. и Корейской, Клуб Китрабочих „I мая“ Телеф. № 6-35.

6 Апрель 1927 г.

№ 183

遠東邊疆職工蘇維埃出版

每逢星期三出版
報價：零賣每期金洋七分定閱本埠每月二毛五分外埠每月三毛
編輯處：北京街和高麗街拐角中國工人五一俱樂部樓上

電話六百三十五號

積極的反對官僚主義！

社論

◉國民革命軍佔領上海後的英帝國主義

（貴連）

國民革命運動發展的過程中、自國民政府出師北伐後、已將侵畧中國的帝國主義中、最狠毒的英國帝國主義者、在中國的勢力根本破壞了、同時他所賴以屠殺中國人民的武力、——封建軍閥吳佩孚、孫傳芳、完全被北伐軍消滅了。所以英國帝國主義者起了狠大的恐慌、就不得不千方百計的想法挽回殘局、「一三」事變、退出漢口租界、企圖引起各帝國主義者表同情一致武裝干涉中國、和派遣海陸軍到中國來示威、但終是沒有得到效果、於是他又拚死命的來看守他侵略中國的大本營——上海、然而北伐軍畢竟厲害、結果又把繼續孫傳芳敗亡而南下的張宗昌、打得落花流水、一方面因受工人群衆的幫助、狠快的就把上海佔領了、在此時不但把英帝國主義在長江一帶的利益失掉了、同時他盤踞最久最黑暗的大本營——上海也被北伐軍收復了。

我們在帝國主義侵略中國的歷史上看來、在政治、經濟、文化種種侵畧、最毒辣的英帝國主義者、要佔第一把交椅、同時在全世界被壓迫民族中、英帝國主義亦是最凶猛的一個壓迫者、——一切殖民地半殖民地民族的最大敵人。但經革命怒潮的高漲、革命軍北伐的結果、總把他最後的命運決定了。

英帝國主義在中國的失敗、影響於殖民地半殖民地、和全世界的無產階級的革命興趣異常之大、尤其是英屬殖民地半殖民地的被壓迫民族和本國的無產階級、在最近的將來、卽有極廣大極猛烈地反英帝國主義的革命運動、或者英帝國主義者的命運就在此時結果亦未可知。

工友們！資本帝國主義發展到最高度的時候、資本主義社會裡的一切矛盾、已把資本主義的墳墓掘好了、送他的終的就是我們無產階級呵！工友們快快的和全世界的無產階級携手前進罷！最後的勝利終歸我們呵！

◉反對「清明節」和怎樣追念祖宗？

（丁山）

按照陰歷的日子、今天（陽歷四月六日）又是「清明節」了。

舉行「清明節」、原來是封建社會遺留到現在的一種舊習慣。舉行「清明節」的人、其意義就是在「追念祖宗」、所以到了這些日子、就有「飄白」、「燒包」、「拜掃」等等 舉動 其實這都是迷信的表示。在現今的革命工人、不應當存留這種迷信。另一方面、舉行清明節的玩意、不免又要枉費一些時間與金錢、這也是不應當做的。我們爲要掃除一切迷信的習慣和節省金錢、所以應當反對「清明節」！

我們倘若要追念我們的祖宗、我們無須乎在這個「清明節」上來表示、我們應當在革命的工作上去表示。因爲我們的祖宗受了舊的封建制度和資本主義的壓迫、所以才落得那麼窮苦一生而至於死。我們要追念他們、我們就應該更努力的把壓迫我們的祖宗和我們的資本主義打倒！要能夠打倒資本主義、就應該趕快的把工會辦好、擁護蘇維埃的政權和踴躍的參加經濟建設！這才是革命工人應做的事。

要聞

英帝國主義又在北京、天津、自己所辦的報紙上大肆宣傳、說美國與英國對華政策是一致的。轟擊南京、保護上海、美國和英國都是一致的行動、要是用武力對華、英美兩國的海陸軍也是一致的行動、惟日本的態度、到現在還未明白表示。

各帝國主義在華領事將聯名向國民政府提出最後通牒、英帝國主義並提議封鎖國民政府所管轄各地的口岸、通牒大綱已由各國領事送陳本國政府批准。美國國會有一半贊承聯名通牒、一半反對。日本政府不贊承封鎖政策、法國政府且根本反聯名通牒。

帝國主義國家打算向國民政府提出要求賠償損失、並以武力爲後盾、所以英國軍隊一天一天的在上海增加、差不多每天到上海來的軍隊有一兩千人。

漢口英美帝國主義報館工人一致罷工、反抗帝國主義無理詆毀國民政府、和革命民衆。

蚌埠又爲北伐軍佔領了、現在的戰事趨向於徐州、不久即將有極劇烈的戰爭。

美國鑛工工人因爲反對廠主增加時間、減少工資發生大罷工、現在廠主打算要開除十五萬個工人。

英國政府繼續派海軍來上海、最近又到

※工友們注意※

工友們：本報爲遠東唯一的喉舌、而且是遠東工人唯一的指路碑、現在本報爲補助遠東工人的知識起見、特在「工人之路」上另闢一「問題回答」欄、以便利我遠東工人所有一切問題自己不能解决時、都可投稿到本報來詢問、本報卽當負責答覆、不過文字要力求簡單、以免多占本報篇幅。

工人之路社編輯部啓

快把莫斯科精神向落後的東方移殖！

蒋介石反了，1927 年 4 月 23 日，丁山

一九二七年四月二十三日　工人之路　第一百八十五期

РАБОЧИЙ ПУТЬ

工人之路

Орган Дальне-Восточного краевого совета профсоюзов.

Отв. редактор Чжао Е-жень

Адрес редакции: г. Владивосток, уг. Пекинск. и Корейской, Клуб Китрабочих „I мая“ Телеф. № 6-35.

23 Апреля 1927 г.

№ 185

遠東邊疆職工蘇維埃出版

每逢星期三出版 報價：零賣每期金洋七分定閱本埠每月二毛五分外埠每月三毛

編輯處：北京街和高麗街拐角中國工人五一俱樂部樓上

電話六百三十五號

廣告刊例：每期每字按照三分金洋計算長期另議

※工友們注意※

工友們：本報爲遠東工人唯一的喉舌，而且是遠東工人唯一的指路碑，現在本報爲補助遠東工人的知識起見，特在「工人之路」上另闢一「問題問答」欄，以便利我遠東工人所有一切問題自己不能解決時，都可投稿到本報來詢問，本報即當負責答覆。不過文字要力求簡單，以免多占本報篇幅。

工人之路社編輯部啓

積極的反對官僚主義！

社論

蔣介石反了

（丁山）

自從四月十一日上海革命工人的武裝糾察隊被蔣介石命令白崇禧、周鳳岐的軍隊圍繳武裝並拘捕 人領首之後、十二、十三等日、在上海百餘萬工人市民的和平請願與集會以及徒手遊行示威運動、均被槍殺、死傷的男女小孩共計不下七百之多 同時在南京、杭州、吳淞等處亦有同樣的屠殺。這次事變、影響於中國國民革命的生命非常之大 蔣介石已經搖身一變而爲屠殺革命工人及市民群衆的劊子手了！

形成蔣介石這次叛變的原因狠複雜而且狠早。自『五卅』運動以後、因爲中國工人階級的勢力增大而掀起全中國的革命高潮；不僅使各帝國主義喪胆而且引動了中國資產階級畏懼中國無產階級的勢力而離開反帝國主義的國民革命聯合戰線。自此時起、在中國的帝國主義和軍閥於國民政府未北伐以前便極力向國民革命的勢力（西北軍及廣東國民政府）用武力進攻。在北伐已經佔領武漢而國民革命已經得到一部份勝利後、便極力的用妥協手段軟化蔣介石。另一方面、在國民黨中代表中國資產階級的分子更形成了新右派。蔣介石就是這個新右派的武裝。國民黨中的左右派、其所以不曾狠公開的分裂、不過因爲新右派蔣介石的勢力尚未穩固而且進逼國民政府的軍閥孫傳芳尚未打倒。

但是到了上海佔領之後、國民黨中的新右派已經據有福建、江西、及江蘇三省、同時也是中國國民革命的勢力到了對帝國主義和軍閥判決生死的關頭。在這時候、中國的工人及一切小資產階級民衆及國民黨左派的勢力愈增大而愈趨革命。但是中國資產階級及國民黨的新右派反而更生畏懼、逐漸的離開革命、免避革命、遏止革命的進展。另一方面、在中國的帝國主義和軍閥對於蔣介石及國民黨的新右派、一面用武力威嚇、（上海租界上嚴重的武裝戒備 和南京的炮擊）、一方面用妥協軟化（張作霖要求蔣介石反對國民黨左派及中國共產黨而合作）以及武漢國民黨左派最近向新右派蔣介石等的進攻。四月十一日以來的事變於是就形成了、就爆發了。

蔣介石現在已經明目張胆的拋棄革命的上海工人市民及其他各地的革命羣衆而投降於帝國主義和軍閥方面去了！人介石這次無恥的向革命的工人和民衆開槍、實際上幫助了帝國主義和軍閥不少的大忙！蔣介石現在與槍殺革命工人及民衆的軍閥孫傳芳張宗昌張作霖有何分別？蔣介石反了！

從這次事變中狠清楚的表現出中國資產階級在國民革命聯合戰線上及過程中的性質 我們從這次事變得到的教訓是：只有更堅固的團結中國工農及一切小資產階級的革命份子站在中國共產黨及中國國民黨左派的旗幟之下而與這個破壞反帝國主義的國民革命聯合戰線之叛徒—蔣介石及國民黨新右派決戰！我們要打倒帝國主和軍閥、同樣就要打倒蔣介石及一切國民黨右派！

要聞

四月十三日上海電 四月八日、此間中國人與日海軍衝突、現有一百日本海軍和巡警在北四川路檢查中國民房、被檢查的有十一家、並捕去中國人民二十一個。

四月十三日上海電 四月十一日蔣介石令白崇禧、周鳳岐的軍隊、包圍上海工人糾察隊的司令部、解除工人的武裝、繳械時殺死工人十三個、捕去的工人無數、其中有一個是上海總工會的委員長汪壽華、據另一消息、在上海境外地方、亦有同樣的事件發生。

上海工人、爲反對蔣介石解除工人的槍械、被殘殺的工人無數。現有十萬工人罷工反抗。

上海總工會要求發還被北伐軍繳去的槍械、釋放被捕的工人。並要求按照法律處罰當事的軍官、賠償死傷者的家屬、而且正式承認工人有武裝自衛的權利。

十三日上海各地都有示威運動反對蔣介石解除工人的武裝、被周鳳岐屠殺了一百餘人、傷者有五百餘人、其中有狠多是婦女小孩。

國民黨右派蔣介石、胡漢民定十日在南京召集會議、據另一八消息、右派希望汪情衛、陳友仁、孫科到南京去參加會議。

據可靠的消息、上海總商會借內債一千五百萬與蔣介石、以（一）脫離漢口國民政府、（二）現在停止反對北方政府、並和北政府進行和議、（三）免陳友仁的職、另委國民黨穩健份子爲外交部長、以便與列强談判、

快把莫斯科精神向落後的東方移殖！

最近中国政变的解剖，1927 年 6 月 14 日，越庐

一九二七年六月十四日 工人之路 第一百九十二期

РАБОЧИЙ ПУТЬ

工人之路

Орган Дальне-Восточного краевого совета профсоюзов.

Отв. редактор Чжао Е-жень

Адрес редакции: г. Владивосток, уг. Пекинск. и Корейской, Клуб Китрабочих ,,I мая" Телеф. № 6-35.

14 июня 1927 г.

№ 192

遠東邊疆職工蘇維埃出版

每逢星期三出版

報價：零賣每期金洋七分定閱本埠每月二毛五分外埠每月三毛

編輯處：北京街和高麗街拐角中國工人五一俱樂部樓上

電話六百三十五號

廣告刊例：每期每字按照三分金洋計算長期月議

繼續「五卅」運動的革命精神！

代論

◉最近中國政變的解剖

△在海參威全市中國黨員大會的講演稿

（越廬）

既然國民黨的政策是打倒帝國主義、打倒軍閥、爲什麼未打倒帝國主義和軍閥之先、而右派和蔣介石就起來殺戮在同一戰線內的工農階級的首領—共產黨呢？其中自有他的原因在、可以略述如左：

（甲）前面我已說了、蔣介石要獨覇政權、本抱有朕即國家之觀念、國民政府的重要職務、他一人而兼有之、即國民黨章程上所沒有的中央委員會的主席、他也創造出來、拿爲自己所有。他的總司令部成爲國民政府的太上政府。這種行動、與軍閥是沒有絲毫分別的。國民政府爲防患於未來、鞏固國民政府的基礎起見、在三月間的聯席會議上、有軍民分治、取消中央委員會主席的議決案、對蔣介石有削小他權力的打擊、蔣介石自然是不心悅而誠服的。

（乙）右派與工農階級的政黨—共產黨本不相容、無時不在鬭爭之中、右派看共產黨的眼光與帝國主義者和軍閥是沒有分別的。他們要消滅共產黨的企圖已非一日。不過各地的右派還沒有聯合成一起、一個地方的右派人數有限、不敢首先發難、恐怕失敗後自己吃虧。並且那時候的蔣介石還沒有表示明顯的態度、所以各地的右派與共產黨稍有小的衝突、不敢有大舉殺戮共產黨的事情。在武漢聯席會議之後、蔣介石爲反抗武漢政府起見、特在南京召集了一個秘密的軍事會議、各地的右派軍官、差不多都參加了。各地的右派在這次會議上得到交換意見的機會、並且有這位蔣總司令出來做反共的發難者、領導者、各地的右派就興高采烈、同時實行這次大慘殺。所以右派的報紙上說、反共不是少數首領的意思。

（丙）在國民革命的戰爭中、工農差不多都打第一陣線、每打一城、工人總得狠大的功績。在蔣介石未反叛之前、工農也得到了相當的自由、一部分的工人和農民已武裝起來、聲勢非常浩大。如孫傳芳之退出上海、完全是工人的力量、在驅逐孫傳芳之後、並且組織了一個工人佔大部勢力的上海市政府。這種情形、在資產階級和帝國主義的眼光看起來、自然是萬分的害怕、他們想制止工人的勢力自然是急不可緩的事情。代表資產階級的蔣介石看了這些情形、那有不出來向工人進攻呢？蔣介石既然是要向工人進攻、而英國帝國主義者在這時候又供給他一千五百萬元作爲殺戮工人的見面禮、張作霖與蔣介石又以討赤爲條件、已有幾度的差商、蔣介石爲自己的利益計、自然要下此毒手。

有了上面這些原因、中國的國民革命就被反動的新軍閥蔣介石所出賣、慘殺工人的事變就從此發生了。從這次事變之後、工人的領袖、捕的捕、殺的殺、公開的工會被關閉、工人糾察隊被繳械、一切機關被破壞、殺死的活動分子在兩千人以上、這樣大的損失、爲中國工人階級從來所未有。最慘痛的是一般工人階級首領的共產黨、受盡種種酷刑、用有釘刺的鞭子毒打、打下去還要拉一把、把背上的皮都被拉脫了、用這種方法強迫他們招認。較活動的分子就槍斃了、不狠重要的就把他額上刺一個『共』字、發到荒僻地方去開荒。這種慘無人道的刑罰爲世界各國所未聞、即張作霖也沒有這樣殘忍。同志們！這種怨仇、我們什麼時候也不能忘記的！當同他們拚一個你死我活、以報此仇恨！

同志們！斷不要消極、蔣介石雖然出賣革命、組織了反革命的南京政府、以與武漢的革命政府相對抗、但是他內部的意見非常紛歧、胡漢民、蔣介石、吳稚暉分做三派、再加上李濟琛和白崇禧兩派、現已分成五派了。他們互相軋轢、暗潮已狠厲害。胡漢民代表廣東派、用黨權來壓制蔣的軍權。蔣介石代表浙江派、他想獨覇政權、用軍事時代以軍權爲重的口號來壓迫各派。吳稚暉代表江蘇派、以監察委員的名義來壓迫各派。再加之廣東的李濟琛不願將每月供給蔣介石的六百萬北伐費再供給蔣介石、白崇禧想把上海劃爲自己的勢力範圍、蔣介石要把上海給他的私人、因此這幾位大將軍之間也起了衝突。南京反革命政府的內部既不一致、而工農群衆、再不像從前那樣幫助蔣介石、已成爲蔣介石的死對頭、各地的農團軍、尤其是廣東、已經把蔣介石的軍隊打得頭暈顛倒、工人已預備作驅逐蔣介石的暴動、蔣介石的政治生命將從此休矣！同志們！努力的起來殺賊罷！祇要我們努力、將來的勝利終屬於我們的！

打倒反動的新軍閥蔣介石！

打倒勾結帝國主義和奉系軍閥的蔣介石！

打倒破壞國民革命的內奸蔣介石！

中國國民革命萬歲！

中國共產黨萬歲！

取消一切不平等條約！

本報致職工學校畢業同志書

職工講習所諸同志：

你們已屆畢業了、轉瞬即往各地去負指導工人之責、本報是遠東工人的喉舌、關於各地工人生活、職工運動以及蘇聯新社會建設狀況的文稿、甚爲歡迎、盼各同志到各地工作後、時時繕稿寄來本報刊載、以供獻各地工人之閱覽和做職工運動者的參考、茲事重大、望勿忽視爲荷！謹致革命的敬禮！

工人之路編輯處啓

新旧军阀的比较观，1927 年 6 月 30 日，越庐

一九二七年六月三十日　　工人之路　　第一百九十四期

РАБОЧИЙ ПУТЬ

工人之路

Орган Дальне-Восточного краевого совета профсоюзов.

Отв. редактор Чжао Е-жень

Адрес редакции: г. Владивосток, уг. Пекинск. и Корейской, Клуб Китрабочих „1 мая“ Телеф. № 6-35.

30 июня 1927 г.

№ 194

遠東邊疆職工蘇維埃出版

每逢星期三出版
報價：零賣每期金洋七分定閱本埠每月二毛五分外埠每月三毛
編輯處：北京街和高麗街拐角中國工人五一俱樂部樓上
電話六百三十五號

反對英帝國主義的白色恐怖！

工人要解決自己的苦痛須要提高自己的知識！

社論

◉新舊軍閥的比較觀

（越廬）

新舊軍閥有什麼異同之点、其異同之点究竟在什麼地方呢？回答這個問題、可以用以下的事實來表明出來：軍閥有一種特性、凡是軍閥都想獨霸政權、因此軍閥之間免不了發生繼續不斷的爭地盤的戰爭。張作霖與吳佩孚爲爭北京的政權而發生兩次大戰爭、孫傳芳爲江蘇的地盤與張宗昌戰爭。蔣介石爲江浙等省的地盤與孫傳芳戰爭、軍閥爲地盤而戰、這是他們相同之点一。但是新舊軍閥都有一種奇怪的現象、雖然今天爲寃家對頭、明天可以爲親戚朋友、利害衝突時就戰爭、倘若偶然利害相同的時候、就會拋棄仇視而聯合起來。所以吳佩孚與張作霖雖然有狠大的仇恨、但爲反革命的目的相同時就與張作霖結合起來。孫傳芳與張宗昌的戰爭剛才停止、戰場上的血跡還未乾、而孫傳芳與張宗昌已棄仇歸好。蔣介石滿口打倒軍閥、實行國民革命、但是現在蔣介石又與張作霖、孫傳芳、張宗昌開始談判講和、剛剛是互相發電討賊、各以護國、「安國革命（？）」相號召、過不得幾多時、賊與賊聯合起來、結爲聯盟、其不怕羞、莫此爲甚！這是他們相同之点二。凡軍閥非帝國主義扶助不能自立、所以每一個軍閥必有一個後台老板—帝國主義。張作霖之靠日本帝國主義、孫傳芳之靠英帝國主義、而蔣介石則把英日帝國主義兼而有之、英帝國主義之一千五百萬、日本帝國主義的四百五十萬、爲蔣介石屠殺民衆的見面禮、這是他們相同之点三。軍閥是人民的公敵、沒有一個軍閥不用殘忍不堪的野蠻手段來壓迫人民、剝削人民、殺戮人民、解散人民團體、尤其是對於工人和農民！吳佩孚之屠殺京漢路工人、張作霖之槍斃北京學生、新聞記者、共產黨員、張宗昌之殺戮青島工人、孫傳芳將退出上海時之開人頭展覽會、最近蔣介石之屠殺上海、南京、廣州、以及在蔣介石勢力之下的工農群衆、被蔣介石殘殺者不下三千人、而且他那種嚴刑毒打、比張孫各軍閥有過而無不及。這是他們相同之点四。共產黨是軍閥的死對頭、軍閥最怕的是共產黨、所以在軍閥勢力之下、沒有一個地方不搜捕和殺戮共產黨員。在張作霖、孫傳芳、張宗昌、蔣介石的勢力之下、大搜捕和殺戮共產黨員、因爲共產黨要打倒軍閥的緣故。這是他們相同之点五。

從上面這五個相同之点看來、新舊軍閥實沒有什麼不同的地方、不過他們不同的地方却有一点、就是新軍閥比舊軍閥要聰明而厲害。舊軍閥—張作霖、張宗昌、吳佩孚、孫傳芳等、他們對於人民和工農群衆祇是用野蠻的手段、封閉團體、殺戮人民之後還要向人民作不近人情的示威、如開人頭展覽會等、更激起人民的憤怒。並且屠殺了人民、封閉了人民的團體、從不宣佈理由、祇是一味的蠻橫、所以人民對於他們自然是不滿、用種種方法想推翻他們。至於新軍閥蔣介石却不同了、他能用種種欺騙的手段、殺戮了工農却不見血、被殺戮的工農比張作霖孫傳芳等殺戮的還要多、而人民却不知道他殺了多少人、這是新軍閥比舊軍閥聰明而厲害的地方。新軍閥封閉正眞工農團體、用自己的御用團體來頂替、殺了工農的首領還要對工農說是殺亂黨、殺了工農的首領還要說眞正工人首領是保護的胡說、造出是是而非的理論、每天在報紙上滿篇的是欺騙工農的官傳、混亂聽聞、倘若意志和判斷力薄弱的工農、就要受蔣介石的欺騙。所以蔣介石對於工農階級比舊軍閥張作霖等還要不好、因爲舊軍閥、每一個工人和農民都知道他們是人民的公敵、至於新軍閥非常狡猾、群衆非特別注意不易判斷、反而容易受他的利用、因此我們對於新軍閥蔣介石要特別留意、打倒蔣介石比打倒張作霖更爲重要！工友們！快起來打倒我們的敵人—新舊軍閥呵！

要聞

六月二十五日漢口電　反動軍閥楊森被武漢政府的軍隊痛擊之後、損失頗大、現已全線撤退了。

六月二十四日上海電　青島現聚集了十六艘外國兵船、日本派了二千四百個軍隊到青島保護膠濟鐵路、日本並預備再送一萬五千軍隊到青島來。在天津的外國軍隊有五千九百人據美國軍官白德良和天津的外國新聞記者談話：說簽訂保護美僑生命財產的條約是一点用處也沒有的、所以我們決定保護美僑、什麼方法都可以使用。

六月二十四日上海電　福州人民、石派軍隊大起衝突、因爲、關的職員到一個商人家裡他的兒子都殺了、大動

信箱

趙興業姚雲兩位同志：

于德海同志被慘殺案判決的文稿各一件已收到了、因全國恩同志的稿子早已收到、故刊載全國恩同志的稿子、便此聲明、希垂鑒察。即祝努力！

工人之路編輯處啓

冯蒋联合的里面观，1927 年 7 月 8 日，治人

第一百九十五號　　工人之路　　一九二七年七月八日

РАБОЧИЙ ПУТЬ

工人之路

Орган Дальне-Восточного краевого совета профсоюзов.

Отв. редактор Чжао Е-жень

Адрес редакции: г. Владивосток, уг. Пекинск. и Корейской, Клуб Китрабочих „1 мая" Телеф. № 6-35

8 июля 1927 г.

№ 195

遠東邊疆職工蘇維埃出版

每逢星期三出版　報價：零賣每期金洋七分　定閱本埠每月二毛五分　外埠每月三毛

編輯處：北京街和高麗街拐角中國工人五一俱樂部樓上

電話六百三十五號

廣告刊例：每期每字按照三分金洋計算長期另議

反對英帝國主義的白色恐怖！

本期要目

社論

◉馮蔣聯合的裏面觀

（治人）

中國革命運動、自辛亥革命起一直到最近爲止、凡是革命運動發展到了一個階段、必然會發生一次很大的變化。辛亥革命之後、有國民黨右派黃興輩的叛變、繼之者則爲陳炯明、楊希閔、劉震寰以及蔣介石等軍事人物的叛變、中國的革命運動、經過這許多的波折、革命運動發展的前途、幾乎就在這些巨浪中送掉了。現在武漢革命政府的軍事稍有勝利、奉系軍閥還未消滅、又有馮玉祥和蔣介石聯合的消息、這些事實在革命的進程中本是不可避免的、不過馮玉祥和蔣介石究竟在什麼觀点上可以聯合、想是大家都有同樣的感覺、因爲馮玉祥和蔣介石在權位上是絕端相反的。然而只要有階級覺悟的人、對於這問題、是很容易可以解答的。

蔣介石是國民黨的右派、資產階級的代表、他見着在革命運動發展的進程中、工農階級的勢力一天天的擴大、比較資產階級勢力的發展還要迅速、還要强大、而國民革命的領導地位已屬于是革命的工農階級、於資產階級的利益、必有絕大的妨害、所以他就領導國民黨中代表資產階級利益的份子、退出工農參加的革命戰線、另組織資產階級的政府來壓迫工人農民、妨止工農階級的發展。雖然他們都掛着三民主義的招牌、說什麼扶助工農階級的稽滑話來欺騙工農群衆、但事實上早已把工農階級當作他們的犧牲品了。最近馮玉祥的退出武漢政府和與本身利益相反的蔣介石聯合、與蔣介石退出工農階級參加的革命戰線、並無二致。因爲他們都是見着工農階級勢力發展的可畏、比較他們當前的敵人還有過之。因此、他們雖然有地盤權位的衝突、然而以所代表的階級的利益是一樣的、在利害相同時就合作來對付工農階級、等到把工農階級鎮壓下去了、他們再來算他們自己的老賬、這是軍閥和有英雄思想的人逃不出的公例、馮蔣的將來當然也不能例外。

現在中國的革命運動、已發展到了資產階級和無產階級及與工農接近的小資產階級互爭統治的嚴重時期了、設若工農階級及小資產階級一旦失敗、則中國的工人農民即沉淪於資產階級的鐵蹄之下、受帝國主義指導下的中國幼稚的資產階級地主新軍閥混合政權的壓迫和蹂躪、設一日得到勝利、中國的工人農民從此就得到解放的道路了。工友們！事急矣、快起來打倒中國的資產階級和他們的武力罷！

要聞

七月三日上海電　馮玉祥現決定立刻向北京攻擊、據外人方面消息、奉系軍隊擬退出北京時、大肆搶掠北京城　又一消息、說張作霖已下令將所有奉軍完全集中在天津。

七月三日上海電　南京政府欲得美帝國主義的承認、使用各種方法和美國親善、現南京政府的外交部長伍朝樞宴請美國在華的國會議員時、說南京政府極願負南京案的責任和賠償美國的損失。並公開通知美國政府、請求美國政府恢復駐寧美國領事。

七月三日上海電　上海反對日帝國主義運動一天擴大一天、職工會的報紙上登載職工會的宣言說：請運輸工人不要給日本運卸貨物。上海總商會門口安置一很大的木欄匣、查獲的日貨即裝於其中、以爲購買日貨者的警戒。

七月三日上海電蔣介石致上海總商會一急電、令總商會立刻停止抵制日貨運動。

七月三日上海電　上海租界市政會所通過增加雜稅的議案、已於七月一日施行、但在租界的中國商人無一繳納者。上海各團體現通過一議案、如租界當局要强迫徵收、則從前的舊稅都一概不繳。租界市政會現在非常恐慌、召集了幾次納稅華人會議、卒因納稅華人一致反對、毫無結果、並且從前這運動單是關於經濟方面、現在又轉移到政治問題了、在城市上發行許多打倒帝國主義、取消一切不平等條約、收回租界、擁護國民黨外交政策的傳單和標語。納稅華人並組織一個委員會來領導這個運動、擬數日以內、在租界罷市反抗。

七月三日上海電　據廣東傳來消息、說李濟琛反動時捕去了兩千以上的學生和工人、現在浙江各處又發生農民的暴動、蔣介石特派一個軍官去解決這個問題、但毫無結果。

七月三日上海電　上海絲廠女工爲要求增加工資發生經濟罷工、華界罷工者有六千餘人、租界六千餘人、總計罷工的人數有一萬二千餘人。

七月一日北京電　張作霖召集會議討論對南議和問題、結果決定派代表去請閻錫山負調和的責任。

七月一日北京電　據中美社消息、張宗

工人要解決自己的痛苦須要提高自己的知識！

军事突变中的中国革命运动，1927 年 7 月 25 日，利刃

一九二七年七月二十五日　工人之路　第一百九十期

РАБОЧИЙ ПУТЬ

工人之路

Орган Дальне-Восточного краевого совета профсоюзов.

Отв. редактор Чжао Е-жень

Адрес редакции: г. Владивосток, уг. Пекинск. и Корейской, Клуб Китрабочих „I мая"
Телеф. № 6-35.

25 июля 1927 г.

№ 197

遠東邊疆職工蘇維埃出版

每逢星期三出版　報價：零賣每期金洋七分定閱本埠每月二毛五分外埠每月三毛

編輯處：北京街和高麗街拐角中國工人五一俱樂部樓上

電話六百三十五號

本期要目

反對英帝國主義的白色恐怖！

來論

◉軍事突變中的中國革命運動

（利刃）

最近中國革命運動、因資產階級畏懼工農階級勢力之澎漲、遂紛紛從工農階級聯合的革命戰線上退出、而代表資產階級利益的武裝力量—馮玉祥、唐生智和一切大小軍閥均先後倒戈過來殘殺中國的工農群衆以及代表工農階級利益而奮鬬的政黨—共產黨 因此中國的政局、乃造成了新舊軍閥和資產階級割地統治的最黑暗政局。此種不幸消息傳來、我們工友群衆、無不長吁短嘆、說中國的革命運動、即從此消滅了、這種思想、實在是一個狠大的錯誤。要知中國的民族革命原屬於資產階性的、若以為中國的國民革命成功、即是我們工農階級得到了解放、國民政府卽是代表我們工農階級利益的政府、這都是投機的徒僥倖成功的心理、而非有階級覺悟的眞正革命者之所可夢想的呵！何況現在中國的國民革命已為投降國民黨的一切大小軍閥所變賣 孫中山的國民黨已變為新舊軍閥欺騙民衆的幌子、眞正的三民主義早已隨着孫中山一同上了九泉了！

中國的國民革命既為大小新舊軍閥所變賣、中國國民黨既成為軍閥官僚地主劣紳和一切自由資產階級的大聯合、而中國的革命運動至此卽走到一個新的階段、卽自由資產階級及其武力與工人農民短兵相接的一個階段。今後中國的工農階級、應加緊他們的團結、絕端的秘密他們的組織、公開的宣傳他們的主張、中國的工人農民並和全世界的無產階級結成一片、重整旗鼓、充實了本身的力量、再直接和資產階級及其武裝勢力肉搏抗戰。暫時的失敗、是革命進程中必不可免的事實。須知必先有最大的犧牲、失敗、然後眞正的革命成功才會實現。俄國有一九〇五年的偉大犧牲失敗、才創造了現今的蘇維埃共和國。現在中國革命的失敗、也就是最後成功的徵兆。

要聞

七月十八日上海電　上海租界巡捕房又派巡捕和白黨偵探搜查上海蘇聯遠東銀行、並有在寧波等處殘殺共產黨員的蔣介石派軍官周某隨同檢查。從早晨起直到下午四時止、一点證據都未查獲、晚上巡捕房卽將銀行封閉了。上海蘇聯領事向南京政府外交部長抗議說南京政府夥同租界巡捕白黨搜查銀行、實全世界未有之奇事。聞南京外交部長當回答要詳細調查這次事件。另一消息說此項事件、是由於帝國主義和白黨的報紙宣傳遠東銀行幫助武漢政府的結果。

七月十七日漢口電　武漢政府的顧問鮑羅廷、已於十四日到江西廬山歇伏去了。有人說武漢政府是為滿足馮玉祥的要求取消了鮑羅廷顧問的職。又有人說實在是歇伏去了。可是武漢政府的人大半想共產黨退出國民黨、並聞國民黨擬召集大會、討論共產黨退出武漢政府與蘇聯聯合等問題。

七月十六日漢口電　唐生智已由長沙回到武漢、聞他離長沙時對部下說；『定要服從政府的命令、否則、卽是反革命』。

七月十七日上海電　膠州孫傳芳部下陳利生叛變後卽沿膠濟鐵路進攻青島、張宗昌調兩萬軍隊去攻擊陳利生、並有日本軍隊幫助張宗昌作戰、陳軍遂敗退株州、現膠濟鉄路一帶都有日本軍隊駐守、火車也由日本軍隊保護。

七月十四日上海電　此間中國報紙公開的登載日本派兵幫助北方軍閥、聞美國新聞記者說：日本幫助孫傳芳的目的是：(一)不許南軍打到山東、(二)是佔領山東鐵路。

七月十四日北京電　最近北京又有二百餘人被捕、其中大部份是學生、聞逮捕的理由、說他們與馮玉祥有關係。

七月十五日漢口電　武漢政府的共產黨員都已退出、現武漢政府已成了反革命的政府了。

七月十七日巴拉加電　七月十六日維也納有三十萬工人武裝暴動、審判廳警察廳已被工人佔領、維也納工人並發表命令全體罷工、現鐵路電報都已斷絕交通。澳國共產黨主張推翻現政府、組織工農政府。

七月十七日巴拉加電　七月十五日晚上七点鐘維也納發生變動、鐵路、電報的交通都一概斷絕了。審判廳、警察廳、郵政局全被工人佔據、並有一個耶蘇教的報館也被工人搗毀了。據未調察確實的消息、說這次衝突殺死了五十個人、空氣頗為緊張。電報局、電話局、印刷所、城市鐵路、電汽廠的工人都已一致罷工了。

工人要解決自己的痛苦須要提高自己的知識！

介绍第三国际对中国问题的议决案，1927 年 8 月 8 日，冶人

一九二七年八月八日　工人之路　第一百九十九期

РАБОЧИЙ ПУТЬ

工人之路

Орган Дальне-Восточного краевого совета профсоюзов.

Отв. редактор Чжао Е-жень

Адрес редакции: г. Владивосток, уг. Пекинск. и Корейской, Клуб Китрабочих „I мая" Телеф. № 6-35.

8 Августа 1927 г.

№ 199

遠東邊疆職工蘇維埃出版

每逢星期三出版　報價：零賣每期金洋七分定閱本埠每月二毛五分外埠每月三毛

編輯處：北京街和高麗街拐角中國工人五一俱樂部樓上

電話六百三十五號

廣告刊例：每期每字按照三分金洋計算長期另議

本期要目

介紹第三國際對中國問題的議決案（論文）

世界革命救助會號召全世界勞動階級一致幫助中國的革命運動

共產主義青年團沿海州代表大會的經過

世界經濟情形之分析（時評）

反對英帝國主義的白色恐怖！

社論

◉介紹第三國際對中國問題的議決案

（冶人）

一

第三國際是國際共產黨的總集體、是世界革命運動的總司令、他不僅是對於中國的政治問題和革命運動有深切的研究與明確、指導、即世界各國的政治問題和革命運動亦瞭如指掌。他根據馬克斯列寧主義的觀点及其經驗、指導全世界的工人農民和一切殖民地半殖民地的民族、作推翻壓迫者的鬬爭。全世界的無產階級以及一切被壓迫民族、若能誠懇地接受他的指導去進行革命工作、欲從資本帝國主義軍閥資產階級壓迫之下解放出來、是絕對可以保証的。現在中國的革命運動、其變化之迅速、非我們所可預想、然其所以至此之故、祇要忠實於革命的人、尤其是中國共產黨員、不能不承認對於第三國際所決定的政策未能果敢的去執行。我今日特將第三國際對於中國問題的議決案、介紹給於我革命同志之前、凡我同志須於最短期間將全部執行、中國革命運動、乃能經行正軌、不致枉費精力。

「中國革命運動、其變化所以有如此的迅速、追溯其源、中國共產黨在指導革命的進行中不無許多錯誤。第三國際根據馬克斯列寧主義的觀点、估計中國的革命前途、在議決案上說得非常清楚：中國共產黨和武漢的國民黨右派合作、對於武漢的軍事力量、絲毫不足信任、要使革命能得勝利、必須改編軍隊的組織。前幾日有反革命將領蔣介石和書生智議和、武漢政府幫助反革命將領解除工人的武裝、抵抗農民的革命、和領導反共產黨的鬬爭、國民黨狠快的要共產黨離開他們、如此武漢政府是一個反革命的力量　第三國際根據列寧同志所說的話：『資產階級只要他反對帝國主義、也可以和他聯合』、這最當的是幫助武漢政府反對南京　可是武漢政府和南京聯合、若還要去幫助他、那就是絕大的錯誤

現在中國共產黨的領導者未執行第三國際的命令、所以在政治上作了狠大的錯誤、特召號中國的共產黨員和中央黨部鬬爭：（一）中國共產黨員立即退出武漢政府。（二）中國共產黨員退出武漢政府必須發表宣言、說明武漢政府反對農民革命、工人運動和破壞工人農民的組織、故不得不退出。並要求處罰破壞工農組織的份子。（三）國民黨中央黨部雖宣傳要取消共產黨、但共產黨員亦不得退出國民黨、必須和國民黨的下級羣衆切實聯合、領導國民黨下級黨部、議決反對中央黨部、要求改選中央委員、另籌備改組國民黨的大會。（四）必須鞏固在無產階級裡作工的黨員、發展工人的組織、鞏固工會、準備將來的鬬爭、現在繼續領導無產階級的鬬爭。（五）擴大農民的革命運動。（六）現在受壓迫的和受處罰的共產黨員、必須將共產黨的黨部改爲秘密的組織。（七）糾正中央黨部及共產黨領袖的錯誤。

第三國際以中國共產黨的政策和領導的方法非常重要、特通告中國共產黨員要和第三國際發生親密的關係、並號召全世界的共產黨員和中央黨部的機會主義傾向鬥爭、第三國際以共產主義青年團和英雄主義奮鬭、他們的政策異常正確、第三國際並盼望中國的革命運動擴大他的政治生活、祇要正確的去領導中國的工人農民、無論什麼力量都不能撲滅廣大的工農運動、最後的勝利一定是可以保証的」。

要聞

八月二日莫斯科電　世界革命救助會發表宣言號召全世界的勞動者、一致起來幫助中國的革命運動、說凡世界各國每一個城市的勞動者、除募捐幫助中國農民的革命運動外、並在每一個城市舉行示威運動、反對殘殺中國工人農民、新軍閥和阻止流血事件的發生。

八月二日莫斯科電　中華全國總工會第四次大會、對英國職工會和勞動界發表宣言、說英國的資產階級、使用槍炮及其他方法幫助中國軍閥、殘殺中國的工人農民、欲根本撲滅中國的革命運動、這完全是夢想。要知壓迫愈嚴、仇視英帝國主義的心理愈厲害、中國的工農階級必更加緊團結起來反對英帝國主義。希望英國的職工會及工人階級幫助中國的工人農民、推翻英帝國主義在華勢力、中英工人聯合萬歲！

八月二日紐約電　據美國報紙通信員從漢口得來的消息、說漢口有一千餘失業工人　在商會對面遊行示威、反對商會停止發給失業工人的津貼費、被軍隊開槍射擊、死四人、傷者無數。現漢口有七千工人罷工反對武漢政府。

工人要解決自己的痛苦須要提高自己的知識！

蒋介石的弃职和南昌新政府的成立，1927 年 8 月 24 日，为一

一九二七年八月二四日　　工人之路　　第二百二零一期

工人之路

反對英帝國主義的白色恐怖！

Орган Дальне-Восточного краевого совета профсоюзов.

Отв. редактор Ки-чжи

Адрес редакции: г. Владивосток, уг. Пекинск. и Корейской, Клуб Китрабочих „1 мая" Телеф. № 6-35.

21 Августа 1927 г.

№ 201

遠東邊疆職工蘇維埃出版

每逢星期三出版

報價：零賣每期金洋七分定閱本埠每月二毛五分外埠每月三毛

總發處：北京街和高麗街拐角中國工人五一俱樂部樓上

電話六百三十五號

正誤

第二百期第一版四欄六行倒數第三字成爲曆誤，第二版十八行第五字段爲級誤，第四版倒數第七行最末一個字樂爲舞誤。

社論

◉蔣介石的棄職和南昌新政府之成立（一）

（爲）

在這中國革命整個地被反革命勢力包圍，工農階級遭屠殺的時候，忽然發現了著名的迭克推多反革命的軍事首領，蔣介石的棄職。和革命的工農群衆的軍事勢力在南昌暴動的勝利，這二種重大的事變，使中國革命擺開一個新的局面，他在中國革命與反革命的爭鬬中，有狠深切的意義。

蔣介石的倒戈，我們已經說過，在表示中國資產階級已公開的跳出革命的戰線，站在反革命方面以武力向革命的勢力進攻。但現在蔣介石未得最後的勝利竟被逼而棄職這又有什麼意義呢？我們根據紅旗報所載蔣介石棄職的理由是爲一、北方軍事受重傷，二、葉挺和何龍的軍隊自動的向南昌和南京進逼，三、廣東迭克推多，李濟琛向蔣介石攻擊，四、蔣介石內部的衝突，蔣介石處此內憂外患四面楚歌的環境以致束手無法不得已唱他卸職歸田之歌，但是我們對此事變，應該要有更進一步的觀察，就是中國資產階級，在中國民族革命的過程中，與封建的勢力合作，是根本不能代負他資產階級德謨克拉西革命的使命，蔣介石固然代表資產階級作反工農運動的工作，可是他並沒有站在資階級革命的道路上，他是同樣的滾入封建的旋渦中，而遭覆轍。所以蔣介石這次的棄職，就是表示中國資產階級在他軍事的勢力上已遭了一種分裂和打擊——他將繼續在分裂的過程中。

南昌的暴動，據眞理報所載他是在中國共產黨與革命的國民黨指揮之下進行的，南昌新政府是以革命的國民黨員宋慶齡爲首領，而有廣大的工農羣衆做基礎　從此我們知道，中國工農小資產階級專政的民主革命運動，又如野火般的爆發蔓延起來，我們固然不能擔保這把野火在最近的將來，不至于消滅，可是我們也可預料這把野火在可能範圍之內會有燎原的希望。

中國資產階級在反革命的勢力上由蔣介石棄職開始表示分裂，中國無產階級革命的勢力由南昌新政府的成立重新表示高漲，偉大的中國反帝國主義的革命，畢竟是要在他歷史的過程中猛烈地進行，他決不如帝國主義所視望的「中國是平靜了」那般的象徵。

要聞

蘇聯社上海十九號電　奉軍已開始用重砲轟南京，派兵艦抄擊吳淞口（在上海）此間人民均甚恐慌，共產黨人又大施活動，而租界亦乘此宣佈戒嚴矣。

蘇聯社漢口十九號電　因政局變化無常，武漢工農及共產黨人又漸形飛躍云。

蘇聯社上海十八日電　蔣介石已辭職，南京政府現委李宗仁爲總司令。

同日電　武漢南京兩政府于昨日在九江舉行聯席會議，到會者有汪精衛，孫科，譚延凱，李宗仁，白崇禧，何應欽等所討論者概爲兩政府合併事。

十八日上海電　據上海外國報紙載稱：前投降蔣介石的安徽督辦陳調元，刻已投降孫傳芳。

北京十八日電　八月十七日，孫傳芳軍隊已佔領浦口。

同日南京電　因軍事運輸關係，此間所有輪船均被政府封僱。

上海十八日電　據上海晚報載稱，孫傳芳從浦口向南京政府下一最後通諜，概謂若不着速投降，卽以炮火轟擊，聞李宗仁勢將屈服。

北京十七日蘇聯社電　在青島之山東海軍忽于昨日發生兵變，但不久卽被撲滅，聞海軍總司令吳知先（譯音）便爲此而遭拘留云。

北京十七日電　前被蔣介石査封之蘇聯遠東銀行上海分行，現經上海臨時法院判決，謂該行資助中國共產黨事，審査結果，認爲毫無根據，着即起封云。

漢口十五日蘇聯社電　葉挺及賀龍的軍隊刻已佔領南昌，並在宋慶齡（孫中山的夫人）領導之下成立了一個獨立政府。

漢口十五日蘇聯社電　武漢政府發一電報說，關於能否與南京政府聯合的問題，須待下次擴大會議時方能決定，在這會議上並要解決一切的衝突以及如何設立一統一的政府，據聞武漢政府所以發出此電全爲與南京代表已磋商到相當的程度，但對張發奎的態度實深憂慮，蓋張氏主張不與南京聯和，而向南進展，驅逐李濟琛，擬在廣東另立政府。又聞武漢政府正令朱培德在九江集中軍隊向南昌進攻以期撲滅葉賀之暴動。

工人要解決自己的痛苦須要提高自己的知識！

第三国际执行委员会为广州革命的暴动告世界工人和被压迫民众及各资本主义国家的兵士，1927年12月21日，丁山译

一九二七年十二月廿一日　工人之路　第二百十七期

РАБОЧИЙ ПУТЬ

工人之路

Орган Дальне-Восточного краевого совета профсоюзов.

Отв. редактор Тин-шань

Адрес редакции: г. Владивосток, ул. Пекинск. и Корейской. Клуб Китрабочих „I мая“ Телеф. № 6-35.

12 Декабря 1927 г.

№ 217

遠東邊疆職工蘇維埃出版

每逢星期三出版　報價：零賣每期金洋七分　定閱本埠每月二毛五分　外埠每月三毛

編輯處：北京街和高麗街拐角中國工人五一俱樂部樓上

電話六百三十五號

廣告刊例：每期每字按照三分金洋計算　長期另議

本報編輯處啓事

遠東邊疆的工友們！你們投稿本報時、請注意以下幾点：

（一）用墨水謄寫、字跡不宜潦草。

（二）每兩行間、可留寬大一些的空白、以便修改。

（三）在稿末請寫出通信地址、以便郵寄稿費。

（四）發表時須用甚麼名字、請附註明。

（五）對於各地的工人生活、須作有系統的詳確通信、隨時投稿本報。

社論

◉第三國際執行委員會為廣州革命的暴動告全世界工人和被壓迫民衆及各資本主義國家的兵士

（丁山譯）

在廣州爆發了狠可慶幸的革命巷戰、工農已奪得政權並高張蘇維埃的旗幟。革命的紅旗已在中國南部的首區竪立起了。廣州的工人還穉空前的英勇、顯然是偉大的行動而且有深切的世界意義。反抗工農者、還有一切反革命的勢力、外國帝國主義、殘暴流血的軍閥、劊子手、和反動的資產階級之聯合。他們欲奪回廣州、作猛烈頑強的戰鬥。他們包圍了革命的工農、與全世界隔絕。

據資產階級通信社的消息、傳說紅色的廣州已經失敗了、屠殺工人與共產黨員群衆已經開始、而中國革命的紅軍隊伍已衝出重圍。即使這個消息眞確、那麼反革命的勝利也不能鞏固而持久。在廣東省內尚有五個區域的蘇維埃政權已經鞏固了的。新的鬪爭、在將來不能避免。雖然有局部的失敗、革命運動仍是發展。資產階級的反革命者及殺戮人民的軍閥將來必會失敗。凶殘的帝國主義將從中國驅逐出境。然而英勇的中國革命工農、現時正在他們的斧鉞之下。

速即援助中國革命！援助中國的蘇維埃！無論是一個兵士、一個水手、一粒子彈和一尊大炮、都不許用去撲滅中國的革命。不許裝載軍用的貨物。集中全力。應當要求立刻撤退帝國主義在中國的一切武力。

中國要聞

●工農革命運動

漢口十日蘇聯社電　麻城方面發現共產黨人領導的農民暴動、殺死許多土豪。

漢口十三日蘇聯社電　武漢方面的工人被搜查者甚多、同時被捕多人、並搜出許多宣傳品。另訊、漢口一帶的紅槍會更發達了、有六千多武裝、當局無法制止。在四川與湖北西部的紅槍會亦擴大。在宜昌一帶有新的組織、名爲「游擊隊」、與政府的軍隊及土匪鬪爭。

上海十三日蘇聯社電　東方通信社消息、共產黨人在長沙圖謀暴動。群衆進攻鐵路的電站、被當局壓服。另訊、共產黨人在粵漢鐵道久大車站撤毀鐵道。共產黨人在長沙城內各地發生變亂。共產黨人抛擲炸彈、警察局被圍攻、人民惶駭。

上海十三日蘇聯社電　東方通信社從廣州得來的消息、工農與一部份的正式軍隊聯合、佔據政府的機關狠多。廣州完全轉入於工農軍隊的政權之下。許多商店已經關閉。廣州附近發現高揭紅旗的武裝工農。各處均有工農群衆的露天大會、在該會議上討論組織革命政府的問題。革命勝利的原因、因爲大部份駐在廣州的正式軍隊已經投降到革命軍方面來了。張發奎、黃其祥及其同事均從廣州逃竄。

上海十三日蘇聯社電　香港的報紙滿載廣東工農暴動的消息。該報並詳細的記載普寧和揭揚一帶農民與正式軍隊交戰的消息。並有從鄰近各縣來到該縣的新援助力。

上海十三日蘇聯社電　所有的中國報和外國報均滿載廣州政變的消息和評論。李濟琛宣布從廣東方面他的部下來電、揭訴汪精衛與張發奎前在廣州舉行暴動事件。李濟琛要求蔣介石設法反對汪精衛。汪精衛發表與廣州方面來往的函電、証明與廣州政變沒有關係。

上海十三日蘇聯社電　據東方通信社從香港方面得來的消息、據逃到香港的人云、駐在廣州的軍艦、受張發奎指揮、轟擊廣州城市。在廣州對面海南島爲李福林佔領。張發奎就與政府的人員逃至該處。據通信社消息、李福林隔江向廣州開始攻擊、欲奪回廣州。李福林的軍隊似乎已有渡江而佔據廣州市的南部、廣州市北部仍在革命軍之手。當廣州發生戰事時、發生大火。日本的旅店被焚、電燈滅息、全城夜黑。海員工會在暴動之前宣告同盟罷工。鐵道與輪船的交通斷絕。英國海軍將中國輪船一隻載逃亡者至香港去了。印刷工人亦宣布罷工、因此所有的報紙不能出版。在廣州的外國租界地—沙面、宣布戒嚴、由日本與英國的海軍保護。從沙面到廣州不能通行。廣州城市各地張貼布告、有中國共產黨中央委員周恩來、韓麟符、蘇兆徵等十二人簽名。

上海十三日蘇聯社電　廣東蘇維埃政府發布各部組織的名單、其主要者是：蘇維埃政府的主席蘇兆徵、外交委員長黃平。軍事委員長葉挺……。

上海十三日東方通信社電　因爲廣州發生共產黨人的暴動。在長江流域各處

工人要解決自己的痛苦須要提高自己的知識！

踏着血路前进！1927 年 12 月 29 日，丁山

第二百一十八期　　工人之路　　一九二七年十二月廿九日

РАБОЧИЙ ПУТЬ

工人之路

Орган Дальне-Восточного краевого совета профсоюзов.

Отв. редактор Тиншань

Адрес редакции: г. Владивосток, ул. Пекинск. и Корейской, Клуб Китрабочих „I мая"
Телеф. № 6-35.

29 Декабря 1927 г.

№ 218

遠東邊疆職工蘇維埃出版

每逢星期三四出版　報價：零賣每期金洋七分定閱本埠每月二毛五分外埠每月三毛

編輯處：北京街和高麗街拐角中國工人五一俱樂部樓上

電話六百三十五號

廣告刊例：每期每字按照三分金洋計算長期另議

反對英帝國主義的白色恐怖！

工人要解決自己的痛苦須要提高自己的知識！

社論

◉踏着血路前進！

（丁山）

最近在中國南部發生空前的白色恐怖、成千成百的革命戰士又有新的犧牲、新的流血。我們的死者不僅是英勇的中國共產黨員和革命的工農而且還有蘇聯共產黨員廣州的副領事哈西斯同志及其他熱烈幫助中國革命的蘇聯共產黨員。他們的死，顯然不僅爲中國的革命而且是爲世界的革命。

代表中國資產階級的中國國民黨自從蔣介石、馮玉祥、唐生智、汪精衛、張發奎等等脫離了中國國民革命的行列之後、一個個都變作帝國主義的走狗、極力的執行帝國主義的命令。無論那個帝國主義的國家所不敢施於革命的工農和領導全世界無產階級革命的蘇聯和蘇聯共產黨員的一切野蠻殘暴的手段，反動的中國國民黨現在完全作了。這不過是全世界資產階級垂死的猛烈掙扎而已。

中國的工農一日不得解放、始終不拋棄革命的旗幟、始終不離開階級爭鬥的戰線。中國的革命並不因中國國民黨反動殘暴的白色恐怖而消滅！中國革命的工農更會因先烈的死而與反動的中國國民黨及帝國主義、新舊軍閥和中國的資產階級作更進步的爭鬥。蘇聯和蘇聯共產黨始終是爲全世界無產階級革命而奮鬥的、也絕不因爲中國國民黨這樣的白色恐怖而減少援助中國革命的實力。各帝國主義指使中國國民黨進行這次白色恐怖、適足以興奮將來在中國及全世界的階級爭鬥之更猛烈罷了。

革命是要流血的犧牲、犧牲和再犧牲的！遠東邊疆的中國工友們！我們只有繼續爲中國革命而戰死的先烈、踏着血路前進！打倒一切反革命！

中國要聞

◉工農革命運動

上海十七日蘇聯社電　國民黨工人部雖然禁止工人罷工並下命令恢復一切工作．但是罷工的工人並不遵從這種命令．且在各企業內提出新的要求．如不得圓滿的答覆．仍然繼續罷工。

北京二十二日蘇聯社電　從中國南京傳來的消息在汕頭的農民仍然繼續暴動。

◉國民黨政府的白色恐怖

漢口二十日蘇聯社電　漢口當局在中山大學搜查共產黨員．結果被捕的教員學生甚多．大多數被殺。中山大學已開除學生及教員約二百人．均指爲與共產黨有關係

紐約二十日蘇聯社電　香港報載．在廣州因爲剪髮．有五十個女子被殺

上海二十一日蘇聯社電　按新聞報消息　從廣州往北逃去的共產黨員四百人與曉坪縣的農民聯合．但被繳械．大多數被殺．逃至龍安洞之共產黨員被南京軍隊捕獲．當時鎗斃者二百人．送至廣州立刻鎗斃者一百五十四人。

東京二十二日蘇聯社電　日本通信社消息、張發奎與日本領事談話．略謂「已捕獲二十多個俄國人．鎗斃者八人．內中有俄國副領事哈西斯。其餘者再定辦法。」

紐約二十二日蘇聯社電　紐約時報載．在廣州的白色恐怖仍在繼續．被屠殺者已有二千餘人．街上尸首狼藉．平均每日屠殺七百人

莫斯科二十四日蘇聯社電　據世界革命救濟會蘇聯支部擴大會議報告．從一九二七年一月至九月在中國爲革命而犧牲者一萬九千三百六十六人．被屠殺者一萬零五百五十一人。到現在在中國南部和廣州的屠殺尚不在這個數目之內

◉反動的南京政府與蘇聯絕交

上海十七日蘇聯社電　蘇聯駐上海的領事館被巡捕包圍．禁止出入。

上海十八日蘇聯社電　蘇聯的貿易代表團、輪船代表團、協作社代表團及遠東銀行均被包圍、不許一切人員出入。

漢口十八日蘇聯社電　在漢口的蘇聯領事館一切職員被捕、用輪船送至上海。

上海二十一日蘇聯社電　因爲南京政府與蘇聯斷絕關係、在上海的茶葉行商表示反對．中國茶葉每年有五分之一輸出蘇聯、倘若從此斷絕關係、中國茶商必受損失

◉新舊軍閥的勾結

北京二十四日蘇聯社電　反動的國民黨派代表至天津與奉系訂立「和平」條約、聲言南京政府與蘇聯隊絕關係、對於北伐的意思完全取消、並云奉系應與南京合作、「以圖救國」

外國要聞

莫斯科十八日蘇聯社電　蘇聯共產黨十五次大會調查反對派的行動以後．議決完全開除黨籍

莫斯科二十日蘇聯社電　反對派給蘇聯共產黨十五次大會呈文．聲明完全停止分裂黨的行動，簽名者一百零一人．在十日．十八日反對派向蘇聯共產黨第十五次大會的議案．要求恢復黨籍，願意服從十五次大會的議案．切錯誤。蘇聯共產黨第十五次大會關於反對派的呈文．議決交中央委員會和中央監察委員會辦理，所有的反對派分子應分別呈寫呈文．待六月以後再決定可否恢復黨籍　同時還有以下的條件：第一、反對派此後的一切行動與呈文所說的相符．第二、反對派的呈文須與十五次大會所要求的相符（不承認八十三人的，十五人的和十月三日的計策）。

莫斯科二十一日蘇俄社電　蘇聯政府勞動保護蘇維埃撥給四百二十萬盧布作爲改建海參威海口碼頭之用。

莫斯科二十一日蘇俄社電　蘇聯中央委員會保護孤兒院擴大會議報告，在蘇聯的孤兒院比較減少。按照教育委員會的規定．指撥七百萬盧布設立孤兒院，收養一切孤兒。

莫斯科二十四日蘇聯社電　全蘇聯各地工人在工廠開會反對中國國民黨屠殺工人及蘇聯外交人員提議決嚴重反抗中國國民黨的議決案。

本報編輯處啓事

遠東邊疆的工友們！你們投稿本報時．請注意以下幾點：

（一）用墨水膠寫．字盡不宜潦草。

（二）每兩行間．可留空大一些的空白．以便修改。

（三）在稿末請寫出通信地址．以便郵寄稿費。

（四）發表時須用甚麼名字．請附註明。

（五）對於各地的工人生活．須作有系統的報道確信．隨時投稿本報。

援助中国革命，1928 年 1 月 25 日，丁山

一九二八年一月二十五日　全世界無產階級聯合起來呵！　第二百二十三期

東邊疆的中國農必須努力參加遠東的社會主義建設！

РАБОЧИЙ ПУТЬ

工人之路

Орган
Дальне-Восточн. краевого
совета профсоюзов.

Отв. редактор Тин-шань

Адрес редакции: г. Владивосток, уг. Пекинск. и Корейской, Клуб Китрабочих „1 мая"
Телеф. № 6-35.

25 Января 1928 г.

№ 223

遠東邊疆職工蘇維埃出版

每逢星期三六出版

價目：
零賣每期金洋五分
本埠定閱每月四毛
外埠定閱每月五毛

編輯及發行處：海參威北京街和高麗街拐角中國工人五一俱樂部樓上

電話六百三十五號

本報編輯處啓事

遠東邊疆的工友們！你們投稿本報時，請注意以下幾点：

（一）用墨水謄寫，字跡不宜潦草。
（二）每兩行間，可留寬大一些的空白，以便修改。
（三）在稿末請寫出通信地址，以便郵寄稿費。
（四）發表時須用甚麼名字，請附註明。
（五）對於各地的工人生活，須作有系統的詳確通信，隨時投稿本報。

（社論）

◉援助中國革命

（丁山）

不久以前、在中國的南部曾發生空前未有的白色恐怖！背叛國民革命的國民黨、在廣東、江蘇、湖北和其他各省、極盡其野蠻殘暴的手段屠殺中國革命的工農不下二萬人。

但是、革命的中國工農、仍繼續的與一切反革命爭鬥。最近在湖北、江蘇、福建和廣東以及在東三省的吉林、不斷的爆發工農的武裝革命暴動。這是表明中國的革命並不因反動的國民黨和新舊軍閥的殘殺而消滅、反而更猛烈的向前進展了。

中國的革命現時已進到社會革命的階段。中國的工農不僅要打倒軍閥和帝國主義而且同時還要打倒中國的資產階級、地主、劣紳和土豪！中國的革命工農現時要創立的是蘇聯埃政權、要實現的是『中國的十月革命』！

中國革命的工農與領導世界革命的蘇聯、目前在反動的國民黨與中國資產階級及一切新舊軍閥的勾結同時跪在帝國主義的面前承受其撲滅中國革命和反對蘇聯的命令這種困難的條件之下、顯然要更親密的聯合起來、鞏固世界革命的戰線而與一切反革命的勢力作最後判決生死的鬥爭！

中國革命的工農和領導他們的中國共產黨和職工會及農民協會已經站在這一嚴重的判決生死的戰線的前鋒去了！我們在蘇聯的中國工農應該猛力的給以最大的幫助！應該作他們的後援！

我們要知道、必須中國革命完全成功—中國的工農兵蘇維埃政權的建立和鞏固、那時候在中國與蘇聯間的中國工農、才能得到完全的解放、解除一切生活上的痛苦！不僅如此、必須中國的革命勝利、世界革命才能成功、全世界的工農無產階級才能解放而實現萬國大同的共產主義社會！

援助中國革命！這是全世界工農無產階級及一切被壓迫民衆的責任！尤其是在蘇聯遠東邊疆中國工農目前最迫切的責任！

援助中國革命！只有在物質上、在行動上、隨時隨地有具體的表現！世界革命救濟會就是援助世界革命戰士的經常組織！遠東邊疆的工農應完全加入世界革命救濟會！應努力參加世界革命救濟會的一切工作、尤其是援助中國革命！

中國要聞

◉工農革命運動的發展

北京十八日蘇聯社電　在吉林暴動的『大刀會』及其他的軍隊、現在聲勢浩大。京津各報每日均有報載關於暴動者新的行動。傳聞『大刀會』進攻敦化縣時、殺死日本領事館的職員。但未有正式消息証實。據云、這種傳說、係爲日本侵略的地步。

北京十九日蘇聯社電　漢口日本報通信社消息、共產黨員的行動日漸强盛。共產黨員在城內散播標語傳單、要求設立工農政府。一月十六日白崇禧在漢口宣布戒嚴。

上海蘇聯社電　在浦東有七個少年共產黨人被捕、據報載、被捕時搜出革命的文件和傳單。

瀋陽十九日東方通信社電　奉軍在敦化集中後、暴動的農民大多數是『大刀會』的分子就在八道溝聚集以對抗。一月十三日開始向臨江等鄰近各縣政府軍隊較少的區域退去。集中在敦化的軍隊亦向原地撤回。敦化的秩序漸次恢復但電話電報尚未恢復、故無確訊。奉天當局認爲這次暴動雖然平服、但對於『治安』不免發生危險。

◉濟南府白黨譁變

上海十七日蘇聯社黨　據報載、張宗昌部下的俄國白黨軍隊在濟南譁變並劫掠商店。

◉日本帝國主義侵略東三省

哈爾濱十六日紅旗報通信社電　據日本大連泰東日報載、日政府乘敦化一帶發生『大刀會』的運動、決定指令日本駐京公使與張作霖商議、在臨江設立領事館。

◉軍閥的鬪爭

北京十九日蘇聯社電　國聞通信社消息、白崇禧開始進攻集中在湖南之唐生智舊部。從南京方面傳說、湖南及楊森的軍隊遭受嚴重的損失。

上海十九日蘇聯社電　上海中報南京的消息、濟南府西北七十公里的地方及東南三十公里之兗城、被南軍佔領。濟南至兗城的鐵路破壞。另訊、廣東東部張發奎與李濟琛繼續爭鬪。新寧仍在張發奎部之手。

◉中東路的紅利

哈爾濱十八日紅旗報通信社員電　去年十二月中東鐵路的收入在六千四百萬魯布以上、支出三千九百萬魯布、淨得紅利二千五百萬魯布。這是空前未有的利潤。

職工會是無產階級專政的基礎、是共產主義的學校、是建設社會主義有力的工具！

济南事件的原因和意义，1928 年 5 月 27 日，丁山

第二百五十七期　　全世界無產階級聯合起來啊!　　一九二八年五月二十七日

每一個遠東邊疆的中國工人必須與「工人之路」發生親密的關係

▲社論▼

◉濟南事件的原因和意義

（丁山）

在濟南事件尚未爆發以前、張作霖的軍隊大受損失、蔣介石的軍隊很快的向北方移動、北京「政府」發生動搖。在這時候、張作霖的眼光已轉向到曾經屢次打救他的恩主—日本帝國主義、搖尾乞憐了。

然而很奇怪的、日本帝國主義反而誇獎蔣介石的勝利。日本帝國主義和張作霖在東三省曾發生衝突、日本政府曾拒絕在南滿鐵路上運輸奉天的軍隊以及提出許多不利於張作霖的要求。

但是所有這些、都不過是日本帝國主義爲要威嚇張作霖而保持他在東三省的侵略。

一月以前、日本政府更聲言保護日僑在山東的生命財產、逐向山東開拔軍隊。這支軍隊究竟幫助誰呢?這頗令人捉摸不定。

張作霖的北京「政府」大起恐慌、對於日本在東三省的問題不能不讓步而投入到日本帝國主義的懷抱。因此、日本帝國主義在東三省與張作霖關於鐵路等等的衝突也就到得勝利的解決了。

濟南事件便聯繫着這些關係而爆發!

當蔣介石的軍隊進攻至濟南、怎樣會同日本帝國主義的軍隊發生衝突?到如今還沒有確實的事實。所有的確實事實不過是日本帝國主義乘機佔領濟南!

日本的軍隊已開到山東者有四萬五千以上。據日本政府的正式通告、有云日本軍隊佔領山東、非得到南京「政府」關於濟南事件的確實保証時、不能撤退。同時日本的軍官下令不許任何中國軍隊在濟南、青島一帶發生戰事、不許任何中國軍隊在膠濟鐵路和濟南到天津的鐵路上作戰。

在張作霖與蔣介石兩個軍閥交戰之間、突然伸出日本帝國主義的這支黑手、日本帝國主義不僅干涉中國內戰而且佔了犄角之勢!現時日本帝國主義一方面與蔣介石串膀子以壓迫張作霖在東三省完全就範。另一方面又開拔大批軍隊到上海及長江一帶以鞏固日本帝國主義的地盤。另一方面更利用蔣介石把張草包(宗昌)趕出山東而坐享現成。左右開刀、漁人得利、日本帝國主義的這種政策之揶揄狡猾可算已達極点。

日本帝國主義垂涎山東、並不是現今的企圖、詭譎伎倆的日本帝國主義爲要掩藏其佔據山東的政策之痕跡、故極力宣傳類似濟南的事件、將來不免還要發生、其目的係表明他佔領山東的必要。

但是、在爭割中國的各帝國主義間、絕不讓日本帝國主義在中國獨享這樣的「優先權」。濟南事件就在這点上包含有重大的意義。

日本帝國主義這次的進攻、並不是純粹的中國問題、並不只關係於中國新舊軍閥的混戰問題、更不能認爲是山東的問題、而是各帝國主義進行侵略中國的總和之一項。中國的事件早已成爲國際資本的問題了。只有根據這種觀察、才能了解中國政治生活上的一切事件。

日本帝國主義敢於向中國爆發濟南事件的行動、敢於開拔軍隊到山東、這是無疑的預先得到英帝國主義的同意。現時對於日本帝國主義的問題、就是要怎樣使日本帝國主義在山東的行動能夠與英帝國主義在中國的利益不相衝突?

倫敦的報紙、批評日本在中國的事件、有謂:日本固可佔領山東、但必須與列强合作。甚而有公開的說:日本佔領山東、必須提出這樣的問題、就是要—怎樣使英國在長江一帶的勢力、越發鞏固!

因此、將來在中國的事件定成爲日、英、……等帝國主義明目張胆瓜分中國的事件。

工友們!日本今天可以佔領濟南和山東、英國明天可以佔天津和直隸。整個的中國眼見得就被帝國主義瓜分完了。誰要是不願作帝國主義鐵蹄之下踐踏的奴隸、誰就該在蘇聯努力參加政治、軍事和練習宣傳、組織以及領導群衆革命的工作!無論是誰、都應該隨時準備着打倒英、日、法、美……等全世界的帝國主義!

（中國要聞）

◉日本帝國主義蹂躪中國人民

北京二十一日蘇聯社電　晨報載、日本軍隊司令福田宣布命令、如有宣傳反對日本者處以死刑。

◉新舊軍閥混戰

北京二十二日東方通信社電　武漢派最近很活動的參加北伐、白崇禧任南軍第四路總司令、該軍積極預備出發。

東京二十二日蘇聯社電　據日本報載、張作霖拒絕日本公使的提議、退回滿洲。另據聯合新聞社消息、張作霖在北京召集軍事會議、議決待南軍答覆日本的通牒宣布後、再行決定方針。

上海二十二日蘇聯社電　據報載、孫傳芳退至馬廠。在涿州西南七十公里、南軍與孫傳芳的軍隊發生激戰。按最近消息、馮玉祥佔領蘆溝橋。

（蘇聯要聞）

◉蘇聯對於濟南事件的態度

莫斯科二十二日蘇聯社電　蘇聯新聞記者與齊菊林同志談話、關於日本在濟南的行動、提出許多問題:第一、蘇聯外交委員會對於日本在濟南的行動及日本對於中的照會取何態度?齊菊林同志答稱:不用說都不贊成!誰要是知道蘇聯存在十年的政策、就不難知道蘇聯政府對於一切侵略、尤其是中國、都不能不反對。蘇聯政府對中國的政策完全是親鄰友國的關係、完全不干涉中國內部的問題。第二、旁的國家對於日本在中國的行動和其通牒怎樣?齊菊林同志答:現時尚沒有完全的消息。但據已知道的:英、法、美等國完全贊成。

◉蘇聯共產黨在群衆中的工作

莫斯科二十一日蘇聯社電　中央委員會和莫斯科黨部的宣傳部、召集關於群衆工作的會議、報告現時黨在群衆中的根本工作是:徵收黨員、宣傳工人階級的落後份子、進行改善工業、爲教育和新的風俗習慣鬥爭、宣傳與鄉村經濟組合有關係的工作。從東巴斯和斯莫連斯克的事件、証明黨的工作尚屬游弱。

斯莫連斯克二十二日蘇聯社電　關於斯莫連斯克省黨部領導的事件、中央監察委員會於二十一日在工人大會上作報告以後、繼續發言者甚多、全場議決:所有的工人願努力的幫助黨部取消各種缺点。與該案有關係者已被捕五十七人。

◉蘇聯與日本訂立的漁業條約批准

伯力二十三日紅旗報通信員電　五月二十三日蘇聯駐日本的大使與日本政府交換關於雙方批准在遠東一帶的漁業條約。

（各國要聞）

柏林十七日蘇聯社電　各報載波蘭與立陶瓦的和約尚未訂立、因爲波蘭欲組織反對蘇聯的聯合是其矛盾之点。

瓦薩瓦十七日蘇聯社電　波蘭國會以一百六十七票對一百六十二票通過引渡共產黨的國會議員一人與憲兵。據政治界人員云、波蘭社會民主黨的國會議員有一半在發言時聲言反對引渡、但在表決時又增加另一半的贊成引渡。

維也納十九日蘇聯社電　匈加利亞派偵探二十人到維也納、其目的係欲奪歸伯拉—崑。

加布爾二十日蘇聯社電　在印度又發生抵制日貨的運動。

柏林二十一日蘇聯社電　德國共產黨機關報載、國際聯盟向奧國政府要求將伯拉—崑流逐於荒島。據奧國政府聲言、引渡伯拉—崑的問題尚未解決。

維也納二十二日蘇聯社電　奧國報載、維也納高等審判廳聲言、伯拉—崑在大獄的情形十分艱困。

倫敦二十一日蘇聯社電　英國國會衆議院開會、議員中有質問張伯倫關於蘇聯提出的裁減軍備議案、政府是否已經討論。張伯倫答:政府尚未討論。故不能詳答。

柏林二十一日蘇聯社電　全德國的國會現在進行改選。據不完全的統計、共產黨人有三百二十三萬選舉票、被選者五十四人、比較去年增加六十萬票又被選人增加九人。另訊、在布魯士共和國選舉時、共產黨人有五十人被選。

柏林二十一日蘇聯社電　德國報載、法國社會民主黨首領加爾孟欺騙德國政府抵換金馬克二千六百萬。

柏林二十三日蘇聯社電　漢堡毒瓦斯工廠爆炸、鄰近的街道毒害二百餘人均送入醫院。

РАБОЧИЙ ПУТЬ

工人之路

Орган
Дальне-Восточн. краевого
совета профсоюзов.

Отв. редактор Тин-шань

Адрес редакции: г. Владивосток,
уг. Пекинск. и Корейской, Клуб
Китрабочих „1 мая"
Телеф. № 6-35.

Выходит 2 раза в неделю.

27-го мая 1928 г.

№ 257

遠東邊疆職工蘇維埃出版

每逢星期四、星期日出版。

價目:
零賣每期金洋五分
本埠定閱每月四毛
外埠定閱每月五毛

編輯及發行處:海參威
北京街和高麗街拐角
中國工人「五一」俱樂部樓上

電話六百三十五號

廣告刊例:每期每字按照三分金洋計算長期另議

本報編輯處啓事

遠東邊疆的工友們!
你們投稿本報時、請注意以下幾点:

（一）用墨水謄寫、字跡不宜潦草。
（二）每兩行間、可留寬大一些的空白、以便修改。
（三）在稿末須寫出通信地址、以便郵寄稿費。
（四）發表時須用甚麼名字、請附註明。
（五）對於各地的工人生活、須作有系統的詳確通信、隨時投稿本報。

苏联共产党中国小组目前的责任，1928 年 6 月 7 日，杨兴顺

一九二八年六月七日　全世界無產階級聯合起來啊！　第二百六十期

每一個遠東邊疆的中國工人必須與「工人之路」發生親密的關係！

РАБОЧИЙ ПУТЬ

工人之路

Орган Дальне-Восточн. краевого совета профсоюзов.

Отв. редактор Тин шань

Адрес редакции: г. Владивосток, уг. Пекинск. и Корейской, Клуб Китрабочих „I мая" Телеф. № 6-35.

Выходит 2 раза в неделю.

7-го июня 1928 г.

№ 260

遠東邊疆職工蘇維埃出版

每逢星期四、星期日出版

價目：零賣每期金洋五分　本埠定閱每月四毛　外埠定閱每月五毛

編輯及發行處：海參威北京街和高麗街拐角中國工人「五一」俱樂部樓上

電話六百三十五號

廣告刊例：每期每字按照三分金洋計算長期另議

▲社論▼

▲蘇聯共產黨中國小組目前的責任

（楊興順）

所謂目前黨的中國小組的責任、當然不是固定的、而是根據目前客觀情形和實際工作而產生的。所以要明白黨的中國小組目前的責任、就應該把擺在黨的中國小組面前的工作計算計算：

（一）黨在職工會方面的工作。職工會是黨到羣衆去的樞紐、他是訓練群衆走到解放人類道路上去的機關。這種工作是非常重要、而且在中國工人占全體工人數目百分之四十以上的海參崴州特別重要。因爲這些中國工人大多數是文化程度非常落後而且大部分都是由山東失掉了土地的農民跑來的。他們的一切的思想和習慣都是特別守舊[illegible]落後。所以現在要引導中國工人前進、爲要實現保護他們的利益、就是要在工人羣衆中盡量的培養活動分子。要訓練出大批的下級職工會的幹部人材以加強各職工會下層的羣衆工作。爲要造成下級職工會的活動分子、黨的中國小組在目前就須用全副力量、鞏固中國工人的各教育機關—俱樂部、閱報室、補習學校等的工作及擴大其組織範圍。

（二）關於工人羣衆管理國家的城市蘇維埃工作。過去在城市蘇維埃的中國代表中並沒表現黨的作用。參加在城市蘇維埃的各部和委員會的中國代表一天比一天的減少。總之：蘇維埃的一切工作都沒有多大的成績。在中國工人方面一些缺点、大部分都還存在。再過五個月以後、城市蘇維埃代表又要改選了、城市蘇維埃的代表又要向群衆報告自己的工作了、到那時不知中國代表向選民怎樣說法？因此、從此以後、每個黨員—參加城市蘇維埃的代表、應堅固的站在黨的觀点上領導廣大的不在黨的工人群衆努力的參加城市蘇維埃的工作、以掃除中國工人對於城市蘇維埃不滿意的一切工作、而同時建立蘇維埃在中國工人中的威信。

以上所指、不過是黨的責任之主要部分。其餘還有許許多多的社會工作（協作社、世界革命救濟會、軍事化等等）都要我們中國小組的同志去担負領導。執行這些工作、黨的各中國小組是否有這些力量、現在我們還要把黨內的工作再談一談。

（三）黨的工作。在目前最重要的責任、就是要戰勝中國工人的經濟、文化和政治的落後。第一步必須嚴格的注意從中國工人內提拔黨的人材、努力吸收有階級覺悟的工人到黨的行列。同時應特別注意黨內的訓練工作。我們知道、在很短的期間、黨的中國小組由「五一」俱樂部的一個小組、擴大到六個小組（四個在生產機關內）。黨員數量由二十人的左右（一九二六年）增至八十人以上。可是論到質量上則非常幼稚。有許多落後的黨員、在思想上既不求主義之明瞭、而在行動上更表現特別的幼稚和許多錯誤的傾向。因此、我們要改變黨員的質量、就必須側重訓練方面。黨的每個中國小組、今後務須切實的執行黨的議決案和策略、應多設立黨的政治教育的組織、加緊政治教育工作、並保証一切課程有計劃的進行。要使每個黨員對於主義上有根本的認識。此外每個小組在日常生活中均須注意訓練同志、遵守「鐵的紀律」。因爲紀律是保護組織的武器。列寧同志說過：「工人階級的力量就是組織、有組織甚麼事都能幹、無組織甚麼事都不能幹、有組織是行動一致、實際的進攻一致」。我們必須記取列寧同志的遺訓呀！

遵守「鐵的紀律」、固然是每個黨員的責任。可是在黨的中國小組內、因爲黨員群衆的落後、時常發生違犯紀律的事實。這種事實不但在一般落後的黨員中間表現而同時在比較覺悟的同志中間、亦嘗有破壞黨的紀律、引起不在黨的羣衆懷疑黨的事實之表現。例如在莫斯科久受訓練的馬秀夫同志在「工人之路」第二百五十二期上發表的文章、很明顯的破壞黨的議決案！

同志們！我們是共產主義者、我們是多數派、我們應根本的鏟除一切偏見和感情作用、消滅一切無謂的爭端！在同志間更應該彼此相互的信諒、用不着什麼「懷疑」和「猜忌」。「懷疑」和「猜忌」便是一切作亂之源！同志們！我們應該站在列寧主義的旗幟之下、忍受一切困難、集中我們的一切力量、鞏固自己隊伍的內部似鐵如鋼的統一！鞏固黨在工人群衆中的工作！一致的團結起來、担任我們目前的責任！

◉爲什麼日本帝國主義阻止新軍閥—蔣介石馮玉祥的北進呢？

現在中國的新舊軍閥—蔣介石、張作霖等、爲要得到巨大利益、所以盡力擴張其軍事實力、互相混戰、爭奪地盤、草菅人民的生命、搾取人民的財富。

可是我們要知道、我們中國是一個半殖民地的國家、國際帝國主義者操縱了一切政治經濟的權力、帝國主義者都有他們自己的馴順的走狗—蔣介石、張作霖等、在前面當先鋒、打開銀錢豐富的地盤、才能得到巨大的財富。所以各帝國主義者爲要保存自己的利益鞏固、則必須保護其走狗—蔣介石、張作霖等的地盤也使其鞏固。這次帝國主義者對於張作霖的地盤、這樣盡力的保護、便不是偶然的了。

我們現在可以說、日本帝國主義者在中國的勢力、非常深厚、尤其是在東三省及北京、山東、這一帶地方。這是因爲有了忠心的走狗—張作霖、張宗昌等一批賣國賊的緣故。

可是、在最近蔣介石與馮玉祥的軍隊、非常急進、看看就要攻到北京的附近。於是日帝國主義者政治經濟的勢力、就有些動搖。因此日帝國主義者就極力設法來阻止蔣介石與馮玉祥的北進。甚至大發其矮子兵與蔣介石直接衝突、更在最近的通牒中說：「南軍如果再繼續北伐、我日本政府將用嚴厲的手段對付你們！」這就很明顯的可以看出、日本帝國主義者對待他的走狗—張作霖—是如何的關心了。

但是我們還要知道、蔣介石的北伐、完全是爲擴大他自己地盤、不管人民的苦痛、因此、我們現在對於這些新舊軍閥的「鬼打架」都要一律反對！（偉耀）

（中國要聞）

◉工農革命運動

上海一日蘇聯社電　香港報載、廣州當局加强的反對共產黨。全城舉行搜查、被捕多人。警察當局聲稱、搜出工農軍出版的最近報紙及共產青年團對於「五卅」運動的傳單。

另訊、據南京「政府」的國民通信社消息、南京「政府」開拔兩師軍隊去江西、據云共產黨人在江西領佔農村很多。

◉反日帝國主義動運

上海五月三十一日蘇聯社電　反日運動在中國南部擴大、據一般政治家云、將成爲長期而嚴重的運動。中國學生佔反日運動的領導地位。濟南問題從外交交涉的問題而轉移爲羣衆運動。中國當局恐怕反日運動擴大、禁止中國學生的反日運動。有許多的中國大學已經停課、各學生散到各處宣傳反對日本。關於登記日貨、檢查出賣日貨的商店、均活動的參加。有到各碼頭、各輪船的學生、勸阻運輸工人不裝卸日貨。另訊、廣州反日運動委員會決定不使用日本金票、各商行均自日本銀行提取存款、在廣州不消費日貨。

◉中國大學學生軍事化

上海五月三十一日蘇聯社電　上海各大學的學生要求增加軍事學。在各大學內已成立學生軍、研究軍事、並向地方當局要求軍事指導員。

上海一日蘇聯社電　南京「政府」決定在今年秋天開始在各大學內增加二年的軍事科。在夏季決定實行三星期的軍事研究。

◉新舊軍閥混戰

東京五月三十一日蘇聯社電　據聯合新聞社消息、南軍佔領保定府。

東京一日蘇聯社電　日本軍界推測、南軍不日即可佔領北京。據聯合新聞社消息、張作霖欲抵抗南軍、但楊宇霆、張學良、孫傳芳等均要求撤退。結果、奉軍決定由北京撤退至琉璃河。

◉張作霖勾結日本

北京五月三十一日蘇聯社電　東京朝日報載、日本政府與張作霖訂立條約、在滿洲設立五五條鐵路。

哈爾濱五月三十一日蘇聯社電　南滿州日本僑民成立自願軍。奉天又開到日本的軍隊。現時在奉天已有五千日本軍隊。日本在滿洲里的報紙登載、東三省的反日運動已經擴大。但據中國政界聲言、在東三省的反日運動有時雖與日本人衝突。但是、日本報紙、故意張大[illegible]詞、預備向中國壓迫的張本。

本報編輯處啓事

遠東邊疆的工友們！

你們投稿本報時、請注意以下幾点：

（一）用墨水謄寫、字畫不宜潦草。

（二）每兩行間、可留寬大一些的空白、以便修改。

（三）在稿末請寫出通信地址、以便郵寄稿費。

（四）發表時須用甚麼名字、請附註明。

（五）對於各地的工人生活、須作有系統的詳確通信、隨時投稿本報。

共产国际第六次大会对全世界的工农、全世界的被压迫民众和全世界各国共产党的宣言，1928年8月11日

一九二八年八月十一日　全世界無產階級聯合起來呵！　第二百七十八期

每一個遠東邊疆的中國工人必須與「工人之路」發生親密的關係！

РАБОЧИЙ ПУТЬ

工人之路

Орган Дальне-Восточн. краевого совета профсоюзов.

Отв. редактор Тин-шань

Адрес редакции: г. Владивосток, уг. Пекинск. и Корейской, Клуб Китрабочих „1 мая"

Телеф. № 6-35.

Выходит 2 раза в неделю.

11-го Август 1928 г.

№ 278

遠東邊疆職工蘇維埃出版

每逢星期四、星期日出版。

價目：

零賣每期金洋五分

本埠定閱每月四毛

外埠定閱每月五毛

編輯及發行處：海參威北京街和高麗街拐角中國工人「五一」俱樂部樓上

電話六百三十五號

廣告刊例：每期每字按照三分金洋計算長期另議

本報編輯處啓事

遠東邊疆的工友們！

你們投稿本報時，請注意以下幾点：

（一）用墨水謄寫，字畫不宜潦草。

（二）每兩行間，可留寬大一些的空白，以便修改。

（三）在稿末請寫出通信地址，以便郵寄稿費。

（四）發表時須用甚麼名字，請附註明。

（五）對於各地的工人生活，須作有系統的詳確通信，隨時投稿本報。

▲社論▼

◉共產國際第六次大會對全世界的工農、全世界的被壓迫民衆和全世界各國的共產黨宣言

由一九一四年開始到一九一八年的世界大戰爭到現在已經十四年了。帝國主義者和其臣僕還在再再的重述、謂其爲最後的世界戰爭。千百萬的工農雖然畏懼和仇恨再見新的殘殺、但還有相信這種誓言。

但是、請環顧遠囑、詳細的考察一下、在今天、一九二八年八月四日、在資本主義的世界在進行甚麼。從事實的本身恰好証明資本主義者及其「社會主義的」「和「和平主義」的經紀人的虛僞。關於和平儘管說了許多以保持和平的、欺騙的解除兵備、而他們卻像傳染熱病一樣預備新的戰爭。

帝國主義者整年的公開的武裝侵略、反對中國的革命。成千的工農已經和正在帝國主義者統治中國市場的名義之下而死亡。當這種侵略鑄成武裝的佔領和瓜分中國的形式、但還沒有使在中國的侵略得到如此廣大的程度、還沒有使其公開的危及於世界的和平。

像傳染熱病一樣的預備戰爭以反對蘇聯就用武裝鄰近國家的方法、就用軍事外交的協約方法、有系統的作反蘇聯的宣傳——這是現在對於每一個覺悟的工人都看得很清楚的。同時、全世界的帝國主義者改組和加强的軍隊、在軍艦、飛機、毒氣、製造軍艦的工廠和飛機的基礎上花費了成千百萬的金錢、預示出新的巨大的軍事衝突、這是他們爲爭奪市場的銷路和原料的競爭所不免的。

他們掩藏其有系統的軍事預備、利用「和平」的字眼假造成宣傳的制度、比較在帝國主義戰爭的前幾年還更盡力。在國際聯盟的招牌之下召集的「裁減兵備」會議、克羅葛（美國的國務總理）提議的「裁兵」盟約關於「非法」戰爭的通告、都是和平主義者加强宣傳的各種方式——這樣的工具是現時的帝國主義所儘管利用的。

所有這些方法的總目的就是要使工農相信在資本主義制度的範圍內實現消滅戰爭的方法。帝國主義者希望從工農方面掩藏起這種「危險」的事實、消滅戰爭的獨一無二的導路——打倒資本主義、建立無產階級的專政。他們試行用各種欺騙轉移工農羣衆的注意以代替這個、爲要使工農們重新提醒、例如在一九一四年一樣、吸引工農們爲「保衛祖國」而戰爭、因此實行惡毒的愛國主義的軍事宣傳。

共產國際號召所有的工農明瞭「社會主義者」和「和平主義者」實際上幫助帝國主義者宣傳這些謊話、不是別的、只是資本主義者的乖覺的經紀人。

共產國際在其旗幟上大書的是：「打倒帝國主義的戰爭」、「極力的用一切的方法反對帝國主義的戰爭」、「堅決的保衛蘇聯反對各國的帝國主義」、號召全體的工人即全體革命的農民及一切被壓迫的民衆在一九二八年八月四日這一天出發而擁護這個口號、高舉起與帝國主義戰爭奮鬥的旗幟和與帝國主義者預備戰爭及活動的幫助帝國主義者預備戰爭之虛僞欺詐的「社會主義者」和「和平主義者」奮鬥的旗幟。

這種鬥爭應當立刻開始。應當與在失敗後收集力量以圖新的高張之英勇的中國無產階級和農民共同造成全世界無產階級萬衆一心的反對戰爭和侵略的危險之鐵壁。戰爭的危險、垂危於在世界上的第一個社會主義共和國——蘇聯、必須使所有的覺悟的工人和農人急速的取最堅決的手段、用一切的方法保衛蘇聯。

只有在工人階級的這兩條戰線上盡力的奮鬥、才能夠應時預備妥當而且給予資本主義的列强由其互相深入的衝突矛盾所醞釀成之再接再厲而必不能免的新的帝國主義戰爭和列强共同的仇恨蘇聯、以重大的抗擊。

只有全體共產主義者、革命者、全體的工農隨時用堅決鬥爭的方法反對其各自的剝削者——城市和鄉村的勞動者用意的、有組織的預備着轉變將來的帝國主義戰爭爲國內戰爭和全世界的被壓迫者反對帝國主義的資產階級的戰爭、這就是將來永遠停止戰爭的唯一的可能道路。

在今天一九二八年八月四日）是第一次世界大戰過去的第十四週年　亦即是第一次社會革命的誕生、共產國際號召全世界的工農預備轉變新的將來的世界戰爭爲全世界的社會革命。

打倒帝國主義！　中國革命萬歲！

共產黨和社會主義共和國萬歲！

社會革命萬歲！

（中國要聞）

▲工農革命運動

北京五日蘇聯社電　晨報載、香港的消息、在湖南郴州一帶革命軍與「政府」的軍隊發生激烈的戰鬥。

上海七日蘇聯社電　中國報載、在湖南各地共產黨人的軍隊與「政府」的軍隊發生激烈的戰爭。郴州的城池在最近雙方出入共有七次。華北日報載、中國共產黨在湖南的組織現已成爲特別有力的組織、據云、英國的驅逐艦已開到長沙者兩艘、長沙的狀況非常緊張。在共產黨人領導之下的暴動者屢次撲攻長沙城市。外國僑民紛紛由長沙逃避。

另訊、上海二十八個職工會發表宣言、對於打麵包和作點心的罷工工人表示同情並要求一致的反對封閉工會及向軍事當局要求釋放被捕的罷工工人。

▲中日間的外交衝突

北京三日蘇聯社電　日本駐京公使芳澤給駐南京的日本領事關於日本政府回答南京政府提議修改的訓令云：「日本政府正式的聲明、所有一切由單方面提議修改條約的談判均不同意。南京政府如取消以前的決議、日本政府即贊成修改條約。南京政府如直意的堅持修改條約和臨時的管理日本僑民、日本政府則要求延長舊有的條約繼續十年發生效力」。

上海三日蘇聯社電　南京「政府」命令駐日公使王榮寶嚴重的抗議日本政府干涉中國的內政和援害張學良與南京的妥調。

▲帝國主義間的矛盾

紐約三日蘇聯社電　關於中國的問題、英、美政府均同樣的惟恐日美間的關係愈趨緊張。

▲國民黨腐敗難堪——陳樹人的供狀

北京五日蘇聯社電　國民黨「左派」會議決定參加國民黨中央委員會第五次擴大會議。陳樹人聲言、國民黨「左派」要求：立即武裝群衆運動、以免共產黨人「利用」、「爭奪群衆的滿意」、恢復「黨」的紀律和消滅軍閥的專權。

▲大批的帝國主義與南京政府勾結

上海五日蘇聯社電　葡萄牙的公使通知南京「政府」外交部進行訂立新的商務條約。新聞報載、駐滬法國領事通告法國政府允許撤退四分之一的駐華法國軍隊。王正廷聲言、丹麥和意大利正式宣布對中國修改條約、最近比利時和西班牙亦將開始談判。

▲張學良投降的條件又增三件

哈爾濱四日蘇聯社電　滿洲日報載、東三省當局與南京「政府」的和議條件、由邢士廉交到者、原有之奉行三民主義和懸掛國民黨的國旗外另增三條：（一）東三省的收入須解交國民政府、關於東三省地方的支付由國民政府匯寄。（二）現有的軍隊須服從國民政府的命令裁撤。（三）熱河西部劃歸東三省管轄、由國民政府區劃。據云這個條件係馮玉祥、白崇禧逼迫韓人瑞提出的、至於蔣介石還不知道。

▲東三省和上海一帶亦發生水災

哈爾濱七日蘇聯社電　東三省各地因霪雨爲災、農民的收穫大受損失、糧食的價格騰貴。

另訊、松花江上游大雨甚久、哈爾濱一帶的河水高漲、將成水災。

上海七日蘇聯社電　上海南部霪雨連綿、人民損失甚大。吳淞口、浦東及上海碼頭一帶的工廠均被水淹壞。

（國際要聞）

▲共產國際第六次大會的消息

莫斯科二日蘇聯社電　八月一日晚間由意大利的同志尼格爾蘭底出席共產國際第六次大會報告關於戰爭危險奮鬥的問題、繼有各國的同志先後補充報告。前在奧大利被捕之伯拉——羣同志亦出席共產國際第六次大會、到會的各國代表同志除熱烈的歡迎外並推舉伯拉——羣同志爲共產國際第六次大會的主席團員。

莫斯科五日蘇聯社電　八月四日上午布哈林同志出席共產國際第六次大會詳

自动的批评，1928 年 8 月 18 日，丁山

一九二八年八月十八日　全世界無產階級聯合起來呵！　第二百八十期

每一個遠東邊疆的中國工人必須與「工人之路」發生親密的關係！

РАБОЧИЙ ПУТЬ

工人之路

Орган Дальне-Восточн. краевого совета профсоюзов.

Отв. редактор Тин шань

Адрес редакции: г. Владивосток, ул. Пекинск. и Корейской, Клуб Китрабочих „1 мая"

Телеф. № 6-85.

Выходит 2 раза в неделю.

18-го Август 1928г.

№ 280

遠東邊疆職工蘇維埃出版

每逢星期三、和星期六日出版。

價目：

零賣每期金洋五分

本埠定閱每月四毛

外埠定閱每月五毛

編輯及發行處：海參威北京街和高麗街拐角中國工人「五一」俱樂部樓上

電話六百三十五號

廣告刊例：每期每字按照三分金洋計算長期另議

本報各地的讀者注意！本報已從第二百七十八期起改於每星期三日和星期六日出版。

本報編輯處啟事

遠東邊疆的工友們！你們投稿本報時，請注意以下幾點：

(一) 用墨水謄寫，字需不宜潦草。

(二) 每兩行間，可留寬大一些的空白，以便修改。

(三) 在稿末須寫出通信地址，以便郵寄報費。

(四) 發表時須用甚麼名字，請附註明。

(五) 對於各地的工人生活，須作有系統的詳確通信，隨時投稿本報。

▲社論▼

自動的批評

（丁山）

在蘇聯共產黨中央委員會最近致全體黨員和工友的信（參看本報第二百七十期到二百七十三期）上，已經嚴重的提出了「自動批評」的口號和詳細的指示出在黨的組織內，在蘇維埃的機關內和在職工會的組織內所有的黨員和工人羣衆對於實行這個口號的責任。

自動的批評，爲甚麼是現時最迫切嚴重的問題呢？

我們要知道，在最近的二三年內，階級間的矛盾在蘇聯的國內和在各國均特別緊張。在資本主義的國家內，階級間的矛盾之緊張，其原因一方面是工人階級的共產主義化，而另一方面是資本主義者從自由的方法公開的轉變爲法西斯蒂的方法以與工人階級鬥爭，再一方面更因爲社會民主黨在無產階級中的影響之衰落。

階級間這種矛盾的發展還引起資本主義的世界更變橫的仇視活動的，模範的社會主義發展之蘇聯。擺在目前的日常問題，就是戰爭的危險——這種恐怖，無時或釋。

在蘇聯國內，階級間的矛盾是同資本主義國內的不同的。第一，在蘇聯的無產階級已經共產主義化而不受機會主義的影響，同時更發展了工人階級革命的建設之工具。其次，在蘇聯的階級間之矛盾，只是對於富農和新經濟政策之下的資本家。

數月以前，從東巴斯礦井的案件和預備糧食的工作上發現的困難，就是最明顯的例証，就是反映出蘇聯國內這種矛盾的鏡子。

一般情勢緊張的問題，自然會被若大的工人階級和其政黨以及貧農，中農等群衆的巨眼銳目所觀察發現的。東巴斯礦井的案件亦是一個例證。這是証明進攻工人階級的運動雖然有若大的發展，但是總逃不出工人階級的政黨和工農群衆的「透視鏡」。否則怎能說明東巴斯的破壞經濟建設之反革命者在多年的陰謀詭計而一旦即被破獲？

在蘇聯國內的這種條件之下，爲要提高工人階級和貧農群衆的革命見識和活動，關於自動批評的問題就是日常鬥爭的問題。自動的批評，在這樣的關係上亦顯得是活動工人羣衆之獨一僅有的工具。

但是，如果我們把自動批評的責任僅的引用在以上所說的事件也是不正確的。自動批評的範圍還應擴大。

在社會主義建設發展的過程中，還有許多矛盾的條件。這些矛盾是隨着實際工作的錯誤而發展的。同時，我們要是不從自己的錯誤中隨時發現我們的經驗，我們便不能從過去的工作中得到統計和總結。這樣的統計和總結，只有從自動批評才能得到。

自動的批評是開拓到社會主義建設的新道路。自動的批評能夠發現和消滅在社會主義建設的過程中所遭遇的一切缺點。我們要藉助於自動批評，我們才能夠親密的與工人群衆共同的對於一切的缺点奮鬥。

蘇聯現時在社會主義建設的過程中，在各機關的工作上雖免不有缺点，尤其是官僚化的分子和懈怠，故意遲延，輕蔑工人，不注意羣衆的利益，破壞黨，蘇維埃和職工會的政策……等腐敗分子。對於這樣的缺点和人物，也只有發展自動的批評，提高工人階級的活動，才能與他們奮鬥而得到勝利。

遠東邊疆的中國工友們！自動的批評是社會主義建設過程中推動工作進展的利器。在無產階級專政的國家——蘇聯——內一切工作如果發生缺点，除了工人階級和其政黨以及貧農和中農的廣大群衆自動的批評是不會有改善的方法，何況工人階級的一切敵人，正在乘機伺隙的利用我們發生的缺点！每一個明瞭，勇敢和覺悟的工友，必須擁護自動批評的口號而且在日常生活上活動的實行起來！

（中國要聞）

▲北京的印刷工人罷工

北京十日蘇聯社電　北京英文「華北星報」和日文「北京星報」的印刷工人全體罷工，反對開除工人。「華北星報」和「北京星報」均停版。工人與監工發生衝突，監工被重打者一人。

▲英帝國主義步美帝國主義的後塵

北京十日路透社電　關於「砲擊南京案」（一九二七年三月）的衝突，中英政府已經簽字解決。在該條約內採用中美的條約爲原則。同時，英國政府並承認與南京「政府」開始改定條約。

華盛頓十日「新聞社」電　最近組織巨大的國際銀行團，仿照一九二四年的形式，供給中國的財政。該銀行團的大多數資本係出自美國。

▲日帝國主義引誘小胡子

東京十日蘇聯社電　日日新聞報載，張學良如不聽從日本的「建議」，日本政府將取以下的政策，在不久的時候，將設法警告滿洲的擾亂，在南京政府未強固以前，滿洲必須獨立，如發生意外的擾亂，日本決定堅決的維持奉系，日本已預備幫助東三省的經濟穩定。

上海十二日蘇聯社電　國民社消息，日本田中內閣的全權代表林，出示張學良以最後通牒，因爲張學良不聽從日本的提議，承認南京「政府」。林向張學良聲言，承認南京，係破壞日本在滿洲的權利。因此，日本要求奉系當局取觀望的政策。如奉系承認南京，則日本將在滿洲自由行動。林最後聲言，要求張學良拒絕與南京和議，如需要武裝，日本將盡量的供給。奉天政界的人對於林的談話頗受感動。

▲樊鍾秀被擒

北京十日路透社電　馮玉祥戰勝樊鍾秀領導的暴動軍隊。樊鍾秀被擒。

▲英法帝國主義與南京政府勾結

上海十二日蘇聯社電　英文「華北日報」載，英國駐南京的領事即日恢復辦公。另訊，法國政府命令駐上海的法國領事通知南京政府開始改定條約。

▲日本私商私運鎗彈

哈爾濱十三日蘇聯社電　八月十日在哈爾濱中東鐵路的貨棧內，中國關稅員查出私販的空前未有的大批鎗枝子彈，係於八月六日由海參崴的某日本人販運的。中國的各報均載，這項大批的槍械與中東路一帶發生胡匪的事件有關係。

（蘇聯要聞）

▲靴鞋工廠的生產力提高了

特維爾七日蘇俄社電　克蒙爾工場用機器製造靴鞋，現已改爲兩班輪替工作，每日的生產品自一千四百雙增加至三千雙。該工場定於今年九月將收用四百個的工人。

▲成立大規模的蘇維埃經濟

俄斯托夫八日蘇聯社電　在沙州成立蘇維埃經濟，使用一百九十二架耕種機，有工人三百人，其中有二百三十人已於耕種機的講習所畢業。

▲增補（審察候補）黨員的條例

莫斯科八日蘇俄社電　蘇聯共產黨中央監察委員會增補關於考查在蘇維埃和大學校內的小組之候補黨員的訓令云，如有不同意於省，州，特別區，邊疆和民族的監察委員會之議決開除其黨籍者，得經由該地的監察委員會於兩月內向蘇聯共產黨中央監察委員會對於該議決案有提出上訴之權。

▲與嗜酒者奮鬥

列寧格勒十三日蘇俄社電　造酒工廠現在進行逐漸的減少麥酒。擬於今年十月在列寧格勒禁止出賣麥酒，同時在各鄉村和城市只出賣菓子酒和最純粹的麥酒。

下羅俄城十四日蘇俄社電　下羅俄城關閉啤酒店二十餘家，在該省內總共關閉七十七家啤酒店，在索爾莫瓦工廠（在阿瓦河上的大鐵工廠）的工人已成立「戒酒會」。

▲生產工人入黨踴躍

莫斯科十五日蘇俄社電　武利央諾夫州有六十四人加入蘇聯共產黨，其中有四十八人是作機器生產的工人。其他各城總共有五百四十個工人已要求加入蘇聯共產黨。

▲文化革命戰線的進展

斯莫連斯克十五日蘇俄社電　猶太的

多数主义的训练——自己批评，1928 年 8 月 25 日，丁山

第二百八十二期　　全世界無產階級聯合起來啊！　　一九二八年八月二十五日

每一個遠東邊疆的中國工人必須與「工人之路」發生親密的關係！

工人之路

Орган Дальне-Восточн. краевого совета профсоюзов.

Отв. редактор Тин-шань

Адрес редакции: г. Владивосток, уг. Пекинск. и Корейской, Клуб Китрабочих „I мая"

Телеф. № 6-85.

Выходит 2 раза в неделю.

25-го Август 1928г.

№ 282

遠東邊疆職工蘇維埃出版

每逢星期三、和星期六日出版。

價目：

零賣每期金洋五分

本埠定閱每月四毛

外埠定閱每月五毛

編輯及發行處：海參威北京街和高麗街拐角上中國工人「五一」俱樂部樓上

電話六百三十五號

廣告刊例：每期每字按照三分金洋計算長期另議

本報編輯處啓事

遠東邊疆的工友們！

你們投稿本報時、請注意以下幾点：

（一）用墨水謄寫、字當不宜潦草。

（二）每兩行間、可留寬大一些的空白、以便修改。

（三）在稿末請寫出通信地址、以便郵寄稿費。

（四）發表時須用甚麼名字、請附註明。

（五）對於各地的工人生活、須作有系統的詳確通信、隨時投稿本報。

▲社論▼

◉多數主義的訓練—自己批評

（丁山）

（譯蘇聯共產黨遠東邊疆委員會書記甘馬爾尼克同志的論文第一段）

在時大林同志最近發表的文章上寫道：「自己批評是一種特別的方法、是訓練黨的人材、同樣訓練工人階級之革命精神普遍的發展之多數主義的方法」。因此、自己批評、不是臨時的、而是最嚴重的行動、不僅必須在報章雜誌上進行而且要引用到「訓練的方法」、還是必須將我們所有的黨的工作和職工會的工作貫串起來。這是我們必須進行到一切社會主義建設上去的。

黨和蘇維埃、職工會及協作社的落後組織、還有不充分的明瞭實行自己批評的重要和其堅決、嚴重的意義就是他們自己一切工作的方法。時大林同志說得很對：「沒有自己批評、就沒有黨的訓練、階級的訓練和群衆的訓練。沒有正確的黨的訓練、階級的訓練和群衆的訓練就沒有多數主義」。

我們需要的自己批評、就是爲鞏固和改善黨的組織、爲肅清和忠實無產階級專政的蘇維埃機關人員和爲職工會與群衆的關係而鬥爭的有力的武器、是對於在蘇聯的文化革命和壯大社會主義建設的力量所必須的。自己批評、並不是工農檢察部在報紙上特闢一欄或專著幾篇文章的材料、自己批評必須是我們所有的工作的警鐘、我們的工作必須完全都要在自己批評的口號之下進行。自己批評必須要勇敢的和堅決的發展廣大群衆的戰線以反對我們階級的敵人之仇視歧異的影響、反對官僚主義、反對一切自私自利的行動和小資產階級的習慣而爲社會主義建設的進益。只有是官僚、腐敗的官僚、在黨的或不在黨的、才害怕自己批評和其偉大的範圍和戰鬥的聲音。然而在忠實無產階級事業的人們、自己批評只有在他們的工作上給以幫助。

因然、在進行自己批評的時候、有時不免有局部的超越、錯誤和單就聲響的傳聞、但是、這是不要緊的、這種批評必須改正、在黨的正確領導之下將會減少或完全不會有的。可是有些人不按照多數主義的辯論、他們企圖遏制自己批評、他們摘取報紙上和新聞通信上一些零碎的錯誤試行與所有的自己批評進行一些對抗、暗地的而不是公開的（在敢於這樣「勇敢」的公開的進行者很少）進行反對自己批評的鬥爭。

黨的組織、領導自己批評的擴展、自然必須看清、爲要使自己批評不致爲小資產階級街談巷議的聲音所擾亂、爲要使自己批評是無產階級的特色、就必須無情的反對一切、誰要是與自己批評對抗、誰要是嘗試縮減自己批評的範圍、桎梏自己批評和「强枘入鑿」、就與誰爭鬪。

在我們的遠東邊疆怎樣擴展自己批評呢？怎樣擴展其範圍呢？群衆怎樣參加無產階級特色的自己批評之浪潮呢？黨怎樣領導他的自己批評、特別是工人的報紙呢？在遠東邊疆我們所有的宣傳書報、對於自己批評的範圍、可說是很不夠的、在我們所有的組織之工作上還沒有完全加入、關於自己批評、無論是淺近的和深遠的和解說自己批評的作用、均很少辯論、有時還有依照中央委員會的通告作一些官樣文章的決議。但是、對於工作的聲響、訓練群衆的方法、自己批評還很遠的沒有做到。

中央委員會通告的指令—「主要的責任、從下層掀起高張猛烈的自己批評的浪潮」—還是很遠的沒有進行到。由此歸結起來：遠東邊疆的一切組織、第一就是報紙、必須偉大的發展自己批評和集中根本的注意点以「提高下層的高張猛烈的自己批評」、保証在一切組織內進行無產階級的民主。

在遠東邊疆現時進行的偉大的社會主義建設—採金工業、移民事業、居住建設、煤礦、漁業和發展文化教育的工作—雖然有不少的成績和成功、大體上是向前進步、然而也有不少昏頭昏腦的、不顧惜經濟的、不小心謹慎的和官僚主義而有破壞經濟建設之可能的人。對於這些人物、我們必須發射出自己批評的明煥的光芒、吸收在這些建設上成千百萬的工人群衆參加這樣的事務而與他們奮鬪。黨的組織、職工會和蘇維埃在實際生活上還不必須用堅決的自己批評嗎？我們需要的自己批評正多得多、自己批評愈多愈好。

（中國要聞）

▲工農革命運動

上海二十一日蘇聯社電　在湖北省各地發生數十處農人的秘密會社：「大刀會」「神力會」和「硬肚會」…等等。在孝感縣一帶暴動的部隊約有三千餘人。暴動的軍隊有擬攻宜昌城市者、但被「政府」的軍隊擊退。

另據安慶的消息、在安徽各處發生「紅槍會」。此項「紅槍會」的部隊與「大刀會」聯合。

上海二十二日蘇聯社電　從廣州得的消息、近日共產黨人用汽車突入廣州城市、散佈宣言、號召工農暴動、反對「政府」。

▲國民黨四分五裂

上海十七日蘇聯社電　中國報載、國民黨中央委員會擴大會議已經閉會。該擴大會議突然停止工作、其引起各方面的詫異。據各報載、國民黨的「左派」代表不滿意該擴大會議、紛紛退席、故爾閉會。另六、蔣介石在演說時要求國民黨各派共同合作。但沒有人響應。

上海二十日蘇聯社電　這次國民黨中央的擴大會議、「左」派和「右」派均沒有人出席。閻錫山和馮玉祥亦均未到會。廣西派雖然出席、但均坐視、時有稱病退席的人。按照這次擴大會議的議決、省政治委員會和中央政治委員會的作用已經減小而隸屬於各省的政府和南京。關於外交的問題、這次擴大會議沒有解決、其他許多重要的問題、如統一國民黨的問題、也未談及。

上海二十一日蘇聯社電　華北日報載、蔣介石和廣西派分裂的危險、這次的擴大會議並未彌縫、反而愈趨愈遠。預計在長江一帶不久將發生戰爭、尤其是在上海和長沙一帶。

▲日本和俄國白黨的報紙製造謠言

哈爾濱十七日蘇聯社電　最近數月內在東三省的日本報紙和俄國白黨的報紙猛烈的宣傳蘇聯和蒙古集中軍隊進攻巴爾格。在哈爾濱的日本報紙和俄國白黨的報紙更宣傳在巴爾格一帶已經開戰、並云將進攻海拉爾。據云在中東路到齊齊哈爾一帶將發生嚴重的擾亂。但又云在巴爾格的戰爭、日本報紙在事前已有消息登載、而料定此項衝突將與中日的衝突同時爆發。

（國際要聞）

▲共產國際第六次大會的消息

莫斯科十七日蘇聯社電　八月十六晚共產國際第六次大會開會、對於殖民地的問題各代表發言。中國的代表[illegible]同志發言、畧謂：中國共產黨的影響自從廣州暴動以後、不僅沒有減小而且反爲增大。農民的革命運動發展起來、同樣在軍隊中的運動、不僅在南軍而且在北軍中均有發展。新的革命高潮雖然尚未湧出、但必須有相當的預備。中國婦女參加革命運動已將舊禮教完全破毀。

莫斯科二十一日蘇聯社電　八月二十日共產國際第六次大會仍繼續對於殖民地的問題發言。中國的代表會廣同志發言、謂：出賣國民革命的中國國民黨已經不能引導反帝國主義的鬪爭。中國的無產階級担負起領導中國革命的責任、在廣州暴動的旗幟之下、標出「一切政權歸蘇維埃」的口號。用流血的手段壓迫工農的暴動和禁止反帝國主義運動已証明改良派的中國國民黨之不可能。一部分小資產階級試行組織的所謂第三黨亦可保證其失敗。

（蘇聯要聞）

▲各工業區開始訂購第二次國家工業化公債券之踴躍

莫斯科十九日蘇俄社電　在別列志尼克哥夫斯克工廠的工程師和職員二十人每人用平均兩月的工資訂購第二次國家工業化公債券一萬盧布。

在羅斯托夫已訂購第二次國家工業化公債券者計五萬盧布。

在布良斯克有一千六百六十人訂購第二次國家工業化公債券值十五萬盧布。

在新俄羅斯城已訂購第二次國家工業化公債券值二十萬盧布。

在新城已訂購者值十萬盧布。

在佛拉吉米爾已訂購者值七十萬盧布

空谈与事实，1928 年 8 月 29 日，越庐

一九二八年八月二十九日　全世界無產階級聯合起來呵！　第二百八十三期

РАБОЧИЙ ПУТЬ

工人之路

Орган Дальне-Восточн. краевого совета профсоюзов.

Отв. редактор Тин-шань

Адрес редакции: г. Владивосток, ус. Пекинск. и Корейской, Клуб Китрабочих „1 мая“ Телеф. № 6-35.

Выходит 2 раза в неделю.

29-го Август 1928г.

№ 283

遠東邊疆職工蘇維埃出版

每逢星期三、和星期六日出版。

價目：
零賣每期金洋五分
本埠定閱每月四毛
外埠定閱每月五毛

編輯及發行處：海參崴北京街和高麗街拐角中國工人「五一」俱樂部樓上

電話六百三十五號

廣告刊例：每期每字按照三分金洋計算長期另議

每一個遠東邊疆的中國工人必須與「工人之路」發生親密的關係！

▲社論▼

◉空談與事實

（越廬）

駁「工人之路」第二百七十七期署名「和尚」的同志「對於「五一」俱樂部過去的工作一点批評……」

「和尚」同志所做的那篇文章、對於「五一」俱樂部工作本身的批評、自有該俱樂部負責、此地不贅述及。我所要答覆的是關於黨的指導一方面。那篇文章上有這樣的一段話：

「五一俱樂部形式上雖是獨立的組織、其實是時時要受海參崴職工蘇維埃華工指導處和州黨部中國部指導的。據上次的報告、黨（中國部）與職工會（華工指導處）沒有指導的工作、這也許是事實。不然、黨員參加俱樂部的工作（政治研究組、壁報、讀報團、談話會）過去何至於那樣的散漫、職工會負責同志參加管理處的會議何至那樣消極！

這究竟是否事實、我們可用以下的事實來答覆：

誰是「五一」俱樂部的指導者？俱樂部不但實際上不是獨立的組織、而且形式上也不是獨立的組織。俱樂部是直接隸屬於職工會的教育機關、一切預算、工作計劃、都須經過職工會的檢查和批准。職工會對於俱樂部的關係比誰還要密切！（但不是「秘切」）。

不錯！黨是一切工作的指導者、應當指導一切的工作。但是、黨有各種不同等級的組織、而他的指導也有各種等級的區別。黨的指導斷不是籠統的。例如：州黨部所指導的是各種州組織的黨團、區黨部、而區黨部所指導的是各種區組織的黨團及黨的支部（「小組」）。倘若沒有等級、由中央來直接指導各支部、那末中央以下的各級黨部可以不要、祇要中央與支部就夠了。事實上是否可能？不用說也就明白了。

明白了這個、現在再來講一講「五一」俱樂部指導的責任問題。「五一」俱樂部的黨團不是直接隸屬中國部而是直接隸屬於「五一」俱樂部的中國支部（即二十六小組）、黨團的記錄經過二十六小組送給第二區黨部、與州黨部要相差三級。州黨部中國部對「五一」俱樂部的直接指導是無關係的、那能把「五一」俱樂部所有的一切指導責任都拿來加在中國部自己的身上？而且也不應該如此！

一定有人要問、中國部不應該指導「五一」俱樂部嗎？應該指導、但不能是直接的指導、而是經過區黨部、州職工蘇維埃。

據「和尚」同志這篇文章所云、好像中國部什麼指導也沒有。中國部對「五一」俱樂部真的沒有指導嗎？中國部對於「五一」俱樂部是否有指導。不必多說空話、自有事實可以證明。在俱樂部未組織以前的情形、與俱樂部開始工作時所受的種種困難、「和尚」同志不但沒有親身經歷着、而且連看亦沒有看見過、那能知道領導海參崴的中國工人階級與這些困難奮鬬的是誰？領導中國工人打破這種困難的又是誰？不要問誰、我們只消問問住在海參崴較久的工人就可以知道了。除了中國部還有誰？

此外俱樂部的黨團按期的在中國部的會議上做自己的工作報告、而中國部按期的指出「五一」俱樂部的工作缺点、指出「五一」俱樂部工作的方針。所有這些都有記錄可查、這是否算做指導？倘若這不算是指導、那末要問一問、怎樣才算是指導？或者「和尚」同志另有高見也未可知？

據普通的原則、黨祇能指出工作的缺点、指示工作的方針、執行的責任是在該機關的負責者、斷不是黨的本身、黨的本身斷不能直接替他們來執行工作！

「五一」俱樂部工作的好壞、斷不是指導的關係、而是沒有執行指導却一個實際的問題。倘若沒有執行指導的人、黨儘管指導得如何完善、談得天花亂墜、也不過爲好說白話的人們唱唱高調吧了！

黨（中國部）對於「五一」俱樂部的指導、過去與現在雖然不能說沒有分別、但在原則上斷不至於有所差異、斷不能說一沒有指導的工作」！拿這種毫未檢閱過的籠統話來責備黨！

「工人之路」斷不像資產階級國家那些被賄買的報紙。毫無一点主張、高談其「有聞必錄」。「工人之路」是有主義的報紙、有一貫的主張、斷不是今天如此、明天如彼、把這樣全非事實的新聞未經檢查就拿來做時評、毀壞黨對群衆的信仰、這不能不說是「工人之路」的錯誤。希望以後再不要有這樣的錯誤了。

〔中國要聞〕

▲日本報紙仍繼續造謠

北京二十二日蘇聯社電　據路透社消息、在巴爾格及中東路一帶甚不安。但據日本「新聞聯合」社消息、在哈爾濱西部一帶的火車不道、由外蒙開到內蒙的軍隊一旅、有俄國的鎗械。據云張煥相擬藉助於日本、平服這次的暴動。

另據京律時報載、內蒙古發生這次變亂、係與某國在東三省和內蒙古的問題有關係。

▲日帝國主義有計劃的侵略中國

哈爾濱二十二日蘇聯社電　最近在東三省的日本報紙極力指斥中東路的護路軍隊之不力、應由日本的軍隊撤換。

上海二十二日蘇聯社電　日本在東三南部召募軍隊以便於壓服中東路一帶的擾亂、其目的欲佔取黑龍江省的統治權。

北京二十三日蘇聯社電　晨報載、日本駐在直隸的軍隊向山東移動。

哈爾濱二十三日蘇聯社電　駐東三省的日本領事在瀋陽開會。日本外交部的代表和北京日本公使的書記均出席。據確實的消息、該會係强制奉天當局與南京決裂並將東三省各領事的行動統一起來。

▲新舊軍閥混戰的先兆

上海二十三日蘇聯社電　英文「華北日報」載、南京和漢口的軍隊繼續相向的移動。北京的消息、馮玉祥的軍隊向白崇禧的軍隊之防地移動。

〔國際要聞〕

▲少年共產國際開第五次大會

莫斯科二十二日蘇聯社電　少年共產國際於本日在大戲園開第五次大會。由少年共產國際的書記興達諾夫同志宣布開會、略謂最近幾年內國際無產階級的領袖、許多青年的戰士在中國和保加利亞、波蘭、意大利等國內爲革命鬬爭而死者、我們不僅要紀念他們而且要繼續他們的遺志。其後選舉三十七人爲大會主席團。布哈林同志致慶祝詞、畧謂、在第一次帝國主義戰爭爆發時、現時的青年當日尚小、還不知道。但是在目前新的帝國主義之戰爭、已經是每一個青年所看得淸楚的。反對這種戰爭的危險、少年共產國際不僅動員自己的行列而且要號召千百萬的青年工人反對這種戰爭。青年工人必須轉變帝國主義的戰爭爲國內戰爭、建設無產階級專政的國家制度。……青年工人的根本責任不是紙面上的、而是切實的與新的帝國主義戰爭危險奮鬬。

▲共產國際第六次大會的消息

莫斯科二十三日蘇聯社電　八月二十二日上午共產國際第六次大會開會、由瓦爾格同志報告蘇聯的經濟狀況。

〔蘇聯要聞〕

▲工農監察委員會接近民衆

莫斯科二十二日蘇聯社電　蘇聯人民委員會工農監察委員會從九月一日起收理人民關於蘇維埃機關的文件或通知。在蘇俄、烏克蘭、白俄等共和國將開始考察關於人民衛生委員會、人民保險委員會和人民財政委員會等機關。從首都起至鄉村爲止。其目的係考察蘇維埃機關的職員對於人民的關係和縮短各機關辦事延緩的時日、

▲改用新式的火柴

莫斯科二十一日蘇聯社電　化學工業總部提出製造雙頭火柴的問題、據云可使原料人工節省而且減低出賣的價格。

▲第一次國家工業化公債劵開第四次彩

時大林城二十一日蘇聯社電　從昨日下午起第一次國家工業化公債劵開第四次彩。

▲野火爲災

伯力二十二日蘇俄社電　八月十八日在珠璣河附近的「蘇維埃碼頭」發生很大的野火。附近的人民均動員撲滅這次野火。

▲遠東邊疆的水災區漸次恢復

伯力二十一日蘇俄社電　介牙河和謝

本報編輯處啓事

遠東邊疆的工友們！

你們投稿本報時、請注意以下幾点：

（一）用墨水謄寫、字畫不宜潦草。
（二）每兩行間、可留寬大一些的空白、以便修改。
（三）在稿末請寫出通信地址、以便郵寄稿費。
（四）發表時須用甚麼名字、請附註明。
（五）對於各地的工人生活、須作有系統的詳確通信、隨時投稿本報。

什么是自评？1928 年 9 月 5 日，越庐

一九二八年九月五日　全世界無產階級聯合起來啊！　第二百八十五期

РАБОЧИЙ ПУТЬ

工人之路

Орган Дальне-Восточн. краевого совета профсоюзов

Отв. редактор Тин шань.

Адрес редакции: г. Владивосток, ул. Пекинск. и Корейской, Клуб Китрабочих „1 мая“ Телеф. № 6-35

Выходит 2 раза в неделю.

5-го Сент. 1928г.

№ 285

遠東邊疆職工蘇維埃出版

每逢星期三、和星期六日出版。

價目：零賣每期金洋五分 本埠定閱每月四毛 外埠定閱每月五毛

編輯及發行處：海參崴 北京街和高麗街拐角 中國工人「五一」俱樂部樓上

電話六百三十五號

廣告刊例：每期每字按照三分金洋計算長期另議

每一個遠東邊疆的中國工人必須與「工人之路」發生親密的關係！

▲社論▼

◉什麼是自評？ (越廬)

自評的口號——純粹是布爾雪維克黨的口號！這個口號並不是今天才發生的、而是已經有了很長的歷史。這是在一九一二年、列寧同志就這樣說了：「我們不怕有錯誤、而不要瞞過了自己的錯誤、不使人家批評」。這就是自評的意思。

在黨的第十五次大會以前、在黨內曾有過黨與反對派的辯論、但僅限於黨的範圍之內。但是現在、黨要把自評擴大到社會主義的建設上、由自評而免去社會主義的建設上的各種缺点。自評是社會主義建設有力的工具！蘇聯共產黨中央委員會今年六月關於自評的宣言、就是教育群衆來參加國家管理、用自評的方法來直接監督國家事業。

自評的口號、其具體的目的應當是那幾点？對於這点、我們可以拿今年海參崴州黨部七月五日對於自評問題之議決案的一節來做答覆、該議決案上有以下的規定：

一、使廣大的群衆參加國家的管理、實行列寧同志的遺言——「每個燒飯的女工應當理會管理國家」。

二、提高工人羣衆的知識、同一切的缺点奮鬥。

三、揭破官僚主義及辦事人員的錯誤……等等。

由上面這幾点、我們進一步、可以更具體的指出來、而使一般人更明顯而易於實行：

一、在國民經濟的範圍內、在經濟建設上須特別注意五年的經濟計劃、國家和地方的預算、農業稅、食糧等等問題。

二、在文化革命與文化建設上應注意學校的建設、學校無產階級化、新的習慣等等問題。

三、對於反對官僚主義。應當注意減低行政效能、提拔新的人材、肅清反工人階級利益的分子等等問題。

無論何種機關、免不了沒有缺點、我們國家機關的官僚分子若實多得很、紙面文章、敷衍了事的到處都可以看到。海參崴的黨員(中國人)中有吸大烟、賭錢和受賄賂的事並不希罕、甚至於有冒充探訪局及「格別武」的職員、在寶局烟館戲園等處兇人的亦不乏其人。這種奇奇怪怪、卑鄙齷齪的醜態行爲、我們的黨員若不用自評的方法、迅速的鏟除乾淨、實在是社會主義建設的障礙物！

我們怎樣才能鏟除這些缺点？我們要與這些缺点奮鬥、免去社會主義建設上的各種障礙物、自然非有群衆來參加、非用羣衆力量是不成功的！我們要達到這種目的、應當：

一、在蘇聯埃、職工會、黨的支部(一小組)的大會上須討論發展自評的工作、吸收群衆來參加這種工作。

二、在報紙上、壁報上、多注意自評的稿件、使通信員多作自評的通信。

三、工農檢查廳須與群衆發生密切的關係、使群衆容易直接幫助工農檢查廳的工作。

四、工會的生產會議、經濟委員會應當擴充工作的範圍、注意改去經濟上的一切缺點。

五、審判及監察委員會應當與阻礙自評者作公開的羣衆審判。

按照以上的情形做去、自評的口號才能群衆化、才能免去社會主義建設的缺點、才能掃除社會主義建設上的障碍物！

但是、自評有一定的範圍、斷不能利用自評這個口號來乱罵人。自評應當以百分之百的確實事實爲根據。在自評的口號內所不應說的話、例如增長反革命的勢力、而有礙於蘇維埃政權的、仇視機關、仇視負責的工作人員的批評…等等則是不許可的！

工友們！自評固然是社會主義建設的有力工具、然而倘若用之不得其當、反爲反革命者所利用。自評這個工具、是黨給與我們克制社會主義建設道路上的困難和障碍的、工友們！我們應當在黨的指導之下 正確的使用這個工具。

(中國要聞)

▲國民黨內訌紛爭

上海一日蘇聯社電 中國的政局仍不確定。因此、日本及英國的報紙盛傳國民黨內發生嚴重的分裂。據云這種分裂將有武裝衝突的可能。

中國報界否認這種事實、但無確切的證明。據云蔣介石將回南京以消滅各方面的謠傳、然仍逗留上海。胡漢民之到上海、甚引起中國人民的注意、希望其調解蔣介石與廣西派的衝突。

在漢口對於這次國民黨中央擴大會議的結果亦有各種謠言。據一般輿論、傳言湖北派與江西派將與廣西派發生接近的關係、因之使南京「政府」的地位發生動搖。

馮玉祥對於廣西派等的關係、尚未表示明確的態度。最近馮玉祥與蔣介石十分接近。但因其忽然離去南京、各方面的謠言又起。

▲白色恐怖

莫斯科八月二十七日蘇聯社電 據世界革命救濟會中國支部的代表報告、自蔣介石叛變以後、在中國十一省內總共殺死的中國工農三十三萬七千人。

(國際要聞)

▲共產國際第六次大會消息

莫斯科八月三十日蘇聯社電 八月二十九日共產國際第六次大會閉會、通過各議案、審查委員會報告各國代表出席的人數總共五百五十五人、其中有三百七十二人有表決權、其餘一百四十三人只有發言權。總共有五十八國代表、代表四百零一萬四千一百五十九人。

▲共產國際青年團第五次大會消息

莫斯科八月三十日蘇聯社電 八月三十日共產國際青年團第五次大會開會、由組織部報告。據云、青年團的組織因爲團員的流動是最大缺点。從第四次大會以後 到現在 已新增加 四個國家的組織。

(蘇聯要聞)

▲蘇聯對於簽訂停戰的政策

莫斯科八月二十八日蘇聯社電 蘇聯政府被各國請求參加美國政府提議之「禁止戰爭」的條約、蘇聯政府外交委員會副委員長李特文諾夫同志通電、指明這種方法不過是欺騙人民、實際上不能禁止戰爭。但因這種條約、在將來可作提議解除武裝的根據、蘇聯政府的代表故擬簽字。

莫斯科八月二十八日蘇聯社電 國際聯盟請求蘇聯政府參加監督製造軍械的委員會。蘇聯政府以其不能發生效力、已通電拒絕。

▲增加保險費

莫斯科三日蘇聯社電 八月卅日蘇聯職工中央蘇維埃討論一九二八到二九年的保險費、預定爲十一萬三千萬盧布。其中不足四千四百萬盧布。因此、決定增加百分之〇五的保險費並取消獎勵的等級。

▲提高勞動紀律

莫斯科二日蘇聯社電 礦工會中央委員會對於各地的組織通令提高勞動紀律。據云、從今年四月起、在煤礦、煤油礦等生產上的勞動紀律比較廢弛。將來在下一年、礦工業的出產應當增加：煤、百分之十二、煤油、百分之十四、五金、百分之十六。

(各國要聞)

▲日本懼「赤化」傳染

紐約八月二十三日蘇聯社電 日本駐紐約的總領事演說、謂東三省與蘇聯的國界毘連、日本政府甚恐「赤化」傳染到該區域。

▲英國增加軍備

倫敦八月二十四日蘇聯社電 在倫敦因爲演習「保衛倫敦」的野操之後、英國政府聲言保衛倫敦十分困難、故擬增加軍事飛機。

▲在德國的階級爭鬥

柏林八月二十九日蘇聯社電 在克爾南的警察長(社會民主黨的黨員)命令一切示威運動、須於兩期以前通知該警察審查准許。 國

另訊、德國共產黨草擬反對武裝的法律草案。德國有三十五個無產階級的組織均表示贊同。

▲法國共產黨反對戰爭

巴黎八月廿九日蘇聯社電 法國共產黨的機關報「欲滿理得」載法國共產黨反對美帝國主義提議之「禁止戰爭」的條約。軍警逮捕散布傳單之法國共產黨人五十三人。

▲希臘政府濫用徒刑

維也納八月三十日蘇聯社電 阿芬拉的消息、蹦勒色的地方當局無故判決罷工的工人以無期徒刑。

本報編輯處啓事

遠東邊疆的工友們！

你們投稿本報時、請注意以下幾点：

(一) 用墨水謄寫、字畫不宜潦草。

(二) 每兩行間、可留寬大一些的空白、以便修改。

(三) 在稿末請寫出通信地址、以便郵寄稿費。

(四) 發表時須用甚麼名字、請附註明。

(五) 對於各地的工人生活、須作有系統的詳確通信、隨時投稿本報。

“文化革命”和“自己批评”与报纸的责任，1928 年 10 月 10 日，丁山

一九二八年十月十日　全世界無產階級聯合起來呵！　第二百九十五期

每一個遠東邊疆的中國工人必須與「工人之路」發生親密的關係！

РАБОЧИЙ ПУТЬ

工人之路

Орган Дальне-Восточн. краевого совета профсоюзов.

Отв. редактор Тин-шань

Адрес редакции: г. Владивосток, уг. Пекинск. и Корейской, Клуб Китрабочих „I мая“

Телеф. № 6-35.

Выходит 2 раза в неделю.

10-го Окт. 1928г.

№ 295

遠東邊疆職工蘇維埃出版

每逢星期三。和星期六日出版。

價目：

零賣每期金洋五分

本埠定閱每月四毛

外埠定閱每月五毛

編輯及發行處：海參威北京街和高麗街拐角中國工人「五一」俱樂部樓上

電話六百三十五號

廣告刊例：每期每字按照三分金洋計算長期另議

本報編輯處啓事

遠東邊疆的工友們！

你們投稿本報時、請注意以下幾点：

（一）用墨水謄寫、字書不宜潦草。

（二）每兩行間、可留寬大一些的空白、以便修改。

（三）在稿末請寫出通信地址、以便郵寄稿費。

（四）發表時須用甚麼名字、請附註明。

（五）對於各地的工人生活、須作有系統的詳確通信、隨時投稿本報。

▲社論▼

◉「文化革命」和「自己批評」與報紙的責任

（丁山）

「文化革命」、還是蘇聯共產黨第十五次大會對於社會主義建設工作指定的最主要責任之一、亦即是蘇聯廣大工人階級目前奮鬪的中心口號之一。蘇聯共產黨領導工人階級聯合廣大的貧農和中農羣衆、不僅在艱難萬狀之中已前進到超過戰前的新建設、而且還要用工業、化學、航海、航空以及電氣等新式的技術以改造落後的農業經濟國家爲進步的工業化國家、要改變貧窮和不識字的人民而爲富足的和文化的社會主義國家之人民。

顯明的、文化革命就是過渡到這個目的地的關鍵。因爲、在蘇聯的工農若不實行文化革命、改造一切落後的風俗、習慣、藝術和宗教……等等、則蘇聯國家無從使用一切新式的技術、即不能實現進步的工業化國家、亦不能改貧窮和不識字的人民而爲富足的和文化的社會主義國家的人民。

在蘇聯遠東邊疆的中國工農中、若不實行文化革命的工作以革除抽大煙、賭博、不願意念書報、甘心受通事或掌櫃的欺壓和信神信鬼以及顧惜情面、注重鄉親……等等落後的風俗、習慣而代以練習體育、看電影、聽無線電話、參加俱樂部各種工作、進各地的學校念書和到圖書館、閱報室去看書報、打倒通事、掌櫃和破除迷信以及只問工人階級和共產黨的利益而不管甚麼情面不情面、鄉親不鄉親……等等新的風俗、習慣、則不能使蘇聯遠東邊疆的社會主義建設的工作突飛猛進！

文化革命的意義既然如此重大、但是文化革命的對象和目標卻十分淺近而明顯。成問題的、不過是進行文化革命工作的方法罷了。

自從蘇聯共產黨中央委員會在今年六月三日發布其致全體黨員和工友書（譯載本報第二百七十期到二百七十三期）提出「自己批評」的口号以後、所有在蘇聯社會主義建設過程中所遇着的一切困難問題都有了解决的武器。在進行文化革命的工作上之方法問題、亦當然應運用這種武器——「自己批評」因爲在蘇聯共產黨中央委員會這封公布的書信上說：

「……有些機關、雖然在他的職務上無疑的盡了一些責任、但也受了這些病症（指一切官僚化的作爲）、不能充分迅速引導到奮鬪的勝利和反對內部敵人的矛盾、反對故意的遲慢、反對我們自己階級的缺点——在我們的經濟和文化戰線上許多部份的工作之遲慢進行。

中央委員會通告你們、沒有自己的勇敢的、堅決的、逐漸的吸收羣衆到社會主義建設的事業、按照千百萬群衆的見地、審察和管理一切機關和肅清其不良份子、那麼在改造時代的問題是不能解决的。

黨在過去和現在都是勇敢和堅決的揭示國家面前的一切弊病和經濟機關與國家機關的遺患。黨号召勞動者激烈的自動的批評、爲要使這種自動的批評、成爲實際的而不是在紙面上的與官僚主義鬪爭、成爲反對一切敵人、從富農和「破壞者」開始一直到我們自己的行列內之腐敗份子而完結的群衆進攻。

「不顧情面的」自動的批評、由上而下和由下而上批評、這種口号就是現時中心口号之一。

黨對於組織這樣的自動的考察和自動的批評、已經作了許多了、在報章上用相當的宣傳和從上級的機關事實上這樣的幫助。但是、主要的責任、這就是要從下層掀起高漲猛烈的自動的批評浪潮、還是實際上活動和改善黨的傳達機和職工會的、蘇維埃的以及其他的組織的……」。

本報是遠東邊疆中國工人的唯一喉舌、本報根據蘇聯中央委員會這封公布的書信、爲指示遠東邊疆的中國工人迅速的得到文化革命奮鬪的勝利之路、所以對於中國工人中的落後份子——頑固的保守其抽大煙……之類的落後、習慣的份子不能不加以批評。本報要充分的做到『下層掀起高漲猛烈的自動的批評浪潮』這是義不容辭的工作！因爲本報的責任之一、應當是『勇敢的、堅決的和有系統的吸收群衆到社會主義建設的事業、從廣大的工人群衆方面考察和監督一切機關而清洗那些仇敵份子（通事和官僚化份子）以及推動那些落後分子。本報在發展自己批評的工作上之中心責任、應當是擴大的吸收無產階級群衆、以使自己批評成爲對於實行文化革命、國家工業化……等社會主義建設的工作過程中所遇着的困難容易消除、對於與中國工人有關係的一切機關、容易改正其缺点和錯誤、對於在實際上而不是在紙面上同一切官僚化分子奮鬪、對於從通事、掌櫃、流氓、富農和破壞者起、一直到工人階級自己行列內的腐敗分子爲止而反對一切仇敵的鬪爭之槓桿。這不僅是本報應盡的責任而且是蘇聯國家各民族的一切報紙各應担負的責任。

在蘇聯共產黨中央監察委員會第三次擴大會關於進行自己批評的第一次總結之議决案（譯載本報第二百八十六期到二百八十八期）指出：『……拘限工人的批評和黨的自己批評、用官僚的方法加以限制、事實上等於撲滅自己批評。這樣的嘗試、常常是同一切反對的思想和恐怕羣衆批評個人和機關的錯誤有關係。……還有地方的機關、嘗試把報紙的作用在自己批評的發展上薄弱起來和對於報紙上揭發的各種缺点還欲事先的監督。有時對於報紙的職員還有給以責罰。企業和機關的領導者對於在壁報上發表的稿件有時甚至公開的或暗地的加以恐嚇……報紙的工作、關於動員群衆圍繞社會主義的建設的具體的積極的責任亦弱小了……』認爲是過去的缺点。同時、蘇聯共產黨中央監察委員會第三次擴大會議决：『爲要在將來發展很有效力的自己批評、在黨和無產階級的行列內、必須……對於男女工人、通信員、生產會議和企業內工人的監察委員會之人員因爲自己批評親自或縱許別人加以恐嚇者、予以嚴重的處罰……指出有時還有間接或直接的恐嚇批評缺点的人、或給予批評人一個外号：『造謠的』、『鬧風潮的』、爲的是要百分之百的事實——蘇聯共產黨中央監察委員會和工農監察委員會勞力的同樣的事情奮鬪、以保証每一個男女工人、在企業內和一切黨的、蘇聯埃的和職工會的組織內有批評一切缺点的可能。……必須按時進行報紙和通信員以及企業內的壁報人員之合商會議以便於討論由報紙宣布之後具體的改去工人發現的缺点之方法。各機關和企業的領導者必須按時引用方法以考查和取銷報紙登載的缺点而其結果還須通知報社的編輯部。各報紙應當同官僚主義的信件努力的鬪爭。……共產主義青年團必須以此爲目的、要使每個青年工人、在每個工廠、作坊、機關內活動的參加一切工人的組織（生產會議、生產委員會、企業內的工人監察委員會和經濟委員會）違背勞動紀律（嗜酒和落後的習慣）進行堅決的鬪爭而且在任何大小的企業內組織起「工農監察委員會的輕便騎哨隊」。……」。還是一切報紙今後應努力工作的方針。

遠東邊疆各地覺悟而勇敢的中國工友們和本報各地的通信員及各中國壁報團的同志！我們只有遵守蘇聯中央委員會公布的書信和上述的蘇聯中央監察委員會第三次擴大會的議决案在生活上一点一滴的完全實行「自己批評」的口号和「文化革命」的工作、同時就是盡了我們應盡的責任！

（中國要聞）

▲罷工運動

北京四日蘇聯社電　北京郵政工會在十月三日下午召集代表大會、討論關於維持上海郵政工人罷工的辦法。結果議决與上海工人取一致行動、遂於四日早將所提出之要求送達於交通部限期答覆、否則、即舉行全體罷工。

北京五日蘇聯社電　四日北京郵政工會執行委員會决定對於國民政府提出以下的要求：第一、中國郵政管理權須完全收回、撤消一切外國職員。第二、郵政局來往文件一律採用中國文字、但外國文件可不在此例。第三、擁護上海郵政工人罷工所提出之四項要求。

另訊　據天津可靠消息、郵政局職員現僅一部份發生怠工、但全體罷工尚未開始。

北京五日蘇聯社電　北京郵政總局消息、在十月二日罷工的郵政工人已達二千五百人以上、大多數係下層職員。罷工委員會向管理處提出經濟的要求、但郵政當局未予答覆。上級職員和管理員亦未離職。租界巡捕以保護郵局房屋爲名、將郵局包圍、但未侵入內部。英租界當局逮捕罷工職員數名入獄。各地來往郵件、因罷工人數增加、亦無法分送。

共产国际与东方，1929年3月6日，丁山

第三百三十四期　全世界無產階級聯合起來呵！　一九二九年三月六日

每一個遠東邊疆的中國工人必須與「工人之路」發生親密的關係

РАБОЧИИ ПУТЬ

工人之路

Орган Дальне-Восточн. краевого совета профсоюзов.

Отв. редактор Тин-шань

Адрес редакции: г. Владивосток, ул. Пекинск. и Корейской, Клуб Китрабочих „1 мая" Телеф. № 6-35.

Выходит 2 раза в неделю.

6-го Март. 1929 г.

№ 334

遠東邊疆職工蘇維埃出版

每逢星期三、和星期六日出版。

價目：
零賣每期金洋五分
本埠定閱每月四毛
外埠定閱每月五毛

編輯及發行處：海參威北京街和高麗街拐角中國工人「五一」俱樂部樓上

電話六百三十五號

廣告刊例：每期每字按照三分金洋計算長期另議

本期要目

▲社論▼

◉共產國際與東方（丁山）

（爲共產國際第十週年紀念）

共產國際在開始的五年之爭鬥性質、很明顯的是在無產階級大部份公開的軍事進攻歐洲的資本主義國家。但在其次五年的特点、就是殖民地和半殖民地的革命暴動和戰爭的潮流高漲。

對於殖民地和半殖民地革命的總計、首先必須說明、無論何處的被壓迫群衆革命責任、尙未得到解決、無論何處的暫時勝利還未得到鞏固和起而反抗全世界資本的反攻。因此、在許多國家內殖民地或半殖民地、革命在其發展和過渡到階級爭鬬的最高度時、就遇見了民族解放運動的資產階級之公開的背叛、爲要與無產階級和農民鬬爭而與帝國主義聯合。在其他的國家內、殖民地和半殖民地的革命尙遲滯於原始的階段、對於群衆還未得到完全明顯的階級分化。

可是世界革命的兩大潮流—無產階級革命和殖民地、半殖民地的革命—之會合、無論如何的趨勢、在理論的、階級的和政治的範圍內已經達到了。但現時尙要說明：這兩大潮流的組織所發生的關係、爲要反抗帝國主義有給予社會主義革命的單個分散的隊伍之打擊的技術可能、還有很遠的尙未達到。

在最近這五年內最嚴重的反對英帝國主義的進攻：煤礦工人的同盟罷工和中國革命。英帝國主義在改良派的幫助之下、能夠進行撲滅煤礦工人的同盟罷工、收買他們的領袖、在煤礦工人罷工時形形色色的演習毀壞工人的組織、但是沒有顧及東方。恰好就在這個時候、在英帝國主義的後防—中國和印度—便發生直接危及英帝國主義的危險。然而、因爲英國的無產階級和中國的革命羣衆的組織關係尙未十分親密、致使英帝國主義能夠毀壞英國的工人組織和完全戕害英國工會而解放他的血手、進行軍事的侵略中國。

在爪哇發生的暴動、就是同中國的革命同時合作、得到其行動的可能。很明顯的、爪哇的暴動比較其他小島的暴動發生得早些、致使荷蘭的軍隊、在流血的撲滅爪哇之後、得到空閒而撲滅其他小島的暴動。

同樣、在一九二五年於北非洲發生里孚的民族反對法帝國主義的軍事進攻、倏然爆發、倏然撲滅、而是沒有與西里亞的民族的暴動、同時發作、而且與法國工人運動的高漲和低落、沒有相應而獨立。

在最近年的五年內負担起偉大作用的殖民地和半殖民地的兩大革命潮流—印度的革命和中國的革命—無疑義的是在互相關應之下發展的、他們的發展到了相當的高度：印度的革命潮流現時到了空前的程度（指工人羣衆的活動）而是同中國革命潮流的階段相適應的。

在殖民地和半殖民地的革命鬬爭中、我們不能隱藏或不指出在政治、實際和組織方面的錯誤、薄弱和缺点。這些錯誤、薄弱和缺点、正是殖民地和半殖民地革命潮流的過程、經驗和最寶貴的教訓。

共產國際第六次大會在其議決案中已經估計了過去在世界革命運動中的一切錯誤而且銳利精闢的分析了這些錯誤的根源、同時更根據這些最寶貴的經驗和教訓形成將來世界革命鬬爭的綱領—世界革命的明星。

中國革命是對於帝國主義特別危險的標誌。在一九二七年三月上海工人暴動勝利的時候、對於一切的敵人和無產階級的兄弟朋友都看得十分清楚、中國革命就是破壞一切帝國主義制度的根本。在這個根本点上的絕對勝利、就是對於這種制度致命的打擊。各帝國主義、當時爲要在上海保持他們的「威望」、也就是保持他們在東方强刼殖民地和半殖民地的「權利」、動員了各種軍事的力量。

現時在帝國主義外交上的吃緊和互相的讓步、只有在上海工人暴動和革命的武漢政府時代才能看見。各帝國主義爲要破壞中國的革命、在行動上才得一致。

在歐洲和美洲的廣大無產階級群衆、現時亦很清楚的看見各國的改良主義者（首先就是在英國的）給與帝國主義實際的維持、在這時候正在重溫一九一四年背叛工人階級的舊夢。

印度的革命、將有全世界帝國主義一致的反對、但其形式與反對中國革命不同、因爲操縱殖民地與半殖民地的英帝國主義對於美帝國主義發生瘋狂式的忌恨。殖民地與半殖民地的革命、只有在其勝利與鞏固其主要的地位、才能利用帝國主義間的互相衝突。這種狀況、只有在帝國主義的營壘中發生公開的軍事衝突時、即發生新的世界帝國主義戰爭時、才能使殖民地與半殖民地的革命責任容易解決。

（中國要聞）

▲馮玉祥的軍隊佔領日本紗廠

北京一日蘇聯通信員電　據天津日日新聞（日本報）報載、馮玉祥命令所部軍隊將鄭州日本紡紗工廠佔領、並將該廠一切傢俱拿走。凡服務該廠的人均認爲與日本有關、概行逮捕。

▲北京各界反政府的大示威運動

北京二十七日蘇聯社電　據日本機關報載、北京大學學生、工人以及其他社會團體的組織、在星期日召集廣大的群衆運動反對政府的非法禁止。羣衆擬佔領東交民巷、但因軍警荷槍實彈、密佈街衛、並向群衆放槍示威、以致未能實行。

這次反政府運動、係國民黨一部份急進分子、擁護國民黨左派的主張云。現在南京政府命令對於民衆運動早已一律停止、如有學生不遵政府命令非法鼓動風潮、即按律嚴懲不貸。

（蘇聯要聞）

▲向美國購訂的耕種機已運到

新俄羅斯城一日通信員電　人民土地委員會接新俄羅斯城電云、現從美國購買的耕種機已運到八百十八架、將分配至西伯利亞、烏拉爾、北高加索等處。

▲對於共產國際第十週年紀念的進行

莫斯科二十六日蘇聯社電　蘇聯共產黨中央委員會決定於三月四日到五月一日、對於共產國際成立第十週年紀念在共產黨和共產青年團中應進行廣大的宣傳、還是繼續共產國際第六次大會的工作、以國際的理論教育羣衆。

中央委員會決定在三月十八日巴黎公社紀念日應召集廣大的工人農民羣衆的會議、以紀念共產國際十週年紀念、關於三月四月的一切紀念日可聯合在一起舉行。（國際婦女紀念日、二月革命、匈牙利革命十週年紀念、黑海法國兵艦的暴動）三月四日共產國際執行委員會和蘇聯共產黨中央委員會以及社會各團體召集慶祝大會。

▲遠東邊疆新企業的建設

莫斯科二十七日蘇聯社電　蘇俄人民經濟委員會、在一九二九年到三十年爲遠東邊疆新企業的建設。如下：製造遺達石工廠每年八噸、化學木料工廠、香油工廠、木料工廠、爲漁業區製造三個小火輪、在海參崴建築冰窖、木桶工廠等。

▲遠東邊疆第三次蘇維埃大會開幕

伯力三日通信員電　邊疆第三次蘇維埃大會於本月二日開幕、大會選舉特爾芬莫夫、仇子介也夫等五十一同志爲主席團、十二人組織秘書處、十八人爲審查出席代表委員會。

▲土耳其已同意簽訂蘇聯的和平公約

莫斯科一日蘇聯社電　駐土耳其安哥拉蘇聯大使電蘇聯外交部、謂土耳其政府已同意簽訂二月九日波蘭、拉特維亞、蘇聯等國的和平公約。

▲蘇聯煤油向英國市場運銷

莫斯科一日蘇聯社電　在倫敦最近幾日關於蘇聯煤油向英國運銷、英美煤油托拉斯和蘇聯煤油托拉斯分局、訂立合同、該合同以三年爲期。英美煤油托拉斯亦認爲蘇聯煤油運銷英國是很大的市場。

（各國要聞）

▲法國共產黨反對凱洛格僞善的和平公約

巴黎二十七日蘇聯社電　法國國會開會時、對於美國務卿凱洛格和平公約的提案將同意批准。共產黨國會議員「卡巫」起立反對凱洛格這種僞善的和平公約。現時全世界各帝國主義正拚命的爲武裝的準備、以破壞世界和平。

上海的“巴黎公社”第二周年纪念，1929 年 3 月 21 日，丁山

一九二九年三月二十一日　全世界無產階級聯合起來呵！　第三百三十七期

每一個遠東邊疆的中國工人必須與「工人之路」發生親密的關係

РАБОЧИЙ ПУТЬ

工人之路

Орган Дальне-Восточн. краевого совета профсоюзов.

Отв. редактор Тин-шань

Адрес редакции: г. Владивосток, уг. Пекинск. и Корейской, Клуб Китрабочих „1 мая"

Телеф. № 6-35.

Выходит 2 раза в неделю.

21-го Март. 1929 г.

№ 337

遠東邊疆職工蘇維埃出版

每逢星期三、和星期六日出版。

價目：零賣每期金洋五分　本埠定閱每月四毛　外埠定閱每月五毛

編輯及發行處：海參崴北京街和高麗街拐角中國工人「五一」俱樂部樓上

電話六百三十五號

本期要目

◉本報特別緊要啓事

本報現奉蘇聯共產黨遠東邊疆委員會少數民族部通告、定於本年四月一日以前將編輯、印刷及發行各部、完全遷移至伯力、並將本報改爲蘇聯共產黨遠東邊疆委員會和蘇聯職工會遠東邊疆蘇維埃的機關報、繼續進行工作。

從本月二十五日起、本報暫行停止出版、預備遷移到伯力的工作、待到四月一日以後、即在伯力繼續出版。但在海參崴中國工人「五一」俱樂部內仍設立有本報的代理處。

本報各地的通信員及訂閱本報的各同志、在本報遷移的時間內、仍請向海參崴中國工人「五一」俱樂部內本報的原址接洽。

凡在海參崴城市已經交付訂閱的報費、不再增加。但在本報遷移到伯力後、海參崴城市訂閱的報費、每份每月按五十哥比計算。

特此通知。

▲社論▼

◉上海的「巴黎公社」第二週年紀念

（丁山）

一九二七年三月、英勇的上海工人於紀念「巴黎公社」之後的第一星期內就在上海實現了「巴黎公社」。「巴黎公社」固然是歐洲無產階級革命史上光榮顯耀的第一頁，上海工人三月的暴動更是東方工人群衆革命的第一幕。

爆發上海工人暴動的情形與「巴黎公社」產生的狀況有不少的相同之点。兩年前三月間的上海與五十六年前三月間的巴黎都是被軍閥戰爭圍困的垓心。英勇的上海工人及勞動者在當時反抗軍閥的戰爭，武裝起來，進行暴動，奪取政權，組織自己的臨時市政府，與當日巴黎工人的革命暴動亦相彷彿。

由上海工人暴動而組織的臨時市政府、第一是取得工人和中國勞動群衆的集會、結社、言論、罷工……等絕對的自由權。其次是取得工人和中國勞動群衆參與掌管市政的權力。其次是極力準備取消帝國主義奴隸中國的一切不平等條約和其侵略搶奪的權利。

不幸、上海工人的臨時市政府被卑污狡猾的流氓領袖，投降帝國主義的走狗新軍閥蔣介石搖身一變而用流血撲滅了。由上海工人暴動而組織的臨時市政府不過存在三星期之久，比較存在有七十多天的「巴黎公社」還未有偉大卓著的建設。但是，上海工人暴動的勝利失陷後，籠罩全中國普遍的白色恐怖，被蔣介石等新舊軍閥所燒、殺、砍頭、鎗斃、流逐、監禁的革命戰士，比較「巴黎公社」失敗後被反革命者所屠殺的革命先烈還更慘酷百倍，還多百倍！

「巴黎公社」已經成爲工人階級歷史上的事蹟，已經過去了五十八年。上海工人的英勇暴動，上海工人組織的臨時市政府，上海工人和中國南北各省直到現在爲革命而犧牲流血的慘狀，這是我們歷歷在目的事件，這是我們一点也不會忘記的情形。

要是說中國政局的嬗變是循環不已。那麼，我們看現時的中國何嘗不是又轉到當日孫傳芳與蔣介石戰爭的時期？曾遍中國的工農反抗現時中國國民黨的各位「大王」與兩年以前反抗吳佩孚、張宗昌、孫傳芳和張作霖……等軍閥有何差別？可是、中國工農在革命鬥爭中，尤其是從上海工人三月暴動一直到現在，已經有豐富的革命鬥爭經驗和更廣大的組織。

吳佩孚、孫傳芳、張宗昌、張作霖等軍閥是由中國工人團結的力量打倒的，那麼，蔣介石、馮玉祥、閻錫山、張學良、白崇禧、李宗仁、李濟琛、等軍閥的命運，又怎能逃出例外？

如果說「巴黎公社」就是「十月革命」的先兆，那麼，誰能否認上海工人的暴動，不是中國革命勝利的試演？資產階級的勝利，反革命者的勝利，陷落「巴黎公社」的凡爾賽政府的勝利和撲滅上海工人暴動的蔣介石政府的勝利，都是暫時的，都是垂死的資本主義和帝國主義的廻光返照！

在今年的三月我們紀念上海工人的英勇暴動，我們更應深切的學習「巴黎公社」的經驗和一切革命鬥爭的經驗。工人階級的自由和解放是用自己流血鬥爭換取的。「巴黎公社」失掉的旗幟，在一九一七年已經有俄國的工人階級用「十月革命」的流血鬥爭重新的竪立了起來了。上海工人暴動的事業是在中國繼續「巴黎公社」的事業。由上海英勇暴動的工人手裏失掉的旗幟，是要我們實用所有的革命鬥爭經驗，重新的在中國竪立起來，無論如何，我們要完全打倒中國國民黨和帝國主義及其走狗—新舊軍閥！

▲奉天與日本衝突的原因

（中國要聞）

哈爾濱八日蘇聯社電　在奉天最近發現張宗昌之陰謀、參加者有日領事署服務人員、因此張學良與日領發生衝突。

哈爾濱十二日蘇聯社電　以前傳聞奉天反張學良的消息甚多、現從事實方面已證明確有其事　此種陰謀的主持者係張宗昌日本顧問所爲、連絡東三省紅胡子、企圖佔領奉天電燈公司和總司令部。

▲國民黨的分裂

按照北京益世報消息、湖北國民黨省黨部執行委員會向國民黨中央黨部全體呈請辭職。

上海十六日蘇聯社電　南京政府政治委員會決定免除武漢政治委員會全體委員職務、因此湖南省政府委員亦全體辭職。

路透社電　關於雙方毫無讓步希望、在漢口更形恐慌。武漢省市兩黨部共同一致反對國民黨中央委員會任命第三次大會代表。

華北新聞消息、河南、湖北、直隸各省國民黨黨部、現均一致不派出席大會代表、國民黨中央現任命直隸、奉天、海外各地黨部代表。

華北新聞載國民黨左派的活動分子一三人、其中有汪精衛、力詆國民黨中央黨部任命大會代表是破壞黨章黨紀。並批評容納劣紳、軍閥於黨、是使黨走到死亡道路。

上海十四日蘇聯社電　國民黨大會本規定在三月十五日開幕、但是三百五十六個代表從南京來者僅四十人、各地方選舉的代表八十九人、國民黨執行委員會一百十六人、除此之外中央任命一百五十一人、照法定數目至少須有全體代表半數以上始能開會、假使代表不願出席、中央可另行任命代理者。河南省黨部極力反對國民黨中央任命大會代表之舉、係違反黨章。

北京十一日蘇聯社電　按照益世報消息、北京市政局致東交民巷管理處公函、謂每次所運軍火須得中國當局許可。

▲哈爾濱當局的野蠻行動

哈爾濱八日蘇聯社電　中東路電話局被哈爾濱當局非法佔領、現任白黨爲該局局長、因此該電話局服務人員完全辭職。

▲注意農民春季的耕種

（蘇聯要聞）

莫斯科十一日蘇聯社電　蘇聯中央人民蘇維埃對春季耕種工作的進行、擬極力擴大耕地和提高農民的收穫。蘇聯各共和國政府應負責保證春季爲食糧的耕種地須六千三百七十萬法畝。蘇聯人民經濟委員會應該於最短期間採用一切的方法供農民耕種的工具和修理農具的物件。

莫斯科十二日蘇聯社電　蘇聯財政委員會預算春季耕種工作、六千六百萬盧布。爲提高收成工作共八百萬盧布。其中分給農村中央銀行的基金　以便供給鄉村組合經濟團和協作社之借貸。爲恢復烏克蘭被水災區域的耕種經費一千零六十萬盧布。總共爲春季耕種在三萬萬盧布以上。

▲西伯利亞貧農經濟的發展

新西伯利亞城十二日通信員電　西伯利亞邊疆黨部大會時「阿黑」同志報告關於組合經濟團和國家組合經濟團的建設。謂鄉村約有九千貧農經濟、平均佔百分之二十九又七、中農經濟佔百分之十一又九、富農減少百分之一零八。

▲重工業新工人的成分增加

莫斯科十三日蘇聯社電　蘇聯中央職工蘇維埃、對於五金、煤鑛各工會進行

“五卅”第四周年纪念与“土地革命”、“工农民主苏维埃”，1929 年 5 月 29 日

„РАБОЧИЙ ПУТЬ“
工人之路
Орган Далькрайкома ВКП (б) и Далькрайсовпрофа.
蘇聯共產黨遠東邊疆委員會和蘇聯遠東邊疆職工蘇維埃出版

全世界的無產階級聯合起來呵！
Пролетарии всех стран, соединяйтесь!

編輯和經理處：伯力，協爭千可街，第二十四號，電話第一千一百六十三號
Редакция и контора: город Хабаровск, улица Шевченко, № 24. Тел. № 11-63

定閱價目 Подписная плата
本埠 Для г. Хабаровска
每月每份四十哥比 В месяц за номер 40 коп.
外埠 Для иногородских
每月每份五十哥比 В месяц за номер 50 коп.

責任編輯 丁山 Отв. редактор ТИН-ШАНЬ
海參崴代理處 中國工人『五一』俱樂部
Адрес Владивостокского пункта: Клуб китайских рабочих „1 мая“

廣告例列 Условия об'явления
每期每字五哥比 Кажд. иероглиф в номер по 5 коп.
長期另議 постоянные об'явления по соглашению

零售每份五哥比
Цена номера 5 коп.

№ 345 (7) 第三百四十五(七)期
29 Мая 1929 года. 一九二九年五月二十九日
Выходит 2 раза в неделю. 每逢星期三六兩日出報
(Год издания 7-й). (一九二二年三月創刊)

本期要目

（社論）

『五卅』第四週年紀念與『土地革命』和『工農民主蘇維埃』

一九二五年五月三十日在上海發生的『五卅』運動，是爆發現時中國革命高潮的偉大運動。中國革命自『五卅』運動以後的發展非常迅速。自一九二五年的一直到一九二七年十二月的『廣州暴動』這兩年多的時期，在中國革命的動力和階段上已經起了順明巨大的變動。在半殖民地的中國，中國爭鬪的發展亦到了鋒銳緊張的關頭。

現時的中國革命，已進到『土地革命』和『工農民主蘇維埃』政權的階級。中國革命的動力，完全轉到中國無產階級和農民聯合的革命勢力。

在『五卅』運動中暫時與中國工農革命勢力聯合的中國民族資產階級，已經由其代表蔣介石，馮玉祥等軍閥的公開背叛中國革　而與地主，豪紳等封建餘孽的混合，分頭的投降於英，美，日，法等帝國主義。他們現時在中國已形成普遍南北各省的軍閥戰爭，實際上這些戰爭就是代表英，日，美等帝國主義在中國互爭投資，銷場原料等勢力範圍的戰爭。

另一方面，這些分頭投降於各帝國主義的中國民族資產階級與地主，豪紳等封建餘孽混合的各團結——在中國『刮民』黨招牌之下的各派『大王』—都是一致用極蠻獸行的凶殘手段以撲滅中國工農革命的勢力。在思想上，他們還想利用階級爭鬪尙在淡弱不明的立場，宣傳甚麼『中國國民革命的動機……是起於愛』，中國國民革命的性質是『全民革命』，『……應該只有民族的利益，沒有階級的利益……』等鬼話以求他們的反革命出路和政綱，還夢想中國的青年再受他們欺騙。

所有這些，這是我們在『五卅』運動第四週年的紀念日應該嚴重的分析和堅決的論斷的。

中國革命，自『五卅』運動一直到現在所起了的這種巨大變動，只是中國革命動力的加重和其階段上的深入。中國革命的主要任務：『打倒帝國主義』和『消滅地主封建級階』這是目前急切需要的，而且是尙未完成的。因此，中國革命的性質仍是資產階級的民權革命。

但自從『五卅』運動一直到現在，代表中國民族資產階級的軍閥蔣介石等已經背叛中國革命而與地主，豪紳等封建餘孽相混合，成立反革命中國政權，投降帝國主義用白色恐怖極殘暴的撲滅中國工農革命勢力，故中國革命的任務現時更增加了堅決反對反革命的中國民族資產階級這一新任務。可是這並不是因爲中國民族資產階級是資本主義的代表而應反對。這是因爲中國民族資產階級已變成爲各帝國主義的工具和地主封建階級的同盟，出賣中國民族革命而變成反對中國資產階級民權革命的反革命領導者而應反對。因此，這一新任務並未超出資產階級民權革命的性質。這新一任務，更不是中國民族資產階級所能擔負的。

尤其是『土地革命』更是中國資產階級民權革命的中樞，是廢除中國封建階級而會『創造並沒廢除資產階級的基礎和並沒消滅資本統治的民權制度社會』。在中國現時急須實現的『工農主蘇維埃』政權就是在中國革命深入的階段中，保証『土地革命』的勝利和反抗中國民族資產階級的一切妥協，出賣革命以及反革命的主要工具，是工農群衆在無產階級領導之下自動的起來管理國家政治的最高的民權形式。

另一方面，在中國急須實的『工農民主蘇維埃』政權更是由中國資產階級民權革命能够走到社會主義前途的橋梁。因爲在中國革命完成其『打倒帝國主義』和『消滅地主封建階級』的資產階級民權革命勝利時，必由於驅逐帝國主義，沒收其一切企業與銀行而與帝國主義作更激烈的爭鬪，將不僅引起武力干涉而且會有經濟的封鎖。此時在勾結帝國主義各派資產階級對於工農民主的蘇維埃政府，必會採用經濟怠工的方法，勢必至於沒收本國資本家的一切企業和財產。同時，在農業方面，亦必因與國際帝國主義的競爭和戰勝本國資本主義的發展而集中起來。於是就有進到社會主義的初步。並且，在國際方面，更可得到隣近的蘇聯無產階級建設社會主義國家的幫助。

因此，我們應明確的認淸：現時的中國革命雖然是資產階級的民權革命，而到現時這個階段——『土地革命』，完成這個革命的只有中國無產階級和農民的力量，而且只有『工農民主蘇維埃』政權才有過渡到社會主義前途的可能。在中國現時的軍閥混戰中，客觀上更促進中國工農革命勢力向着這個方針迅速發展。

領導中國革命的中國共產黨，現時正傾其全力以期在中國完全實現『土地革命』和『工農民主蘇維埃』政權。中國共產黨的這種領導才是正確的繼續『五卅』運動而且是更確實的擴大『五卅』運動的歷史意義和革命事業。

在中國『刮民』黨招牌之下的各位軍閥，豪紳，地主『大王』，無論其如何凶殘慘酷的殺戮中國工農革命分子——共產主義分子，無論其如何曲解中國革命，花言巧語的遮掩。階級爭鬪和階級利益，但在事實上從其各自的後台老板——帝國主義——在中國的衝突，以及他們中間的矛盾，絕對不能停止中國的軍閥混戰，而同時愈証明其絕對不能統一中國，解放中國民族完成中國革命。

紀念『五卅』運動的中國工農同志們，站在中國共產黨的領導之下，爲中國的『土地革命』和『工農民主蘇維埃』政權而鬪爭呀！

『五卅』運動中的沙基紀念碑

（中國要聞）

上海傳聞的兩廣戰情

上海二十一日蘇聯社電　廣東軍隊已轉守爲攻。據中國各界消息，湖南何鍵的軍隊已佔領廣西的桂林，平樂，現正向梧州進攻。

上海二十二日蘇聯社電　傳聞廣州被廣西派軍隊攻下，尙無事實證明。據『東方』通信社消息，廣東軍隊退出廣州，廣西軍隊曾卽入城但因無後援，又退往離廣州八十里的三水。廣東軍隊仍入廣州。但廣州的情形，極形不穩。

各帝國主義幫助中國軍閥

◁鎭壓革命暴動▷

路透社消息　廣州當局，深恐工人暴動，佔領廣州。沙面（英法租界）已有外國水兵登陸。沙面與廣州城市的各進出口，均嚴行封閉。沙面各要地，已建築防禦障碍物。英領通知英僑，不得離沙面地界。如在緊急事候，全體齊集。在沙面附近，駐泊有英，法，日各國的軍艦。

迫在眉睫的蔣馮戰爭

◁雙方積極備戰▷　◁互相宣佈罪狀▷　◁戰禍瀰漫全國▷
◁蔣閻張三角聯盟▷　◁都是軍閥混戰▷

上海二十日蘇聯社電　馮玉祥曾發出通電，宣佈蔣介石罪狀，責其濫用政權。私用公款。據各界推測，蔣馮戰爭卽將爆發，其範圍寬廣將瀰漫全國。據南京軍事當局消息。馮玉祥現正積極準備戰爭。京漢和津浦鐵路均戰爭區域。黃河鐵橋及各隧道，均已埋設地雷。

上海二十日蘇聯社電　據國聞通信社消息，蔣介石現與『刮民』黨各『要人』磋商『對馮辦法』。南京各『要人』一致宣稱，反馮戰爭，是爲『中央威信』的戰爭。

本地各報已公佈蔣介石致馮玉祥的電報，要求馮玉祥速至南京以便調停戰禍，南京政府決保其個人生命安全。蔣介石指出，馮玉祥儲蓄軍需，以便把持東北，對於南京政府的要求，置之不理，反縮短戰線，集中兵力，進攻北京，而組織獨立政府。同時，蔣介石並致電馮系韓復榘，促其速卽解釋拆毀京漢路橋梁的原因。據一般的推測，此種電報，卽最後通牒。又訊，馮軍集中洛陽，南京政府現將援粵軍隊，調往拒馮。馮部軍官，請求馮玉祥組織討蔣軍隊。

哈爾濱二十一日通信　『東方』通信社消息蔣介石致電閻錫山，唐生智及其餘軍事當局，動員討馮。

又『東方』通信社鄭州消息，馮軍破壞各路橋梁共十三處，隴海路閻封區，已開始建築防禦工程，阻碍蔣介石的軍隊進攻。在山西東部馮軍集中甚衆，欲進攻山西。同時山西西部及南部，馮軍亦取攻勢。聞馮軍集中在各區數目，共計有十二萬人。

閻錫山，在山西南部，駐軍六師，京漢路的保定，至彰德一帶，駐軍二師，除此以外，京津路一帶尙有軍隊六師，均積極備戰。

馮蔣戰爭，已經迫在眉睫。據五月十九日『天津時報』載，現時各方面情形，均極危險。據各方面傳聞，蔣閻張三角聯盟已經成立，並訂結下列秘密條約：（甲）東北軍與晉軍一致反馮，（乙）東北軍擔任京漢路京津路北段防禦責任，（丙）東北軍應派數旅軍隊，開赴關內，（丁）國民政府對於上述軍隊的軍需及軍餉，負責供給，（戊）上述各項，各方必須一致遵守。

上海二十日蘇聯社電　此地公佈馮玉祥致蔣介石電，略云『李濟深之被捕，討李宗仁，白崇禧之戰事，在南京軍務部及馮玉祥宅之搜查，均使其不能到南京磋商一切』。又云『欲救中國，必須裁兵，但南京不無以前所開的軍事會議，對于到會代表的意見，置之不理。在武漢則藉改組軍隊爲名，實行反馮戰爭的準備……只有在和平基礎上，才能保持統一』云云。最後並云願與蔣介石同時『下野』。

蔣馮戰聲瀰漫中的東三省

◁奉人口中南京政府內的派別△
◁奉軍出關擴張地盤▷

哈爾濱二十二日蘇聯社電　因馮蔣的關係決裂及京漢狀況的緊張。『刮民』政府曾致電東三省軍事當局，派奉軍四師出關。因此東三省軍事當局在河北省北部及山海關西部，現欲擴大勢力範圍。

哈爾濱二十二日奉天報載，軍政當局全部注意集中於中國南部發生的事變。據該處一般人意見，中國內部大戰，決不可免。

據奉天的消息，關於對馮關係，南京政府計分三派。第一派以何應欽，張繼爲領袖，以爲南京政府必須以武力消滅馮軍勢力，要求政府採取積極軍事行動。第二派以邵力子，賀耀祖爲領袖，以爲政府力量尙不充足，因此主張對馮和平解決。第三派以譚延愷，胡漢民，孫科爲領袖，要求政府派專員調馮，請其熟思中國將來的狀況，而與南京政府言和。此派希望馮玉祥棄戰言和，否則主張用武力對待。

閻錫山的態度又不明了

月訊，閻錫山的態度不明。在表面上贊助南京政府，並服從其命令。但又與馮玉祥發生關係，希圖幫助。

在南京搜查馮宅的結果

上海二十三日蘇聯社電　當搜查南京馮玉祥住宅時，發現文件甚多，證明有以馮玉祥，汪精衛爲領袖的組織的存在。汪精衛自四月初在法國各國購置大批軍需供給馮玉祥。

（蘇聯要聞）

進行七小時工作日的偉大成績

莫斯科二十一日蘇聯社電　在此以前有十八個五金電氣企業採用七小時工作日，其中做工的工人計六萬人。至本年底將有三十四個企業，一萬工人改作七小時工作日。據云，採用七小時工作日，有很好的結果。例如生產品的增加，原價的減低，工資的增高，工人的加多，都是特別顯明的成績。礦工委員會主席團計算在一九三十年五月一日，必須使四十萬工人完全進行七小時工作日。

烏拉成立煤油礦井委員會

莫斯科二十日蘇聯社電　蘇聯高級國民經濟委員會已決定在礦井燃料管理處中，組織烏拉煤油礦井委員會，以便指導開採及探尋等工作。

蘇聯高級國民經濟委員會副主席已赴烏拉。

更广大的发展自评，1930 年 1 月 29 日，丁山

„РАБОЧИЙ ПУТЬ"
工人之路
Орган Далькрайкома ВКП (б) и Далькрайсовпрофа
蘇聯共產黨遠東邊疆委員會和蘇聯遠東邊疆職工蘇維埃出版

全世界的無產階級和被壓迫的民族聯合起來呵！
Пролетарии всех стран и угнетенные народы, соединяйтесь!

編輯和經理處：伯力，協孚千可街，第二十四號，電話第一千一百六十三號
Редакция и контора: город Хабаровск, улица Шевченко, № 24. Тел. № 11-63

定閱金洋 Условия подписки
一年六吊七毛 На 1 год 6р.70к.
六個月三吊四毛 „ 6 мес. 3р.40к.
一個月無論本埠 „ 1 „ — 60к.
外埠一律六毛

負任編輯 丁山
Отв. редактор ТИН-ШАНЬ
海參崴代理處
中國工人『五一』俱樂部
Адрес Владивостокского пункта: Клуб китайских рабочих „1 мая"

廣告例刊 Условия объявления
期每字 Кажд. иероглиф в номер
五哥比 по 5 коп
長期 постоянные объявления
月議 по соглашению

零售每份五哥比
Цена номера 5 коп.

№ 437 (99) 29 Января 1930 года 3 раза в неделю (Год издания 7-й)
第四百三十七(九十九)期 一九三十年一月二十九日 每逢星期二,四,六各日出版 (一九二二年三月創刊)

本期要目

社論

更廣大的發展自評

自評是多數主義的最好訓練方法之一種。無產階級的報紙在實行自評的過程中，具有偉大的作用。發展自評與推廣報紙是有密切的互相關聯的。

現時在推廣『工人之路』報的運動中，遠東邊疆的工友和中國工作人員同志們當然應更廣大的發展自評。

首先就應具體的批評『工人之路』報紙同時指出具體的改好方法：尤其是對於『工人之路』報上發表的文字，在理論和階級路線方面，更希望同志們隨時精敏的注意：如有缺點和錯誤，即應指出和改正。因爲在我們的工作中，常不免發生錯誤。例如，過去我在寫稿時原意想寫成『……從十月革命而在俄國的工農得到的勝利並不只是整個帝國主義不平均發展及其逐漸崩壞的產物，而且是世界革命的開始』因在『……並不只是……』這點寫落了一個『只』字而寫成了『…並不是…』的錯誤，致發生原則上的錯誤而且引起有些同志的誤會（參看『工人之路』報第四百零四（六十六）期）。

同樣，在『工人之路』報第四百零四（六十六）期的社論中，我寫有這樣一段：『由十月革命成功後，在世界上已建立起第一個無產階級專政國家（蘇聯）而且進行社會主義建設是在全世界無產階級的互相幫助之下，雖然不免有帝國主義的進攻及其他一切無產階級敵人的妨害，必竟是能得到完全最終的勝利』。這亦就是表明我在工作的過程中不免犯的錯誤，尤其是在發表這樣簡短的文字時，在理論方面未加深刻的思索和考究，故不免有這樣的錯誤。關於這種錯誤，在報社方面已經有好幾位同志的討論和指正。但因逐日的事件和論述其他目前的問題，未能公開的，書面的改正這個巨大的錯誤，這是我個人很引爲憾的。現在，藉推廣『工人之路』報的運動時，特將這個錯誤改正，同時希望同志們根據自評的口號，隨時指正一切錯誤。因爲在工作過程中，我相信不免完全不再發生錯誤的。

在蘇聯進行的社會主義建設，有共產黨和蘇維埃正確的領導政策，是能用本國的力量克服國內的一切矛盾（在工人階級與農民之間的矛盾以及落後的技術經濟等矛盾），建設完全的社會主義社會。但在國外方面的矛盾（就是在唯一的社會主義國家與其餘都是資本主義國家之間的矛盾）是不可以認爲由蘇聯一國自己的力量就能完全克服的。因爲單就蘇聯一國的力量，雖然已經是無產階級專政的國家，但對於完全保證蘇聯國家不受資本國家的軍事進攻危險還不充分。可是，我們知道，完全保證蘇聯國家不受資本國家的軍事進攻危險和社會主義的最後勝利（Окончательная победа социализма），只有在全世界的範圍之內，只有在幾個國家內無產階級共同努力的結果，或者頂好是在許多國家的無產階級的勝利結果，才有可能。

甚麼是社會主義的最後勝利？

社會主義的最後勝利，就是完全保證不受資本國家軍事進攻和資本復辟的企圖，因爲在外國資本方面，和在國際資本的極力援助之下，某種嚴重的資本復辟企圖，多少是有可能。因此，由全世界各國的工人方面援助蘇聯的革命事業，而且這樣的工人得到的勝利愈大，雖然只在某幾個國家內，便是完全保證第一個得勝了的國家不受資本國家的軍事進攻和資本復辟的企圖的必要條件，亦即是保證社會主義最後勝利的必要條件。

列寧同志說過：『我們的蘇維埃共和國暫時是在全資本主義世界內的唯一領土，到現時若是有這樣的思想……以爲任何的危險都消滅了，完全就是瘋狂的空想者和烏托邦。自然，這樣的根本矛盾暫時還存留着，這樣的危險還是存在着，而且無論如何都不能免避這些矛盾和危險』。

又說：『我們不僅是在國家內生活着，而且是在國家的制度內生活着，並且蘇維埃共和國與其他的帝國主義國家繼續的同時並存是不可能的。歸終結底，不是這個勝利，就是那個勝利』。

所以列寧同志說：『最後的勝利只可能在全世界的範圍內而且只有全世界的工人共同的努力』。

根據以上這些根本的原則，我承認前在『工人之路』報第四百零四（六十六）期所說的『由十月革命成功後，在世界上已建立起第一個無產階級專政國家（蘇聯）而且進行社會主義建設是在全世界無產階級的互相幫助之下，雖然不免有帝國主義的進攻及其他一切無產階級敵人的妨害，必竟是能得到完全最終的勝利』這一句話，是有錯誤的，是有未充分說明必須全世界的無產階級共同努力，必須有在某幾個或許多國家內的無產階級的勝利結果，才能完全保証蘇聯社會主義建設完全的，最後的勝利。因爲單就『在全世界無產階級的互相幫助之下』一點說來，還是不充分的，同時連接下句『雖然不免有帝國主義的進攻及其他一切無產階級敵人的妨害…』就不免有『忽略資本國家的軍事進攻和資本復辟的危險』的錯誤。

因此，這一段的意思應更正爲『由十月革命成功後，在世界上已建立起的第一個無產階級專政國家（蘇聯）而且進行社會主義建設，是能用本國工人階級和其領導農民的力量以克服國內的一切矛盾而完成完全的社會主義社會，但必須要在全世界無產階級充分的共同努力和直接的互相援助，頂好是某幾國家的無產階級革命勝利結果，同時克服一切資本的復辟、和戰勝帝國主義的軍事進攻危險，就能得到社會主義的最後勝利，即以前所說的『完全最終的勝利』。

同樣，在該文中有『在蘇聯的社會主義建設顯然是能得到『完全最後』的勝利的』一句，應正爲『在蘇聯的社會主義建設，是能得到完全的勝利』。

我相信我在過去的言論文字中還不只這一點錯誤而且將來亦難免不再發現有錯誤。但很誠懇的希望同志們根據自評的原則，隨時給我以多數主義的訓練。同時對『工人之路』報方面的一切缺點和錯誤同樣的給以批評和指正。這不僅能使『工人之路』報廣大的而且正確的成爲中國工人群衆的報紙，並且能經常的廣大的發展自評，發展多數主義的訓練！（丁山）

共產黨在福建大活動

◁楊樹莊被共產黨生擒活捉▷

上海九日通信　據路透社消息，最近數月以來共產黨在福建一帶的活動極厲害。一月六號，福建省政府『要人』及國民黨省黨部各委員，曾在某要人私宅，大開宴會慶祝新年及國民黨禍國殃民政策的勝利。正當黨國要人興高意洋之際，不料忽有共產黨員一隊突入，『黨國要人』大驚，有躲至棹下者，有躲入廁所者，有跪在地下哀求者，形形色色，不一而足。共產黨員對於這一班無名小卒，並未深究，僅將南京政府海軍總長，福建省政府主席兼中央執行委員會委員楊樹莊及其餘數『要人』生擒而去！

據『路透』社來訊，自此事發生後，南京政府疑與福建省政府數委員有關。

據各界推測，在最近的將來，福建將有發生大政變的可能，詳情如何容後再誌

倫敦海軍裁減會議開幕

◁列强解決關於海軍裁減的問題的形勢▷

倫敦二十四日電　五列强召集的海軍裁減會議，現在各國代表皆全行來到，於是該會議於一月二十三日在倫敦開幕了。

英國的代表麥克唐納爾稱謂：『英國是海上的國家，需要的海軍力量，比其他的列强較多』。又稱：『限制海上的軍備，按照英國政府的意見，廣大的步驟是依賴於他種武備的形勢』。

美國領袖代表史蒂芬謂：『限制海上軍備，要求延長期限』。

法國代表唐爾汀曾表示出法國沒有確定的觀點，稱謂：每個國家可以限制軍備『僅在適合自己的需要』。

日本代表若槻（Вакацуки）曾稱謂：『假是所有主要的海上列强都縮減海軍，那末縮減海上軍備的支費才有可能』。

意大利的代表格拉丁主張會議不應半途而廢。

所有倫敦的報紙承認謂會議給了真正的結果。英國反動派的報紙（Дэйли Мэйль）爲實行新的反蘇聯的進攻，曾謂；當時說關于一般的和平最大的勁敵是蘇聯。該報更認爲當關于裁減各種談判時，在形式上是恐嚇蘇聯一般的和平，解除主要的武備。

張學良『迎接』由蘇聯回去的俘擄兵士

◁蘇聯的勞動群衆熱烈歡送▷

◁中國軍閥大施逮捕▷

海參崴消息　一月二十二日中國的軍事俘擄由海參崴遣送了回去。在車站歡送他們的有海參崴城市的勞動群衆。

俘擄們都很好的安置在專爲送他們預備的潔淨的車廂中。中國的俘擄們向海參崴的勞動群衆前往歡送他們的這樣說：

——我們兵士聲明：我們永遠不再來反對勞動群衆的蘇聯。我們感謝紅軍對待我們的厚意和同志關係。

在他們到了五站（Гродеково）時，全體俘擄都由『衛生列車』送往澡堂去洗澡，並且都領得了潔淨的襯衣。在此處付舉行了一個很大的露天大會。會議中通過了一個決議。決議裡面說

——我們發誓以後永遠不再來反對蘇聯。當表決時，中國被俘擄的軍官們表示懷疑的態度。這實在值得我們注意！

在『萬歲』（Ура）和『蘇維埃政權萬歲』的歡呼聲下面，火車已開過中國邊界去了。

火車到了中國境內四站（станция Пограничная）時，就有中國的警察特別來『歡迎』這些俘擄。在俘擄中間，現時已有很多被捕了。罪狀是：他們彼此互相稱呼『同志』和他們叫喊了『蘇維埃政權萬歲』。張學良就是這樣『歡迎』被俘擄的中國兵回到中國呀！

上海工人學生紀念列寧

上海二十五日蘇聯社電　本月十八十九兩日在上海各處工人學生曾舉行大示威遊行，並散發傳單標語主要是；『須完成列寧的事業』；『打倒國民黨及帝國主義而建設工農兵政府』……等口號。上海警察防不勝防毫無辦法。

中國要聞

梁忠甲談失敗的經過

東京二十五日蘇聯社電　前任奉軍前敵總指揮梁忠甲語人云，當蘇聯反攻甚急的時候本人曾呈請撤兵而退，但因未得答復之故，本人只得困守滿州里以致被紅軍包圍，而被生擒。至於本部軍隊因糧餉無着，以致發生搶刼之事，亦出於無法。本人現在困憊極甚，不願再在軍界服務。

莫德惠已被任爲中東路督辦

東京二十五日蘇聯社電　據上海來訊，東三省政府已決定委任莫德惠爲中東鐵路督辦，南京政府雖不甚同意，但亦毫無辦法，只得順從張學良意見，即刻與以批准，以便取得張學良的歡心。

中俄會議將行延期

東京二十七日蘇聯社電　據日報消息，中東路督辦莫德惠已於正月十九日到奉天。渠對人表示云，中俄會議（本擬在正月二十五號召集）大概將延期舉行，因爲本人尚須至南京討論進行談判方針。至於外間所傳南京政府將否認在伯力所訂的中俄協定等消息，全非事實云云。

被強佔的中東路電報局已交還路局

東京二十七日蘇聯社電　據哈爾濱來訊中國軍閥前所强佔的中東鐵路電報局，現已交還路局。僅穆陵（Мулин）及寬城子（Куанченцзы）電報局，當地藉口未得到上級機關命令，尚未交回。

駐哈爾濱蘇聯煤油托拉斯已復業

東京二十七日蘇聯社電　蘇聯煤油托拉斯駐哈爾濱代辦處，已正式恢復營業。哈爾濱金融界商界，日有起色。

最後消息

帝國主義海牙分贓會議已閉幕

柏林二十七日電　海牙會議已經閉幕。最近的會議更加認識帝國主義列强爲世界市場鬪爭之劇烈，這個鬪爭取得反映倫敦海軍裁減會議的開幕。

美國要求海上的統治

倫敦二十七日蘇聯社電　在關閉門戶中的倫敦海軍裁減會議。據說，不顧英美關於均等的協定，美國曾要求建築巡洋艦二十一以更迭十八。英國的報紙對美國這個要求，異常的驚愕。

二月革命与中国工农，1930 年 3 月 11 日，蔡特金

„РАБОЧИИ ПУТЬ“

工人之路

Орган Далькрайкома ВКП (б) и Далькрайсовпрофа
蘇聯共產黨遠東邊疆委員會和蘇聯遠東邊疆職工蘇維埃出版

全世界的無產階級和被壓迫的民族聯合起來呵！
Пролетарии всех стран и угнетенные народы, соединяйтесь!

編輯和經理處：伯力，協孚千可街，第二十四號，電話第一千一百六十三號
Редакция и контора: город Хабаровск. улица Шевченко, № 24 Тел. № 11-63

定閱金洋	Условия подписки	責任編輯 丁山 Отв. редактор ТИН-ШАНЬ	廣告例刊	Условия об'явления
一年六吊七毛	На 1 год. 6р.70к.	海參崴代理處	每期每字	Кажд. иероглиф в номер
六個月三吊四毛	„ 6 мес. 3р.40к	中國工人『五一』俱樂部	五哥比	по 5 коп
一個月無論本埠 外埠一律六毛	„ 1 „ 60к.	Адрес Владивостокского пункта: Клуб китайских рабочих „1 мая“	長期另議	постоянные об'явления по соглашению

零每售份五哥比
Цена номера 5 коп.

№ 454 (116) 第四百五十四(一百十六)期 | 11 марта 1930 года 一九三十年三月十一日 | 3 раза в неделю 每逢星期二,四,六各日出版 | (Год издания 8-й) (一九二二年三月創刊)

本期要目

社論

二月革命與中國工農 （蔡特金）

在一九一七年二月二十七號那一天，——即現曆的三月十二日，俄國的工農兵，把世界上最反動的沙皇帝制推翻了，而形成了資產階級的政權——臨時政府，於是俄國革命的第一個階段已經完成了。

根深蒂固的沙皇帝制的崩潰，及革命之能够如此迅速地達到勝利及激進，並不是一回偶然的事，牠是有牠的經濟的政治的基礎的，最主要的基礎，可以分爲三方面：

第一，就是一九零五年的革命，牠撼動了帝制的基礎，牠提醒了俄國的工農而使他們走到政治爭鬪的舞台中來，同時他把各階級的本質，各階級的目的都表明出來了。此外一九零七至一九一四年的反動時期，尤其把沙皇帝制的慘酷腐敗，表明得纖徵畢露，使工農毫無猶豫的餘他，而走上革命的康莊大道；所以列寧說：『如果沒有一九零五年至一九零七年的革命及一九零七年至一九一七年的反革命，那末俄國工農在一九一七年二月的時候，或許就沒有這樣堅決與確定』。

第二，就是世界大戰的結果，它把俄國的大多數工農，都催到前線去了，使俄國的工業農業陷於破產的地位，使俄國的工農輾轉呻吟於前線及後防，而不得不豎起爲麵包，和平及自由而爭鬪的旗幟。

第三，就是英，法帝國主義爲着要更激烈更堅決的進行戰爭，爲着要剝削俄國的工農，爲着法國要奪到叙利亞，爲着古契可夫要獲得君士坦丁，爲着這些起見，於是推動米留可夫去奪取政權，以便俄國能更有組織地更忠實地去爲帝國主義的利益而犧牲。

因爲有這種種的原因，所以革命的怒潮，能在很短的時期中，把尼古拉，羅曼洛夫（俄皇的姓名）的皇冕，蕩得一個無影無踪。

沙皇帝制崩潰之後，資產階級就乘機組織了自己的政權——臨時政府。他在對外方面，仍舊繼續沙皇的政策，繼續戰爭，承認置大多數民衆的和平呼聲於不顧。在對內方面，他對於地主的土地——沙皇制度的經濟基礎，取一種私產神聖的態度，毫不提及沒收的事，以後甚至於起用沙皇餘孽，壓迫群衆運動，把廣大民衆所提出來的要麵包，要和平，要自由的口號，早已置之高閣了！

同時，在另一方面，還存在一個代表廣大民衆的政權，即工兵代表蘇維埃，他在多數派的指導之下，努力爲和平，麵包及自由而爭鬪，在對外方面，他主張停止帝國主義的大戰，訂結不割地不賠欵的和約，在對內方面，他主張武裝工農，廢除警察軍隊，徹底消滅帝制的復辟企圖，沒收地主土地，土地國有制，官吏選舉制，銀行監督制，他主張工人蘇維埃監督社會的生產及生產品的分配，這就是二月革命後的情形，——兩個政權。

在當時這種情形之下，民衆由臨時政府，所得的只是些不實現的允許，民衆所要求的和平，麵包及自由，不但沒有絲毫的實現，而且在『保衛祖國派』及少數派，民主立憲黨，社會革命派的『保護祖國』口號之下，繼續爲資本家的利益而進行大戰。民衆的狀况，一天一天改壞了。所以列寧說：『臨時政府爲英，法資本家的洋行的支店……他是地主資本家的政府，他是懼怕民衆的政府，他不能將和平，麵包，自由給與民衆』。『二月革命僅是第一個階段，……現在是到第二個階段中的過渡時代，工人們應當更表顯出無產階級和民衆的組織上的特長，以便在革命的第三個階段上獲到勝利』。而主張利用二月革命後的過渡時期，與俄國無產階級的聯盟者——佔俄國人民大多數的半無產階級及一部份的小資產階級群衆，與交戰各國及其他國家的無產階級——共同協力，去奪取政權，然後走向社會主義』。列寧說：『祇有社會主義纔能將和平，麵包及自由給予輾轉呻吟於戰爭中的人民』。

俄國工農在偉大的革命領袖列寧及多數派的指導之下，利用在一九零五年以來的戰鬪經驗，在一九一七年十月的時候，卒至推翻了臨時政府，而建設了自己政權——蘇維埃，而使俄國人民得到了麵包和平及自由，更從事於社會主義的建設。現在已今是十三年了，工業化的發展，協產化的推行，高唱着凱旋之歌，邁步向着社會主義的大道前進！這都由二月革命而產生的十月革命的結果！

中國的工農們！你們一方面受外國帝國主義的慘酷壓迫，另一方面受本國（中國）資本家，地主，軍閥，刮民黨的剝削；中國工農們！在這種情形之下，你們不是要從這種壓迫與剝削之中解放出來嗎？！你們不是要自由嗎？！其次，各帝國主義爲要推廣銷售自己的商品與資本的市場，指揮他們的走狗——各種各樣的軍閥，互相混戰，例如現在閻錫山，馮玉祥與蔣介石的戰爭；在廣東的倒蔣擁蔣的戰爭，以便擴充自己的勢力，以致工人不能做工，農人不能耕田。

中國工農們！在這種情形之下，你們不是要和平嗎？！最近資本主義的經濟恐慌，把資本主義的基礎都威脅出來了，他爲要消除所不能消除恐慌，他爲要延長所無法延長的壽命，盡力剝削工人，盡力剝削殖民地及半殖民地民衆，以致你們衣不能煖，食不能飽，例如陝西，河南等處的大饑荒及各處工人饑餓狀况；中國工友們！在這種情形之下，你們不是要麵包要吃飯嗎？！你們就應當快點起來，步着俄國工人在二月革命時後塵，在中國共產黨及共產國際的指導之下，靠着全世界工農的幫助，同心協力，努力去與國民黨，改組派，改良派，第三黨，及取消派奮鬪吧！努力去打倒刮民政府及各種五光十色的軍閥吧！努力去建立自己的蘇維埃政權吧！只有蘇維埃政權纔能將自由，和平，麵包給予你們！中國工農們！快點努力前進吧！光明就在前面！

美國失業工人已達七百萬了！

◀世界資本主義經濟恐慌擴大，失業工人激烈增長，革命鬪爭發展▶

失業工人激增

美國經濟恐慌，失業工人激烈的增長，不久以前美國失業工人統計有六百萬。現在據美國共產黨的消息，美國失業工人日下已達七百萬了！

美國共產黨告美國勞動者的宣言，號召他們參加舉行國際工人反對失業運動紀念日。

組織無產階級的進攻

德國，法國和英國共產黨中央委員會曾共同發表宣言，發揚『三六』國際工人反對失業運動。在宣言中謂；『三六』將特別是德國，法國和英國無產階級表示發展鬪爭的能力。『三六』是組織無產階級的進攻和統一世界無產階級共同的行動。

德國，法國和英國共產黨特號召一切工廠工人，及全世界失業工人堅決的一律參加『三六』的統一戰線。

西班牙五金工人大罷工

在西班牙許多城市的五金工人曾發生大罷工。西班牙工人運動非常的發展，失業工人激增。

日本的經濟恐慌

◁失業工人的發展▷

東京電　東京交易所行情異常停滯。在二月份重要股票跌落到百分之五到百分之十。日本財政總長曾與新聞紀者談話云：經濟情形的惡劣，有一般世界的性質（銀價的跌落，輸入印度棉織品稅之增加，美國的經濟危機等等），所以政府對此情形實無法維持和找得這樣大欵的項以挽救此情形。『日日新聞』特別注意縮小生產以後失業工人發展的恐慌。

英國整個城市停頓

據英國『路透社』的消息，截至二月二十五日止英國失業工人總數計一百五十三萬九千三百三十人，較上週增加一萬五千三百五十九人。又據英國共產黨機關報『工人日報』謂：在紡織工業中央區域因工業的恐慌整個城市已行停頓。

德國更加窮困

德國領取津貼費的失業工人已達二百三十五萬五千人。此外，在德國計算尚約有一百萬人未領津貼費的。半失業的約一百三十萬人。

甘地給印度攝政王的「最後通牒」

倫敦電　印度國民黨領袖甘地致印度攝政王最後通牒，限期八日即宣佈『國民不服從義務』之運動。實行不納稅，抗租，用社會抵制政府官僚和其他等等手段。

倫敦的報紙嚴厲的批評甘地，並謂：攝政王將被迫採用保護秩序的手段。

共產黨機關報『工人日報』謂：甘地最後通牒不是表示要求關于脫離帝國主義剝削的解放，而僅是英駁工商業的綱領。甘地不願意印度革命，而準備走到叛變的地步。

中國革命的高潮必然到來

自從孫文死後，偉大的中國革命就被孫文的黨——國民黨勾結帝國主義，中國封建地主資產階級的聯盟壓迫中已經兩年了。可是這兩年中，國際改良派曾高呼『中國從此便走上資本主義經常的發展道路上』而在革命隊伍中也有過不少的動搖的份子發生過『中國反動政府的穩定』的幻想。但在這兩年中實際的生活上不僅打破那些一切幻想與神話，而階級的爭鬪迅速的發展，使反動勢力的統一戰線日漸破裂，統治階級處在經濟危機中全國又佈滿了新的革命混亂與工農革命的爭鬪。

帝國主義趁中國內亂加緊進攻中國的革命。同時國內戰爭的綿延，廣大的人民群衆極端的惡化，使中國的工業經常停留在經濟危機中，雖有幾個工業部門曾有過改善，但在這些部門中大都屬於外國資本，而已改善的不是中國經濟的發展，只是帝國主義耕的進攻的加緊。

農業的恐慌，使中國到處食糧缺乏，飢民遍地。西北各省因災荒的結果疾病的死亡不可勝計。同時不斷的內戰，蔣桂，蔣馮，以及現在的蔣閻戰爭，更加深南京政府在財政上的恐慌，發行的內債已超過三十五萬萬了。帝國主義的投資興趣，因中國財政上不穩漸漸的冷淡起來了。美國的財政顧問克墨爾因工作沒有成績，已離開中國。南京政府的財政總長宋子文在短期中辭了三次職。在他辭別克墨爾的時候，他也承認這計劃沒有結果。

在這困難之中，南京政府以進攻蘇聯爲自己找出路。但在他們的中東路冒險政策的實際上更使滿洲里經濟困難，使南京政府的經濟地位更加困難。但蘇聯的和平政策始終不上他們的圈套。伯力的和平條約簽訂後，無疑的更加深了中國經濟困難。

中國勞動者的生活極端的惡化。工人群衆在革命時期所奪到的領導權完全被剝奪了！隨同資本主義生產的合理化，使用新式的機器的增加，更使工人群衆受痛苦。

中國農民的問題，是國民黨人完全置之腦後的。

在這種情形之下，任何白色恐怖都不能阻止廣大的群衆鬪爭發展的高漲，也只是增進南京政府一般經濟的恐慌原因之一。

中國的經濟恐慌，使工農群衆的爭鬪逐日增長。而使中國革命高潮必然到來！不久以前，四川農民抗租的暴動參加約有萬人。現在各省發展的遊擊隊戰爭，並不是廣州暴動時的退兵一戰了！赤色的遊擊隊已成爲全中國千百萬勞苦群衆英勇的鬪爭行列！尤其值得我們注意的就是從前中國革命運動的發展的特徵是城市工人運動與鄉間遊擊隊戰爭的高潮同時並起，這是一個重要的現像。這是一九二五到二七年的中國革命高潮所未見到的！

中國工人階級領導農民群衆及城市貧民實現反帝國主義的土地革命中而奪取得領導地位，這是在中國革命中的決勝負的責任。因此並首先更要鞏固我們的黨——共產黨而反對中國國民黨，反對孫文主義，反對一切右派份子及機會主義者。因爲他們對於中國革命是障碍！因此，對於獨立領導中國工農群衆爭鬪是中國共產黨目前最緊急的問題，也就是在這次中國革命高潮將興起時，在軍閥混戰和全中國的政治經濟危機的時候，尤其是國民黨改組派極力活動，企圖爭奪群衆的時候，中國共產黨的重要任務。

打倒孫文主義和國民黨！中國共產黨領導的革命萬歲！　（杜娘）

中國要聞

雲南共軍如火燎原

◁土豪劣紳驚慌失措▷

北平電　據英文『京津時報』消息，雲南省的共產軍，聲勢十分浩大，窮苦農民到處響應共產軍。因此共產軍勢力如火燎原，不可遏止。在共產軍所到之處，附近的土豪劣紳莫不驚慌失措。

改組派在北方活動

北平電　反南京政府的運動日益高漲，改組派活動極力，滿城遍貼『打倒南京政府』！『打倒蔣介石』等口號，南京政府的大小走狗，均匿跡潛蹤，紛紛逃走。

蔣系機關紛紛關閉

北平電　閻錫山下令沒收直接服從南京政府的各機關。

又電　北平國民黨改組派封閉北平國民黨市黨部，在其門首帖有『打到叛黨賣國的蔣介石』！等口號。

馮軍改編爲三軍

北平電　在西安府馮玉祥的軍隊開軍事會議，曾決定改組國民軍爲三軍，並決定由孫良臣担任第一軍軍長，劉郁芬担任第二軍軍長，宋哲元担任第三軍軍長，而由鹿鍾麟担任總指揮之責。

吳佩孚又謀再舉

北平電　吳佩孚致電鹿鍾麟，願領所部協助國民軍進攻漢口，聞鹿鍾麟已拒絕上項要求。

另訊，吳佩孚派代表至西安府，以便與國民軍商議倒蔣步驟。

在世界革命怒潮中的中国，1930 年 7 月 24 日

„РАБОЧИИ ПУТЬ“
工人之路
Орган Далькрайкома ВКП (б) и Далькрайсовпрофа
蘇聯共產黨遠東邊疆委員會和蘇聯遠東邊疆職工蘇維埃出版

全世界無產階級和被壓迫民族聯合起來呵！
Пролетарии всех стран и угнетенные народы соединяйтесь!

本報社在伯力，協爭千可街，廿四號，電話一一六三
Адрес редакции: г. Хабаровск, Шевченко, №24 тел. №11-63

定閱本報	定閱價目
請直接向各地郵政局的報紙部(Газетное Бюро)接洽	一年……… 六元七毛 半年……… 三元四毛 本埠外埠： 一月六毛
Подписка принимается во всех местных почтовых отделениях	Условия подписки На 1 год. 6 р. 70 к. 6 м. 3 р 40 к. 1 м. 60 к.

Цена номера 5 коп.
每期零售五哥比

本期要目

№ 510(172) 第五一十(一七二)期 24 июля 1930 г. 一九三十年七月二十四日 Выходит через день 隔一日出版(Год издания 8-й 一九二二年三月創刊)

社論

在世界革命怒潮中的中國

『最近這一個時期，是各資本主義國家與蘇聯的轉變時期，牠表示蘇聯由復興而進於改組，而廣大地推進社會主義的建設，牠表示各資本主義國家的經濟低落』。（摘自聯共第十六次大會的決議）。——這就是近年來國際狀況的一副寫真。中東路事變的發生，『八一』反帝國主義運動的勃發，中國革命的高漲，就是這樣的國際狀況的產物。正因爲蘇聯的發展與各資本主義國家的衰落，所以各帝國主義國家不能不努力的掙扎，不能不努力反對蘇聯，壓迫中國革命，以期挽回那不可挽回的末運。

在這樣的憶想之中，帝國主義於去年指示其走狗——中國軍閥佔領中東鐵路，陰謀破壞蘇聯社會主義的建設，並藉此而轉移中國民衆的視線，破壞中蘇工農的團結，同時，也即是破壞中國革命，鞏固帝國主義的基礎！

但一年以來，蘇聯的社會主義建設，日益進展，而資本主義國家則逐漸衰落。資本主義的恐慌，已由美國而波及於歐洲而波及於全世界。資本主義國家的這種恐慌，不能不使資產階級加緊剝削工農與殖民地民衆。由此，『在各資本主義國家與殖民地中，必從起革命的怒潮，而在各國形成一種政治的恐慌』（摘自聯共第十六次大會決議）在另一方面，蘇聯却沿着社會主義的道路，加緊前進。在工業化方面，固然是得到了絕大的成績，而在集產化方面，尤其是達到了不得思議的效果，並進而至於消滅富農階級。『集產運動這樣的發展，不能不成爲全世界無產階級及被壓迫的農民群衆爲世界無產階級專政而奮鬪的戰旗』（共產國際執委決議）。

同時，代表地主資產階級的國民政府，在外交方面不但不能取消不平等條約，排除帝國主義在中國的勢力，而且反使中國日益殖民地化。在內政方面，不但不能統一中國，整頓國民經濟，而且使中國陷於混戰的局面，以致於工業衰弱，農業破產，商業停頓，金融恐慌。——這樣一來，使中國工農及城市小資產階級的生活，簡直到了不能容忍的程度，使中國工農尤其堅決爲蘇維埃政權而爭鬪。

在這種的國際狀況與中國內部局勢的條件中，革命的火花，已熊熊地燃着起來了！牠將燒燬地主資產階級的統治，打斷資本主義的鎖鍊，並削弱帝國主義的戰線，加强蘇聯的地位。

因合理化的進行，企業的破產，失業的增加，工資的減低，剝削的加緊，中國工人已逐漸脫離國民黨包辦的職工會及改組派的影響了。去年『八一』及本年『三六』，『五一』等運動時的群衆革命情緒的高漲。上海青島，北平，唐山等地的罷工運動，及與中東鐵路事件有關的擁護蘇聯運動和中國共產黨的發展，已表示出工人的革命情緒。

在鄉村方面，則農民遊擊隊的發展已進而成爲旗幟鮮明組織嚴密的紅軍。牠已成中國工農的保障，蘇維埃政權的底柱。牠已由那交通阻滞的內地，而進至四通八達的工業區域。在蘇維埃政權之下，農民已經實行平分土地，進行眞正的土地革命，而與富農的按生產工具而分土地的企圖以堅決的打擊。此外，無生產工具的農民，並進行土地的共耕制及組織集產經濟。這一切的一切，都表示出農民運動的擴大與深入。

當世界經濟恐慌與蘇聯發展的時候，在世界革命的狂潮中，已捲起中國革命怒浪來了。

列寧說過：『私有經濟及私有財產是一個與其內容不相符合而必致腐爛的外殼，如果用人工的力量來延長牠，牠不過能在腐爛的狀況中苟延殘喘罷了，但牠終久是免不了滅亡的！』資本主義的暫時隱定已走到途窮末路了，資本主義的私有財產的外殼，已經大部腐爛了！在這種的情形之中，資產階級必盡力設法來延長腐爛時期，所以中東路雖已解決，我們不但不能担保各資本主義國家不再用中國軍閥來進攻蘇聯。而且正正相反，這種危險性尤其加大了！所以在今年的『八一』中，中國革命的高潮，尤其有偉大的世界意義。中國的工農群衆，應當在中國共產黨的指導之下，趁着世界革命怒潮勃發的時候，來打倒地主資產階級的統治，來打碎帝國主義在中國的鎖鍊，而建立工農蘇維埃政權！

英國『工人』政府在印度的『和平』工作

各國要聞

各國共產黨對『八一』的準備

柏林電　在本年『八一』反帝國主義運動中，資產階級加緊德國無產階級的進攻。因此德國共產黨在準備本年『八一』中，號召德國無產階級，加緊反攻資產階級及法西斯蒂。

在各企業中，將使『八一』與第五次職工國際大會的準備聯系起來。同時，並將加緊反對帝國主義戰爭及出賣無產階級的社會民主黨。

倫敦電　英國共產黨現正準備『八一』反帝大運動，並提出下列口號：

擁護英國共產黨機關報『工人日報』！釋放一切政治犯！擁護印度革命！擁護蘇聯！組織工人的革命政府！

殖民地革命運動的高漲

倫敦電　亞列克山得里（埃及）事件，尙在繼續發展中，該處居民數千人，包圍英國醫院，並投以石塊，逼其交出被警察藏匿的死屍，（在示威運動時被軍警打死者）。醫院當局被迫無法，只得交出死屍，群衆又復抬棺遊行。

巴黎電　在安南國慶紀念日時，安南工農到處舉行群衆大會，有搗毀資產階級報館及警察開槍轟擊工農之事發生。

世界經濟恐慌的寫眞

華盛頓電　據美國農業部調查，至本年六月十五號的時候，農產品的價值降至一九二二年以來的最低價值。至於工人工資，在現在的時候，較去年計減低百分之二十。

紐約電　據紐約國家銀行統計，在本年五月中，股票價值較四月降低百分之二十五。

東京電　因絲業恐慌的緣故，各絲業公司決定在七月至十一月的期限中，關閉一部份造絲廠，由此將形成三萬失業工人。

本報啓事　蘇聯共產黨遠東邊疆第十次大會的議決案，本報已譯成中文，印成單本，隨同本期報紙附送給各訂報者。除此以外，該單行本尙存有一千餘本，各級黨部，職工會和文化機關，如有須用者，請通知本報社，並按照每本二毛的價目，寄兌款項，當即照寄。

『工人之路』報社

中国革命的前途（连载理论文章），1931 年 1 月 16 日

2 第 二 頁　　工 人 之 路　　一九三十一年一月十六日

民國黨企圖封閉 赤色織工會

上海電　據上海晚報的消息，不久以前在上海組織了中華全國總工會（赤色工會），參加的有許多支部工會，國民黨聽到這消息非常發抖，就想把牠封閉，因此引起革命工會方面的大反對。總工會號召一切革命工會，一致團結起來反對國民黨的企圖。

英帝國主義親自出馬 反對紅軍

上海電　據『路透』通信社的消息，在長江上游英國軍艦與紅軍間發生戰爭。紅軍人數約八百，似乎因英帝國主義砲火猛烈，紅軍方面有所損失。

美國企圖借欵給南京

華盛頓電　美國上議院，審查與中國商業關係以後，決定委胡佛總統與美國，日本及其他各國政府，談判借債給南京政府問題。

日本農民的衝突

東京電　據日本內務部的材料，在一九三十年十月份，日本發生九十次的農民衝突，參加運動的人數，共三千八百八十一個雇農，反對八百七十五個地主。大部份衝突發生之原因，是農民要求減租。

據同樣的材料，一九三十全年，日本有一千二百二十八次農民衝突，參加的總數共二萬四千七百六十一雇農。

日本帝國主義 侵畧滿洲里之陰謀 又修築吉會鐵路

東京電　在高麗發行的日本報紙，謂日資建築的吉會路線（由吉林城到會寧），大致已完竣，所未建築的只有六十里。現因冬季天氣嚴寒，不便于工作，所以建築的工作停止而未進行，一俟春交，即將繼續開工。

該報又謂一九三一年七月間，吉會路線將開始駛行。

日本各政團都都認爲吉會之修成，無論在經濟和軍事方面，有重大的意義。

德國礦工的戰鬭情緒 日益高漲

柏林電　魯爾礦工罷工委員會，謂工人仍繼續罷工。共產黨的報紙『魯爾呼聲』，謂罷工工人的數量雖然減少，可是工人的戰鬭情緒非常高漲。當勞動仲裁所宣佈減低工資決議之日，有許多以前未參加罷工的礦井，亦響應罷工。

日本商業衰落

東京電　據日本財政部的統計，一九三十年日本對外貿易的總數，爲二十九萬萬八千一百〇九萬八千日金（殖民地的貿易在外），其中出口，佔十四萬萬五千〇七十三萬二千，入口佔十五萬萬三千〇三十六萬六千。

與一九二九年的貿易總數相比，則出口減少百分三十一又六，入口減少百分之三十又二。

白黨在滿洲里活動

東京電　自滿洲里來訊，在該處的冒險兇徒中，傳出在蘇聯東境組織反革命軍隊消息，並謂反革命軍隊，將由白黨將軍霍爾法達指揮。

芬蘭經濟恐慌日益擴大

赫爾新福耳斯電　芬蘭的經濟恐慌，逐漸的蔓延到重要的工業部門。因此失業工人的數量，亦大大的增加。至一九三十年十一月底爲止，失業工人的數量，兩倍于十月底的失業工人數量，如與一九二九年十一個月的失業工人比較，則增加了七倍之多。芬蘭全境的失業工人總數，要達十萬人。

橫濱大捕工人

東京電　橫濱電車工人和職員中的擾亂日見擴大，工人與警察間，時常發生衝突。不久以前工人們佔領了幾個車輛，衝過警察的防線，遊全城，並高呼革命口號，結果有十九個示威工人爲警察所拘捕。

『五年經濟計劃』債券 ◁超過執行▷

莫斯科電　至一月一號爲止，『五年經濟計劃』債券。共購訂八萬萬一千四百三十萬盧布，執行計劃的百分之一百零一又八。在購訂債券中，烏斯別士坦佔了第一位，執行計劃百分之一百零五又七。可是應該指出的，八萬萬一千四百三十萬盧布的債券中，只有七萬萬二千九百萬盧布的債券，曾支付過債金，關于這一層尤以農民的部分爲落後。

蘇聯中央執行委員會 嘉獎政府內外政策

莫斯科電　中央執行委員會討論莫洛托夫等同志的報告後，一致通過決議，嘉獎政府的內外政策，審定一九三一年的國民經濟計劃，並在原則上通過統一的財政計劃和國家預算草案。

修理拖載機的計劃 行將打破

莫斯科電　製造拖載機零件的工作，進行的非常遲緩。據『農村經濟協會』的材料，至一月一日爲止，製造零件的生產，『福爾遜宗』牌號的拖載機，只執行百分之五十六又九，『國際』牌號的拖載機，只執行百分之五又八。因爲缺零件之故，以至於把修理拖載機的計劃打破。蘇俄社會主義共和國的人民委員會土地部，決定責成拖載機工廠，如『紅色戰士』工廠及斯大林城工廠，在一月份加緊製造拖載機的零件，使修理拖載機的工作得順利而進行。

頓巴斯採煤計劃 處于緊張情況中

莫斯科電　礦工職工會中央認爲蘇聯各重要煤區的工作，處于極緊張的情形中，特別頓巴斯的採煤計劃，還很大的未執行。其原因是作指導工作者，不善于組織勞動力和合理化的運用生產工具。礦工職工會中央決定從速調動大批工作員，到頓巴斯作負責的工作，並請求蘇聯職工會中央，從其他的職工會調三十個做負責工作人員。蘇聯最高國民經濟委員會，亦將派九百礦工大學生，到頓巴斯做固定的工作。

特　載

中國革命底前途

這是Варга同志所寫的論文，印在Мадьяр同志近著『中國經濟綱要』之末，不僅富於理論上的探討精神，而且有很大的政治上的興趣。將中國革命底前途，很精密地從馬克思主義與列寧主義的觀點，給了一個徹頭徹尾的分晰，對中國革命何以必然取得勝利而走上社會主義道路的發展的問題，得出了一個很科學的答案。目前中國革命的新高潮，突飛猛進，階級鬭爭如火如荼地緊張起來。黨內之思想上理論上的爭辯，正圍繞於中國大革命發展的道路及前途這一個中心問題。這篇文章一方面指斥那些認爲中國革命只是一個資產階階德謨克拉西革命，而忽畧其轉變到社會主義革命的前途的資產階級民權主義的觀點，另方面又揭露了托洛斯基派謂資產階級德謨克拉西革命已經完結，而現在已進入了社會主義革命之反革命的本面目。現在將這篇文章譯欵，介紹同志們，並希望熱烈地來參加這一個重要的討論！　（蜜炎）

原文：

資本主義的生產方法侵入了中國之後，便破壞了舊的社會制度的基礎，分裂了帝國的統一而引起了偉大的革命，因爲資產階級叛變的結果，革命受了暫時的失敗。如今的問題，便是中國社會制度之今後發展的道路問題。問題就是如此：擺在中國前面的是資本主義的抑是非資本主義(就是說能『跳過』資本主義發展的階段)發展的道路？

爲了要回答這一個很重要的問題，我們應當考究一下，資本主義以前的各種形式怎樣在歷史過程之中都變成了資本主義的。我們知道下列的幾個基本形式：

一，勝利的資產階級革命（法國的道路）：資產階級與整個農民（不分其內部的各種階級集團如何），在城市中平民份子的幫助之下以革命的手段，推翻了封建的制度，沒收地主的土地而轉交於農民，用强力的方法，爲資本主義的發展了一條道路，樹立了資產階級的統治。當革命達到自己的最高點時，城市的無產階級企圖爲自己的特殊利益（與資產階級的利益相反）而鬭爭，於是資產階級和農民遂一致以武力的手段將工人鎭壓下去。法國大革命便是標本的例子。

二，沒有勝利的資產階級革命而直接轉變到資本主義（普魯士的道路）。封建地主的政治統治並沒有用强力的手段來加以推翻；他們自己都變成了資本家，他們的封建的土地私有財產都變成了資本主義的財產，他們對於土地所享受的封建的權利以及與這種權利相連帶的進款——也皆成了資本主義的地租；他們與資產階級融合起來了，成了資產階級的特別的變形——農業資本家；在這一個時期裡，資本主義的關係得到了廣泛的發展而在國裡成了統治的局面。

上面這兩個道路正是帝國主義以前的時期所特有的。

三，因爲割據的結果而轉變到資本主義，當帝國主義的列强，乘其戰勝之威，以强力的方法來建立起資本主義的制度，同時將這個戰敗國變成殖民地：這就是殖民地的資本主義的道路，如阿爾里爾，荷屬印度，英屬印度，在這些情形之下，資本主義以前的制度還很久地在鄉村經濟之中保留着不動，或者是一種與資產階級的土地所有權相彷彿的東西來代替牠。（見馬克斯論印度）

四，在帝國主義壓力之下而完成過渡到資本主義並且比較明顯的經濟上的奴隸地位與相當的政治上的獨立交互而行：這就是半殖民地的資本主義。（拉丁美洲）。

五，殖民地革命的道路：這裡轉變到資本主義是與勝利地保護及獲得國家的獨立密相連繫着（封建制度的成分多少還能保留着）。例如：日本，土耳其。

這三個道路乃是帝國主義所特有的，在實際上，這三個道路之間，缺乏明顯的分界：眞是各調雜奏，從北非洲或印度之絕對地陷於奴隸境遇起直到阿根廷，或土耳其之彷彿在政治上完全獨立而經經上却是處於純粹的依賴地位止。

我們想，中國在上面任何一條道路上都是走不通的。要想在上面任何一形式上在中國很堅牢的樹立資本主義的制度，都是夢囈！爲了要證明這點，我們應當簡略地考究帝國主義侵入以前所存在於中國的那一個社會制度的一切特點。

帝國主義侵入以前，中國社會制度的幾個特點

一）在中國裡，使農民固結於土地之上而不能脫身的基礎，決不是勞動力的不足，好像歐洲有一個時候一樣，因爲勞動力不足的結果，就將直接的生產者奴役起來，把牠團結在封建諸侯的采邑經濟之上，在中國呢，恰是相反——土地的不足，逼着直接的生產者不得不屈服於任何奴隸式的約束惟恐得不着一塊小小土地耕種以糊口。　（未完）

2 第二頁 工人之路 一九三十一年一月二十日

在列寧逝世紀念日中

加緊社會主義比賽與突擊運動

來建設社會主義經濟的基礎來執行列寧的遺言

社會主義不僅是不消滅比賽，正正相反，牠形成一種這樣的可能使比賽能够眞正廣大地應用起來而把大多數勞働群衆吸收到勞働的舞台上，使他們來表演自已發揚自已的能力顯出自已的天才　　列寧

全體加入 列寧共產黨

黑河通信　『Желябов』號輪船全體水手——突擊工人，對於列寧逝世紀念日，準備非常積極一致表示必須加緊發展社會主義比賽與突擊運動，而爲四年完成五年計劃而爭鬭。同時決議全體加入列寧共產黨。在全體水手大會上決議云：

『列寧共產黨就是我們自己的黨，列寧共產黨的政策也就是我們自己的政策，祇有在這個政策之下，我們完成社會主義建社』云。

加入突擊隊

◁加緊爲列寧主義的爭鬭▷

伯力通信　伯力第九號鋸木工廠日前已開始準備列寧紀念日。在最近數日中，有二十三個工人加入突擊隊，表示努力執行生產計劃，加緊爲列寧主義而爭鬭。

同時在列寧逝世紀念中，將有大批突擊工人入黨。

爲列寧主義而爭鬭

廟街通信　爲實際爲列寧主義而爭鬭，廟街東方工人特組織三個突擊隊，（共四十八人）以便送往伐木區域，加緊提高伐木的速度。

又訊，在廟街輪船碼頭有十個中國工人加入突擊隊，並表示不執行五年計劃，决不離開工廠。

决心加入 列寧共產黨！

廟街通信　在列寧紀念日時，廟街罐頭工廠突擊工人七名决加入列寧共產黨。同時在工人中並將加緊擴大社會主義比賽與突擊運動，以期預期完成五年計劃。

决心彌補以前的虧空

本城通信　伯力電站現正積極準備列寧逝世紀念日，决在正月二十二日（列寧逝世紀念日）以前彌補以往的虧空。

列寧逝世紀念日中，黨支部决把優秀突擊隊員吸收入黨。

又訊　在最近一月中，伯力電站工友的勞動創造性，甚爲高漲。計曾提出合理化提議五十餘個。

四年完成五年計劃

本城通信　在列寧紀念日中，伯力印刷所工人將舉行紀念大會。紀念大會的口號，爲四年完成五年計劃，以及加緊社會主義比賽與突擊運動。

執行採金計劃 百分之一百二十

廟街通信　在特別季中，廟街區金礦執行採金計劃的百分之一百廿。與執一九二九年十月，十一月，十二月，相比，本特別季的採金額計超過兩倍。

金礦礦工對於經理處所提出的本年採金計劃，討論極爲熱烈　提議預增加百分之五十六。

超過了糧食儲蓄計劃

本城通信　據邊疆糧食管理處的調查，截至本年正月一號爲止，糧食儲蓄計劃執行的百分數如下：

秋克大區執行全年計劃的百分之一百三十一點三。

沙衞廷區執行全年計劃的百分之一百二十七點四。

米哈洛夫區執行全年計劃的百分一百二十一。

介牙州執行全年計劃的百分之一百二十點七。

輿凱——亞哈林區執行全年的百分之一百一十五，點三。

蒙古卡區執行全年計劃的百分之一百一十二點五。

馬尙洛夫區執行全年計劃的百分之一百一十一點六。

自由區執行全年計劃的百分之一百零八。

格洛得可夫區執行全年計劃的百分之一百零五點八。

魯核洛夫區執行全年計劃的百分之一百零三點三。

司可托夫區執行全年計劃的百分之一百零二點九。

波可洛夫區執行全年計劃的百分之一百零二點九。

以上十二區不僅執行原定計劃並且已經超過原定計劃，而表示出爲四年完成五年計劃而爭鬭的精神。

特　載

中國革命底前途（密茨）（續）

因此，這裡，資本主義之繁榮滋殖比任何時候某一國之獨立地經過資本主義道路發展者，就要更含病態，作爲起來，也富於破壞性多了。舊的資本主義以前的中國社會正在解體着，這一個崩潰的過程便孕育了極大的革命力量。

因爲高利借貸資本及過高的地租，除了呑取租錢外，還蝕了農民的一大部分工資，農村經濟，已早陷於日趨低落的狀况；現在呢，因爲資本主義工業所生產的國外紡織品都進了中國，中國的農村經濟便失去了自己唯一的『進項』——手工業。農民很迅速地分化起來；一小部分便在廣大群衆的窮脊骨上致富，變成了財主，有些部分便完全被拋棄在生產過程以外。城市手工業也遭受同樣破產的危運。極廣大的群衆都歸到『剩餘的勞動力』的隊伍，向外移民的就多着了，相繼來墾殖滿洲里，僱傭的軍隊就可招募不盡，不慾役人．成隊的紅鬍子，大堆的乞丐自然是來之有源，與年俱增了。農村經濟和手工業的破產將成千成萬的人都趕到城市的勞動力市塲上來找『立命』之所，遂將不熟練工人的工資擠得不足以飽腹，時危其生。

在資本主義工業於本國領土以內發展的那些國家裏，剩餘勞動的一部分便爲工廠吸收進去。但是，在中國呢，這種情形是極爲有限，而且只限於爲外國資本所開設的工廠和作坊。

因處於帝國主義壓搾之下，各種資本主義以前的形式的土著資本就不得不仰外國工業資本的鼻息，受其支配。這些土著資本當藉外國資本之保護（中西合辦的企業），變成工業資本，另一部分則在外國資本過於强大有力的情形之下，不得不『退避三舍』，發生一種附屬性的作用。

隨外國資本之侵入中國而來者，便是最大一部分的中國商業資本起而向帝國主義効犬馬之勞。中國的商人按鄉挨戶地取買茶葉，煙草，豆，絲以供給包攬出口生意的大商號。中國商人的資本在數量上旣是比外國人的資本差得太多了，又因爲這些碧眼黃鬚的外國人以剣據者的資格，享有許多特權，所以中國的商業資本日趨爲外國資本的附傭．

原始的中國的所謂『土著銀行』（整個的高利借貸資本亦然），也正發生同樣的情形：他們實已成了大的外國銀行的代辦人（這些銀行爲外國資本所開辦——多爲英國資本）。

中國的土著商業，高利借貸資本和工業資本都仰承着外國資本的淫威低首服從，這一個現象之政治的和社會的意義，就是在於中國資本家因此便以整個階級的資格都陷於外國資產階級的支配羈絆之下：（註一）而中國的資產階級既如上所述的已與地主切近的混合生長，與地主同爲一個羈絆網裡，唯外國資本之命令是從。（註二）

註一，我們正說的是整個的中國資產階級因爲資產階級之個別集團——特別是工業資本家——在革命的某一個時期也能起來反對過帝國主義者。

註二，紳士與老的貴族官僚都是傳遞的長鍊中之一環，將外國資本與中國農民勾連起來，農民是消費者和原料之基本供給人；土豪劣紳的威信正利於和平的商務流通，——以其維持秩序，他們亦得到相當報酬。因此，中國的整個統治階級多少都帶有買辦的性質。

但是，外國資本不使將中國的統治階級服從於己：且使之四分五裂。外國資本不是一個整齊劃一的東西，在中國，各種外國資本的統治是代表各不相同而彼此明爭暗鬭的帝國主義列强（英，日，法，美）而這些列强國的矛盾自然又轉遞到中國資產階級的各集團．以每一個集團都和某一個帝國主義者有牽涉的原故。帝國主義者相互間的鬭爭正在中國資產階級的內部繼續發展，使其四分五裂，不能合併。

中國隊閥間的頻煩不斷的戰爭底外殼，就是各帝國主義列强以彼此本益相衝突所發生出來的鬭爭及依附各帝國主義列强之下的中國統治階級各派的內鬨。

這兩種情形——一方面中國的統治階級依屬於外國資產階級，另方面又被牠弄得四分五裂——對於決定中間能否走上『凱馬爾』道路的發展，是非常重要的。

四）資本主義以前的情形所獨有的技術之整個落後的結果便是軍事技術的落後：在過去一百年來，中國軍隊雖數量上優越，究不能抵抗因何一個帝國主義的軍隊，出戰制勝。

五）中國由資本主義以前的社會制度要轉變到資本主義的制度正逢着資本主義腐化而崩潰的末運，這一個情形實有特殊的意義：

甲）在帝國主義列强各爲爭新市場而尖銳的鬭爭之下，中國挾其廣濶的領土，四萬萬五千萬的人民，在當今是爲爲天下之唯一良土而尙未被帝國主義完全佔有。自然，中國就成了帝國主義列强彼此爭奪之最主要的對象。

乙）就世界的範圍來說，資本主義主制度及整個的資產階級已再不是歷史進化的擔負者了。恰恰相反，他們已成了歷史發展的障碍。在蘇聯資本主義制度已被推翻，社會主義建設大步地向前發展向全世界的勞動群衆昭示資本主義的末日已經開始。很明顯地，這不能不給中國國內階級相互關係的發展深刻的影響。

這些就是最重要而特別的幾個條件，將對中國事變的前途給以重要的影響。

現在且來研究一下究竟在目前這一個歷史的環境之下，一般地在中國是否能够形成階級的社會制度。

爲此目的起見，我們就將上列的由資本主義以前的形式轉變到資本主義制度的各個道路，對準着中國的情况來引申一下。　　（未完）

列宁主义是世界无产阶级革命胜利的旗帜，1932 年 1 月 22 日

高舉列寧的旗幟走向世界十月！

„Gungrhenzh lu“ ★ „Рабочий Путь“
Орган ДалькрайкомаВКП(б)и Далькрайсовпрофа
蘇聯共產黨遠東邊疆委員會和蘇聯遠東邊疆職工蘇維埃出版

№771	22 января 1932 г. 正月廿二日	隔一日出版

列寧主義是世界無產階級革命勝利的旗幟！

我們失去了偉大的革命導師——列寧，已經八年了，在這八年中間，世界革命的工人階級及殖民地半殖民地的革命勞動群衆，在列寧的旗幟之下，作革命鬪爭，爲自己的事業的勝利前進。共產國際及其先進的支部聯邦共產黨，在近八年爲實現列寧的遺訓鬪爭，特別是列寧主義最好的承繼者，世界工人階級的首領——史大林同志，其堅定擁護列寧主義的眞純，打碎了反革命的拉洛斯基主義、繼續不斷的打擊右傾及『左』傾機會主義——修正列寧主義的復興資本主義的理論。黨在加緊兩條戰線的鬪爭上，得到實現列寧的遺訓，本着列寧主義，我們無論是在國際無產階級鬪爭中，無論在蘇聯社會主義建設中，我們奪得偉大的歷史上永不可滅的勝利！

在蘇聯建設社會主義——在『一國建設社會主義能否勝利』的問題，現在已得了具體的實際的肯定回答。蘇聯工人階級及基本勞動農民群衆，在聯共及與列寧中央指導之下，在一九三一年——五年計劃的第三年，已奠定國內社會主義經濟基礎，而在一九三二年，也就是五年計劃四年完成的最後一年。同時我們準備第二個五年計劃。

社會主義成份在城市及鄉村中，都佔了統治的地位，『誰勝誰敗』的問題，已經決定了，勝利在社會主義方面，蘇聯已經走入了社會主義的時期，奠定了社會主義的經濟基礎。

對於這些勝利，甚至資產階級及其學者，也不能不免强承認：『在現在的時候，對於那無恐慌和革命危機的國家，對於那充滿發展自信的國家，我們要承認是比較幸福的國家，蘇俄的政府和民衆，雖然有自己的困難，但他們是堅信他們將來的勝利的，他們現在正討論第二個五年計劃』。（英國資產階級的新國民日報）

反革命托洛斯基主義者的預言，說『一國內不能建設社會主義』，早已破產：『誰給與反革命資產階級以思想的武器反對布爾塞維克主義，如像在我們國內不能建設社會主義的提綱。這個武器是托洛斯基主義給他們的。』（史大林）現在事實不僅在世界無產階級面前，證明了列寧主義的正確。世界資產階級的首領，都在叫苦承認。

右傾機會主義布哈林及其同夥，反對集體化及社會主義全線的進攻，反對『取消富農階級』的口號，而創造了『富農生產到社會主義』投機可恥的理論。但右派機會主義所得的回答：是現在集體化的發展，在緊密集體化基礎上消滅富農階級，基本農民群衆面向社會主義，在鄉村的階級關係起了很大的轉變。這是給與右傾機會主義可恥的預言——修正列寧主義的企圖的當頭打擊！

在蘇聯社會主義建設戰線上的勝利，明是像列寧及布爾塞維克所說的一樣！

在國際階級力量的對比上也是一樣，世界資本主義經濟恐慌加深和擴大，生產力劇然的低落，在數國內已經成熟了革命的前提。在殖民地半殖民地國家革命運動高漲。這些事實，活擒了一切反列寧主義的機會主義，由盧森堡所謂『資本主義自趨滅亡』，直到布哈林右派的『有組織的資本主義』，接近社會民主黨的『超帝國主義』的理論。這些機會主義在實際上妨害革命工人階級的鬪爭，而帮助了帝國主義及其走狗社會法西斯蒂主義。

世界資本主義恐慌的事實及工人革命運動的高漲，正是列寧和布爾塞維克所預言的。正是共產國際所爲實現而鬪爭着的列寧主義的路線。

中國革命目前階段勝利的進展，在蘇維埃的旗幟之下，千百萬勞動群衆在工人階級及其先鋒中國共產黨領導之下，加深土地革命，反對帝國主義及其走狗地主資產階級的——國民黨！列寧主義及共產國際列寧的路線都指出了這條中國革命的道路。『非資本主義發展的』，『由資產階級性的民主革命轉變到社會主義革命』。這個鬪爭的道路——是蘇維埃運動進展的道路：『維維埃是工農群衆暴動的最高機關』，（列寧）。『只有蘇維埃纔能救中國出於最後的貧困』（史大林）。

中國革命的勞動群衆中，在日益布爾塞維克化的中共領導之下，爲蘇維埃鬪爭，奪取革命的最後勝利。

在中國革命的戰線上，列寧主義已成爲數百萬工農群衆鬪爭的旗幟，這個不是托洛斯基主義，陳獨秀主義及李立三主義所能汙染的，爲這個旗幟的純潔性而鬪爭，是千百萬的工農及其領導者中國布爾塞維克！

遠東近年來在社會主義建設擴展之下，得到了不少的勝利，邊疆由沙皇的放逐地變爲社會主義的要塞。遠東邊疆比幾年前沙皇時代，經濟發展，突飛猛進。以前遠東未曾有什麼大的工業建設，而現在已造成社會主義的大工業，木業，漁業，及其他重工業工廠。遠東各民族勞動群衆在共產黨及蘇維埃政權的週圍，參加社會主義建設，四年完成五年計劃、準備着第二個五年計劃。但是遠東邊疆的建設速度，還是落後，在執行生產計劃上，有許多虧空。在過去不久，邊疆黨部全會已經明顯的指出了經濟建設的任務。比爾哈文洛夫同志在邊委全會上所說的：『遠東邊疆比如像一個車子及其四個車輪，在這四個車輪上邊疆經濟車子轉動，這四個車輪就是：第一最主要的出口……第二漁業，第三農村經濟，第四是木和煤；運輸是拉這個車子的車杆。……』我們要用全力將這個車子由虧空中拉出來！

只有繼續動員群衆，努力爲黨的總路線——列寧的路線鬪爭，爲實現史大林同志六個指示鬪爭，這樣纔能救邊疆出於虧空。因此要提高遠東黨組織的警惕心，提高馬克思列寧主義的理論鬪爭，無情的打擊右傾及『左』傾機會主義鬪爭，而兩條戰線上，鞏固黨的堅强一致！這是勝利的保障，這是我們布爾塞維克的戰鬪任務。

遠東中國工人及集體農民在列寧逝世八週紀念時，負有什們具體的任務呢？首先就是要在社會主義建設全線總進攻上，更英勇地完成並超過完成一九三二年的計劃。堅決打擊階級敵人的反抗，肅清一切反革命的份子。

第二個任務，就是要加緊擁護蘇聯的國防。帝國主義新的大戰危險，特別是進攻蘇聯的危險，日益緊迫。日本帝國主義橫佔滿洲，已開始了瓜分中國的行動，同時也就是準備直接進攻蘇聯。在遠東的中國勞動群衆，應加緊學習軍事，準備武裝擁護蘇聯。

第三個任務，就是要加緊擁護中國蘇維埃革命，不讓任何帝國主義干涉中國革命。

要更高舉起列寧主義的旗幟——第四個任務，就是要理論戰線上爲列寧主義堅純，鞏固列寧黨鐵的一致而鬪爭。爲答覆反革命托落斯基的私販——打擊在黨史上汚蔑列寧及布爾塞維克的企圖，以及打擊遠東托派在中國問題上的私販。要動員中國突擊隊員加入列寧的黨，到現在中國黨員在中國工人中仍佔很少的百分數，但是突擊隊員佔全工人百分之五十。爲吸收中國工人突擊隊員入黨而鬪爭，因此而要加深在生產中的群衆工作，這是黨組織，首先是中國黨員戰鬪的任務。而青年工人要百分之百加入列寧的少共。海參崴黨組織，在這個工作中已得了相當的成績，更要向前擴大勝利。其他各生產區黨組織要努力這個工作的轉變。

以馬克思列寧主義教育中國的黨員及少共，每個黨員和少共，要在兩條戰線上鬪爭武裝起來，打擊右和『左』傾機會主義，保持和實現黨的列寧的路線。因此遠東各中國黨校（共大，黨校，夜班黨校及其他），應在這個觀點上來改造自已的工作，以能在訓練幹部戰線上，造成以列寧主義爲武裝的布爾塞維克堅强的幹部。這個幹部在社會主義建設中，在中國工人中，負有組織和領導的作用，他們要眞正以列寧的道路，指示給中國勞動群衆，不斷的奪取新的勝利。列寧主義萬歲！

上海三月暴动的五周年，1932 年 3 月 22 日

日本帝國主義將滿洲變爲軍事根據地

準備反蘇聯戰爭的陰謀

日本在滿洲粮馬厲兵

倫敦三月十八日電 『時報』消息，日本參謀部預備將高麗師由滿洲調回高麗，而由日本派往滿洲兩師新兵，最近在滿洲的日兵，並未減少。不久日軍在滿洲還要增加一師兵。

日本在滿洲自行作主

△鐵路調查團到瀋陽△

北平三月十八日電 日本鐵路調查團已到瀋陽，其目的在考查滿洲鐵路狀况，並計劃將來在滿洲的鐵路建設。

日本政府派代表調查滿洲

東京三月十八日電 『聯合通訊社』消息，芳澤在三月二十日派前駐莫思科日本公使田中赴滿洲，『調查當地狀况』。

何得子到哈爾濱

東京：三月十八日電 聯合通訊社，日本從滿軍司令何得子乘飛機到哈爾濱。何得子並將往齊齊哈爾將與馬占山有會談。

日本教員失業

東京三月十一日電 裁減數千教員，謂『必須經濟』，因此而有大批教員失業。

日軍又準備在青島行動

上海三月二十一日電 由青島來車，乘客均擁擠異常，據云日人將駐軍青島，採取軍事行動。

上海戰事仍舊

上海三月二十一日電 上海戰線上情形仍舊。和平談判未開始。

蔣介石又吹牛

賣國賊的面目早被民衆認清了

上海三月二十一日電 蔣介石對『李特』通訊者云，謂最近將就軍事委員長職，自任一切軍事任務。蔣介石聲明，中國希望和平解決，如日本不停止軍事行動時，中國將與之鬭爭到底。關於滿洲問題，政府尚待斟酌。

美國贊同國際決議

共同宰割中國進攻蘇聯

日內瓦三月十八日電 公佈駐日內瓦之美公使威爾孫，致國聯總書記得瑞孟得，謂已收到國際關於日中衝突之決議。美公使代表政府表示完全贊成國聯行動。在該信中說，美政府已照會美國駐上海代表會同各國一致行動。

在上海街上的日軍機關槍隊

西歐無產階級準備保護蘇聯

德共書記蒂爾曼在選舉中佔第二位

柏林三月十九日電 德國選舉總統的最後總結已公佈，共有三千七百五十五萬七千一百九十九票，其中興登堡一千八百六十五萬四千二百四十四票；吉梯立爾一百一十五萬四千一百十九票；瑪斯梯爾比爾哥二百二十五萬八千八百十五票；德共書記蒂爾曼得了四百九十八萬二千八百七十票。平均算來：蒂爾曼佔選舉中的第二位，這是證明德國無產階級革命化的增長。

德少共爲反帝國主義戰爭而鬭爭

宣佈全德青年工人日

柏林三月二十日電 三月二十五日到二十七日，德國少共宣佈爲第七次勞動青年日。在這天動員廣大力量反對帝國主義戰爭，反對反蘇聯戰爭的陰謀。同時舉行工廠工人青年代表大會，在大會上將討論少共反對戰爭的鬭爭方法，擁護蘇聯的問題。並舉行大遊行示威。在最近兩星期內，加入德少共的已有六千四百五十五人。

魯爾礦工大會

柏林三月十九日電 魯爾煤礦工人召集代表大會，討論全德革命工會全會的總結。大會代表五百五十二人，代表一百三十一個礦井。大會指出在正月內礦工罷工的領導不充分。

大會代表一致聲明，礦工應當成爲反戰爭的先鋒。

西班牙共產黨的戰鬭準備

巴黎三月二十日 由馬得利得來的消息，西班牙共產黨代表大會改爲三月十七日開幕（原定三月八日）。馬得利得開始總罷工，改良派工會首領反對罷工。

波蘭工人總罷工

瓦爾薩威三月十八日電 工人準備在三月十六總罷工，反對政府企圖取消關於社會保護法律所餘的部份。警察實行大搜查逮捕，在瓦爾薩威城被捕者有二百多工人。

在英國：失業工人

按正式統計，二月二十二日，登記之失業工人達二百七十萬一千一百七十五人；有許多失業工人未被登記，停發失業津貼費，謂須考查『其需要程度』。

特載

上海三月暴動的五週年

「一九二七年三月二十一到二十二日」

上海是全中國唯一的工商業中心，也是東方最大的商埠。在上海集中着全世界帝國主義的代表——奴役中國瓜分中國的洋大人及其武裝力量！集中着洋大人的走狗中國軍閥賣國賊的力量——上海是反革命的巢穴。上海有成百萬的中國無產階級，上海有在鬭爭中鍛鍊過的中國工人階級先鋒——上海是中國革命的先鋒的所在地。

爲上海而鬭爭，決定中國全國的政治主要的命運。

五年前，中國工人階級在中共領導之下，與未叛變的中國資產階級及國民黨，爲統一中國而鬭爭。當國民革命北伐軍將到上海的時候，上海無產階級顯示他們在歷史上的革命作用，顯示他們是中國革命中最革命的力量，不管上海帝國主義的壓迫，不怕北洋軍閥孫傳芳及奉系軍閥張宗昌的屠殺。上海工人暴動了。暴動是爲了奪取上海的政權，鞏固革命的力量，爲了由帝國主義及中國封建殘餘之下解放中國。上海工人在偉大的覺悟之下，在中共指導之下，暴動起來。在暴動的開始是上海工人的總同盟罷工，參加的有八十三萬工人，三月二十一日便開始暴動參加的工人到二十三萬。工人的武裝雖然不充分，但是他們勇敢犧牲的熱情，打退了上海反革命軍閥的軍隊，解除了上海警察的武裝。三月二十二日，上海的政權已轉入革命群衆手中了，工人奪取上海是在北伐軍未到之前。

這一頁上海工人階級爭鬭的光榮歷史，是中國無產階級——反帝國主義及土地革命的先鋒，爲奪取上海的革命戰爭。

上海工人這個暴動的勝利，使帝國主義者發抖，使中國資產階級及國民黨軍閥驚破肝膽。這次暴動也就是促進了國民黨的叛變，促進了國民黨及其軍閥向帝國主義投降。他們明顯的知道，上海工人階級能够奪取上海政權打敗直奉軍閥，那麼他們將來也就會不客氣來推翻中國資產階級及其在國民黨的代表。因此蔣介石北伐軍進了上海之後，到四月二十二日完成了他的叛變，解除了工人的武裝，封閉工會，屠殺革命工人及共產黨，總之把革命的上海，變成白色恐怖的死獄；昨日北伐革命軍的總司令，今日屠殺工人的劊子手，也就是帝國主義御用的新走狗，在帝國主義的嗾使之下，屠殺和摧殘中國革命的先鋒戰士。

中共當時機會主義的領導（陳獨秀及其他），未執行共產國際的指令，做了許多政治錯誤，實際上成爲當時黨內的工賊，黨員群衆那時已經表示反對這種機會主義的領導了。當然這也是使上海暴動失敗一個原因。

上海暴動已經五週年了，上海工人階級英勇鬭爭的精神，留給革命的中國工農鬭爭的經驗。上海暴動雖然失敗了，但是中國革命的先鋒——無產階級，現在已成爲全中國被壓迫的民衆解放革命的領導階級。中國無產階級領導着的勞動農民爲土地而鬭爭，爲蘇維埃鬭爭！上海工人階級在鬭爭中在白色恐怖中在密秘工作中鍛鍊出來的幹部，現已多是在中國蘇維埃區的領導者，是中國紅軍的指揮者，他們已是中國共產黨內主要幹部。

上海暴動寶貴的遺產——是無產階級在資產階級民主革命中奪得了領導權。上海暴動的遺產是佔中國內地三分之一大的中國蘇維埃區域，是將及二十萬的工農紅軍，是日益布爾塞維克化的共產黨及少共。這些力量是救中國出於瓜分和貧困最可靠的力量！

上海暴動五週年的今年，我們適當日本帝國主義在上海進行瓜分中國的戰爭，各帝國主義有的坐待漁利，有的直接幫助日本的強盜行動。江灣，閘北，徐家滙及其他地方都被日軍佔了。國民黨廣東派的第十九軍，雖然是在迎敵，但蔡廷楷已經是帝國主義的走狗，在他指揮中幾次給了日軍以優勢而並不堅決的反抗日軍，並曾強迫革命的兵士退却。第十九軍所以抗日迎戰只不過是廣東派藉此以揭破南京派，以賣弄功績更加群衆反日情緒的逼迫，從中還有其他帝國主義的指使。而南京派爲防廣東派而不派援兵到上海。這樣的賣國行動暴露在中國民衆面前。在這個緊急關頭，更使我們回想英勇的上海工人，真正爲革命鬭爭能以自己的力量戰勝一切反革命。

近來上海的工人群衆，雖然在白色恐怖迫壓之下，已經又在繼續積極參加鬭爭，反日運動遊行示威，公開的在叫喊着『打倒國民黨！』『共產黨萬歲！』的口號，上海工人群衆正在準備自己的力量，爲奪取政權鬭爭，他們知道爲打倒帝國主義，必須打倒他們的走狗國民黨。他們知道必須加緊鞏固中國蘇維埃區域，鞏固中國紅軍。

上海工人——中國無產階級的先鋒隊，中國工農革命的生力軍，在鬭爭中受過鍛鍊的有經驗的戰鬭隊！只有上海工人的力量，以武裝暴動和中國紅軍，才能保持上海不受帝國主義的侵略，才能把上海變成革命的中心。（伊魯）

（2）『工人之路』第二頁

每一个共产主义者务必自动地提高自己的革命理论程度，1933 年 1 月 8 日

第二頁 2стр. 『工人之路』 8 января 1933гг. №4 (934) 第四期（九三四）

提高工農檢查廳積極份子的作用 努力為生產計劃而鬥爭！

邊疆監委及工農檢查廳在各企業組織控訴幹事會值日團

從本年一月份起邊疆監委及工農檢查廳控訴幹事會在伯力各企業中組織流動值日團。

一月份流動值日團的日程表如下：

農業機器製造廠——一月十日和二十日；

二號印刷所——一月十一日和二十六日；

縫衣工廠——一月二日和十六日；

第二處磚窰——一月五日和二十一日；

電站建築處——一月九日和十七日。

『斯巴達團』木場工農檢查廳積極份子工作的模範

四站通信 四站『斯巴達團』木場工農檢查廳積極份子已執行自己的義務，已重新設備的烘麵包爐，組織由一百人到一百二十人午飯的食堂，開設新的澡堂。

澡堂的開設，係由工農檢查廳義務檢查員杜梅士自己組織，他已組織一個小飯室和及野外廚房。又義務檢查員包立德曾採用各種辦法，已修蓋工人寄宿舍兩個。

十四里地建路的工人，曾接受『斯巴達團』木場工人的號召，宣佈突擊工作和締結社會主義比賽的合同。

工農檢查廳積極份子曾採用各種辦法，實行消滅在築路中各種缺點。

邊疆各機關裁減大批職員

本城通信 在邊疆許多機關中，職員很多，有人多事少之弊，在現在社會主義建設日益發展的時候，在各處幹部人材缺乏的時候，這種現象特別是不能容許的，因此根據中央監委的決議，邊疆各機關已開始實行裁減職員，而將所裁人員派往各下級機關做工，這樣一來，一方面裁去了多餘的職員，另方面又補充了缺乏人員的機關，加緊下級機關的工作，茲將邊疆各機關第一批裁員名單譯登於後。

機關名稱	原有人數	裁去人數
邊疆執委	135	49
邊疆秘書處國民經濟統計局	49	7
邊疆拖拉機站管理處	77	34
邊疆運輸協會	25	5
邊疆中央書局	35	4
邊疆皮毛業協會	64	5
遠東漁業托拉斯代表處	16	6
邊疆小手工業協會	32,5	13,5
邊疆電影業協會	48	8,5
邊疆縫衣業商務處	25	2
邊疆儲蓄處	48	13
邊疆勞動處	34	6
邊疆供給處	44	2
邊疆消費協作社協會	235	129
邊疆社會保險處	20,5	2,5
邊疆拉丁化中文委員會	14	2,5
邊疆糧食採辦處	124	47
邊疆土地部（因撤廢邊疆集體農莊協會關係）	136	60
邊疆財政廳	102	27
邊疆教育廳	61	20
邊疆市政局	31	6
邊疆審判廳	48	25
邊疆運輸道路建築處	97	38
邊疆工農檢查廳	87	20
邊疆交通管理處	63	14
邊疆商業供給所	63	8,5
邊疆國家零售商業聯合部	62	14
邊疆關稅管理局	126	13
森林托拉斯	102	25
北方民族捕魚協會總部	49	10
共計	2083	611,5

每一個共產主義者務必自動地提高自己的革命理論程度

在今年要進行清黨。這次清黨的中心政治任務：就在於更加鞏固我們的黨的隊伍；就在於更加鞏固無產階級專政的領導力量；就在於從各方面來檢查每個黨員和候補黨員為黨性而鬥爭的質量。

自動提高自己理解馬克思——列寧主義的程度，是每個黨員和候補黨員為黨性鬥爭的質量表現之一。自動地提高自己的革命理論程度，就是要在社會主義建設的條件中，把馬克思——列寧主義來武裝自己，要取得社會主義生產的技術。

我們的黨，無論何時都是正確估計到革命理論的意義的。列寧不只一次地說過：『沒有革命的理論，便不會有革命的運動』『只有先進的理論所領導的黨，才能完成先鋒戰士的任務』。這就是本黨經常不變地『用運動的規律的知識，用革命的規律的知識』來武裝自己的原故，因為這使黨『不僅明瞭目前的各階級是怎樣地和向那方面地運動，而且還知道它們在最近的將來要怎樣地和向那方面地運動』（史大林）。這就是本黨經常不變地在其實際行動中依靠着馬克思——列寧主義的理論基礎，而且在實際行動的深刻研究上，在經濟發展和階級鬥爭的科學分析上，來建立自己的一切實際工作的原故，因為與此相反的實際便成了盲動。

正因為這個原故，本黨最堅決打擊稍微輕視革命理論和想把實際與理論隔離起來的企圖。因為這種企圖根本上是與列寧主義的全部精神相反的，而且在事實上還有非常重大的危險。正因為這個原故，本黨絕對要求每個共產黨員都用革命的理論來武裝自己，因為只有馬克思——列寧主義這種革命的理論，『才給實行家指示方針，指明前途，使他們在工作中有把握，使他們信任我們的事業的勝利』（斯大林）。

同時，本黨屢次指明理論如若不與革命的實際相聯繫，不與研究『在改造時期解決一切』的技術，研究社會主義生產的技術相聯繫，那麼這種理論便是廢物！

特別是在現時，馬克思——列寧主義的革命理論，社會主義生產的技術，具有非常重大的意義，蘇聯社會主義建設已經得到偉大的勝利，已經在四年內完成了第一個五年計劃，而進到建設無階級社會主義社會的第二個五年計劃。在資本主義世界，則戰後資本主義局部穩定已經完結，同時世界經濟恐慌逐日高漲。特別要聯繫到中國革命發展的局面和遠東邊疆社會主義建設的前途……這些問題時，列在每一個共產黨員和候補黨員面前的任務，若不用一番新的努力來取得並更深了解馬克思——列寧主義的理論，在領導群衆和動員群衆的實際工作中提高並更加提高質量和採用新的方法，在社會主義生產戰線上取得一般和專門的技術，便不能完成自己是共產主義者的任務。

因為在現時，在社會主義建設的新環境中，黨對於每一個黨員的要求已經特別提高。誰若不自動積極地提高自己的革命理論程度，用馬克思——列寧主義來武裝自己，如果誰不提高自己的政治水平，不取得自己所從事的技術，他就不能了解目前非常複雜的狀況，他就在生活上落後，他就不能為黨性鬥爭，他反而容易，甚至於簡直走入仇敵列寧主義的思想陣營去了。

只有機會主義者，才用空洞的詞句來斷定說，我們既然在社會主義建設中得到了決定勝利的成功，在與階級敵人的鬥爭中得到了完全的勝利，那麼，緊張的階級鬥爭時期就完結了，蘇聯已經進到了『有計劃發展』的階段，進入到了無產階級專政的衰減時期，以後的一切國家機關都無須要了。

只有機會主義者，才在目前的發展困難面前投降，看不見社會主義建設偉大的前途，在社會主義建設總進攻的各條戰線上動搖，甚至投降於日常的生活條件，脫離黨的總路線，破壞布爾塞維克式的紀律，甚至於在培養幹部戰線上脫逃，諸如此類的『共產主義者』，簡直與列寧主義是不相干的。黨認為在建設無階級的社會主義社會第二個五年計劃中，列在每個共產主義者面前的偉大任務，絕不是自流與順水流舟那樣可能完成的，而是要在國內和國外殘酷的階級鬥爭中，同時在黨內兩條戰線的堅決鬥爭中，動員無產階級集體農民與一切的勞動群衆在列寧中央領導之下，才把這種任務能完成。

最近幾個月中的經驗，（首先就是北高加索的庫班區（Кубанск.район）和蘇聯的其他個別的區）特別明顯地證明已被擊碎而尚未徹底肅清的富農階級，這作體驗（自然是用別的方法，更確切地說，就是更隱秘的方法）來頑强地反抗社會主義建設，企圖影響落後的勞動農民階層，同樣影響那些黨內外不堅定的份子。這並不是甚麼秘密，例如黨內的右傾份子，既然是反映垂死拚命的富農反抗，既然是乘着我們的發展困難來起『作用』，自然不免還在企圖復活一切反黨的工作，採用陽奉陰違的方法，達到反革命的方面去的。

所有這些，更有力地證明黨的第十七次臨時代表大會所指示的正確『在將來的時候，在個別的時間裡面，特別是在社會主義建設的個別區域和個別部份裡面，階級鬥爭的加緊還是不能避免的，同時認為對於勞動群衆的個別階層和部份，資產階級影響的保持而且有時甚至加緊，都是不能避免的。在長久的時期中，非無產階級的影響，還不免傳染到工人中去，甚而至於傳染到黨內來』——這是非常的正確。

因此，在徹底地克服階級敵人的反抗，特別是富農階級，在用社會主義的教育來教育千百萬的勞動群衆，在徹底地克服黨內的小資產階級動搖，『左』傾的，和特別是右傾的

與輕視少數民族文化工作的作無情鬭爭！

本城通信 伯力上船塢一九三二年十月間，由城市新文字委員會派韓起昌同志到該工廠當中國新文字的補習學校的教員，自韓起昌到那裡以後，不僅担任新文字的工作非常努力，同時他還幫助職工會在中國工人中吸收會員，組織紅色娛樂室，推銷「工人之路」報紙六十多份以及其他文化工作等。韓昌起同志對於上船塢中國工人的文化工作是有相當的帮助。可是該工廠的經濟機關和職工會，因爲不十分注意中國工人文化工作的關係，所以對於韓起昌同志在那裡作工也不把他當作一個工作人員看待，在最近（一月一號）還把他的麵包小票取消了。

★ ★ ★

該工廠的經濟機關和職工會對於韓起昌同志這樣的行動，是一種不注意少數民族文化工作的表示，實際上犯了一種變相的大俄民族主義，我們提議伯力城市教育廳和城市工農檢查廳來具體的檢查這件事。

——編者——

海參崴華工子弟學校童子軍的工作情形

海參崴華工子弟小學校童子軍，最近爲提高全體童子軍的政治水平線和加緊自己的工作起見，特規定以下的具體工作計劃：

一）組織政治，體育，唱歌，軍事各研究組，每五日週各研究組上課一次。

二）戲劇團每月必須演革命新劇一次。

三）每月必須出牆報一次。須吸收全體童子軍參加投稿。

四）爲完成教育生產計劃，童子軍應領導與非童子軍的學生進行社會主義比賽。

五）童子軍應該經常地去找工人的兒童來唸書，並須將好的學生介紹加入童子軍的隊伍，加入共產主義青年團。

（木投）

伯力城市新委的工作已開始轉變

本城通信 伯力城市新文字委員會，在本年十二月二十九號召集了全城市教員和學生全體大會，討論關於「工人之路」報第九二六期登載的『向伯力城市拉委的提議』一稿，大會認爲『工人之路』的提議是正確的，並百分之百的接受這個提議。因此伯力城市新文字委員會的工作在最近已經開始在改造他的工作。

比如在勞動紀律方面，比較從前提高了很多。其次決定每月召集全城市的教員開會三次，交換教員工作的經驗。並且決定了要開辦一個教員訓練班，每五天上課一次。

此外在那天大會上伯力城市新文字委員會的工作人員和教員，爲迎接第二個五年經濟計劃，全體補寫公債票共1470p.，名單如下：

于子正250p.	王玉珍125p.
李曉峯120p.	張月恒130p.
陳玉堯100p.	白雲福100p.
曹瑞峯100p.	尹三明100p.
韓起昌 85p.	劉忠吉 80p.
劉先吉 75p.	夏雲山 75p.
張典彬 70p.	吳明環 30p.
王☐田 30p.	

⊛ ⊛ ⊛

他們並號召全城市的中國工人比賽補寫公債 （明投）

……社會主義實現，還是我們以後要做重大工作。斯大林同志曾屢指明：『右傾機會主義的力量，就在於小資產階級自然而然的力量，一般地來說就在於資本主義分子方面倚靠來反對黨的力量，——特別是富農方面倚靠來反對黨的力量。正因爲這個原故，右傾所反映的就是垂死的各階級之主要分子的反抗，正因爲這個原故，右傾乃是現時黨內的主要危險』。

社會主義建設的實際任務更加緊張起來了。列在我們面前的任務，在第二個五年計劃中是要在最新式的技術基礎上來完成全部國民經濟的改造。

在集體農莊方面的第一個任務就是要在組織經濟上鞏固起來，提高社會主義田畝的收穫，完全利用所有的農業技術。

但是，爲要在工業農業方面迅速地解決所有的這些任務，首先就必須在國民經濟的各部中，最高度地提高勞動生產率，更廣泛地擴大社會主義積累的基礎。因此就要最高度地組織群衆和改善領導群衆的質量。

因此，必須更加强無產階級專政的一切系統，尤其是必須更加强列寧的黨的領導作用，否則便不能徹底消滅資本主義份子和一般的消滅階級，就不能得到爲全世界社會主義而鬭爭的勝利。因此就必須空前地提高對于階級敵人的警惕，同樣無情地作反對一切機會主義企圖復活的鬭爭。

很明顯的，每一個共產黨員和候補黨員必須明瞭國內各階級的運動，明瞭階級鬭爭的複雜線索，高高地展開布爾塞維克的戰鬭旗幟。每一個共產黨員和候補黨員必須按時地揭露階級敵人的新嘗試和新戰略，同樣揭露一切機會主義的新方法和新形式，揭露一切欺騙黨的新花樣，揭露一切墮落與腐化分子的行動，而且同時給他們以無情的打擊，鞏固布爾塞維克的鐵的紀律，堅定地在實際工作中，以布爾塞維克的精神來教導群衆。每一個共產黨員和候補党員首先就應當明瞭社會主義建設的一般任務和具體任務，把這些一般和具體的任務聯繫起來而進到其實現的道路。因此，必須在生產中推行社會主義的新原則，組織勞動，以共產主義的勞動精神來教育群衆，提高鐵的勞動紀律，愛護社會主義的社會財產，不調和地與小資產階級的怠工、脫工、偷懶，自私自利等情緒和表現鬭爭。

如若共產黨員和候補黨員不首先以身作則來完成這個任務，則這些任務終竟是不能完成的。

每一個共產黨員首先就應當明瞭黨的任務和口號，取得社會主義生產的技術，詳細研究和了解黨所指給他的事業，把這種事業擴大並完備起來。

在現時，黨爲要提高每個共產主義者的革命思想，廣泛地設立了各種學校——經常數年的，臨時幾個月的，無線電話口授的，經常用函授的，初級的，中級的和高級的，此外還有各種研究的組織，各種報紙，書籍等等的設備，比較以前任何時候都更完備的了。在質量上，現時亦更加强了。在技術上更進步了。但在這種條件之下，還有少數的黨員、候補黨員和團員，甚至有個別的組織，不注意提高革命思想及取得馬克思——列寧主義的表現。這樣的缺點，在今年清黨的時期，必須徹底的消除。

黨絕對要使每個共產主義者提高自己的革命理論程度，明瞭黨的黨綱和策略，學習馬克思——列寧主義，取得社會主義生產的技術。

『誰要不願意自修，不提高自己的思想——政治的知識程度，誰就不能當一個共產黨員』！

（丁山——根據一九三二年十二月十八日『眞理』報的『宣傳欄』）

Yandung Biangiang zai di-2 go uniangixua zhungdi gianshe

Bergawinof tungzh zai tadi wenzhang zhung ceng-gin siedao: „zai yandung-di gengzi fazhan fangmian, zai Caridi zhengfu 50-60 nian so zoʙudaodi, r **sowet zhengfu kozai 10 lainiannei ziu zodaoliao**"!

Zheli womn sianlai tan-i-tan yandung ʙiangiang sheyuizhuji gianshe zhan-sian shangdi nasie zhujaodi weida shengli.

Yandung ʙiaugiangdi gingzi fazhan, ingdang an'-zho ixiadi **3 go zhujao shki** lai shuoming: 1904 nian,—zne sh Rh-Wo zhan-zhengdi shki; 1923 nian,—zhe sh zai datuliao ʙai-dang xo diguozhjidi uzhu-ang zingung xo sowet zhengkyan zai Yandung wancyan diandiangdi shki; 1932 nian,—zhe sh wan-cheng di-1go uniangixuadi shki.

Ixia womn ziu anzho zhe 3 go shki lai zhuoming Yandung ʙiangiang she-xuizhuji gianshe zhansian shangdi zhujao shengli:

Shousian laoshuodi, ziu-sh **zai da gungje kije-shangdi rgungrhen shumud** zxengzi: zai 1904 nian zhjou 4.201 rhen; zai 1923 nian —14.304 rhen; r zai 1932 nian zejou 67.732 rhen. Chuc xiwai, zai 1932 nian-nei, xuan iou zai yje shengchan shangdi 5 wan-do gungrhen, zai ginkuang shengchan shangdi 2 wan-do gungrhen, zai sin gian-zhu shengchan shangdi 7 wando gungrhen xo zai shuilu ynshu y tielu sheng-chan shangdi 6 wando gungrhen.

Meikuang shengchan, zai 1904 nian kailiao 9 wan 5 cian ton, zai 1923 nian —42 wan 7 cian ton, r zai 1932 nian ingjou 3 waiwan ton.

Muchai shenchan, zai tung-jandi shki ioudi sh: 36 gan 5 cian lifang meter, 2 ʙai 8 sh 5 wan 1 cian lifang meter xo zai 1932 niandi 7-8 ʙaiwan lifang meter.

Yje shengchan, zai 1904 nian iou 39 wan 4 cian centner, zai 1923 nian iou 79 wan 3 cian centner, r zai 1932 nian zshao iou 4 ʙaiwan centner (zai kynian ijou 3 ʙaiwan centner).

Shangʙiandi tuxua sh Yandung gungchang gungrhendi gisyshe.

Zai nungje gingzi fangmian, gingzhung dimian, zai 1904 nian iou 32 wan 6 cian ga, zai 1923 nian iou 61 wan 2 cian ga, r zai 1932 nian zejou 98 wan 7 cian ga. Cyan ʙiangiangdi pin-nung xo zhungnung, dao zianzai igin iou 60% sh gitixuadi nuggrhen. Tung-ng iou 80% di tudi sh gitxuadi nungrhen ging-zhung.

◎ ★ ◎

Zʙenzhuji gei laodung kynzhungdi tengku

Shje gungrhen

Zʙenzhuji go guodi shje gungrhen (meijou gung-zodi), daoliao 6000 wanrhen, rhugo ʙa Zhungguo xo Indudi shje gungrhen ie suanzai inei, i gung iou 1 wanwan rhenzh do. Deguo shje gungrhen daoliao 750 wan.

Meiguo shje gungrhen daoliao 1400 wan.
Bolanguo shje gungrhen daoliao 100 wan.
Ingguo shje gungrhen daoliao 324 wan.
Rhʙen shje gungrhen daoliao 260 wan.

Gungz giandi

Meiguo gungrhendi gungz zungshu, ʙigiao 1929 nian gianshaoliao 3 ʙei, Deguo gungrhendi gungz pinggun lu 42 wan (1929 nian), gianshao dao 23 mak (1932 nian), gianshao dao 2 ʙei.

革命的理论是布尔塞维克主义的精神，1935 年 6 月 24 日

「工 人 之 路」　一九三五年　六月二十四日

水路運輸工作人員會議

五月二十六到三十日水運人民委員會根據聯共中央和政府的委託，曾召集水路運輸工作人員會議。在會議上，有史大林，莫洛托夫，卡加諾維奇，安得列也夫，日丹諾夫，秋巴爾，葉若夫和其他等同志出席參加。

出席會議的，都是各航業機關的經理，政治部主任，大海港和碼頭的總管和黨組長，各製造廠和船塢的經理，船上的船長，大副，水運人民委員會和其他中央機關的工作人員。

會議上曾討論兩個問題：

一）各航業機關經理關於與水運中遇險事件鬪爭的總結報告。

二）水運人民委員巴哈莫夫同志關於與跑空船現象鬪爭的報告。

曾經極詳細極謹慎的討論了這些重要的問題，會議上曾指定委員會，去編製具體的辦法，保証在水運工作中不遇險，加强各船隻的拖載量，運轉速度及消滅跑空船的現象。

在會議終結時，曾由聯共中央書記日丹諾夫同志作結論。

. . . .

本月十六日，水運人民委員會曾發下兩個命令，指示與遇險事件及跑空船現象鬪爭的具體辦法。

遠東邊疆各輪船上，各航業機關，各海港，碼頭，特別是海參崴海港有很多中國工人，這些地方的文化工作人員應當幫助中國工人來研究水運人民委員會這兩個命令，去與遇險事件及跑空船現象做鬪爭，爲提高船隻的拖載量及各海港各碼頭的裝卸速度而鬪爭。

伯力各組織黨積極份子會議

本月十七日和十九日兩天曾舉行伯力黨積極份子會議，有拉夫盟切夫同志親自到場參加。

在會議上曾討論聯共中央六月全會的決議，由中央委員會委員考西奧爾同志報告聯共中央六月全會的總結；報告後即開始討論。發言的共有十三位同志，都是我們邊疆各機關的領導人員。各發言人都是根據聯共中央六月全會的指示，聯繫到各本組織的具體問題，及怎樣本着這個指示，繼續加緊工作。把這個指示實現到自己生活中去。

○　　　○　　　○

在會議快要完結時，遠東邊疆黨部書記拉夫盟切夫同志又作很詳細深刻的解釋怎樣執行中央決議。會場上全體對於遠東布爾塞維克領導者的演講都熱烈鼓掌，表示歡迎和擁護。

此外，在會議上，還有莫洛托夫工廠，高爾基工廠等大工廠負責人發言。

積極份子會議曾給我國社會主義勝利的組織者——史大林同志寄去賀電。

會議上，全體一致完全的贊同聯共中央六月全會決議，並規定了在伯力各黨組織內實現這個決議的具體辦法。

海參崴中國小學應加緊新學年的準備工作

海參崴通信：海參崴華工子弟小學校，在今年的考試中，証明了小學生學習的成績，比較去年大有長進。

今年從五月十日起，到二十日，第三四年級的學生考試完了，第五年級的學生——由五月二十日至二十八日。在考試的期間，各學生都到課參加了。在考試的結果，祗第五年級有兩名不及格的。

該校從六月一日起已放暑假，現在正準備到鄉間避暑去。目前華工子弟小學校宿舍主任顧仁德同志和本報通信員談話時說：«避暑的地點已經在Седанк站選好，這個地方非常清雅，房屋在一個山坡上，後面有樹林，在山坡下就是海，在樹林中可以紮野營，在海中可以洗澡，並且在岸旁都是沙土地，小學生們可以洗澡，晒太陽。房屋已經修理好了，廚房，飯堂和宿舍等以及小學生在避暑中所用的器具和衣服都已經準備齊全，現在祗等在六月二十日就要出發了»。

現在華工子弟小學校總共有一百一十個學生，在今年秋季將招八十名新生，對於來年新學年的準備，華工子弟小學校蘇斐乙同志和本報通信員談話時說：«在新學年將要招八十名新生，按現有的校舍已經裝容不了，在過去一學年中分爲午前午後兩班上課。教育廳已經把這個校舍分配給別的小學校，允許給我們找新的，可是直到現在還沒有給我們找定。五年級的教科書，在去年一年盡是按照大綱淡的材料，在今年新學年又添了六年級，教科書還是一本也沒有，國家出版部說是出版，但不知道，在開學的時候能夠保証我們須要的教科書不能。教員的人材在去年一學年中缺乏得了不得，現在已由邊疆教育廳向列寧學院今年的畢業生要了三人»。

由此可知小學校對於準備新學年的工作，還更應當加緊的去做。（彼得）

伯力城市花園，在今年重加修理後，形式較爲美觀，內部佈置也較爲雅致。現在每天前往休息遊玩的人數大大增加。上圖是花園的正門。

Shangmiandi tuxua sh ginnian cungsin sioli xoudi Boli chengsh xuayandi weibu xingsh.

Rh-gyn zizhung Changcheng

Y Xyozhungdi gyndui iu cung Baoding chetui

Shangxai 19 rh dianвao. Gy "shenвao"di siaosi, Rhвen gyndui gisy zizhung Changcheng idai, Rhвen feigi zai Xoвei go chu feixing tancha, Bugiu ician, Nanging zhengfu wei fungcheng Rhвen diguozhujizhedi iaokiu, ceng вa Xoвei sheng zhengfu cung Tianzin idao Baoding. Xianzai Nanging zhengfu iu xiamingling, giao Y Xyozhungdi gyndui, zai igc singki inei, cung Baoding chetui.

. . . . .

Rhвen lugyn zungzhang

chengrhen Manzhou iugiduidi shli kuoda

Dungging 19 rh dianвao. Dao Manzhou synshdi Rhвen lugyn zungzhang, iging zai liuye 16 rh xui Dungging. gy „Sinwen lianxo" shedi siaosi, Rhвan lugyu zungzhang zai y sinwengizhe tanxuadi shxou shuodao: „lousie shen shuo xiansh Manzhouguo xen taiping, zhe wancyan вush shsh. Inwei, pinggynkilai, mei tian du iou ic y iugidui zozhan, вingcie meic du iao das gish go Rhвen вingsh. Suirhan „tufei"di rhenshu zuigin gianshaodao 2-3 wan rhen, kosh tamn zai zozhanshang feichangdi giangye. Inc, iao sucing Manzhoudi „tufei", вudan sh caiyng gynsh, вingcie iaocaiyng gozhung вanfa. Manzhouguodi gynfei, вudan вu neng gianshao, вingcie xuan iao zenggia".

更正

本報第八十二期社論『更提高組織性和警惕性』一稿中，第一欄，倒數第十行在『發展收畜，』一句後，丟下一句『很好的進行秋耕』，特此補正。

第二版『論共產黨員的道德』一文中，第一欄，第五行『樂房』是『樂方』之誤，第六行『法律』是『定律』之誤。

——編輯部——

Zhungguo zitinungmin dui Rh-Man gyndui feifa cinfan Sulian вiangingdi xuida

Boli „Guangzhou gungshe" zitinungzhuang di-1 kydi duвaozu, zai liuye 15 rh duвaodi shxou, zhuangjyanmn tingdaoliao Rhвen xo Manzhoudi gyndui feifa cinfan Sulian вiangingdi siaosi ixou. du feichangdi fengi, xaosiang ziu iao ky xo dirhen dazhang sdi. loudi shuo: „Rhugo siaoguiz xuan sh siang liuye 3 rh najang lai cinfan womn zuguodi вiangie, na womn iding iao yng womndi chutou ky ingdi!" Dangsh вing syanвu yng udarnikdi zingshen, lai wancheng chucao gungzo, zowei xuida Rh-Man gyndui ulidi cinfan.

Zai womn Sulian

Sindi rhungtielu kaigung

Tula 20 rh dianвao, Tula gangtie gungchangdi di-1 go shengtielu iging kaigung. Di-1 c shungliao 24 dun вan rhengtie.

Bangzhu lutai zzhky

Moskwa 20 rh dianвao. Xarkow giche zhzaochangdi gungrhen, syanвu вangzhu lutai zzhkydi gigie siuli gungchang. Xarkowdi gungrhen xiezhu daiвiaotuan, xen kuai ziang dungshen dao Biloвidrhang, gai gungchang ie syangy daiвiao tunglai.

Di-3 gidi xowu gunggi

Moskwa 19 rh dianвaoSulian guonei moujiвu iging pizhun Yandung вiangiang di-2 gidi gunggi gixua. Yandung gungjepin moujigy xo Yandung shpin moujigy zai вenginei, igung wei 650 dun shatang, 5 dun chaje, 70 dun caiju, 430 dun y, 50 dun guauchang xo kaorhou, 800 dun tanggo xo 30 wan xo guantou.

Xeixo liangsh chucangchudi Zhungguo gungrhen

Rhelle dingmai sin gungzhai

Xeixo laisin. Xeixo guogia liangsh chucangchu (zagot-zerno) di Zhungguo gungrhen, duiy „di-2 go uniangixua di-3 nian" di gungzhai, cyanti du dingmaailiao. 13 go gungrhen igung dingmaailiao 1350 ruв (tamndi gungz igung 2340 ruв). Mingdan rhu xia:

U lanchang dingmaai sin gungzai 150 ruв; Xung Bin, wang Sixo, Zhang Fu, Li Xai, Ly Shurhung, Ma Deshan, Wang Iouchang, Wang Zfeng, Mung Laowu, Chen Wanchun, Zhang Goping, Li Cingchen deng 12 rhen, meirhen dingmaai „di-2 go uniangixua di-3 nian" di gungzhai 100 ruв.

Cwai, zhesle gungju xuan i itiandi gungz lai вangzhu gianzao zhengfu xaozhaodi 3 gia daxao feigi.(Li Sianrhung)

革命的理論是布爾塞維克主義底精神

有一個時期，我們黨底敵人曾極力傳佈，說好像列寧主義是實際偏重於理論，在列寧主義裡，主要的就是«執行»馬克思主義的原理，總之，好像列寧主義完全不注意理論。正因爲列寧主義是革命的馬克思主義底唯一承繼者，我們敵人對他才傳佈出這類的誹謗。可是這並不是說沒有個別不注意於理論的共產黨員，這樣的共產黨員曾經有過，而且現在還有。因此我們的黨，而特別是列寧和史大林曾多次顧及到這個問題，同時揭穿了敵人的誹謗和那些糟糕的共產黨員的俗庸無識。

這是在布爾塞維克主義形成的初期，列寧曾說革命的實際與革命的理論有不可分隔的聯繫，並預見到我們的黨——國際無產階級的先進戰士——底特殊作用，他曾指出«沒有革命理論就不會有革命運動»，並且«祗有以先進理論爲領導的政黨，才能執行先進戰士底作用»。史大林也曾多次這樣指明，說«如果實際沒有革命理論底指示，就要變成盲目的實際»，而«實際工作者忽視理論的傾向，就違反了整個布爾塞維克底精神，並對於工作有很大的危險»。

人類中最聰明的馬克思，昂格思和列寧用一生精力爲共產主義而鬪爭的事業，現時我們的首領史大林同志所領導的事業，正因爲我們的黨能夠在自己的工作中，切實的以最先進的理論爲領導，所以還存在着並不斷的向前推進。理論曾經並且現在還是使我們的黨能夠像史大林同志所說的«給運動以確信力，給運動以確定方針的力量和對於四周事變底內部關係的了解»。理論曾經幫助了，而且現時還在幫助着我們的一切實際，«不但可以了解現時各階級行動的道路和方向，而且可以了解最近將來這些階級行動底道路和方向»。

理論能武裝和充實我們的實際工作人員以歷史和政治的知識，理論可以使人們增廣眼界和遠大的前途，可以增長人們的勇氣，使他們覺得自己的根基穩固，並能深刻的分析一切瑣碎的社會現象。現在我們舉一個很有意義的例子：黨員薩文科同志(他是莫斯科«史大林»汽車工廠的工人，他在政治研究班聽講）說道：«在列寧主義研究班上課的時候，使我不得不回想到從前已經研究過的問題，並深想到新的問題。除上課以外，我還經常的閱讀列寧和史大林的著作。現在我自己覺得比以前堅定强固的多了。在與黨員或是非黨員同志們爭論的時候，差不多總是我的觀點佔勝，因爲我知道問題的實質和理論的來源。總之我在理論上大大的長進了，我現在快到紅軍裡去了，我還要繼續加深研究理論»。

史大林同志在十七次黨大會上曾再次特別注意到在思想和政治上教育群衆的問題。在十七次大會以後，各地黨組織的宣傳工作雖然在質量上還有很多缺點，可是他的範圍却大大的擴張了。這是在去年四月間，黨的中央委員會曾指出有些地方的宣傳工作俗化了，並且發成一種死板的抽象哲學和毫無內容的空談。

從聯共中央«關於最近期內的宣傳工作»底決議中就可証明宣傳工作中的錯誤直到如今還存在着，因此中央不得不要求各地黨的組織特別注意這個工作。

有些地方認爲宣傳工作是一種臨時和迅速完結的事情。因此就產生各種不可允許的傾向，譬如有人想在夏季把宣傳工作整頓起來。這就証明這些人忘了這個工作不是«季候»的，而是要在整年內經常的進行。

在培養和重複訓練宣傳員的問題上也是一樣的重要。不能允許«基本的宣傳員幹部在夏季短期內脫離宣傳工作和在不經心組織，並沒有好教員的訓練班上培養宣傳員，因爲這樣，宣傳員就得不到應有的準備»。

黨組織的首要責任就是要一般的在宣傳工作中，而局部在準備和訓練宣傳員的工作中，堅決的消滅那種«季候性»。要時刻記着：各政治學校和研究組工作的成績好壞，首先就看宣傳員準備和訓練的怎樣。

黨組織在宣傳工作中另一個大的缺點，就是各政治學校和研究組底課程內容。直到現在大部分還是保存着小學生背誦的死板方法。在很多政治學校和研究組的學程中，只是限於規定的題目，而聽講者對於黨的政策和國際情況上最有興趣的問題，還是和以前一樣的得不到答覆。研究布爾塞維克主義底歷史的情形非常不好，對於黨史的教授常常發現不正確和曲解的現象。

中央特別指出聽講者必須研究布爾塞維克主義底每個歷史階段，因爲懂得這些以後，才能夠了解我們的黨勝利底條件和工具。往往向聽講者解釋«馬克思主義在我們這裡，是在與馬克思主義最凶惡的敵人民粹派(民意派及其他等等）鬪爭中，和在擊碎其思想原理，政治鬪爭底工具和方法（個人恐怖，拒絕組織群衆的黨）底基礎上發展和鞏固起來的»事實還是不充分。同時對於馬克思主義和列寧主義首先是在與落後的民粹派，而後又與少數派和社會革命黨鬪爭中發展，鞏固和勝利了的，往往解釋的也不充分。最後也沒有充分的解釋社會主義的勝利，首先是由於黨與托洛茨基主義和托洛茨基·季諾維也夫派，與右派，«左派»共產黨員及一切反黨的小組織無情鬪爭，結果才有了可能的。

所有這些在研究黨史中的缺點應當在最短期內消滅。應當時刻記着：不知道布爾塞維克主義的歷史，不知道黨的政綱和政策，不知道我們的黨是怎樣組成，怎樣的工作，爲什麼和怎樣鬪爭，那就沒有一個共產黨員能夠配得上這個光榮的稱號，他就不能迅速和正確在環境中規定方向，他就不能夠執行真正先進戰士底作用。

（簡譯自«真理報»社論）

Xaishenwei Chengsh giaoyting zhdaoyandi laisin

Womn duliao „Gungrhenzh lu" вao di-72 ki (liuye 2 xao) sin wenz lan guanjy Xaishenwei sin wenz gungzodi gaoz ixou, iou ixiadi shengming:

1) Shuo Xaishenweidi Zhungguo gungrhen, ulun laoshao du yanji nianshu, zhe вing вush shsh, вuco, iou iвufen sh yanji xyosi, dansh ic iou iвufen вu yanji xyosi. Zhujaodi yanjin ziush gingzi giguan вu zhuji xo вu вangzhu gungrhendi xyosi.

2) „Woroshilow" gungchangdi вusiвan, zcung uyeglan вije ixou, inwei gai gungchangdi zhdaoyan Zhou Guangjyan tungzh вei paiky cangia chunzhungdi gungzo, tungsh Zhungguo gungrhen iu zhudi sanman, soji meijou zuzhkilai. Ginggi giguan вudan meijou вaozheng Zhungguo gungrhen zizhungdi sushe, shenzhjy lian Zhungguo gungrhendi tunggi du meijou. Suirhan zai „Woroshilow" gungchang xiansh meijou вusiвan, kosh zai gai gungchang soguandi caiyanzli, zai zhdaoyan Zhou Guangjyan tungzh lingdao xo вangzhuzhxia, iging zuzhliao igo вusiвan, cangia shangkodi iou 38 rhen. Soji wo shuo „Worshilow" gungchangdi вusiвau вigiao sh xaodi.

3) Shuo wo meijou gingchangdi giancha вusiвan shangkodi cingxing, zhe ie вush shsh. Wo lian xiegungdi rhz du meijou, i jangdi ky giancha вusiвan shangkodi cingxing.

4) Giaoyandi zhliang вu xao, zhe sh wo chengrhendi, Inc xianzai womn iou zhuanmendi giaoshoufa zhdaoyan Arceew tungzh. Tungsh womndi giaoyan xuiji sh вanye zhaozi ic.

5) Shanggi giguan duiy womndi ganвu вu zhuji, gungzo rhenjyan zai shengxo fangmian meijou idian вaozheng, вirhu, fantang, zhufang deng. Inc iousie iou gungzo nenglidi ganвu Li Ynxai, I Xianfu deng, tamn du gyzye вu zo sin wenz gungzo, zh shengxia lianggo nygiaoyan, taamn zai shandungdi fangmian, вigiao вorho.

Ishang zhesle kunnandi shsh sh wo ingdang shengmingdi, cing вaoshe ti wo faвiaochulai. (Sung Fukao)

Benвao zai liuye 2 rh faniao „Giancha Xaishenwei sinwenz gungzodi zunggie" zhung, iexy iou goвic difang вu siangsi, dan iвandi shuolai sh zhengkyodi, suirhan lousie keguandi kunnan, dan zhesle kunnan koji ginggo Chengsh dangвu lai siaomie, tungsh ingdang вa gungzozhungdi kunnan, gingchangdi siedao вaoguan lai, ginggo вaoguan lai dungjyan shexui liliang вangzhu nidi gungzo.

—Bianzhe—

Отвот. редактор Чугунов　責任編輯　周公

г. Хабаровск, тип. Дальгиза ул. Л.Толстого, 45. Заказ № 1680 Крайлит № 642 от 7 мая 1935 года.

有伟大历史意义的会合，1935 年 6 月 26 日

聯共遠東邊委及邊疆職工蘇維埃 機關報
„Рабочий Путь"
Орган ДКК ВКП(б) и ДКСПС

全世界無產階級和被壓迫民族聯合起來呵！

工人之路

„GUNGRHENZHLU" Китайская газета

編輯部地址：伯力
青年團街五十四號
電話：一〇——五八號
Адрес Редакции
Гор. Хабаровск
У.Комсомольская 54
Телефон № 10—58

一九三五年 六月二十六日 第八十四期 № 84 (1342) 26 июня 1935г. 隔日出版

有偉大歷史意義的會合

一九三五年六月十六日在偉大中國革命歷史上將成爲最重要的一天。這天在四川省城成都西部有七十公里的地方，中國紅軍主力曾達到有歷史意義的會合，其中一枝是徐向前同志指揮下的紅軍，去年十月間由江西南部走出後，他主要的根據地在最近以前總是在四川省的東北部。

中國革命的兩枝主要戰鬪的隊伍已連接起來了。在七年當中他們是各在一方，與共同的敵人——地主利高利貸者的剝削者，外國帝國主義的壓迫和國民黨反革命流血的統治——進行戰鬪。這兩枝軍隊中的戰士都是說着各不相同的方言（各地的土話）但是他們却具有革命行動的共同言語。新聯合起來的軍隊繼續勝利的保証，也就在這裡。

要想估計中國紅軍這次聯合的意義，必須要曉得這兩枝軍隊是經過了數月的困難行軍，通過廣大的地面和在幾十次激烈戰爭中勝利地攻出後，才聚到會合的地方。第四軍（徐向前軍）總共將近八萬戰士，在堅毅的戰鬪中差不多繞過了四川全省，由東北部到西南部，所通過的路程，不下八百基羅米突。

紅軍主力軍輾轉經過四省，完成了二千三百基羅米突的英勇長征，由江西退出十萬衆的武裝人們，越過了廣東，貴州和雲南的山嶺，通過了湖南貴州交界處可怕的汙泥地和繁密的森林，渡過了嶮阻的河流，橫越過西康省（以前的川邊）不毛之地和沙漠區。一路上她不斷地衝破敵人頑強的反抗，後面還受着蔣介石直屬軍隊的攻擊及飛機的轟炸。國民黨軍隊總司令很曉得紅軍力量在四川集中底危險，因此調集了五十萬精兵及一百架戰鬪機去攻打紅軍。

但是，不管地理上有怎樣困難的障碍，不管敵人力量怎樣優越，都不能阻擋這兩枝革命軍隊的會合運動，這已充分表現出中國紅軍的特別英勇，有組織，堅忍不拔及行軍敏捷。

紅軍所以能够達到這個有歷史意義的勝利，是因爲她不是像軍閥的軍隊一樣，在«別人的土地上»行軍，而是在自己的鄉土上，到處有勞動居民的熱烈擁護。中國紅軍所以能够完成這次英勇的長征，因爲領導她的是一些忠誠於人民利益，有經驗的戰士，共產黨員。中國紅軍所通過的幾千基羅米突的路程，不僅在軍事上是罕有的長征，並且在所經過的各省各縣都散佈下革命的種子。一路上，中國紅軍又新組織了成千百萬蘇維埃政權的擁護者，並喚醒他們，起來過政治生活。

中國紅軍力量在四川的會合給中國蘇維埃運動打開了更廣大的前途。現在這種運動已進入自己發展中的新階段。四川現在已成爲中國蘇維埃的主要根據地。四川有很多重要的優點，他是中國內部最大和居民最多的一省。這裡與其他中部各省不同的地方，就是四川有三十萬鹽業工人，這種極大的無產階級的基礎。在這裡農民更是受連年軍閥戰爭的痛苦及驚人的賦稅的剝削（該省田賦已抽到一九七七年）。因此，四川的農民在各處曾發動武裝暴動來迎接紅軍的到來。在這裡蘊藏着極豐富的天然富源。因爲四川有這些優點，及地勢上關係，蘇維埃政權在這裡就更不怕封鎖及圍攻（西部南部與人煙稀少的西康省貴州省山區接界）。

日本的報紙«日日新聞»估計中國紅軍會合的事件，認爲是«中國紅軍的偉大勝利»。尤其當現在從一個國家的整體上又新割裂去一塊——北部中國——時，這個勝利就更其具有特別重要的意義。在整個中國民族危急存亡的關頭，當國民黨的上層祇限於用«保持鎮靜»來號召時，在中國西部正形成着民族解放運動的開始，這就是在事實上爲自己國家民族的和社會的解放而鬪爭的中國蘇維埃。

因此，不管新蘇維埃區離開中國的政治中心多麼遙遠，他的發生和他的繼續的勝利，對於集合全國一切民族革命力量爲整個廣大的民族解放戰線上，將有重大的意義。中國反革命愈是殘酷地繼續進行自己反蘇維埃的«征伐»，也就更加揭破國民黨上層的反民族利益的政策，中國紅軍也就更能得到全國人民及中國先進的，有思想的真正愛國主義者底同情和擁護。

（堯 開）

（譯自«真理»報電文）。

最後消息

日本從本國往華北增調軍隊

上海二十五日電 據中國報紙的消息，一部份駐紮天津和北平的日本軍隊於六月二十日開拔到塘沽，遺防將由新從日本調到的軍隊補充。據說有一師團日軍從河北調走。大部日本軍隊還留在長城一帶。據中國的正式消息，在古北口共有一萬日軍。

日本的松平大佐已向宋哲元提出要求，限期把第十二師調出察哈爾境外，並且把住在張家口和宣化的宋哲元一切部隊撤退。

又據『申報』的消息說，現在又有好幾千日本軍隊開到察哈爾東部，天天在那裡操演作戰。日軍在多倫建築航空根據，並且已有十架軍用機飛到該地。

∴ ∴ ∴

東京二十六日電 據日本«電通»社的消息，日本關東軍已於六月十九日宣佈，說因爲華北問題已得到圓滿的解決，所以日軍就無須再採用軍事行動以圖達到自己的目的，以後只不過是監視南京政府怎樣執行日本的要求。

又據«新聞聯合»社的消息，南京軍隊第二師和第二十五師已完全從華北撤退，現在住紮在鄭州（河南省）一帶。

據«電通»社說，察哈爾省政府主席宋哲元因爲南京政府已完全接受了日本關於華北問題的要求，下令把自己的軍隊從與熱河交界的地方撤退。

＊＊＊

青年團中央委員會第十一次全會

通 告

列寧的青年團中央委員會，在六月十五，十六兩日曾舉行第十一次全會。全會上曾討論了考沙列夫同志（青年團中央委員會第一名書記）關於根據聯共中央一九三五年二月二日決議來改造青年團工作的報告。在全會上曾有聯共中央委員會書記安得列也夫同志出席參加。全會決議在下面公佈。

全會曾決定在一九三五年十二月一日召集列寧青年團的第十次全蘇聯大會。

青年團中央委員會

青年團工作的改造

青年團中央委員會第十一次全會決議

青年團中央委員會第十一次全會決定，現在青年團中央委員會及青年團各地方組織所有的機關的結構，按照各生產部門的原則（生產部，農業部，運輸部等等一類的部），是機械式地模仿黨委員會的組織。青年團機關這種不正確的結構，以至使得青年團組織主要的祇做些各類經濟建設的問題，把自己教育青年的主要任務執行的很不充分。

關於在政治上和文化上教育青年和兒童，特別是教育青年婦女和學生的問題，在青年團工作中沒有得到應有的解決。

青年團中央委員會全會指出，青年團工作中心任務就是用列寧主義的精神，用與工人階級敵人作不可調和鬪爭的精神來教育青年後輩，極力設法加強勞動者們國際主義的友愛，用爲社會主義而鬪爭的英勇榜樣，來教育青年的革命勇敢性。爲了勝利的解決這些任務，必須改造青年團中央委員會及青年團的一切領導組織的機關，使其能最大限度地完成青年團的教育工作。

根據這個計劃，青年團中央委員會決定：

一.

批准青年團中央委員會的機關結構如下：

1）工人青年部，分以下各處：
政治教育處
文化——群衆工作處
普通智識和技術智識教育處
各初級組織青年團內部工作處：
工廠學校和保護勞動和青年健康處

2）農民青年部，分以下各處：
政治教育處
文化——群衆工作處
農業智識教育處
各初級組織青年團內部工作處

3）童子軍部，分以下各處
童子軍領隊處
在城市初級小學和初級中學學生中工作處。
十月兒童隊

4）大學學生青年部，分以下各處：
列寧主義宣傳處
文化——群衆工作處
各初級組織青年團內部工作處

5）中學學生青年部，分以下各處：
政治教育工作處。
各初級組織青年團內部工作處

6）青年團領導機關部．分以下各處：
準備和分配領導幹部處。
特區委員會和邊疆委員會處
消息股
統計處
各部指導員股。

7）在國家機關和商業，協作社組織的青年中工作部。在該部下有一些指導員。

二.

規定青年團中央委員會應補加做青年婦女工作的書記和做刊物方面工作的書記。

在青年團中央委員會秘書處下設立以下各處：

1）總務處
2）特別處
3）財務處
4）青年婦女中工作處
5）藝術處
6）刊物處。
7）開除或接收青年團員的委員會。
8）雜誌，書籍出版部«少年輕騎隊»
9）兒童出版部（由教育人民委員會的代表出席參加出版委員會）
10）中央委員會的指導員股。
11）由中央委員會書記所領導的政治教育會議。

三.

在青年團中央委員會以下各部：工人青年部，農民青年部，中學學生青年部，童子軍部等部下設立蘇維埃，該蘇維埃由各初級組織和各區組織中工作的青年團員五十人以內所組成．

規定該蘇維埃的委員由中央委員會所規定的各初級組織全體大會上推選，經青年團中央委員會常務局批准。

四.

在青年團的特區委員會，邊疆委員會和民族共和國青年團中央委員會下設立以下各部：

工人青年部，分以各處：
政治教育和文化——群衆工作處
各初級組織青年團內部工作處
技術智識和普通智識教育處。

附註。在莫斯科和列寧格勒的青年團特區委員會下，設立工廠學校和保護青年勞動處。

農民青年部，分以下各處：
政治教育和文化——群衆工作處。
各初級組織青年團內部工作處。
技術智識和普通智識教育處．

童子軍部，分以下各處
城市童子軍處
鄉村童子軍處
童子軍領隊處

附註：在烏克蘭，莫斯科和列寧格勒設立十月兒童和兒童院處。

高等學校和中等學校學生青年部

青年團領導機關部，分以下各處：
準備和分配積極份子處．
統計處．
區委員會處．

在青年團特區委員會，邊疆委員會和民族共和國青年團中央委員會的秘書處下，設立以下各處：
特別處
財務處
接收和開除青年團員的委員會
指導員股

附註，在莫斯科和列寧格勒青年團特區委員會下設立在國家機關青年中工作處。

在烏克蘭青年團中央委員會，莫斯科和列寧格勒青年團特區委員會增加一個做青年婦女工作的書記，在土爾明斯坦，烏茲別克斯坦，塔吉克斯坦，阿爾培疆，哥薩克斯坦等青年團邊疆委員會下，設立青年婦女中工作處。

五.

在所有青年團城市委員會和鄉村委員會下，設立童子軍的政治教育部，在大城市中，根據青年團中央委員會常務局的意見，增設青年團領導幹部部和學生青年中工作部。

六.

由於上述的決議，選瓦西立也娃同志爲青年團中央委員會做青年婦女工作的書記，同時選她爲中央委員會常務局委員．

選范別加同志爲青年團中央委員會做刊物工作的書記，同時選他爲中央委員會和常務局的委員。

批准以下各同志爲青年團中央委員會各部的主任：

工人青年部主任切爾磊同志（青年團中央委員會常務局委員）。

農民青年部主任斯湼特克夫同志，同時選他爲中央委員會和中央委員會常務局的委員。

童子軍部主任穆斯金同志，同時選他爲中央委員會和中央委員會常務局的委員。

大學生青年部主任列西磊爾同志（青年團中央委員會常務局委員）。

中學生青年部主任切爾諾烏霍夫同志（青年團中央委員會常務局委員）。

青年團領導機關部主任格爾曹維奇同志（青年團中央委員會常務局委員）。

在國家機關，商業一協作社組織的青年中工作部主任格拉西莫夫同志（青年團中央委員會候補委員），選他爲中央委員會委員和中央委員會常務局的候補委員。

七．（從略）

八.

贊同青年團中央委員會常務局，爲執行聯共中央委員會決議，而改造青年團工作的具體辦法；例如：

1）按照新結構的青年團中央委員會的整個機關，已由中央委員會批准，人員已選擇好了。

2）關於邊疆委員會，特區委員會和民族共和國青年團中央委員會選擇人員及補充機關的辦法。責成青年團中央委員會秘書處在十天期限內審查各大城市委員會機關的人員方面，並且要幫助那些在人員方面不足的特區委員會，補充人員，例如：斯維得洛夫斯克和得磊波彼得洛夫斯克青年團特區委員會及西西比利亞和後高加索青年團邊疆委員會。

3）審查每一個特區委員會，邊疆委員會和民族共和國青年團中央委員會的工作計劃。

九.

在一九三五年十二月一日召集列寧青年團的第十次全蘇聯大會。

青年團中央委員會

英國破壞和平公約

法國極力反對

巴黎電：英國與德國間的海軍協定已正式宣佈成立，英國承認德國有權把自己的海軍擴大，其比例爲英國海軍的百分之三十五。這就表示英國完全破壞了和平公約。因此法國政府已提出抗議，極力反對。

法國政府在自己的抗議書裡說英德海軍協定違背了凡爾賽條約中關於海陸軍的規定以及今年二月三日的英法協定。因此«法國有權自由行動，並認爲無論如何與英德海軍協定無關»。

＊＊＊

據英國«太晤士»報的消息，意大利政府曾聲明因爲英德締結了海軍協定，所以應根據華盛頓和約，整個的重新審察海陸空軍的規定。

＊＊＊

各國反對英德海軍協定的聲浪

捷克斯拉夫的«捷克言論報»（賓磊斯的機關報）說道：«英德海軍協定是歐洲對外政策上的新階段。由此更可看清英國是同誰走一條路»。該報說這個雙方協定違背了集體保安的原則。

＊＊＊

瑞典的«斯托格日報»說道，當英國認爲自己在西方的保安有了保証之後，那他就不再反對德國向別方面侵略的企圖了。

＊＊＊

羅馬尼亞外交部的機關報說道：英國海軍協定是«斯特斯戰線的一個嚴重打擊，使德國可以慶賀英國叛變了法國和意大利»。

＊＊＊

美國«思克利堡»報社的主筆西姆斯說，英德協定將引起世界各國更加競爭擴充武裝。西姆斯說，«如果英國可以不顧凡爾賽條約而承認德國擴張軍備，那就爲什麼其他參加華盛頓九國協定的各國政府不可以效法英國，承認日本強佔滿洲或整個中國的行動爲合法呢？»

«華盛頓斯塔»報說，英德協定不僅破壞了凡爾賽條約，並且破壞了華盛頓和倫敦海軍條約。

＊＊＊

法國著名的新聞記者伯亭納在«巴黎之聲»報上寫道：«英德協定証明二月三日所宣佈共同行動的英法協作政策已經完結»。

伯亭納寫道：«直到如今我們總認爲不能在東歐打算盤來保證西歐的安全。可是現時英國却認爲在保安上沒有必須擔保的時候，就可保証自己在海面和空中的安全»。伯亭納說只是限制德國的海軍並不能發生實效，現時德國的造船業一年內可以製造排水量爲十萬噸的軍艦。如此，在最近的四年之內，德國就可達到英德協定中關於德國擴充海軍的定額。區別的地方就在於德國的軍艦具有更精良技術，而其他各國（英國也在內）的艦隊却大半是腐舊的老軍艦。

＊＊＊＊＊

東京二十四日電：據«朝日新聞»報的消息，日本海軍當局認爲無須干涉英德海軍協定，因爲這個協定只是對於歐洲有關係，而對於日本並沒有直接的影響。可是根據日本海軍代表在倫敦談判中所提的原則，日本海軍却不能同意英德協定中所規定關於各種軍艦的對比額定。因爲這種規定與日本關於海軍實力對比原則衝突。

該報接着寫道：日本海軍當局非常諒解德國的要求，但是根據«實際情形»，日本當局却不能不贊成法國和意大利反對英德海軍協定的意見。

德國法西斯蒂在斯康基那夫各國的侵略計劃

斯托克葛姆二十日電 德國總長格斯（希特勒指揮民族社會黨的代理人）準備再一次到斯康基那夫各國去活動，先到瑞典而後再到挪威。一般政界要人對於此事非常注意。

當格斯第一次到瑞典去的時候，那些與德國法西斯蒂同鼻出氣的報紙曾鼓吹德國法西斯蒂企圖組織『全斯康基那夫』軍事協作的計劃。但是大多數斯康基那夫各國的報紙却非常擔心，說德國法西斯蒂雖然極力聲明自己沒有向外侵略的企圖，但是實際却在斯康基那夫各國極力進行分裂的陰謀。首先就是準備侵佔屬於丹麥的北斯列斯維加地方。

據丹麥的報紙說，德國法西斯蒂撥發大筆款項準備侵佔北斯列斯維加。在那裡組織『旅外德人聯合會』，『青年聯合會』等團體（據丹麥的統計，北斯列斯維加居民中的德人只不過百分之十五），而假借這些團體的名義，進行各種陰謀計劃。德國法西斯蒂常派人過界活動。此外，在南斯列斯維加（屬德國）又極力擴充軍備。

蘇聯政府對美國海軍大將發表反蘇聯言論底抗議

在紐約過復活節時在最大的教堂附近出現了遊行的失業群衆。上圖是帶着標語的遊行群衆

六月十九日，蘇聯駐美大使脫洛羊諾夫斯基同志曾代表蘇聯政府向美國助理外交總長慕爾提出抗議，反對海軍大將斯奇林格在報紙上發表反蘇聯的言論。慕爾在回文裡曾聲明，說美國海軍部已下令追責美國海軍官佐不應有這種言論。

斯奇林格大將在他的文章裡，號召組織«世界十字征討軍»來反對蘇聯。這篇文章發表之後，在美國各地曾引起各界廣大的抗議浪潮。美國外交部已正式聲明，說«斯奇林格大將的文章只是代表他個人的意見，無論如何不能代表美國政府的意見»。

在共产国际旗帜之下，1935 年 7 月 30 日

聯共遠東邊区及邊區職工蘇維埃 機關報

„Рабочий Путь"
Орган ДКК ВКП(б) и ДКСПС

全世界無產階級和被壓迫民族聯合起來呵！

工人之路

„GUNGRHENZH LU" Китайская газета

編輯部地址：伯力 青年團街五十二號a 電話：一〇——五八號

Адрес Редакции
Гор. Хабаровск
У.Комсомольская 52а
Телефон № 10—58

一九三五年七月三十日 第一〇一期 №101 (1357) 30 июля 1935г. | 隔日出版

共產國際第七次大會開幕

共產國際第七次世界大會於七月二十五日下午七時三十分在莫斯科職工俱樂部大會廳開幕。非常廣大的會場佈滿了革命的旗幟標語和各色各樣的鮮花。待到了七點鐘的時候，世界六十五國共產黨的代表都已經到了。在他們中間有各國共產黨的首領及爲全世界勞動群衆解放而鬪爭著名戰士：

梯密特洛夫，加申，馬爾基，王明，托列斯，林斯基，泊里特，皮克，愛科里及其他等等。

在主席台上輝映着高大的馬克斯，昂格斯，列寧，史大林的畫像。在各會廳裡陳列着各種圖表，很明顯的反映出各國共產黨反對法西斯蒂，反對壓迫反對準備帝國主義新戰爭的英勇鬪爭。

在開幕以前十五分鐘，史大林同志和安得列也夫，日丹諾夫，葉若夫等同志在會場出現時，全體代表和來賓都熱烈的鼓掌並一齊起立向全世界無產階級的首領史大林同志致敬禮。

全體代表都用各國語言高呼我們的首領《史大林萬歲！》，一直繼續了差不多十五分鐘。

在開幕前由國際工人運動的老戰士和德國共產黨的領導者皮克同志致開幕詞，全會又熱烈的鼓掌歡呼。

皮克同志在致詞畢即宣佈共產國際第七次世界大會正式開幕，並提議選舉大會的領導機關。

大會一致通過皮克同志的提議，選舉四十二個同志爲主席團。當提到史大林同志的名字時，全體代表又起立熱烈的鼓掌。接着大會又熱烈的歡迎梯密特洛夫，林斯基，曼努依爾斯基，馬爾基，皮克，皮特尼茨基，特爾曼，托列斯，愛科里等同志。

大會一致通過選出以下四十二同志爲主席团：

安特加爾，柏格爾，白勞得，布浪科夫斯基，奔努，王明，加西安紐，加基，庚得森，葛得瓦，梯密特洛夫，多洛列斯，加申，克列爾，克拉克，科瓦奇，康生，科普林，古西寧，金柏爾拉索達，林斯基，林德路，曼努依爾斯基，馬爾基，岡野，泊特科夫，皮克，泊里特，皮特尼茨基，蘭姆基，萊孟特，史大林，特爾曼，托列斯，菲吉，福洛林，佛里尼，海印，佛斯鐵周和生，愛科里。

當史大林同志上了主席台並與皮克同志親熱握手時，全場一齊起立致敬並高唱《國際歌》。

大會一致熱烈鼓掌選舉被法西斯蒂囚禁着的德國無產階級的首領特爾曼同志爲第七次大會的名譽主席。

隨後大會又選十八個同志爲代表資格審查委員會，十一個同志爲編輯委員會。

在選舉大會領導機關之後，即批準以下的工作日程：

一）共產國際執行委員會的工作總結報告。（報告人爲皮克同志）。

二）國際監察委員會的工作總結報告。

三）法西斯主義的進攻和共產國際爲統一工人階級以反對法西斯主義而鬪爭的任務。（報告人爲梯密特洛夫同志）。

四）帝國主義戰爭的準備和共產國際的任務。（報告人爲愛科里同志）

五）蘇聯社會主義建設的總結（報告人爲曼努依爾斯基同志）。

六）選舉共產國際的領導機關。

「八一」反戰日之前夜

維也納電　匈牙利工人在共產黨領導之下積極準備『八一』反戰日。匈牙利政府在各地阻撓工人準備示威運動。前日在布達泊斯特（匈牙利的京城）近郊一帶曾搜查工人住區。逮捕共產黨的宣傳隊，沒收了許多傳單。此外逮捕了很多工人。

***

巴黎二十七日電　『人道報』曾發表法國共產黨同社會民主黨聯名的宣言，共同號召本黨的黨員在八月初進行廣大的群衆大會，示威遊行，紀念雙方簽定一致行動協定的一週年和反對帝國主義的新戰爭。

***

國聯行政院舉行常會

法國對於意亞衝突的態度

巴黎二十八日電：據《加瓦》社的消息，國聯行政院將於七月三十一日舉行常會，討論意大利與亞比西尼亞衝突的問題。

據《加瓦斯》社說，法國政府的態度，就在於維持與意大利和英國間的友誼情面，照常維持國聯的原則。

***

巴黎電：據日內瓦報紙的消息，意大利政府又向亞比西尼亞提議雙方談判，各報認爲這是意大利破壞國聯召集行政院會議的企圖。

日本法西斯蒂向意大利抗議

據《新聞聯合》社的消息，《日本運政黨》（法西斯蒂的組織）的總裁，代表該黨向莫索里尼提出抗議，要求意大利把東非洲的軍隊撤退，並且要立刻停止其對亞比西尼亞的侵略政策。

***

羅馬電：據英國通信社的消息說，意大利現在對亞比西尼亞的費用每月已達到一千萬金鎊，如果戰爭起來的話，當然還要大大的增加。

上圖：蘇聯《沙得可》號輪船正裝載貨物準備經北冰洋作長途航行

日帝在滿洲的財政困難

英文『北平匯報』說滿洲國的財政狀況更趨惡化。該報駐哈爾濱的通信員說『滿洲現時對於日本是淨賠蝕的買賣』。

據日本銀行的統計，自從滿洲國出現後到如今，日本在滿洲的投資共爲四萬萬八千萬元。此外日本政府每年還要撥發一萬萬二千萬元給關東軍。因此該通信員說在不到四年以內，日本在滿洲共化費了差不多十萬萬元。其中有一半完全用爲軍事上去了。該通信員認爲『日本在滿洲投資的來源已絕』。因爲如果再要繼續投資，就只有增加稅收。可是因爲現在的稅額已增加了三倍。日本人民已經無力負担，增加稅額也是無濟於事。

***

日本農民騷動的事件增加

據日本『每日新聞』報的消息，因爲日本年來大風，水旱災難不絕，貧民的生活更加無法維持。因此佃戶與地主的鬪爭到處擴大。

據內務部的統計，在一九三四年內就有三千八百五十次佃戶與地主衝突的事件發生。

衝突的主要原因就是農民無法生活。

***

二十萬農民淹斃

上海二十八日電：長江水勢泛漲不停，在湖北淹死二十萬貧民，二十五萬人弄得無家可歸。

在山東西部有四十萬人民遭水災，成千成萬的農民被淹死了。

***

在長沙食糧不足，米價繼續提高。

海港第四區中國工人超過執行六月份生產計劃

海參崴通信　海參崴海港第四區（通南）中國工人生產隊在六月份中執行計劃的情形如下：

第五號隊執行計劃百分之一百二十一又七；第七號隊——百分之一百二十七又六；第九號隊——百分之一百二十三又九；第十號隊百分之一百十三又六；第十一號隊——百分之一百二十九又六。

上面五個中國工人生產隊在六月份中都很大的超過執行計劃了。其中執行生產計劃最多和工作質量最好的是第十一號隊。他們這些生產隊，所以能够更多的超過執行生產計劃的原因，是因爲各生產隊和互之間進行社會主義比賽的結果。現在各生產隊宣佈繼續的鞏固這個勝利，爲完成第三季海港計劃而鬪爭。（周子明）

海港中國工人生產隊長會議經過

海參崴通信　海參崴海港政治部在最近曾召集了中國和高麗工人生產隊長會議。討論關於中國工人生產隊的工作，積極用自我批評精神來參加討論的有：

劉西竺同志——史大林同志所提出『幹部決定一切』的口號，對『大的』『小的』工作人員的關心問題，愛護和提拔好的工作幹部的問題，這方面的工作，在我們海港第二區中進行得很薄弱——現在天氣很熱，工人作工常常的乾渴，但是在工作場子開水桶沒有設備，工人祇得去到很遠的地方去喝開水，這樣一來，很耽擱和消費時間，曾向經濟機關提議過數次，至現在還沒有把這個缺點改正。

劉西竺同志又繼續說，經濟機關負責人不知道自己的生產隊長，不知道隊長的姓名。分配工作，現在還沒有十分改善，有時一個生產隊一天內總要調換四五個工作的地方。

于鳳芝同志——我們第六號生產隊，現在共有三十三人，分成兩個換班，輪流工作。我們生產隊是在第一區（西南嶺子）各生產隊中最經常超過執行生產計劃的。但是因爲經濟機關個別工作人員不負責，妨碍了我們更多的超過執行生產計劃。比如：七月八日那天我們生產隊裡十六個人到第十三號碼頭去起卸玉米，因爲工作人員不負專責的結果，輪船在頭一天沒有靠近碼頭，在八點鐘應開始的工作到十點鐘才開始，每人空費了兩個鐘頭的時間。又七月九日我們還是在第十三號碼頭工作，因爲使用生產工具沒有準備好，各工人等到十一點鐘才開始工作，每人失了三個鐘頭的工作時間。七月十日仍是繼續在第十三號碼頭裝載鈴鐺麥，可是因爲車輛沒有準備，又損失了兩個鐘頭工作時間。這些現象，以後應立時消滅才是。我們生產隊欵伏的工資到現在沒有領得。

方修永同志——蘇聯水路運輸人民委員及巴哈莫洛夫同志的指令，在我們海港運輸工作中應起一個大的轉變——海港第二區第十四號隊長方修永同志說：現在一個多月了，工作轉變的地方沒有看見。工作停頓和損壞現象仍是繼續的發生。關心人的問題，經濟機關可說是還沒開始執行，工人在工作的場子裡找不到一點開水喝，經濟機關沒有設立開水桶。

張任禮同志——監工的常不到生產中來。橋板不够用，誰也沒有關心這個問題。

季壽山同志的結論

——最後由海港政治部指導員季壽山同志做結論，他在結論中指出大家批評的意見是最近在工作中要改正的。同時並指出遠東海港政治部團結和指導了各民族工人爲執行生產計劃而鬪爭，得到初步的勝利。現在海港中國工人的任務，首先是更提高階級警惕性，清洗在工人自己的隊伍中一切的階級異己份子。提高工作的生產率，提高工作的質量，學習和奪取新的技術，爲執行全海港生產計劃而鬪爭。隨後一致通過關於改善在中韓工人生產工作中具體辦法的決議。

（圖）

* * *

在共產國際旗幟之下

兩個基本階段統治着現今的整個國際環境。

資本主義的總恐慌正在過渡到資本主義制度內外矛盾激烈衝突的階段。社會主義在蘇聯的勝利，給全世界工人指明從剝削階級的壓迫下解放出來的唯一可能和唯一正確的道路，並且把廣大的工人群衆（社會民主黨的工人也在內）引入革命的鬪爭。

工人階級已經了解，因爲工人運動的分裂和社會民主黨拒絕反對法西斯主義進攻的任何鬪爭，才能使法西斯主義在德國勝利。同時工人階級已經了解，爲要在反對法西斯主義鬪爭中得到勝利，就必須要有以革命政策爲基礎的無產階級統一戰線。

自從在德國建立起法西斯蒂專政，使各資本主義國家中的反革命集團都興奮起來了，法西斯蒂的危險到處增大了。同時又更加增大了帝國主義新戰爭（歐洲中部的戰爭也在內）的危險。日本帝國主義者在『亞洲應歸亞洲人』的口號下，已開始重新分割世界，一省一省的搶奪中國。意大利法西斯蒂正在準備戰爭以反對亞比西尼亞人民。德國民族社會黨——一切法西斯蒂黨派中極端民族主義和最反動的政黨——威脅着歐洲人民的和平。他們正在準備着十字軍以圖反對蘇聯。

正因爲蘇聯在經濟和政治上的强大以及積極的進行和平政策，鼓勵起和聯合了資本主義國家中一切維持和平底力量，擴大了勞動群衆爲反對戰爭而鬪爭的範圍，結果到現在才預防了世界大戰不致爆發。

在這個極端尖銳化了的國際環境中，開始了工人階級的轉變。這個轉變的先聲就是當在列布茨克審判梯密特洛夫時，在奧大利和西班牙工人的武裝鬪爭中，在法國反對法西斯蒂的總罷工中，共產黨人與社會黨人間自然形成的統一戰線。

以奧大利爲例，全世界的工人都看到社會民主黨的領導使工人鬪爭歸於失敗。以法國爲例，全世界工人都看到統一戰線可以阻止法西斯蒂的進攻。雖然第二國際極力反抗，可是群衆却學得了經驗，一天一天的增强了工人階級的統一戰線。

在統一戰線鬪爭的經驗中，無產階級已確信能够勝利的打擊資本和法西斯主義的進攻，阻止準備新戰爭，他們並且深信社會民主黨的命定說是毫無根據而不可相信的。統一戰線鞏固了無產階級的自信和戰鬪力。統一戰線指明工人階級有多麼偉大的力量，只要他們能够在鬪爭中聯合一致，像在德國一樣的激戰，並能按時緊密團結着自己的隊伍一致進行鬪爭。

一方面在蘇聯社會主義勝利影響之下，另一方面在德國社會民主黨投降和在德國，奧大利，西班牙及其他國家裡法西斯蒂殘暴影響之下，工人階級已在轉向共產主義並與改良派的政策斷絕關係。共產國際的口號已開始正在奪取社會民主黨影響下的廣大工人群衆。這就証明改良主義和社會民主黨一天一天的更加失掉他們在工人階級中的根基。

這些現象證明些什麼呢？資本主義制度更加動搖了。勞動群衆的革命性在增長着，革命的危機在成熟着，隨時隨刻都有發生廣大政治事件，並在某一個大的資本主義國家裡開始政治的危機的可能。

在這樣複雜和嚴重的政治環境中而召集的共產國際第七次世界大會，將討論國際工人運動在現時條件之下策略和戰略上的一切重要問題。

國際工人運動現時的中心主要任務，就是要實現工人階級鬪爭中的統一戰線。共產黨人能不能等待到工人階級的大多數團結在爲推翻資產階級的政權和無產階級革命勝利而鬪爭的總綱之下？他們能不能等待到無產階級的大多數都聯合在共產國際的政綱之下？當然不能等待的。

必須組織反對法西斯主義——在各國內和國際範圍內最兇惡的敵人——進攻的鬪爭。

因此不能只限於號召爲無產階級專政而鬪爭。必須指示給群衆，爲要抵抗資本的進攻和在法西斯蒂的野蠻及戰爭的殘酷中自衛，現在就應當怎樣做，指示怎樣才能够破壞法西斯主義和阻止他們前進的道路，怎樣才能够防止帝國主義的新戰爭爆發。

統一戰線之所以能建立起來，就是因爲在社會民主黨的群衆中已開始轉向共同與共產黨人參加鬪爭。但是一部份社會民主黨的首領，還在極力反抗統一戰線，並繼續進行他們與資產階級協作的舊政策和拒絕參加反對法西斯主義的鬪爭。因此就不能放鬆對社會民主黨右派首領們的批評。可是另一方面，共產黨人却要與那些爲反對改良主義而鬪爭，贊成與共產黨人統一戰線並始終擁護蘇聯的左派社會民主黨的工人及一切組織建立密切的協作。

共產黨人在全世界到處主張完全戰勝工人階級的分裂。他們熱烈的贊助工人想把自己的一切積極力量團結在統一的無產階級政黨中的趨向。在那種條件之下才可以建立這種統一的無產階級的革命政黨呢？

大家都知道，有一種政黨結合着工人階級中的各種不同的思潮，例如英國的工黨就是這樣的一個政黨。可是實際上這並不是政黨，而是政黨的混合。除過這樣『政黨』以外，無產階級必須要有能够使其進行革命鬪爭的真正政黨。共產黨人主張建立無產階級的統一的革命政黨。但是只有在順明的綱領和革命鬪爭的策略基礎上才能够建立這樣的政黨。共產黨人並不懷疑將來一定能建立起這樣政黨，但是他們却反對等待着建立這樣的政黨，因爲必須立刻進行反對法西斯主義和反對準備帝國主義新戰爭的鬪爭。

共產國際已發展成爲世界强大的政治力量。共產黨人從來沒有避諱過他們是爲用社會主義制度來代替資本主義制度而鬪爭，爲用無產階級專政和無產階級的德謨克拉西，來代替已破產的資產階級德謨克拉西。因此全世界共產黨人在過去和現在以及將來的主要口號就是爲蘇維埃政權而鬪爭。

但是共產黨並不能毫不過問資產階級在用那一種形式實現自己的統治。共產黨人認爲勞動群衆的利益高於一切，因此他們始終爲拯救資產階級德謨克拉西的一點殘餘以及反對法西斯主義的進攻而鬪爭。

共產黨人對於各國人民的民族命運也不能毫不過問。因此他們過去和現時都在爲真正的民族自決權直到分立而鬪爭着。也就是因此而共產黨人用一切力量爲反對法西斯蒂奴役現今那些獨立弱小民族的計劃而鬪爭。

現今在全世界，在共產主義和法西斯主義間，在企圖拯救腐化的資本主義底反動的法西斯蒂的資產階級和企圖把人類從法西斯主義及戰爭的殘酷中拯救出來底社會主義的無產階級之間正在進行着鬪爭。

共產國際是無產階級的國際政黨，他在爲世界人類的利益鬪爭着。他的勝利就是那個能給人類以光明前途的新力量底勝利。

共產國際在自己的第七次大會之前已成爲堅固强大和團結一致的國際政黨了，他在自己存在的十五年間完成了領導工人階級鬪爭的任務。

第七次世界大會的口號，將把成千成萬的勞動群衆引到共產國際方面。

在共產國際旗幟之下，被剝削和被壓迫的群衆定能爲自己奪得美滿生活，幸福和真正的無產階級的德謨克拉西。

（《真理報》的社論）

共产国际的决议将成为千百万群众的决议，1935 年 9 月 6 日

联共边疆委员会 远东职工苏维埃 机关报
„Рабочий Путь"
Орган ДКК ВКП(б) и ДКСПС
全世界無產階級和被壓迫民族聯合起來呵！
工人之路
„GUNGRHENZH LU" Китайская газета
編輯部地址：伯力 青年閣街五十二號a 電話：一〇一五八號
Адрес Редакции Гор. Хабаровск У.Комсомольская 52а Телефон № 10—58
一九三五年九月六日 第一一九期 №119 (1375) 6 сентября 1935г. 隔日出版

中國紅軍逼近常德

資本家和牧師逃竄，英帝調遣軍艦

巴黎《人道報》加申，托烈斯，庫曲烈

史大林

英美與亞比西尼亞締結煤油礦產租借協定

蘇聯社會主義建設的總結

曼努依斯基同志在共產國際第七次世界大會上的報告（續118期）

社會主義國家發展中的新階段

共產國際的決議將成爲千百萬群衆的決議

意大利的態度

「團結一切力量來反對戰爭！」

法國共產黨發表宣言

天主教皇公開主張反對亞比西尼亞的戰爭

「紅色東方工人」集體農莊完結收割糧食

（以下接第二版）

第四类

关于苏联社会主义建设成就

生产技术和教育是建造新社会的要具，1926 年 1 月 9 日，德胜

一九二六年一月九日　　工人之路　　第一百二十四期

РАБОЧИЙ ПУТЬ

工人之路

Орган Дальбюро ВЦСПС
Отв. редактор Чжан-тин-юн
Адрес редакции: г. Владивосток, уг. Пекинск. и Корейской, Клуб Китрабочих „1 мая" Телеф. № 6-35
9 января 1926 г.
№ 124

全俄中央職工蘇維埃遠東部出版

每逢星期三出版
報價：零賣每期金洋七分定閱本埠每月二毛五分外埠每月三毛
編輯處：北京街和高麗街拐角中國工人五一俱樂部樓上
電話六百三十五號

本期摘錄

◉生產技術和教育是建造新社會的要具

（德勝）

生產技術不發達、工人教育進步是遲慢的、因爲工作所費的氣力大、時間長、賺錢少。足使工人體力過度疲勞、思考力格外薄弱、精神上異常的失意落魄、自然懶得來求教育。假使生產技術發達、作工並不怎樣困苦費力、時間逐漸減少、賺的錢也夠生活、這樣他的身體精神都是健全發達的、他的工作成了和演劇一樣的快樂事情、他把受教育也看的和搜求作脚本的知識和材料一樣狠高興、狠快樂！所以要普及工人教育、就得要努力發達生產技術。

可是從另一方面講、教育不發達、生產技術的進步也是狠遲慢的、譬如沒受過教育的人、總是用幾千百年老法子來種地做工、費的力大、費的時間長、所得工作效果少、賺的勞金也少、他縱然千方百計的改良生產技術、其如他的智慧不濟事何。所以要使生產技術進步還得要教育的助力。

新的生產技術和教育是改造社會的板斧和鋸子、鏟除人類從私有財產社會帶來的一切劣根性、鏟除歷史上遺留下來的一切社會罪惡、非拿新的生產技術和教育來做板斧鋸子、斫他、鋸他、是不可的。而對於新的人生和新的社會、尤其是非新的生產技術和教育的力量、不能創造出來。

我們拿海參崴的社會來說：許多舊社會遺留下來的寄生蟲、他總是靠開大煙館、婊子、賭場、吃飯、不肯做正當工作。爲甚麽呢？就是因爲生產技術和教育不發達、寄生蟲就沒有法子去消滅、聽你偵探警察怎樣嚴密、也是沒用處的！可是現在工友中間已有許多人攻擊這種度寄生生活的人、這就是生產技術和教育正在進步的一点證據。我們無產階級、要得到眞實完全的自由、必須牢牢緊握新的生產技術和教育兩件工具。

專電

上海工人領袖劉華被槍斃

上海七日電　五卅運動以來爲紡織工人利益久經奮鬬的劉華同志、日前被英捕房捕去。最近被中國軍閥及日英帝國主義協議之下、於五日實行槍斃。

◉馮玉祥辭職

北京六日電　馮玉祥因攻天津時死人太多、有違自己和平初衷、特引咎辭職、薦熱河都統張之江代理。但國民及國民軍都以爲對待反革命份子、應用武力解決、不要因基督教的人道主義、採用姑息政策、遺誤革命前途。現正紛紛勸勉挽留。

◉日本對華出兵與國際形勢險惡

北京七日電　日本最近對華決定三種計畫：（一）扶助奉張的惡勢力繼續壟斷滿洲、侵略中國、壓迫中國革命運動。（二）占據滿洲重要地点、以便將來戰爭終止時、借撤兵問題作爲攫取他種利權的交換條件。（三）永久占據滿洲爲己有。據聞英美見日本出兵、恐其在華佔有優勝地位、大有傾其海上實力和日本較量高下之勢、目下國際形勢險惡、頗易引起國際大戰爭！

◉叙利亞組織臨時共和新政府

巴黎五日電　叙利亞革命羣衆受國民黨領袖巴克里的指揮業在霍姆斯地組織臨時共和政府。巴力斯坦、伊剌克各地革命羣衆均四起響應。霍姆斯爲叙利亞四要地之一、法帝國主義軍隊已向此方面進攻。法軍所到之處即用大炮轟毀城市屯莊、一死數百萬且在屯莊往往占領或毀壞民居及貯藏食糧的倉庫、以絕叙利亞人的生路。

◉波蘭失業工人遊行示威

瓦爾沙七日電　波蘭工人失業已達三十萬人、於七日舉行狠壯大的遊行示威、共產黨員哥比克被警察捕去、群衆忿怒叫號、搗毀各大銀行、商店、工廠門窗狠多、警察又繼續捕去工人數十名。羣衆運動、還在猛烈進行。

全世界被壓迫的民族聯合起來呵！

夏令卫生问题，1926 年 6 月 18 日，洁玉

一九二六年六月十八日　工人之路　第一百四十四期

РАБОЧИЙ ПУТЬ

工人之路

Орган Дальне-Восточного краевого совета профсоюзов.

Отв. редактор Чжан-тин-юй

Адрес редакции: г. Владивосток, уг. Пекинск. и Корейской, Клуб Китрабочих „I мая"
Телеф. № 6-35.

18 июня 1926 г.

№ 144

遠東邊疆職工蘇維埃出版

每逢星期三出版
報價：零賣每期金洋七分定閱本埠每月二毛五分外埠每月三毛
編輯處：北京街和高麗街拐角中國工人五一俱樂部樓上

電話六百三十五號

廣告刊例：每期每字按照三分金洋計算長期另議

本期目錄

驅逐列強在華的陸海軍！

夏令衛生問題

（潔玉）

我們中國人的科學知識落後、衛生思想不發達、對於日常生活、有錢的只知道重修飾尙繁華、不知立脚在衛生見地、注意淸潔．至於勞苦工農、本來在經濟地位上連苟活生命都說不上、那裏還談得到衛生二字呢？

雖然、在沿海省的華工、現在經濟和文化生活都是狠進步的、就有講求衛生的可能。原來蘇聯是工人階級的新家庭、一個工人不講衛生、其影響傳染的結果、必然要使這新家庭發生朽壞的危險。因爲災病死亡的多了、全體的勞動力減少、政治文化都要停滯衰朽起來、這樣一個工人不講衛生、就是違反了階級的道德。華工和別的民族的工人同樣是蘇聯新家庭的一份子、就要一樣注重階級道德而講求衛生。

時令已到了初夏、瘟疫及各樣傳染病又將隨氣候的炎熱而膨漲了、我們對於衛生問題應該注意下列事項：

（一）有歇伏權利的、一定要掌櫃給自己歇伏、不則決然的上工會報告、工會必然要認眞幇助、不可放鬆掌櫃一步。

（二）有些拿櫃常逼着工人做過長工作及夜工、遣於夏天尤其是不合衛生、每個工人爲自己健康計、都應拒絕過長工作及夜工。不然、就到工會去告狀。（三）工人住的房子不好、必定要求市政局給他好房子住。工人共同居住的大房子須注意公共的淸潔灑掃、衣物行李要勤洗濯。特別是運輸工會各散班工頭、如像本埠散居北京街及王日令院子一帶的各班、如果工頭不能替工人選擇好房子而又强派工人狠重的房錢、甚至於用煙賭等不斷的剝削工人、工人可上工會告狀、工會是應該嚴格注意的。（四）鄉村的礦工二三十人住一個馬架子、沒有寬大的公共浴池、許多工人長年過那汚垢生活、煙賭剝削比本埠尤厲害、勞動檢查員及工會指導員應從速去掉這壞象、不然、便是不稱職、怠忽工作。（五）爲適應氣候、調節衛生、應該鼓動工人參加水泳、蹴球、森林、海島的旅行、唱歌、奏音樂、露天演劇。開會的報告、要短而有興趣、以野外開會爲最宜。（六）遇有鼠疫霍亂等傳染病發生、須速持小賬往病院請醫生施行預防注射、若國家衛生機關施行强制豫防注射時、須急速前往治療、不然就得要受罰。（七）飮食要吃熟東西、喝熱水、生冷不宜多吃。（八）留心驅逐傳播病菌的蒼蠅及撲滅傳染瘧疾的夜蚊。太陽下不宜多晒、恐得日射症。住宅宜用石炭酸水及石灰不斷的消毒、窗戶要時常洞開。（十）夏令胃腸的消化力弱、不宜暴飮暴食、而淘酒、尤所宜忌、此外爲增長工人的衛生常識起見、各工會或俱樂部都宜乘此夏令組織科學講習會、研究：生理學、病理學、細菌學、花柳病的危險、種痘的利益等等淺近的知識、以打破中國式陰陽五行的思想、使工人對於衛生問題有相當的正確認識。

專電

◉英國礦工鬬爭的陣線極鞏固

倫敦十四日電　英國保守黨報紙煽動政府組織反蘇聯的極殘酷無情的大同盟。英國內務總長聲言要將居在英國的俄國人民驅逐出境。英國商會要求毀棄英俄條約。英國的工業發生了極重大的恐慌。

◉廣東發現破壞國民政府的陰謀

廣州十日電　國民政府軍事委員會主席蔣介石逮捕前廣州市公安局局長吳鉄城、因吳有破壞國民政府的陰謀、參加的有許多的右派分子。

◉廢止上海會審公堂問題

北京九日電　上海領事團組織臨時委員會審查廢止會審公堂的問題。

◉奉系軍閥在北京壓迫各社會團體

北京十日電　『五卅』紀念奉軍逮捕的北京學生會的代表、至今尙未釋放、一面北京警察廳又發出佈告、嚴厲禁止各團體集會。

◉北京財政困難與革命軍轉守爲攻

北京十五日電　北京財政困難、張吳各軍都向顏內閣要索軍餉、顏謂殺掉自己頭顱亦無款可籌。現在形勢至少要一月餉款、才能進攻南口。

北京十五日電　國民軍攻下大同後聲勢浩大、目下正猛攻太原省城。

北京十五日電　唐生智和國民革命軍正協攻長沙、葉軍豫備捲逃。

快把莫斯科精神向落後的東方移殖！

苏联劳动法不是虚设的，1926 年 12 月 18 日，陈麻子

一九二六年十二月十八日　工人之路　第一百六十九期

РАБОЧИЙ ПУТЬ

工人之路

Орган Дальне-Восточного краевого совета профсоюзов.

Отв. редактор Чжан-тин-юй

Адрес редакции: г. Владивосток, уг. Пекинск. и Корейской, Клуб Китрабочих „I мая“ Телеф. № 6-35.

18 Декабря 1926 г.

№ 169

遠東邊疆職工蘇維埃出版

每逢星期三出版
報價：零賣每期金洋七分定閱本埠每月二毛五分外埠每月三毛
編輯處：北京街和高麗街拐角中國工人五一俱樂部樓上
電話六百三十五號
廣告刊例：每期每字按照三分金洋計算長期另議

訪友諸同志注意

以後投稿要寫的乾净清楚簡單尤其要注意職工運動的團體活動及新的建設、最需要的是勞動藝術的稿件。至關於社會黑幕情形、要用狠巧妙的方法、搜羅證據品、最忌作糢糊影響之談。

工人之路社啓

◉蘇聯勞動法不是虛設的

（陳麻子）

祗有工人階級奪取政權在自己手裏、權利才有充分保證；祗有在工人國家蘇聯的勞動法、才眞是保護工人的勞働法。本月十二日、二區審判廳爲皮匠舖掌櫃殷殿元不願其學徒張慶書在工餘之下參加俱樂部工作、加以毆打一案、特在五一俱樂部公判。結果按照勞動法一百七十五條、判該掌櫃以四個月監獄並發給該學徒工資一百七十八元五角、當時在座工人莫不拍手歡呼。我們把這件案子拿來一看、就可以知道蘇聯的勞動法、所給與工人利益、是十全的、眞確的。這一共一百九十四條的勞働法、是沒有一句空言的。

原來在資本主義社會之下、學徒是做師傅的商品、師傅有無上的威權可以壓制學徒、可是在社會主義社會—蘇聯之下的學徒、他的地位就根本不同。學徒是一樣受國家法律的保護。今該掌櫃竟因學徒工餘到俱樂部—工人的教育與娛樂的機關、而加以毆打、仍把學徒看做自己的商品根本違犯蘇聯的法律、這是應該受處罰的。

我們現在回看帝國主義國家的勞動法怎樣？英、美、法、德、日、比、雖自認爲文明國、或共和國、可是他們所給與工人階級的文明乃是鐵練與赤血。他們的勞働法雖訂了些什麽優待工人的條件：如八小時工作制、工資最低限度的規定、工會組織權、可是都是欺騙工人的官樣文章：如英國近年來因經濟的破産、不得不減輕生産成本、以資彌縫、於是八小時工作制取消了、工資減少了、結果釀成英國幾百萬鑛工持久的罷工、罷工工人的開會與言論被嚴重的禁止。同樣、在法、德、日、美、等國的工人亦無一不受苛刻的剝削。我們從這裡可以明白在資産階級統治之下工人階級是得不到什麽保障的、祗有工人階級奪取政權在自己手裡以後他的勞働法才是工人階級權利的唯一保障。

中國工友們起來！擁護蘇聯的勞働法！工人階級最重要的革命勝利品。

華工們！你們要注意兩件事；

（一）全體參加城市蘇維埃選舉。

（二）不要隱瞞居戶口。不實告訴調查人。

專電

國民黨中央執行委員會派遣代表團到瑞士、日內瓦的國際聯盟、其主任夏金（譯音）已對該聯盟正式聲明北京軍閥代表沒有使用中國名義出席之權。因爲中國三分天下有其二、是在革命政府統治之下、北京政府的勢力範圍只有三分之一、所以他只能代表北京軍閥、不能代表中國政府。北京軍閥代表對國民黨代表說：我承認國民黨是中國民衆的代表、我將來不贊成和蘇聯聯合。有許多法國報紙登載我的言論、說：我主張大亞細亞主義、不贊成和蘇聯聯合。這是變更了我的意思的虛報、我是主張和蘇聯聯合。因爲蘇聯不壓迫中國、對於中國的革命運動有狠大的幫助。

江西湖北自歸國民革命政府統治後、地方政治大行革新。其重要的是：（一）統一幣制。（二）改良鐵路交通。（三）建設道路。（四）移民墾荒。（五）調查森林礦山河川的産業狀況、加以改良開發。（六）特別注意財政問題。

福建小軍閥張毅完全投降。

國民軍在河南連戰連勝。在河南西邊佔領了狠多重要城市。

英公使到武漢和國民革命政府有所交涉。繼到九江和蔣介石亦交換了許多談話。大約所談重要問題、不外承認國民革命政府一事。張作霖的機關報、英文遠東時報、對此大聲急呼說：主人呵！快別承認國民革命政府呀！因爲北京政府是狠能保護外國人利益的。國民革命政府、那是不能保護外國人利益的。這可算是情急說眞話。

據日本報載、國民革命軍若是打下了江浙兩省、英國一定承認國民革命政府爲中國正式政府。

日本外交家沙布里（譯音）到南京、其目的爲和英國公使密商對華外交問題。據外交界推測這密商結果、對華外交關係、一定有所改變。

江浙皖三省自治聯合會反對孫傳芳猛烈、孫已下令通緝該聯合會全體領袖人物取消該聯合會、可是他的命令已無效力、聯合會的勢力日益發達。

快把莫斯科精神向落後的東方移殖！

红军成立九周年纪念宣言，1927 年 2 月 22 日，洁玉

一九二七年二月二十二日　工人之路　第一百七十七期

РАБОЧИЙ ПУТЬ

工人之路

Орган Дальне-Восточного краевого совета профсоюзов.

Отв. редактор Чжан-тин-юй

Адрес редакции: г. Владивосток, уг. Посьетск. и Корейской, Клуб Китрабочих „1 мая" Телеф. № 6-35.

22 Февраля 1927 г.

№ 177

遠東邊疆職工蘇維埃出版

每逢星期三出版　報價：零賣每期金洋七分　定閱本埠每月二毛五分　外埠每月三毛　編輯處：北京街和高麗街拐角中國工人五一俱樂部樓上

電話六百三十五號

廣告刊例：每期每字按照三分金洋計算長期另議

鞏固蘇聯的建設就是實行世界革命！

◉紅軍成立九週紀念感言

（潔玉）

當資本制度剛得暫時穩定、他的衝突矛盾不旋踵就暴露出來了。第一世界產業霸權中心、大戰以後、由倫敦移到紐約、美帝國主義者對英帝國主義的世界勢力處處立於侵襲的地位。這是最近的將來英美衝突必然的一條導火線。第二英美日在東方特別是在中國的勢力衝突。這衝突隨着中國革命運動的擴大、愈形顯露。這爲頂大的一條導火線。第三、義法英在地中海的衝突：(甲)制海權的衝突。(乙)對於地中海通東方航道的競爭。(丙)北非洲殖民地問題的競爭。這也算一道衝突的導火線。第四、蘇聯政治經濟的鞏固、對於世界革命勢力立於大本營中心地位、因之和帝國主義的衝突、日致激烈、這是世界人類史上一大根本衝突的導火線。

在這資本制度暫時穩定的時候、資產階級對於無產階級和殖民地半地的剝削攻取愈甚。窮人愈多、而購買力減少、生產過剩、掠奪競爭愈甚、結局除了暴發第二次世界大戰以外世界問題是沒法解決的。

現在我們試一搜檢帝國主義準備大戰的證據。(一)英美法義陸海軍豫算的擴大、據一九二六年統計、爲三億五千三百六十萬元、較第一次大戰前增加了兩倍。(二)精兵主義的勵行、在兵士的數目上增加率、雖不及軍費增加之多、可是我們須注意武器的進步、軍隊組織的精進、民衆壯丁武化主義的訓練、也就是打仗的準備。(三)軍事工業範圍擴大、在法國增加到百分之五十至六十。美國增加到百分之三十至五十。(四)軍器的進步及擴充：據一九二六年統計、英法美義軍用飛行機共有三千六百五十架、較戰前增加兩倍、正在飛行機工廠建造中者不計其數、可於最短期間成立。飛行機載重量增加十倍　炸彈破壞力增加二十倍。在法國目下重輕機關槍每一千兵共六十架　在英國某一個毒瓦斯工廠、據一九二六年統計、使用了一百三十萬元。在美國某一個毒瓦斯工廠、據同年統計、使用了一百八十萬元。較以前都是有狠顯著增加。(五)兵船的噸數：據一九二二年統計、英國有二十七萬二千噸、他計劃到一九三〇年建造四十二萬噸、日本現在有十四萬五千噸。計劃到一九三十年建造二十萬三千噸　爲甚麽這樣準備呢？(一)自身衝突、(二)壓迫工農和殖民地。(三)進攻蘇聯。

雖然、他們進攻蘇聯很難。(一)蘇聯已經鞏固了。(二)世界和中國的革命發達。(三)世界反帝國主義運動發達。正是因爲這樣、他們要打仗的心愈烈。於是慫恿東歐各小國對蘇聯準備進攻　我們再看這些小國的軍費比一九二三年增加了百分之十五。民間法西斯主義備戰團體增加了百分之八十二。在波蘭一千人中有十個當兵的。拉脫維亞有十二個當兵的、羅馬尼亞有九個當兵的。在我們蘇聯只有四個當兵的。在軍費方面波蘭每人担負四元六毛、拉脫維亞担負四元五毛、在蘇聯只担負兩元。在波蘭軍隊有三十二萬五千、比從前增加一倍。在蘇聯只有五十五萬軍隊、從上述這些事例看來、就知道我們的目的、在和平、資產階級目的、在打仗。然而我們爲自衛、爲保持十月革命勝利、爲世界革命前途、倘遇資產階級進攻時、我們亦辭不了軍事行動、我忠勇的紅軍以一當十的效命疆場自不待言。就是一切工農民衆、也應努力軍事的練習。

訪友諸同志注意

以後投稿要寫的乾淨清楚簡單尤其要注意職工運動的團體活動及新的建設、最需要的是勞動藝術的稿件。至關於社會黑幕情形、要用狠巧妙的方法、搜羅證據品、最忌作模糊影響之談。

工人之路社啓

專電

◉中國

奉軍入河南、吳佩孚軍及紅槍會軍隊都甚反對、紅槍會和奉軍開仗死二千人、奉軍死傷亦甚衆。

張作霖極力拉攏吳系軍官米振標、已下命令任爲奉軍十八軍總司令。

河南省反奉各系軍隊共有十萬　國民革命軍亦派兵多數入河南防禦反動勢力南侵。

國民革命軍已佔領杭州、甯波

國民革命政府在漢口已設有婦女政治學校　發起人爲孫中山先生之妻宋慶齡

北京現在張作霖的徒黨組織一總統選舉委員會、會中分爲文官武官兩派、文官主張、經過一定選舉手續、選張作霖當總統、武官反對說：我們張大帥要當總統、大家打一個電一擁戴就成了、爲甚麽要經過麻煩極了的選舉手續呢？

快把莫斯科精神向落後的東方移殖！

苏维埃国家的妇女生活，1927 年 4 月 15 日，王月梅（周月林）

一九二七年四月十五日　工人之路　第一百八十四期

РАБОЧИЙ ПУТЬ

工人之路

Орган Дальне-Восточного краевого совета профсоюзов.

Отв. редактор Чжао Е-жень

Адрес редакции: г. Владивосток, уг. Пекинск. и Корейской, Клуб Китрабочих „I мая“ Телеф. № 6-35.

15 Апреля 1927 г.

№ 184

遠東邊疆職工蘇維埃出版

每逢星期三出版

報價：零賣每期金洋七分定閱本埠每月二毛五分外埠每月三毛

編輯處：北京街和高麗街拐角中國工人五一俱樂部樓上

電話六百三十五號

※工友們注意※

工友們：本報爲遠東工人唯一的喉舌，而且是遠東工人唯一的指路碑，現在本報爲補助遠東工人的知識起見，特在「工人之路」上另闢一「問題回答」欄，以便利我遠東工人所有一切問題自己不能解決時，都可投稿到本報來詢問，本報即當負責答覆。不過文字要力求簡單，以免多占本報篇幅。

工人之路社編輯部啓

社論

◉蘇維埃國家的婦女生活

（月梅）

蘇聯自十月革命勝利後、一切被壓迫的人們、都得着解放了、婦女在社會上也和男子享受同等的權利、如選舉權、婦女均有權顧問、總言之管理國家的一切機關、婦女都可以去參加、列寧說：『如要建設一個社會主義的國家、沒有婦女是不會成功的、每個燒飯的婦女都應該去學習管理國家的一切事情』、婦女得着偉大崇高導師列寧同志的教訓後、沒有不努力去參加公共機關的工作、如政治機關、經濟機關、軍事機關……。

婚姻是女子最重要的事件、這問題在帝國主義國家裡是不易解決的、在蘇聯却不同了、女子和男子自由結婚、自由離婚、完全出于己願。假使已生產了小孩、留在父方或母方都可以、如果留在母方、他的生活必得由父方拿錢出來給養。

蘇聯國家的人民生活、都是各自獨立的、婦女的生活既能獨立、便用不着依賴旁人、因此得由奴隸的地位、一昇而爲平等自由的國民。

要聞

四月六日上海電　中國國民黨領袖汪精衛、去年因病請假往歐洲休養、現已由歐洲回到上海、蔣介石發表宣言歡迎他、說：過去一年中、國民黨最忠實的汪同志因病休養歐洲、國民黨和國民政府失了重心、有許多問題不能解決、現在汪同志已回來了、中國國民革命在汪同志領導之下、必得有狠好的發展、我以後專理軍事工作、幫助汪同志努力國民革命、俾中國革命早日得以完成。

中國國民黨首領汪精衛和中國共產黨首領陳獨秀共同發表宣言：說中國國民黨應遵守中山先生的革命理論與革命政策、和中國共產黨狠密切的聯合、一致努力國民革命工作、我們的敵人千方百計的設法破壞我們聯合戰線、所以見着我們有弱点卽乘機造謠、欲消滅我們已得到的成績、我們知道國民黨和共產黨的合作、在現在的中國是必需的、中國共產黨對這問題、一点沒有惑疑、敵人造謠說：中國共產黨要推翻國民政府、完全是僞造的事實。中國目前所建設的是一切被壓迫階級的民主主義的政府、來鎭壓反動勢力、這並非是無產階級專政。凡是明瞭中國共產黨的理論和行動的國民黨員、他們一点不能惑疑中山先生聯蘇俄聯共產黨的政策、在國內和國外的反動勢力、專門僞造謠言、想破壞我們的聯合戰線、已認識的異常清楚。即或我們兩黨有衝突的地方、總是可以解決的。共產黨對國民革命政策狠表贊同、過去一切的惑疑、從此都可消釋、絕不相信反動派無根據的謠言的。我們現在更應當狠堅固的結成一聯合戰線、爲中國國民革命勝利的保證、和中國國民黨與中國共產黨向前發展的保證。

四月六日北京電　本日張作霖不得俄國大使之准許、突派軍警五百餘人、檢查蘇聯大使館、遠東銀行、及使館軍事代表俄商代表的辦公處以及使館各部職員的住宅、各種文件賬簿財物都被軍警一併劫去、並拘去俄國職員二十二個、中國職員七十餘個、其中有一爲中國著名學者及馬克斯主義的理論家李大釗先生。一切被拘捕的職員都被軍警把兩手束縛在背上、中俄職員在途中且橫遭軍警和白黨的毒打。張作霖派軍警檢查後、復公然宣言說：他得到了他的主人英美意法荷等帝國主義的公使同意後、才去檢查的、自搜查後、蘇聯大使即向北京政府提出嚴重抗議。

張作霖　順從他的主人—帝國主義的令命、突派軍警非法檢查蘇聯在北京的各種機關後、蘇聯政府即照會北方政府駐莫代理大使說：張作霖不得蘇聯大使的准許、擅自派軍警檢查蘇聯在北京的各種機關、並拘捕在蘇聯機關的辦事職員和强劫一切文件財物、誠屬違背國際公法。而北京政府的照會說：『使館內有國民黨員和共產黨員及藏有軍械等等』。縱然要搜查蘇聯機關、應當先和蘇聯的大使商量。張作霖此次舉動、不特沒有和蘇聯大使商量且檢查各機關的時候、不准蘇聯大使前往視察、卽証明早欲假造宣傳品及軍火等物來詆誣蘇聯政府、事實昭彰無可隱諱。並證明檢查蘇聯機關、

快把莫斯科精神向落後的東方移殖！

苏联经济建设日增月盛，1927年5月20日，德盛

一九二七年五月二十日　工人之路　第一百八十九期

РАБОЧИЙ ПУТЬ

工人之路

Орган Дальне-Восточного краевого совета профсоюзов.

Отв. редактор Чжао Е-жень

Адрес редакции: г. Владивосток, уг. Пекинск. и Корейской, Клуб Китрабочих „I мая“ Телеф. № 6-35.

20 мая 1927 г.

№ 189

遠東邊疆職工蘇維埃出版

每逢星期三出版　報價：零賣每期金洋七分　定閱本埠每月二毛五分　外埠每月三毛

編輯處：北京街和高麗街拐角中國工人五一俱樂部樓上

電話六百三十五號

廣告刊例：每期每字按照三分金洋計算　長期另議

本期要目

積極的反對官僚主義！

來論

◉蘇聯經濟建設日增月盛

（德盛）

蘇俄自十月革命成功後、爲恢復國民經濟、發展國內工業、提高生產、消滅私有財產制度、建設社會主義的社會、而實行新經濟政策。

自從實行新經濟政策以後、各處大城市裡的大作坊、及大工廠都實行電氣化。在鄉村的農民則用電氣機耕地、用電氣化來發展國家的生產力。總之俄國在這時候、對於經濟的建設、卽是要實行全國『電氣化』的口號！

俄國國民經濟、蘇維埃爲要全國實行電氣化、而盡力的去幫助各城市、各鄉村設立電站。一面各地的經濟機關、尤其銀行等都盡其所有的能力去幫助工人與農民建設電站。

特別最近俄國中央人民經濟蘇維埃、爲提高人民生活而決定減底『價格』乃命令各地的生產機關及國家商店、協作社等、減底『商品價格』這就是要提高蘇俄的購買力、這個口號已普遍了各大城市、（如本地的紅旗報天天登載對於減底價格的消息）現已正在實行中、大概暫時減底到百分之十、其餘漸次進行、以至達到預定的計劃爲止。

由上面看來、蘇聯經濟發達的迅速、要佔全世界第二國家。蘇聯的經濟不但我們說他發展、而世界資本主義的國家如：英美過去也在他們的報紙上登載過蘇聯經濟的狀況、說現在已比從前發展了。我們過去曾把蘇俄國家的經濟和私人的經濟發展的程度比較過、蘇聯一九二五年國家的經濟發展到百分之六十、而私人的經濟、才佔百分之四十、到一九二六年國家的經濟發展到百分之八十、而私人的經濟佔百分之二十。最近更不用說：國民經濟的發展、已超過戰前了。

現在蘇俄的經濟逐漸發展、而私人經濟逐漸底落　國家經濟逐向社會主義的道路上走、而私人經濟遂逐漸走到向崩潰的時期了。

要聞

五月十五日上海電　按照此間中國報載消息：說馮玉祥已佔領了洛陽、國民軍現在正向南發展、以便與唐生智的軍隊聯成一片、好夾擊張作霖的軍隊。

五月十五日上海電　據中國報紙消息：北方軍隊的領袖、行動毫不統一、張作霖幫助孫傳芳價值一百萬元的軍火、被張宗昌中途扣留了。張學良和楊宇霆間的暗潮亦甚烈、現張學良已由前線轉返北京。

五月十四日上海電　據路透社消息：粵漢鐵路被農民軍截斷了、現火車已停止開駛、第十二師錢大鈞的軍隊、現正在抵抗農民軍。在汕頭一帶蔣介石的軍隊、無力和無數的農民軍對抗。李濟琛的軍隊用全力對付農民軍、因此不能進攻武漢政府的革命軍。

五月十四日漢口電　武漢國民政府發表一通緝令、說前漢口市政府的委員長劉文島、暗通蔣介石、着卽通緝拿辦。

五月十四日漢口電　據國民社消息：說漢口接到英國學生會的宣言、其內容是英國學生要求英國政府退出在中國的武裝軍隊、和設法廢除英國政府與中國所訂的一切不平等條約。

五月十四日上海電　據中國報載消息：五月十二日共產黨報紙的主筆、有二人被蔣介石捕獲槍斃了。

五月十四日上海電　據中國報紙消息、五月十二日蔣介石的代表抵日、聞負有重要的任務。

五月十四日上海電　蔣介石常對兵士演講與武漢國民政府分裂的原因、說武漢政府畏懼帝國主義的軍艦、不反對帝國主義、對日本非常讓步。並說美國代表和南京政府狠有密切的關係、因美國狠願意在國民革命上幫助中國、一切國家也狠願意中國革命成功和中國獨立。但必須取消中國共產黨員、否則、共產黨員必取消我們。又說現在兵士和軍官都狠想得到狠好的位置、所以紀律一天壞一天、民衆對我們軍隊種種的不滿意、比較痛恨北方軍隊還要厲害。

五月十四日上海電　安慶被山東軍隊佔領了。

五月十三日上海電　關於處置共產黨事、組織特別法庭來辦理。

五月十三日上海電　蔣介石在南京演講、說明南京政府根據三個原則、（一）打倒帝國主義、（二）維持與蘇聯友誼的關係、（三）改良工農生活、然

快把莫斯科精神向落後的東方移殖！

前进！到文化建设的胜利，1928 年 5 月 13 日，丁山

一九二八年五月十三日　全世界無產階級聯合起來呵！　第二百五十三期

每一個遠東邊疆的中國工人必須與「工人之路」發生親密的關係！

РАБОЧИЙ ПУТЬ

工人之路

Орган Дальне-Восточн. краевого совета профсоюзов.

Отв. редактор Тин-шань

Адрес редакции: г. Владивосток, уг. Пекинск. и Корейской, Клуб Китрабочих „1 мая"

Телеф. № 6-35.

Выходит 2 раза в неделю.

13-го мая 1928 г.

№ 253

遠東邊疆職工蘇維埃出版

每逢星期四、星期日出版

價目：

零賣每期金洋五分

本埠定閱每月四毛

外埠定閱每月五毛

編輯及發行處：海參崴北京街和高麗街拐角中國工人「五一」俱樂部樓上

電話六百三十五號

廣告刊例：每期每字按照三分金洋計算長期另議

本報編輯處啓事

遠東邊疆的工友們！

你們投稿本報時，請注意以下幾点：

（一）用墨水繕寫，字畫不宜潦草。

（二）每兩行間，可留寬大一些的空白，以便修改。

（三）在稿末請寫出通信地址，以便郵寄稿費。

（四）發表時須用甚麼名字，請附註明。

（五）對於各地的工人生活，須作有系統的詳確通信，隨時投稿本報。

▲社論▼

◉前進！到文化建設的勝利！

（丁山）

文化建設是與目前蘇聯社會主義的經濟建設關連的。現在蘇聯社會主義建設的經濟，極需要改善工農羣衆的技術。因爲沒有使廣大工農羣衆的技術之提高，便不能實現國家工業化和電氣化。但是，若沒有使廣大工農群衆的文化教育程度提高，則不能使廣大的工農群衆改善技術。文化建設的問題是與目前蘇聯社會主義的經濟建設問題相並重的。

關於文化建設的工作，自從蘇聯共產黨第十五次大會以後，已經開始進行了。領導蘇聯建設社會主義的蘇聯共產黨各級黨部現時正在號召蘇聯各地的工農群衆參加文化建設的工作。

在蘇聯有成千百萬的工農無產階級羣衆——尤其是貧農，現時還有許多不識字的和在宗教、迷信及一切腐敗落後的風俗習慣籠罩之下。在蘇聯的中國工農群衆的文化教育程度比較俄國工農群衆更落後。據調查得的結果，在遠東邊疆的中國工人中有百分之六十乃至八十五是不識字的。至於在遠東邊疆的中國農人中關於教育程度的調查現時雖然沒有，但是我們知道中國農人的教育程度是更比中國工人低下的。

在蘇聯的俄國工農群衆與在遠東邊疆的中國工農群衆之間，文化教育的程度原來是相差得這樣的遠，故目前關於文化建設的工作，在根本的原則上對於中俄的工農羣衆雖然相同，但是在實際的進行方法上不免有些差異。

例如，對於在蘇聯的俄國工農羣衆，現在只須多設立各級學校擴大各級學生的名額，推廣圖書館和一切教育的設備。但是對於在遠東邊疆的中國工農群衆，現在則須加添十幾倍的補習學校和工農子弟的初級學校，必須廣大的出版中國文字關於蘇維埃、職工運動和共產主義的書報以及加倍的設立中國工農閱報室。

對於俄國的工農羣衆必須與醉酒的惡習慣奮鬬！但是，對於在遠東邊疆的中國工農群衆則必與吸大煙，打麻雀牌和壓寶，出局等等墮落的嗜好鬥爭！而且要改變不愛清潔，不講公共衛生……等惡習慣！

在俄國工農群衆中必須努力的掃除宗教，迷信和輕蔑小民族的風俗。在遠東邊疆的中國工農羣衆中則應該打破鄉土觀念，改變輕視婦女，包足和過舊年舊節……等等無聊無謂的野蠻風俗！

以上是在文化建設的工作上，現時對於中俄工農群衆着手進行的主要不同之点。

至於在各處均應多設立藝術學校或技術研究會和講習所，必須推廣電影，音樂和戲園等娛樂場所，增設俱樂部和無線電話……等文化教育的宣傳機關，則是目前在蘇聯的文化建設工作上對於所有的民族均相一致的。

海參崴州蘇聯共產黨最近（本星期內）開擴大代表會議，提出文化建設的問題詳細討論而對於在最近幾年內的實際工作上並議決了切實進行的方針。這不僅是海參崴州內所有在各級黨部，蘇維埃機關和職工會組織的一切工農群衆及一切人民所應該擁護和努力實行的工作，就是在蘇聯遠東邊疆其他各州內的一切工農群衆均應對於文化建設的工作，特別注意和努力！

工友們！前進！到文化建設的勝利！

〔中國要聞〕

◉日帝國主義與蔣介石衝突的開端

上海七日蘇聯社電　五月五日蔣介石和黃郛通告濟南事件，略謂：「日本人首先開戰。殺死駐在日本人區域一帶的中國兵士，將交涉局佔領，捕去交涉局長趙公西，割去他的鼻子和眼睛，然後斃命。其後日本軍隊開鎗擊斃中國人百餘人。中國軍隊遂開鎗還擊……」。

東京七日蘇聯社電　由青島開至濟南日本的防禦軍隊。東京方面收到駐濟南日本的總領事第一次報告。據云，敵對的行動已行禁止。截至現在，日本人共死十四人，內有婦女數人，日本人受傷者甚多。毀壞日本人的房屋五十座，日本兵士死十二人，日本軍官死一人，日本兵士受傷三十人。駐濟南的中國南京政府外交代表，明知中國兵士殺害日本憲兵，並承認擾亂日本人民的事實。又云，五月三日當日本駐濟南的總領事謁見蔣介石，解釋日本軍隊開到山東的意義，「回時他乘坐汽車被兩鎗轟擊。五月四日蔣介石與日本軍官間議定禁止衝突的行動，日本軍隊遵守，而中國軍隊擱置不理，仍繼續開鎗。

◉日本軍隊繼續向中國各處移動

東京六日蘇聯社電　日本國會議決支付三百三十萬元作爲開拔日本軍隊到中國的用費。

東京七日蘇聯社電　聯合新聞社消息，由大連開至青島的日本防禦軍隊一千人。

上海七日蘇聯社電　因爲濟南的衝突，日本開駛軍艦至廣州，汕頭，厦門和福州等地。據青島方面消息，該處到日本飛機十架並將到日本軍隊一營。

東京八日蘇聯社電　聯合新聞社消息由吳港開駛八艇驅逐艦到揚子江流域。據云，此外尙開拔炮擊飛機的日本軍隊到濟南。

北京九日蘇聯社電　日本軍隊擬在天津設立飛機站，北京政府不許，日本軍隊立刻派五百兵士前往强迫建設。

◉新舊軍閥混戰

北京八日蘇聯社電　南軍由濟南撤退至郊外。南軍要求英，美，各國領事調解濟南衝突。據聞奉軍開始反攻濟南，奉軍飛機在濟南擲炸彈。

上海八日蘇聯社電　在漳州方面的馮玉祥軍隊失敗，損失兵士一萬二千人，現已退卻。

上海九日蘇聯社電　南軍佔領濟南北部四十公里。另訊，南軍已佔領德州。

◉反日帝國主義運動

東京九日蘇聯社電　在中國中部和南部得的消息，反日帝國主義運動在各地甚形發展。上海總商會召集會議討論抵制日貨的方法。在廣州亦召集群衆大會討論抵制日貨的方法。

〔蘇聯要聞〕

莫斯科七日蘇聯社電　蘇俄中央執行委員會議決於最近在伯力設立婦女參加各級蘇維埃工作的講習所。三個月畢業。招收婦女三十人，百分之八十係農婦。一切書籍用具均不收費，每人每月發給薪金五十盧布。

莫斯科七日蘇聯社電　西比利亞—土耳其斯坦鐵路按照計劃於一九三十年到三一年遂能完成，共長一千四百八十一公里。

謝瓦斯伯立七日蘇聯社電　謝瓦斯伯立地方的飛機化學社交給黑海的蘇聯軍事官局七架航空和航海的飛機。

莫斯科七日蘇聯社電　國家貿易委員會經濟部提議發展遠東邊疆魚業的草案，擬擴大車船等交通建設和幫助該魚業托拉斯的資本。

莫斯科八日蘇聯社電　五月八日上午蘇聯中央委員會主席團團員，兼任人民委員會和保護勞動委員會的副委員長曲魯伯同志因病逝世於克里米。

莫斯科八日蘇聯社電　在東巴斯煤礦附近破獲的反革命分子定於五月十五日開始審判。這個反革命的組織係與逃亡在外國的白黨分子直接發生關係，其目的係要破壞蘇聯的經濟建設。

羅斯托夫八日蘇俄社電　東巴斯各煤礦工人贈送該處的國家政治管理局（格別武）一面大紅旗，贊揚其與反革命鬥爭的工作之努力。

瓦薩瓦九日蘇聯社電　鎗殺蘇聯駐波蘭的貿易代表未遂之兇手供認行刺不諱。蘇聯政府向波蘭政府提出嚴重抗議。波蘭政府尙捕獲這案的從犯十三人。

〔國際要聞〕

莫斯科九日蘇聯社電　第三國際爲五月一日在瓦薩瓦社會民主黨殘殺工人發表宣言，要求各國的工農反對波蘭社會民主黨和第二國際。

〔各國要聞〕

[illegible]各拉六日蘇聯社電　在埃及猶太人民區反對召集公開的基督教代表大會，在各地發生廣大的示威運動與各地的警察發生流血的衝突。死傷甚多，被捕者達一百二十餘人。

柏林十日蘇聯社電　萊茵區一萬海員工人罷工運動擴大。現增至一萬五千人，各馬頭召集碼頭工人大會，討論同盟罷工。另訊，德國共產黨反對派自行取消組織要求恢復黨籍並加入第三國際。

◉英國報紙對於濟南事件的意見

倫敦十日蘇聯社電　保守黨機關報一

庆祝苏联职工会的十周年，1928 年 1 月 12 日，丁山

一九二八年一月十二日　　全世界無產階級聯合起來呵！　　第二百二十期

遠東的中國工人要努力參加遠東的社會主義建設！

РАБОЧИЙ ПУТЬ

工人之路

Орган Дальне-Восточного краевого совета профсоюзов.

Отв. редактор Тин-шань

Адрес редакции: г. Владивосток, уг. Пекинск. и Корейской, Клуб Китрабочих „1 мая" Телеф. № 6-35

12 Января 1928 г.

№ 220

遠東邊疆職工蘇維埃出版

每逢星期三出版

報價：零賣每份金洋七分　定閱本埠每月二毛五分　外埠每月三毛

編輯處：北京街和高麗街拐角中國工人五一俱樂部樓上

電話六百三十五號

廣告刊例：每期每字按照三分金洋計算　長期另議

本報編輯處啓事

遠東邊疆的工友們！你們投稿本報時，請注意以下幾点：

（一）用墨水謄寫，字莫不宜潦草。
（二）每兩行間，可留寬大一些的空白，以便修改。
（三）在稿末請寫出通信地址，以便郵寄稿費。
（四）發表時須用甚麼名字，請附註明。
（五）對於各地的工人生活，須作有系統的詳確通信，隨時投稿本報。

社論

◉慶祝蘇聯職工會的十週年

（丁山）

蘇維埃職工運動的歷史，同「十月革命」、蘇維埃政權以及無產階級專政鞏固以來工人階級所得到的一切勝利和新的勝利成績之歷史相並駕的。職工會與共產黨及工人階級、手挽手的進行到一切光榮勝利的道路，但是、單就這十年來的勝利以評判蘇維埃職工會的責任是不夠的。

蘇維埃職工運動經過了些甚麼階段？自從十月革命之後、蘇維埃職工運動才有新的進展，職工會在這時期已經從僅僅保護工人的經濟利益而過渡到規定工資。蘇維埃職工會推動保護無產階級經濟利益的責任、開全世界的先例。工人階級掌握政權、變爲一切產業的主人、享受工人階級的物質幸福、度量工資、開始改善工廠作坊的工作。

蘇維埃職工會注重提高生產、開始保衛和幫助新的建設。

少數派雖然在思想上進攻、他們狃守職工會應與一切政權獨立的成見、他們聲言勞動者罷工的神聖權利而利用怠工的職員進攻、蘇維埃的職工會卻堅決的糾正這種道路而且表明在無產階級革命勝利的條件之下、一切組織必須澈底的改變其責任、職工會也在其中。

在這時期、蘇維埃職工會不僅發表保護工人階級的物質狀況、而且反對一切無產階級的仇敵、尤其是反對怠　、無微不至的担負起階級爭鬭的根本責任。

按照生產的原則改造職工會的組織工作、蘇維埃職工會同時活動的參加消滅反革命的力量、職工會通告全體的會員出發、充實紅軍的行列。

在殘毀和飢荒的年代。蘇維埃職工會的組織在前鋒上與運輸和生產的擾亂爭鬭、消滅其最後的毀壞。在十月革命歷史發展的每段新的過程中、都可以指出蘇維埃職工會組織的責任和其影響。

事實上蘇維埃職工會的影響之發展和擴大、已經証明他的地位在無產階級專政的條件之下是狠重要的。

觀察蘇維埃職工會的意義從星荻加的觀点出發固然不對、就是托落斯基從國家機關的觀点出發也是與列寧的道路相反、這些錯誤的觀念、除了共產黨英明精睿的嚴重指斥、是不能掃滅的。

蘇維埃職工會只有在共產黨的幫助和領導之下才能確定他的發展、不會脫離工人階級的正道。

在最近這幾年中、蘇維埃職工會的意義更有顯着的表現。根本上依據共產主義學校的原則、吸收和淘養無產階級和勞動者的部隊、訓練達到社會主義制度的新預備、蘇維埃職工會更進步的直接的提高生產。

蘇蘇維埃職工會第一就是同官僚派鬭爭、與懶惰者鬥爭、提高生產力、監督鬆懈和浪費、爲增加工資和改善勞動條件而爭鬭、以及提拔新的活動分子到管理經濟的指揮地位。

到現在、蘇維埃職工會已經佔領了一切生產的各方面以及工人階級的習慣、文化和物質生活、蘇維埃職工會的威望已經被社會公認了。

蘇聯國家的生產和其管理逐日的堅强地保持其新進的趨勢、這就給蘇維埃職工會在管理生產的責任一種加强的動力。生產會議和選擇推動生產的方法、也是蘇維埃職工會改造生產的樞紐。

在蘇聯共產黨第十五次大會關於同志拉可夫和克爾仁護諾夫報告的議決案中、再再的說明蘇維埃職工會的重要意義、一方面是共產主義的學校而另一方面又是社會主義經濟的組織。

從過去危難的生活經驗、經過國內戰爭、殘毀和飢荒、反革命明的和暗的進攻、都是蘇維埃職工會已學習了的功課、現時正負担起他的新的責任。

蘇維埃職工會過去和現在都是共產主義的學校。在蘇維埃職工會成立的十週年紀念日、表示熱誠的慶祝者、不僅是蘇聯的一切勞動群衆而且是全世界的無產階級。

中國要聞

◉工農革命運動

上海二日蘇聯社電　前月三十日在閘北地方六十一團附近有人拋擲炸彈二個、中國地宣布戒嚴。中國報載係共產黨人所爲。

東京三日蘇聯社電　日本報載、因爲蔣介石與白崇禧的軍隊在上海發生衝突、共產黨人將乘勢舉行武裝暴動。

上海三日蘇聯社電　在廣東東江一帶有三道戰線、一是張發奎的、一是汕頭李濟琛的、一是工農的紅軍。紅軍的基本在陸豐。

紐約四日蘇聯社電　社會報廣州通信社消息、廣州當局進行搜索、捕獲共產黨人十四人。沒收鎗械八百枝、炸彈三百七十五個。

東京四日蘇聯社電　滬寧鐵路一部分被炸毀。據日本通信社消息、傳聞係共產黨人所爲、預備當蔣介石乘車時爆發。

漢口五日蘇聯社電　漢口紡織工人罷工。

◉軍閥鬭爭

東京三日蘇聯社電　日本報載蔣介石將駐在上海之白崇禧軍隊繳械。上海已宣布戒嚴、蔣介石用嚴

職工會是無產階級專政的基礎、是共產主義的學校、是建設社會主義有力的工具！

远东社会主义建设与中国民族，1928 年 2 月 1 日，丁山

一九二八年二月一日　全世界無產階級聯合起來啊！　第二百二十五期

РАБОЧИЙ ПУТЬ

工人之路

Орган
Дальне-Восточн. краевого
совета профсоюзов.

Отв. редактор Тин-шань

Адрес редакции: г. Владивосток, уг. Пекинск. и Корейской, Клуб Китрабочих „1 мая“
Телеф. № 6-35.

1 февраля 1928 г.

№ 225

遠東邊疆職工蘇維埃出版

每逢星期三六出版

價目：
零賣每期金洋五分
本埠定閱每月四毛
外埠定閱每月五毛

編輯及發行處：海參威北京街和高麗街拐角中國工人五一俱樂部樓上

電話六百三十五號

廣告刊例：每期每字按照三分金洋計算長期另議

◉遠東社會主義建設與中國民族

（社論）

（丁山）

蘇聯共產黨解放民族的政策、是根據承認民旅的完全平等、否認一切壓制民族的關係、爭奪取廣大被壓迫的群衆擁護無產階級革命而作反對皇帝制度和帝國主義的鬬爭。

蘇聯共產黨消滅民族間的不平等和殖民地的壓制、保証了歐洲和亞洲的人民贊助和信任「十月革命」而且在現時成爲東方民衆反抗帝國主義的模範。

蘇聯國家在蘇聯共產黨這種正確的民族政策領導之下、在國內和國際都有偉大的意義、尤其是在遠東邊疆的條件之下建設社會主義、與中國工人更有偉大的意義。

民族問題在蘇聯國內和國際的意義在遠東是錯綜聯接的。在遠東有十數萬的中國人民。事實上若完全依照蘇聯共產黨的民族政策正當解決、不僅是幫助蘇聯遠東的社會主義建設而且是東方、尤其是對於中國四萬萬被壓迫的殖民地人民的模範。

俄皇時代對於遠東的中國民族完全是效法英帝國主義壓制和剝削殖民地的經驗：利用中國工人賤價的勞力、搾取高度的利潤、利用中國人的文化程度落後、施行各種非人的待遇、利用「打頭」和「通事」等壓迫的制度、欺騙和鉗制中國工人。但是經過「十月革命」以後、在遠東這些關係在名義上雖然取消、然而在事實上還有不少的遺留着。

消滅這些民族間不平等的一切遺留、吸收廣大的中國工人群衆參加遠東社會主義的建設　保証蘇聯無產階級專政的基礎、這是目前蘇聯遠東邊疆的黨部和職工會以及蘇維埃等機關的重要責任！同時、這也是遠東邊疆每一個中國工人的責任！

中國要聞

◉工農革命運動

東京二十五日蘇聯社電　據廣州日本報通信社消息、在廣東與湖南鄰界之樂昌、宜章縣城爲十二月在廣州暴動以後退回之革命軍一千五百人佔領。

上海二十五日蘇聯社電　從廣州得的消息、中國當地的企業家願給當局一千萬元收買當局重新壓迫工人組織。因此、廣州政府的工人部和土地部、已下令解散一切職工會—革命的職工會。傳聞、有許多工人秘密會議、決定預備大罷工。

上海二十六日蘇聯社電　從香港得的消息、在廣州失敗的紅軍、現在進攻河南島及其他要隘。廣州當局與紅軍發生激烈的戰爭、結果雙方損失甚大。有民房數十宅被焚。

上海二十六日蘇聯社電　據英文報載、一月二十四日於上海各地發現共產黨人的口號、要求工農和兵士推翻現在的當局、設立蘇維埃政府。

上海二十六日蘇聯社電　據英文報載、漢口當局甚恐共產黨人暴動、日本和法國的租界、四圍安置鐵絲網。

◉新舊軍閥的爭鬬

東京二十五日蘇聯社電　武漢方面白崇禧的軍隊與湖南唐生智舊部軍隊發生激烈衝突。但在長沙之日本報通信社的消息、湖南軍隊在萍鄉附近遭受劇大的損失、已退回衡州和常德方面去了。武漢的軍隊最近幾日可佔長沙。

上海二十六日蘇聯社電　駐錠南方的「海圻」軍艦出發追捕運送張作霖軍械之捷克斯拉夫船。「海圻」軍艦在海中與北方艦隊相遇、要求援助。所有在吳淞的軍艦完全出發援助「海圻」。

東京二十七日蘇聯社電　據日本通信社電、白崇禧軍隊、昨日佔領長沙。白崇禧宣布湖南軍隊總司令何鍵有赤化的嫌疑、其實何鍵就是去年七八月間在武漢開始反對工農運動和屠殺工農及其領袖的發難者。

東京二十七日蘇聯社電　據日本報載、胡漢民、伍朝樞、孫科等由上海赴廣州。另訊、據中國報載、胡漢民等係往歐洲。

上海二十七日蘇聯社電　據南京國民社消息、馮玉祥已佔領河南省焦作。另訊、閻錫山截斷奉軍由保定府南七十五公里退回的軍隊。

北京二十七日蘇聯社電　安國軍軍事會議、決定委任楊宇霆爲第三四軍的總司令、接替韓麟春。楊宇霆仍兼任安國軍參謀長。據張作霖的意見、這是爲便於集中軍力反對閻錫山和馮玉祥。

◉蘇聯與中國的貿易

上海二十七日蘇聯社電　漢口茶葉商行、要求中國當局許允蘇聯協作社代表團恢復貿易。遠東太晤士報、蘇聯協作社代表團在漢口的分部、於一月二十二日被軍事當局封閉、被捕的中俄職員各

本報編輯處啓事

遠東邊疆的工友們！你們投稿本報時、請注意以下幾点：

（一）用墨水謄寫、字畫不宜潦草。
（二）每兩行間、可留寬大一些的空白、以便修改。
（三）在稿末請寫出通信地址、以便郵寄稿費。
（四）發表時須用甚麽名字、請附註明。
（五）對於各地的工人生活、須作有系統的詳確通信、隨時投稿本報。

職工會是無產階級專政的基礎、是共產主義的學校、是建設社會主義有力的工具！

站在文化革命的战线上奋斗呵！1928 年 4 月 1 日，丁山

一九二八年四月一日　全世界無產階級聯合起來呵！　第二百四十二期

РАБОЧИЙ ПУТЬ

工人之路

Орган
Дальне-Восточн. краевого
совета профсоюзов.

Отв. редактор Тин-шань

Адрес редакции: г. Владивосток,
уг. Пекинск. и Корейской, Клуб
Китрабочих „I мая“
Телеф. № 6-35.

Выходит 2 раза в неделю.

1 Апреля 1928 г.

№ 242

遠東邊疆職工蘇維埃出版

每逢星期四．星期日出版。

價目：
零賣每期金洋五分
本埠定閱每月四毛
外埠定閱每月五毛

編輯及發行處：海參威北京街和高麗街拐角中國工人五一俱樂部樓上

電話六百三十五號

廣告刊例：每期每字按照三分金洋計算長期另議

本報編輯處啟事

遠東邊疆的工友們，你們投稿本報時，請注意以下幾点：

（一）用墨水謄寫，字畫不宜潦草。
（二）每兩行間，可留寬大一些的空白，以便修改。
（三）在稿末請寫出通信地址，以便郵寄稿費。
（四）發表時須用甚麼名字，請附註明。
（五）對於各地的工人生活，須作有系統的詳確通信，隨時投稿本報。

職工會是無產階級專政的基礎、共產主義的學校、建設社會主義有力的工具！

（社論）站在文化革命的戰線上奮鬥呵！

（丁山）

在遠東邊疆的中國戲園專門演唱中國的舊戲固然是無產階級文化發展的阻障、但是在遠東邊疆的中國工人自己嗜好鴉片、賭錢、逛窰子……等等惡習慣、亦是阻滯階級覺悟的根本隱力！

怎樣提高中國工人的文化程度而改變其一切落後的思想習慣、便成為遠東邊疆的黨部、職工會和蘇維埃各級組織目前重要迫切的問題。

對於遠東邊疆各中國戲園的錯誤和缺点以及對於遠東邊疆的一切煙館、寶局和窰娼、在各地覺悟的中國工人已經加以注意而不斷的與他們奮鬥。但是只憑一味的反對而不加以引導、只憑破壞腐舊而不進行新的建設、則因為需要與供給的不相適應、終竟是不能達到文化革命的目的！何況目前中國工人中與一切舊的文化習慣奮鬥的影響尚不充分、向舊的文化習慣進攻的力量尚屬稚弱呢？

我們已經再三的警告過遠東邊疆的中國戲園了！他們的黑幕和缺点我們雖然是繼續不斷的指責！但是他們因為各種關係—尤其是「拿錢吃飯」的關係、畢竟是不能接受我們的要求！其結果在最近的將來對於他們只有出於「關門大吉」的一途！

因此、擺在目前的問題就是重新建設中國工人的娛樂機關、如電影場、新戲場及音樂會等等、同時更進步的發展各工會組織的俱樂部和教育組織。

對於嗜好鴉片、賭錢、逛窰子……等等惡習慣的中國工人、要改變他們的行動只有在思想上、在社會教育上加以引導。另一方面在蘇維埃行政機關更要加強的嚴厲取締這種非法的『營業』！同時在各地的覺悟工友更應該有組織的和有系統的破壞一切烟館、賭局和窰子、務必要和根拔盡！再一方面、更要擴充各地的補習學校、加添閱報室、圖書館而同時增加中國文字出版的書報。

在蘇聯共產黨第十五次大會上、在遠東邊疆職工蘇維埃教育部主任召集的中韓工人活動分子會議（前月在海參崴召集的）上和在海參崴州黨部的第二次擴大會議（一九二八年一月廿六—廿八日）上已經指明提高落後民族的教育文化程度、是建設社會主義目前最緊要的責任。文化革命的動員令已經頒布了！覺悟的工友們、站在文化革命戰線的前鋒上奮鬥呵！

（中國要聞）

●工農革命運動

北京二十九日蘇聯社電　據路透社消息、在廣東共產黨人的軍隊佔領惠來、距汕頭僅四十五公里。據聞共產黨人的軍隊正進攻汕頭。

倫敦三十日蘇聯社電　『和平』日報載、在廣東之共產黨人的軍隊擊潰汕頭一帶之廣州軍隊。廣州政府的軍隊有一部份投降共產黨人的軍隊、共產黨人的軍隊正擬攻取汕頭。

●廈門帝國主義運動擴大

廈門二十八日蘇聯社電　因為在廈門的日警逮捕的四個韓國人已解往韓國的京城、廈門的反日運動更見擴大。廈門的罷工委員會禁止法國領事的輪駁船在廈門和鼓浪嶼間航行。罷工委員會擬斷絕外國人的自來水管。在日本領事館前有群衆的示威運動反對將被捕的四個韓國人解送到韓國受審、群衆用石塊擲破日領事館的玻璃窗戶。日本僑民要求日本政府用武力干涉廈門的事件。

●新舊軍閥的混戰

北京二十九日蘇聯社電　從奉天軍界方面得的消息、馮玉祥的軍對不能超過直隸南部的滄河，馮軍屢次欲渡滄河、均遭巨大的損失。另云、孫傳芳在山東西部反攻馮軍。馮軍撤退時尚無損失。

（蘇聯要聞）

莫斯科二十七日蘇聯社電　關於日本政府提議要求蘇聯參加一九一九年五月五日在北京訂立之禁止輸運軍械到中國的條約、蘇聯政府答覆、略謂、購買軍械是中國的事情、無論何國都不能干涉。蘇聯政府反對參加訂立這種條約更因為在中國的列强、各有其武裝軍隊和軍艦、事實上仍有輸運軍械到中國的可能。同時蘇聯政府更要鄭重聲明、在過去和將來都未輸送軍械到中國。

格羅志勒二十五日蘇俄社電　格羅志勒國家火油公司三個職員和一個工人新發明製造火油的方法、比舊的方法增加生產一倍。

朶木斯克二十八日蘇俄社電　從朶木斯克到伊尼西克擬建設新的鐵道。測量委員會現已開始測量。該路線必經過三個大森林。將來修成時、由該路線運輸的貨物、每年可達一百四十八萬五千噸。建設費須五千四百萬盧布。

克一夫二十八日蘇聯社電　克一夫附

大批的山东农民已经来到苏联和我们的责任，1928 年 4 月 8 日

一九二八年四月八日　全世界無產階級聯合起來呵！　第二百四十四期

РАБОЧИЙ ПУТЬ

工人之路

Орган Дальне-Восточн. краевого совета профсоюзов.

Отв. редактор Тин-шань

Адрес редакции: г. Владивосток, уг. Пекинск. и Корейской, Клуб Китрабочих „1 мая“ Телеф. № 6-36.

Выходит 2 раза в неделю.

8 Апреля 1928 г.

№ 214

遠東邊疆職工蘇維埃出版

每逢星期四、星期日出版。

價目：
零賣每期金洋五分
本埠定閱每月四毛
外埠定閱每月五毛

編輯及發行處：海參威北京街和高麗街拐角中國工人五一俱樂部樓上

電話六百三十五號

廣告刊例：每期每字按照三分金洋計算長期另議

遠東邊疆的中國工農必須努力參加遠東的社會主義建設

本報編輯處啓事

遠東邊疆的工友們！你們投稿本報時，請注意以下幾点：

（一）用墨水騰寫，字畫不宜潦草。
（二）每兩行間，可留寬大一些的空白，以便修改。
（三）在稿末請寫出通信地址，以便郵寄稿費。
（四）發表時須用甚麼名字，請附註明。
（五）對於各地的工人生活，須作有系統的詳確通信，隨時投稿本報。

〔社論〕

大批的山東農民已經來到蘇聯和我們的責任

現在中國北部發生的新舊軍閥混戰、在短時間內大概不能平息。無論是張宗昌、孫傳芳、馮玉祥乃至於閻錫山和蔣介石……這一批新舊軍閥爲要保持其已得的地盤就儘量的對於農民大加剝削以充實他們的軍費。山東的農民就因爲這個原故、在山東不能生活、於是就大批的向蘇聯國家來了！

凡是山東老鄉、大家都知道、或者聽見老鄉說過：那個覇佔山東儼然「人王」的張宗昌對於山東農民的剝削和壓迫的情形罷？張宗昌在山東幹的是甚麼？不是每年徵收幾次錢糧、便是掛捐或預徵。農民如果繳納不起、輕則鞭打、重則監禁！山東的農民忍受不着這種剝削和壓迫當然不是起來反抗、便是逃往外國。除此以外、沒有別的出路。

在今年春季中、由山東逃到蘇聯的農民已有數百之多、假使我們留心細看、每次由中國來此(海參崴)的火車中、沒一次沒有山東農民。據聞現時在哈爾濱預備要到海參崴來的還有數百人哩！

爲什麼多數的山東農民紛紛的都逃到蘇聯來呢？他們爲甚麼不逃往日本、美國或中國的其他各省呢？這是很顯明的、因爲蘇聯是工人的國家對於中國的工農都一樣的待遇和保護。在蘇聯國家的工作時間比任何國家的工作時間都短而工資卻比任何國家的工資都高、而且在蘇聯的一切勞動條件比任何國家都優良。同時在蘇聯的工農更有言論、出版、結社、集會和參政等絕對的自由權、這更是其他任何國家的工農現時都趕不上的。自然這些山東農民只好向光明而自由的國家—蘇聯—來享受幸福、當然不願向黑暗的國家—如帝國主義國家或軍閥攪亂的中國各省去受痛苦了。

但是在蘇聯遠東邊疆的經濟現時尚屬落後。在遠東邊疆的國家經濟機關內、尚有不少的官僚化分子和食人不見血的通事和工頭。在遠東邊疆內還有不少的私人小手工業企業和小商人。從過去的經驗告訴我們、這些東西都是慣習利用新從山東來的工人趁着他們不明白蘇聯的法律制度而大施展其剝削的手段的。因此擺在我們面前的責任就是要努力的宣傳這些新從山東來到蘇聯的農民、向他們解釋蘇維埃的制度和勞動法、職工會、俱樂部以及共產黨的意義。務必要領導這些新從山東來到蘇聯的農民完全參加社會主義的建設而不是參加官僚化分子、通事、工頭以及小商人等資本主義的建設！更要向他們解釋國際的狀况和中國的革命問題、務使來到蘇聯的農民都啓發了無產階級的覺悟而預備回來到中國實際參加中國革命運動。

在遠東邊疆原有的每一個活動而有覺悟的中國工人、就應當立刻起來担負這種責任呵！

（連）

〔中國要聞〕

●工農革命運動的發展

上海二日蘇聯社電 新聞報載、共產黨人領導的革命軍隊佔領廣東東北部逼近汕頭之惠水。另訊、在湖北西部暴動軍隊聯合了八千戰士、三月二十九日佔領湖北西部長江北岸之巴東和秭歸城。

倫敦三日蘇聯社電 和平日報載、「廣州政府」發覺共產黨人預備在廣州重新暴動的計劃、因之被捕者十五人。據「廣州政府」聲言、共產黨人欲與農民聯合進陷廣州。

北京三日蘇聯社電 廣州因重新不穩、宣布軍事戒嚴。

●白色恐怖

北京二日蘇聯社電 廣州報載、從二月十二到三月十一這一個月內、在廣州總共殺害隸屬於共產黨的人一千四百五十人。

●武漢派與蔣介石議和

東京三日蘇聯社電 日本報載、蔣介石的部下李仁宗和李濟琛的部下陳銘樞已到長沙、進行撮合武漢派的軍閥白崇禧程潛等與蔣介石合作的勾當。據另一日本報載、這種和議已經結束、根據該和約任命程潛爲「武漢政府」的首領。

●蘇聯的人民被開釋

上海三日蘇聯社電 「南京政府」的特別法庭開釋去年八月由汕頭到上海被捕的五個蘇聯人民。

●炮擊南京案「解决了」

北京三日蘇聯社電 路透社特別登載關於美國公使與「南京政府」「解决」炮擊南京案的消息、據云一九二七年二月的南京案係因廣東的一部份軍隊搶劫外人住宅、因此英國兵艦才開始炮擊。

〔蘇聯要聞〕

莫斯科三日蘇聯社電 蘇俄中央執行委員會開會、財政委員會委員長米流金同志報告蘇俄最近五年內國家財政預算總共增加百分之三十四。

職工會是無產階級專政的基礎、共產主義的學校、建設社會主義有力的工具！

参加社会主义经济建设的另一道路——公共储蓄，1928 年 4 月 19 日，丁山

一九二八年四月十九日　　全世界無產階級聯合起來呵！　　第二百四十七期

РАБОЧИЙ ПУТЬ

工人之路

Орган
Дальне-Восточн. краевого
совета профсоюзов.

Отв. редактор Тин-шань

Адрес редакции: г. Владивосток, уг. Пекинск. и Корейской, Клуб Китрабочих „I мая"
Телеф. № 6-35.

Выходит 2 раза в неделю.

19 Апреля 1928 г.

№ 247

遠東邊疆職工蘇維埃出版

每逢星期四.星期日出版。

價目：
零賣每期金洋五分
本埠定閱每月四毛
外埠定閱每月五毛

編輯及發行處：海參威北京街和高麗街拐角中國工人五一俱樂部樓上

電話六百三十五號

廣告刊例：每期每字按照三分金洋計算長期另議

本報特別啓事

本報擬從今年的五月一日起擴大篇幅、所有各地的報費均不增加。各地的同志及讀者對於本報的編輯、印刷和發行……等各方面如有意見或批評者請卽通知本報以資借鏡而在進行上盡力改善。

（社論）

參加社會主義經濟建設的另一道路——公共儲蓄

（丁山）

改善技術、提高生產力、工農聯合發展協作化的經濟以實現工業化和電氣化——這固然是建設社會主義經濟的重要原則。但是公共儲蓄、亦是參加社會主義經濟建設的另一道路。

蘇聯國家的經濟現在已恢復到戰前程度了。這就是表明蘇聯的一切工廠作坊和其他經濟企業已經完全恢復、今後的發展是要新的建設。這種新的建設必須發展根本的重工業——五金工業、電站、水陸交通運輸和農村經濟工業化等等建設。這些工業、必先有最大的準備金。蘇聯國家近年來對於這些重工業的建設、已經指撥了成千萬萬的盧布開始進行。但在事實上還差得很遠！另一方面、在進行建設各種經濟的預算時必須提防意外的天災以免避全部預算的牽動和失敗。因此、公共儲蓄的問題就成爲目前建設社會主義經濟勝敗的交点。蘇聯的工農群衆不下一萬六千萬人、如果每人都注意公共儲蓄、則目前建設社會主義經濟的根本問題自然會迎刃而解！

蘇聯在各帝國主義的包圍中、向國外借債以建設工農業經濟、不僅是不可能、而且對於蘇聯是有損害的。但是蘇聯國家除了每年的財政收入和國家經濟的利潤積累、尚不夠支付新建設的必需、故自一九二三年以來在蘇聯國家經濟機關卽開始進行公共儲蓄的事業。現在這種事業已逐日的發展到各處。單就海參威州而論，現在已有一百四五十處。儲蓄的手續極其簡單而靈便、儲蓄的利息每年按照相當的百分率付給。儲蓄的數目至少是一個子都可以。

遠東邊疆的中國工農們、儲蓄不僅對於國家有益而且對於各個人的經濟均有幫助。在國家經濟機關的儲蓄可以免避一切危險，而且增加利息。我們應該取消一切浪費、節省經濟、注意儲蓄！我們應該在一切工農群衆中鮮釋公共儲蓄的意義、設立公共儲蓄的機關！我們要表現參加社會主義經濟建設的努力、就要盡量的儲蓄！

（中國要聞）

●工農革命運動

紐約十一日蘇聯社電　據社會報消息、共產黨人領導的軍隊驅逐海陸豐一帶的『廣州政府』軍隊向南部退去。

●新舊軍閥混戰

上海十三日蘇聯社電　據新聞報載、『南京政府』宣布通告、略云馮玉祥的軍隊在河南西北臨縣、奉軍大敗、被俘虜者五千人。另訊、馮玉祥的軍隊佔領河南西北部、在漳河南部的馮軍占優勢。

●反帝國主義運動的背景

上海十二日蘇聯社電　上海租界管理處選舉三個中國人參加租界管理會議。

上海十三日蘇聯社電　廣州報載、在長江一帶重新組織反對英國帝國主義的萬縣慘案後援會。（一九二六年英國軍艦轟擊四川省的萬縣、此役計死中國人民二百二十七人）。長江一帶中國商會贊成該會的組織、通告各商人抵制英貨、不用英國輪船運輸貨物。

北京十三日蘇聯社電　在漢口方面、法國領事與中國當局發生的衝突已經解決；法國領事允將法國租界之兩個有共產黨嫌疑的中國人引渡給中國當局。法國領事並允許以後引渡法國租界的一切共產黨人。

●帝國主義與張胡子淘氣

北京十三日蘇聯社電　東方通信社消息、南滿洲鐵路管理處禁止由京奉鐵路運輸貨物、並不運載奉軍。

（蘇聯要聞）

莫斯科十二日蘇聯社電　工業化國債券今年的第三次開彩定於五月二十日在德尼卜魯別特羅夫斯克（Днепропетровск）舉行。此次共有二萬三千三百彩、得彩的獎金共計三千三百五十萬盧布。此後於今年八月和十二月還要舉行兩次、日期和地点尚未決定。

莫斯科十二日蘇聯社電　今年遠東邊疆國家企業的根本建設、經蘇俄最高經濟委員會同意、決定指撥四百五十三萬八千盧布、其中遠東漁業托拉斯占一百六十三萬一千盧布、遠東木料托拉斯占

本報編輯處啓事

遠東邊疆的工友們！你們投稿本報時、請注意以下幾点：

（一）用墨水謄寫、字蹟不宜潦草。
（二）每兩行間、可留寬大一些的空白、以便修改。
（三）在稿末請寫出通信地址、以便郵寄稿費。
（四）發表時須用甚麽名字、請附註明。
（五）對於各地的工人生活、須作有系統的詳確通信、隨時投稿本報。

職工會是無產階級專政的基礎、共產主義的學校、建設社會主義有力的工具！

三个问题，1928 年 5 月 24 日，丁山

一九二八年五月二十四日　全世界無產階級聯合起來呵！　第二百五十六期

每一個遠東邊疆的中國工人必須與「工人之路」發生親密的關係！

РАБОЧИЙ ПУТЬ

工人之路

Орган Дальне-Восточн. краевого совета профсоюзов.

Отв. редактор Тин-шань

Адрес редакции: г. Владивосток, ут. Пекинск. и Корейской, Клуб Китрабочих „1 мая"

Телеф. № 6-35.

Выходит 2 раза в неделю.

24-го мая 1928 г.

№ 256

遠東邊疆職工蘇維埃出版

每逢星期四、星期日出版

價目：
零賣每期金洋五分
本埠定閱每月四毛
外埠定閱每月五毛

編輯及發行處：海參威北京街和高麗街拐角中國工人「五一」俱樂部樓上

電話六百三十五號

廣告刊例：每期每字按照三分金洋計算長期另議

本報編輯處啓事

遠東邊疆的工友們！

你們投稿本報時，請注意以下幾点：

（一）用墨水謄寫，字體不宜潦草。

（二）每兩行間，可留寬大一些的空白，以便修改。

（三）在稿末請寫出通信地址，以便郵寄稿費。

（四）發表時須用甚麼名字，請附註明。

（五）對於各地的工人生活，須作有系統的詳確通信，隨時投稿本報。

▲社論▼

三個問題

（丁山）

最近時大林同志在蘇聯共產主義青年團的大會上提出下列的三個問題：

（一）關於黨的政治工作路線

（二）關於人民羣衆中、尤其是工人階級中提拔廣大的活動分子、與官僚化鬥爭。

（三）對於經濟建設、預備新的人材。

這三個問題、是蘇聯建設社會主義擺在目前最注重的。

第一、蘇聯在和平發展的條件之下已經有五年以來的建設。許多人均以爲所有一切都像油滑一樣的順利、可以很迅速的一直走到社會主義。

從這樣的觀念出發、就發生一種『順水流舟』的心理和『聽其自然』的旨趣、甚至於以爲階級已經沒有、敵人已經平靜、所有一切都可按照現成的做去。

其實在、蘇聯工人階級的敵人不但還有、而且是還在發展、並而有試行進攻蘇維埃政權。這是從去年冬季預備糧食時、在鄉村的資本主義分子欲破壞蘇聯埃的政策所表現的。這是從東巴斯附近的煤礦技師勾結國際資本和蘇聯國內的資產階級欲破壞蘇聯的經濟建設所表現的。諸如此類的事件、不勝枚舉。

怎麼會發生上列的事情？很清楚的這是證明蘇聯工人階級的敵人尚隱藏在蘇聯工人階級的機關裡。

怎樣才能解決這個問題？只有隨時隨地的提高工人階級戰鬥的準備、努力的反對工人階級的敵人。

第二是同官僚化鬥爭的問題、亦即是群衆的組織批評自己的缺点和從下層群衆組織的管理問題。

妨碍蘇聯進展的猛烈的敵人之中、官僚化亦居其一。在蘇聯的一切機關裡都有官僚化分子、無論在黨裏、在團裏、在職工會裏和在經濟機關裏……都不免有官僚化分子。

例如在斯莫連斯克省黨部的事件（參看本報本期蘇聯要聞）、在各職工會之下、在各企業中所領導的生產會議的工作之不活躍以及在各經濟機關裡、均可証明、誰也不能否認沒有官僚化分子！

這只有一個方法—從下層組織的管理、除了千百萬工人階級羣衆的組織作反對官僚化的批評、指出他們的缺点、斥責他們的錯誤、再沒有旁的方法、能夠肅清官僚化分子。

大家不要等待上級機關的批評、等待工農監察委員會的批評和等待黨的中央委員會的批評。因爲這些批評有時也來不及。

現時主要的責任就是要從下層組織掀動起反對一切官僚化—尤其是在工作上的缺点—的滔天的批評浪潮。因爲成千百萬的工人群衆、在蘇聯的工業上積日累月得來的擴大建設經驗、其價值是一点不會小於領導者的經驗的。

蘇聯國家現時就需要這種經驗。而且爲要寶貴這種經驗、必須把他表彰出來、必須把他應用在實際生活上去。

因此、現在蘇聯一切工農無產階級群衆的責任就是要無情的與官僚化分子鬭爭！要組織下層群衆的批評、要根據這種批評而決計改正一切缺点！

第三是預備社會主義建設的人材。目前蘇聯的國民經濟須要全部改造。在鄉村中必須建立起大規模的經濟和公共經濟的基礎。但是懂得科學和識字的人尚占少數。因此、在鄉村中必須預備起嶄新的鄉村經濟的建設人材。在工業上雖然比較的好一点。但還不算充分。對於建設社會主義的進行還有阻碍。

工人要是不會字筆、不通文理、不明白科學和不根據科學去管理經濟、則不能夠掌管國家、則不能夠變爲國家的主人。反之、要能夠掌管國家、要能夠變爲國家的主人、就必須有知識、必須明白科學。要有知識、便須學習。

現在蘇聯需要的是各種工業和技術的『布爾雪維克專門家』。除了這個、便不會趕上和趕過資本主義國家的進展。

擺在蘇聯工人階級面前的這三個重要問題、就是蘇聯每一個工人的責任。遠東邊疆的中國工友們！努力前進呵！

〔中國要聞〕

工農革命運動

上海二十日蘇聯社電　據南京時報從安慶得的消息、在共產黨人陳文領導之下的暴動軍隊佔領靈壁縣城。暴動軍隊將該縣的警察局長殺了、所有監禁在大獄的政治犯、完全釋放。該縣的地方當局完全逃竄。另訊、在共產黨人領導之下的暴動軍隊繼續進攻廣東省的饒平縣城、已佔領大坑鄉。在海豐一帶、共產黨人領導的革命軍隊與廣東『政府』的軍隊仍繼續激戰。革命軍隊佔領廣東東北隅的海口。

日本帝國主義武力干涉中國內戰

東京十八日蘇聯社電　日本政府最近開會討論關於在中國的長江一帶和在北京的軍事問題、議決不阻撓張作霖的軍隊向滿洲和平撤退。但是、如因南軍追擊奉軍、則立即阻擋、同時解除張作霖的武裝。另據聯合新聞社消息、日本政府決定派遣飛機隊、騎兵隊及大炮隊到天津。

北京二十日蘇聯社電　據日本電報通信社消息、日本政府決定按照以下的原則指揮在中國的軍事行動：保護津京一帶日本僑民的生命財產及其家小、同時保京津一帶的交通。無論南軍或奉軍如有偪近外國租界地十公里者一律繳械。對於奉軍和平的退回滿洲、則不加阻止、但是、如因奉軍與南軍戰鬭、敗退而欲回滿洲者則在直隸與滿洲交界各地一律解除武裝。如南軍追擊奉軍、則不許其侵入滿洲境界。另訊、日本的軍艦已開至大沽口。

上海二十日蘇聯社電　日本的飛機轟炸泰安。

東京二十日蘇聯社電　日本政府公布發給張作霖和南京『政府』的照會、警告奉軍和南軍不得再發展軍事行動、聲言日本政府極力保持滿洲的安全和秩序、如有擾亂京津一帶的安全者、日本政府當極力設法保持安寧。並云日本政府仍守中立。

日本帝國主義蹂躪中國人民

上海二十日蘇聯社電　申報載、在濟南的日本軍隊橫暴已極、強迫人民懸掛日本國旗。另據新聞報載、日本的飛機轟炸兗州、人民死傷甚多。

美帝國主義的態度

華盛頓二十日蘇聯社電　美國外交部長關於日本對於南滿洲的最後通牒、拒絕正式討論。另據美國外交人員聲稱、日本對於自己的行動和南滿洲的問題、事前並未與美國商議。據云、美國政府除了對於日本在南滿鐵路及其他租界地以外、不承認日本在中國的一切利益。美國政府對於日本在南滿洲的計劃、頗覺不安。美國報紙評論從中國得的消息、指謂日本將改南滿洲爲保護地。

張作霖有了靠山

北京二十日蘇聯社電　日文華北明星報載、張作霖現已決計留駐北京、聲言在將來的軍事上無論其在滿洲的地位如何、決定鬥爭到底、並云要反對『赤化』到底。

新舊軍閥混戰

上海十八日蘇聯社電　據國民社消息、山西的軍隊佔領涿州。據云、山西軍隊的前部將到長辛店、其目的係斷絕奉軍的歸路。

北京十八日蘇聯社電　安國軍（奉軍）會議、決定不退出天津和北京。據東方通信社消息、奉軍在天津南部四十里挖戰壕。

上海二十日蘇聯社電　從漢口運送在湖北和湖南之第七軍軍隊到京漢路前敵、該軍由白崇禧領率。

北京二十日蘇聯社電　北京『政府』內閣總理潘復聲言南軍受馮玉祥的影響、不答覆張作霖提議的和平。奉軍決定派遣軍隊進攻馮玉祥。並云、奉軍除馮玉祥以外、尚欲南軍講和。另訊、奉軍已開始進攻山西軍隊。

反日帝國主義運動

東京十八日蘇聯社電　據日本報載、在中國的反日本運動、影響日本商務受極大的損失、特別是運輸工人不裝卸日本的貨物。

紐約二十日蘇聯社電　據社會報載、在中國廣州的運輸工人、反抗日本在濟南的行動、不裝卸日本輪船的貨物。

〔蘇聯要聞〕

莫斯科十七日蘇聯社電　爲根本修理通西（Таврычанка）煤礦、國家預算發給三十萬盧布、其中二十萬盧布專爲修理從（Ст. Надеждинск.）車站到煤礦的鐵路。其餘十萬盧布係作爲修理礦井之用。

俱乐部是何种教育机关？1928 年 6 月 3 日，丁山

一九二八年六月三日　　全世界無產階級聯合起來呵！　　第二百五十九期

РАБОЧИЙ ПУТЬ

工人之路

Орган Дальне-Восточн. краевого совета профсоюзов

Отв. редактор Тин-шань

Адрес редакции: г. Владивосток, ул. Пекинск. и Корейской, Клуб Китрабочих „1 мая“ Телеф. № 6-35.

Выходит 2 раза в неделю.

3-го июня 1928 г.

№ 259

遠東邊疆職工蘇維埃出版

每逢星期四、星期日出版、

價目：
零賣每期金洋五分
本埠定閱每月四毛
外埠定閱每月五毛

編輯及發行處：海參崴北京街和高麗街拐角中國工人「五一」俱樂部樓上

電話六百三十五號

廣告刊例：每期每字按照三分金洋計算長期另議

每一個遠東邊疆的中國工人必須與「工人之路」發生親密的關係！

▲社論▼

★俱樂部究竟是何種教育機關？

（丁山）

誰都知道、在蘇聯的工人俱樂部現在是教育工人的機關。但是我們還應再進一步的追問：俱樂部究竟是何種教育機關？

要回答這個問題、須檢視俱樂部的工作和責任。

在蘇聯的工人俱樂部內不僅設備有各種文化的組織、如補習學校、讀報團、新劇團、體育團、軍事團……等等以及政治研究會、職工運動研究會及婦女運動研究會……等等、而且還要用各種方法親近工人羣衆、使所有的工人於作完了工以後、從酒店、烟館以及賭局等等吸引出來而到俱樂部去自由參加工作。俱樂部還要用各種方法、教育工人、提高工人的階級覺悟、使所有的工人都能夠參加一切社會的工作和養成工人階級的新習慣。

從以上所述的、就可以斷定俱樂部不僅是簡單的教育機關、而且是工人羣衆實際生活上的教育機關！

最近幾年以來、在遠東邊疆的中國工人俱樂部、尤其是海參崴的中國工人「五一」俱樂部、在工作上固然有相當的發展、中國工人群衆每天去到俱樂部的常是絡繹不絕 這是表明中國工人群衆已逐漸的接近俱樂部了。各中國工人俱樂部現時應如何加緊各方面的工作以滿足工人群衆的要求？這是各中國工人俱樂部負責的同志目前工作上、最迫切嚴重的問題。

但是、最近有一部份中國工人尙不明白俱樂部的意義和責任！有的人把俱樂部看作是行政機關。有的人把俱樂部看作是法庭。甚至於在本報投稿的同志、還有不完全了解俱樂部的意義和責任、只承認中國工人俱樂部是工人的教育機關、但是又說我們（中國工人）不應該無論爲了甚麼事、都到中國工人「五一」俱樂部去告狀〔參看本報第二百五十八期〕。甚至於在海參崴的中國工人「五一」俱樂部在五月二十一日晚上的管理會議上、議決：「…凡屬婦女工作、概不（？）負責」！

工友們、這都是不正確的！

因爲按照這種意思、那麼、如有不明白蘇聯國家一切制度、法律手續甚至於不會說俄國話的中國工友或婦女、要是在實際生活上發生甚麼問題、就不知道要怎樣解決、也沒有地方去詢問了。另一方面、這無異是叫工人羣衆與俱樂部斷絕關係、無異是把工人群衆從俱樂部的大門趕出去了！

俱樂部既然是教育工人的機關。但是俱樂部絕對不是像工人的學堂、只有在書本上、理論上的求知識。俱樂部應該對於解決工人群衆在實際生活上發生一切問題、均負有切實指導的責任！

俱樂部固然不是法庭、更不能直接執行或判決工人群衆在實際生活上發生的一切衝突和鬥爭。但是、俱樂部應該幫助工人指出解決一切問題的方法和道路、應該按照無產階級整個利益的觀点而處理一切問題。至少的限度、俱樂部應担負工人群衆 總顧問處、應該做到接近工人群衆與職工會、蘇維埃和黨的傳達機！

現在遠東的工人羣衆逐漸覺悟了。在中國工人群衆中實際生活上的問題增多了。走到俱樂部來詢問解決生活上實際問題的方法之中國工人羣衆一天比一天的多了。然而在遠東的工友們、負俱樂部工作的同志們、在這時候反而表現錯誤。因此、我們對於俱樂部的意義和責任有鄭重解說的必要。

在遠東所有的中國友們、尤其是海參崴的中國工友們！你們在實際生活上無論發生有甚麼問題和困難、都可到俱樂部—尤其是海參崴中國工人「五一」俱樂部—去、我該俱樂部的負責同志替你們想解決的方法。各中國工人俱樂部負責的同志亦應當而且能夠給各工友們想辦法！

◉我們的經常工作！

（嘯風）

最近在中國因爲蔣介石進攻張作霖日益厲害、日本帝國主義就乘此時機向中國大肆侵略。張作霖爲保持其地盤遂與日本訂立出賣中國的秘密條約〔見下列原文〕。

這種條約一句一字、都是在中國工農以及其他人民的頭上加鐵釘！尤其是東三省及山東…等地的民衆、更是直接受痛苦。

工友們！中國的新舊軍閥一日不打倒、帝國主義在中國的侵略一日不停息、中國的工農及一切人民群衆都不能生存了。

打倒張作霖！打倒蔣介石！打倒一切帝國主義！

這不要看作是「老僧常譚」！而應該看做是我們日常生活上隨時隨地要做而且極須做到的經常工作！

〔中國要聞〕

◉日本帝國主義武力壓迫中國

北京五月二十七日蘇聯社電 英文「北京導報」載、由濟南得的消息、日本軍隊將在病院的中國傷兵鎗殺。

上海五月二十八日蘇聯社電 國民通信社消息、日本政府向張作霖表示退還山東、但必須根據以下的條件、張作霖禁止一切反日運動、取消給國際聯盟的照會、日本在山東享有特別的優先權。

上海三十日蘇聯社電 日本海軍不許中國南北軍隊在煙台、營口、青島、秦皇島、牛莊、大沽等地作戰。據東方通信社消息、駐在青島的中國軍隊、已得北京政府命令、開始撤退

◉張作霖與日本訂的賣國秘密條約

據上海各報揭載、張作霖與日本訂立賣國秘密條約如下：

一、因爲中國有赤化的危險、不僅對於中國而且對於遠東亦有關係。日本政府爲維持張上將軍作霖及北京政府、派遣軍隊到中國、但不妨害中國獨立的地位、不擾害中國人民。在南北軍事完全停止時、日本政府立即撤回該項軍隊。

二、日本派到中國的軍隊之軍餉、由訂立本條約的雙方負担

三、日本政府允許借給張上將軍作霖由五千萬至一萬萬元日金、每年按百分之八付息。

四、中國給予日本建設和開設中國北部的鐵路、主要的是在滿洲里、直隸、山東及江蘇北部 同樣、允許日本人在滿洲、東部內蒙古及山東省有居住之權且享有開採礦山及森林和發展工業之優先權。

五、在中國沿海各島、中國不得割讓給任何第三國家。

六、中國允許日本根據二十一條（一九一五年的）的規定永遠將大連、旅順割讓給日本

七、中國允將青島及膠州租給日本、定期爲九十九年。

中國不得在南滿鐵路及其他日本在中國將來建設的鐵路之間、建築橫貫的支路。

九、中國承認日本在一九一五年提出的二十一條發生效力。

十、本條約自雙方簽名後、立即發生效力。

簽名：日本駐京公使 芳澤
張上將軍作霖的代表楊宇霆
一九二八年三月十九日訂於北京。

◉反日帝國主義運動

上海五月二十七日蘇聯社電 反日運動工人委員會已經成立、開始進行很廣大的反日帝國主義運動。

上海五月二十九日蘇聯社電 因爲濟南事件及日本給予中國的通牒、在中國南部發生廣大的反日運動、在各城市、各鄉村發生廣大的群衆露天大會和示威運動。有時須遭政府禁止、但仍繼續。各地的日本人畏懼外出。香港英國當局禁止反日運動。但群衆仍有以石塊擲擊日本人。中國的團體預備擴大反日運動。中國商店的日貨特別登記。在廣州的人民不向日本醫院或醫生治病。在上海日人控訴郵局不送信件、在日本銀行存款者完全提取。廣州的紡織工廠拒用日本的紗線。上海各工廠多不購用日本的煤。但是這種自然的反日運動並無組織。據中國報載、中國共產黨人因爲反日運動表現活動、並宣告蔣介石與日本帝國主義勾結。

◉新舊軍閥混戰

北京五月二十九日蘇聯社電 國民通信社消息、日本駐濟南的領事館於五月二十五日被中國武裝的人爆發炸彈。

上海五月三十日蘇聯社電 國民社消息、閻錫山的軍隊佔領張家口。在北京西部之河間縣最近發生激戰。據報載、該戰線延長至二百公里、雙方在戰線上的軍隊各有二十萬人。

◉馮玉祥與日本帝國主義弔膀子

東京五月二十八日蘇聯社電 聯合新聞社消息、馮玉祥致函北京日本公使、略謂、「…玉祥本赤化的敵人、如敝軍佔領北京以後、一切均由玉祥負責…」。

本報編輯處啓事

遠東邊疆的工友們！
你們投稿本報時、請注意以下幾点：
（一）用墨水謄寫、字畫不宜潦草。
（二）每兩行間、可留寬大一些的空白、以便修改。
（三）在稿末請寫出通信地址、以便郵寄稿費。
（四）發表時須用甚麼名字、請附註明。
（五）對於各地的工人生活、須作有系統的詳確通信、隨時投稿本報。

医药周，1928 年 7 月 12 日，丁山

一九二八年七月十二日　全世界無產階級聯合起來呵！　第二百七十期

每一個遠東邊疆的中國工人必須與「工人之路」發生親密的關係！

РАБОЧИЙ ПУТЬ

工人之路

Орган
Дальне-Восточн. краевого
совета профсоюзов.

Отв. редактор Тин-шань

Адрес редакции: г. Владивосток, уг. Пекинск. и Корейской, Клуб Китрабочих „1 мая"
Телеф. № 6-35.
Выходит 2 раза в неделю.

12-го июля 1928 г.

№ 270

遠東邊疆職工蘇維埃出版

每逢星期四、星期日出版

價目：
零賣每期金洋五分
本埠定閱每月四毛
外埠定閱每月五毛

編輯及發行處：海參崴北京街和高麗街拐角中國工人「五一」俱樂部樓上

電話六百三十五號

廣告刊例：每期每字按照三分金洋計算長期另議

茲定於本月十四日（星期六）下午六点鐘在本報社召集討論本報一切工作的會議，各地投稿和閱讀本報的同志及參加各地壁報團工作的同志及各地黨部和職工會的同志均請到會盡量發表意見。

▲社論▼

◉醫藥週

（丁山）

從今年的七月十一日到十八日這一星期內，蘇聯的工農群衆將舉行醫藥紀念週。

醫藥原來應是社會的。因爲在科學還沒發達到最高的程度時，人類抵抗自然界的力量還不充分，故醫藥是無論甚麽人都不可少的。不過在資本主義的國家、一切財富均爲少數資產階級的分子所佔有，故只有少數有錢的人才能夠盡量的享受醫藥的幫助。至於大多數工農群衆，不但不能享受醫藥的幫助，反而因爲工資低少、工作時間過度的延長以及飲食居住的惡劣，受不盡「病魔」的纏繞、有經年常痛，呻吟宛轉而寧死不得，或暴病倅卒、雖日常精壯的身軀，轉眼成爲骷髏。曠觀全世界的國家，除蘇聯以外，醫藥與工農群衆的關係，大概不過如此。

蘇聯自「十月革命」成功後，已將一切醫藥的事業收歸國家管理，另一方面，更爲工農群衆建立起社會保險的法律制度。在蘇聯的工農羣衆，從此就能普遍的享受醫藥的幫助以至於現在。

但因疾病的侵染無窮，隨時隨地均能致人死命，而醫藥的方術有限，尚未能消除百病，使不發生。醫藥固然是社會的、工農勞動群衆應享受的，但還不如注意衛生，防止疾病於未發。

在蘇聯舉行醫藥週的意義：一方面是總結過去社會醫藥的成績而計劃將來更進步的發展，另一方面，就是要宣傳衛生的重要，使千百萬的工農群衆注意衛生。

中國工友們日常對於自身的飲食、衣服、起居和動作常不注意適合衛生條件、對於公共的清潔、社會的衛生尤不注意。無論是誰，若經醫生考驗，立即可以指出其已染受疾病。所謂「東方病夫」，這句話確實是描寫中國人的「特色」！因此，我們中國工友們在蘇聯舉行醫藥紀念週，更負有重大的責任。我們不僅要宣傳注意衛生，而且要鼓勵着大家講究衛生，實行衛生的條件。

茲將最淺近的衛生口號列載於下，希望每一個中國工友，在日常生活上實行起來：

一、在家裡，在課堂裡，在俱樂部，在群衆集聚的場所，把窗門時常開開！

二、屋子要常通空氣。日光和光亮是生活的泉源！

三、日光、空氣和沐浴，這是强健人的良好工具，在夏天宜多多的利用！

四、新鮮的空氣、日光和休息，這是防止疾病的良好工具！

五、留心塵土和汚泥，在那裡面含有微生物！

六、清潔是人類的良友，一切微生物是人類的仇敵！

七、骯髒的便是有病，有病的便會死亡！

八、在食飯之前必須洗手，不要用公共的碗箸飲食！

九、勞動者的衛生是勞動者自己的事務！

十、消滅蒼蠅、蚊虫、推油虫、臭虫、虱子、跳蚤！

十一、肥皂、牙刷、面巾和手巾項好是各用各的！

十二、從天然的療養到强健的勞動和習慣、由健康的生活到共產主義社會！

（中國要聞）

◉工農革命運動

上海七日蘇聯社電　中國報載，在江西東部爆發「共產黨人領導的擾乱」。據云，共產黨人導領的軍隊於南豐城市附近出現。在共產黨人毛澤東領導的部隊佔領黎川、良谷等城。江西的軍隊由北部戰線撤退。

另訊，上海絲廠工人罷工已經停止。絲廠的廠主發給三千元與被殺的工人家屬，另給一千七百元與工會作爲與被殺的工人治喪費。所有的工人每人每天增加工資二分。

◉反日帝國主義運動

上海五日蘇聯社電　反日帝國主義運動在上海仍在繼續，八個用日本原料的中國工廠被迫而停止生產。另據美國的「中國報」載，人民中反對日本的聲勢浩大。膠濟沿線宣佈戒嚴。禁止懸掛國民黨的旗幟。

◉張學良投降南軍

北京五日蘇聯社電　張學良通電南京「政府」，宣布撤退奉軍回東三省並承認南京「政府」，鄭重的提議召集國民會議、解決中國的一切問題。張學良派遣代表二人與南京「政府」商議合作。

◉日帝國主義怎樣對待東三省？

上海七日蘇聯社電　中國報載，在奉天有一萬八千日本軍隊。不久以前日本軍隊在瀋陽列隊遊行，高唱：「南滿洲就是我們的國土」的歌曲。

◉「濟南的衝突」還未終結

上海七日蘇聯社電　中國調查濟南衝突委員會報告，總共已死的中國人三千六百二十五人，受傷者一千四百五十五人，損失的財產約值二萬五千九百元。有二百五十四人係受刀殺死的，有一千一百零五人係被步鎗斃命。其餘的死因不詳。該委員會聲言日本仍繼續佔據濟南，所調查的人數和估定賠償的損失尚不充分。中國報載，濟南的中國女子，每日都有强姦的消息發生。

另訊，在上海的日本領事向中國當局提出通牒，抗議抵制日貨和處罰購買日貨者的命令，要求取消這種命令和解散抵制日貨的委員會。

◉新舊軍閥唱「裁兵」高調

北京六日蘇聯社電　馮玉祥與新聞記者談話，關於裁減或解散軍隊，若是可能，那是很容易的。馮玉祥更說，共產黨欲破壞我們的國家，因此南北軍隊必須反對他們。

上海八日蘇聯社電　上海總商會通電要求裁兵，略謂：「中國人民在軍閥的壓迫之下已經多年。救國的方法，只有裁兵。然在事實，徒托空談」。

（蘇聯要聞）

莫斯科六日蘇俄社電　在列寧格勒的碼頭上新建立四層樓的氷房，特別安置保存出口的雞蛋，能放四百五十車箱的數目。

莫斯科七日蘇聯社電　曾參加反對派組織工作的亞立山大等人現已提出悔過書、承認錯誤、要求蘇聯共產黨中央監察委員會恢復其黨籍。

莫斯科九日蘇聯社電　蘇聯的最高法庭關於東巴斯破壞經濟建設的人員之案件，現已完全審判，共計犯罪者三百二十六人，其中有十一人判決處死刑，其餘則判決處以各等有期徒刑，已報告蘇聯中央執行委員會決定。

（各國要聞）

◉在印度

倫敦五日蘇聯社電　賽孟（修改印度憲法委員會會長）致賓扎布省的立法機關、提議改變印度人參加該委員會工作的條件，但有其他的作用，印度民族的領袖仍極端反對。

◉在希臘

阿芬拉七日蘇聯社電　勞動同盟宣告煙草工人和其他的工人停止罷工。海員工人與輪船公司的條件亦即可和議。

◉在捷克斯拉夫

布拉加七日蘇聯社電　七月六日共產黨人組織「赤軍紀念日」的示威運動，被軍警禁止。布拉加的城市密佈軍警，資產階級的報紙激烈的作反對共產黨人的宣傳。

◉在日本

東京八日東方通信社電　七月六日關於共產黨的案件被捕者四百五十七人，其中有四百三十七人已解交法庭，該地方法庭當局開始擬分交東京、大阪、等法庭審判，但因該案件關聯甚多，現已決定分交京東、岡山、中野、函館、神戶、福岡……等十州的法庭審判云。

◉在英國

倫敦七日蘇聯社電　英國工黨宣布將在十月開會討論的大綱草案已成。該大綱草案充滿了自由改良派的色彩。關於蘇聯，略謂：「工黨的政府，雖然反對蘇聯政府擾害其他人民的內政，但是必須速急設法使與蘇聯的外交和通商關係恢復」。

本報編輯處啓事

遠東邊疆的工友們！

你們投稿本報時，請注意以下幾点：

（一）用墨水謄寫，字畫不宜潦草。

（二）每兩行間，可留寬大一些的空白，以便修改。

（三）在稿末請寫出通信地址，以便郵寄稿費。

（四）發表時須用甚麽名字，請附註明。

（五）對於各地的工人生活，須作有系統的詳確通信，隨時投稿本報。

致远东边疆的工农群众书，1928 年 7 月 15 日

第二百七十一期　全世界無產階級聯合起來呵！　一九二八年七月十五日

每一個遠東邊疆的中國工人必須與「工人之路」發生親密的關係！

РАБОЧИЙ ПУТЬ

工人之路

Орган Дальне-Восточн. краевого совета профсоюзов.

Отв. редактор Тин-шань

Адрес редакции: г. Владивосток, уг. Пекинск. и Корейской, Клуб Китрабочих „1 мая“ Телеф. № 6-35

Выходит 2 раза в неделю.

15-го июля 1928 г.

№ 271

遠東邊疆職工蘇維埃出版

每逢星期四．星期日出版

價目：
零賣每期金洋五分
本埠定閱每月四毛
外埠定閱每月五毛

編輯及發行處：海參威北京街和高麗街拐角中國工人「五一」俱樂部樓上

電話六百三十五號

廣告刊例：每期每字按照三分金洋計算長期另議

▲社論▼

◉致遠東邊疆的工農群衆書

工農同志們！

全蘇聯共和國從今年七月十五日起將奉行「保衛國家週」。在一九二七年的「保衛週」已經表明這是何等的莊嚴熱烈，成千百萬的工農是何等協力同心的澈底預備作政府和黨保障「十月革命」的戰爭之第一應召隊。

全世界的資本主義者，在「十月革命」的十一年中，並沒有停止他們破滅工人國家的嘗試。他們迫切的預備戰爭工作，其所以到現時還未開火和還未流濺千百萬人的血，其原因第一不過是他們感覺到我們的國家力量發展，第二是全世界的勞動者阻撓他們進攻我們。因此，資本主義者的一切政策都是向着使我們的建設落後和同時使全世界的「農運動破裂的。

從東巴斯礦井的事件可以証明：資本主義爲要阻害我們的建設不使有任何的前進，爲要使我們不能有建設巨大的經濟力量之可能，任何卑鄙的方法都不顧及。收買一部份的職員作偵探，替逃亡在外國的資本家工作，進行財政和經濟的封鎖—所有這些，都是反對我們的方法。

所以我們若要求和平—我們就必須加强我們的保衛工作。我們愈鞏固—資本主義對待我們的國家關係愈嚴重，資本主義引導的戰爭愈要謹防，和平的聲調愈長久。資本主義者在到處大聲疾呼，說我們預備戰爭，說我們鞏固軍隊，艦隊和飛機。他們這種狂叫，是希望收集如瘋狂的金錢用以儲備軍械，希望轉移工人的視線，不注意他們爆發戰爭火燄陰的謀。

現在無論是那一個工人，都不相信資本主義者希望和平的。

沒有幾個月以前，我們國家出席國際聯盟裁減軍備委員會的代表李特文諾夫同志提出完全解除武裝的大綱時，資本主義是怎樣的答覆呢？他們贊同我們的大綱嗎？全世界的人都知道他們否決了！我們的國家揭穿了資本主義者爆發戰爭的黑幕，昭示全世界的工人，用甚麼方法，撲滅資本主義者的毒燄。

「保衛週」的意義就是勞動者在保衛國家的事業上組織起自己的力量進行預備。在「保衛週」中，必須檢閱我們國家的戰鬥力量

但是，我們國家的力量和鞏固不僅是大砲，機關鎗，飛機和「坦克車」的數目決定的。我們國家的力量乃是國內工業的高度發展和鄉村經濟的高度組織以千百萬群衆的文化力量決定的。不要枉費了蘇聯國家發布的國家化學化的命令，不要枉費了我們國家新建設的成千成百的五金和鄉村經濟的工廠作坊，推動耕種機到鄉村裡去！在工業和鄉村經濟的戰線上之勝利才能建立起我們國家的勝利之保証。

在「保衛週」中必須銳意的使群衆注意到社會主義建設所需要之最高度的力量和金錢。

飛機化學社必須吸收千百萬的新會員，教以飛機的化學的和軍事的知識，活動的參加社會主義國家的工作。飛機化學社就是紅軍的後備。飛機化學社是千百萬勞動群衆的組織。

飛機化學社的責任，不僅是預備保衛國家的武裝力量，不僅是收集款項壯大保衛國家的力量。飛機化學社的責任還要在日常的工作上顯示給千百萬農民加入飛機化學社的利益以及和平時代的用處。因爲飛機化學的作用能夠同鄉村經濟的毀壞者（天乾、水旱）和一切害虫奮鬪。尤其須要顯示所有的人，飛機化學社不是管理的機關而是實際的，接近的和開化工農群衆的組織。

飛機化學社遠東邊疆蘇維埃號召一切工人和農民加入飛機化學社，在保衛國家的事業上捐助血汗的金錢這是最光榮的，同時還可學習飛機和化學的知識，活動的參加最高組織的工業和鄉村經濟的建設。

遠東邊疆的工農勞動者，加入飛機化學社！

鞏固我們的化學工業和軍艦的材料基礎！

建立蘇聯成爲反對帝國主義的戰鬥中不致破壞的營寨！

我們贊成和平！資本主義者—贊成打戰！

鞏固蘇聯國家—我們破壞資本主義者的陰謀詭計！

鞏固勝利的蘇維埃國家萬歲！

英勇光榮的紅色海陸軍萬歲！

在英勇的蘇聯共產黨領導之下，前進到新的勝利！

飛機化學社遠東邊疆蘇維埃啓。

〔中國要聞〕

◉工農革命運動

上海九日蘇聯社電　從廣州得的消息，共產黨人的暴動重新爆發。由漢口方面得的消息，在湖南省的共產黨人行動亦甚發展。許多暴動的軍隊均由不滿意「政府」的兵士改編，主要的是程潛的部隊。另訊，在汕頭有共產黨人預備暴動，事機洩漏，被捕者七十二人，其中有二十四人已被鎗決。

上海十日蘇聯社電　上海英國報廣州通信社的消息，在廣州被捕多人，均有隸屬共產黨的嫌疑。

另訊，由汕頭得的消息，在揭陽一帶集中了「政府」壓迫共產黨人的軍隊。當「政府」軍隊開到時，與疑似共產黨人的軍隊開鎗互擊，結果死亡甚多被虜者百餘人。嗣後才明白都是「政府」的軍隊。

另訊，廣州當局決定槍殺共產黨人和「赤化」的分子，不須宣佈。

上海十一日蘇聯社電，香港英國報載，在海陸豐一帶重新高漲共產黨人的革命潮。當「政府」的軍隊撤退之際，前次暴動的共產黨人乘勢由秘密逃避的地点出發。有成千的農民與共產黨人聯合，進行暴動。

另訊，在漢口的英國報載，據漢口軍事當局的消息，在湖南的共產黨人的暴動重新活躍。「政府」的軍隊有兩團人將天津退到湖北和江西邊界的軍隊繳械，投降於共產黨人。

◉日帝國主義武裝侵畧中國

東京七日蘇聯社電　日本報載，因爲南軍的行動「狡猾」，根本上必須握取山東的鐵路管理權，將其收入用作日本軍隊的維持費，日本軍隊非到日本人的生命財產有完全保証時，不從山東撤退。如有可能，尙必須握取礦山及與鐵路有關係的徵收捐稅權。

東京七日蘇聯社電　駐奉天的日本總領事回國報告東三省的情形甚詳。日本政府根據該報告決定將來對於南軍和奉天的事件之關係。

◉新舊軍閥的唱和

北京九日蘇聯社電　閻錫山大請其客，在座者有蔣介石、馮玉祥、李宗仁、等新舊軍閥。蔣介石說，他很歡喜，因爲「革命已經成功」。馮玉祥說，我們歡樂還早了一点，因爲革命還未成功，不平等條約還未取消，軍閥還未打倒，中國的人民還照舊一樣。我們應當哭泣，不應當歡喜。當日，馮玉祥通電，要求取消不平等條約。在北京的街道上發現「新的軍閥沒有比舊的軍閥好一點」的標語。「軍商日報」被封，被捕的新聞記者甚多。

另訊，蔣介石出席北京的政治委員會會議決，怒罵「北京是地獄空氣，在外交上非常掣肘」，主張遷移國都於南京，南京「政府」的政治部留在北京。

〔國際要聞〕

◉農民國際援助中國革命

莫斯科九日蘇聯社電　農民國際向全世界農村勞動者發表宣言，略謂：「在野蠻殘酷的壓迫之下的中國工農，起來反抗强盜的軍閥和地主之搶劫，現在仍繼續奮勇。千百萬的戰士爲解放中國勞動者而犧牲頭顱。農民國際蘇維埃號召全世界的農村勞動者給予被逼迫的中國工農群衆以偉大的幇助。指日間必須以物質的幇助。組織募捐隊。農民國際蘇維埃決定與赤色職工國際所組織的「國際幇助中國工農兩週」聯合進行。號召廣大的農民參加國際幇助中國工農兩週的運動。

〔蘇聯要聞〕

◉新發明煤油打井機

莫斯科七日蘇聯社電　隸屬於蘇聯人民委員會最高經濟委員會之實行和獎勵新發明的中央幹事局發給可必留色尼可夫工程師十萬盧布，作爲新發明的採取煤油打井機之獎勵。使用該打井機完全改變舊式打鑿的方法而爲鑽鑿的方法，所耗費的材料較省而成功迅速。這種機器已經推用在亞細亞煤油托拉斯的煤油工業。該幹事局與可必留色尼可夫工程師訂立合同規定這種機器只能由該幹事局在蘇聯或在外國使用。

本報編輯處啓事

遠東邊疆的工友們！

你們投稿本報時，請注意以下幾点：

（一）用墨水謄寫，字跡不宜潦草。

（二）每兩行間，可留寬大一些的空白，以便修改。

（三）在稿末請寫出通信地址，以便郵寄稿費。

（四）發表時須用甚麼名字，請附註明。

（五）對於各地的工人生活，須作有系統的詳確通信，隨時投稿本報。

扫除文盲，1928 年 9 月 15 日，丁山

一九二八年九月十五日　全世界無產階級聯合起來呵！　第二百八十八期

每一個遠東邊疆的中國工人必須與「工人之路」發生親密的關係！

РАБОЧИЙ ПУТЬ

工人之路

Орган
Дальне-Восточн. краевого
совета профсоюзов.

Отв. редактор Тин-шань

Адрес редакции: г. Владивосток, уг. Пекинск. и Корейской, Клуб Китрабочих „I мая"
Телеф. № 6-85.

Выходит 2 раза в неделю.

15-го Сент. 1928г.

№ 288

遠東邊疆職工
蘇維埃出版

每逢星期三。
和星期六日出版、

價目：
零賣每期金洋五分
本埠定閱每月四毛
外埠定閱每月五毛

編輯及發行處：海參威
北京街和高麗街拐角
中國工人「五一」俱樂部樓上

電話六百三十五號

廣告刊例：每期每字按照三分金洋計算長期另議

▲社論▼

◉掃除文盲

（丁山）

列寧同志曾經說過：「誰不識字、便是瞎子」。不識字的睜光瞎就是文盲。

中國工人的文盲、單就海參崴州而論、據今年海參崴州黨部第二次擴大會議的報告、約占全體中國工人的百分之八十。

同樣、單就海參崴州而論、中國人民中的文盲在城市者約占全體中國人民的百分之六十五。

至於僻處在鄉村中的中國農人、其不識字的統計現時雖然沒有、但是我們從以上的統計、可以類推而知道一定是比較中國工人和城市的人民之不識字的更要占大多數。

因爲中國工人中的文盲太多、我們隨時都發現中國工人受通事、工頭以及掌櫃等人的欺騙。因爲中國工人中的文盲太多、以致在中國工人中與官僚主義奮鬥的力量薄弱。因爲中國工人中的文盲太多、不但在改善生產、提高生產力的社會主義經濟建設的工作上發生困難、不但在掃除落後的風俗習慣之文化革命工作上發生障碍、而且對於階級鬥爭的進展和鞏固以及團結整個階級的力量、而不分任何界限、一致的向國際帝國主義進攻的無產階級政治的工作上亦受影響。蘇聯的社會主義建設若不掃除文盲、便不能達到完全的勝利。

在中國工人中若不掃除文盲、便不能切實的參加蘇聯的社會主義建設。

因爲蘇聯的經濟目前已發展到戰前的程度、將來新的建設必須更廣大的提高技術。中國工人若不識字則不能理會科學、不能理會科學則不能提高技術。反之、要能理會科學、則第一步必須識字。要能識字則必須掃除文盲。掃除文盲、因此是目前蘇聯的社會主義建設的中心問題之一。

過去在遠東邊疆進行的掃除文盲工作、尤其是在中國工人中進行的掃除文盲工作、均未達到相當的程度（參看本報第二百八十七期蘇聯共產主義青年團遠東邊疆委員會的宣言）、故從今年九月十五日起到十月十五日止舉行一個月的掃除文盲（取消不識字）的廣大宣傳運動。

遠東邊疆的中國工友們！在這一個月的掃除文盲宣傳運動中、每一個識字的和少識字的、必須宣傳不識字的人參加各地的補習學校學習識字、必須教他們識字、尤其是在中國婦女和兒童中更須注意。同時每一個識字的和少識字的更須進一步的研究科學、研究列寧主義和馬克思主義。

這一月的掃除文盲宣傳運動、不過是加强掃除文盲工作的開始、不過是文化革命戰線上的初次衝鋒。掃除文盲的工作之最後勝利、文化革命的最後成功、尚要看我們的堅強持久和努力奮鬥的成績。

工友們　我們能夠識字、能夠寫算、能夠會通文理、我們在日常生活上的困難也減少得多了。掃除文盲、取消不識字的工作不僅是工人階級的國家大事、而且是每一個工人在日常生活上的大事。只有在蘇聯無產階級專政的國家才能使廣大的工人群衆和其子弟有普遍學習的可能、隨意選擇學習的可能。我們必須遵守列寧同志的遺訓和蘇聯共產黨指示給我們的責任、大家起來：「學習、學習、學習」！

（中國要聞）

▲上海的米業職員罷工

上海十二日蘇聯社電　九月十日在上海的米業店員全體罷工、其原因係店主反對改善工作的要求。罷工的米業職員已達六千人。所有的米店均停止營業。

▲中國與蘇聯的關係

北京十一日蘇聯社電　據天津的「大沽」報載、從國際的關係上看來、蘇聯對於中國的關係在將來的實際上還比日本重要。因此、中國與蘇聯間的外交關係如再不恢復是很危險的。

▲新舊軍閥混戰

北京十一日紅旗報通信員電　中國報載、白崇禧的司令部於九月九日由軍糧城移到盧台。前在唐山一帶的直魯軍向開平東部撤退。

天津十一日東方通信社電　唐山被南軍徐元昌部佔領。直魯軍向開平方面退却。

上海十一日東方通信社電　南京政府於昨日下令通緝張宗昌。

北京十二日蘇聯社電　南軍開始進攻張宗昌的軍隊已佔領開平。張宗昌的殘部混亂的退走。

▲日本侵畧中國的面面觀

東京十一日蘇聯社電　據報載、田中內閣與駐上海的日本總領事回到中國以前談話、田中訓令該日本總領事：在南京「政府」未改變對日的仇視態度以前、不許發表關於改定中日條約及承認南京「政府」方面的言論。

上海十一日蘇聯社電　馮玉祥的通信社「大中」社消息、駐天津的日本總領事要求到內蒙古去旅行甚堅。據云該領事這種行動不無疑竇。中國當局以內蒙古的匪勢甚熾爲詞不許該領事前去。但該領事仍持意前往。藉此可以証明該領事這種行動含有政治作用。

另訊　據南京「政府」外交部長王正廷聲言、日本借給張宗昌日金一百二十萬圓以山東的鐵路爲担保。另據「朝日」通信社消息、日本借給張宗昌日金係五百萬圓。

北京十二日蘇聯社電　駐京日本公使芳澤、聲言日本如與南京「政府」開始交涉、必須在南京「政府」開誠意的對待日本、收回修改中日條約的提議、禁止一切反對日本的宣傳。

▲東三省服從南京嗎？

南京十二日蘇聯社電　李烈鈞同新聞記者談話關於東三省的問題、略謂：「關於東三省懸掛國民黨的旗幟問題、尚沒有確實的消息、但是東三省的當局已在內政上和外交上表示服從中央的命令。在指揮東三省的政策、中央政府的訓令已實行兩星期了。因此、關於懸掛國民黨的旗幟問題、無關重要。

（蘇聯要聞）

▲高查克斯坦蘇維埃化

志爾—阿爾達十日蘇俄社電　高查克斯坦共和國人民委員會、宣布關於沒收一切王公等人的牧畜和生產工具的命令、因爲該王公等反對蘇維埃化、並將其驅逐出境

▲與流氓奮鬥

莫斯科十一日蘇俄社電　蘇俄人民委員民蘇維埃命令人民勞動委員會、如在勞動失業介紹所掛號而有流氓行動者、應立即開除、不與介紹工作。

▲與嗜酒者奮鬥

莫斯科十二日蘇聯社電　協作社中央部根據蘇維埃政府減少白酒的議決案、在各地的協作社不得出賣白酒。各地的工人均表示贊成。

▲恐嚇新聞通信員者處徒刑

都拉十日蘇俄社電　皮業工廠主任葉爾馬可夫（Ермаков）因爲恐嚇通信員被告發、由法庭判決處以九個月的有期徒刑。

（各國要聞）

▲德國社會民主黨替德國資產階級捧場

柏林十二日蘇聯社電　德國社會民主黨中央委員會開擴大會議、討論德國政府建設軍艦的問題、議決謂由全國人民投票表決係不適當的方法。

另訊、下級的社會民主黨組織、贊成德國共產黨關於德國政府建設軍艦問題付全國人民投票表決。

▲美國礦工中的鬥爭

紐約十一日蘇聯社電　在彼士堡左派的礦工會開擴大會、預備組織新的礦工會。開會時、有右派的礦工會領率二百警察和二百流氓、衝入會場搗亂。結果左派的礦工會代表被捕者三十五人、受傷者三人、該大會被警察解散、且於各旅館搜查左派礦工會的代表。被捕的左派礦工會代表受罰金由五元至二十元美金。未被捕的代表同日另召集會議、但無結果

紐約十二日蘇聯社電　在彼士堡開會的左派礦工會代表、不管警察巡查的嚴密、結果仍開成會議。

▲阿根廷的工人反對社民主黨

紐約十二日蘇聯社電　比利時的社會民主黨的領袖「旅行」至阿根廷的布也納賽爾城。在該處的共產黨領導之下的工人舉行仇視社會民主黨的示威運動。社會民主黨的領導逃匿於旅館中、請求警察保護。

本報編輯處啓事

遠東邊疆的工友們！

你們投稿本報時、請注意以下幾点：

（一）用墨水謄寫、字畫不宜潦草。
（二）每兩行間、可留寬大一些的空白、以便修改。
（三）在稿末請寫出通信地址、以便郵寄稿費。
（四）發表時須用甚麼名字、請附註明。
（五）對於各地的工人生活、須作有系統的詳確通信、隨時投稿本報。

关于师范讲习所的一点意见，1928 年 9 月 26 日，烈火

一九二八年九月二十六日　全世界無產階級聯合起來啊！　第二百九十一期

РАБОЧИЙ ПУТЬ

工人之路

Орган Дальне-Восточн. краевого совета профсоюзов.

Отв. редактор Тин-шань

Адрес редакции: г. Владивосток, уг. Пекинск. и Корейской, Клуб Китрабочих „1 мая"

Телеф. № 6-35

Выходит 2 раза в неделю.

26-го Сент. 1928г.

№ 291

遠東邊疆職工蘇維埃出版

每逢星期三、和星期六日出版

價目：

零售每期金洋五分

本埠定閱每月四毛

外埠定閱每月五毛

編輯及發行處：海參威北京街和高麗街拐角中國工人「五一」俱樂部樓上

電話六百三十五號

廣告列例：每期每字按照三分金洋計算長期另議

每一個遠東邊疆的中國工人必須與「工人之路」發生親密的關係！

▲社論▼

●關於師範講習所的一点意見

（烈火）

海參崴州教育廳，於本年設立師範講習所的目的，原是為培養一般教育工作人材，以應遠東邊疆各地補習學校之需要。

這種工作是非常重要。因為在遠東邊疆一帶的中國工人群衆，大部份是從本國失掉了土地的農民跑來的，他們的文化程度是非常落後。據今年海參崴州黨部第二次擴大會議報告，不識字的中國工人約占全體百分之八十。

要教育遠東邊疆這般文化落後的中國工人群衆，實非易事。我們除了日常普遍的宣傳工作以外，惟有靠各地的中國工人補習學校才有逐漸提高中國工人的普通智識之可能。

年來在各地也曾設立不少的中國工人補習學校。但是大半都很少持久，很少有相當的成績。

為什麼是這樣？根本的原因，不外以下兩点：

第一，担任各地補習學校的教員，大半都是濫竽充選，不懂得教育方法，尤其是無產階級的教育方法，以致不能引起工人學習的興趣，甚至還有口音的關係。

第二，遠東邊疆落後的中國工人群衆，不是自私自利的，想多掙点錢回家的，便是染着一切惡劣習慣—壓寶、打牌、打嗎啡、抽大煙……等等。他們在根本上不懂得有學習之必要。

有了以上的原因，以致各地補習學校感着了很大的困難。

海參崴州教育廳這次所設立的師範講習所，不僅要解除這種困難，而且在最近的將來，使每個中國工人都能識字、都能明白革命的理論和活動的參加社會主義的建設工作，這就是本年師範講習所担負的使命！

因此，我們總預期該所現在肄業的諸同志們畢業之後，對於文化革命的戰線上至少要有相當的貢獻。

可是理想與事實，終久是劃了一道鴻溝。我們現在把該所招收的學生成分一看，就知道了。第一，是黨部學校已畢業的學生。第二，是認識幾個字，或念過幾個月、半年、一年的書。第三，還有抽大煙的—如劉萬林之類。

關於第一種成分的學生，姑不具論。但是對於第二和第三兩種成分的學生，却不無微言。他們智識既然如此幼稚，行為既然如此惡劣（指抽大煙者而言）那末，他們在兩個月畢業之後，能否勝任補習學校的教師之責？這未免令人懷疑。「人之患在好為人師」，希望該所負責的同志們和同學的同志注意：不僅要在短促的時期，互相鼓勵，掃除一切落後的腐敗思想和惡習慣，而且要以身作則，在實際生活上永久的表現出文化革命的戰士行動。智識幼稚，固可努力學習而求進步。然而，習慣和思想的腐敗，是非加以嚴重的陶養不能改革的，鞏固文化革命的戰線，澈頭澈尾的掃除一切落後的思想和習慣。這是我們希望師範講習所的學生同志們注意的。

（中國要聞）

▲張宗昌逃了

天津二十一日蘇聯社電　『大沽』報載，張宗昌於九月十七日同其顧問某日人秘密逃至大連。

▲國民黨的財政措施

北京二十一日蘇聯社電　全中國財政會議議決，從本年十二月三十一日起停止徵收釐金。從本年十一月一日起實行新的工業稅。以後擬另實行新稅則。該稅則的詳情尚不知悉。公使團謂國民黨在取消釐金的名義之下，另行徵收新稅。

▲日本軍隊蹂躪山東

北京十九日蘇聯社電　濟南的消息，日本軍隊第三師由青島移駐濟南。日本當局擬增加駐在濟南的軍隊。濟南與青島雖未經正式宣布戒嚴，然實在戒嚴的狀況中。山東各地禁止國民黨的行動。在街道上如有形跡可疑者，即被搜查。人民大受恐怖。

▲萬福麟任用老白黨

哈爾濱二十一日蘇聯社電　日日新聞報載，黑龍江省督辦萬福麟提議任用前在張宗昌部下之俄國白黨軍官組織討伐軍，以平息內蒙古一帶的暴動。

（蘇聯要聞）

▲掃除文盲的工作猛進

大弓十六日蘇俄社電　今年按照計劃能使十四萬四千一百人識字。

海可夫十七日蘇俄社電　全烏克蘭農林工會今年擬取消十二萬會員之不識字。

▲組合經濟的發展

莫斯科十七日蘇聯社電　工農監察委員會調查過五百個新的組合經濟。據調查的結果，指明組合經濟已變成農民群衆的經濟運動。在組合經濟所耕種的土地，增加收穫到百分之一百四十。但又發現各地方的下級協作社機關對於組合經濟的指導工作和供給器具等等不甚注意。

▲蘇維埃經濟的發展

莫斯科二十一日電　農林工會中央委員會擴大會議，關於建設新的蘇維埃經濟之糧食托拉斯的主任報告，說明糧食托拉斯的工作遠景，發給五百萬「格克托」（法畝）的土地以建設一百五十處蘇維埃經濟。現在糧食托拉斯所有的土地共六十一萬一千「格克托」的土地，其中有十五萬三千「格克托」已經耕種。蘇維埃經濟內已有六百六十三架耕種機。有二十三部運貨汽車。在一九二八年到一九二九年將成立五十處蘇維埃經濟，總共發給二萬萬盧布。

▲預備蘇維埃經濟的指導員

莫斯科二十一日蘇聯社電　蘇聯共產黨中央委員會通過關於預備巨大的蘇維埃經濟之指導員的命令，決定設立短期的專門學校，招收學生一百五十人。

▲與嗜酒者奮鬥

莫斯科二十一日蘇聯社電　蘇聯共產主義青年團中央委員會與掃除醉酒的委員會發表宣言，謂：「與嗜酒者奮鬥是青年團的中心責任，應關閉酒館，酒店，開除醉酒的團員，俱樂部員等等。」

類賓斯克二十一日蘇聯社電　在哈拉工廠的童工，組織示威運動，反對父兄醉酒。當日下午在該工廠開會，結果通過關閉酒店的議決案。

▲大批的機器供給鄉村

莫斯科二十二日蘇聯社電　蘇聯貿易委員會供給鄉村經濟機器委員會報告到一九二九年春季出產的值一萬五千二百萬盧布。

▲莫斯科建設地道電車

莫斯科二十二日蘇聯社電　莫斯科城市蘇維埃開會討論建築地道電車，決定指撥一千萬盧布進行，於三年內完成工作。供給電力的電站亦在地下建設。

（國際要聞）

▲共產國際青年團的新支部

莫斯科十九日蘇聯社電　共產國際青年團在第五次大會最後一次會議上收入的新支部：澳洲、波斯、布拉賽和韓國、西里亞、巴列斯丁等國。

（各國要聞）

▲萊茵河上戰雲密布

柏林十九日蘇聯社電　德國的內閣在日內瓦國際聯盟會議上提出要求，撤退萊茵區域的外國軍隊。各國代表均反對此項提議。

▲解除武裝徒托空談

日內瓦十九日蘇聯社電　國際聯盟的大會開會時，討論解除武裝委員會的工作，德國代表要求規定該委員會開始工作的時期。其他各國的代表，尤其是英法的代表極力反對。

▲美洲的暴風雨為災

紐約二十二日蘇聯社電　在美洲之佛羅利達和西印度等地，發生暴風雨，結果毀壞三萬五千房屋，凍死一萬五千以上的人民，現有十五萬以上的人民變為飢寒窮困，七十萬以上的人失掉住宅，瘟疫流行。計損失一萬三千二百萬元美金。受損失者，多係農人。此項暴風雨，尚未停息，對於阿拉牛拉，喬志亞和南高諸林蘭等地有危險。

▲波蘭的紡織工人罷工

瓦薩五二十二日蘇聯社電　在洛志發生紡織工人的罷工，其原因係反對廠主處罰工人的罰金，提出要求增加百分之二十的工資並承認工人的代表等條件。罷工的人數已增至五萬人以上。

本報編輯處啓事

遠東邊疆的工友們！

你們投稿本報時，請注意以下幾点：

（一）用墨水謄寫，字跡不宜潦草。

（二）每兩行間，可留寬大一些的空白，以便修改。

（三）在稿末須寫出通信地址，以便郵寄稿費。

（四）發表時須用甚麼名字，請附註明。

（五）對於各地的工人生活，須作有系統的詳確通信，隨時投稿本報。

预备改选苏维埃的工作，1928 年 9 月 29 日，丁山

一九二八年九月二十九日　全世界無產階級聯合起來啊！　第二百九十二期

每一個遠東邊疆的中國工人必須與「工人之路」發生親密的關係！

РАБОЧИЙ ПУТЬ

工人之路

Орган Дальне-Восточн. краевого совета профсоюзов.

Отв. редактор Тин-шань.

Адрес редакции: г. Владивосток, ут. Пекинск. и Корейской, Клуб Китрабочих „I мая"
Телеф. № 6-35.

Выходит 2 раза в неделю.

29-го Сент. 1928г.

№ 292

遠東邊疆職工蘇維埃出版

每逢星期三。和星期六日出版

價目：
零賣每期金洋五分
本埠定閱每月四毛
外埠定閱每月五毛

編輯及發行處：海參威北京街和高麗街拐角中國工人「五一」俱樂部樓上

電話六百三十五號

▲社論▼

◉預備改選蘇維埃的工作

（丁山）

遠東邊疆各級蘇維埃行將改選。蘇俄中央執行委員會對於遠東邊疆各級蘇維埃進行改選工作的日期已經明令宣布見本報二九十期「蘇聯要聞」欄。

每一個有覺悟的中國工人、都知道蘇聯是工人的國家。蘇維埃政權、就是眞實的表明蘇聯是工人的國家之意義。因爲蘇維埃是完全由工人和勞動的農人中選舉代表組織的。蘇維埃是由廣大的工人羣衆之意志作指導，完全根據（人階級整個利益而進行管理國家的一切事務。

只要是作工的工人和勞動的農人、不分男女、無論是何種民族、都有選舉蘇維埃的代表之權利、同時亦有被選爲蘇維埃的代表之權利。反之、那些不作工的人、以剝削利潤爲生活的人和一切反對工人階級的利益的人便沒有選舉蘇維埃的代表之權利、自然更沒有被選爲蘇維埃的代表之權利了。

無論是選舉蘇維埃的代表者和被選爲蘇維埃代表的人、都不外是工人和農人對於蘇維埃政權都是同一的利益、都是有密切的關係。

因此、改選蘇維埃的工作、不僅是從前被選爲蘇維埃的代表之工作、而且亦是所有一切享有選舉蘇維埃的權利之廣大工農羣衆的工作。

在預備改選蘇維埃的工作時、從前被選爲蘇維埃的代表和被選爲蘇維埃的各執行委員自然應詳細的預備各方面的工作計劃。將在最近一二年內蘇維埃建設和社會主義的建設的過程中所閱歷的艱難困苦和寶貴的建設工作經驗、昭告於廣大選舉蘇維埃代表的工農群衆、同時還當指出在最近的一二年內蘇維埃政權機關根據蘇聯共產黨的領導所成就的偉大的社會主義建設之成績。

同時、每一個享有選舉蘇維埃代表的工人和農人—尤其是在遠東邊疆的中國工人和農人、必須注意這次預備改選蘇維埃的工作、應努力參加各地蘇維埃所召集的群衆會議、同時活動的指出過去的工作之缺点以及將來的計劃 此外、尤其應當帮助改選蘇維埃的委員會、完全吸收所有一切享有選舉蘇維埃代表之權利的工人和農人參加這次的改選。尤應當特別的、銳利的注意選舉很活動的、很熱心的和很覺悟的工人和農人爲下居各級蘇維埃的代表。

職工會的各下級組織、地方委員會、工廠、作坊委員會及俱樂部、閱報室…等等、在這次預備改選蘇維埃的工作中應特別的在工人中解釋蘇維埃的意義、及其組織的系統和其選舉的詳細手續。尤其是在遠東邊疆的中國工人和農人中特別需要。因爲還有不少的中國工人和農人到現在還有連：「甚麼是蘇維埃？甚麼是蘇聯？甚麼是蘇俄？」…等等都不知道的。

蘇維埃的工作是廣大工農羣衆的工作、必須使廣大的工農羣衆清悉明瞭、才能有廣大的工農羣衆參加蘇維埃的工作。

預備這次改選蘇維埃的工作、應當從速開始！要是在中國工農中關於蘇維埃的宣傳解釋工作有充分的普遍深入、將來在遠東邊疆的各級蘇維埃內就有活動積極的中國代表而且每一個享有選舉蘇維埃代表的權利之中國工農就會完全的參加管理蘇聯國家的事務。

▲致丁山同志一封公開的信

丁山同志！

「烈火」在二百九十一期「工人之路」報紙載了一篇社論說，師範講習所的學生、有念幾個月書的、有只習幾個字的。丁山同志！你也是師範講習所的一個教員、是否師範講習所的學生是那樣的程度？假若是不是事實、你爲什麼給他登載這篇稿子呢？這不但是故意的破壞了師範講習所的名譽而是破壞的威信！破壞本所同志名譽事小、破壞黨的威信事大、如此重大的事項、竟冒然登登載不知是何用意？請你公開的答覆！在二百九十二期

師範講習所全體學生致　一九二八年九月二十七日

師範講習所全體學生同志！

來函質問師範講習所的學生是否是「有念幾個月書的、有只習（？）幾個字的」在二百九十一期「工人之路」報紙該原文係……是認識幾個字、或念過幾個月……的書」一節、並指引我也是該校的教員、故加以質問而用「假若是不是事實」一句、加以否認且質問我發表該稿的原故。茲依次答覆如下：所云「……是認識幾個字、或念過幾個月……書、係根據本報通信員來稿的材料加以修改的、因原稿甚至說……「有流氓、在補習學校念過兩天書……」（這當然不近事實、我雖然担任該校的教員、關於學生成分的統計、我只知其大概、同樣關於學生的程度也只知道一部份、故據通信員的來稿、拆衷其說、但並不是指師範講習所的全體學生同志而是指其中的一部份。假若不近事實、甚至於不是事實、師範講習所負調查統計責任的同志儘可將全體學生成份的詳細統計和明確的程度統計、來函更正。

我們發表該稿的原故、並不十分注意師範講習所學生的程度而是十分的注意其中有抽大煙的學生。關於學生的程度、在該文內已經說過「智識幼稚、固可努力學習而求進步」「所謂「滿遭損、謙受益」」「一人的知識有限、天下的事理無窮」、我們希望全體同學同志、學了還要學、而不希望全體學同志「自滿」、自以爲程度已經很高。關於抽大煙的學生、我在上課時、我們在二百八十八期的二百九十一期的本報上已經屢次說過了。全體同學同志來函並沒有何種表示、這種缺点是我們應批評的而且應設法去掉的。站在文化革命戰線的立場上、實行黨提出自己批評的口号、這就是我們發表該稿的用意！

這種批評、「苦口婆心」的旨意、對於師範講習所的名譽不但沒有破壞而且增加勉勵。因爲師範講習所的名譽、用不着「故意」破壞而是要全體同學實際的行動表現的。至說「破壞的威信」、破壞誰的威信？師範講習所是文化教育機關、難道還有武力兇人的「威」嗎？至於在群衆中的「信」、亦要看全體同學的行動實際表現的。誰能破壞？誰敢破壞？

至更說到「……破壞黨的威信事大……」、誠然、如係指反革命的思想行動當然是不錯的。如說實行黨的自己批評口号、指出各機關的缺点而希望改除這種缺点、這是黨号召群衆的工作、正是堅強黨的威信的！

我們根據以上的理由和通信員的通信稿件發表該稿、並不「冒然」而是再三斟酌過的。總之、我們希望全體同學鞏固文化革命的戰線、澈頭澈尾的掃除落後的思想習慣！「良藥苦口利於病」、這是大家應互相努力勸勉的。（丁山）

（中國要聞）

▲白色恐怖

上海二十五日蘇聯社電 根據大中社的消息、廣州當局認爲共產黨活動甚厲、所以壓迫共產黨人也異常厲害。前經判處以無期徒刑的共產黨員十九人、現已於本月九日一律執行槍斃。

▲國民黨的分裂

上海二十五日蘇聯社電 按照東方通訊社消息、胡漢民現委任爲立法委員會委員長、譚延凱爲行政委員會委員長、王寵惠爲司法委員會委員長、吳稚輝爲監察委員會委員長、蔡元培爲考試委員會委員長。但該通訊登載、蔡元培和吳稚輝因爲不滿意這次的人選、故擬辭職不就。如蔡元培、吳稚輝不就時、又擬委馮玉祥、林森充任。

▲新舊軍閥混戰

上海二十三日蘇聯社電 前直隸省督辦褚玉璞停止政治活動、南京政府和張學良雙方均承認從天津到山海關以南的區域爲張宗昌的地盤。據傳說這種條約對南京政府和張學良雙方均有不利。

奉天二十五日蘇聯社電 關於張宗昌的行踪現在何處尚不知道。據奉天官場傳聞、張宗昌大約是在天津租界。

北京二十六日蘇聯社電 直魯軍對於南軍完全無反抗、卽自行繳械。南軍與奉軍在灤河相遇、沒有什麼戰事、現雙方爲避免衝突起見、約定南軍不准超過灤河的東部、奉軍不准超過陳泥河。

南滿二十五日蘇聯社電 在最近滿洲東遼和四平街鐵路發生時疫非常厲害。哈爾濱報紙說：這條鐵路在南部與南滿鐵路相連、北京則接近齊哈爾。據最近消息、在東遼地方已死了一百五十人以上、時疫現已正向南方發展。但最近在齊齊哈爾也有同樣的時疫發生。

本報編輯處啓事

遠東邊疆的工友們！

你們投稿本報時，請注意以下幾点：

（一）用墨水謄寫，字畫不宜潦草。
（二）每兩行間，可留寬大一些的空白，以便修改。
（三）在稿末請寫出通信地址，以便郵寄稿費。
（四）發表時須用甚麼名字，請附註明。
（五）對於各地的工人生活，須作有系統的詳確通信，隨時投稿本報。

每个劳动者都应参加苏维埃的改选，1928 年 10 月 3 日，丁山

一九二八年十月初三日　全世界無產階級聯合起來呵！　第二百九十三期

每一個遠東邊疆的中國工人必須與「工人之路」發生親密的關係！

РАБОЧИЙ ПУТЬ

工人之路

Орган Дальне Восточн. краевого совета профсоюзов.

Отв. редактор Тин шань

Адрес редакции: г. Владивосток, уг. Пекинск. и Корейской, Клуб Китрабочих „1 мая" Телеф. № 6-35.

Выходит 2 раза в неделю.

3-го Окт. 1928г.

№ 293

遠東邊疆職工蘇維埃出版

每逢星期三。和星期六日出版，

價目：零賣每期金洋五分　本埠定閱每月四毛　外埠定閱每月五毛

編輯及發行處：海參威北京街和高麗街拐角中國工人「五一」俱樂部樓上

電話六百三十五號

廣告刊例：每期每字按照三分金洋計算長則另議

本報編輯處啓事

遠東邊疆的工友們！

你們投稿本報時[illegible]以下幾点：

（一）用墨水[illegible]不宜潦草。

（二）每兩行間，可留寬大一些的空白，以便修改。

（三）在稿末請寫出通信地址，以便郵寄稿費。

（四）發表時須用假名字，請附註明。

（五）對於各地的工人生活，須作有系統的詳確通信，隨時投稿本報。

▲社論▼

⊙每個勞動者都應參加蘇維埃的改選

（興順）

工友們！勞動者輪流管理國家的蘇維埃改選的日期逼在我們的目前了，大家應振着自己的精神，預備着去參加無產階級政權盡自己的責任。

你們知道蘇維埃是無產階級專政的工具，是千百萬勞動者的訓練所，是消滅階級的存在，完成社會主義社會的利器。蘇維埃政權是世界唯一的政權，他給勞動者有可能盡量的保護自己的利益他不像那些剝奪被壓迫民衆一切權利的資產階級的假面具的民主政權。他不分民族，又不分顏色，凡是勞動者，都有選舉和被選舉的權利 我們是遠東中國工人是蘇聯無產階級的一部分，我們應該努力的去參加蘇維埃的一切工作，去應用自己的工具，去享受自己應有的權利。

蘇維埃政權在遠東邊疆雖然存在了五年以上，可是我們中國工人因文化程度之落後，言語隔閡的困難，並沒有盡量的參加蘇維埃的工作。在過去祇不過在較大的城市裡，在形式上推舉幾個代表，而在實際的工作上很少進行 到結果不但逐次的選舉者之提議直等於零，而在各鄉村蘇維埃方面，連形式上的代表也很難的找得出來。遠東邊疆爲數有十數萬的中國工農群衆，照這樣進行蘇維埃的工作，還是絕對不行的！

在此次蘇維埃改選過程中，我們應該集中自己全部的力量，吸引百分之百的中國工農勞動羣衆去參加蘇維埃的選舉和精密的計量過去的一切缺点，以規定將來蘇維埃工作的方針。

●遠東邊疆中國宣傳講習所的總結

（越塵）

遠東邊疆中國宣傳講習所，雖然所經過的期間祇有一個半月，而學生僅僅十三人（按照所分配的位子應有十五人），而所學習的九門功課，其時間總共祇有三百零二点，但是對於黨在遠東的中國人中却有很大的意義。中國人在蘇聯遠東地面者將近十萬人，而這些中國人中黨員的成分極小極小，而黨在中國人中的影響自然也很小。這是什麼緣故？這就是因爲在遠東地面的中國人中活動份子太少了，尤其是能夠做黨的工作的人，做黨的下層工作的人。造就黨的下層工作的人才，實爲黨目前在中國人中的一個重大問題！

遠東邊疆中國宣傳講習所，今年是第一次創辦，各地所送的學生，雖然不能十分滿足我們的希望，在大體上都還可以。例如：年齡，都是從二十六歲到三十六歲期間的人，是最能做事的時期。社會地位，工人佔十人，職員三人，工人要佔極大多數！教育程度 受過中等教育的三人，初級教育的三人，其餘的也都稍懂中俄文字 政治教育方面，黨校畢業的有一人，經過短期的政治學校的有五人，其餘幾人也有相當的政治常識。他們之中，一部份曾做過黨和宣傳的工作，在十三人之中，有兩位是黨支部的書記，支部的宣傳委員一人，研究會的指導員一人，地方委員會的教育委員一人，其餘的人也都担任過相當的教育工作。在遠東這樣落後的中國人之中，這一部份人—遠東中國宣傳講習所的學生，不能不說是遠東中國工人的精華！

至於成績方面，不能說有很大的成績，但也可以差強人意。在十三人之中有三人的程度較高，成績也較好，能夠担任群衆的宣傳工作，除了最落後的兩人之外，其餘的都能担任支部的宣傳工作。這些同志倘若能將所學習的理論應用到羣衆宣傳的工作上去，對於群衆不無很大的好處，不能不說是在中國人中黨的工作之一大進步！

因爲該宣傳講習所今年是創辦，免不了有許多缺点的地方，例如：各地送來的學生，大部份程度較低，在教員講課的時候不能筆錄，因限於經費，又不能把講義印刷出來，學生所得的祇限於腦筋中記憶的。沒有參考書，學生除了上課之外，在討論問題的時候，得不到什麼樣的參考書，學生中候補黨員要佔大多數，自然對於講習所的本意有不符合的地方。此外如學生不按時送來，躭誤了功課，學生的政治常識缺乏，在教科上發生困難。這也是美中的不足。但是這些缺点，在將來是不難免去的。將來再辦這樣講習所的時候，利用今年的經驗，必能夠進到更完善的地步，所造就出來的人才，比今年當能更進步幾倍，這才不負我黨造就人才的一点厚意！

〔中國要聞〕

▲北京教育界索薪

北京 二十五日蘇聯社電 教育界職員對於北京當局提出要求於三日內發給薪金，否則，即全體離職。

▲蘇聯使館被捕之十五人已釋放

北京二十六日蘇聯電 北京蘇聯使館以前被捕的十五人，現已釋放，已於二十六日離開中國繞道日本回海參崴。

▲滿洲東遼時疫的發展

哈爾濱廿六日蘇聯社電 據哈爾濱報紙九月廿三號紀載。關於東遼地方附近八個鄉村內發生時疫，最厲害的是陳家村，該村離東遼東部十三公里。現在哈爾濱防預時疫衛生隊，規定凡從東遼到營口來往的人民，須受衛生隊的檢查，如發現染有時疫者，即送往隔離所。並禁止運輸皮張，骨類，毛皮等類之物，以免時疫更形發展。

哈爾濱廿八日蘇聯社電 在哈爾濱鐵路管理局開會，討從海拉爾與齊齊哈爾兩方來往的人民，對於哈爾濱有時疫侵入的危險。

哈爾濱廿八日蘇聯社電 九月廿日在半島地方有廿六人染着時疫。

〔蘇聯要聞〕

▲指示改選蘇維埃的工作

莫斯科廿六日蘇聯社電 蘇聯中央執行委員會，關於改選蘇維埃的工作，曾發表對於聯邦各共和國給與指導的信件。謂以前所有的缺点須完全取消，並須將各地工作詳細報告。在改選大會上不僅要提出本地的問題討論，而且要提出國家一切政治，文化，經濟等建設的問題。此外在各地須組織改選委員會。

▲處分浪費經費者

哈克夫廿六日蘇聯社電 蘇聯共產黨中央監察委員會主席團和—農監察委員會宣佈哈克夫地方「鎌刀與錘」製造鄉村機器工廠，不按照國家減少百分之廿用費的規定，給以該廠負責人的處分，同時該廠黨的小組，因不注意亦同樣受警告。

▲發明新式製糖機

列寧格勒廿六日蘇聯社電 國家農業專門學校發明新式製糖機，聞是項機器所採取的原料係用楓樹液和恬蜀黍兩種，即可製糖 但這兩種的原料在高加索，南俄及俄國中部一帶地方出產很多。

▲組織改善東方女子生活委員會

伯力二十六日蘇聯社電 遠東邊疆執行委員會主席團提出組織改善東方女子生活狀況委員會，在這委員會內有九個組織團體的代表參加。

▲組織邊疆小手工業聯合會

伯力二十六日紅旗報通信社電 遠東邊疆執行委員會承認在伯力必須組織遠東邊疆小手工業聯合會。

〔國際要聞〕

▲共產國際新執行委員會選舉主席團

莫斯科二十八日蘇聯社電 九月二十二號共產國際新執行委員會召集開會，選舉主席團二十六人，其中有中國代表一人。候補委員九人，其中有中國代表一人。又主席團選舉新的政治書記部共十一人，其中有中國代表一人。最後主席團討論法國和奧國共產黨的狀況。

〔各國要聞〕

▲波蘭改良派工會的反動

瓦薩五二十五日蘇聯社電 按照波蘭通訊社消息，洛志變總工會（在改良派領導之下的工會）決定取消紡織工人的罷工。

▲英法帝國主義反蘇聯的聯合

莫斯科二十四日蘇聯社電 蘇聯紅星報載，英法聯合武裝海軍和航空飛行的條約，其條約的目的是在包圍蘇聯。

巴黎二十七日蘇聯社電 法國政府機關報聲明蘇聯紅星報登載英法聯合武裝海軍和航空飛行的消息不符。

倫敦二十七日蘇聯社電 英國外交部宣佈云：關於英法兩國航空飛行，並無秘約。

电影与文化革命，1928 年 10 月 17 日，啸风

一九二八年十月十七日　全世界無產階級聯合起來呵！　第二百九十七期

РАБОЧИЙ ПУТЬ

工人之路

Орган Дальне-Восточн. краевого совета профсоюзов.

Отв. редактор Тин-шань

Адрес редакции: г. Владивосток, уг. Пекинок. и Корейской, Клуб Китрабочих „1 мая" Телеф. № 6-38.

Выходит 2 раза в неделю.

17-го Окт. 1928г.

№ 297

遠東邊疆職工蘇維埃出版

每逢星期三和星期六日出版

價目：
零賣每期金洋五分
本埠定閱每月四毛
外埠定閱每月五毛

編輯及發行處：海參威北京街和高麗街拐角中國工人「五一」俱樂部樓上

電話六百三十五號

廣告刊例：每期每字按照三分金洋計算長期另議

每一個遠東邊疆的中國工人必須與「工人之路」發生親密的關係！

本報緊要通告

本報定於本月二十一日（星期日）上午十点鐘在「五一」俱樂部召集海參崴城市本報的通信員及各壁報團的工作人員會議、報告預備到第四次全蘇聯的通信員會議、望各通信員及各壁報團的同志全體到會。

▲社論▼

◉電影與文化革命（嘯風）

電影不但是一種娛樂的工具、不僅是一種「不說話的宣傳品」、而且是文化革命的利器。

可是、在資產階級國家內的電影、則被用作資本家剝削工農的工具、替資本家宣傳一切。因此、所有在資本主義國家內公開的電影、竟成為反革命的東西了。

在無產階級專政的國家—蘇聯的電影片恰好同資本主義國家的電影相反。因爲蘇維埃國家影片公司年來所精製的影片、不僅是技術巧妙、而且能夠供給所有的工農得到進行武裝暴動和秘密工作的經驗、改善經濟生產和參加社會主義建設的方法、更描寫進行文化革命的實際情況以及幫助蘇聯各地的工農、明瞭科學和世界上的新聞。在蘇聯國內看電影、不僅能享受當時的娛樂而且還能夠獲得到各方面的科學知識。

在無產階級手中的電影、就是無產階級進行文化革命的活動工具。

蘇聯共產黨第十五次大會曾議決須在目前廣大的發展蘇維埃國家影片公司的工作、要在各城市、各鄉村設立電影院。這種建設顯然是文化革命的建設。這種建設的意義與一切學校、教育機關之建設是同樣重大的。

海參崴州職工蘇維埃已議決在最近的時期在海參崴、蘇城、半站等處增設電影院。尤其是在遠東邊疆中國工人集中的區域、亦將先後的特別建設電影院。

（參看本報第二百九十二期本埠新聞欄）

蘇維埃國家影片公司過去在海參崴中國戲園曾試演數次電影。當時的成績雖不甚好、但是已得了不少的實際經驗。將來在海參崴特別為中國工人設立的電影院、定能將過去所得的實際經驗、具體的應用到事實上去而增進中國工人中的文化革命工作。

同時、在遠東邊疆的中國工友和各種文化教育組織、應注意發展蘇維埃電影的工作。不但是看電影、還要實際的學習使用和參加製造電影。

（中國要聞）

▲改組後的南京政府

上海十一日蘇聯社電　按照國民社消息、改組後的南京政府正式通知新委員就職。當選的政府委員係蔣介石、胡漢民、戴季陶、孫科、李宗仁、張學良、李濟琛等七人。

上海十一日蘇聯社電　按照國民社消息、在國民黨內部因任張學良為政府委員問題、各派意見紛歧、但結果張學良當選為國民政府委員是出人意料之外。

▲中日的外交關係

東京十一日蘇聯社電　據日本報紙消息、田中內閣宣佈謂南京政府狀況漸形確定、日本贊成關於中日兩國交涉可開始進行討論。

▲奉天掛國民黨的旗幟

上海十二日蘇聯社電　張學良接受南京政府的委任、並表示感謝。決定掛國民黨的旗幟並同時宣佈就任。

▲甘肅省回教徒暴動

北京十二日蘇聯社電　甘肅省回教徒暴動、因甘肅省政府將回教徒要求免稅的代表在蘭洲處死、於是回教徒大憤、起而暴動、被屠殺者十餘萬人、其餘受傷者不計其數。

（蘇聯要聞）

▲舉行青年團禮拜六

莫斯科七日蘇聯社電　在十月二十七日共產主義青年團十週紀念和十一月十一日十月革命十一週年紀念日內、爲幫助各企業內工業學校及鄉村貧民學校的經費、蘇聯共產主義青年團擬舉行青年團禮拜六。

▲將建設大的麵包製造廠

莫斯科九日蘇聯社電　在一九二八—一九二九年內蘇聯政府擬建設二十七個麵包製造廠。工廠建築費一千七百五十萬盧布。

▲五金業的儲蓄

莫斯科十日蘇聯社電　蘇聯共產主義青年團爲集中廢鐵的利用、号召全體團員和青年工農努力於五金業的儲蓄。蘇聯最高經濟委員會謂缺乏的二十萬噸五金可從廢鐵集中得到。青年工人應當組織廢鐵利用團、在每個工廠部門應置一廢鐵儲蓄箱、以儲蓄廢鉄。

▲發給文化革命的經費

莫斯科十日蘇聯社電蘇俄中央執行委員會主席團議決、通令各省州政府發給一九二八年到一九二九年內改良文化、風俗、習慣以及勞動婦女生活的經費、尤其是小民族需要的經費。

（國際要聞）

▲農民國際舉行五週年紀念

莫斯科十三日蘇聯社電　農民國際成立之後　在十月十六日舉行五週年紀念、參加者有二十三個國家以及殖民地的國家。工人和農民聯合的意義已深入了資本主義國家的勞動的農民羣衆、擴大了殖民地和半殖民地的農民運動—如中國印度等。

（各國要聞）

▲各國罷工運動

瓦薩五八日蘇聯社電　洛志紡織工人罷工一天比一天發達、城市所有紡織工人百分之九十八罷工了。尚有九個城市的紡織工人宣佈同情罷工、罷工人數在十萬人以上。要求企業家增加工資百分之八。

瓦薩五十一日蘇聯社電　洛志電車工人提出經濟的要求、本月十四號宣佈罷工。五金工會也提出同樣的要求。

另訊　波蘭政府命令紡織企業家增加百分之五的工資。在大會上工人不同意政府這種命令、仍宣佈繼續罷工、非達到圓滿的解決不能復工。當時大會上已經擾亂、大會主席團（波蘭社會黨黨員）在大會上禁止波蘭國會共產黨員參加、但是工人非常憤激反對這種決議、結果共產黨員提出的議定案大多數通過。

瓦薩五十日蘇聯社電　波蘭鑛工會因為經過勞動部和煤鑛企業主交涉、關於增加工資百分之九、倘在十七日以前企業主尚不答覆卽宣佈罷工。

柏林八日蘇聯社電　企業家共同反對碼頭工人的罷工。開除罷工者、在漢堡被開除一萬一千人、在克勒也同樣開除了一萬五千餘人。

柏林十一日蘇聯社電　德國勞資仲裁委員會關於下細利亞煤鑛工人衝突問題（已罷工者二萬七千人）勞資仲裁委員會決定增加工資百分之八。但是工人絕對反對這個議決案並繼續鬥爭。

倫敦十一日蘇聯社電　班布「梭聖」紡織工廠從本年正月起罷工者、不管是企業家和罷工委員會決定取消罷工。但還繼續罷工。

倫敦十一日蘇聯社電　據米爾波倫路透社消息、馬車工會和汽車工會工人宣佈罷工。

巴黎十一日蘇聯社電　按照法國共產黨機關報「仁道」消息、在里勒有一千四百紡織工人因同情於被捕之紡織工人宣佈罷工。

紐約十一日蘇聯社電　一萬五千交通工人宣布罷工。要求增加工資和組織工人左派的工會。

柏林十一日蘇聯社電　上列字頓出版的社會民主黨右派機關報、登載、社會民主黨機關報受德國銀行資本家八十萬馬克的賄賂。

（本埠新聞）

●預備工人的飯堂

最近海參崴協作社將設立兩個公共食堂。聞說這個飯堂對於定購製飯機器、擬用三萬盧布。

●學生訂購第二次國家工業化公債券的數目

海參崴紅軍軍官學校全體學生自出一月學費、購訂公債券、共一萬三千盧布。海參威第一中央七歲小學校、學生訂購第二次國家工業化公債券的總數約六千七百七十盧布。

本報編輯處啓事

遠東邊疆的工友們！

你們投稿本報時、請注意以下幾点：

（一）用墨水謄寫、字畫不宜潦草。

（二）每兩行間、可留寬大一些的空白、以便修改。

（三）在稿末請寫出通信地址、以便郵寄稿費。

（四）發表時須用甚麼名字、請附註明。

（五）對於各地的工人生活、須作有系統的詳確通信、隨時投稿本報。

右倾的危险，1928 年 10 月 31 日，丁山

一九二八年十月三十一日　全世界無產階級聯合起來啊！　第三百第一期

每一個遠東邊疆的中國工人必須與「工人之路」發生親密的關係！

РАБОЧИЙ ПУТЬ

工人之路

Орган Дальне-Восточн. краевого совета профсоюзов.

Отв. редактор Тин-шань

Адрес редакции: г. Владивосток, ул. Пекинск. и Корейской, Клуб Китрабочих „1 мая" Телеф. № 6-85.

Выходит 2 раза в неделю.

31-го Окт. 1928г.

№ 301

遠東邊疆職工蘇維埃出版

每逢星期三、和星期六日出版

價目：零賣每期金洋五分　本埠定閱每月四毛　外埠定閱每月五毛

編輯及發行處：海參威北京街和高麗街拐角中國工人「五一」俱樂部樓上

電話六百三十五號

廣告刊例：每期每字按照三分金洋計算長期另議

本報編輯處啓事

遠東邊疆的工友們！你們投稿本報時，請注意以下幾点：

（一）用墨水謄寫，字勿不宜潦草。

（二）每排行間，可留寬大一些的空白，以便修改。

（三）在稿末須寫出通信地址，以便郵寄稿費。

（四）發表時須用甚麼名字，請附註明。

（五）對於各地的工人生活，須作有系統的詳確通信，隨時投稿本報。

▲社論▼

◎右傾的危險　（丁山）

蘇聯的國民經濟是在高漲的定律之下，是在城市和鄉村的生產力發展定律之下，是在社會主義經濟成分加强的定律之下進行的。蘇聯的國民經濟已完結了恢復的過程而向改造的時期，根據新的技術直接用社會主義的改造國民經濟的時期而進展的。

這種改造，如沒有偉大的工業化之發展便沒有意義。工業化的口號在過去和現在都是社會主義建設的根本口號。然而，重工業和生產工具的生產更是在鄉村經濟中相當的範圍內發展工業化的論點。

列寧同志曾經說過：「拯救俄國，不僅在農村經濟的豐收。這還少了。不僅在有好的輕工業，供給農民的需要，這也少了。我們必須有重工業……沒有重工業的救濟，沒有重工業的恢復，我們不能建設任何工業，沒有重工業，我們會完全失敗，因爲是單獨的國家。」

但是，在改造的時期，在根據新的技術以改造工業和鄉村經濟的時期，在蘇聯的條件上有特別的困難，這種困難有時牽引到黨的某一環節之動搖，然亦必須掃滅這種困難，不使有任何的存餘才得到成功。

蘇聯國家提高工業化，無論是重工業和輕工業都是與資本主義國家不同的。因爲蘇聯國家得不到國外的借款（向資本家借款）而只在自己的國內開發財源，根本上是蘇聯的工人階級和農民加强的聯合。在技術落後的蘇聯國家用這樣的步驟發展工業，爲要不尾隨資本主義國家而要趕上他們，要超越過他們的經濟事業，蘇聯共產黨認爲沒有偉大的緊張的國家財力，沒有加强無產階級行列的鐵的紀律是不能夠的。

站在這條道路上的困難和蘇聯國家物質財富的緊張就是商品的缺乏和因而發生在工人階級的某一部份和黨的某一環節之動搖。根據這種動搖，有時發生徘徊於黨的路線之見地，減低全部工業發展的步驟－尤其是重工業－的見地。

這種見地簡直是避免困難而不是戰勝困難。這種見地是由於迷誤了社會主義建設的遠景，是由於不了解減低重工業的發展步驟而在將來會更混亂，在最近會更困難，工人階級的物質和文化程度會更窳劣，更不能戰勝世界資本的沈重關係。

蘇聯共產黨認爲除了有系統的發展全部工業化－尤其是重工業，卽不能嚴重的改善工人階級之物質和文化的狀況。可是，發展全部工業化不僅發展工業（無論是重工業和輕工業）而且要根據新的技術發展鄉村經濟，分配單獨的農村經濟的農民以新的生產工具，提高他們的收穫，逐漸的聯合他們成爲共同的、集合的經濟並建立和發展蘇維埃經濟的力量。必須使工業和農業相互的發展才能戰勝目前的困難。

蘇聯的農村經濟近年來固然有很大的發展。但比較工業發展的步驟總覺落後。現時蘇聯的農村經濟發展的步驟還差得很遠。因此，根據新技術逐漸的改造鄉村經濟和加强農民協作社群衆的生產，提高鄉村經濟發展的步驟，還是蘇聯國家鬥爭的責任。

對於這種困難的責任，現時影響到在莫斯科的一部份黨的組織之動搖。這是由於沒有估量到蘇維埃經濟和組合經濟的作用，而希冀審查蘇聯共產黨第十五次大會關於加强向鄉村中的資本主義分子進攻的議決案。這種動搖是由於不懂得沒有根據新的技術，協作社和協作化以改造鄉村經濟，便不能提高鄉村的生產力，解除千百萬農民羣衆的窮困，保証社會主義經濟成分的勝利。

這種困難是同廣大激厲的帝國主義國家反對世界上第一個社會主義的國家有關係的。這是由於國際資產階級重新嘗試擾害全世界社會主義建設的道路而預備的經濟封鎖和收買工業的人員進攻蘇聯的失敗（東巴斯礦井案）及其他等等發生的。

在階級鬥爭到了現時這樣的緊急關頭而有這種動搖，這種右傾的趨向，這是特別危險的！因爲這足以混亂工人階級的注視線！

蘇聯共產黨中央委員會於十月二日致莫斯科黨部的信上已經把這種右傾的趨向指明而且命令莫斯科黨部迅速改正。蘇聯共產黨中央委員會並議定莫斯科黨部的小組幹事會改選而預備召集黨的擴大會議，站在廣大的發展自己批評的法則之下，動員全體的黨員和工人階級根據下列的口号而奮鬥：

爲無庸議的保持現時工業化發展的步驟！

爲群衆的協作和社會主義的改造鄉村！

爲工人[illegible]鄉村的貧農和中農的聯合根本上保証工人階級的作用之領導！

爲提高工人階級和鄉村的勞動群衆之物質和文化程度，反對政策上的動搖和傾[illegible]列寧的領導！

▲中東路副局長已委任（中東要聞）

哈爾濱二十七日[illegible]報通訊社電　中東路管理局[illegible]接莫斯科電訊，[illegible]命啓爾吉納（Чиркина）充任對該局副局[illegible]二十日由莫斯科起程赴哈。啓爾吉納[illegible]於鐵路建設頗有經驗。曾任北俄鐵路管理局主任之職。

▲考古家發現古物

哈爾濱二十七日蘇聯社電　在齊齊哈爾附近考古家[illegible]尋着古代的手工製造的石器工具甚多，如磨火石、石錐、石矢、石斧等類，現正運往哈爾濱研究。

▲哈爾濱發生時疫（聯）

哈爾濱二十七日蘇聯社電　哈爾濱道裏發生時疫，現已有八人染着時疫。

▲社會主義建設（蘇聯要聞）

里克洛得斯克二六日蘇俄社電　里克洛得斯克州已建設電燈工廠，並建築取泥煤的機器用去二千萬盧布。巴拉罕城電廠，電力增加到六十萬四千啓羅瓦特。「Грозный 到 Туапсе」煤油，列寧格勒罐頭托拉斯現每日可造罐頭二百萬罐。

克則阿爾大二十五日蘇俄社電　克則阿爾大化銅工廠已修理完竣，現一部份已開始工作，該工廠決定在「十月革命」第十一週年紀念日正式開工。

▲烏克蘭出口的統計

莫斯科二十五日蘇聯社電　烏克蘭在一九二六－一九二七年出口除食糧白糖以外，其他出產品出口者，在去年統計值七千二百萬盧布。

▲準備大批食糧

羅維西比利亞二十五日蘇聯社電　羅維西比利亞已預備食糧四十四萬八千噸

▲推銷第二次國家工業化公債券延期

莫斯科二十七日蘇聯社電　國家財政人民委員會決定，凡在鄉間推銷第二次國家工業化公債券截至十二月一日爲止，城市則到一月三十一日爲止。

▲農民和工人中彩

莫斯科二十八日蘇聯社電　黑海布金口爾斯有三個農民一個運輸工人中了穿閻農業公債券彩各五百盧布。

▲波蘭改良主義者的反動（各國要聞）

瓦薩瓦二十日蘇聯社電　改良主義者的領袖，現在積極預備消滅罷工運動，因此有少數工人受其影響已恢復工作。紡織、五金、皮匠、縫衣各業工人仍繼續堅持罷工。在各種會議上與改良主義者均發生極厲害的衝突。

▲法國罷工運動

巴黎二十一日蘇聯社電　在馬賽的運輸工會宣布罷工，反對開往印度、中國、敘利亞三個輪船無故開除海員工人，限於二十四小時內答覆。參加罷工者除全體運輸工人外，還有修理輪船工人三千人。要求恢復被開除工人的工作。因此有許多往中國、東印度、敘利亞等處的四千旅客尚停留在馬賽。

巴黎二十五日蘇聯社電　馬賽海員工人仍繼續罷工，但法國勞動部長和海軍部決意將國家輪船海員工人代替私人輪船工作。

▲法帝國主義軍事準備

巴黎二十二日蘇聯社電　英國報載，法國在本年十二月爲軍事設備費已定一千二百二十萬金磅。這種鉅大的軍事費用，乃各國從來所罕見的。

▲奧大利罷工的損失

巴黎　十二日蘇聯社電　據奧大利國家統計管理處調查，在一九二七年因罷工的關係，有一百七十一萬三千五百八

右倾的危险和我们的责任，1928 年 11 月 14 日，杨兴顺

一九二八年十一月十四日　全世界無產階級聯合起來！　第三百零三期

РАБОЧИЙ ПУТЬ

工人之路

Орган Дальне-Восточн. краевого совета профсоюзов.

Отв. редактор Тин-шань

Адрес редакции: г. Владивосток, ул. Пекинск. и Корейской. Клуб Китрабочих „1 мая" Телеф. № 6-36.

Выходит 2 раза в неделю.

14-го ноября 1928 г.

№ 303

遠東邊疆職工蘇維埃出版

每逢星期三、和星期六日出版、

價目：零賣每期金洋五分　本埠定閱每月四毛　外埠定閱每月五毛

編輯及發行處：海參崴北京街和高麗街拐角中國工人「五一」俱樂部樓上

電話六百三十五號

廣告刊例：每期每字按照三分金洋計算長期另議

本報編輯處啓事

遠東邊疆的工友們！你們投稿本報時，請注意以下幾点：

（一）用墨水謄寫，字畫不宜潦草。

（二）每兩行間，可留寬大一些的空白，以便修改。

（三）在稿末詳寫出通信地址，以便郵寄稿費。

（四）發表時須用甚麼名字，請附註明。

（五）對於各地的工人生活，須作有系統的詳確通信，隨時投稿本報。

每一個遠東邊疆的中國工人必須與「工人之路」發生親密的關係！

▲社論▼

◉右傾的危險和我們的責任

（楊興順）

蘇聯共產黨第十五次大會、根據革命的觀点、對於蘇聯社會主義建設的工作、在最近的時期、曾經指出下列的幾個重要点：

一、在城市盡量的提高生產力、特別注意重工業的發展、使國民經濟成爲工業化。

二、在鄉村扶助貧農和僱農、組織散漫的小農經濟成爲協作化。

三、堅決的向一切私人資本分子進攻、在鄉村中同樣向富農進攻

自從蘇聯共產黨第十五次大會以後直到現在、蘇聯的工農爲要進行這些工作、發生了許多困難、主要的是：商品缺乏和食糧的恐慌。

在這種條件之下、有一部份不覺悟的工人、受了其他階級（不是工人階級）的分子之影響、遂發生不滿意蘇維埃政權和蘇聯共產黨的這種政策的表現，甚至於有極少數的共產黨員亦有類似這種表現的言論和主張。

其實這種表現、是在社會主義建設過程中、尤其是在階級的經濟劇烈衝突的現時、必然發生的。在蘇聯共產黨第十五次大會對於提高國民經濟的議決案上已經指示得很明顯。該議決案上曾有下列的一段：

「蘇聯社會主義的經濟、雖然是一天比一天的發展、其作用是一天一天的擴大、然而必引起一部分的階級矛盾之緊張。城市與鄉村中私人資本主義的一部份階層、聯同蘇維埃的經濟機關內之一部份官僚化分子、企圖增進他們對於無產階級的進攻之反抗勢力並欲使不利於無產階級專政的影響深入於一部份職員、知識分子、落後的家庭—業者、小手工業者、農民和工人的中間」

現時、這種影響、甚至於反映到蘇聯共產黨的行列、以致一部份少數的、投機的落後黨員、對於蘇聯共產黨第十五次大會的議決之政策發生動搖—右傾—而跟着那些落後的工農之尾巴跑！因爲他們企圖重新審查蘇聯共產黨第十五次大會按照多數主義—列寧的路線—所決定的議決案

右傾的具體主張

目前在蘇聯社會主義建設遇見嚴重的困難條件（商品缺乏、糧食恐慌及一部份工人之不滿意黨和蘇維埃政策…）之下、這些動搖的右傾分子的重要主張是：

（甲）減輕發展重工業的力量、增高現有發展的輕工業之步驟、弛鬆對於城市的私人資本經濟之限制、使私人資本的經濟自由發展、用他們來「幫助」以「解決」市場的商品缺乏之問題。

（乙）減少組織農村經濟協作化的力量、減輕對於富農的進攻、使富農經濟自由發展以增加農村經濟的生產品、以「解決」糧食恐慌的問題。

右傾的錯誤和危險

動搖的右傾分子這張主張、顯然是替私人資本和富農呼籲、顯然是違背列寧的路線、顯然是違背無產階級革命的策略和原則。

列寧同志不只說過一次：「每一分鐘都莫忘棄向富農鬥爭、同新經濟政策之下的資本家鬥爭、我們的勝利、只有在鬥爭中才能得到」可是、動搖的、右傾的分子、却主張向富農和私人資本家讓步。換言之、就是增長富農和私人資本家向無產階級進攻的力量。

動搖的、投機的右傾分子、不懂得發展工業化的根本原則。如果沒有重工業的發展便不能增長輕工業的發展步驟。同時、因爲蘇聯國家要保持其一天一天的不依靠國際資本主義國家而成爲獨立的社會主義建設經濟、亦必須發展重工業。商品缺乏的問題、不能由私人資本的經濟發展可以「幫助解決」的、而是要由社會主義的經濟發展、引用新式的技術、減低物價、加强的對於私人資本分子的進攻才能解決。然亦必發展重工業才能做到。

糧食恐慌的問題、固然由於富農的反抗、但不過是一部份的原因而不是根本的條件、況且絕不能由減輕富農的進攻而可以解決、而是要根據蘇聯共產黨第十五次大會發展鄉村經濟的建設才能解決。必須有廣大的組合經濟和蘇維埃經濟、必須有多量的耕種機、必須盡量的扶助貧農、聯合中農向富農進攻才能解決。

總之、右傾分子的主張、不但不能解決擺在蘇聯社會主義建設目前的困難而且有轉移混亂工農群衆爲社會主義建設而鬥爭之力量和目標的危險、有投降到資本主義經濟的危險、有動搖蘇聯社會主義建設的危險、和使蘇聯工農群衆的物質和文化反而日趨惡劣的危險、這種危險、雖然同托落斯基等反對派的左傾之危險的原則不同而其作用和影響是相一致的。

右傾的事實

關於右傾的危險、已如上述、到底這種右傾的事實在那裡呢？這種事實、到處都可以發見、特別是在蘇聯的經濟機關負責的人員中間。例如、在海參崴州內有一些經濟機關的負責人員之要求恢復在中國工人中的通事制度（其實已經由黨部議決完全取消的）等等。最明顯的就是在蘇聯共產黨中央委員會告莫斯科黨部的信上說得很明白。

蘇聯國家的環境每當嚴重時、蘇聯的無產階級進行階級鬥爭每到了緊急關頭時、在廣大無產階級群衆組織的蘇聯共產黨內發生一切不同的意見、主張、傾向和派別、這不只是第一次、但是、蘇聯共產黨就是同一切機會主義和不正確的代表無產階級利益的傾向和派別而富有列寧主義—多數主義的鬥爭經驗的先鋒隊。目前在莫斯科發生的右傾危險和各地發現的不正確的傾向已由蘇聯共產黨中央委員會及各地蘇聯共產黨的組織指明而糾正了

我們的責任

（一）提高工農群衆對於無產階級的政治、文化教育程度。每一個共產黨員應互相的監督同志的行動、活動的領導工農群衆根據蘇聯共產黨第十五次大會的議決案解決一切問題。

（二）每一個共產黨員和覺悟的中國工人、應仔細的明確的了解蘇聯共產黨第十五次大會的議決案、擁護蘇聯共產黨注意發展重工業的國家工業化而向私人資本分子及富農進攻和與官僚主義奮鬥的政策。

（三）每一個共產黨員隨時隨地都應同向左和向右的傾向奮鬥、爲堅强統一的共產黨而奮鬥！

〔中國要聞〕

▲繼續反日運動

哈爾濱三日蘇聯社電　在滿洲里反對日本建設鐵路的運動異常發展、尤其是反對日本建築吉林到海連的鐵路。在奉天召集一次各界會議、這次大會上組織「保護中國建設鐵路主權社」。這種運動在吉林長春也同樣發展並舉行示威運動反對日本建設鐵路、但這種運動已被警察壓迫消滅。

上海三日蘇聯社電　現在反日運動復活、在天津北京都有同樣舉動。在上海於十一月三日並舉行濟南慘案半年紀念大會。

北京三日蘇聯社電　北京各界舉行紀念濟南事件六月追悼大會、在各學校都分途召集追悼大會。

▲京漢路發生時疫

北京四日蘇聯社電　在京漢路沿線發生時疫、死者甚多。

▲哈爾濱蘇聯報館啓封

哈爾濱三日紅旗報通訊員電　根據警察當局命令封閉的蘇聯報紙「莫爾瓦」現已啓封、開始繼續出版。

▲拒絕收容白黨學生

哈爾濱三日紅旗報通訊員電　哈爾濱工業專門學校校長李哲對學生說：謂工業專門學校在蘇聯代表和奉天代表指導之下、因此祇有收容蘇聯和中國籍的學生、對於無國籍的白黨學生、以後概不收容、現在該校的學生有百分之三十是白黨子弟。

▲中東路運輸增加

哈爾濱二日紅旗報通訊員電　在九月內中東路運輸三十五萬二千七百五十一噸私人貨物。過去一月出口貨物往大連的有七萬九千二百四十三噸、往海參崴的有三萬七千六百八十五噸。

▲舉行工業製造品的展覽會

上海三日蘇聯社電　在上海開始中國工業製造品展覽會、大多數外國人很驚奇中國複雜的工業品與外國無甚差別。

〔蘇聯要聞〕

▲歐亞出口貨的數目

莫斯科三日蘇聯社電　按照蘇聯貿易委員會統計、經過歐洲蘇聯邊界運輸的

我们的责任和口号，1928年11月21日，丁山

一九二八年十一月二十一日　全世界無產階級聯合起來呵！　第三百零五期

每一個遠東邊疆的中國工人必須與「工人之路」發生親密的關係！

РАБОЧИЙ ПУТЬ

工人之路

Орган Дальне-Восточн. краевог совета профсоюзов.

Отв. редактор Тин-шань

Адрес редакции: г. Владивосток ут. Пекинск. и Корейской, Клуб Китрабочих „1 мая"

Телеф. № 6-3

Выходит 2 раза в недел

21-го ноября 1928

№ 305

遠東邊疆職工蘇維埃出版

每逢星期三、和星期六日出版

價目：

零賣每期金洋五分

本埠定閱每月四毛

外埠定閱每月五毛

編輯及發行處：海參崴北京街和高麗街拐角中國工人「五一」俱樂部樓

電話六百三十五號

廣告刊例：每期每字按照三分金洋計算長期另議

▲社論▼

◉我們的責任和口號(丁山)

改選蘇維埃的工作、眼見得就快到了！目前在海參崴進行城布蘇維埃過去工作報告的運動並不十分活動、許多有選舉權的勞動者尚未參加這種工作。遠東邊疆其他各地關於這種工作的情形、現時雖然尚未得到明確的統計、但是從近來的報紙（紅旗報）上亦時有記載、指明各地大多數的工人和職員羣衆尚未吸收到這種運動的充分程度。

因此、在將來改選蘇維埃的時候、第一、我們應當加强無產階級的作用。在城市我們要使職工會的會員—工人—不僅是百分之六七十參加改選蘇維埃的工作而是要差不多是百分之百。同樣、在鄉村則要使所有的貧農和僱農都能參加改選蘇維埃的工作。在這時候各地蘇聯共產黨的小組、共產主義青年團的小組、各職工會的工廠作坊地方委員會以及各級蘇維埃、應全體動員、加强政治和實際的活動。必須引導大多數的工人、從機器和生產工具離開而當選爲蘇維埃的代表。

爲要使改選蘇維埃的運動勝利、一方面必須發展所有的黨員、職工會會員及蘇維埃的前屆代表之活動。另一方面、必須發展一切無產階級的和貧農的社會組織、從各方面共同的保証蘇聯共產黨的領導、加强蘇維埃各部之活動和責任、加强各執行委員會在實際上領導的選舉。

加强所有的黨員之活動和推動無產階級羣衆的前進、必須發展自己批評、才能減除消極而擴大享有選舉蘇維埃權利者的活動。

特別是在中國工人中、更應當引起婦女和青年參加改選蘇維埃工作的活動。這種活動的性質必須揭明不是機械的推動中國婦女和青年而是眞實的爲國家建設吸收新的人才。

我們知道、這次改選蘇維埃的時候、正是蘇聯社會主義建設遇見艱困萬狀的條件之時、正在工農羣衆提高活動之時、正在工農羣衆提高要求之時。因此、這次改選的蘇維埃在將來進行的工作上必須有特別的預備和更偉大的提高。故這次改選的蘇維埃不僅要達到過去的成績而且要達到超過過去的成績之新階段。

我們必須發展我們自己的工作、爲要在我們現時發展的社會主義經濟範圍內有完全相當的進攻以及在政治機關的地方管理範圍內的進攻。故在這次改選蘇維埃之前、必須勇猛的進攻我們階級的敵人：富農、新興的資本家、官僚化分子及其附從—這亦是我們的責任。在鄉村中同樣在城市中我們不僅是對富農、新興的資未家、官僚化分子及其附從者保守而且是要向他們進攻、按照蘇聯共產黨的一般路線、同樣按照富農在鄉村的影響和新興的資本家、官僚化分子等在城市的影響而具體的進攻。

我們在這次改選蘇維埃工作中的口号就是：更大的聯結工農群衆擁護社會主義建設、根據國家工業化更進步的鉗制資本主義的分子、更進步的發展協作化聯結貧農成爲組合的經濟、組織蘇維埃的經濟和在農村經濟上提高收穫！

在政治的範圍內、我們的口号是：更偉大的堅强無產階級和貧農、僱農的地位、堅决的鞏固的與中農聯合、無情的同富農、投機商人和新興的資本家鬭爭。無情的與官僚化分子爭鬭、與拘泥固執的人員爭鬭、與不注意和不同情於無產階級、貧農以及中農群衆利益的人爭鬥。千百萬的工人、女工、農人和農婦前進到國家的蘇維埃機關之廣闊的道路、就是盡力的推動蘇維埃的活躍而且實現馬克思和列寧關於國家—公社的理想之方法！更偉大的鞏固多數黨對於工農羣衆及其機關—工、農、紅軍的代表之蘇維埃—的領導、只有在多數黨的領導之下、蘇維埃在過去、現在和將來才是無產階級專政的機關、偉大的社會歷史過程—社會主義建設—之組織者！

（中國要聞）

▲軍閥混戰

哈爾濱十四日蘇聯社電　據日本報載距煙台不遠將發生新的戰爭、因該處駐有劉正廷的軍隊、原係表明服從南京政府、隨因馮玉祥派代表迫其離防、劉將馮之代表六人槍斃。現在日本政府命令山東駐軍禁止南軍越過鐵路沿線、因此劉正廷又乘機積極準備反抗南京政府的軍事行動。

▲白色恐怖

上海十五日蘇聯社電　據廣州報載在十月十八、十九日、廣州有很大的搜查並捕了共產黨人多名、廣州當局搜得共產黨名單一紙、在該名單內、有很多憲兵與官長、因此政府按該名單而被逮捕的憲兵一百廿名、廣州政府决定若是被捕的証明確係共產黨員立即槍斃。

▲張煥相被捕的原因

哈爾濱十五日蘇聯社電　據日本報載撤換東省特別區督辦張煥相職務、其原因係張煥相鼓動學生、反抗日本建築吉林海連鐵路運動、並擬開除濱江道尹和東三省鐵路管理局劉局長、可是事機不密、被劉發覺報告於張學良、張遂命令張煥相赴奉天遂就捕。

另訊、這次張學良用很强硬的手段逮捕張煥相並開除其職務後、特別區督辦由張學良兼任、開除行政處處長林和警察廳廳長金崇貴職務。教育局局長胡欣揚亦因此辭職、

▲滿洲反日運動

哈爾濱十四日蘇聯社電　在吉林反日運動高呼南北統一和打倒日本帝國主義等口号、結果被警察遣散。在齊齊哈爾也有很大的反日運動、日本領事要求奉天當局嚴厲禁止反日運動。

▲張學良否認與日本有秘約

上海十六日蘇聯社電　南京政府要求張學良將日本在滿洲建築鐵路的一切條約和公文咨送南京政府。張學良答稱從未與日本訂立建築鐵路的秘密條約。

▲人民反對與日本芳澤談判

上海十六日蘇聯社電　南京人民方面、都不願與日本駐京公使芳澤談判。

（蘇聯要聞）

▲婦女失業的原因

莫斯科十四日蘇聯社電　蘇聯勞動人民委員會、統計全蘇聯婦女失業的結果。在最近兩年婦女失業增加到八萬人。（在一九二六年十月有五十二萬婦女失業、在一九二八年九月有六十萬婦女失業）其原因係一部份婦女輕易離開家庭謀獨立生活、而又無相當技能、故失業者日多。

▲縮減租借土地期限

莫斯科十三日蘇聯社電　蘇俄土地委員會、對於租借土地年限從十二年縮減爲六年。但鄉村協作社所領有土地則除外。根據土地委員會規定、如遇有特別情形可延長至十二年。協作社的土地可以比較延長。

▲減少行政費

莫斯科十三日蘇俄社電　蘇俄中央執行委員會、聽了蘇俄人民檢查委員會報告減少行政費的情形、在一九二七—一九二八年、蘇俄一切行政費的減少爲九千二百萬盧布。其結果、生產提高、貨物流通、但大部份機關和企業尚未減少至百分之二十。

▲審查預算的結果

莫斯科十三日蘇俄社電　在一九二六—一九二七年準備金一萬萬盧布、除開支外尚剩餘五千二百萬盧布、一九二七—一九二八年預算準備金五千萬盧布、除開支外當剩餘一千一百一十萬到一千一百二十萬盧布。

（各國要聞）

▲法國工人繼續罷工

巴黎十三日蘇聯社電　「波爾多」碼頭工人已罷工八星期、罷工委員會所召集大會上一致同意繼續罷工。

▲德國共產黨領導工人積極爭鬪

柏林十五日蘇聯社電　傳說萊茵區域紡織業主和工人雙方均贊成談判。業主要求立刻恢復工作後、另行談判工資問題。右派職工會領袖實行投降業主要求工人在最近恢復工作。因此德國共產黨組織爭鬪者的委員會、積極組織自衛、反對一切工賊。並决定在企業的危險部門亦停止工作、各地發起募捐以援助罷工工人。在各企業內召集大會、在大會上揭破改良主義者背叛的計劃。

▲德國製鐵企業家開除工人

柏林十五日蘇聯社電　萊茵區域西北部製造鐵的企業、因職工會的通知取消合同、業主宣佈從十一月卅日起在八百個企業內開除三萬五千工人。

本報編輯處啓事

遠東邊疆的工友們！

你們投稿本報時、請注意以下幾点：

（一）用墨水謄寫、字當不宜潦草。

（二）每兩行間、可留寬大一些的空白、以便修改。

（三）在稿末請寫出通信地址、以便郵寄稿費。

（四）發表時須用甚麼名字、請附註明。

（五）對於各地的工人生活、須作有系統的詳確通信、隨時投稿本報。

粮食的储备和供给，1929年2月20日，丁山

一九二九年二月二十日　全世界無產階級聯合起來呵！　第三百三十期

РАБОЧИИ ПУТЬ

工人之路

Орган Дальне-Вос… краевого совета пр…
Отв. редактор Тин…
Адрес редакции: г. В…дивосток, ул. Пекинск. в Корейской Клуб Китрабочих „…"
Выходит 2 раза в неделю.
20-го Февр. 1929 г.
№ 330

遠東邊疆…蘇維埃出版
每逢星期三和星期六日出版
價目：零賣每期金洋五分　本埠定閱每月四毛　外埠定閱每月五毛
編輯及發行處：…
電話六百三十五號
廣告刊例：每期每字按照三分金洋計算長期另議

每一個遠東邊疆的中國工人必須與「工人之路」發生親密的關係

▲社論▼

⊙糧食的儲備和供給（丁山）

蘇聯國家建設社會主義目前的根本責任和主要方針就是發展國家工業化、使國民經濟的社會主義部份能夠迅速的發展、使農村經濟生產協作化。其具體的方法乃是發展五金工業機器製造、電的建設、化學工業、和鄉村集產的經濟、蘇維埃經濟而且擴大的利用科學、更充分的引用西歐和美國的科學經驗。蘇聯現時的國際狀況、資本主義國家偉大的技術成績、第二次世界戰爭的危險以及其他的客觀條件、迫使蘇維埃國家對於目前這些責任完全是不可延緩的。

蘇聯國家建設社會主義目前重要的經濟問題中之中心問題、就是關於農村經濟的問題。「在前一經濟年內、社會主義偉大的成績隨同偉大的困難和恐慌的表現、這是無論在何種情形之下、應用黨和工人階級的力量戰勝的。這些困難總計起來、根本上是太落後了、是鄉村經濟全部發展的速度之遲慢、尤其是和特別是糧食部門」、這是去年十一月蘇聯共產黨中央委員會擴大會議指明的。同樣在去年七月內蘇聯共產黨中央委員會擴大會議曾經指明「農村經濟、尤其是糧食部門太低下的程度……其中包含社會主義的城市和小農經濟之間分裂的危險、而且有形成破壞社會主義改造一切國民經濟的根本危險條件」。

因為糧食儲備的不充分、五金工業和建築材料的缺乏、普通的商品飢荒、後備的問題、輸出的銳減（主要的是由於減少了糧食的輸出）同樣輸入亦減少了、末了還有鞏固金融的問題、凡此等等、都是在蘇聯社會主義建設的經濟戰線上必須特別注意的主要部份

現在單就糧食經濟的問題略述如下：

過去在蘇聯的糧食經濟、表現出擬就的相當計劃沒有實行。在一九二六到二七年、所有糧食的耕種、總共的收穫是四十四萬六千五百萬「普特」、在一九二八年到二九年是四十五萬三千五百萬「普特」。但在一九二八年到二九年、因為烏克蘭、北高夫高斯的秋季種植壞了、比較前年少收穫了二萬萬「普特」。在一九二六到二七年集中化的儲備糧食過程中、同樣表現減少六萬六千二百萬「普特」（其中輸出占一萬五千七百萬「普特」）。而在一九二七到二八年、則少六萬二千七百萬「普特」（在此時糧食的輸出幾乎完全停止）。

另一方面、又因糧食經濟的生產發展與消費的程度相差太遠。當一九二七年糧食經濟的耕種地面占戰前的百分之九十又一、總共的糧食生產品將近百分之八十、商品的部份占百分之五十六（按全蘇聯計算）而蘇聯所有的人口、每年增加百分之二又三、城市的人口更增加百分之四、以及各個人的消費程度、尤其是鄉村農民的消費亦有很大的增加。

其他偉大的鄉村經濟—牧畜經濟的發展亦很遲慢。農民的牛群與前年的百分數比較如下：

一九二六到二七年—百分之一百零六又五、
一九二七到二八年—百分之一百零四又九、
一九二八到二九年—百分之一百零二又二。

此外、在許多出賣牲畜的區域（烏拉山、維亞特喀、東北區、內、農民的牛羣則停止發展了。又因為製造牛奶的經濟非常散漫、牛油經濟的商品亦銳減了。

在技術耕種（生產輕工業的原料）的範內雖然有下列的發展：

一九二五到二六年—值八萬七千四百萬盧布（按一九二六到二七年的價格）、
一九二六到二七年—值七萬五千六百萬盧布、
一九二七到二八年—值九萬零一百萬盧布。

技術耕種、現時比較戰前超過百分之五十八又五。

但是這樣的發展、在所有的農民經濟內還沒有充分的作用、而對於工業的需要、仍差得厲害。

蘇聯的糧食經濟、由此表明是對於一切農村經濟的解決者。目前蘇聯農村經濟的發展非常落後、特別是糧食經濟的落後、更是對於社會主義國家工業化的建設有危害的。因為農村經濟是工業經濟的基礎。農村經濟的發展就是工業化經濟的糧食原料基礎之發展。光有工業長久發展而客觀上沒有農村經濟的發展、必影響到工業發展的困難、其結果有使農村經濟和工業經濟分裂的危險。

蘇聯國家近年來農村經濟中表現出許多積極改善的成績。秋季耕種的地面之發展、其百分數如下：

一九二六年　占百分之二十九又一、
一九二七年　占百分三十二又一。

用多種法的耕種地面、其發展如下：

一九二五年　占二百○七萬五千「格克托」（法畝）、
一九二七年　占六百四十三萬九千「格克托」。

這種發展的原因、是由於貧農、小農和中農經濟的經濟比重發展了。農村經濟內工作的牲畜和農村機器的使用、其發展如下：

一九二六到二七年　一百「格克托」內有二十五又六頭的牲畜、
一九二八到二九年　同樣占二十七又四。

農村經濟的機器在：

一九二六到二七年　一百「格克托」內占九盧布九十哥比、
一九二八到二九年　同樣占十一盧布九十哥比。

農村經濟的機器建設：

一九二六到二七年　值九千三百萬盧布、
一九二八到二九年　值一萬九千萬盧布。

蘇聯國內所有這些農村經濟的發展和蘇聯國家過去集中儲備糧食的計劃之實行與實際的需要還差得很遠。蘇聯共產黨中央委員會在去年十一月的擴大會議指明在一九二八到二九年要盡量的發展農村經濟、要用偉大的謹慎從事於糧食的儲備、要用巨大的緊張力量進行糧食的供給、要在花費糧食的範圍內為節省經濟而用偉大堅定的鬥爭以反對糧食富源的浪費者！蘇聯國家曾經很迅速的把糧食儲備的特別方法引用為經常的方法。目前、蘇聯國家更進而把無計劃、無統系的供給糧食而引用為有計劃、有統系供給糧食。

有計劃、有統系的供給糧食方法、現時在各大城市已經舉行了遠東邊疆的各地亦正在開始進行。

單就海參崴州而論：過去無計劃、無統系的儲備和供給糧食、每年約須四千萬「普特」、而海參崴州所出產的糧食、每年只有七百萬「普特」、所相差的糧食、是由蘇聯的糧食富源區域（北高夫高斯、西比利……等地）運來的。現時蘇聯中央糧食儲備的機關已允許供遠東邊疆五千萬「普特」的糧食。

在這種情形之下、有計劃、有統系的供給糧食是目前最迫切的工作。根據海參崴州貿易部主任的報告、在海參崴過去（無計劃、無統系的供給糧食）每天消的麵包約十四萬七千「豐特」。但從前星期起、進行登記、有計劃、有統系的供給麵包、每天即只須十三萬七千「豐特」。但這種登記尚不完全、只包括六百個組織總計在海參崴的人口約有十二萬人。平均供給工人的糧食、每天每人兩「豐特」、職員每天每人一「豐特」半、兼大搭小的相當充足至於作體力工作的工人如不充足時、則在三月一日完全登記以後、再行酌量增加。

糧食的問題、在蘇聯社會主義建設的過程中在政治和經濟方面均有偉大的意義。盡量的發展農村糧食經濟的生產、緊張的預備糧食和有計劃的供給糧食、這更是解決糧食問題的主要方法。遠東邊疆的中國工農是參加蘇聯社會主義建設的活動分子、應一致的擁護蘇聯共產黨和蘇聯國家關於解決糧食問題的一切政策。

（中國要聞）

▲中日交涉決裂之原因

東京十四日蘇聯社電　東京報載、芳澤公使與中國外交當局、關於共同審查濟南事件、請訓日本政府是否可以宣佈。日政府訓令芳澤對於濟南事件無宣佈之必要、但中國政府須負賠償責任、中國報載中日交涉之決裂是因日本拒絕宣佈濟南事件。

▲哈爾濱白色恐怖

哈爾濱十三日通信員電　哈爾濱蘇聯領事館、於本日突有白黨一人、駕汽車駛至俄國領事館、請求見總領事「米里果夫」。等領事甫至客廳、其人即舉槍向領事開放二響。「米里果夫」同志、幸未遇害、隨後被領館服務人員將行兇者的手槍奪去、即交中國警察當局收押。哈爾濱公報載、謂行刺蘇聯領事的俄人、係醉後出此行動。該報這種宣傳顯然是替白黨辯護。

哈爾濱十四日蘇聯社電　哈爾濱蘇聯總領事向中國當局要求須從速審訊兇犯並望以後保証蘇聯領館之安全。

另訊　哈爾濱白黨的機關報載、刺殺蘇聯領事的兇手「曼拉霍洛夫」係醉後出此越軌行動。但是「曼拉霍洛夫」是中國警察廳警察員卻未曾提及一句。

哈爾濱十三日通信員電　哈爾濱在最近發生警察搜查和恐怖、特別區教育局長之非法行動、和服務中國警察廳白黨之行刺、這些事件之發生是非常嚴重、但中國當局對此均置之不理。我們應要求中國當局消滅白黨之挑撥。

哈爾濱十三日通信員電　中東路教育局為「費里波夫」免職事情、特別組織委員會、討論「費里波夫」所擬定的教育計劃、並破壞「費里波夫」的信用。

本報編輯處啟事

遠東邊疆的工友們！你們投稿本報時、請注意以下幾點：

（一）用墨水謄寫、字needs不宜潦草。
（二）每兩行間、可留寬大一些的空白、便修改。
（三）在稿末須寫出通信地址、以便郵寄稿費。
（四）發表時須用甚麼名字、須附註明。
（五）對於各地的工人生活、須作有系統的詳確通信、隨時投稿本報。

文化工作的新任务，1930 年 3 月 20 日，纪密

„РАБОЧИИ ПУТЬ“
工人之路
Орган Далькрайкома ВКП (б) и Далькрайсовпрофа
蘇聯共產黨遠東邊疆委員會和蘇聯遠東邊疆職工蘇維埃出版

全世界的無產階級和被壓迫的民族聯合起來呵！
Пролетарии всех стран и угнетенные народы, соединяйтесь!

編輯和經理處：伯力，協字干可街，第二十四號，電話第一千一百六十三號
Редакция и контора: город Хабаровск. улица Шевченко, № 24 Тел. № 11-63

定閱金洋	Условия подписки	責任編輯 丁山 Отв. редактор ТИН-ШАНЬ	廣告例刊	Условия об'явления
一年六吊七毛	На 1 год. 6р.70к.	海參崴代理處	每期每字	Кажд. иероглиф в номер
六個月三吊四毛	. 6 мес. 3р.40к	中國工人『五一』俱樂部	五哥比	по 5 коп
一個月無論本埠	. 1 . 60к.	Адрес Владивостокского пункта: Клуб китайских рабочих „1 мая“	長期	постоянные об'явления
外埠一律六毛			另議	по соглашению

零售每份五哥比
Цена номера 5 коп.

№ 458 (120) 20 марта 1930 года 3 раза в педелю (Год издания 8-й)
第四百五十八(一百二十)期 一九三十年三月二十日 每逢星期二,四,六各日出版 (一九二二年三月創刊)

本期要目

社論

文化工作的新任務

在蘇聯社會主義建設的改造時期內，遠東邊疆上的城市和鄉村也到處呈顯着偉大的轉變的現象，但同時我們却又驚心耀目地看到邊疆各重要生產部門（如金業，木業，煤業等等）在五年計劃第二年的開始五個月中，都未曾完成生產計劃中的預定數字。這種現象，不僅對遠東邊疆建設上有極大的障碍，也不僅將直接影响到邊疆發展的前途，而且還能有力地反映到蘇聯全部的經濟建設。因此，目前一切工作的注意力，應完全集中到加緊生產與肅清病象的戰線之上，以期在最近的將來，不但完全執行生產計劃中的預定數字，而且應以非常的速度，加緊生產、彌補過去的不足。

負有無產階級文化革命責任的群衆文化教育工作，在這個偉大的工作中，應把自己的注意力，着重於『以非常的速度』，加緊生產上面。在邊疆各主要生產部門佔有重要地位的中國工人中的文化教育工作，自然亦應即速地把工作重心偏重於這個偉大的工作上面。這裡還應該說明，文化工作的本身原來就帶有協助社會主義建設的意義，不過現在應把這個意義在目前環境中，更擴大起來；同時，在遠東邊疆上中國勞動群衆中的文化工作，應完全適合目前國際的——特別的——革命局勢，所以現在中國工人中文化教育工作的任務，與工作方法，應有新的審定。

第一，應盡力加緊中國工人文化工作的速度。過去邊疆中國工人中的文化工作，不僅未得到普遍的發展，而且在發展的速度上，更趕不上一般的經濟發展。而中國工人又在各主要生產部門中佔着極重要的地位，因此，在生產工作中，不免發生許多的困難。每個中國工人文化工作人員，應在各種困難與障碍中，『非常的』加緊對中國工人文化工作的速度，使中國工人在短期內，眞正成爲自覺的社會主義建設者。不過在這爭鬪工作中，一定會遇着官僚主義與舊工作方法的妨碍，所以：

第二，應加緊與官僚主義及舊的遲緩的工作方法作最激烈的爭鬪。大家都很知道，對東方工人文化工作的『決議』，『訓令』等等『紙上條文』，最近一年來，不知道耗費了多少筆墨和紙張，但實際上却都成了『做漂亮報告』的『文件』！在目前的社會環境中，不僅應爲實現決議案而爭鬪，而且應更進一步，澈底的剷除妨礙工作迅速前進的官僚主義與舊方法。每個中國工人文化工作人員，應動員群衆的力量，參加這個爭鬪。

第三，應把文化工作的重心偏於經濟生產工作上面。過去中國勞動群衆文化教育工作，雖然並未完全離開生產，更未曾與社會主義建設有過什麼隔膜。但事實上，確尚未把工作的重心着重於建設生產工作上面。現在，在我們中國工人文化教育工作中，應造成一個轉變，使『文化工作完全爲着社會主義建設而進行』的口號，實實在在地施展於實際工作中。這即是說，在文化工作中，應特別的向中國工人群衆解釋他們在生產中的任務與他們在當地生產中的一切與生產有關係的行動，和整個的社會主義建設的關係，並應特別注意到中國工人群衆不覺悟的現象（如脫工，遲到，偷賴等不遵守勞動紀律的現象）及設法做剷除是種現象的爭鬪。

第四，『文化工作應注重於經濟建設』的口號之意義，不僅在向中國工人群衆解釋經濟建設的意義與他們在建設中的任務，也不僅在使一般的教育工作與經濟建設相應起來，而且還在能組織工人群衆起來有組織的提高生產力，加速生產的進程。因此，中國工人中的文化工作，也不僅在向他們進行解釋工作，而且應該把中國工友們組織起來，積極參加社會主義比賽，把他們組成積極生產隊，努力加緊生產的速度。過去，雖然也已做到了幾步，但不只缺乏實際效果，且尚未普及各地。今後在中國工人文化工作中，應特別注意組織工作及其過程中的表現。

第五，在中國工人中文化工作的任務，不祇在把中國工人培養成自覺的社會主義的建設者，且還應把他們訓練成爲中國工農革命的戰鬪員。在目前中國革命高潮將到來的時候，文化工作人員應努力加緊對中國工人們的革命教育，使他們瞭解中國革命中的根本問題，與他們在中國革命運動中的任務。同時，還須竭力使他們理解蘇聯社會主義建設與中國工農革命的關係。

只有加緊對中國工友群衆文化工作的速度，只有努力與官僚主義爭鬪，只有把文化工作的重心轉移於經濟建設上面，纔能滿足新環境的需要與完成橫擱在目前黨和政府前面的新任務。（紀密）

中國農民遊擊隊運動高漲

河南省佈滿農民遊擊隊

哈爾濱電　據英文報消息，河南全省幾乎完全爲農民遊擊隊所佈滿。據由河南歸客云，此種遊擊隊，大半多在共產黨的指導之下，其人數多至四十萬人之譜。駐紮在京漢路一帶的軍閥軍隊雖極多，但因此種遊擊隊出沒無常，及其得貧苦農民幫助之故，仍不能防範遊擊隊運動。

南方各省組織蘇維埃

東京電　中國農民運動幾包括中國南部各省，有十餘區皆組織蘇維埃政權，均在中國工農紅軍的保護之下。與安南相近的廣西省龍洲，現亦成立蘇維埃政權。在安南的法國當局，曾派飛機四架前往征勦，炸毀居民房屋及炸死居民甚多。一般貧民恨之入骨，均宣誓願努力擁保護工農的蘇維埃政權。

另訊，賀龍所領導的工農紅軍，佔領湖南省石門，組織蘇維埃政權，燒毀田租地契，沒收工廠銀行，逮捕貪官污吏，土豪劣紳；大受當地工農所歡迎，日本現派軍艦數艘前往鎮壓。

在擁護蘇聯的口號之下

準備「五一」的群衆政治罷工

巴黎電　法國共產黨代表會議曾致電慶賀蘇聯云：法國共產黨代表會議謹致親密的敬禮和表示對『光榮的社會主義建設——蘇聯的布爾塞維克黨，牠的列寧的中央和領袖史大林同志』勝利的團結。

本代表會議特指出現時資本主義經濟平衡的低落，階級矛盾的加劇，蘇聯在社會主義建設和五年計劃四年完成的實際口號中達到廣大的勝利。本會議更指出蘇聯社會主義建設的勝利，是蘇聯共產黨正確的列寧路線，戰勝右傾對革命前途的悲觀論之結果。

此外又謂：社會主義的工業，決定了蘇聯進到根本的集產化和消滅富農階級政策實行的可能。

本會議特號召法國無產階級，加緊的注意世界資本主義進攻蘇聯的威嚇，及在擁護蘇聯的口號下準備『五一』的群衆政治罷工，反對法西斯蒂專制，爲無產階級專政而鬥爭。

蘇聯紅軍誓死擁護蘇聯

莫斯科電　蘇聯各處紅軍爲各國牧師神父等等，臆造蘇聯壓迫宗教等莫須有之事，並創議組織十字軍進攻蘇聯等等，非常憤激，在各處紅軍會議上，一致決議誓死保護蘇聯，努力在四年之中完成社會主義的建設』。

反對反蘇聯十字軍運動

柏林電　德國共產黨的報紙——『紅旗』報，討論里姆牧師關於組織反蘇聯世界鬪爭日，決定號召德國無產階級變更這個日期爲反對反蘇聯的十字軍運動日。

共產黨的七個要求

德國國會共產黨的黨團決定提出失業工人要求七項，其主要的約有如下：（一）制定成年工人最高限度七小時工作制和青工及女工六小時工作制；（二）禁止過度工作；（三）償付失業工人所有失業時期中的補助費；（四）政府在一九三十年國家預算中提出五千萬馬克爲失業的保險；（五）禁止使用產前八週和產後八週的婦女勞動，同時工資照發等等。

波蘭法西斯蒂準備戰爭

波蘭國會憲法委員會曾討論關於大總統在軍隊關係中的權利。議員柯馬爾尼次提議在戰爭時選出特別軍事委員會，所以應改變國會對牠的一切作用。該委員會根據這個提議，不許所謂『反國家的議員』之加入。

波蘭國會討論關於在戰爭時組織特別軍事委員會的問題，是表示波蘭法西斯蒂加緊的準備戰爭。關於那個提議的特性就是不允許『反國家的議員』之加入軍事委員會。據另意見，謂這個計劃是預擬當戰爭時在委員會的帮助之下壓迫民族少數派和共產黨的聯隊。

擁護無產階級的祖國——聯蘇

柏林國際蘇聯友誼會發表告波蘭羅馬尼亞，立陶宛，亞斯陀尼亞，芬蘭工農的宣言，謂資本主義正準備軍事進攻世界第一個工人的祖國——蘇聯，工農勞動者應動員一切力量擁護蘇聯。

『工黨』領袖大行擴充英國的軍備

軍事預算較去年增加五千六百萬金磅

英國一九三十到三十一年的軍事預算已規定數目計三萬四千一百萬金磅，較去年預算增加五千六百萬金磅(一金磅約等於十盧布)。

法帝國主義在安南的白色恐怖

上圖爲新自法國運往西貢之鐵甲車，安南的解放運動將更加一種壓迫了！

中國要聞

閻馮合軍夾攻湖北

◁百姓又要遭殃▷

哈爾濱電　在京漢鐵路方面，山西軍隊已渡黃河，馮玉祥軍隊亦由西部向南開拔，以便兩路夾攻湖北，湖北蔣系軍隊現正在積極佈防，漢口百姓極爲恐慌。

擁蔣倒蔣軍隊已接觸

哈爾濱電　擁蔣倒蔣雙方軍隊已接觸，南京方面因軍隊尚未調齊，現在僅持守勢，除軍隊以外，擁蔣軍隊尚將由後防運來大批德國坦克車，毒氣砲等等。據報紙統計倒蔣派軍隊約有五十萬人之譜。

張學良漁中得利

哈爾濱電　據『順天所得消息』，南京盡力拉攏張學良，以便首尾夾攻倒蔣派軍隊。現已任命張學良担任閻錫山的職任——南京政府海陸空軍隊副司令，並與以整頓中國北部的全權，現已居然爲南京政府的赫赫要人！

梁忠甲被人毒死

當中俄衝突時，中國軍隊屢次侵犯蘇聯邊境，蘇聯工農紅軍忍無可忍，只得接戰。只知慘殺中國工農的中國軍隊勢不能敵，結果蘇聯軍隊佔領滿洲里等處，活捉中國中東路護路司令兼前敵總指揮陸軍少將梁忠甲。

梁忠甲雖被活捉，但尤倔强，並不因此而餒氣。蘇聯政權寬容度外，對於俘擄兵士，固然以同志態度相待，而對於俘擄軍官，亦與以優容，較中國政府之對待蘇聯人民，實有天上地下之別。

當中俄在伯力訂結協定之後，蘇聯政府即按照協定，將俘擄中國軍官兵士一律放回，頂頂大名的梁忠甲，亦即其中之一。

梁忠甲到中國之後，往奉天向張學良哭訴失敗的經過，將失敗的原因完全歸咎於黑龍江督辦萬福麟，結果萬福麟被東三省政府撤職，而梁忠甲則升爲巴爾金區（Баргинский округ）總司令。

萬福麟對梁忠甲這種舉動，表面雖未有任何表示，而其實則恨恨不已，因此藉口請梁忠甲赴宴，將其毒死。

苏联集产农场的展发，1930 年 4 月 8 日，注一

„РАБОЧИЙ ПУТЬ“
工人之路
Орган Далькрайкома ВКП (б) и Далькрайсовпрофа
蘇聯共產黨遠東邊疆委員會和蘇聯遠東邊疆職工蘇維埃出版

全世界的無產階級和被壓迫的民族聯合起來呵！
Пролетарии всех стран и угнетенные народы, соединяйтесь!

編輯和經理處：伯力，協手千可街，第二十四號，電話第一千一百六十三號
Редакция и контора: город Хабаровск, улица Шевченко, № 24 Тел. № 11-63

定閱金洋 Условия подписки
一年六吊七毛 На 1 год. 6р.70к.
六個月三吊四毛 „ 6 мес. 3р.40к.
一個月無論本埠 外埠一律六毛 „ 1 „ — 60к.

責任編輯 丁山 Отв. редактор ТИН-ШАНЬ
海參崴代理處
中國工人「五一」俱樂部
Адрес Владивостокского пункта: Клуб китайских рабочих „1 мая“

廣告例刊 Условия об'явления
每期每字 Кажд. иероглиф в номер
五哥比 по 5 коп
長期另議 постоянные об'явления по соглашению

零售每份五哥比
Цена номера 5 коп.

№ 466 (128)　8 апрель 1930 года.　3 раза в неделю　(Год издания 8-й)
第四百六十六(一百二十八)期　一九三十年四月八日　每逢星期二,四,六各日出版　(一九二二年三月創刊)

本期要目

社論

蘇聯集產農場的展發（註一）

蘇聯二千五百萬農家（富農經濟不在其內）中，於今年一月二十日共計集產化了四百三十萬家，即估農家總數百分之十七；直到二月二十日已增加到一千四百萬家，即估農家總數百分之五十六已加入了集產農塲。

在這短短的時期內，集產經濟中增加了九百七十萬農家，即農家總數百分之三十九，在這一個月內，都已集產化了。從十月革命後十幾年來，一共只集產化了百分之十七。但在這一個月的短期內，集產化的速度比十幾年悠長的歷史，還要快百分之二十二。

這種現象，是偉大的歷史轉變，是蘇聯社會主義建設的突進。在農村經濟中，社會化的農業之數量驟增，不得不使蘇聯農村經濟質量上的改變。

這種質量上改變的基礎，在乎農業生產工具的移動。土地是農村經濟中最主要的生產工具，農民雖不能買賣土地，但過去大部份土地的耕種權，都在個別的和散漫的農民手裡。近來在集產經濟運動的高潮澎湃中，耕種的土地迅速社會化了。今年一月二十日以前，社會化的耕地面積共計三千一百萬法畝（佔全部耕地面積百分之十七），經過了十天之後（一月二十日到三十日），社會化的耕地面積已達到四千九百萬法畝（佔全部耕地面積百分之三十一左右）；再過十天（即二月十日止），社會化的耕地面積已達到六千九百萬法畝（即百分之四十五又六）；到二月底，社會化的耕地面積更擴大到八千二百六十萬法畝（即百分之五十二又七）。這樣，大部份的耕地面積（主要的農業工具之一）已歸集產農場所掌管了。

今年一月二十日以前，農村經濟社會化的牲口（耕馬和耕牛——主要的農業生產工具之二），還只佔百分之五又五；過了一個月之後，即按二月二十日的統計，集產農塲中社會化的牲口，已達到總數之百分之四十四。到二月底，蘇俄的集產經濟中已有八百萬頭耕種的牲口，即佔總數（一千三百七十萬頭）百分之五十九。

這樣，按照已有的統計，全蘇聯——特別是蘇俄——的牲口，大部份已社會化了。

至於集產農塲的種子，（主要的農業生產工具之三）佔整個的種子數量之多少，因至今尚無正確的統計，所以極難規定。但我們可以確信，集產農場所有的耕田，在種子方面，都能完全得到保證。

又按今年二月二十八日的統計，集產農業播種的種子，共計三千六百萬布特茄爾，即原定計劃百分之九十。

農業機器（主要工具之四）除一部份在國家農場裡應用之後，其餘的差不多都在集產農塲的掌握中。至於集產農場裡的農業機器佔全部農機百分之幾及價值幾何，現在尚無詳細統計。

集產農塲不僅在農村經濟裏已呈顯着最主要的作用，而且農業生產工具（土地，牲口，種子與機器）大部份已落在集產農塲的手中。這種事實不但表現蘇聯農村裡現時的集產運動迅速的發展，也不但是農村經濟裡社會化部份的擴大，而且還因生產工具的社會化，造成了農村裡激烈的階級鬪爭和分化（而且生產工具社會化的過程，也即就是階級爭鬪的過程）。因此，農村經濟集產化的發展過程，同時也即就是肅清富農階級的過程。

上述各數目字的引証中，祇是描寫蘇聯一般的集產化的進程，至於各區內的單個情形，不能在這些引證中探得。蘇聯各區農村經濟集產的運動，雖都在普遍的蓬勃發展，但其發展的速度，各不一致。

集產農塲發展的速度，比較迅速的，共有十一個區域（註二）。在十一區內，集產化了的農家，共佔百分之七十；社會化的耕田，共佔百分之六十；集產農塲裡耕種的牲口，共佔百分之六十一。

在這十一個區域內，共有一千四百九十六萬農家，現已有一千零四十五萬四千家加入了集產農塲。個別的農家只剩下了四百五十一萬家，即少於三分之一。

在這些區域內，社會化了的農業生產工具在總數的耕種進程中的作用，更較其他各處爲大。已加入集產農塲的一千零四十五萬四千農家（共計組成六萬七千四百個集產農塲），共有耕種土地六千七百八十六萬六千法畝（即佔耕田總數百分之六十一）和七百八十二萬七千四百頭作工的牲口（即佔牲口總數百分之六十一）；而四百五十一萬尚未加入集產農塲的個別的農家（即佔農家總數百分之三十），只有五百零三萬八千三百頭牲口（即百分之三十九）和四千二百八十六萬六千法畝耕田（即百分之三十九）。

按照以上各數字的引證中——特別是上述的十一個區域內，蘇聯農村經濟中的社會主義部份，現在已成爲最主要的生產重心。同時我們還可以看到，集產經濟運動的數量上增加，直接的促進了質量上的改變。過去『在孤島中的』簡單的農家聯合，現在已成爲普遍的共同合作的集產經濟，而且在這個迅速發展的集產經濟運動中，大部份的生產工具也已迅速地社會化了。生產工具社會化的事實，並不是一種『意欲的』或偶然的現象，而是由散漫的與生產力極爲弱小的個別的勞動農家（中農，貧農與傭農）過渡到社會主義農村經濟以及肅清富農階級的偉大的歷史過程。

現在集產經濟運動主要的組織形式，是生產工具社會化了的集產勞動組合。加入集產農塲的傭農，貧農和中農，都在生產工具社會化的基礎上共同合作。這種生產關係上的轉移，即將直接改變人與人的關係；這種改變的現象，將成爲社會主義的農業發展之唯一的推動力。（紀秘）

註一：這篇短文的任務，祇在說明現在蘇聯集產農塲發展的一般進程，至於其他各種與集產經產有關係的問題，容後再作一篇，恐有誤會，特註。

註二：這十一個區域是指北高加索，莫斯科，中央黑壤區，烏拉，泊西克爾，韃靼，窩瓦河中流，窩瓦河下流，克里姆，烏克蘭及白俄等而言。

粵閩交界處之蘇維埃政權

◁農民加入共產黨者極多▷

上海電　據汕頭來訊，在廣東省的潮安及豐順與（福建相近的地方）等區，紅軍勢力，非常浩大，曾在該處組織蘇維埃政府，除平分土地等之外，並開辦軍械局及宣傳員講習所等等，農民加入共產黨者非常踴躍。

四川共產黨軍隊之發展

上海電　據申報成都通信，失業工人及貧農加入李曹生所帶領之紅軍者不計其數，在重慶（Чунцин）區一帶，共產黨軍隊有數千人之多。

哈爾濱學生的革命示威運動

哈爾濱電　哈爾濱各校學生會舉行示威遊行，高呼『打倒帝國主義！』『打倒帝國主義的走狗！』『打倒教育廳長張國忱！』等口號。此外並散發傳單，要求言論自由，集會自由，出版自由，要求公選教員，研究社會科學並打倒封建式及括民黨式的教育。

當遊行隊伍路過反動報館（國際時報）時，衝入編輯處，要求其轉載示威遊行群衆的口號，但該報館拒絕，該報館因此被群衆所搗毀。

另訊。示威遊行群衆的口號中，並有『打倒禍國殃民的國民黨』！『擁護平等對待中國的蘇聯……等口號，革命精神，十分高漲。

遠東邊疆執行委員會

禁種大煙（鴉片煙）之命令

根據一九二六年六月十八日所頒布的條例，遠東邊疆執行委員會決議：

一，在本邊疆各地，一律禁種大煙

附註，將土地交於他人種煙者，與種煙者受同樣之處罰。

二，已種大煙，據該區民警局及鄉村蘇維埃的命令，種煙者自行或自費毀滅之。

三，違犯本命令者與以警告，處以十盧布的罰金或兩星期之苦工。

四，違犯本命令者各區土民執行委員會有處以五盧布的罰金及五天的苦工之權。

五，有處罰權之機關，有判決以苦工代替罰金之權。

附註：當犯者不繳罰金時，據州執行委員會的批准，區執行委員會有罰犯者以苦工之權。

六，區民警局城市蘇維埃，鄉村蘇維埃，土民蘇維埃，森林正副管理員森林看守員各區國家地產的主任及田野巡視員，都應負責監督本命令之實行。

七，本命令自在各地公佈期以後，即發生効力，効力時期至一九三一年正月一日爲止。自本命令發生効力後，遠東邊疆執行委員會一九二八年十二月二十一日的命令即行作廢。

遠東邊疆執行委員會

中國要聞

「刮民軍」的作戰計劃

哈爾濱電　馮玉祥軍隊（即『刮民軍』）的前敵總指揮鹿鐘麟已抵鄭州，指導作戰。

另電　馮玉祥軍隊共分十二師，三師進攻武漢，六師由河南開封東至蘭封，以便與閻錫山聯絡，其餘三師則居中策應一切，此爲第一步作戰計劃。此步完成後，則西北聯軍開始向南京軍隊總攻擊。

西北聯軍已佔領開封

上海電　河南開封已被西北聯軍佔領，南京政府軍隊不戰而退。據南京政府傳出消息，南京政府軍隊之退出河南，完全爲戰略上之性質云。

反蔣派另設殺人機關

上海電　改組派西山派國民軍與山西派代表會在北平舉行聯席會議，討論討蔣辦法。當曾決定閻錫山，馮玉祥，汪精衛，許崇智及鄒魯等另組織中央執行委員會。在執行委員會中，又組織常務委員會及政治委員會，以指導一切黨務。此外，並決定另組政府於北平，以便與南京政府對抗。

哈爾濱電　馮玉祥，李宗仁發表通電，本人一致參加討蔣，專候閻總司令的指揮云。

閻錫山準備上台

哈爾濱電　據北平來訊，閻錫山擬於最近就海陸空軍總司令職，同時並將通告使閻發表通電，然後親赴前線指揮軍事云。

另電　閻錫山取消編遣處，另組總參謀部。

★生產彙誌★

每個中國工人應竭力

提高自已的勞動生產力

◀共同努力幹活，完成生產計劃▶

阿媛金廠採金量的低落

赤塔通信　阿媛（Ононский）金廠在第一季中，對於生產計劃大部份尚未執行。共計開採鑛苗百分之六十六，開採量百分之七十二，探獲金子百分之四十一。

調查該金廠的州執行委員會的審查委員會曾稱謂：在生產工作上沒有計劃，對於礦苗容量沒有計算，指導員中曾有敷衍塞責的行爲。

該審查委員會並發現以下的事實：專門家克里姆與全廠總管巴雅蘇將裕所開採的鑛苗，每噸的酬報與開採二十個格蘭姆金子的酬報相等，結果鑛苗的開採量增加了，而金子的開採量則減少了二倍。

僅執行採金生產計劃的一半

自由城通信　冬季採金生產計劃僅完成一半多些。介牙州金廠總管理處執行原定計劃百分之五十五。蒙古卡——百分之五十七。哈爾格（Харгинский）金廠執行計劃達百分之一百一十，即超過原定計劃百分之十。未完全執行生產計劃的原因，係因爲在金廠中缺少社會主義的比賽和積極生產隊的組織，工作的進行都按照舊式的，黨員和共產青年團員的尾巴主義，職工會指導沒有系統。

採伐木材的情形

海參崴通信　遠東木材儲備托拉斯最近關於伐木和木材的輸出，較其他的機關有很大的進步。按照本州採伐木材一切地方報告，伐木計劃執行到一百零一，但輸出計劃目下只執行了百分之八十四。

但是若以單個森林地方的比較，則離開預定計劃還是很遠的。達屋比克森林執行伐木計劃百分之八十五，輸出——百分之六十九。拉斯多爾尼斯克森林按照伐木計劃超過百分之八十一，按照輸出計劃相差百分之十二沒有執行，（即執行百分之八十八）。在尼信斯克森林伐木計劃超過百分之三，而運輸計劃相差百分之三十七沒有執行。在包廷色夫克森林伐木和輸出計劃執行到百分之八十五。

★

胜利地来迎接第二个五年计划，1932 年 3 月 22 日，《太平洋星报》编辑部、《真理报》全体代表

全世界無產階級和被壓迫民族聯合起來呵！

工人之路

"Gungrhenzh lu" ★ „Рабочий Путь"
Орган Далькрайкома ВКП(б) и Далькрайсовпрофа
蘇聯共產黨遠東邊疆委員會和蘇聯遠東邊疆職工蘇維埃出版

№ 800 | 22Марта 1932 г. 三月二二日 | 隔一日出版

勝利地來迎接第二個五年計劃

遠東邊疆的工友們及工程技術人員們！

遠東工廠工人提議開始準備第二個五年計劃的大運動。我們歡迎遠東工廠工人的這個提議，而宣佈這種大運動的開始，來為執行並超過計劃而鬭爭。

我們的任務，是非常重大的，我們要把遠東邊疆變為蘇聯的工業出口中心，使牠由消費的區域改為生產的區域，研究，開墾，並利用邊疆的自然財富，而與全國共同來實行十七次代表大會的建設無階級的社會主義的社會的大綱。

我們號召邊疆各企業，各礦山，各建築，各魚塲，各蘇維埃農莊，以及各集體農莊，來加入邊疆第二個五年計劃大運動。

這個運動是廣大的群衆運動，各個企業以及成千百萬的工農都要參加這個運動。在各個企業以至於各個工人的比賽基礎上，來擴大這種運動，而使邊疆走向勝利的道路。我們衹有勝利地來迎接第二個五年計劃！

對于那些前進的優秀企業，對于那些比賽的優秀企業，對于那些執行了一九三二年計劃的企業，特規定邊疆社會主義勝利的名冊。

同志們，你們應當用布爾塞維克的堅決精神，來執行生產計劃，來把自己的名字填到這個勝利的名冊中來。

在這個勝利的名冊中，我們要列入下面各種企業：

一）在史大林六個指示的基礎上，改造了自已的工作，完全執行了財政計劃。

二）執行本年各種經濟政治運動的集體農莊，並已完全實行黨關于在組織經濟上鞏固集體農莊的決議者。

三）科學考察機關，會解決某種科學問題（有重大的經濟意義的），而執行自己的工作計劃者。

四）在邊疆特別組織的競賽中，佔到第一等位置的先進突擊隊員。

在五月一號的時候，即將填寫這種勝利名冊的候補名單，把那些執行前四月（正，二，三，四月）計劃的企業，那些預期並按時完成經濟政治運動或最好的集體農莊，都列到這個名單中來。

這個名單並不是不變的。如果在這種名單的企業，假設到六月一號沒有執行自己的計劃，則馬上勾除他的名字，衹有以後他消除了五月份的虧空的時候，然後再把他填入。同時不在此名單中的企業，如果以後他們消滅了以前的虧空的時候，則馬上把他填入候補的名單上面來。

勝利名冊的候補名單，每月審查並公佈一次。

同志們！努力來執行計劃，來使本生產列到這種名單及勝利的名冊中來呵！

對于這種運動，各個黨的機關應與以真正的布爾塞維克的指導。各個共產黨員應當成為這種運動的指導者。

職工機關應當更加提高並組織社會主義比賽，應當領導群衆的創造性，來實現史大林的六個指示。

經濟人員對于企業，應當與以具體的切實的指導。

集體農莊的指導機關，應當加緊努力在組織經濟上鞏固集體農莊，並努力執行各種的經濟政治運動。

各區，各工廠，各個地方的牆報與小報，必須推動群衆的注意，來進行這種運動，組織他們來執行計劃，來把好的經驗來訓練他們，並利用各種群衆工作的形式。

通信隊員應當成為突擊運動的組織者，應當積極經常投稿。對于各企業參加此種運動的決議，應當即刻送到各報編輯部來。

快來接收遠東工廠中俄工人的號召啊！

在中央委員會及邊疆黨部的指導下面，在實行史大林六個指示的基礎上面，來努力打擊右傾『左』傾機會主義份子，來把一九三二年變為遠東邊疆的轉變年份，來勝利地迎接第二個五年計劃，來建設無階級的社會主義社會啊！

『太平洋星報』編輯部
『真理報』全權代表

「工人之路」中國工人突擊隊得到很大的勝利

◆擴大現有的成績◆散佈自已的經驗◆

快來接收遠東工廠的戰鬭的號召！

『工人之路』伐木突擊隊超過了計劃

前一個十日	後一個十日
★一三七%★	★一四五%★

『工人之路』突擊隊是各隊的模範

超過了計劃——得到了獎品

上馬牙河通信 上馬牙河木場郝邦令班全體工人，對於伐木非常努力，常常超過生產計劃，而在不久以前，得到了光榮的獎品。

為更多的努力伐木起見，他們於前日宣佈為『工人之路』突擊隊，更加努力伐木。在最後十日中（五號至十號），執行計劃百分之一百四十五。同時在前一個十日中，他們執行十日計劃百分之一百三十七。

『工人之路』突擊隊是各隊的模範，『工人之路』突擊隊以後還應努力鞏固並發展現在的成積！（Д，Л，）

利用『工人之路』突擊隊的經驗

上馬牙河通信 『工人之路』突擊隊超過了計劃，他們超過計劃的原因，並沒有什麼特別秘密的辦法，不過是能用突擊的精神，來努力做工罷了。他們這一隊的好處，大概可以分做以下幾點：

一）從來沒有脫工及遲到早退的。

二）準備工作做得很好，在未進行工作以前，把斧頭鐵鋸等等，都擦得乾乾凈凈，都準備得妥妥當當。一到工作時間的時候，他們就努力的做工。

三）在隊員中間進行個人的比賽，大家互相努力督促。

四）監工（頭目人）很負責任，能領導工人來做工。

這就是他們能執行計劃的原因，大家利用他們的經驗呵。

應當進行審查突擊隊員運動

★顯出真正的突擊員★清出冒牌的突擊員★

上馬牙河通信 在上馬牙河木場裡面，加入突擊隊的工人，計佔全體工人百分之四十五，這個數目當然是太少的！同時在這百分之四十五突擊隊員中，還有一些是掛名的，實際上並無突擊的表現，在最近的時候，上馬牙河木場職工會應當進行檢查及清洗突擊隊員的工作，衹有這樣纔能顯出真正的突擊隊員，也衹有這樣纔能提高真正的突擊精神！因此該處流動『工人之路』報社，已向木場職工會提出這個問題。上馬牙河的工友們，快來參加這種審查的工作啊！

『工人之路』突擊隊的伐木突擊隊員

上馬牙河通信 在「工人之路」突擊隊裡面，郝邦令，于慶德，張興法三個工友，是最好的突擊隊員，他們做工特別努力，他們不愧是木業戰線上的英勇戰士！

下馬牙河木場中國工友應當同樣努力

下馬牙河通信 下馬牙河木場有四十多個中國工人，因為經理工作不好及群衆工作薄弱的緣故，所以不能領導這些工人的高潮，來執行木業計劃，以致在二月份中，在伐木工作中有了很大的虧空！同時在工人中也有很多的缺點，例如在鴉應祥班一樣，時常有遲到早退的現象，這都是虧空的原因。

下馬牙河木場的中國工友們，上馬牙河木塲『工人之路』突擊隊，執行並超過計劃，我們應當像他們一樣來努力啊！

木業是有很重要的意義的，邊疆魚業，煤業，金業，農業，及全國民經濟計劃的執行，都要依靠木業計劃的執行。中國工友們，努力來運木伐木！

廣大地發展群衆工作更高地提起突擊精神

◇用戰鬭的精神接收遠東工廠中俄工人的戰鬭召號◇

來勝利地進到第二個五年計劃

邊疆黨部決議

準備第二個五年計劃

一）批准『太平洋星報』編輯部及『真理報』全權代表，關於根據遠東工廠工人的發起而組織準備第二個五年計劃的運動的提議。

二）贊成各經濟，各職工，各青年團，及各集體農莊機關，以及各報編輯部，各州黨部，各市黨部，與各區黨部，須積極系統地參加這種工作，並在這種運動的週圍，發展廣大的群衆工作。

三）指定沙次金，沙夫列頁夫，達爾斯基，未次克威爵等同志為進行此種的委員會。

邊疆職工蘇維埃的決議

★贊成遠東工廠中俄工人的提議★
★戰鬭地來準備第二個五年計劃★

一）贊成遠東工廠全體中俄工人進行準備第二個五年計劃的大運動的提議。為進行這種運動起見，應當推動邊疆的中俄工人及工程技術人員，來執行一九三二年的計劃，來把邊疆由虧空中跳出來，來把邊疆變為生產的區域變為工業出口的中心，而努力為十七次黨代表大會的決議爭鬭。

二）對於這個運動，邊疆各職工機關，必須進行廣大的群衆工作利用各種群衆工作的形式與方法。

三）贊成各工會邊疆管理處，各區職工蘇維埃，必須即刻定出實際的辦法，來使各企業及各集體農莊，來加入此種運動，並組織工人群衆及工程技術人員，來執行各企業的具體的任務，來執行並超過生產計劃，來執行質量及數量的規定。

四）把好的執行計劃的企業及集體農莊等，推到社會主義勝利的名冊中來。各邊疆職工會及各區職工蘇維埃，應當撥出相當的獎勵基金，來獎勵優秀的突擊隊，優秀的工人工程師及企業，並組織流動的紅旗。

五）餘略，

发展群众工作，夺取在木业中的新胜利，1933 年 1 月 24 日

全世界無產階級和被壓迫民族聯合起來呵！

工人之路

„GUNGRHENZH LU“

„Рабочий путь“
ОрГан ДНК ВКП(б) и ДКСПС
聯共遠東邊疆委員會
和
邊疆職工蘇維埃機關報

編輯部地址 Адрес
Город Хабаровск
ул. Комсомольская №54
電話號碼 Телеф 10——58
定價：每期10戈比 一月一盧布 半年六盧布 一年12盧布

Китайская газета | №10(940) 第十期(九四〇) | 24 января 1933г. 一九三三年 一月二四日 | 隔日出版 各地郵局均可訂購

發展群衆工作，奪取在木業中的新勝利

遠東邊疆的木業，在社會主義建設猛進的發展中，近年以來發展了好幾倍。一九二八到二九年採集木材祇有二百十四萬六千立方米突，而一九三二年——就達到了三百五十萬立方米突。同時在本年（一九三三年）中採集木材更將要達到六百八十五萬立方米突，連自行採集的合計起來，共計爲一千三百八十萬立方米突。同樣的近年來遠東邊疆木材的出口，亦大大的增加。

此外，在開採工作方面，開採了許多新的森林，特別是在採集木材機械化的工作方面有極大的發展，建設了許多拖拉機的道路和廣大的應用拖拉機的運木及機械的伐木，在運木和伐木工作中更加的合理化。在這樣的情形之下，木業對於國民經濟的意義隨之提高，同時更加重了我們在木業方面的工作和任務。

可是本年自採木季開始工作以來，採集木材的進行情形，是令人非常不能滿意的。尤其是在募集勞動力和轉運力方面的工作更壞。在本年採木季中，全遠東邊疆共需要伐木工人三萬三千一百七十人，可是現在祇有六千一百人。需要轉運力的馬匹八千六百三十四匹，而現在祇有一千七百五十七匹。在與八千個集體農民和自耕農訂結到森林中去的條約以及訂結的六千五百匹馬的條約，都沒有按照執行。

這樣，虧空的主要原因，是在機會主義關係對待採集木材問題（募集和組織到森林中去的問題），故結果不能嚴重的打擊富農份子反對大批的到森林中去的表現，不能廣大的組織和動員廣大的集體農民及自耕農到森林中去，爲木材而鬪爭。

所以目前堅決的與機會主義者對採集木材工作估計不充分作鬪爭，嚴重的打擊富農份子反對大批的到森林中去的表現，爲消滅採集木材虧空而鬪爭，是重要政治經濟的任務。應用一切的力量，一切的方法來實行這個任務。

因此，動員和組織中國集體農莊的集體農民和其他勞動者到森林中去，是遠東邊疆中國工人的組織，尤其是黨員和青年團員的一個當前的任務。

『工人之路』報在聯共邊委的正確指示之下，最近曾達得直接的組織，動員和號召遠東邊疆各中國集體農莊的集體農民和其他勞動者大批到森林中去，爲木材而鬪爭。伯力『廣州公社』集體農莊曾兩次派遣了一百多人到阿波爾木場去，雙城子『紅色東方』集體農莊派了一百人，黑河『廣州公社』集體農莊七十人，唐波夫『孫逸仙』集體農莊數十人，伊萬諾夫『廣州公社』集體農莊數十人，以及斯巴斯克和其他各地中國集體農莊亦派有大批的集體農民到森林中去。此外，又組織了許多無組織的中國勞動者到森林中去。同時在派到森林中去的這些工人集中的地方，隨派遣了本報流動（Выездная газты）報編輯隊進行組織群衆政治工作。結果許多的中國工人伐木和運木的生產隊已執行和超過執行了生產計劃，在爲消滅木業虧空而鬪爭的過程中，奪得了相當的轉變。

這個成績，很明顯的是實行黨的群衆政治工作，在社會主義比賽和突擊運動的基礎上提高與發展中國工人勞動熱忱，堅決的反對脫工和流動，鞏固勞動紀律，以及組織聯貫突擊隊所達到的結果。

現在的任務，就是要鞏固這些成績，更加緊的團繞於黨的周圍，爲一千三百八十萬立方米突木材而鬪爭，堅決的打擊階級的敵人——富農份子反對大批到森林中去的表現，打擊富農的助手——在組織和募集到森林中去的機會主義表現，更加擴大組織和動員大批集體農民和勞動者到森林中去，在森林中擴大組織新的聯貫突擊隊和發展相互號召與社會主義的比賽和尤其注意組織質量的競賽，加緊實行按件制，正確的組織供給與分配，以繼續鼓勵先進份子的熱忱和推動落後者的積極，無情的與脫工和流動的鬪爭，加緊發展黨的群衆政治工作，祇有實行這些任務，我們才能消滅我們的虧空。保證完成第二個五年計劃的第一年——一九三三年採集木材的計劃。

加緊動員工人和馬匹到木場去
是目前的一個戰鬪任務

木場中國工人先進突擊隊員宣佈
生產勝利的「秘訣」和經驗

『…經常的不斷讀閱『工人之路』報，在『工人之路』報上得到許多生產的經驗與具體的指示…』

五四門通信 五四門（Кур-урмийск）木場最近曾開了中國先進突擊隊員檢閱大會，在檢閱大會上有先進中國突擊隊員盧銘義發言，敍說他自己執行生產計劃的勝利，他稱：『我們所以能取得這個的勝利，是經常的不斷的讀閱『工人之路』報，在『工人之路』報中得到許多生產的經驗與具體的指示，如組織聯貫突擊隊等，從前在我們工作的地方是沒有的。自組織了聯貫突擊隊以後在本隊中的生產力提高很多，同時我們在讀閱『工人之路』報所公佈政府反對脫工的決議以後，在我們的生產隊中，不僅是宣佈自己不脫工，並且還推運其他的生產隊不脫工，不惧工和不怠工，及不流動，經常的帮助落後生產隊執行並超過執行生產計劃，所有這些就是我們勝利的『秘訣』和『經驗』。在大會中各先進突擊隊員對於盧銘義這個發言引起了非常大的感想，宣佈一律要執行他的這些經驗。最後並獎勵了許多的優秀突擊隊員。

（劉子倫）

唐波夫『孫逸仙』集體農莊派遣莊員與馬匹到森林中去的情形

雙城子『紅色東方』集體農莊
派遣大批莊員到森林中去
△各隊相互訂結社會主義比賽合同△

雙城子通信 雙城子『紅色東方』中國集體農莊，爲完成遠東邊疆採伐木材計劃而鬪爭，曾由管理處決定與木業托拉斯訂立合同，派遣該農莊的莊員一百人到森林中去進行伐木工作，在這一百人中，分成四隊，每隊各選隊長一人領導一切工作。在出發前各隊曾互相訂有社會主義比賽的合同在合同中規定條件如下：

1，每隊在伐木工作的期內，不准有無故的缺工和惧工；
2，愛惜所用的工具和材料；
3，每日不完成計劃不退工；
4，晚上各隊員積極的參加學習拉丁化中文。

所有的合同由各隊長於十二月二十四日完全辦妥簽字，二十五日一百莊員已全體實行出發到森林中去，現在這些莊員的任務，就是要切實執行比賽合同，爲執行伐木拉木計劃而爭鬪！

（唐功成）

一九三三年遠東邊疆工業發展前途

本城特訊：遠東邊疆輕工業在一九三三年中出產總的生產品的計劃已規定數目二千一百萬盧布，其中：

皮革工業	計四百十萬盧布
縫衽工業	計四百四十萬盧布
印刷工業	計四百二十萬盧布
粧飾品工業	計一百四十萬盧布
金屬工業	計二百二十萬盧布

輕工業在一九三三年中生產品的發展與去年實際執行計劃的比較平均發展到百分之五十九。而皮革工業則更有極大的發展——發展到百分之一百六十九。

此外，在輕工業的新建築中一切的投資，固定爲六百八十萬盧布。在這些數目中，建築伯力皮革工廠價值一百二十二萬盧布，伯力機織工廠和猶太區縫衽工廠價值五百萬盧布。

一九三三年遠東邊疆捕魚工業發展的前途

本城通信：最近中央和邊疆的組織已通過關於邊疆在一九三三年中出產魚類品和捕魚計劃。這個計劃與去年夏季所規定一九三三年的標準數字有差別，此次所規定的這個計劃，不僅是按照捕魚的數量，而同時是按照出產品的多寡與質量爲標準而規定的。由此遠東邊疆在一九三三年中的捕魚計劃固定爲三百五十萬噸。

组织广大的施达汉诺夫运动，1935 年 10 月 18 日

聯共遠東邊委及邊區職工蘇維埃 機關報

„Рабочий Путь"

Орган ДКК ВКП(б) и ДКСПС

全世界無產階級和被壓迫民族聯合起來呵！

工人之路

„GUNGRHENZH LU" Китайская газета

編輯部地址：伯力 青年團街五十二號a 電話：一〇——五八號

Адрес Редакции Гор. Хабаровск У.Комсомольская52а Телефон № 10—58

一九三五年十月十八日　第一百四十期 №140 (13½6) 18 октября 1935г.｜隔日出版

施達漢諾夫的方法是走向勝利的道路

聯共遠東邊疆黨部於一九三五年十月十六日通過的決議

順利的執行和超過執行遠東邊疆的國民經濟計劃。迅速地完成建築工程，開放新工業企業並精通其技術，全靠能够在邊疆廣大地發展施達漢諾夫運動。

史大林同志曾說過：『若有以具有技術的人們爲領導底技術，那就可以並應當造出驚奇的事業來』。在生活上實現我們首領底這個極好的指示中，我國和我邊疆的先進工人舉起了施達漢諾夫運動的旗幟。

蘇城的優等工人科洛伯尼可夫，已依照施達漢諾夫的方法改造了自己的工作——他於九月二十二日在六小時內鉋了八十七噸煤，超過了蘇城鉋煤工人每日鉋煤額的四倍。居拉克在五小時內鉋了七十八噸六百基羅格拉姆煤。蘇城施達漢諾夫運動的隊伍正擴大着。

運輸煤業管理局所屬的各煤礦，從七月起都沒有執行過自己的計劃，運輸煤業管理局的黨組織和指導人員在用布爾塞維克的精神領導起這個運動之後，就應當消滅這種不可允許的狀況。

施達漢諾夫的工作系統，就在於能够極會利用機械，完全利用每一分鐘工作時間：這個工作系統應當實行到遠東邊疆所有各部門工業中去。從個別的優等礦工——沿海特區的施達漢諾夫人們——在十月革命十八週年紀念日，我們應當擴大到施達漢諾夫的礦井，建築工程和企業的比賽。

各特區黨部，區黨部和各黨組織應當領導組織施達漢諾夫運動。因此就必須：

一）在工人大會上，廣大的討論『真理』報的社論和阿爾侖吉澤同志致汽車拖拉機工業中施大漢諾夫運動檢閱大會底信；

二）在各企業裡，召集優等工人，突擊隊員，工人和工程技術人員檢閱大會，在這些檢閱大會仔細討論在本工業部門裡實行施達漢諾夫工作方法的問題。

『太平洋星報』編輯部，各特區和各區報紙編輯部要經常的發揮施達漢諾夫運動先進人員底經驗，很注意和經心的贊助工人底創發，毫無情的揭露妨碍發展施達漢諾夫運動底保守主義和官僚們的反抗。

意軍飛機慘無人道的轟炸亞比西尼亞人民

倫敦十五日電：據英國報紙的消息，當意軍派大批飛機在亞格金省一帶向亞軍轟炸時，曾把亞軍的地底避毒處炸毀，三十六人全被活埋在地下。亞比西尼亞坦那基省的許多鄉村，全被意軍炸毀，居民死傷很多。

據『路透』社的消息，亞軍曾於前幾日捕獲七名索莫里人，他們招供給意軍當奸細和收買亞比西尼亞人投降意大利，當時在他們身旁曾搜出一千多英鎊。這七個奸細已被槍斃。據說意大利方面繼續企圖用金錢收買坦那基省的土著居民。

• • • • •

又有二千索莫里人投歸亞比西尼亞方面

據英國『路透』社的消息，又有一個索莫里的酋長帶領本部落的二千人投歸亞比西尼亞方面。

據說哈烏平城（在亞都和馬加列之間）和索科地方被意軍佔領。亞比西尼亞方面說這是可能的，因爲亞軍在這一方面還沒有進行大的抵抗。

★ ★ ★

意大利的逃兵日多

維也納十五日電：據南斯拉夫的報紙說，在最近以來，每天總有二十多名意大利的兵士越界逃入南斯拉夫境內。在柏列格勒（南斯拉夫京城）附近的收留營裡，已收容了三四千意大利的逃兵。

亞軍故意放棄亞克蘇城

倫敦十六日電：據英國通信社的消息，意軍已把亞克蘇城（在亞都西部）佔領，因爲亞軍故意把該城放棄，所以意軍在進佔該城時，毫未遇到抵抗。

★ ★ ★

十二名意軍兵士因抗令槍斃

據英國報紙的消息，盛傳有十二名意軍坦克駕駛員，因爲他們拒絕進攻亞比西尼亞人，所以被槍斃了。又據從愛里特里得到的消息，因爲天氣太熱，所以坦克隊一點也不能使用。雖然有一十二兵士已經被槍斃，但是在意軍方面，還不斷的發生駕駛員拒絕作戰的現象。

***

又擊落一架飛機

據從直布的港傳出的消息亞比西尼亞人又在直亞鐵路（由法屬直布的港到亞比西尼亞京城亞地斯-亞貝巴）沿線擊落一架意大利的轟炸機。兩個軍官和駕駛員一齊摔死。

雖然在北路戰線多少已平靜下去，但是駐亞地斯-亞貝巴的英國領事認爲情勢還非常嚴重，因此通知英國僑民趕緊退出亞地斯-亞貝巴。

亞軍三路會合反攻

柏林十三日電　據德國情報局的消息，索玉馬，加蘇和魯西三酋長的部隊已經會合，共有十萬戰士，這枝軍隊正在準備向意軍反攻。同時意軍又準備從南部沿塞伯里河向巴例攻擊。

★ ★ ★

倫敦十三日電　據英國報紙的消息，意亞雙方正在亞格金（亞比西尼亞東南部）準備大戰。亞軍南路總司令納西布已離開哈拉爾到前線去了。

• • • • •

亞軍遊擊，意軍處處着慌

倫敦十三日電　據英國報的消息，亞軍曾於十月十日半夜從側翼進攻，意軍毫無準備，結果大敗，損失很大。

★ ★ ★

意軍土著部隊大批倒戈

據英國『晨報』的消息：意軍方面的土著部隊，繼續大批的倒戈投降亞比西尼亞，因此意大利方面趕緊從愛里特里調遣白人軍隊赴前線接防，可是在亞吉格拉城附近，被亞比西尼亞的遊擊隊，在四十八小時的激戰中，意軍損失很大。

• • • • •

亞比西尼亞的女兒英雄

據英國報紙的消息：亞比西尼亞維索洛族酋長的女兒沙美加並，於十月十日帶領一萬五千親軍在北方戰線開始作戰。

***

六千意屬索莫里的土著隊伍倒戈投降亞比西尼亞。

★ ★ ★

也門站在亞比西尼亞方面

柏林十三日電　據德國報紙的消息，也門國王已站到亞比西尼亞方面。現在也門國王已採用許多辦法，反對意大利經過也門運輸糧食到愛里特里。而另一方面把河德杜港，作爲歐洲各國和日本軍火運到亞比西尼亞的轉運碼頭。

國聯「小委員會」討論反對意大利的經濟干涉辦法

國聯『商榷委員會』的『小委員會』曾於十月十二日討論反對意大利的經濟干涉辦法。英國代表義登提議立刻和完全禁止意大利的貨物輸入其他各國。法國代表庫浪德爾說這個問題非常複雜，因此提議轉專門委員會去研究。

羅馬尼亞外交總長梯土列斯庫想調解這兩種觀點，結果無效。同時他又聲明，有些國家因爲實行經濟干涉定要受到很大的損失。他說，羅馬尼亞贊成一切決議，但是務須規定補償這些損失。

蘇聯代表波鐵木金同志曾指出，干涉辦法務須要分外嚴重堅決，並須帶有總的性質。若是沒有一到，那這些干涉就不能堅定和發生實效。波鐵木金同志又提出關於不參加干涉辦法的那些國家的問題，同時又提議很希望向美國政府提議，請擴大反對意大利禁運貨物底限額。隨後波鐵木金同志又提出怎樣對付那些不遵守國聯章程第十六條所規定義務的那些國家辦法，至於說到因實行經濟干涉而受損失的國家，波鐵木金同志認爲必須提出分配損失的問題，或許可以給這些國家開放新的消售市場及其他辦法。

◆ ◆ ◆

拉瓦里號召鎮靜

巴黎十四日電：法國國務總理兼外交總長拉瓦里，在與『加瓦斯』社的代表關於法國對於意亞衝突的立場談話時曾說：

『我很希望能够安慰法國社會輿論的不安情緒。時局日益嚴重是毫無疑問的，但是在日內瓦已証實了的英法協作，有很重大的作用，這個協作爲和平的利益還繼續進行着。我和義登（英國駐國聯的代表）都極力想按照國聯章程底原則以求和平解決衝突。英法兩國間繼續鞏固着的親善關係，正是順利前進底必須條件。爲要使我這個困難和重大的任務易於完成，我就要求全體法國人都了解這一點。我希望大家都要保持鎮靜的態度』。

* * *

組織廣大的施達漢諾夫運動

『爲了使技術行動起來並把牠盡量的利用，就需要具有技術的人材，就需要能精通並按所有藝術規則使用這個技術的幹部……幹部決定一切』。我們黨的首領所提出這個口號，到現在只有幾個月的光景。可是在這個短時間內，史大林同志的偉大指示，已深入了廣大群衆的實際生活，鼓勵着我國千百萬勞動者爲生產力底新高漲而鬪爭。布爾塞維克黨的口號綸特點，就在於每個口號能够立刻得到千百萬勞動者的擁護；既然廣大的群衆行動起來，那歷史就加速了自己的進程。

我國工人階級對於史大林同志這個新口號的回答，就是組織施達漢諾夫運動，爲高度的生產力和盡量的利用技術而鬪爭。

什麼是施達漢諾夫運動呢？

施達漢諾夫是頓巴斯煤礦上的一個青年礦工。他在八月三十日達到了掘煤的最高紀錄——在六小時內用電鎬掘了一百零二噸煤。如果估計一下頓巴斯煤礦在今年上半年的產煤量，平均每架電鎬每月掘煤一百四十八噸，那就顯見施達漢諾夫所得到的這個偉大勝利，他的工作方法底勝利。

爲什麼施達漢諾夫能够得到這樣高的掘煤紀錄呢？莫非他不是尋常人嗎？莫非他的體力比別人格外強壯，比別人格外敏捷嗎？或者他用的電鎬比別人的格外高明嗎？不是。——用新的方法組織勞動和精通自己分內的工作，這就是施達漢諾夫和群起跟着他學習的人們達到高度生產力底秘訣。

按一般的習慣，我們的掘煤工人總是自己掘煤，自己準備材料搭頂子，樣樣都得自己幹。現在施達漢諾夫同搭頂子的工人在一起做工。他自己在六小時內不停的掘煤，而搭頂子的工人幹其餘的事情。這樣的工作專門化，各人幹各人的事，當然就能保証大大的提高生產力。

施達漢諾夫一人輪着做三塊掌子，當他做一塊的時候，別人接着替他準備那兩塊掌子。現在各地煤礦都在實行施達漢諾夫的方法。在十幾天以前，礦工亞曲荷夫又打破了新的掘煤紀錄。他在六小時內，掘了三百一十噸煤，而按照額定，只應掘六噸到七噸。就是在我們這東邊疆，在這個方法幫助之下也得到第一步的勝利：蘇城煤礦的工人科洛賓尼可夫，居拉克和波里加希克夫等同志，現時在六小時內能出煤六七十噸，而按額定只應出煤四噸到五噸。

施達漢諾夫的工作方法已成爲廣大的運動，這個工作方法不僅在全蘇聯各地煤礦上實行起來，並且已鼓動了各部工業。繼着煤業中的施達漢諾夫運動，接着興起了紡織業中的維諾格拉多瓦運動，皮鞋製造業中的施默坦寧娜運動，汽車拖拉機製造業中的布西庚運動，鐵路運輸中的克里沃努思運動。

這個形式不同而實質一樣的運動，正表明我國發展的新階段。現在已開始了我們工廠，礦井，鐵路運輸中優秀人們爲消滅資本主義的額定，爲盡量的利用技術，爲把我們祖國的生產力推進到第一位底英勇鬪爭。在施達漢諾夫人們，布西庚人們，維諾格拉多瓦人們和施默坦寧娜人們底旗幟上，都寫着一樣的口號，這個口號就是偉大的列寧當蘇維埃政權還幼稚時所提出的要求：『要用極大的努力，用超過資本主義的額定底極高的生產力和紀律工作』。爲高度的生產力而鬪爭的光榮運動底先鋒戰士，真正得到了勝利的結果，超過了資本主義所達到的額定。這証明了社會主義的經已經成熟，証明了這個運動的偉大前途。

施達漢諾夫運動在許多經濟部門裡已不是個別的現象了。但是她却還沒有成爲廣大的群衆運動。蘇聯重工業人民委員阿爾侖吉澤同志在自己的命令裡曾說：『按照施達漢諾夫的方法工作，從此已成爲定律。所有頓巴斯的礦井，都應成爲施達漢諾夫式的』。這些話有極重大的意義。這就是說要施達漢諾夫的工作方法，變成爲廣大的群衆運動，要使施達漢諾夫的方法成爲組織勞動的定律，要使施達漢諾夫人們所達到的生產力最高紀錄，成爲普通的現象。

『施達漢諾夫運動正就是爲社會主義底優秀人材而鬪爭的運動，爲的是在共產主義與資本主義決勝負的那一方面——在生產力一方面最終的戰勝資本主義。施達漢諾夫的方法——完全和不停的把機器放開工作，精密和合理的組織人工，使他們不要妨碍，而是要幫助機械盡其量的工作——正就是在黨的和不在黨的布爾塞維克，在奪取我們社會主義經濟底強大技術時代中的工作方法』（『真理』報社論）。這個運動是建築在當我們已消滅了我國在技術方面的貧乏，建立起使蘇維埃的人們能够盡量發展自己絕大的創造力底基礎上。

『生產力終究是使新社會制度勝利底最重要和最主要的條件……正因爲社會主義能够造成新的和非常高的生產力，所以才可以最終的戰勝，並一定能最終的戰勝資本主義』（列寧）。

施達漢諾夫運動就是實現這個列寧的理想底物質基礎。施達漢諾夫人們用自己的精巧手術和創發的才能創造着偉大的事業，鞏固着共產主義對資本主義底勝利。

在遠東中國工人中組織廣大的施達漢諾夫運動，這是每個聯共中國黨員，每個職工會工作人員，每個經濟工作人員現時首要任務。

聯共中央關於枯兒斯基(Курск)特區齊兒南區黨組織中檢查黨文件的證明書的決議

中央認爲枯兒斯基特區委員會對批准齊兒南黨區委檢查黨文件的證明書，是取了形式——官僚主義的態度，結果把齊兒南區委在檢查黨文件過程中所犯的重大錯誤都放過了。

枯兒斯基特區委員會不去按實質上檢查提交來的証明書，反而跟着齊兒南區委，機械式的証明三個黨員的黨文件是真確的，但這三個黨員的黨証已經登載在聯共中央的無效黨証參考書，並且放過了在這証明書對於很大部份黨員黨文件中主要事實的曲解。當在聯共中央把証書和報告表相較對時，發現了十六個黨票不是屬於在証明書所寫上的那些人所有的。並且對於三十個黨票在証明書上寫上了關於黨籍，年齡，發給黨票的組織以爲其他不正確的消息。

枯兒斯基特區委員會放過了這樣的事實，就在檢查黨文件以後在齊爾兒黨組織中還留有仇視黨的，用欺騙的方法而取得黨票的人們，和全部黨的經濟都混亂得很。

特區委員會當批准証明書時，沒有揭破齊兒南區委及其書記歐華良歐對保存黨最重要的文件罪過的態度，因而把聯共中央一九三五年一月十八號的秘密信失掉了，幾個特別區委的記錄書也丟掉了。還把檢查黨文件証書的記錄原文焚燒了。

中央決議：

一）把齊兒南黨組織的黨文件底檢查取消，並進行重新檢查。

齊兒南區黨組織的証明書完全不能令人滿意，把牠退還枯兒斯基特區委員會。

二）因在檢查黨文件中沒有保証把異己份子清出組織以外，因爲把那些無條件應當開除出聯共黨隊伍以外的黨員的黨票認作爲真確的，把齊兒南聯共黨區委書記歐華良歐撤消工作並開除黨籍。

因機械的批准了檢查黨文件的証明書和沒有揭露區委書記在檢查黨文件與証明書過程中所犯的錯誤，把齊爾兒區黨委員會解散。

三）因形式——官僚主義批准區委提交來的檢查黨文件的証明書，給枯兒斯基特區黨委員會以警告。

四）因沒有預先的就地檢查証明的正確性和沒有按照無効票參考書來檢查黨票的號碼就把齊兒南黨組織的檢查黨文件的証明書提到特區委員會來批准，對領導黨機關部主任蘇老夫也夫同志給以最後的嚴重警告。

五）責成特區委員會在齊兒南黨組織召集全區的黨大會。在這大會上向共產黨員們解釋：因爲齊兒南區黨委員會沒有保證對檢查黨文件的應有的領導的過錯，因爲庫兒斯基特區委沒有及時改正齊兒南區委的錯誤，所以進行重新的檢查。

（聯共中央）

在意大利的反戰運動擴大

警察拘捕兵士的老母幼妻

瑞士革命雜誌的消息：在意大利各大城市和碼頭大批逮捕反對法西斯主義和反對戰爭的宣傳員。現時已有好幾百主張反戰的人被捕和送交法庭。

在晶波列港（意大利的一個最大的碼頭，從那裡運送軍隊到菲洲去）當新兵上船出發的時候，兵士的家屬和親友曾在碼頭上舉行示威運動。法西斯蒂的警察曾開槍驅逐參加示威的群衆。許多兵士家屬被捕。

據英國共產黨的『工人日報』說，當意大利派到菲洲去的『里古里』號船從虔努亞（意大利的一個大海港，海運貨物出入的中心）起錨時，船上的全體水手曾舉行反戰的示威遊行，結果該船遲開了四十八小時。

• • •

莫索里尼的代表到英國遊說

倫敦十五日電：據英國『每日新聞』報駐羅馬通信員的消息，莫索里尼的密友加里巴爾基將軍已於十月十四日從羅馬（意大利的京城）起程到倫敦去了。據一般的推測，莫索里尼委託加里巴爾基正式向英國政府探聽開始談判調解意亞衝突的可能。

開魯全縣暴動

北平十五日電：據中國報紙的消息，熱河開魯縣人民於十月七日暴動起來。駐札該縣的滿洲兵士歸降暴動人民。暴動隊已把全縣佔領，並把被禁在獄裡的人民全體釋放。日本在與暴動隊接戰時，曾死傷了好幾百名。因此日軍趕緊從錦州調一營兵到開魯去。

河北經濟同盟正式成立

據『密勒氏評論報』載　河北經濟同盟九月十九日在北平銀行公會內宣告成立，成立會由全城銀行總經理周作民主席，參加者有三十名其他代表各銀行工廠公司的資本家。結果選舉了九名執行委員，有周作民，吳鼎昌（鹽業銀行總經理，天津大公報老板）翁文灝，何廉等等。

這個同盟底目的就是要幫助日帝在華北進行經濟侵略，做日帝的掉護。

該同盟已決定派遣吳鼎昌等往日本，與日本資本家討論「中日經濟合作」等問題。

• • • • •

上圖：來往船隻經過蘇伊士運河的情形

胜利了的社会主义的斯大林宪法，1936 年 6 月 21 日

全世界無產階級和被壓迫民族聯合起來啊！

工人之路

ОРГАН ДКК ВКП(б) И ДКСПС
聯共遠東邊委和邊疆職工蘇維埃機關報

„Рабочий путь“
21
июня 1936 г,
№ 69 (1492)
一九三六年六月二十一日
第六九期(一四九二)
定價：一月1р. 三月3р. 半年6р. 一年12р. 零賣10к. Цена 10коп.

中國工人熱烈擁護憲法草案

海參崴本報特派通信員來電　自從憲法草案在報紙上發表後，海參崴中國工人（海港，漁業托拉斯，「裁紡」組合，中國戲院，АКО和 列寧學校）都召集了群衆大會討論新憲法草案。在討論中全體中國工人都表示熱烈的擁護，並宣佈更加提高生產，加強國防，來完成光榮的蘇聯公民的天職。

聯共（布）中央委員會與全蘇聯人民委員蘇維埃極沉痛地通告：偉大的俄國作家，天才的文藝家，勞動者底忠實朋友與爲共產主義底勝利而鬪爭的戰士高爾基同志 於一九三六年六月十八號在莫斯科附近的高爾基村逝世。

聯共(布)中央委員會
全蘇聯人民委員蘇維埃

全蘇聯中央執行委員會極沉痛地通告：全蘇聯中央執行委員會的委員，偉大的俄國作家，勞動者底親愛的朋友高爾基同志於一九三六年六月十八號在莫斯科附近的高爾基村逝世。

殯葬高爾基同志的委員會

政府批準以布爾加寧（主席），何魯謝夫，托爾斯泰，伊萬諾夫，斯達夫斯基，斯傑茨基，加民斯基，赫多洛大斯基，溫什里赫特與克留其可夫等同志組織殯葬高爾基同志的委員會。

殯葬高爾基同志由國家撥欵辦理。

殯葬儀式定於六月二十日晚六點鐘在紅場舉行。

接收高爾基同志底文學遺產

聯共（布）中央委員會與全蘇聯人民委員蘇維埃批準以斯傑茨基（主席），克留其可夫，斯達夫斯基，達里，布布諾夫等同志組織接收高爾基同志的文學遺產與書函的委員會。

全蘇聯國防人民委員會代表全體工農紅軍極深刻地哀悼 偉大的俄國作家，社會主義文化底不倦的建設者，紅軍底忠實朋友高爾基同志底逝世。

聯共〔布〕邊疆黨委全會的唁電

黨邊委全會在十九日早會上，曾全體起立哀悼 偉大作家高爾基同志底逝世，並發出下列的唁電：

莫斯科，克雷姆宮，黨中央——史大林同志，『眞理』報編輯部。

與你們，與我們的全黨和全國一起哀悼偉大作家高爾基 同志，勞動者底朋友，爲社會主義文化和共產主義而鬪爭的， 用自己的文藝作品， 用自己所有的工作團結起全世界最廣大的工人群衆 和勞動者在馬克思—恩格斯—列寧—史大林學說底週圍 去爲社會主義和 共產主義底事業而鬪爭的， 最不調和的戰士底逝世。

遠東邊疆黨委全會

遠東特別紅旗軍 與全國一起沉痛 地哀悼天才的 「人類精神工程師」，偉大的人民作家，及爲勞動者底事業而鬪爭的熱烈的戰士，高爾基同志底逝世。

布留核爾，費吉可，
桑古爾斯基，亞羅斯坦，貝爾金

勝利了的社會主義底史大林憲法

（簡譯「眞理」報社論）

蘇聯底憲法草案，是有偉大歷史意義的文件。

第一個蘇維埃的憲法，是在偉大無產階級革命和國內戰爭底火焰颶風中產生出來的。在這個憲法以前，曾公佈了由列寧親手寫的關於勞動者和被剝削人民底權利的宣言。宣佈過了新的社會秩序。那時全世界都知道了工農紅軍兵士代表蘇維埃，是新國家政權底最高形式。那時蘇維埃底任務，就是要粉粹資本主義階級底抵抗和着手建設社會主義的經濟。

第一個蘇維埃的憲法，曾是在史大林同志積極參加之下編訂的。在第三次全蘇俄蘇維埃大會曾根據史大林同志的報告，通過了蘇俄憲法底基本條例。在偉大首領列寧和史大林同志共同工作中，產生了過去人類歷史上從來未有過的法律——得到了解放的無產階級底法律。

同時，那時被戰爭改變了的歐洲，在暴動起來的無產階級和忍受着破壞和饑餓的民衆壓迫下，爲要欺騙這些群衆，曾用盡資產階級德謨克拉西的新花樣，編出適合於自己利益的所謂新憲法。

德國，奥大利，捷克斯拉夫，波蘭，芬蘭及其他資本主義國家，都曾在那裡極 力扮飾自己的 憲法勾當。

資產階級德謨克拉西的政治家曾很高傲氣憤的來看待蘇聯的憲法。蘇聯憲法並沒有掩藏自己的階級面目。蘇維埃政權曾公開宣言自己是無產階級專政。蘇維埃憲法那時並沒有允諾把政治權利底自由和平等給與「一切人們」。它曾拒絕把這些權利給與對勞動者底剝削者。雖然這些剝削者只佔人民中極少的一部份，可是資產階級的政治家却不承認蘇維埃憲法是德謨克拉西的。

實際正就是，並且祇有無產階級專政是勞動者最廣泛和最完全的德謨克拉西。而用全民性做掩蔽的資產階級德謨克拉西，實際祇是資本專政。在資本主義下，就是說在富人底政權下，絕沒有並且絕不能有眞正的德謨克拉西 —— 人民的政權。

這早已不是理論爭論的問題了。歷史已用確定的事實來做了總結。資本主義歐洲底那些所謂新的德謨克拉西共和國還剩下些什麼？德國的國會在那裡呢？意大利的普選制在那裡呢？波蘭的自由和平等在那裡呢？法西斯主義的黑暗和野蠻在衰敗和窮困的城市和鄉村裡橫行着，屠殺着飢寒交迫和毫無人權的群衆。財政資本借着工人階級底劊子手毫無限制的在統治着。

已陷入經濟破產泥坑中的資產階級，在燒着人類空前未有的新屠殺戰爭，準備完成空前未有的罪惡。

在蘇維埃國家裡，社會主義的經濟在發展着，全體人民生活的保障在增長着，在這裡沒有失業，沒有戰爭底陰謀者和放火者。

在這個歷史的環境內就產生了蘇維埃社會主義共和國聯邦底基本法——新憲法。

史大林曾親手參加過一九一八年蘇維埃憲法的編訂。史大林曾在第一次全蘇聯蘇維埃大會上報告關於蘇維埃共和國的聯合，並曾領導起草一九二四年聯邦憲法的委員會。現在，在我們歷史發展的新階段上，史大林又是新憲法——勝利了的社會主義底偉大法律底發起者和創造者。

憲法上所寫的，只是事實，就是勞動者在共產黨領導之下所奪取到的，就是在英勇的集體勞動中鞏固了的一切。

我們所有的，就是社會主義底勝利和凱旋。我們所有的，就是社會主義的公共財產佔了完全和無限的統治地位，消滅了一切資本主義的階級，消滅了貧困，飢荒和失業。我們所有的，就是國民經濟底社會主義的組織，保証每個蘇聯公民能誠懇勞動。

勞動的權利，現在寫在蘇維埃的基本法上。無產階級當初上了歷史舞台時，即開始了爲取得勞動權利的鬪爭，爲爭得這個權利，無產階級不知流了多少熱血。可是在資本主義制度下，勞動的權利只不過是空談。社會主義在蘇聯的勝利，把勞動的權利變成爲基本法律，並且又規定了休息的權利。在這些法律中，表現出一切勞動者過眞正人類的高度文化生活底偉大新時代。

勞動的權利是不能與勞動義務分隔的。『誰不做工， 誰就沒有飯吃』，——這項法律在蘇聯憲法中並沒有改變。蘇聯的第一個憲法曾是給無產階級和勞動進行階級鬪爭的武裝。

階級鬪爭還在繼續着。新法律並沒有減弱了這個鬪爭，並且將極嚴厲的懲辦人民底敵人，——一切反對社會主義的公共財產，反對我們的祖國及其國防的人們。可是資本主義的階級已被消滅了。集體農莊制度已最終確定的勝利了。『誰戰勝誰』的問題已解決了。已用不着有限制的舊法律了。蘇聯已完全成了勞動者的國家了。工人，農民和智識份子，現在已成爲一律平等的蘇聯公民。蘇維埃的德謨克拉西是全民的德謨克拉西。

新憲法規定了普遍的，平等的和直接的不記名選舉制。這個制度將使選舉成爲在政治上教育人民底強大工具，勞動群衆眞正監督選舉的政權機關底工具，成爲像史大林同志所說的鞭鏈蘇維埃工作人員中一切官僚主義傾向底工具。

人民底獨裁——這是列寧解釋德謨克拉西的話。這個人民底獨裁，它的最高政權和毫無限制的主權就表現在蘇聯高級蘇維埃——蘇維埃的國會。這是世界上第一個眞正全民的國會。

憲法草案具體的規定了無產階級專政和蘇維埃德謨克拉西底基本法；各民族間永不更變的友誼，他們的獨立和兄弟的聯合；完全的民族平等；保証享受教育權，保証婦女享受平等和受人尊重的地位及其他等等。憲法保証蘇聯底公民享受言論自由，出版，集會，遊行和遊行示威自由。憲法保証蘇聯公民的人和住宅不可侵犯。

史大林的憲法使每個勞動者有權利和理由很誇耀的說：我是蘇維埃的公民，我是自由，獨立和偉大祖國的兒子，我是它底嫡親兒子，因爲蘇維埃祖國沒有繼子，它是一切爲社會忠實勞動，爲勞動者的幸福而鬪爭的人們底祖國。在蘇聯的憲法裡有偉大的歷史價值。這個憲法培養着蘇維埃公民底熱情和忠實。它使蘇聯底旗幟和國徽成爲神聖不可侵犯的社會主義底標記，而捍衛祖國成爲每個公民的天職。

憲法草案之所以公佈，是爲使全體人民去討論。這是蘇維埃德謨克拉西底強大力量，其生長性，其與人民深刻聯繫的新表現。新憲法更鼓起新的勞動熱忱提高廣大群衆底政治積極性。充實千百萬社會主義建設者集體創造底蘇維埃思想。

蘇維埃憲法是取不盡的政治教育底源泉。在這裡面表現出無產階級革命和社會主義建設底勝利。在這裡面表現出共產黨及其領導者底偉大模範，在這裡面表現出其創造者史大林同志底英明。

「祇有蘇聯才是眞正民主的國家」

本月十五日，本報駐海參崴的特派員彼得同志在與工人研究憲法草案時在場的人特別是在聽到：國民根本的權利和義務那章時候，尤其表示興奮。

在發言中全體表示熱烈的擁護新憲法的草案。

工業鐵工廠施達漢諾夫者陳友同志說：『在全世界上祇有蘇維埃的政府才是眞正的人民政府，是眞正吸收全體民衆 參加管理國家 的政權』。

糖廠施達漢諾夫者張希堯同志說：『這樣的憲法，這是世界上從來所沒有的眞正民主的憲法這是我們國家偉大的勝利。我們更應當要提高生產，使我們華麗的和繁茂的祖國更加富强，爲建設共產主義而鬪爭！』。

（生）

2 第二版 「工 人 之 路」 一九三六年六月二十一日

第六次聯共遠東邊委全會

關於遠東集體農莊和蘇維埃農場的收穫問題

六月 十五號晚會上有 切曼諾夫（Чеманов）和卡普拉羅夫（Капралов）兩同志做了關於遠東農業收穫問題的報告。

切曼諾夫同志在自己的報告中指出，今年邊疆春種工作有不允許的落後。到六月十號止，全邊疆春種計劃的各部門僅完成了百分之八十四零七。集體農莊完成了春種計劃百分之八十九零八，自耕農——百分之三十七。一共還有八萬六千加地沒有種。

特別落後的爲烏蘇里和沿海特別區。

春種落後的原因，就在於耕種機站的領導者，區的黨組織沒有正確的組織春種工作，利用好天氣等。

關於糖蘿蔔的下種比去年要早，但鋤草工作進行的非常不好。

耕開地的工作也還須有更多的改善。按計劃在六月一號應完成耕開地工作，但在六月十號，這個計劃僅完成了百分之三十五。春種拖延就能够影響到準備收穫的工作。

擺在邊疆面前關於收穫的任務，就在很正確的執行聯共中央六月全會關於收穫決議。正確的執行這個決議就是 邊疆收穫運動 勝利的保証。

我們邊疆的集體農莊，今年應比去年多收割六萬七千加。這個廣大的面積必須在十二天到十五天內收割完。這個任務是有一切可能來完成的。爲完成這個任務就必須注意到關於拖拉機，載重汽車等特別是康拜因修理與使用。

卡普拉羅夫同志在自己的報告中，同樣指出蘇維埃農場在執行春種計劃的不充分。在烏蘇里阿穆爾特區有個別蘇維埃農莊在春種工作中特別落後。落後的原因，主要的是由於群衆工作的薄弱。

關於耕開地的工作蘇維埃農莊仍然是重複了去年的錯誤，牠們不僅沒有執行計劃，並且在有些地方已經耙過十多天了，而沒有開始耙。

康拜因在收割時，有很主要作用，因此現在必須動員一切可能利用牠，使收穫能按時完成。

報告人又指出，邊疆的蘇維埃農場在準備秋收工作非常不好。如修理康拜因以及其他機器的計劃還沒完成。

最後報告人又提出許多關於準備收穫的具體辦法（淸洗康拜因內糧食子，機器化的淸洗糧食等）。

* * *

在這天晚會上參加討論這兩個報告的，有那格維茨（伯力特區黨部書記），官中（猶太自治特區黨部書記）及其他等五位同志。

十六日早會上，繼續發言的有旦尼羅夫（卡加諾維奇區區委書記）等十三位同志。在這日晚會上。出席參加討論的有邊疆執委主席克科托夫同志及其他數同志。在關於這兩個報告的討論停止後，有哥洛古金同志出席報告關於農村經濟生產品的採集。

十七日早會參加討論哥洛古金同志底報告的有十位同志。

在通過關於這個報告的決議後，有愛斯特林（邊委宣傳和煽動部主任）同志報告邊疆黨教育的狀況和任務。

在這日晚會參加討論這個報告的有世瓦茨曼等十四位同志。最後基本通過關於黨教育的任務決議的草案。

隨後，全會聽可西阿爾同志關於重工業施達漢諾夫運動報告。十七日晚會，十八日早會和十九日早晚會都繼續討論。

十九日晚會最後在全場不斷掌聲歡迎下有拉夫靈切夫 同志長篇的發言。

二十日早開各報告決議審查委員會。下午一時全會開會通過各報告決議後，全會遂宣佈閉會。

鋤草工作爲目前迫切任務

六月十八號，在『廣州公社』集體農莊第四區召集了集體農莊莊員大會，討論關於春種工作的總結和準備收穫中的任務。

在農莊主席報告之後，進行了熱烈討論。

在報告和討論中都一致指出，農莊現在雖然在基本上已完成了春種計劃，但在春種過程及目前工作中還有許多大的缺點。

發展施達漢諾夫運動，進行社會主義比賽， 爲整個農莊 的基本問題。農莊應在廣大發展施達漢諾夫運動的基礎上進行自己的一切工作。但是農莊的領導及黨組長對這個工作幾乎完全沒有進行。

對有系統的進行每個莊員執行計劃的統計工作，到現在仍未執行。因此到現在農莊中對每個莊員計劃還僅是用一橫槓作記號。這實際上是對發展施達漢諾夫運動最有害的平均制。

關於鋤草和耕新地爲目前農莊最迫切的工作，而這個工作仍是進行的非常不充分，特別是第四區。

除此還有爲農莊中最壞一部的即牛奶棚的工作。過去的牛奶棚主任張永發在那裡簡直做了許多反農莊的破壞事情，如把許多蕎麥種子喂了牛，建築房子的材料毀作木材燒，假造不正確的賬單等。這些事實雖然曾有過不少莊員們的信號，而農莊領導者並沒採取具體辦法，最後使張永發沒受任何處罰由農莊逃走了。這種失去階級警惕性的情形是絕對不容許的。

除此，還有個最重要的缺點就是群衆的文化教育工作的薄弱，所有這些缺點經過大會嚴厲批評，最後通過了一個改正這些缺點和準備收穫工作的決議。這個決議是必須即速執行的。

施達漢諾夫者的論壇

爲什麼我的工作做得快，而且質量還好

海參崴地包（火車頭修理工廠）十字灣連杆生產隊員李廣才說：

——我們生產隊，大部份的工作，是專們修換連杆裡面的銅瓦。

銅瓦都是新鑄造出來的，必須要按照連杆裡面的大小，把銅瓦劃好，然後拿到機器上去砌平。

劃銅瓦這個工作，對於我們技術熟練上是有很大關係的。假設劃大了，機器砌平了以後，還要再把牠做小，才能使得這銅瓦能够正恰當的放在連杆頭裡，這樣一來，旣費力而又費時間。其次假設劃小了，機器就要把銅瓦更砌小了，結果砌出來的那塊銅瓦，就完全不能應用，要白白地拋棄了。假設劃得正合適，在機器砌好後，祇用銼稍稍銼了幾下就行了。所以劃銅瓦的線，是一個很重要的工作。每塊銅瓦的工作，按照計劃，應當在一點鐘以內完全劃好，可是實際上我祇用了十五分鐘就把牠完全劃好了。

應怎樣才能很快的和合適的把銅瓦劃出來呢？據我工作心得和經驗，可分幾個程序：

（一）先把銅瓦在鐵板上放平；（二）把曲尺弄堅實；（三）先劃寬窄，然後再劃長短。在劃銅瓦的時候，首先必須劃一條小線，然後根據這條小線，再把牠劃深和裁砌下來。同時在劃銅瓦的時候，還要很注意的，把尺碼一定弄準了。

這個就是我所以能够把銅瓦很快的和很合適的劃出來，而且質量還非常好的經驗。

海參崴地包施達漢諾夫者：
李廣才

怎樣才能鎔化出好的鐵來？

如果要鑄出的東西堅實，光滑和美麗，那末首先就要來看看我們所鎔化的生鐵是怎樣的。

怎樣才能把生鐵鎔化得好，還要快和渣滓很少呢？這個就是要看各人工作的技能和經驗。據我的經驗大概的手續如下：

第一，在每次化鐵的時候，必須把鎔鐵爐完全修理好，在爐子裡應塗抹焦炭粉和火磚粉，而焦炭粉應當調合多少泥土，這都是有一定的數量的。所以必須要把牠調和得完全適合。

第二，在爐子裡裝的生鐵，焦炭和石塊，是沒有一定的，所以不應當機械的規定數量 和 死板板的執行。譬如：通常放置一百基羅生鐵，就要放置十五基羅焦炭和四基羅石塊。但是還有一點，應注意的，就是焦炭的成份，有各種各樣不同的，如果焦炭是帶有油質的，那末就應當多多的放置。因爲把焦炭放少了，鎔化出來的熟鐵，成色就不好。如果是把焦炭放置多了，固然是能够迅速的鎔煉出很好成色的熟鐵，但是材料是枉費了。

第三，要知道鎔化出來的熟鐵，是做鑄造什麼東西用的。譬如：假設是鑄火輪船鍋爐汽管這一類的東西，那末，就必須要選大塊的生鐵來鎔煉，這樣可使鎔出來的熟鐵，鑄出來的東西才能堅實，耐久和光澤美麗。假設要是用了碎生鐵，那末鎔化出來的熟鐵，鑄出的東西，不但不堅實，並且有很多的沙眼。假設要是鑄造一般普通的東西，如家庭的用具和小的鐵件，就必須要利用這些碎的生鐵。

可是爲使鎔化出來的熟鐵，成色好和數量增多，那末就必須要提高自己的技術知識，因爲僅依靠着在實際工作中所 得到的經驗 是不够的。

我們化出來的熟鐵，成色美麗和數量多，就是因爲我們在每次鎔化了一次生鐵後，都要詳細的考究工作的結果，其次我們工作共兩個人，彼此間在工作上皆分配得很平均，因此每次修爐和鎔化工作，都是覺得非常的有秩序，絲毫不覺得慌忙，從容的把爐準備好和進行鎔化工作。

這就是我的化生鐵工作的一點小經驗，以供給大家的參考和採用。

海參崴工大鐵工廠
施達漢諾夫者：陳 福

勞動者代表蘇維埃

在蘇聯所有的政權屬於以勞動者代表蘇維埃爲代表的城鄉勞動者！——這句話是用火燃樣的文字寫在昨天所公佈爲着全國人民進行討論的蘇聯憲法草案之上的。這句話深入到不僅是我們祖國的而且全世界的千百萬人底心中，它是偉大的社會主義道路底最明顯的表現和最明顯的總結，列寧—史大林底黨正是沿着這條道路勝利地領導了我們國家經過階級戰鬪底風暴和浪潮而前進的。

勞動者代表蘇維埃！這個史大林的公式是第一次被聽到，它在蘇維埃國家底基本法中以前未曾有過而且也還不能有。在一九一七年十一月七號的那天，當着無產階級專政剛才創立出來，它的第一步行動便是向全俄第二次代表大會提出將政權轉交給『工，農，兵代表蘇維埃』。後來爲着青年的國家底國防而建立工農紅軍，因之很快便將這公式的後一部份加了一些修改。『工，農，紅軍戰士代表蘇維埃』——這就是蘇維埃國家政權機關底名稱。現在按着憲法草案，這個名稱將用新的——『勞動者代表蘇維埃』——來代替，它反映着在偉大的史大林時代在蘇聯 所發生的最深刻 的變動。

我們國家的經濟也變成了另外一樣，完全不同了，社會關係也變成不同了，人們也是不能認識地更變了。蘇聯的工人階級按着社會主義的規律改造着六分之一的世界，同時適應地改變了自己，並且改變了自己的同盟者——農民——底本性，也大爲改變了智識份子底成份和社會本質。消滅了剝削者階級，摧毀了食利者以及居民中其他寄生的階層，而這些都是組成資產階級階層中所必不可少的部份。

財富和金錢——是不論那一個資本主義國家底主人和基礎。幾十年來人民曾幻想『勞動將成爲世界底主人』的時代的到來。這個時代在我們國家中是達到了。勞動由資本主義下 底自 由的 和奴役 的形式變成爲光榮的事情，發展每個蘇聯公民底創造能力與天才的事情。

社會主義勞動像是一陣驟雨，它刷洗了並且現在還刷洗着蘇維埃土地上人們底所有的資產階級的心裡和道德上的，資產階級的傾向和信仰上多年來的殘渣。而這種心理和傾向曾不僅是剝削者階級所自有的特點。例如，它們也很嚴重地影響了智識份子。列寧和史大林曾不祗一次地指示出，智識份子底大部份是資產階級和小資產階級。以前在資本主義下，資產階級的智識份子實質上是資產階級底奴僕，資本壓迫勞動者的執事人和監督人，資本家階級底意志執行者與思想傳佈者；他們却把自己裝扮成爲超階級的與在階級以外的。

俄羅斯智識份子底大多數是曾用敵視態度對待社會主義革命的。爲着重新教育舊的智識份子，以及造就出無數量的蘇維埃智識份子的新的青年的幹部，曾需要了布爾塞維克黨底很大的教育工作，需要了社會主義改造底全部巨大路程。現在當着史大林的憲法上面寫着社會主義在我們國家內的成績，我們可以自傲的說：列寧底『智力與體力勞動者接近的事業可以大踏步地前進』的希望是已實現了。列寧底先見——一切的經驗將最終地吸引智識份子到我們的隊伍裡來——是已實現了。史大林同志底意見與要求工人階級將有能力的生產—技術智識份子——是已實現了。

現在蘇維埃的智識份子——這是史大林的後輩，是革命後年代中，特別是五年計劃年代中所教育的。現在蘇維埃的智識份子——這是以工人階級爲典型的，是蘇聯勞動者中完全平權的部份。在蘇聯憲法草案中將政權機關定名爲勞動者代表蘇維埃，是着重指出來蘇維埃的智識份子是有完全平權的，他們是勝利的社會主義底堅固基礎之一。

蘇聯憲法草案底公式——『勞動者代表蘇維埃』——反映着社會主義建設底另外一 個最堅强的 成績——工人階級 與農民間 差別底消滅。

集體農莊制度淸除了鄉村生活中的愚昧主義，並且堅決地提高了農民群衆底文化水平。集體農莊的農民，與工人階級同樣的，從其中生長出成萬的社會主義勞動的先進者與社會主義底組織者。

史大林的全國工業化與農業經濟集體化的政策已消滅了不平權的現象。蘇聯憲法草案上面也寫着社會主義底這一個巨大勝利，宣佈着一切政權機關爲勞動者代表蘇維埃，使所有蘇維埃政權機關的選舉爲用普遍的，直接的，與平等的並且是不記名投票的方法。

很早已經成爲無可爭辯的事實：蘇維埃制度，蘇維埃政權是一切可能的國家組織中底最民衆的與最民主的國家組織。蘇維埃！這個字，這個名稱早已成爲全世界各處勞動者所親愛與親近的了。

工，農，紅軍戰士代表蘇維埃到現時爲止，曾是蘇聯絕大多數居民的政權機關。勞動者代表蘇維埃則是全體蘇聯人民的政權機關。工，農，紅軍戰士代表蘇維埃曾經是列寧所發明的無產階級專政底形式，在這種制度下，蘇聯的人民在列寧史大林黨底領導之下，消滅了剝削者階級，建立了社會主義的經濟，使勞動成爲光榮，剛毅與英勇的事業，將所有的人民變成爲社會主義國家中的勞動者。勞動者代表蘇維埃將實現着列寧—史大林底事業，將其進行到底，從我們祖國底面目中淸除出去資本主義底一切殘餘和污點，使蘇維埃聯邦前進到共產主義底極峯。

（簡譯自眞理報社論）

种族与民族的完全平权，1936 年 6 月 24 日

2 第二版 「工 人 之 路」 一九三六年六月二十四日

遠東中國勞動者熱烈的討論史大林的憲法

更加來鞏固我們全世界勞動者的祖國

遠東的中國勞動群衆，都是過去中國農村破產的農民和城市失業的工人或手工業者。他們大半是爲飢寒所迫，爲逃避失業的痛苦，地主資本家的剝削，土豪劣紳，官僚軍閥的壓迫，才拋鄉離井的逃出來找個活幹。

但他們中間有不少的還是在革命前已來到俄國的。他們那時所受俄皇走狗的壓迫與凌辱和俄國資本家地主的剝削，只有比在中國更厲害的。但是爲的生計逼迫，只好忍氣吞聲的受下去。一九一七年偉大的十月社會主義革命也同樣喚起他們團結在列寧黨的旗幟下同其他民族工人農民手攜手的爲勝利建立無產階級政權而鬬爭！

無產階級的十月革命才給了在蘇聯中國勞動者以自由，給以享受平等待遇的權利。

勝利的社會主義建設，已給了中國勞動群衆作工權利（有活幹）的充分保障。中國勞動群衆現正和其他民族勞動人民過着富裕文化的生活。

在蘇維埃政權下過着自由，平等，民族友愛幸福生活的中國勞動群衆，一聽到蘇維埃政府公佈偉大領袖起草的新憲法草案來給全國人民討論，便引起異常的興奮和對現在與過去的無限感想。

伯力『廣州公社』集體農莊莊員，老紅色遊擊隊員李唐山同志在討論憲法草案談話中說到，他過去在中國山東因受不住地主土豪的盤剝，官廳的壓迫，才於一九一六年逃到俄國。逃到俄國之後，因痛恨沙皇政府對中國人的苛待和資本家的剝削，便於一九一七年革命開始時就在木爾曼斯克參加紅色遊擊隊，一直到一九二一年都積極的在反對白黨，反對英國帝國主義武裝干涉者，直到趕跑這些反革命爲止。

革命後便在頓巴斯煤礦作工，現在又轉到遠東社會主義邊疆來參加集體農莊的建設。李同志又繼續說道，從革命到現在十八年多以來，蘇聯社會主義建設的這些偉大勝利，都在他親眼看着發展起來的。這都是工人，農民照着列寧—史大林的指示一手建立起來的！過去在中國常聽說，工人農民生來是命該受窮苦的，更說不上過問國家大事了。現在讓他們看看我們在蘇聯的工農勞動群衆罷！我們在很短的十八年當中趕走資本家，地主，官僚軍閥後建立起世界上第一等富裕的國家——全世界勞動者的祖國。

現在我們的憲法上規定出：各民族勞動者便是蘇聯這樣強大國家的主人。每個勞動者都有一切自由，平等和直接參加國家管理的權利。我現在回想起這十八年來的事情，心裡是多麼快活高興！我將努力來更加鞏固我們這美麗底全世界勞動者的祖國！（清）

「蘇聯公民是世界上最光榮的稱號」

伯力各處中國工人和勞動者於十四日晚都會集在下洪口中國工人俱樂部來聽關於史大林憲法草案的報告，當報告人將憲法草案一條一條的翻譯成中文時，到會同志們都滿面笑容的在用心細聽。在聽完後，就進行熱烈討論，最後一位工友馬上起來提議通過一個決議，號召全遠東邊疆中國勞動者都來過細研究這憲法草案，來更努力工作以回答偉大史大林所給我們的幸福。在大家通過的號召中特別指出：都來忠實的保護社會主義祖國，高舉蘇維埃愛國主義旗幟，來奪取蘇聯公民的稱號，蘇聯公民是世上最光榮的稱號！

保護祖國遠東邊防軍的英雄紀念碑的圖案

這是我們社會主義國家偉大勝利的結果

在新憲法草案裡第一百二十三條裡說蘇聯的國民，不分某民族和種族都是平權的和在第一百三十六條裡說每個國民都有選舉和被選舉權。這是實在的，我從一九三三年就被選爲城市蘇維埃委員，直到現在。

史大林的憲法草案就是給全世界看看，我們蘇聯的工人階級，集體農民和勞動者在列寧—史大林的黨領導之下所得到的勝利。

我特別自豪的讀第十章——國民的基本權利和義務。

在一百一十九條寫着：國民有休養權。每個國民每年都有一次年假，薪金照給。國家設有很多的休養所和療養院。我們的班從六月完全歇年假了，我現在已到二十六里地療養院休養。

新的憲法草案這是我們社會主義國家偉大勝利的結果。

（海港第一區施達漢諾夫者于鳳芝）

在遠東邊委第六次全會上

克魯托夫同志的發言

在六月十六日邊委全會晚會上，討論切曼諾夫和卡普拉羅夫兩同志關於遠東集體農莊和蘇維埃農場的收穫問題時，有邊疆執行委員會主席**克魯托夫**同志發言。

克魯托夫同志在自己的講話中首先指出，對每個黨員，或每個組織底工作的估計，將不是根據在農村經濟中的個別勝利而決定，而是要看今年施達漢諾夫年的結果。這個工作的估計就在於我們是怎樣爲提高收穫而鬬爭。就在於收穫糧食多少爲標準。

今年邊疆應完成三十萬萬盧布投資的計劃。

邊疆的工業在飛快的發展。爲要保証邊疆農業能適合工業的發展，滿足邊疆對糧食的需要，我們就必須提高農業的收穫。所謂『沒有可能』把邊疆從靠由外輸入糧食地位解放出來的理論，是反國家的理論，應給以無情打擊。

今年邊疆比去年要種的多。因此我們的任務就加大了。黨邊委對農村經濟盡了極靈活的指導，曾派出一千多人作爲鞏固邊疆各區的領導。

克魯托夫同志繼續指出，在我們邊疆農業中有不少的優秀施達漢諾夫者，他們很好的精通技術，並且在生產中表現出很好的模範。

烏蘇里和沿海特區在春種中沒有做到他們所能做的。在去年因邊疆春種工作速度的遲緩，史大林同志曾親自給我們一個電報，指出春種速度遲緩的原因，就在我們減弱了自己的階級警惕性。

今年，史大林同志又指出我們同農莊莊員工作的不充分，因此對春種準備工作也進行的極不能令人滿意。

現在我們必須切實記着史大林同志的指示，在實際上消滅農村經濟工作的一切缺點。

今年我們共種了四十二萬八千五百加小麥。收穫的程度，每加應出產十稱特點三小麥，也就是說，我們今年一共須收穫四百四十三萬稱特小麥，或二千六百五十萬普特小麥。這個任務是非常大的。但爲要滿足邊疆的需要，我們還須要收穫到三千七百萬普特小麥。這正是我們現在所要做到的。

對收割中的損失，我們也是要進行無情鬬爭的，去年在糧食托拉斯的蘇維埃農場內，在收割中小麥損失到全收穫的百分之三十五。這也就是說，損失了五十萬普特糧食。

所以在今年的收穫中的重要任務之一，就是同損失作鬬爭。

在說到耕種機站的工作時，克魯托夫同志就指出，爲春種工作和準備收穫工作不充分的主要一個原因，就是耕種機站工作的不好。耕種機站應是政治的組織者，應同集体農莊莊員們發生密切聯係，組織——經濟的鞏固集體農莊。而這一點耕種機站是沒有做到的。

接着克魯托夫同志又指出，在個別集體農莊中還有破壞農莊章程的現象。這是要馬上糾正過來的。

最後，克魯托夫同志又指出愛護和利用幹部以及關心新遷移到遠東集體農莊工作的人們。

在結論中，克魯托夫同志提出了許多目前關於鞏固集體農莊的具體任務。

我們邊疆黨的組織應發展集體農莊中黨的政治群衆工作。不應該有一分鐘的自滿自慰，應該時時刻刻加緊自己的階級警惕性。揭破階級敵人，給他以無情的打擊。

在邊委和拉夫蠻切夫同志領導之下，我們能够而且必須以施達漢諾夫的精神完成施達漢諾夫年！（鼓掌）。

種族與民族底完全平權

（譯自「真理」報社論）

資本主義下整個的歷史道路上反映出民族與種族壓迫的醜陋影形。沒有民族與種族底迫害，沒有因爲膚色與語言底差別而人對人底摧殘，那麼資本主義便不能够存在。資產階級用將其屬下的居民分成爲『統治的』民族與種族底人民以及『低等的』民族與種族底人民的方法，來保証與掩飾自己階級底統治。

資產階級的政府愈是覺得自己不穩固，也便愈是加强民族的壓迫。沙皇政府爲着要把自己從革命中拯救出來，便用民族蹂躪和民族屠殺作爲自己政策底基礎。它縱使格魯金人去壓迫亞爾美尼人，俄羅斯人去壓迫烏克蘭人，並且又縱使他們全去壓迫猶太人。

現時德國的法西斯主義在與工人階級底鬬爭中，更是十倍地應用這些辦法·——並且傴僂的學者不顧對自己稱號的恥辱，造作着鄙陋不通的『種族理論』以來辯護對於工人的蹂躪與血腥的屠殺。

資產階級的民主會不能够消滅民族的壓迫，並且也未曾企圖做到這點。它僅是粉飾門面，在自己的憲法裡宣佈着形式上的『平權』，但是不論在什麼時候與在什麼地方都未曾實行到生活之中。在美國，形式上黑人是有平權的。憲法上並未曾予以限制。但是民主的憲法却忍受着對於黑人的非人道的嘲弄，法庭保護着黑人在生活各方面中底實際上完全無權的現象，以及對他們的非人道待遇。

在所有其他資產階級的國家中，民族的『平權』就是這樣或是與這相近似。憲法——是一回事，生活——是另一回事。『資產階級社會在解決民族問題的事業上，已完全破產了』（史大林）。

民族問題在事實上已爲蘇聯的偉大社會主義革命所解決了。它不但在其勝利底第一天宣佈了完全的民族平權，並且也把它實現了出來。

偉大的列寧和史大林所訓練的共產黨底理論和實際是勝利了。不論什麼樣的資產階級的民主，不論它是多麼完全，也不能够消除民族與種族的界限，不能够實現完全的民族平權，因爲不平權底來源就是根蒂在資本主義階級之中。

『資本主義底存在而沒有民族壓迫是不可想像的，正像社會主義底存在而不解放被壓迫民族與沒有民族自由是不可想像的一樣』（史大林）。

布爾塞維克民族問題理論底基礎是爲列寧和史大林所製定的。從第二次黨大會開始，布爾塞維克即揭露了企圖在社會主義詞句之下引入民族排擠的民族主義者。史大林同志領導了在高加索與民族主義者的鬬爭。他在大戰以前寫成了自己著名的著作『馬克思主義與民族問題』——關於民族問題的布爾塞維克的作品。他曾在一九一七年布爾塞維克底四月討論會上對於民族問題發言。史大林同志在蘇維埃國家內的關於民族自決與民族建設上曾做了很偉大的工作，同時鞏固了蘇維埃共和國聯邦，他曾是其國家形式底創造者。

史大林同志曾在屢次共產黨大會上是關於民族問題的報告人。在他底直接領導之下，布爾塞維克直前地與堅決地將列寧—史大林底民族問題理論底基本原則實行於生活之中。到現在，與社會主義底勝利一起，蘇維埃國家的與全世界的千百萬勞動者正在慶祝布爾塞維克的民族問題理論底完全勝利。

在蘇聯憲法草案底第一百二十三條中寫着有强大激勵力量的字句：

『蘇聯的公民，不分其所屬的民族和種族，在所有的經濟，國家，文化與社會—政治生活底各方面中有平等的權利，是不可變動的法律。

不論任何樣的直接或是間接地限制這些權利，或是因爲所屬的民族和種族關係而規定公民以直接或是間接的特權，同樣地，民族或是種族的排擠，或是仇視與輕視的任何宣傳，都將受法律的裁制』。

憲法草案底這個條文是非常精彩的。它不僅實質上保証着不分其所屬的民族和種族，公民有真正的，完全的，實際的平等權利，同時它揭露了所有那些資產階級政治家底虛僞，欺詐和矯飾，他們在民主的憲法掩蓋之下，進行因爲人們民族或是種族的關係，對之採取完全卑鄙的欺凌。法西斯蒂的種族不平等的宣傳得到了適當的位置——它被蘇維埃法律宣佈爲最重的罪惡與受蘇維埃法律最重的處罰。蘇聯憲法底這個條文向全世界宣佈是斥責法西斯主義罪惡和它宗教式的瘋狂與野蠻的理論的最偉大法案。

在憲法草案裡不祇僅有第一百二十三條是保障民族平等與民族自由的。關於這方面，還有保証在法庭上使用本民族語言的第一百十條，與第一百二十一條——在學校裡使用本民族語言，以及第一百三十六條——不分種族和民族底所屬，有同等的選舉權與被選舉權。

蘇聯公民底民族平等與民族自由是以蘇維埃社會主義國家制度本身爲保証的，——它是在鬬爭與勞動中所檢驗與鞏固的各民族共和國底弟兄聯合。在蘇維埃聯邦裡沒有『統治的』與『低等的』種族和民族。並且爲着免得那人口衆多的民族得到無意中的特權起見，在高級蘇維埃組織中有平權的一院——民族蘇維埃——保証着必需的平衡與估計到各民族共和國與自治特區中的民族特點。

憲法草案裡的講到所有各民族底民族自由，以及處罰各種的種族與民族排擠的宣傳的那些條文，將不僅是在蘇維埃國家裡遇到廣大的同情。這些條文給所有的蘇聯公民以誇耀的感覺。遠在蘇聯國外，這些光榮的條文也將遇到廣大的同情。全世界上絕大多數的居民是屬於被壓迫與被奴役的民族和種族。他們是被『統治』種族底資本家所奴役。但就是一些形式上是自由的民族，對於自己的將來，也却帶着恐懼的感覺。亞比西尼亞就是個明顯的例子。

在慶祝蘇維埃聯邦的民族平等與民族自由的勝利中，全世界的千百萬被壓迫民衆將看到很明顯的推翻了殖民者——帝國主義者所造作的一個種族與人民是較其他的種族人民爲優秀的『自然法則』。它揭露了法西斯蒂的種族欺詐。民族與種族底完全平等是可以實現的，——因爲它在蘇聯已經實現了。它隨自己帶來了文化底發揚與人們所有的能力與天才底發展。它証明着新的世界，由社會主義所產生的新的社會關係，新社會創造者底偉大。全世界上所有的民族與種族底千百萬被壓迫人民確信着這是唯一正確的道路。

苏联宪法的纪念日，1936年7月6日

全世界無產階級和被壓迫民族聯合起來啊！

工人之路

„Рабочий путь“

聯共遠東邊委和邊疆職工蘇維埃機關報 ОРГАН ДКК ВКП(б) и ДКСПС

6 июля 1936 г № 74 (1497) 一九三六年七月六日 第七十四期

蘇聯憲法的紀念日

在列寧－史大林黨領導下偉大的十月社會主義革命勝利，在地球六分之一的領土上推翻了資本主義統治和建立起無產階級專政，不僅消滅了沙皇時代的民族仇視和壓迫，並且把一百七十多個民族，在平等的自由聯合底基礎上，聯合成世界人類史上第一次的蘇維埃社會主義共和國聯邦。在這種有全世界歷史意義的偉大勝利，在十三年的今天，在史大林領導下，正式的已寫在我們蘇維埃國家的基本法律，蘇聯憲法上。

在十三年的今天，我們國家中，沒有一個民族的經濟，政治和文化不是隨全國社會主義建設的高潮而飛快的向前發展。沒有一個民族的勞動者中不聽到『謝謝史大林同志給我們的幸福生活』的歡呼。今天正表現是社會主義人民的偉大勝利慶祝節。

在蘇聯憲法的十三週年的今天，正當蘇聯全體人民討論史大林的蘇聯的新憲法草案底熱潮中。在這個憲法草案中寫上，蘇聯全體勞動者在列寧－史大林黨的領導下，在爲建設社會主義而鬪爭中所堅固奪取的，不可動搖的勝利品。這個憲法証明，我們國家中的社會主義最終的確定的勝利了。我們消滅了人對人的剝削，建設起社會主義經濟，把勞動變成光榮的英勇的事業，把全國人民都變成爲建設社會主義的勞動者。在新蘇聯憲法草案中所寫的新的史大林公式——勞動者代表蘇維埃和全民普遍的，平等的和直接的不記名選舉制，都表示我們社會主義國家的空前未有的鞏固和發展，同時鼓舞起全國各民族勞動者的建設熱情，更迅速的走向共產主義社會。

但是我們不要忘記：資本主義的殘餘在我們國家中，還未完全消滅，我們必須時刻提高我們的革命警惕性去反對侵犯社會主義財產和叛變社會主義祖國底人民的一切敵人，同時要更發展施達漢諾夫運動的高潮來使我們社會主義祖國更强大和鞏固。積極的參加訂寫最近蘇維埃政府所發行的公債，是每個勞動者愛護自己祖國中不可分離的任務之一。

當蘇聯全民討論新憲法草案和蘇維埃民主空前未有的發展中，在資本主義世界正消滅資產階級民主最後的殘餘和野蠻法西斯主義的猖狂。這就再次更明顯的向全世界勞動者証明：只有列寧－史大林黨所指示的蘇維埃道路，才能保証勞動者以眞正的民主自由和把他們永遠從資本奴役和剝削中解放出來，過快樂幸福的生活，同時也就更鼓勵他們團結在共產國際所號召的反法西斯主義，反戰爭，反資本進攻的口號下，去爲推翻資本主義和建立蘇維埃政權而鬪爭；尤其鼓勵那些在中國共產黨領導下的，同時，在廣大的領土中已經建立起蘇維埃政權的中國勞動者聯合全國民衆去共同進行爲反對日本帝國主義的侵略和奪取中國全體人民的自由和民主的革命民族戰爭而鬪爭。

讓全世界勞動者更緊密的團結在蘇維埃社會主義共和國大聯邦周圍以奪取自己解放的勝利！

羅曼羅蘭給遠東中國戲院底信

莫斯科電： 據《太平洋星報》通信員的消息，羅曼羅蘭寫信給海參崴中國戲院的全體工作人員：

『親愛的同志們！我非常感激你們給我的賀電。我欣喜眼看着思想和藝術工作人員的團結在全世界擴大着。在我們現時所處的法西斯主義和野蠻的民族主義的時期，一切過去的殘餘，阻碍人類發展底種族區别，各國家間的界限和民族競爭都在向一塊湊合着。我們的每個人都站在自己的陣地上鬪爭着。但是我們都應當了解，親愛的同志們，我們是一致的軍隊，如果在某一條戰線上發生退却的話，那它在别的許多戰線上是在前進着和勝利着。』

羅曼羅蘭

日本漁船在蘇聯海面偷捕魚蟹

堪察加二日電：近來因爲已到捕魚的興旺時期，日本漁船在蘇聯海面大肆偷捕魚蟹。因此蘇聯邊防隊不得不設法與這種强盜行爲鬪爭。例如六月二十六日，在堪察加東岸離蘇聯海岸一個半海里的地方（在Трехп лоны 海角附近），曾截獲日本漁船«Cовкоку丸»，船上共十二人，他們在那裡偷捕鱈魚。同日又在那一帶離岸零三海里的地方，又截捕«Хамадзима丸»，船上共九個漁夫，也是幹偷捕的勾當。

六月二十七日，在堪察加西岸的«Сивуч»海角一帶，在快到岸的地方也俘獲一隻偷捕鱈魚的日本漁船。

六月二十九日，在«Опала»河口離岸約二哩的地方，曾俘獲偷捕大蟹的日本漁船«Акалей丸»，該船的船長並不否認該船是在蘇聯海面。該船在我岸邊下了二百餘米突的漁網，可是當蘇聯邊防當局接近該船時，他們即把漁網扔在水裡，企圖消滅非法捕漁的痕跡。

關於第二個五年計劃(第四年發行)的國內公債和關於更換以前所發行的公債

蘇聯中央執行委員會和人民委員蘇維埃底決議

爲適應於我國整個國民經濟和文化建設底迅速高漲，城市和集體農莊鄉村的勞動者底物質福利不斷增長，並且爲了吸收勞動者底日益增長着的儲蓄，來增强資助經濟文化建設和蘇聯底國防，蘇聯中央執行委員會和人民委員蘇維埃，根據在發展國內公債和鞏固盧布的行情已達到的成績，決議：

一）發行第二個五年計劃（第四年發行的）國內公債在一九三六年內推銷，總數爲四十萬萬盧布，期限爲二十年——從一九三六年九月一日起到一九五六年九月一日——，利息爲年利四分。

二）爲了繼續減低借貸利息和改善對國內公債底整個組織事務，進行更換以前所發行的國內公債，用第二個五年計劃（第四年發行的）國內公債券更換下列的國內公債券：

а）蘇聯國民經濟工業化第三次國家有獎公債；

б）『五年計劃四年完成的』國內有獎公債；

в）五年計劃左右全局的第三年發行的『五年計劃四年完成』國內公債；

г）完成五年計劃的第四年的國內公債；

д）第二個五年計劃的國內公債，——第一年，第二年和第三年發行的。

三）委託蘇聯財政人民委員會根據這些，除第一條所指的第二個五年計劃（第四年發行的）國內公債券以外，補充發行相當數量的債券，以便更換以上所指的債券。

委託蘇聯財政人民委員會，從一九三六年九月一日起，着手組織（首先是在大城市裡直接在企業裡，在機關裡，鄉村蘇維埃和集體農莊裡）更換第二條裡所指的國家債券，務要使這種更換在一九三七年三月一日以前完結，以便使那些在這個期限內沒有把自己的債券更換到第二個五年計劃（第四年發行的）國內公債券底人們，有權把自己債券在一九三七年九月一日以前拿到儲蓄銀行去更換，凡是到一九三七年九月一日沒有拿去更換的債券，就算失去自己的效用並再無權更換。

四）凡屬於應更換第二個五年計劃（第四年發行的）國內公債券底國家公債，其開彩還是按原先的規程，到一九三六年九月一日爲止。

凡屬於應更換的有息債券，其領息証券（купон）按期支付（一九三六年十月一日，一九三六年十二月一日和在這些期限以前）。

五）公債券和由公債券所得的收入（連所得的奬也算在內），免除一切一般的國家稅捐和地方稅捐。

六）關於推銷公債和進行更換的條件和手續等底規程和指令，由蘇聯財政人民委員會編訂，經蘇聯人民委員蘇維埃批准頒佈。

蘇聯中央執行委員會主席——

加里寧

蘇聯人民委員蘇維埃主席

莫洛托夫

代理蘇聯中央執行委員會書記

溫什里赫特

莫斯科，克里姆宮，一九三六年七月一日。

告全體男女工人，職員，工程師和技術家，科學家和藝術家及全蘇聯職工會組織書

全蘇聯職工會中央蘇維埃關於發行第二個五年計劃第四年的新公債及由以前舊公債更換新公債的政府底決議，特發表了告蘇聯全體男女工人，職員，工程師和技術家，科學家和藝術家，醫生，教員和一切勞動者書。

在這個信中，職工會中央蘇維埃號召大家每人都積極寫出兩個星期到三個星期工資的新公債，同時把以前的公債票更換新公債票。

勞動群衆要以購買國內公債，來表明自己對自己的偉大祖國的忠誠，愛護以及對自己的政府的信任。

蘇聯——已勝利的社會主義國家，工業化的强國，世界最大的社會主義農業的國家，——在以自己的力量，而沒有外部的借貸和外債的奴役，建設着共產主義社會底偉大建築。我們社會主義勝利底偉大就在這裡。

與社會主義建設勝利同時並進的，即蘇聯人民生活的不斷改善。

現在我們社會主義底新的偉大建築還在向前發展。在一九三六年在工業，鐵路交通，農業和國防方面需要的投資有三百五十萬萬盧布。

對國民教育的資助，在一九三六年有三百三十四萬萬盧布，衛生和教育——六十三萬萬盧布，居住和市政建築——四十一萬萬五千六百萬盧布，社會保險——八十一萬萬五千萬盧布。今年僅在增加教員工資方面就要資助十五萬萬盧布。關於禁止打胎和增加國家對產兒的幫助的法律，就額外增加八萬萬七千萬盧布，作爲建築和擴大幼稚園，幼兒院和產兒院。

所有這些消費完全是用在改善勞動者底物質文化生活方面，使勞動者底生活更快活與幸福。

新憲法又保証着蘇聯每個公民勞動，休息，教育的權利，以及在殘廢與老年的物質保証。

在這個號召書中又指出，新公債的發行，更換舊公債券就更推進勝利地完成第二個五年計劃底偉大計劃的任務。

對公債利息的降低和延長還公債的時期的實行，完全是爲着人民本身的利益。這樣就可幫助完成經濟一文化建設的任務，更進一步的鞏固國防，使國家容易實行降低工業品和食品價格的政策。減低借貸的價值即可更鞏固蘇維埃的盧布，同時也就是更進一步提高勞動群衆物質的水平。購買公債者將由公債中得到更有價值的盧布，以這些盧布去買比以前要多的商品和食品。

最後，職工中央蘇維埃責成各級職工會進行對廣大勞動群衆解釋新公債的政治意義，勝利地完成政府關於發行新公債的決議給工農的社會主義國家以新資助，以作爲整個勞動者底文化和娛樂生活的建設。

邊疆各民族的勞動者熱烈擁護政府發行新公債的決議

第一日伯力和海參崴訂寫了新公債券數目達到一千零八十三萬六千盧布

昨日七月二日，在遠東邊疆各地接到政府關於發行新公債——第二個五年計劃『第四年』公債的決議的消息，各民族的勞動者都熱烈的歡迎和擁護。當時在伯力，海參崴和邊疆其他城市各企業，工廠和機關中都舉行了群衆的會議和訂寫公債券。

據七月二日晚十點鐘不完全的統計，在第一日中推銷新公債的數目，在伯力各企業和機關中的工人及職員共計訂寫了新公債券的數目有三百零二萬一千盧布，比較從前第一日訂寫『第二個五年計劃第三年』公債券的數目多一百萬盧布以上。

在伯力『卡加諾維奇』工廠工人和職員訂寫新公債券的人數普及到百分之九十二；『莫洛托夫』工廠——普及到百分之八十五；『阿爾尙尼吉澤』工廠——普及到百分之八十七。

在海參崴方面，第一日訂寫新公債券的數目，截至晚十點半鐘，共訂寫了七百八十一萬五千盧布，其中海運機關工人和職員共計訂寫了新公債券二百萬盧布。

伯力『卡加諾維奇』工廠近郊經濟中國工人和韓國工人，百分之百的訂寫了新公債券，共計數目一萬二千四百盧布。

第二日（七月三日）伯力城市中訂寫新公債的數目比第一日（七月二日）所訂寫的數目多一百萬盧布以上。據七月三日晚十點鐘不完全的統計，伯力城市訂寫了新公債的數目已達到了七百萬盧布以上。其中工人和職員共訂寫了六百三十五萬盧布，無組織的居民共計訂寫了十萬零九千盧布。比較去年前兩日訂寫公債數目多兩倍。

伯力『廣州公社』集體農莊中國集體農民訂寫新公債券的人數，在第一日和第二日中已普及到百分之八十，共計訂寫了新公債數目一萬六千二百二十盧布。

苏维埃的爱国主义，1938 年 4 月 6 日

全世界無產者和被壓迫的民族，聯合起來呵！

工人之路

„Рабочий путь“

聯共（布）遠東邊疆委員會機關報　ОРГАН ДКК ВКП(б)

6 апреля 1938 г № 32 (1701)　一九三八年四月六日　第三十二期

蘇維埃的愛國主義

不惜犧牲的無限愛護社會主義祖國的蘇維埃愛國主義精神，鼓舞起了蘇聯的人民，逐日的前進，為社會主義國家的幸福生活而鬪爭。具有蘇維埃愛國主義精神的勞動者，無論是誰，無論在甚麼事業上，無論在甚麼時候，都是熱烈的，明顯的為列寧——斯大林黨的事業而鬪爭，為共產主義事業的勝利而鬪爭。

蘇聯的人民，對於遠東邊疆，對於『我們的』邊疆的偉大愛護，還是在反對日本帝國主義者們的武裝干涉鬪爭中已經鍛鍊過的。日本帝國主義——法西斯蒂軍閥雖然屢次企圖搶劫遠東邊疆，不斷的進行流血的戰爭挑撥，但是，蘇聯的人民，蘇維埃的愛國主義者，始終毀碎了他們的這種企圖，而且在最近的十幾年以來，已經把遠東邊疆變成了太平洋岸上社會主義的堅強堡壘。

日本帝國主義——軍閥們還企圖利用『右派——托洛茨基者聯盟』那些卑鄙下賤的法西斯蒂偵探，陰謀危害者，叛逆者，賣國奸細，暗殺兇手來搶劫蘇維埃的沿海區域。這是在不久以前，斯大林的內務部人民委員葉若夫同志領導之下的光榮的蘇維埃偵探所破獲了的。日本和其他法西斯蒂反蘇聯的企圖又一次的被蘇維埃的愛國主義者戰勝了。

遠東邊疆的勞動者，多咱都不能夠忘記十八年前日本帝國主義者——軍閥的流血挑戰。每一個蘇維埃的愛國主義者，回憶到一九二十年四月四號和五號這兩天，關於日本帝國主義者——軍閥在遠東各處的野蠻屠殺，都還是火一樣的憤怒，對於自稱「武士道」的強盜們，抱着無限的仇恨！

這些『武士道』——強盜在這幾天內向海參崴，雙城子，斯巴斯克，七孟河，黃泥河子，波西特和伯力各地方的革命軍隊和和平的居民狡詐兇殘的進攻。被他們殘殺的不僅有紅色遊擊隊員，還有婦女，小孩和老年人。蘇維埃的人民，永遠不忘記日本強盜扔在火車頭的煙筒內燒死了的蘇維埃英雄——S. 拉佐同志。

還是在拉佐同志被害不久以前，他曾經寫道：『在武裝干涉還沒停止，在邊疆還沒有恢復蘇維埃政權，無論那一枝步槍都不應該擱起來的』。他的這個遺囑，蘇維埃的人民，光榮的完成了。在沿海和阿穆爾一帶的勞動者，繼續保持着革命的旗幟。在這樣鮮明的紅旗之下，遠東邊疆的勞動者和國民革命軍——紅軍，終竟佔領了海參崴，把日本武裝干涉者和老白黨趕到大海裡去了！

蘇維埃的人民，永遠不忘記拉佐和一切為蘇維埃的遠東邊疆而鬪爭所犧牲的先烈。拉佐同志和他們是把布爾塞維克的戰鬪精神和蘇維埃的愛國主義的偉大情感合而為一，表示對於自己的祖國無限摯愛，對於革命的敵人火烈的憎恨。拉佐同志是有偉大天才的人，認真的數理家，關於醫學和哲學的說明家，精通農學的知識，是紅色遊擊隊卓著的指揮員和外交家，是布爾塞維克優秀的煽動員和宣傳員，——他愛生活，愛自由，愛光明，在他臨死以前最後的一次演說中，都表明他是不動搖的堅信一定會把武裝干涉者打敗的勝利，世界革命的勝利。

拉佐同志的名字，是和遠東邊疆戰勝日本帝國主義者們，奪取蘇維埃政權的勝利所分離不開的，是和國內戰爭和反對武裝干涉的英勇鬪爭中的著名的蘇維埃英雄查拔也夫，什卓爾斯並列齊名的。他們的生活，英勇的戰鬪生活，是蘇維埃愛國主義者的典型。

遠東邊疆的勞動者和成千成萬的新來到遠東邊疆的蘇維埃愛國主義者，應當知道多咱都是戰勝日本『武士道』——強盜軍隊的這些英雄們。

現時在遠東邊疆的邊界上，平原裡，山嶺上，森林間，都駐紮有遠東特別紅旗軍和邊防軍的戰士，在海洋裡，江河中都有光榮的太平洋艦隊衛護着。這些紅軍戰士——蘇維埃愛國主義者在無產階級的天才軍事專家百戰百勝的遠東特別紅旗軍總司令，蘇聯大元帥布留赫爾同志的直接指揮之下，在海上，在陸地和空間，都絕妙的衛護着遠東邊疆。遠東的紅軍戰士和其指揮員們都奪取了最完備的軍事技術，具有了英勇神智的訓練，保証在與敵人作戰時，要迅速的，少有犧牲而且在敵人的境內毀滅敵人。

讓自稱『常勝』的日本皇軍記着罷，在武裝干涉遠東邊疆的時候，覺悟的日本兵士不只舉行一次暴動來反對武裝干涉，同情蘇維埃革命的人民。蘇維埃的人民將不忘記那時候號召日本兵士掉轉槍頭來打『武士道』的共產黨員 Asada Sato 的名字！

日本帝國主義強盜現時正在中國進行流血的搶劫戰爭。可是，偉大的中國人民已經高舉起抗日民族統一戰線的旗幟，萬衆一心的團結起來奪取抗戰到底的勝利。這種強大的力量，不但是無論甚麼樣的強盜軍隊所不能消滅，而且這個戰爭的結果，英勇的中國人民將一定要得到像肅清日本在遠東邊疆的武裝干涉那樣的勝利——把日本帝國主義——法西斯蒂軍閥趕到大海裡去！

自從日本帝國主義開始強佔中國領土的流血戰爭爆發以來，成百成千覺悟的日本兵士，屢次逃散，甚至於公開反對侵略中國，直接對中國人民表示同情。日本帝國主義——法西斯蒂軍閥麻醉日本兵士的『愛國主義』煙霧，被顯明如火的事實和生活一天比一天的衝散了。

具有蘇維埃的愛國主義的精神，無限的愛護社會主義祖國的遠東邊疆的中國勞動者和蘇聯各民族的勞動者一樣，在為建立蘇維埃政權和消滅遠東的武裝干涉和老白黨殘餘的鬪爭中，在為把遠東邊疆建設成太平洋岸上最堅強的社會主義堡壘的工作中，都經過了鍛鍊。回憶起過去的事件，眼看見現在的社會主義幸福，每個忠誠於列寧——斯大林黨事業的中國勞動者，應更提高蘇維埃的愛國主義精神，為保護社會主義的祖國——世界革命的柱石——蘇聯而鬪爭！

對火油組織正確的保存和消費

蘇聯土地人民委員部長愛赫同志的命令

只是在去年三季中，五千個機器拖拉機站濫費的石油產品約有五萬噸。火油與臭油這樣巨量的濫費，是許多機器拖拉機站的經理有完全不可允許的放任態度，以及土地機關的領導者對石油產品的保存和消費沒有嚴格的監督的結果，是在一些土地機關和機器拖拉機站裡盤踞的人民公敵暗害，破壞勾當的結果。

各共和國的土地人民委員部，邊疆和特區的土地部在實際上，自己離開了為對機器拖拉機站石油產品的保存和消費有正確的關係而做的鬪爭，實質上就促進了火油的消耗。

蘇聯土地人民委員部長愛赫同志為要堅決的剷除對保存和消費石油產品所有的反國家的關係，叫機器拖拉機站和蘇維埃農莊的經理對於發給和使用石油產品舉行嚴格的統計。在石油經濟各種工作中，派遣考驗過的，誠實的，熟練的工作人員。舉行拖拉機師，修理匠和運油車夫的聯席會議或各隊會議。在這種會議上討論機匠的報告，說明拖拉機師可以和應當怎樣節省火油，節省多少，說明修理匠和運油車夫應當與浪費火油作鬪爭。向拖拉機師廣泛的解釋為節省火油而進行的新的工資計算方法。保証對拖拉機師實行節省和浪費火油的工資計算方法，對拖拉機隊長實行節省火油與臭油的工資計算方法，嚴格的進行蘇聯人民委員蘇維埃的決議。

土地人民委員部責成所有拖拉機師，運油車夫和修理匠為節省火油進行最嚴酷的鬪爭，反對浪費一滴火油。機器拖拉機站的經理必須本人個別的檢查每個拖拉機隊火油的消費，十天至少檢查一次，並要立即採取方法以消除引起過度消耗的原因。土地人民委員部長又關於石油供給處，拖拉機的工作等等給了一些指示。

各共和國土地人民委員部長，各邊疆，特區土地部的主任必須在四月十日以前研究具體的辦法以保証每個機器拖拉機站執行土地人民委員部的指示。對每個機器拖拉機站至少每十天檢閱石油產品的消費一次。惡意的浪費石油產品的人應當受嚴重的處罰，甚至交法庭懲辦。

（塔斯社）

聯共（布）遠東邊疆黨委

關于蘇俄最高蘇維埃選舉的準備

在猶太自治特區廣泛的發展了準備蘇俄最高蘇維埃選舉的煽動——羣衆的工作。在這裡組織了四十九個煽動團：在比洛比會有二十個，在比爾斯克區有十五個，在『布留赫爾』區有四個，在『斯米多維赤』區有七個，在『斯大林』區有三個。

在全特區派出了八百六十個煽動員進行工作，其中有三百人是在比爾斯克區。有九十七人已經完結了十日的短期煽動講習班，其中到『斯大林』區去的有三十人，到比爾斯克區去的有二十一人和到其他區域去的。

已經成立起許多羣衆研究組來研究蘇俄憲法和選舉條例。在比爾斯克有三十六個研究組，在比拉甘有十二個，倫多可有二十七個，在這些研究組內總共吸收了六百多人參加，大多數是不在黨的工人和集體農民。在準備木材的時候在拉甘，吉穆甘，倫多可和孔杜拉伐木場的工人研究了『蘇俄最高蘇維埃的選舉條例』，和審判『右派——托洛茨基者聯盟』匪徒案件的材料。

在沿海特區作煽動員工作的有三百四十九人。在蘇城有一百二十八個煽動員已經完畢了準備的訓練。在七孟河區進行準備訓練的煽動員有三十人，現時正在學習的有二十五人。

在全沿海特區總共組織起了七十八個煽動團，其中在海參崴的六十九個。在這些煽動團裡聯合了二千八百三十個煽動員。其中百分之四十五是不在黨的同志。

在特區的談話會和研究組共包含了將近七千人。

比較不好的組織羣衆煽動工作是在烏蘇里特區。在蘇聯最高蘇維埃選舉的時候這裡作煽動工作的有三千五百五十人。因為沒有和煽動員進行工作的結果，他們的大部分已經散失了。現在作工的總共有一千五百人。

對於蘇俄最高蘇維埃選舉的準備最落後的是青年團城，沃羅什洛夫城，黑河，自由區，阿穆爾特區和伯力城的『基洛夫』工廠和『高爾基』工廠。這些地方黨的組織還不會把在過去進行選舉運動中所得到的煽動——群衆的和政治的好的結果鞏固起來。

關于發展煽動——群衆的工作問題曾經在聯共（布）邊委常務局審查過，專門通過了決議，其中曾經指出煽動——群衆的工作不能令人滿意的狀態。

聯共（布）邊委的常務局要求邊疆的一切黨的組織，在勞動者中間，按着居住的地方立刻恢復煽動——羣衆的工作，同時指出必須用各種各樣不同的煽動工作的形式（研究組，談話會，大會，露天大會）。

向黨的初級組織提議，要計算在黨的煽動員和不在黨的幹部，把他們聯合在大企業的煽動團——附設在黨委員會之下，把小企業的煽動員聯合在附設於聯共（布）區委之下的煽動團。

在蘇維埃農莊和機器拖拉機站裡應當組織單獨的煽動團。在小的集體農莊和機器拖拉機站的煽動員，邊疆黨委的常務局提議也聯合在附設於聯共（布）區委之下混成的煽動團。煽動團的領導者應由區黨部批准。為要活躍的進行煽動——群衆的工作，邊疆黨委常務局向邊疆的一切黨的組織提議在四月裡開聯共（布）各區委和城委的全會，開各初級黨組的大會，在這些會議上討論關于在居民中進行煽動——群衆的工作問題。

各特區黨委，各城委，各區委的常務局和各初級黨組織應當有系統的聽煽動團和個別的煽動員關于工作的總結報告。

羅斯托夫特區馬特維沃庫爾岡鄉村蘇維埃發展了蘇俄最高蘇維埃選舉運動，舉行『蘇俄最高蘇維埃選舉條例』的研究

蘇俄最高蘇維埃的選舉運動

莫斯科，四月一號電：加里寧師的紅軍，官長和政治工作人員積極進行蘇俄最高蘇維埃選舉的運動。在一切部隊裡和各班裡都組織了研究組，研究蘇俄憲法和蘇俄最高蘇維埃的選舉條例。關于這一次選舉進行了羣衆工作的談話。

紅軍戰士的煽動員在選舉運動中對集體莊員給了很大的幫助。

中國勞動者積極準備蘇俄最高蘇維埃的選舉

沃羅什洛夫城的中國小學校全體工作人員積極準備蘇俄最高蘇維埃的選舉。在三月二十五日，學校的負責者召集了全體工作人員來討論準備選舉的工作。時下一切工作人員正在很熱烈的研究蘇俄憲法和『蘇俄最高蘇維埃的選舉條例』。

其他各地的中國勞動者也要立刻開始研究這個有歷史意義的最民主的蘇俄最高蘇維埃選舉條例。

（韓）

第五类

关于世界形势和国际关系

谁是真正反对战争 希望和平的呢？1924年9月24日，张孑余

一九二四年九月二十四日　工人之路　第六十期（一）

РАБОЧИЙ ПУТЬ
工人之路
Орган Дальбюро ВЦСПС.
Отв. редактор Лян-ба-ди.
Адрес редакции: уг. Пекинской и Корейской, Клуб Китрабочих „1 мая", Тел. № 1-85.
24 сентября 1924 г.
№ 60
全俄中央職工蘇維埃遠東部出版　沿海省華工總部編輯
每逢星期三出版　報價：零賣每期金洋七分定閱本埠每月二毛五分外埠每月三毛
編輯處：北京街和高麗街拐角中國工人五一俱樂部樓上
電話一百八十五號
廣告刊例：每期每字按照三分金洋計算長期另議

誰是眞正反對戰爭希望和平的呢？

孑餘

我們要明白『什麽人是反抗戰爭希望和平者』、先要明白怎樣才算得眞正的和平。有的人說：不打仗就算得眞正的和平、這話全然錯了！一個階級壓迫旁一個階級、日夜不休的掠奪、縱然不打仗還是和打仗一樣、怎能算得眞正和平呢？必定要去掉了這階級的壓迫和掠奪、才能有眞正的和平出現呵！能夠去掉了這階級的壓迫和掠奪的、到底是誰呢？是工人呢？還是商人呢？我相信是工人、斷乎不是什麽商人。

這是什麽緣故呢？因爲商人階級根本的職務、就是實行掠奪與製造戰爭、何以故呢？因爲商人是靠利己主義作中心的、所以他有時爲掠奪的便宜和必要上、是狠希望維持短時期的和平現狀的。其實他還是維持掠奪的現狀—維持掠奪均勢的現狀—好騰出大斫大殺的準備日子、如像曹琨賄選後、中國國民大有馬上暴發革命的樣子、英國的商人階級和他的政府便恐慌的了不得、急急忙忙派他的高等偵探何東爵士、勸導中國南北武人政客來維持和平、這都是英國商人階級和他的政府、爲維持掠奪的現狀—爲維持掠奪均勢的現狀—好騰出大斫大殺準備日子的緣故。雖然、他們眞愚蠢呵！他們那裡知道中國的革命是不可阻止的呵！更那裡知道這現狀是維持不了的呵！却是他們也並不十分怕這現狀維持不了。這是什麽道理呢？因爲商人有時爲掠奪的便宜和必要上希望戰爭、比較希望和平還厲害呢！有了戰爭、一切商業販賣皆可活活潑潑大投其機、譬如那軍械軍需品、就可以盡量的製造、日常生活品、如像米鹽等也可以大漲其價、秘密輸出輸入、市面上的錢價、也可以大起大跌、國際間的政治或經濟的借款、也有盡量大做的機會。

我們看、歐洲戰前、克魯伯兵工廠主是怎樣的運動世界各國軍閥首領紛紛擴張軍備、是怎樣的收買各國議員要求他們通過擴張軍備的議案、是怎樣的收買各國政客報館、不斷的挑撥國際間的惡感、製造國際戰爭的險惡空氣、好叫他所發明殺人的槍炮火藥一批一批賣得乾乾淨淨、荷包裡洋錢裝得充充滿滿、我們再看歐洲戰爭、轟轟烈烈打了四年的仗、那美國商人和日本商人、不也是把東西兩洋的商權、都一分天下搶在手裡、世界上的洋錢、不是盡量的裝在兩國商人的荷包裡了嗎？歐洲戰爭停了、他們掠奪了這些商品、沒有地方投下去、再做那大開大闔的投機掠奪、他們粗做亂造的許多槍炮也沒有地方消售、他們的買賣上也就起了恐慌、他們就想物產豐富的殖民地可以任意掠奪或那裡再來打仗、好教他們有機可投、再來大發財源。因爲想到這裡、就不能不對着這些弱小的殖民地或半殖民地來幹幹第二道把戲、恰巧有我們中國這樣半殖民地的國家、正合他們的口味。所以英法的商人階級、和代表他們利益的商人政府、因爲歐洲戰爭蝕了本、要來賺本、不得不向中國維持掠奪的現狀、好平和的掠奪。美日兩國商人階級和代表他們利益的商人政府、因爲賺了錢、極力要我投資和消貨的機會、所以不得不搗亂中國政治、挑撥中國內亂、好作販賣軍械軍需品及做種種的投機事業、或攫取利權的機會。譬如那直皖戰爭、直奉戰爭、和現在的江浙戰爭、並因這誘起的第二次直奉戰爭、這都是美日兩國商人階級的搗鬼。這樣看起來、商人確實不是眞正反抗戰爭、希望和平的人。工人却不是這樣、工人階級的利益和商人階級的利益是根本相反、商人不論是平和的掠奪或是製造戰爭、吃虧受苦的、除了工人、還有旁人嗎？工人是時時刻刻要脫掉套在頸上的鎖練、他爲他自己階級利益、不能不反抗掠奪、反抗戰爭、他所希望的和平、是根本的、永久的和平。眼前國內的大戰、英美日法等資本國家也正在準備世界大戰、我們愛和平的中國工人、應該怎樣和共產黨商量和平的計劃呵！

遠東勞動新聞

▲機關商店工人聯合會中國工人閱報室成立大會誌盛

本日（即十七日星期三）下午七時、崴埠機關商店工人（即店員）在中國工人五一俱樂部、開新設的閱報室成立大會、並照像開演電影、到會者約二百餘人、首由少年共產黨同志閔可夫主席說、今天這會是省教育委員會、爲進行我們工人教育所開的、我們成立這閱報室、增進中國工人的知識、就是培育中國工人的革命能力、我們現在設立一班學校、教工人讀書認字、名額約五十名、我們的教育方針、是引導工人走入革命之路云云、次由共產黨同志孫元勳致祝詞說：閱報室成立、於我們工人關係最爲重大、譬如、我們只幹活、不看報、我們國家被軍閥官僚怎樣賣淨了、我們也不知道、我們國內的利權、怎樣被帝國主義的英美日法搶完了、我們還在做夢、我們看報、尤其是要比較、譬如、我們看張作霖的報、只說些拍張作霖馬屁的謊話、看曹琨吳佩孚的報也只說些拍曹琨吳佩孚馬屁的謊話、任憑張作霖是怎樣侮辱少年共產黨、曹琨吳佩孚是怎樣慘殺工人、他不是一字不響、便是替張作霖曹琨吳佩孚辯護！我們無產階級的報、卻和他們不同、我們的報是擁護被壓迫的無產階級利益的

全世界被壓迫的民族聯合起來呵！

帝国主义列强承认苏联和日本帝国主义者承认苏联，1925 年 1 月 28 日，张子余

第七十七期　　工人之路　　一九二五年一月二十八日

РАБОЧИЙ ПУТЬ

工人之路

Орган Дальбюро ВЦСПС
Отв. редактор Чжан-тин-юй
Адрес редакции: г. Владивосток, ус. Пекинск. и Корейской, Клуб Китрабочих „1 мая" Телеф. № 635
28 января 1925 г.
№ 77

全俄中央職工蘇維埃遠東部出版

每逢星期三出版
報價：零賣每期金洋七分定閱本埠每月二毛五分外埠每月三毛
編輯處：北京街和高麗街拐角中國工人五一俱樂部樓上
電話六百三十五號
廣告刊例：每期每字按照三分金洋計算長期另議

帝國主義列強承認蘇聯和日本帝國主義者承認蘇聯

（子余）

每一個革命黨掌握了政權，他的國家是據自己的力量存在的，並不是靠外國的承認而存在的 不過因為外國的承認，就可證明新政府是有力量的，新國家的國際地位是一天天增高的罷了。

一九一七年十月蘇俄革命成功，帝國主義的列強都生了很大的恐怖，一致聯合老黨，對於俄實行軍事的壓迫和經濟的封鎖 誰知軍事的壓迫，不能戰勝蘇俄民衆的勢力 經濟的封鎖，反使歐美日本各帝國主義者因不能得着蘇俄豐富的原料品，經濟生活不能自如 所以各帝國主義者又轉過來想和蘇俄恢復邦交承認蘇俄國家 他們為的是對蘇俄銷他們的貨物和取得原料，他們還想進一步在俄國取得產業上的特種權利，或是保存既得權，或是妄想叫俄承認老黨政府的債務 那知道蘇俄國家的經濟力量日形膨大，政治組織也漸次統一，業因成就社會主義蘇維埃大聯合國，誰也不能把蘇俄當着殖民地來欺負[illegible] 什麼特權既得權及老黨債務，都直是一点也得不到手的，然而帝國主義者却也明白蘇俄政治基礎已經鞏固了，早晚是不能不承認的了，至於承認的日子有遲有早，不過是各帝國主義者站在考慮自己利益的見地上所決定的時期不同罷了。我們這裡應該明白的，帝國主義者的政府，始終是不大願意承認蘇俄的。就是承認過後，還是不願意的 不願意為什麼又肯承認呢？這中間有兩種理由：（一）各帝國主義者國內的無產階級或被壓迫的弱小民族，年年在對帝國主義的政府，作承認蘇俄的運動，逼迫要承認蘇俄 （二）帝國主義者正在預備第二次大戰 他們為什麼預備第二次大戰呢？就是為對於全世界無產階級或弱小民族施行掠奪的競爭他們一方面要從大戰中大發財源，一方面又怕背後有蘇俄幫助全世界無產階級或弱小民族來起革命，妄想用外交手段來停止革命宣傳

帝國主義的日本他從來是和各國一樣，是頂反對俄的 他是老黨謝米諾夫、葛爾加克夫、恩琴、墨克諾夫們的朋友，他現在也於本月十八日正式承認俄了 我們可知道日本帝國主義者的外交，向來是算盤打得很精的 我們看，從四年前大連的俄日會議說起，經過長春俄日會議，與北京的越飛小幡談判、及越飛在東京同非正接洽，直到去年搭今年的加拉罕芳澤的交涉，中間屢次停頓，現在才能正式的恢復邦交，可見日本帝國主義者在這中間已經費用了很多的心血 我們再且把他過去不肯承認的原因，和現在又肯承認的原因說說，看對不對呢？日本帝國主義者眼睛裡看的很熱很癢的就是西伯利亞各地豐富的鑛山、中東鉄路及在北滿洲的農產品、這是日本帝國主義者必定要想到手的，却是蘇俄斷然不許可的。四年中間，俄日交涉屢次停頓，都是日本帝國主義者使用許多狡猾手段及不肯拋棄一切妄想的緣故 可是在日本不肯承認蘇俄的時候，英、法、意、各帝國主義者都漸次承認蘇俄了、連那被帝國主義者壓迫的中國也承認蘇俄了、尤其是中東鉄路蘇俄與東三省政府間、早已把條約訂好了、北滿洲的農產品，只有中俄兩國可以和交易，日本不能再打主義了、日本帝國主義者的外交，向來是順應大勢的。這回反落後了 因為要順應大勢，就不得不承認蘇俄，這是承認蘇俄的一個原因 日本近四年來社會運動很是猛烈，工人罷工的運動、農人抗租的運動、和那普選運動與無產政黨組織運動，鬧的非常利害，而並各種運動中間，政治上共同的主張，就是反對日本軍閥資本家侵略俄國的行為，並且逼迫日本軍閥資本家的政府承認俄，要是日本軍閥資本家的政府，不肯承認，足以激起很大的革命運動，這也是日本承認蘇俄的一個原因 日美兩國從歐戰起後因為對於東方爭操商業的覇權就不得不爭操太平洋上的制海權，他們馬上要大打其仗，美國的勢力大一点，英法帮那一國的忙，還是一個問題。日本想到大戰時前有帝國主義的美國，後又有共產主義的蘇俄，很是不利 況且大戰爭時，許多農產品和原料日本都要從俄國供給，我們單舉一個例，日美要是大戰，單是海軍用 煤油，日本就很缺少，日本頂垂涎的就是薩哈連的煤油，所以日本屢次想用條約上保持薩哈連油田的既得權，而且日本頂怕的就是日美大戰中，蘇俄援助日本的無產階級革命，想從外交上免掉這事，這雖然是妄想，實在日本對美問題，目下很是緊急，承認蘇俄一事，已經沒有再過細選擇和延遲的餘地了，這也是承認蘇俄一個原因

我們的結論是，從日本承認蘇俄一事我們可以看得見：（一）社會主義蘇維埃大聯合國在國際地位的增高 （二）日本革命黨在群衆中間已有很大的勢力 （三）世界第二次大戰空氣一天比一天的濃厚。

※遠東勞工※

△張同志在中國共產黨小組報告「報的意義及功用」

十四日下午七時張同志在共產黨十九小組會上報告「報的意義及功用」他說道：報是一種傳播術，思想、學術、技藝、政治、社會各種問題都藉這叫做報的東西才能夠狠廣狠遠的傳播，大之社會變動、國際政局。小之家庭瑣屑、都可藉印刷機、石印、或油刷機、日刊、週刊、或雜誌、壁報、或活報、活雜誌、來傳播。我們必須要有這樣傳播術才能夠過文化和進步的社會生活。

在階級鬪爭的形勢底下，這報、就是這傳播術，便成了階級鬪爭的一件頂要緊的武器。資產階級為擁護資產階級的利益，就不得不執着報這件武器，向着無產階級進攻。無產階級，為擁護無產階級的利益，也就不得不執着報這件武器，向資產階級進攻。於是現世界的報紙，就自然的形成了兩種戰線。就是（一）資產階級報紙的聯合戰線。（二）無產階級報紙的聯合戰線 這兩條報紙戰線對峙之中，資產階級報紙，被操縱於資產階級資本勢力之下，天天做的事，是幫助壓迫者壓迫人，幫助掠奪者掠奪人 無產階級的報紙、站在鬪爭的前線上，為擁護真人道，為維持永久的和平，為揭破資產階級的奸計，為指導革命的方略，就不得不拚命的放革命烽火，起革命的怒潮。所以革命事業，自始至終，無時無刻，可以離掉新聞的傳播。

中國的政治，經濟，在帝國主義者和軍閥支配之下，帝國主義者和軍閥，為支配中國民族的精神生活，就不得不設法支配中國的新聞界。所以中國的報紙，不是帝國主義者和軍閥自己辦的，也是和他們直接間接有關係的，所以中國報紙，都是擁護帝國主義者和軍閥的利益的。其能反抗帝國主義者和軍閥，而擁護中國無產階級和被壓迫民族利益的，只有中國共產黨所辦的報紙，或是受中國共產黨指揮的工會所辦的報紙。我們應該看

全世界被壓迫的民族聯合起來呵！

怎样打破帝国主义对中国的联合封锁？1926 年 3 月 28 日，张子余

一九二六年三月廿八日　　工人之路　　第一百三十四期

РАБОЧИЙ ПУТЪ

工人之路

Орган Дальне-Восточного краевого совета профсоюзов.

Отв. редактор Чжан-тин-юй

Адрес редакции: г. Владивосток, уг. Пекинск. и Корейской, Клуб Китрабочих „1 мая“ Телеф. № 6-35.

28 марта 1926 г.

№ 134

遠東邊疆職工蘇維埃出版

每逢星期三出版　報價：零賣每期金洋七分定閱本埠每月二毛五分外埠每月三毛

編輯處：北京街和高麗街拐角中國工人五一俱樂部樓上

電話六百三十五號

廣告刊例：每期每字按照三分金洋計算長期另議

本期摘錄

斬斷列強干涉中國的手！

◉怎樣打破帝國主義對中國之聯合封鎖？（子餘）

英美日法各帝國主義者、現已用海軍兵力封鎖大沽口岸、並通牒威挾國民軍阻其對於山東方面張作霖軍隊之進攻。中國北方的國民軍廣州國民政府及中國全國民衆、此時應採取如何態度、將採強硬態度而甘心玉碎？抑或卑怯屈服而委曲瓦全？實爲一緊要問題：

我們要解決這問題：首先要問列强爲甚麽不能封鎖廣州、忽而轉其封鎖政策於大沽口岸、就是因爲國民黨左派執政的廣州、內部的官僚分子剷除乾盡、且有全國民衆勢力一致應援、所以英政府甫試行封鎖政策、廣東政府及民衆卽一致對於外侮同仇抵禦。使英國兵艦不得不自行撤退。至於北京方面則不免有下列幾種弱点：（一）馮玉祥的辭職、以清高而遺誤許多機會。（二）段祺瑞等安福國賊在政治上既還握着一部分權力、對於國民軍的政策、便可時常掣肘、而且有勾接帝國主義者圖謀不軌的行動。（三）國民軍內部參雜的投機分子、往往見民衆勢力强、他的革命性就隨之高漲。帝國主義勢力勝、他的妥協性亦隨之暴發。有此三種弱点。所以帝國主義列强敢於封鎖大沽口岸。

雖然帝國主義列强內部的聯合、究竟已到如何程度、則我們敢斷言在表面是聯合、在裏面還是競爭。爲甚麽呢？日本帝國主義爲維持其在山東的特權、例如在青島濟南一帶之勢力、自然要用武力威嚇國民軍、幫助張宗昌李景林輩。而在煙台威海有特殊勢力之英帝國主義者、就不得不開兵艦來以維持其對華均勢。

渤海灣既爲攻擊北京之門戶、也就爲列强競奪之要區、我們試看威海衛和旅大對峙之形勢、進攻中國和競奪權利之棋局、已於數十年前佈置就緒、列强豈是眞能互披胸中底蘊而相聯合的嗎

國民還記得一九〇〇年的故事麽？就是中國義和團運動失敗、帝國主義强迫中國拆大沽炮台、並從北京到大沽海口一帶駐扎列强軍隊監視。今日帝國主義封鎖大沽口岸所以這樣容易、就是由於一九〇〇年的錯誤：卽（一）中國革命黨對內和反動的貴族携手、使貴族有和帝國主義妥協機會。（二）妥協的結果、就自然承認了不平等條約、這不但是造成現在被封鎖之不順利形勢、而且是現在對待封鎖的狠大教訓。

我們根據上述情形觀察、就知道眼前辦法：（甲）馮玉祥應該趁早出馬、而且應該用適當手段掃清段祺瑞和安福餘孽並一切投機分子。切實與民衆合作。以統一部勢力。（乙）看透帝國主義內容是外强中乾、虛聲恫喝、斷然嚴重抗拒其封內鎖海口及干涉內政。（丙）將八國聯軍時訂下的不平等條約實例、正好此機會對國民爲廣大宣傳：（一）以督促國民普遍武裝。（二）以激動國民從經濟上對於帝國主義一致封鎖、就是對於帝國主義總排貨、並且一点一滴的原料品和食糧、也不許接濟任何帝國主義者、而交通及生產機關之工人總共活動、尤足致帝國主義之死命！（三）此時廣州革命軍之出師北伐、蘇聯和全世界工人階級與被壓迫民族之統一分工的活動、尤爲救中國革命運動脫離險境的頂大助力。

全中國國民既然要做中國民族獨立的鬬爭、就當然要根據這樣辦法努力進行、寧爲玉碎、不爲瓦全。

專電

◉段祺瑞做洋大人內應大殺北京人民

北京二十三日電　列强封鎖大沽、段祺瑞約爲內應、欲承認最後通牒。民衆對段示威、段命衛隊開槍殺死學生代表十七人、民衆九十人（內有婦女三人）、傷七十人。下令捉拿國民黨中有名人物李大釗李石曾徐謙等十餘人。國民軍擬捕段交特別法庭審判。民衆推倒安福國賊的呼聲火高萬丈。

◉國民軍退出津保

北京二十三日電　國民軍因軍略上的便利、暫時退出津保。

◉湖南將落到民衆手中了

漢口二十一日電　湖南師長唐生智和廣州國民政府聯絡、已驅走了吳佩孚的走狗趙恒惕、全省民衆一致歡迎廣東北伐軍入湘。湖北民黨亦將響應北伐

◉日本勞農黨新政綱

東京二十一電　日本勞農黨新政綱：（一）工農澈底解放。（二）廢除私產制度。（三）佔領有產階級國會。

快把莫斯科精神向落後的東方移殖！

世界革命的一幅缩图，1926年4月5日，张子余

一九二六年四月五日　工人之路　第一百三十五期

РАБОЧИЙ ПУТЬ

工人之路

Орган Дальне-Восточного краевого совета профсоюзов.

Отв. редактор Чжан-тин-юй

Адрес редакции: г. Владивосток, уг. Пекинск. и Корейской, Клуб Китрабочих „1 мая"
Телеф. № 6-35.

5 апреля 1926 г.

№ 135

遠東邊疆職工蘇維埃出版

每逢星期三出版　報價：零賣每期金洋七分　定閱本埠每月二毛五分　外埠每月三毛

編輯處：北京街和高麗街拐角中國工人五一俱樂部樓上

電話六百三十五號

本期摘錄

◉世界革命的一幅縮圖

（子餘）

白黨謝米諾夫和中國軍閥段祺瑞張作霖吳佩孚結成了一條白色的聯合戰線。他們的掌權英法日美義荷等國又打成一片。謝米諾夫想乘機在滿洲里一帶對蘇聯窺邊。段祺瑞則在北京對於民衆行反動的屠殺．張作霖吳佩孚則因受其掌權指導拋棄仇怨向國民軍聯合進攻。英法日美義荷等國則各依其海上實力封鎖大沽。這是甚麼現象？這只是中國的局部問題嗎？這不只是中國軍閥對於民衆的反叛。和帝國主義單對於中國民衆的壓迫。揭開窗子說亮話，這不僅是列強對於中國第二次的八國聯軍，乃是列強對於蘇聯開始進攻的第一道火線。就是革命和反革命鬬爭活劇上的一幕縮圖。我們只要留意每逢中國和帝國主義鬬爭猛烈時，蘇職國內「勿侵中國會」就有狠猛烈的運動。同時帝國主義便從種種方面宣傳「中國已經赤化」「中國革命背後有蘇聯的幫助！」這樣對股文章，便是明白表示中國的革命運動是世界革命運動上頂重要的工程。帝國主義對於中國的高壓政策，如像日本出兵滿洲，列强封鎖大沽，便是進攻蘇聯，便是對於世界革命的進攻。果然，則北京執政府門前的流血，不祇是和五四時及義和團時反對賣國賊及壓迫中國的帝國主義有同等價值，而且是站在世界革命前線上爲掃除人類共同之敵—項有價值的犧牲。

這次犧牲影響，竟能使中國反動的國家主義的團體妥協的右派國民黨（即孫文主義學會）都逼的不得不走上反對列强最後通牒的戰線。

我們的民衆代表可是犧牲在國賊手裡了。我們的軍隊可是依軍略必要暫時退却了。然而我們的民衆革命精神可是更加提高了。至於敵人的情形怎麼樣？不錯！東交民巷帝國主義軍隊已經在北京城布下了鉄條網，放下了步哨，準備佔領北京。然而他們的聯合戰線已經破裂了。僑中國的美國人中爲他自己利益打算，衆向美使表示反對參加大沽的封鎖。

我們從這內外皆敵的形勢中可使民衆得着一個新的教訓：就是知道中國革命不是單靠中國人作戰所能制勝，必須要和全世界被壓迫的人類，狠具體的締結一種攻守同盟。這樣，就是列寧主義和孫中山主義在世界和中國大發展的好時會。

快把莫斯科精神向落後的東方移殖！

專電

◉國民軍退出北京後之軍閥帝國主義自身的衝突

北京卅一日電　國民軍因政略上的必要，暫退出北京，退時秩序安靜，吳佩孚張作霖的軍隊互爭北京地盤，日本主張北京政權歸張作霖掌握，美國主張吳佩孚掌北京政權，兩下衝突頗烈。

◉日英兩國援助張作霖的計劃

北京卅一日電　日英兩帝國主義者協同決定：苟張作霖肯和蘇聯斷絕國交，即時可借款於張，使其地位穩固，並撲滅中國革命運動。

◉法社會黨不贊成壓迫叙利亞

巴黎二十九日電　法社會黨議員在國會主張縮小對叙利亞壓迫行動的軍事費預算，並極力主張從叙利亞撤兵，表決結果，贊成者佔多數，社會黨主張勝利。

◉美國煤油大王運動承認蘇聯

紐約一日電　美國大資本家煤油大王，戈維禮，爲和蘇聯通商，自己買賣有利，特通信各報館，說明承認蘇聯，美國商人可以發財的好處，並從美國政界各方面運動承認蘇聯。

◉英國工人階級鬬爭風潮又高漲了

倫敦一日電　英京倫敦失業工人和世界革命濟難會英國支部聯合示威，要求釋放被捕之英國共產黨人。英政府用步兵射擊，更用馬隊衝鋒，受傷者無數，被捕一人。同時東北一帶製鐵鍊鋼工人亦正向廠主要求每星期給勞金三磅，預備廠主不答應時，即行罷工。

英帝国主义的武力干涉与中国民众运动，1927 年 2 月 14 日，洁玉

一九二七年二月十四日　　工人之路　　第一百七十六期

РАБОЧИЙ ПУТЬ

工人之路

Орган Дальне-Восточного-краевого совета профсоюзов.

Отв. редактор Чжан-тин-юй

Адрес редакции: г. Владивосток, уг. Пекинск. и Корейской, Клуб Китрабочих „I мая“ Телеф. № 6-35.

14 Февраля 1927 г.

№ 176

遠東邊疆職工蘇維埃出版

每逢星期三出版 報價：零賣每期金洋七分定閱本埠每月二毛五分外埠每月三毛

編輯處：北京街和高麗街拐角中國工人五一俱樂部樓上

電話六百三十五號

鞏固蘇聯的建設就是實行世界革命！

◉英帝國主義的武力干涉與中國民衆運動（潔玉）

我們革命運動策畧的基礎、就建築在敵人本身各種的矛盾上面。英帝國主義用武力高壓政策威脅中國的民衆運動。雖然、終局勝力、到底是歸於英帝國主義的武力高壓政策、還是歸於中國的民衆運動呢？我們在世界歷史上找尋、只見着武力崩潰於民衆之手、別未看見武力把民衆力量怎麼樣過。辛亥革命前民衆力量實在敵不過皇帝的武力、但是黨人都狠有自信力、他們常形容自己的力量說：我們的力量是「野火燒不盡、春風吹又生」。他們還樣的自信在中華民國十五年的民權運動史上都一一的證實了。

現在英帝國主義的槍炮正比擬着中國人民的咽喉、可是我們千萬要鎮靜、要對於民衆力量有十二分的自信。我們要注意英帝國主義的槍炮剛剛比擬着我們的咽喉、歐洲各國在帝國主義統治下的勞工、都紛紛起來反抗其本國政府。反抗對於中國的武力干涉！尤以英國工人爲還反抗的急先鋒。英日帝國主義在長江勢力範圍的競爭、已非一朝一夕、長江一帶反英運動及收回漢口英租界、日本帝國主義者從其自身利益出發点看來頗覺稱心。日本對於滿洲素認爲自己的特殊勢力範圍者、而其所恃爲唯一的看門犬、就是張作霖其人、現在張作霖背日親英、英國借給五百萬磅軍費、日本的特殊勢力範圍、失掉了看門犬、不免懷着英國勢力侵入的恐懼。所以日本外務大臣的言論忽然表現出對於蘇聯的好意、這正是英日衝突激烈的表現。當五卅問題發生以後、香港的印度兵曾反抗英政府命令、不肯攻打廣州。續後印度各紗廠發生過狠大的罷工、印度共產黨在印度是有狠大力量的。印度對於英政府的反抗、雖未爆發、但是我們要注意革命運動在印度有偉大的潛伏勢力。印度革命要是一旦爆發、實在是給英帝國一道狠大的催命符。英帝國主義本身既有上述種種矛盾衝突、那末中國民衆運動斷不至爲其武力撲滅。反是中國民衆運動擴大、正是催促上述矛盾衝突趕快爆發。而英帝國主義的武力高壓、又是我們興奮民衆運動的絕好激刺劑。

同志們！一致協力、提高對於英帝國主義的反抗熱呵！

專電

國民革命政府對英斷交後、英國保守黨的報紙批評說：這又是莫斯科的作用、特別是蘇聯國藉的顧問鮑羅庭的作用。我們也要用對蘇聯絕交的手段就是對於政治經濟的絕交報復蘇聯云云。

英國派到上海的軍隊已在英港上陸。

英國工人報紙記載：英國保守黨爲什麼用武干涉中國呢？就是因爲英國在中國有二十五萬萬的資本。

英國社會民主黨頭子（工賊）斯諾頓說：中國的解放運動是對於列强全體的怨恨、經蘇聯代表變更了一下、就成了專對英國的怨恨。

美國駐華公使麻克莫列主張劃上海爲戰時局外中立地、已電張作霖孫傳芳蔣介石徵求意見。目下北京列强外交團、正在討論這個問題。

孫傳芳在浙江敗後、情形困難、要求張宗昌軍隊幫助、但張宗昌因有河南民軍在背後牽制、軍事運用不能自由、對於孫傳芳的幫助、並沒有力量。

北京政府對於關稅監督安格聯免職、英法日美義荷六國公使對於顧維鈞說：免安格聯職、是世界上頂不講理的事、這樣事情不許做。

據漢堡共產黨機關報載、德國資產階級最近狠幫助孫傳芳軍火、正月二十七號從漢堡運出口的軍火有一千二百箱、他們謊說是體操用具、實在是槍砲子彈。

中英交涉又有新的轉機、二月七號英國代表奧麻里和國民政府外交委員長陳友仁已重新開始交涉。

孫傳芳部屬孟照月軍隊、敗退杭州。

據露透電吳佩孚出兵一旅到河南西邊、安排對西北國民革命軍打仗。

英總理保守黨頭子鮑爾溫對中國問題發表的意見說：縱然上海能免除戰事的危險、在上海的歐洲人和日本人還是免不了危險。所以英國無論對於南北任何政府、不與開始交涉變更英軍集中上海的計劃。因爲英軍集中上海是專爲保護英僑免除從中國賤民所加的危害。

訪友諸同志注意

以後投稿要寫的乾凈清楚簡單尤其要注意職工運動的團體活動及新的建設、最需要的是勞動藝術的稿件。至關於社會黑幕情形、要用狠巧妙的方法、搜羅證據品、最忌作模糊影響之談。

工人之路社啓

快把莫斯科精神向落後的東方移殖！

谁是世界和平的保障者？1928 年 3 月 29 日，丁山

一九二八年三月二十九日　全世界無產階級聯合起來呵！　第二百四十一期

РАБОЧИЙ ПУТЬ

工人之路

Орган Дальне-Восточн. краевого совета профсоюзов.

Отв. редактор Тин-шань

Адрес редакции: г. Владивосток, уг. Пекинск. и Корейской, Клуб Китрабочих „1 мая“ Телеф. № 6-35.

Выходит 2 раза в неделю.

29 Март 1928 г.

№ 241

遠東邊疆職工蘇維埃出版

每逢星期四，星期日出版。

價目：
零賣每期金洋五分
本埠定閱每月四毛
外埠定閱每月五毛

編輯及發行處：海參威北京街和高麗街拐角中國工人五一俱樂部樓上

電話六百三十五號

廣告刊例：每期每字按照三分金洋計算長期另議

◉誰是世界和平的保障者？

（社論）

（丁山）

在英、美、日、法、意等帝國主義國家的聯合—國際聯盟號召之下，藉口保証世界和平，居然成立了七年的裁減兵備會議而開了五次會議。在過去的幾年和過去的三次裁減兵備會議，因爲蘇聯國家沒有派遣代表出席，遂使各帝國主義國家的代表糊亂的含混下去，「裁減兵備」竟成爲遮掩英、美、日、法、意大利……等帝國主義國家增加兵備的招牌，進行破壞世界和平的事實（參看本報第二百零二、三、四期各帝國主義公開的軍備比較表）。一般帝國主義的走狗和第二國際的先生們，也就睜起眼睛說瞎話，不斷的頌揚國際聯盟的成績和稱贊「世界和平的保証」藉以愚弄欺騙各國的無產階級和民衆。

可是，自從去年蘇聯派遣李特文諾夫同志等代表出席國際聯盟年裁減兵備第四次會議和今年的第五次會議提出完全解除武裝眞正保証世界和平的提議以後、各帝國主義的代表，在會議席上無不瞠目結舌，莫敢置辯。初則藉詞沒有預備，不付討論，今則聲言碍難實行，敷說一些無聊的遁詞（如英國代表格遜敦）。於此，國際聯盟的裁減兵備會議完全暴露了各帝國主義國家的眞正醜態。英、美、日、法、意大利……等帝國主義國家增加兵備的假面具已經揭穿了！

工友們！從國際聯盟召集的裁減兵備會議中，各帝國主義國家的代表反對蘇聯代表提出之完全解除兵備眞正保証世界和平的提議，就是明顯的表示出各帝國主義將從事新的世界戰爭，是世界和平的破壞者！我們只有發展保衛蘇聯的設備，實行工農軍事化和努力參加軍事團、飛機化學社……等組織，才能消滅世界戰爭的危機，保証世界的眞正和平！只有無產階級武裝的世界革命勝利之後，才能消滅世界的兵備，實現全世界人類的永久和平！

（中國要聞）

●工農革命運動

上海二十六日蘇聯社電　據新聞報載、共產黨人賀龍舊部，在湖南組織新的工農軍隊，與許多暴動的革命軍聯合。

另訊，共產黨人的革命軍隊在廣東潮梅各縣集中。農民革民軍四千餘人擬進佔海陸豐等縣城。

●革命的學生運動

北京二十六日蘇聯社電　瀋陽中小學校一千五百學生於本月十五日開始罷課、反對奉軍軍官侮辱學生的行動。

●國民黨的反革命行動

上海二十六日蘇聯社電　東方時報載、在杭州職工會的領袖唐興奇被捕　據云在職工會內發現共產黨的傳單。

●厦門反日運動高漲

北京二十六日蘇聯社電　據東方通信社消息，領導厦門反日運動的委員會宣布全體罷工，反對日警無故逮捕韓國人四名。罷工運動發展到鐵路及海岸上外國輪船作工的工人。在厦門之日本海軍登陸，佔據作戰的要隘。中國人方面開鎗攻擊日本領事的輪船。

●國民黨的軍隊譁變

東京二十六日蘇聯社電　日本報載、南京的軍隊駐防蘇州附近一帶之二十七軍，因爲欠發數月兵餉，兵士譁變。

●國民黨內訌紛爭

廣州二十六日蘇聯社電　蔣介石邀請李濟琛到南京去。傳聞廣西派與廣東派已訂立以下的條約：（一）廣東政府由李濟琛割據但須担任北伐軍費。（二）廣西派應與西山派斷絕關係。（三）蔣介石同汪精衛斷絕關係，取消其政治地位予以名義的閒職。（四）蔣介石不侵犯廣西派的地盤。據云，這種條約的結果，西山派完全與廣州脫離了。

（蘇聯要聞）

莫斯科二十四日蘇聯社電　在蘇聯人民勞動委員會聽了蘇聯最高經濟委員會和國家計劃局關於一九二七年十月至二八年十月的工業和財政報告之後，議決、在這年內依照計劃，蘇聯的工業和財政比去年增加百分之二十三。爲發展各種國家企業發給十二萬二千七百七十四萬八千盧布。

另訊，蘇聯工農檢查委員會提議用簡單的手續解決各規定工資和解決衝突委員會關於工作，關於工作的標準，關於誤工，和過度工作等問題，均由規定工資和解決衝突委員會完全解決，無須經過法庭。

另訊，採取泥煤的工作，已經機器化了。每一架機器只須一百五十人工作，但所採的泥煤增加三四倍。

莫斯科二十六日蘇聯社電　蘇聯外交委員會回覆中國駐俄公使云：在蘇聯境內的中國人民，凡是作合法的職業者，依照政府的法令，蘇聯政府同其他的人民同等的待遇和保護。可惜，中國多數

本報編輯處啓事

遠東邊疆的工友們！你們投稿本報時，請注意以下幾点：

（一）用墨水謄寫，字跡不宜潦草。
（二）每兩行間，可留寬大一些的空白，以便修改。
（三）在稿末請寫出通信地址，以便郵寄稿費。
（四）發表時須用甚麽名字，請附註明。
（五）對於各地的工人生活，須作有系統的詳確通信，隨時投稿本報。

職工會是無產階級專政的基礎、共產主義的學校、建設社會主義有力的工具！

日本的“国家利益”、各帝国主义爱的好“和平”和国际联盟，1928 年5 月17 日，丁山

一九二八年五月十七日　全世界無產階級聯合起來啊！　第二百五十四期

РАБОЧИЙ ПУТЬ

工人之路

Орган
Дальне-Восточн. краевого
совета профсоюзов.

Отв. редактор Тин-шань

Адрес редакции: г. Владивосток, уг. Пекинск. и Корейской, Клуб Китрабочих „I мая"
Телеф. № 6-35.

Выходит 2 раза в неделю.

17-го мая 1928 г.

№ 254

遠東邊疆職工蘇維埃出版

每逢星期四、星期日出版。

價目：
零賣每期金洋五分
本埠定閱每月四毛
外埠定閱每月五毛

編輯及發行處：海參威北京街和高麗街拐角中國工人「五一」俱樂部樓上

電話六百三十五號

廣告刊例：每期每字按照三分金洋計算長期另議

本報編輯處啓事

遠東邊疆的工友們！
你們投稿本報時、請注意以下幾点：

（一）用墨水謄寫、字畫不宜潦草。
（二）每兩行間、可留寬大一些的空白、以便修改。
（三）在稿末請寫出通信地址、以便郵寄稿費。
（四）發表時須用甚麼名字、請附註明。
（五）對於各地的工人生活、須作有系統的詳確通信、隨時投稿本報。

每一個遠東邊疆的中國工人必須與「工人之路」發生親密的關係！

▲社論▼

◉日本的「國家利益」、各帝國主義愛的好「和平」和國際聯盟

（譯「眞理」報的電稿）　（丁山）

不久以前、在日內瓦的裁減兵備會議席上、各帝國主義國家的代表還用話腔蜜調的高唱他們愛好和平的曲子。

事實上、他們是不樂意贊成蘇聯代表團提議的完全解除兵備。事實上、就是蘇聯代表團提議的解除一部份武裝、他們也是反對的。但是、他們愈激烈的反對蘇聯代表團提出的俱體的裁減兵備計劃、他們愈呼唱愛好和平的調子、甚至於他們愈擺出莊嚴的面孔、鄭重的申述人類沒有武裝、將恢復到石器時代以前的危險現象、則愈暴露了他們的心病、愈顯出他們的目的、愈証明他們預備戰爭！

無恥下流的賣階級的社會民主黨人、更繼續各帝國主義的「和平」的調子高唱入雲、聲言得到神聖的國際聯盟幫助、一切現在和將來的戰爭都能夠免避而實現資本主義的新「和平」。

所有的帝國主義報紙、所謂「文明」的報紙和無恥下流的社會民主黨的報紙都是衆口同聲的鼓吹「和平」、「和平」、連三再四的「和平」。擾亂他們的「和平」者是誰呢？自然不是別的、就是蘇聯！因爲蘇聯的代表團向他們提出和平的提案！

曾不幾時、正在愛好「和平」的帝國主義和其走狗—社會民主黨人—興高彩烈的呼唱「和平」的時候、他們的假面具就被撕掉了。這就是超等的法西斯狄政府、凶亞利鎗殺工人、愛好「德讀克西」的招牌証明的。

這不過是帝國主義愛好的「和平」之花。至於各帝國主義愛好的「和平」之果、卻狠快的就在東方結起了。日本、這是國際聯盟的一名健將、他不僅完全侵佔東三省而且向中國現在開始大戰、已經開拔五萬軍隊到中國。

由「和平的進攻」、（這是帝國主義不穩固和不激進的經濟政策）、現在變而爲大批武裝軍隊的衝突了。

現時帝國主義在中國並不是「衝突」而是要佔領中國、而是有轉變爲帝國主義大戰的可能。

可是、他們所怪聲高叫的「和平」在那裏？他們所贊揚褒獎的能夠免避戰爭的國際聯盟在那裏？

不害羞的英國「時」報五月五日對於濟南事件胆敢說：「日本人這種行動、大概有他們的堅決信任」。

法國「時」報五月六日對於濟南事件、亦跟着英國「時」報說：「關於國家利益（！）的事件、那麼日本的輿論是一致的、要是關於中國內戰的實際擾害、繼續仇敵日本的政策、則無疑的日本必保持其帝國政府和其行動、克服一切障碍、必須保護日本人民的生命財產、這是日本在山東的保護責任」。

這種可恥的「國家利益」（例如田中內閣也會說過、日本派遣軍隊到中國、係與列强的國家利益有關係）、實際上就是同別的國家壓迫、得到英法帝國主義的領袖報紙之贊成、亦即是得到愛好「和平」的國際聯盟之兩個列强的同意。

但是、實際使親日的英國、法國重新出現、一方面隱藏起他們與日本和英國間的利益衝突、另一方面也隱藏日本與美國的衝突。

不僅如此、還要搶刼中國。不僅搶刼中國、還要在中國人民背後開展帝國主義的實際擾亂。不僅如此、外國帝國主義的爭鬥者還要公開的深入中國和分裂中國。不僅如此、還要草菅偉大的中國民命、繼續空前未有的白色恐怖、反對中國民族的活動力和國民革命。

除了這些、在英日的勾結和美國之間、表面上已開展了極大的衝突。在國民黨殘酷暴虐的屠殺工農的背後、站立的是太平洋上的共和國（美國）。在張作霖和他的嫡派 奉系軍閥）同樣的殺戮工農、其後台老板就是日本帝國主義。日本的軍隊（在山東）反對南軍、就是暗地裡猛烈的反對美國。這種衝突將來如再擴大、那時候就能夠變成爲不可預料變動。

在這種事件的進展之下、全世界的無產階級不能夠亦不敢衔默了。必須盡力的撕開社會民主黨人鼓吹「和平」的騙局！必須猛力的拆穿帝國主義的走狗隱藏戰爭的假面具！必須預備羣衆的力量給以猛烈的回答！

要是沒有爆發「十月革命」、沒有成立蘇聯、那麼、各帝國主義間老早就開始戰爭了。然而、各帝國主義畢竟顧忌着這種危險。

「國家利益」的論調高漲起來了。在遠東的中國、捆縛起世界戰爭的危機。

〔中國要聞〕

◉工農革命運動

北京十三日蘇聯社電　據東方通信社和路透社的消息、中國革命工農組織的州執行委會在膠濟鐵路上散佈宣言、號召中國工農佔領糧食堆棧、與資本家和地主鬪爭。要求工農兵士設立自己的政府。

上海十三日蘇聯社電　中華全國總工會對各國工農宣布公開的信、說及白色恐怖的結果、中國革命羣衆損失二十三萬一千七百人以上、囚在大獄和失掉供養者的家屬數千萬人。要求世界各國工人給予物質的幫助中國工農及其家屬、從白色恐怖拯拔出來。

◉日帝國主義與蔣介石的衝突

東京十一日蘇聯社電　聯合新聞社電、南軍於五月九日與日本軍隊開戰、結果南軍死亡三百人、日本軍隊死傷三十人、佔領鐵路。另訊、在上海日本陸戰隊於四川路佈防。

上海十一日蘇聯社電　日本軍隊毀壞濟南兵工廠、佔領膠濟鐵路、並佔領濟南附近各地。

東京十一日蘇聯社電　日日新聞報載、日本政府聲言對於南京政府不能以平等的地位交涉、因爲南京政府是地方的政府。據云、南北軍事如再不能停止、日本政府仍須開拔軍隊到中國。日本政府並要求賠償濟南衝突的損失。「報知」報載、日本政府對於濟南事件表示抱憾、擬處罰負責的軍事長官云云。

北京十二日蘇聯社電　最近幾日、據報載、日本軍隊又殺死許多中國人、繳南軍的鎗械甚多。

上海十三日蘇聯社電　南京政府宣布爲濟南事件、南軍死亡一千餘人。另據新聞報載、五月十日、日本在濟南懸掛日本的國旗。膠濟鐵路已經恢復、沿該鐵路有日本軍隊保護。另據英文「中國時報」載、在濟南附近周圍十二公里、完全沒有中國軍隊、黃河橋爲日本軍隊保守。開到南京有日本軍艦一艘、驅逐艦三艘。

北京十三日蘇聯社電　因爲日本軍隊進攻濟南、濟南各地被火焚毀。

◉反日帝國主義運動

東京十一日蘇聯社電　在上海的中國人仇恨日本壓迫的運動狠發展、從本星期二日起、在郵電機關均不替日本人工作。

上海十一日蘇聯社電　新聞報載、在江蘇各處均有反日帝國主義的露天大會。因爲反日運動在上海擴大、五月十日中國學生在上海西門與英國電車發生衝突。英國電車公司的查票員禁止學生在電車上懸掛反對日本的口號、繼續開手鎗數次。該電車公司的查票員被上海警察逮捕。另訊、在厦門、廣東、廣西、漢口、南京、青島、杭州等地的反日帝國主義運動擴大。

北京十一日蘇聯社電　北京銀行公會通過議案、要求與日本斷絕經濟關係。北京學生進行抵制日貨運動甚活動。

上海十三日蘇聯社電　在長江流域的反日運動高漲、日本僑民從蘇州撤回。

◉北京政府的反動

北京十一日蘇聯社電　北京政府禁止一切反日帝國主義的露天大會、會議和其他行動。

◉南京政府勾結美國帝國主義

上海十三日蘇聯社電　中報載、南京政府於五月十二日召集緊急會議、要求美國總統顧立志調停濟南事件。

◉新舊軍閥混戰

上海十一日蘇聯社電　新聞報載、南軍於五月八日佔領濟南北部七十公里的地方。另訊、據英文「共和」日報載、直隸督辦褚玉璞投降馮玉祥。

上海十四日蘇聯社電　據報載、南軍佔領保定府。據云馮玉祥不日即可佔領天津。奉系軍隊無抵抗的撤退。另據新聞報載、南軍佔領古城。

哈爾濱十三日蘇聯社電　奉系軍官家眷財產由關內搬回奉天。另訊、據日日新聞報通信社消息、奉天省長奉張作霖的密令、招募軍隊。奉天已宣佈戒嚴。

〔蘇聯要聞〕

莫斯科十一日蘇聯社電　爲今年春天

资本主义的国际政治关系，1928 年 11 月 28 日，丁山

第三百零七期　全世界無產階級聯合起來呵！　一九二八年十一月二十八日

每一個遠東邊疆的中國工人必須與「工人之路」發生親密的關係

▲社論▼

資本主義的國際政治關係

(丁山)

△顧維爾當選美國總統的意義
△普恩加賚重新組閣的原因
△英法美極力預備戰爭
△欠款和賠款的問題表明美國和歐洲的資本主義衝突之張本
△美國帝國主義進攻歐洲
△決定資本主義的國際政治關係之原動力

在過去的幾個星期內、資本主義的國際間發生了許多巨大。政治事件。要詳細的考究這些事件、首先必須指明資本主義的國際政治路線所表現之極複雜的狀況和其迅速轉變的曲折。

美國改選總統和顧維爾之當選美國總統、這是不可忽略的巨大事實　這個事實、將開展資本主義國際關係的重要作用之一、大體上決定了美國和歐洲資本主義的政治關係

別的巨大事實就是法國內閣的改組。代表右黨的領袖—普恩加賚—掌握政權。由這件事實、自然是表明在歐洲所謂列强之間發生的賠款問題、將重行「交換意見」

近日來、美國的海軍總長宣布了美國擬在最近年內建設軍事的大計劃。其藉口的理由是爲要保護美國的海路商業所必須。事實上美國帝國主義的海路商業在最近幾年已經發展到比往前多半了。這種藉口的理由、不過是免避別人注意的。

美國帝國主義發布這種建設軍事的新計劃、實際上就是回答不久以前英法帝國主義者所訂立的軍事條約。美國海軍總長發布這種建設軍事的新計劃、是與顧維爾之就任美國總統在同一時期、由此就可以決定美國帝國主義的新總統之政治路線的特性了。

英法帝國主義所訂立的共同建設海軍條約、雖然用多方週詳的隱藏、但亦因美國的報紙之揭露而廣漏知曉。這種條約之根本点係訂結英法兩國聯合建設新的海軍武力、如在戰爭時、英法兩國則聯合進行海軍動作。

尤其是關於英國負責供給法國海軍的重大材料和巨大的戰艦、而法國則供給英國在軍事上的輕便材料和器具及各國的報紙所揭露該條約內訂有英法兩國如在戰爭時則公用海軍的煤棧和軍港……等條文、便是明顯露骨的表示現時在老邁的歐洲出生的帝國主義霸王、不是別的、就是英法帝國主義的勾結。

自然、在歐洲這樣哄鬧的預備戰爭、不能不引起美國帝國主義的注意和回答英法帝國主義的軍事勾結。

首先就是美國帝國主義向歐洲强硬的提出在歐戰時的借款問題。顧理治在最後發表的演說、聲稱歐洲應償還美國在歐戰時的借款已到了期限、完全沒有別的推托。顧理治這種討債的神氣、其意義就是表明美國現時有了十足的能力和工具、要迫令歐洲履行債務。

但是、從歐洲的經濟內容和政治狀況上看來、要償還美國的欠款、雖然是一小部份、英法帝國主義還沒有這樣的能力。

主要的無論是英國抑或法國、關於償還美國的欠款、惟一的企望完全是靠德國的賠款爲轉移。欠款和賠款問題就是測度現時歐洲的資本主義政治空氣之根本表尺。

今年在德國方面第一期應支付的賠款總數、現時尚未決定。因此、擺在德國面前紛紜複雜的問題就是審查英法帝國主義所願意填寫的賠款數目。

很明顯的、德國對於支付賠款試行提出許多條件、首先就是決定賠款的根本數目。德國的國民經濟內容、雖然有適意的改造、但要支付巨大數目的賠款尚不可能。

法國自然是絕對的端算這筆賠款。普恩加賚握住歐洲從未實現的「賠款部」之政治武庫不是沒有作用的。普恩加賚組織大多數的右派新內閣亦不是沒有作用的。在法國回答美國的文件上、更直接的指明、法國付給美國的欠款是要照法國所收到德國的賠款數目爲標準。

因此、根本的目標仍在德國。德國現在成爲了歐洲的「聯合國」提取償還美國欠款的荷包了。於此我們還須註明、德法資本主義的國際關係早已冷淡、而在任何時候都不會親密。這種冷淡的關係會將由法國之極力壓迫德國而日益發展。

在去年的時候、英法帝國主義間因爲爭奪歐洲的領導作用而衝突、然到現在、這種衝突卻大多已銷磨了、而且在將來更會繼續的銷磨。因爲英法帝國主義已經用和平的手段決定分割歐洲。然而這種決定的主因卻是由於抵禦美國帝國主義進攻歐洲的政策而出發的。

此後的英法帝國主義將站在同一的戰線上解決關於美國的一切問題。在英法帝國主義這種勾結的名義之下、美國帝國主義會遇見嚴重而堅決的反抗者，這是無容疑義的。更因爲英法帝國主義佔領了歐洲的高級指揮、其他的列强將效尤而加入他們的圈套。

觀察英法的勾結和美國之間的根本矛盾推動力、還不能單就英法帝國主義一方面而忽略了美國帝國主義本身的矛盾發展。美國資本主義經濟的發展已達到絕對需要新的市場才能繼續的段落　美國的工業已經是最大力量的了、全世界三分之二的金子已經儲藏在美國的銀行了、經濟的定律逼迫着美國帝國主義不能不向歐洲的市場進攻而求繼續發展。

這種進攻的發展一年比一年的更加猛烈。輸入歐洲的美國資本擴大了。在歐洲美國企業的數目增多了、美金是逐漸的、不偏不倚的懾服法郎和金磅、用作恢復美國輸出的財力而同時增加歐洲的國民經濟依賴美國的原動力

要預測介在美國和歐洲之間這條衝突洶湧之將來的發展是非常的困難。很明顯的只有根據美國和歐洲之間這個根本的爭鬪所達到的新而激厲的衝突階段。

現時資本主義的國際政治關係是這樣的根本分割的：美國取進攻歐洲的攻勢而歐洲是處於抵禦美國的保守狀況。

從顧維爾之當選美國總統、特別表明美國現時的政策之性質。美國的資產階級、不是無意識的就輕授顧維爾以鞭策。顧維爾自身就是美國對於歐洲的進攻政策之堅決的信徒。故在顧維爾領導之下的美國、其進攻歐洲的運動將會有更迅烈的步驟。

資本主義的國際政治關係現時蒙糊了這樣深厚的矛盾。資本主義國際間的政治之發展將依據這個矛盾而進行、亦即是按照美國和歐洲的衝突而進行。所有在這些事實上的衝突就是決定在最近將來這幾年內資本主義的國際政治關係之原動力。

(中國要聞)

▲張景惠的措施

哈爾濱二十四日蘇聯社電　新任東省特別區督辦張景惠、命令審查十一月九日反日運動的受傷者。因此吉林督辦公署特派秘書一人赴哈爾濱、隨往傳家甸醫院慰問受傷的學生。

▲日公使要求禁止反日

北京二十三日蘇聯社電　北京益世報載、日本公使芳澤請北京政治委員會主席商震、禁止反日宣傳。商震謂反日宣傳是民族運動，假使日本能將軍隊從山東撤退、則反日運動即可停止。

▲南京和日本的外交關係

南京二十三日蘇聯社電　據東京報載、謂日本駐南京領事矢田與王正廷談判、毫無結果。其重要原因就是國民黨中央首先要求日本將山東軍隊撤退、故談判暫行停止。

另訊　芳澤公使赴南京、暫行緩期起程。

▲奉天的裁兵會議

奉天二十三日蘇聯社電　東京報載、奉天高級軍事部於二十三日舉行裁兵會議、結果由四十萬減至十五萬、每月軍餉開支、也可減少至三百萬、並由張學良楊宇霆通知蔣介石、馮玉祥、閻錫山、白崇禧等。

▲山東的饑荒

上海二十三日蘇聯通信員電　據滬報載、山東近來發生很大的饑荒、其原因是：第一、年來的水災天旱頻降、第二、內戰不已、和新舊軍閥的搜刮。第三、日本軍隊强佔膠濟以及沿鐵路一帶的地方。因此在山東全省發生了很大的饑荒、尤其是沿運河一帶、如城武、臨清、柳城、濟寧諸縣最厲。現在飢民約有五十萬之衆、人民無食者將兒女負至他鄉賣出、流離失所之慘狀、爲從來所僅見。現在濟南省城的人民減少至十餘萬人。鄉村農民逃往南方各省以及東三省者絡繹不絕。

▲帝國主義的衝突

上海二十三日蘇聯通信員電　美國華洋義賑會、因山東飢荒、在山東各處組織華洋義賑會、但是日英帝國主義者、疑心美國別有作用、遂提出抗議。

РАБОЧИЙ ПУТЬ

工人之路

Орган
Дальне-Восточн. краевого
совета профсоюзов.

Отв. редактор Тин-шань

Адрес редакции: г. Владивосток, ут. Пекинск. и Корейской, Клуб Китрабочих „1 мая"
Телеф. № 6-35

Выходит 2 раза в неделю.

28-го ноября 1928 г.

№ 307

遠東邊疆職工蘇維埃出版

每逢星期三、和星期六日出版

價目：
零賣每期金洋五分
本埠定閱每月四毛
外埠定閱每月五毛

編輯及發行處：海參威北京街和高麗街拐角上中國工人「五一」俱樂部樓上

電話六百三十五號

本報編輯處啓事

遠東邊疆的工友們！
你們投稿本報時，請注意以下幾点：
（一）用墨水謄寫，字需不宜潦草。
（二）每兩行間，可留寬大一些的空白　以便修改。
（三）在稿末請寫出通信地址，以便郵寄稿費。
（四）發表時須用甚麼名字，請附註明。
（五）對於各地的工人生活，須作有系統的詳確通信，隨時投稿本報。

"裁减"海军会议开幕的前夕，1930年1月2日，鲁道

2第 二 頁　　工 人 之 路　　一九三十年一月二日

蘇聯要聞

『聖誕』節變爲工業化紀念日

◁捐集八百餘萬盧布▷

莫斯科二十八日蘇聯社電　據各處來訊，在二十五日聖誕節時，進行不斷生產週之各工廠，一律爲工業化第二紀念日，進行工作，將工作所得，捐入工業化基金，據一般調查，該日所得，約共爲八百餘萬盧布。

哈爾可夫勞動群衆犒勞特別遠東軍

哈爾可夫二十九日電　本地勞動群衆募集大批欵項，現已購買禮物一列車，約值四十餘萬盧布，不日即將運至遠東，以便犒勞特別遠東軍全體將士。

蘇聯茶葉經濟計劃

莫斯科二十九日蘇聯社電　蘇聯消費協作社中央已規定一九三十年的經濟計劃；據該計劃，茶葉的發售，共爲六千一百一十萬盧布，較去年計增百分之三十二。

山瑪那莫斯科將規定航空路線

山瑪那二十九日蘇聯社電　自一九三十年夏季，自山瑪那自莫斯科將規定航空線，現在從事建設飛機站。

第三次國家工業化公債推銷的數目

莫斯科二十九日蘇聯社電　據蘇聯人民財政委員會統計，截至十二月十一日上，第三次國家工業化公債劵，巳銷行八萬八千六百四十萬（卽百分之九十九又小數點四），公債劵在工人和職員中的推銷計劃，巳執行到百分之一百零八又小數點四（六萬五千零七十萬盧布）在農民中的推銷計劃，巳執行百分之七十三又小數點二（一萬七千 [illegible]百萬盧布）。

『蘇維埃國家』號全體飛行人員已到莫斯科

莫斯科二十九日蘇聯社電　『蘇維埃國家』號飛機巳抵莫斯科，大受群衆歡迎，蘇聯革命軍事委員會代表翕西裡里地致歡迎辭云：『蘇維埃國家』號飛機之勝利，因蘇聯各團體的熱烈帮助，始有可能。此俄美間之飛行，證明蘇聯的航空製造業，並不比其他資本主義的國家爲落後，但以後尙須努力研究，以便追過世界各國。』以後並有各團體代表致詞，茲不備贅。以後由西司地可夫致答詞，報告美國工農會募捐購買耕種機二十五架，贈與本號飛機。當時決定將耕機撥入『蘇維埃國家』國家農場。

蘇聯中央執行委員會獎償『蘇維埃國家』號飛行人員

莫斯科二十九日蘇聯社電　蘇聯中央執行委員會認爲『蘇維埃國家』號飛機駕駛員西司地可夫，波洛托夫，及技士司切爾里果夫，福華頁夫，在莫斯科至紐約的飛行中，成績昭著，決賜各獎以赤色勞動獎章一枚，以示鼓勵。

[illegible]

哈爾得蘇衣至溪威將敷設鐵路

[illegible]亞哈巴得二十三日電　哈爾得衣至溪威的鐵路（Парджум-Хивинская л ·ж）巳開始敷設，長度一千九百一十八個基羅米突，建築費六千三百萬盧布。此路建成以後將使該地種棉地大行擴大，對於交通運輸六面之便利，自不待言。

邊疆要聞

海參崴政治研究組工作之發展

海參崴城市黨部，爲提高一般黨員團員和工人的政治敎育起見，曾議決海參崴城市內各工人區域組織十五個政治研究班。截至現在爲止，已經開始上課計人數百餘人，其地點如下：（一）中國黨校（十一號運輸工會）（二）小學校（三）小手工業聯合會（四）北京街建築工會閱報室（五）涼子河。其餘尙未開始工作之各班，如四號運輸工會，五號運輸工會，遠東工廠等等均正在積極籌備之中，凡海參崴城市中各中國工友均可就近參加，按時前去上課。

調查亞杏的煤油工業中的工作

庫頁島亞歷山大通信　爲調查在亞杏的（Охинский）煤油工業中之經濟的，黨的和職工會的工作，本州許多重要指導工作人員偕同州黨部書記前往亞杏。順便並將調查在土民中的工作。

農村蘇維埃進行社會主義的比賽

比脫羅夫後貝加爾湖區哈霍圖（Хохотуиский）農村蘇維埃及杏洛克布良特區巴廷托洛夾基農村蘇維埃間訂立社會主義比賽的合同，双方農村蘇維埃比賽的合同規定在一九三十年中擴大對一九二九年的耕種地百分之三十二，飼料及清潔的種子達到百分之百，交給所有剩餘的糧食，勍期收集農業稅及保險費達百分之百，最低限度必須組織一個公社（Коммут）組織消防隊及預防森林火燒的工作。以及農村蘇維埃在貧農和中農群衆中的實行親善的工作。

地質學委員會改組

海參崴通信　地質學委員會遠東邊疆部決定撤換遠東區地質探尋管理處長的職務，並任命礦山工程師阿南尼希（Ананишин）繼任。

阿南尼希同志最近曾担任過沿海州礦區區長的職務。

各國要聞

澳洲和保加利亞承認蘇聯的前夜

倫敦二十九日電　據從康貝爾（Комберры——澳洲）的消息，全澳政府的內閣總理期吉利（工黨內閣的領首）稱謂：澳洲政府在『限制宣傳』的條件下並未有防碍對蘇聯政府任命駐澳洲的外交代表。

維也納二十九日電　據索非（Сафин——保加利亞）的消息，工黨議員卡拉錫赤夫關於承認蘇聯曾對政府的質問。工黨在質問的意見中謂蘇聯是表示眞正的和可信的小的國家的保護者。特別注意的質問謂許多大的國家承認蘇聯後，——最近的英國——巴爾幹政府再無遲留的餘地，即迅實行人民的意志，承認蘇聯。

德國『紅色退伍軍人聯合會』示威遊行

德國失業工人大遊行

柏林二十九日蘇聯社電　德國失業工人曾舉行廣大的示威遊行。整千整萬的失業工人在街上整隊示威遊行，高唱國際歌和許多的圖書上面寫有革命的標語。在許多地方警察特別的衝進用橡皮棒毆打失業工人。在某個地點警察曾實行放槍，工人許多的被逮捕和受傷。在佛琅克佛爾，德勒斯登和其他等省亦同様的有失業工人舉行廣大的遊行。在許多的城市中社會民主黨和資產階級的政黨在失業工人的壓迫下曾局部的同意共產黨員關於緩和失業工人的情形之要求。

二十四個革命家案件的判決

瓦薩瓦二十九日蘇聯社電　瓦薩瓦的法庭巳判決二十四個革命家的案件。這個案件審訊有一個星期之多。主要的當事者多埋洛韋奇（Томарович）判決八年的苦工監禁。波爾斯基（Польский和邵爾（Ноль）各判決六年，納莞格羅得斯基（Новгородский）判決五年。其餘的判決有從四年到兩年。又有三人取保釋放。二十一人共計判決五十二年苦役監禁。

澳洲礦山工人罷工

倫敦二十九日電　據新背的消息，在克拿士利得礦山的洲澳礦工，同様的在威陀利亞的礦工，反對警察慘殺羅波里煤礦的工人。在這樣的情形之下，現在六個礦山只有三個礦山工作。職工會機器工人拒絕載運煤灰，被工賊的破壞。

又在新背爾舉行群衆遊行運動，反對警察慘殺羅波里礦山工人的事件。示威大會被警察攻陷，遊行群衆與警察曾發生大的衝突，重傷者甚多，遊行者被警察驅散。

墨西哥大捕共產黨員

紐約二十九日電　據從墨西哥來的消息，軍警當局在墨西哥大捕共產黨員。逮捕共產國際墨西哥支部主席，同様的墨西哥共產黨組織部書記蘭皮利茨（Хулис Рамперец）。因此墨西哥革命的職工會領袖謝金亦羅士（Давид Секиерос）向墨西哥政府及報界宣佈抗議反對大捕共產黨員，指出被捕者軍事當局押禁和奪去各種食糧。

波蘭又一反動內閣總理的登台

瓦薩瓦二十四日電　波蘭新政府組織後，即任命巴爾延爾（Бартель）爲臨時內閣總理，巴爾廷爾是表示與國會合作的中和派。

日本建築新的鐵路

日本政府審定四千五百萬元日金建築新的鐵路的用費，在一九三十年和一九三十一年共四千三百萬元日金。

特 別 遠 東 軍 馬 隊 瞭 望 敵 人 的 陣 地

國際兩週評論

『裁減』海軍會議開幕的前夕

在一九三十年一月，在英國京城倫敦，將開五大列强的『裁減』海軍會議。參加會議的列强都企圖尋找自己的同盟者，預備在會議上作共同的行動，因此在各列强之間暴露出了許多新的矛盾。

英美日的衝突

歐戰之後久稱爲『海上王』的英國漸漸的衰落下去了。他的優越地位巳被新興的美國佔據。在華盛頓會議上，決定英美日三國的海軍勢力應保持「五：五：三」的比例。這就是說，若英美各有五艘軍艦，則日本就能有三艘。此後，美國不僅在海軍方面不下於英國，而且在經濟上超過了英國。因此英美之間，隨時隨地都存在着衝突。

美國主要的目的，是要保持太平洋上的統治；所以美國很想減弱日本的海軍。只要能達到十與五或六的比例：就是說若美國有十艘巡洋艦，日本只能有五艘或六艘。美國便可以認爲是完滿的結果。但英國對於限制巡洋艦的數目，並不熱心。因爲英國的巡洋艦比美國的或日本的要多。據十二月十三日英國保守黨的報紙『每日電報』對於『裁減』海軍會議，曾有以下的論文：『基本的想來，英國被逼迫着對於法國和意大利海軍艦隊的强勝，所引起的注意；在華盛頓還不完全了解。按照美國人的意見，認爲海上艦隊有實際意義的，只是美國的，英國的和日本的。美國的社會意見認爲，在這些列强之間三方面的同意，便可以調劑海上武裝方面發生的一切問題。但事實上英國被逼迫着估計地中海上的條件，在限制海上武裝方面不能追隨着美國和日本。美，日，英之間三方的協約，能使日本，美國滿意，而不『是英國』。

由以上的論文，可以證明，『英美日在海上的統一戰線』的傳說，巳是煙消雲散。

英法的衝突

英國主要的目的是要設法減弱法國的潛水艇在地中海的活動。地中海的岸上有兩個列强，法國和意大利。地中海是到印度和遠東最近的航路，雖然英國在地中海內有相當的海軍根據地。但地中海沿岸的領土，大部份在法國和意大利的手裡；法，意的巡洋艦和潛水艇將給英國的商業艦隊和軍事運輸以巨大的恐嚇。這樣我們可以了解，英國決不能同意把他和印度的交通處在恐嚇之下。

法意的衝突

意大利和法蘭西爲了奪取地中海上的統治，也引起了急烈的衝突。十二月五日法國地中海艦隊的一部份，開到南斯拉夫的軍港士濱克（*Шибеник*）南斯拉夫的海軍當局，曾舉行歡迎會。據英，意輿論界的傳說在這次歡迎會上，曾有反意大利的宣言。法國和南斯拉夫軍事的聯合，將給莫索利尼治下的意大利以巨大的恐嚇。

士濱克在安德利亞，海中是最接近意大利海岸的一個軍港。南斯拉夫的潛水艇，大都停泊在此。只在不久之前法國政府拒絕了意大利關於法意海軍勢力平衡的提議。此後不久就派遣艦隊到南斯拉夫去，這種示威行動，自然引起了意大利的注意。由此我們可以推測到將來出席倫敦會議的意大利代表，要企圖利用法國與南斯拉夫的聯合，提議產生新的海上列强——南斯拉夫。如此可以使意大利在地中海的艦隊不至於縮小。

結　論

在『裁減』海軍會議之前，各列强都企圖保持自己海上的武裝。所謂『裁減』只是欺騙群衆的花樣！這次會議上的一切，不過是官面文章！他的結果在不久之後，便可以在我們的面前完全暴露出來。　（魯道）

伦敦“裁除海军会议”的真相，1930 年 1 月 11 日，纪密

2第 二 頁　　工 人 之 路　　一九三十年一月十一日

蘇聯要聞

史大林格勒的十週紀念

史大林格勒八日蘇聯社電　本年正月三日爲史大林格勒從白黨手中解放出來的十週紀念日。是日曾舉行慶祝大會，各地來賓到者一千餘人，全體認爲史大林，禾羅西洛夫等在白黨圍攻本地之時，防禦本城，卓著功績，一致請求蘇聯中央執行委員會獎以紅旗，以表功勳，並決議本州本城爲社會主義建設的模範區。

保護農業社的組織

◁以便剷除農業中的壞現象▷

莫斯科八日蘇聯社電　據蘇聯人民土地委員會的發起，現已組織保護農業社，以便與農業中的壞現象爭鬪及在大學中組織專修科，以便造就人才。該社已於一九三十年一月開始工作。

航空化學社撥定特別遠東軍受傷將士修養費

莫斯科九日蘇聯社電　蘇聯航空化學社中央蘇維埃，因特別遠東軍，因此次中俄衝突事件，戰績卓著，特撥款五萬盧布，以爲該軍受傷將士修養之用。同時並號召蘇聯勞働群衆，努力捐募。

齊切林已回莫斯科

莫斯科九日蘇聯社電　蘇聯人民外交委員主席齊切林同志，因積病日趨痊愈，現已回至莫斯科。

邊疆要聞

伯力州執行委員會定期召集大會

伯力州執行委員會大會定於一月三十日召集。議事日程：報告關於春耕運動；關於木材儲蓄；關於糧食的儲蓄總結；國民經濟的狀況和最近的任務；地方的預算和其他問題。

職工會不願拿出錢來做教育工作

赤塔通信　本州進行文化運動和與文盲的鬬爭的工作非常的不好，職工會沒有注意眞正的群衆政治的運動，而進行這個戰鬭的任務。記登不識字的工作，職工會沒有做。據說從教育廳職工會應付給經費二萬三千盧布，但是僅付給經費七千盧布。某職工會同樣的沒有締結合同，據十三個城市的工會，對一千零四十人學習的條約已經完結，而學習的僅有三百人。在學校中僅形式掛了一個名而不來上課。因有這些關係一切文化的運動都被破壞了。

滿洲里的難民在赤塔的狀況

赤塔六日通信，因中東鐵路事變之故，赤塔曾逃到難民二千二百人，被該難民者伙食等費用，計用去二萬二千盧布。對於難民子弟曾開辦幼稚園，六月以來，計共用去九千盧布。

遠東邊疆印刷業的發展

遠東邊疆所有大的印刷所的生產，在去年出品，到一百九十七萬盧布，超過預定的計劃（預定計是一百三十萬盧布）。

海參崴「圖書」印刷所已進七小時工作制

自本年一月起，海參崴『圖書』（Книжное дело）印刷所已進行七小時的工作制。因此伯力『圖書』印刷所準備將從七月間亦進行七小時工作制。關於在邊疆其餘的印刷所定期進行七小時工作計劃的尙還未規定出。

伯力「圖書」印刷所將準備造就新的技術工作人員

伯力『圖書』（книжное дело）印刷所對熟練的印刷工人非常缺乏，因此特委託印刷業圖書委員會和遠東邊疆印刷工會擬草關於準備造就新的相當的人材問題的計劃。

遠東邊疆建築新鐵路

由布加齊至巴生那雅（Букач Пашенная）的鐵路建設問題，現已徹底的規定，現正在招收工人，準備材料，編製計劃，不久即可開工。

遠東工廠新發明製造的打麥機

各國要聞

波蘭改組新的反動政府

瓦薩瓦九日電　波蘭政府宣佈新的名單。內閣總理——巴地爾（Бартель）。內務總長——尤鍚夫斯基（Юзефский）——（前武利斯基的總指揮官，著名反蘇聯的健將）。外交總長——色萊斯基（Залеский）。軍事總長皮爾蘇斯基（Пильсудский。）。

日本的國家預算

東京九日電　日本政府將一九三十年預算的草案提交國會討論，該預算總的數目計十六萬萬零二百六十七萬一千兩日金。以去年預算的比較，減少一萬七千零八十九萬五千五百五十五兩日金。

法國增加大量的軍費

柏林八日蘇聯社電　法國衆議院和上議院大多數已通過法國政府要求關于一九三十年支出五千五百萬法郎，以上作新的海軍和陸軍的武裝之用。同時報告者在國會中的報告謂：『可以迅速動員和集中法國的軍力』。

德國巡洋艦上的赤色旗幟

柏林九日蘇聯社電　據德國『Роте Фане"報的消息，德國巡洋艦『愛庭』（Эмден）號遇遊航行中忽發生暴動，其原因係軍官對水兵的非人待遇和飲食的惡劣。水兵豎起紅旗和要求巡洋艦即速回到德國。

國際兩週評論

倫敦『裁除海軍會議』的眞相

帝國主義列强間的矛盾，愈趨近於武裝的衝突，各列强的『和平』宣傳，亦愈見得起勁。第一次歐州大戰將開始爆發的時候，我們也曾聽到『和平』高調，但這種高調的餘音，還未波息時，帝國主義者的砲火濃煙已瀰漫於全歐。戰後的『第三時期』內，各列强間的矛盾時有爆發直接武裝衝突可能的時候，他們又在重復高唱『和平的』凱歌。『裁軍會議』剛從事實中宣告了破產之後，而又一曲復一曲的在鐵甲無畏艦的相互對追中，又唱起『和平的』戰曲，所謂五大海上强國的『裁除海軍會議』，卽是這個戰曲的近調。

一九三十年一月二十一日，英，美，法，意，日等五大『海上王』，將在倫敦開所謂『裁除海軍會議』，實際上，這個會議不過是第二次世界大戰將火拚時的信號。我們在事實上，可以看到這幾個會議的參加者中間的矛盾與衝突，日益發展與緊張。

各列强爲爭奪世界的市場，而激起了不可調和的爭鬪與競爭，這些，同時又都都反映到他們間的軍備——特別是海軍——的『比賽』。素稱『海上王』的英國，已將有被美國趕上的危險（在經濟方面早已被美國趕上了），而日本與意大利的海上武裝，也都逐漸由增加而至於軍事技術上的改造，法國在國家軍事預算上的軍備，亦已增加到極高的目數……。凡此種種，都不得不使英國對美國稍稍讓步。麥克唐納爾與顧維爾的『協定』卽是這個讓步的表示。但同時在這個讓步中，又有二種企圖：一方面企圖英美海軍的平衡發展（對美的讓步）；另方面企圖盡力縮減別個列强的海軍武裝。將召集的所謂倫敦『裁除海軍會議』，英美就想以此作爲『議事』的標準。然日，法，意等列强自然也早已看清了這一點，他們之所以參加這個會議，亦不過想在矛盾中，攻擊別人。這裡，我們還應知道日美，日英，法意，英美，英法等極深刻的衝突，絕對不能以會議的方式來稍減輕其程度，這個『裁除海軍會議』不過是這些將爆發的衝突中，盡力增加軍備——特別是海軍——的匿影。

英國雖然想以對美的讓步，而企圖縮減日，法，意等的海軍，但實際上，決不能把這個妙想天開的『計劃』實現出來，而且美國不僅將以全力『追趕』，並將『趕上』英國的海軍武裝。

美國海軍總長阿達姆斯（Адамс）在麥克唐納爾離美後不久，在報告中卽要求道：『人應多些，軍艦應多些，錢亦應多些』。『每日』通信社海軍專家指示道：『現在美國的軍艦，有些方地，實比英國軍艦高超了許多。如英國有一架水上飛機，則美國就有七架，而且經過幾年後，美國海軍將備有一千隻航空飛船。所有英國的戰鬬軍艦都將採用煤油，舊式的無畏艦都將改造，且將裝設最新的軍用技術』。在最近的十二月會議上，顧維爾對於美國軍備的通知書上說：『如果縮減海軍武裝費的國際協定不成功時，則美國在最近六年內，應提出十二萬萬美金作軍艦費。』顧氏又繼續道，一九一四年美國的海陸軍共有二十九萬九千人，而一九二九年已增加到七十二萬八千人。（錄自一九二九年十二月十七日『Известия』報）。

按上述的引句中，不僅足以證明美國預備捉脅英國的『希望』，而且美帝國主義者正預備把這些計劃完全實現出來。英美『協定』的內容，就是如此這樣！不過，同時我們應該知道英國之所以對美國讓步，並不是情願讓美國去單獨發展軍海軍備，也並不是不知道美國不祇是將『追趕』自己的海軍，且還有『趕上』的企圖。這裡英國自還有其他的重要的目標，而且同時他還是同樣要增加自己的海軍軍備，還是要與英國作激烈的競爭。

將在倫敦開幕的五國『裁除海軍會議』，實際上就是各種絕對不能以會議解決的衝突——特別是海軍上的力量問題——集合在一起，而奏演一翻『罵街的』惡劇。但同時我們應分析這個會議是否能重新『改組』帝國主義列强間的『接合』。原來『戰爭不過是政策的繼續』，軍備常以政策爲轉變，而政策又隨着經濟狀況而轉移，所以各帝國主義列强間的軍備爭執問題，亦不得不隨着各列强間的經濟爭鬪而有轉移。這次五國海軍會議的結果如何，與是否能『改組』其『接合』，當由這五國間在國際經濟爭鬪中的情形與其間的關係來決定。

在各列强間的經濟衝突問題（如市場，原料出產地等等）在事實上是絕對不能解決的，所以軍備上的衝突問題，也就不能得着解決。一九二一年十一月到一九二二年二月的華盛頓會議所規定的美，英，日，法，意等國的軍備的比例與數目，到現在是否己按其實行了？在表面上他們還常以華盛頓會議的決議來相互對罵，但實際上各參與國還是公開的與『秘密的』盡力的超過在該會議所規定的數目。這個例子卽是說，在將開幕的五國海軍會議也不過是重演舊的把戲而已。

英美『協約』，在英美實際海軍競賽中，雖有『壓制』與『限制』其他列强（日，法，意）的海軍軍備的企圖，但別的列强對於自己的海上武裝却仍將按着自己的需要與趨向而不斷增加。法與意對於巡洋艦問題，在英美『協約』中並不感受到什麼重大的影响，但英國却企圖在將開幕的倫敦會議上，竭力限制意與法的潛水艇的製造，而法意實際上決不能在英國强大的巡洋艦的畏脅之下，而接受這個『限制的』提議。但英國因想防止法國的潛水艇擾及與封鎖英國的沿岸與海口，所以他在會議上必將以英美的『協定』來恐嚇法意。在表面上，如英國能得到會議的大多數參加者的『同情』與在美國的協助之下，使法國孤立起來，他的希望或能達到形式上的結果。這裡，英國爲要使法國孤立，或能對意大利有所『讓步』。同時，我們知道法意的衝突，日益緊張。法國的地中海艦隊不久前之到南斯拉夫的西士賓克（Шибеник）港，完全在恐嚇意大利，同時在意法衝突（如利維邊境，土尼司等問題）中，英國（據『Стампа』的倫敦消息）極表同情於意大利，實想拉攏意大利。

自法對意之採用『恐嚇與壓制』的方法，英對意之採用『同情』，雙方都表現着內部衝突的實質。至於意大利之傾向問題，完全在乎法國是否能同意法國與意大利的海軍平衡計劃爲轉移。要是法國同意這一點，則意大利對於潛水艇問題，自能協助法國而反對英國的企圖，不然，意大利實有轉傾於英美『聯合』的可能，並將在倫敦會議上反對法國。但實際上，法國無論如何還是在增加自己的海軍軍備，不久前法國海軍總長遞交國會的呈文中，提議在一九三十年內製造以下的軍艦：一隻巡洋艦，六隻追逐的消滅艦與六隻潛水艦，這些軍艦的製造費，預定爲十二萬五千七百十二萬八千佛郎。

按上述，法意對於英美『協定』與將開幕的倫敦會議的態度已很淸楚。至於日本的態度與計劃，在巡洋艦問題上，對於英美的『協定』與日本的關係上，表示不滿。日本竭力要求增加華盛頓會議上所規定的數目。日本要求在華盛頓會議對英，美　日三國的海軍比例五：五：三（卽英國與美國如有五隻軍艦，則日本只能有三隻）、換成爲十：十：七：只有在這條件之下，日本將承認英美海軍的平衡存在。

日本對巡洋艦與潛水艇問題的態度，使英美不得不設法拉攏日本，而且日本的態度常能決定英美『協定』的『主要立場』。麥克唐納爾之宣佈停止新加坡軍港的建築，實在促使日本同意海軍軍備的較小比例，美國之在海軍會議之前，派遣開司鐵爾（Кестль）作爲駐日的臨時非常大使，實足以證明美國之特別注意日本的態度問題。

日本不僅對於巡洋艦問題，要求十：十：七之比（對英美），對潛水艇問題則更要求有神聖不可侵犯的發展權。日本這種態度，一方面反對美國與英國的立場，另方面又將撕碎英國反對法國潛水艇的計劃。

所謂『裁除海軍會議』的紙上結果，就將以上述的分析來決定。英國與美國以及其他各列强的海上衝突問題決不能以幾個『會議』或『協定』來解決。航海自由與平衡發展等老問題，始終是英美間不能解決的爭執。法國外交部機關報（『Тон』）上說得很好：『對於限制海軍力量的協定，要是能誠摯的計算到各個國家的實際需要時，纔能在倫敦達到這個協定。至於自己的需要問題，是要每個單個的國家來解決』。這種立論，卽是帝國主義國家對於『裁軍』問題的赤裸裸的描寫。在日內瓦『裁軍預備會議』上是如此，在一九三十年一月的倫敦『裁減海軍會議』上也必將如此！

若我們曾送過日內瓦『裁軍備預會議』的殯葬，則現在就應趕快預備埋葬倫敦『裁除海軍會議』的喪禮。

（紀密）

帝国主义的矛盾与海牙会议，1930 年 2 月 4 日，卓英

2 第 二 頁　　工 人 之 路　　一九三十年二月四日

國際兩週論評

帝國主義的矛盾與海牙會議

（國際兩週評論的論文之四）

最近世界帝國主義列强，根據『雍克』計劃的決定和『消滅戰爭』(?!)在海牙開第二次帝國主義分贓的會議。第一次帝國主義的海牙分贓會議，曾實行做了關於分配德國賠款償付的問題。當時帝國主義列强間曾已充分的表現了深刻的矛盾。特別鮮明的表現是英美的矛盾，即是決定帝國主義國家間根本的矛盾之一。

美國『堅毅』的和『剛勇』的在世界的市場中對英國的排擠。美國向英國這樣的進攻，在加拿大、拉丁美洲、澳洲，印度，中國及歐洲的大陸都會表示出。換句話說，就是爲重要的世界原料的來源和廣大市場的銷售劇烈的鬬爭。

現在英國在這個，共同實行盟約的鬬爭中已是受到嚴重的失敗。在第一次海牙會議中英國帝國主義的代表史奈汀曾大出風頭。在史奈汀包辦分配賠款之下，英國曾得到增加每年賠款四千萬馬克。這個增加的組成，達全英國的國家預算的四分之一，即可移動七十五萬萬美金。

但是自海牙會議以後，美國遂已轉到激烈的進攻，即對倫敦海軍『裁減』會議之籌備，美國已宣佈英美的軍艦量數均等的不滿意，而要求自己的大巡洋艦以二十一對十三之比例。

英美衝突劇烈的表現，同樣是關於國際銀行的核定問題，亦即是在第二次海牙會議中決定的對象。因爲在美國銀行資本的利益上，就是擴張這銀行的作用，所以當時英國帝國主義堅決的反對這個銀行的擴張，因爲美國財政資本在歐洲的地位將表示更鞏固，——在歐洲的事業中表示牠的『道克推多』的基礎之一。

雖然，關於國際銀行核定的問題，不僅是英美矛盾的劇烈，站在這個銀行的任務上，同樣的是『包括東歐勢力的範圍』。這個『迷離』的形式表示無他，即造成爲進攻蘇聯的對外貿易壟斷，五年建設計劃，社會主義建設的根據地。國際銀行決定將設在『中立』的國家之瑞士，牠將是鍛鍊反蘇聯的武器，製造世界的戰爭。

第一次海牙會議的矛盾劇烈，同樣是英德之間。如德國在煤的，電氣工業的，造船業的和其他等範圍中的競爭，使英國的工業受到重大的恐慌。由此英國爲限制德國輸出的鬬爭，在海牙會議中對關於滷及『脊達』的供給，德國供給意大利的煤的問題，曾得着了實際的退讓。

第一次海牙會議的前後絕對不平衡的特別是法德的矛盾。如撤退萊茵區的軍隊應在一九三十年六月三十日以前實行。根據這個理由法國新內閣總理唐爾汀公開的宣言，將來萊茵的撤兵僅在『雍克』計劃强有力進行的條件之下才有可能。換句話說，這個條件，就是給法國帝國主義有可能的更多延長萊茵的撤兵期限。故白里安在國會委員會中亦公開的說：到一九三十年在實際上『雍克』計劃會進行了否？『若是這個不是偶然的，那末關於將來萊茵的撤兵，是無容啄的餘地！』。至關於薩爾區問題的談判最後亦是毫無結果，如法國要求用廣大的數目買回薩爾流域。

德國轉到退讓的地步，在第二次海牙會議進行的條件中有極大的使德國的惡壞，而較甚於第一次的海牙會議。現在美國資本家在美國經濟危機發展時期中奴役德國將行更加厲害。

然而德國資產階級使用『雍克』計劃爲減輕資本家『稅捐的負擔』和更厲害的剝削無產階級。正確的說：『雍克』計劃規定德國每年（定期三十七年）要償付極大賠款的數目四萬七千三百七十萬美金（約二十萬萬馬克）給帝國主義的國家。使德國的勞動者加上二層的經濟的負擔。此外社會民主黨財政總長梅爾頓關於財政的綱領在國會中的宣言，供獻資產階級『生日的資禮』，每年減低資本的稅捐十萬萬馬克。現在暫不說關於在『雍克』計劃的組織下更厲害的壓迫資本主義的合理化，而德國現時失業的工人數目已是達三百萬人之多了。有這些就是使廣大群衆急遽的革命化，迅速的消滅在無產階級群衆中的社會法西斯蒂『德謨克拉西』之欺騙。這些也就是德國無產階級革命前進發展最大的，最優良的表現。

『雍克』計劃的包圍所構成的環境。很顯明的指示出德國是第三時期根本矛盾更劇烈的出發點。亦即是先進工業國家，生產技術的機關力量之一。因爲德國現時是帝國主義的鎖鍊薄弱環節之一。就是說，帝國主義鎖環最薄弱的地方，是資本主義戰線的崩壞，因爲無產階級的革命，有最後的破壞世界帝國主義的戰線在牠的較弱的地方。德國正是這個較弱鎖環的之一，那裡有破壞帝國主義的鎖環，使資本主義直接的和間接的恐慌。

所以第二次海牙會議是成熟劇烈的階級鬬爭之新階段的表現，由此表現而搖動了德國資本主義的和世界帝國主義的基礎。

（卓英）

蘇聯要聞

工人模範隊發展

列寧格勒一日蘇聯社電　本處擬徵集工人模範隊十萬人，各工廠工人，均紛紛決議完全實行工人模範隊的任務。

組織農業機器製造業中心

〈以便統一全國指導〉

莫斯科一日蘇聯社電　勞動國際蘇維埃以農業機器製造業，現在尚無統一機關，對於全部工作之進行，未免感受困難，因此特委任蘇聯最高國民經濟委員會從事組織蘇聯的統一機關，以進行全國的指導。

農業機器站的發展

莫斯科一日蘇聯社電　糧食中央委員會在本年春種運動中，組織機器站三千五百九十個，其在各地的數目如下：高加索——七百個，西比利亞——六百個，下禾瓦邊區——七百五十個，中央黑土區——五百三十五個。

雇農貧農應積極參加鄉村蘇維埃

莫斯科一日蘇聯社電　蘇聯中央執行委員會以鄉村蘇維埃爲無產階級專政的機關，必須吸收廣大的雇農貧農參加，盡力消滅一切缺点。至他的任務，即努力使鄉村集產化云。

仍應努力尋找失踪美機飛行人員

莫斯科一日聯蘇社電　蘇聯北極探險隊主任對人表示云『美機隊飛行人員，尚無踪跡，蘇聯北極探險隊尚須努力進行探索，以期尋得失踪飛行人員』云云。

邊疆要聞

伯力與哈爾濱間國際電話已通

伯力與哈爾濱間和海參崴與哈爾濱間的長途電話，已經開始，工作非常忙碌，伯力和哈爾濱之間長途電話開幕的第二日，已舉行通話十次，海參崴和哈爾濱之間通話約五十次。

中國工人子弟在各學校中名額

據遠東邊疆執行委員會主席團決議，本邊疆各工廠附設學校及職業學校，在本學年擬再招收學生一千四百三十五人，其中少數民族應佔百分之十，即一百四十三人。在招收新生中，應首先招收工人子弟，年齡一十四歲至十八歲爲合格，至於質量方面，女子應佔百分之三十，童子軍亦應佔百分之三十。至於招收者的教育程度，以在俄國初級學校爲合格。各該學校招收中國人的名額如下：

海參崴遠東煤業托拉斯——五人。
海參崴遠東工廠——五人。
海參崴磨粉廠附設學校——三人。
漁區學校（Рыбзовуч）——八人。
雙城子製油廠附設學校——二人。
黑河金廠附設學校——二人。
（附註：如不能選出與上列條件相合的學生時，可以用他種民族的合格的學生代替之）。

阿穆爾清洗集產農場

阿穆爾州自二月一日至三月十五日，將舉行清洗本州集產農場。清洗的口號：『爲階級的清洗集產農場而鬬爭』！

北部木材儲藏的情形

阿爾哈根大斯克通信　北部一月間木材的儲藏，已縮減到二度。截在正月二十日爲止，實行儲藏計劃百分之三十五又七、實行運輸的計劃百分之十四又九。

特載

檢閱國際紅色救濟會組織的工作

親愛的同志們！

根據國際紅色救濟會中央委員會的決議定於今年十一月一號（一九二九年）開始國際紅色救濟會支部的工作總檢閱，檢閱國際紅色救濟會工作的缺點和優點等等。

伯力州的組織應當積極的參加這次檢閱，國際紅色救濟會的總檢閱，從十一月一號到十二月一號應當完畢，在這期內國際紅色救濟會的支部，關於國際紅色救濟會和檢閱的等等任務，應當擴大檢閱運動的解釋工作。爲要完成檢閱國際紅色救濟會支部的工作，必須動員一切社會組織的力量，公共團體，共產主義青年團，職工會，一切的慈善事業團體，共同一致的進行檢閱工作，伯力國際紅色救濟會早先指示出一切檢閱實際工作計劃的方法，並且應當把牠最近拿到支部特別會議上討論，支部必須要在這會議上，使一切社會組織的代表到會。

一）召集國際紅色救濟會支部委員會的特別會議，吸收救濟會的積極份子參加，要作國際紅色救濟會支部總檢閱的計劃，同時要請黨支部青年團支部和職工會地方委員會代表參加支部委員會的會議。

二）裝設檢閱的報紙，支部所作過的工作簡單的報告，所分配給每個積極份子的群衆工作，例如宣傳工作，國際紅色救濟會支部工作等等，支部的書面報告，不能遲過今年十月三十號，務必交給州委員會。

三）國際紅色救濟會支部委員會，關於支部的工作必須寫文章在牆報上的最前篇幅發表，並指出工作的缺點等等。

四）召集國際紅色救濟會支部擴大會議，協同積極份子或大會，利用職工會的積極份子會議，報告國際紅色救濟會支部的工作。

五）把檢閱的工作同社會主義競賽的工作，在改善國際紅色救濟會的工作，發展會員，募捐等等口號之下密切的連繫起來。

六）國際紅色救濟會支部委員會，應舉出三人進行檢閱和考察別的支部，並要把這種工作與國際紅色救濟會支部互相的社會主義競賽工作連繫起來。

七）擴大檢閱的工作吸收新的會員，務必在一月期內，要得到實際的結果，發展支部的會員，要百分之百的都吸收到國際紅色救濟會的隊伍來。

伯力國際紅色救濟會州委員會通告一切所有的支部，確定檢閱的計劃，相信國際紅色救濟會各支部，一定能按時擴大檢閱的工作。

國際紅色救濟會州委員會主席。
奧斯丹諾克
書記愛普實頓

這個通知書，本是預備在一九二九年十一月一號到十二月期內要實行的，但是在東方工人中的支部還未開始工作所以現在本州委員會正式通知各支部，即速按照通知書進行檢閱的工作。（譯者）

在自評的口號之下進行我們國際紅色救濟會的總檢閱

（孟健）

在目前的國際狀況之下，無論西方的無產階級革命運動；無論東方的被壓迫民族解放運動，都有驚人的長足進展，尤其是處在第三時期內的帝國主義內部的衝突矛盾加緊，在經濟政治方面表現出的危機恐慌，已到了不可設想收拾的地步，值得我們最注意的事實，就是已宣佈開始了階級的血戰的西歐英勇的無產階級和在東方的中國革命運動的高潮來到，一切階級的爭鬬，都達到了最高的形式；因此在世界革命的戰爭前線一切爲無產階級解放的戰士，須要勇敢奮鬬；而在國際紅色救濟會的任務，也就重大了，尤其是帝國主義走狗法西斯蒂，社會民主黨，國民黨以及一切改頭換面的改良主義者，他們明知道他們在工人群衆中的假面具已經揭穿，進而取公開的進攻形式，破壞一切工人群衆的組織，職工會及其工人階級的政黨——共產黨，他們對於工人首領的共產黨員及一切革命的戰士，屠殺逮捕，已視爲他們的能事，屠殺剝削，尤其是關禁在黑暗的牢獄裡的政治犯，遭受極非人類的虐刑，因此我們國際紅色救濟會的工作，更是怎樣的刻不容緩！每一個會員應當知道要打倒這種白色恐怖，只有階級爭鬬，也只有根本推翻資產階級的統治，和建立起無產階級自己的政權，才能根本打倒這種白色恐怖。

國際紅色救濟會的組織，並不是別的組織，牠是廣大的無產階級及勞苦群衆的國際組織，牠不特是人類最後解放的偉大事業同情者的集團，牠而且是階級爭鬬中的一種群衆組織。因此我們每一個勞動者站在階級的利益上，都應當參加救濟會的組織，並且應當積極參加救濟會的工作。

但是在我們東方工人中，什麼是國際紅色救濟會還都不明白，這種國際的階級的教育，在許多的地方都沒做到，更說不到組織的問題了，有許多地方簡直沒有國際紅色救濟會的支部；有些地方的支部，也只是形式上的支部，實際上是不行動的，因此我們在今年總檢閱的日子，首先要實行加以下的任務：

第一，使廣大的勞苦群衆積極參加國際紅色救濟會的組織，使國際紅色救濟會充實了廣大的勞苦群衆，第二，廣大的解釋國際紅色救濟會的意義和任務，使群衆有普遍的了解，在這裡含有廣大國際教育的意義，第三，擴大發展國際紅色救濟會的支部，使在工人及廣大的勞苦群衆區域，有自已的支部，第四，加强一切支部的工作，剷除一切過去工作的缺點，和改善一切工作的條件，尤其是把加强一切工作的問題要與社會主義競賽問題連繫起來。

所有這些任務，要實現到實際的生活中去，非廣大的群衆積極參加不可，尤其是要群衆用勇敢的精神，實行『自評』，剷除一切工作中的缺點，改善將來工作的前途，吸收新的積極份子。只有這樣，才可以根本完成我們以上的任務。

各國要聞

匈牙利失業工人的示威運動

維也納二十九日蘇聯社電　在匈牙利各大城市，發生失業工人的示威運動，警察用刺刀殺傷示威者甚多。罷工運動在其他各地繼續發生。警察逮捕四十餘人。

法國工人的鬬爭

巴黎二十九日蘇聯社電　在比爾佛爾（Бельфор）的工廠管理者宣佈對八千罷工的工人的要求，同意單個的滿足百分之五十，可是罷工的工人拒絕這個讓步，並決定繼續的鬬爭，直到滿足在開始罷工時提出的要求。

蘇聯和土耳其最近的關係

安哥爾二十九日蘇聯社電　土耳其外務部委員會已詳細討論加拉罕在土耳其簽定的蘇聯和土耳其關於延長和鞏固蘇土間的親善和中立條約的條例。

伦敦会议——帝国主义准备新战争的会议，1930 年 2 月 8 日，卓英

2 第 二 頁　　工人之路　　一九三十年二月八日

蘇聯要聞

組織蘇聯糧食統一機關

莫斯科五日蘇聯社電　蘇聯人民委員會認爲蘇聯糧食事業，現在尚無統一的專門的指導機關，對於工作之進行上有分散不便之處，因此決定在蘇聯人民商業部中，組織蘇聯國民糧食委員會，以進行一切工作。

預期改選腐敗的鄉村蘇維埃

莫斯科五日蘇聯社電　蘇聯中央執行委員會向各蘇維埃共和國，各自治區，各邊疆及各州執行委員會建議云，凡有反動份子混入或在鄉村中不能爲社會主義的改造之領袖及不能指導集產農場運動的鄉村蘇維埃，可以預期舉行改選。

至於在集產化區域的鄉村蘇維埃，爲吸收集產經濟積極份子及僱農貧農到蘇維埃起見，亦可預期進行改選。

不能指導鄉村蘇維埃，不能推廣集產化的工作的區執行委員會，亦可進行預期的改選云。

消滅富農階級運動之熱烈

梯物爾五日蘇聯社電　據本州各區來訊，取消富農階級的路線，大受群衆所擁護。各區貧農僱農決議將富農驅逐出境，將其土地交與集產經濟。

哈爾可夫五日蘇聯社電　據阿德司，尼可拉頁夫及其餘各區來訊，貧農，僱農，中農紛紛決議，沒收富農土地，而將其爲集產經濟。

敏士克六日蘇聯社電　士洛夫集產經濟區富農，煽動威脅無知農民，退出集產經濟，審判結果，該區富農確曾煽動農民威脅農民，人證確鑿。貧農僱農聞之，莫不憤激異常，要求該地當局，將富農牧師一律逐出，並將其土地及生產工具交與集產經濟。

史大林格勒鐵廠已開始建築

史太林格勒五日蘇聯社電　本處鐵廠已在建築中，建成以後，每年可生產四萬五千噸鐵，該廠將爲耕種機製造廠鐵的來源地云。

各處貧農積極剷除農富

敏士克六日蘇聯社電　該處貧農積極參加剷除富農，沒收富農牲畜及農具，交與集產經濟。

亞爾切療夫次克六日蘇聯社電　本地貧農決議將不交田租與國家的富農逐出境外，將其財產撥給集產經濟。

哈爾可夫六日蘇聯社電　據烏克蘭各地來訊，貧農中農對於剷除富農的政策，熱烈擁護，熱烈執行。常有沒收富農機器，牲畜等事發生。

進行不斷生產週中的季候工作

莫斯科四日蘇聯社電　進行不斷生產週委員會決議云，凡已進行不斷生產週季候工作，一律進行五日週制，即做工五日，休息一日。

討論進行不斷生產週之進程

莫斯科四日蘇聯社電　進行不斷生產週委員會決議云，凡已進行不斷生產週的工廠或機關，必須討論進行不斷生產週的成績，缺點，及取消缺點之方法。

不斷生產週之進程

莫斯科三十一日蘇聯社電　進行不斷生產週委員會決定在一九三十——一九三十一年中，國民經濟各基本部門均一律進行不斷生產週制。

努力增加煤油的生產額

莫斯科五日蘇聯社電　據蘇聯煤油管理處主席云，據本年計劃，國內煤油的需要之增加額，原定爲百分之十二。但本年的第一季的總結，計增加百分之三十，僅以耕種機一項對煤油之需要而論，已增加百分之八十五。因此煤油業的任務，不僅執行計劃而已，並應超過計劃所規定的生產額云。

耕種機製造廠機器已運到一大部份

史大林格勒六日蘇聯社電　本處耕種機製造廠的機器，由德國已運到百分之二十七，由美國已運到百分之五十，現正在配置中。

邊疆要聞

阿穆爾的基本建設

黑河通信　據州計劃處的規定，阿穆爾州的基本建設，本年度投入的基本金計七百萬盧布。

計一百五十萬撥給建造麵粉廠的發動車，該廠將每日夜可出麵粉一萬蒲特和運輸四萬蒲特。

計十一萬三千六百零三盧布爲改造火柴工廠。在該廠中將建築工人寄宿舍，增加撥付十五萬盧布。

改造二個木業托拉斯的工廠，將支出四十六萬四千盧布，基本的修理計四萬一千盧布，宿舍的建設計六萬盧布。

爲修理皮革工廠計撥給十萬盧布。

爲增加建築和修理煙草工廠計九萬八千盧布。

爲釀酒托拉斯工人和職員建築房屋十四所，價值二萬七千盧布。修理該工廠計四萬三千七百五十八盧布。

學校的建設計十七萬五千盧布，醫院的建設計八萬四千盧布。

此外，黑河的市政建設，尚有極大的數目。建築城市中央車站計十五萬八千盧布。建築和修理商業的房屋三萬三千盧布。城市的建築十萬零三千盧布，和基本的修理計八萬二千二百六十九盧布。

爲中國俘擄所出版的『政治教科書』

海參崴通信　爲特別在中國俘擄的兵士中擴大宣傳的工作，由職工講習所主任卜克同志編成『舊的工人和農人』小册子一本，譯成中文出版，此書爲專門供給被俘擄中國的兵士的閱讀，使他們在短期的時間內得着一般的政治常識。

伯力中央工人協作社基金的擴大

伯力工人協作社已通過財政的計劃，與去年計劃的一千萬恰正相反，本年度財政計劃擴大到二千二百萬盧布。

改組伯力殘廢協作社

現時所有大的商業單位的殘廢協作社實行改組，一切生財交給中央工人協作社辦理。殘廢協作社將來的工作將改爲專門生產性質。至商業機關僅留下小舖。

現時殘廢協作社勞動組合甚多，現又開設新的生產：製鎖工場，細木器工場，縫衣工場和其他等。從春季在近城市的地方將開設大牛乳工場。因此國民經濟委員會已發下經費五萬盧布。

將來改組以後，在城市中將有四個大的組合。食物工場，小手工業工場，農業經濟和小販。

各國要聞

德國職工會革命派的大會在柏林開幕

柏林六日蘇聯社電　柏林和巴郎的不爾亞州職工會革命派的大會在非常緊張的空氣中開幕了。到會的代表在六百人以上，所有的代表多數是由企業和失業工人中選舉出的。同時參加大會的有工人的賓客四百餘人。警察實行戒嚴，在會場附近，佈滿武裝軍警。在會場中掛有極大的標語：『爲列寧的黨而鬭爭』，『爲無產階級專政而鬭爭』和其他等。當選出史大林，羅索夫斯基，木洛脫夫和地爾曼，爲名譽的主席團。並致賀電於蘇聯中央職工蘇維埃。

由德國共產黨中央委員會，失業工人，魯爾區工人，國際工人救濟會和其他等致祝詞後，遂由米吉爾報告『最近鬭爭的教訓和職工會革命派的任務』。

西班牙發生巷戰

◁西班牙各大城市發生遊行示威運動▷

柏林六日蘇聯社電　據紅旗報的消息，在西班牙巴爾舍洛(Барселон)遊行示威工人和軍隊發生極激烈殘酷的巷戰。因此各地實行戒嚴，但是群衆不顧一切的禁止，在二月二日整日夜的城市中繼續發生群衆的示威遊行。在許多地方軍隊曾受到石擊。雙方巷戰相持達半夜之久，警察和軍隊用機關槍和步槍的進攻，結果示威遊行者重傷甚多。同樣相類的事變發生於全西班牙的各大城市。

美國的失業工人

華盛頓六日蘇聯社電　據改良派的美國勞動同盟稱：『美國失業工人已達恐慌的程度』。又據該同盟的統計，職工會會員失業工人的數目『增加有較甚於過去兩多同一月中的惡劣，失業工人的激增。在實際方面，建築工會會員失業的已達百分之三十八。

波蘭的大危機

◁失業工人要求工資的示威遊行▷

瓦薩瓦六日電　波蘭紡織業工人因現時的危機發生要求工資的廣大遊行運動。其原因係羅得信的工廠主和比爾紡織工業區的業主企圖削少工資。在比爾紡織工人中發生自發的罷工。有七個工廠已罷工，最近罷工運動有蔓延於其他區域的工廠。

據波蘭報紙的消息，各地礦山流域發生失業工人的示威遊行。

據最近的統計，在羅得信紡織業失業工人已達四萬二千人。

捷克斯拉夫共產主義青年團中央擴大會議

捷克斯拉夫共產主義青年團中央擴大會議贊成少年共產國際執行委員會關於轉向群衆的工作和在二個戰線的鬭爭的決議。

國際評論

倫敦會議——帝國主義準備新戰爭的會議

(國際兩週評論的論文之五)

五列強『裁減海軍』會議最近已在倫敦開幕了。

倫敦會議主要的不是巡洋艦，大軍艦和潛水艇的數量對比的問題。所以倫敦會議實質上就是無確定的。用數目字的證明，軍艦對比的性質是表示新的對比力量，因爲那個是對現時資本主義指導的國家間的積蓄。麥克唐納爾和顧維爾間在第一次華盛頓的旅行時已達到關於英美『軍艦相等』噸量的協定。關於這個問題，將來是否這個『相等』的規定水平線的高度有較甚於現時的『武裝』，或較少，是有二重的意義。意義的決定有『原則的相等』，而『原則的相等』就是表示否認英國在世界的政治和經濟中從前統治的形勢。至『軍艦相等』政治的意義，則是表示英國資產階級在美國帝國主義進攻的前面的投降。假若從英美的地理情形來說，那末很明顯的，『軍艦相等』，在實際上美國是要想超過英國。例如英國本身是島國，且有廣大的勢力範圍——宗主國和殖民地。且英國商業的路程，供給散居於數千英里，而美國則據有自己的大陸，包有經濟的內部市場。況在戰事發生時，英國應分佈自己的軍艦於全地球，保護路程的交通，而美國則有可能屈指間集中自己的軍艦爲解決這個或別的戰術和戰略的問題。由此很明顯的，美國的政策，是欲達到這個目的。

與『軍艦相等』有密切關係的第二個原則是『海上自由』。英國承認這個原則，就是否認自己武器的力量，而怎樣實行英帝國主義爲制定自己統治三萬萬殖民地的奴隸和爲鞏固在世界資本主義國際關係中指導作用的鬭爭。反一方面，『海上自由』就是『封鎖』。很明顯的，顧維爾要求在戰爭時限制封鎖和宣佈不侵犯糧食和藥劑的運輸。德國在戰爭時糧食的情形至今尚可回憶；這個就是說，在戰事發生時，任何的兩國或聯盟國間在美國的艦隊下怎樣運輸糧食的作用。再更不要忘記的，許多『糧食的運輸』，是爲軍事化學工業的原料。美國爲自己『海上自由』的保證，在任何戰爭中將取得決定的地位，爲符合自己的利益，牠（美國）將有可能幫助這個或別的戰爭方面。

故『海上自由』原則本身同樣是激烈的傾向和反國際聯盟保證凡爾賽分割世界後不變的制度（見國際聯盟章程第十六條預先審查適合軍事的條例，即用軍事的——首先是海軍的——強迫，服從凡爾賽戰勝者的意志）。美國不加入國際聯盟，其意思就是不受參加國際協定的約束。同時與國際聯盟『克洛克』和平協約對抗的，是美國帝國主義的本身不受強迫制度和任何審查條例的限制。這個對抗的出發點是凡爾賽分割世界後美國帝國主義擴大軍事政治的根本激烈的表現。

現時英國經濟的機體發生深刻的消沉，牠（英國）的財富表現薄弱，繼續增加武裝乃是異常的困難。可是英國帝國主義仍一面殘酷的實行資本主義合理化，他方面更加緊剝削殖民地，使迅速經過資本積蓄的過程而建立偉大軍艦，——最完成新的技術的基礎。此外英國資產階級並希望用外交的準備反美洲的結合。提出要求關於『消毀』和『裁減』潛水艇。

所以『軍艦相等』平等的形式是關於潛水艇命運的問題，即帝國主義指導者的國家間發生深刻的矛盾——英美，英法，法意和美日之間。牠們（列強之間）日見這個矛盾和平解決絕對的不可能。故現時的倫敦會議是表示各個列強更充分的準備目前政治的鬭爭，爲在世界經濟和政治其他費用——戰爭的費用——指導作用的鬭爭。同時各個列強在倫敦會議中之表示，更證明這個會議是帝國主義準備新的戰爭一種徵兆。

（卓英）

要完成糧食儲蓄的計劃，必須將官僚主義者從高臺上的打下，用集產經濟的手段對富農消滅！

谈谈国际联盟，1930 年 2 月 16 日，子璋（萧三）

2第 二 頁 工 人 之 路 一九三十年二月十六日

張作相亦受攻擊

東京十五日電　現在並有人攻擊吉林督辦張作相，詳情如何，容後再誌。

（在中俄糾紛期中，張作相曾力主與蘇聯講和，速即解决中俄懸案。在南京政府反對蔡運升的聲浪中，現在又有攻擊張作相的論調，此種事實與南京政府的主張，當然不無相當的聯係——編者）。

中國官僚畏縮不進

◁中俄代表大會遷延無期▷

哈爾濱十四日蘇聯社電　出席在莫斯科舉行的中俄會議之中國代表，現在尚未確定，因為中國各外交人員，恐如蔡運升的下場一樣，均徘徊不敢接受代表之委任。

中國報披露

南京違背伯力協定

哈爾濱十四日電　本地各報紙均披露南京政府對中東路問題的宣言。在該宣言中，南京政府表示同意接受伯力協定第一，第二，第三三條（即恢復中東路原狀，釋放逮捕蘇聯僑民，等），至於完全恢復外交關係，發展兩國貿易等問題，則應另行在中國境內召集中俄會議解决之，現在尚談不到云云。

蘇聯職工一律復工

東京十五日蘇聯社電　截至二月七號為止，在中東路問題的糾紛中所辭職的職工，均一律復職。

中國當局放縱白黨

東京十四日蘇聯社電　據法文『北京雜誌』云，中國警察雖已奉命解散白黨，但迄未實行，而中國當局亦不追問，此足見中國政府之有意推延。

蘇聯要聞

工人模範隊擴大

莫斯科十五日蘇聯社電　據蘇聯職工中央蘇維埃來訊，自宣佈徵集列寧工人模範隊的十五天中，隊員又增加二十餘萬人。

蘇聯職工中央蘇維埃向各職工機關提議尚須設法推廣工人模範隊運動，使在二月中能徵集五十萬工人模範隊隊員。

蘇聯與芬蘭間

通行國際列車

列寧格勒十四日蘇聯社電　蘇聯與芬蘭鐵路大會，已於前數日開幕，雙方已决議通行蘇聯與芬蘭間的列車，此决議一經雙方政府核准後，即將迅速進行。

新開通航空路線

莫斯科十四日蘇聯社電　莫斯科——亞爾淡格爾次克——什克梯克瓦爾，現已通行乘客飛機，試飛結果，成積極佳。

集產經濟的發展

亞斯達那汗十五日蘇聯社電　截至二月一號為止，一萬二千漁人均已加入集產經濟，集產計劃已執行百分之九十五。

另訊，據漁夫提議：漁商漁船八百餘艘，均被沒收，一律由集產經濟使用。

白俄工程技師

參加春季耕種的熱烈

敏次克十五日蘇聯社電　白俄工程師及技師亦加入工人模範隊。農業專家現均一律往集產經濟區做工，以便進行春種。

邊疆要聞

煤的採掘達到最高的速度

據一月的計劃，遠東邊疆煤礦所採獲之煤僅執行了八二，七%從一月二十三日煤的採獲是增加了一月二十四日達到原有計劃的數目，——每天可採出六千一百七十三噸，從一月二十九日因勞動速度激烈的低降的原因，正月三十一整天所採的僅四千七百二十四噸，自二月一日起，勞動速度平均在這天是四千九百零五噸，二月四日所採獲的增加到五千九百三十三噸。

煤之採獲低落的原因（是因中國舊歷新年的時期），黨和職工會及其他社會組織在邊疆礦區中，工會應用適當的方法發展和解釋一般的群衆工作特別是反宗教和反對迷信的工作，在這種礦區內就是中國工人很多的區內沒有做好。

三百二十三萬六千盧布

建設國家農場

伯力州執行委員會聽了關於開設伯力國家農場的『生產品製造』公司的問題。因此州執行委員會主席團决定在婆克洛夫克和尼古拉亦夫克之間的地方開闢國家農場。並通過組織國家農場的預算。計資本金三百二十三萬二千盧布，並在本年中更投入資本一百零四萬七千盧布。

同時又决定公司投資的成份。加入該公司的有國家商務部投資五十萬盧布，伯力州執行委員會五十萬盧布；烏蘇里鐵路工人協作社——三十萬盧布；中央工人協作社——三十萬盧布。

伯力州執行委員會委託國家商務部採用繼續吸收公司的資本和迅速的對組織國家農場開始實際工作。

三百個共產黨員

做下層的工作

海參崴通信　海參崴州黨部决定組織三個委員會，並從一切支部精選出二百優秀的黨員為經常的派送做農村工作，一百個黨員做魚漁工業中的群衆工作。

斯列金斯克州

無線電話化

斯利金斯克通信　金礦公司電話根據地最近已來到大批的無線電收音和發音機。在斯列金斯克各金廠，現在已安置就緒，在城市中聽得非常的明顯。

『掃除文盲』社調查不識字的工作

『掃除文盲』社自二月十日起已開始調查城市的和州的一切『掃除文盲』社的工作和掃除文盲的工作。

伯力下船塢區城市蘇維埃改選完竣

伯力下船塢區城市蘇維埃改選的工作現在已經完竣。計選出城市蘇維埃的代表五十三人，候補的十七人。

特別通告

本月十七日下午七點鐘『工人之路』報社召集中國工友在下洪口中國戲園開中國工人讀報會議和通信員會議，請工友們大家都到會。開會後演革命電影！

『工人之路』報社

各國要聞

捷克斯拉夫

資產階級的進攻

巴拉加十四日蘇聯社電　捷克斯拉夫因極厲害的經濟危機，曾發生大批的開除工人。工業家對工人的工資極嚴厲的進攻。故失業工人運動非常的高漲。近日滿城曾發生失業工人高唱『國際』歌和呼號『咒詛社會法西斯蒂是資產階級的走狗』；類似的示威遊行在其他各城市曾同樣的舉行。

高麗革命的學生

在法庭中已開始審訊

東京十四日電　在高麗的漢城，最近已開始第一次審訊不久以前指導大學生的遊行示威者。第一次將審訊十三個大學生，該學生係在去年十月間被告發為散佈革命的傳單及破壞社會秩序的罪名而被捕的。最近的將來更將進行審訊其他的案件，該案件亦係大學生的份子，被告發為組織共產黨的支部『並舉行革命反對現在的政府』。

墨西哥——將軍的政府

紐約十四日蘇聯社電　墨西哥新政府的名單已經公佈，新總統盧賓（Ортис Рубин）　已開除前任總統格慮（Портес Гиля）在政府中同黨者和親近的人。在內閣中加入四個將軍。

又訊　據墨西哥得來的消息，有一不知姓名的青年曾狙擊墨西哥總統盧賓，但因受微傷，經過數点鐘後，他仍照常實行總統的職務。

國際評論

談談國際聯盟

（子璋）

『國際聯盟』是一九二十年一月十日成立的。到今年一月十日滿了十年。究竟牠是什麼一個機關，如何組成的呢？原來上回一九一四——一八年帝國主義大戰後，打勝仗的英，法，意，日……等國恐怕打敗仗的德國，奧國等等起來復仇，所以他們——打勝仗的各國便組織這個機關以保障强盜分贓式的凡爾賽和約能够履行，永無翻悔。所以國際聯盟簡直是這幾個强國彼此互相保險的公司。

在帝國主義大戰後的那幾年各國革命工人運動的潮流高漲，這國際聯盟的任務又是要提唱階級和平，由各國社會改良主義者的贊助，在聯盟內設立一個『國際勞動局』想由各資產階級政府的協商，實現國際勞動保護法。怎樣實現的呢？工人們大家都明白這是騙術，社會改良派拿着這個勞動局作為宣傳階級合作的好地點。

這十年來，國際聯盟幹了一些什麼事呢？且聽我簡單說幾件出來：

有一個小國名阿耳班（Албап）的，本來也是國際聯盟之一員，照理，聯盟是應該保護牠的，可是意大利這强國硬把阿耳班變成為牠的殖民地，國際聯盟這時却說什麼『守友誼的中立不管此事』，其實是怕法西斯蒂的意大利，而壓迫阿耳班。

再說一九二四年埃及的政府向國際聯盟控訴英國取消『蘇丹』（埃及王位）的强迫行動，聯盟也置之不理。因為要反對强有力的英帝國主義，聯盟是不敢的。同樣，北摩洛哥土著人的領袖向聯盟控訴，請求聯盟幫助其反對法蘭西和西班牙的征服者，聯盟全不理問。

最醜的一件事是聯盟把摩蘇爾交給英國，摩蘇爾是塞夫理（Sevry）條約各列强戰勝國想法給土耳其，作為土耳其國內分不開的一部份的。但是因為摩蘇爾地方的煤油出產多，對於英國有很大的戰略上的意義。因此聯盟承認摩蘇爾是伊拉克國家的本土，伊拉克是服英國的。國際聯盟是帝國主義直接的工具，在這裡看的非常清楚。

戰勝的列强叫國際聯盟分配從德國和土耳其奪得的土地，但是大家都知道英法兩國的勢力在聯盟裡面很大，這種分配當然是出乎牠們的意思，可是英國之對巴列士丁，法國之對敘利亞那種野蠻舉動，聯盟從來沒有說過一句保護那些被分配的地方人民的話，同時對於英法不滿意的怨訴，聯盟一次也沒有接到，這顯然是英法自己在作鬼。

從一九二〇年起聯盟內附設許多裁減軍備的委員會，什麼事也沒做，只是發生些和平主義的騙人之談，這便也就是他們的任務。到一九二五年九月才决定召集裁減軍備的代表大會，同年十二月决定設立這個代表大會的預備委員會。可說是全世界都知道這個委員會怎樣反對蘇聯代表所提出減除軍備的草案的。此地用不着再詳細地重述前事，只說明一點，關於裁減軍備的問題和關於監督檢查武器的生產、禁止化學的戰爭和由空中向非堡壘的城市丟擲炸彈；這些問題，國際聯盟一步也不曾離開那些積極準備大戰的列强帝國主義者的觀點，一點也不敢違背牠們的意見。

對於勞動保護，國際聯盟的活動也有同樣的『成績』。從華盛頓會議决定減少工作時間到八小時後，到現在已十年多了，差不多沒有一個參加會議的國家批准了這個决議。有些實行八小時制的乃是無產階級自己爭鬪得來的。別的國家裡不管日瓦內這勞動局如何宣言的，工作時間是九小時甚至十小時；例如德國。而且有些政府要用法律的規定延長工作時間，說什麼因有『特殊的條件』，勞動局是極力贊助牠們的。

作帝國主義列强手中政治的和軍事的工具的國際聯盟，從牠存在的第一天起直到現在是蘇聯的不可調和的仇敵。不錯，聯盟所召集的各種會議，蘇聯的代表不止一次的被邀請出席，但這祇是資產階級害怕勞動群衆的緣故，其實蘇聯的敵人用國際聯盟和槓杆一樣，遇必要時實現他們反蘇聯的同盟。一九二七年剛剛英俄絕交時，張伯倫（英前外交大臣）便想利用日內瓦以組織英法德反對蘇聯的軍事同盟，假如那些陰謀成功了，不難在國際聯盟的旗幟下面根據牠的章程第十六章和第十七章，形成一全歐洲反蘇聯的大出師。

很不久以前，為中東鐵路事件南京政府受帝國主義者的指使提出由列强來干涉中俄的衝突，只因一個問題妨碍了這種企圖之進行，沒有在國際聯盟之組織的指導下，成功這個干涉。什麼問題呢？原來美國是沒有加入國際聯盟的，假如用國際聯盟的名義出頭，美國是不會參加的。至於法國用盡了心機和氣力想利用國際聯盟的章程組成反蘇聯的同盟以『保護中國』

說到國際聯盟怎麼『保護中國』的，那更可恥！當南京政府對中俄衝突沒有出路時，由伍朝樞向國際聯盟作一篇報告，詆毀蘇聯，各帝國主義者自然是高興伍朝樞這篇說話的，說聯盟是要『保護中國』的。但等到伍朝樞提出取消外人在中國的領事裁判權治外法權時，各帝國主義者誰也不肯，結果說交給特別的一個委員會去審查，研究，討論。實際，就是把南京政府的這本哀求書擱在字紙簍裡面去了。

在干涉中俄衝突的歷史內，國際聯盟發現有一個危險的『競爭者』，這即是開洛非戰公約。這開洛公約雖則一點也沒有說及假如不履行時如何辦法的話，可是牠的後面站着的是强有力的美國資本，很可以把牠作成很好的工具以聯合在美國政策下運用的各國。國際聯盟是帝國主義强力壓服弱國的工具，內面却爆發英法爭歐洲領導權的鬪爭。法國因為牠的相與國和同盟國在聯盟內的票數多，頗有領導者的作用，英國乃想法在國際聯盟這個幌子之外實現牠的帝國主義的計劃。這樣的事實，例如裁減海軍會議在倫敦召集開會，這給國際聯盟的威名以很大的打擊。

在國際聯盟最近一次會議上，法國內閣總理兼外交總長伯里安作含義很多的演說，說不僅要禁止加入聯盟的各國國際間的戰爭，而且要禁止各國的國內戰爭。蘇聯的鄰國，拒簽字彼此中立不相侵犯的條約，說這種條約和國際聯盟的章程衝突，聯盟最近某次會上討論芬蘭國須財政的幫助『無故被侵犯』的國家之提議，這裡差不多全無隱諱地，說的是和蘇聯交界的各國。

國際聯盟是帝國主義反蘇聯之戰爭的工具，這即是國際聯盟存在之根本的意義。全世界的勞動者應該毫不留情地揭破國際聯盟的假面具，認識牠那騙人的真相。

戰爭，就是自殺！可是帝國主義者自身不可避免的矛盾，又各方面的在準備戰爭；全世界的勞動者呵！統一你們的戰線，變帝國主義戰爭，反蘇聯戰爭為國內無產階級革命，將資本主義社會送歸西天吧！

再论美国的经济危机，1930 年 3 月 8 日，卓英

一九三十年三月八日　　工人之路　　第三頁 3

歐洲經濟恐慌擴大

◁失業工人激增▷

維也納電　在歐洲巴爾幹和杜腦河的國家失業工人不斷的增長。在奧大利登記的失業工人計有三十二萬人，未登記的失業工人平均在十萬人以上。在這樣的情形之下，奧大利失業工人已佔全國家工業工人三分之一。在匈牙利工業工人失業的有二十萬人（佔全工人的數目百分之四十），農業失業的差不多有二十五萬人。在羅馬尼亞八十五萬工業工人，失業的已達二十七萬人。在jugo斯拉夫五十五萬工人失業的有十一萬人，農業失業的有十三萬五千人。在保加利亞工業工人失業的有五萬人，連農業失業的合在一起計算已達十二萬人以上。

德國革命派職工會
工廠委員會選舉的勝利

◁社會民主黨的失敗▷

柏林電　在哈姆伲麥鐵路機關工廠委員會選舉中，革命派職工會取得六個全權代表票，社會民主黨——四個全權代表票，職員工會——二個全權代表票。在過去的成份中社會民主黨佔大多數。在波爾秋工廠革命派職工會取得二百五十六票，社會民主黨——二百十三票。過去在這裡革命派職工會已不在名單之列。革命派職工會的名單曾一致的通過。在利姆士爾職員工會地方管理處，革命派職工會亦被選爲候補委員。

★

法國内閣風潮擴大

◁國會對新内閣表示不信任▷
◁鄧台内閣又行下野▷

巴黎六日電　法國國會大多數（以二百九十二票對二百七十七票）已通過對新内閣不信任的議案。鄧台所組織的新内閣已下野。法國國會對新内閣表示不信任，有以下的原因：

自鄧台（Шатан）爲内閣總理的新内閣成立後即宣佈政府的宣言，社會黨領袖不留姆（Блюм）謂：『社會民主黨將投擁護政府票，反之，政權必落於反動政府之手』。

同時，急進黨布阿（Фраклен Бувон）代表該團體宣言謂：本團體將不能投擁護政府票。

正討論得激烈的時候，國會大多數表示贊成停止討論。主席將信任内閣的決議付表決。結果，反對該決議的佔大多數。決議宣佈通過以後，新内閣即宣佈下野。

中國要聞

共產農民軍之活躍

上海電　據香港報紙來訊，張用宣所領導的共產農民軍，佔領廣東省東北部數縣，當即組織蘇維埃政府，燒毀田租土契，並將土豪劣紳的積穀財產，分與窮苦百姓，大受當地工農所歡迎。附近所有富商大賈，均逃往各處避難，力請省政府速派大兵剿滅此種幫助工農的共產軍云。

河南饑民要求援助

北平電　河南省饑荒情形，已見前報，茲不備載。頃據河南省城開封來訊，此城共有由各地逃來的饑民數千，情形十分困難，不能忍受，日前曾群集六千餘人，沿街遊行，提出『救濟被難饑民！』等口號，此外并散發傳單，請求各公團速即賑救饑荒區域。另訊，飢荒區域，日益擴大，難民到處皆是，開封每日逃到難民數百，情形非常緊張。

日警越界捕人

北平電　據中國報紙消息，數日以前，日本警察曾越界搜查東三省某教會學校，逮捕高麗學生六十餘人。

閻蔣軍閥現已開火

上海六日蘇聯社電　在漢口一帶，擁蔣倒蔣雙方的軍隊，積極備戰，雙方前哨，已有接觸開火之事。

閻錫山就討蔣總司令職

北平七日蘇聯社電　國民軍將領全體擁戴閻錫山爲總司令，張學良，馮玉祥，李宗仁爲副司令，以便指揮一切軍事，共同討蔣。

上海電　中國北部各省，現已實行宣佈獨立，國民黨在北部各省大小走狗，均紛紛逃往上海各地或躲避天津，北平盛傳將組織新政府，滿街招帖歡迎汪精衛，打倒蔣介石的口號。

蔣閻戰爭，又爆發了！中國的百姓們將要更受戰爭的痛苦。打倒軍閥戰爭！

國際評論

再論美國的經濟危機

（國際兩週評論論文之七）　（卓英）

現時美國的經濟危機是資本主義世界有歷史以來未有的紊亂和無秩序的現象，同時更是第三時期中資本主義矛盾更劇烈的表現。資本主義的根本矛盾，即是財政資本上層構造的動搖，資本主義生產和市場內部間的相互容量極端的縮小。內部市場的縮小，就是農村經濟危機和工人階級購買力（失業和減低工資等等）之低落，更由此開始反映到各工業部門的生產低落。這些主要工業部門生產的極端低落，更充分的表示了資本主義劇烈的不安定和動搖。茲僅就美國五個月（一九二九年五月到九月）主要工業生產的統計比較如下（以一千美金爲單位）：

工業部門＼月份	五月	六月	七月	八月	九月
鋼工業	一三〇.五	一二四.四	一二六.七	一二五.七	一一六.〇
鑄鐵工業	一五二.五	一四一.二	一三九.九	一四二.五	一三〇.五
汽車工業	一八〇.七	一六四.九	一五一.三	一五〇.七	一二五.六
銅工業	一四一.六	一二四.九	一二〇.一	一一九.六	一一九.三
棉織工業	一三〇.二	一一一.一	一〇六.五	一〇八.六	一〇六.三
建築工業	一二二.四	一〇九.七	一一三.七	一〇〇.五	九〇.二

從上表看來很明顯的表現美國經濟危機的加深。同時生產的恐慌，交易所的紊亂，股票價格的低落，這些事實更是表示了破壞美國資本主義制度的徵兆。因經濟的危機在美國售賣股票事件幾如瘋狂的一般，最近僅紐約一城市在一日間曾售出股票二千五百萬美金。但因此損失的股票總數目竟達五十萬萬美金。此外並有百分之四十三的股票是失了價值的。據統計，在金融紊亂最壞的三日，執有股票者在一點鐘內約計損失二十萬萬美金，可謂是世界亙古未聞的經濟恐慌現象。但是大銀行家的組織——主要的是摩爾根——屢次企圖整理這個售賣股票的紊亂現象。可是他們不但沒有成功，而且紊亂還是繼續的比以前增長了。這種不可思議的金融紊亂，引起了許多交易所倒閉和完全的破產及無數小的持有股票者的自殺。美國『銀行月報』曾寫有：『交易所最近的破產，在某個工業的部門中表現了惡劣的地位』。又紐約『商業』報亦承認『現在美國的危機有經濟的基礎』。

實際的說，現在美國的經濟危機，是表示牠的工業性質主要的特色之一，而財政的情形還較在其次。因爲銀行設備有大量的款項，可以容易取得多量的貸款。故主要的困難，就是資本家不能保持工業在以前市場中的水平線。

由此美國資本主義覺得現時經濟危機的嚴重，想盡方用一切力量來戰勝這個困難，並提高工業，但是在最近帝國主義的經濟戰爭，資本主義的力量中已不能再行動員了。這個恰是現時美國帝國主義企圖戰勝不能解決的矛盾的失望！

美國帝國主義爲使脫離現時的危機曾極力宣傳資本主義『繁榮』的理論，用以緩和金融的情形，而採用減低後備銀行的利息及其他的手段。同時美國政府一面更減少工業稅一萬六千萬美金。

這還不算，最重要的就是美國現任總統顧維爾所召集的所謂『國民經濟會議』，在這個會議上顧維爾曾提議美國商會（企業家的指導機關）召集非常會議，其目的爲組織非正式的經濟委員會。這個會議已於十二月五日在華盛頓舉行了。參加該會議的差不多有四百個美國財政工業的代表。並且在這會議中顧維爾曾說明根本消除危機的計劃。他主張謂：投入一切自由的資本，不僅爲消除目下的危機，而且是『改善，糾正一般的工廠管理秩序，主要的形式，使牠準備進到廉價的生產和將來消費的發展』。顧維爾並且在其他許多的演說中，也是同樣的特別主張了增加和發展美國的輸出』。

該會議曾委託美國商會任命資本家的指導者六十人組織『國民經濟委員會』，其性質，爲預防美國工業的危機。該委員會的創造者更自信將可保證美國永遠的『繁榮』。這個企圖可說是與資產階級經濟家福特、吉祥生、吉維利等所說創說美國『有組織的資本主義』的理論相綜合。這些的一切，就是現時美國宣傳資本主義『繁榮』的中心。

可是這些一切的方法，是未曾消除危機；而且恰恰相反。工業的消沉與熱度表一樣的經到熱度後，危機更迅速的增長。譬如現時美國的汽車工業最低限度的出產只不過百分之五十。鎔鍊鋼鐵在十月間比較九月間少了百分之十三。據紐約『泰晤士報』十一月二十五日載稱：『鋼工業的生產較本年五月間減少到百分之三十。在雅加斯陀大的鋼鐵工廠亦僅有百分之三十五的生產。又紐約『泰晤士報』十一月二十八日更曾指出現時美國煤油，鋼鐵，汽車，紡織和建築工業還是繼續的下降。十二月十六日又載稱，靴鞋，絲綢和其他工業部門亦同樣的極端消沉。在美國南方的紡織工廠縮小工作由百分之三十到四十。特別受困苦的爲建築工業，與去年同一時期比較，減少到百分之三十五，且繼續的低下。鐵路的轉運也是不斷的低降，在十一月十六日一週間轉運減少達六萬六千一百五十二車輛。同時關于現時美國失業工人情形，要惡劣達到極點；據正確的統計，美國現有失業工人六百萬人以上，這樣大的工業後備軍，實在是美國資本主義主要的致命傷，而顧維爾關于『繁榮』理論的宣傳，至此可謂完全的破產了。

美國資本主義在消除危機的失望中企圖採用召集國民經濟會議和各種經我援助的方法，不僅未能把危機消除，而且更把牠（危機）加緊了。美國資本主義現時的經濟，就是在這種嚴重情形下面。整個的主要工業部門受生產過剩的痛苦，如汽車，紡織，建築，鋼鐵，煤炭和其他等。特別是汽車工業生產的過剩，在美國每年可出產汽車八百萬輛，而牠（汽車）的最高度的消費，現在只可銷售四百五十萬輛。紡織工業也是同樣的情形。煤炭工業受世界煤業的危機，在嚴重的情形下已達數年。而建築業也是同樣的生產過度。至於農業更是增長生產過剩慢性的危機，而這個更是不容易戰勝的。鋼鐵工業，汽車和其他工業部門消費的比較，同樣的也是生產發展過度。因爲這種關係，所以更引起了煤油，橡皮等工業部門的危機。同時更由這些危機，必然反映到生產方面，這就是決定現時美國一切主要工業部門的危機。

資本主義惡劣的情形，就是市場商品的充滿，而商品的充滿；是必然的更大的縮小市場，減低小資產階級份子的購買力，加緊經濟的危機和廣大工人群衆的失業或受減低工資的痛苦。所以美國現時嚴重的經濟危機，已經表示出影响於全世界了。故牠更加緊了資本主義國際的和政治的危機。即美國原料的縮小消費和其他國家的購買力，也是必然要反映於這些國家的工業部門。同時那些國家在自己的國內市場中現時正遇到與美國殘酷的競爭，這個競爭同樣是在殖民地的國家中。

美國資產階級爲要征服這個嚴重的經濟危機，故更不得不採取新的英勇的工業合理化的方法，強力的剝削榨取工人的血汗，無疑義的，資本家爲現代廉價生產品的目的，更不得不投入大量的資本，而首先就是在壓榨工人。這個生產合理化的新浪潮，更是表示美國帝國主義內部的和外部的矛盾更加劇烈，而同樣是與牠們的和世界的矛盾更加劇烈。所以資本主義合理化的結果，一方面就是繼續減低工資，更巧的使用機器，更多的增加失業工人的數量和工人階級生活條件更加惡劣；他方面，就是加緊工人急進化的速度和不可避免的走到新的經濟的和政治的群衆鬥爭。

同時合理化更是加緊了資本家和小資產階級隊伍中的內部矛盾。加緊托拉斯化的速度，加緊與小生產和小買賣的鬥爭，强烈的對牠們的對抗。因此，又必然的引到關于關稅問題，而關稅問題一方面又是市城小資產階級和農民間鬥爭的更加厲害，他方面是與大資本家之間鬥爭的更加厲害。

美國合理化的新浪潮，是更大的增加戰爭的危險。爲市場的鬥爭，美國帝國主義將實行一切更大的進攻的政策。另一方面英國和其他帝國主義的列強被勒迫將亦更加緊工業合理化的速度（與加緊工人的急進化和對抗相符合），以回答美國進攻的反攻。戰爭的危險，是表示更大的威嚇，資本主義將一切更大的希望戰爭，即用唯一的經費來解決市場的問題。

世界資本主義所有這些矛盾，就是加緊戰爭的危險，特別是反對蘇聯的戰爭危險。美國在爲市場鬥爭的失望中，曾迫使與蘇聯發展商業關係。但是切不可以爲如此，美國可以稍稍改變對革命的蘇聯關係的仇視，大的資本主義的國家——美國——是蘇聯的大敵人。這個憎惡的關係，無疑義的這是因爲蘇聯五年計劃實行中廣大勝利的結果。

同時，現時美國的經濟危機，更造出了使用法西斯蒂的運動。社會改良主義者與顧維爾之妥協，同意工人將不增加工資，這就是美國社會改良主義現時向法西斯蒂道路走去的廣大步驟。

此外，現時美國經濟的危機更給與共產黨主要的創造力量，反對減低工資，失業，要求社會保險和縮短工作時間等廣大群衆的鬥爭。故美國共產黨目前主要偉大的任務，就是指導這些鬥爭，並鞏固黨的基礎及反對羅夫斯陀和伯伯爾等變節份子與右傾機會主義者。這些情形就是爲美國共產黨將來增長和發展廣大鬥爭的可能。

资本主义矛盾的加剧与苏联社会主义建设的发展，1930 年 3 月 29 日，卓英

2 第 二 頁　　工 人 之 路　　一九三十年三月二十九日

蘇聯要聞

蘇聯勞動群衆再接再厲之擁護蘇聯大示威

莫斯科電　莫斯科工人群衆對於各國牧師神父等所組織反蘇聯運動非常憤激，日前曾舉行示威大會，參加群衆，非常踴躍。其口號大概爲實行五年計劃，努力文化革命，尤以『打倒侵犯蘇聯的煽動者！從速執行五年計劃以對付反蘇聯戰爭之準備！』口號令人注目。

列寧格勒電　列寧格勒工人於日前亦曾舉行示威遊行，以反對各國牧師的組織十字軍進攻蘇聯之創議，一時萬頭鑽動，群衆非常踴躍。其口號如下『我們用鍾頭與鐮刀來打碎那十字架』『快來努力鞏固國防吧！』『在蘇聯共產黨的旗幟之下，我們將大獲全勝』！

敏斯克電　本處亦曾舉行示威大會，紅軍並進行募欵建造『對十字軍的回擊』號坦克。

巴枯電　巴枯勞動群衆亦曾舉行示威大會，口號極多，其中以『用煤油的奔流來衝毀牧師們的反動獸行』爲最切當。

莫斯科電　據本地所得消息，在蘇聯各城市，均曾舉行示威大會，反對牧師們的反動行爲，革命精神，非常煥發。篇幅有限，不及備載。

礦工會委員會的進行

◁成績不良▷ ◁必須注意▷

莫斯科電　據蘇聯共產黨中央執行委員會宣傳反群衆運動部調查結果，礦工會委員會主任的改選，進行不良，不能爲其他工會的模範，一致決議必須特別注意莫斯科烏克蘭及烏拉爾等處的改選。

白俄已準備春耕

敏士克電　白俄南部各區現已準備春耕，並已開始進行社會主義比賽，組織極積生產隊。與波蘭相接的集產經濟，並組織試耕遊行，表示自己的準備及紀律，以反擊各國無賴牧師的反蘇聯的無恥行動。

爲知識文化和新生活而鬥爭！

左圖爲伯力勞働者文化遊行時之攝影。

邊疆要聞

伯力的文化運動示威遊行

◀爲知識文化和新生活而鬥爭▶

伯力勞動者於本月二十四日晚曾舉行文化運動示威遊行，所有共產青年團，童子軍和各工人的團體參加的不下數千人。示威大會曾一致通過如下的決議：文化建設是經濟建設和改造農村經濟社會主義的開始。更需大階級鬥爭的戰線，發展集產化，堅決的實行消滅富農階級的任務，更加緊和實際的實行群衆的『爲知識文化和新生活而鬥爭』的口號，更明顯負責的站在文化戰線。故文化革命是建設新生活道路上與宗教的殘餘鬥爭不可分離的一部份。

遠東邊疆執行委員會主席的更迭

◁亞薩金（Асакин）同志當選爲遠東邊疆執行委員會的主席▷

昨日（二十七日）是曾舉行遠東邊疆執行委員會主席團的擴大會議。當由馬庫納夫同志通告關於現在遠東邊疆執行委員會蒲魯揚召回莫斯科高級機關工作，將不回轉遠東邊疆的消息因此，遠東邊疆委員會共產黨黨團提出現任蘇聯農業銀行主席亞薩金同志爲遠東邊疆執行委員會的主席。

遠東邊疆委員會主席團一致通過選出亞薩金同志爲遠東邊疆執行委員會大會的委員，主席團的委員和選出他爲遠東邊疆執行委員會的主席。

海參崴造紙工廠實行工業財政計劃

海參崴通信　此間造紙工廠自歸併在化學托拉斯後，不僅執行了自己的工業財政計劃（промфин план），而且超過了。但據最近的調查，該工廠已超過實行的工業財政計劃，還不充分。

★

世界最偉大的體育運動

◁由伯力到莫斯科的走雪比賽▷

由伯力到莫斯科的滑氷比賽已於二十日五點鐘抵莫斯科。由伯力到莫斯科的路途長九千四百基羅米突（每基羅米突約二華里），計行走八十五晝夜，參加走雪的達四千人。可謂世界最偉大的體育運動。

中國工人小叢書將出版

海參崴通信　東方問題研究會和邊疆職工講習所開始準備出版華文的『社會主義建設的小叢書』。這個叢書將分發在遠東的中國工人和勞動者閱讀。

各國要聞

再接再厲的高麗獨立運動鬥爭

◁高麗共產黨員之被審判▷

◁學生繼續罷課▷

東京電　據Penro通信社的消息，最近在漢城（高麗京城）審訊高麗共產黨領袖羅武吉（Ро-ун-кин）案件己經完結。羅武吉係於去年七月間在上海被日本警察逮捕的。他是上海復旦大學的教授和『高麗臨時政府』的委員。

又訊：高等法庭已判決二十三個犯罪的，係被控爲在高麗學生中組織共產黨的團體運動。主要的領袖曾被判決無期徒刑。高等審判廳不僅沒有撤除初級審判廳的判決，而且更加重了被告者的刑罰。

高麗當局曾發佈開除大學的學生一百五十三人。現在罷課風潮在高麗繼續擴大，罷課的已達數千人，表示反對反動當局的壓迫，日本在高麗的統治。

德國革命派職工會的勝利

柏林電　在阿舍大工廠中工廠委員會的改選，革命派職工會較去年多取得數百票。社會法西斯蒂損失四百票以上。

在士地廷（Штеттин）港灣的工人，革命派職工會奪得三百零二票。社會法西斯蒂取得二百二十八票。

在柏林『亞克斯』工廠革命派職工會獲得五個位置，社會法西斯蒂獲二個位置。在士橫茨克企業中革命派職工會獲取得三個新的位置。此外在許多企業中革命派職工會同樣的得到廣大的勝利。

菲律濱學生罷課風潮大擴

上海電　由馬尼剌來的消息，一萬四千學生的大罷課，仍繼續的堅持。教育總長曾命令在罷課風潮未止息以前，所有大學一律關閉。並對罷課學生云，若不停止罷課則將來全部開除。

美洲工人運動發展

紐約電　在古巴曾實行罷工一小時表示反對解散革命工人同盟。罷工的人數達二十萬人。

又訊：三月二十日在拉丁美洲曾發生失業工人的示威遊行。在遊行時與警察曾有衝突，死傷者不計其數。

上圖爲法西蒂警察驅散遊行群衆的情形

國際評論

資本主義矛盾的加劇與蘇聯社會主義建設的發展

（國際評論論文之八）

因爲美國的生產過剩形成加倍的經濟恐慌的意義，卽是擴大加劇了生產和市場間的矛盾，充分表現一切資本主義國家危機時期的延長和成爲恒久的性質。現時一方面因爲世界經濟重要部門，如煤炭業，紡織業，造船業等已是積年的發生恐慌，他方面如橡皮業、煤油業，五金業，銀業等亦因而大受影响，而且現時資本主義和殖民地國家差不多也是發生普遍劇烈的農業恐慌，在某個國家，如美國，加拿大，澳洲，阿根廷等表現原料和農業品生產的過剩，而其餘如特殊殖民地的國家——印度，中國則又表現糧食品極端的生產不足。

況且，美國的經濟恐慌，現已蔓延到了世界資本主義經濟很大的部分，更加緊了資本主義，經濟危機的趨勢。在東歐和中歐許多的國家，如波蘭，奧地利，巴爾幹發生的經濟危機和恐慌的延長，群衆貧窮的發展，更造成了一切更大的，世界的總的政治恐慌。同時在殖民地國家中，因爲世界經濟恐慌，財政資本的掠奪形式更加殘酷，而土著的封建殘餘更趁機擴大小農經濟的典型，使殖民地的經濟完全依賴資本主義國家動搖的金融（如印度，埃及等）。殖民地的原料和一切其他工業及農業品價格極端的降低。所以殖民地國家的恐慌所獲取得的結果，是帝國主義、土著的地主和資產階級更加緊束縛勞動群衆，使工農更達到未有空前的貧窮，這個就是資本主義制度總的恐慌的發展主因之一。因此美國的經濟恐慌漸獲取有世界的性質了。西歐資本主義的國家價格的低落，股票行情的降低，紙幣的減小，殖民地國家金融恐慌、破產的增長，生產的縮小，工資的減低和所有地方失業工人的發展。

從這樣看來，由經濟的恐慌而進到資本主義制度總的恐慌，是表示牠（資本主義）的內部和外部矛盾的加劇，不堅固資本主義穩定的破壞及在資本主義和殖民地國家中革命運動的高漲。

同時，世界經濟恐慌，使工人級階生活更加困苦，如在許多資本主義國家中生產的縮小和强度資本主義合理化剝削的增長，使工人群衆更加廣大的失業。但是關於失業工人眞正的數目，資產階級是要極力隱蔽其事實的。現就報紙上零星的關於世界資本主義國家失業工人的數目，已屬駭人聽聞，茲列表如下：

國名	失業工人數目
美國	七百萬人
德國	四百萬人
英國	二百萬人
南美洲	一百五十萬人
日本	一百萬人
意大利	八十萬人
墨西哥	七十萬人
波蘭	四十萬人
奧地利	四十萬人
捷克斯拉夫	四十萬人
古巴	三十萬人
西班牙	二十萬人
加拿大	二十萬人
中國，南洋群島，南非洲，	一百萬人

從上表看來，資本主義國家失業工人的數目，己不下有二千萬人，若連同他們的家屬一並計算在內，當在六千萬人以上。此外還有些歐洲資本主義的國家，如法國……等，至少亦在數百萬。尙未計算在內，在現時世界大的工業中心，已幾沒有一個工人的家屬不是失業的，若用工人數目來做比例，則在美國五個到四個工人中就有一個失業的工人；在德國四個工業工人中就有一個失業的工人；同樣在波蘭的三個工人中就有一個失業的工人。在資本主義國家現時不僅是失業的發展，而且是對降低工人的生活費水平線，加緊的進攻和剝削工人。在美國的主要工業，已減低工人的工資百分之二十到二十五。在德國和其他國家內工人的實際工資僅達百分之六十。

同時，因爲這些矛盾的加緊，不必然的引起壟斷資本聯盟間鬥爭的加劇，爲新的分割世界、醞釀新的帝國主義戰爭。如最近英美在世界統治上之衝突，一方面美國强力對英國在殖民地和宗主國之壓迫，另一方面英國更充分堅守保護自己的勢力範圍，特別是在南美洲。因此這些帝國主義國家遂不得不進行强烈的軍事競爭。現時在倫敦所開的『裁減』海軍會議，不過是掩人耳目的一種把戲，實際上還是增加新的軍備罷了！但是美國爲要奪取英國和其他國家，在歐洲的市場，更不得不加緊進行爲歐洲市場的競爭，最明顯的爲美國資本之侵入德國。所以在這樣的情形之下，『雍克計劃』就是牠們鬥爭的綱領，即是戰勝國資產階級在美國財政資本統治下與德國財政獨裁的妥協。因此：第一，『雍克計劃』是壓迫和束縛德國無產階級的，而降低牠們生活水平線和牠們更加緊的被剝削；第二，『雍克計劃』是加增戰勝國財政資本的力量，（德國每年需己數十萬萬），而在這些國家中資本主義對工人階級更加緊的進攻和降低牠們生活的水平線；第三，『雍克計劃』，是財政資本的聯盟（如賠欵銀行）和向蘇進攻軍事的準備；第四，『雍克計劃』是加劇帝國主義營壘中一切的問題（如戰利品的分配）的鬥爭。

可是，因爲資本主義矛盾的加劇和發生世界的經濟恐慌，一方面便促進了蘇聯社會主義建設的發展，現時蘇聯的社會主義經濟發展的迅速可用以下的數目字表示出來。工業生產品增加百分之三十二到三十五。投入工業的資本有三十萬萬到三十五萬盧布。耕種地的面積增加百分之七到八，收穫增加百分之七到八，總的耕種地面積已有一千五百萬到一千八百萬『格克特爾』（法畝）。還有國家農場的耕種地面積亦由一百八十萬法畝發展到三百三十萬法畝。至於集產農場的耕種地面積更由四百三十萬法畝發展到一千五百萬法畝。此外在堅決的縮減工人失業之下，不斷的改善工人階級物質和生活的水平線，進行不斷生產週，普遍的實行七小時工作制。改千萬的農民群衆達到集產化，實行消滅富農階級。無產階級創造力的發明——社會主義比賽，工廠和部門積極生產隊。社會主義建設五年計劃四年完成——國際無產階級革命勝利的原動力。

他方面，蘇聯社會主義建設的勝利，更引起了帝國主義加緊對蘇聯的圍攻和敵視。這就是現時資本主義世界恐慌加劇中主要的特殊表現之一。

我們目前的任務，就是應在工人階級和一切勞動者中進行廣大的解釋工作，發揚爲無產階級專政革命鬥爭的蘇聯社會主義建設的勝利；積極的維持世界工人階級和殖民地革命的鬥爭；反對失業；反對雍克計劃；反對帝國主義資產階級的統治；爲工人階級革命的專政勝利而鬥爭；擁護蘇聯，反對帝國主義向蘇聯的一切進攻！

（卓英）

“欧洲联邦”计划，1930年7月6日，卓英

2第 二 頁　　工 人 之 路　　一九三十年七月六日

中國要聞

福建工農革命運動

紅軍佔領上杭武平永定

上海電　南京軍隊金漢鼎派兵兩營往上杭殘殺農民，實行『勦』共。但該兩營兵士一方面早有覺悟，另方面受共產黨宣傳，結果完全投向共產黨紅軍。

又電　武平，永定，上杭，全被中國紅軍第四軍佔領，軍閥軍隊全被紅軍肅清，共產黨現已在該處組織工農建立蘇維埃政權。

上海電　江蘇南通又有紅軍別動隊發現，南京軍閥現已調兵前往圍勦，結果，紅軍別動隊自崇明退却。當南京軍隊打退別動隊之後，兵士時有搶刼之事，南通民衆大受蹂躪。

軍閥戰爭的一幕

◁南京軍閥退守▷

北平電　蔣介石命丁元固守青島，不得輕易撤退。在京漢路方面，西北軍繼續勝利。又據國聞通信社消息，李宗仁雖已佔領長沙，但現在又退出去。

蘇聯要聞

列寧格勒工人

擁護聯共大會的熱烈

列寧格勒電　當蘇聯共產黨舉行大會時，本地各工廠工人曾舉行慶祝大會，紛紛對大會表示云『循着中央委員會列寧主義的大道前進並誓爲蘇聯共產黨的後盾云。

列寧格拉電　北俄造船廠向第十六次蘇聯大會報告云：『在五年計劃的第一年中，我們執行了生產計劃之一百零二點五。在五年計劃的第二年上半年中我們已執行了生產計劃之一百零三點二。，但我們並不因此而自滿，我們將因此特別努力，以作大會的贈品云。

自動組織的綱領

莫斯科電　蘇俄人民委員會決議云，凡一切自動的組織，應當注意推動廣大群衆參加社會主義建設。同時，各種自動的組織，必須與其同類國家機關發生聯繫，至於自動組織的發起人及其會員，不得任喪失公民權者參加。

★ 生　　産　　彙　　誌 ★

得了獎賞的中國工友

海參崴小通南魚業托拉斯桶子舖裡中俄工人共有三百餘人，他們都是很努力的作工，其中有俄國工友二百六十餘人，有二十四人得獎賞的。中國工友有四十餘人，內有五人，得獎賞的，姓名如下：潘聚堂，潘發興，宋風柱，鄭香慶，尹全發。因爲這幾位工友，對於社會主義比賽和社會主義建設特別注意，所以他們作工比全舖裡任何工友格外努力，做出來的桶子的數目，比別人超過很多，賬房看他們是很好的工人，所以獎賞他們，以很大的數目計，　每人得到獎金一百八十盧布。現在舖裡中俄工友們，對於社會主義比賽更特別注意。

遠東邊疆的工友們！大家都要知道社會主義比賽是什麼？　與國家有什麼利益？與工人有什麼好處呢？我現在把牠簡單地寫在下面：

（一）　社會主義比賽的結果，可以從工人群衆當中選舉出我們的模範隊，去領導一般工友們努力的加緊的去進行工作，那麼將來我們大家也要得到獎賞，也能够同上面所說的這幾位同志一樣。這就是對於工人們有很大的好處！

（二）　現在是建設社會主義的時期，還得用社會主義比賽的方法來幫助一切的工作，大家都參加了比賽，那就每人都加重了責任心與提高生產力；這就是社會主義比賽的任務。

（三）　東方工人都要覺悟起來，知道社會主義比賽的利益，那麼我們的五年經濟計劃在四年之中一定要完成。這是大家的責任。　（廣源）

蘇城煤礦每況愈下

◁脫工工人增加▷　◁毫無一點轉變▷

蘇城通信　在執行生產計劃方面，本地煤礦毫無相當改良，一切仍如從前一樣。以致危及本年生產計劃的執行。

半站通信　在半站煤礦的情形，不但無相當的轉變，而且未執行計劃的數目，日益加多。在本月第四個五日中，僅執行五日計劃百分之六十七。脫工現象日漸增多，在本月第四個五日中，脫工工人多至百分之九。

煤業計劃未執行的原因

◁工人的流動▷

◁脫工的增加▷

本邊疆煤業生產計劃之未執行，除許多主觀條件之外，尙有兩大原因，一爲工人的流動性，二爲脫工的增加。

在六月十五號的時候，蘇城第二號礦井計有工人五百十四名，但做工者祇有三百零一名，在六月二十日的時候，工人已減至五百零八名，做工者祇有三百二十四人。在六月十五號的時候，六號礦井有工人二百三十四名，做工者祇一百二十八名，至六月二十日的時候，工人增至二百三十六名，做工者祇有一百四十四名。

在本站也是如此，在六月二十日的時候，本站一號井有工人一百七十六名，做工者祇有一百人，半站二號礦井工人二百七十七名，做工者祇有一百八十八名，三號礦井工人八百二十八人，做工者祇有四百七十三人。在六月二十日的時候在克夫金煤礦有工人四百零二名，做工者祇有二百九十一名。

這種現象，大般爲脫工的緣故。因此生產量不但未增加，並且逐漸減少。

誰願往中央各工廠參觀

應當加緊生產！

海參崴通信　海參崴州職工蘇維埃通告各企業云，將派十五名工人到中央各企業參觀，以提拔自己技術，望將執行計劃及超過計劃的工人名單送交職工蘇維埃討論云。

邊疆要聞

赤塔勞動羣衆

擁護蘇聯的熱忱

赤塔航空化學社將九架飛機贈與赤塔紅軍，其中兩架是遠東勞動群衆所捐款製造的。

在將飛機授與紅軍時，此處曾舉行群衆大會，群衆擁護蘇聯的精神，非常熱烈。

赤塔將建築總郵電局

赤塔電　州執行委員會現已撥定六十六萬九千盧布爲郵電局建築費，現已着手開工，約至一九三一年秋季即可築完。聞赤塔郵政局，電報局，電話局以後均將搬往該處云。

派送大批專門人才到遠東作工

本城通信　由中央各大學會派二百五十個學生往貝加爾鐵路實習，此外並派有三十二大學畢業生在該鐵路做經常工作。專門人才的缺乏，由此可以大行減弱云。

阿穆爾國債推銷委員會工作薄弱

阿穆爾通信　阿穆爾州國債推銷協助會的工作極爲薄弱，以致出賣公債券者極多。在本年二月，出賣公債券的數目，計值四千盧布，在五月的時候，出賣公債券的數目計增五萬盧布，該州負責機關現已設法整頓。

斯巴斯克

牛奶公司的危機

◁各機關應加緊注意▷

斯巴斯克電　對於斯巴斯克協作社牛奶公司的組織，城市蘇維埃及邊疆執行委員會毫未注意。爲組織牛奶公司，本須九百個格克特爾地面，但僅撥與二百個格克特爾。

此外，牛奶公司又未得到木材，以致不能進行建築工作。如果以後仍行如此，該牛奶公司簡直不能繼續存在。

各國要聞

國際共產黨

對聯共大會的慶祝聲

德國共產黨

莫斯科電　聯共大會接到德國共產黨中央委員會賀電云：

『當德國無產階級正在努力打倒資本主義時，蘇聯正在執行五年計劃，而進行社會主義建設的偉大事業。我們深信，在兩道戰線奮鬥之下，蘇共第十六次大會將採取各種辦法，以保證聯共中央的列寧路線的進展。在蘇聯社會主義建設狂飛猛進的當中，各帝國主義尤其努力準備反對蘇聯的戰事，在這種的環境中，德國將加緊擁護蘇聯，努力反對帝國主義的屠殺。

本屆聯共大會不僅爲蘇聯社會主義建設的旗幟，並且爲各資本主義國家無產階級奮鬥的新象徵。

全世界勞動群衆的祖國——蘇聯萬歲！

蘇聯共產黨及在史大林同志指導下的中央委員會萬歲！』

門司飛爾特罷工工人

又電　蘇聯大會接到德國門司飛爾特罷工工人賀電云：

本處罷工工人一萬三千名決奮鬥到底，以反對資本主義的進攻。

我們罷工已經一個月了，雖怕職工官僚與工賊百般破壞及警察的白色恐怖，我們的戰線，決不因此而稍亂。現在工人及農民也起來援助我們了，由此足見布爾雪維克的戰略的正確。

我們謹向你們致熱烈的革命敬祝，並祝大會的勝利。』

他們也在『比賽』呀！

蘇城十號礦井有幾個不覺悟的工人當大家正在努力作工時，他們却在那裡打牌。

這樣怎能執行生產計劃呢？！覺悟的工友們，大家起來羞他們！

國際評論

『歐洲聯邦』計劃

（國際評論論文之十二）

帝國主義的國家最近以來爲市場，爲原料的來源及投資的勢力範圍的鬪爭，日益劇烈了；尤其是法帝國主義與其他帝國主義國家之間的競爭更爲緊張。這個原因，就是法國在歐戰後曾一度佔據有亞爾薩斯產鐵的流域及魯爾產煤的流域，而給了法國重工業之發展上不少的幫助。同時，法國帝國主義之佔領萊茵區而久延不撤兵，其目的則爲保持繼續這種『勝利』。

因此法帝國主義的野心更加擴大，白里安最近所提出『大歐洲』的思想，不過是欲將歐洲所有的國家都在法國統治之下，而法國則將捉得歐洲大陸之牛耳，用以西抗美洲，東拒蘇聯。

法國之發生關於組織『大歐洲』思想，尙早在一九二九年，即當時國際聯盟會議時，白里安已在代表二十七個國家的會議上公開的提出了這個組織的提議。然這個提議思想最初的起源，則又是遠在開洛和約簽定之後，當時法國的報紙就開始鼓吹。歐洲國家在政治經濟上的聯合（即『歐洲聯邦』）及染有『大歐洲』思想的色彩。但是這個思想，當時因提出過早，所以許多國家方面對此表示極冷淡的態度。故在一九二九年九月的日內瓦會議時白里安已不再重唱這個『歐洲聯邦』的高調，而僅說關於歐洲國家間共同的合作和組織其聯絡的方法。

這絕對不是偶然的。我們知道白里安所提出『大歐洲』的思想，尙是在開洛和約簽定之後。在一九二八年巴黎條約的時候，美國在歐洲的事業中曾樹立起了政治勢力的作用。蓋因爲開洛和約是鞏固美國政治權利的組織，而法英就不得不實行首先的反抗國際聯盟及其理事會了。但是自巴黎和約簽定之時起，國際聯盟在世界組織中的作用，可說更是實際的完結了。因爲開洛和約提出了美國在世界經濟和國際政治中的新作用。故法國的外交就非常感覺親近『美洲的危險』，看見美洲的資本侵入歐洲的國民經濟及美洲政治的勢力有決定左右『歐洲』的問題。於是法國就產生了『大歐洲』計劃，　其第一個口號就是：『歐洲應聯合起來！不然就要做了美洲的殖民地了』。從這個口號中，就可見到法國懼怕美洲的資本之侵入歐洲的情形之一般了。

然而，很明顯的，美國的報紙，和社會的輿論，以及政界皆認爲白里安『大歐洲』計劃的企圖是反對美洲的。但是白里安最近在他的宣言中，又稱：『歐洲聯邦』的計劃，絕對不是美國，而是法國信任華盛頓的決議。

同時我們知道，在一九二九年九月間日內瓦第一次『大歐洲』的會議時，法國的報紙已公開的宣佈白里安『歐洲聯邦』的計劃，其提出主要的任務是與布爾塞維克的鬪爭——即被『一般文明的歐洲人』所反對的。而這種『和平的語句』，在『大歐洲』的著作家中已不止一次的表示過了。自然蘇聯是居於這些國家的數目之外的，只要將邀請組織『歐洲聯邦』各個國家來看，就又證明了白里安的『大歐洲』計劃之目的，變形表現了反蘇聯企圖的事實。

此外據白里安的黨徒稱：歐洲應聯合反對美洲的金幣和蘇聯的『破壞思想』。無疑義的，牠們對這個無非是欲用掩護『文明』的名義而聯合資本主義的國家，　反對『工人階級的急進』罷了。

以上所說，關於白里安『歐洲聯邦』計劃與倫敦會議究有什麼關係呢？我們不必怎樣的詳細分析倫敦會議的結果，　可以一句總話說起來，倫敦會議是嚴厲的削弱了英法的聯盟與加緊了法意的矛盾。在這樣的條件之下，法國就不得不設法想鞏固其在歐陸（歐洲大陸）的領導權。而白里安之『歐洲聯邦』計劃則是負有此種任務的。欲在法國指導之下實現從前張伯倫大歐洲聯合的計劃（關於英國作用的空想）和做反蘇聯的進攻組織的中心。這樣『十字軍的運動』可以重復興起和改換『十字架』和『榮福燈』爲機關鎗和炸彈。

所以白里安的『大歐洲聯邦』計劃完全是分割歐洲物質的和精神的力量。即法國欲樹立挽救最近分割歐洲社會的和政治經濟的主要事業。

法國的佔領亞爾薩斯和魯爾，進行反蘇聯的武裝干涉，對法蘇關係整個的怠工，以及軍事聯盟的進行，這些就是法國過去和現在在聯合資本主義歐洲作用中之希望。

然而爲使眞正的實現『歐洲聯邦』計劃自然還需要其他豫備的條件，而這些豫備的條件，在現時資本主義的世界中欲創造出，是不可能的。在這樣的情形之下，白里安提議組織『歐洲聯邦』，最多也不過僅是在保護實現資本主義的分割歐洲和妨害關稅限制的基礎上之軍事聯盟罷了。而這個軍事聯盟，就是欲在資本主義穩定的崩壞和失業不斷增長的條件之下，企圖防禦美洲進攻，而同時以企圖進攻反對蘇聯，反對工人階級、反對殖民地民族解放的運動。

這樣，很明顯的證明了白里安之大歐洲聯邦計劃，一方面將因法國對大陸領導權的企圖更發大帝國主義的矛盾，而另一方面關於『歐洲聯邦』計劃反蘇聯的實質，更愈加明說了。

（卓英）

世界日益卷到世界帝国主义战争的漩涡中，1932 年 4 月 12 日

施泰恩及沃西里也夫案件之判決

謀刺德國公使誤中其顧問

蘇聯最高審判廳軍法股，由烏爾利合主席，馬塗利維茨，雷奇考夫爲同審委員，可斯球施奇爲書記，並有國家控告人蘇俄司法人民委員長克雷林考，莫斯科辯護團委員布拉烏吉及克斯納奇也夫等參加，在一九三二年四月四日，五日，六日的會審之後，具控告事：

第一 施泰恩，烏得米洛納維茨，年二十八歲，受過未完的高等教育，無正式職業，爲過去作坊業主之子，未受過審判。

第二 沃西里也夫，謝爾哥謝爾哥也維茨，二十九歲，受過高等教育，爲過去房主之子，他的職業是經濟財政工作人員，未被審判過。

在暗殺團進行反對駐莫德公使之顧問芳一得瓦爾都夫斯基，其罪犯在蘇俄國法第五十八條第四第八兩項及第十六條規定，審判結果判定如下：

第一：一九二八年以波蘭外交差遣資格由波蘭來莫斯科的波蘭公民傅雪沃洛得劉巴爾斯基，會同其姊妹錄爾克娃——劉巴爾斯家牙，巴里斯劉巴爾斯基，李傅劉巴爾斯基及其他人等組織反革命暗殺團體。

第二：由該團體的委任，李傅劉巴爾斯基，在一九二八年八月十六日，用手槍刺死工農紅軍政治管理處高等監查員沙包斯尼可夫。

第三：因刺殺沙包斯尼可夫案件的追究，該團體一部份人被發現，並在一九二九年判決，當時該團體其他人員仍繼續其反革命的恐怖行動。

第四：該團體認爲推翻蘇維埃政權的主要方法，是資本主義國家向蘇聯武裝進攻，弄壞蘇聯國外政治情形，即可達到此目的之實現。一九三一年傅雪沃洛得劉巴爾斯基的暗殺團決定刺殺駐莫斯科的德國公使芳一得爾克新，這個刺殺可加壞蘇聯與德國的關係，並改壞雙方外交關係。

第五：組織暗殺，該團委托沃西里也夫担負，直接執行暗殺行動，沃西里也夫則委任其反蘇維埃同一觀點的朋友施泰恩，施泰恩與沃西里也夫同一意志，認爲加壞蘇聯的外交關係，使武裝進攻蘇聯的事情，更加容易起來。

第六：施泰恩同意執行暗殺行動之後，共同與沃西里也夫覽定實行的計劃。選擇了暗殺的地址，定爲李昂梯也夫街及葛爾深街轉角處，汽車在該處路過時常稍有停留。

第七：施泰恩在他的朋友書林家裡盜去『七星子』手槍，在本年二月中就經常的觀察德國領事館，觀察汽車的來往，時常與沃西里也夫相遇，沃西里也夫曾給施泰恩以指教，告訴實行暗殺的技術。

第八：一九三二年三月五日，施泰恩在李昂梯也夫及哥爾深兩街轉角上，等待德國公使館之汽車出來，（該車插有德國旗幟），在汽車內坐的是德國公使的顧問芳一得瓦爾都夫斯基，施泰恩當作德國公使，用『七星子』手槍連放五下，芳一得瓦爾都夫斯基受傷，除在頸上受輕傷外，左手腕上受重傷。

由此，定出了罪狀：

A．沃西里也夫（Васильев С.С.）的罪狀，他是蘇維埃政權的敵人，反革命暗殺團的一份子，該暗殺團爲波蘭國家機關辦事員，波蘭公民傅雪沃洛得劉巴爾斯基所組織，謀刺駐蘇聯德國公使芳一得爾克新，其目的在加壞蘇聯外部政治情形，委任施泰恩直接實行暗殺並加以準備，其罪犯在蘇俄國法第五十八條第四第八兩項，及第十六條所有規定。

Б．施泰恩（Штерн И.М.）的罪狀，他是蘇維埃政權的敵人，其目的在加壞蘇聯國外的政治情形，本年三月五日將及下午兩點鐘時在沃西里也夫參加之下，在莫斯科完成其暗殺德國駐蘇聯政府下的公使芳一得爾克新的行動，其結果傷德國公使顧問芳一得瓦爾都夫斯基的頸部及手部，施泰恩誤認之爲德國公使，其罪狀在蘇俄國法第五十八條第四第八項及第十六條所規定。

根據以上的事實，特別注意到，暗殺與蘇聯有經常關係國的外交代表，爲重大國家罪犯，需要最嚴重手段處罰，蘇聯最高法庭軍法股判決：

第一：沃西里也夫，謝爾哥謝爾哥也維茨，第二：施泰恩，烏得米洛諾維茨，兩者按蘇俄國法第五十八及第四兩條，方法處以槍決，並沒收其一切財產。

判決爲最後的並不得再行控告。

主席——烏爾利合

同審員：馬塗利維茨

雷奇可夫

莫斯科　　四月六日

日本加緊向滿洲移民

覇佔滿洲欲作獨一無二的統治者而英美却要試驗「門戶開放」政策也想分贓

五十萬日人將移居滿洲

東京：日本政府殖民地部"進行研究滿洲國家。工作會同士地部製就移民計劃，在十年中向滿洲移殖五十萬日本農民。

日本外交部並準備向滿洲移殖高麗工人。

滿洲組織日本殖民地部

北平四月九日電 在奉天及長春兩處組織了，日本殖民地分部。

日本警察遍佈滿洲

奉天四月九日電 由奉天派出七百日本警察，往東三省各地，南滿路沿線不在內。日本警察的任務爲指導中國警察，共同壓迫滿洲的勞苦群衆。

日商大批投資

奉天四月九日電 東方殖民地公司預計在滿洲投資一萬萬元，主要是在不動產方面（土地房屋）投資。

溥儀大發財

奉天軍閥剝削民衆的錢財轉入「小皇帝」腰包

北平：四月九日電 滿洲政府組織了清查委員會，清查沒收了的滿洲舊時軍政要人之財產。

長春成立軍械庫

△目的在準備新屠殺△

長春四月九日電 滿洲政府在長春成立軍械庫，縫衣工廠等等，準備『政府軍需』。

南滿鐵路作𧻓

長春四月九日電 日本關東軍參謀部，討論南滿鐵路提出來的建設長春的計劃。

中國電報工作人員捐款築飛機

奉天：四月九日電 天津中國電報辦事人員，捐助三百四十四元，爲幫助中國航空購買飛機之用。並號召中國人民做效此例。

列强群來爭滿洲市場

試驗滿洲的「門戶開放」政策

上海：報載，許多英美的公司，開始試驗滿洲『門戶開放』政策，向奉天及長春各地送去大批貨樣子。

不久前，德國商船載有大批預計向滿洲出口的貨樣到滿洲。

日本經濟恐慌

東京 四月九日電 因國內經濟恐慌結果，而減少出口。國內市場乾涸，各主要貨物批發價格低落：生絲，紡織物，糖，木等等。

日本銀行統計，三月內批發貨價統計，平均爲158.5，而二月時爲161.4，三月比二月降低了。

『聯合通信社』消息，政府當局決議提高進口稅到百分之五十。

日本軍隊開往上海時的情形

世界日益捲到世界帝國主義戰爭的漩渦中

（譯自「共產國際」雜誌第四期的社論，本年二月十日）

帝國主義戰爭已開始

在滿洲每天調兵遣將，日本軍閥抓緊着已被佔領的國家，建設陣線。在那裡努力於軍事方面的鞏固以做將來繼續進攻的基礎。在上海中國民衆的民族革命的抗敵，證實給以爲不費吹火之力即能迅速取勝的日軍看了，現在不是以前的時候了，——任何帝國主義的强盜可任意强壓中國民衆，而不遭反抗。

日本帝國主義强盜的利用了並還在利用所遭的困難，以集中廣大的武装力量，得將戰爭輾轉到中國內地，反對中國蘇維埃和紅軍，並在亞洲大陸上駐扎着準備好了的堅强軍隊，以反對蘇聯。

在英國下任的工黨首領麥客唐拉的民族政府，在內閣中組織了行動委員會。對這一步驟的真實意義懷疑的人，讓他們費點功夫讀一讀喬爾奇里的世界大戰回憶錄，黑寫的在白紙上，說得很清楚，行動委員會不是旁的機關，就是對戰爭保證統一領導的委員會。在法國已經存在着達爾奇的內閣。新內閣已經重新改組政府的組織：三個軍事的閣員——國防部，海軍及軍事航空——集中爲一部，這是法國軍隊最高軍事委員會首領衛根的計劃。

在波蘭，在鐵路轉運上，不可靠的路政的服務人的成份發生許多調動，將其中之更換以服務軍事義務中之可靠的來代替。鐵路作坊都動員起來了，其大部份，都擱在鐵軌之上。

在羅馬尼亞，已在法軍官指揮之下，正式形成了新的技術軍。法國替羅馬尼亞償還施考得工廠的債務，以保証定購新的軍需品。在所有歐洲海港裝載武器及軍需品。小國家——挪威，荷蘭，希臘以及德國的商船被到處僱用。在深刻世界經濟恐慌尚劇時，軍事工業中的行市高起來了。軍事工業的股票逐日向上增長。到太平洋航線去的商船的保險費提高到百分之二千。在許多國家的海員改良工會，提出『部份的要求』要輪船公司增加海員的生命保險費，提高到戰前的水平線。

我們還能引證許多的事實，証明帝國主義戰爭逐日準備轉爲反蘇聯的戰爭，變爲世界大戰。

在共產國際及其分部的決議案中宣言中不斷的說出——重新瓜分世界的問題已非常緊迫了。兩個制度的鬬爭走向新的歷史階段。這是毫無懷疑的。

有三個事實，使已開始的戰爭遲延變爲反蘇聯的戰爭：世界無產階級革命積極性，已開始的强盜戰爭受中國人民的反抗，及現在在帝國主義國家中間的衝突暫時還在增長。其中主要的——是世界無產階級的革命積極性。（未完）

世界日益卷到世界帝国主义战争的漩涡中（续），1932 年 4 月 14 日

法國共產黨和工人階級
用全力反對戰爭擁護蘇聯

巴黎：法共產黨首領嘉申同志，在國會中發表演說，揭破法帝國主義準備戰爭的陰謀和行動。

嘉申同志指出：以前反蘇聯的造謠煽惑的消息多來自利各（拉梯維亞京城），各興爾耳斯，（芬蘭），及瓦耳蘇威。現在這些消滅由巴黎傳出。法國大資產階級及社會民主黨的報紙，終日在造謠弄假，寫什麼『不幸的蘇聯的勞動群衆餓餓到死』又想出什麼『在得尼浦耳的慘忍行動』，說紅軍的『野蠻行動』等等。所有造謠的發起者，都預期造成反蘇聯的空氣，造成一般輿論準備反蘇聯的戰爭。日本以武力佔領了全滿洲，直接威逼着蘇聯的西比利亞，並以滿洲作反蘇聯的根據地。日本帝國主義的行動受法國領導下國際聯盟的贊助。在巴耳幹半島上諸國的反蘇聯的準備，多腦河沿岸聯邦計劃。證實了反蘇聯環攻的陰謀。帝國主義無法救自己出於破產，而找戰爭的出路。嘉申最後說：『我們再聲明一次，共產黨及法國工人階級共同反對戰爭準備。我們將用全力鬪爭反對戰爭』。

德國工人行動起來了
不讓資本家轉運軍械給日本

柏林　四月十二日電『紅旗報』載，高利木阿哥梯哈耳哥軍械工廠的工人，宣佈意大利式的罷工，拒絕給資本家裝載大批軍械。結果軍械未能裝載。

日本經濟恐慌向工人進攻

東京：日本內務部製定計劃，取消市政工作部，因此又增加一萬失業工人。

少數派與老白黨聯合戰線

柏林　四月十一日電『威廉阿比得』通信消息，在德僑居的俄白黨與俄少數派發生連絮，以期造成聯合戰線，反對蘇聯。

逮捕工人和學生

北平：東京消息一千失業工人，舉行遊行示威，反對裁減市政工人。警察驅逐遊行工人，逮捕三十人。

又訊：東京逮捕二十個學生，謂有共產黨行動。

國民黨政策的結果是帝國主義在中國的統治加强，

不斷的失業，貧困，破產，民衆愈陷在水深火熱之中。

只有中國民衆自己武裝起來在中國共產黨的領導之下，才能驅逐一切帝國主義出中國，推翻資產階級地主聯盟的國民黨政府。

在上海附近又有激戰

上海四月十一日電　美，法，意大利各國軍事代表，到中國防線觀察，據云在本月七日（星期四）中日軍雙方又發生大激戰，同時在南市及大站附近發生小戰。

在上海戰後的華人損失

上海　據南京政府調查結果，日本進攻上海以致華人居民之損失在一百五十萬大洋以上。因戰事有八十一萬四千華人連帶遭難，佔全上海華民百分之四十五。中國居民死者八千，受傷者二千，不知去向者一萬人。

被日軍所佔領的各區域之損失為八萬萬大洋之多。十五萬紡織工人失業。七十八個學校，被日軍摧殘或駐兵。

國民黨的錢庫空虛

上海　因中日衝突的結果，南京政府的國庫收入大見減少，每月減少收入到八百萬元。二月份鹽稅收入減少將及四百萬大洋。

南京的政策保守秘密
△汪精衛欺己欺人△

上海四月十日電　『國民通訊社』消息，汪精衛在國民非常會議上聲明：謂政府政策是在『武裝敵抗同時用外交談判』，汪精衛指出須依步實現這個政策，政府現保持着這個秘密。

大會通過決議案，贊助第十九軍。

日軍在上海街上行兇

馮玉祥與汪精衛結了姻緣

南京　汪精衛對外界談話，稱謂馮玉祥的觀點完全與政府同，並說馮玉祥聲稱縱政府允其辭職，他仍願効勞。

汪精衛又云：在個人與孫科晤談後，雙方衝突已取消，孫科所以不出席洛陽的會議者，是因為他必需到上海。

韓福渠反蔣
△段祺瑞老賊又出世△
△國民黨各派內鬨△

北平四月十一日電　『字林西報通訊載，北平傳說不久將組織完全『獨立』的政府，以段祺瑞為首。並希圖吳佩孚，閻錫山以及山東省政府首領韓福渠等保守中立。

據說：韓福渠決定佔據該省的收入，宣佈反蔣。張學良沒法鞏固自己的地位。反南京派的勢力都集中於孫科，胡漢民方面，造成孫科，胡漢民，韓福渠一派，反對蔣介石，張學良，汪精衛。

特　　載

世界日益捲到世界帝國主義戰爭的漩渦中（續）

（譯自『共產國際』雜誌第四期社論本年二月十日）

行動起來，毫不遲疑的行動起來反對戰爭——時機緊迫，刻不容緩。在估計國際狀況所有的動搖、一切對已開始的戰爭的意義不充分給以估計，必要促成行動的動搖。

略察世界大勢，則知世界經濟恐慌與日深入擴大，並且在遠東已開始帝國主義戰爭，日本軍隊派遣到蘇聯的邊境，而且還在進行什末裁減軍備會議。這個會議的直接目的——一方面掩蔽軍事的準備——另一方面帝國主義國家重新形成派別（緩和自己中間的相互衝突）務使已開始的戰爭變為反蘇聯的戰爭，變為世界戰爭。

在資本主義穩定時期造成了的相互連繫，大部份都早已解體了，改變了。現在更以加快的速度破裂着，全世界在戰爭情形的恐怖之下。

『資本主義穩定的具體表現何在呢？』，在一九二五年五月九日史大林同志在他的報告中答覆了這個問題。

第一個有世界政治意義的事實，是直接在世界大戰結局（佔領魯爾區）及德國革命無產階級的失敗後這一個表現，資本主義穩定事實，即是『美國．英國，法國得到暫時共同商定宰制德國的方法及其範圍，換句話說，商定了他們所謂的德國道威斯化』（史大林）。

現時的世界經濟恐慌，動搖了這個商定，到極深處，到其根底。（德國無力付債，協約國中間戰債問題的提出，洛桑會議的延期，凡爾賽系統的全部恐慌，在德國及為法國之主要臣屬國波蘭革命恐慌前提之成熟）。

第二個世界的政治事實，就是『英，美，日帝國主義，得到了暫時商定劃分在中國的勢力範圍』（史大林）。

這個商定被中國革命震動了，現在被凡爾賽系統的守衛法國幫助下的日本進兵中國，把那個商定炸毀了。

第三個世界政治的事實，『是各帝國主義列强，得到暫時商定，在宰割和壓迫『自己殖民地』的行動中，各不相犯』（史大林）。

這個商定在各方面都在動搖，在南美洲加拿大，埃及等地英美互相衝突之加緊，在大英屬地中英日之競爭，大英帝國內地的閉關運動，關稅大鬪爭的行動，在地中海沿岸法意衝突的加緊等等）。

第四，史大林指出過那個可能性即是帝國主義列强企圖商定反蘇聯的統一戰線』。

雖然這個統一戰線的暫時未得成功，但是在資本主義國家世界經濟恐慌的時期適當着在蘇聯社會主義堅決的勝利，這一個情形特別加强了兩個制度的鬪爭。勝利的進行社會主義工業化，農村經濟的集體化，消滅富農階級順利的執行第一個五年計劃且完全消滅了失業，蘇聯對資本主義世界經濟的不依賴性之增長，在第二個五年計劃的指令中加重到堅決提高勞動群衆的生活水平線並消滅階級——所以這些是在世界經濟恐慌加深的階段，實際上就已決定了資本主義與社會主義世界競爭的命運，其勝利在社會主義方面。帝國主義的各派及其指使者，因反蘇維埃經濟戰爭破產，而盡其全力在資本主義與社會主義鬪爭，進行了並決定以武裝戰爭的方法，尤其是在資本主義國內及其殖民地兩個制度的鬪爭，（一個要從恐慌中找資本主義出路，另一個要找革命的出路）這一個鬪爭，更加緊張與尖銳了。

資本主義希圖利用暫時的穩定以戰勝資本主義經濟戰後恐慌的計劃，皆一一先後破壞了。更嚴格的考慮過的計劃，欲藉資本主義的合理化以戰勝資本主戰後的恐慌也成泡影，而與社會民主黨及職工官僚關於組織資本主義的方案，一樣無効。資本主義的合理化造成了大規模的生產過剩，大批工人失業，工人階級絕對的貧困化大見增長，並特別加緊了階級矛盾。

第二國際及亞姆斯丹國際等團體所散佈的有組織資本主義的宣傳，並不能代替所需的麵包及首要的用品，洛落在經濟恐慌深淵中的世界資本主義經濟已無力來保證這些東西給其傭僱奴隸。恐慌的重担壓在勞動群衆身上的方法並由工農及小資產階級的空口袋內剝奪大批款項以製造武裝，使廣大工農群衆的革命高潮日長；在幾個主要國家內的革命恐慌則已在成熟（波蘭，德國）；最主要的殖民地及半殖民地國家已捲入革命的恐慌中（中國，印度等）法西斯主義及社會法西斯主義採用公開的殘酷的壓迫已超乎其武斷宣傳之上，遂漸用國內戰爭的手段鎮壓工農群衆，為資本主義出路或革命出路的鬪爭的所謂和平方法和手段，在許多資本主義國家內將臨絕境了。（未完）

世界日益卷到世界帝国主义战争的漩涡中，1932 年 4 月 16 日

國際帝國主義提議共管上海

——日本在閘北已組織『新政府』

列強共管上海的計劃

提議組織上海『自由城』▲美帝國主義堅决反對

上海 四月十二日電 據各報載上海外國當局人物，提出組織上海『自由城』的計劃，其內容爲將上海組成一個小的共和國，在國際哥達裁判所保護之下。由哥達裁判所任命軍官省長以管理上海。立法會議之組成，由華人與外人各半，華人有選權者爲在上海居住之納稅華人。中國政府只能委派一人參加上海『自由城』政府。

上海『自由城』的地域，限爲公共租界法租界，以及其他租界幷附近租界二十英哩的範圍。

中國應當放棄其主權，華人住上海不爲中國公民，而應爲新國家的公民因此在該計劃提案上，各列强放棄其治外法權，由新政府組織法庭。

其計劃很詳細，惟各報怕登載，因掌握上海的財政界（美國），將給以相當的壓迫。只有『華報』將此計劃提案公佈了。

『華報』云，美國當局堅决反對組織自由城的計劃。

附註 組織上海『自由城』的提議，爲國際列强藉此號召共管上海的口號，也就是企圖共管整個中國的開始。但美國帝國主義的在華分贓問題上的利益與他國『共管中國』的提議衝突，因而表示反對。只有中國民衆自己的武裝，只有中國工農紅軍，在中共領導之下的革命民族戰爭，才是救中國脫離帝國主義宰割和共管唯一可靠的力量。（編者）

英國工人反對戰爭

紐約四月十二日電 在新格省米書理地方有四千工人舉行遊行示威，反對帝國主義戰爭，反對瓜分中國，進攻蘇聯。三十個遊行的工人當即加入了共產黨。

閘北成立了『新的政府機關』

上海四月十日電 閘北在戰後成立了『新的政府機關』，雖然該政府門首由兩個中國警察守衛，而內部却由日本水兵維持一切。日方對外完全否認與閘北新成立之政府有連繫，而只云『閘北中國人方面對日本有許多要求，日方却難以應付，故有此組織云』。

日本駐上海的海軍副指揮聲明，如和平會議能以順利完結，『閘北行政管理，某方須担負此項責任』。

南京城上設立礮台

上海四月十二日電 上海城角，在高出城樓一尺之上設立砲台，準備在日本兵船進攻時，以便防守。

★ ★ ★

據消息傳說：吳淞砲台指揮官唐秀濟到廣州，其目的在招收兵士以代替十九軍陣亡兵士，廣州軍隊內的許多軍官，多丟其職任與十九軍聯合。

上 海 華 軍 退 防 時 之 情 形

日本帝國主義加緊在滿洲的經濟侵畧和軍事建設

朝鮮銀行借款給滿洲政府以得取滿洲鹽稅五分爲担保壟斷滿洲煤礦的開採又建設溝幇子的飛機場

日軍在滿洲又建飛機場

▲覇佔農民土地▲

奉天四月十三日電 日軍駐奉司令部在溝幇子開始建築飛機場，佔據地基三千畝。在該區住的中國農民，被日本强迫的將土地奪去，每畝只作價六角日本錢。

南滿鐵路的收入大減少

奉天 四月十三日電 滿洲新聞報載，三月三十一日，南滿鐵路統計上年預算案之執行，該鐵路在過去一年中之總收入八千八百一十六萬八千六百九十三銀，而比上年少收入七百一十六萬二千零三十七銀。

滿蒙農民破產

日本强盜蹂躪和中國大糧戶剝削的結果

哈爾濱通訊：奉天省政府下令，農民丟去土地逃走者，以刑法處治。此命令之頒行，是因滿洲受戰爭之蹂躪，農民大受損失，現春耕無種子，難以耕種，紛紛逃去。

哈爾濱『國際協報』載，滿蒙農村經濟已形破產，農民在本年難以耕種。

朝鮮銀行借欵給滿洲皇孽

以滿鹽稅五分爲抵押

奉天 四月十三日電 滿洲政府封閉營口鹽稅徵收局。

日本朝鮮銀行行長易爾比（Ирби）抵長春，將與滿洲政府决定日本米株及米株比西兩大公司，對滿洲政府二千萬之借欵，由朝鮮銀行付給。易爾比不久將回東京，簽訂借欵協約。

『滿洲日報』載，謂滿洲政府已决定將鹽稅五分作爲借欵抵押。

其煤業五金業也是大賠賬

東京：據大致的統計，南滿鐵路的煤礦工業，在去年一年中虧本五百萬銀，其鑄鋼工業亦賠本。結果使南滿鐵路的總收入，虧本四百萬元。

日人壟斷滿洲煤業

北平 四月十三日電 大連日本報載，在滿洲政府成立後，其工業部接到二十個外僑的呈請書，請求在滿洲開採煤礦。但都被滿洲政府一律拒絕，並謂滿洲煤產只讓外人開採。

特 載

世界日益捲捲到世界帝國主義戰爭的漩漩渦中

（續） （譯自『共產國際』雜誌第四期社論本年二月十日）

在從恐慌找得資本主義出路的帝國主義的計劃中，戰爭實爲最好的後盾，而佔重要的地位。以戰爭來解决恐慌，其方向所指一方面在瓜分中國，另一方面消滅蘇聯，用推翻無產階級專政，推翻社會主義的方法，使蘇聯受國際帝國主義的統治。希圖在中國身上打算來解决恐慌（特別注意到遼守分贓問題的利益），並武裝進攻蘇聯，所有帝國主義國家對此問題原則上是一致的，正如像他們將恐慌的担負加在工人階級的肩上，加在勞動群衆的身上，加在弱小國家及殖民地民衆的身上是一樣的。所有一切世界政策中其他的重要問題，在各帝國主義國家及其各派中間存在着嚴重的利益衝突。這些衝突之所以特別的加緊，又因爲世界恐慌特別加緊了各資本主義國家發展的不平衡，並引起帝國主義國家相互間力量對比的大見改變（富有金幣的美法兩國繼續向前發展；由主要的經濟政治地位上英國被排擠下去，利用美國英國的恐慌，日本出兵遠東；在多腦河流域及巴爾幹半島諸國內，意大利之被排擠落在後面；德國的頑强，企圖利用資本主義的衝突以重新調節賠欵及其東部國境問題等等）。

在列强各派及各先進帝國主義國家力量對比極不堅固的條件之下，所有國際政策的一切主要的世界政治問題相互間有密切的連繫。賠欵問題，凡爾賽和約的問題，協約國間戰事借欵，關稅戰爭，爲金幣的鬪爭，裁減軍備的問題，爲殖民地的分割而鬪爭，太平洋問題，中國問題，德國問題，法意衝突的問題，中歐及巴爾幹半島的關稅協定等等——所有這些問題都有相互緊密的連繫，而部份的則與凡爾賽系統的問題及兩個制度的鬪爭牽連着。在中國的帝國主義戰爭特別加緊了所有這些問題。重新瓜分世界的問題，兩個世界的鬪爭及爲恐慌的各個出路的鬪爭，正因爲他們之相互交叉而不得不推上以戰爭來解决這些問題的道路。

因帝國主義的衝突加緊而帝國主義列强的派別不穩定，首先就是說在歐洲只有一個軍事聯盟的鞏固系統——法國的系統。因日本加入這個系統而造成了世界軍事聯合。法日聯合不僅是說日法平行的在裁減軍備問題上携手，不僅是在瓜分中國的問題上一致（法國用意在侵略中國南部，其部份的正在實現自己的願望），並且鞏固法國在歐洲的地位，以補救被恐慌震動了的凡爾賽和約的系統。這個聯盟的首要的目的是在由東西兩面向蘇聯夾攻；爲補充由西方進攻蘇聯起見，並組織由東方的進攻。英國政府一方面與法國談判，以在協約國戰債問題上造成『統一戰線』以反對美國。另一方面英國保守黨企圖與日本政府談判，恢復英日聯盟。美國企圖將這些談判的鋒銳來反對他在瓜分中國中，在太平洋問題上的利益的弄得緩和些，而戰爭些矛盾之鋒尖銳起來反對蘇聯。

帝國主義的衝突的緊張，使列强組織新的派別發生困難。這些衝突的緊張同時推着他們必然到戰爭的路上去（日本出兵滿洲和[illegible]是明證），而使世界有捲入帝國主義世界戰爭及反蘇聯戰爭的漩渦中的形勢。過去經驗已明顯証明了，這個派別在戰爭開始時有一部份團結起來更要堅固，一部份甚至在戰爭過程中在正式開火時才形成。

因此以爲堅固的帝國主義的派別和反蘇聯的統一戰線還未有，而因此得出結論，認爲世界帝國主義戰爭的直接恐怖還未到，反蘇聯戰爭恐怖還未臨頭，在遠東已開始的帝國主義戰爭不直接恐怖着歐美無產階級及勞動群衆，這是不可寬恕的錯誤。一九一四年之前夜，資本主義世界也是捲到世界的帝國主義戰爭中去，重新瓜分世界的問題已成熟了，當在一九零八年奧大利，匈牙利皇國佔據包斯尼及海爾芡哥文，在一九一一年在得利波利坦發生了戰事，在一九一二年，一九一三年第一次，第二次巴爾幹的戰爭。只要在沙拉也沃的刺殺，便足以演成世界大戰。

在十月革命之後發生了許多的變更，使帝國主義的戰鬪政策發生困難：蘇聯持其和平政策，革命的，無產階級的及民族革命的運動而威逼着帝國主義資產階級的後防，這對帝國主義列强要進行戰爭的增加了很大的危險。但也有不少的使帝國主義世界大戰更易組織的原素。帝國主義之聯合在國際聯盟，並有其在工人中的走狗（準備戰爭主要的依靠）第二國際阿姆斯丹國際。國際聯盟在日中戰爭最緊急的時期及在直接挑撥蘇聯戰爭的時期，召集裁減軍備會議。第二國際及

（2）『工人之路』第二頁

黨的建設

伯力生產群衆工作隊長聯席會議

✱總結第一個十日週的工作✱

◁空話多，實際的成績少▷

四月十一日在『工人之路』報社舉行各隊隊長聯席會議，總結第一個十日週的工作，——是絕對不能令人滿意的。

聯席批評過去的工作缺點，對症下藥，通過下列的提議：

一）委托各隊長在兩日以內起草各隊第二個十日週的工作計劃及各隊相互比賽的具體合同；

二）向『工人之路』提議組織質疑來帮助實際工作的同志，並請求城市黨部將自己的義務指導員鞏固到各隊以加強對各隊的切實指導；

三）委托各隊應在這個十日內將各地的工人活動份子形成並團結起來（將他們的姓名，住址，在那個班上，對他們的工作計劃都要詳細規定），特別加强發展黨的組織工作；

四）責令各隊在工作中必須與地方組織發生密切關係，並向城市黨部提議，將各隊工作人的名單送到各地方黨的組織，以加强對各隊的監督和領導；

五）責令各隊長對各隊的工作每十日進行總結一次，不按期將總結材料交到質疑時，則認爲該隊沒有進行任何工作，掛上邊疆的黑牌；

六）向城市黨部提議將在第一個十日週工作中無故不做工，及無故不到隊長聯席會議的各隊長，給以嚴厲的黨的處罰。

黑河黨團員的生活

在二年以前，黑河中國黨團員一共只有十人，並且還多不是生產工人。現在已增加到五十多人，這個數目與整個工人比較，當然還是很不够，但是與從前比較已增加到五倍多了，並且多是生產工人中的最好的突擊隊員。在中國青年工人中的青年團員的發展，可是非常落後了。青年團員的數目到現在還沒有什麼增加，雖然是中國青年工人少，各青年團支部不注意，不能不算是一個主要原因。

黨的教育方面，因語言的關係，市黨部特別規定每月三次在東方工人俱樂部上黨的教育課。同時在俱樂部設立一黨的政治夜校，來提高黨團員一般政治程度，因爲這樣，在黑河的東方工人和集體農民中的工作，比較算是有相當的基礎。

阿姆斯丹國際在工人群衆中散佈國際聯盟空吹和平的口號，進行反蘇聯的運動，並資助運送軍火給日本——這些事實不得不已做帮助準備帝國主義大戰的事實，帮助反蘇聯戰爭的事實。爲了開始戰爭不需要先進帝國主義的列强堅固的聯盟，日本之出兵滿洲，揚子江流域及中國北部各省便是明顯的例子。日本帝國主義的特別深刻的恐慌及其特性，與軍事强國的地域相隔甚遠，其近鄰中國及其他——這就是日本帝國主義在從恐慌中找資本主義出路的鬪爭中採取一切方法的原因，獨比其他帝國主義列强捷足先登，走得遠些。無情的向日本工人階級進攻，向農民進攻，繼續向殖民地高麗，台灣壓迫，都不能帮助日本找着出路。因此開始以戰爭作最後瓜分中國的舉動，因此出兵滿洲及揚子江流域，因此——最殘忍的來挑撥又對中國革命的武裝干涉，因此——日本自任爲反蘇聯戰爭的東方前鋒。同此日本帝國主義與法國聯合利用英美的恐慌，一往直進，到木已成舟，致其他帝國主義只得就事說話。這樣日本在出兵中國中保證英國對瓜分中國，對佔據滿洲，炸毀上海的幫助。同用這個方法，使美國站在防守的地位，以保護美國在瓜分中國中自己特有的帝國主義的利益。直到現在，所有發現的事件，正如日本政界的首領田中先生在一九二七年報告書中所說的一樣。甚至侵佔滿洲，深入揚子江流域，都是按田中計劃做的，日本外交對出兵久已開始的政治準備，更用不着說了。田中上日皇書的意思，就是在叫起世界，用卑陋的外交吹嘘手段及報紙的欺騙，而將世界捲入世界帝國主義戰爭中，捲入反蘇聯的戰爭中。

須要堅決的動員群衆，首先反對經過各國資本主義國來的鐵路，由各資本主義的港灣運送武器和軍火給日本。各國共產黨首要的任務．——保護中國革命保保護中國蘇維埃。在已開始的以戰爭瓜分中保護中國的獨立述，是與保護蘇聯，保護各資本主義國家的無產階級脫離世界大戰不可分離的部份。（下略）

動員中國全体黨團員 吸收所有的中國工人參加迎展遠東邊疆第二個五年計劃的工作

使遠東邊疆從虧空中跳出來勝利的進入第二個五年計劃

黑河對於迎展第二個五年計劃的工作

在今年第一季，黑河對於迎展第二個五年計劃的工作，在東方工人方面比較還算進步。在東方工人俱樂部曾召集了三次全城東方工人和集體農民的大會，宣佈迎展第二個五年計劃等等。並動員黨團員和指導員以及學校裡的學生，分配到各工廠，各集體農莊做固定有系統的宣傳。雖然得到相當結果，但還不能令人滿意。在俱樂部的黨團員和積極份子會議上，重新規定進行方針，準備在俱樂部修理完畢時，組織陳列組，將各工廠生產率的增加，材料的節省，生產品質量的改善等等都詳細陳列出來。

現在幾個主要的工廠如船塢，五金工廠，麵包工廠及裁縫工廠等的生產率大大增加；同時在這些工廠的東方工人都百分之百的加入了突擊隊。其次就算是榨油廠和洋火工廠等，就一般說，東方工人對於迎展第二個五年計劃，是非常興奮的。

黑河東方工人幹部訓練的狀況

在去年一年間，黑河雖開了幾次短期政治訓練班，但是這些政治班的學生又大多數派到各高級學校學習，所以在工人中的幹部還是很薄弱的。因此黨部特別在黑河組織了六個月的指導員學校，學生的成份都是各工廠的生產最積極的份子，黨團員和各機關的東方工人指導員。這學校已於四月五日完結，由市黨部分配到各機關和生產機關做指導工作。這學校的學生在學習期間，對於生產和文化的工作已做了很大的工作，現在全體宣誓爲迎展第二個五年計劃的突擊隊。將來爲黑河東方工人生產和文化建設的中心幹部，毫無問題了。

對於拉丁化方面的工作，黑河比崴子，伯力等地方落後得多了，從二月起，才組織了二個月的拉丁化教員班。在工人群衆中，實際是在三月份起才實行，但是還只開了四個工人夜校補習班。在拉丁化教員班畢業以後，準備組織十個工人補習夜校云。

伯力『廣東公社』集體菜園工作轉變

伯力『廣東公社』菜園春種計劃

本城通信，『廣東公社』二區共四十人作工，決定春種計劃，共預計五十九晌地，應種的菜：土豆子二十六晌，洋柿子五晌，紅蘿蔔三晌，大蘿蔔三晌，黃瓜四晌，大白菜十六晌，胡蘿蔔二晌。

此外春季黃瓜窖七百扇，

三號區種地計劃共給土地十九晌，外有新地十晌，應種的種數如下：

土豆子三晌，晚白菜四晌，早白菜一晌，紅蘿蔔二晌，胡蘿蔔二晌，大葱一晌，洋柿子三晌，雜菜一晌，黃瓜二晌，春季黃瓜窖七百扇。

新地十晌還沒得到規定種植的計劃。

又剷除了幾個壞的份子

伯力街『廣東公社』三號區集體農莊菜園又開除十四個壞的份子。

該菜園，在一九三一年時，曾舉行清洗過一次富農，及反蘇維埃的份子。在以下十四個人中也是很壞的份子，但是在清洗菜園子的時候，他們是非常的害怕，所以他們在當時，曾表示能改正錯誤，因此清洗委員會給他們很輕處罰，給以警告，仍然保留他們在本菜園作工。現在他們已經把嚴冬冷天過去了。現時正是努力春種的時候，可是他們不願意作工，而且在最近連停三天工不作，因此把他們開除工作。被開名單如下：一）孟兆成，二）宋有啓，三）胡風祥，三）劉春茂，五）張斗，六）包福田，七）韓義山，八）姜書太，九）周鐘，十）魯中文，11）孔興祿，12）張開臣，13）于學先，14）于立廷。

積極參加工農通信運動的工作

『廣東公社』三區集體農莊菜園子的工人，積極參加工農通信隊的運動，及讀報組的工作。

四月八日東房子住的工人，由單立順組織二隊通信隊。一組讀報組，當時由工友們舉出負責的同志如下：

張丕珍隊長，張保林，呂布珍，翟友，三工友爲隊員。

讀報組翟友組長，張丕珍，張保林，呂布珍，王太升，趙丕遲，王永凰，爲組員，其他的工友也參加聽念報。領導者，是共大學生，唐功成同志負責。同時以上的人員都要担任本閱報社出版壁報的工作，每月二次。在下房子裡，也組織第二隊工農通信隊一隊及讀報組一組。通信隊長宋德智。宋廣生，吳桑堂，段憲章隊員。讀報組，及壁報的工作而由單立順指導。

同時以上的工友都要參加補習學校及政治研究組。由劉作邦，唐功成同志負責。（舉）

哥爾比昌克金場中國工人回答遠東工廠工戰鬪的號召

哥爾比昌克（Горбичанка）金場全體中國工人，爲回答遠東工廠工人戰鬪的號召，提出以下具體的任務：

（一）全體宣佈爲突擊員及擴大社會主義比賽，執行並超過執行一九三二年的採金計劃；

（二）完全的實現史大林同志六個指示：

А，全體宣佈鞏固生產，與流動，怠工，脫工和不守勞動紀律等現象作鬪爭；

Б，完全的消滅平均工資制，爲實行按件和獎勵工資制而鬪爭；

В，從四月一日起所有中國工人的各班完全轉爲經濟計算制；

Г，消滅在工作中的不負專責現象；

Д，全體宣佈學習技術，爲改變採用機械化而鬪爭；

Е，爲具體的改善中國工人膳食工作衣服及保證居住。

（三）要求蘇聯政府迅速的發行第二個五年計劃的公債券；

（四）保證不識字和少識字的中國工人百分之百的參加識字補習班，訂閱『工人之路』報。

（五）號召阿馬薩爾干（Амазаркан）熱爾杜格（Желтуга）多維丹（Довенда），依泰克（Итака），色赫泰克（шахтайка）和齊察脫卡（Цицатка）及介牙區各金場中國工人努力參加全邊疆迎展第二個五年計劃運動。

（金溝特約通信）

苏维埃政策的伟大胜利，1933 年 11 月 24 日

全世界無產階級和被壓迫民族聯合起來呵！

'Gungrhenzhlu'　一九三三年 十一月二十四日 № 155 (1085) 24 ноября 1933г

工人之路

聯共遠東邊委及邊疆職工蘇維埃機關報
Китайская газета
„РАБОЧИЙ ПУТЬ"
орган ДКК ВКП(б) и ДКСПС

編輯部地址 —— Адрес
г Хабаровск ул Комсомольская №54
電話號碼 Телеф. № 10-58

定價 ●每期10哥比　一月1р50к.
●半年9盧布　一年18盧布
各地郵局均可訂購
隔日出版

蘇維埃政策的偉大勝利

（節譯„眞理報"十一月九日的社論）

美國大總統羅斯福與蘇聯人民外交委員長李特文諾夫的信件，在蘇美關係的發展中，開闢了一個新的階段。

在今年十月十號羅斯福致加里寧的照會中，羅斯福所說的„不經常狀態"——兩國缺乏直接的關係，現在已經消除。十一月十六號美國承認蘇聯的意義，是極其偉大的。這在世界各國報紙的評論中已經表示出來。

在這個問題方面，美國大總統的發起，是值得應有的注意的。關於美國與蘇聯建立經常關係的問題，在羅斯福一就職以後已經直接提出。但是爲要解決這個問題，羅斯福應當戰勝美國資產階級界不少的成見，但是自開始的時候，站在美國大總統這一方面的，是健全的意思及建立直接經常關係的政治經濟利益。

自羅斯福與加里寧交換照會以來，一共還不到一個多月的光景。在這樣很短的時間裡面，在美國的各個指導界中，對於蘇聯關係已經澈底形成了一個轉變。一起不過九天的功夫，蘇聯代表李特文諾夫與美國大總統羅斯福，雙方已經談判妥當。在以前十六年中認爲„不能"的事情，現在九天已經實現了。這就因爲預決美國對蘇聯外交這種轉變的緣因，在最近時候一天一天更加使人感覺與明瞭了。

在與蘇聯建立外交關係的時間，美國指導人員首先估計到的，就是美國帝國主義的實際利益。但是在另一方面，美國行政當局放棄傳統政策„不承認"的事實本身，又是蘇聯力量與意義的偉大表現。

不怕某些資本主義國家首先是美國怎樣不願„承認"在世界上六分之一的地面勝利的無產階級完成了偉大的改造，但是偉大的蘇維埃聯邦，奪到了意義極大範圍極廣的勝利。

以前那些輕視工農國家及用槍砲與工農國家維持„關係"的資本主義列强，都已經遭到了失敗，都不能不與蘇聯建立經常的關係。如果從„臨時"及„預先"商約起，到許多承認以及與蘇聯訂結，蘇聯提出的不侵犯條約爲止，來一一觀察我國外交勝利的主要時期的時候，那麼對於蘇聯國際意義怎樣一年一年發展的事實，我們就可很容易看到。

關於能够完全表現我們外交這些勝利的原因，我們蘇聯之所以成爲世界人類和平因素的原因，我們這裡所找到的祇是一個解釋，首先是我們的力量——經濟的力量，政治的力量，軍事的力量。當我國還處在資本主義包圍中間的時候，這三種因素是有第一等意義的。我們第一個五年計劃的完成，不僅是限於偉大的經濟勝利而已，同時是工農國家國際地位的鞏固。現在在我們與美國建立正式國交以後，每個人都應當了解蘇聯人民怎樣能够掃除關在他們和平建設道路的一切阻碍。他們打碎了侵略份子，打破了封鎖的鎖鍊，趕走了白黨的殘餘。在蘇聯力量日益發展的前面，他的頂„原則的"敵人也不能立足。在現在資本主義世界承認蘇聯的十週年前面，我們的和平政策又得到了極大的新勝利——與美國建立經常的關係。

我們毫不懷疑的，對於蘇聯和平政策的偉大勝利，最廣大的美國勞動群衆是表示歡迎。美國勞動群衆的同情，永遠是傾向蘇聯方面。黃色的職工官僚克林（Крин），以及其他的反蘇聯派首領——費西（фиш）及烏爾（Уолл）等等，自然不能反映美國工人的意見。這些份子就像壞了的鐘表一樣，他們現在停滯在美國本身內外情勢的過去發展階段中間，他們現在停滯在帝國主義營壘矛盾猛烈加緊及恐慌年份的已經結束階段中間。

蘇聯外交政策的新勝利，是在爲和平而鬪爭中蘇聯陣地的鞏固。現在對於和平的威脅，正從某些帝國主義國家襲來，他們企圖在外國財富外國土地的頭上，來填補自己內部的事業，——這對於誰也不是什麼秘密的。裁軍會議的破產，西歐和東方的險象，以及各國軍備的競爭，就表現出對於勞動群衆，威脅着一種如何空前未有的災難。在這樣的環境中間，我們和平政策的勝利（蘇美兩國建立外交關係）尤其有特別重要的意義。

十一月十六日是現代國際關係史上一個著名的日期。在史大林同志的指導下面，本黨已經掃除在自己道路上的一切阻碍，現在正引導工人階級及集體農民，將勝利地向着自己的偉大歷史目標前進。現在已經完成兩個制度競賽的一個新階段。蘇聯已經成爲在經濟政治方面的極大力量，甚至頂大的資本主義國家，也不能不估計到這點。

蘇聯的勞動群衆，熱烈慶祝和平事業的新勝利。

特洛羊洛夫斯基爲蘇聯駐美第一任大使

莫斯科二十日電 據蘇聯中央執行委員會的決定，蘇聯的駐美大使，已委定特洛羊洛夫斯基（Трояновский）担任。

× × ×

特洛羊洛夫斯基生於一八八二年正月一日，家庭爲上耳城軍人。中學卒業後又習砲兵。被徵參加日俄戰爭後，入大學卒業。

一九〇二年起參加革命，曾因加入布爾塞維克被審判充軍。一九一零到一九一七年僑居國外，二月革命後歸國。

革命後一九二一到一九二四年任工農監察庭工作，對外貿易人民委員會委員。

一九二七年一九三三年二月爲蘇聯駐日大使。歸國後任蘇聯計劃局副主席。

美國大總統與外交總長關於蘇美兩國恢復國交的談話

紐約二十一日電 美國外交總長核爾對報界記者表示道，在蘇美雙方公開交換意見之後，兩國現在已經恢復邦交，本人對於此種事實非常欣喜。現在極其不定的國際局勢，將因美國承認蘇聯大加改良

紐約二十二日電 美國總統羅斯福在哥爾其亞州二百年紀念大會上，關於蘇美兩國復交的問題說道：在十六年的中間，人口多於美國土地大於美國的蘇聯，不能與美國維持正式的關係。本人與李特文諾夫認爲蘇美國交的恢復，對世界和平事業的前途將大有改良。

日本財政困難軍費無法維持

·軍閥却堅持自己的預算

東京二十二日電 日本財政總長，對於明年的軍事預算十三萬萬元，原已同意十萬萬元，但現在祇同意八萬萬五千五百萬元。在這個數目中間，對於陸軍部的經常費用定爲一萬六千七百萬元，關於該部的非常費用定爲二萬二千九百萬元，總計祇滿足陸軍部要求百分之六十。同時對於海軍部的經常費用定爲一萬九千九百萬元，對於該部的非常費用定爲二萬二千九百萬元，總計祇滿足海軍部要求百分之四十。

據日本財政總長表示，此爲最高的額定，再多毫無辦法。因爲對於國家預算的虧空，祇有發行內債的一種辦法 其他並無出路。據云其他各部減少更多，例如農業部要求一萬零八百萬元，但實際祇能得到一千五百萬元，祇等於要求數目白分之十四。

據報紙的消息，軍部要人决定堅持自己的預算，必須盡量滿足軍部的要求。

日本帝國主義將正式吞併多倫

北平二十一日電 據中國"新民通信社"的消息，關東軍不久以前曾派上校一人前往多倫，調查將多倫併入熱河的問題。

據中國方面所傳出的消息，日本軍事當局已開始由北票到承德的汽車路，經費定爲二千萬元，預計在一九三四年三月完工。至於由承德到古北口的汽車路，現在已經建完。日本建築此種汽車路的目的，在繼續加緊侵略中國反對蘇聯。

蘇土兩國繼續加緊合作

莫斯科二十一日電 土耳其總統基瑪爾接到蘇聯中央執委主席加里寧的電報以後，特回報蘇聯政府主席加里寧表示感謝，內云：

蘇聯政府代表到土耳其的參觀，以及土耳其對蘇聯代表的熱烈招待，爲蘇土兩國民衆親密友誼表現的保証。敬祝閣下政躬健康，敬祝蘇聯民衆進步。

× × ×

此外蘇聯執委主席加里寧同志又接到土耳其國會主席的電報，蘇聯人民委員蘇維埃主席莫洛托夫同志又接到土耳其內閣總理的電報，表示蘇土兩國繼續合作及對蘇聯日益發展的誠懇希望。

为什么美国承认了苏联，1933 年 11 月 28 日

2стр 第二頁 「工人之路」 一九三三年十一月二十八日

工人來訊

斯巴斯克洋灰工廠的中國飯堂有名無實

斯巴斯克通訊 在洋灰工廠幹活的東方工人很不少，當地的黨支部爲改善東方工人的生活，曾於八月開會議決定開辦東方工人專門的食堂。直到十月一號經濟機關在黨小組和職工會催促之下。東方工人的飯堂才開門了，但是關於食堂方面的供給，（З.Р.К）完全沒有準備。因此食堂開門的第一天，到那裡去吃飯的東方工人（約有八十多人）。就引起去吃飯的工人不滿意的表現，並且還有少數落後的東方工人表現得更不好。洋灰工廠的東方食堂的供給到現在還沒改好，東方工人到食堂去吃飯的不但沒有增加。反而逐漸減少了。З.Р.К.沒有保證東方工人食堂的供給的事實是這樣。在東方工人食堂開辦的時候，由З.Р.К.領到十天的食品。（供給八十多人）一個普特大白菜，一麻袋土豆子，二十個啓羅京米，五個啓羅黃油。酸黃瓜和洋柿子各一桶，及兩麻袋白麵。這些東西，在質量上並不能使人滿意，在數量方面說，也是不够的。З.Р.К.的負責者不願把存着的菜蔬供給東方工人的食堂，却派一個東方工人到外邊去收買菜蔬和土豆子，只給六個盧布——Центер的價錢，東方工人在外邊跑幾天，結果什麽東西也沒有買回來。所以東方工人的食堂，一直到現在，完全是有名無實的。但是另外的一個工人食堂，就不同了。在供給方面也有保證，並且還很充足，質量方面工人也很滿意。在黨的教育方面，也是很不好的，在洋灰工廠組織了黨的夜校，推舉趙昌仁負責，關於中文的教材和書籍什麽也沒有，黨支部也沒好好的注意，事先準備一下。所以上課的時候也就很隨便的散了。這就是我們斯巴斯克對於東方工人經常不注意生活上的情形。我們要求上級黨部和工農檢查廳爲改善東方工人物質上的生活很快的注意檢查一下。（文）

改善工人的生活與供給問題，這是很重要的一件工作。斯巴斯克洋灰工廠不注意東方工人中的供給和生活上的需要，編輯部認爲這種表現不僅是沒有執行史大林同志六個指示，而且在食堂供給方面（根據通訊上的事實）還帶着民族主義的傾向，這種不健全的現象，是不允許存在的。『我們的工廠企業，必須經營爲工人享用的組織：菜園子，養兎，捕魚，好飯堂，育嬰院等。關於這點，……工廠的經濟機關，應常記着，這是蘇維埃社會主義企業的經濟機關。黨支部黨委必須這樣進行工作，指導改良工人生活條件的最重要的事情，不讓工廠主任，尤其是工會將這種事不聞不問』。（卡加諾維奇論黨的群衆工作）這稿現已翻譯成俄文交相當機關辦理，並送到„太平洋星“報上發表。——編者）

應保證中國工人良好的居住條件

本城通信 在第一百二十五號建築處工作的中國工人，分有木匠班，運輸班，鐵匠班，瓦匠班等，每班由數人至十餘人。他們最近爲加緊完成建築工作，曾宣佈每六天休息一天（從前每五天休息一天），並在工作中他們都很努力的。

職工會和行政處對於他們的文化教育和生活的條件非常不注意，中國工人住的房子有許多都是用板皮泥土自己建築的，其中汚穢和違犯衛生地方很多，在不久以前中國工人以爲大宿舍建築完成可以全搬入大宿舍去住，可是自大宿舍建築完成之後而中國工人未得搬進去住，仍然住在這些用板皮泥土建築的小宿舍中。同時又沒有紅色娛樂室，祇有十份『工人之路』報，其餘中文書籍什麽也沒有，拉丁化的功課，每日都在飯堂中進行，實際上飯堂每日開晚飯從六點到七點，但是有時總要延到八點才完結，所以上課的時間，祇有由八點到九點一個鐘頭，因爲在九點以後又要開晚茶，甚至因開會等完全不能上課，曾要求職工會給別的房子做紅色娛樂室，可是至今還是沒有。（章）

編者的話：上面所指出的事實，希望第一百二十五號建築處職工會和行政處即刻設法消滅這些工作缺點，並切實的改善中國工人的文化生活條件。

上圖：中國工人在西南廠子食堂中吃飯時的情形

——爲什麽美國承認了蘇聯——

蘇維埃政府在一成立的時候，便頒佈了關於和平的法令，公告各國民衆，蘇聯堅持着和平政策。在資本主義國家包圍之下的十六年中，蘇聯與絕對多數的資本主義的國家，建立了經常的外交關係，發展了商務上的關係。

蘇聯的經濟制度，是與資本主義世界的經濟制度相對立的社會主義經濟制度。蘇聯不怕經濟恐慌也沒有經濟恐慌。沒有失業工人。我們的制度不需要戰爭，我們只需要和平的建設。蘇聯始終堅持着世界人類需要的和平政策，„旁人的土地一寸也不要，但是自己的土地，一分也不給他人“（史大林）。

蘇聯和平政策在十六年中的勝利：起初得到許多資本主義國家的承認，與他們發生了經濟方面的連繫（通商），以至於訂立不相侵犯協約。利用各資本主義國家間相互的衝突，蘇聯贏得了在和平政策方面的勝利。在歐戰中戰敗的德國，首先與我們蘇聯發生外交關係，訂立協約。但是因此戰勝國，首先是戰勝國的大國——美國，却對蘇聯持着相反的態度。

美國是世界大戰中的戰勝國，是全世界的債主，經濟富強，雖操縱了全世界，自負其經濟的興旺及在全世界上經濟政治的首位。因此美國資本家擺着架子不承認蘇聯。另一方面，一部份美國資產階級以不眞實的和假造的關於蘇聯的消息，製造反蘇聯的空氣。美國黃色工會（美國勞動同盟）的首領，根本仇視階級鬬爭和反對無產階級專政，贊助資產階級宣傳不承認蘇聯。

但是世界經濟恐慌的發展，使資本主義國家的經濟上起了很大的變化減弱了資本主義的力量。資本主義的大國—美國，也深刻的牽入了恐慌之中。一九三二年美國的對外貿易，與一九二九年比較起來，幾乎減少了兩倍。一九三二年的產鐵降低到一八九〇年的水平線，產鋼降低到一九〇三年的水平線；失業工人的數量超過一千萬人以上，美國農民同樣也處於深刻的農村經濟恐慌之下。

雖然，蘇聯與美國沒有經常的外交關係，但是兩國的通商關係却日加擴大。在一九三〇年蘇聯與美國貿易的總額爲三萬零五千三百萬盧布，同年美國向蘇聯的出口比戰前的俄國增加了五倍。由一九二三年到一九三二年中間美國與蘇聯貿易，得了將及五萬萬美金的利息。

由這方面的事實看來，美國資產階級利於與蘇聯發生關係。

但是，有一部份美國資本家，利於破壞與蘇聯的商務關係，這一部份是美國木業資本家，反對蘇聯木材的進口，說蘇聯是„不良的競爭者“。另一部份資本家是利於與日本貿易的，一九二九年日本購買的美國貨物，佔全美出口貨的百分之九。八。美國出口棉花有百分之十四，八是輸入到日本。日本出兵滿洲和中國，日本更加增多了向美國的購貨。日本是美國的大顧主，因此一部份美國資本家企圖破壞蘇聯與美國的關係。

這一部份美國資本家達到使美政府在一九三一年採取了許多方法，阻碍蘇聯與美國的貿易。禁止蘇聯木業的進口，故意妨害通商的關係，因而縮小了美國與蘇聯的貿易。在一九三一年，蘇聯便將大批的入口貨轉向德英及其他國家定購。

但是，恐慌更加使美國的經濟低落。美國一九三二年的對外貿易低落到一九一一年到一九一三年的程度。因此，美國大部份著名的政界和經濟界的人物，在羅斯福未就大總統職之前，便聲明贊成即刻承認蘇聯。說不承認蘇聯„是經濟上的愚蠢和罪過“。蘇聯在四年中完成五年經濟計劃，加强了我們的國防力量，對外政策方面我們得着極大的勝利，所有這些更鞏固了贊成美國承認蘇聯的人們的主張。贊成承認蘇聯的要求，在美國成了群衆的運動。在美國出版的關於蘇聯的文章和小册子，比任何國家都多。

羅斯福在就職的開始，便採取了許多關於改善蘇聯與美國互相關係的辦法。於十月十日，由美總統羅斯福方面提議，致蘇聯中央執委主席加里寧同志照會，請派代表往美國去商酌建立經常外交關係的問題。

在羅斯福與加里寧第一次交換牒文公佈之後，美國報·世界電訊“曾經寫道：『直到現在因爲沒有外交關係，大加妨碍了商業和放款。在現時，我們倒閉了的工廠和失業工人十二分需要與蘇聯貿易』。

日本在中國的搶奪戰爭，佔領了東北四省及中國北部，這也就加緊與美國在遠東的衝突。關於這個問題美國報„Балтиморсэн“寫道„不承認蘇聯便放縱了日本侵佔滿洲“。

美國著名有力的„報業托拉斯“的首領西木思聲稱：„日本軍閥們提出了在亞洲擴大佔領的計劃。蘇聯與美國恢復邦交的事實能以停止在東方的爆炸“。

最後，我們看到美國在十一月十六日承認蘇聯，除了以上的經濟和政治的動機外，還有使美國急於承認蘇聯的，就是我們蘇聯在經濟政治上，以及在軍事上的强大，使資本主義大國都不得不估計到這個力量。

„眞理報“在他的社論中這樣寫道：„十一月十六日是現代國際關係史上一個著名的日期。在史大林同志的指導下面，我們的黨已掃除在自己道路上的一切阻碍，現在正引導工人階級及集體農民，將勝利的向着自己的偉大歷史目標前進。現在蘇聯已經成爲在經濟政治方面的極大力量，甚至頂大的資本主義國家，也不能不估計到這點“。

日本军阀的老把戏，1936 年 5 月 21 日

全世界無產階級和被壓迫民族聯合起來呵！

工人之路

"Рабочий путь,,

聯共遠東邊委和邊疆職工蘇維埃機關報 ОРГАН ДКК ВКП(б) и ДКСПС

21 мая 1936 г № 59 (1482) 一九三六年五月二十一日 第五十九期

日本軍閥的老把戲

日帝在瘋狂似的準備着戰爭，日本的軍事預算在一年一年的增加着。一九三六到一九三七年的國家總預算爲二十三萬萬元。其中軍費按正式規定爲十三萬萬元，佔總預算一半以上。除此而外，軍閥們要求再撥二十萬萬元以擴大新的武裝。

日本軍閥中的積極侵略派，總想借些名目來掩飾這種空前未有的大大增加軍費的企圖。因此，日本軍閥的代表，又照例在報紙上和國會裡吵鬧，說別的國家（局部的就是說蘇聯）威脅着日本。關於這種騙人的老把戲，著名的日本經濟學家鈴木曾於不久前很明顯的寫道：

『每年在編製預算的時候，早就事前決定了，一定要提起關於滿洲國同蘇聯間的邊界，同蒙古間的國界問題等等……這就是因爲近年來，我們預算中的軍費比例，比任何國家都要大……這就是爲什麼在邊界上發生吵鬧』。

如今，在討論新的軍事預算時，日本陸軍總長寺內，又來施展那荒木將軍及其他軍閥代表曾多次施用過的老把戲。這種行動的目的，就是要造成對於蘇聯及其對外政策的誣賴，把日本的社會輿論引入迷途，恐嚇日本民衆，企圖找得極力擴張軍備的『理由』。

二月二十六日事變後充滿了日本統治階級的緊張空氣，也是寺內大將爲証實 自己的結論， 而打撈那虛僞論証的源泉。廣田首相和外交總長有田在本屆國會中任意講說的長篇演講，就是爲的把時間混過去，以圖避免提說關於遠東狀況的結論和蘇滿邊界衝突的實在原因。局部的說，這兩個日本國家要人，終於沒有回答爲什麼日本統治階級不贊成蘇聯關於維持和平的提議。實在這並不可怪。因爲雖然由荒木和眞崎指揮的一派最反動的日本軍閥失敗了，可是軍閥的勢力，整個的是在增長着，而日本的內部政治局勢，現時是遷就在這個勢力之下。廣田政府的成立，正就是二月軍事—法西斯蒂起事未成功後，統治階級和軍閥間妥協的表現。這個妥協的實質，就是擴張武裝，也就是加緊準備戰爭。

寺內的演講，毫無疑的是反映着日本軍閥的侵略情緒。這個演講表明日本軍閥在荒木—眞崎失敗以後，還是企圖阻止改善蘇聯同日本間的關係，而我國却始終是圖謀改善蘇日間的關係。誰都知道，日本軍閥的極反動派曾是多麼厲害的企圖破壞關於出售中東路的談判。誰都知道，這派人 不僅是盡 力阻碍着調解由他們在蘇聯和蒙古人民共和國邊界上造成的衝突，並且還各方面的鼓吹。

日本陸軍總長寺內繼續着那日本軍閥用慣的策略。他毫沒有一點根據的硬賴蘇聯有侵略的企圖。

寺內硬說『出售中東路與蘇聯放棄自己的遠東政策毫不相干』。這位將軍在這裡把什麼都混在一起了。爲什麼蘇聯提議把中東路出售給日本呢？因爲他想改善與日本的關係。這是爲全世界，日本政府和日本的社會 輿論都公認了的。 蘇聯提議出售中東路，是因爲日本軍閥不斷的把該路變成爲造成衝突的源泉。毫無疑的，出售中東路會促成了蘇日關係的改善。但是寺內却不同意這點。他說：『蘇聯知道中東路已失去一切價值，所以不要該路了』。這個論証的無力，就是寺內本人也懂得，因爲如果中東路沒有『一點價值』的話，那末，爲什麼日本軍閥極力要把中東路弄到自己手裡，爲什麼日本政府要費那樣大的一筆錢購買這『沒有一點價值』的鐵路呢？

寺內故意製造所謂『蘇聯的遠東政策』的見解，可是誰都曉得，蘇聯的和平政策是一致的。我們的政策『是維持和平和與一切國家加强貿易關係底政策』（史大林）。

寺內的第二個論證，就是他關於蘇聯爲保護遠東邊境而禦外侮所採取的辦法。日本陸軍總長極力的描寫，爲的是硬使自己的聽講人相信蘇聯的禦防辦法帶着侵略性質。可是他在這裡也不找一點証據。當然他是不能証明他所代表集團是進行着和平政策，而蘇聯是侵畧的。

寺內的第三個主要論證，就是說『蘇聯毫無放棄了全世界布爾塞維克化的政策』。這比以上的一切論証更其無力。借口於『布爾塞維克化』，應當是要建造達到別國的橋梁。可是誰不懂得，在這種濫調的掩蔽下，日本帝國主義準備着在那可能和比較不危險的國家搶奪。今日所發表『太晤士』報對寺內演講的回響，証明在英國對於日本軍閥所行政策底眞實內容，也看得很清楚。

寺內的論証還有什麼可講呢？除掉再次証明日本軍閥一意要實現自己的武裝計劃，以圖繼續侵略的企圖外，別的一點也沒有。無論寺內怎樣企圖把蘇聯形容成極可怕的豺狼，而把日本當作羊羔，可是他不得不承認日本軍閥是不願意與蘇聯締結關於蘇日不侵犯的條約，這就是因爲日本軍閥怕這樣的條約拘束着自己的自由行動。絕不能相信對蘇聯有一點好感的『太晤士』報，認爲日本軍閥的這種立場是『無理智的』。該報不是無理由的追問：『假使不侵犯條約不好的話，那到底什麼好呢？』。

對於寺內和日本軍閥，凡是開路讓他們侵略的都是好的，而凡是在這一方面造成障碍的都是不好的。

（簡譯『眞理報』的社論）

在全蘇聯青年團大會上主席團的史大林同志和瑪麗亞傑姆青可

重工業中領導工作人員底妻子會議閉幕

五月十二號，在重工業各部門領導工作人員底妻子們會議上，有重工業人民委員阿爾尙尼吉澤同志出席發言。

阿爾尙尼吉澤同志說，我也用不着做結論，因爲在這裡發言者關於各方面的問題都很好的講過了。

我們同你們可以很榮耀地說，這個會議祇有在我們自己的蘇維埃國家才有可能。

在世界沒有一個國家像我們國家的這種優秀的，自由的，勇敢的，有創造性的，忠誠於祖國的，蘇維埃的愛國女子。我們國家之所以有這種社會主義 勝利的建設者 底女子——母親們，妻子們，姊妹們，就因爲列寧—史大林底黨完全勝利了

所以現在讓我們共同高呼自由的蘇維埃的婦女萬歲！（全場高呼《烏拉》）。我們的布爾塞維克黨和 史大林同志萬歲！（全場高呼史大林同志萬歲！莫洛托夫 同志萬歲！加里寧同志萬歲！ 沃羅西洛夫同志萬歲！）。

最後，阿爾尙尼吉澤同志宣佈大會閉幕。全體起立高唱《國際歌》。在十二號的早會上繼續發言者有布茨甘和卡加諾維奇（杜拉），皮爾尼克（莫斯科）及其他等十二位同志。

在早會終結，全體起立紀念爲無產階級革命犧牲的婦女。

在這日晚會上有審查委員會代表普魯可菲也夫報告。

普魯可菲也夫同志極有興趣的指出代表的成份。到會的共有一千三百二十四位代表。十二號又到了一百五十位代表。

在這個委員會報告之後，又有幾位代表同志繼續發言。最後有中央職工蘇維埃書記施維尼克同志發言

當史大林同志，莫洛托夫及沃羅西洛夫同志 到主席台上時，引起了全體熱烈歡迎，高呼：「史大林同志萬歲！ 莫洛托夫同志萬歲！沃羅西洛夫 同志萬歲！」

在討論停止後，有維斯尼克同志，向大會提出對全蘇聯經濟領導者，工程師——技術家底妻子號召書草案。全體一致鼓掌通過。

在會議閉幕後，全體歡唱『快樂的兒童』歌。

爲表揚工程師——技術家底妻子在組織文化生活工作的積極性和自動性，蘇聯中央執委特獎賞了五位代表以勞動紅旗獎章和三十一位以『名譽章』。

寺內反對蘇聯的言論

東京十二日電：五月十一日，日本陸軍部長寺內曾在國會下議院預算委員會的秘密會議中發言。據報紙所載，寺內在發言中完全是講述『蘇—日關係的緊張局面』。據報載，寺內着重指出說，『有些人認爲蘇聯出賣了中東鐵路，因之它就放棄了在遠東採取侵略的政策；這是遠不合乎眞理的』。隨後寺內就堅決表示反對和蘇聯締結不侵犯條約，並且聲明說，蘇—日關係的最近局勢和蘇聯的遠東政策使得日本不能不『在滿洲配置多量的兵力』同時寺內又堅決拒絕指出在將來軍事支出裡所要求的任何具體數目字

對於預算委員會秘密會議開會的經過，『朝日新聞』上有比較最詳細的記載。該報寫道：「寺內在論到蘇聯與日本間的緊張關係中曾說：

『有些人說，毫無任何理由可以認爲蘇聯對於日本會採取侵略的立場——因爲蘇聯發起了締結不侵犯條約。但是不侵犯條約是在五年計劃尙在進行完成的時候所提出的。現時，則條件完全變了。有些人說，蘇聯出賣了中東鐵路就表示它已經放棄了自己的遠東政策，是不正確的。蘇聯放棄了這條路，就因他知道，牠已失去一切價值。出賣中東路與放棄遠東政策是沒有絲毫相同的。 蘇聯逐漸地增加着在蘇—滿邊境上的軍備。蘇聯方面說，這些軍備不是侵略性的，而是防禦性的。可是實際上，從軍事的觀點來觀察這些軍備，那麼無條件地是準備着侵略的。蘇聯一點也沒有放棄它布爾塞維克化全世界的政策。此外蘇聯還採取辦法，在西伯利亞鐵路帮助之下，能够保証迅速向遠東一帶運送軍隊。現時蘇聯在遠東的軍隊已超過二十萬人。很有可能，它在最近期間能够增到三十萬人。這就是等於日俄戰時沙河戰役中俄國軍隊的數目。蘇聯在海參崴有五十隻潛水艇，還有空軍，裡邊有能够飛來進攻日本城市的飛機。此外蘇聯還完全操縱了外蒙，這樣它便把滿洲國包圍起來。因此日本必需在滿洲配置多量的軍隊』。

民政黨員сакурай質問說：『是不是實在的，蘇聯提議締結不侵犯條約， 而日本軍部 表示反對？』寺內回答說：『很可能的， 軍部直到現在都反對該條約。我們認爲蘇聯的締結不侵犯條約的提議沒有多大價值』。

「太晤士」報論寺內的演講

倫敦十三日電：英國「太晤士」報今天專發表評論寺內昨天演講的社論。社論的標題爲『在遠東無理智的行動』。

假使寺內的話是日本將來政策性質的公開的說明 —— 社論中寫道——『那麼遠東的前途自然是很緊張了。假使不侵犯條約不好，那麼什麼好呢？』該報指出，假使在巴爾哈方面若一切能够解決，那麼滿洲和外蒙古之間可以規劃一定國界。對於其餘一切別的問題，則很少能希望遠東的緊張局面會緩和下去，很快有 可能發生相 反的事變。日本的提議在蘇滿國境兩方面建立非武裝區，什麼時候也不能够實行，也不能被誠意地接受；因爲這個區域幾乎包括了所有蘇聯遠東要塞一些大的城市和通到海參崴的鐵路也在內；而在日本方面所包括的則差不多是沒有人煙的荒地。

社論中着重指出寺內所發表日本的政策的愚蠢，並說道，假使日本拒絕與蘇聯締結不侵犯條約，那麼它就陷於與蘇聯競爭軍備的局面之中，而在這方面它的對手是有着一切優勢的。『太晤士』報指出說，在『海參崴，伯力和其他地方所配置的爆炸飛機隊是對於日本對外政策有很大影響的威嚇物』。該報又說，軍備底增漲並不能給日本相當的補償，因爲蘇聯的中心城市是在日本航空隊的行動地帶之外的。因爲這些原因 『太晤士』 報勸告日本『重新觀察一下，不要用一九〇四年的觀點，而要用一九四〇年的觀點，再來決定政策』。

《新闻报》论日本军阀的新造谣，1936 年 6 月 27 日

全世界無產階級和被壓迫民族聯合起來呵！

工人之路

ОРГАН ДКК ВКП(б) И ДКСПС

聯共遠東邊委和邊職聯工蘇維埃機關報

„Рабочий путь“ 27 июня 1936 г, № 71 (1494)

一九三六年六月二十七日 第七一期(一四九四)

定價：一月1p 三月3p. 半年6p. 一年12p. 零賣10к. Цена 10коп.

「新聞報」論日本軍閥的新造謠

（譯自『新聞報』六月十九的社論）

據日本報載，日本陸軍部發表聲明，說好像蘇聯軍隊曾數次越過蘇滿邊界。誰都懂得所謂這些越境的消息，完全是日本軍閥憑空捏造的。任憑日本軍閥發表多少消息，可是他們終抹殺不了那些時常向蘇聯政府請求發還越過蘇聯境內的日本軍官尸首的事實，同時這樣的事情蘇聯方面却從沒向日本要求過。

這還不算，蘇聯政府曾向日本政府提議設立邊境委員會，以便調查邊境衝突底原因。可是日本外交部却要求設立定界委員會，作爲自己同意於設立調查邊境衝突委員會底條件。

雖然按約規定的邊界是很明確的，蘇聯政府還是格外讓步，並在原則上同意了設立定界委員會，爲的是使日本方面不能借口拒絕調查邊境衝突。關於日本方面不誠意調查邊境衝突原因底預見完全証實了。他們直到如今還是各方推延調查邊境衝突和委任定界委員會。他們曾預料：蘇聯一定不同意成立定界委員會，因此定會放棄自己關於成立邊境衝突調查委員會的提議。可是當蘇聯在這方面讓了步的時候，日本方面除了阻碍成立這兩個委員會，以圖避免明確斷定日本軍隊越過蘇聯境內的事實以外，就再沒有別的法子了。有這些事爲憑証，我們本可毫不注意日本陸軍部的捏造和『統計』，因爲日本當局已親自証明他們害怕調查到底是誰越過誰的邊界。

但是在這二再三的這些捏造以後，跟着又是爲欺騙日本社會輿論而提出的証實和要求。日本軍部再三硬說締結蘇聯與日本間的不侵犯條約，定然得不到什麼好結果，因爲蘇聯對日本的仇視加深了，並且除此以外，蘇聯還極圖使全世界蘇維埃化，先從中國開始。這是多麼下賤的造謠！這還不算，他們還說布爾塞維克不僅是想使全世界蘇維埃化，並且還想佔據全年可用的海港。他們以爲全世界還不够，他們不僅是先從中國動手，他們還想搶佔旅順口！

在蘇聯，對於日本和日本人民毫沒有一點仇視，至於說到蘇聯社會輿論對日本軍閥底態度，那日本軍閥未必想念得着我們的愛情。蘇聯認爲締結不侵犯條約並不是愛情的表示，而是改善同其他國家的關係底工具，首先就是同那些有某種衝突的國家。不侵犯條約正就是應當幫助調解衝突。對於那說蘇聯想使全世界蘇維埃化的憑空妄談，我們不在這裡答覆。在這裡向日本軍閥解釋馬克思－列寧政策底複雜問題，真是對牛彈琴；他們絕不相信，世界會有那不願强迫別人服從自己意志底强大國家存在。各人照自己的想法看問題！可是如果可以說，日本軍閥們的理智不能了解，對於全世界工人和農民解放的同情與圖謀把蘇維埃制度强給別的國家這兩件事情間底區別，那末，至少也可向日本軍閥要求：當他們提出具體的罪案時，他們就應當拿出真憑實據來。何時何地有那一個蘇聯的政治家或是蘇聯的報紙曾講過必須搶佔全年不凍的海港呢？甚至於就是把日本政府各部大臣衙門全都搬了出來，那他們也拿不出一點辯護這種妄言底証據來，換句話說，就是他們完全是造謠誹謗。

此外日本陸軍部還說，當蘇聯還沒有同意在滿洲邊界上規劃非戰區的時候，就沒有可能改善兩國間的關係。他們要求按照朴茨茅條約在蘇滿邊境上，把雙方離界五十基羅米突以內的區域劃爲非戰區。對於日本軍閥們的這種希望我們應當說：第一）如果他們不願與我們爲鄰，那就何必當跑到滿洲來。蘇聯並沒有圖謀在地域上去與日本接近。第二）當日本陸軍部借口於朴茨茅條約的時候，那他們就要記得按照朴茨茅條約的規定，滿洲是中國的領土。

日本軍閥把朴茨茅條約最重要的部分——規定領土邊界的部分——撕毀了。他們把朴茨茅條約撕毀扔在亂紙簍裡後，却又從那裡檢起該條約第九條的第二項，在這一項裡規定日本和俄國都不在庫頁島的自己領土內設置任何軍備，並且不採用任何可以阻碍在韃靼海峽和宗谷海峽自由通航的軍事辦法。可是這個已被日本撕毀了的外交條約底幾塊破紙也值得讀一下。那上面所寫的完全不是關於滿洲，而是關於庫頁島的條文。當日本軍閥打算在滿洲採用那毫沒有提到滿洲，並且已被他們撕毀了的國際條約時，而日本軍閥們却違背這些條文所規定的，正在採取那些阻碍在韃靼海峽和宗谷海峽自由通航的軍事設備——日本軍閥自己也承認這一點。應當打斷日本軍閥引用朴茨茅條約的念頭。不能在把朴茨茅條約撕毀後，却反來借口於這個條約。這真是太不聰明了。

關於非戰區的本身問題，我們有以下的聲明：最愚蠢不過的，就是過於認爲敵人愚蠢，何況他從來也不是愚蠢的。蘇聯在自己的遠東邊境上建設起防線，日本軍閥很知道這個防線難於奪取。因此他們向我們提議，要我們毀去這道防線。要知道在這道防線內有鐵路通行，並且有好多處離國界都不滿五十個基羅米突。日本軍閥何不再要求我們爲表明自己的誠意，爲他們建築直達我們這條主幹鐵路線的岔道呢？

很明顯的，這些日本軍閥也完全不相信，在莫斯科會找到同意他們提議底人的。他們之所以提出這些要求，就是爲自己增强軍備和在滿洲增派軍隊底要求的借口，要知道日本武士道在滿洲可領很多的開拔費和薪餉。

日本軍閥曾於二月二十六日事變後，成立起對他們方便的廣田政府，他們認爲現在要比在高橋，齋藤和岡田等緩進派份子當政時易於進行自己的政策。日本軍閥的一切喧嚷和對蘇聯的新誹謗，提出本知不能實行的要求，正就是這個事實的結果。

當廣田政府成立時，德國法西斯蒂的報紙曾極力稱讚，認爲實際這就是寺內大將的政府，是統一的軍閥們的政府。寺內曾故裝他不屬於荒木一派。日本的外交家在國外曾聲明軍閥黨底首領荒木和眞崎不得不下野，以圖安慰美國和英國。

荒木和眞崎之所以不得不去職下野，是因爲他們同二月陰謀事件有關。刺殺閣員的方法現時在日本正式被審判。可是軍閥的政治影響在二月事變後整個的是加强了。從前曾想組織邊境委員會和定界委員會的廣田先生，現在也不得不隨着軍閥的指使，各方的拒絕進行關於建立這些委員會的談判。雖然全世界都已知道蘇聯政府同日本政府即已成立了關於在蘇滿邊界上組織這些委員會底原則協定，可是日本政府終是一月一月的推延，不答覆極明顯和具體的蘇聯提議。

日本政府在自己的極力侵略的軍閥壓迫下，公開的拒絕談判。甚至於日本外交部最著名的巧辯家，當外國新聞記者在東京詢問的時候，都不得不承認談判之所以遲延下去，應歸究於日本政府；他曾聲明，現在問題全在於日本方面，而已提出了具體提議底蘇聯，正在等待日本方面的答覆。同時他又提出一種可笑的理由來辯護，說日本的國家結構與蘇聯不同，在蘇聯是由『不多的幾個當權者』解決問題。

這就是關於蘇日談判調查邊境衝突底實在情形。極端捏造所謂蘇聯軍隊越過滿洲境內，並不能改變這種情形。

至於說到捏造的所謂蘇聯有侵略日本的野心，那就再次証明日本陸軍部的『作家們』底滑稽太沒有感動性了。

當着說蘇聯有侵略圖謀的時候，却是日本軍閥在中國極力採用意想不到的手段企圖新的搶奪，並且正在一塊一塊的搶奪着中國的土地，這就是對於日本的讀者們太不尊重了。

對於我們最重要的事實，就是日本軍閥企圖阻碍調解由他們所造成的衝突，爲要達到這個目的，他們就公開的欺騙日本的社會輿論。我們沒有可能把此事向日本的社會輿論解釋，因爲在日本認爲眞理是『危險思想』。那末就讓世界輿論知道日本陸軍總長寺內底一切聲明的價值吧！

滿洲國政府破壞購買中東路的協定

蘇聯駐東京大使已提出抗議

根據塔斯社所收到的消息，滿洲政府已停止支付以前在中東鐵路作事的蘇聯公民的補助金和養老年金，破壞了一九三五年所締結的購買中東鐵路協定中第十一條所規定的責任。

關於這個問題，塔斯社公佈下列的消息：

從本年初滿洲政府即開始藉用各種借口延遲支付上述款項的責任，而在四月十六號滿洲銀行曾直接聲明說根據滿洲政府的指令停止支付這些款項、僅在本年五月二十日，日本的外交部長有田才向蘇聯的駐東京大使尤列孺夫同志作了正式的解釋，他解釋說這是因爲在中東鐵路還是蘇聯財產的時候，蘇聯曾拒絕在該路的一些個人底要求的結果。實際上，還在去年底滿洲外交部即曾通知蘇聯駐哈爾濱總領事，說這些要求的總數是一百七十萬日金，但是却沒有必須的文件字據，純粹是毫無根據，憑空要求的性質。自然，蘇聯政府不能償付這類的要求；此外根據出售中東鐵路的協定，所有這類的要求應該由要求人向蘇聯政府提出，在有意見分歧時，則提交蘇聯的法庭解决；所有這些，蘇聯政府已在本年三月十七號的照會裡通知滿洲政府了。

關於拒絕支付蘇聯公民的補助金和養老年金的問題，我們的駐哈爾濱總領事曾在本年的三月十七號與四月二十號提出了兩次抗議。五月三號曾向日本外交部長有田先生提出抗議。有田先生僅在五月二十號才答覆，說他認爲滿洲政府的行動是對的，因爲蘇聯沒有償付滿洲政府方面所提出的要求。但在五月二十三號，日本外交部官吏Kacce先生却向蘇聯大使館秘書捷其曼同志解釋說，部長的聲明是出於誤會，並且說應該給蘇聯公民的錢經過三四個星期即開始支付。而有田先生在五月二十九號則又重述了他前次的聲明。

尤烈孺夫同志與有田先生在本年六月十九號的談話中沒有得到結果，尤烈孺夫同志因之又提出新的照會，在其中說，日本不但不實行它幫助履行出售中東路協定的約言，反而與滿洲政府一起將毫無根據的對蘇聯的個別私人要求與無可爭論的滿洲政府的責任混淆起來。在照會中又指出，蘇聯所拒絕的是那些沒有根據的私人要求，並且當事人自己甚至於還沒向蘇聯政府，沒向蘇聯法庭提出；而滿洲政府拒絕的，是毫無可爭論的責任，這直截是破壞一九三五年的出售中東路協定。

尤烈孺夫同志更指出，就是甚至於對蘇聯提出的要求是有根據的，那麼因爲對政府的要求便可停止對其公民的支付以爲抵償，這無異於沒收公民的財產，在國際關係上也沒有這種例子。尤烈孺夫同志又着重指出說，滿洲政府應該給在中東路作事的蘇聯公民的補助金有七百萬日金，而養老年金每年也在一百萬元日金以上；但是對蘇聯政府所提出的無根據的要求總共却不過一百七十萬日金。這樣滿洲政府事實上沒收了蘇聯公民的款項比他要求的多過好幾倍。

尤烈孺夫同志在結論中聲明說蘇聯政府對於日本政府的這種行動不能不表示惋惜；同時相信日本政府能够依據自己的責任，重新審查這個問題，採取必要的辦法立刻無條件地執行這些責任。

西南軍繼續進攻

上海二十三日電：據報紙所載，西南派領袖已確實拒絕執行蔣介石的最後通牒，並且要求蔣介石撤退其在湖南的軍隊，以便西南軍可以繼續北上『抗日』。據報載，廣東廣西軍聯合司令部已任命白崇禧爲『北伐』軍總司令。

據中國報紙所載，兩師廣東軍隊已集中在福建省邊境，並且佔領了永定（福建省南部）。

據『路透』社消息，西南軍已佔領湖南省南部的衡州。

據『上海每日』所載，廣西軍與南京軍在桂陽（湖南省南部）發生小衝突。據該報說，在以陳濟棠爲首的軍官會議上，堅决命令兩省軍隊堅持陣地，不顧任何損失。據『新聞報』載有六師廣東軍隊已開往江西省南部的尋鄔和安遠。

南京軍隊暴動

上海二十三日電：據日本報紙『上海每日』所載，在湖南省有一團南京軍隊暴動。

在上海的反日示威

上海二十一日電：今天舉行了救國會所組織的反日示威。有兩千多名示威者進入北車站，向鐵路當局要求派車送他們到南京去，以便向南京政府要求立刻對日宣戰。當要求被拒絕時，有幾百個人臥在鐵道上，遮斷了京滬鐵路的交通。在車站區集中了幾百名中國外國警察與裝甲汽車。車站的出入口也用鐵絲網封鎖住了。

華北的現狀

北平二十一日電：日帝在華北的著名走狗劉桂堂在他的天津日租界住宅中被刺。劉桂堂受傷很重，已送往醫院。據說有性命危險。三名刺客均已逃跑。

北平二十一日電；前天日本憲兵闖入二十九軍交通隊技師張紹辰（譯音）的家裡，把他和他的家屬抓去。近來日本憲兵大規模地不分晝夜檢查中國人的住宅。

北平十八日電：冀察政委會壓迫學生組織的命令引起了華北學生的極大忿怒。所有北平較大各大學都决定在該命令未變更前繼續罷課。

東京二十日電：據『同盟』社的消息，雖然北平軍警當局採取嚴厲辦法對付反日運動，但在北平仍舉行了各高級教育機關教授學生代表的秘密會議。在會議上决定組織，『北平各高級教育機關的反日大同盟』。

真正的保障 集体保安，1936 年 7 月 9 日

2 第二版 『工 人 之 路』 一九三六年七月九日

李特文諾夫同志在國聯全會上的演講

蘇聯外交人民委員李特文諾夫同志曾於七月一日在國聯全會上發表長篇演講。李特文諾夫同志首先指出蘇聯政府在意亞衝突開始的時候，即表明自己的非常顯明和堅決的立場，並且這並不是爲顧全自己的利益，而完全是爲了集體保安的原則，國際協作，國聯章程以及這個章程給與它的義務。李特文諾夫同志又指出蘇聯人民對於意大利人民，除熱烈的敬愛外，並沒有別的，並且雖然無論是在實際上，無論是在形式上，蘇聯政府同亞比西尼亞並沒有一點關係，可是它還是爲了國際協作和集體保安的原則，堅決的參加國聯對意亞衝突所採取的辦法以反對意大利。

其次，李特文諾夫同志說明現時繼續經濟裁制，對於亞比西尼亞沒有實際幫助。李特文諾夫同志接着又分析國聯不能保全亞比西尼亞的獨立底原因。他說要使國聯章程的第十條（擔保會員國的領土和獨立神聖不可侵犯），有一個很有力的工具，這就是國聯章程的第十六條。他說：『如果能把這個工具完全使用起來，那就能打破一切的侵犯行動』。李特文諾夫同志隨着指出這個強有力的工具不僅沒有全部運用起來，並且在開始的時候就曾趨向於採用最低限度的辦法。甚至於在所採取的經濟裁制辦法上，也是有很大的限制，並且還不是所有的國聯會員都曾實行。

隨後李特文諾夫又特別指出凡是主張取消國聯章程的第十條和第十六條，而使那些因反對國聯的基本而退出國聯的國家重同到國聯底企圖，實際就是要破壞國聯的組織並使其破產。因此李特文諾夫同志說明不是要使國聯章程適合於那些反對集體保安和準備搶掠戰爭的『某些集團人們，某些國家當局和某些臨時執政者底情緒，而是要適合於全世界千百萬民衆底情緒，適合於那些配稱爲人類和要求無論如何要保持和平，並用一切工具保護和平的人們底情緒』。

李特文諾夫同志又說明雖然只是施行經濟裁制有時也可以阻止侵犯行爲，但是『在大部分情形下，經濟裁制應當同軍事裁制並行』。李特文諾夫同志又指出『蘇聯始終認爲和平底最高限度的担保，就是完全裁兵』。而當這種急進辦法還沒有達到時，就只有『鞏固國聯。而鞏固國聯就是要堅決的實行集體保安的原則……遵守和平不可分隔的原則』。

義登的聲明

七月一日，國聯全會繼續討論意亞衝突。

英國外交總長義登首先指出亞王於六月三十日對國聯全會號召底價值。義登說凡是參與全會的代表，誰都不能滿意於全會所處的局勢。但是他又號召直接觀察一下事實，他並指出國聯採取的辦法所以未能成功，『不是因爲不能得到結果，而是由於應當如何行動底條件，因爲戰事的進程阻碍了而不能實現』。如果英國政府認爲繼續現行的裁制辦法或是再用其他的經濟辦法加強這個裁制辦法，就能够恢復亞比西尼亞的話，那它當能贊助這種提議。可是現時只有軍事行動才能够達到這種結果，而在現今的條件下，關於這種軍事行動甚至連想也不敢想。因此英國政府認爲繼續現行的裁制是不適宜的。同時他又認爲國聯全會絕不應當承認意大利奪取亞比西尼亞，並且絕不能更改國聯五十國會員於去年對意大利行動底責斥。

至於講到關於改組國聯的問題，義登聲明他代表英國政府允諾給布留姆政府（法國）以全力協助。並且聲明不是改正章程，而是必須改正實行章程底方法。

在義登聲明發言以後，蘇聯外交人民委員李特文諾夫同志即開始演講。

西南派要求立刻對日宣戰

上海四日電：廣州工，商和教職員等團體準備派三百名代表到南京向將要開幕的國民黨中央執委全會請願，要求立刻對日宣戰。此外學聯會也準備派代表到南京請願。據《國民》社的消息，『南京政府已採取相當辦法阻止這些煽動員在上海登岸，以便維持城裡的治安』。

上海市長派代表請那載廣州代表團到上海的輪船公司，把已售出的船票作廢。

南京政府準備實行普遍徵兵

據《同盟》社的消息，南京政府正在準備施行普遍徵兵制。並且已委任了一個特別調查團（三個軍官和一個警官）到日本去研究日本的軍政系統。

◆●◆

北平的緊張情形

北平電：英國使館已判決關於日本軍官被殺的案件。法庭認爲沒有証實兩名英國兵士殺死日本軍官並宣告他們無罪。

日本使館代表對法庭的判决不滿意。又據英國報紙的消息，日本方面還是認爲英國兵士殺死日本軍官。北京情勢非常緊張，因爲盛傳日人將舉行反對英人的示威運動。

日本在台灣的軍備

上海電：據《申報》消息，駐台灣的日本軍隊已增加到二萬五千人。台灣各重要鐵路的雙軌已建築完竣。近來有七十餘隻軍艦集中在台灣的各港灣。《申報》認爲這就是表明日本將於最近在中國南部積極活動。

七架軍用飛機失踪

上海電：據中國報紙的消息，從廣州飛機場出發的三架軍用飛機以及從別的飛機場出發的四架軍用飛機『忽然失踪』。據各報的意見這些飛機都投向蔣介石方面去了。

日軍艦到青島

據《同盟》社的消息，雖然青島中國海關局長（英國人）因射擊日本私商輪船事件已向日本總領事館道歉，可是日本海軍部還是派第三艦隊旗艦到青島『就地調查』。該社又說，天津中國海關局長（英國人）也向日本總領事館道歉不該與日本私貨商船發生衝突，可是日本方面認爲衝突還未完結。

百戰百勝的反日「鐵軍」

上海五日電：據《日本評論》雜誌寫道：『自從東北遊擊隊同人民革命軍於一九三六年接頭後，東北四省的反日遊擊隊就大大的擴大起來。現時在吉林省內，約有十枝遊擊隊，每隊有一千多名戰士。遊擊隊不斷的襲擊日軍，拆毀鐵路，廣大的發展宣傳工作。他們的宣傳工作得到很大的結果。很多貧農都加入他們的隊伍』。人民革命軍利用地勢條件，每與日軍作戰必勝。最好的遊擊隊，就是在趙尙志指揮下的第三軍。第三軍因爲在反日的英勇鬪爭中百戰百勝，所以人都稱他爲『鐵軍』。日軍司令部因爲遊擊隊聲勢浩大，只得把帽兒山附近的五區編成爲特別區，以圖與遊擊隊鬪爭，該特別區的司令部設在帽兒山。

◆●◆

據《同盟》社的消息，熱河遊擊隊四百餘人，曾於六月二十日在赤峰與日軍激戰。結果日軍死亡兩名，受傷三名。

東京電：據『日日新聞』報載，日軍部隊曾向朝鮮、滿洲邊界一帶山區的中國遊擊隊進攻。這個區域鄰接滿洲國的東部國界，是遊擊隊的主要根據地之一。在近日的戰鬪中，日軍僅是戰死的即有二十二名。

宋慶齡論蘇聯的新憲法草案

宋慶齡女士（孫中山夫人）在談蘇聯的新憲草案時曾說道：

『我曾很仔細的研究蘇聯的新憲法草案。這個憲法給了我以極大的興奮。毫無疑的，這是人類底極大成績，爲人類底利益而建立的。這個憲法是在那勞動者底權利，不分種族和民族的區別都有保証的國家裡，社會主義戰勝了資本主義和成功凱旋底結果。只有這樣的國家，才能够給各民族底文化發展以澈底的自由和用各種不同的民族形式實現社會主義的目的。雖說我不是蘇聯的公民，可是我却要盡自己的所有精力贊助和保護這個憲法』。

在滿洲遊擊隊運動在最近有很大發展。上圖：遊擊隊射擊日本軍隊佔領的鄉村狀况（擇自美國雜誌『亞洲』一九三六年六月）

國聯全會閉幕

日內瓦電：國聯全會於七月四日宣佈閉幕。決議下次全會於九月二十一日召集。

亞比西尼亞政府尙存在

倫敦電：亞比西尼亞外交代表否認英國外交總長義登說亞比西尼亞政府已不存在的聲明。亞王已接到報告，說亞比西尼亞西部完全在亞比西尼亞政府的手裡，現政府由攝政王亞薩狄克領導着。

遊擊戰爭繼續着

倫敦電：據『每日電開』報的消息，亞比西尼亞的遊擊還在繼續着。數千亞比西尼亞遊擊隊曾在哈拉爾附近襲擊意軍，意軍曾派飛機轟炸遊擊隊。從西部進攻的傑斯達及其他亞比西尼亞的酋長，現時又暫且退去。據『新聞簡報』的消息，意大利人在搶佔的亞比西尼亞各區裡的情况更加困難。法國鐵路局（由法屬直布的港到亞地斯亞貝巴）曾請意大利人保護鐵路，可是意大利人回答不能担保通車不發生危險。

眞正的保障集體保安

（簡譯「眞理」報七月三日的社論）

在日內瓦進行的國聯全會，對於保持和平事業和對於集體保安系統底將來命運，有非常重大的意義。

關於意亞衝突問題的討論，實際變成爲關於國聯——保障和平底機關——繼續存在底討論。

在國聯面前擺着實不容易的任務——進行在意亞衝突上實際採用國聯章程底結果，取得國聯在其企圖預防和阻止侵犯行動所受失敗中的教訓。在所有的國家裡，都加甚了對於和平的憂慮，正像法國政府於六月二十三日所發表的宣言裡所說的：『在全歐洲加劇了缺乏保安的威覺』。

那些根本反對集體保安底國家已首先抬起頭來。全世界很公正的認爲這些國家底政策是公開準備戰爭底政策。

日本的實際計劃是繼續搶奪中國的土地。德國已定出理論的和實際的計劃。它的實際步驟曾是單方面的破壞洛加諾條約和萊茵區恢復軍備。其理論計劃曾在李本特羅普於四月一日致英國外交總長底備忘錄裡寫明。

在這個備忘錄裡，德國把集體保安的原則丟開，提議把歐洲分成兩部分：一部分是德國在紙面上空允諾擔保不侵犯的歐洲西部，一部分是列入第一批搶奪計劃中的歐洲東部和東南部。

採用國聯章程底不成功，不僅是使在侵犯國裡集體保安底敵人高興。在英國政府當局中，主張放棄集體保障和平的系統和主張取消國聯章程第十六條——規定着採用裁制的條文——底潮流也加強了。

英國政府的領導者曾於六月十八和二十四日在下議院裡發表過這種觀點，德國報紙會熱烈的表示歡迎。法西斯蒂報紙曾寫過，趨向於取消國際聯盟保護和平底工具，是爲的使德國容易加入那對於可能的侵犯者毫無危險的『改革了的』國際聯盟。

法國報紙從意亞衝突底可嘆教訓中得到了別的結論。法國剛才親自嘗試了最近幾月來集體保安系統底減弱，對於法國本身的保安担保，是有多麼大的影響。從三月七日起，法國不僅失掉了在洛加諾條約中規定對自己邊境的形式上的担保，並且失掉了自己邊境底實際担保——在萊茵區不設軍備。布留姆於六月二十三日在上議院發表對外宣言時，曾肯定的聲明，國聯底不成功是由執行其章程時的錯誤和弱點。這些是集體保安的關鍵底缺點，而不是証明國聯章程無用，像如英國的『改革』倡議人，就認爲國聯的章程已無用而應當作爲歷史文件藏起來。

在國聯全會開幕以前，那些穩健的和不穩健的贊成『改革』的人們曾經各方試探過。

西班牙駐國聯代表馬達梁格曾向國聯的各會員國發出備忘錄，這個備忘錄底基本立場，與英國政府代表底觀點正是相同。在馬達梁格的備忘錄中，規定使個別國家——國聯的會員國可能拒絕國聯章程第十六條給與它們的義務。在六月二十六日的國聯行政院會議上，智利（南美洲的一個國家）代表曾公開的反對集體保安系統，該代表曾要求『限制直接有關國家間的可能衝突』，這就是公開的主張那普遍於德國使侵犯者自由行動的『局部戰爭』底理想。

因此在國聯全會的面前嚴重的提出了繼續爲和平不可分隔和爲集體保安而鬪爭的問題。

法國政府首腦在全會上曾聲明，『在十八年來，歐洲戰爭是首次認爲是可能的了』。他反對那種使國聯成爲『研究院的質疑』機關而改訂國聯章程底提議。站在和平不可分隔的觀點上，法國政府堅決地主張鞏固那應當與裁兵聯繫着的集體保安系統。

毫無疑的，主張和平和反對『改革』國聯底英國提議的英國廣大群衆的情緒，對於英國代表在國聯全

加紧注意研究国际问题，1937 年 7 月 2 日

全世界無產階級和被壓迫民族聯合起來呵！

工人之路

ОРГАН ДКК ВКП(б) И ДКСПС
聯共遠東邊委和邊職聯工蘇維埃機關報

„Рабочий путь“
27 июня 1936 г, № 71 (1494)
一九三六年六月二十七日
第七一期(一四九四)
定價：一月1p 三月3p. 半年6p. 一年12p. 零賣10к. Цена 10коп.

「新聞報」論日本軍閥的新造謠

（譯自『新聞報』六月十九 的社論）

據日本報載，日本陸軍部發表聲明，說好像蘇聯軍隊曾數次越過蘇滿邊界。誰都懂得所謂這些越境的消息，完全是日本軍閥憑空捏造的。任憑日本軍閥發表多少消息，可是他們終抹殺不了那些時常向蘇聯政府請求發還越過蘇聯境內的日本軍官尸首的事實，同時這樣的事情蘇聯方面却從沒向日本要求過。

這還不算，蘇聯政府曾向日本政府提議設立邊境委員會，以便調查邊境衝突底原因。可是日本外交部却要求設立定界委員會，作爲自己同意於設立調查邊境衝突委員會底條件。

雖然按約規定的邊界是很明確的，蘇聯政府還是格外讓步，並在原則上同意了設立定界委員會，爲的是使日本方面不能借口拒絕調查邊境衝突。關於日本方面不誠意調查邊境衝突原因底預見完全証實了。他們直到如今還是各方推延調查邊境衝突和委任定界委員會。他們曾預料：蘇聯一定不同意成立定界委員會，因此定會放棄自己關於成立邊境衝突調查委員會的提議。可是當蘇聯在這方面讓了步的時候，日本方面除了阻碍成立這兩個委員會，以圖避免明確斷定日本軍隊越過蘇聯境內的事實以外，就再沒有別的法子了。有這些事爲憑証，我們本可毫不注意日本陸軍部的捏造和『統計』，因爲日本當局已親自証明他們害怕調查到底是誰越過誰的邊界。

但是在連二再三的這些捏造以後，跟着又是爲欺騙日本社會輿論而提出的証實和要求。日本軍部再三硬說締結蘇聯與日本間的不侵犯條約，定然得不到什麼好結果，因爲蘇聯對日本的仇視加深了，並且除此以外，蘇聯還極圖使全世界蘇維埃化，先從中國開始。這是多麼下賤的造謠！這還不算，他們還說布爾塞維克不僅是想使全世界蘇維埃化，並且還想佔據全年可用的海港。他們以爲全世界還不够，他們不僅是先從中國動手，他們還想搶佔旅順口！

在蘇聯，對於日本和日本人民毫沒有一點仇視，至於說到蘇聯社會輿論對日本軍閥底態度，那日本軍閥未必想念得着我們的愛情。蘇聯認爲締結不侵犯條約並不是愛情的表示，而是改善同其他國家的關係底工具，首先就是同那些有某種衝突的國家。不侵犯條約正就是應當幫助調解衝突。對於那說蘇聯想使全世界蘇維埃化的憑空妄談，我們不在這裡答覆。在這裡向日本軍閥解釋馬克思－列寧政策底複雜問題，眞是對牛彈琴；他們絕不相信，世界會有那不願强迫別人服從自己意志底强大國家存在。各人照自己的想法看問題！可是如果可以說，日本軍閥們的理智不能了解，對於全世界工人和農民解放的同情與圖謀把蘇維埃制度强給別的國家這兩件事情間底區別，那末，至少也可向日本軍閥要求：當他們提出具體的罪案時，他們就應當拿出眞憑實據來。何時何地有那一個蘇聯的政治家或是蘇聯的報紙曾講過必須搶佔全年不凍的海港呢？甚至於就是把日本政府各部大臣衙門全都搬了出來，那他們也拿不出一點辯護這種妄言底証據來，換句話說，就是他們完全是造謠誹謗。

此外日本陸軍部還說，當蘇聯還沒有同意在滿洲邊界上規劃非戰區的時候，就沒有可能改善兩國間的關係。他們要求按照朴茨茅條約在蘇滿邊境上，把雙方離界五十基羅米突以內的區域劃爲非戰區。對於日本軍閥們的這種希望我們應當說：第一）如果他們不願與我們爲鄰，那就何必當跑到滿洲來。蘇聯並沒有圖謀在地域上去與日本接近。第二）當日本陸軍部借口於朴茨茅條約的時候，那他們就要記得按照朴茨茅條約的規定，滿洲是中國的領土。

日本軍閥把朴茨茅條約最重要的部分——規定領土邊界的部分——撕毁了。他們把朴茨茅條約撕毁扔在亂紙簍裡後，却又從那裡檢起該條約第九條的第二項，在這一項裡規定日本和俄國都不在庫頁島的自己領土內設置任何軍備，並且不採用任何可以阻碍在韃靼海峽和宗谷海峽自由通航的軍事辦法。可是這個己被日本撕毁了的外交條約底幾塊破紙也值得讀一下。那上面所寫的完全不是關於滿洲，而是關於庫頁島的條文。當日本軍閥打算在滿洲採用那毫沒有提到滿洲，並且已被他們撕毁了的國際條約時，而日本軍閥們却違背這些條文所規定的，正在採取那些阻碍在韃靼海峽和宗谷海峽自由通航的軍事設備——日本軍閥自己也承認這一點。應當打斷日本軍閥引用朴茨茅條約的念頭。不能在把朴茨茅條約撕毁後，却反來借口於這個條約。這眞是太不聰明了。

關於非戰區的本身問題，我們有以下的聲明：最愚蠢不過的，就是過於認爲敵人愚蠢，何况他從來也不是愚蠢的。蘇聯在自己的遠東邊境上建設起防線，日本軍閥很知道這個防線難於奪取。因此他們向我們提議，要我們毁去這道防線。要知道在這道防線內有鐵路通行，並且有好多處離國界都不滿五十個基羅米突。日本軍閥何不再要求我們爲表明自己的誠意，爲他們建築直達我們這條主幹鐵路線的岔道呢？

很明顯的，這些日本軍閥也完全不相信，在莫斯科會找到同意他們提議底人的。他們之所以提出這些要求，就是爲自己增强軍備和往滿洲增派軍隊底要求的借口，要知道日本武士道在滿洲可領很多的開拔費和雙餉。

日本軍閥曾於二月二十六日事變後，成立起對他們方便的廣田政府，他們認爲現在要比在高橋，齋藤和岡田等緩進派份子當政時易於進行自己的政策。日本軍閥的一切喧嘩和對蘇聯的新誹謗，提出本知不能實行的要求，正就是這個事實的結果。

當廣田政府成立時，德國法西斯蒂的報紙曾極力稱讚，認爲實際這就是寺內大將的政府，是統一的軍閥們的政府。寺內曾故裝他不屬於荒木一派。日本的外交家在國外曾聲明軍閥黨底首領荒木和眞崎不得不下野，以圖安撫美國和英國。

荒木和眞崎之所以不得不去職下野，是因爲他們同二月陰謀事件有關。刺殺閣員的方法現時在日本正式被審判。可是軍閥的政治影響在二月事變後整個的是加强了。從前曾想組織邊境委員會和定界委員會的廣田先生，現在也不得不依着軍閥的指使，各方的拒絕進行關於建立這些委員會的談判。雖然全世界都巳知道蘇聯政府同日本政府曾已成立了關於在蘇滿邊界上組織這些委員會底原則協定，可是日本政府終是一月一月的推延，不答覆極明顯和具體的蘇聯提議。

日本政府在自己的極力侵略的軍閥壓迫下，公開的拒絕談判。甚至於日本外交部最著名的巧辯家，當外國新聞記者在東京詢問的時候，都不得不承認談判之所以濔延下去，應歸究於日本政府；他曾聲明，現在問題全在於日本方面，而已提出了具體提議底蘇聯，正在等待日本方面的答覆。同時他又提出一種可笑的理由來辯護，說日本的國家結構與蘇聯不同，在蘇聯是由『不多的幾個當權者』解決問題。

這就是關於蘇日談判調查邊境衝突底實在情形。極端捏造所謂蘇聯軍隊越過滿洲境內，並不能改變這種情形。

至於說到捏造的所謂蘇聯有侵略日本的野心，那就再次証明日本陸軍部的『作家們』底滑稽太沒有感動性了。

當着說蘇聯有侵略圖謀的時候，却是日本軍閥在中國極力採用意想不到的手段企圖新的搶奪，並且正在一塊一塊的搶奪着中國的土地，這就是對於日本的讀者們太不尊重了。

對於我們最重要的事實，就是日本軍閥企圖阻碍調解由他們所造成的衝突，爲要達到這個目的，他們就公開的欺騙日本的社會輿論。我們沒有可能把此事向日本的社會輿論解釋，因爲在日本認爲眞理是『危險思想』。那末就讓世界輿論知道日本陸軍總長寺內底一切聲明的價值吧！

滿洲國政府破壞購買中東路的協定

蘇聯駐東京大使已提出抗議

根據塔斯社所收到的消息，滿洲政府已停止支付以前在中東鐵路作事的蘇聯公民的補助金和養老年金，破壞了一九三五年所締結的購買中東鐵路協定中第十一條所規定的責任。

關於這個問題，塔斯社公佈下列的消息：

從本年初滿洲政府即開始藉用各種借口延遲支付上述欵項的責任，而在四月十六號滿洲銀行曾直接聲明說根據滿洲政府的指令停止支付這些欵項、僅在本年五月二十日，日本的外交部長有田才向蘇聯的駐東京大使尤列聶夫同志作了正式的解釋，他解釋說這是因爲在中東鐵路還是蘇聯財產的時候，蘇聯曾拒絕在該路的一些個人底要求的結果。實際上，還在去年底滿洲外交部即曾通知蘇聯駐哈爾濱總領事，說這些要求的總數是一百七十萬日金，但是却沒有必須的文件字據，純粹是毫無根據，憑空要求的性質。自然，蘇聯政府不能償付這類的要求；此外根據出售中東鐵路的協定，所有這類的要求應該由要求人向蘇聯政府提出，在有意見分歧時，則提交蘇聯的法庭解决；所有這些，蘇聯政府已在本年三月十七號的照會裡通知滿洲政府了。

關於拒絕支付蘇聯公民的補助金和養老年金的問題，我們的駐哈爾濱總領事曾在本年的三月十七號與四月二十號提出了兩次抗議。五月三號曾向日本外交部長有田先生提出抗議。有田先生僅在五月二十號才答覆，說他認爲滿洲政府的行動是對的，因爲蘇聯沒有償付滿洲政府方面所提出的要求。但在五月二十三號，日本外交部官吏 Kacce 先生却向蘇聯大使館秘書捷其曼同志解釋說，部長的聲明是出於誤會，並且說應該給蘇聯公民的錢經過三四個星期即開始支付。而有田先生在五月二十九號則又重述了他前次的聲明。

尤烈聶夫同志與有田先生在本年六月十九號的談話中沒有得到結果，尤烈聶夫同志因之又提出新的照會，在其中說，日本不但不實行它幫助履行出售中東路協定的約言，反而與滿洲政府一起將毫無根據的對蘇聯的個別私人要求與無可爭論的滿洲政府的責任混淆起來。在照會中又指出，蘇聯所拒絕的是那些沒有根據的私人要求，並且當事人自己甚至於還沒向蘇聯政府，沒向蘇聯法庭提出；而滿洲政府拒絕的，是毫無可爭論的責任，這直截是破壞一九三五年的出售中東路協定。

尤烈聶夫同志更指出，就是甚至於對蘇聯提出的要求是有根據的，那麼因爲對政府的要求便可停止對其公民的支付以爲抵償，這無異於沒收公民的財產，在國際關係上也沒有這種例子。尤烈聶夫同志又着重指出說，滿洲政府應該給在中東路作事的蘇聯公民的補助金有七百萬日金，而養老年金每年也在一百萬元日金以上；但是對蘇聯政府所提出的無根據的要求總共却不過一百七十萬日金。這樣滿洲政府事實上沒收了蘇聯公民的欵項比他要求的多過好幾倍。

尤烈聶夫同志在結論中聲明說蘇聯政府對於日本政府的這種行動不能不表示惋惜；同時相信日本政府能够依據自己的責任，重新審查這個問題，採取必要的辦法立刻無條件地執行這些責任。

西南軍繼續進攻

上海二十三日電：據報紙所載，西南派領袖已確實拒絕執行蔣介石的最後通牒，並且要求蔣介石撤退其在湖南的軍隊，以便西南軍可以繼續北上『抗日』。據報載，廣東廣西軍聯合司令部已任命白崇禧爲『北伐』軍總司令。

據中國報紙所載，兩師廣東軍隊已集中在福建省邊境，並且佔領了永定（福建省南部）。

據『路透』社消息，西南軍已佔領湖南省南部的衡州。

據『上海每日』所載，廣西軍與南京軍在桂陽（湖南省南部）發生小衝突。據該報說，在以陳濟棠爲首的軍官會議上，堅决命令兩省軍隊堅持陣地，不顧任何損失。據『新聞報』載有六師廣東軍隊已開往江西省南部的尋鄔和安遠。

南京軍隊暴動

上海二十三日電：據日本報紙『上海每日』所載，在湖南省有一團南京軍隊暴動。

在上海的反日示威

上海二十一日電：今天舉行了救國會所組織的反日示威。有兩千多名示威者進入北車站，向鐵路當局要求派車送他們到南京去，以便向南京政府要求立刻對日宣戰。當要求被拒絕時，有幾百個人臥在鐵道上，遮斷了京滬鐵路的交通。在車站區集中了幾百名中國外國警察與裝甲汽車。車站的出入口也用鐵絲網封鎖住了。

華北的現狀

北平二十一日電：日帝在華北的著名走狗劉桂堂在他的天津日租界住宅中被刺。劉桂堂受傷很重，已送往醫院。據說有性命危險。三名刺客均已逃跑。

北平二十一日電：前天日本憲兵闖入二十九軍交通隊技師張紹辰（譯音）的家裡，把他和他的家屬抓去。近來日本憲兵大規模地不分晝夜檢查中國人的住宅。

北平十八日電：冀察政委會壓迫學生組織的命令引起了華北學生的極大忿怒。所有北平較大各大學都决定在該命令未變更前繼續罷課。

東京二十日電：據『同盟』社的消息，雖然北平軍警當局採取嚴厲辦法對付反日運動，但在北平仍舉行了各高級教育機關教授學生代表的秘密會議。在會議上决定組織，『北平各高級教育機關的反日大同盟』。